2019

国家统一法律职业资格考试系列用书

命题人讲主观题

刑法

桑　磊◎主编

周光权　方军◎编著

中国经济出版社
CHINA ECONOMIC PUBLISHING HOUSE
中国石化出版社
HTTP://WWW.SINOPEC-PRESS.COM

图书在版编目（CIP）数据

命题人讲主观题．刑法/桑磊主编．
—北京：中国经济出版社：中国石化出版社，2018. 12
2019 国家统一法律职业资格考试系列用书
ISBN 978－7－5136－5450－0

Ⅰ. ①命… Ⅱ. ①桑… Ⅲ. ①刑法—中国—资格考试—自学参考资料 Ⅳ. ①D92

中国版本图书馆 CIP 数据核字（2018）第 267546 号

策划编辑　崔姜薇
责任编辑　崔姜薇　王建昌
责任印制　马小宾
封面设计　任燕飞装帧设计工作室

出版发行　中国经济出版社
印 刷 者　北京柏力行彩印有限公司
经 销 者　各地新华书店
开　　本　710mm×1000mm　1/16
印　　张　15. 5
字　　数　278 千字
版　　次　2018 年 12 月第 1 版
印　　次　2018 年 12 月第 1 次
定　　价　46. 80 元
广告经营许可证　京西工商广字第 8179 号

中国经济出版社　**网址** www. economyph. com　**社址** 北京市西城区百万庄北街 3 号　**邮编** 100037
本版图书如存在印装质量问题，请与本社发行中心联系调换（联系电话：010－68330607）

>> PREFACE 前言

法考元年，考试主管机关经过多年酝酿，终于将考试分为客观题和主观题两个阶段，将主观题从司考时代的第四卷独立为一个阶段的考试，分值也从150分增至180分，同时考场上配备法律法规汇编，实现了客观题考查基础知识、主观题考查能力的不同分工，增强了考试的科学性，彰显了主管机关不断推进考试改革的决心。

一、首次主观题考试的特点

根据多年的相关经验，在“2018年桑磊法考主观题保过班”上，本人预测了首次主观题考试的四大特点，即理论性、融合性、开放性和限缩性。

（一）理论性显著增强。主观题考试考查考生运用法律知识解决实际问题的能力，在一定程度上，可以说就是考查理论深度。

（二）融合性突出。会出现两学科甚至多学科的交叉融合考查。这是试题形式上的最大变化。分两个层次：①刑法与刑诉结合、民法与民诉结合，甚至民法与商法、民诉结合。②再进一步，将民法、刑法、行政法结合，或者与司法制度、法律文书结合。

（三）开放性进一步得到体现。司考时期只有第四卷第七题是开放性试题，无标准答案，评阅时实行“双评”。法考时期，开放性试题会增多，允许有多个答案，只要言之有理、有理有据即可。

（四）限缩性趋势明显。这一特点主要在于主观题考试题量的变化方面。即法考主观题考试可能在原来卷四基础上增加一两道融合性试题，也可能减少题量，只出几道试题。法考未来的趋势是主观题数量会减少，通过少量的论述题即可考查考生的能力。

2018年首次法考主观题考试结束后，从广大考生的普遍反馈来看，上述四大特点基本得到了验证，特别是融合性和限缩性两个方面。在融合性方面，出现了一道“大民事”综合性试题，共13问，融合考查了民法、商法、民事诉讼法三科的相关知识要点；在限缩性方面，全卷只有6道试题，其中两道选做题择一，考生实际上只需做五道试题，与司考时代第四卷相比，题量减少了两道试题题量。

二、主观题考试趋势分析

由于首次主观题考试尚处于从司考向法考的过渡期，主管机关出于在改革的同时兼顾稳定性的考量，尚未大刀阔斧地进行试卷的调整。但可以预测的是，鉴于首次考试已经成功举办，且各方反应良好，接下来，主管机关将会对主观题试题进一步调整，以期充分发挥主观题考试的测试目的，真正实现考试改革的初衷。

2019年及之后的主观题考试会怎样考查呢？本人觉得有以下几点值得强调：

一是融合性继续扩大。在2018年出现一道综合性大题之后，2019年及之后会加大考查力度，有可能增加此种类型题目的命题数量，或者出现融合涉及三大实体法的试题。

二是限缩性进一步增强。多学科综合性试题增多之后，无须增加题量即可达到考查的目的，所以题量的长远趋势是继续削减。我国近年来的考试改革借鉴了大陆法系国家的成熟经验，从大陆法系国家的通行做法来看，只需少量试题即可实现对考生法律实际运用能力的考查。

三是主观性逐步强化。主观题之所以为主观题，是因为无论在考查目的上还是试题形式上，都与客观题明显不同。其中的一个显著特点是提问的笼统性，并且往往只设置极少提问，如前几年只设置了一问的刑法主观题（2017年、2015年、2014年、2009年）和第七题，这样才能真正考查考生的分析能力。而传统的、设有很多小问的案例分析大题并不是真正意义上的主观题，那样更类似客观题，其并不能实现主观题考试的测试目的。因此，长远来看，主观题的设问会减少，答案也将会更加开放。

根据以上主观题考试命题趋势，本人特意组织前命题人团队编写了本套用书。其中，撰写每个科目的作者老师均具有丰富的命题经验，他们在书中为大家分析了本学科的命题规律和趋势，提炼了解题思路，详细阐述了主观题考点，并对近十年的主观题进行了深入剖析。最后，每科为大家提供了3～5道高质量的模拟试题，其中有两科甚至多科的融合性试题，希望大家反复认真练习，力争掌握解题的诀窍。

另外，对于书中的经典真题和模拟试题，各科目的作者老师还分别录制了配套的微课讲解视频，大家在书中试题的位置手机扫码即可观看。自 2019 年 1 月开始，本人也会组织各科老师为大家带读考点内容，届时敬请广大读者关注“桑磊法考”微信公众号。

唯一深表遗憾的是，由于司法部没有公布 2018 年主观题，而考生的回忆版并不准确，从对考生读者负责的角度，本套书中暂未收录相关试题，而谨以前命题人团队在精准把握 2019 命题趋势的基础上，精心命制的各科目模拟试题以飨广大考生读者。

由于成书仓促，错误之处在所难免，恳请大家指正。

最后，预祝大家 2019 年度能够顺利通过主观题考试，圆梦法考！在法考之路上，我们将和大家同行！

桑　磊

2018 年 11 月

>> CONTENTS 目录

第一部分　命题人讲命题

首届法考已落幕，2019 年的法考大幕即将拉开，在此之际，我们在总结往年刑法学科主观题命题规律的基础上，解读 2019 年主观题命题趋势，并为大家详析刑法主观题的解题思路，希望有助于大家通过主观题考试。

一、命题规律与命题趋势

（一）命题规律

第一，侧重于对司法实务以及理论研究中的刑法分则重点罪名予以考查。从近十余年的刑法主观题涉及的知识点来看，命题规律的明显特点就是重点突出。其中，经常考查的罪名大体分布在分则中的侵犯财产犯罪、侵犯人身权利以及贪污贿赂这三个罪章。而在这三个罪章中，又以财产犯罪为重中之重，基本上每年的案例分析题均会涉及财产犯罪。个别年份的考点涉及人身犯罪，也是结合财产犯罪来予以考查。

第二，共同犯罪基本属于每年必考的内容。早在 1910 年，坎特罗维茨（H. U. Kantorowicz）曾针对当时的德国帝国刑法典指出：共同犯罪理论是德意志刑法学中最为黑暗和混乱的一章。从最为根基的犯罪参与体系究竟应该采纳区分正犯与共犯的区分制体系抑或单一制体系，到共同犯罪中的共谋共同正犯、承继共同正犯以及如何区分正犯与共犯等各个具体问题，几乎都存在不同程度的争议。时至今日，坎氏关于共同犯罪的悲观论断似乎并没有得到多少改善。同时，共同犯罪也是司法实践中最为常见的犯罪形式，实务中碰到的共同犯罪难题也较多。因此，每年的主观题基本都会考查共同犯罪也就不足为奇。考生必须彻底搞清楚共同犯罪理论的相关问题。

第三，刑法理论功底越来越受重视。尽管司法实务要解决的是实际案例，但是，能够灵活运用理论解决实际问题的能力的根基还在于对刑法基础理论的掌握程度。基础理论掌握扎实了，那么无论案例事实出现如何的变化，也不会被复杂的案件事实形态遮蔽住对行为定性分析的基本思路。因此，最近几年的主观题中就某个知识点提问有几种争议观点的考查形式不时出现，2018 年的主观题中也同样出现了这种设问方式，需要考生多加注意。

（二）命题趋势

我们认为，未来刑法主观题非常可能出现的命题趋势主要可以总结为两点：第一，学科融合；第二，重视理论争议问题。

第一，刑法与刑事诉讼法、刑法与民法交叉融合命题。

刑法与刑事诉讼法本就是不可截然分开的学科，刑法中的很多重要内容其实和刑事诉讼法息息相关，典型的如罪数论（竞合论）、客观归责中的风险升高理论等问题。因此，在德语系国家的大学法学院，刑法与刑事诉讼法教席经常由同一人担任，而非将刑法与刑事诉讼法分开由不同学者教授。从司法实践的层面来看，从事刑事司法的司法官不可能仅仅掌握好了实体法就能很好地处理案件，反过来也一样，一个只懂刑事诉讼法的司法官也无法胜任刑事司法工作。

同样的，刑事司法中的很多案件涉及刑民交叉，典型的如往年真题考查过的不法委托物侵占问题，再如合同诈骗问题的认定等。由于刑法与民法各自的规范目的与领域不同，各自的理念可以说南辕北辙，因此，如何在刑民交叉领域正确且适当地处理案件便显得比较棘手。

由此看来，如果法考的定位真正是为了选拔未来适格的司法官，那么就刑法主观题的命题来说，我们认为**未来的命题趋势应该是学科交叉融合，尤其是刑法与刑事诉讼法交叉命题非常可能出现。**

第二，不再回避理论争议问题。

我国的司法裁判文书向来被人诟病的最大问题在于，裁判文书只有对于法条和司法解释的简单剪切复制后就得出结论，而没有论证过程，这样很难让被告人和辩护律师信服。其中最重要的原因恐怕还是在于司法裁判人员的说理能力薄弱，司法官恐惧的是“文书中说得越多，越容易被抓住漏洞和把柄”。法考选拔的是未来的司法官等人员，而通过命制有理论争议的开放式题目就比较能考查考生的说理和逻辑思维能力，这种题目要求考生自己就各种争议观点详细展开论证，最能看出一个人刑法理论的基本功。所以这应该是未来法考主观题的考查方向，2018 年刑法主观题的设问也验证了这一结论。考生在回答这一类题目时，必须抓住关键的理论争点，围绕关键词展开细致分析，同时要注意逻辑和说理的一贯性。

2008—2018 年刑法主观题考点

年份	考点
2018	共同犯罪；刑法上的因果关系；结果加重犯；诈骗罪；盗窃罪；绑架罪；非法拘禁罪；黑社会性质组织犯罪
2017	共同犯罪；想象竞合犯；绑架罪；非法拘禁罪；诈骗罪；敲诈勒索罪
2016	共同犯罪；事前的故意；诈骗罪；敲诈勒索罪；抢劫罪；侵占罪
2015	共同犯罪；事实认识错误；盗窃罪；侵占罪；信用卡诈骗罪；掩饰；隐瞒犯罪所得；犯罪所得收益罪
2014	共同犯罪；自首；立功；贪污罪；受贿罪；为亲友非法牟利罪；行贿罪；犯罪未遂；
2013	正当防卫；刑法上的因果关系；抢劫罪；盗窃罪；介绍贿赂罪；行贿罪；利用影响力受贿罪；侵占罪
2012	共同犯罪；不作为犯；刑法上的因果关系；非国家工作人员受贿罪；对非国家工作人员行贿罪；贪污罪；受贿罪；利用影响力受贿罪
2011	犯罪未遂；牵连犯；想象竞合犯；自首；立功；妨害信用卡管理罪；信用卡诈骗罪；故意杀人罪；盗窃罪；侵占罪；诈骗罪；敲诈勒索罪
2010	事前的故意；想象竞合犯；自首；盗窃罪；敲诈勒索罪；诈骗罪；挪用公款罪
2009	共同犯罪；盗窃罪；抢劫罪；信用卡诈骗罪；自首；掩饰、隐瞒犯罪所得、犯罪所得收益罪
2008	共同犯罪；想象竞合犯；贪污罪；私分国有资产罪；行贿罪；单位行贿罪；提供虚假证明文件罪

二、解题思路

与客观选择题不同，主观案例分析大题可以比较清楚地展现考生们的刑法基础理论功底以及用理论知识解决实际案例问题的能力。尽管练好刑法基本功不可能一蹴而就，但就主观题解题来说，在掌握好的解题方法后通过一定的训练，对于获得高分绝对会有帮助。

很多同学看到案例分析大题后头脑一团乱麻，不知从何下手，答题时也较混乱，如题目要求回答甲乙丙各自的责任，考生在答题时将甲的行为事实检验了一半便检验乙的行为，而乙的行为部分没有完全分析完，便又转回分析甲的行为。这样的答题方式非常容易遗漏应该检验的行为事实，而且给阅卷老师造成没有逻辑、思维混乱的印象，得分相应就会比较低。

如同法官判案，**主观题的解题大体可分为两步——第一，仔细审读案件事**

实，必要时确认事实是不是为真（如果有程序法证明问题）。第二，确认事实是否构成犯罪以及构成何种罪名。至于判处哪一种刑罚，对于应试来说基本不重要，考试中至多会涉及量刑制度中的自首立功等问题。因此，解题的关键在前两项：

首先，认定事实。

一般来说，我们拿到的案例事实都是经过命题者剪裁加工过的，**解题的时候不需要考生自己找证据来确认事实，只要挑出案例事实陈述中有法律意义的环节。**而一段事实可能包含了好几句话，但是对于认定行为性质关键的可能就是一两句，甚至一两个词。这个时候就要抓住关键的事实点。但是需要注意的是，如果是刑法与刑事诉讼法交叉命题的主观题，便有可能需要靠各种证据、证据法则以及经验法则来完成事实的认定。

要提醒大家注意的是，**考试的时候不需要，也不应该去揣测题目中没有提到的事实环节**。比如，案例事实中没有特别交代行为人的年龄和精神状况，此时就得在行为人已满刑事责任年龄、具有完全刑事责任能力的前提下答题，而不需要去假设行为人是否具有责任能力等。换句话说，答题时不需要涉及或提及责任层次的责任年龄与责任能力问题。反过来看，如果案例事实中特别提到了行为人出生于某年某月或者年龄，此时就要特别注意审查行为人是否到了负责年龄。

另外，题目中没有交代的环节不代表“事实不明”，所以**答题时就不应该去质疑或者推翻题目中假设的事实。**例如，案例中如果明确指出“行为人并不想杀死他”，答题时就不能提出相反的质疑：依照一般生活经验，这样的手段有致死的可能性，行为人对此应该也有认识。换句话说，题目中的那一句交代已经限定了行为人的主观心态，此时就不必，也不能再花大量的时间与精力去论证行为人到底是故意还是过失。

还需要说明的是，正因为我们拿到的案例事实都经过剪裁加工过，因此**原则上，题干中的每一句话都可能涉及要考查的知识点**，换句话说，我们要假设题干中没有一句是废话。典型的如2018年刑法主观案例分析题开头便交代王某组织黑社会性质组织、刘某等人积极参加，当我们看到这句论述时，便要首先想到重点不是分析能否认定黑社会性质组织，而是王某等人的行为可能涉及数罪并罚、集团犯罪首要分子的负责范围等问题。如果我们不稍加注意，以为这只是无意义的背景交代，便会将这些重要的得分点丢掉。

其次，适用法律。

对于刑法学科的答题来说，适用法律是主战场。适用法律，其实就是一个所谓的涵摄过程，也就是把抽象的刑法规定与具体的案件事实进行关联，检验某一个事实是否构成犯罪以及何种罪名。以下几点是解题时必须要注意的地方：

第一，要对行为事实进行切割。对行为事实进行切割，就是对材料中的每一个事实片段进行切分，去分析每一个事实片段中的每一个行为可能成立何种犯罪，最后再以罪数论（竞合论）去审查每个人是一罪还是数罪。因为当我们说某人的行为成立犯罪时，肯定是说此人的某一个具体的行为成立犯罪，而他可能有多个行为事实，构成数罪。因此，对行为事实进行切割，可以避免不知从何入手分析或者答题显得紊乱，不会遗漏检验应该检验的行为与罪名。否则，如果仅凭印象任由自己去挑重点的行为检验，极有可能会将一些轻微的罪行遗漏掉。这一点，在答题时一定要记住的。当我们将每一起行为事实进行清楚区隔时，这样也有助于厘清自己的思路，答题时心中才会不慌。

第二，原则上，要以个别的犯罪参与者或者单个人作为单位进行分析。在刑法案例分析大题中，基本都是数人共同犯罪，经常会有考生将所有的参与者混在一起讨论，这是非常危险的答题方式，理由与前述不对行为事实做切割是一样的道理，即这样处理会让自己的思维陷入混乱，并且遗漏掉诸多细节。从应试的功利角度看，这样的答题方式，也会让阅卷者非常辛苦，进而在印象分上就会大打折扣。所以答题的时候，建议按单个人来分段答，即分别论述甲、乙、丙等人各自的刑事责任。

当然，如果案例事实的论述就是数个共同犯罪人的参与事实完全相同，这个时候可以就共同的行为事实部分一并解答。如题干说“甲乙丙基于共同伤害故意一致对丁拳打脚踢”，这时就可以直接回答甲乙丙构成故意伤害罪的共同正犯，没必要再分别论述。如果甲还有另外的行为事实以及明显的量刑事实（如自首、立功等），可以在共同犯罪部分的后面接续论述。在讨论乙的刑事责任时可以直接论述“首先，如前所述，乙与甲等人成立故意伤害的共同犯罪”，然后再检验乙其他的行为事实。

第三，抓住事实中可能涉及的理论点。很多时候考生也认真审读案例事实了，但涵摄过程中首先碰到的一个问题就是没有抓住建立在事实论述中的理论点。如2017年的刑法主观题中，行为人想绑架A的小孩，结果阴差阳错绑了B的小孩。问题意识敏锐的同学可能就抓住这里涉及等价的客体错误问题，可是很多人没发现，而把注意力紧紧锁定在绑架罪的构成要件和概念上。所以适用法律的一个关键点是要从事实的论述中看到法律问题点或者问题意识，无法做到这一点，可能是因为从来没有接受过这方面的训练，也可能是因为自己不懂得活学活用学到的理论知识，还可能是因为根本就不知道有这个理论知识点。

而要做到这一点，首要的关键就是要充分理解相关的学说争议所要解决的问题究竟是什么？只有彻底理解才能有敏锐的问题意识，在碰到相关的事实论述的时候，便能马上想到理论上会涉及什么争议。如路人看到路边躺着一个死者，便顺手牵羊将死者的手机和钱包拿走，此时如果知道死者对财物的占有这个理论争点，就会立马想到这就是答题分析的重点所在。这种抓住问题点的能力是可以通过训练来获得的。建议考生将我国最高人民法院与最高人民检察院的刑事指导案例搜集出来仔细阅读，每个指导案例后都会将案件中集中争议的理论点提出来。事实上，**最好的训练办法就是大家平时在社交媒体看相关的社会新闻时就戴上"刑法眼镜"去观察分析**：法律人好比一个石匠，而新闻事件则犹如一块原石，石匠的任务是从石料中挑选出有加工潜质的石料进行切割打磨后生成工艺品，而法律人的任务则是带上"刑法眼镜"从新闻事件中挑选可能具有法律意义的事实环节，按照需要对新闻事件进行思考与加工处理后得出成果，这个成果对石匠而言是工艺品，对于法律人来说就是刑法上最后的检验结论。如曾有新闻报道两个"吃货"用枪支打狗，结果事实上打中了一个人，行为人走近一看是误伤后便逃跑，结果被害人因未得到及时救助死亡。此处涉及的刑法问题首先便是打击错误，接下来还涉及不作为的问题。所以平时便要有意识地训练自己的刑法思维，经过一段时间的积累后，抓取案件事实中关键争点的能力定会有所提高。

最后，建议答题时首先下简短结论，然后仔细论证。一开始便提纲挈领地摆明自己的观点，一方面有助于阅卷者第一时间便知道考生的结论，另一方面也有利于自己后面的论证围绕前面的结论有逻辑地展开。

对于有争议的理论问题，尤其需要展开理由论证。法考是选拔未来的司法官，司法官的任务就是说理，即说服别人接受你的观点和结论。随着时代的发展，对司法官的说理细化程度要求越来越高。以前，当事人可能只需要一个裁判结果，如今当事人不仅要结果，而且要获得结果的论证过程。像刑事法官要判被告人死刑，不能只用一句"被告獐头鼠目显非善类、不杀不足以平民愤"就对论证过程一带而过，必须仔细论证行为人造成的危害后果（法益侵害后果）到底有多严重、罪责程度或者可非难性有多高，为什么有自首情节仍然要判处死刑立即执行，等等。

当然，在说理论证的时候要用精简的语句介绍不同的学说和持有这种学说的主要理由。考试的时间极度有限，犹如律师在回答当事人的提问或者法官开庭审理案件，必须把握时间切入重点。一定要注意的是，精简并非是说只有结论而没有理由。考生最好要在列出几种观点和理由的基础上，选择自己认为更合理的一种观点，并且加上自己思考的理由加以佐证，这样答题得分应该较高。另外要提醒大家注意的是，自己的观点不能前后矛盾。

最后，预祝大家能够顺利通过主观题考试，圆梦法考！

第二部分　命题人讲考点

考点1　刑法上的因果关系

命题分析

“因果关系的认定”是刑法总论中非常重要的问题，2012 年、2013 年、2018 年的刑法案例大题对此进行了考查。在任何结果犯中，都必须审查行为与结果之间的因果（归责）问题。尤其在实务中常发的故意伤害、杀人等犯罪以及过失犯的场合，时常会存在因果（归责）判断上的困难。而且，在结果加重犯与中止犯的认定上事实上也会涉及因果关系问题。因果（归责）关系的认定涉及价值判断，有时确实非常困难，考生在复习时务必要重点看待、细致把握！

考点解析

一、概述

早年我国刑法学关于因果关系问题一直存在必然因果关系和偶然因果关系的争论，这一争论在今天已经没有什么价值。“四大本”（即法律出版社出版的《国家法律职业资格考试辅导用书》）中在介绍因果关系时主要提及了条件理论和相当因果关系理论。其实，最近几年，国内刑法学界对于源自德国刑法学的客观归责理论日益重视，个别系统权威的教科书也已经接纳了该理论。最近两年，在司法部考试中心组织编写、由法律出版社出版的试题解析中，也开始用客观归责理论分析真题。因此，建议考生除了掌握条件理论与相当因果关系理论外，适当了解客观归责理论，即便不用客观归责理论解题，在运用相当因果关系理论判断因果关系出现犹疑时，便可以用客观归责理论的下位规则辅助判断检验自己以相当因果关系理论得出的结论是否正确。

因果（归责）关系是最重要的不成文的构成要件要素之一，欠缺因果（归责）关系时，便不可能成立犯罪既遂。之所以要求行为与结果之间的因果（归责）关系，其实是刑事制裁理性化需求的当然要求：在行为与结果之间存在没有前行为便没有后结果（因果）以及可以将结果算在行为人的头上时（归责），意味着行为人一旦改变自己的这一行为模式（行为规范禁止/要求的行为模式），便不会带来刑法上的利益侵害，此时对行为人的行为予以制裁才是有意义和理性的。反过来看，如果结果的发生和行为人的行为之间毫无关联，或者结果是基于异常偶然的第三人或被害人自身的因素而导致，此时对行为人予以制裁便会让行为人觉得是不公平、不正当的。

需要提醒大家注意的是，因果关系是承担刑事责任的必要非充分条件，即便肯定了因果关系，还需要具备故意、过失以及没有其他排除违法和责任事由等犯罪成立条件后，才能肯定行为人具有刑事责任。

过去，我国的刑法学在论述因果关系时，是不予区分因果关系与结果（客观）归责的概念的。因果关系概念其实是混合了自然事实（条件）意义上的因果关系和实质归责意义上的结果归责。就我国实务以及理论界判断因果关系常用的相当因果关系来说，其并不是一种和条件理论一样纯粹的确认自然事实意义上的因果关系理论，本质上已经是一种规范判断意义上的结果归责理论，只不过它没有同样作为结果归责理论的客观归责理论相对成体系化、精细化而已。即相当因果关系理论并不刻意区分因果与归责，但相当因果关系的实质就是客观归责理论的一部分，也是一种实质上的规范评价，只不过，相当因果关系基本只处理被害人或者行为人介入因素对于归责判断的影响，而客观归责理论除了处理介入因素对于归责的判断外，还会考虑诸如规范保护目的、被害人自我答责等归责问题。

二、条件理论

对于纯事实性的因果关系确认来说，基本会用条件理论来解决。条件理论的经典表达公式就是“非 A 则非 B”，即没有 A 行为便不会有 B 结果的产生，如果能够肯定这一点，便可以肯定 A 行为与 B 结果之间有因果关系。条件说求助于一种思维上的“排除法”，即设想在该条件不存在时，结果是否同样发生：如果答案是否定的，该事实就是结果的必要条件；如果得出结论相反，就可将该事实排除于原因之外。

在理解条件理论时，需要特别注意的是：造成结果的原因可能不止一个，只要任何原因对于结果的发生起到作用的，则这些原因与结果之间都有因果关系，换句话说，所有给结果造成影响的原因（条件）都是等值的，不区分主要原因

（条件）与次要原因（条件）。

必须提醒考生注意的是，“四大本”中关于条件理论的论述与德国通行的条件理论不太一样：“四大本”对于条件理论做了一定的限定，即条件关系中的行为必须是具有导致结果发生可能性的行为，否则便不能认为有因果关系。例如，甲劝乙乘坐飞机旅行，希望乙在飞行事故中死亡，后乙果真因飞机失事死亡。按照“四大本”的解释，由于因果关系是指“危害行为与危害结果之间的引起与被引起关系”，而此时甲的劝说行为因为不具有导致结果发生的可能性，因此甲的行为根本不是“危害行为”。而根据德国通行的条件理论，只要行为人的行为与结果之间存在没有行为便没有结果的关系，便可以肯定条件因果关系的存在，在上例中，正是甲的劝说行为导致乙死亡结果的发生，当然存在条件因果关系，只不过是基于异常的因果偏离不能将死亡结果算在行为人劝说行为的头上（不具有相当因果关系或不具有客观可归责性）。

一定要注意的是，被害人的特殊体质、被害人的故意或者过失行为而共同造成结果的发生时，只要行为是结果产生的因素之一，便不影响行为与结果之间条件因果关系的判断（但有可能不具有相当因果关系）。

三、相当因果关系

因果关系的判断难点在于，有第三方或者被害人因素介入的场合，如何规范地确认行为人是否应当对结果负责的问题，而相当因果关系的最重要使命就是在于解决此问题。

相当因果关系说主张根据社会一般人生活上的经验，在通常情况下，某种行为产生某种结果被认为是相当的场合，就认为该行为与该结果具有因果关系。“相当性”说明该行为产生该结果是通例而非异常的。例如，抢劫罪犯对准被害人开枪，被害人受惊吓后为自保而逃跑，慌乱中撞在电线杆上身受重伤，数日后死亡的，根据社会一般生活经验，就会认为被害人在受到枪击的情况下，慌不择路，逃跑途中发生危险，并不是异常的情况，所以抢劫行为和被害人死亡之间存在因果关系，行为人构成抢劫罪，属于抢劫致人死亡。

相当因果关系说在内部存在主观说、客观说、折中说的区别。客观说主张以行为时存在的一切事实为基础判断因果关系；主观说认为应以行为人在行为时所认识到的事实为基础判断因果关系；折中说主张以行为时一般人所预见的事实或行为人特别认识的事实为基础判断相当性的有无。

存在被害人或者是第三人介入因素的场合如何判断因果关系，要综合考虑前行为人的行为导致结果发生的可能性大小、介入因素的异常性大小、介入因素对结果发生所起的作用力大小。前行为人的行为导致结果发生的可能性越大，肯定因果关系的可能性越高；后介入情况的异常性越大，肯定前行为和结果之间因果关系的可能性越小；后介入因素对结果所起的作用越大，肯定前行为和结果之间因果关系的可能性越小。

考点2　不作为

命题分析

不作为犯是刑法总论中的重点和难点，尤其是对于作为义务来源的认定来说，不管是刑法理论，还是我国的司法实务上，都存在重大的争议，对于一些案件究竟是否成立不作为犯罪往往存在较激烈的争论。个别年份的主观题中考查了不作为犯，如2012年主观题便考查了发现火灾不报警是否成立不作为犯的问题。考生需要认真把握不作为犯作为义务的各种来源，理解清楚各种作为义务来源背后的法理，否则的话，答题时仅仅凭自己的法感来认定作为义务来源，十有八九可能出错。

考点解析

一、概述

犯罪行为的实施，大多是以作为的形式来实现，不作为仅仅是作为的补充形式。不作为犯可分为纯正不作为犯与不纯正不作为犯。

纯正不作为犯，是指构成要件规定只能以不作为犯的形式实施的犯罪，其违反的是命令规范，典型的如拒不提供间谍犯罪、恐怖主义犯罪、极端主义犯罪证据罪，不解救被拐卖、绑架妇女、儿童罪等。

不纯正不作为犯，是指行为人以不作为的方式实施通常由作为形式实施的犯罪。如故意杀人罪、爆炸罪通常都是由作为形式实施的，但当行为人负有作为义务而不履行作为义务时，如母亲在婴儿濒临饿死时不喂食的，成立不作为的故意杀人罪。

在涉及不作为犯的考查中，主要有两个问题点，其一是不作为犯的成立条件，其二是作为义务的来源问题。

二、不作为犯的成立条件

不作为成立刑法意义上的行为并符合犯罪构成要件，必须具备以下条件：

（一）作为义务

特定义务的存在，使得作为与不作为能够得以区别。不作为违反的是命令性规范，其规范内容是赋予行为人实施特定积极行为的义务。正是行为人负有特定作为义务，才使得不履行这一义务的不作为获得了刑法的消极评价，在个意义上，作为义务成为不作为犯行为中违法性评价的内容和标准。如果不存在作为义务，个人的单纯消极行为不可能被认为是刑法中的行为，否则，需要刑法加以评价的行为便无处不在。必须特别注意的是，作为义务必须是具有法律性质的义务，而非单纯道德上的义务。将道德义务作为不作为犯中的作为义务，会不当扩大不作为犯的成立范围，抹杀作为义务的限定功能。

（二）作为可能性

任何理性刑事制裁的基础都在于行为人掌控了利益侵害事件的发生，如果一个利益侵害结果是行为人无法左右的，对其予以制裁实际上是不公平的，显然，这样的刑事处罚就预防层次来看是没有意义的。这一点，对于作为犯是如此，对于不作为犯也是如此。就不作为犯来说，如果不具有作为可能性，意味着根本就没有结果回避可能性，如果此时还予以制裁，显然是不公正的。**法秩序非难的是“不作为”，而非“不能为”**。例如，母亲在发现儿子落水时，尽管法律规定其有救助义务，但母亲自身不会游泳，当时也无法请求他人救助时，母亲不成立不作为犯罪，如果此时仍然处罚母亲，便不会有任何的预防效果和正当性。行为人是否具有履行能力，必须从主观能力和客观条件上加以综合判断。

（三）未履行作为义务，造成或可能造成危害后果

不作为犯的成立，必须是行为人未履行相应的作为义务。至于未履行法律要求其应当履行的作为义务的同时，是否有其他的身体举动，并不重要，不影响不作为犯的成立。此外，如同作为，不作为与结果之间也必须具有因果关系时，才能成立相应犯罪。换句话说，只有当行为人履行作为义务可以避免结果发生时，其不作为才成立犯罪。

三、作为义务的来源

（一）形式作为义务理论

“四大本”对于不作为犯的作为义务来源部分是从我国传统刑法理论学说的形式作为义务论来展开论述的，作为义务来源分为：法律、法规明文规定的义务；职务或者业务要求的义务；法律行为引起的义务；先行行为引发的义务。

1. 法律、法规明文规定的义务

这是不作为犯中作为义务的主要来源，是指由广义的法律、法令、法规规定并由刑法加以认可的义务。如根据婚姻法的规定，父母对于子女有抚养、教育的义务，子女对于父母有赡养、扶助的义务，夫妻之间有相互扶助的义务，因此，如果父母对子女未尽抚养义务，丈夫对于陷入生命危急状态的妻子不予救助，便有可能构成遗弃罪或者故意杀人罪。

需要注意的是，**原则上，恋爱的情侣之间基本上不负有相互的作为（救助）义务，除非两人长期同居在一起。而未确定恋爱关系的人之间更不会存在保证人义务的问题**。

2. 职务或业务要求的义务

这是特定主体基于其担任某项职务或者从事某种业务而依法要求履行的一定作为义务。例如，医务工作人员有救死扶伤的义务，消防队员有灭火的义务。

3. 法律行为引起的义务

指在法律上能够设定权利、义务行为所引起的义务。法律行为主要包括合同行为与事务管理行为。合同行为具体设定了双方的权利义务关系，因此可以产生作为义务。如保姆在劳务合同有效期间，必须按照合同照顾小孩，其对小孩负有救助（作为）义务。再如，自愿接受他人风险的行为会产生作为义务，像非法行医者根据他的承诺将病人带回家准备治疗，但发现病人的病情过于严重，自己无从下手，也仍然具有作为义务，如果私自离去导致病人死亡的，有可能成立不作为犯罪。

4. 先行行为引发的义务

指行为人因为自己的行为导致产生一定危害结果发生的危险，对此，行为人负有控制或者消灭危险的作为义务。

（二）实质作为义务理论

上述形式作为义务理论自身存在一系列问题，界定的作为义务范围过于狭窄，同时过于形式化地看待问题，导致许多作为义务的界定不合理。例如，即便保姆与雇主签订的雇佣合同无效，一旦保姆实际看管了雇主的小孩，便对小孩有作为义务。因此，现今的学说基本从实质的角度来界定作为义务的范围。大体上，**作为义务可以分为两个方向：其一，保护特定法益免受外来风险的威胁（对内保护）；其二，防止特定危险源威胁他人（对外监督）**。

1. 对特定法益的保护义务

（1）依照法律规定保护特定法益的义务

包括特定的近亲属关系和国家工作人员、公司企业人员对于所在单位财物的保护义务。特定的近亲属关系，如父母与子女、配偶以及兄弟姐妹之间，基于近亲关系存在作为义务，并且不以实际上同居生活为必要。需要提醒注意的，**在配偶一方决定自杀的场合，另一方不予救助的，由于被害人自杀是自陷风险、自我答责的行为，另一方不予救助的，原则上不成立不作为犯罪**。

（2）事实性自愿承担保护的义务

处于自愿而承担了特定的保护义务，如医生或第三人承担医疗或者救助的义务、保姆承担了照顾雇主小孩的义务等。这种自愿承担的义务，必须是以事实上是否承担为准，而非以有没有法律上的合同或合同是否有效为依据。例如，即便雇佣合同无效，只要保姆事实性地管护了雇主的小孩，便对小孩有作为义务。相反，即便合同有效，只要保姆还未到雇主家，便对小孩没有作为义务。

（3）特定的共同体关系

在存在特定特殊信赖以及相互帮助关系的生活共同体以及危险共同体中的成员之间，彼此存在保证人义务。紧密的生活共同体的作为义务，是指虽然不属于法律明文规定的范围，但基于一定事实形成了社会通常认为的对危险应当予以共同承担、相互照顾的关系，因而在对方发生危险时，应当有排除的义务。如长期同居的情侣关系或同性恋生活伴侣之间，但是，偶然的、松散的（例如，共同租住或偶然的共同旅游）关系之间并不会产生这类作为义务。危险共同体是指共同冒险的行为团体，典型的如登山团体、探险团体等，团体内的成员间相互承担安全性的保护义务。

对于此类作为义务类型，在我国尚存一定的争议，其最大的缺陷在于紧密生活共同体的概念过于含糊，可能使得作为义务范围扩大，导致刑罚处罚范围过大。不过，考生在解题时，这一类作为义务来源仍然可以作为参考。

2. 对特定危险源的监督义务

（1）危险源的监督者

某些危险场所或者危险物会危及他人法益，相关管理者便有监督义务。例如，房屋出租者发现住房具有危险性，但不及时告知承租人相关信息，导致被害人死亡的；店主对于“风雨飘摇”的户外广告牌有妥善修缮管理义务，如果未尽相关义务，便可能成立不作为犯罪；车主将汽车借给无驾驶资格的人，同样可能成立不作为犯罪；产品制造者在发现自己的产品存在质量瑕疵后，必须及时召回，以避免消费者继续使用造成人身与财产损害，如果产品制造者没有履行及时回收义务，可能构成不作为犯罪。

（2）管护特定他人的义务

人，有时也会成为他人危险的来源，尤其是有攻击性的精神病人、监狱的服刑者以及不具有辨识能力的幼儿等。基于权利关系而管护特定他人的人，便负有作为义务。

（3）危险前行为

因为自己的行为（包括作为以及不作为）而对他人的法益造成危险的人，负有以自己行为来降低或者排除危险，以避免由于危险造成结果发生的义务。

形式作为义务理论	实质作为义务理论
法律、法规明文规定的义务	依照法律规定保护特定法益的义务
职务或者业务要求的义务	事实性自愿承担保护的义务
法律行为引起的义务	特定的共同体关系
先行行为引发的义务	危险源的监督者
	管护特定他人的义务
	危险前行为

考点3　犯罪故意

命题分析

单就法考的主观题命题规律来看，单独考查犯罪故意的情形不多，但是近年来，案例分析大题中不时出现事实认识错误的问题，如2010年、2016年均考查了事前的故意概念，2015年及2017年事实上也涉及了认识错误问题。考生需要清楚掌握错误论的类型以及各种存在争议的处理方案。

考点解析

一、故意的认识因素与意志因素

（一）认识因素

犯罪故意的认识因素，是指行为人必须对于客观构成要件要素相对应的事实存在认识。例如，成立故意杀人的故意，行为人必须要认识到其开枪的对象是具体现实的“人”。行为人要认识到自己的行为及结果是具有社会危害性的。具备这种认识因素，是犯罪故意区别于日常语言中作为一般心理活动的故意的关键点。

犯罪故意的认识因素是对行为的法益侵害性或者威胁性的认识，包括对以下因素的认识：

（1）行为的性质。对于行为性质的认识，是指对于行为的自然性质或者社会性质的认识。**必须注意的是，对于行为的法律性质的认识属于违法性认识而非事实性的认识。目前刑法理论界占据绝对支配性地位的观点认为：违法性认识不再是故意的要素，而是独立于故意的责任要素。**所以，“成立故意犯罪，不要求行为人认识到自己行为的违法性”这一命题就是正确的。

（2）行为的客体。对于行为客体的认识，是指对于行为客体的自然属性或者社会属性的认识。例如，成立盗窃枪支罪的故意，行为人就必须认识到其窃取的对象物是具有杀伤力的“枪支”，而非玩具枪或其他物品。再如，“成立贩卖淫秽物品牟利罪，要求行为人认识到物品的淫秽性”，这一论述也是正确的。所谓的淫秽性，就是对于淫秽物品所具有的社会意义的认识。

（3）行为的结果。对于行为结果的认识，是指对于行为的自然结果的认识，这种认识，在很大程度上表现为一种预见，结果成为行为的可期待的结果。

（4）行为与结果之间的因果关系。对于因果关系的认识，指行为人意识到某种结果是本人行为引起的，或者是行为人采取某种手段可以达到预期的结果。**从另一个角度看，即行为人意识到：一旦改变自己的行为模式，便可以让危害结果不发生。**在这种情况下，行为人即具备了对行为与结果之间的因果关系具有事实上的认识。

（5）其他属于特定构成要件的要素对应的事实，如犯罪的时间、地点、附随状况等。

事实性认识存在认识程度问题。在故意犯罪中，认识程度是指认识到结果必然发生与认识到结果可能发生。应当指出，这里的必然发生与可能发生都是指行为人在当时情况下的一种主观判断，因而属于主观认识内容，而非客观事实。所谓认识到结果必然发生，是指行为人当时认为，基于事物发展的趋势，结果发生是在预见之中的。所谓认识到结果可能发生，是指行为人当时认为，基于事物发展的趋势，结果有可能发生，也有可能不发生。认识结果必然发生与认识结果可能发生，对于区分直接故意与间接故意具有一定意义。一般认为，直接故意的认识因素，既包括认识到结果必然发生，又包括认识到结果可能发生。而间接故意，都以认识到结果可能发生为前提，认识到结果必然发生而又放任其发生的，属于直接故意而非间接故意。

（二）意志因素

意志对人的行动起支配作用，并且决定着结果的发生。犯罪故意的意志因素是行为人在明知自己的行为会发生危害社会的结果的基础上，决意实施这种行为的主观心理态度。其可分为希望与放任两种形态。

二、故意的分类

根据我国《刑法》第 14 条第 1 款的规定，犯罪故意可分为直接故意与间接故意两种类型。

（一）直接故意

直接故意，是指行为人明知自己的行为会发生危害社会的结果，并且希望这种结果发生的心理态度。根据认识因素的不同内容，直接故意又可以分为两种情形，一种是行为人明知自己的行为必然发生危害社会的结果，并且希望这种结果发生的心理态度；另一种是行为人明知自己的行为可能发生危害社会的结果，并且希望这种结果发生的心理态度。直接故意的意志因素是希望。希望，即指行为人追求某一目的的实现。在希望的情况下，行为人是有意识的通过自己的行为实现某一目的。因此，行为与结果之间的关系是手段与目的的关系，意志通过行为对结果起支配作用。

（二）间接故意

间接故意，是指行为人明知自己的行为可能发生危害社会的结果，并且有意放任，以致发生这种结果的心理态度。

间接故意对构成要件要素对应的事实有认识，并且对结果发生与否持无所谓的态度。因此，结果即便发生，也在行为人能够接受的范围内。在这个意义上，可以说间接故意和直接故意一样有实现构成要件的愿望，只是愿望的强烈程度有差别而已。

需要注意的是，明知结果必然发生时，便不可能再存在放任的心态。换句话说，**如果认识到结果必然发生，仍然实施行为的，实质上是希望危害结果发生。**事实性认识存在一个认识程度问题。在故意犯罪中，认识程度是指认识结果必然发生与认识结果可能发生。这里的必然发生与可能发生都是指行为人在当时情况下的一种主观判断，因而属于主观认识内容，而非客观事实。所谓必然发生，是指行为人当时认为，基于事物发展的趋势，结果发生是在意料之中的。所谓可能发生，是指行为人当时认为，基于事物发展的趋势，结果有可能发生，也有可能不发生。认识结果必然发生与认识结果可能发生，对于区分直接故意与间接故意具有一定的意义。一般认为，直接故意的认识因素，既包括认识结果必然发生，又包括结果可能发生。与此不同，间接故意，理论上又被称为未必故意或可能的故意，因而都以认识结果可能发生为前提。

间接故意是一种可能故意，放任是听之任之，对行为人来说，结果发生与不发生都可以接受的心理态度，因此，成立间接故意的当然逻辑前提是结果具有发生与不发生两种可能性。在当时情况下，行为人对于危害结果是否会发生，处于一种不能肯定的状态，存在结果发生与不发生都可以的心理态度。**如果认识到危害结果必然发生，则不可能再放任结果发生，即便行为人自己辩解对结果的发生是“不希望或无所谓的心态”，这也是其内心的“小九九”，在规范上理应将其心态认定为直接故意，换句话说，其实质上希望结果发生**。例如近距离朝人开枪，即便行为人自己声称不希望被害人死亡，也应当认定其是直接故意。

（三）直接故意与间接故意的关系

我国刑法理论界有观点认为，刑法分则中的个别罪名只能由间接故意构成，而不能由直接故意构成；而在另外一些构成要件中，则只能由直接故意构成，不能由间接故意构成。如此，则人为地割裂了故意概念的统一性，无意间将放任与希望解释为互斥对立的关系。

一方面，刑法分则对故意犯罪的规定，并未限制其故意类型，理论上就不能认为连间接故意都可以成立的犯罪，具有更大非难可能性的直接故意反而不能构成。对分则各个故意犯罪的判断，不能脱离总则的规定进行，而刑法总则将直接故意和间接故意规定在同一个条文，也并未明确指出直接故意和间接故意有排斥关系，没有承认它们在性质上有何差别，在解释论上就当然不能认为某罪只能由间接故意构成，而不能由直接故意构成，或者只能由直接故意构成，不能由间接故意构成。

另一方面，有的犯罪通常以直接故意的面目出现，但不能因为理论上难以想象、实务中并未或很少出现就直接推定只能由直接故意构成，而间接故意无法构成。例如，一般而言，放火罪基本都是出于直接故意的心态，但完全存在为了骗取保险金而放火的情形，此时的放火罪就可能是间接故意。再如，故意毁坏财物罪一般都是出于直接故意，但完全可能存在行为人在故意实施其他重罪过程中放任财物毁坏结果发生的情形。

	直接故意	间接故意
认识因素	必然＋可能	可能
意志因素	希望	放任

三、事实认识错误

（一）概说

事实认识错误是犯罪故意理论部分中的重点。错误论的部分理论复杂，学说杂陈，非常容易犯错误。考生在掌握这部分内容时，首先得清楚掌握错误论的基础架构及究竟有哪几种错误形式和错误种类，这样有了整体性的概观后，在遇到案例事实时便知道从何入手。在清楚定位属于何种错误后，接下来就看采用何种理论学说处理此类错误问题。这样的话，在碰上有关错误论的问题时犯错的概率便会下降很多。

事实认识错误，是指行为人主观上的认识与客观构成要件事实产生不一致的情形。事实认识错误理论是反面的故意论，是对故意论加以展开的理论，它对于认定犯罪故意具有重要意义。一般以是否在同一犯罪构成内为标准将认识错误分为具体的事实认识错误（如想杀人，却误认了对象或是枪法不准而杀错了人）与抽象的事实认识错误（如想杀人，却误将野猪当作人或枪法不准打中了人骑着的马），而具体的事实认识错误又进一步可细分为对象错误、打击错误与因果关系错误三种下位类型，在对象错误与打击错误这两种场合的处理方式又有法定符合说和具体符合说的争论：法定符合说认为，行为人所认识的事实和实际发生的事实只要在犯罪构成的意义上是一致的，即可成立故意既遂犯；具体符合说认为，行为人所认识的事实与实际发生的事实具体地相一致时，才能成立故意既遂犯。

（二）具体的事实认识错误

具体的事实认识错误，是指虽然行为人所认识到的事实与客观上发生的事实并不一致，但并未超出同一犯罪构成的范围，因此也被称为同一犯罪构成内的错误。对于如何解决具体的事实错误，理论上存在具体符合说与法定符合说的争议。**我国的刑法理论采取法定符合说**。

具体符合说认为，行为人所认识或者预见的构成事实与实际发生的事实完全一致时，才成立故意既遂；行为人所认识或者预见的构成事实与实际发生的事实不符，则阻却故意既遂的成立，转而成立未遂与过失的想象竞合。具体符合说的特色是将行为所侵害的对象朴素地具体化为“那个人”或者“那个财物”。例如，甲意欲杀乙而对其开枪，但因为枪法不准，将丙打死，甲想杀害的“那个人”乙并没有死亡，因此，甲只能成立故意杀人罪未遂和过失致人死亡的想象竞合。**具体符合说要求主观认识与客观事实完全一致才成立故意既遂。**例如，行为人欲打电话敲诈勒索甲，但错拨电话给了乙，并取得乙交付的财物。所知与所为不完全相同，按照具体符合说因为存在认识错误，行为人构成敲诈勒索罪的未遂（对甲）和过失的敲诈勒索罪（对乙），但现行刑法没有规定过失的敲诈勒索罪，因此对行为人只能处以敲诈勒索罪未遂。这一结论显然无法被人接受。

法定符合说认为，如果行为人所认识的结果与发生的事实在同一构成要件之内，就可以认定行为人对所有的犯罪事实都有故意。如行为人有杀 A 的意思，导致 A 死亡，附带产生 B 死亡的结果，这两个结果都符合杀人罪的构成要件，因为无论是否击中 A，只要击中了 B，就符合故意杀人罪的故意，行为人属于“想杀人，并且杀了人”。**按照法定符合说，行为人的主观认识与现实发生的事实之间，虽然在侵害对象、手段上不一致，但只要在构成要件上相符合，在法律上（构成要件）就有相同的价值，就可以认定行为人具有故意。**法定符合说的逻辑是，故意概念可以抽象到法定的构成要件层面，而不需要具体到某个人。

1. 对象（客体）错误

对象错误，是指行为人在实行行为之前便就对象（行为客体）的同一性产生了认识错误，但客观上在实行行为的时点并没有发生目标客体与侵害客体不一致的问题。如张三将迎面朝自己走过来的李四误认为王五而开枪，在开枪的时点，欲攻击的客体和实际侵害的客体都是李四，因而是对象错误。再如，丙打算将含有毒药的巧克力寄给王某，但因写错地址而寄给了汪某，汪某吃后死亡。**对于对象错误，无论法定符合说还是具体符合说，都会得出不影响故意既遂犯罪成立的结论。**法定符合说认为，行为人所认识的事实和现实具体发生的事实，在故意杀人这一法定构成要件的范围内一致，因而成立故意既遂。因为理论上看，行为人虽然杀错了人，但由于人的生命价值相同，刑法对于所有生命实行同等一体保护，在行为人具有杀“人”的故意，并且最终导致他人死亡的场合，死亡的人到底是甲还是乙，对于故意杀人罪的构成要件要保护的法益没有区别。而具体符合说则认为，在行为人杀人的当时，其对意欲杀害朝自己走过来的“那个人”并没有产生错误，因此不阻却故意既遂的成立。就对象错误来说，具体符合说与法定符合说在结论上并没有差异，二者只是在方法论（抽象程度）上不同。所以，丁误将生父当作仇人杀害，根据具体符合说与法定符合说，都会得出丁的行为成立故意杀人既遂的结论。

2. 打击（方法）错误

打击错误，是指行为人由于方法的偏差致使原初锁定的攻击客体（目标客体）与实际的攻击客体（侵害客体）欠缺同一性的情形。如甲对准乙开枪，结果由于枪法不准将偶然路过而出现在乙附近的丙打死。

在打击错误的场合，按照法定符合说，行为人成立故意犯罪既遂。据此，上例中的甲应成立故意杀人既遂。此外，如果甲试图杀害乙，子弹穿过乙的身体，击中了丙，导致乙、丙两人死亡的，按照法定符合说，甲对乙、丙均成立故意杀人既遂，由于只有一行为，成立两个故意杀人罪既遂的想象竞合。如果甲试图杀乙，对准乙开枪，导致乙重伤后，子弹又穿过乙的身体将丙打死的，按照法定符合说，甲对乙成立故意杀人罪未遂，对丙成立故意杀人罪既遂，最后论以想象竞合。

而按照具体符合说，行为人所认识的事实和实际发生的事实，只要在构成要件范围内没有具体一致地符合时，就不成立故意既遂。因此，在甲对准乙开枪，结果由于枪法不准将偶然路过而出现在乙附近的丙打死的场合，甲对乙成立故意杀人未遂，对丙成立过失致人死亡，二者成立想象竞合犯。如果甲试图杀乙，子弹穿过乙的身体，击中丙，乙、丙均死亡的，按照具体符合说，甲对乙成立故意杀人既遂，对丙成立过失致人死亡，二者成立想象竞合。如果甲试图杀乙，对准乙开了一枪，造成乙重伤后子弹又飞到丙的身上，丙死亡，按照具体符合说，甲对乙成立故意杀人未遂，对丙成立过失致人死亡，二者成立想象竞合。

3. 因果关系错误

因果关系错误，是指行为人对自己行为与结果之间因果发展进程的认识和实际的因果流程不相符合的情形。因果关系错误包括三种情形：

（1）狭义的因果关系错误。指结果的发生不是按照行为人对因果流程的预设来实现的情形。如甲为了让乙被淹死，将乙从高处推下桥，结果乙的头部不慎撞上桥墩致死。

不难发现，对狭义的因果关系错误的处理，实质上是解决对因果关系的认识要具体化到什么程度的问题。实际上，当行为人实行行为终了的那一刻起，因果历程的发展便已经如“脱缰的野马”，不再可能完全按照行为人预想的因果流程进行，更何况，以目前一般人的认知，对于很多自然因果流程的具体作用仍然处于模糊的状态（如下毒致死的工作机理和行为人想象的毒药运作机理并不一致），因此，在规范的归责上，我们不可能要求行为人对于因果流程的认知达到完全具体、科学的程度，只要行为人制造了法益侵害的风险，并且风险最后也确实实现，同时结果的发生与行为人对于自己行为制造风险的流程想象大体一致时，便成立故意既遂。

（2）结果的推迟发生。又称为事前的故意，指行为人误以为自己的第一个行为已经发生了预期的侵害结果，为达到另一目的，又实施了另一行为，事实上行为人所预期的结果是后一行为所造成。例如，甲以杀人故意造成被害人重伤昏迷后，甲误以为被害人已经死亡，将被害人丢入井中，被害人实际死于溺水。

对于结果的推迟发生如何处理，存在激烈争议，主要有三种解决思路：其一，整体观察说。该说主张在此情况下，虽然客观上存在先前行为与后续行为之分，但两个行为是密切联系的，后续行为是先前行为的延续；主观上行为人具有概括故意，后一行为仍然为犯罪故意所涵盖，因而视为一个故意犯罪行为较为妥当，甲成立故意杀人罪既遂。但该说承认故意具有涵盖不同行为的效力，完全无视行为的定性，将故意概念绝对抽象化，并不合适。其二，行为各自独立说。认为前后两个行为各自独立，前一行为存在故意，后一行为只有过失。这种观点强调在任何情况下都应该将前后两个行为割裂开考虑，其合理性值得质疑。其三，第一行为危险性说。该说强调，如果第一行为特别危险，后一行为及其结果都是由第一行为所直接引发的，从生活经验上观察，行为人所想象的因果流程与实际发生的事件进展之间没有偏离一般预见可能性的范围的，就可以认为结果发生是由行为人的行为（尤其是第一行为）所逻辑地决定的，行为人对因果流程的认识错误无关紧要。因此，甲成立故意杀人罪既遂。

（3）结果的提前实现。又称为犯罪构成的提前实现，是指行为人为实现犯罪目的打算通过前后相继的两个阶段的行为造成危害结果，希望通过第二个行为直接导致结果的发生，但事实上危害结果由前一阶段行为造成。如甲准备使乙吃安眠药熟睡后用铁棍将其打死，但在甲用铁棍打乙之前，乙由于服用安眠药过量而死亡。一般认为，如果行为人在实施第一行为时能够被视为是着手实行，便成立故意既遂。如果行为人在实施第一行为时充其量只能视作是犯罪预备，则无法成立故意犯罪既遂。也就是说，在上例中，看甲的第一个行为是否有足以致死的风险存在，如果存在，便可以认为第一行为就属于故意杀人的着手，因而成立故意杀人既遂。

总之，故意的成立要求行为人认识因果关系，但是这种认识只是大致的认识，而不是具体的认识，不要求认识到细节。只要结果的发生是一般人的生活经验可以预见的，行为人设想的因果流程即便与实际发生的因果流程不一致，也不影响故意既遂的成立。

（三）抽象的事实认识错误

抽象的事实认识错误，是指不同构成要件之间的错误，即行为人试图犯甲罪，但事实上触犯了乙罪。如行为人想杀害他人的狗，却错误地杀害了狗的主人。抽象的事实认识错误包括对象错误和方法错误。而对于如何处理抽象的事实认识错误，则有抽象符合说和法定符合说的对立。

1. 抽象符合说

抽象符合说认为，行为人所认识或者预见的构成事实与实际发生的构成事实不受构成要件的制约，在存在抽象的一致时，不论存在具体的行为差别还是罪质轻重，均对行为人所认识或者预见的事实以故意犯罪既遂论处，不存在认识错误。

2. 法定符合说

法定符合说认为，由于认识的事实和发生的事实跨越不同的构成要件，所以原则上两者之间没有构成要件上的符合性，对于所发生的结果不成立故意。**目前，法定符合说处于通说地位**。根据法定符合说处理案件，有以下两项规则：

通常情况下，行为人对所认识的事实，可以成立故意的未遂犯，对于符合构成要件的事实没有认识的，不能成立故意犯，但可能成立过失犯，以想象竞合犯处理。如A故意伤害B，导致B重伤昏迷。B的仇人C经过现场时，以为B已经死亡，就肢解B的"尸体"。事后查明，B是因为C的肢解行为而死亡。在这个案例中，C想犯的侮辱尸体罪，但由于尸体客观上并不存在，对于C所认识的事实，可以成立侮辱尸体罪的未遂犯。实际发生的后果是B死亡，但C对符合被害人死亡的构成要件的事实没有认识，不能成立故意杀人罪，但可能成立过失致人死亡罪，对C应当按照侮辱尸体罪和过失致人死亡罪的想象竞合犯处理。

例外情况是，虽然认识的事实和实际发生的事实跨越不同的构成要件，但在两个构成要件有重合时，在重合的范围内成立故意犯罪。**出于轻罪的认识而实现重罪的场合，成立轻罪的故意犯罪既遂**，如为了盗窃财物，结果被盗的手提包内有一把枪支，此时应当认为行为人主观上只是想盗窃普通财物，客观上虽然盗窃了普通财物及枪支，但是按照主客观相统一的原则，只能对其能够认识的盗窃普通财物部分负责，成立普通盗窃罪既遂；**出于重罪的认识而实施了轻罪的场合，成立重罪的故意犯罪未遂**，例如为盗窃枪支（重罪）而实施盗窃行为，但实际上盗窃了普通财物的（轻罪），成立盗窃枪支罪（未遂）。再如，甲以为留在长途汽车座椅上的高级皮包是刚刚下车的乙的遗忘物，于是拿起便提前下车逃走。但是，皮包实际上是到汽车尾部卖票的售票员丙暂时放在座位上的财物。由于甲想犯的侵占罪，实际上实施的却是盗窃行为，两罪有重合关系，在重合的范围内，成立侵占罪既遂。

判断两个犯罪的构成要件之间是否重合时需要考虑以下三点：第一，在行为人所认识的A罪与实际实施的B罪之间属于法条竞合关系时，两罪之间显然有重合关系。第二，在A罪和B罪的构成要件明显存在交叉或者包容关系的场合，重合关系存在。如故意杀人罪和故意伤害、抢劫罪和抢夺罪、抢劫罪和盗窃罪、抢劫罪和敲诈勒索罪、诈骗罪和敲诈勒索罪、盗窃罪和侵占罪、非法拘禁罪和绑架罪之间都存在重合关系。第三，构成要件之间因为行为方式的共同性、保护法益上的共同性，而实质上是重合的，如误将核材料当作武器加以走私的，两罪的构成要件就具有实质上的重合性。

考点4 犯罪过失

命题分析

从过去十余年的主观题命题来看，基本没有单纯考查过失犯的问题。但是，对分则中一些过失犯罪罪名的考查，实际上也就是在考查过失犯。命题人会结合分则中具体过失犯罪的构成要件（如交通肇事罪等）考查过失犯的认定问题。因此，对于主观题备考来说，考生要认真掌握常见过失犯罪的构成要件，以及总则中论述的过失犯的概念与过失犯的结构。

考点解析

一、过失的种类

我国刑法以处罚故意犯为原则，以处罚过失犯为例外。只有刑法明确处罚过失的，才能作为过失犯罪论处。根据《刑法》第15条第1款的规定，犯罪过失，是指行为人应当预见自己的行为可能发生危害社会的结果，因为疏忽大意而没有预见，或者已经预见而没有避免，以致发生这种结果的心理态度。

（一）疏忽大意过失

疏忽大意过失，是指行为人应当预见自己的行为可能会发生危害社会的结果，因为疏忽大意而没有预见，以致发生这种结果的心理态度。疏忽大意过失作为一种无认识过失，其特征是在具有预见可能性的情况下，没有预见，从而没有避免结果的发生。疏忽大意过失具有以下两个特征：

1. 行为人应当预见自己的行为可能发生危害社会的结果

判断行为人是否具有疏忽大意过失，不是先判断行为人是否疏忽大意，而是先确定行为人是否应当预见自己的行为可能发生危害社会的结果。如果行为人应当预见而没有预见，就说明其具有疏忽大意过失。在应当预见的情况下，行为人并没有疏忽大意，但又确实没有预见的情形，是不存在的。因此，认定疏忽大意的关键，是确定行为人是否应当预见，即结果预见义务是否存在。

所谓应当预见，是指行为人在行为时有义务并且有能力预见以避免危害结果的发生。正是由于行为人对其义务漠不关心，以致造成危害社会的结果，才使得其构成犯罪过失并因此承担刑事责任。如果行为人并不存在预见危害结果发生的义务，或在当时的情况下不可能预见危害结果的发生，不管造成什么样的危害结果，都不能认为其具有过失而追究其刑事责任。

应当预见的内容是法定的危害结果。**由于过失犯罪以发生危害结果为构成要件，构成要件是由刑法规定的，所以，过失犯罪中应当预见的危害结果，只能是刑法分则对过失犯罪所规定的具体的犯罪结果。**例如，过失致人重伤时，行为人所预见的是自己的行为可能导致他人重伤这一法定的具体结果。也因此，“过失犯罪，法律有规定的才负刑事责任。这里的‘法律’不限于刑事法律”的提法就是错误的。不过，结果是否具体是相对的。在危害公共安全或者妨害社会管理秩序的过失犯罪中，行为人应当预见的结果可能不一定很具体，但其必须是刑法分则所要求的结果。

2. 行为人没有预见其行为可能发生危害社会的结果

疏忽大意过失是无认识过失，这种无认识的表现就是行为人在行为当时没有想到其行为可以发生危害社会的结果。没有预见可能发生危害结果，或者是行为人只意识到行为可能产生其他结果而不会产生危害社会的结果，或者是行为人认识到行为本身，但未预见行为可能导致实际结果，或者是行为人对行为本身和行为可能导致的结果都没有认识。没有预见的原因并非行为人不能预见，而是在应当预见的情况下由于疏忽大意才没有预见；如果行为人保持其意识紧张，谨慎从事，就会预见，进而避免危害结果的发生。对危害结果的未认识状态，是构成疏忽大意过失的前提。

（二）过于自信的过失

过于自信的过失，是指行为人已经预见到自己的行为可能发生危害社会的结果，但轻信能够避免，以致发生这种结果的心理态度。过于自信的过失具有以下两个特征：

1. 行为人已经预见到自己的行为可能发生危害社会的结果

过于自信的过失属于有认识过失，行为人对于可能发生的危害结果有所预见，是构成这种过失的认识因素。但是，这种认识因素在程度上是比较模糊、不确定的。也就是说，行为人更倾向于认为危害结果不会发生，或者说危害结果虽有可能发生的危险，但在行为人看来，这种可能性也不会转化为现实性。

2. 行为人轻信能够避免危害结果的发生

轻信能够避免，是指在预见到结果可能发生的同时，又凭借一定的主、客观条件，相信自己能够避免结果的发生。但所凭借的条件并不可靠。轻信能够避免主要表现为两种情况：一是过高估计了避免危害结果发生的自身条件和主观能力；二是过高估计了现实存在的可能阻碍结果发生的客观条件。因此，在主观意志上，过于自信的过失的行为人不仅不希望危害结果的发生，而且危害结果的发生也是违背其主观意愿的。

过于自信的过失和意外事件的区分是需要关注的问题。意外事件，是指行为虽然在客观上造成了损害结果，但是并非出于故意或者过失，而是由于不能预见的原因所引起的情形。在判断是否属于过于自信的过失时，必须要考查行为人自身对于结果的预见和避免能力和客观上一般情形下是否有阻碍结果发生的有利条件。

二、间接故意和过于自信过失的区分

间接故意和过于自信的过失相同之处在于，行为人都已经预见到，自己的行为有可能造成危害结果，两者之间的区别仅仅在于意志因素：间接故意的行为人从根本上是接受构成要件结果发生的，其对于构成要件实现的风险是予以容认的；而有过于自信过失的行为人则自认为结果根本不会发生，因此，“认识到可能发生危害结果，但结果的发生违背行为人意志的，成立过失犯”这一命题就是正确的。显然，间接故意相较于过于自信过失而言，其与法秩序敌对的性质更严重，反过来，过于自信过失相较于间接故意，对法规范的忠诚更高。正因如此，才导致故意犯的处罚远远重于过失犯，“过失犯的刑事责任一般轻于与之对应的故意犯的刑事责任”。所以，清楚区分间接故意与过于自信过失便成为非常重要的问题，但同时也是刑法学上最为困难和最有争议的问题之一。

区分间接故意和有认识过失的关键在于如何理解“放任”。间接故意的行为人认识到结果可能发生，而以认可的态度予以容认、纵容；有认识过失则是行为人认识到结果发生的可能性，但不同意其发生，而且是真的相信结果不会发生，不是不太明确地相信不会发生构成要件结果。

放任说主张有认识过失对结果的发生持否定态度，而间接故意对结果发生持不否认态度，而抱一种无所谓的放任心态，结果即便发生了也不违背行为人的本意。在碰到有认识过失与间接故意区分有困难的情形时，要着重审查以下三点：

1. 判断客观危险

间接故意中行为人对危险的认识和相信程度，会决定行为人是否能够形成反对动机。客观危险是认识因素判断过程中要考虑的重要指标。

间接故意等于有高度危险意识，认真地计算，然后容认结果的发生；有认识过失是不认真地计算或者相信可以避免。有认识过失的行为人虽然认识到危险，但要么不认真对待这种危险，行为人因为违反注意义务而否定对行为客体的具体危险；要么认真对待危险，但仍然违背义务地相信危害结果可以避免。

如前所述，放任是否存在，与行为人认识到结果发生的盖然性高低有关。判断盖然性高低，与行为的风险性大小有关。行为风险的大小，又取决于法益重要性。某些重大的法益，因为行为人毫不在意而低估其重要性，则不能排除间接故意。当然，可能引起日常性危险的行为，不能评价为间接故意。例如，交通肇事行为，是一种不被允许的危险，它由每日必须进行的交通行为所引起。基于维持必要社会生活的需要，使用交通工具所带来的危险必须被人们忍受，人们在日常生活中已学会如何避免、应对这些危险。这种危险在生活领域不是必须被避免的，行为人的行为如果是与这些日常风险有关的，例如醉酒驾车、超速行驶、为赌气超越他人车辆而有意不保持安全距离行驶，即使行为人对自己行为的反规范性质有明确认识，也不能认为其容认死伤结果的发生，不能被评价为故意杀人或者故意伤害。

2. 行为人的态度

间接故意的行为人抱持无所谓的态度，而有认识过失的特点则是轻纵。对结果抱无所谓态度和相信结果能够避免，是具有互补性的概念，即两者彼此相连、互为补充：谁相信结果可以避免，并本着该认识行动的，就不是放任；谁放任结果的产生，就不会相信结果可以避免。

在区别间接故意和有认识过失时，需要特别注意：行为人除了在意识上对于结果的发生可能性有认识之外，还需要对结果的发生有特别的评价。当行为人严肃地认为结果可能发生并进而行动时，在行为决定中已然包含对结果的预料。这种对结果的预见已经具有目的支配性。而当行为人对结果的预见和应受负面评价的结果在作出行为决定时结合在一起时，就表现出行为人个人不法的特质。如果行为人并不认真地认为结果会发生，就等于不认为结果有发生的可能性。因此，认真地认为结果有发生的可能性，进而行动，表示在行为决定之时就预定了结果。

3. 是否存在真挚的努力

采取回避结果发生的措施，并且已尽真挚努力的，当然可以认定为过失。此外，虽然已经预见到结果可能发生，但对其发生怀有很大的疑问，或者抱着结果最终真的不会发生的想法而为其行为的，都应当排除故意。

三、过失犯的认定

1. 管理过失与监督过失

首先需要提醒的是，管理过失与监督过失并非是在疏忽大意的过失与过于自信的过失之外，另行提出的独立的过失犯种类。只不过在过失犯中，一般出现的情况是行为人对自己违反义务的行为承担责任，但这并不排斥主体对第三人的行为承担结果避免义务，这便是监督过失与管理过失的问题。基于现代社会分工越来越频繁，必然带来注意义务边界的不断扩散，因此监督过失与管理过失在过失犯的认定中具有举足轻重的作用，在实务操作中，尤其在企业组织、医疗等分工协作较多的领域，监督过失与管理过失的应用凸显其作用与意义。

所谓管理过失，是指行为人没有采取必要的防范措施，或者没有指示他人采取措施，导致危害后果的发生，或者由于自然力或第三人的无过错行为导致损害发生的情形。管理过失者的结果避免义务，是管理者为了在企业经营上、事务管理上保护人的生命、身体的安全而负有的义务。这里的管理包括两种情况：一是对人的管理，例如精神病院的护士A负责看管精神病人B，但疏于管理，B杀害了C。二是对物的管理，如行为人甲负责看管烟花爆竹仓库，但对仓库大门经常不上锁，导致乙擅自闯入乱丢烟头，酿成大祸。又如，在由于旅馆发生火灾而烧死了住宿客人的场合，相对于旅馆的从业人员而言会发生的问题是违反关于灭火活动和引导住宿客人避难等注意义务，同时，对旅馆的经营、管理人员也必须追究有关确立旅馆建筑物的防火设备、从业人员的防火体制等结果避免义务的违反。

所谓监督过失，是指在被监督者的行为直接造成损害，存在一般过失的场合，监督者由于对被监督者的行为负有监督义务，而应当承担过失责任的情况。在企业生产过程中，对规章制度的确立、遵守、检查应当贯彻始终，换言之，监督者必须制定详尽的安全管理制度，建立预警机制和危险反应制度；监督者对被监督者的行为，在事前要进行教育、指导、指挥，在事中要进行监督、检查，事后要进行总结。如果没有履行这些义务，又对直接行为人的过失行为有所认识，对其行为可能造成的法益侵害后果有预见可能性，那么，对于被监督者直接造成的后果，监督者必须承担过失责任。例如，企业主应强令工人自我保护，禁止工人使用危险技术，如果没有履行这些监督义务，就应当承担过失责任；又如在工厂操作危险机器的作业人员错误地操作机器，致使在附近工作的其他作业人员负伤的场合，与错误操作的作业人员的结果避免义务不同，厂长具有指挥、监督作业人员安全操作机器的结果避免义务，这种义务不是直接操作机器的结果避免义务，而是使作为部下的作业人员进行安全作业的义务。当然，此时危害后果的发生，是被监督者的一般过失和监督者的监督过失共同造成的（过失的竞合）。

一般所说的过失，是行为人应当预见自己的行为可能发生危害社会的结果，因为疏忽大意而没有预见，或者已经预见而轻信能够避免，以致发生这种结果的心理态度。管理过失，是指行为人应当预见自己的不确立管理制度，不谨慎履行危险源管理义务的行为可能由自己、第三人或者自然力造成社会的结果，因为疏忽大意而没有预见，或者已经预见而轻信能够避免，以致发生这种结果的心理态度。监督过失，是行为人应当预见自己的疏于监督的行为可能引起被监督者的过失行为，并由此导致危害社会结果的发生，但因为疏忽大意而没有预见，或者已经预见而轻信被监督者不会有过失行为，以致发生这种结果的心理态度。从理论上讲，如果肯定客观归责论在过失犯中的运用，提出管理、监督过失概念的意义是相对有限的。不过，从回应实务需要上看，提出这一对范畴，也有一定的实际意义：提示司法人员，大量过失犯罪的行为要对自己的行为直接导致的后果负责，但是也有为数不少的处于管理、监督地位的行为未履行自己的结果避免义务，在他人（被管理者、被监督者）的行为直接导致后果的场合，也需要承担过失责任，即被管理、被监督人员的过失原则上也就是监督者、管理者的过失。这为追究那些站在直接责任人员背后的企业管理者、国家机关工作人员的重大责任事故罪或者滥用职权罪提供了理论依据。

2. 信赖原则

传统的过失理论把预见可能与预见义务视为一体，凡有预见危害结果的可能时，就有注意义务；凡认识到危害结果时，便应采取避免危害结果的措施。根据这一逻辑，由于交通运输行业本身的危险性，驾驶员在行车过程中必须时刻注意车辆及行人的各种动向，并做好应急准备，否则，一旦发生事故，驾驶员就要承担过失责任。如果要求交通运输人员履行这样严格的注意义务，势必使驾驶员放慢速度开车，以便及时应对各种紧急情况，避免危害结果。这样一来，不仅丧失了汽车等交通工具的高速性能，也容易阻塞交通，妨害社会管理，不适应现代社会的要求。于是，随着交通运输业的迅猛发展，为提高运输的效率，减轻交通运输人员的过多义务负担，适用允许的危险理论的具体原则应运而生，把预见可能性与注意义务相分离，也就是说在某种条件下，行为虽具有预见危害结果的可能性，但不一定就有结果避免的义务。

信赖原则，是指在社会生活中的某些场合，应该对他人的行为给予信任，相信他人的行为能够对自己的安全和正常活动予以保障。它是通过第二次世界大战之前德国判例所形成的原则，是随着现代汽车作为高速交通工具在社会中的普遍使用而发展起来的关于过失免责的理论，是今天处理交通肇事等过失犯罪时必须加以考虑的。根据信赖原则，在交通运输人员根据规则驾驶车辆时，只要不存在特别的事情，就可以信赖其他的交通参与者也会遵守规则而行动，如果因为其他的交通参与者采取违反规则的行动而发生了事故，就不能追究相关的责任。在此意义上，信赖原则就限定了注意义务的范围。迄今为止，信赖原则逐渐在交通关系以外的社会诸领域得到承认。例如，在医疗行业，医生和药剂师之间就有信赖关系，药剂师应当信赖医生处方的正确性，医生应当信赖药剂师能够按照处方正确配发药剂。

当主体有一定理由相信他人会履行注意义务，但是他人并未履行的，是否有过失责任？换言之，信赖原则的适用究竟应该限定在何种范围？

信赖原则认为，行为人即便预见到他人可能实施不正常的非法行为，也没有回避义务。这就意味着信赖原则具有缩小过失责任的功能。当然，行为人并非在任何时候都可以适用信赖原则而免除预见他人实行不法行为的义务，需要对其加以必要限制。理论上通常认为，在下列情况下，不能适用信赖原则免除行为人预见他人实施不法行为的义务：

（1）行为人自己违反注意义务；

（2）行为人已经发现对方有反常行为，不能盲目地相信对方会履行自己的注意义务；

（3）因某种客观条件的限制，他人违反注意义务的可能性较大；

（4）发现对方是幼儿、老人、盲人或者其他残疾人而且无保护人陪同；

（5）对方的违反注意义务行为即将造成危害结果，行为人有时间，也有能力避免危害结果等。

上述限制事由大体可以归结为：一方面，行为人自身违反注意义务的，应当注意采取特别措施避免结果发生，通常不能适用信赖原则，否则对过失犯的认定会失去平衡；另一方面，在对方由于身心上的理由（如对方是幼童、老人、醉酒者、身体残疾者）容易采取异常行动而不值得信赖时，也不能适用信赖原则。

考点5 正当防卫

命题分析

正当防卫向来是理论和实务上最为重要的犯罪排除事由（违法阻却事由），2013年的刑法案例分析大题便涉及正当防卫问题。正当防卫涉及公民权利的保障，2017年的“于欢案”和2018年的“昆山龙哥案”再次将正当防卫制度及其理解适用推向风口浪尖，理论和司法实务界对此存在非常激烈的争议。因此，未来考查正当防卫制度的可能性是相当大的，考生对此需要多加注意。

考点解析

一、成立条件

根据《刑法》第20条的规定，正当防卫是指为了国家、公共利益、本人或者他人的人身、财产和其他权利免受正在进行的不法侵害，而对不法侵害人所采取的必要而适度的制止其不法侵害的防卫行为。

1. 防卫的起因条件

防卫起因是指存在由人所实施的不法侵害，没有不法侵害便谈不上正当防卫。不法，是指行为为法律所不允许。不法侵害，包括违法行为与犯罪行为，即广义的违法行为。**侵害的不法性决定了对于一切合法行为不允许进行正当防卫**，比如对依据法律执行的逮捕行为（即使最后经过调查认定为错捕）、对依法执行公务或者命令的行为、对公民依法扭送在逃人犯的行为，对正当防卫、紧急避险以及父母对子女基于亲权而行使的惩戒行为等，都不能进行正当防卫。

不法侵害仅指自然人的侵害，法人自身没有意思能力，其行为谈不上“不法”的问题，法人的行为不能成立不法侵害。如某私营企业偷电，电力公司不能对该私营企业采取正当防卫行为。

不法侵害不仅可以作为形式实施，同样可以不作为形式实施，对不作为方式的侵害行为当然可以实施正当防卫，问题的关键在于不作为是否对于法益造成了紧迫的侵害。如果这种不作为的行为已经形成紧迫的危害，那么就可以进行正当防卫，否则，就不应当进行正当防卫。对于不作为的侵害行为进行防卫，是防卫人用强力迫使侵害人履行其应当履行的作为义务，从而避免危害结果的发生。例如，对于落水者有救助义务者能救助而不救助，其他人可以强迫有救助义务者进行救助；对于不履行扶养义务的遗弃行为，正当防卫是迫使不作为犯事实履行特定义务的作为；对于无故侵入自己住宅，要求其退出而不退出的人，可以强力将其驱逐出住宅。

不法侵害不仅可以由故意构成，同样可以由过失构成。从实定法的角度看，《刑法》第20条本身并未将“不法侵害”限定为故意的不法侵害。从理论上看，如果承认违法性的本质是承认主观违法要素的行为无价值，则无论故意抑或过失，都是主观的违法要素，因而都是不法侵害；而如果承认违法性的本质是结果无价值，则会倾向于认为不法侵害是指客观上具有违法性的侵害，这一点和行为人的主观认识无关，所以基于过失、甚至是无过错的行为，只要客观上给他人造成损害的，也是不法侵害。所以，“基于过失而实施的侵害行为，不是不法侵害”这一表述无论从结果无价值论抑或行为无价值论的角度看，都是错误的。

关于不法侵害，有以下几点需要特别加以注意：

（1）关于对物防卫。在不法的判断中需要考虑主观的违法（正当化）要素，而在确定正当防卫前提的不法侵害时，是否需要确认侵害行为主观上的违法性，一直是存在争议的问题。对于这一点的理解，会影响到理论上对于对物防卫的定性。

结果无价值论从客观违法性论处罚，认为不法只是客观的法益侵害，与主观认知无关，因此，判断不法侵害不需要考虑主观要素。由于违法性中只有客观要素，因此，动物的侵害自然也是法益侵害，逻辑上自然推导出对物防卫就应当成立正当防卫。

行为无价值论则认为，不法侵害包含主观要素，只有人的侵害才是不法侵害，由于动物的侵害不可能具有主观意思，自然，“对物防卫”就不可能成立正当防卫，而只能视情况成立紧急避险。

当然必须注意的是，如果动物的攻击侵害行为如果是人所唆使的，便已经不再是动物的侵害，而是人的侵害，动物只是人实现不法侵害的工具与手段而已，因此，此时的动物侵害自然是不法侵害，当然可以进行防卫。所以，“动物被饲主唆使侵害他人的，其侵害属于不法侵害；但动物对人的自发侵害，不是不法侵害”这一真题选项的论述是完全正确的。

（2）针对他人不具有故意、过失的客观侵害行为进行反击的，不属于正当防卫，可以按照阻却违法的紧急避险处理。

（3）**幼儿、精神病人的侵害同样属于不法侵害，但对这两类特殊群体的不法侵害可以进行防卫，但必须严格加以限定**。为了保护被侵害者的利益，对作为正当防卫前提的不法侵害来说，就不能要求行为人是有责地进行的侵害（即不要求侵害行为是不法且有责的行为）。只要造成危险的侵犯者的行为是由人的意志所控制的，就是不法侵害。因此，幼儿与精神病人的侵害行为同样是违法行为，他们的行为仅仅缺乏有责性，因而可以对之进行防卫。例如，A 驾驶汽车带精神病人 B 就医途中，B 突然攻击 A，抢夺 A 的方向盘时，就必须承认 A 的正当防卫权；又如，甲偶然和患有精神病的邻居乙坐电梯上楼，但突然发生的断电事故导致电梯骤停，极其烦躁的乙开始攻击甲，甲当然有权进行正当防卫。在前述两个例子中，精神病人的侵害虽然因其不具备责任而不成立犯罪，但是，对其行为在客观上必须给予违法性评价。

但是，对无责任能力者进行的防卫，虽然其正当性被承认，但针对特殊人群的防卫受到很多限制，以尽可能保护这些"侵害者"。只有在迫不得已时，才允许辅助性地采取损害法益的防卫行为；而且这种防卫给无责任能力者所造成的损害不能明显大于所面临的危险（禁止权力滥用）。

（4）**对正在实施违法、犯罪行为者实施侵害的（所谓的"黑吃黑"行为），侵害者的行为仍然具有不法性**。

（5）不法侵害指向利益的特殊性。不法侵害所针对的法益必须是特殊的，一般而言是个人法益。**从理论上看，如果不法侵害针对是整体法益，除非同时也侵害了个人法益，否则不应当对其进行正当防卫。因为，对公共利益和公共秩序侵害行为的防卫，属于国家机关的任务，如果概括容许个人进行防卫，则人人会以国家警察自居，由此带来的可能不是制止不法侵害和混乱，反而会带来更多的不法侵害和混乱。所以，从这个角度来看，《刑法》第 20 条规定，在国家利益、社会利益受到侵害时，都可以进行防卫，是否过分扩大了正当防卫制度所保护的法益范围，并非不可置疑**。正当防卫具有私权性、自我保护性，这就决定了正当防卫的法益保护范围只适宜于个人法益。这里的个人法益，包括了自己和他人的生命、健康、自由、财产、名誉、隐私等。如果侵害国家、社会法益的行为同时危及了个人法益的，公民可以进行正当防卫。例如，对盗窃金融机构的行为，可以正当防卫，因为金融机构中的财产中包含储户的个人财产。反之，与个人法益无关联性的、单纯的国家法益、社会法益不应当属于正当防卫所要保护的范围。公民个人进行这种防卫在道义上可能是正当的，但在法律根据上可能是欠缺的：①对国家和社会法益的侵害，是否具有紧迫性，是否非得用防卫的方法来解决是有问题的。②国家、社会利益本质上不具有正当防卫中的可防卫性，应当是公民个人防卫权不应或不能涉及的领域。法律、行政法规将对这类侵害行为的防卫权赋予国家或者相应机关，而没有赋予公民个人。③国家机关有义务防止侵害国家和社会利益的行为发生，这种国家义务不能转嫁给个人。对侵害国家、社会利益的行为进行追诉、惩罚的权利，本质上是属于国家的垄断性权力，是国家专门机关的专门活动与职权，如果允许公民个人进行防卫，难以有效保护国家、社会和公共利益，还可能引发社会秩序的混乱。据此，任何个人都不能在发现非法经营行为时夺取经营者的财产。

总之，必须对《刑法》第 20 条规定的作为正当防卫前提的不法侵害利益范围进行限定解释。

（6）假想防卫的定性。只有在不法侵害真实发生的情况下，才存在正当防卫的问题。所谓假想防卫是指客观上并不存在正在进行的不法侵害，但防卫人误以为存在，因而对臆想中的不法侵害人进行防卫反击的情形。例如，A 与 B 正在拍电影，A 持道具枪欲朝 B 开枪，从旁走过的 C 误以为 A 真的要枪杀 B，便开枪将 A 击毙。C 的行为便属于典型的假想防卫。

在德国，由于承认故意的双重体系定位（即既具有构成要件故意，又有责任故意），又因为责任是从不法推导出来，因此具备构成要件故意原则上便具有责任故意，但**在假想防卫的场合，便存在了例外：假想防卫人对伤害臆想中的“不法侵害人”具有构成要件故意，但不具备责任故意，亦即假想防卫在罪责层次上影响故意犯的成立，但依情形可能成立过失犯。**德国通说最后的处理结论与我国实务的做法基本相同。

实务上，对于假想防卫通常按照事实认识错误的一般原则解决其刑事责任问题：首先，**假想防卫不可能构成故意犯罪，因为假想防卫的行为人不具有构成要件故意，其对自己的行为会发生危害社会的后果缺乏认识。**例如，甲深夜在加油站附近发现有人快速奔跑，以为其是抢劫加油站的罪犯，就开车撞击导致其受重伤，但伤者实际是正在追击抢劫犯的加油站负责人，甲的行为没有成立故意杀人罪的余地。其次，**在假想防卫的情况下，如果行为人主观上存在过失，应以过失犯罪论处。**最后，**在假想防卫的情况下，如果行为人主观上没有罪过，其危害结果是由于不能预见的原因引起的，则是意外事件，行为人不负刑事责任。**

2. 防卫的时间条件

正当防卫的时间条件是不法侵害正在进行，即侵害具有现实紧迫性。侵害的现实紧迫性要求侵害应当是现在的侵害，即既非过去也非未来的，而是现实面对的侵害，包括侵害行为已经着手实行、正在进行、尚未完毕等情形。如果对于过去的侵害加以报复，或者唯恐未来受侵害而进行所谓的防卫，则属于事后侵害或者事前侵害行为，都不成立正当防卫。

不法侵害的开始，与实行行为的“着手”是大致相同的概念。对于提前安装防卫设施的定性需要注意：事前安装防卫装置的行为，比如为防盗而在家里窗户的内侧架设铁丝网并通电，为防盗而用碎玻璃扎在围墙上，结果将翻越围墙入室盗窃的侵害人扎成轻伤的，只要行为没有危害公共安全，就是具有社会相当性的行为。在他人实施入户盗窃等不法侵害时，防卫装置发挥作用的，视为在不法侵害正在进行时防卫人进行防卫，在没有超过防卫限度的场合，行为就具有合法性。事前安装防卫装置和事前防卫并不相同：事前防卫是防卫人主动、积极地针对他所认为的侵害人进行的作为方式的防卫。而安装防卫装置是利用一定工具与手段进行的一种预防侵害的防卫行为。该装置不会主动发生作用，只有在侵害成为现实时才发挥作用。换言之，该装置发挥作用时，不法侵害正在进行。**当然，必须注意的是，只有在事前安装的防卫装置危及公共安全时，根据情况才可能成立故意杀人、过失致人死亡或者以危险方法危害公共安全罪，而不能成立正当防卫**。

所谓不法侵害正在进行，是指犯罪行为已经着手实施，且尚未结束。对于“结束”应理解为只要本人或他人还存在着受暴力犯罪行为侵害的危险，就可以实施正当防卫予以排除不法威胁。

具有下列情形之一的，**不法侵害已经结束：①不法侵害行为已经被防卫人所制止；②不法侵害由于侵害人意志以外的原因不能继续进行下去；③不法侵害人由于自身的原因而丧失继续侵害的能力；④不法侵害人已经自动中止不法侵害；⑤犯罪行为已经既遂或者实害结果已经发生**。

凡是危险已经被实际排除的，就不能再实施正当防卫。

必须提醒注意的是，在财产犯罪的场合，只要侵害者尚未对财物建立稳固的持有关系（即尚未终了），即便其财产犯罪已经既遂，应当认为不法侵害仍在继续，被侵害者仍然可以实施正当防卫。也就是说，在不法侵害时财产性违法犯罪的场合，虽然侵害行为已经达到既遂状态，但被害人在现场（包括从现场直接延伸的场所）使用强力还来得及挽回财产损失的，应当视为不法侵害尚未结束，可以正当防卫。即只要财产性违法犯罪的行为人被当场发觉，并及时受到追捕的，在其将非法获取的财物隐藏到他人难以发现的场所之前，不法侵害行为都视为一直在持续，财产持有、所有人或者其他追捕者可以为夺回财物而对不法侵害人进行防卫。

3. 防卫的对象条件

防卫的对象条件是指正当防卫只能对不法侵害者本人实施，不能针对与不法侵害无关的第三人。正当防卫是通过对不法侵害人造成一定损害的方法，使本人或他人的合法权益免受正在进行的不法侵害，由此决定了它只能通过对不法侵害人的人身或者财产造成一定损害的方法来实现防卫意图。大多数情况下，防卫针对的对象都是不法侵害人自身，但少数情形下，物也可能成为防卫对象，此时的防卫从形式上看是对物防卫，但本质上仍然是对人的防卫，因为作为防卫对象的物是不法侵害人所利用的工具或手段。例如，在狗主人唆使狗攻击他人时，被攻击者将狗打死的行为，便属于对狗主人的正当防卫。

不法侵害者本人始终是防卫行为所直接指向的目标，而不是偶然在现场或者与不法侵害人有关的第三人。防卫第三者的场合，可能成立紧急避险，也可能成立间接故意犯罪或者过失犯罪。在防卫行为造成第三人损害时，需要区别以下情况：

第一，侵害者利用第三人的物进行攻击的。此时，对于不法侵害人而言，防卫者当然成立正当防卫，对第三人而言防卫者成立紧急避险。由于正当防卫对于法益衡量的要求不如紧急避险严格，所以在正当防卫和紧急避险竞合时，将防卫人的行为皆视为正当防卫可能更为合理。

第二，防卫者利用第三人的财物实施防卫。对于财物的所有者而言，防卫人的行为属于紧急避险。防卫者的行为合法，赔偿义务由不法侵害人承担。

第三，防卫行为造成无辜第三人损害。防卫行为所产生的结果由第三人承担的场合，如何确定防卫人行为的性质，较为复杂。例如，甲对准乙开枪，乙一边闪躲，一边向甲扔石头，乙扔出的一块石头在空中裂为两半，其中一半砸中偶然从现场路过的丙，导致丙受重伤。对于此问题，存在紧急避险说、假想防卫说、责任阻却说等解决方案：由于避险意识是紧急避险的成立条件，乙缺乏避险意思，所以紧急避险说不尽合理；由于乙对丙根本没有防卫意思，所以对丙谈不上假想防卫的问题；责任阻却说用超法规的期待可能性作为责任阻却事由，可能会被滥用而影响法安定性，相对而言，将乙的行为解释为正当防卫可能更为合理。

4. 防卫的限度条件

防卫行为应当在必要限度内进行，明显超过一定限度并造成重大损害就是不适当的，属于防卫过当。对正当防卫的必要限度应当着重从以下三个方面进行考查：**不法侵害的强度、不法侵害的缓急、不法侵害的权益**。[①] 不法侵害的强度，一般指行为的性质与危险性程度、行为对客体所造成的侵害结果的轻重及侵害的手段、工具等因素的统一。不法侵害的强度越大，防卫的强度就可以越大。不法侵害的缓急是指不法侵害的紧迫性程度，不法侵害越紧迫，防卫过当的标准就应当越宽松。不法侵害法益就是正当防卫所保护的法益，为防卫重大法益而对不法侵害人造成重大损害，可以认定为没有超过必要限度，为保护轻微的法益而侵害重大的法益，即便非此不可，也应当认定超过必要限度。比如对于未带凶器的单个小偷，对于夜间无故侵入住宅的侵害人，用枪杀的方法进行防卫，显然是手段与法益均严重失当的防卫，即明显超过必要限度，造成了重大损害。

需要注意的是，防卫过当本身并非罪名，在实务中遇到防卫过当的情形，仍然必须结合刑法分则的具体罪名定罪量刑。至于防卫过当的主观心态，理论界存在争议，我国刑法学通说认为防卫过当的罪过为排除直接故意的任何罪过形态均可构成（即包括间接故意、过失）。实际上，将防卫过当的罪过限定在排除直接故意外的罪过形态，很显然存在明显的问题：直接故意与间接故意均是故意，规范上没有理由限定只能由间接故意可以构成防卫过当，而直接故意不构成。另外，防卫过当者起先只有正当防卫的意思，防卫的认识不等于故意犯罪的意思，即使后来防卫过当的行为也不能认为是在犯罪故意的支配下实施的。行为人认识到不法侵害正在进行，并有保护法益的意思，而且认识到对不法侵害人造成伤亡是法律允许的，不具有故意犯罪的“明知”，防卫意识与犯罪故意明显不符。实际上，在防卫过当过程中存在的心态，不外乎两种：防卫人原本应当预见自己的防卫行为可能超过限度，造成重大损害，但是因为疏忽大意没有预见，或者已经有所预见，但是过于相信现场的客观条件或者自己的能力、技术等物质条件可以防止重大损害的发生，但最终并未防止。不能将防卫人对重大损害这一结果的发生有所预见，而且最终发生了这种结果，就认定其存在间接故意的心态，这过于夸大了间接故意的存在空间。换句话说，将防卫过当的主观罪过限定为过失，应当是合适的。

5. 防卫意识

防卫意识是指防卫人认识到不法侵害正在进行，为了保护国家、公共利益、

① 参见陈兴良：《规范刑法学》（第2版），上册，中国人民大学出版社2008年版，第147页。

本人或者他人的人身、财产等合法权利而决意制止正在进行的不法侵害的心理状态。如果防卫人根本不知道正在进行的不法侵害的存在，而且主观上并非处于防卫的意思，即使客观上存在正在进行的不法侵害，该行为人缺乏防卫意识的行为也不能成立正当防卫。防卫意识可以包括两个方面的内容：对于正在进行的不法侵害的认识，即防卫认识；对于制止正在进行不法侵害的决意，即防卫意志。对于主观的正当化要素，是仅有防卫认识即为已足，还是要求既有防卫意识，同时出于防卫意志，才能成立正当防卫，存在争论。争论的实益在于，当行为人认识到存在不法侵害，但是出于报复等目的实施攻击行为，能否成立正当防卫的问题。

对于防卫意识要件是否是成立正当防卫的必备要件，行为无价值论与结果无价值论的对立非常明显。行为无价值论持肯定态度，但结果无价值论持否定态度。我国刑法学通说持肯定态度。官方“四大本”同样将防卫意图作为正当防卫的成立要件之一。从我国《刑法》第 20 条有关正当防卫的法律规定“为了使……权利免受正在进行的不法侵害，而……”的表述中，也可以推导出从法律上肯定了正当防卫需要防卫意识的结论。

与防卫意识要件有关的争议问题主要包括以下三个：

（1）偶然防卫

偶然防卫，是指行为人故意或过失实施某种犯罪时，该犯罪行为偶然地符合了正当防卫的客观前提条件的情形。即行为人非基于防卫意识而实施的故意或过失不法行为，客观上起到了“正当防卫”的效果。例如，在多个共犯相约故意驾车出去“碰瓷”，再敲诈对方财物的案例中，如果共犯人之一的甲在“碰瓷”过程中，因为操作失误将自己一方的汽车撞坏甚至将人员撞死，而真正的被害人由此躲过一劫的，甲能否因为客观上“救助”了真正的被害人而成立正当防卫？刑法学立场不同，会导出不同的处理结论。

结果无价值论认为，违法性的实质在于客观上对法益的侵害，客观上没有法益侵害的行为便不具有违法性，即使行为人内心再恶，刑法也不处罚不会造成法益侵害的行为，因此，不承认主观的正当化要素，相应地，正当防卫的成立也不要求防卫者必须具有防卫意识，由此得出偶然防卫不成立犯罪的结论。

行为无价值论认为，防卫意识是主观的正当化要素。在偶然防卫杀人的场合，虽然“防卫人”杀死的也是一个罪犯，该结果法律并不反对，可以认定其不具有故意杀人罪既遂的结果无价值，但有未遂的结果无价值；如果同时考虑到“防卫人”有未遂的行为无价值（行为人具有违反法规范的敌对意思），在结果无价值与行为无价值同时存在的场合，不能阻却违法。因此，在偶然防卫的场合，

起码成立相应犯罪的未遂，无论如何不可能不成立犯罪。

（2）防卫挑拨

防卫挑拨，是指行为人为了加害对方而故意挑逗他人为一定的不法侵害或攻击，然后在正当防卫的借口下以防卫行为加害他人的情形。防卫挑拨通常不能成立正当防卫：防卫挑拨中的防卫行为尽管表面上具有防卫的形式，但其实质是进行真正的不法侵害，其行为并非出于防卫意思，因此，不能成立正当防卫。例外的情形是，**如果挑拨行为人以可能给对方造成轻微损害的方式进行挑拨，但对方反应过于激烈，在挑拨人的生命、健康权利受到严重威胁时，仍然可以认为防卫挑拨人具有正当防卫权**。

（3）相互斗殴

相互斗殴是指双方参与人各自出于向对方施加不法侵害的故意而相互侵害对方的情形。**在相互斗殴的场合，原则上不能成立正当防卫**。其理由为：①行为人都有妨害社会管理秩序、加害对方的意思，并且客观上实施了侵害对方的行为，双方缺乏防卫意思。②从人身法益的角度来看，因为存在被殴打者的被害人承诺，一方的行为不具有侵害对方人身法益的违法性，缺乏正当防卫的前提条件。③从社会法益的角度来看，双方的行为都是不法行为，而非制止不法侵害的防卫行为。当然，**相互斗殴的一方已经停止斗殴，或者因明显处于劣势而逃跑、求饶，对方仍然继续进行暴力程度很高的攻击时，先行停止斗殴或者处于劣势的一方进行反击的，可能成立正当防卫**。

正当防卫的要件	内容要求
防卫的起因条件	人所实施的不法侵害
防卫的时间条件	不法侵害必须正在进行（现实紧迫性）
防卫的对象条件	针对不法侵害人本人
防卫的限度条件	防卫不得超过必要限度
防卫的主观条件	防卫认识 + 防卫意志（有争议）

二、特殊防卫

根据《刑法》第20条第3款的规定，对正在进行行凶、杀人、抢劫、强奸、绑架以及其他严重危及人身安全的暴力犯罪，采取防卫行为，造成不法侵害人伤亡的，不属于防卫过当，不负刑事责任。这是刑法关于特殊防卫权（无过当防卫）的规定，该规定的合理性表现在其考虑了利益均衡的法律原则。

特殊防卫成立的前提条件被限定为行凶、杀人、抢劫、强奸、绑架以及其他严重危及人身安全的暴力犯罪。在不是严重危及人身权的暴力犯罪场合，防卫人可以选择非致命的暴力防卫措施，没有必要造成不法侵害人伤亡的后果。只有在严重危及人身安全的暴力犯罪发生时，由于不法侵害人处于主动、有力的地位，防卫人在仓促、紧张的状态下，往往才明确允许免除防卫人对不法暴力侵害人造成伤亡后果的刑事责任。

1. 行凶的含义

对于什么是行凶，刑法并未做明确规定。打人巴掌、推人一把、与人厮打等行为在日常生活中或许可被称为行凶，但很难被认定为特殊防卫规定中的“行凶”，否则会违反法律上利益均衡原则，因此，需要对“行凶”的含义做限制解释。

行凶，并非一个具体的罪名，而是一种犯罪手段。它一般指故意伤害，但是也不能排除侵害人以伤害以外的其他行为危及防卫人的生命和健康。**大体上可以认为，行凶必须是严重危及人身安全的暴力犯罪手段，因此，诸如严重危及不特定公民人身安全的放火、爆炸、破坏交通工具等，都具有相当程度的暴力性，可以被认定为行凶**。另外，需要注意的是，行凶不限于使用凶器，行为人未使用任何凶器仍然可能进行严重危及人身安全的暴力犯罪，例如武功高强的人赤手空拳攻击别人，同样可以造成他人严重的伤害，当然属于行凶。对于行凶的认定，可总结如下：**行为人以暴力形式实施了不法侵害行为，至于是否使用凶器在所不问；不法暴力行为严重危及他人的生命、健康，可能造成他人重伤或死亡的结果。因此，如果暴力程度较低，所可能造成的后果为有限的轻伤害者，不属于这里的行凶；犯罪故意明确的杀人、强奸、绑架、抢劫4种犯罪行为，不是这里的行凶**。

2. “杀人、抢劫、强奸、绑架罪”的含义

这里的杀人、抢劫、强奸、绑架罪，既可以指具体的罪名，也可以指4种形式的犯罪手段。例如，对于抢劫犯罪，不应狭义理解为仅指侵犯财产罪中的抢劫罪，还可以包括《刑法》第127条第2款规定的抢劫枪支、弹药、爆炸物罪，这种抢劫行为侵犯的法益中同样包含了人身权利、适用的手段同样也是暴力，其危害性通常大于财产犯罪中的抢劫罪。如果允许对普通抢劫罪实施特殊防卫行为，就没有理由不允许对危害更为严重的抢劫枪支、弹药、爆炸物罪实施特殊防卫。而强奸罪，包括拐卖妇女过程中奸淫被拐卖的妇女的行为，类似行为虽然不单独

构成强奸罪，但是属于以强奸的手段侵害被害人性自由权利的行为，当然可以实施特殊防卫。再如绑架犯罪，可以包括以出卖为目的，使用暴力、胁迫或者麻醉方法绑架妇女儿童的行为，虽然应当认定为拐卖妇女儿童罪，但从犯罪手段上看，是以绑架方法实施的，应当允许进行特殊防卫。

此外，杀人、抢劫等都包括转化犯的情形。例如，根据《刑法》第238条第2款的规定，使用暴力非法拘禁，致人死亡的，应当依照故意杀人罪定罪处罚。又如，《刑法》第269条规定，犯盗窃、诈骗、抢夺罪，为窝藏赃物、抗拒抓捕或者毁灭罪证而当场使用暴力或者以暴力相威胁的，应当依照抢劫罪定罪处罚。《刑法》第267条第2款规定的携带凶器抢夺的，以抢劫罪论处。但是，如果行为人只是为实施其他犯罪而携带凶器，却并未使用该凶器，更未对被害人使用暴力，不属于可行使特殊防卫权的抢劫罪范围。需要注意的是，**在抢劫已经既遂但行为人尚未离开现场、并未对财物建立完全稳固的持有状态时，尽管可以对抢劫者行使普通正当防卫权，但不可以进行特殊防卫**：毕竟，抢劫已经得逞，抢劫行为本身对于人身安全的威胁已经不再紧迫，因此防卫人为挽回自己的财产损失而进行防卫，导致不法侵害人死亡或重伤的，仍然要负防卫过当的刑事责任。

对于强奸罪，只有在不法侵害人使用暴力强奸的，防卫人才能使用特殊防卫权，对于非暴力的强奸（例如利用权势胁迫被害人实施的强奸，冒充被害人丈夫的强奸，以治病为名实施的强奸等），原则上不允许实施特殊防卫。

总之，对杀人、强奸、抢劫、绑架这四种罪名或行为，必须使用达到严重程度的暴力时，才能行使特殊防卫权，而非只要性质上属于这四种罪名或行为，就可以行使特殊防卫权。因为杀人、强奸、抢劫、绑架等可以由非暴力手段实施。例如，杀人罪就可以是由非暴力手段的投毒、精神刺激等作为或不尽扶养义务等不作为实施，如果允许对这类故意杀人行为行使特殊防卫权，缺乏防卫紧迫性与合理性。另外，绑架与抢劫罪也可以由非暴力的猥亵、麻醉手段实施，或由程度轻微的暴力手段实施，对特殊防卫权的行使也应当予以限制。

3. “其他严重危及人身安全的暴力犯罪”的理解

一般认为，对“其他严重危及人身安全的暴力犯罪”不宜作扩大解释。刑法作如此规定，主要考虑立法者不可能完全通过列举的方式穷尽所有的严重危及人身安全的犯罪，所以采用“列举式”与“概括式”并用的立法模式，有利于审判实践根据立法精神，判断特殊防卫权的行使是否妥当。

暴力犯罪，是指采用武力手段对被害人进行威胁、恫吓、殴打、捆绑，以造成被害人精神恐惧及人身危险，从而达到犯罪目的的行为。暴力行为具有很强的破坏力，在运用上具有突然性、猛烈性、攻击性，对人的心理能够瞬间产生强制性并可能最终导致被害人的生命丧失、健康受损。从外观上看，暴力的表现形式多种多样，如刀砍、棒打、捆绑、爆炸、放火等。可以从以下几个方面确定暴力犯罪的程度：

一是结合实行行为考虑。根据具体罪名确定暴力犯罪的程度，例如，劫夺被押解人员罪、暴动越狱罪、聚众持械劫狱罪等，从其罪名上即可确定其暴力犯罪可能达到严重危及人身安全的程度，因而对这类犯罪应当允许进行特殊防卫。

二是结合行为的危险性考虑。根据具体案件中是否足以造成“严重危及人身安全”的危险来确定暴力犯罪的程度。如聚众斗殴、非法拘禁，一般情况下不具有严重危及人身安全的可能，但是当使用暴力足以致人伤残、死亡的，则属于严重的暴力犯罪，可以对其实行特殊防卫权。

三是结合犯罪的法定刑幅度考虑。在刑法分则中，虽然有些犯罪是以暴力手段实施的，但由于暴力程度较轻，法定刑较低的（3年以下有期徒刑），在任何时候都不能对其进行特殊防卫。侮辱罪、破坏选举罪、暴力干涉婚姻自由罪、妨害公务罪等，都属于这类犯罪。

在不法侵害明显只针对财物，而未危及人身安全时，不能行使特殊防卫权。

考点6　紧急避险

命题分析

相对于正当防卫，紧急避险尽管没那么重要，但是无论在理论研究以及司法实务中，紧急避险仍然是一个非常重要的出罪事由。关于这一点，从命题人在个别年份的选择题中同时设置正当防卫与紧急避险的选项便能得到体现。虽然在往年的案例分析大题中并未出现有关紧急避险的问题，但由于正当防卫本身是个非常重要的热门考点，因此也将紧急避险作为重要的关联考点提出来予以分析。

考点解析

一、成立条件

紧急避险，是指在为了保护较大的合法利益，而不得已牺牲较小利益的情形。通说认为，紧急避险阻却违法性的根据在于法益衡量说，即在价值较高的法益遭受紧急危难与危险状态时，为了保全法益，在紧急情形下牺牲其他较小法益以保全价值较高的法益。

正当防卫与紧急避险在很多方面存在差别，其中最大的不同在于：紧急避险需要在严格的法益衡量之后才能正当化，避险行为导致他人死亡的，原则上该行为不能正当化。正当防卫原则上不需要进行法益衡量，在紧急情况下，允许使用比不法侵害稍大的武力进行防卫，防卫行为导致不法侵害人死亡的，有时也不影响防卫的正当性。

1. 避险的起因条件

存在危险，是紧急避险的起因条件。危险，是指自己或他人的生命、健康、自由、财产等法益受到侵害或处于有侵害的危险状态。危险的来源包括：自然灾害、动物攻击、人所实施的侵害行为（但直接针对不法侵害者本人实施的反击行为，则应直接援引正当防卫规定）。

对于他人的合法行为，因无危险可言，所以不能主张紧急避险以保护其利益。如警察依法逮捕犯罪嫌疑人，则犯罪嫌疑人就无刑法上的危险可言，当然就不能主张紧急避险。

根据《刑法》第21条的规定，避险行为所保护的利益并没有限制，只要是法律所承认和保护的利益便可以，理论上包括了各种个人或整体法益，只要在避险行为的当时有保护的必要性，都不排除实施紧急避险的可能。这一点，与理论上对正当防卫要保护的利益有所限制不同。

2. 避险的时间条件

危险处于紧急状态，是避险的时间条件。紧急，是指危险正在发生而又没有结束的状态。危险正在发生是指危险已经出现并对一定的法益形成现实的迫在眉睫的威胁。危险尚未结束是指危险继续威胁着一定的法益，甚至会对相关法益造成更大的损害的情形。无论哪种情形，此时行为人如果不立即采取避险措施，就可能丧失救助法益的机会而无法阻止损害的发生或造成更大的损害后果。所以紧急避险中危险的现实性与正当防卫中侵害的现实性是不同的。在紧急避险的情形下，如果危险并不会马上发生，但有发生危险的可能性，那么紧急避险的危险现实性仍然是成立的。

3. 避险的对象条件

紧急避险时采取损害一种法益的方法保全另一种法益，并且它所损害的是第三者的法益。由此，在危险来自人的违法行为时，避险对象是第三者的身体健康或者财物。

紧急避险是为保全某种合法权益而损害另外的合法权益，所以是一种“正对正”的关系，这和正当防卫明显不同：正当防卫是一种“正对不正”的关系，防卫人所针对的是不法的侵害。

4. 避险的限度条件

避险的限度条件是“不得已”损害较小法益来保全较大法益。“不得已”意味着避险成为唯一的手段与方法时才能允许，才能构成正当化事由。倘若还有报案、寻求第三人的帮助、逃跑等其他可行的方法足以避免危险，就不是不得已，不能成立紧急避险。

《刑法》第21条第2款规定，紧急避险超过必要限度造成不应有的损害的，应当负刑事责任。在衡量紧急避险是否超过必要限度时应当考虑：①在一般情况下，凡是紧急避险行为所造成的损害小于或者等于所避免的损害的，就是没有超过必要限度的行为。就利益大小的比较而言，一般来说，人身权利大于财产权利。在人身权中，生命权大于健康权，健康权大于自由权以及其他权利。在财产权中，以财产价值的大小作为衡量的标准。但是，为了避免轻微的身体伤害而毁损他人的特别高额的财产，是不是超过限度，还是一个有争议的问题。②牺牲他人的生命来保全自己生命的，通说认为不符合避险的限度条件。因为任何个体的生命都具有最高价值，在任何情形下都不能作为达到他人目的的手段。理所当然地也不能成为维持他人生命的手段。牺牲他人的生命来保全自己的生命，已经超越了避险的限度要求，理应承当刑事责任。

当然，牺牲他人、保全自己的行为不能成立阻却违法的紧急避险，并不能直接就得出行为成立犯罪的结论。行为人在特别紧急的情况下，选择牺牲他人利益以保全自己或第三人的法益，也可能是人性的正常表现，毕竟，法律不强人所难，基于避险当时的特殊情境下人所处的动机压力，因此还是有可能通过期待可能性理论认定行为人的行为阻却或减轻罪责。

5. 避险的意思条件

避险的意图在于使国家、公共利益、本人或者他人的人身、财产和其他权利免受正在发生的危险。行为无价值论和结果无价值论对于避险意思是否需要，存在激烈争论。行为无价值论认为与行为相伴的恶的动机是刑法评价的重要素材，在没有避险意思、只有犯罪意思的场合，行为并不具有合法性，因此，赞成避险意思必要说，从而否认偶然避险以及自招风险情况下的避险正当化。结果无价值论肯定法益的重要性，即使没有避险意思，但客观上有助于保护法益的行为，不具有违法性，因此，赞成避险意思不要说，认为偶然避险可以成立紧急避险，自招风险在特殊情况下也可以成立紧急避险。

从我国《刑法》第21条有关紧急避险的法律规定“为了使……权利免受正在发生的危险”的表述中，也可以推导出从法律上肯定了紧急避险中避险意思的结论。结果无价值论认为紧急避险不需要避险意思的主张，和我国刑法的立法规定相悖。官方“四大本”同样将避险意图作为紧急避险的成立要件之一。

此外，如果按照正当防卫中有关防卫意识的具体内容的争论，避险意识同样存在仅需认识到避险的紧急情况（避险认识），还是必须同时兼备避险者主观上是为了避险的意志目的（避险目的）的争议。一般认为，对于避险意识，只需要行为人认识到法益处于紧急危险的状态即为已足，换句话说，避险意识仅需要满足避险认识即可。

6. 避险主体的特别限制条件

《刑法》第21条第3款规定，刑法关于避免本人危险的规定，不适用于职务上、业务上负有特定责任的人。这是因为法律对负有特定义务的人有特别要求，国家对其有特别的期待，在发生危险时，如果自己先行避险，国家的期待就会落空，当然不允许其为了避免本人的危险而进行相关的避险行为以逃避法定的义务。

紧急避险的要件	内容要求
避险的起因条件	存在危险
避险的时间条件	危险处于紧急状态
避险的对象条件	针对无辜第三人
避险的限度条件	“不得已”损害较小法益保全较大法益
避险的主观条件	避险意识+避险意志（有争议）

二、避险过当及其刑事责任

按照《刑法》第21条第2款的规定，避险过当应当承担刑事责任，但是应当减轻或者免除处罚。避险过当，是指避险超过必要限度造成不应有的损害的行为。避险过当必须具备以下条件：行为必须具有避险的性质；必须是避险超过必要限度，造成不应有的损害；行为人在主观上对过当的避险行为有罪过。对避险过当是减轻处罚还是免除处罚，应当综合考虑所保全的法益与牺牲法益的价值大小、避险过当的程度、罪过形式、危险大小等诸多因素加以确定。

考点7　被害人承诺与推定的被害人承诺

命题分析

如同紧急避险，被害人承诺在主观题中没有考查过。我国刑法总则中并没有规定被害人承诺的法条，但分则中的个别条款对于被害人承诺作为犯罪排除事由则有所体现。因此，案例分析大题中关于被害人承诺的知识点不排除会结合分则个别构成要件（如非法组织卖血罪等）予以考查。

考点解析

一、被害人承诺

被害人承诺，是指被害人出于自愿允许他人对自己可以处分的法益加以侵害的行为。被害人承诺阻却违法性的法理依据在于：法律尊重个人对某些法益的自我决定权，在承诺人本人对其自身的法益可以自由处分的情况下，如果其本人实施一定的处分法益行为不构成犯罪，那么，在行为人获得承诺人真实承诺的情形下而为的侵害行为，当然也不构成犯罪。得到被害人承诺的侵害行为，并不排除构成要件符合性，而是排除行为的违法性。由于刑法未将被害人承诺作为法定的排除犯罪事由，因此，被害人承诺属于超法规的违法阻却事由。成立有效的被害人承诺，必须具备以下要件：

1. 法益具有可处分性

被害人能够处分的，必须是法律允许其处分的个人法益。对于国家和社会法益，个人无权进行处分，因此承诺无效。但是，对于国家和社会法益，尽管被害人的承诺不能阻却违法，但行为人也可能因为被害人的承诺而只构成较轻的罪名。例如，《刑法》第234条之一规定的组织出卖人体器官罪中的构成要件行为是以得到他人的承诺为前提的。因为组织出卖人体器官行为可能危及被害人生命，所以他人的承诺无效，不能阻却行为的违法性。但毕竟存在被害人承诺情节，而不是行为人使用暴力手段伤害他人，因此，不构成故意伤害罪。

具有个人处分可能性的法益主要是属于被害人自己的财产、人身法益等法益。但是，对于生命与健康法益的处分却又有相应的限制：得到被害人承诺的轻伤行为，可以阻却违法性；但是得到被害人承诺的重伤或者杀害行为的违法性难以被阻却。因为生命与重大健康等法益，虽然专属于个人，但同时也涉及社会公共利益，生命与重大健康法益一旦被侵害，个体生命可能从社会中消失，或由于侵害而导致身体严重残疾，会造成社会的不安，增加被害人的家庭负担与不幸。所以刑法虽然不禁止法益主体的自我处分，但禁止他人在得到被害人承诺后实施杀人或者重伤行为。

2. *承诺通常由法益持有者本人做出*

承诺不是由法益持有者本人做出时，该承诺通常无效。但在法益并非重大财产权时，法益持有者的监护人的承诺通常有效；在承诺行为不会严重损害法益持有者（例如法人团体）的利益时，其法定代理人的承诺行为有效。在法益属于专属于个人的身体法益时，一般来说，代替法益拥有者所做的承诺都无效。

3. *承诺者必须有承诺能力*

承诺者必须具有一定的辨认、控制能力，对承诺事项的内容、范围、结果乃至最终意义有相应的理解能力与意思能力。所以，不能理解承诺事项的意义、价值与结果的年幼者和精神病人所做的承诺无效。在某些情况下，对于缺乏承诺能力者的承诺，可以由其监护人做出，例如，家长有权对医生出于医疗目的伤害未成年子女的行为做出承诺。

4. *承诺必须真实、明确*

承诺必须出于承诺人的自由意思。因为被欺骗、被胁迫所做的承诺无效；对承诺事项的意义、内容、范围与结果等产生错误认识时而为的承诺也应无效。当然，在特殊情况下，承诺存在较小的瑕疵时，也可以认定承诺有效。例如，在医生并未告知病人有关病情的全部情况时，如果病人的承诺并不涉及对自己重大权益的放弃，其承诺可以认为有效。此外，承诺还必须明确，不完全确定的承诺，由于其违反了承诺明确性的要求，应当认定无效。承诺的明确性不仅关涉承诺的意愿，也和承诺事项本身的性质、内容、范围与结果有关。

与承诺真实、明确有关联的复杂问题是：在死亡并非出于被害人自愿，即欺骗他人使之做出承诺并自杀的案件中，是否一律成立故意杀人罪。换言之，在被害人对于死亡结果存在清楚认知，但却对自杀身亡的目的、意义有错误认识时

（被害人动机错误），是否仍然成立自杀？对此，应当考察在具体个案中，被害人动机错误的大小，是否足以构成重大意思瑕疵，来确定被害人承诺的效力。在可以假定没有该错误，被害人就不会决定放弃该法益，即不会选择自杀时，就应当认为该动机错误损害了被害人的自主决定权，其自杀承诺无效。也就是说，如果被害人没有充分的认知与判断能力，并且其意思表示有重大瑕疵时，不能认定其自愿选择了死亡。

但是，对于欺骗他人自杀的情形，并不能一律定故意杀人罪。此时，分析被害人是否有动机错误，实际上也就是在考虑欺骗行为对于被害人做出自杀决定所起的作用大小。如果被害人决心自杀，只求速死，行为人为让其快死，而假装一同自杀，被害人由此自杀身亡的，行为人无罪，因为即便存在欺骗，被害人有一定认识错误，但是该错误是在被害人已经有死亡的自主决定权之后才产生的，行为人对被害人做出自杀决定的影响力较小。

5. 承诺必须在事前做出

有效的承诺必须在行为开始前或者行为当时做出。由于承诺的本质是承诺者对法益的自我决定权的行使，因此，承诺可以撤回。如果行为人违背承诺者已经改变的意愿，继续实施该行为，则这种行为不能阻却行为的违法性。事后的承诺，由于在行为的当时完全没有体现法益持有者对法益的自主决定权，因而事后承诺在刑法上当然无效。

6. 承诺为行为人了解（主观的正当化要素）

承诺必须由被害人根据其自由意思通过明示或暗示方式表达出来；同时，承诺必须传达给行为人，行为人由此清楚地认识到被害人做出了承诺，自己可以按照被害人的承诺行事。

在行为人对于被害人承诺有认识错误的，应当分情况进行处理：一方面，如果被害人并未做出承诺，但行为人误以为被害人已经承诺的，误以为自己的行为具有正当性的，便会阻却犯罪故意的成立，但可能成立过失犯罪。如果根据当时的具体情况行为人难以预见的，则属于意外事件。例如，误以为被害人允许行为人重伤其身体而实施伤害行为，可以成立致人过失重伤罪。另一方面，如果被害人已经做出承诺行为，但行为人误以为被害人并未承诺，即行为人未意识到被害人承诺的，属于阻却违法性的客观要素，但缺乏主观要素的情形，应以故意犯罪未遂处理。

另外，需要提醒的是，行为人当然必须严格按照承诺者的承诺意思行事，否则不能阻却违法。

被害人承诺的要件	内容要求
承诺的法益具有可处分性	必须是法益持有者有权处分的法益（生命、重伤以及集体法益都不可处分）
承诺由法益持有人本人做出	非本人做出的承诺原则上无效
承诺者必须有承诺能力	能够理解放弃的法益的范围、结果和意义
承诺必须真实、明确	出于承诺人的真实自由意思
承诺必须事前做出	事后承诺无效
承诺为行为人了解	行为人主观上认识到存在被害人承诺而行为

二、推定的被害人承诺

推定的被害人承诺，是指事先没有得到被害人的现实承诺，但为了被害人的利益而实施的某种行为，推定被害人如果知道事实真相后，应该会做出同意的情形。

成立推定的被害人承诺，必须符合下列基本要件才能作为正当化事由：①被害人没有现实的承诺；②待处理的事项具有紧迫性；③推定被害人知道实情后会做出同意；④行为必须是为了被害人利益；⑤行为所指向的法益必须是被害人有权处分的法益。

另外，**推定被害人事后会同意，不以被害人的实际意思为标准，而是以客观的处于同一情况下的第三人是否会同意为标准，即对于在现实上无法获得被害人同意的推定的被害人承诺，应当考虑假设存在一个深思熟虑的第三人，是否会同意该行为**。如在钱某家发生火灾之际，乙独自闯入钱某的住宅搬出贵重物品。本例中，乙在钱某的财产法益遭受急迫的危险状态时，为了钱某的利益而闯入钱某的住宅，即便事后钱某不同意乙的救助行为，仍然可以推定的被害人承诺为理由认定乙的行为不成立非法侵入住宅罪。

考点8　犯罪未遂

命题分析

犯罪未遂一直是我国刑法教科书中犯罪停止形态一章中最为重要的内容，为什么要处罚未遂行为、着手实行的认定标准以及不能犯有无危险的判断是刑法总论中的重点问题，更是难点和争论不休的问题。2014 年的案例分析大题对此予以了考查。考生需要重点掌握着手实行的判断标准，以及不能犯中危险的判断方法。就主观题的考查来说，命题人很可能结合分则具体罪名的构成要件考查考生对于犯罪未遂与犯罪既遂、犯罪预备之间界限的掌握程度。

考点解析

一、犯罪未遂的特征

1. 着手实行犯罪

着手实行犯罪，是犯罪未遂成立的首要条件。**是否着手是区分预备、未遂的分水岭**。行为人一旦着手，便起码成立犯罪未遂，而不再属于犯罪预备。因此，着手的认定，便是非常关键与重要的问题。

如何判断着手，有时非常困难。对此，刑法学上大体存在主观说与客观说两个派别的对立。

刑法主观主义坚持主观说（行为人标准说），认为着手不能置行为人的主观方面于不顾，应当以行为人的内心意思为着手的认定标准，表现犯罪意思的行为开始实施即为着手。主观说的判断标准并不明确，并且存在提前认定着手，从而扩大未遂范围的危险。

刑法客观主义坚持客观说（行为标准说），认为着手实行应当依客观的基准确定。内部又存在形式客观说与实质客观说的对立：

（1）形式客观说认为，开始实施符合刑法分则犯罪构成要件的实行行为就是着手。形式客观说是我国刑法学的通说，但形式客观说并不能解决实际问题，因为这种形式客观说并没有从实质上回答什么是实行行为，也没有回答什么是着手和如何认定着手，同时形式客观说也会使得着手的认定过于提前或推后。例如，诬告陷害罪的构成要件是捏造犯罪事实，然后向有关机关告发。通说认为，“捏造”就是着手，但是单纯的捏造而未告发的行为，对法益的威胁极其间接，而无紧迫的具体危险。

（2）**实质客观说认为，犯罪未遂都是具体危险犯而非抽象危险犯，未遂犯的判断都是司法上的具体判断，必须结合每个案件的具体情况，考察法益所面临的危险性的大小**。根据实质客观说，开始实施对刑法所保护的法益有直接或紧迫危险的行为时，才可以视为犯罪的着手。换言之，**侵害法益的危害性达到紧迫程度时，是实行行为的着手**。至于何种行为具有法益侵害的紧迫性，则应根据不同犯罪、不同案件的具体情况综合考虑，要考察行为是否已经解除或者接近犯罪对象，行为人是否已经开始使用犯罪工具，行为人是否开始利用所制造的条件，所实施的行为是否立即就可以造成犯罪结果等。

官方“四大本”在论述着手时，仍然采用的是**实质客观说：“仅在犯罪行为具有侵犯法益的紧迫时，才能认定行为人已经着手实行犯罪**。”

关于实践中一些常发性犯罪着手的认定：

（1）基于故意使用枪支杀人的场合，掏枪是预备；瞄准是着手。

（2）投毒杀人的场合，投放毒物是着手；杀死被害人时既遂。

（3）为入室盗窃而撬门即被抓获的，撬门的行为对他人财物的危险具有抽象性，只能成立盗窃罪预备，入室后开始物色财物为着手；为盗窃车内财物而撬动车门的，财物近在咫尺，撬动车门的行为对财物足以产生紧迫的、高度的危险（具体危险），因此是盗窃的着手。

（4）诬告陷害的场合，为捏造犯罪事实而写诬告信，以及向有关机关就该捏造的事实进行告发的，对个人法益都不会产生具体的侵害危险，不是着手。考虑到本罪是侵犯人身权利罪，同时本罪还有间接正犯的类似构造，因此，应当将有关机关因为行为人的告发，准备启动调查程序作为本罪的着手。

（5）为实施保险诈骗罪，而向保险公司提出索赔请求，是该罪的着手；保险公司赔偿为既遂。

（6）在危险驾驶罪中，醉酒后发动汽车是着手；车辆向前行驶是既遂。

（7）在抢劫罪中，基于犯罪意思开始针对被害人实施暴力、胁迫，或者开始针对财物实施强取行为，是着手；取得财物是既遂。行为人为到某偏僻场所抢劫出租车而带着凶器上车，司机驾车前行途中偶然遇到警察的检查时，行为人因为形迹可疑而罪行败露的，只能成立抢劫罪预备。

2. 犯罪未得逞

犯罪未得逞是犯罪未遂区别于犯罪既遂的根本特征。对于何为犯罪未得逞，我国刑法理论存在犯罪目的说、构成要件说、结果发生说等三种不同观点。在之前的考试命题中，倾向于采用结果发生说。结果发生说主张以犯罪结果发生与否来区分犯罪未遂与犯罪既遂。由此认为，行为人的行为没有导致法定犯罪结果发生的，为犯罪未遂；导致法定犯罪结果发生的，为犯罪既遂。官方“四大本”在论述犯罪未得逞时指出，“犯罪未得逞应指法益虽然面临威胁但尚未被侵害，但没有发生行为人所希望或者放任的、行为性质所决定的犯罪结果。”

3. 意志以外的原因

犯罪分子意志以外的原因使得犯罪未得逞，是犯罪未遂成立的第三个条件，也是其区别于犯罪中止的主要标志。

犯罪分子意志以外的原因可以区分为三种类型：

（1）抑制犯罪结果的原因，即与犯罪人无关的客观原因，其范围比较广，包括被害人的反抗、逃避，司法机关的介入或其他第三者的制止，自然力的影响，难以克服的物质障碍等，如正准备扣扳机时，他人将枪夺走；将被害人打成重伤后吊在树上，认为其血流不止必死，后由他人救下被害人。

（2）抑制犯罪行为的原因。这类原因包括犯罪人的能力、力量、身体状况、机能、经验等。如杀人犯罪分子虽然举枪却不懂如何开枪，犯罪分子因精神紧张而当场休克，误将救护车当警车而逃走等。

（3）抑制犯罪意志的原因。这类原因主要包括对犯罪对象、犯罪工具、因果关系的认识错误，以及对犯罪时周围客观环境的认识错误。如犯罪人误以为被害人已被杀死而离去，盗窃犯罪分子误以为下班铃声是警报声而仓皇逃离现场等。

二、犯罪未遂的处罚

《刑法》第23条第2款规定，对于未遂犯，可以比照既遂犯从轻或者减轻处罚。对于这一规定，应注意以下两点：

（1）由于犯罪未遂没有达到犯罪完成的程度，在客观危害上一般要小于犯罪既遂，所以，对未遂犯，需要比照既遂犯给予宽大处理。未遂犯的参照标准是实行行为实施后，向前发展可能形成的结果所对应的既遂犯。对未遂犯多数应当比照既遂犯适当从轻处罚或者减轻处罚，法律规定可以从轻或者减轻处罚表明了一种倾向性态度。至于对于未遂犯是从轻处罚或者减轻处罚，需要根据案件具体情况，综合考虑犯罪的性质、犯罪行为已造成的危害结果大小、犯罪的动机、犯罪未遂的具体类型等因素。

（2）在特殊情况下，对未遂犯也可以不从轻或者减轻处罚。例如，个别性质特别恶劣、手段特别残忍的杀人行为，虽然没有造成死亡后果，但综合全部案情来看，其社会危害程度与犯罪既遂相比已相差无几，未遂情节在案件中居于无足轻重的地位，不影响或基本不影响案件的危害程度时，对其处以与既遂犯相同之刑也是符合罪刑相适应原则的。

三、未遂犯与不能犯

不能犯，指行为人主观上有意实行犯罪，但就行为的性质来看并无实现构成要件内容的可能性，现实上不能发生法益侵害结果而不受处罚的情形。**不能犯与未遂犯的区别在于，前者无实现犯罪的可能性，而后者有这种可能性。**因此，对于未遂犯，应当作为犯罪处理，只是在量刑时与既遂犯有所区别。由此看来，不能犯与未遂犯之间具有本质差别，理应加以区分。

不能犯一般包括三种情形：①手段（方法）不能，即行为人所采用犯罪手段根本不可能造成犯罪结果。例如，本想用砒霜杀人，但误将白糖当作砒霜拿给人喝。②对象不能，即行为人行为时根本不存在行为人意欲攻击的对象。例如，行为人本想杀人，朝屋内开枪，但被害人根本不在家。③主体不能，即行为人具有实施身份犯的意图，但其不具有相关的特殊身份。

关于不能犯判断的学说，主要存在纯粹主观说、抽象危险说、具体危险说和客观危险说的争论。与不能犯有关的刑法试题，主要集中在（无罪的）不能犯和（成立犯罪的）未遂犯的区分上。考生应该大致了解的是具体危险说和客观危险说，对纯粹主观说、抽象危险说基本可以忽略。

（1）**具体危险说。主张以一般人所认识到的事实和行为人本人特别认识到的事实为基础，在行为的时点从一般人的角度看，是否有危险的存在。如果一般人能够感受到危险的存在，则成立未遂犯。**行为人基于杀人的意思朝空无一人的房间开枪，但一般人认识到被害人可能在房间内，会感受到危险的，应当成立未遂犯。从行为时一般人的立场判断危险，是抽象危险说和具体危险说的共同之处。但二者判断的资料范围不同：抽象危险说将行为人的计划、意思内容作为一般人危险感觉的判断资料，确定一般人是否能够从行为人的认识中感受到危险；具体危险说是从一般人的立场出发去看计划的现实化程度，并将其作为判断资料，直接考虑一般人根据其认识是否会产生危险感觉。例如，行为人误将白糖当成砒霜杀人的场合，抽象危险说认为是杀人未遂；具体危险说则认为，如果行为人有拿成砒霜的可能性的，才是杀人未遂。有杀人的意思，对被害人开枪，但后者已经死亡的，抽象危险说认为成立犯罪未遂，具体危险说认为如果一般人感觉后者有活着的可能性的，成立犯罪未遂。

（2）客观危险说。**客观危险说认为应当以行为时存在的所有客观事实为基**

础，在裁判的时点（事后）以科学的因果法则为标准判断危险的有无。例如，行为人用硫黄杀人时，由于科学法则告诉我们，这一手段根本不可能造成人的死亡结果，因而属于不能犯。再如，行为人使用未上膛的手枪向他人开枪射击的，由于在事后我们会清楚地认识到行为的当时没有子弹，不可能造成人死亡结果的发生，这一点应当作为判断的基础，因而成立不能犯。由于这种客观的危险说会导致所有的未遂犯都是不能犯：在事后的立场看，以今天科学的解释能力，一个行为不能造成结果必定有其因果法则上的原因。例如，行为人朝被害人开枪，子弹差一厘米从被害人耳边飞过，从事后的立场看，子弹未击中可能是风导致弹道偏离，即便是差一厘米击中被害人，也自始注定了行为不可能导致结果的发生，因而成立不能犯。显然，这是不能被接受的结论。因而有修正的客观危险说出现，基本上，各种修正的客观危险说大体均同样以行为时存在的所有客观事实为判断资料，站在行为的时点（事前），根据科学的一般人判断危险的有无。

学说	判断资料	判断时点	判断基准
具体危险说	一般人（或有特殊认知的本人）	行为时	一般人
客观危险说	客观事实	事后（修正的客观危险说：行为时）	科学一般人

我们认为，如果承认刑法具有行为规范的特点，其运作必须有助于实现积极的一般预防，那么，一般人在行为时对危险的判断就是至关重要的，因而具体危险说是恰当的。

在运用具体危险说判断危险的有无时，要考虑行为时所存在的各种情况，并要对事态的可能发展趋势做出预估。在这里，其实必须假定存在一个“客观的观察者”，由其从行为时的视角，依据相关的普遍性经验上的知识（以及特殊情况下，行为人所可能拥有的特殊知识），对行为当时所实际存在的具体情况进行分析，对由此造成的危险进行评估。如误将人妖俱乐部的男性“美女”拐卖，只能成立拐卖妇女罪的不能犯，一般人不会认为在行为当时，存在拐卖妇女的危险。但在民风淳朴的乡村将打扮得花枝招展的女子拐卖，事后发现是男性的，则有可能成立未遂犯，因为在这里出现“变性人”的概率极低，一般人会认为行为有导致真正的妇女被拐卖的危险，成立未遂犯是理所当然的。

再如，甲基于强奸的意思，于凌晨两点在某偏僻路段守候并对路过妇女实施强奸行为，如果该路段在晚上 12 点以后基本上只有甲的妻子下夜班通行，甲对此也知道的，由于甲存在特殊认知，必须纳入危险的判断资料，因而应当认为甲成立不能犯。但如果这一路段经常有人通行，即便甲事后发现被害人是自己的妻子，也应成立未遂犯，因为行为对其他妇女实施性侵害的可能性非常大，公众能够感受到危险的存在。

考点9　犯罪中止

命题分析

在一些边界案例，犯罪未遂和犯罪中止的界限有着相当的区分难度，而犯罪未遂和犯罪中止的刑罚效果又相差太大，因此，命题人对于犯罪中止的考查较多。就主观题的命题来说，命题人很可能会考查的是犯罪中止与犯罪未遂的区分，而犯罪中止的重点和难点正是如何判断中止的自动性，考生需要在理解的基础上记忆。

考点解析

根据《刑法》第24条规定，中止犯是指在故意犯罪过程中，犯罪分子基于自己的意思自动放弃犯罪，或者自动有效地防止犯罪结果发生的犯罪形态。对于中止犯的考察主要集中在中止犯的成立条件，尤其是中止自动性的认定上。一般认为，成立中止犯必须具备四个条件：**时间性、自动性、客观性、有效性**。

一、时间性

犯罪中止发生在犯罪过程中。犯罪过程始于犯罪预备行为，终于犯罪既遂，因此，在犯罪预备前的犯意表示阶段，以及犯罪既遂之后，都不存在犯罪中止的问题。

同时，在犯罪发展过程中，危害结果虽然尚未发生，但由于犯罪分子意志以外的原因犯罪已停止下来而形成了其他未完成犯罪形态，如犯罪预备形态或者犯罪未遂形态的，因为作为犯罪结局的形态已然形成，一个行为只能出现一个结局，所以也不可能再成立犯罪中止。

如罪犯A为杀害仇人B，趁B毫无防备之机使用暴力将B推下山崖。3小时后，下山回家的A发现滚下山崖时砸在巨石上的B血流不止，情状惨烈，就出于同情将其送到医院。经过医生治疗，B在3个月后康复出院。本例中，A在杀人故意支配下，实施暴力将B推下山崖的时候，作为结局存在的故意杀人未遂形态已经形成。此后，A基于同情将被害人B送到医院，也只能认定为犯罪未遂结局出现之后，行为人有悔罪表现，但不能成立犯罪中止，对A仍然应当以故意杀人罪未遂追究刑事责任。至于其悔罪表现，可作为量刑情节加以考虑。

关于中止的时间性，以下两个问题值得特别注意：

1. 放弃重复侵害与中止

在着手实行之后，放弃重复侵害行为是否能够成立犯罪中止，是一个有争议的问题。“重复侵害行为”是指按行为人的意思，行为可在同一地点、以同一方式反复实施。行为人认识到重复实施的可能性，但自愿放弃侵害行为的情况并不鲜见。如甲欲杀乙，埋伏在路旁开枪射击但未打中乙。甲枪内尚有子弹，但担心杀人后被判处死刑，遂停止射击。

我国刑法理论过去曾认为在放弃重复侵害行为的场合，行为人已经构成实行终了的犯罪未遂，所以不能成立犯罪中止。**但现在一般认为，犯罪分子自认为完成犯罪所必需的全部行为没有实行完毕，客观上又存在进一步实行犯罪的条件，而放弃重复侵害的，应视为符合犯罪中止的时间性条件。**因此，上例中的甲应当成立犯罪中止。

2. 危险犯的中止

关于在实害结果发生之前的危险犯能否成立中止，同样存在争议。

否定说认为，成立中止有时间限制，即在“犯罪过程中”。危险犯的特点是行为一旦实施就会导致危险状态，危险犯的既遂即告成立，中止也就难以成立。如果认为危险犯的中止可以发生在既遂之后，这不仅与刑法关于中止时间性的规定相悖，也与犯罪停止形态的基本原理不符。对自动防止实害结果发生的危险犯，只能在量刑上作为酌定从宽情节考虑。

应当认为，上述主张混淆了危险犯的成立条件和既遂条件的界限。犯罪过程存在不同阶段，只要犯罪行为并未终局性地在既遂环节停止下来，就应当认为存在中止成立的余地。危险犯的发生、发展是一个过程。危险行为并不意味着其一经着手就立即既遂，具体危险犯从其着手并导致危险状态出现，到发生结果还有一个相对较长的过程；抽象危险犯以法定的抽象危险状态出现为犯罪成立条件，通常而言，行为人实施了符合抽象危险犯构成要件的行为之后，抽象危险结果也就随之出现，但仍不能排除在一些特殊场合，行为人虽然已经着手实施抽象危险犯的行为，却没有发生抽象危险行为所能够导致的结果的情形，这时就可以成立抽象危险犯的未遂犯。例如，《刑法》第127条所规定的抢夺枪支罪是抽象危险犯，行为人实施抢夺枪支的行为，但最终抢过来的是一把没有杀伤力的玩具枪的，就可以成立抢夺枪支罪的未遂犯。因此，危险犯中危险状态的出现，并非犯罪既遂的标志。在危险状态形成后，行为人自动采取措施的行为，在客观上有效地防止了危害结果发生的，应当成立中止犯。

二、自动性

中止犯的成立，要求行为人主观上必须有中止的意思，即中止必须是出于行为人的自主意愿。这就是学说上的中止自动性或任意性的问题。

"四大本"在论述中止自动性时，采用的标准依然为弗兰克公式：能达目的而不欲是中止，欲达目的而不能是未遂。即犯罪中止的成立需要考虑，基于行为人本人的认识，犯罪是否有可能达到既遂；行为人所认识到的事实，是否足以对犯罪停止动机的形成产生影响。如果在行为人看来，客观障碍完全不存在，要继续实施犯罪完全可行，但基于本人的意愿放弃犯罪的，就是中止。如果客观障碍实际上并不在，但行为人误以为存在障碍而停止犯罪的，就是未遂；如果客观障碍实际上存在，但行为人认为不存在障碍而主动停止犯罪的，则是中止。至于行为人是否出于伦理上的悔悟、忏悔等动机，以及是否绝对有抛弃犯罪的意思，都不重要。

如甲欲杀乙，将乙打倒在地，掐住脖子致乙深度昏迷。30分钟后，甲发现乙未死，便举刀刺乙，第一刀刺中乙腹，第二刀扎在乙的皮带上，刺第三刀时刀柄折断。甲长叹"你命太大，整不死你，我服气了"，遂将乙送医，乙得以保命。经查，第一刀已致乙重伤。在本例中，如果按照弗兰克公式来判断甲是否成立中止犯的话，甲是在既无法掐死乙，也无法用刀刺死乙的情形下才停止犯罪，在甲本人看来其实是继续实施犯罪存在客观上的障碍，因此才不得不停止进行。因此不能认定甲放弃杀乙有中止自动性存在，甲应当成立犯罪未遂。换句话说，正是由于甲意志以外的原因而导致犯罪不能得逞，乙的死亡后果没有发生，因而甲只能成立犯罪未遂，而非犯罪中止。

三、客观性

客观性要求存在中止行为。与《刑法》第24条的规定相对应，对于中止行为分为两种情形：

（1）在行为未实行终了时，只要行为人主动放弃继续犯罪，便可以认定为中止。即在犯罪预备和实行行为尚未终了时，只要行为人不继续实施行为就不会发生犯罪结果的情况下，行为人自动放弃继续实行的，成立中止。需要注意的是，**这里的自动放弃，要求行为人必须真实地彻底放弃本次犯罪，而非暂时停止犯罪继续进行以便寻找他人帮忙或是寻求运输工具运输财物。行为人基于“相机而动”的想法放弃本次犯行的，对于本次犯罪仍然可能成立犯罪中止**。

（2）在行为已经实行终了时，不采取有效措施就会发生犯罪结果的情形下，要求行为人除了放弃继续实行外，还要求行为人有有效地防止犯罪结果发生的行为表现。这里的有效地防止结果发生的行为表现，是指行为人出于真挚努力所采取的行为应当有避免结果发生的可能性，否则不成立中止。例如，行为人在将他人打成重伤后，仅仅大喊了几声“快来救人”后便赶紧离开现场，不能认定其存在真挚的防止结果发生的行为，不成立中止。

一定要注意的是，对于行为是否已经实行终了，应当考察行为人自身的犯罪计划（是否存在停止犯罪的意思）。毕竟，脱离行为人的主观想法，很多客观行为根本无从确定其性质。在行为人以为被害人受了致命伤，但实际上被害人只是轻伤的场合，尽管客观上看行为尚不可能造成犯罪结果的实现，属于尚未终了，但行为人主观上却以为完成了犯罪所需的实行行为，因此，行为人单独放弃犯罪的继续进行是不够的，仍然需要其真挚努力地实施将被害人送医等防止结果发生的行为，才能成立中止。反过来，在行为人以为被害人受了轻伤，但实际上被害人受了重伤的场合，尽管客观上看行为已经足以造成伤亡结果的实现，属于已经终了，但行为人主观上却认为尚未完成犯罪所需的行为，因此，行为人单独放弃犯罪的继续进行便成立中止，前提是死亡结果确实未发生。

四、有效性

有效性基本是针对实行终了的中止来说的，因为对于犯罪行为处于预备或尚未终了的实行阶段来说，只要行为人自动彻底停止犯罪，便成立中止。而在行为已经实施终了时，结果尚未发生，行为人必须自动且有效地防止犯罪结果的发生，才能成立犯罪中止。

如果行为人虽然采取了防止法定犯罪结果发生的积极措施，但实际上未能阻止法定犯罪结果发生的，或者法定犯罪结果未发生是由于与犯罪分子所采取的措施无关的其他原因所导致的，则不能认定为犯罪中止。换句话说，**行为人的防止结果发生的中止行为必须与结果的不发生之间存在因果关系的，才能成立中止犯**。因此，如果结果的不发生与行为人的防果行为之间没有因果关联，不能成立犯罪中止。如甲入室抢劫将乙打成重伤后逃走，途中心生悔意拨打了120，并且往乙家里赶，想要将乙送医。结果乙的妻子先行到家将乙送医，乙得救。在这个例子中，乙最终未发生死亡结果，是由于其妻子将其送医，甲的防果行为事实上对于乙死亡结果的未发生没有起到条件意义上的因果作用，因此，甲的行为仍然不成立中止犯。

另外，需要提醒考生特别注意的是：**如果结果的发生是由于行为人实行行为以外的其他原因导致的，换句话说，行为人实施了中止行为，由于其他原因导致危害后果发生，如果结果不能算在行为人原初实行行为的头上（没有因果关系与归责关联），即便出现了行为人原先打算想要造成的危害结果，由于实行行为与结果之间没有因果关系（客观归责），对于行为人来说，结果便不能算作是他实行行为的作品，规范地看，相当于结果没有发生，又由于行为人存在防止结果发生的中止行为，因而应当认定其成立中止犯**。如甲基于杀人的意思砍杀乙，后乙受重伤，甲见乙十分痛苦，就送乙去医院，但由于医生的重大过失行为，导致乙死亡。事实上，甲为中止犯罪，即防止结果的发生付出了应有的努力，乙的死亡是由医生的重大过失所引起，甲无法防止医生的重大过失行为，因此，乙的死亡结果不能算在甲实行行为的头上，甲成立犯罪中止。

考点10　共同犯罪

命题分析

在近十年的主观题中，共同犯罪是重中之重，每年的主观题都会考查。考查的具体知识点主要集中在共同犯罪与犯罪构成的关系、共犯过剩等。共同犯罪中的每一个问题几乎都可以说很重要，都是主观题命题时可能涉及的命题点，因而考生需要认真把握。

考点解析

一、解题技巧

第一，在解答共同犯罪的问题时，考生必须时刻要谨记的是“先正犯后共犯的审查原则”：应当首先审查最可能是正犯（亲手实行者）的刑事责任，接着再审查共犯（教唆犯与帮助犯）的刑事责任。否则，便会在共同犯罪问题上犯严重的错误。之所以这么说是因为我国刑法理论多数学说仍然坚持共犯从属性，即共犯的可罚性基础在于其通过正犯从事了一个法益侵害行为，因此，共犯的可罚性可以说是从正犯的可罚性推导出来的，按照通说坚持的限制从属性看法：要成立教唆犯与帮助犯，必须要求正犯从事的是一个违反构成要件且违法的不法行为，如果正犯从事的是一个符合构成要件但阻却违法（合法）的行为（如正当防卫），那么教唆犯与帮助犯便无从成立，从而，唆使或帮助他人正当防卫者便不具有可罚性。

之所以坚持“先正犯后共犯的审查原则”，另一个方面的原因也是审查经济性的考虑：当我们审查正犯时发现其从事的是一个合法性的行为，便只需简单以一句“由于正犯从事的是一个合法的行为，按照共犯从属性的原理，教唆者与帮助者不可罚”便可以结束审查。反过来，如果我们从教唆者或帮助者开始审查时，由于在审查构成要件符合性时，必须要考虑正犯是否从事的是一个不法行为，就必须回到正犯开始检验，这样当然会耗费不必要的精力。

但是，必须提醒注意的是，尽管正犯行为是合法的，但仍然要追究共犯责任的例外情形：按照我国司法实务和部分理论界的看法，教唆或者帮助他人自杀以及重伤的场合，尽管自杀者与重伤者的行为本身是合法的（也有个别学者认为自杀是违法的），但是，对于自杀以及身体重伤害涉及特别重大的生命法益，而被害人对于生命法益无权承诺处分，因此，无论是得到被害人承诺而将其杀害或重伤害，抑或是教唆或者帮助被害人自杀或者重伤的，仍然要以故意杀人罪或故意伤害罪处罚。此时，正犯行为合法，但共犯仍然具有可罚性。换句话说，教唆或帮助他人自杀或重伤的，尽管正犯合法，但教唆者与帮助者仍然成立犯罪，因此成为共犯从属性原则的例外适用。

第二，如果出现人物关系较为复杂的共同犯罪案件，建议考生画个任务关系简谱。这样有助于厘清自己的思路，防止由于人物关系过于复杂导致不知从何下手，以及遗漏应该检验的行为事实与责任。

二、共同犯罪的一般原理

（一）共同犯罪的立法宗旨

我国刑法总则规定共同犯罪，旨在确定共同犯罪在违法上的连带性。**评价犯罪的过程通常是先确定数个参与人的行为是否造成法益侵害事实（违法性的判断），然后就该违法事实确认能否谴责行为人（责任性的判断）。对违法的判断是一般的判断，对责任的判断是个别的判断。在共同犯罪中，违法是连带的，责任是个别的**。各参与人为了实现自己的犯罪而结合在一起，行为之间根据支配作用共同引起法益侵害的事实。法益侵害的事实与各参与人具有物理上、心理上的因果性。虽然这种因果性就各参与人而言并非完全等价，但是具有因果关系这一点却无法否认。这种引起法益侵害的连带因果性便决定了各参与人违法的连带性。因此，在判断共同犯罪的违法性时，无法对参与人进行单独个别的判断，而只能进行整体的、连带的判断。

例如，甲乙共谋杀丙，同时向丙开枪。甲的子弹没有击中丙，乙的子弹击中丙，导致丙死亡。即使不考查甲的行为，单独考查乙的行为，能够认定乙的行为导致丙死亡。但是，如果不考查乙的行为，只单独考查甲的行为，则无法将丙的死亡归属于甲的行为。刑法规定共同犯罪，就是为了将丙的死亡结果这一法益侵害事实也归属于甲的行为，因为甲乙是共同犯罪，在造成法益侵害事实这一点上，二者的行为具有连带性。

在判断完成违法事实后，评价工作便转入责任阶层，对此应遵守责任主义。虽然共同犯罪披上了“共同”的外衣，但不能因此抛弃个人责任。在判断共同犯罪的责任时，也应对参与人进行个别的判断，而不能株连无辜。也就是说，共同犯罪中的“犯罪”，其实只需要满足数个行为人共同制造了法益侵害事实，便可以认定成立共同犯罪中的“犯罪”。明白这一点，对于理解共同犯罪非常重要。

（二）共同犯罪与犯罪构成

共同犯罪是二人以上共同犯罪。“二人以上共同”中的“共同”含义如何，在哪些方面“共同”，是否以符合同一个犯罪构成为前提，决定了共同犯罪的本质，也决定了共同犯罪成立的范围大小，对案件的最终处理会产生重大影响。对此，大体存在两种对立的观点，即犯罪共同说与行为共同说。

1. 犯罪共同说

依照犯罪共同说，共犯成立的范围较窄。犯罪共同说认为，共同犯罪是二人以上共犯一罪。是否共犯“一罪”，需要判断不同的行为人是否共同尽心尽力，实施了符合某一犯罪构成要件的行为。只有两人以上的犯罪在构成要件上相同，才能成立共同犯罪。反之，如果两人以上的犯罪，其构成要件并不相同，就不是共同犯罪。正犯因为其实行行为或者其他犯罪支配性行为而符合分则罪状的规定，教唆行为与帮助行为应当从属于实行行为。理应按照实行犯所犯之罪确定共同犯罪的罪名，因此，共同犯罪之共同性，是法律规定的构成要件的共同，而非事实上行为的共同。例如，对于甲本着诈骗的意思将冥币冒充假币，交给具有贩卖假币故意的乙出售一案，根据犯罪共同说会得出甲、乙的犯罪故意和实行行为都不相同，构成要件没有相同的地方，所以不可能成立共同犯罪的结论。**犯罪共同说有效限制了共犯成立范围，对于实现刑法的全力保障机能有现实意义，因而具有合理性**。对于共犯的构成要件究竟要相同到何种程度才能成立共同犯罪，犯罪共同说内部也存在争议。

（1）完全犯罪共同说。该说主张，不同行为人的行为符合多个构成要件，在构成要件之间存在着重合时，多人之间的行为成立重罪的共同正犯。但对于实施了轻罪的人，只处以轻罪的刑罚。根据完全的犯罪共同说，A 教唆 B 去盗窃，但 B 实施了抢劫的；以及 C、D 共谋盗窃，到现场后 C 实行抢劫，D 仍然盗窃的，A 与 B、C 与 D 均成立抢劫罪的共同正犯，但只有盗窃意思者仅承担盗窃罪的责任。E、F 共谋报复 G，但对如何具体实施报复行为并未明确，到现场后 E 杀害 G，F 对 G 的住宅放火的，E、F 之间的行为在构成要件上完全不同，所以不成立共犯。

完全犯罪共同说的问题在于，明明是实施轻罪的人，却要承担重罪罪名。在最终处罚时，却又按照轻罪处罚。理论上飘摇不定，与生活事实相悖，也不符合思维规律，因此，并不妥当。

（2）部分犯罪共同说。该说认为，如果数个犯罪的构成要件之间存在重合部分，该部分本身是刑法所规定的一种犯罪时，就可以认为两人以上就重合的犯罪具有共同故意与共同行为，从而在重合的范围内成立共同犯罪。但是，此时并不像完全犯罪共同说那样成立重罪的共同犯罪，而仅仅成立轻罪的共同犯罪。例如，甲以杀人的故意、乙以伤害的故意对丙使用暴力，并造成丙死亡的，根据部分犯罪共同说就可以认为甲、乙在故意伤害（致人死亡）的范围内成立共同正犯，但甲在故意伤害之外，因其另有杀人的故意和行为而单独成立故意杀人罪的单独正犯。虽然从最终结局看，甲需要对故意杀人罪承担刑事责任，乙只承担故意伤害罪的责任，二人的罪名不同，但这并不妨碍其犯罪的部分构成要件相同，也不妨碍甲、乙二人成立共同犯罪。

根据部分犯罪共同说，A 教唆 B 去盗窃，但 B 实施了抢劫的；以及 C、D 共谋盗窃，到现场后 C 实行抢劫，D 仍然盗窃的，A 与 B、C 与 D 均成立盗窃罪的共同犯罪，但只有抢劫意思者需要承担抢劫罪的责任。E、F 共谋报复 G，但对如何具体实施报复行为并未明确，到现场后 E 杀害 G，F 对 G 的住宅放火的，E、F 之间的行为在构成要件上没有重合的地方，所以不成立共犯。

目前多数学说认为，犯罪的“共同”不一定非得是同一个构成要件的共同，两个行为的构成要件之间具有较大范围的重合关系时，就可以判断犯罪具有共同性，共同犯罪就可以成立。

根据我国《刑法》第 25 条第 1 款的规定，共同犯罪是指二人以上共同故意犯罪。这里的“共同”故意犯罪，绝不意味着二人以上必须在故意的内容与行为方式上完全相同，才成立共同犯罪，因为不同行为人之间的行为在构成要件上部分相同的，也是“共同”。按照部分犯罪共同说，只要行为人就部分犯罪具有共同故意与共同行为，不同的犯罪之间具有重合、交叉性质时，就“共同”的部分即在重合的范围与限度内，就可以成立共同犯罪。同时，由于犯罪毕竟有一部分并不“共同”，所以对共犯人存在分别定罪的可能性。如此理解，既符合共犯的一般理论，也不会违背罪刑法定原则。

根据部分犯罪共同说，在以下场合，可以认定犯罪之间存在交叉、重合关系，实施不同构成要件行为的行为人可以成立共同犯罪：①**行为人故意侵害的同类法益相同，但在实行行为的危害性程度、行为方式上存在差异。**例如，两个行为人分别实施盗窃和抢劫、抢夺和抢劫、杀人和伤害、非法拘禁和绑架的，由于前后两罪的保护法益基本相同，实行行为在很大程度上相同，构成要件具有重合、交叉关系，可以在重合部分成立共同犯罪。②**在法条竞合的场合，普通法条的构成要件可以包容特别法条的构成要件，行为人可以在普通法条范围内成立共同犯罪。**例如，共谋后实施诈骗罪的甲和实施金融诈骗罪的乙、实施抢劫罪的 A 和实施抢劫枪支罪的 B 之间均可以共同犯罪。③**在想象竞合的情形下，不同行为人的犯罪故意和行为之间存在重合，可以成立共犯。**例如，甲以杀害仇人丙的意思，乙以对丙所在人群实施爆炸的意思，经过共谋后同时投掷爆炸物的，甲、乙可以成立共同犯罪。④在转化犯中，如果作为共同犯罪人之一的 A 实施了转化前的行为，B 在此之外还实施了转化行为，A 对此并不知情的，A、B 仅在转化前的犯罪范围内成立共同犯罪。⑤犯罪之间具有包容关系的，行为人可以在包容的范围内成立共同犯罪。比如，甲隐瞒强迫丙卖淫的事实，教唆乙强奸丙，以迫使丙最终卖淫，乙果然实施了强奸行为的，甲、乙可以在强奸罪的范围内成立共同犯罪，但甲最终成立强迫卖淫罪。

2. 行为共同说

行为共同说的核心主张是，共犯的本质是各个参与者共同实施各自的犯罪，因此，能够认定各个参与者共同实施的是违法的构成要件该当行为，只要构成要件该当行为的重要部分相同，就能够成立共同犯罪。这里的共同行为，不是传统行为共同说的自然行为，而是法定意义上、规范意义上的构成要件行为，是从各个共犯自己的观点出发来看待的实行行为，因而可能分别是不同犯罪的实行行为。

（三）任意的共犯与必要的共犯

任意的共犯，是指分则的构成要件既可以由一人实施，也可以由数人共同参与实施的情形。如共同杀人、盗窃、抢劫等均是任意的共犯。必要的共犯，则是指刑法分则规定的构成要件必须由二人以上共同实行才能成立犯罪的情形。我国刑法中的必要共犯大体可以分为聚合犯与对合犯两种情形。

1. 聚合犯

聚合犯，是指刑法分则特别规定具有同一目标的多人共同实施危害行为，犯罪才能成立的情形。聚合犯包括集团犯和聚众犯两种。集团犯，是刑法同时处罚犯罪集团的多人的情形。例如，《刑法》第120条第1款的组织、领导、参加恐怖组织罪中，刑法处罚组织、领导者，也处罚积极参加者、其他参加者，这便是关于集团犯的规定。聚众犯，是指刑法分则特别规定的，临时性的聚集多人共同实施犯罪的情形。聚众犯并非都构成共同犯罪，刑法分则对个别聚众犯规定仅仅处罚首要分子，因而是首要分子的单独犯罪。

在聚合犯中，对集团的外部行为（包括提供情报、准备凶器、事前的共谋等）是否可以定罪处罚，理论上存在争议。应该说，刑法中关于聚合犯的规定是在已经考虑犯罪性质的基础上，只对一定范围内的参与者（组织、领导者，积极参加者，其他参加者）进行处罚，对不在该规定范围内的参与者就不能予以处罚。

2. 对合犯

对合犯，是指两个以上的犯罪人必须有相互对应的行为，犯罪才能成立的情形。根据刑罚处罚规定的不同，对合犯可以分为三种类型：①刑法同时处罚对合地位的两个行为人，且法定刑相同，如重婚罪。②刑法对两个对合主体都处罚，但罪名和法定刑都不同，如刑法关于行贿、受贿的规定。③刑法分则规定只处罚对合犯的一方，对另一方不予处罚。例如，贩卖淫秽物品牟利罪只处罚贩卖者，而不处罚购买者；枉法裁判罪只处罚作出错误裁判的司法人员，并不处罚从该枉法裁判中受益的人；破坏军婚罪只处罚明知是现役军人的配偶而与之结婚的人，不处罚现役军人的配偶。

对合犯的问题在于，对于第三种刑法分则不予处罚的对合性参与行为，能否结合刑法总则关于教唆犯和帮助犯的规定进行处罚？例如，购买淫秽物品的人打电话叫贩卖者送货上门的，对购买者是否可以结合刑法总则的规定以贩卖淫秽物品牟利罪的教唆犯、帮助犯处罚？又如，金融机构工作人员向存款客户说明其资金可能不记入银行法定账户而用于“体外循环”时，存款客户同意，并接受金融机构工作人员开出的假存单作为存款凭证，此后，存款客户接受了金融机构工作人员分给的违法所得的，在《刑法》第187条吸收客户资金不入账罪只处罚金融机构工作人员的情况下，对存款客户能否按照本罪的帮助犯处罚？

对于上述问题，有三种学说立场：

（1）立法者意思说。**官方“四大本”在论述对合犯时，采用的是立法者意思说**。立法者在制定刑法分则时已经考虑到对合行为会存在参与方，但对显然可以预见的对合性参与行为不予处罚。对贩卖淫秽物品牟利罪，立法者的本意是仅处罚贩卖方，必要共犯的概念本身就已经表明某些危害行为具有不可罚的性质，所以刑法对购买者的行为不问，以保持刑法谦抑的立场。立法者意思说认为，对必要共犯不可罚的根据在于参与对合行为的通常性，因此，当参与行为超过通常程度，必要共犯属于积极的造意者时，仍然应当适用刑法总则的规定进行追究，例如，A积极鼓动B将淫秽物品卖给自己的，A可以构成贩卖淫秽物品牟利罪的教唆犯。

立法者意思说存在的问题是：一方面，在解释刑法时探究立法者的意思，容易陷入主观解释的窠臼；另一方面，哪些参与行为超过了通常程度、属于可罚的必要共犯，哪些属于不可罚的必要共犯，并不明确。

（2）实质说。对参与性对合行为不处罚，是因为从实质上看，参与人是被害人，或者参与人缺乏责任。实质说也存在一定问题，例如，如果购买淫秽物品者是未成年人，其当然是被害人，刑法不能处罚该参与者，相反要保护他。但如果认为贩卖淫秽物品的保护法益是淳朴的社会风尚，成年的购买者就不是被害人而是共同加害人，对其处罚就是有实质根据的。

（3）折中说。该说认为，立法者在规定某些必要共犯时，就将可能侵害法益的一部分人的行为予以构成要件化，同时将另外一部分人的行为排除在构成要件之外，这样，某些参与性行为，即使在违法、罪责方面具有当罚性，也可能排除在可罚性的范围之外。所以，即使采取实质说，仍然必须维持立法者意思说这一意义上的“必要共犯”概念。

基本上，是否处罚必要性参与者，有时需要考虑其是否属于被害人或者处于类似于被害人的地位，需要考虑要保护的利益究竟是什么。例如，奸淫幼女的场合，即使幼女主动引诱行为人，对其也不能作为强奸罪的教唆犯处罚。又如，破坏军婚罪中军人的婚姻家庭权利需要保护，如果处罚现役军人的配偶，明显不利于保护本罪的法益，所以刑法只处罚明知是现役军人配偶而与之结婚的人，即使军人的配偶对破坏军婚行为存在教唆行为，也不作为共犯处理。再如，《刑法》第162条之二规定，公司、企业通过隐匿财产、承担虚构的债务或者以其他方法转移、处分财产，实施虚假破产，严重损害债权人或者其他人利益的，构成虚假破产罪。实施转移、处分财产行为虚假破产的，行为人和财产接受者之间具有对合关系，但接受者本身也可能处于被害人的地位，例如，破产者对未到期的债务提前清偿的，接受该财物者可能也深受他人拖欠债务之苦，将其作为虚假破产罪的帮助犯处理，实质上不合理。

当然，对并不处于被害人地位的对向参与者，则应该肯定行为的违法性，可能有处罚的必要。例如，挪用公款罪的实行行为包括挪用公款归个人使用，进行非法活动的；挪用公款数额较大，进行营利活动的；挪用公款数额较大，超过3个月未归还三种情形。在将公款挪用给本人以外的亲友或者其他自然人使用的场合，接受者、使用者明知公款是挪用而来，仍然对公款加以接受和处分的，挪用者和公款使用者之间在行为上具有对合关系，或者至少可以说具有对合性质。但对单纯接受、使用他人挪用的公款者，并不能按照共犯处罚。有关司法解释也规定，挪用公款给他人使用，使用人与挪用人共谋，指使或者参与策划取得挪用款的，以挪用公款罪的共犯论处。这主要是考虑到，在这些特殊情形下，挪用人和使用人之间才具有共同故意和行为；同时，使用人并不处于被害人地位。

此外，根据共犯处罚根据的混合引起说，对必要共犯，在共犯者未引起违法事态时，不处罚。在共犯者处于被害人地位时，是该规定的保护对象，由于共犯不法引起违法事态这一事实欠缺，对共犯行为不能进行处罚。即便共犯行为非常积极，超过通常预想的程度，与法益侵害结果的发生有条件关系，也不能处罚共犯。立法者在规定某些必要共犯时，就将可能侵犯法益的一部分人的行为予以构成要件化，同时将另外一部分人的行为排除在构成要件之外。根据犯罪成立理论，犯罪化在刑法上是定型的，非罪化在刑法上也是定型的，对于符合非罪定型的必要性参与行为，不能认定为犯罪。对于贩卖淫秽物品牟利罪立法上定型化处理的是贩卖行为，购买行为不处罚，所以，凡是可以包含在“购买”含义中的行为，包括预付现金、反复让对方提供淫秽物品供自己选择、与对方联络让其送货上门等，都是购买行为的一部分，不能评价为贩卖淫秽物品牟利罪的帮助犯。对于枉法裁判罪中显而易见存在的（单纯）受益人，构成要件性地将其排除在犯罪之外。所以，立法者意思说这一意义上的“必要共犯”概念有其独立的存在价值。

三、正犯

（一）间接正犯

间接正犯，是指利用自己的认知以及意志上的优势地位，将他人作为犯罪工具予以利用，实施犯罪的情形。按照今天处于正犯与共犯如何区分通说地位的犯罪支配理论，正犯是对构成要件该当事实的实现处于支配性地位的人。根据这一观点，间接正犯的正犯性主要表现在处于优势地位的间接正犯对于被利用者（行为媒介）的支配性，隐身于“幕后”的操纵者如果没有支配、控制和决定犯罪，就不具备正犯的起码条件。直接正犯通过自己的实行行为引起危害后果，其对于犯罪的支配表现为直接的行为支配。间接正犯需要通过其他人的行为才能引起结果的发生，但其他人对于自己被利用的事实是完全不知情的，属于利用者犯罪行为的“无辜代理人”。这里的不知情，可能是因为年龄、责任能力的限制而不可能知情，也可能是因为被欺骗、被蒙蔽而无法知情。处于“幕后”的利用者将被利用者的行为作为自己行为的一部分加以支配，这种支配是一种处于优势地位的意思支配。“优势的意思支配”表明利用者对于犯罪在认识因素上要比被利用者清楚，在意志因素上追求、容认结果发生的要求更为迫切，所以，“优势的意思支配”包括“认识上的优势”和“意志上的优势”。离开利用者的优势支配和操纵，被利用者的行为随时可能停止，所以，利用者是控制犯罪因果进程的“灵魂人物”，是犯罪的决定性角色。处于间接正犯“掌心”之中的被利用者，和单独正犯在犯罪时所使用的刀枪棍棒、猛兽等本质上毫无差别，所以，刑法将通过自己的意思支配整个犯罪的间接正犯（幕后操纵者）当作直接正犯处理，有充分的根据。总之，间接正犯的正犯性表现在：**行为人以自己的意思对被利用者进行意思支配，从而左右了被利用者实施犯罪的因果进程**。

1. 间接正犯的类型

（1）利用欠缺责任者的行为

利用无责任能力或者部分责任能力者实施犯罪的，可能成立间接正犯，其中，**利用精神病人实施犯罪的，被利用人属于绝对被操纵者，利用者成立间接正犯。但必须注意的是，利用未达到刑事责任年龄者或者限制责任能力的精神病人实施犯罪的，根据共犯从属性说中的限制从属性原理，正犯不需要具有有责性，教唆犯也能够成立，所以，利用者可能成立教唆犯，也可能成立间接正犯**。一般来说，利用者强制、操纵、说服、支配欠缺责任能力者犯罪的，被利用者对于犯罪没有添加自己的理解，没有自己的意志，受利用者的决定性影响，利用者将他人作为工具实现自己的犯罪目的，其就是间接正犯。相反，如果在一定程度上受到利用者控制的人，具有规范意识和意思能力，对犯罪有自己的认识和理解，具备有目的实施犯罪的能力，犯罪时并没有受到强制的，犯罪是该媒介自己的“作品”，其对犯罪就具有支配力，利用者只是单纯地“支持”被利用者犯罪，而非基于优势的意思支配、控制其犯罪的，被利用者是直接正犯，利用者就是教唆犯，利用者并不像间接正犯那样认为犯罪是自己的“作品”。例如，A（25岁）指使差一天年满14周岁的B抢劫C的财物，A可以成立抢劫罪的教唆犯，B是抢劫罪的直接正犯，只是没有责任。

（2）利用他人缺乏故意的行为

被利用者实施了幕后操纵者自己想实施的行为，但如果被利用者对案件事实完全不知情，缺乏犯罪故意，利用者就成立间接正犯。例如，A将毒品说成是药品，利用不知情的B运送毒品的，构成运输毒品罪的间接正犯。甲利用不知情的开锁匠乙开了丙家的门，然后雇搬家公司将丙的财物运到指定地点的，利用者甲具有明显处于优势的支配意思，构成盗窃罪的间接正犯。

（3）利用他人的合法行为

利用他人的合法行为实施犯罪，是指利用他人符合构成要件、但阻却违法性的行为达到幕后支配者的目的。如A事实上想杀害B，却教唆B去杀C，同时A告知C有人想杀他，让C做好正当防卫的准备。后来，当B持刀杀害C时，C果然正当防卫杀死了B。A便成立故意杀人罪的间接正犯。

（4）利用他人的过失行为

利用他人的过失行为实施犯罪的，被利用者和利用者之间缺乏共同故意，被利用者仍然属于被支配的犯罪工具。如具有杀人故意的医生A将某种有毒注射液交给护士 B，令其给病人 C 注射。由于该注射液与正常药品在颜色上有重大差异，B 稍加注意就能发现，但忙于下班的 B 因疏忽大意而给 C 注射了该药，导致 C 死亡。A 成立间接正犯。

（5）利用有故意但无目的或者无身份的工具

利用有故意的工具，是指利用具有刑事责任能力、有故意但缺乏目的、身份的人实施犯罪的情形。利用无目的有故意的工具时，被利用者不知道利用者的真实意图，不具备构成要件所要求的“主观的超过要素”，而利用者却在幕后支配犯罪，使被利用者在不自觉中完成了利用者的目的行为，利用者构成间接正犯。例如，A 有传播淫秽物品牟利的目的，但其隐瞒牟利目的，说服 B 传播淫秽物品，直接传播者 B 因欠缺主观要素而不符合传播淫秽物品牟利罪的构成要件，只能成立传播淫秽物品罪，A 构成传播淫秽物品牟利罪的间接正犯。利用有故意但无身份的人时，无身份者因为欠缺特定身份，其行为不是身份犯才能构成之罪的实行行为，不能构成正犯，利用者就不能成立教唆犯，只能以间接正犯处理。

（6）利用他人犯轻罪的故意

利用者有犯重罪的故意，但隐瞒该故意，教唆他人实施轻罪的行为，被利用者出于犯轻罪的故意，同时导致了轻罪结果和重罪结果的，利用者成立轻罪的教唆犯和重罪的间接正犯。在利用他人故意犯罪的场合，由于利用者优越的意思支配地位始终存在，对犯罪有独立的支配，所以即便被利用者构成犯罪，成立（单独）直接正犯，利用者仍然可以构成间接正犯。所以，“正犯后正犯”应当被承认。如 A 出于杀害 B 的目的，知道 B 当时正在屏风后面，指使 C 向该屏风开枪，不知情的 C 一枪打坏了屏风，同时也打死了 B。A 成立故意杀人罪的间接正犯。

（7）利用被害人的行为

被害人本人自杀、自伤或者损毁本人财物的行为本身不是犯罪，教唆、帮助被害人自杀、自伤、毁损本人财物的，因为不存在符合构成要件、具有违法性的正犯行为，按照共犯从属性说，教唆、帮助行为就没有可罚性。但是，利用、控制、操纵被害人使其实施自杀、自伤或者毁损本人财物的，利用者本人就是正犯，犯罪的结果就要归责于利用者。

2. 不成立间接正犯的情形

（1）亲手犯

亲手犯，是指行为人必须亲自实施刑法分则罪状所要求的实行行为，才能成立正犯的情形。换言之，亲手犯必须是“亲力亲为”的犯罪，不能假他人之手实施。典型的亲手犯有伪证罪、脱逃罪、重婚罪等。

间接正犯是将他人作为犯罪工具，假借被利用者之手实施犯罪。而亲手犯必须自己实施犯罪，所以，对亲手犯进行支配的，不能成立正犯，自然也不能成立间接正犯，但可能成立教唆犯或者帮助犯。换言之，亲手犯是不能以间接正犯的形式成立的犯罪。例如，虽然不具有证人身份的A和证人B多次进行谋议，但最终对司法机关作虚假陈述的是B，只有B是正犯，A只能成立教唆犯；证人C和D经共谋后，先后向司法人员作伪证的，二人各自分别成立伪证罪的直接正犯，不是共同正犯；母亲甲发现儿媳妇不能生育，反复劝说有精神病的儿子乙和丙重婚，但最终实施重婚行为的只能是乙，甲只能成立重婚罪的教唆犯，而非重婚罪的间接正犯。

（2）真正身份犯

真正身份犯，是指构成要件的非难核心在于行为人的身份，身份成为建构整个构成要件的基础不法内涵，因此，不具有身份者不能成立正犯的情形。不具有特殊身份的人，即使从形式上看，其对犯罪具有事实上的支配和控制作用，是犯罪的核心角色，但行为也不是刑法分则针对身份所规定的实行行为，所以不能成为正犯，自然也无法成为有身份者的间接正犯。即在刑法理论上，无身份者不能利用有身份者成为实行犯罪的人。例如，没有国家工作人员身份的妻子A指使担任国有公司财务经理职务的B做假账，非法占有公共财物的，A只能构成贪污罪的教唆犯，不能构成间接正犯。

（二）共同正犯

共同正犯，是指二人以上存在共同犯罪决意，通过行为分担的方式共同完成犯罪的情形。共同正犯在犯罪支配理论下被称为功能支配：即**通过功能分工的角色分配实现犯罪构成要件**。认定共同正犯的核心意义在于所谓的部分实行全部责任原则（交互归责）。

1. 成立条件

（1）二人以上

共同正犯的违法具有连带性，因此，这里的“二人”以上，并不要求行为人都具备完全的责任能力。有责任能力者和无责任能力的精神病人、未成年人共同实行危害行为的，不能否定行为人之间共同实施违法行为的性质，由此可以肯定共同正犯的成立，只是无责任能力者不具有责任而已。具备责任能力者利用、支配无责任能力者实施犯罪（而非共同实行的），成立间接正犯，仅由利用者单独承担刑事责任，不能成立共同正犯。

（2）共同意思

共同正犯的成立，在犯罪故意上有以下要求：①各个行为人主观上具备相同的犯罪认识因素和意志因素，而且，每个行为人都认识到，自己所实施行为的性质以及该行为所可能导致的后果，都是另外的行为人有所认识、有所期待的，即存在相互认识、相互期待的关系。**“相同的犯罪故意”，不必要完全一致，有重合即可**。可以一方是直接故意，另一方是间接故意，不要求都是直接故意。此外，共同犯罪的意思，通常形成于共同犯罪之前，但是，在同时实行犯罪过程中，因为偶然原因产生共同意思，或者因同时实行者改变犯罪意图而产生共同意思的，也属于共同故意。②行为人之间存在意思联络。这里的“意思联络”，明示的或者暗示的都可以。联络通常是直接的，是数个共同正犯同时谋议的。但是，通过某人顺次传达的，甚至是“单线联系的”间接的“意思联络”，也属于共同意思的表达方式。例如，有杀人意思的A分别与B、C、D联系，邀请并指挥他们共同实施杀害仇人E的行为，B、C、D到达现场后同时举刀杀死E。B、C、D三人相互之间缺乏意思联络，但也成立共同正犯，而非同时犯。

与共同正犯的共同意思相关的有五个重要概念，需要注意：

a. 同时犯

同时犯，又称为平行正犯，是指数人没有共同意思联络、偶然地在同一场所、同一时间针对同一客体实行犯罪的情形。同时正犯与共同正犯最大的不同之处在于，由于没有共同的行为决意，因而不适用交互归责的原则，在事实不清时，必须对各实行人做有利的事实认定。如甲和乙未经商议，在同一时点不约而同地对他们的共同仇人丙开枪，事后查明，仅有一颗子弹击穿丙并致其死亡，但无法确认到底是谁的子弹击中了丙。由于甲和乙没有共同的行为决意，因此，只能就丙的死亡后果与甲、乙二人的行为分别确认因果关系，由于谁击中丙的事实无法确证，无法排除是另一人的子弹击中，所以最后只能做有利于二人的事实认定，认定结果和各自的行为都没有因果关系，最后得出二人都是犯罪未遂的结论。

b. 过失共同正犯

刑法主观主义认为过失的共犯存在余地，因为共同犯罪中的共同意思，只是共同为自然行为的意思，而不要求行为人有追求构成要件结果或者规范意义上的结果的意思，所以不要求行为人之间有共同故意，那么过失共同犯罪的存在就是合理的，故意犯与过失犯的共同犯罪也可能是存在的。

刑法客观主义在犯罪共同说的基础上，否认过失的共犯的存在。理由在于：

共同犯罪是两人以上共同实施的特定犯罪，除了有共同的行为外，意思联络也至关重要，各行为人对构成要件结果的发生必须有共同的故意，这样，共同犯罪就只能在故意的范围内成立。过失犯罪由于其没有彼此的意思联络，所以不成立共同犯罪。应该说，站在犯罪共同说立场上的过失的共同正犯否定说更为符合我国现行刑法的规定。此外，如果承认犯罪支配说，也可能会得出否认共同过失犯罪的结论。

共同过失犯罪，没有相同的犯罪认识和意思因素，也不存在意思联络，不是共同正犯，但可能成立过失犯的同时犯。

c. 片面正犯

共同正犯之间有意思联络，该意思联络是否一定要有意思的“互换”？没有共同实行的“交互”的意思联络，只有一方有与他人联络的意思的，是否成立共同正犯？例如，A 知道 B 要杀害 C，就将 C 捆绑起来，扔在不知情的 B 的必经之路上，B 将 C 砍死的，对 A 应当如何处理？这就是片面正犯问题。

对此，行为共同说认为，“共同”是指构成要件的行为共同，因此只要客观的实行行为相同或部分相同就可以成立共同正犯，因此，彼此之间是否有意思的联络并不是问题的实质，只有一方联络的意思，他方并不知情，也认为正犯有共同的意思联络。只要一方有利用或补充他方的行为，就可以成立共同正犯。

犯罪共同说认为，共同犯罪的成立，除了彼此之间必须有共同的实行行为外，行为人之间还必须有共同的意思联络，意思联络对违法性有影响。共同意思联络，必须是“交互”的意思沟通。因此，片面正犯当然因其没有彼此之间的意思的联络而不成立共同正犯，由此否定了片面正犯概念。

应当认为，片面正犯否定说是有道理的。共同正犯的归责原则是“交互”归责（部分行为全部责任），在共同犯罪过程中，正犯之间在心理上、物理上相互都有引起和被引起的关系，互为因果，所以，正犯甲要对正犯乙的行为以及其所造成的后果负责，反过来，正犯乙要对正犯甲的行为及其后果负责。在片面正犯的条件下，不知情的一方不可能对单纯有正犯意思者的行为负责，无法使用部分行为全部负责的处罚原理。按照共同正犯的性质，行为者之间必须有共同犯罪的认识，有意思的交换，并有相互利用对方的行为以达到犯罪目的的意思。片面正犯难以符合共同正犯主观上的这些要求，所以不应该承认片面正犯概念。否认片面正犯概念，不等于放纵犯罪，对相关行为人可以按照间接正犯、同时正犯或帮助犯处理。

d. 承继的共同正犯（相续的共同正犯）

在他人实行一部分犯罪行为之后，犯罪行为尚未完全结束之际，行为人基于共犯的意思，加入该犯罪的实行的，成立承继的共同正犯。是否承认承继的共同正犯，理论上也存在很大的争议。应当认为，如果承认责任主义是不可动摇的原理，也承认犯罪事实支配理论是界定正犯的合理标准，否定承继的共同正犯概念是合理的。毕竟，后行为者的参与和先前行为人已经造成的结果之间没有关系，后参与者只能支配参与之后的事实。据此，在他人使用暴力导致被害人重伤的场合，后行为人仅参与取得财物的，仅成立盗窃罪的正犯。

承继的共同正犯，必须成立于他人的实行行为全部完成之前。在非法拘禁罪、绑架罪等继续犯中，他人将被害人置于被实际控制的地位时，犯罪已经既遂，但是，在其释放被扣押者之前，犯罪行为仍然一直在持续状态，行为人基于正犯的意思加入的，可以成立承继的共同正犯。在结果犯中，实行行为完成，犯罪达到既遂状态时，不能再成立承继的共同正犯。

e. 共谋共同正犯

所谓的共谋共同正犯，是指数人共谋共同犯罪，参与谋议的一人或数人并不参与实行，而推由他人实行，仅参与共谋而未参与实行者也被论以正犯的情形。共谋共同正犯最早起源于日本实务，其为帮派首领等在共同犯罪中的预备阶段起策划、组织作用的人的正犯性提供了根据。目前，我国通说与实务皆承认这一概念。成立共谋共同正犯，要求有共同谋议的事实与他人的实行两个条件。所谓的"共谋"，是指二人以上为了实行特定的犯罪，以将各自的意思付诸实现为内容，互相就犯罪的实行共同发挥作用的意思沟通并最终达成共识的过程。通过共谋，单纯共谋者与实行担当者一体化的内在联系得以产生，并且对于共谋行为的内容及随后采取的行为达成一致。他人的实行则要求共谋者中必须有一人或一部分人在共同某一的基础上直接实行了犯罪构成要件中的实行行为。

（3）共同行为

在通常情况下，共同正犯存在共同的犯罪决意，并往往由此形成较为详尽的犯罪计划。与这种犯罪心态相匹配，共同正犯形成功能上的分工、合作关系，各自分担了实现犯罪计划所必要的行为，对犯罪进程的推进作出必要的"贡献"。共同正犯的共同行为，包括以下情形：①最典型的是参与实行分则构成要件所规定的构成要件行为。②在我国刑法中，犯罪集团的首要分子或者聚众犯罪中起组织、策划、指挥作用的人，即使不在现场，没有亲自实施刑法分则所规定的构成要件行为，按照犯罪的功能性支配说，可以认定其为共同正犯。因为处于组织、指挥、策划地位的人，始终会把整个犯罪作为自己的事情而非他人的事情，所以，在共同犯罪中处于核心地位者，是犯罪的决定性人物，他人在现场的具体实行行为随时受制于组织、指挥、策划者，后者的功能远非具有边缘性的教唆犯可比。将这些人作为共同正犯是理所当然的。

2. 共同正犯的处理

共同正犯要对自己的行为所导致的结果负责，同时要对其他正犯所导致的结果负责，因为其他正犯的犯罪，是所有共犯人“自己的犯罪”。所以，在共同正犯的场合，只要一个行为人的行为既遂，所有的共犯都要承担既遂的责任，这就是共同正犯“部分行为全部责任”原则或者交叉归责原理。如 A、B 经共谋后，以杀人的意思同时对 C 开枪。后查明 C 身上只中一颗子弹。由于是共同正犯，二者均需对其他人所造成的不法结果负责，因此，如果查明该子弹为 A 所射击，B 根本没有打中 C，A 当然是故意杀人既遂，B 仍然需要对 A 造成的结果负责，因而同样也是故意杀人既遂；而如果无法查清该子弹由谁发射，则 A、B 也都成立故意杀人既遂，因为无论是谁打中 C，另一方都需要对死亡结果负责。

在共同正犯的处理上，坚持部分行为全部责任原则，并不违反责任主义。主要理由在于：从犯罪支配说的角度来看，在客观上，共同正犯之间相互利用、相互补充，自己的犯罪是他人的，所有正犯都难脱干系。在主观上，任何一个正犯的存在及行为都对其他正犯在心理上有很大影响力，正犯相互之间是对方的“精神支柱”。

共同正犯着手实行行为后，都没有达到既遂状态的，则所有共犯都是未遂。例如，A、B 经共谋后，以杀人的意思同时对 C 开枪，但 A 打中了 C 身旁价值高昂的观赏狗，B 的子弹根本无法发射，则 A、B 都只能成立故意杀人未遂。对于本案中出现的共同正犯的抽象事实认识错误，适用单独犯的事实认识错误处理原则。对共谋共同正犯的主犯，也应当适用部分行为全部责任的法理，即单纯共谋者虽然没有实施实行行为，不是形式上的实行者，但是，由于其实质上对于实行行为的实施、犯罪的完成发挥了重要的作用，应与实行者“同视”，因为其应当同实行者一样对实行行为及其危害后果承担全部责任（包括对整个犯罪结果负责，承担既遂责任等）。

3. 共同正犯与加重结果

共同正犯与实施各自的行为，其中个别正犯导致的加重结果，其他正犯是否需要承担责任？结果加重犯存在基本犯是故意、加重结果为过失；基本犯是故意、加重结果是故意；基本犯是过失、加重结果是过失三种情形，但我国刑法不承认过失共同正犯，因而前两种情形是否就加重结果负责是需要注意的。

（1）基本犯是故意、加重结果是故意时，所有的共同正犯均需对加重结果负责，符合部分行为全部责任的共同正犯处理原则。

（2）基本犯是故意、加重结果是过失时，考虑各个共同正犯的行为是否符合结果加重犯的条件，即需要分别考查各个行为人对于加重结果的发生是否有预见可能性。因为各个行为人对加重结果缺乏故意，缺乏意思联络，对于加重结果部分不能成立共同正犯，所以不能按照部分行为全部责任的原则处理。如A、B共同绑架C，B在事后看管C时，将C捆绑太紧，导致其窒息死亡。由于B属于绑架致使被害人死亡，A在与B实施法定刑起点为10年的绑架罪时，对于他人可能在绑架过程中杀害被绑架者或者过失导致被绑架者死亡客观上有所预见，所以A需要对C的死亡结果负责。

因此，对于加重结果，是否要求所有的共同正犯负责，是分别判断的。换句话说，在出现加重结果的场合，基本的处理原则是：对于基本犯而言，成立共同正犯；对于加重结果而言，由各行为人各自对结果负责。而各行为人是否对加重结果负责，不可一概而论，是否对加重结果有预见可能性是问题的关键。当然，在结果加重犯的共犯场合，各个共犯对结果的预见可能性通常是存在的，因此，其一般要对加重结果负责。

4. 共同正犯与加重情节

加重结果也是广义的情节，这里的“加重情节”，是指加重结果以外，刑法分则有特别规定的法定刑升高的情节，或者因为在基本行为之外另外实施一定行为而转化罪名以重罪论处的情况。

我国《刑法》第263条规定了8种法定刑升高的情节，其中多数属于加重情节。在共同正犯的场合，一个正犯的行为具备某种情节的，对其他正犯的处理通常也需要适用该情节的规定。例如，A、B经共谋后实施抢劫行为，A在室外望风，B入户抢劫或者进入金融机构抢劫的，则对A、B都要适用入户抢劫或者抢劫金融机构的法定刑。

共同正犯之一在基本行为之外另外实施一定行为而转化罪名的，其他共同正犯是否应对转化后的罪名负责，需要结合个案进行判断。例如，甲、乙共谋抢夺，如果甲携带凶器，而乙对此并不知情的，则甲构成抢劫罪的正犯，乙构成抢夺罪的共同正犯。

四、共犯

（一）共犯从属性

我国刑法学界一直存在共犯独立性说与共犯从属性说的争论，二者争议的关键在于共犯的可罚性是否取决于正犯具有可罚性，目前学界的主流均认为必须坚持共犯从属性，即教唆犯与帮助犯具有可罚性的前提是正犯具备可罚性。

至于正犯在性质上需要满足到什么程度，共犯才能从属，理论上存在四种可能：①最小从属形式。只要正犯满足构成要件符合性，即使正犯没有违法性与责任，共犯便可以从属，相应共犯就具有可罚性。如此一来，则教唆或帮助他人实施正当防卫、紧急避险等正当化行为的共犯也具有可罚性，因为正犯的正当防卫等行为也是符合构成要件的行为。②限制从属形式。当正犯具备构成要件符合性，且具有违法性，但不需要有罪责时，共犯便可以成立。如此，则教唆他人正当防卫等行为不成立教唆犯。③严格从属形式。当正犯具备构成要件该当性、违法性和有责性时，共犯才能成立。如此，则教唆15周岁的人盗窃，由于实行盗窃者未达到刑事责任年龄，不具有责性，教唆犯便相应不能成立。④极端从属形式。仅在正犯具备符合构成要件、违法性、有责性，且具备个别构成要件要求的客观处罚条件和其他加重、减轻事由时，共犯才能成立。

现今通说采取的立场是限制从属性，即教唆犯和帮助犯的成立，仅要求正犯实行的是一个具备构成要件该当，且具有违法性的行为。由此，教唆、帮助他人实施正当防卫，即便教唆者和帮助者故意想要造成被防卫人死伤的后果，由于正犯是一个合法行为，没有正犯可以从属，教唆者与帮助者也不成立共犯，不具有可罚性。教唆或帮助无刑事责任能力的人实施分则规定的行为的，因为正犯的行为具备构成要件符合性与违法性，因而成立共犯。当然，如果无刑事责任能力者达到了被支配和操控的程度，则教唆者理当成立不法内涵更高的间接正犯，而非仅仅只是教唆犯。

从属形式	从属内容
最小从属形式	正犯构成要件该当
限制从属形式	正犯构成要件该当、违法
严格从属形式	正犯构成要件该当、违法且有责
极端从属形式	正犯构成要件该当、违法、有责，且具备客观处罚条件等所有的可罚性要件

（二）教唆犯

教唆犯，是指引起他人的犯罪意思，使他人产生犯罪意思的人。成立教唆犯，需要有教唆故意和教唆行为两个要件。

1. 成立要件

（1）教唆故意

教唆故意，是指诱发他人犯罪的故意。需要提醒注意的是，**教唆犯的故意必须是双重故意：教唆者对自己的行为是在引起他人的犯罪故意具有明确认识；同时，认为自己教唆的犯罪能够达到既遂状态**。

教唆犯必须促使被教唆者产生实施犯罪的决意。在被教唆者完全没有犯意而对其进行教唆的，当然是教唆（**教唆从无到有**）；在被教唆者的犯意并非确切、处于摇摆不定的状态时，通过唆使使他人产生确定的犯意的（教唆从不确定到确定），也是教唆。如果被教唆者已经有了坚定的犯意，此时再予"唆使的"，便谈不上使他人产生犯罪决意，只能视情形成立心理（精神）帮助犯或未遂的教唆。例如，乙具有携带管制刀具抢劫的意思，善于察言观色的甲建议乙持枪抢劫，乙果然听从甲的建议，甲的劝说行为并非教唆，而只是使得乙的抢劫行为更容易实施，所以甲应当成立抢劫罪的帮助犯。

只是抽象地叫他人"去犯罪"并不构成教唆，教唆的故意当中就应当包括教唆犯对于犯罪内容的具体认识，即教唆犯对于正犯将要实施的犯罪有关的重要构成事实，应当具有相当程度的认识，知道自己是在教唆他人实施杀人、伤害、抢劫等行为。当然，教唆犯需要认识所教唆犯罪的重要构成事实，并不要求其认识犯罪所有的细节。

与教唆故意有关的重要问题是未遂的教唆概念。**未遂的教唆是指教唆人在教唆时已经预测被教唆人的行为最多只能达到未遂，而不可能既遂的情形**。行为人故意教唆他人实施不可能达到既遂的犯罪行为时，能否成立教唆犯是争议的焦点。例如，A为考验C的胆量，教唆B用枪杀害C，但A在B着手实行之前，将B枪里的子弹全部卸掉。应当认为，在未遂的教唆的场合，否定成立教唆犯的观点是合理的。由于教唆犯的双重故意要求教唆者实施教唆行为时对于被教唆人实施的犯罪能够达到既遂状态具有认识与希望或放任的心态。未遂的教唆者的犯罪故意中不包含完成犯罪的意思，其自始就知道犯罪绝对不能达到既遂状态，主观上不是为了实现犯罪的构成要件结果，就不成立教唆，不能以犯罪论处。因此，教唆人仅仅具有达到未遂的意图时，不能认为其具有教唆的故意，未遂的教唆不可罚。

如果教唆犯最初以为是未遂的教唆，在被教唆者着手实行时，被害客体偶然出现，或者被教唆者在教唆内容之外对犯罪方法有所改变，犯罪达到既遂或者有危害结果发生的高度危险性的，应该区别情况进行处理：①通常成立过失犯；②但是，结果所教唆的正犯行为的危险程度、手段特殊性，结果的发生还在教唆犯概括的故意范围内时，教唆犯仍然成立。例如，甲知道丙家中空无一物，教唆乙如实盗窃丙的财物。在丙入室前的一个小时，丙偶然将财物放入室内，乙盗窃得手的，甲成立盗窃罪的教唆既遂。又如，A 教唆 B 用枪杀害 C，但将 B 枪里的子弹卸掉，如果按照 B 的计划，一旦子弹无法击中 C，就用枪托砸 C 的脑袋，C 仍然有受到侵害的高度危险性，A 应当成立教唆犯。

陷害教唆实际上也是一种未遂的教唆。如行为人以使他人受到刑事处罚为目的，诱使他人犯罪，而于被教唆人着手实行后，抓捕被教唆人，使其难以达到既遂的，就是陷害教唆。由于真正的教唆犯除了引起他人的犯罪意思外，还希望被教唆者完成犯罪而使法益遭到破坏，而陷害教唆的教唆犯欠缺使被教唆者实施犯罪既遂的意思，因此不成立教唆犯。

（2）教唆行为

对于教唆的具体方式方法，并没有限制，包括开导、说服、请求、挑拨、刺激、利诱、怂恿、嘱托、胁迫等。教唆行为具有不同于正犯实行行为的特点，它不是由刑法分则加以规定，而是由刑法总则规定的。如果某种教唆行为，已经由刑法分则作了规定，那就不仅仅是教唆犯的教唆行为，而是本身就成立正犯行为，即共犯正犯化。

2. 教唆未遂

《刑法》第 29 条第 2 款规定，如果被教唆的人没有犯被教唆的罪，对于教唆犯，可以从轻或者减轻处罚，这便是教唆未遂的规定。应当认为，被教唆的人“没有犯被教唆的罪”，是指教唆犯教唆他人犯罪，被教唆人已经着手实行犯罪，但未既遂。换句话说，**适用《刑法》第 29 条第 2 款规定的前提是：被教唆人已经着手实行犯罪，但未既遂**。

对于教唆犯教唆他人犯罪，被教唆人仅有预备行为但“没有着手犯被教唆的罪”的情形，即便要处罚预备犯，也应该适用（他人）预备犯的法理，引用《刑法》第 22 条第 2 款预备犯的规定直接进行处罚，与教唆未遂和共犯从属性原理无关，无须适用《刑法》第 29 条第 2 款；对于教唆信息完全没有传递给被教唆人、被教唆人明确拒绝教唆、被教唆人虽接受教唆但尚未开始实施预备行为的三种情形，教唆行为对法益没有抽象危险，教唆者不但不能成立教唆未遂，而且连教唆预备犯都不成立，不属于刑法处罚的对象。

（三）帮助犯

帮助犯，是指故意对正犯提供辅助，使正犯的犯罪更容易得逞的情形。成立帮助犯，同样要求帮助故意与帮助行为。

1. 成立要件

（1）帮助故意

帮助故意是指明知自己是在帮助他人实施犯罪，如同教唆犯，帮助故意同样应当是双重故意：**对于自己的行为会帮助正犯顺利实施犯罪持故意心态；对于正犯故意实施犯罪既遂同样持故意心态**。尤其要注意的是第二重故意，即帮助故意的内容必须指向故意犯罪既遂，帮助犯一开始就知道自己的帮助行为不可能导致正犯故意犯罪既遂的，例如，应正犯的要求，绘制一张绝对无法找到被害人家里重要财物存放点的图纸交给盗窃犯的，欠缺帮助故意，帮助犯无罪。

（2）帮助行为

帮助行为必须是实行行为以外的，使他人的实行行为更容易实施的行为。帮助犯的实质为参与行为促进，使结果更容易发生。

对于帮助的形式，并没有限制。不过，帮助可以物质帮助和精神帮助。物质帮助是有形的帮助，包括为正犯实施犯罪创造有利条件、排除不利障碍等，诸如提供凶器等都是物质帮助；后者是无形的帮助（心理的帮助），为实行犯出主意、撑腰打气、站脚助威等均属于精神帮助。

成立帮助犯，要求帮助行为对于实行行为必须具有物理的或者心理的因果性影响，因此，帮助行为与正犯所造成的危害结果之间，必须有因果关系。即帮助犯对于正犯的实行行为有一定程度的物质或者精神上的影响，无此因果贡献的，帮助犯应当无罪。帮助犯对于犯罪的贡献是有限的贡献，明显有别于正犯的贡献。正犯实行行为的事实并不完全依托于帮助犯，帮助犯只不过是为正犯的实行行为提供多多少少的“支持”而已，帮助犯对于犯罪的参与是“最低限度”的参与。帮助者的物理帮助作用虽然没有发挥，但是，该帮助对于实行者所产生的心理影响仍然存在，使正犯在犯罪时心理更踏实的，成立精神帮助，帮助行为和实行行为及其后果之间的因果联系仍然存在，帮助犯成立。对于这一点，往年的真题中作过专门的考查。

2. 片面帮助

由于帮助犯并非为了实现自己的犯罪，而是为了帮助他人。在提供物理或者心理帮助时，只要对正犯的实行行为有所认识，并单方面具有帮助的意思，即使正犯对此没有认识，帮助犯与正犯没有意思联络，该帮助行为也可以达到使正犯实行行为容易实施的效果，可以成立帮助犯，因此，不同于片面共同正犯，片面帮助犯是成立的。

五、共同犯罪人的处罚

我国刑法以作用分类法为主、以分工分类法为辅，将共同犯罪参与者分为主犯、从犯、胁从犯、教唆犯四种。

（一）主犯

1. 种类

根据《刑法》第 26 条第 1 款的规定，组织、领导犯罪集团进行犯罪活动的，或者在共同犯罪中起主要作用的，是主犯。由此，主犯大体可分为三类：犯罪集团的首要分子；聚众犯罪的首要分子；其他主犯。

犯罪集团的首要分子，是指在集团犯罪中其组织、策划、指挥作用的人。**犯罪集团的首要分子都是主犯**。

聚众犯罪中的首要分子，在聚众犯罪中起组织、策划、指挥作用，刑法同时处罚聚众者和积极参加者时，是聚众犯罪中的主犯。**聚众犯罪的首要分子并非都是共同犯罪的主犯**。这是因为刑法规定了两种聚众犯罪：一是属于共同犯罪的聚众犯罪，刑法同时处罚首要分子和其他参加者（如聚众持械劫狱罪），此时的首要分子当然是主犯；二是不属于共同犯罪的聚众犯罪，刑法并不处罚首要分子以外的其他参加者（如聚众扰乱社会秩序罪），此时的首要分子是单独正犯，自然不涉及主犯问题。

其他主犯，包括了集团犯罪、聚众犯罪中起主要作用的人，以及一般共同犯罪中起主要作用的人。在一般共同犯罪中起主要作用的人，包括了以下类别：

（1）正犯。一般共同犯罪中起主要作用的人，多数都是正犯。但是，并非所有的正犯都是主犯，正犯在共同犯罪中所起的作用较小，是次要实行犯的，仍然可以成立从犯。正犯是否成立主犯，需要综合犯意由谁发起、纠集共犯的积极性、参与实行的主动性、是否充当指挥者角色、各自导致危害后果的大小等因素确定。

（2）教唆犯。教唆犯在共同犯罪中起主要作用时，是主犯。换句话说，**教唆犯既可能是主犯，也可能是从犯**。

（3）胁从犯。在特殊情况下，最初被胁迫参加犯罪的人，在着手实行之后，在共同犯罪中起重要作用的，也可以成为主犯。

2. 处罚

《刑法》第26条第3款规定，对组织、领导犯罪集团的首要分子，按照集团所犯的全部罪行处罚。这意味着只要最终的危害结果是在犯罪集团概括的犯罪意思支配下造成的，即使首要分子对犯罪集团其他共同犯罪人的某次犯罪事实并不明确知道，也需要对所有犯罪负责。按照犯罪的功能性支配理论，犯罪集团的首要分子事实上就是共同正犯，要求其对集团所犯的全部罪行负责，就是对共同正犯适用部分行为全部责任原则。

《刑法》第26条第4款规定，对于第3款以外的主犯，应当按照其所参与的或者组织、指挥的全部犯罪处罚。这意味着对聚众犯罪的首要分子，在集团犯罪、聚众犯罪中起主要作用的人，以及在一般共同犯罪中起主要作用的人，都应当按照其所参与的或者组织、指挥的全部犯罪处罚。因为共犯人之间存在相互利用的特殊情结，对共犯人之间的行为不能割裂开来看，所以，“按照其所参与的或者组织、指挥的全部犯罪处罚”，显然不是按照罪犯个人所造成的具体危害结果进行处罚，共同正犯成立主犯的，部分行为全部责任原则必须适用。在共同实施财产犯罪、贪污贿赂犯罪的场合，主犯需要对其所参与的全部犯罪负责，绝不能根据罪犯个人最后分得赃款的多少“计赃论罪”。

（二）从犯

1. 分类

从犯，是指在共同犯罪中起次要或者辅助作用的人。其包括在共同犯罪中起次要作用者和在共同犯罪中其辅助作用者。

（1）在共同犯罪中起次要作用者

在共同犯罪中起次要作用的人，是指次要的正犯。这种正犯虽然直接实施了符合构成要件的行为，但可能并非犯意的发起者，或者没有实施寻找共犯的行为，或者参与实行的主动性不强，或者被动接受他人的指挥，或者所造成的危害后果较小，因此，相对于起主要作用的正犯而言，在共同犯罪中的作用较小。

（2）在共同犯罪中起辅助作用者

在共同犯罪中起辅助作用的人，是指帮助犯。帮助犯是为他人实行犯罪提供各种物质和精神上的便利，对犯罪缺乏实质的支配，在共同犯罪中不可能起主要作用，所以，都属于从犯。

2. 处罚

根据《刑法》第 27 条第 2 款的规定，对于从犯，应当从轻、减轻处罚或者免除处罚。刑法虽然没有规定对于从犯必须比照主犯从宽处罚，但是从犯与主犯相比，无论是主观恶性还是客观危害性都要轻一些，所以对主犯和从犯进行比照，然后确定对从犯的从宽处罚，应是合理的。

主犯	从犯
犯罪集团的首要分子	在共同犯罪中起次要作用者（次要的正犯）
聚众犯罪的首要分子	在共同犯罪中起辅助作用者（帮助犯）
其他主犯（包括其主要的正犯和部分教唆犯及胁从犯）	

六、共犯的特殊问题

（一）共犯的脱离与中止

在共同犯罪的场合，要适用中止犯的规定，需要满足某些特定条件。共同正犯在着手前要成立中止，需要有脱离犯罪的意思表示，并且被其他共犯者所了解、认同；在着手实行犯罪后，脱离者不仅要有脱离的意思表示，同时还要求必须采取必要措施防止其他正犯造成犯罪结果的产生，否则便要承担犯罪既遂的风险。总体上看，现代刑法以保护法益为其本质要求，因此脱离者要想脱离、中止共犯关系，必须消除自己行为对其他共犯者所造成的物理或心理的因果关系。

1. 预备阶段的中止

（1）共谋共同正犯的中止

如果脱离共谋关系者将脱离的意思在其他共谋者着手实行行为以前传达给其他共谋者，并得到其他共谋者的接受和认同的，那么最初的共谋关系和最后的实行行为之间的因果关系被切断，共谋行为对其他事后实行者的心理支撑不再存在，此时脱离者对其他共谋人造成的未遂或者既遂后果不必承担责任，应按（预备阶段的）中止犯处罚。**即共谋共同正犯着手实行前要成立预备阶段的中止，需要满足两个条件：有脱离共犯关系的意思，并向对方明确表示；中止意思被对方接受。**

需要特别注意的是：如果共谋者是共谋关系中的重要成员（如首谋者），对他人的实行行为可能产生巨大影响的，为了解除对实行行为产生的巨大影响，需要做出额外的努力，否则仍然应当对结果负责。也就是说，共谋实施重罪的正犯，以及共谋共同正犯中的主要犯罪提议者要成立中止形态，仅仅传达中止意思给对方并得到对方认可并不足够，还必须在此之外采取告知被害人、撤回许诺、报告警方等措施，以有效阻止其他共谋共同正犯实行。

（2）教唆犯的中止

教唆犯实施教唆之后，在他人着手之前产生中止的意思，并将该意思传递给被教唆者的，原则上就可以成立预备阶段的中止。但是，如果教唆的是重罪，或者教唆犯给予对方一旦事情成功即会获得报酬的承诺的场合，要成立犯罪中止，仅仅传达中止犯罪的意思给被教唆者，即使得到被教唆者的承诺，对于成立中止仍不足够，还必须在此之外采取告知被害人、撤回许诺、报告警方等措施阻止被教唆人犯罪。这一点与共谋实施重罪的正犯，或者共谋共同正犯中的主要犯罪提议者的中止成立条件基本相同。

（3）帮助犯的中止

在着手实行之前为他人的犯罪准备工具或者制造条件的人，如果告知对方自己要脱离共犯关系，就能够消除自己对未来的实行行为的积极影响，他人的着手实行就会遇到困难，同时放弃犯罪的意思得到对方同意的，可以成立中止。

但是，仅仅有脱离共犯的意思，但并未消除对实行行为的积极影响，他人的着手因为帮助犯在预备阶段的行为更容易，帮助行为的加功效果并未消除的，即使放弃犯罪的意思被对方接受，也不能成立中止。如电工甲在被害人乙家里安装空调时，按照盗窃犯丙事前的安排观察并绘制了乙家别墅的房间分布图、标明财物的所在位置，然后将图纸交给丙。在丙着手盗窃之前，甲后悔并索回图纸。但在丙谎称已经撕毁图纸时，甲便不再深究。事后，丙凭借该图纸盗窃了乙的财物。电工甲不应被认定为犯罪中止，是因为其并未彻底切断自己的帮助行为同正犯行为造成的危害结果之间的物理性因果关系（丙利用其图纸顺利盗窃），仍然成立盗窃罪既遂。

2. 实行阶段的中止

（1）共同正犯的中止

对于共同正犯来说，要成立犯罪中止，除了必须切断自己同其他正犯的物理性、心理性因果关系外，尚需进一步有效防止结果的发生，才能成立中止犯。因为共同正犯比单独正犯的危险性更高，实行交互归责原则。因此，共同正犯需要承担共同犯罪意思范围内其他共同正犯造成犯罪结果的风险。换句话说，**有中止和脱离意思的共同正犯必须承担未能有效阻止其他正犯犯罪既遂的后果**。

（2）教唆犯与帮助犯的中止

教唆犯与帮助犯在正犯处于实行阶段时，中止（脱离）的条件基本等同于预备阶段的中止：即必须有效切断自己的行为贡献同正犯实行之间的物理性、心理性因果关系。对于教唆犯来说，要积极有效阻止正犯继续实行。而帮助犯在正犯着手之后自动停止帮助行为，并且被正犯所接受，但并未制止正犯继续实施犯罪的，不能成立中止。如果正犯既遂的，帮助犯仍然成立既遂。

	预备阶段	实行阶段
共同正犯	消除共谋对其他正犯产生的物理性与心理性因果关系（共谋实施重罪有例外）	消除自己的参与行为同其他正犯之间的物理性与心理性因果关系，同时要积极有效阻止结果发生
教唆犯	将中止意思传递给被教唆者（教唆重罪有例外，需有效阻止犯罪）	积极有效阻止正犯继续实行
帮助犯	消除帮助行为对正犯产生的物理性与心理性因果关系	除消除帮助作用外，尚需积极有效阻止结果发生

（二）共犯与身份

1. 真正身份犯与不真正身份犯

所谓的身份犯，分为真正身份犯与不真正身份犯。

真正身份犯，是指建构构成要件不法内涵的核心就是行为人的身份，即身份的有无影响定罪的情形（构成身份）。如果不具有相关的身份，且不存在有身份者的参与的场合，无身份者不成立身份犯构成要件的相关犯罪。

不真正身份犯，是指身份的有无不影响定罪，但影响量刑的情形（加减身份）。在不真正身份犯的场合，有身份者与无身份者共同犯罪的，对有身份者适用特别之刑，对无身份者适用通常之刑。

2. 真正身份犯与共同犯罪

（1）无身份者永远不可能成立真正身份犯的正犯

真正身份犯与共同犯罪的关系比较复杂，对于准备法考来说，首要的一点必须记住：**无身份的人永远不可能成立身份犯构成要件的正犯（包括共同正犯、间**

接正犯、直接正犯），只能成立教唆犯与帮助犯。这是因为，身份是建构这些构成要件的核心内涵，没有身份的人并非立法者订立这些构成要件时原先想要制裁的“行为人”，只不过因为总则和理论上存在教唆犯与帮助犯的规定，因此，制裁范围才扩大到这些没有身份的人（这便是限缩的正犯概念的理念核心）。正是在这个意义上，教唆犯和帮助犯在限缩的正犯概念那里便成为刑罚扩张事由。

（2）无身份者帮助、教唆有身份者

无身份者帮助、教唆有特定身份的人共同实施犯罪的，应当根据有身份者的犯罪定罪。例如，非国家工作人员与国家工作人员勾结，伙同贪污或者受贿的，应当成立贪污罪或者受贿罪的教唆犯或帮助犯；普通公民教唆邮政工作人员隐匿邮件的，构成《刑法》第253条所规定的隐匿邮件罪的教唆犯，不构成第252条的侵犯通信自由罪，无论该教唆犯是否主犯。

（3）真正身份者教唆无身份者

真正身份者教唆无身份者，刑法对被教唆者实施的行为规定了独立罪名的，教唆犯成立非身份犯的教唆犯和身份犯的间接正犯，二者成立想象竞合。例如，邮政工作人员甲教唆非邮政工作人员乙隐匿、毁弃他人邮件的，邮政工作人员应当成立《刑法》第252条侵犯通信自由罪的教唆犯和《刑法》第253条的隐匿、毁弃邮件罪的间接正犯，二者成立想象竞合关系，乙只构成侵犯通信自由罪，甲、乙在侵犯通信自由罪的范围内成立共犯。再如，国家工作人员A教唆非国家工作人员B盗窃自己负责管理的金库，A成立盗窃罪的教唆犯和贪污罪间接正犯的想象竞合。

真正身份者教唆无身份者，刑法对被教唆者实施的行为并未规定独立罪名的，有身份者成立身份犯的间接正犯，无身份者成立该间接正犯的帮助犯。例如，国家工作人员甲教唆失业在家的妻子乙向他人索取财物的，刑法并未将乙的行为单独规定为犯罪，甲就是利用无特定身份的人实施只有国家工作人员才能成立的犯罪，因此甲成立受贿罪的间接正犯，乙成立帮助犯。

（4）身份犯的竞合

身份犯的竞合，是指所有的共同犯罪人都有身份的情形。即共同犯罪人都具有身份，但身份不相同，不同身份者各自利用其身份，共同实施了纯正身份犯的犯罪行为的情形。例如，非国有公司的工作人员甲与国有公司委派到非国有公司从事公务的国家工作人员乙共同侵占本单位财物。司法实务主张对于此类案件按照主犯的性质定罪。最高人民法院2003年11月13日的《全国法院审理经济犯罪案件工作座谈会纪要》指出，**在公司、企业或者其他单位中，非国家工作人员与**

国家工作人员勾结，分别利用各自的职务便利，共同将本单位财物非法占为己有的，应当尽量区分主从犯，按照主犯的犯罪性质定罪，难以区分主从犯的，可以贪污罪定罪处罚。该司法解释的合理性值得商榷，因为确定主犯是为了解决量刑问题，而定罪则是定性问题。只有解决了定罪，才能确定量刑，而不能相反。但是，对于考试来说，现行有效的司法解释必须遵循，因此，对于上述贪污罪和职务侵占罪的共犯身份竞合的处理，只能依照司法解释作例外对待，即按照主犯定罪，无法确定主犯的，以贪污罪定罪。换句话说，如果是国家工作人员乙起主要作用的，便定贪污罪；如果是非国家工作人员起主要作用的，便定职务侵占罪。

一般认为，理论上，都具有身份者利用各自的身份共同实施身份犯罪的，参与人都成立自己的身份构成要件的正犯和另一方身份构成要件的共犯，二者成立想象竞合。例如，投保人和保险公司职工共同决定骗取保险公司的保险金，由投保人制造保险事故，由保险公司职工负责办理理赔。对投保人来说，其实施了保险诈骗罪的实行行为，成立保险诈骗罪的正犯；同时还成立帮助保险公司职工实施职务侵占行为，因此又构成职务侵占罪的帮助犯，因此论以保险诈骗罪的正犯和职务侵占罪帮助犯的想象竞合，以重罪即保险诈骗罪的正犯论处；对于保险公司职员来说，其实施了职务侵占罪的实行行为，成立职务侵占罪的正犯；同时其还帮助投保人骗取保险公司的保险金，成立保险诈骗罪的帮助犯，因此论以职务侵占罪正犯和保险诈骗罪帮助犯的想象竞合，以重罪即职务侵占罪的正犯论处。

（三）共犯与错误

1. 共犯与具体的事实认识错误

（1）正犯的客体错误

根据法定符合说，正犯实现的事实和共犯教唆、帮助的事实之间存在不一致，客体上出现错误的，只要二者属于同一构成要件内的错误，正犯的错误对于教唆犯、帮助犯的既遂没有影响。换言之，正犯的客体错误，对于教唆犯而言，也是客体错误。例如，A 教唆 B 杀害 C，但 B 在下手之时，误将 D 看作 C 杀害的，A 仍然成立故意杀人罪的教唆既遂。再如，甲帮助乙盗窃丙价值很高的项链，但乙误将丙的手链当作项链加以窃取的，甲仍然成立盗窃罪的帮助既遂。

（2）正犯的打击错误

在正犯出现打击错误的场合，根据法定符合说，其成立故意犯罪既遂，教唆犯、帮助犯也成立故意犯罪的既遂。例如，A 教唆 B 开枪杀害 C，但在 B 开枪之后，子弹射向 D 并导致其死亡的，A 成立故意杀人罪的教唆既遂。

（3）正犯的实行过剩

正犯超过共谋故意范围或者他人的教唆内容，基于自己的独立意思实施犯罪，实际实施的犯罪和共谋或者教唆的犯罪虽不完全符合，但仍然属于同一构成要件内时，是正犯的实行过剩，属于共犯过剩的一种表现形式。例如，A 教唆 B 开枪杀害仇人 C，但 B 认为如果打死 A 的另外一个仇人 D，A 可能更高兴，于是将 D 杀害，而未杀 C。根据法定符合说，可以认为 B 的行为并未违背 A 杀害仇人的概括故意，A 想杀害仇人，也确实借助于 B 的行为杀了人，虽然具体的死者出现差异，但无碍于 A 成立故意杀人罪的教唆既遂。

如果共犯行为和正犯行为之间缺乏心理因果性的，不能认为正犯行为和教唆、帮助有关，即使按照法定符合说，共犯也不能对正犯的行为所造成的结果负责。例如，A 教唆 B 伤害 C，但 B 去 C 处打探被害人的行踪时，与 C 的邻居 D 发生激烈争吵，B 将 D 达成重伤。B 虽然实施了故意伤害行为，但与 A 的教唆之间没有联系，A 只能构成故意伤害罪的教唆未遂。

2. 共犯与抽象的事实认识错误

正犯超过共谋故意范围或者他人的教唆内容实施犯罪，且实际实施的犯罪和共谋或者教唆的犯罪属于不同构成要件时，就是共犯的抽象事实认识错误。共犯对抽象的事实认识错误，也是“共犯过剩”的一种表现形式。教唆犯只有在正犯的实行行为与其教唆之间存在紧密关联时，才对正犯的既遂负责。对于正犯所造成的过剩结果，教唆犯并不负责。

“共犯过剩”包括质的过剩与量的过剩。质的过剩，指被教唆人所实行的犯罪完全不同于被教唆的犯罪的情形。因为质的过剩，教唆人不承担被教唆者所犯之罪的责任，根据《刑法》第 29 条第 2 款的规定，只承当教唆未遂的责任。例如，甲唆使乙抢劫，乙实施了强奸行为的，甲只承担抢劫罪的教唆未遂责任。量的过剩，是指被教唆人所实行的犯罪与被教唆的罪并不完全一致，但存在重合部分。例如，被教唆盗窃的人，实施了抢劫行为；被教唆伤害他人的人，实施了杀人行为。由于盗窃罪与抢劫罪之间、故意伤害罪与故意杀人罪之间具有一定的重合关系，在教唆犯认识的事实与被教唆者实现的事实相互重合的范围内，可以认定教唆犯成立盗窃罪既遂、故意伤害（致人死亡）罪的教唆犯。在共谋共同正犯关系中出现量的过剩时，也应当如此处理。例如，A、B 共谋故意伤害 C，但在实行过程中，B 实施杀人行为的，A、B 在故意伤害（致人死亡）罪的范围内成立共同正犯，B 对过剩的故意杀人行为负责。

考点11 想象竞合犯

命题分析

罪数论（竞合论）一章的下位概念中，想象竞合犯是最为重要的概念。在行为人存在数行为触犯数罪名的场合，理论与实务处理上均不存在大的麻烦。但想象竞合犯不同，行为人只有一行为，侵犯了数个法益，符合数个构成要件。而一行为符合数个构成要件的基本特征又和法条竞合犯极其类似，因此，如何区分想象竞合与法条竞合又成为难题，我国刑法理论界对此也一直争论不休。所以，想象竞合成为命题人偏爱的命题点。

近十余年来，主观题中多次考查这一知识点，如2008年、2010年、2011年、2012年的案例分析大题实质上都涉及了想象竞合犯。

考点解析

一、概念与法律效果

想象竞合犯，是指行为人基于一个罪过，实施一个危害行为，触犯数个罪名的犯罪形态。例如，采用破坏性手段，盗窃正在使用中的油田运输管道中的油，可能同时构成破坏易燃易爆设备罪、盗窃罪；为杀害仇人，对准仇人所在的人群扔炸弹的，可能同时构成故意杀人罪和爆炸罪，这些都是想象竞合犯的适例。想象竞合犯触犯了数个罪名，符合数个构成要件，但由于其行为只有一个，所以实质上仍为一罪。

想象竞合犯具有以下特征：①基于一个确定的故意、过失或者概括的故意，实施了一个危害行为。②一个行为符合数个构成要件，造成了多个危害结果，同时触犯了数个不同的罪名。

要特别提醒考生注意的是，**在处理犯罪之间的关系时，应当多从犯罪之间可能具有交叉、竞合或数罪的角度思考问题，再根据想象竞合犯或并罚的法理分析案件，不能动辄就说不同犯罪之间具有排斥或者非此即彼关系，动不动就将行为人设想为仅触犯一罪的人，使得理应被重罚的罪犯被放纵，从而和罪刑相适应原则有抵触**。对于这一点，在最近几年的刑法真题中多有体现，所以考查行为的定性，绝对不能轻易下非此即彼的互斥判断，需要围绕每个罪名的犯罪构成逐个分析，最后通过罪数论（竞合论）的方法判断到底行为人构成一罪还是数罪。例如，为抢劫而携带凶器进入被害人家中，乘无人之际偷走财物的，应当成立抢劫罪预备和盗窃罪的想象竞合犯；为抢劫压制被害人反抗，因被害人哀求而放弃，但乘机猥亵被害人，在被害人不注意之机，拿走被害人的首饰的，构成抢劫罪中止、强制猥亵罪和盗窃罪，应当数罪并罚；为抢劫而对被害人投麻醉药，被害人原本在30分钟后因为药效发作会熟睡，但因被害人当日过于疲劳，服药后10分钟即睡着，行为人将其财物拿走的，构成抢劫罪未遂和盗窃罪的竞合；甲到某工地偷水泥，守夜的乙发现后不管不问，甲由此取得价值5000元的财物，甲成立盗窃罪正犯和职务侵占罪共犯的想象竞合犯。

对于想象竞合犯，应当采用从一重罪处断的原则。例如，实务上对盗窃广播电视设施、公用电信设施，同时构成盗窃罪和破坏广播电信设施、公用电信设施罪的，择一重罪处罚；盗窃使用中的电力设备，同时构成盗窃罪和破坏电力设备罪，择一重罪处罚。此外，必须特别注意的是，**所谓从一重罪处断，需要比较行为人触犯的数个犯罪的处罚轻重：数罪的法定刑都只有一个幅度的，比较并适用各罪中的法定刑最高者；数罪的法定刑有多个幅度的，比较根据行为的具体情节所应当对应的法定刑档的高低**。

二、想象竞合犯与法条竞合犯

与想象竞合犯密切相关的一个重要概念，也是历年命题中比较容易出现的便是法条竞合犯。二者容易混淆的一个重要原因是，无论是想象竞合还是法条竞合，都只有一行为，（法条竞合形式上）也同时符合数个犯罪构成要件。不过，想象竞合犯和法条竞合犯之间存在根本性的差别。

法条竞合犯是不真正竞合，是法律上的一行为。不真正竞合，是指两个以上的刑罚规范在外表上是竞合的，但实质上是相互排斥的。从形式上看，行为该当A罪构成要件，也该当B罪构成要件，但是实质上，从法条之间的逻辑关系看，便决定了A罪法条排斥B罪法条的适用，仅成立一个A罪。此时，并不真正成立B罪，因此，排斥B罪法条的适用。

想象竞合犯是真正的竞合，但属于事实上的一行为。行为在成立A罪的同时，法官完全可以并且应当宣告其同时成立B罪，只不过由于行为人只有一行为，因此最终按照处罚最重的犯罪定罪处罚。这与法条竞合在成立A罪时，一定会排斥B罪的适用并不相同。

作为“一行为”的竞合形态，法条竞合与想象竞合的区别主要在以下三方面：

1. 立法者的价值设定

法条竞合，纯粹是因为针对同一犯罪行为的刑法分则规定整体或者部分重合，导致法律适用复杂化。法条竞合，与立法者的价值判断有关，是一种静态的竞合，当一行为触犯的两个法条的罪名之间具有从属或者交叉的逻辑关系，且保护法益具有同一性时，为法条竞合。想象竞合，是行为人的一个行为偶然地触犯了多个罪名，它与法律条文本身如何规定无关，而与行为人实施犯罪时的选择有关，行为触犯的两个罪名在保护法益上完全可以不同，所以，是一种动态竞合。一般认为，法条竞合时，不管具体的现实案情如何，两个条文都具有竞合关系，或者说，是否具有法条竞合关系，并不取决于案件事实，而是因为法条之间存在交叉或者重叠关系。而想象竞合犯则是因为具体的行为事实触犯了两个不同的法条，不同法条之间并没有重叠与交叉关系。

2. 法益同一性

法条竞合不仅是法条之间形式上的逻辑关系，具有包含或者交叉关系的法条还必须是为了保护同一法益的目的而设立时，才属于法条竞合。对于某些形式上存在包含、交叉关系的法条，如果法益不同一，应当否定法条竞合关系，而认定为想象竞合。换言之，**法条竞合是一行为侵害一法益而触犯数罪；想象竞合则是一行为侵害数法益而触犯数罪名。法益是否同一（是一法益还是数法益），成为区分二者的关键之所在**。

关于法益同一性的判断，需要考虑：

（1）法益同一性是指具体法益的相同。例如，绑架罪和非法拘禁罪都侵害个人行动自由，具体法益具有同一性；强奸罪和强制猥亵罪都侵害性自由，具有具体法益的同一性。但是，法益“同一”不是法益“同类”，因此，侵犯同类法益的犯罪未必具有法益同一性，因为同类法益之下的具体法益，其具体内容未必相同。例如，市场经济秩序、社会管理秩序是对诸多犯罪的具体法益的高度抽象概括，该同类法益之下各罪具体法益的内容差异很大。例如，显然不能认为同属破坏社会市场经济秩序罪的洗钱罪和串通投标罪之间具有保护法益的同一性。进一步讲，同属于侵犯人身权利的故意伤害罪与故意杀人罪虽属同类法益，但就具体法益而言，因为故意伤害罪侵害的是健康权，故意杀人罪侵害的是生命权，那么二者侵害的法益也并不同一，通常不能认为其存在法条竞合关系，因此，基于杀人故意造成重伤害结果的，应当成立故意杀人未遂与故意伤害罪的想象竞合。

（2）抽象地看，国家法益、社会法益和个人法益之间不存在法益同一性。但是，行为指向国家法益和社会法益，但在具体个案中其结果由具体个人承受，而侵害个人法益的犯罪中对此又有规定的，可以认为国家法益或者社会法益可以还原为个人法益，或者认为国家法益、社会法益由个人法益所组成，包含了个人法益的内容，从而肯定法条竞合关系的存在。例如，交通肇事罪和过失致人死亡罪，洗钱罪和掩饰、隐瞒犯罪所得罪、犯罪所得收益罪之间，可能视情形存在法条竞合关系。因此，一个保护公法益（国家法益、社会法益）的法条与一个保护私法益（侵犯人身罪、侵犯财产罪）的法条之间，也可能形成法条竞合关系。

（3）行为侵害多个法益，法益有相同部分的，就该相同部分可以肯定法益同一性。例如，集资诈骗罪既侵害金融管理秩序，也侵害个人财产占有，就对个人法益侵害而言，其与诈骗罪之间存在法益同一性，应当成立法条竞合。盗窃罪与贪污罪之间也存在这种法条竞合关系。

3. 法律适用

在适用法律时，因为法条竞合仅仅是在形式上存在竞合关系，司法判决书只需要列举适用的罪名即可，对于没有适用的犯罪，完全不需要在判决中予以说明理会。换句话说，对于法条竞合犯，法官无须列举被排斥的罪名。同时，被排斥的法条的存在原则上对量刑不会产生影响。

对于想象竞合，行为人的行为究竟符合哪些犯罪的构成要件，需要在判决书中明确列举出来，以便让人判断行为人所触犯的多个罪名孰轻孰重，以及法官对从一重罪处断的把握是否准确，以防止司法人员不当行使司法权。换言之，对于想象竞合，在一个说理充分的判决书中，应当分别列出罪名，然后从一重罪处罚。这是因为想象竞合存在两个违法事实与责任，那么，在判决宣告时，必须将这些事项逐一清晰地列举出来，以实现刑法的充分评价，并有效发挥想象竞合的澄清功能。因此，是否有必要详细交代罪犯所触犯的罪名以实现积极一般预防的效果，也是能否将某种竞合关系认定为想象竞合时需要考虑的。

例如，行为人只有一个行为，但该行为同时触犯 A、B 两罪时，如果 B 罪的构成要件并不必然包含在 A 罪的构成要件中，但属于 A 罪通常且典型的伴随现象，并且 B 罪的不法和罪责内涵已经可以包括在 A 罪中，按传统观点可能成立吸收犯，其结局是 B 罪被吸收，仅成立 A 罪。但是如果顾及想象竞合的澄清功能，将类似情形解释为想象竞合犯可能更为合理。

例如，为强奸而对被害人使用暴力，该暴力行为扯坏被害人价值很高的首饰的，同时触犯强奸罪和故意毁坏财物罪。如果认定二者之间成立想象竞合犯，故意毁坏财物罪、强奸罪在判决书中就都需要详细列出，并加以论证。当然，如果属于法条竞合，便没有必要分别列出行为人所触犯的特别法条和普通法条。

例如，在保险诈骗的场合，不需要在判决书中再论证被告人触犯合同诈骗罪的理由。

所以，从诉讼经济、防止司法资源浪费的角度来看，为避免司法人员在评价犯罪时分散精力，去判断原本就不需要判断的行为，将想象竞合与法条竞合区分清楚是有道理的。由上述诸多区别，决定了法条竞合和想象竞合之间存在排斥关系，不存在一个行为既是想象竞合又是法条竞合的情形。

考点12　牵连犯

命题分析

过去我国刑法理论界一直承认牵连犯概念，实务界也一直大范围适用牵连犯。近几年，刑法学界对于此概念提出了较多的批评，因为过去认定为牵连犯的场合，基本是行为人的数个行为侵犯了数个法益，符合数个构成要件，最后却只论以一罪，毫无疑问属于不当地通过牵连犯的概念操作给予行为人不当的刑罚优惠。所以，牵连犯概念也会不时地予以考查。在案例分析大题中也出现了牵连犯的知识点，如2011年就考查了信用卡诈骗罪与妨害信用卡管理罪的牵连关系。考生在复习时，要着重记住常见的牵连关系罪名。

考点解析

一、概念

我国刑法学通说承认牵连犯概念。所谓的牵连犯，是指实施某种犯罪，其犯罪的方法行为或者结果行为又触犯了其他罪名的情形。典型的例如，为实施诈骗行为而伪造公文的，成立伪造公文罪和诈骗罪的牵连犯。

二、特征

一般认为，牵连犯具有以下四个特征：

第一，出于一个犯罪目的。如果出于不同的犯罪目的而实施数行为的，不属于牵连犯，而是典型的数罪。行为人出于一个犯罪目的，但主观上同时具有数个犯罪故意。

第二，实施了数个犯罪行为。数个行为中，直接体现了行为人犯罪目的的行为成为目的（原因）行为；为实现犯罪目的创造条件，先于目的行为实施的行为称为方法行为或手段行为。

第三，数个犯罪行为之间具有牵连关系。所谓牵连关系，是指行为人实施的数个行为之间方法与目的，或者原因与结果之间的内在联系。对于牵连关系的认定标准，理论上存在主观说、客观说与折中说的分歧。折中说主张，**对牵连关系的认定，应当从主、客观两个方面进行考察，即客观上要有通常性的牵连关系，如果手段与目的、原因与结果之间只具有偶然性的联系，而没有密切性的因果关联的，不能认定为具有牵连关系；同时，行为人主观上也必须具有牵连关系，即要求行为人主观上具有对方法与目的或原因与结果关系有所认识的牵连意图**。官方“四大本”在牵连犯部分也采用了折中说。

第四，数个行为触犯不同的罪名。

对于牵连犯，刑法学界传统观点认为，除法律有明文规定实行数罪并罚的以外，应当从一重罪处断。**实际上，成立牵连犯的情形基本都是数个行为符合数个犯罪构成，理论上基本都应当成立实质上的数罪，理当数罪并罚**。因此，如果非要承认这个概念，就必须进行实质地限定解释，严格认定牵连犯概念的成立范围，否则便是不当地给予行为人刑罚优惠。例如，受贿后又徇私枉法的，很多人认定其成立牵连犯，进而主张行为人实施渎职犯罪过程中牵连受贿犯罪的，其行为符合刑法理论中有关牵连犯的特征，应当从一重罪处罚。但是，如果严格限定牵连犯的成立范围，基于牵连关系客观的类型化立场，很难认为受贿罪和滥用职权罪、玩忽职守罪之间存在牵连关系，因为行为人滥用职权、玩忽职守并不受贿，或者受贿以后并不滥用职权、玩忽职守的情况并不鲜见，谈不上 A 行为是 B 行为的通常手段行为，所以，**受贿罪和滥用职权罪、玩忽职守罪之间，并没有类型化的手段与目的、原因与结果的关系**。不将受贿罪和滥用职权罪、玩忽职守罪认定为牵连犯，而作为数罪处理，理论上并无任何障碍。

如甲承租乙的房屋后，伪造身份证与房产证交与中介公司，中介公司不知有假，为其售房给不知情的丙，甲获款 300 万元。本例中的甲主观上为了诈骗而伪造身份证和房产证，在主观层面可以认定其具有手段行为与目的行为之间的关联性；客观上，伪造身份证件和房产证件与实施诈骗行为之间可以认定存在类型化的牵连关系，毕竟，通过伪造证件的方式实施诈骗在经验上是比较常见的手段与目的的关系，因此，可认定甲成立诈骗罪与伪造居民身份证罪、伪造国家机关证件罪具有牵连关系，从一重罪处断，即以诈骗罪从重处罚。

考点13 自首

命题分析

自首在实务中是非常重要与常见的问题，在 2009 年、2010 年、2011 年、2014 年的案例分析大题中进行了考查。有关自首知识点的考查，难度本身并不大，考生需要在理解的基础上熟记适用自首的条件，以及重要司法解释中的相关规定。

考点解析

一、自首的本质、种类及成立条件

自首，是指犯罪以后自动投案，如实供述自己罪行的行为，或者被采取强制措施的犯罪嫌疑人、被告人和正在服刑的罪犯，如实供述司法机关还未掌握的本人其他罪行的行为。

自首的本质在于犯罪分子悔罪，自动供述其犯罪事实并承担相应法律后果，这在一定程度上表明了自首犯人身危险性的减小。正确适用自首制度，一方面，可以鼓励和引导犯罪人主动归案，改过自新，争取宽大处理；另一方面，可以尽可能降低司法成本，提高破案效率，有效地实现刑罚目的。理解和掌握上述自首制度的规范目的和要义，对于实际案例中认定是否成立自首非常重要，考生需要多加注意。

自首分为一般自首与特别自首。一般自首，是指犯罪分子犯罪以后自动投案，如实供述自己罪行的行为。特别自首，也成为准自首，是指被采取强制措施的犯罪嫌疑人、被告人和正在服刑的罪犯，如实供述司法机关还未掌握的本人其他罪行的行为。

（一）一般自首的成立条件

一般自首的成立条件大体有两点：自动投案与如实供述自己罪行。

1. 自动投案

自动投案，是指犯罪分子在犯罪之后、归案之前，出于本人意志而自愿置于司法机关的控制之下，接受审判的行为。对于自动投案，可以从投案时间、投案对象、投案方式、投案意愿、投案彻底性五个方面予以把握。

（1）投案时间。投案行为必须发生在犯罪人尚未归案之前，这是对自动投案的时间限定。**投案行为通常发生在犯罪分子犯罪之后，犯罪事实未被司法机关发觉以前；或者犯罪事实虽然已被司法机关发觉，但犯罪人尚未被发觉之前；或者犯罪事实和犯罪分子均已被发觉，而司法机关尚未对犯罪分子进行讯问或者采取强制措施以前**。因此，在犯罪行为实施完毕，犯罪分子尚未离开现场即被巡逻的警察怀疑而遭盘问的场合，犯罪分子如实交代犯罪事实的，可以成立自首，因为行为人在犯罪现场仅受到盘问，表明犯罪事实尚未被发现，其只是被怀疑实施了犯罪。此外，犯罪分子的罪行尚未被司法机关发觉，仅因形迹可疑被有关组织、部门询问、教育后，自动投案；经查实犯罪分子确已准备去投案，或者正在去投案的途中，被公安机关逮捕的，也应视为自动投案。但需要注意的是，根据2010年12月22日最高人民法院《关于处理自首和立功若干具体问题的意见》的规定：罪行未被有关部门、司法机关发觉，仅因形迹可疑被盘问、教育后，主动交代了犯罪事实的，应当视为自动投案，**但有关部门、司法机关在其身上、随身携带的物品、驾乘的交通工具等处发现与犯罪有关的物品的，不能认定为自动投案**。至于犯罪后被群众扭送归案的，或被公安机关逮捕归案的，或在追捕过程中走投无路当场被捕，或经司法机关传讯、采取强制措施后归案的，均不能认为是自动投案。

对于在犯罪事实和犯罪人均已被发觉，犯罪人逃跑以后被司法机关通缉的情况下自动归案的，应当视为自首。因为法律设置自首制度的立法初衷是给犯罪人一条悔过自新的出路，通过自首而获得宽大处理。这不仅对犯罪人有利，而且使刑事案件得以及时破获，对司法机关同样有利。《最高人民法院关于处理自首和立功具体应用法律若干问题的解释》对此也做了规定，即犯罪后逃跑，在被通缉、追捕过程中，主动投案的，属于自动投案。

（2）投案对象。投案对象是指犯罪分子必须投向有关机关与有关个人。这里的有关机关，主要是指司法机关，也包括其他非司法机关，例如犯罪人所在单位、城乡基层组织等。因为自首的本质是主动将自己交付司法机关处理，向司法机关以外的其他机关投案，最终也必将移送给司法机关处理，符合自首特征，应以自首论处。投案对象除有关机关以外，也包括有关个人。这里的个人，法律与司法解释都未作限制，包括有关单位负责人、被害人等。

（3）投案方式。投案方式是指以何种形式向有关机关或者个人投案的问题。应当指出，法律上对于投案方式并没有限制，因此，无论以何种方式投案都应当视为自首。一般有以下几种投案方式。

第一，亲首。亲首是指犯罪人在犯罪以后亲自向有关机关或有关个人投案自首。亲首是投案自首的一般形式，绝大部分案件的犯罪人都是亲首。当然，在亲首的情况下，并不排除犯罪人利用电话、传真、信件、电子邮件等通讯方式向有关机关投案，要求司法机关尽快派员将自己捕获归案。

第二，代首。代首是指犯罪人在犯罪以后，只有投案自首的诚意，但由于种种原因不能亲自前往司法机关，而明确委托他人代为投案。代首的特点是委托他人代替自己向司法机关投案。之所以委托他人去投案，往往存在某种客观原因，例如，犯罪人因病、因伤，犯罪人为将被害人送往医院抢救而无暇亲赴司法机关投案，犯罪人为排除犯罪所造成的物质损害而无法及时自动投案等。

第三，送首。在行为人犯罪后，亲友经过规劝送其到司法机关投案的，可以成立自首。1998 年《最高人民法院关于处理自首和立功具体应用法律若干问题的解释》明确规定："并非出于犯罪嫌疑人主动，而是经亲友规劝、陪同投案的；公安机关通知犯罪嫌疑人的亲友，或者亲友主动报案后，将犯罪嫌疑人送去投案的，也应当视为自动投案。"这里的"并非处于犯罪嫌疑人主动"，不是指即使犯罪嫌疑人毫无投案意愿而被强制投案也视为自动投案，而是指犯罪嫌疑人的投案意愿不是自发产生的，而是经亲友规劝产生的。也就是说，这一司法解释没有改变自首的基本要件，而只是一种提示性规定。之所以需要提示，是因为在亲友送首的情形下，犯罪人的投案意愿不容易确定。但犯罪嫌疑人强烈反抗的，就不能认为其有投案意愿，因此，犯罪嫌疑人被亲友采用捆绑等手段送到司法机关，或者在亲友带领侦查人员前来抓捕时有拒捕行为，即便如实供认犯罪事实的，也不能认定为自动投案，但可以参照法律对自首的有关规定酌情从轻处罚。

第四，陪首。陪首是指犯罪人犯罪以后，在他人的陪同下投案自首。这里的他人，一般是指朋友、邻居、同学、同事、单位领导等。在陪首的情形下，犯罪人也到司法机关去投案，但与亲首的不同之处在于他不是一个人前去投案，而是在他人的陪同下前去司法机关投案。

第五，首服。首服是指犯罪人在实施了告诉才处理的犯罪以后，向有告诉权的人告知自己的犯罪事实，并同意其告知司法机关的情形。

此外，**犯罪后主动报案，虽然未表明自己是作案人，但没有逃离现场，在司法机关询问时交代自己罪行的，视为自动投案。明知他人报案而在现场等待，抓捕时没有拒捕行为，供认犯罪事实的，应当视为自动投案**。

（4）投案意愿。投案必须是自动的，即犯罪分子的归案，并不是由违背其本意的原因所造成的，而是出于本人的意志。从这一要求出发，对于那些在犯罪后被抓获、被强行扭送公安机关而归案的犯罪分子，即使如实交代自己的罪行的，也不能认定为自首。把握犯罪分子归案行为的自动性，需要注意：一方面，自动投案的动机是多种多样的，有的出于真诚悔罪，有的慑于法律的威严，有的为了争取宽大处理，有的潜逃在外而生活无着落，有的经亲友规劝而醒悟等等，**但不同的动机并不影响归案行为的自动性**。另一方面，投案自动性并不要求犯罪分子完全基于自己的意志选择。是否属于“出于本人的意志”，应从设立自首制度的宗旨的角度作广义的解释，凡是到有关机关或向有关人员投案，而又不明显抗拒控制或处理的，都可以认定为自动投案。换言之，在一些特殊情况下，投案的自动性也是不容否认的，例如，在强制戒毒、行政拘留、民事拘留期间，主动交代司法机关尚未掌握的他种罪行的，相当于自动投案，也应视为自首。此外，对于那些并非主动，甚至在某种程度上带有一定的被迫性，而在亲友规劝、陪同下，或者由亲友主动送交投案的，均应认定为具有“自动性”，不能因为犯罪分子本人并不悔罪，而投案又是迫于亲友的压力所为，就否定其自动投案的性质。因为，这些情况下所发生的归案行为，虽然在一定程度上有别于典型的自动归案，但如果离开犯罪人本人的意志是难以实现或者根本不可能实现的，所以，在本质上，这些归案行为仍然是基于犯罪人的意志而发生的。

（5）投案彻底性。投案彻底性是指犯罪分子投案后必须将自己自愿置于司法机关的控制之下，接受审查和裁判。审查，主要是指司法机关针对刑事案件而进行的审理、查明证据等诉讼活动；裁判，是指人民法院在审查的基础上对犯罪人定罪量刑所作出的判决和裁定。犯罪分子自动投案、如实交代自己的犯罪事实后，必须听候、接受司法机关的侦查、起诉和审判，不能逃避司法追究，才能最终成立自首。犯罪分子将自己的人身置于司法机关的现实控制之下，是其悔罪的具体表现，也是国家对其从宽处理的重要根据。犯罪人归案之后，无论在刑事诉讼的侦查阶段、起诉阶段还是审判阶段，逃避司法机关现实控制的，都是不接受国家审查、裁判的行为，不能成立自动投案。在认定投案彻底性时，需要注意三个方面的问题：

第一，犯罪人自动投案并交代罪行后隐匿、脱逃的；或者自动投案并交代罪行后又推翻供述，意图逃避制裁的；或者委托他人代为自首而本人拒不到案的等等，都属于拒不接受国家审查和裁判的行为，不能认定为自动投案。**犯罪嫌疑人自动投案后逃跑，后出于悔罪或其他原因再次自动投案的，也应视为自动投案，只要其如实供述自己的罪行，应认定为自首。**作这样的处理，符合自首制度的设立宗旨，也有利于最大限度地促使犯罪嫌疑人悔过自新。有关司法解释规定，在被通缉、追捕过程中自动投案的，也应当视为自动投案。

第二，犯罪分子自动投案并如实交代罪行后，为自己进行辩护，或者提起上诉，或者补充或更正某些事实的，都属于正当行使法律赋予被告人的权利的行为，应当允许，不能视为拒不接受国家审查和裁判。

第三，在司法实践中，有的犯罪人匿名将赃物送回司法机关或原所有权人、占有权人处，或者用电话、书信等方式匿名向司法机关报案或指出赃物所在。此类行为并没有将行为人自身置于司法机关的有效控制之下，没有接受国家审查和裁判的诚意，因而不能认定为自首。但这种主动交出赃物的行为，是悔罪的表现之一，在处理时可以考虑适当从轻。

2. 如实供述罪行

如实供述自己的罪行，是指犯罪嫌疑人自动投案后，如实交代自己的主要犯罪事实。犯罪分子自动投案之后，只有如实供述自己的罪行，才足以证明其悔罪，为司法机关追诉其所犯罪行提供客观依据，使追究犯罪人刑事责任的刑事诉讼活动得以顺利进行。因此，如实供述自己的罪行是自首成立的最重要条件。把握自首成立的这一条件，需要注意以下几个问题：

（1）如实。投案人的供述必须如实，这里的如实是指犯罪人对自己犯罪事实的表述与自己的记忆，与客观存在的犯罪事实相一致。通说一般强调犯罪人的供述与客观事实相一致，但是这可能有失偏颇。因为犯罪人自动投案，出于真诚悔悟的动机，对案件主要事实进行陈述，但是基于记忆等原因，其供述与案件的真实客观事实有重大出入并非罕见。应该说，在行为人按照自己的记忆进行供述，而其记忆与客观事实有冲突时，只要犯罪人基于真诚悔悟的动机进行交代，就应当承认供述的“如实性”。所以，这里的“如实”，首先是指供述符合犯罪人的记忆（主观说），其次才是符合案件客观事实（客观说）。一味地坚持客观说可能有悖于自首制度设立的初衷。当然，供述与犯罪人的记忆和客观事实相一致不是绝对的等同或者同一，而只能是近似或者相似。由于主客观条件的限制，犯罪人在供述自己罪行的时候不可能保证所做供述与犯罪事实所有细节都相同，只要其所供述的罪行与客观存在的基本犯罪事实相一致，就可以视为如实供述。

需要注意的是，犯罪嫌疑人一方面自动投案，另一方面又认为自己的行为不是犯罪，在司法机关面前拒不认罪。如犯罪嫌疑人认为自己的杀人行为属于紧急避险，但又向司法机关自动投案，交代自己的“避险”行为，同时在接受询问时坚持自己的行为是合法的杀人行为。再如，犯罪嫌疑人在有关领导找其谈话过程中承认自己有经济问题，但不认为自己是贪污犯罪。对于类似情形，仍应认为属于如实供述。理由在于：一方面，法律要求犯罪人“如实供述罪行”实际上是要求其如实供述“案件事实”，至于对案件的定性，与犯罪人是否自己承认犯罪无关，也与行为人对于法律的认识错误无关，犯罪人对自己的行为如何进行法律评价在自首的认定中不需要考虑。换句话说，自首的成立，不以犯罪嫌疑人承认自己的行为成立犯罪为前提，实际上只要犯罪嫌疑人按照自己的记忆如实供述了自己的犯罪事实就已经足够，某一行为是否构成犯罪，是需要司法机关在充分考虑案件事实和证据的基础上进行判断的复杂问题。另一方面，在认定是否如实供述的时候，应当注意把如实供述与合理辩解加以区分。如实供述是指将本人所犯罪行客观地予以陈述，而自我辩解则是在客观陈述自己罪行的基础上，对本人承担责任的轻重进行解释。合理辩解是犯罪人的诉讼权利，不能因为犯罪人进行了自我辩解而否定其供述的真实性。所以，只要如实供述罪行，即使进行为自己开脱罪责的辩解也不能否认其自首的成立。例如，犯罪人如实交代盗窃事实，但是又辩解自己的行为属于“饥寒起盗心”，缺乏期待可能性，因而不能作为犯罪处理；或者如实交代抢劫事实，但坚持将犯罪性质说成是抢夺的，都应当成立自首。

（2）供述。供述是指交代、陈述自己的罪行，也就是通常所说的坦白。关于坦白，在刑法理论上存在广义与狭义之分。广义上的坦白是指主动交代司法机关尚未掌握的罪行，因而这里的坦白包括自首。可以说，自首是坦白的最高形式。狭义上的坦白是指除自首以外如实供述司法机关尚未掌握的罪行。由此可见，自首包括坦白的内容，是投案以后的坦白。

在刑事审判程序中，犯罪嫌疑人如实供述后又翻供是较为常见的。对此，最高人民法院的司法解释规定：“犯罪嫌疑人自动投案并如实供述自己的罪行后，又翻供的，不能认定为自首；但在一审判决前又能如实供述的，应当认定为自首。”如此解释，是为了有效地发挥自首制度的作用，敦促犯罪嫌疑人悔过自新、积极配合司法机关的诉讼活动。在理解和适用这一规定时，必须注意，**对于犯罪嫌疑人对如实供述的罪行有无翻供、是否认定自首，考查的时段必须是“一审判决前”**。有的犯罪嫌疑人在一审期间先是如实供述了自己的罪行，后又翻供，上诉后又重新如实供述罪行，这种情形不能认定为自首。

（3）罪行。在自首的情况下，犯罪人自动投案以后应当如实供述自己的罪行。这里的罪行是指犯罪事实。所谓犯罪事实，是指客观存在的犯罪实际情况的总和，既包括故意犯罪，也包括过失犯罪。当然，某一具体罪行的范围应当以犯罪人的所知为限，是与犯罪人记忆相一致的犯罪主要事实，只要这一事实足以使司法机关查明犯罪真相就可以成立自首。

通说认为，“如实供述自己的罪行”必须是按照实际情况彻底交代自己所实施的全部罪行。当然，如果由于主、客观因素的影响，犯罪嫌疑人只能如实交代自己的主要或基本的犯罪事实，也应视为如实供述罪行。如果犯罪嫌疑人在交代犯罪等过程中推诿罪责、保全自己、意图逃避制裁，或者歪曲罪质、隐瞒情节、企图蒙混过关，或者掩盖真相、避重就轻、试图减轻罪责等等，均属于未如实供述罪行，不能成立自首。

如实供述的内容，根据最高人民法院《关于处理自首和立功若干具体问题的意见》，**除供述自己的主要犯罪事实外，还应供述包括姓名、年龄、职业、住址、前科等情况。犯罪嫌疑人供述的身份等情况与真实情况虽有差别，但不影响定罪、量刑的，应认定为如实供述自己的罪行。犯罪嫌疑人自动投案后隐瞒自己的真实身份等情况，影响对其定罪、量刑的，不能认定为如实供述自己的罪行。**

（二）特别自首的成立条件

1. 特别自首的主体必须是被采取强制措施的犯罪嫌疑人、被告人和正在服刑的罪犯。这里的强制措施是指我国刑事诉讼法所规定的拘传、取保候审、监视居住、拘留和逮捕措施。正在服刑的罪犯，是指已经人民法院判决，正在被执行所判刑罚的人。只有上述三种人，才能成为特别自首的主体。

2. 必须如实供述司法机关还未掌握的本人其他罪行。一是所供述的必须是本人已经实施，但司法机关还不知道、不了解或尚未掌握的犯罪事实；二是被采取强制措施的犯罪嫌疑人、被告人和正在服刑的罪犯所供述的罪行与司法机关已经掌握的不同。罪行是否相同，应看最终认定的罪名是否相同，而非犯罪行为是否相同。最高人民法院《关于处理自首和立功若干具体问题的意见》规定，犯罪嫌疑人、被告人在被采取强制措施期间如实供述本人其他罪行，该罪行与司法机关已掌握的罪行属同种罪行还是不同种罪行，一般应以罪名区分。虽然如实供述的其他罪行的罪名与司法机关已掌握犯罪的罪名不同，但如实供述的其他犯罪与司法机关已掌握的犯罪属选择性罪名或者在法律、事实上密切关联，如因受贿被采取强制措施后，又交代因受贿为他人谋取利益行为，构成滥用职权罪的，应认定为同种罪行。

二、自首认定中的特殊问题

（一）共同犯罪自首的认定

共同犯罪人自首时所应供述的自己罪行的范围，必须与其在共同犯罪中所起的作用和具体分工相适应。

（1）主犯。对于主犯来说，主犯中的首要分子必须供述的罪行，包括其组织、策划、指挥下的全部罪行；其他主犯必须供述的罪行，应包括其在首要分子的组织、策划、指挥的支配下，单独实施的共同犯罪的罪行以及与其他共同犯罪人共同实施的犯罪行为。

（2）从犯。从犯中次要的实行犯必须供述的罪行，应包括犯罪分子自己实施的犯罪，以及与自己共同实施犯罪的主犯和胁从犯的犯罪行为；从犯中的帮助犯必须供述的罪行，包括自己实施的犯罪帮助行为，以及自己所帮助的实行犯的犯罪行为。

（3）胁从犯。胁从犯应供述自己在被胁迫下实施的犯罪，以及其所知道的胁迫自己犯罪的胁迫人所实施的罪行。

（4）教唆犯。教唆犯应供述自己的教唆行为，以及其所了解的被教唆人产生犯罪意图后实施的犯罪行为。

（二）数罪自首的认定

正确认定数罪的自首，关键在于判断犯罪人是否如实地供述了所犯数罪并分别不同情况予以处理。

（1）就一般自首而言，对于犯罪人自动投案后如实地供述所犯数罪的，应认定为全案均成立自首。对于犯罪人自动投案后如实供述所犯全部数罪的一部分，而未供述所犯他罪的罪行的，应当分别予以处理：如果行为人所犯数罪为异种数罪的，其所供述的犯罪成立自首，其未交代的犯罪则不成立自首，即自首的效力仅及于如实供述之罪。如果行为人的行为所犯数罪为同种数罪，则应根据犯罪人供述犯罪的程度，决定自首成立的范围。其中，罪犯所供述的犯罪与未供述的犯罪在性质、情节、社会危害程度等方面大致相当的，只应认定所供述之罪成立自首，未供述之罪不成立自首，即自首的效力同样只及于如实供述之罪。犯罪人确实由于主客观方面的原因，只如实供述了所犯数罪中的主要或基本罪行，应认定为全案成立自首，即自首的效力及于所犯全部罪行。

（2）就特别自首而言，被司法机关依法采取强制措施的犯罪嫌疑人、被告人，如实供述司法机关还未掌握的本人非同种罪行的；或者正在服刑的罪犯，如实供述判决宣告前发生、判决确定的罪行以外的，司法机关还未掌握的同种罪行或者非同种罪行的，以自首论。

（三）交通肇事罪的自首

交通肇事后无论逃逸还是不逃逸，只要案发后主动到公安机关投案，如实供述自己罪行的，均应认定为自首。这对于鼓励肇事者及时归案，配合司法机关处理案件，及时赔偿被害人的损失都有积极意义。最高人民法院《关于处理自首和立功若干具体问题的意见》规定，交通肇事后保护现场、抢救伤者，并向公安机关报告的，应认定为自动投案，构成自首的，因上述行为同时系犯罪嫌疑人的法定义务，对其是否从宽、从宽幅度要适当从严掌握。交通肇事逃逸后自动投案，如实供述自己罪行的，应认定为自首，但应依法以较重法定刑为基准，视情况决定对其是否从宽处罚以及从宽处罚的幅度。

（四）单位犯罪的自首

单位也能适用自首。一方面，单位可以具有投案意图。单位犯罪后，其法定代表人或直接责任人员处于愧疚、减轻罪责和恐惧等心理，产生投案意图，把自己的意图通过特定方式如开会研究等上升为单位的意志，并由单位决定向有关机关投案，从而可实现投案的意图。另一方面，在客观上，单位也可以自动投案，如实供述自己的罪行。单位的投案是先由其决策机构做出决定，再向有关机关投案。单位自首的对象为犯罪嫌疑人、被告人。在侦查阶段，犯罪单位也被称为犯罪嫌疑人；在起诉和审判阶段，犯罪单位也被称为被告人或被告单位，所以，我国刑法并没有明确自首的被告人、犯罪嫌疑人只能是自然人，更没有排斥、否定单位自首的存在。

（五）职务犯罪的自首

犯罪事实和犯罪分子已被发觉掌握，犯罪分子没有自动投案，在办案机关调查谈话、讯问、采取调查措施或者强制措施期间，犯罪分子如实交代办案机关掌握的线索所针对的事实的，不能认定为自首。这里的办案机关的举措，不仅包括讯问和强制措施，也包括调查谈话和其他调查措施。其中的调查谈话，包括纪检监察机关对犯罪分子的调查谈话。其中的调查措施，包括纪检监察机关对犯罪分子采取的“双规”“双指”措施。

具有以下情形之一的，以自首论：犯罪分子如实交代办案机关尚未掌握的罪行，且与办案机关已掌握的罪行属不同种罪行的；办案机关所掌握线索针对的犯罪事实不成立，在此范围外犯罪分子交代同种罪行的。

考点14　立功

命题分析

相对于自首的认定来说，立功的内容相对简单得多。从往年的主观题命题来看，偶然也会出现有关立功知识点的考查，如2011年、2014年。其实，立功这一知识点没有什么理论深度，考生在备考时对于立功的概念和适用条件以及相关重要司法解释中的内容务必认真地记忆，如果做到这一点，对于立功的题基本上想要丢分都比较困难。

考点解析

一、立功的概念与条件

立功，是指犯罪分子揭发他人的犯罪行为，查证属实的，或者提供重要线索，从而得以侦破其他案件的行为。

立功的条件主要包括：①主体是犯罪分子，即被采取强制措施的犯罪嫌疑人、被告人和正在服刑的罪犯；②所揭发、检举的行为都同犯罪密切相关，属于他人的犯罪行为或者他人犯罪的重要线索；③揭发、检举的内容真实，对破案有效，其内容经查证属实或者据以侦破了其他犯罪案件。

刑法所确立的立功制度和对立功犯从宽处罚的原则，具有重大的意义：一方面，这一制度可以激励犯罪分子改过自新，重新做人，使其能以较为积极的态度协助司法机关工作，提高司法机关办案的效率；另一方面，这一制度可以有效瓦解犯罪势力，促使其他犯罪分子主动归案，减少因犯罪而对社会造成的不安定。

二、立功的表现形式

《刑法》第68条第1款规定了两种立功形式：

1. “揭发型”立功

即犯罪分子揭发他人的犯罪行为，并经查证属实的。犯罪分子被羁押或者归案后，不仅如实地交代自己的犯罪，还主动地揭发其他人的犯罪行为，包括揭发同案犯共同犯罪事实以外的其他犯罪行为。这种揭发必须经司法机关查证属实。如果经过查证，发现其揭发的情况不是事实，或者无法证实，或者不属于犯罪行为，则这种揭发不是立功。

关于“揭发型”立功，有以下问题需要注意：

第一，揭发“他人”的犯罪，是指对他人所认定的罪名应在“如实供述自己的罪行”的范围之外。**在参与双方都会受到处罚的对向犯如行贿、受贿罪，揭发他人的事实属于如实供述自己犯罪事实的当然组成部分，是揭发者本人成立自首或者坦白的必要条件，此情节不能使用两次，因此，难以再成立立功。**再如，甲因为犯故意杀人罪被抓获，在审讯过程中，甲交代了自己向乙行贿50万元的事实。对行贿罪而言，甲成立自首，其不能因为“揭发”乙对应的受贿行为再成立立功。但在处罚某一方的对向犯中，揭发者可能成立立功。例如，因抢劫被采取强制措施的犯罪嫌疑人检举他人贩卖淫秽物品犯罪的，可以成立立功。在共同犯罪之间的共同故意不相同的场合，超出共同故意的犯罪与共同故意的犯罪在性质上没有相似性，在犯罪发展过程上没有因果关联性的，揭发者可能成立立功。例如，共谋诈骗者之一在现场实施强奸的，他人对强奸犯的揭发可以构成立功；反之，则难以认定为立功。例如，明知与他人没有债务而教唆他人扣押人质索取债务的，构成非法拘禁罪的犯罪嫌疑人对绑架罪犯的揭发不能成立立功；共谋“教训”他人，有伤害故意者对杀人犯的揭发也不能成立立功；共谋盗窃，其中一人在现场使用暴力抗拒抓捕的，抢劫犯对盗窃犯的揭发也难以认定为立功。

第二，他人的“犯罪”，是指客观的法益侵害事实。揭发他人的犯罪行为，事后查明他人当时未成年或不具有责任能力的，揭发者仍应成立立功；揭发他人的“犯罪行为”，但是该犯罪行为已超过追诉时效的，不影响立功的成立。

2. “提供线索型”立功

即犯罪分子提供重要线索，使侦查机关得以侦破其他案件的。重要线索应是指司法机关尚未掌握的重要犯罪线索，即能够证明犯罪的重要事实、犯罪人或者有关证人等。提供的重要线索必须是真实有用的，司法机关能够据此查明犯罪，侦破案件。如果经过侦查，发现提供的线索不实，或者无法证明发生过犯罪，或者据此查明的行为不属于犯罪行为的，就不应当认为是立功。

最高人民法院《关于处理自首和立功若干具体问题的意见》规定：**犯罪分子**

通过贿买、暴力、胁迫等非法手段，或者被羁押后与律师、亲友会见过程中违反监管规定，获取他人犯罪线索并“检举、揭发”的，不能认定为有立功表现。犯罪分子将本人以往查办犯罪职务活动中掌握的，或者从负有查办犯罪、监管职责的国家工作人员处获取的他人犯罪线索予以检举、揭发的，不能认定为有立功表现。犯罪分子亲友为使犯罪分子“立功”，向司法机关提供他人犯罪线索、协助抓捕犯罪嫌疑人的，不能认定犯罪分子有立功表现。

对于立功的表现形式，立法上采取了列举和概括相结合的立法方法。根据立法精神和相关司法解释，下列情形属于立功：

第一，犯罪分子阻止他人的犯罪活动的。这种情况一般发生在羁押场所或者监狱里。犯罪分子为制止他人的犯罪活动，协助司法机关维护劳动改造场所的秩序，承担了一定的风险，这是以实际行动证明其有悔改的诚意，所以应该属于立功表现。

第二，犯罪分子协助司法机关抓捕其他犯罪嫌疑人，包括同案犯的。最高人民法院《关于处理自首和立功若干具体问题的意见》规定，犯罪分子具有下列行为之一，使司法机关抓获其他犯罪嫌疑人的，属于“协助司法机关抓捕其他犯罪嫌疑人”：①按照司法机关的安排，以打电话、发信息等方式将其他犯罪嫌疑人（包括同案犯）约至指定地点的；②按照司法机关的安排，当场指认、辨认其他犯罪嫌疑人（包括同案犯）的；③带领侦查人员抓获其他犯罪嫌疑人（包括同案犯）的；④提供司法机关尚未掌握的其他案件犯罪嫌疑人的联络方式、藏匿地址的。

需要注意的是：对于协助司法机关抓捕同案犯的认定，需要严格限制。对于犯罪分子提供同案犯姓名、住址、体貌特征等基本情况，**或者提供犯罪前和犯罪中掌握与使用的同案犯联络方式、藏匿地址**，司法机关据此抓捕同案犯的，不能认定为协助司法机关抓捕同案犯。

第三，犯罪分子有其他有利于国家和社会的突出表现的。如有重要的发明创造，对提高生产、促进建设有力；积极抢险救灾，减少或防止了国家损失，保护了他人的安全等。

三、职务犯罪的立功

（1）犯罪分子的亲友直接向有关机关揭发他人犯罪行为，提供侦破其他案件的重要线索，或者协助司法机关抓捕其他犯罪嫌疑人的，不应当认定为犯罪分子的立功表现，因为立功表明犯罪人本人的人身危险性和再犯可能性减小，代为立功难以证明这一点；同时，代为立功可能导致“花钱买立功”等不良现象产生，导致社会不公。

（2）因为线索、来源不合法，而不能成立立功的情形包括：①本人通过非法手段或者非法途径获取线索、材料的（例如，通过向公安人员行贿，购买他人犯罪线索，通过盗窃、敲诈勒索手段获取他人犯罪线索的，不能认定为立功）；②本人因原担任的查禁犯罪等职务获取的线索、材料的；③监管人员或其他人违反监管规定，向犯罪分子提供线索、材料的。

（3）立功的认定程序。犯罪分子揭发他人的犯罪行为，提供侦破其他案件的重要线索的，必须经查证属实，才能认定为立功。审查是否构成立功，不仅要审查办案机关的说明材料，还要审查有关事实和证据以及与案件定性、处罚相关的法律文书，如立案决定书、逮捕决定书、侦查终结报告、起诉意见书、起诉书以及判决书等。

考点15　交通肇事罪

命题分析

交通肇事罪是司法实务中出现非常频繁的罪名，我国最高人民法院与最高人民检察院针对交通肇事罪出台了数个司法解释。其中，个别的规定可能存在严重违反刑法学理的问题。如果在主观题中考查本罪，命题人很可能考查的点在于交通肇事罪相关司法解释中有关共同犯罪的规定。因此，考生在备考时需要认真厘清交通肇事罪的构成要件，尤其是对有关“逃逸”及本罪共犯问题的理解。

考点解析

交通肇事罪，是指违反交通管理法规，发生重大交通事故，致人重伤、死亡或者使公私财产遭受重大损失的行为。

一、客观要件

本罪在客观方面表现为违反交通管理法规，发生重大交通事故。违反交通管理法规，是指违反公路、水上运输中的劳动纪律、交通规则、操作规程等。虽然有交通事故发生，但没有违反交通规则的，不构成犯罪。例如，公交车司机将爆炸物放在自己驾驶的车辆上的，未违反交通管理法规，不属于交通肇事行为，而成立携带危险物品危害公共安全罪。需要注意的是，违反交通运输管理法规导致交通事故，致人重伤、死亡或者公私财产重大损失的，才构成本罪。具体的入罪标准参见最高人民法院2000年《关于关于审理交通肇事刑事案件具体应用法律若干问题的解释》的司法解释。

交通肇事罪考察的重点之一是交通肇事后逃逸以及逃逸致人死亡。交通肇事后逃逸或逃逸致人死亡的，法定刑升格。前述司法解释将“交通肇事后逃逸”规定为：“交通肇事后为逃避法律追究而逃跑”，由此，因逃逸致人死亡自然就应当解释为：在交通肇事后为逃避法律追究而逃跑，致使被害人因得不到救助而死亡。从法理上看，司法解释的这一规定是否合理值得研究。因为犯罪后基于自我保护的本能，为了逃避法律追究而逃跑，是人之常情，在法律上是不具有期待可能性的行为，在其他任何犯罪中，法律都没有规定犯罪后逃逸要提高法定刑。理论上，**规定逃逸或逃逸致人死亡的规范目的应当定位于保护被害人，即防止由于行为人肇事后逃逸导致被害人没有及时得到救助而死亡**。司法解释将逃逸限定为“为了逃避法律追究而逃跑”，在行为人不是为了逃避法律追究，而是为了实现其他目的（如为了完成单位交给的其他紧急任务；为了完成公益性事业；为了将突然发病的亲友送医；为了满足其他欲望等）而从肇事现场逃跑的场合，该解释的不妥当性表现得十分明显。例如，甲无证驾驶，开车追杀乙，途中发生交通事故致使无关的第三人丙受重伤。甲想待其将乙杀死后，再回头救助丙。乙见状不妙，逃入一小胡同，甲无法再行追赶。乙遂逃脱一死。等甲回头再去救助丙时，丙已死亡。经医学鉴定，只要伤者在负伤后半小时内及时送医，就能得救。而甲也知道案发地点距离最近的医院只有很短的路程。上例中，甲尽管逃离了现场，但其并非“为了逃避法律追究”，而是“为了追杀乙”，因此根据现行有效的司法解释，甲不成立交通肇事罪中的“因逃逸致人死亡”。由此也显示了该司法解释的不合理性。

从理论上看，只要在客观上行为人能够实施救助行为，但是其没有履行该救助义务而逃跑，或者因逃跑导致被害人死亡的，就应当成立交通肇事罪中的逃逸或因逃逸致人死亡，而没有必要考察行为人是否处于“为了逃避法律追究”的动机或目的，否则会不当限制此规定的适用。此外，由于“逃逸”一词，无论是将“逃”与“逸”分开还是组合在一起理解，都意味着行为人必须和肇事现场之间存在一定的空间距离，该行为才能被解释为逃逸。因此，行为人在肇事后留在现场但不救助被害人，尽管从规范目的上应当解释为“逃逸”，但如此已经超出了“逃逸”用语的一般用法和词语的最远含义边界，有违反罪刑法定之嫌。换句话说，交通肇事后还留在现场但不救助被害人的，并非交通肇事后逃逸。理论上，只有原本能够救助被害人而不予救助，并且离开肇事现场逃跑的行为，才应该在规范上被评价为逃逸。例如，行为人乙无照驾驶，交通肇事撞伤一行人，下车后发现行人伤势很重，就留在现场，不实施任何救助措施，看着伤者死去，然后打电话报警。后经医学鉴定，只要伤者在负伤后2小时内及时送医，就能得救。上例中，由于乙留在现场，主动报警且接受刑罚处罚，按照司法解释的规定，不属于“为逃避法律追究而逃跑”，因此不能认定为逃逸。

适用交通肇事后逃逸的规定，必须注意：①行为人已经构成交通肇事罪，这是前提。②行为人明知发生了交通事故，否则也不能认定为有逃逸行为。③行为人主观上具有对被害人不予救助的逃逸意思和行为。**交通肇事后，为躲避客观上已经发生的被害人家属等人的追赶、殴打而逃跑的，不是这里的逃逸**。因逃逸致人死亡的，构成本罪的结果加重犯。如果按照法理，因逃逸致人死亡，是指行为人在交通肇事后对被害人不予救助，致其死亡的情形。**逃逸行为与被害人死亡结果之间存在因果关系的，才能将死亡结果归属于被害人**。如果有足够证据可以证明，事后逃逸的行为人交通肇事撞伤被害人后，即使立即实施救助也无法挽回被害人生命的，则不能适用因逃逸致人死亡的规定。

本罪的主体是一般主体，但主要是从事交通运输的人员。非机动交通工具运输人员、行人，都可能因自己违反交通运输管理法规的行为而造成重大事故，因而可以成为本罪主体。例如，行人违章在高速公路上突然横穿，致使过往汽车紧急刹车而相撞造成重大伤亡事故的，完全符合本罪的犯罪构成。

按照司法解释的规定，单位主管人员、机动车辆所有人或者机动车辆承包人指使、强令他人违章驾驶造成重大交通事故的，以交通肇事罪定罪处罚。单位主管人员明知其雇用的汽车司机无驾驶资格或明知其用于运营的客车经常严重超载，仍然任凭司机违章驾驶，因而发生重大交通事故的，可以按监督过失理论对主管人员以交通肇事罪定罪处罚。

对于客观上不可能危害不特定或者多数人生命、健康或造成公私财产遭受重大损失的行为，不应以交通肇事罪处理。例如，行为人在通常没有机动车辆往来的公路上违章骑自行车致人重伤或死亡的，只可能危害特定少数人的生命、健康安全，因而只能分别认定为过失致人重伤、过失致人死亡罪。

二、主观要件

本罪在主观方面是过失，过失是指行为人对所发生的后果出于过失心态，而对于违反交通管理法规，行为人则可能是明知故犯。

故意利用交通工具杀害特定个人的，成立故意杀人罪。为报复泄愤，故意驾驶汽车在公共场所冲撞，致使多人伤亡的，构成以危险方法危害公共安全罪。

三、认定

1. 本罪与故意杀人罪、故意伤害罪的关系

司法解释规定，在交通肇事后为逃避法律追究，将被害人带离事故现场后隐藏或者遗弃，致使被害人无法得到救助而死亡或者严重残疾的，应以故意杀人罪、故意伤害罪定罪处罚，并与先前的交通肇事罪数罪并罚。从理论上看，对这里的隐藏、遗弃应当作广义解释，隐藏不一定要使被害人实现位置的移动，在肇事地点，移动被撞汽车用以遮挡被害人面目，使之难以为其他人发现的，或者用树叶、杂物遮住被害人身体，或者将生命特征微弱的被害人掩埋到泥土中，都是隐藏。遗弃，主要是指将被害人带到较为隐蔽的场所抛弃，使之彻底丧失得到他人救助的可能。完全没有及时抢救被害人的意思，将被害人置于肇事汽车中，故意带着被害人在相当广泛的区域长时间行使的，也是遗弃。

2. 指使肇事者逃逸

按照司法解释的规定，**交通肇事后，单位主管人员、机动车辆所有人、承包人或者乘车人指使肇事人逃逸，致使被害人因得不到救助而死亡的，以交通肇事罪的共犯论处**。

考点16 信用卡诈骗罪

命题分析

信用卡诈骗罪是实务中常发的罪名。2009 年、2011 年、2015 年的案例分析大题均结合财产犯罪附带考查了考生对于信用卡诈骗罪的理解。对于主观题部分来说，最可能考查与信用卡诈骗罪有关的是盗窃信用卡并使用、抢劫信用卡并使用等问题的定性。

考点解析

一、客观要件

信用卡诈骗罪是指以非法占有为目的，使用信用卡进行诈骗活动，数额较大的行为。本罪在客观方面表现为信用卡进行诈骗活动。

这里的“信用卡”，根据2004年12月29日全国人大常委会通过的《关于〈中华人民共和国刑法〉有关信用卡规定的解释》，是指由商业银行或者其他金融机构发行的具有消费支付、信用贷款、转账结算、存取现金等全部功能或者部分功能的电子支付卡。信用卡诈骗罪的实行行为具体包括以下情形：

1. 使用伪造的信用卡，或者使用以虚假的身份证明骗领的信用卡

使用，包括用信用卡购物和用信用卡接受有偿服务。**对这里的“伪造的信用卡”应做广义理解，包括变造的信用卡在内**，其是由使用者本人还是由他人伪造，不影响本罪的成立。将自己伪造的信用卡交给他人委托其代为取款，但向其隐瞒信用卡系伪造的事实的，构成信用卡诈骗罪的间接正犯。

2. 使用作废的信用卡

作废的信用卡，是指因法定理由失去效用的信用卡，包括因超过有效使用期限而自动失效的信用卡、持卡人在信用卡有效期限内中途停止使用并将其交回发卡银行的信用卡、因挂失而失效的信用卡等。

3. 冒用他人信用卡

信用卡必须由持卡人本人使用，不得转借或转让。冒用他人信用卡是指冒充合法持卡人，并通过银行职员或者商场（特约商户）收银员使用信用卡，使持卡人资金受到损失的行为。至于冒用的信用卡是他人委托保管，还是以欺骗、捡拾等方式取得，在所不问。窃取、收买、骗取或者以其他非法方式获取他人信用卡信息资料，并通过互联网、通信终端等使用的，也是冒用他人信用卡。在信用卡被挂失后冒充合法持有人使用信用卡，给特约商店或发卡银行带来经济损失的行为，属于使用作废的信用卡而非冒用他人信用卡。

本罪和诈骗罪之间有法条竞合关系，本罪属于特别法条，其犯罪成立的逻辑线索是欺骗他人，使他人陷入错误然后处分财物，犯罪人由此取得财物，使被害人遭受财产损失。**由于机器不能陷入错误，不能成为被诈骗的对象，所以，在ATM机上使用伪造的信用卡，或者使用以虚假的身份证明骗领的信用卡，使用**

作废的信用卡，或者冒用他人信用卡的，都应当成立盗窃罪。换言之，信用卡诈骗罪中的使用行为，仅限于针对银行柜台、特约商户的工作人员实施。如此解释“使用”一词，维持了诈骗概念的同一性，也符合诈骗犯罪实行行为的内在要求。对此，**最高人民检察院《关于拾得他人信用卡并在自动柜员机（ATM机）上使用的行为应如何定性问题的批复》（2008年4月18日）规定，拾得他人信用卡并在自动柜员机（ATM机）上使用的行为，属于《刑法》第196条第1款第3项规定的“冒用他人信用卡”的情形，构成犯罪的，以信用卡诈骗罪追究刑事责任**。这一司法解释认为机器可以被骗，但是，这与法理不一致，也与最高人民检察院以前作出的其他司法解释有冲突。例如，最高人民检察院《关于非法制作、出售、适用IC电话卡行为如何适用法律问题的答复》（2003年4月2日）规定，明知是非法制作的IC电话卡而使用的，构成盗窃罪而非诈骗罪。**从理论角度来看，对拾得他人信用卡并在ATM机上使用的行为，以盗窃罪定罪更为合适。**

4. 恶意透支

透支是客户在银行账户上无资金或者资金不足的情况下经银行批准，使用超过其账上资金额度的行为。持卡人透支后，必须在限期内偿还资金，并按规定支付利息。持卡人在透支限额内或经批准限额内使用信用卡后及时补足资金、偿还透支款项本息的，是善意透支。恶意透支，是指持卡人以非法占有为目的，超过规定限额或者规定期限透支，并且经发卡行催收后仍不归还的行为。

由于刑法将信用卡诈骗罪的实行行为限定为使用伪造的信用卡，或者使用以虚假身份证明伪造的信用卡，使用作废的信用卡，冒用他人的信用卡以及利用信用卡恶意透支四种情形，按照罪刑法定原则，对以其他方式实施的信用卡诈骗行为就不能再以本罪处理。例如，非法在自动取款机上留下“机械故障，请按下列步骤操作……”字样，使合法持有人意欲领取的款项在持卡人按该步骤操作后进入犯罪人先前合法申请的信用卡账户中，被犯罪人非法占有的，就只构成诈骗罪而不构成信用卡诈骗罪。此外，**行为人持信用卡到自动取款机上取款时，由于银行电脑交换系统处于调试期间，自动取款机吐出的金额超过行为人申请领取数额，行为人为取得大量现金，继续任意进行操作，非法获取大量财物的，应构成盗窃罪，也不构成信用卡诈骗罪**。

伪造信用卡并使用伪造的信用卡进行诈骗的，属于牵连犯，应从一重罪处断。在两罪法定刑完全相同的情况下，应当以目的行为即信用卡诈骗罪定罪处罚。

根据《刑法》第196条第3款的规定，盗窃信用卡并使用的，构成盗窃罪。使用信用卡的途径有两种：一是对自然人使用，如银行职员与特约商户等；二是对机器使用，如ATM机等。**盗窃信用卡后对人使用，理论上本应属于“冒用他人信用卡”的情形，定信用卡诈骗罪，但第196条第3款将其拟制为盗窃罪，就此来看，本款规定具有法律拟制的性质。而盗窃信用卡后对机器使用，由于机器没有意识无法被骗，自然不可能成为诈骗罪的对象，所以对机器使用本就应定盗窃罪。就此而言，196条第3款又是一种注意规定。因此，第196条第3款既有法律拟制的性质，也有注意规定的性质**。实际上，虽然使用窃取的信用卡明显具有利用他人信用卡实施诈骗的性质，但是，刑法认为窃取信用卡后使用乃是通常现象，使用信用卡实施诈骗是将盗窃得来的信用卡本身所含有的不确定价值转化为具体财物的过程，是窃取行为的自然延伸，窃取信用卡本身才是评价的重点。在盗窃信用卡并使用的场合，应以使用信用卡后实际骗取的财物数额作为定罪处罚的标准。盗窃信用卡并使用，因骗局被识破而未得逞的，成立盗窃罪未遂。

此外，必须特别注意的是抢劫信用卡并使用的问题。**从理论上看，抢劫信用卡并事后使用的，首先，针对抢劫信用卡的行为就成立抢劫罪。其次，事后如果是在特约商户对自然人刷卡使用的，属于“冒用他人信用卡”，成立信用卡诈骗罪；事后如果是在机器上使用，则成立盗窃罪。因此，理论上的结论就是要以抢劫罪与信用卡诈骗罪或盗窃罪数罪并罚**。但是，前述只是理论上的分析结论！务必要注意的是，实务中的做法与此不同。2005年最高人民法院《关于审理抢劫、抢夺刑事案件适用法律若干问题的意见》第六条明确规定：“**抢劫信用卡后使用、消费的，其实际使用、消费的数额为抢劫数额；抢劫信用卡后未实际使用、消费的，不计数额，根据情节轻重量刑**。所抢信用卡数额巨大，但未实际使用、消费或者实际使用、消费的数额未达到巨大标准的，不适用‘抢劫数额巨大’的法定刑。”2016年最高人民法院《关于审理抢劫刑事案件适用法律若干问题的指导意见》对前述司法解释作了确认与补充：“**抢劫信用卡后使用、消费的，以行为人实际使用、消费的数额为抢劫数额**。由于行为人意志以外的原因无法实际使用、消费的部分，虽不计入抢劫数额，但应作为量刑情节考虑。**通过银行转账或者电子支付、手机银行等支付平台获取抢劫财物的，以行为人实际获取的财物为抢劫数额**。”

二、主观要件

本罪在主观方面是故意，对伪造、作废的信用卡性质有明知，对信用卡原属他人不得冒用、不得恶意透支有明知；同时要求具有非法占有财物的目的。

根据最高人民法院、最高人民检察院《关于办理妨害信用卡管理刑事案件具体应用法律若干问题的解释》第6条的规定，持卡人超过规定限额或者规定期限透支，并且经发卡银行两次催收后仍不归还的，必须具有非法占有目的，才能认定为恶意透支。有以下情形之一的，应当认定为恶意透支中的“以非法占有为目的”：①明知没有还款能力而大量透支，无法归还的；②肆意挥霍透支的资金，无法归还的；③透支后逃匿、改变联系方式，逃避银行催收的；④抽逃、转移资金，隐匿财产，逃避还款的；⑤使用透支的资金进行违法犯罪活动的；⑥其他非法占有资金，拒不归还的行为。

考点17　故意杀人罪

命题分析

相对而言，对故意杀人罪的考查难度不高，命题人基本会结合其他罪名，如绑架罪、抢劫罪等严重人身、财产类犯罪进行考查。对于主观题而言，最可能考查故意杀人罪之处在于刑法分则中的特别拟制条款，对这些拟制条款要熟记于心。

考点解析

一、客观要件

本罪客观方面表现为剥夺他人生命，即杀害。杀害，是指在他人（故意杀自己——自杀，当然不成立本罪）自然死亡以前非法断绝其生命的行为。杀害的具体手段、方法与工具等，没有限制。需要注意的是，利用工具、动物或者无责任能力者或者无过错者行为的杀人。例如，故意指导精神异常又时常陷入兴奋状态之人练习射击，并将自制火药枪借给其使用，致该病人开枪自杀的，即成立本罪。

另外，杀人行为除使用有形的方法实施以外，还可以使用无形的、心理的方法。例如，施加精神折磨，给予被害人强度极大的精神刺激，使其休克而死的，也不否认有成立杀人行为的可能性。

杀人行为既可以作为形式实施，也可以不作为形式实施。以不作为方式杀人，常见的情形是：母亲基于杀害的故意，在婴儿从摇篮中翻出落入水坑时，不予救助，致其死亡；在幼儿饥饿难忍时，有扶养义务者基于杀害的意图不供给食物或拒绝为其哺乳。

开始实施有导致构成要件结果出现的现实危险行为，就是故意杀人罪的着手。例如，基于杀人的意思持枪瞄准被害人，在被害人面前举起菜刀，投放毒物，安装完定时炸弹，都是着手。实行行为已经着手实施，但是，被害人死亡的结果没有实际发生（例如，枪法不准；被害人从现场逃离；被害人在行为人开枪以前已经死亡；投毒剂量不够；往他人静脉中注射的空气未达到致死量等），就是本罪的未遂。此外，**故意杀人罪既遂要求杀人行为和被害人的死亡结果之间存在刑法上的因故（归责）关系，欠缺因果（归责）关联的，仅成立故意杀人未遂**。对于这一点，尤其要注意。例如，行为人将被害人打成重伤，但被害人自己在送医途中自杀身亡的，由于杀人行为和死亡结果之间欠缺客观归责（或相当因果关系），行为人仅成立故意杀人未遂罪。

二、主观要件

本罪在主观方面是故意。行为人首先要对被害对象是人有所认识，对自己的行为一定或可能断绝他人的生命有所预见，并追求或者放任这种结果的发生。

被害人有自杀的意思，行为人对此并不知情，而仅仅因为日常生活的原因与之打赌，被害人利用这一机会自杀的，一般属于意外事件，不能轻易认定为行为人具有杀人故意，从而成立本罪。

三、教唆、帮助自杀行为

对于与自杀相关联的行为，尤其是教唆、帮助自杀，在刑法上如何处理，争议较大。我国实务对于此类问题在不同地方与不同时期，处理结论也不尽相同，不过以故意杀人罪定性的例子比较多。大体上，**对于教唆、帮助自杀，存在基于自杀违法说的定罪论与基于自杀合法说的无罪论之间的对立**。

第一，认为自杀是具有违法性的行为，基于共犯从属性的要求，由于正犯（自杀者）的行为是违法的，那么，教唆与帮助自杀者当然也是违法的，从而，教唆或帮助自杀也应认定为故意杀人罪。

第二，认为自杀的合法性的行为，基于共犯从属性的要求，由于正犯（自杀者）的行为是合法的，那么，教唆与帮助犯便没有违法的正犯可以从属，从而，教唆或帮助自杀便应是合法的行为。

第三，近年来，理论界也有人主张，自杀行为是介于合法与违法以外的第三种情形，即“法外空间”，但不能被评价为违法行为。所以，按照共犯从属性原理，教唆或帮助自杀便也不能成立故意杀人罪。

此外，刑法分则条文中将一些行为直接拟制为故意杀人的情形包括：

条文	内容
第238条　非法拘禁罪	非法拘禁过程中使用暴力致人死亡
第247条　刑讯逼供罪、暴力取证罪	司法工作人员刑讯逼供或者暴力取证致人死亡
第248条　虐待被监管人罪	监狱、看守所等的监管人员虐待被监管人致人死亡
第289条　对聚众“打砸抢”行为的处理规定	聚众“打砸抢”致人死亡
第292条　聚众斗殴罪	聚众斗殴致人死亡

考点18　非法拘禁罪

命题分析

非法拘禁罪是司法实务中经常适用的罪名。近十年的案例分析大题中多次考查到了非法拘禁罪。对于主观题来说，比较容易考查的点在于非法拘禁罪法条中的特别拟制条款，以及以索债为目的而非法拘禁、控制他人行为的定性，如2018年真题便考查了以索债为目的而非法拘禁他人。这是命题人偏爱的命题点，务必要引起注意。

考点解析

一、客观要件

非法拘禁罪，是指以拘禁或者其他方法非法剥夺他人人身自由的行为。本罪侵害的法益是他人的身体活动自由，即行动自由。非法拘禁罪的客观方面表现为以拘押、禁闭或者其他强制方法，非法剥夺他人人身自由权利的行为。

1. 非法

即非法拘禁他人时不具有法律上的依据。在正当防卫、紧急避险或者有其他法律上的依据，尤其是在以刑事诉讼法、治安管理处罚法为依据而剥夺他人人身自由的场合，就谈不上是非法。此外，社会生活中能够容忍的轻度自由拘束也不属于非法（例如，教师将学生反锁在教室，以强迫其打扫卫生；父母对未成年子女采取强制教育措施），所以“非法”一词属于开放构成要件。没有这些法律依据而非法剥夺他人自由的，例如，**超期羁押、没有合理理由的长时间扣押，都是非法，有成立非法拘禁罪的余地**。

2. 拘禁

拘禁的具体方法、手段，法律并未限制，并不以使用强力或直接的限制为限。在司法实践中，使用有形的方法拘禁他人的较为常见，如将他人锁在房间内并派人看守、将他人捆绑于木柱上等。但是，**利用无形力，如利用人的羞耻、恐惧感、错误认识等，也可以成立非法拘禁**。这方面的例子有：将入浴妇女的衣物抱走，使其因害怕裸露而无法离开；驾驶汽车高速行驶，使被害人不敢跳车；以日后报复为名将他人软禁在一定场所；用手枪对准他人，使之不敢离开一定场所；用麻醉药或催眠术使他人失去行动能力；取走双腿残缺者的拐杖、轮椅；在他人到达一定高度后取走其楼梯；将他人长时间置于必须冒着生命危险才能脱离的场所；使用诡计使他人陷入错误而长期停留于某一场所；违背迷路儿童的意志对之实行拘禁等。

此外，拘禁行为还可能利用不知情的第三人实施，如欺骗不知情的警察从而达到扣押他人的目的，这是非法拘禁罪的间接正犯。

非法拘禁罪的本质在于行为人所使用的方法足以侵害或限制被害人的身体活动自由，因此，行为人与被害人同居一室，无空间之隔离的，仍可能成立非法拘禁。被害人业已知晓被拘禁的事实，但根本没有从拘禁现场逃离的意思，也不妨碍本罪的成立。

拘禁行为一般是作为，如使用暴力或者胁迫的方法将被害人强行押走，或者使用强力防止他人离去。但是，也有以不作为方式非法拘禁他人的情形。例如，小学教师因过失行为而将已放学但尚未回家的学生锁在教室，但在他人提醒后仍置之不理，扬长而去，致使该学生被长时间关押的，即属以不作为方式非法拘禁他人。

拘禁行为必须达到一定的程度，才能具备实质的违法性，从而构成犯罪。一般来说，被害人逃脱显著困难时，行为人的行为就可以确定为具有犯罪性。乘被害人熟睡之际将门反扣，待其醒来时，用力一推房门就能自由离去的，自无成立本罪的可能。

以与他人结婚为目的，强行将妇女带离其长期以来的生活环境并加以扣留的，可以定非法拘禁罪。以出卖为目的，拐卖成年男子的，由于没有适当的拐卖型罪名可以适用，但其行为有侵害被害人身体活动自由的可能，所以也可以认定为非法拘禁行为。

为索取债务（包括高利贷、赌债等法律不予保护的债务），非法扣押、拘禁他人的，以非法拘禁罪定罪处罚，而不构成抢劫罪或绑架罪。在行为人非法扣押、拘禁被害人，而向其近亲属等第三人提出索取债务要求的场合，就涉及以索取债务为目的的非法拘禁罪和以勒索财物为目的的绑架罪之间的界限。从表面上看，类似行为是符合索财型绑架罪构成要件的，但立法者考虑到毕竟双方之间客观上存在债权债务关系，事出有因，行为人提出索取债务的要求存在合理性，是债权人为了追还债务而采用了法律所不允许的办法，而且一般并不侵犯受害方的财产权利，属于侵犯人身自由的单一法益，行为的违法性比绑架罪低，与典型的、无缘无故地扣押、绑架他人勒索财物的行为不可同日而语。因而刑法作出了专门规定，对此种行为不宜以绑架罪论处。根据相关司法解释，行为人为索取高利贷、赌债等法律不予保护的债务，非法扣押、拘禁他人的，依照非法拘禁罪定罪处罚。按照该司法解释，**区分绑架罪与非法拘禁罪的重要标志就是行为人是否为索取债务而非法扣押、绑架他人：债务关系真实、现实存在的，不论债务是否合法，均以非法拘禁罪定罪处罚。即使行为人为逼人还债，而非法关押债务人以外的第三人的，也只成立非法拘禁罪。**此外，行为人因某种非经济上的纠纷（如索要“青春损失费”），非法控制他人，向其亲属提出经济补偿要求的，原则上也应当定非法拘禁罪。

刑事诉讼法授权公民可以将现行犯扭送至司法机关，所以，普通公民抓捕并扭送现行犯的，不能构成非法拘禁罪。但抓捕现行犯后不将其立即扭送至司法机关，而私自加以处理的，如将抓住的小偷用绳索绑在树上加以羞辱的，仍可能构成本罪。

二、主观要件

本罪主观方面是故意。行为人主观上必须有剥夺他人身体活动自由的意思，包括直接故意与间接故意。这种故意中的事实性认识包括两方面的内容：其一，认识到自己的行为足以剥夺他人的活动自由；其二，认识到他人逃离现场的意思决定随时可能产生。就第二点而言，被害人同意行为人剥夺其行动自由，行为人对这种同意有所认识的，则不具有本罪故意。行为人并无故意，而是因为过失将他人锁在特定场所的，不构成本罪，但可能构成其他犯罪。例如，因疏忽将他人反锁在车内，48 小时后再打开车门时，被害人已冻死，行为人可能构成过失致人死亡罪，但不能认定成立非法拘禁罪。

三、认定

1. 非法拘禁罪和故意杀人罪的界限。前者只有限制人身自由的故意；后者则有剥夺他人生命的故意。但是二者之间的界限有时较为模糊，例如，中巴车司机在客人要求中途下车时完全不予理会，仍然高速行驶，导致客人跳车死亡的，很难认定司机有希望或者放任他人死亡的故意，原则上不能认定为故意杀人罪，应认定为非法拘禁罪，属于非法拘禁致人死亡的情形。

2. **非法拘禁过程中，过失致人重伤、死亡的，仍然定非法拘禁罪。因为非法拘禁本身决定了行为人往往采取捆绑等强制手段并且掺杂实施殴打、侮辱等行为，就可能产生重伤、死亡的严重后果，这属于非法拘禁罪的结果加重犯，行为人对此结果应当有过失。如果行为人在拘禁过程中故意实施杀害、伤害行为，则这种行为已经不能被非法拘禁罪的实行行为所包容，应独立成立故意杀人、故意伤害罪。**

考点 19　绑架罪

命题分析

绑架罪是侵害公民人身权利罪章中的重量级罪名，在司法实务中也是常发性罪名。2017 年更是在选择题和案例分析大题中同时出现，2018 年在案例分析大题中再次进行考查，足见该罪的重要性。在复习本罪时，一定要认真掌握本罪构成要件的结构，彻底理解清楚本罪的客观要素与主观要素，尤其是要准确掌握主观要素。对于主观题来说，绑架罪非常可能结合非法拘禁罪、故意杀人罪等予以考查。

考点解析

一、保护法益

绑架罪，是指以勒索财物为目的，采取暴力、胁迫或者其他方法绑架他人，或者绑架他人作为人质的行为。

我国刑法与外国的多数立法不同，没有将绑架罪列入侵犯财产罪当中，而将其列入侵犯人身权利的犯罪中，所以本罪就实质而言不是以恐吓方法取得财物的犯罪，而是侵犯被绑架者人身权利的犯罪，就法定刑来看，本罪被认为是性质极其严重的犯罪。换句话说，**绑架罪侵犯的法益是被绑者的人身自由与安全，但并不包含财产法益，尽管多数绑架行为的目的就是勒索财物**。

本罪的行为对象是人而不是财物。这里的人既包括被绑架者，也包括被勒索、被要挟的人，这两种人不能是同一个人，**被勒索、被要挟的人只能是被绑架者以外的第三人，如被绑架者的亲属、相关的政府机构及其成员。如果直接以被绑架者为勒索对象，勒令其交出财物的，则不成立本罪，而构成抢劫罪**。

被绑架者有无身体移动能力、能否认识被拘束的事实，对于犯罪的成立没有影响。出生数日后的婴儿、处于麻醉或者昏睡状态者都可以成为绑架对象。被绑架者对于被绑架的事实虽然没有认识，但是由于本罪的被害人还包括被勒索财物者或者其他相关人员，所以即使被绑架者不存在被害人意识，犯罪人仍可以实施不法控制他人并向第三人提出要求的犯罪行为。

二、客观要件

本罪在客观方面表现为利用被绑架者的亲属或者其他人对被绑者安危的忧虑，而劫持或者控制他人的行为。以勒索财物为目的偷盗婴幼儿的，视为绑架的一种特殊形式，以绑架论。

绑架、扣押人质的行为是将他人劫持或者控制在行为人能够支配的范围内，在此过程中可能要使用暴力、胁迫、麻醉等方法，也可能使用其他平和的方法来实施，在这一点上，其和非法拘禁罪的实行行为有很多相似、重合之处。**绑架罪中扣押人质的行为并不都比非法拘禁罪中的实行行为强度大，使人丧失自由的一切方法都包含在绑架手段之中**。扣押人质一般来说要将其带离原来的生活场所，但是特殊情况下，被害人仍然在其原来的生活场所的，也可以成立绑架罪。例如，将未成年人的父母从其家中骗走，然后进入该住宅对被害人实施实力控制的，也是扣押人质。实务中，扣押人质以后提出要求的行为，通常包括提出勒索财物的要求，也包括提出其他的要求，如政治要求、释放被关押的罪犯的要求、改变司法裁判的要求等。绑架罪中犯罪人向被害人亲属或其他关系人勒索钱财，既可以由犯罪人直接与被害人亲属或其他关系人联系财物交付，也可以由犯罪人逼迫被害人向其亲友联系，还可以由犯罪人通过其他熟人与被害人亲友联系勒索财物，这些都不影响绑架罪的成立。

绑架、扣押人质和利用第三人的担忧提出要求之间有时间上的先后顺序性，即扣押人质是方法行为，利用第三人的担忧进而提出不法要求是该行为向前发展的当然结果。先勒索财物再扣押他人的，扣押不是取得财物的先决条件，勒索也与扣押人质无关，行为人只能就勒索与扣押人质两个环节分别构成敲诈勒索和非法拘禁罪，而不构成本罪。如果先敲诈勒索财物，未得逞又绑架他人继续勒索的，则后来的绑架行为构成本罪。

控制人质使之逃脱显著困难的，就应当成立本罪既遂。行为人是否提出勒索财物或者其他要求的，对既遂的成立没有影响。着手实施扣押人质的暴力行为，但由于被害人反抗而未得逞的，成立本罪未遂。当然，这并不意味着绑架行为实施后不存在犯罪中止形态的出现。例如，行为人着手实施暴力绑架他人，但在未以其实力实际控制他人之前，由于害怕法律惩罚或被害人亲属的报复、怜悯被绑架人或懊悔而自动放弃犯罪，将被绑架人放走的，有成立犯罪中止的可能。

绑架必须要将被绑架者置于自己的实力控制之下，这种控制应当以违背被绑架者的意愿为前提。行为人与“被绑架人”通谋，得到其承诺而将其移植在自己的控制之下，再向相关人员提出勒索的要求，使他人基于对被害人的担忧而被迫交付财物的，行为不具有本罪构成要件的定型性，只构成敲诈勒索罪。

在绑架过程中直接从被绑架人身上取得财物的，应当区别情况进行处理：

发现被绑架人身上有钱财后而使用区别于绑架行为自身的暴力、胁迫取得财物的，构成抢劫罪；

在扣押人质并将其控制在自己实力之下时，窃取被绑架人财物的，构成盗窃罪；

在使用实力控制被绑架人以后，公然从其身上取得财物的，构成抢夺罪，此时不应当将绑架罪中使用实力控制被绑架人的行为评价为取得财物的暴力行为，否则就会将抢夺行为错误评价为抢劫行为。

前述的抢劫、盗窃或者抢夺罪，原则上应当与绑架罪数罪并罚。

扣押人质过程中，杀害、伤害被绑架人的，只构成本罪；强奸被绑架人的，应当以本罪和强奸罪并罚。

三、主体

本罪的主体是一般主体，即已满16周岁、具有刑事责任能力的人，都可以构成本罪。对已满14周岁不满16周岁的人在绑架过程中杀害被绑架人的，是否应当追究刑事责任，如果要定罪，罪名是什么，一直是有争议的问题。

全国人大常委会法工委2002年作出《关于已满14周岁不满16周岁的人承担刑事责任范围问题的答复意见》明确指出：《刑法》第17条第2款规定的8种犯罪，是指具体犯罪行为而不是具体罪名。对于《刑法》第17条中规定的“犯故意杀人、故意伤害致人重伤或者死亡”，是指只要故意实施了杀人、伤害行为并且造成了致人重伤、死亡的后果，都应负刑事责任。对司法实践中出现的已满14周岁不满16周岁的人绑架人质后杀害被绑架人，拐卖妇女、儿童而故意造成被拐卖妇女、儿童重伤或死亡的行为，依据刑法是应当追究其刑事责任的。显然，该答复意见会减少理论界和实务界对《刑法》第17条第2款规定存在的分歧，但是，该答复意见对于绑架过程中杀人的，是定绑架罪，还是定故意杀人罪，仍没有明确。

应该说，绑架中杀害被绑架人的杀人行为，与典型故意杀人罪场合的杀人行为本质一样，没有理由否认这一年龄阶段的人对绑架过程中杀害被绑架人的行为具有辨认和控制能力。**在追究刑事责任时，对已满14周岁不满16周岁的人以故意杀人罪论处是较为妥当的**：

（1）按照《刑法》第239条的规定，绑架过程中杀害被绑架人的行为，是绑架罪的结果加重行为。杀害被绑架人的行为不另行定罪，其前提是存在构成犯罪的绑架行为，对于已满16周岁的人绑架并杀害被害人的，以绑架罪论处，适用该罪较重的法定刑，并无不妥。但已满14周岁不满16周岁的人实施绑架、杀人行为的，无须对（基本犯）绑架罪负责，只对被害人死亡这一加重结果承担刑事责任。

（2）已满14周岁不满16周岁的人实施绑架行为，尚不构成犯罪，当然不能适用《刑法》第239条的规定。换言之，“绑架后杀人定绑架罪一罪”只适用于已满16周岁的人而言，已满14周岁不满16周岁的人绑架杀人的，应根据《刑法》第17条第2款、第232条的规定处理，这恰恰是罪刑法定的要求，而不会违反罪刑法定原则。

四、主观要件

本罪在主观方面是故意，即明知是在非法控制、劫持人质而故意为之。此外，**还要求行为人具有勒索财物或满足其他不法要求的目的（目的犯）。必须提**

醒注意的是，既然是目的犯（主观的超过要素），因此，目的便不需要客观上必须实现。行为人没有不法要求，即使非法扣押他人，也不能构成本罪，而只能构成非法拘禁罪。满足其他不法要求的目的，可以包括政治目的、恐怖活动目的、泄愤报复目的，以及逃避、抗拒追捕，或者要挟政府提供某种待遇、在地区撤军或释放同伙罪犯等。

行为人在扣押他人之前就应当具有勒索财物或者提出不法要求的意图，才能构成本罪。对于以下情况就需要特别处理：

（1）行为人事先没有勒索财物或者提出其他不法要求的目的，只是在非法扣押他人之后，在中间人的调停下获得财物的，不能构成本罪。

（2）处于其他目的、动机将他人控制，尔后才产生勒索财物的不法要求进而实施勒索行为的，如行为人先以出卖为目的将妇女绑架，尔后又产生勒索目的而向亲属勒索财物的，应以本罪和拐卖妇女罪并罚。

（3）收买被拐卖的妇女、儿童后以暴力胁迫等手段对其进行实力控制，而向其亲属实施勒索行为的，也应数罪并罚。

在认定绑架罪的主观方面时，应当注意准确判断勒索型绑架罪中勒索财物的犯罪目的。以勒索财物为目的是绑架的主观超过要素，客观上并不一定有相应行为与之相对应。但是，以勒索财物为目的仍然是成立绑架罪主观方面的必要条件。在司法实践中一定要有相关证据证明该目的存在，才能认定行为人构成绑架罪。一般而言，以下三种方式可以证明行为人具有勒索财物的犯罪目的：①行为人已向被绑架者亲属或其他关系人索要过财物。②行为已向被绑架者亲属或关系人索要钱财并实际取得该财物。③行为人绑架被害人后，警方及时介入，虽未提出勒索财物的要求，但有充足证据证明行为人意图取得财物的，可以认定为以勒索财物为目的绑架他人。

五、认定

1. 本罪与抢劫罪的界限

绑架罪与抢劫罪在大多情况下是比较容易区分的，对于为获取财物，采用暴力等手段绑架控制他人直接向被害人勒索的，应认定为抢劫罪；控制人质，然后向第三人提出勒索要求的，是绑架罪。在司法实务中，抢劫罪表现为行为人劫取财物一般应在同一时间、同一地点，具有“当场性”；绑架罪表现为行为人以杀害、伤害等方式向被绑架人的亲属或其他人或单位发出威胁，勒索赎金或提出其他非法要求，劫取财物一般不具有“当场性”。

要准确区别两罪，需要特别注意绑架罪的犯罪对象。绑架罪的行为对象是人而不是财物，这里的人包括被绑架者，也包括被勒索、被要挟的人，这两种人不能是同一个人，被勒索、被要挟的人只能是被绑架者以外的第三人，如被绑架者的亲属，相关的政府机构及其成员。所以，绑架罪一定存在绑架罪犯、被绑架人、被提出要求的人“三方”之间的关系。绑架罪和其他犯罪（如非法拘禁、故意杀人、抢劫）的区别点，也往往在这里。**如果直接以被绑架者为勒索对象，勒令其交出财物的，就不构成本罪，而成立抢劫罪。**

此外，在被实施暴力胁迫的人和交付财物的人是不同的人，但空间距离很近的场合，应当认为行为人只有强取财物的意思，没有控制人质，然后勒索财物的意思，从主观方面看，也更符合抢劫罪的故意。从客观上看，在抢劫罪中，被实施暴力胁迫的人和交付财物的人可以是不同的人。例如，在商场持枪恐吓保安，并命令不在跟前的收银员交钱的，应当成立抢劫罪而非绑架罪。这是考虑到被实施暴力胁迫的人和交付财物的人空间距离很近，暴力胁迫和财物的交付之间应当做整体评价，符合抢劫罪实施暴力胁迫然后“当场”强取财物的构成要件规定。

2. 本罪与非法拘禁罪的界限

两罪都属于侵犯人身自由罪，绑架罪中包容着非法拘禁行为，非法拘禁罪也可以由控制被害人的方式构成。区别的关键点在于：**绑架罪的构成不仅要求有非法剥夺人身自由的行为，而且要求有勒索财物或满足行为人不法要求目的以及与此相应地勒财或提出不法要求的行为**。而非法拘禁罪仅要求行为人具有剥夺他人人身自由的目的，使被害人遭受拘禁之苦，并不提出财物或者其他不法利益的要求。

在实践中，涉及绑架罪与非法拘禁罪界限区分的问题主要是为索取债务而绑架、扣押人质的案件。《刑法》第238条第3款规定：为索取债务而非法扣押、拘禁他人的，以非法拘禁罪论处。不过，符合下列条件的，仍然可以考虑成立绑架罪：

（1）行为人明知不存在或不可能存在债权债务关系，以索债为借口，捏造债权债务事实，扣押、拘禁他人的。

（2）在债权债务关系已经清结的情况下，以索债为名，控制人质强行勒索财物的。需注意，**由于经济生活十分复杂，债务关系是否存在，在什么情况下债权债务已经清结，有时难以查清。行为人主张债务并未清结，而被害人认为早已清**

结，但被害人所提供的证据并不充分的，属于案件事实有疑问的情形，根据存疑时有利于被告的原则，对行为人以非法拘禁罪论处比较妥当。

（3）出于索取债务的目的扣押他人后，向其近亲属索要与真实债务“过于悬殊”的财物，且没有合理根据，同时暴力程度又比较高（例如，以杀害、伤害相威胁）的。行为人为索取超过合法债权数额的“债务”而实施绑架、拘禁他人的，应具体分析行为人索取的数额与债权数额之间的差额，再分不同情况以绑架罪或非法拘禁罪定罪量刑。如债务原本只有10万元，但罪犯控制人质后，要第三人支付40万元，才能将人质赎回的，由于犯罪人使用绑架、拘禁手段索取财物的数额远远超过其实际债权，应以绑架罪定罪量刑。这是因为，由于行为人索取财物的数额远远超过其实际债权，这就足以证明行为人的主观目的实质上是非法占有他人财物，索取合法债务显然已成形式上的东西。但如果超过合法债权的数额不大，其绑架罪不能成立，仍应以非法拘禁罪定罪量刑。

（4）**客观上存在债权债务关系，行为人将债务人绑架后对债务人的近亲属提出无法用财产数额衡量的某种利益上的要求，或者提出其他与债务无关的不法要求，或者以杀害、伤害被害人为要挟等等，客观上足以造成被害人亲属或有关人对被害人的安危感到担忧的，也应当认定为绑架罪。**比如，被害人欠行为人赌债，行为人在扣押被害人后向被害人之妻发出要挟，要求与被害人之妻发生性关系，否则就杀害扣押人，这种情况下对行为人应以绑架罪定罪处罚。

六、关于处罚规定的理解

根据《刑法》第239条的规定，犯本罪情节较轻的，处5年以上10年以下有期徒刑，并处罚金。犯本罪，杀害被绑架人的，或者故意伤害被绑架人，致人重伤、死亡的，处无期徒刑或者死刑。

行为人在绑架过程中，杀害被绑架人，或者故意伤害被绑架人，致人重伤、死亡的，都只定绑架罪一罪，对故意杀害、故意伤害行为不再另行定罪。在绑架过程中，因被绑架人的监护人、保护人或其他在场人反抗等原因，行为人为排除阻碍而故意杀害、伤害上述人员的，应以故意杀人罪、故意伤害罪与绑架罪并罚。

杀害被绑架人，是指行为人在遇到被害人激烈反抗、发现勒索财物的目的绝对不可能达到时，为杀人灭口而将被绑架人故意杀害的行为。这里的“杀害”，是否一定要理解为故意杀人既遂，即我们通常所说的绑架“撕票”行为，换言之，对绑架过程中故意杀害被绑架人但没有导致被害人死亡的，是否属于这里的故意杀害被绑架人，在实践中有争议。由于杀害被绑架人的场合，其法定刑包括无期徒刑和死刑，而杀害被绑架人并未导致死亡结果的，即便适用故意杀人罪也可能最高判到无期徒刑，因而对杀害被绑架人未遂的罪犯适用无期徒刑就没有不妥之处了。同时，故意伤害被绑架人致人重伤，可以适用无期徒刑或者死刑的规定，也从另外一个侧面印证了针对被绑架人实施杀害行为即便未能得逞的也属于这里的“杀害”。因此，**根据罪刑法定原则，这里的杀害被绑架人，包括杀人既遂以及未发生死亡后果的场合**。

不是故意杀害，而是过失致使被绑架人死亡的（包括在绑架过程中，行为人为控制被害人，使其不得逃跑而对其进行监禁、殴打、捆绑、麻醉、冻饿，过失导致其死亡），不能对行为人适用《刑法》第 239 条第 2 款的规定，对其应按照第 1 款的规定。此外，**由于绑架行为过失导致被绑架人死亡的，属于典型的结果加重犯，但现行绑架罪规定中并未规定结果加重犯，因此可以认定为绑架罪和过失致人死亡罪的想象竞合**。

故意伤害被绑架人，必须致人重伤、死亡，才有可能适用无期徒刑或者死刑。实务中，行为人绑架他人后，故意砍人手脚威胁被害人家属勒索财物，手段残忍且致被害人重伤的，对行为人处无期徒刑或者死刑，并不违反罪刑相适应原则。

考点20　抢劫罪

命题分析

实务中出现抢劫犯罪案件较多，一些案件在定性与适用上存在严重的分歧，最高法院先后在 2005 年与 2016 年出台了有关抢劫罪的司法解释。在往年的案例分析大题中，抢劫罪也出现过多次，可以说抢劫罪与盗窃罪以及诈骗罪是侵犯财产罪章中最为重要的三个罪名。考生需要注意抢劫罪与绑架罪的界限、准抢劫罪的认定要件等问题。

考点解析

一、保护法益

抢劫罪，是指以非法占有为目的，使用暴力、胁迫或者其他方法，强行劫取公私财物的行为。

本罪侵害的法益具有复杂性：一方面，行为人违反被害人的意思取得了财物，侵犯了他人的财产占有权；另一方面，也侵犯了被害人的生命、身体、自由和生活平稳。**行为对人身法益具有高度危险性，这是其与其他财产罪相区别的重要标志**。

抢劫罪所侵犯的财物只限于他人占有的动产，自己的动产被他人占有时可以成为本罪对象。不动产一般不能成为本罪的对象，但是，使用暴力、胁迫压制不动产所有人、占有人的反抗，转移登记名义，取得不动产处分可能性的，可以认定为抢劫罪。

此外，使用暴力、胁迫取得财产上的非法利益的行为也构成抢劫罪。例如，**为免除赌债对债权人实施暴力的，骗取毒品以后为免付价金而使用暴力的，都是在不法原因给付的场合非法占有他人利益的行为**。

本罪的被害人一般而言是暴力、胁迫的承受者。**但当行为人对他人实施暴力、胁迫是为了排除障碍，以便于其顺利夺取财物，在财物的交付者和暴力、胁迫的承受者不一致但出于同一场所的情况下，本罪的成立也不受影响。例如，对商场的保安实施暴力，然后从营业员手中夺取金银首饰的，也是抢劫罪**。

二、客观要件

本罪在客观方面表现为使用暴力、胁迫或者其他方法强取财物的行为。本罪成立的逻辑线索是：使用暴力、胁迫或者其他方法→压制对方反抗→强取财物。

1. 手段行为

暴力，一般是指行为人对被害人的身体实施打击或强制，其在多数场合下表现为危险、凶残的杀伤行为，以使对方完全丧失反抗能力，但有时也不一定要直接针对人体实施，对物使用有形力也是暴力。换言之，暴力要最终指向人，但是可以不直接针对人，即使对物施加有形力，只要其能抑制被害人的意思、行动自由，就是抢劫罪中的暴力。

胁迫，是指告知对方将要对其予以加害，以对其进行精神强制。胁迫的方式包括语言、动作、手势、邪恶的眼神等，法律未作限制。胁迫者是否真正具有当场加害意思和加害能力，都不影响胁迫的成立；至于被胁迫者应当是在一定程度上能够理解胁迫内容的、有意识的自然人，法人没有意识能力，其在精神上不可能受到压制。

其他方法，是指除暴力与胁迫方法之外，采用使被害人不知反抗或丧失反抗能力的方法，如用酒灌醉，用药物麻醉（昏醉抢劫）等。这些方法的共同特征是都能够导致被害人被灌醉、被麻醉后陷入人事不省、难以自我决定和自我行动的境地，所以，在本质上和暴力、胁迫足以压制被害人反抗相同。**行为人实施使被害人陷于意识障碍的方法（例如劝酒）之后，才产生夺取财物的意思，事后也的确取得财物的，也只构成盗窃罪**。

抢劫罪的暴力、胁迫足以压制被害人的反抗，并不等于事实上完全压制被害人的反抗，更不要求行为具有危害生命、健康的性质。至于被害者的反抗是否足以被压制，要结合犯罪者和被害人的人数、年龄、性别、犯罪行为的时间、场所以及附随状况、凶器的有无、使用方法等具体的事项对暴力、胁迫的性质进行客观判断（客观说）。实施暴力、胁迫，从一般人认同的社会观念上看到足以压制被害者反抗的程度即可，也就是被害者的反抗已经现实地有困难，这是从客观的基准出发看待问题，而不是从行为人、被害者的主观感受的角度来考虑反抗是否被压制的问题。

就社会中多数人的判断而言，暴力、胁迫没有达到压制反抗的程度，但是被害人特别胆小且行为人对此也知情的场合，实施程度很低的暴力、胁迫，此时应当认为，**行为客观上没有达到足以压制被害人反抗的程度，即使行为人对被害人的特殊情况熟知且主观上有抢劫的故意，但由于暴力、胁迫程度较轻，欠缺抢劫手段的定型性，不存在抢劫的实行行为**，犯罪人对某些特殊事项的认知不能成为决定抢劫罪中的暴力、胁迫行为是否存在的标准。

2. 结果行为

（1）当场

使用暴力、胁迫或者其他方法，当场取得财物的，才能构成抢劫罪。“当场”意指暴力、胁迫手段和财物取得之间具有时间上、场所上的紧密连续性，但是对“当场”的理解又不能过于狭隘，使用暴力迫使被害人交付财物，但被害人身无分文，行为人长时间跟随被害人到距离相当远的场所取得财物的，也是“当场”。**实施暴力、胁迫当场未取得财物，要求被害人日后交付财物的，构成抢劫罪未遂和敲诈勒索罪**。

（2）强取

强取是在实施暴力、胁迫以后使财物转移的行为。被害者的反抗被暴力、胁迫所压制后，自动交付财物的、放置财物逃走的，或者行为人直接夺取财物的，以及实施程度较高的暴力、胁迫，在被害人来不及反应的瞬间就将财物夺走的，行为人都构成强取。

应当认为，**暴力、胁迫行为和财产的强取之间应当有因果关系，才能成立抢劫罪既遂**。抢劫罪的本质是实施暴力、胁迫手段夺取财物，暴力、胁迫手段必须是基于强取的意思实施，强取的结果是在实施暴力、胁迫以后才得以实现的。所以，**为抢劫财物对被害人使用暴力，被害人在逃跑过程中财物丢失，行为人由此捡拾财物的，成立抢劫罪未遂和侵占罪**。

抢劫行为人为排除障碍、杀害被害人后取得财物的，构成抢劫罪，不再成立故意杀人罪。但是，以强取的意思杀害被害人后取得财物的，在时间、场所上必须有紧密联系，并且取得财物的计划是在着手杀人以前就形成的。例如，杀人时没有强取的故意，10 天以后才想起被害人可能有财产，又进入其住宅取得财物的；杀害被害人并在尸体掩埋数周后又挖掘坟墓取得被害人随葬品的，都无法认定为抢劫罪。

开始实施作为抢劫手段的暴力、胁迫行为，就是本罪的着手。既然抢劫罪是侵犯财产犯罪，其既遂标准就应该坚持取得（控制）说。**取得，包括取得行为和取得意思，行为人在接过他人财物的瞬间又将财物返还的，可以认为其没有取得意思，并未实际取得被害人财物，仍然只能成立本罪未遂**。就此来看，最高人民法院《关于审理抢劫、抢夺刑事案件适用法律若干问题的意见》（2005 年 6 月 8 日）指出，抢劫罪侵犯的是复杂客体，既侵犯财产权利又侵犯人身权利，具备劫取财物或者造成他人轻伤以上后果两者之一的，均属抢劫既遂；既未劫取财物，又未造成他人人身伤害后果的，属抢劫未遂。据此，《刑法》第 263 条规定的八种处罚情节中除“抢劫致人重伤、死亡的”这一结果加重情节之外，其余七种处罚情节同样存在既遂、未遂问题，其中属抢劫未遂的，应当根据刑法关于加重情节的法定刑规定，结合未遂犯的处理原则量刑。显然没有考虑刑罚分则将抢劫罪规定在侵犯财产罪章的事实，是否合理值得质疑。

三、主观要件

本罪主观方面是故意，行为人必须有强取他人财物的意思，并对财物必须通过暴力、胁迫等违反被害人意志的方法才能取得有所认识。**为实现其他犯罪目的而对被害人实施暴力、胁迫行为，在此过程中产生夺取财物的意思并取得财物的，也应当认为有抢劫的意思**。例如，绑架他人，在使用暴力捆绑被害人过程中，发现其佩戴有相当价值的金银首饰，将其强行取下的，成立抢劫罪。

比较有争议的问题在于，为实现其他犯罪目的而对被害人实施暴力、胁迫之后，才产生强取财物的意思的，能否认定为具有抢劫的意思？有观点认为成立抢劫罪，有观点认为只能成立盗窃罪。我们认为，盗窃罪的结论更为合理。如果将行为人为犯其他罪而实施的暴力、胁迫行为再作为抢劫罪的手段行为，则属于对一个手段行为作了两次评价，扩大了抢劫罪的成立范围，有违罪刑法定主义。但是，需要提醒考生注意的是，最高人民法院《关于审理抢劫、抢夺刑事案件适用法律若干问题的意见》规定：“**行为人实施伤害、强奸等犯罪行为，在被害人未失去知觉，利用被害人不能反抗、不敢反抗的处境，临时起意劫取他人财物的，应以此前所实施的具体犯罪与抢劫罪实行数罪并罚；在被害人失去知觉或者没有发觉的情形下，以及实施故意杀人犯罪行为之后，临时起意拿走他人财物的，应以此前所实施的具体犯罪与盗窃罪实行数罪并罚。**”

此外，抢劫罪的成立，还要求行为人具有非法占有目的（不法取得意思）这一“主观的超过要素”。

四、认定

（一）准抢劫罪

《刑法》第269条规定，犯盗窃罪、诈骗罪、抢夺罪，为窝藏赃物、抗拒抓捕或者毁灭罪证当场使用暴力或者以暴力相威胁的，依照抢劫罪的规定定罪处罚。成立准抢劫罪，必须具备三个条件：有盗窃、诈骗、抢夺行为；当场使用暴力或以暴力相威胁；具有特定目的。

1. 有盗窃、诈骗、抢夺行为

在此需要注意：**第一，不需要前行为的盗窃、诈骗、抢夺行为必须既遂**，如盗窃、诈骗、抢夺虽未达到数额较大标准，为窝藏赃物等当场使用暴力或以暴力相威胁，同样成立准抢劫罪。**第二，前行为属于特殊类型的盗窃（盗窃林木罪等）、诈骗（合同诈骗等），只要其具有侵犯财产性质，符合盗窃、诈骗、抢夺罪的构成要件，仍然能够成立准抢劫罪。第三，犯罪人有抢劫意图，以平和手段取得财物以后，为确保占有而使用暴力、胁迫的，直接认定为抢劫罪，不适用准抢劫罪的规定。**

2. 当场使用暴力或以暴力相威胁

第一，**暴力、胁迫的对象可以是盗窃、诈骗、抢夺受害人以外的第三人，但**

不能是针对使用暴力、胁迫者自身。第二，**暴力、胁迫的程度必须和抢劫罪手段行为的暴力、胁迫程度相当，即要达到足以压制被害人反抗的程度。**第三，**当场，除了实施盗窃等行为的现场外，还包括从现场延伸的场所，即行为人刚离开现场，就被他人追捕、跟踪而被迫停留下来的场所。**

3. 目的是为了窝藏赃物、抗拒抓捕或者毁灭罪证

抗拒抓捕包括实施财产犯罪的当时被发现而实施暴力抗拒被害人、其他目击者或者警察的缉拿、围攻，也包括在被抓捕后的押解途中使用暴力逃脱；但是，**盗窃后逃跑，在离现场200米处，偶然遇到警察质问而对警察使用暴力的，不成立事后抢劫罪，因为此时的暴力与先前的盗窃事实没有关联性。**

事后抢劫罪的既遂标准，应当以实施暴力、胁迫之后是否取得财物为判断标准，而不能以先前的盗窃、诈骗、抢夺罪是否既遂为标准。

盗窃、诈骗、抢夺既遂，为窝藏赃物等当场使用暴力或以暴力威胁，但财物最终被他人夺回的，是事后抢劫罪未遂；

盗窃、诈骗、抢夺已取得财物，为防止被害人夺回该财物而着手实施暴力或者威胁之后占有该财物的，是抢劫罪既遂；

实施盗窃、诈骗、抢夺未取得财物，但为抗拒抓捕等而着手实施暴力、威胁并达到目的的，由于未取得财物，只能构成抢劫罪未遂。

特别需要指出的是，根据最高人民法院《关于审理未成年人刑事案件具体应用法律若干问题的解释》，"**已满十四周岁不满十六周岁的人盗窃、诈骗、抢夺他人财物，为窝藏赃物、抗拒抓捕或者毁灭罪证，当场使用暴力，故意伤害致人重伤或者死亡，或者故意杀人的，应当分别以故意伤害罪或者故意杀人罪定罪处罚。已满十六周岁不满十八周岁的人犯盗窃、诈骗、抢夺罪，为窝藏赃物、抗拒抓捕或者毁灭罪证而当场使用暴力或者以暴力相威胁的，应当依照**刑法**第二百六十九条的规定定罪处罚**；情节轻微的，可不以抢劫罪定罪处罚。"根据该解释，已满14周岁未满16周岁者实施事后抢劫行为的，只有在暴力致人重伤或者死亡时，才以故意杀人罪或故意伤害罪追究刑事责任，如果没有致人死伤，则不以犯罪论处，即不能论以抢劫罪。

关于加重型抢劫罪，需要认真掌握最高人民法院印发《关于审理抢劫、抢夺刑事案件适用法律若干问题的意见》中关于"入户抢劫""在公共交通工具上抢劫""多次抢劫"加重情节的认定。此外，还需注意以下几点：

1. 关于"抢劫致人重伤、死亡"

第一，致人重伤，包括了过失致人重伤，也包括故意致人重伤。第二，**致人**

死亡，包括故意杀人。但是，**以抢劫罪从重论处的杀人取财行为，仅限于为了当场取得财物而当场将他人杀死的情形。在抢得财物后，出于灭口、报复或者其他动机将被害人杀死的，应以抢劫罪和故意杀人罪数罪并罚。第三，致人死伤的对象不限于财物的占有者、所有者，只要是直接或者间接地对抢劫及其关联行为有所妨碍的人便可。第四，抢劫行为人对死伤结果至少有过失，否则不应当对死伤结果负责。如抢劫引起被害人自杀的。第五，既遂的判断仍然应以是否取得财物为标准。**

2. 关于“冒充军警人员抢劫”

第一，**既包括根本不具军人或警察身份者冒充军人或警察抢劫，也包括具有军人身份冒充警察、具有警察身份者冒充军人，或者具有此种军警人员身份冒充彼种军警人员身份**。第二，不以行为人非法身着军警人员制式服装、配备军警械具或持有、向被害人出示伪造或冒用的身份证件为限。第三，**冒充军警人员以查禁违法犯罪行为为名，向他人攫取财物，应以实际实施的客观行为是否具有暴力、胁迫为标准，如果有则是抢劫，否则应论以招摇撞骗罪。**

考点21　抢夺罪

命题分析

抢劫罪与抢夺罪，俗称“两抢”，在实务中出现非常频繁。由于这两种犯罪行为不仅侵害财产权，而且同时有造成人身伤亡的危险，因而相对来说，在整个财产罪章中也属于重罪。而抢夺罪与抢劫罪犯罪的界限在一些边界案例，并非泾渭分明。所以，不排除命题人可能在案例分析大题中让考生区分抢劫罪与抢夺罪的界限。考生在复习本罪时，要认真准确理解本罪的行为特征，此外，对于最高人民法院2005年的《关于审理抢劫、抢夺刑事案件适用法律若干问题的解释》中的重要规定，要在理解的基础上熟记。

考点解析

抢夺罪，是指对物实施有形力，夺取被害人紧密占有的财物，尚未达到抑制占有人自由意思程度的行为。

一、客观要件

本罪在客观方面表现为抢夺他人占有的财物的行为。

抢夺，是指公开或者被害人当场可以得知财物被抢走的情况下，骤然实施夺取行为，其具体表现为对财物在一瞬间实施腕力、有形力（对物暴力），但该力量并不直接对人实施，即不是用暴力行为直接压制被害人的反抗，而是通过作用于财物的腕力和有形力夺取财物。抢夺行为在实践中多数表现为乘财物占有人毫无防备之际，出其不意，使其无法及时做出反应，来不及反抗而对财物强加夺取。

通说将抢夺行为界定为乘人不备，公然实施，可能值得研究。就乘人不备而言，盗窃罪中的窃取行为，也是乘人不备。所以，将乘人不备作为抢夺罪的客观要素，不能区别盗窃与抢夺行为。就公然实施而言，应该承认：多数抢夺罪是公然实施的，即抢夺行为发生在公共场所，在不特定多数人在场的情况下实施。但是，抢夺罪的成立又不以此为限，在一间密室里，只有行为者和财物占有者在场，行为人明知被害人当场可以发现财物被夺取而突然把财物夺走的，行为不是公然实施，但也必须认定为是抢夺行为。

抢夺的具体方式大致有两种：**一是乘人不备的抢夺**。例如，利用被害人注意力不集中的瞬间直接从财物所有人或保管人手中、身上或者足以被评价为紧密占有的身边用力夺走财物，如用力夺走被害人手中的提包；拿起被害人放在身边的财物（如柜台上、座椅旁的财物）逃跑。**二是创造他人不注意的机会然后夺取财物**。例如，欺骗他人使之转移注意力，然后将财物从被害人手上或形成紧密占有关系的身边夺走；以自行车、摩托车撞击他人，乘机取得被害人财物，等等。

明知他人可能密切关注某一事项或财物，但仍然在他人的注目下将财物突然取走，在不具有伤害人身可能性时，不是抢夺。例如，选购金银首饰时，接过售货员递过的财物就转身逃走的，应定性为盗窃。再如，出租车司机见乘客下车，且后者还没有做出拿取东西的动作时，即迅速驾车逃离的，行为人构成盗窃罪。因为乘客没有做出任何从车内取东西的动作，而财物放置在汽车上，乘客对该财物只是通常的占有而非紧密占有。但是，如果行为人在乘客准备取车上的财物之时，驾车逃离的，此时，由于乘客拿取财物的行为表明了其与财物之间的紧密占有关系，且驾车逃离行为有对被害人的人身造成侵害的危险，因而应当成立抢夺罪。又如，甲在室外遛狗，乙抢夺甲牵狗的绳子拔腿就跑，是抢夺；乙只是乘甲不防备之际，将在甲身后 2 米但并未系遛狗绳的狗抱起来逃走，是盗窃。

作为夺取型犯罪，抢夺罪是介于抢劫罪和盗窃罪之间的一种违反财物占有人意思而转移财物占有的犯罪类型，所以抢夺罪和盗窃罪、抢劫罪之间的界限有时难以判断。

就本罪和抢劫罪的区分而言，本罪中的“抢”决定了本罪的不法有形力可能就是达到一定程度的暴力（通俗地说，就是行为人一定要“动粗”）。但是，这种暴力只是对物实施，暴力手段的采用不是为了压制被害人的反抗。换言之，**暴力行为是否直接针对人身，是否属于为了直接排除取得财物的障碍，使财物占有者心生恐惧而不敢抗拒、来不及抗拒或者不知抗拒，是区分抢劫罪和抢夺罪的关键**。例如，犯罪人利用汽车、摩托车等交通工具乘被害人不注意之际从其背后将财物夺走的，就不能一律认定为抢夺罪或者抢劫罪。

就本罪和盗窃罪的界限而言，本罪中的“抢”和“夺”都决定了行为存在“骤然的”对物的暴力（对财物“动粗”），其侵害的一定是他人对财物的紧密占有，相对松弛的占有不需要使用暴力，采用相对和平的窃取手段就可以取得，这样说来，本罪和盗窃罪通常侵害松弛占有并不相同。例如，行为人在商场试戴手表，骗服务员“那边的顾客也要试表”，待服务员转身离开之际，戴着手表夺门而去的，只成立盗窃罪。

再如，A得知B要转让一辆旧车（价值4万元），就试图不法占有其财物。某日，A与B联系，提出试车然后购买的要求。次日，当二人驾车到某单位大楼时，A对B说：“你帮我到五楼财务室叫我妻子将银行卡拿下来，我们一起去银行取款，将你的车款付清。”B遂上楼找人，但工作人员说并无此人。B大惊失色，连忙下楼，走到二楼时，眼睁睁看着A将车开走。

上例中，A的行为并没有使用任何的暴力手段，不是对物暴力的夺取，其采取平和的手段破坏他人对财物的占有，建立自己的占有，只能构成盗窃罪。此外，需要提醒注意的是，A也不能构成诈骗罪，尽管A欺骗B上楼找人，但B并没有将自己的旧车处分给A的意思，因此不成立诈骗罪。

实施抢夺行为，附带造成被害人重伤、死亡等后果的，同时构成抢夺罪与过失致人重伤、过失致人死亡等罪的，从一重罪处断。例如，抢夺被害人佩戴的金银首饰，偶然导致被害人摔伤、死亡的，属于一行为触犯数罪名的情况，构成想象竞合犯，应从一重罪处断。当然，在以一罪处理实质上不合理时，也可以考虑数罪并罚。

抢夺罪的既遂应以取得说作为标准，即以行为人是否已实际取得财物的占有权、控制该财物作为区分既遂与未遂的基本标准。行为人在公然夺取财物的当场又被财物占有人将财物取回，没有实际取得占有，是抢夺未遂；行为人由于当场被追捕而抛弃抢夺财物的，属于取得财物之后处分赃物的行为，应成立犯罪既遂。

二、主观要件

本罪在主观方面是具有故意，并具有不法取得的意思。行为人对他人与其占有财物之间较为紧密的支配关系有所认识。确实是将他人占有财物误认为是任意放置财物的，阻却本罪故意，可能构成侵占罪而不构成本罪；行为人要对自己不法有形力的骤然性有认识。由于行为人对被害人是否能够当场、立即发现往往并不在乎，所以为强取他人财物，行为人对使用不法有形力而发生侵害人身的结果可能存在放任态度。

除具有抢夺故意外，成立本罪还要求有为自己或他人而非法占有财物的目的。为督促债务人履行债务而夺取财物，声言一旦债权债务关系消灭即行归还原物的，不具有非法占有目的，不构成本罪。

抢夺动产时毁坏财物，如甲明知乙对某一名贵字画握得很紧仍然予以抢夺，但只拿到撕破的半张画，行为人具有非法占有目的，同时对损害财物效用有放任，成立本罪和故意毁坏财物罪的想象竞合犯。

三、认定

（一）携带凶器抢夺

《刑法》第267条第2款规定，携带凶器抢夺的，以抢劫罪定罪处罚。

按照有关司法解释，携带凶器抢夺，是指行为人随身携带枪支、爆炸物、管制刀具等国家禁止个人携带器械进行抢夺或者为了实施犯罪而携带其他器械进行抢夺的行为。

如果《刑法》第267条第2款属于注意规定，就意味着携带凶器抢夺的行为，只有同时符合《刑法》第263条关于抢劫罪的规定，即行为人必须要使用携带的凶器，实施暴力、胁迫或者其他方法，才能以抢夺罪定罪处罚；如果说《刑法》第267条第2款属于法律拟制，则意味着只要携带凶器抢夺，即使没有使用凶器的行为，不符合《刑法》第263条关于抢劫罪的规定，也必须以抢劫罪论处。

将本款作为法律拟制是有道理的，即只要行为人携带凶器抢夺的，就以抢劫罪论处，而不要求行为人使用暴力、胁迫或者其他方法。如果没有《刑法》第

267条第2款的法律拟制，司法机关对携带凶器抢夺的行为，只能认定抢夺罪，而不会认定为抢劫罪。在这种情况下，刑法仍然规定对携带凶器抢夺的行为以抢劫罪论处，就说明本款属于法律拟制，而非注意规定。

1. 凶器的含义与认定

凶器，是指外观上足以使人产生危险感、不安感，客观上足以对他人的生命、身体、安全构成威胁，具有杀伤危险性的器物，其种类并无限制。凶器必须是用于杀伤他人的器具，因此仅具有毁坏物品的特性而不具有杀伤他人功能的器具，不属于凶器。一般而言，凶器可以分为性质上的凶器和用法上的凶器。性质上的凶器，如枪炮、刀剑等有直接杀伤力、任何人在任何时候都能感受到其威胁性的器械；用法上的凶器，即该器具本身不是为了满足杀伤他人的目的而制造或者存在的，例如，木棒、切菜用的道具、砖块、电工用品等，但是这些东西被利用于杀伤目的时，根据一般的、通行的社会观念，就可以认定这些东西就是凶器。如劈柴用的斧头，用于劈柴时不是凶器，但用于杀伤他人时则是凶器。

某一器具是否可以评价为凶器，必须考虑：其一，根据一般社会观念，一般人在面对该器具时，是否会产生危险感觉，如果某种器具在外观上不会使人产生危险感，就难以被认定为凶器。其二，该器具本身杀伤力的高低，杀伤机能低的器具，不可能是凶器，所以，行为人使用各种仿制品，如塑料制成的仿真手枪、自动步枪、匕首等，虽然外观上与真实的凶器一样，但由于其杀伤他人的物理性能较低，不能认定为凶器。其三，在司法认定上，该器具用于杀伤目的的可能性程度。其四，器具被携带的必要性、合理性大小，即携带凶器抢夺的行为是否异常、是否易于被他人模仿，例如，一般人外出时，不会随时携带斧头，携带该器具抢夺的，理应认定携带凶器抢夺。

行为人随身携带国家禁止个人携带的器械以外的其他器械抢夺，但有证据证明该器械确实不是为了实施犯罪而携带的，不以抢劫罪定罪。

2. 携带的认定

携带，是指在公共场所或者其他个别人行动的场所，将某种物品带在身上或者置于身边，将其置于现实支配之下的行为。携带和持有在这里没有本质区分。手持凶器、怀中藏着凶器、将凶器置于衣服口袋、将凶器置于随身的手提包等容器中的行为都属于携带凶器。

携带凶器应具有随时可能使用或当场能够及时使用的特点。[①] 反过来也可以说，只要行为人一旦遇到反抗，就可以迅速使用凶器，在客观上就符合了携带凶器的条件。因此，不要求行为人显示凶器（将凶器暴露在身体外部），也不要求行为人向被害人暗示自己携带着凶器。携带凶器更不要求行为人使用所携带的凶器，如果行为人使用所携带凶器强取他人财物，则完全符合抢劫罪的构成要件，应直接适用《刑法》第 263 条的规定；只有当行为人在携带凶器而又没有使用凶器的情况下抢夺他人财物的，才适用第 267 条第 2 款的规定。

行为人必须以实施抢夺或者其他犯罪之目的而携带凶器（携带凶器意识），才能构成抢劫罪。换言之，对凶器的携带必须是行为人有意为之，否则不成立携带凶器抢夺。要求行为人具有携带意识，其应当包括两种情况：一是行为人在抢夺前为了使用而携带该器具。二是行为人出于其他目的携带可能用于杀伤他人的器具，在现场意识到自己所携带的凶器进而实施抢夺行为的，也应当认定为携带凶器抢夺。反之，如果行为人并非为了犯罪而携带某种器具，实施抢夺时也没有准备使用的意识，则不能适用《刑法》第 267 条第 2 款。

携带凶器实施盗窃行为，仍然只构成盗窃罪；虽携带凶器，但只有杀人故意，杀人之后临时起意取得被害人财产的，构成故意杀人罪和盗窃罪，不存在携带凶器抢夺的问题。

行为人只要抢夺时携带凶器即可，并不以携带之初有使用、行凶的意图（行凶意识）。因为携带凶器的客观危险性在于一旦被害人实施反抗，行为人在现场就随时可能对之加以使用，从而侵害被害人的生命与身体，事前有无使用凶器的谋划并不影响凶器本身对被害人形成威胁感。至于携带的凶器在抢夺过程中是否实际投入使用，对抢劫罪的成立更是无关紧要。所以，构成转化型抢劫罪只需要行为人有“携带意识”，而不要求具有“行凶意识”，有意携带和有意行凶是不同的概念。行为人将随身携带的凶器有意加以显示，能为被害人直接察觉到的，直接适用《刑法》第 263 条抢劫罪的规定。

携带凶器实施抢夺行为，为窝藏赃物、抗拒抓捕或者毁灭证据而当场使用凶器的，直接适用《刑法》第 267 条第 2 款，无须适用第 269 条准抢劫罪的规定。在此过程中，杀伤被害人的，属于使用携带的凶器的情形，不再单独定故意杀人罪、故意伤害罪。

---

① 参见张明楷：《刑法分则的解释原理（下）》（第 2 版），中国人民大学出版社 2011 年版，第 657 页。

携带性质上的凶器准备抢夺，犯罪在预备阶段就被停止下来或者抢夺未遂的，分别构成抢劫罪的预备、未遂而不是抢夺罪的预备和未遂。

（二）飞车抢夺

飞车抢夺的对象是被害人的财物，而不是被害人的人身，行为人不是故意对被害人人身使用暴力，因此对飞车抢夺不能认定为抢劫罪，而只能以抢夺罪定罪处罚。

不过，在飞车抢夺过程中，具有下列情形之一的，应当以抢劫罪定罪处罚：

1. 驾驶车辆逼挤、撞击或强行逼倒他人以排除他人反抗，乘机夺取财物的。

2. 驾驶车辆强抢财物时，被害人不放手而采取强拉硬拽方法劫取财物的。

3. 明知其驾驶车辆强行夺取他人财物的手段会造成他人伤亡的后果，仍然强行夺取并放任造成财物持有人轻伤以上后果的。

考点22　盗窃罪

命题分析

在整个中国的刑事司法实务中，盗窃罪应该是适用最为频繁的财产罪名，而盗窃罪和其他的非夺取型犯罪的界限存在诸多的理论难题，这些难题不仅容易难倒学生，也常常会给实务人员造成非常大的困惑。随着互联网和通信技术的不断发展，利用互联网实施的新类型盗窃样态层出不穷，盗窃罪会一直是今后的命题热点。事实上，2011年、2013年、2015年、2018年的案例分析大题就对盗窃罪做过考查。考生在复习时务必全面、认真、完全掌握盗窃罪的构成要件，以及盗窃罪与侵占罪、诈骗罪等财产犯罪的关系。

考点解析

一、客观要件

盗窃罪是指以非法占有为目的，采用平和的手段，窃取公私财物数额较大，或者多次盗窃、入户盗窃、携带凶器盗窃、扒窃的行为。

客观方面表现为违背财物占有人的意思，以平和手段将财物转移给自己或者第三人占有的行为。本罪的成立逻辑为：利用窃取方法→破坏原来的占有关系→

建立新的占有关系。

1. 窃取方法

窃取，指违反占有者的意思，以平和手段排除其占有，由自己或第三人建立对财物的占有。窃取不能以暴力、胁迫方法实施，具体方法在所不问。传统理论要求窃取必须以秘密的方式进行，合理性值得推敲。

以欺骗手段造成占有者的财物支配状态松弛，违反其意思取得财物，而非由占有者自行交付的，不是诈骗而是窃取行为。例如，装扮成顾客到服装店试衣服并将其穿走；到首饰店试戴首饰过程中，用假首饰偷换真首饰等等。为窃取财物而暗中对被害人实施暴力，待被害人外出寻求医疗过程中，拿走被害人经管的财物的，由于不是暴力行为并非是为了压制被害人反抗进而转移占有的手段，只能成立盗窃罪，而非抢劫罪。

本罪的行为手段包括：

（1）盗窃公私财物，数额较大。盗窃行为如果没有入户盗窃等特殊情形，必须达到数额较大，才构成犯罪。根据我国最高人民法院与最高人民检察院《关于办理盗窃刑事案件适用法律若干问题的解释》（2013 年 3 月 8 日）的规定，盗窃价值 1000 元至 3000 元以上、3 万元至 10 万元以上、30 万元至 50 万元以上的，应当分别认定为《刑法》第 264 条规定的数额较大、数额巨大、数额特别巨大，但曾因盗窃受过刑事处罚等八种情形除外。

（2）多次盗窃。根据司法解释，**2 年内盗窃 3 次以上，应当认定为多次盗窃**。据此，1 年内盗窃 3 次以上，成立盗窃罪；2 年内仅盗窃 2 次，以及在 3 年内盗窃 2 次的，都不构成本罪。

（3）入户盗窃。这里的“户”仅指私人住所（包括渔民的渔船、牧民的帐篷等），其具有供他人家庭生活（功能特征）和与外界相对隔离（场所特征）的特征。**入户实施盗窃被发现，行为人为窝藏赃物等当场使用暴力或以暴力相威胁的，如果暴力或者暴力胁迫行为发生在户内，可以认定为入户抢劫**。

（4）携带凶器盗窃。这里的“携带凶器”可与携带凶器抢夺中“携带凶器”作相似理解。但是，由于携带凶器抢夺直接被拟制为罪质非常严重的抢劫罪，因此，对携带凶器抢夺中的凶器，应当给予严格的限制，相对于携带凶器盗窃中的“凶器”，范围应更小。对携带凶器盗窃的具体认定，需要考虑三点：**第一，凶器要有一定的杀伤力，且通常不是盗窃所用的工具**。例如，盗窃用的万能钥匙、起子、扳手、绳索等工具本身，无论如何不能被评价为凶器。但是，在特殊个别情形，尤其是盗窃工具本身具有很强的杀伤力（如铁锤、钢棍），并且行为人也有想当作凶器予以利用的，可以认定为凶器。**第二，凶器要有随时可供使用的可能性。**携带不等于随身带着，但行为人对凶器一定要有紧密控制关系，这种控制关系一定要高于法律上或者观念上的占有、持有或控制，在行为人想使用该器械时就能够随时取用。第三，**通常不要求行为人有使用意思，只要有携带意思即可，即便不想使用的，也是携带。但是在少数案件中，尤其是在携带具有杀伤力的工具实施盗窃时，是否具有使用意思是认定携带凶器盗窃的不可或缺的要素。**

（5）扒窃。**指在公共场所或者公共交通工具上盗窃他人随身携带的财物。**对“随身携带”的财物不能仅理解为贴身财物，被害人置于身边且稍作努力就随手可得范围内的财物，实质上被害人可依其意思进行物理支配的财物，都属于随身携带。例如，窃取他人放置在火车行李架上的行李、椅背上的衣服、自行车框内的财物等，都是窃取他人随身携带的财物。

2. 破坏原来的占有关系

这一点是盗窃与侵占的关键区别。**盗窃是破坏别人的占有，进而建立自己的占有，侵占（委托物侵占）则是将自己已经占有的财物，变为自己“所有”。**即**将自己占有的财物变为自己不法所有，是侵占罪的本质特征；而将他人占有的财物变为自己占有，则是盗窃罪的基本特征。所以，对于自己已经占有的财物，无论如何不能成立盗窃。**

3. 确立新的占有关系

新的占有关系一旦确立，就意味着行为人的不法占有目的已经实现。旧的占有关系被打破，但新的占有关系还未建立时，行为人成立盗窃罪未遂。

从破坏旧占有关系到建立新的占有关系之间，从理论上看是一个过程。着手实施窃取行为是其中的基本环节，对于着手时点，一般认为，侵害他人占有的行为开始或者行为有侵害他人占有的现实危险性时就是着手。窃取行为的着手应当根据具体案件结合侵害占有的显示危险的有无、财产的性质、形状以及行为的样态综合判断。具体来说，通常实施物色目的物行为就是着手。基于盗窃目的实施撬他人房门锁的行为，只构成非法侵入住宅罪的着手和盗窃罪的预备，而不是盗窃的着手，因为此时尚没有对内部财物产生侵害的具体危险；发现他人停放在路边的汽车内有皮包而撬车门的行为，就是盗窃的着手；扒窃他人财物，手接触他人口袋外侧即为窃取的着手。

新的占有建立便意味着盗窃罪的既遂。认定盗窃罪既遂时应主要考虑行为人是否实际取得财物的控制权，即排除他人的占有而将财物置于自己的事实支配之下便是盗窃既遂。在具体判断盗窃既遂时，要把握：①对容量体积大的财物，搬出较为困难的，以搬出时为既遂。②对形状较小、容易搬动的财物，将财物置于自己的实际支配状态下即既遂。

伤害他人，从现场将被害人身上的财物取走的，以故意伤害罪与盗窃罪数罪并罚。教唆他人盗窃，事后从盗窃者手中折价购买赃物的，仅成立盗窃罪；教唆他人盗窃后又骗取他人盗窃所得赃物的，以盗窃罪和诈骗罪并罚。

二、主观要件

本罪只能由故意构成。盗窃罪的故意，首先是行为人对被窃取之物为他人占有有所认识，因疏忽误将他人占有财物作为无主物、抛弃物或者自己的财物拿走的，阻却故意的成立。但在发现错拿后，不履行归还义务而继续非法据为己有的，有可能成立侵占罪。误将枪支、弹药等当作普通财物予以盗窃的，没有盗窃特殊物品的故意，仅成立普通盗窃罪。此外，成立盗窃罪还要有非法占有为目的，至于是为自己还是为第三人非法占有，无关紧要。

考点23 侵占罪

命题分析

侵占罪是财产犯罪一章中的重量级罪名。2011 年、2013 年、2015 年、2016 年的案例分析大题对于侵占罪进行了考查，命题的重点在于侵占罪与盗窃罪的界限问题。原因在于对占有关系的判断有时非常困难，而财物由谁占有将直接影响侵占罪和盗窃罪的界分。考生在复习时一定要彻底理解清楚占有关系的判断，否则，将会眼睁睁看着有关侵占罪的分数从自己手上溜走！

考点解析

一、客观要件

侵占罪，指将代为保管的他人财物非法占为己有，数额较大，拒不退还，或者将他人的遗忘物、埋藏物非法占为己有，数额较大，拒不交出的行为。

本罪的客观方面表现为将代为保管物、遗忘物、埋藏物非法占为己有、拒不退还或者拒不交出。大体可从侵占行为与侵占对象两方面理解：

1. 侵占行为

（1）非法占为己有

“非法占为己有”，即不法所有，就是行为人主观上意图排除权利人而使自己以所有人自居，对财物依经济上的用途而予以使用、收益或处分。非法占为己有，在客观上必须有足以表明行为人的不法取得意思的行为，典型的行为有赠予、转让、消费、出卖、出借、交换、抵偿、加工等。将代为保管的他人财物予以毁弃的，没有遵从财物的经济用途将自己作为财物的所有人进行处分从而“享受物的效用”，欠缺不法取得的意思，不是非法占为己有，不成立侵占罪。

（2）拒不退还

应当认为，“拒不退还”是对非法占为己有的强调和进一步说明，其并非一个独立的构成要件要素。当行为人将自己暂时占有的他人财物不法转变为自己所有时（如直接出卖给他人时），拒不退还的意思即已表现得很清楚，没有必要再在司法上证明“拒不退还”的存在与否，更不能认为只有当财物的合法权利人在要求行为人归还，行为人“拒不退还”的，才成立侵占罪。

2. 侵占对象

侵占对象包括代为保管的他人财物、遗忘物和埋藏物三种。

（1）代为保管的他人财物

代为保管必须基于委托关系产生。委托关系是一种事实关系，不要求有成文的民事合同约束委托双方，在委托契约无效或可撤销的场合，基于委托取得的财产占有仍然属于受他人委托保管财物。这里的委托保管，不限于当事人之间“一对一”的直接委托，还可能由于借用关系、租赁关系、担保关系、加工承揽合同、寄托等原因产生。代为保管事实的存在，表明原财物所有人对该财物的占有权被排除。**行为人是否基于委托关系占有财物，是侵占罪和盗窃罪区分的关键因素**。

例如，丁为宾馆前台服务员，客人将礼品存于前台让朋友自取。丁见久无人取，便将礼品私吞。这个例子中的丁成立盗窃罪，而非侵占罪。因为并非他人一句简单的类似“帮我看一下”，就成立事实上的委托保管关系，客人将礼品存在前台让朋友自取，此时，从社会一般观念来看，礼品仍然由客人占有，丁至多只是占有辅助者，而非占有他人财物，不属于“代为保管”，因而属于变他人占有为自己占有的盗窃。

（2）遗忘物

侵占罪中的遗忘物，包括了遗失物，两者之间不应作规范上的区别，否则，是否成立侵占罪，将取决于被害人的记忆力强弱。遗忘物，就是指非基于占有人抛弃的意思偶然丧失占有，现又无人占有之物。它具有以下特征：他人之物；须为动产；所有权人占有的丧失须处于偶然原因，并非出于本意；非隐藏之物。如丙下飞机时发现其他的乘客钱包掉在座位底下，便捡起钱包离去，此时行为人便成立盗窃罪，而非侵占罪。判断的关键在于乘客丢失的钱包到底是有主占有物还是侵占罪中的“遗忘物”。应当认为，无论如何，钱包都并非无主占有的遗忘物：如果乘客未下飞机，此时钱包显然应当由乘客占有，即便其不知钱包在何处；如果乘客已经下飞机，则钱包应当由航空公司的空乘占有。因此，丙属于将他人占有之物变为自己占有之物，成立盗窃罪，而非侵占罪。

二、主观要件

本罪在主观方面是故意，行为人对于侵占的是代为保管的他人财物、遗忘物、埋藏物有认识，并具有非法占有目的。这里的非法占有目的，是指替代所有权人对财物进行利用、处分的意思。因此，不是为了利用、处分该财物，而是将代为保管的他人财物、遗忘物、埋藏物加以隐匿、毁坏的，否定非法占有目的；为了委托人利益的越权行为（例如，将委托人用于购买珠宝的钱，擅自做主买成黄金的），不具有非法占有目的；对于金钱等能够替代的代为保管物，基于补偿意思暂时挪用的，也没有非法占有目的。

三、认定

1. 不法委托与侵占

将不法委托物据为己有的场合，是否成立侵占罪，存在争论。例如，A 委托 B 向 C 行贿，而向 B 提供金钱，但 B 并未转交该金钱且拒不退还的。

否定说认为，对于不法给付，法律没有保护的必要，因为一方面委托人已经对委托之物失去了所有权；另一方面，受托人对委托人而言不负返还义务，其即便不退还赃物，也不属于《刑法》第 270 条中的“拒不退还”。强制其成为侵占罪的行为主体，破坏了法秩序的统一性；此外，侵占罪还有破坏委托信任关系的一面，而不法委托人的委托与受托人的收受之间，并不存在一种法律上的委托信任关系。

肯定说认为，委托人虽有不法行为，在民法上对其给付之物即便不能依法请求返还，但取得持有之受托人并不因此而取得所有权，受托人变占有为所有，自然可以成为本罪的行为主体。所以，对刑法上有无犯罪性的讨论，与民法是否保护无关。

2. 占有包装物与侵占罪

在受委托保管、运输包装物（箱子、邮件、打包的财物、用集装箱或其他密封容器委托运输的财物）的场合下，应当认为，**整个包装物归受托人占有，但包装物内的物体，则归委托人占有**。由此，**受托人将整个包装物据为己有，成立侵占罪；但其将包装物打开，将包装物内的财物据为己有，则成立盗窃罪**。

考点24　职务侵占罪

命题分析

从近十余年的主观题命题情况看，似乎并未对职务侵占罪作过专门考查。但职务侵占罪其实是司法实务中比较重要的罪名，在一些案件中究竟应当定性为职务侵占罪抑或盗窃罪往往存在非常大的争议。因此，不排除未来主观题中会考查职务侵占罪，如果考查的话，非常可能是会涉及的点就是职务侵占罪与盗窃罪的区分问题。考生对此要多加注意。

考点解析

一、客观要件

职务侵占罪，指公司、企业或者其他单位的人员，以非法占有为目的，利用职务上的便利，侵吞、骗取、窃取或者以其他手段占有本单位财物，数额较大的行为。

客观方面表现为行为人利用职务上的便利，侵占本单位财物，数额较大的行为。侵占的具体方法是侵吞、骗取、窃取或者其他手段。侵吞是典型的变占有为不法所有的行为，多表现为在执行职务经手财物时加以截留。骗取是采取虚构事实、隐瞒真相等手段而取得单位财物。例如，公司会计涂改账目、伪造单据，夸大公司支出并将多余部分财物据为已有。窃取是以违反单位意思的方法改变占有的行为（即监守自盗）。其他方法是指利用职务上的便利，取得单位财物并采取与侵吞等方式相当的方法。例如，将自己掌管的单位现金以个人名义存入银行，而长期非法领取利息的行为，就可以认为是职务侵占罪中的其他方法。

职务侵占罪中的职务，是基于从事一定业务而形成的身份。公司、企业人员利用职务上的便利是指行为人在公司、企业或者其他单位担任的职权，或者因为执行职务而产生的主管、经手、管理单位财务的便利条件。**虽然是单位成员，但窃取、骗取财物没有利用职务上便利的，或者虽然从事特定业务者，但随着业务的开展，财产已经脱离特定业务者本人占有，此时再非法取得该财物的，不构成职务侵占罪，而可能构成盗窃、诈骗、抢夺等罪。**如乙受公司委托外出收取货款，隐匿收取的部分货款。本例中的乙便成立职务侵占罪，因为其受公司委托外出收取货款，那么货款便应当属于单位的财物，乙基于职务上的便利将单位的货款据为已有，构成职务侵占罪。

本单位管理、使用或者运输中的私人财物，应以单位财物论，行为人利用职务上的便利将这些财物据为己有的，也构成本罪。

本罪的主体是特殊主体，即必须是公司、企业或其他单位的人员。其他单位是指公司、企业以外的其他组织，如村民委员会、居民委员会、医院、文艺演出团体等。单纯从事个人经营或者家庭经营的个体工商户，不属于这里的公司、企业或者其他单位，其从业人员不具备本罪主体资格。此外，**并非公司、企业或其他单位中任何人均是本罪的适格主体，只有担任一定管理性职务或因工作需要而主管、经手、管理财务，且不具有国家工作人员身份的人员才能构成本罪。**

需要注意的是，1999 年 6 月 25 日《最高人民法院关于村民小组组长利用职务便利非法占有公共财物行为如何定性问题的批复》指出："对村民小组组长利用职务上的便利，将村民小组集体财产非法占为己有，数额较大的行为，应当依照刑法第二百七十一条第一款的规定，以职务侵占罪定罪处罚。"例如，甲系某村民小组的组长，利用职务上的便利，将村民小组集体财产非法据为己有，数额达到 5 万元。前述的甲将村民小组的集体财产非法占为己有，成立职务侵占罪。

但如果村基层组织的人员在协助人民政府从事相关行政管理职责时，属于国家工作人员。如果在此过程中将公共财物据为己有，可能成立贪污罪。如乙为村委会主任，利用协助乡政府管理和发放救灾款物之机，将 5 万元救灾款非法据为己有。在本例中，乙属于协助人民政府从事救灾款物的管理，按照2000 年4 月 29 日全国人大常委会的立法解释，此时的乙属于《刑法》第 93 条第 2 款规定的

“其他依照法律从事公务的人员”，其利用职务上的便利将公款据为己有，应当成立贪污罪。

另外需要注意的是，本罪是真正身份犯，因此，基于业务占有单位财物者和不具有特定身份者（无业务且未占有财物者）共同侵占单位财物的，不占有财物的非身份者由于欠缺本罪身份要件，仅能成立职务侵占罪的教唆犯或者帮助犯。

二、主观要件

本罪主观方面为故意，此外，还要求行为人具有变自己占有为自己不法所有的目的，这是本罪和挪用资金罪区分的关键。

考点25　诈骗罪

命题分析

诈骗罪作为财产犯罪罪章中最为重要的罪名之一，在2010年、2011年、2016年、2017年、2018年的案例分析大题中进行过考查。随着新型的互联网和电信诈骗的兴起，在一些边界案例，行为定性究竟为盗窃抑或诈骗，往往存在极大的争议。因此，诈骗罪也会一直是主观题命题的重要知识点。考生在复习诈骗罪时，一定要彻底理解诈骗罪的规范构造，如果真的做到这一点，其实在面对所有的诈骗案例时，想要做错都难。

考点解析

一、客观要件

诈骗罪，是指以非法占有为目的，通过虚构事实或者隐瞒真相的方式使他人产生认识错误，并基于认识错误处分财物，进而造成被害人财产损失的行为。

诈骗罪既遂的基本构造为：**实施欺诈行为→使他人产生或者继续维持认识错误→他人由此实施处分（或交付）财产行为→行为人获得或者使第三人获得财产→被害人遭受财产损失。上述各个环节之间必须存在前后贯穿的因果关联**，由此，实施欺诈行为，但尚未使对方陷入错误，对方只是基于怜悯、不堪其扰等原因交付的，或者为抓住诈骗者的把柄在警方安排下交付财物的，由于欺诈行为和处分财物之间欠缺因果关系，都仅能成立诈骗罪未遂。

1. 欺诈行为

欺诈行为，是指虚构事实、隐瞒真相，使他人陷入错误的行为。虚构事实，是指捏造客观上并不存在或者根本不可能发生的事实。隐瞒真相，是指行为人明知对方已经陷入错误，有义务告知对方事实真相，而故意不告知，致使对方在受蒙蔽的状态下自愿交付财物。例如，隐瞒他人已履行债务的事实，再次接受他人履行债务的行为，或者隐瞒财产抵押的事实而将其出卖的，都可能成立诈骗罪。欺骗的内容可以针对事实作出虚假描述，也可以对事物作出虚假的价值判断。

一般认为，欺诈行为原则上必须使一般人产生认识错误，从而作出有关处分财产或者财产性利益的行为。例如，以使用为目的，伪造停止流通的货币，或者使用伪造的停止流通的货币，属于本罪中的欺诈行为。再如，列车上兜售小商品的售货员称，“袜子冬暖夏凉，自带空调的”，这种夸张性的介绍与宣传基本不会使一般人信以为真，不成立诈骗罪。当然，在一般商业惯例许可或者社会容认范围内对商品作夸张性介绍，而交易本身还有讨价还价余地的，不是诈骗罪中的欺诈，有成立虚假广告罪的可能性。

本罪从开始实施欺诈行为时为着手。被欺骗者基于处分行为而交付财物，行为人取得财物的，构成本罪既遂。在不动产的场合，现实的转移登记终了时为既遂。

2. 对方的错误

这里的对方，通常是财物的被害人，但并非限于被害人，包括财产占有人或者所有人，以及其他法律或者事实上具有处分财产权限或者处于可以处分财产地位的人。也就是说，**诈术的受骗人和真正的财产受害人未必同一：当二者同一时，为常见的两者间的诈骗，如甲欺骗乙，乙基于受骗处分自己的财物给甲；当二者不同一时，即为三角诈骗，如甲欺骗乙，乙基于受骗处分的是乙有权处分的丙的财物给甲，乙是受骗人，受害人却是丙**。另外，机器由于没有自主意识，不可能产生认识错误，进而不可能是诈骗罪的适格行为对象。

3. 处分行为

处分行为是区分盗窃罪和诈骗罪的关键要素。处分行为，是指被害人基于认识错误自愿地交付财物或者处分财产性利益。

被害人对于所要转移的财物或财产性利益，必须要有认识，即需要有处分意识。如果被骗者对处分行为的标的物的转移占有缺乏认识，很难想象其内心具有

“处分意思”，继而也就无法肯定处分财物的自愿性。

处分意思，必须具有明确性、具体性，处分者不仅要认识到自己在处分一定的财物，还必须对自己正在处分对象的特殊性、具体性有较为清楚的意识。

与处分行为相对应的是行为人获得财产。获得财产包括积极财产的增加以及消极财产的减少（如通过欺骗他人使得他人免除自己的债务）。

4. 财产损害

成立诈骗罪既遂，要求必须有被害人遭受财产损失。例如，甲长期定居国外，其委托乙照看自己的别墅，乙却对外谎称自己是房屋所有权人，在伪造相关证件后将房屋租给丙一年，丙租住一年后离开时才发现乙并非真正的屋主。上例中，对丙来说，其并没有遭受财产损失，实际居住了房屋一年，也支付了相应的房租，乙针对丙的行为当然不成立诈骗罪。

二、主观要件

本罪主观方面为故意。此外，还要求行为人有明确的非法占有目的，即希望将他人财物转移给自己（积极利益的增加）或者使他人免除或减少自己的债务（消极利益的减少）。

三、认定

1. 骗取社会保障待遇成立诈骗罪

根据2014年4月24日《全国人民代表大会常务委员会关于〈中华人民共和国刑法〉第二百六十六条的解释》：“以欺诈、伪造证明材料或者其他手段骗取养老、医疗、工伤、失业、生育等社会保险金或者其他社会保障待遇的，属于刑法第二百六十六条规定的诈骗公私财物的行为。”

2. 诈骗罪与其他特殊诈骗犯罪的关系

诈骗罪与其他各种具体的诈骗犯罪（如合同诈骗罪、各种金融诈骗罪等）之间属于法条竞合关系，行为同时触犯普通诈骗罪和其他特别诈骗犯罪，应按特别法条优于普通法条的原则处理。

3. 诈骗罪与盗窃罪的界限

二者区分的关键在于：**前者是被害人基于认识错误自愿地将财物处分给行为人，而后者则是违反被害人的意愿取得财物，即被害人是否基于有瑕疵的同意交**

付财物是诈骗罪与盗窃罪区分的根本标志。一定要注意的是，**并非行为人取得财物的手段有骗的成分，就成立诈骗罪，关键还在于处分者是否基于认识错误处分了财物**。此外，**如果行为人通过诈术使得受骗者产生了认识错误，但受骗者没有处分财产的权限或地位时，其仅是行为人盗窃罪的工具而已，此时应当认为成立盗窃罪的间接正犯，而非三角诈骗**。

比较特殊的一种三角诈骗的类型就是诉讼诈骗，特殊之处在于基于错误认识处分财产的是国家司法裁判这种“高权行为”。应当认为，诉讼诈骗是一种典型的三角诈骗。就此来看，最高人民检察院2002年10月24日《关于通过伪造证据骗取法院民事裁判占有他人财物的行为如何适用法律问题的答复》就是错误的，该答复指出：“以非法占有为目的，通过伪造证据骗取法院民事裁判占有他人财物的行为所侵害的主要是人民法院正常的审判活动，可以由人民法院依照民事诉讼法的有关规定作出处理，不宜以诈骗罪追究行为人的刑事责任。如果行为人伪造证据时，实施了伪造公司、企业、事业单位、人民团体印章的行为，构成犯罪的，应当依照刑法第二百八十条第二款的规定，以伪造公司、企业、事业单位、人民团体印章罪追究刑事责任；如果行为人有指使他人作伪证行为，构成犯罪的应当依照刑法第三百零七条第一款的规定，以妨害作证罪追究刑事责任。”

考点26　敲诈勒索罪

命题分析

相较于抢劫罪、盗窃罪、侵占罪、诈骗罪而言，敲诈勒索罪显得不那么重要，但在2010年、2016年、2017年的案例分析大题中均进行了考查。考生在复习敲诈勒索罪时，务必要把握本罪的规范构造，以及敲诈勒索罪和诈骗罪以及抢劫罪的关系。

考点解析

一、客观要件

敲诈勒索罪，是指以非法占有为目的，对财物所有人、占有人使用恐吓或要挟的方法，索取数额较大的公私财物，或者多次敲诈勒索的行为。

本罪的客观构造为：恐吓行为→对方产生畏惧感→处分行为→财物转移。

1. 恐吓行为

恐吓即以恶害相告知，以此胁迫他人。胁迫不能达到压制或抑制他人反抗的程度，否则便成立抢劫罪，而非敲诈勒索罪。告知的恶害只要足以使被害人产生畏惧感，从而侵害其意思决定的自由即为已足，至于恶害的内容是名誉、身体、财产等，恶害的内容是否（立即）实现，都在所不问。

需要注意的是，告知恶害的内容本身不违法，但只要使用了敲诈的方法，原则上有成立本罪的可能性。例如，以知道对方有犯罪事实，自己将向司法机关检举为名，向对方索要大量金钱的，也是恐吓，成立敲诈勒索罪。

2. 对方恐惧

被害人事实上产生了威胁、要挟效果，精神上受到了强制，心理上陷入了恐惧。如果被害人并非是基于恐惧，而是基于怜悯等动机交付财物的，行为人不成立敲诈勒索既遂，而是未遂。

3. 交付财物

财产交付是指有财产转移的最终事实，应当将其与先前的恐吓行为综合起来考虑，至于交付细节、交付过程的重要性不应当给予过分强调。例如，**恐吓造成被害人的恐怖心理，在被害人应其要求掏出钱包准备取钱给行为人的间隙，行为人上前将钱包夺走的，不成立敲诈勒索罪的未遂和抢夺罪既遂的竞合犯，而只成立敲诈勒索既遂**。交付行为不要求在恐吓的当场实现，交付时间与恐吓行为之间有较长时间间隔的，也不影响本罪的成立。

4. 财产损害

被害人交付财物，就意味着行为人对财物建立了事实上的占有支配关系，被害人也遭受了财产损失。

实施恐吓行为的时点即为本罪的着手。被害人尚未交付财物的，仅成立未遂。

二、主观要件

本罪主观方面是故意，并且以非法占有公私财物或财产性利益为目的。国家工作人员假借执行职务的名义利用恐吓方式索取财物的，具有本罪故意，构成本罪和受贿罪的想象竞合犯，一般以重罪即受贿罪处理。

三、认定

1. 权利行使与敲诈勒索

首先，**对于利用恐吓手段取回自己所有但被他人通过盗窃或抢夺等手段取得的财物的，不成立敲诈勒索**。

其次，**对于行为人自认为自己“吃亏”后行使（行为人自认为存在的）权利，而提出较高民事赔偿要求，使用恐吓手段，实务中通常以无罪处理**。例如，在发现自己购买的冰棍中有异物，而要求厂家赔偿50万元的，法院终审判决被告人无罪。

最后，**对于使用恐吓方式使对方履行债务的，如果债权合法，且行为人主张的债权并未严重超过限额，即使使用了一定程度的恐吓手段，也不构成本罪。但是，如果债权的合法性本身存疑，主张权利的方式违反社会通常观念的，可能被认定为本罪**。

2. 抢劫罪与敲诈勒索罪

无论是抢劫罪还是敲诈勒索罪，手段行为都可以是暴力和威胁，区别的关键在于暴力和威胁的程度是否达到了足以压制对方反抗的程度。敲诈勒索罪的威胁内容可以是暴力，也可以是暴力以外的毁损名誉、毁坏财物等，但抢劫罪的威胁内容只限于暴力。从非法取得财物的时间上看，敲诈勒索可以是当场取得，也可以是间隔时日后取得，而抢劫罪只能是当场当时取得。

考点27　窝藏、包庇罪

命题分析

窝藏、包庇罪在近些年的主观题中并未出现过，但是本罪在司法实务中也是比较常见的犯罪，不排除命题人在案例分析大题中附带考查本知识点，考生需要理解本罪的犯罪构成。

考点解析

窝藏、包庇罪，是指明知是犯罪的人而为其提供隐藏处所、财物，帮助其逃匿或者作假证的行为。

一、保护法益

本罪的保护法益是国家的刑事司法作用，即行为因对犯罪者提供庇护，对发挥司法作用有实际的阻碍。窝藏、包庇行为如果事前与原来的犯罪者有共谋，构成本犯的共犯。没有共谋不属于事后从犯。毁灭证据的行为和隐匿、庇护本犯的行为不相同，只是毁灭与被告人、被怀疑者相关的证据，不属于窝藏、包庇行为。

二、客观要件

本罪在客观方面表现为明知是犯罪的人而为其提供隐藏处所、财物，帮助其逃匿或者故意作假证明包庇的行为。本罪是抽象危险犯。

提供隐藏处所、财物，帮助其逃匿，是指为了避免被司法机关发现、逮捕而提供藏匿的场所、资金，协助其逃走的行为。提供隐藏处所、财物，与帮助其逃匿之间，不是列举与概括的关系，更不是手段行为与目的行为的关系，而是并列关系，是指为了避免被司法机关发现、逮捕而提供藏匿的场所、资金，协助其逃走的一切方法。换言之，帮助犯罪的人逃匿的方法行为，不限于为犯罪的人提供隐藏处所或者财物。

本罪属于抽象危险犯，只要存在藏匿行为，即使司法人员知道窝藏者所处场所，窝藏罪仍然成立。窝藏行为的特点是增加司法机关开展有效活动的难度，妨害有关司法机关发现犯罪者。窝藏的方式包括两种：①有形的方式。为被告人化妆、换衣服，提供逃走的资金、伪造的身份证、逃匿必需的工具（如地图、伪造的身份证、指南针等），假扮本犯站在司法机关追捕罪犯所必经的场所等。②无形的方式。向犯罪的人通报侦查或者追捕的动向、劝犯罪人逃避、将搜查措施告知逃避中的犯罪者、对欲告发犯罪的第三人施加压力、为犯罪的人指明逃跑路线等。发现的警察故意放走现行犯，属于不作为的窝藏行为。因此，在理论上，有必要将窝藏扩大解释为一切帮助罪犯逃匿的方法。

包庇，是指作假证明包庇犯罪者的行为，包庇者作假证明可以针对与案件有重要关系的情节，也可能是与案件有次要关系的情节以及与案件本身关系不大但足以对司法机关裁量刑罚发生影响的事实。例如，捏造事实证明受贿罪的被告人曾经试图在案发前退赃。

被窝藏、包庇者是“犯罪的人”，包括真正的犯罪人，以及因为有高度的犯罪嫌疑而被搜查、追诉者。犯罪没有被司法机关发现，但其是真正实施犯罪的人，也属于犯罪者。告诉权消灭、时效完成导致追诉、处罚的可能性丧失，刑事司法作用不能发挥的，本犯不属于这里的犯罪者。但是，亲属尚未提出告诉，或实际只能承受不起诉处分者，有被追诉、处罚的可能性的，是这里的犯罪者；被判处罚金、管制的人，也是这里的犯罪的人。被判处有期徒刑宣告缓刑、被假释的人，如果在缓刑、假释考验期内再犯新罪，也可以成为窝藏、包庇的对象。**如果包庇的对象属于走私、贩卖、运输、制造毒品犯罪分子的，应以包庇毒品犯罪分子罪论处，不再构成本罪**。此外，根据**《刑法》第294条第4款规定，国家机关工作人员包庇黑社会性质的组织，或者纵容黑社会性质的组织进行违法犯罪活动的构成包庇、纵容黑社会性质组织罪。**

本犯教唆第三人藏匿自己的，是否构成窝藏罪的教唆犯？其实，窝藏“他人”以及帮助毁灭证据罪中使“他人”的犯罪证据被毁灭、隐匿，都是构成要件结果。在本犯请求他人包庇、窝藏自己，或者毁灭自己的犯罪证据时，构成要件结果都不存在，违法性也不存在，因此，不能将该本犯作为窝藏、包庇罪、帮助毁灭证据罪的教唆犯加以处罚。本犯只是在间接地毁灭关于自己的犯罪证据，而不是他人的犯罪证据，其行为没有产生构成要件结果，因此不是不法。

在真正的罪犯被抓捕以后，行为人以自己是真正的犯罪者的名义，将真凶保取出来，自己甘愿承受刑罚的，行为对司法程序的正常进行有妨害，侵害了刑事司法作用，所以成立包庇罪。

具有证人身份，对与案件有重要关系的情节作虚假的有利于犯罪嫌疑人、被告人、罪犯的陈述，构成伪证罪，而不构成包庇罪。

不具有证人身份，假冒证人对与案件有重要关系的情节作虚伪陈述的，构成包庇罪而不构成伪证罪。

具有证人身份，但只对与案件无重要关系的情节作有利于本犯的虚假陈述的，不构成伪证罪，有追究必要的，可以以包庇罪处理。

明知对方是真正罪犯，而加以隐匿、包庇的，即使司法机关尚未掌握本犯的犯罪情况，没有展开侦查、搜查行为，隐匿、包庇者开始实施提供隐藏处所、财物，帮助其逃匿或者作假证明包庇就是本罪的着手；对方只是有一定程度的犯罪嫌疑，必须是司法机关开始搜查、侦查才是本罪的着手。

此外，《刑法》第362条规定，旅馆业、饮食服务业、文化娱乐业、出租汽车业等单位的人员，在公安机关查处卖淫、嫖娼活动时，为违法犯罪分子通风报信，情节严重的，应以窝藏罪定罪处罚。

三、主观要件

本罪在主观方面是故意，具体表现为行为人明知他人是犯罪的人而加以窝藏、包庇。提供隐藏处所或者协助其藏匿的，当时并不知道对方是犯罪者，但在窝藏过程中认识到对方身份，仍然进行窝藏的，具有本罪故意。

不知对方身份而容留、帮助的，缺乏窝藏、包庇故意，不构成本罪，所以对于对方是“犯罪的人”有明知这一要素在司法实践中必须加以证明。被隐匿者是否属于真正的罪犯要从行为时对方犯罪嫌疑程度的高低的角度加以判断（行为时基准说），如果程度很高，就不能否定窝藏、包庇行为的法益侵害性。但是，明知对方不是真正的罪犯，只是由于司法机关的重大过失而被怀疑、被指控者，加以隐匿、包庇的，不能成立本罪。

被包庇的人会受到多重的刑罚处罚，不需要行为人具体认识。对窝藏者所犯罪行的种类有错误认识的，不影响犯罪故意。例如，故意杀人犯编造事实，告知窝藏者自己只有伤害行为，窝藏者信以为真予以收留的，仍然成立窝藏罪。误以为犯罪者为无辜者而隐藏的，不具有犯罪故意。

为劝说本犯自首，而在一定时期内为其提供居住的场所和生活用品，客观上虽然使得司法机关追捕活动延迟，但行为人本身不具有窝藏、包庇故意，对刑事司法作用的妨害并不存在，而是协助司法机关的行为。本犯最终脱逃，或者本犯早有自首的意图，行为人容留本犯行为，都不构成本罪。

考点28 掩饰、隐瞒所得、犯罪所得收益罪

命题分析

掩饰、隐瞒犯罪所得、犯罪所得收益罪是妨害社会管理秩序中的重点罪名，在2015年的案例分析大题中考查过，2009年的案例分析大题实际上也考查了掩饰、隐瞒犯罪所得、犯罪所得收益罪的犯罪构成。考生需要熟练掌握本罪的犯罪构成。

考点解析

掩饰、隐瞒所得、犯罪所得收益罪，是指明知是犯罪所得及其产生的收益而

予以窝藏、转移、收购、代为销售或者以其他方法掩饰、隐瞒的行为。

一、保护法益

本罪侵害的法益是国家对犯罪所得、犯罪所得收益的司法追查权。通过这种保护，一方面消除赃物持有、转移、收买、销售者对犯罪所得、犯罪所得收益的违法持有状态的维持，从而从源头上杜绝财产犯罪、经济犯罪以及贪污贿赂、赌博等犯罪的发生；另一方面有利于被害人对因本犯的犯罪行为而丧失财产的索取，以实现其返还请求权。

由于本罪最终保护的是司法秩序，而并不单纯地保护被害人的追索权，在赃物为禁制品、不法原因给付物的场合，被害人没有民法上的返还请求权，但本犯成立侵犯财产罪或贪污贿赂罪的，窝藏、转移、收购、代为销售或者以其他方法掩饰、隐瞒赃物的行为对司法追查权仍然有侵害，仍应成立本罪。

本罪的行为对象是他人的犯罪所得、犯罪所得收益。对“他人的犯罪”的理解要注意以下几点：

（1）这里的他人，即本犯，并不限于实行犯，还包括获取赃物的上游犯罪的教唆犯、帮助犯。

（2）存在“他人的犯罪”，并不意味着本犯的行为完全符合犯罪成立条件，在本犯是无刑事责任能力的精神病人或者年幼者，而不具有可谴责性的场合，对其利用盗窃、抢劫、抢夺等方法所获得的财物仍然应当认为是赃物，可以成为本罪对象。

（3）他人的犯罪应当是既遂犯罪。在未遂的场合，本犯通常未取得财物。如果本犯已经取得财物，但行为并没有既遂，而行为人参与处理财物的，原则上可以成立共同犯罪（相续的共同犯罪）。

（4）他人的犯罪尚未依法裁判，但查证属实的，不影响掩饰、隐瞒犯罪所得、犯罪所得收益罪的认定。

他人的犯罪所得、犯罪所得收益的表现形式多种多样，既可以是有体物（包括动产和不动产），也可以是财物的替代品，如金钱、债券、支票等，还可以是商业秘密等无形财产。犯罪所得和用于犯罪的物品应当加以区别，对本犯为实施犯罪而使用的工具或其他财物应予追缴、没收，但其并非本罪对象。只有本犯通过犯罪行为所实际获得的财物才是本罪中的赃物。由犯罪所得现实产生的收益，也属于赃物的范畴，是本罪的行为对象。

二、客观要件

本罪在客观方面表现为对犯罪所得及其产生的收益予以窝藏、转移、收购、代为销售或者以其他方法掩饰、隐瞒。

窝藏，是指提供藏匿赃物的场所，加工、改造赃物的外观，接受犯罪分子的赠与而无偿领得等藏匿赃物的行为。根据最高人民法院、最高人民检察院2007年5月9日《关于办理与盗窃、抢劫、诈骗、抢夺机动车相关刑事案件具体应用法律若干问题的解释》，明知是盗窃、抢劫、诈骗等犯罪所得的机动车而予以窝藏、转移、买卖、典当、拍卖，或者拆解、拼装的，或者更改车身颜色或者车辆外形的，或者提供或出售机动车来历凭证、整车合格证、号牌的，或者提供或出售伪造、变造的机动车来历凭证、整车合格证、号牌的，应以掩饰、隐瞒犯罪所得罪论处。

转移，是指使赃物发生位置移动，以对抗司法追查的行为。例如，将本犯盗窃来的摩托车从甲地骑往乙地就是转移赃物。在犯罪地附近就近搬动、藏匿赃物的，属于窝藏而非转移赃物。行为人着手转移、搬运，已使赃物离开原来的场所时，即为既遂。是否转移至预定地点，对于成立本罪并无影响。

收购，是指明知是犯罪所得的赃物而加以收买的行为。买赃自用情节严重的，亦构成本罪。根据有关立法解释，知道或者应当知道是《刑法》第341条第2款规定的非法狩猎的野生动物而购买的，属于这里的明知是犯罪所得而收购的行为。

代为销售，是指接受本犯的委托，为本犯销售赃物的行为，既包括直接把赃物卖给他人，也包括低价买进、高价卖出的行为。在本犯与收赃人之间进行联络，充当赃物买卖的介绍人；以公开的名义，为本犯销售赃物的，都是代为销售赃物。销售赃物的可以是原物，也可以是拆卸改装、化整为零的财物，销售赃物的价格、方式、时间、地点等，对犯罪成立没有影响。

以其他方法掩饰、隐瞒犯罪所得、犯罪所得收益，是指除上述方法之外，足以阻碍司法机关对犯罪所得、犯罪所得收益进行追查的一切手段，如居间介绍买卖，收受，持有，使用，加工，提供资金账户，协助将财物转换为现金、金融票据、有价证券，协助将资金转移、汇往境外等。

本罪属于选择性罪名，只要行为人实施窝藏、转移、收购、代为销售或者以其他方法掩饰、隐瞒行为之一的，即可构成犯罪。如果行为人同时实施多个行为的，如先窝藏而后销售的，也不实行数罪并罚。

犯罪分子将自己犯罪所得赃物予以隐藏或者销售的，不属于窝藏、代为销售他人犯罪所得的赃物，而是不可罚的事后行为，不能构成本罪。

明知是毒品犯罪、黑社会性质的组织犯罪、恐怖活动犯罪、走私犯罪、贪污贿赂犯罪、破坏金融管理秩序犯罪、金融诈骗犯罪的犯罪所得及其产生的收益，而实施协助将财产转化为现金或者金融票据，通过转账或者其他结算方式协助资金转移，协助将资金汇往境外等掩饰、隐瞒赃物的行为的，构成洗钱罪，而不构成本罪。由此看来，本罪和洗钱罪之间具有法条竞合关系，洗钱罪是特别法条，行为符合洗钱罪规定，不再适用本罪。此外，运输毒品罪、窝藏、转移、隐瞒毒品、毒赃罪，非法买卖毒品原植物种子、幼苗罪与本罪之间也有法条竞合关系，本罪是普通法条。

实施本罪行为，可能同时触犯其他罪名。例如，窝藏他人用犯罪手段得到的枪支，构成非法私藏枪支罪；倒卖他人犯罪所得的珍贵文物，构成走私文物罪，这些犯罪和本罪之间有想象竞合关系，应从一重罪处断。通过窝藏、转移、收购、代为销售赃物等方式来窝藏犯罪分子的，应成立窝藏罪。

三、主观要件

本罪在主观方面是故意。同时，成立本罪要求行为人明知是赃物。明知是赃物，包括明知肯定是赃物与明知可能是赃物。明知肯定是赃物，是指行为人根据有关事项，判断出自己掩饰、隐瞒的肯定是犯罪所得的赃物，不会是其他性质的赃物。在这种情况下，只能是直接故意犯罪。明知可能是赃物，是指行为人根据有关事项，判断出自己掩饰、隐瞒的可能是犯罪的赃物，但又不能充分肯定是赃物。如行为人根据财物的数量、种类、价值等，认识到财物的来源可能不正常，就属于一种可能是赃物的判断。在这种情况下，如果行为人对危害结果持希望态度，就是直接故意；如果对危害结果持放任态度，则是间接故意。由此可见，行为人对赃物的认识不要求是确定的，只要认识到或许是赃物即可。换言之，本罪的故意，既可以是确定的故意，也可以是不确定的故意。不能为了将窝赃、销赃罪限定在直接故意之内，便将明知限定为明确知道是赃物。

明知是赃物只意味着行为人明知掩饰、隐瞒的对象是他人犯罪所得之物。至于本犯是谁、被害人是谁，本犯触犯何种罪名，本犯的犯罪时间与地点，赃物的品名、性能、价值等，都不要求行为人明知。因为在明知是犯罪所得赃物的前提下，即使不明知上述内容，也能明知行为的危害性质与危害结果，也能说明行为人的主观恶性。

行为人在掩饰、隐瞒前就明知是赃物的，具有本罪故意。一开始对赃物的性质并不知情，但在掩饰、隐瞒过程中发现是赃物，此后继续窝藏、代为销售的，也属于明知是赃物，具有本罪故意。**与犯罪分子事前有同谋，事后对赃物予以窝藏、转移、收购、代为销售或者以其他方法掩饰、隐瞒的，应当以共同犯罪论处，而不构成本罪。**

考点29　贪污罪

命题分析

近十年的考试中，贪污罪与渎职罪两个罪章中对于贪污罪考查最为频繁。2008年、2012年、2014年的案例分析大题主要考查的都是贪污罪，而《刑法修正案（九）》对贪污罪作了最新修订，再加上随着国家反腐败力度的不断加大，因此，未来对于贪污罪仍然很有可能会予以考查。考生需要认真复习贪污罪的犯罪构成，以及我国最高人民法院与最高人民检察院相关司法解释中有关贪污罪的规定。

考点解析

一、客观方面

贪污罪，是指国家工作人员利用职务上的便利，侵吞、窃取、骗取或者以其他手段不法取得公共财物的行为。本罪客观方面表现为国家工作人员利用职务上的便利，不法取得公共财物的行为。

1. 利用职务上的便利

要提醒注意的是，**如果没有利用职权范围内主管、管理、直接经手公共财物的职权和便利条件非法占有公共财物，而只是利用工作关系形成的某些方便条件，如因工作关系而熟悉作案环境、凭借工作人员身份可进出某些机关、容易接近作案目标等便利条件，实施窃取、骗取公共财物的，不构成本罪，而是相应地成立盗窃、诈骗等普通财产犯罪。**例如，某日下午下班时，A市建设银行某储蓄所记账员李某发现本所出纳员陈某将2万元营业款遗忘在办公桌抽屉内（未锁）。当日下班后，李某趁所内无人之机，返回所内将该2万元取出，用报纸包好后藏在自己办公桌下面的垃圾袋中，并用纸箱遮住垃圾袋。次日上午案发，赃款被他人找出。上例中的李某侵害的确实是公共财物，但是其并没有利用自己的职权和职务行为的便利侵害公共财物，因而其不成立贪污罪，而是成立盗窃罪。

2. 贪污手段

贪污必须以侵吞、窃取、骗取或者其他手段实施。简单来看，侵吞，基本上等同于“侵占”，即将自己因为职务行为占有的公共财物据为己有；窃取，是指将他人占有的财物据为己有，由于贪污罪必须利用职务实施，所以，这里的窃取又要求对他人占有的公共财物也具有职务上的管领或者共同占有的权限；骗取，则是采用利用职权采取欺骗手段使具有公共财物处分权的人产生认识错误，进而取得公共财物的行为。典型的如国有保险公司工作人员与投保人互相勾结，由投保人员编造或制造保险事故，由国有保险公司负责人员理赔，骗取保险金。其他方法，是指除侵吞、窃取、骗取以外的非法占有公共财物的方法。如利用公款私存坐吃利息；将公款支付给对方又以回扣名义部分索贿；国家工作人员在国内公务活动或者对外交往中接受礼物应交公而不交公的，都属于以其他方法非法占有公共财物的情形。

3. 不法取得公共财物

不法取得，是指将财物转移为行为人所有，这种所有既可能是对财物法律上的所有，也可能是对财物事实上的所有。

本罪的行为对象为公共财物。公共财物包括国有财产、劳动群众集体所有的财产以及用于扶贫和其他公共事业的社会捐助或者专项基金的财产。**公共财物即使没有交易上的经济价值，也可以成为本罪对象**，例如，国有金融机构工作人员误以为收缴上来的假币为真币，而利用职务上的便利加以窃取时，仍然可以成立贪污罪未遂。**在国有公司、企业、事业单位和人民团体管理、使用、运输中的私人财产，以公共财物论。国有单位取得对私人财产的支配权的方式是否合法，并不影响犯罪的成立。此外，公共财物不要求是国有单位合法占有的财产。**例如，A国有公司工作人员甲经单位同意以明显高于市场的价格向自己的亲友乙经营管理的单位采购商品，但事前约定货款中的一部分必须返还给A公司作为小金库收入的，如甲将返还款非法占为己有，仍然可能成立本罪。

另外，本罪的对象通常是公共财物，但在特殊情况下，也可能是公共财物之外的其他财物。根据《刑法》第272条第2款的规定，国有公司、企业或者其他国有单位委派到非国有公司、企业以及其他单位从事公务的人员，将公司、企业财产非法占为己有的，构成贪污罪。

4. 国家工作人员

本罪是典型的身份犯，要求具备特定主体身份。大体上，符合本罪身份的有四大类型：《刑法》第93条规定的国家工作人员；受委托管理、经营国有财产的人员；国家出资企业的国家工作人员；骗取国家工作人员身份的情形。

（1）《刑法》第93条规定的国家工作人员

国家工作人员，是指国家机关中从事公务的人员。国有公司、企业、事业单位、人民团体中从事公务的人员和国家机关、国有公司、企业、事业单位委派到非国有公司、企业、事业单位、社会团体从事公务的人员，以及其他依照法律从事公务的人员，以国家工作人员论。国家工作人员大体有四类：

第一，在国家机关中从事公务的人员。

第二，在国有公司、企业、事业单位、人民团体中从事公务的人员。要注意的是，集体事业单位，如农村卫生院、村办中小学等，私营或民营的事业单位，如私营科研机构、民办中小学、图书馆、博物馆等，是由集体出资或私人设立的，其工作人员不是国家工作人员。

第三，国家机关、国有公司、企业、事业单位委派到非国有公司、企业、事业单位、社会团体从事公务的人员。

第四，其他依照法律从事公务的人员。如根据相关立法解释的规定，村民委员会等村基层组织人员协助人民政府从事救灾、抢险、防汛等款物的管理时，属于其他依照法律从事公务的人员。

总之，国家工作人员的本质特征不仅仅在于其具有特殊身份，而主要在于其行为，即是否从事公务。换句话说，**认定行为人是否是国家工作人员，关键是看其是否从事公务。公务，仅指对公共事务进行管理的、带有行政性质的事务。**

（2）受委托管理、经营国有财产的人员

根据《刑法》第382条第2款的特别规定，**受国家机关、国有公司、企业、事业单位、人民团体委托管理、经营国有财产的人员，利用职务上的便利，侵吞、窃取、骗取或者以其他手段非法占有国有财物的，以贪污论。**例如，个人与国有企业签订承包、租赁合同，依照合同约定对国有企业进行管理、经营。**必须提醒注意的是，委托与委派不同，国有企业的承包人、租赁人可以构成贪污罪，**

但不能视为被“委派”的人员，进而成为受贿罪、挪用公款罪的主体。受委托的人员与受委派人员（《刑法》第93条第2款规定的国家机关、国有公司、企业、事业单位委派到非国有公司、企业、事业单位、社会团体从事公务的人员）不同，委派人员的国家工作人员身份可能在委派前就存在或者已经确立，而受委托人员的国家工作人员身份在受托前不存在，受托后才产生。国有企业的承包经营者是受委托从事公务的人员。

（3）国家出资企业的国家工作人员

根据我国最高人民法院与最高人民检察院《关于办理国家出资企业中职务犯罪案件具体应用法律若干问题的意见》（2010年12月2日）第6条的规定，对国家出资企业（包括国家出资的国有独资公司、国有独资企业，以及国有资本控股公司、国有资本参股公司）中“国家工作人员的认定”：第一，经国家机关、国有公司、企业、事业单位提名、推荐、任命、批准等，在国有控股、参股公司及其分支机构中从事公务的人员，应当认定为国家工作人员。具体的任命机构和程序，不影响国家工作人员的认定。第二，经国家出资企业中负有管理、监督国有资产职责的组织批准或者研究决定，代表其在国有控股、参股公司及其分支机构中从事组织、领导、监督、经营、管理工作的人员，应当认定为国家工作人员。第三，国家出资企业中的国家工作人员，在国家出资企业中持有个人股份或者同时接受非国有股东委托的，不影响其国家工作人员身份的认定。

（4）骗取国家工作人员身份的情形

根据最高人民法院研究室《关于对行为人通过伪造国家机关公文、证件担任国家工作人员职务并利用职务上便利侵占本单位的财物、收受贿赂、挪用本单位资金等行为如何适用法律问题的答复》（2004年4月30日）：**行为人通过伪造国家机关公文、证件担任国家工作人员职务后，又利用职务上的便利实施侵占本单位财物、收受贿赂、挪用本单位资金等行为，构成犯罪的，应当分别以伪造国家机关公文、证件罪和相应的贪污罪、受贿罪、挪用公款罪等追究刑事责任，实行数罪并罚**。

二、主观方面

主观方面是故意，并且具有非法占有公共财物的目的（目的犯）。行为人对财物的公共性有所认识，具有不法取得公共财物的故意。至于是为自己占有，还是为他人（机构）占有，对于本罪的认定没有影响。例如，贪污公共财物后将其赠给慈善机构等。不具有非法占有公共财物的目的，而是暂时借用、挪用公共财物的，不构成本罪，有可能成立挪用公款罪。

三、共犯问题

《刑法》第382条规定，伙同国家工作人员贪污的，以共犯论处。按照身份犯的法理，国家工作人员与非国家工作人员相互勾结，共同取得公共财物的案件，国家工作人员应成立贪污罪。例如，负责拆迁的国家工作人员甲明知乙虚构拆迁面积，为尽快完成拆迁任务，甲按照虚构后面积给予乙补偿，乙由此多得50万元补偿款，后送给甲10万元。由于甲具有国家工作人员身份，其明知他人采用虚构的方式骗取公共财物，仍然予以协助，成立贪污罪（犯罪数额50万元）。而乙则构成贪污罪共犯（犯罪数额50万元）和诈骗罪的想象竞合犯，最终以重罪贪污罪共犯（从犯）论处。

关于共同贪污中个人贪污数额的计算，最高人民法院《全国法院审理经济犯罪案件工作座谈会纪要》（2003年11月13日）指出：《刑法》第383条第1款规定的个人贪污数额，在共同贪污犯罪案件中应理解为个人所参与或者组织、指挥共同贪污的数额，不能只按个人实际分得的赃款数额来认定。例如，甲乙丙共同贪污150万元，由于主犯按其所参与的全部犯罪承担责任，故甲的贪污数额按150万元计算；如果从犯乙参与贪污100万元，则其个人贪污数额为100万元；如果从犯丙参与贪污50万元，则其个人贪污数额时50万元，即从犯以其参与的贪污数额作为个人贪污数额，并依照《刑法》第27条第2款的规定，从轻、减轻处罚或者免除处罚。

四、终身监禁

《刑法修正案（九）》针对贪污罪新增了终身监禁的规定。犯贪污罪，被判处死刑缓期2年执行的，人民法院根据犯罪情节等情况可以同时决定在其死刑缓期2年期满依法减为无期徒刑后，终身监禁，不得减刑、假释。终身监禁不是一个独立的新增刑种，而是无期徒刑的执行方式之一，是死刑的替代措施。另外，由于根据刑事诉讼法第254条暂予监外执行制度的规定，暂予监外执行一般只适用于被判处有期徒刑或者拘役的罪犯，被判处无期徒刑的罪犯中可适用暂予监外执行的对象，只能是怀孕或者正在哺乳自己婴儿的妇女。因此，被判终身监禁的罪犯几乎无缘出狱。

对于《刑法修正案（九）》生效以前实施贪污行为，根据之前的刑法规定应当判处死刑立即执行，而根据修正后刑法判处死缓同时决定终身监禁可以罚当其罪的，根据刑法从旧兼从轻的溯及力原则要求，适用《刑法修正案（九）》关于终身监禁的有关规定；根据修正前刑法应当判处死缓的，则不适用终身监禁的规定。

考点30 挪用公款罪

命题分析

挪用公款罪是实务中常发性的罪名，在2010年的案例分析大题中考查过。考生在复习本罪时，要认真掌握成立挪用公款罪三种不同行为表现形式的各自构成要件。

考点解析

一、客观要件

挪用公款罪，指国家工作人员利用职务上的便利，挪用公款归个人使用，进行非法活动的，或者挪用公款数额较大、进行营利活动的，或者挪用公款数额较大、超过3个月未还的行为。本罪在客观方面表现为利用职务上的便利，挪用公款归个人使用。

1. 利用职务上的便利

利用职务上的便利，是指利用因职务上的关系而形成的主管、经手、管理公款的便利条件。

2. 挪用公款归个人使用

挪用公款归个人使用，根据立法解释，包括以下情形：①将公款供本人、亲友，或者其他自然人使用；②以个人名义将公款供其他单位使用；③个人决定以单位名义将公款供其他单位使用，谋取个人利益的。

3. 公款使用方式

挪用公款的实行行为包括挪用公款归个人使用，进行非法活动的；挪用公款数额较大，进行营利活动的；挪用公款数额较大，超过3个月未还三种情形。

（1）挪用公款进行非法活动。即挪用公款进行赌博、走私、贩毒等非法活动。

（2）挪用公款归个人使用，数额较大、进行营利活动。此种情形不受挪用时间和是否归还的限制。营利活动指挪用公款为自己或他人进行营利活动作资本的情形。包括挪用公款存入银行、用于集资、购买股票、国债等。所获取的利益、收益等违法所得，应当追缴，但不计入挪用公款的数额。

（3）挪用公款归个人使用、数额较大、超过3个月未还。指挪用公款用于非法活动、营利活动以外的个人活动，包括用于建造私房、购置家具和其他生活用品、偿还债务等等，此种挪用公款情形要求数额较大，超过3个月未还。数额较大的起点是1万元至3万元。超过3个月未还，是指超过3个月，在案发前（被司法机关、主管部门或有关单位发现前）未还。**多次挪用公款，用后次挪用的公款归还前次挪用的公款，而每次挪用的间隔时间都不超过3个月，挪用公款的数额应累计计算，以案发时未还的实际数额认定，挪用时间应从挪用公款数额累计达到较大之日起认定并计算**。

需要注意的是，挪用公款用于归还贷款或提供给他人使用（私人放贷）的，应根据个人贷款、放贷的用途，认定其挪用公款的性质：个人贷款、放贷明确用于营利活动或非法活动时，挪用公款并偿还债务、放贷的行为应视为挪用公款进行营利活动或非法活动；挪用公款给他人使用，经查证案发前不知道使用人用公款进行营利活动或者用于非法活动，数额较大超过3个月未还的，构成本罪；挪用时对他人使用公款的方式并不知情，但在案发前已明知他人用公款进行营利活动或者非法活动的，应视为挪用人挪用公款进行营利活动，从而成立挪用公款罪。此外，**挪用公款归个人作为担保物使用的，应当根据所担保的交易是营利活动还是非法活动决定挪用公款的性质**。

挪用公款时索取、收受贿赂构成犯罪的，或者挪用公款进行非法活动构成毒品犯罪、赌博、走私以及其他犯罪的，都应当数罪并罚。

本罪的主体是国家工作人员。**根据最高人民法院《关于对受委托管理、经营国有财产人员挪用国有资金行为如何定罪问题的批复》（2000年2月16日）的规定，对于受国家机关、国有公司、企业、事业单位、人民团体委托，管理、经营国有财产的非国家工作人员，利用职务上的便利，挪用国有资金归个人使用构成犯罪的，应当依照挪用资金罪（而非挪用公款罪）定罪处罚**。

国有单位领导利用职务上的便利指令具有法人资格的下级单位将公款供个人使用的，属于挪用公款行为，构成犯罪的，应以本罪定罪处罚；根据立法解释，村民委员、居民委员会组成人员等基层组织人员协助地方人民政府从事行政管理工作时，具有国家工作人员身份，其利用职务上的便利挪用具有财政拨款性质的公款的，应以本罪处理。

二、主观要件

本罪在主观方面是故意，并以暂时非法占有公款、日后准备归还为目的。行为人对财物的公共性有所认识，对挪用行为的非法性也应当有所认识，而且只具有暂时使用而不是永久占有的目的。

考点31　受贿罪

命题分析

受贿犯罪是腐败犯罪中的最重要形式。国家反腐败力度在不断加大，不断刷新历史纪录的受贿数额也在持续冲击着公众的心理底线。而各种新形式的受贿手段层出不穷，给司法认定和理论带来了较大的影响，因此，对于受贿犯罪的考查一直备受重视，在2012年、2014年的案例分析大题中进行了考查。考生在复习这个罪名时，对于受贿罪要认真把握其犯罪构成，熟悉各种新类型受贿的表现形式，尤其是司法解释规定的新型受贿。

考点解析

一、客观要件

本罪在客观方面表现为行为人利用职务上的便利，索取他人财物，或者非法收受他人财物，为他人谋取利益的行为。

1. 利用职务上的便利

利用职务上的便利，包括直接利用职务之便和间接利用职务之便。

直接利用职务之便，是指利用本人现有职务范围内的权力，即利用本人因现有职务而主管、决定、负责或者承办某种公共事务所形成的便利条件。本人职务范围内的权力（职权），涉及人事的、财物的以及其他职权。一般的、概括的职务，过去、将来的职务权力都是这里的职权。

间接利用职务之便受贿，又称斡旋受贿，是指行为人虽然没有利用本人职务范围内的权力，但是，因为其本人职权对其他国家工作人员的职务能够产生一定的制约作用，其利用这种制约作用而通过第三人的职务行为为请托人谋取利益而本人向请托人索取财物或接受请托人贿赂的情形。对此，《刑法》第388条明确规定，国家工作人员利用本人职权或者地位形成的便利条件，通过其他国家工作人员职务上的行为，为请托人谋取不正当利益，而本人从中向请托人索取或者非法收受财物的，以受贿论处。

2. 索取、收受贿赂

本罪的行为对象是贿赂。**贿赂是指与职务权限相关联的作为对价关系存在的财产或者财产性利益。我国《刑法》第385条将受贿罪的对象限于财物。对于贿赂应作广义理解，除了财物以外，还包括不正当利益。这种不正当利益只包括财产性利益（例如，出钱供他人旅游、免除债务、赠送他人未上市股票等）**。换言之，财产、有形的、能够满足人的需要或欲望的财产上的利益才是这里的贿赂。社交礼仪范围内的赠与，与职务权限关系无关，不是贿赂物。国家工作人员在传统节日接受与职权有关的馈赠的场合，可能会成立受贿罪。所以，某一财物是否为贿赂物必须以职务、当事者之间的关系，提供的利益在社会、经济的意义等为基础，作实质判断。**无形的、非财产性的利益，不能成为本罪的对象，性贿赂、提供一定地位、提供升学的机会等，不是本罪的目的物。对接受非财产性利益以后，滥用职权为提供贿赂者谋取好处或者作为枉法裁判的，可以按照滥用职权罪、枉法裁判罪定罪量刑**。

受贿的实行行为，包括两种基本表现形式。一种是利用职务上的便利，索取他人财物。利用职务上的便利，软硬兼施，名为向他人借用财物，但实际上没有归还意思的，属于索取贿赂行为，不成立民事上的债权、债务关系，而成立本罪。另一种是行贿人主动交付贿赂，而受贿人以利用职务上的便利为行贿人谋取利益为条件，非法接受贿赂。至于收受贿赂财物，是在实施职务行为以前还是以后，在所不问。

根据有关司法解释，以下行为属于收受贿赂，应当以受贿罪论处：

（1）国家工作人员**通过赌博或者接受别人为其赌博提供资金的形式受贿的**，依照受贿罪的规定追究刑事责任。

（2）国家工作人员利用职务上的便利**为请托人谋取利益，以明显低于市场的价格向请托人购买房屋、汽车等物品的；以明显高于市场的价格向请托人出售房**

屋、汽车等物品的，以及以其他交易形式非法收受请托人财物的，以受贿论处。受贿数额按照交易时当地市场价格与实际支付价格的差额计算。这里的市场价格包括商品经营者事先设定的不针对特定人的最低优惠价格。**根据商品经营者事先设定的各种优惠交易条件，以优惠价格购买商品的，不属于受贿**。

（3）国家工作人员利用职务上的便利**为请托人谋取利益，收受请托人提供的干股（未出资而获得的股份）**，以受贿论处。进行了股权转让登记，或者相关证据证明股份发生了实际转让的，受贿数额按转让行为时股份价值计算，所分红利按受贿孳息处理。股份未实际转让，以股份分红名义获取利益的，实际获利数额应当认定为受贿数额。

（4）国家工作人员利用职务上的便利**为请托人谋取利益，由请托人出资，“合资”开办公司或者进行其他“合作”投资的**，以受贿论处。受贿数额为请托人给国家工作人员的出资额。国家工作人员利用职务上的便利为请托人谋取利益，以合作开办公司或者其他合作投资的名义获取“利润”，没有实际出资和参与管理、经营的，以受贿论处。

（5）国家工作人员利用职务上的便利**为请托人谋取利益，以委托请托人投资证券、期货或者其他委托理财的名义，未实际出资而获取“收益”，或者虽然实际出资，但获取“收益”明显高于出资应得收益的**，以受贿论处。受贿数额，前一情形以“收益”额计算；后一情形以“收益”额与出资应得收益额的差额计算。

（6）国家工作人员利用职务上的便利**为请托人谋取利益，要求或者接受请托人以特定关系人安排工作为名，使特定关系人不实际工作却获取所谓薪酬的**，以受贿论处。

（7）国家工作人员利用职务上的便利**为请托人谋取利益，收受请托人房屋、汽车等物品，未变更权属登记或者借用他人名义办理权属变更登记的，不影响受贿的认定**。认定以房屋、汽车等物品为对象的受贿，应注意与借用的区分。具体认定时，除双方交代或者书面协议之外，主要应当结合以下因素进行判断：有无借用的合理事由；是否实际使用；借用时间的长短；有无归还的条件；有无归还的意思表示及行为。

接受者所收受的财物必须是他人基于行贿的意思而交付，才能成立这里的收受。提供财物者的行为仅仅是为了配合司法机关查处腐败案件的，其属于设置圈套，由于提供财物者没有真正的行贿意思，不存在行贿人，所以，即使国家工作人员已经接受该财物，也不构成受贿罪。但是，国家工作人员向他人索取财物，被提出要求的人不堪忍受进行检举揭发，并在司法机关的安排下交付财物的，接受者成立（索取型）受贿罪，但由于其接受的财物不是他人基于行贿意思提供，所以应当对受贿人按照犯罪未遂处理。

收受财物后，是将财物归自己支配，还是由自己或直接指示行贿人将其交付给第三人，均不影响收受的认定。

3. 为他人谋取利益

索取贿赂只需要利用职务上的便利便成立犯罪，不要求为他人谋取利益。但收受贿赂的，只有为他人谋取利益的才成立受贿罪。为他人谋取利益是指行为人利用职务上的便利，为他人谋取非法或者正当的利益。在斡旋受贿的情况下，行为人通过第三人为请托人谋取的利益，必须是不正当利益，如果谋取的是正当利益，即使行为人向请托人索取了财物，或者非法收受了请托人的财物，也不能以受贿罪定罪处罚。

为他人谋取利益，从利益的实现方面看，包括：①承诺为他人谋取利益；②正在为他人谋取；③已经部分为他人实际取得利益；④完全满足受贿人的要求四种情形。这样一来，在以为他人谋取利益为成立要件的收受型受贿罪中，实际上，只要行为人有为他人谋取利益的承诺，为他人谋取利益这一客观要件在法律上就已经具备了，至于承诺是明示的还是暗示的，都无关紧要，即使行为人最终未为请托人谋取到任何利益，也属于受贿人为他人谋取利益。

4. 受贿罪既遂标准

受贿人实际取得行贿人给付的财物、实际领受财产性利益时，即成立犯罪既遂（取得说）。

关于本罪既遂，有以下问题需要注意：

（1）国家工作人员索贿的，提出要求就成立犯罪，但并不成立既遂。犯罪既遂条件和犯罪成立条件并不具有同一性。因此，国家工作人员索贿，但对方没有做出相应反应的，或者受贿人、行贿人就贿赂的提供与接受事宜达成一致意见，但后来又解除约定的，都只成立本罪未遂。

（2）收受伪劣产品的场合，因为该财物也是有（消极）价值的财物，受贿人属于收到、取得了行贿人提供的财物，故应该认定为受贿罪既遂，只是不具体计算数额。

（3）收受银行卡的既、未遂。例如，甲将行贿款300万元存入用其本人名义办理的银行卡中，将该卡及密码交给国家工作人员乙，乙为甲谋取了不法利益。

后甲得知乙因贪污罪被司法机关采取强制措施，便携带自己的身份证去银行对该银行卡挂失，后将该300万元转入甲妻子的账户中。当事双方对300万元的归属已有所约定，即便其还存在于行贿人名下，也应当认为受贿罪既遂。这和收受汽车、房屋，但所有权并未转移到受贿人名下是相同的道理。

5. 主体

本罪的主体是国家工作人员，即国家机关中从事公务的人员，国有公司、企业、事业单位、人民团体中从事公务的人员和国家机关、国有公司、企业、事业单位委派到非国有公司、企业、事业单位、社会团体从事公务的人员，以及其他按照法律从事公务的人员。**受委托管理、经营国有财产的人员利用职务上的便利条件索取、收受财物的，应成立公司、企业人员受贿罪，而不构成本罪**。

国有公司、企业中从事公务的人员和国有公司、企业委派到非国有公司、企业从事公务的人员，国有金融机构工作人员和国有金融机构委派到非国有金融机构从事公务的人员，利用职务上的便利，索取他人财物或者非法收受他人财物，为他人谋取利益，或者违反国家规定，收受各种名义的回扣、手续费归个人所有的，依照《刑法》第385条、第386条定罪处罚。

村民委员会等村基层组织人员协助人民政府从事行政管理工作，利用职务上的便利，索取他人财物或者非法收受他人财物，构成受贿罪。

国家工作人员利用职务上的便利为请托人谋取利益，并与请托人事先约定，在其离退休后收受财物，构成犯罪的，以受贿罪定罪处罚。如果没有事先约定，在职时利用职务上的便利为请托人谋取利益，而在离退休后收受原请托人财物的，不构成本罪。国家工作人员利用职务上的便利为请托人谋取利益，离职前后连续收受请托人财物的，离职前后收受部分均应计入受贿数额。**离退休人员利用原来的职权或地位形成的便利通过（具有国家工作人员身份的）第三人的行为为请托人谋取不正当利益的，且与第三人之间存在共犯关系，构成受贿罪的帮助犯，应以本罪处理；与第三人无共犯关系的，离退休人员单独构成利用影响力受贿罪**。

二、主观要件

主观方面只能是故意。故意的内容，一方面是行为人对财物的贿赂性有认识，即认识到其与职务行为之间的对价关系。这种认识只要求其具有普通人都有的一般性判断即为已足，而不要求认识到是刑法意义上的贿赂。认为是正当的报酬而不是贿赂的场合，不具有本罪故意。另一方面，在收受财物的场合，行为人还要认识到其利用职务上的便利为他人谋取利益而非法收取贿赂，损害了职务行为的不可收买性。因此，（收受型）受贿故意中应当既包括收受他人财物的故意也包括为他人谋取利益的意思。

国家工作人员为他人谋利益，由家属收受财物的案件，需要证实国家工作人员本人确实知道，或者其家属确实告知了已收受财物事宜，否则不成立受贿的共同犯罪。

三、认定

1. 长期“感情投资”与受贿

实践中，大量出现商人以感情投资的方式“围猎”国家工作人员的情形，对于哪些钱款可以认定为受贿，有一些争议。例如，甲对国家工作人员乙并无具体请托事项，但利用各种机会在连续5年的时间里，多次给予乙共计50万元的钱款，进行所谓的“感情投资”。后来，甲为高速公路工程投标一事请托乙，乙为甲谋取不正当利益后，甲向乙行贿100万元。在本案中，宜将乙在为甲谋取具体利益之前所收受的50万元计入受贿款总额。虽然在提供这50万元时，甲对乙并无具体请托事项，但其提供财物的目的是拉近与国家工作人员乙的关系，便于其今后利用乙的职务便利，为其做生意提供帮助，而乙也明知甲的上述意图和款项的性质，故二人之间的上述经济往来，与乙的职权和地位具有直接关系。后乙接受甲的请托，利用职务便利在特定事项上为甲谋取利益，与甲之前提供贿赂的行为之间存在因果关系。因此，乙在接受具体请托之前的5年时间里收受甲所谓的“感情投资款”的行为具有权钱交易的性质，符合受贿罪的构成要件。

2. 礼尚往来与受贿（收受礼金）

实践中，有很多被告人以财物系对方利用过年、过节等时间节点，或者婚丧嫁娶、生病住院等机会送给自己，或是彼此之间存在礼尚往来，因而不应认定为受贿进行辩解。对此的处理规则是：①如果查明双方确实存在礼尚往来，且财物数额在合理的人际交往范围内的，原则上不应认定为受贿。②被告人并不是只收不送，符合“礼尚往来”的特征的，即便可以认定为受贿，也应当将被告人“还回去的”礼金从犯罪数额中扣减。③如果提供财物者故意选择节日期间及利用国家工作人员儿女结婚之机给付财物，或者提供礼金等只是为请求国家工作人员为其谋利而在事先所做的一种铺垫，之后再适时提出请托事项的，或是已取得了利益后，以礼金形式表示感谢的，均属于名为礼尚往来，实则是一种权钱交易，均不影响对被告人受贿行为性质的认定。④国家工作人员在过年过节、家人生病、子女结婚时收受财物的，需要有证据证明行为人在收受礼金、馈赠之前或之后，至少为他人谋取了一次利益，才能建立权钱交易的对价关系。**如果连至少一次以上的（默示的）承诺为他人谋利的事实都证明不了，即便给付财物的人与被告人的职务、工作上存在一定关联，是在进行“感情投资”，按照现行刑法关于受贿罪构成要件的规定，也难以认定为受贿罪**。

3. 收受回扣、手续费

除一般索取、收受贿赂之外，《刑法》第385条第2款还规定，国家工作人员在经济往来中，违反国家规定，收受各种名义的回扣、手续费，归个人所有的，以受贿论处。违反国家规定收受回扣，是指未在单位设立的财物账目上如实、公开记载而收受回扣、佣金、信息费、顾问费、劳务费等手续费的。**收受回扣、佣金、信息费、顾问费、劳务费等手续费，在单位财物账目如实记载，没有归个人所有的，不构成本罪**。不过，需要注意，并不是所有收受回扣款的行为都构成受贿罪，实践中还有成立贪污罪的可能。例如，行为人利用职务之便，在事先得到对方答应给其回扣的情况下才用单位公款付给对方某项赞助费，对方在收到财物之后依约送给行为人回扣的，这种回扣并非对方财产，而是行为人管理的公共财物中的一部分。行为人收受回扣的行为，实质上是变相地以非常诡秘和巧妙的方式侵吞了本单位的公款，因而应定贪污罪而不是受贿罪。

4. 受贿罪与贪污罪的界限

国家工作人员以单位名义收受对方财物，利用职务上的便利为他人谋取利益，后将该财物私分或占为己有的，是成立受贿罪还是成立贪污罪，一直有争议。例如，国家工作人员甲以所在单位需要“赞助费”为名，向某民营企业索要80万元。该款后由甲指示乙存入单位开设的临时账户中，并随即取出私分。一审法院认定被告人甲构成受贿罪；二审认定其为贪污罪。处理类似案例，需要考虑：①**索要财物者是否有为单位利益索贿的真实意思**；②**被索取财物的人是否对索贿人的行为性质有相对清楚的认知，是否有行贿的特征**。如果答案是肯定的，应认定为（单位）受贿罪。如果答案不明确，应认定为贪污罪。就本案而言，如果行为人甲一开始就有将索要的财物占为己有的意思，宜定性为贪污罪，因为其系假借单位名义向对方索要财物，单位对该财物没有索要的意思，所谓的（单位）受贿行为实质上不存在，甲提出索要财物的要求只是为后续的侵吞财物做准备而已。

当然，如果单位索要财物的意思真实，行为人事后又将索贿取得的部分财物据为己有的，可能成立数罪。例如，税务局长甲以组织单位人员外出旅游活动的名义向乙索要 24 万元，后将其中 16 万元用于单位活动，其余 8 万元一直放在单位小金库中，1 年后甲将其支取用于女儿结婚，对甲应以单位受贿罪和贪污罪并罚。

5. 受贿与敲诈勒索

国家工作人员利用职务上的便利以勒索、骗取的方式取得贿赂的，需要区别情况处理：一方面，国家工作人员实施与职务无关联的欺骗、恐吓手段，使他人陷入错误或者恐惧而交付财物的，不是基于国家工作人员的职务行为取得财物，不是受贿。另一方面，国家工作人员向被害人进行恐吓，即使没有迫使他人交付财物的意思表示，但被害人因为行为人的职权、地位而交付财物的，行为人属于索取贿赂，而非敲诈勒索。

当然，以敲诈勒索、诈骗的方式索取财物，但没有执行职务的意思，不构成受贿罪，而只构成敲诈勒索罪或者诈骗罪。

考点 32　利用影响力受贿罪

命题分析

利用影响力受贿罪与受贿罪具有一定的亲缘性。对于利用影响力受贿罪则要清楚该罪的几种不同构成形式，在理解的基础上记忆，否则容易混淆。2012 年、2013 年的案例分析大题对本罪进行了考查。考生需要熟练掌握利用影响力受贿罪的几种表现形式。

考点解析

利用影响力受贿罪，是指国家工作人员的近亲属或者其他与该国家工作人员关系密切的人，以及离职的国家工作人员或者其近亲属以及其他与其关系密切的人，利用影响力收受请托人财物，数额较大或者有其他较重情节的行为。

本罪客观方面表现为，国家工作人员的近亲属或者其他与该国家工作人员关系密切的人，通过该国家工作人员职务上的行为，或者利用该国家工作人员职权或者地位形成的便利条件，通过其他国家工作人员职务上的行为，或者离职的国家工作人员或者其近亲属以及其他与其关系密切的人，利用该离职的国家工作人员原职权或者地位形成的便利条件通过其他国家工作人员职务上的行为，为请托人谋取不正当利益，索取请托人财物或者收受请托人财物，数额较大或者其他较重情节的行为。

本罪的行为方式有三种：

（1）国家工作人员的近亲属或者其他与该国家工作人员关系密切的人，通过该国家工作人员职务上的行为，为请托人谋取不正当利益。行为人实际上是利用自己与国家工作人员之间所具有的近亲属或其他密切关系所形成的影响力，进而促使与之有特定关系的该国家工作人员通过自己职务上的行为，为请托人谋取不正当利益。

（2）国家工作人员的近亲属或者其他与该国家工作人员关系密切的人，利用该国家工作人员职权或者地位形成的便利条件，通过其他国家工作人员职务上的行为，为请托人谋取不正当利益。所谓“利用职权或地位形成的便利条件”，是指行为人与被其利用的国家工作人员之间在职务上虽然没有隶属、制约关系，但是行为人利用了本人职权或者地位产生的影响和一定的工作联系，如单位内不同部门的国家工作人员之间、上下级单位没有职务上隶属、制约关系的国家工作人员之间、有工作联系的不同单位的国家工作人员之间等。

（3）离职的国家工作人员或者其他近亲属以及其他与其关系密切的人，利用自己（离职的国家工作人员）或者该离职的国家工作人员原职权或者地位形成的便利条件，通过其他国家工作人员职务上的行为，为请托人谋取不正当利益。

构成本罪，要求行为人为请托人谋取不正当利益，即谋取违反法律、法规、国家政策和国务院各部门规章规定的利益，以及要求国家工作人员或者有关单位提供违反法律、法规、国家政策和国务院各部门规章规定的帮助或者方便条件。为请托人谋取不正当利益，包括承诺为他人谋取不正当利益；正在为他人谋取不正当利益；已经部分为他人实际取得不正当利益；完全满足请托人的要求四种情形。

本罪的主体是非国家工作人员（非身份犯），但有范围限制。从大的方面看，包括两类人：①与国家工作人员关系密切的人：国家工作人员的近亲属，包括夫、妻、父、母、子、女、同胞兄弟姐妹等；其他与国家工作人员关系密切的人，包括国家工作人员的同事、情人、同学、战友、亲戚、朋友、伙伴、邻居等长期交往和有一定关系往来的人，也可以是该国家工作人员临时认识的朋友或有一次性利益关系的人。②离职的国家工作人员或者其近亲属以及其他与其关系密切的人。

考点33 行贿罪

命题分析

行贿与受贿是传统刑法理论上的对合犯，但需要注意的是，由于两罪的犯罪构成不同，所以一方受贿，提供贿赂的一方未必就构成行贿罪。2013 年、2014 年的案例分析大题对行贿罪进行了考查。而《刑法修正案（九）》对行贿罪做了一些最新的修订，未来几年考查行贿罪的可能性很大，考生需要引起重视。

考点解析

一、客观要件

行贿罪，是指为谋取不正当利益，给予国家工作人员财物的行为。本罪在客观方面表现为谋取不正当利益，给予国家工作人员以财物的行为。

1. 谋取不正当利益

行为人必须谋取的是不正当利益，才构成本罪。这里的“不正当利益”，是指不法利益或者行为人不应当得到的利益。司法解释对谋取不正当利益的范围限定得比较小。根据我国最高人民法院与最高人民检察院《关于办理行贿刑事案件具体应用法律若干问题的解释》（2012 年 12 月 26 日）第 12 条的规定，行贿犯罪中“谋取不正当利益”，是指行贿人谋取的利益违反法律、法规、规章、政策规定，或者要求国家工作人员违反法律、法规、规章、政策、行业规范的规定，为自己提供帮助或者方便条件。违背公平、公正原则，在经济、组织人事管理等活动中，谋取竞争优势的，应当认定为“谋取不正当利益”。从理论上看，在正常情况下，能够获取该利益并不确定，但行为人通过行贿方式取得这种利益的，也是谋取不正当利益。谋取不正当利益，不是仅仅指谋取本人的利益，谋取的利益与第三人、单位有关，也是谋取利益。

行为谋取的下述利益均属于不正当利益：①在任何情况下，法律都禁止得到的利益，如通过偷税、套汇、走私等得到的利益。②在不具备取得某种利益的条件或是取得该利益具有不确定性时，用不正当手段取得该利益或者排斥竞争对手，如在建设工程招标时，以不正当手段获得承包权。③依法应当履行的义务通过不正当手段得以减免，如通过行贿得以减免债务、获得税款减免等。至于行为人对于所要谋取的不正当利益是否向受贿人明确提出，受贿人是否着手为其谋取部分或全部利益，都不影响本罪的成立。

为谋取不正当利益而自愿向他人提供财物的，以行贿罪论处；为谋取不正当利益而被他人索取贿赂的，也应以行贿罪论处。**但因被勒索给予国家工作人员以财物，没有获得不正当利益的，不是行贿**。例如，甲因国家工作人员乙正当行使职权而得到正当利益，但乙日后威胁甲，诈称甲所得到的利益是不正当的，进而勒索财物，甲给付财物的，由于其事实上并未获得不正当利益，故不构成行贿罪。

赠送礼物纯属私人亲情、友谊的表现，不附加任何条件的，不构成行贿罪。但是，虽然存在亲情关系，但馈赠是为了使对方利用职务之便为其谋取不正当利益，财物和职权使用之间有对价关系的，并不妨碍行贿罪的成立。

2. 给付财物

行贿的方法多种多样，有公开行贿的，有巧妙伪装秘密行贿的；有事前行贿的，有事后行贿的。不论采取何种方式，只要行贿人为谋取非法利益主动给予国家工作人员以财物的，就可构成行贿罪。国家工作人员对他人行贿的提议加以拒绝时，行为人也成立本罪；贿赂实际提供了，但被国家工作人员当场拒绝的，行为人同样成立行贿；国家工作人员没有认识到财物的贿赂性，或者已经认识但有返还的意思或上缴纪检监察部门的意思，而加以接受的，行为人也成立本罪。

给予财物，是指主动提供，使对方收受的行为。给予行为和对方的收受行为之间是必要共犯的关系。行贿人教唆、帮助受贿人收受财物，只成立行贿罪，而不成立受贿罪的教唆、帮助犯。

行为人已经着手实施给付财物的行为，但遭到国家工作人员拒收或者由于其他原因没有给付出去的，属于本罪未遂。已经将财物实际给予国家工作人员的，构成本罪既遂。

行贿行为本身就是一种犯罪行为，行贿后得到国家工作人员的庇护和容忍，进行违法活动构成其他犯罪的，例如，行贿后肆意进行走私等违法犯罪活动，应数罪并罚。

在经济往来中为谋取不正当利益，违反国家规定，给予国家工作人员或者其他从事公务人员以回扣、手续费的，以行贿论处。以下情形应当视为为谋取不正当利益而给予回扣、手续费：推销假冒伪劣产品的；在不具备加工、施工技术或设备的情况下，为承揽加工业务，承包建筑工程的；为提高加工费、工程造价，获取高额利润的。

二、主观要件

本罪在主观方面是故意。行贿人对于其行为的性质、目的、结果均有明确的认识，并意图以较小的利益作贿赂，谋取较大的不正当利益（目的）。行贿人并不试图直接从犯罪行为中取得不正当利益，其将取得的利益处分给他人或者单位的意思，属于犯罪动机，对于定罪没有影响。

行为人没有犯罪故意，因被勒索给予国家工作人员以财物，没有获得不正当利益的，不是行贿。

第三部分　命题人讲真题

2017 年

一、试题（本题 22 分）

案情：

甲生意上亏钱，乙欠下赌债，二人合谋干一件“靠谱”的事情以摆脱困境。甲按分工找到丙，骗丙使其相信钱某欠债不还，丙答应控制钱某的小孩以逼钱某还债，否则不放人。

丙按照甲所给线索将钱某的小孩骗到自己的住处看管起来，电告甲控制了钱某的小孩，甲通知乙行动。乙给钱某打电话：“你的儿子在我们手上，赶快交 50 万元赎人，否则撕票！”钱某看了一眼身旁的儿子，回了句：“骗子！”便挂断电话，不再理睬。乙感觉异常，将情况告诉甲。甲来到丙处发现这个孩子不是钱某的小孩而是赵某的小孩，但没有告诉丙，只是嘱咐丙看好小孩，并从小孩口中套出其父赵某的电话号码。

甲与乙商定转而勒索赵某的钱财。第二天，小孩哭闹不止要离开，丙恐被人发觉，用手捂住小孩口、鼻，然后用胶带捆绑其双手并将嘴缠住，致其机械性窒息死亡。甲得知后与乙商定放弃勒索赵某财物，由乙和丙处理尸体。乙、丙二人将尸体连夜运至城外掩埋。第三天，乙打电话给赵某，威胁赵某赶快向指定账号打款 30 万元，不许报警，否则撕票。赵某当即报案，甲、乙、丙三人很快归案。

问题：

请分析甲、乙、丙的刑事责任（包括犯罪性质即罪名、犯罪形态、共同犯罪、数罪并罚等），须简述相应理由。

二、答案精讲

1. 请分析甲、乙、丙的刑事责任（包括犯罪性质即罪名、犯罪形态、共同犯罪、数罪并罚等），须简述相应理由。

答案：

1. 甲、乙构成共同绑架罪。①甲与乙预谋绑架，并利用丙的不知情行为，尽管丙误将赵某的小孩作为钱某的小孩非法拘禁，但是甲、乙借此实施索要钱某财物的行为，是绑架他人为人质，进而勒索第三人的财物，符合绑架罪犯罪构成，构成共同绑架罪。②甲、乙所犯绑架罪属于未遂，可以从轻或者减轻处罚。理由是：虽然侵犯了赵某小孩的人身权利，但是没有造成钱某的担忧，没有侵犯也不可能侵犯到钱某的人身自由与权利，当然也不可能勒索到钱某的财物，所以是绑架罪未遂。

2. 在甲与乙商定放弃犯罪时，乙假意答应甲放弃犯罪，实际上借助于原来的犯罪，对赵某谎称绑架了其小孩，继续实施勒索赵某财物的行为，构成敲诈勒索罪与诈骗罪想象竞合犯，应当从一重罪论处。理由是：因为人质已经不复存在，其行为不仅构成敲诈勒索罪，同时构成诈骗罪。因为乙向赵某发出的是虚假的能够引起赵某恐慌、担忧的信息，同时具有虚假性质和要挟性质，因而构成敲诈勒索与诈骗罪的想象竞合犯，应当从一重罪论处，并与之前所犯绑架罪（未遂），数罪并罚。

3. 丙构成非法拘禁罪和故意杀人罪，应当分别定罪量刑，然后数罪并罚。

（1）①丙哄骗小孩离开父母，并实力控制，是出于非法剥夺他人人身自由目的而实行的行为，所以构成非法拘禁罪。②因为丙没有参加甲、乙绑架预谋，对于甲、乙实施绑架犯罪不知情，所以不能与甲、乙构成共同绑架罪，而是单独构成非法拘禁罪。

丙犯非法拘禁罪，是甲、乙共同实施绑架罪的一部分——绑架他人作为人质，甲、乙对于丙的非法拘禁行为负责。甲、乙、丙在非法拘禁罪范围内构成共同犯罪；甲、乙既构成绑架罪又构成非法拘禁罪，是想象竞合犯，从一重罪论处；丙则因为没有绑架犯罪故意，仅有非法拘禁罪故意，所以只成立非法拘禁罪。

（2）答案一：丙为控制小孩采取捆绑行为致其死亡，构成故意杀人罪。①这是一种具有高度危险的侵犯人身权利的行为，可能造成死亡的结果，可以评价为杀人行为，丙主观上对此有明知并持放任的态度，是间接故意杀人，因而构成故意杀人罪。②甲、乙对于人质的死亡没有故意、过失，没有罪责。具体来说，丙的杀人故意行为超出了非法拘禁之共同犯罪故意范围，应当由丙单独负责，甲乙没有罪过、罪责。

答案二：丙构成过失致人死亡罪。丙应当预见到自己的行为可能造成小孩死亡，但是丙不希望也不容忍小孩死亡，主观上是疏忽大意过失，构成过失致人死亡罪。按照事前分工，看护小孩属于丙的责任，小孩的安全由丙负责，甲乙二人均不在现场，没有可能保证防止、避免小孩死亡，所以，甲、乙不构成过失致人死亡罪。

难度：难

考点：绑架罪；非法拘禁罪；诈骗罪；敲诈勒索罪；共同犯罪与犯罪构成的关系

命题和解题思路：在历年刑法案例分析大题中，无论分则的罪名考查点如何变化，有一个必然的规律是肯定会考查总则的共同犯罪部分。而在考查共同犯罪部分时，一般又会牵涉到共同犯罪与犯罪构成的关系问题，对此，考生需要清楚如果二人以上持不同的故意共同实施某一行为，则只就他们所实施的行为中重合的部分成立共同犯罪。

本题考查的分则罪名知识点则涉及绑架罪、非法拘禁罪、诈骗罪以及敲诈勒索罪，其中具体涉及绑架罪的犯罪构成、绑架罪与非法拘禁罪的竞合关系，以及诈骗罪和敲诈勒索罪的犯罪构成与竞合关系。命题人通过错绑人质的事实设定着重想考查考生对于绑架罪既遂认定标准的理解。对此，只要紧扣住绑架的本质是利用他人对于被绑架者安危的担忧而勒索财物或要求其他不法目的。因此，如果没有人对被绑架者产生担忧的状态，便不能认定为绑架罪既遂。

此外，命题人还想着重考查的知识点是故意与过失的认定问题。故意与过失的界限在一些边界案例通常并不容易认定，尤其是在间接故意与过于自信过失之间，经常存在争议。不过，命题人对于本题中丙致使被绑架者死亡的主观责任形态的考查，采取了开放的态度，无论考生答故意或过失，只要言之成理，即可得分。

从解题技巧看，由于甲与乙的共同犯罪故意在绑架部分基本重合与相同，因此，在答题时可以一并分析甲、乙此一节行为事实的可罚性问题，另外乙单独打电话给钱某勒索财物的行为则需要单独分析，而丙的行为需要单独展开分析，司法部公布的答案也正是如此。

答案解析：

甲、乙的行为定性基本可以区隔成两个阶段：第一，利用不知情的丙想将钱某的小孩予以绑架；第二，在小孩死亡后，乙打电话给死者父亲赵某，威胁赵某赶快向指定账号打款30万元的行为。

就第一个行为来说，甲、乙二人成立绑架罪的共同犯罪。甲、乙二人利用不知情的丙，想将钱某的儿子绑架后向钱某勒索财物，而丙也确实已经实施绑架行为，只不过丙产生了等价的客体错误，但并不影响甲、乙成立绑架罪的认定。但是，丙的行为虽然侵犯了赵某小孩的人身权利，但是没有造成钱某的担忧，当然也未勒索到钱某的财物，所以属于绑架罪未遂。

在被绑架者死亡后，甲已经产生放弃犯罪的意思，乙也做了“虚假同意”的表示。但乙在明知赵某小孩死亡的情况下，继续打电话给赵某索要钱财的行为，构成敲诈勒索罪与诈骗罪的想象竞合犯，应当从一重罪论处。敲诈勒索罪，是指以非法占有为目的，对财物所有人、占有人使用恐吓或者要挟的方法，索取数额较大的公私财物或者多次敲诈勒索的行为。由于被绑架者已经死亡，因此乙属于想以虚构事实的方式要挟、骗取他人财产，同时符合诈骗罪与敲诈勒索罪的犯罪构成，成立一行为触犯数罪名的想象竞合犯，需要择一重罪论处，同时与前阶段绑架罪数罪并罚。

对于丙的行为来说，需要分别考查其扣押人质与采用暴力致人质死亡的行为定性。根据《刑法》第238条第3款的规定，行为人为索取债务非法扣押、拘禁他人的，成立非法拘禁罪，不构成绑架罪。丙未参与甲同乙的事先谋议，其主观上正是错误地以为自己绑架小孩的行为是为甲索取债务，因而成立非法拘禁罪。此外，由于甲、乙是利用丙非法拘禁他人的行为实施绑架，因此三人在非法拘禁与绑架重合的范围内，即就非法拘禁罪成立共同犯罪。

丙在小孩哭闹不止后用手捂住小孩口、鼻，然后用胶带捆绑其双手并将嘴缠住，致其机械性窒息死亡的行为，究竟是构成间接故意的故意杀人还是过失致人死亡，恐有争议。考生对此可根据自己对故意以及过失的理解展开分析。如果认为用手捂住小孩的口鼻，并且用胶带将嘴缠住，行为人对于可能造成的死亡结果持一种容认的态度，此时便应当认定丙构成故意杀人罪。如果认为丙并不希望也不容认小孩的死亡，仅仅是因为用力过猛以及用胶带封住嘴巴时未注意，疏忽大意导致小孩的死亡，则成立过失致人死亡罪。当然，无论丙成立故意杀人罪还是过失致人死亡罪，甲、乙对于丙将采用暴力致小孩死亡的事实均无认识，也并不在甲、乙、丙三人的共同犯罪的故意范围内，甲、乙也因此不需要对此负责。

2016年

一、试题（本题22分）

赵某与钱某原本是好友，赵某受钱某之托，为钱某保管一幅名画（价值800万元）达三年之久。某日，钱某来赵某家取画时，赵某要求钱某支付10万元保管费，钱某不同意。赵某突然起了杀意，为使名画不被钱某取回进而据为己有，用花瓶猛砸钱某的头部，钱某头部受重伤后昏迷，不省人事，赵某以为钱某已经死亡。刚好此时，赵某的朋友孙某来访。赵某向孙某说“我摊上大事了”，要求孙某和自己一起将钱某的尸体埋在野外，孙某同意。

二人一起将钱某抬至汽车的后座，由赵某开车，孙某坐在钱某身边。开车期间，赵某不断地说“真不该一时冲动”，“悔之晚矣”。其间，孙某感觉钱某身体动了一下，仔细察看，发现钱某并没有死。但是，孙某未将此事告诉赵某。到野外后，赵某一人挖坑并将钱某埋入地下（导致钱某窒息身亡），孙某一直站在旁边没做什么，只是反复催促赵某动作快一点。

一个月后，孙某对赵某说：“你做了一件对不起朋友的事，我也做一件对不起朋友的事。你将那幅名画给我，否则向公安机关揭发你的杀人罪行。”三日后，赵某将一幅赝品（价值8000元）交给孙某。孙某误以为是真品，以600万元的价格卖给李某。李某发现自己购买了赝品，向公安机关告发孙某，导致案发。

问题：

1. 关于赵某杀害钱某以便将名画据为己有这一事实，可能存在哪几种处理意见？各自的理由是什么？

2. 关于赵某以为钱某已经死亡，为毁灭罪证而将钱某活埋导致其窒息死亡这一事实，可能存在哪几种主要处理意见？各自的理由是什么？

3. 孙某对钱某的死亡构成何罪（说明理由）？是成立间接正犯还是成立帮助犯（从犯）？

4. 孙某向赵某索要名画的行为构成何罪（说明理由）？关于法定刑的适用与犯罪形态的认定，可能存在哪几种观点？

5. 孙某将赝品出卖给李某的行为是否构成犯罪？为什么？

二、答案精讲

1. 关于赵某杀害钱某以便将名画据为己有这一事实，可能存在哪几种处理意见？各自的理由是什么？

答案：关于赵某杀害钱某以便将名画据为己有这一事实，可能存在两种处理意见。其一，认定为侵占罪与故意杀人罪，实行数罪并罚。理由是，赵某已经占有了名画，不可能对名画实施抢劫行为，杀人行为同时使得赵某将名画据为己有，所以，赵某对名画成立（委托物）侵占罪，对钱某的死亡成立故意杀人罪。其二，认定成立抢劫罪一罪。理由是，赵某杀害钱某是为了使名画不被返还，钱某对名画的返还请求权是一种财产性利益，财产性利益可以成为抢劫罪的对象，所以，赵某属于抢劫财产性利益。

难度：中

考点： 抢劫罪；侵占罪

命题和解题思路： 尽管题目的设问也基本属于开放式问题，但是，命题人并未像往常一样让考生自己选择某一种理论立场答题，只要答案和推论过程正确便可得分，而是要求考生答出所有不同理论立场的可能结论，这对考生的刑法基本功和逻辑推理能力提出了比较高的要求。考查越是存在争议的知识点，往往越能说明刑法基础知识掌握的是否牢固，是否具有一定的解释说理能力，这一点应该会成为今后的命题趋势。对于存在立场争议的知识点，考生在复习时不可再像过去那样以为不会考查从而一带而过。就本题的解题来说，一般考生应该都能答出赵某成立侵占的同时还构成故意杀人，二者数罪并罚的结论。至于另外一种结论，即赵某还可能成立抢劫罪这一答案，很多考生会犯迷糊，因为画作本来就已在赵某手里保管，怎么还能成立抢劫？其实，如果认为赵某成立抢劫，那么他抢的是钱某对他拥有的返还请求权这一财产性利益。

答案解析：

处理意见一：以侵占罪和故意杀人罪数罪并罚。侵占罪，是指将代为保管的他人财物据为己有拒不退还，或者将他人的遗忘物或埋藏物非法占为己有的行为。钱某委托赵某保管价值昂贵的名画，当钱某索要而赵某拒不交出，至赵某起了杀意动手杀害钱某时，其意欲将钱某的财物非法占为己有的意图已经非常明显，实际上已经实施了侵占的行为。因此，赵某成立侵占罪。与此同时，由于赵某意欲造成钱某的死亡，应成立故意杀人罪。由于是两个行为，应以侵占罪与故意杀人罪数罪并罚。

处理意见二：以抢劫罪定罪处罚。我国刑法分则中财产犯罪并未将财产限定于财物，而是也包括了财产性利益，而债权（返还请求权）是一种典型的财产性利益。钱某委托赵某保管钱某的名画，钱某对于赵某有返还请求权，赵某意图通过杀害钱某的方式取得（消灭）返还请求权，理应成立抢劫罪。对此，最高人民法院2001年5月23日《关于抢劫过程中故意杀人案件如何定性问题的批复》指出：“**行为人为劫取财物而预谋故意杀人，或者在劫取财物过程中，为制服被害人反抗而故意杀人的，以抢劫罪定罪处罚。**”就本案来说，赵某即属于行为人为劫取财产性利益而预谋故意杀人，成立抢劫罪。

2. 关于赵某以为钱某已经死亡，为毁灭罪证而将钱某活埋导致其窒息死亡这一事实，可能存在哪几种主要处理意见？各自的理由是什么？

答案： 赵某以为钱某已经死亡，为毁灭罪证而将钱某活埋导致其窒息死亡，属于事前的故意或概括的故意。对此现象的处理，主要有两种观点：其一，将赵某的前行为认定为故意杀人未遂（或普通抢劫），将后行为认定为过失致人死亡，对二者实行数罪并罚或者按想象竞合处理。理由是，毕竟是因为后行为导致死亡，但行为人对后行为只有过失；其二认为，应认定为故意杀人既遂一罪（或故意的抢劫致人死亡即对死亡持故意一罪）。理由是，前行为与死亡结果之间的因果关系并未中断，前行为与后行为具有一体性，故意不需要存在于实行行为的全过程。答出其他有一定道理的观点的，适当给分。

难度：难

考点：故意的认定

命题和解题思路：如同第一问，命题人在本题同样采用了开放式的设问形式，就事前的故意问题考查考生对各种不同的理论处理方案的掌握程度。事前的故意概念属于刑法的基础知识，理论界对其如何处理存在高度的争议，如果考生对于这一概念不熟悉，基本不可能拿到本题的分数。对于事前故意大体上有两种大的意见分歧：第一种思考方向是严守行为与责任同时存在原则，即第一行为并未造成死亡结果的，就应当认定是未遂，而对于造成死亡结果的第二行为，由于行为人在第二行为的具体当时已经不存在故意，理应成立相应过失犯罪。第二种思考方向则基本从结果反推行为人的主观故意：行为人主观上想致人死亡，客观上也确实致人死亡，由此将前后两个行为视为一体，视为对因果关系的认识错误，如果因果发展历程仍然具备相当因果关系，则成立一个故意犯罪既遂。

答案解析：

事前的故意，是指行为人误认为第一个行为已经造成结果，出于其他的目的（如掩盖罪行等）而实施第二个行为，行为人预期的犯罪结果却是由第二个行为所导致，其典型适例例如：甲以杀人故意对乙实施暴力，乙陷入昏迷后，甲以为乙已经死亡，甲基于掩盖罪行的目的将乙扔入深井中，其实乙是摔死。对于事前的故意如何处理大体上有两种重要的处理意见：

第一种，严格恪守行为与责任同时存在原则，行为人第一个行为客观上未造成死亡结果，因此应论以故意杀人未遂；而行为人在第二个行为的当时，已经不存在杀人故意，只能视情形看能否成立过失致人死亡罪。由于存在清楚可分的两个行为，因此应论以故意杀人未遂和过失致人死亡的数罪并罚。当然，也有部分学者认为此时仅有一个行为，成立二罪的想象竞合犯。如果认为赵某成立侵占罪后，出于杀人故意用花瓶猛砸钱某致其重伤昏迷，成立故意杀人（未遂）和过失致人死亡的数罪并罚（想象竞合犯）；而如果认为赵某意欲砸死钱某抢劫财产性利益，则应当认定为抢劫罪和过失致人死亡的数罪并罚。

第二种，将前后两个行为视为一体进行整体评价，视为因果关系错误，如果第一行为和最终结果之间的因果历程具备相当因果关系，由于实际发生的结果和行为人意欲的结果一致，成立故意犯罪既遂。对于赵某杀钱某来说，从赵某着手实行到最后死亡结果的发生，并未介入一个异常的因素导致相当因果关系中断，因而应当认定是故意杀人罪既遂（以赵某成立侵占罪和故意杀人罪数罪并罚为前提）或抢劫罪（致人死亡）既遂（以赵某成立抢劫罪为前提）。

易混淆点解析：与事前的故意概念相关且极其容易混淆的是构成要件的提前实现。构成要件的提前实现又称为结果的提前发生，其因果关系错误的一种情形，是指提前实现了行为人所预想的犯罪结果。即犯罪人本想在第二行为阶段实现结果，却在第一行为阶段便使得结果发生。

对于构成要件的提前实现如何处理，大体也存在两种处理意见：第一种观点认为，如果行为人实施的两个行为都有使得构成要件结果发生的高度风险时（如棍击被害人后误以为其昏迷，实际已经死亡，想将其推入海中淹死），第一行为能够被认定为着手实行犯罪，便可以认定其构成犯罪既遂。第二种观点认为，行为人在实施第一行为阶段时毕竟没有意识到会致死，因而不能认定相应犯罪的故意，只能认定为过失致人死亡，以故意杀人未遂与过失致人死亡的想象竞合论处。

3. 孙某对钱某的死亡构成何罪（说明理由）？是成立间接正犯还是成立帮助犯（从犯）？

答案：孙某对钱某的死亡构成故意杀人罪。孙某明知钱某没有死亡，却催促赵某动作快一点，显然具有杀人故意，客观上对钱某的死亡也起到了作用。即使认为赵某对钱某成立抢劫致人死亡，但由于钱某不对抢劫负责，也只能认定为故意杀人罪。倘若在前一问题上认为赵某成立故意杀人未遂（或普通抢劫）与过失致人死亡罪，那么，孙某就是利用过失行为实施杀人的间接正犯；倘若在前一问题上认为赵某成立故意杀人既遂（或故意的抢劫致人死亡即对死亡持故意），则孙某成立故意杀人罪的帮助犯（从犯）。

难度：难

考点：间接正犯、从犯及其刑事责任

命题和解题思路：命题人采用了连环设问的方式设计了本题，对于本题的解答以对上一题的正确回答为逻辑前提。由于孙某是承继参与赵某杀害钱某的行为，如果考生无法回答出赵某事前的故意的行为定性，便无法接续答出孙某的行为定性。如果认为赵某的行为应当切分定性，成立故意杀人罪未遂与过失致人死亡，则孙某只参与了后段的赵某过失致人死亡行为，但是孙某认识到了被害人未死，因而属于利用他人的过失犯罪这一工具来实施自己的故意犯罪，成立故意杀

人罪的间接正犯。如果认为赵某将钱某致死的行为整体评价为抢劫罪（故意致人死亡）既遂，由于孙某对于赵某使用暴力取得的财产性利益部分（抢劫罪取财部分）不负责，但对于致人死亡部分有所参与，理应认定为故意杀人罪的帮助犯。

答案解析：

间接正犯，是指利用自己的认知或者意志操控上的优势将他人作为犯罪工具来予以利用实施犯罪的情形。如果认为赵某杀人的行为应当认定为故意杀人罪（未遂）与过失致人死亡罪数罪并罚，由于孙某认识到了钱某并未死亡，却对此保持缄默，在赵某已有所悔意时以不作为的方式掩盖事实真相，属于利用赵某的过失行为故意造成钱某的死亡结果，成立故意杀人罪的间接正犯。

而如果将赵某杀死钱某的两阶段行为视为一体，将其整体评价为抢劫罪（故意致人死亡）既遂，则由于孙某对于赵某使用暴力取得财产性利益部分（抢劫罪取财部分）不负责，其仅仅参与了赵某故意杀人的行为事实，基于孙某并未亲手实施杀人行为，而是在赵某挖坑掩埋钱某时仅仅站在一边观看，起的是心理性帮助作用，因而成立故意杀人罪的帮助犯（从犯）。

4. 孙某向赵某索要名画的行为构成何罪（说明理由）？关于法定刑的适用与犯罪形态的认定，可能存在哪几种观点？

答案：孙某索要名画的行为构成敲诈勒索罪。理由：孙某的行为完全符合本罪的构成要件，因为利用合法行为使他人产生恐惧心理的也属于敲诈勒索。一种观点是，对孙某应当按800万元适用数额特别巨大的法定刑，同时适用未遂犯的规定，并将取得价值8000元的赝品的事实作为量刑情节，这种观点将数额巨大与特别巨大作为加重构成要件；另一种观点是，对孙某应当按8000元适用数额较大的法定刑，认定为犯罪既遂，不适用未遂犯的规定，这种观点将数额较大视为单纯的量刑因素或量刑规则。

难度：中

考点：敲诈勒索罪

命题和解题思路：本题主要考查敲诈勒索罪的犯罪构成与法定刑的适用。对于孙某行为的定性应该不存在什么问题，关键在于命题人的后一问考倒了很多考生，原因在于考生基本都只是掌握分则罪名的犯罪构成，至于具体的法定刑幅度基本不会关注！对于数额巨大与数额较大的定位，理论界存在其属于量刑规则和加重构成要件的争论，争论的实益在于如果是加重构成要件，则必须要求行为人具备相应的故意。

答案解析：

敲诈勒索罪，是指以非法占有为目的对他人实施威胁恐吓，索取公私财物数额较大或者有多次敲诈勒索的行为。其基本结构是：行为人对他人以恶害相通告实施威胁恐吓行为——对方产生恐惧心理——基于恐惧心理处分财产——行为人或第三人获得财产——被害人遭受财产损失。**需要注意的是，成立敲诈勒索罪并不要求恶害的实现自身具有违法性**。换句话说，行为人以向司法机关等告发被害人的违法犯罪行为相要挟，尽管告发行为本身合法，但相对于敲诈勒索的被害人而言就是恶害。孙某以向公安机关告发赵某杀人为要挟索要赵某非法获得的名画，符合敲诈勒索罪的构成要件，成立敲诈勒索罪。

敲诈勒索罪有数额较大或多次敲诈勒索、数额巨大或有其他严重情节、数额特别巨大或有其他特别严重情节三档法定刑。如果将数额特别巨大等视作是加重构成要件，则行为人必须对于这种客观的构成要件要素具备认识和意欲，客观上也必须相应实现才能构成既遂。孙某以敲诈勒索 800 万元（数额特别巨大）为目标，但客观上并未实现，因而成立敲诈勒索数额特别巨大的未遂犯，在适用数额特别巨大的法定刑的同时，适用总则关于未遂犯的规定。如果将数额特别巨大等视作是量刑规则，则不需要行为人对其有故意，只需要客观上实现即可。孙某客观上敲诈勒索的是价值 8000 元的赝品，因而成立敲诈勒索罪既遂，适用数额较大的法定刑，同时不再适用总则未遂犯的规定。

5. 孙某将赝品出卖给李某的行为是否构成犯罪？为什么？

答案：孙某出卖赝品的行为不构成诈骗罪，因为孙某以为出卖的是名画，不具有诈骗故意。

难度：易

考点：诈骗罪

命题和解题思路：最后一问，命题人终于仁慈了一把，给考生送分。尽管孙某将赝品卖给他人，外观上像是构成了诈骗罪，但是孙某并不知道自己卖的是赝品，因而不成立诈骗罪。

答案解析：

诈骗罪是故意犯罪，行为人必须清楚认知自己实施了虚构事实或者隐瞒真相的欺骗行为，但是，孙某并未认识到自己出卖的是赝品，不具有诈骗罪的故意，因而不成立诈骗罪。

2015 年

一、试题（本题23分）

案情：

高某（男）与钱某（女）在网上相识，后发展为网恋关系，其间，钱某知晓了高某一些隐情，并以开店缺钱为由，骗取了高某20万元现金。

见面后，高某对钱某相貌大失所望，相处不久更感到她性格古怪，便决定断绝关系。但钱某百般纠缠，最后竟以公开隐情相要挟，要求高某给予500万元补偿费。高某假意筹钱，实际打算除掉钱某。

随后，高某找到密友夏某和认识钱某的宗某，共谋将钱某诱骗至湖边小屋，先将其掐昏，然后扔入湖中溺死。事后，高某给夏某、宗某各20万元作为酬劳。

按照事前分工，宗某发微信将钱某诱骗到湖边小屋。但宗某得知钱某到达后害怕出事后被抓，给高某打电话说："我不想继续参与了。一日网恋十日恩，你也别杀她了。"高某大怒说："你太不义气啦，算了，别管我了！"宗某又随即打钱某电话，打算让其离开小屋，但钱某手机关机未通。

高某、夏某到达小屋后，高某寻机抱住钱某，夏某掐钱某脖子。待钱某不能挣扎后，二人均误以为钱某已昏迷（实际上已经死亡），便准备给钱某身上绑上石块将其扔入湖中溺死。此时，夏某也突然反悔，对高某说："算了吧，教训她一下就行了。"高某说："好吧，没你事了，你走吧！"夏某离开后，高某在钱某身上绑石块时，发现钱某已死亡。为了湮灭证据，高某将钱某尸体扔入湖中。

高某回到小屋时，发现了钱某的LV手提包（价值5万元），包内有5000元现金、身份证和一张储蓄卡，高某将现金据为己有。

三天后，高某将LV提包送给前女友尹某，尹某发现提包不是新的，也没有包装，问："是偷来的还是骗来的"，高某说："不要问包从哪里来。我这里还有一张储蓄卡和身份证，身份证上的人很像你，你拿着卡和身份证到银行柜台取钱后，钱全部归你。"尹某虽然不知道全部真相，但能猜到包与卡都可能是高某犯罪所得，但由于爱财还是收下了手提包，并冒充钱某从银行柜台取出了该储蓄卡中的2万元。

问题：

请根据《刑法》相关规定与刑法原理分析高某、夏某、宗某和尹某的刑事责任（要求注重说明理由，并可以同时答出不同观点和理由）。

二、答案精讲

1. 请根据《刑法》相关规定与刑法原理分析高某、夏某、宗某和尹某的刑事责任（要求注重说明理由，并可以同时答出不同观点和理由）。

答案：

（一）高某的刑事责任

1. 高某对钱某成立故意杀人罪。是成立故意杀人既遂还是故意杀人未遂与过失致人死亡罪的想象竞合，关键在于如何处理构成要件的提前实现。

答案一：虽然构成要件结果提前发生，但掐脖子本身有致人死亡的紧迫危险，能够认定掐脖子时就已经实施杀人行为，故意存在于着手实行时即可，故高某应对钱某的死亡承担故意杀人既遂的刑事责任。

答案二：高某、夏某掐钱某的脖子时只是想致钱某昏迷，没有认识到掐脖子的行为会导致钱某死亡，即缺乏既遂的故意，因而不能对故意杀人既遂负责，只能认定高某的行为是故意杀人未遂与过失致人死亡的想象竞合。

2. 关于拿走钱某的手提包和5000元现金的行为性质，关键在于如何认定死者的占有。

答案一：高某对钱某的手提包和5000元现金成立侵占罪，理由是死者并不占有自己生前的财物，故手提包和5000元现金属于遗忘物。

答案二：高某对钱某的手提包和5000元现金成立盗窃罪，理由是死者继续占有生前的财物，高某的行为属于将他人占有财产转移给自己占有的盗窃行为，成立盗窃罪。

3. 将钱某的储蓄卡与身份证交给尹某取款2万元的行为性质。

答案一：构成信用卡诈骗罪的教唆犯。因为高某不是盗窃信用卡，而是侵占信用卡，利用拾得的他人信用卡取款的，属于冒用他人信用卡，高某唆使尹某冒用，故属于信用卡诈骗罪的教唆犯。

答案二：构成盗窃罪。因为高某是盗窃信用卡，盗窃信用卡并使用的，不管是自己直接使用还是让第三者使用，均应认定为盗窃罪。

（二）夏某的刑事责任

1. 夏某参与杀人共谋，掐钱某的脖子，构成故意杀人罪既遂。（或夏某成立故意杀人未遂与过失致人死亡的想象竞合，理由与高某相同）

2. 由于发生了钱某死亡结果，夏某的行为是钱某死亡的原因，夏某不可能成立犯罪中止。

（三）宗某的刑事责任

宗某参与共谋，并将钱某诱骗到湖边小屋，成立故意杀人既遂。宗某虽然后来没有实行行为，但其前行为与钱某死亡之间具有因果性，没有脱离共犯关系；宗某虽然给钱某打过电话，但该中止行为未能有效防止结果发生，不能成立犯罪中止。

（四）尹某的刑事责任

1. 尹某构成掩饰、隐瞒犯罪所得罪。因为从客观上说，该包属于高某犯罪所得，而且尹某的行为属于掩饰、隐瞒犯罪所得的行为；尹某认识到可能是高某犯罪所得，因而具备明知的条件。

2. 尹某冒充钱某取出2万元的行为性质。

答案一：构成信用卡诈骗罪。因为尹某属于冒用他人信用卡，完全符合信用卡诈骗罪的构成要件。

答案二：构成盗窃罪。尹某虽然没有盗窃储蓄卡，但认识到储蓄卡可能是高某盗窃所得，并且实施使用行为，属于承继的共犯，故应以盗窃罪论处。

难度：难

考点：共同犯罪与犯罪形态、事实认识错误；盗窃罪；侵占罪；信用卡诈骗罪；掩饰、隐瞒犯罪所得罪

命题和解题思路：本题主要考查的基础理论问题包括共犯的脱离、构成要件的提前实现、死者对财物的占有是否成立、信用卡诈骗罪等。对于构成要件的提前实现、是否肯定死者占有等存在争议的问题，从司法部公布的标准答案来看，命题人采取了开放式的命题方式，对于争议问题考生只要选择其中的一种理论并且言之成理即可得分，并未要求考生选择特定的理论立场，显示了命题的科学性。事实上，有争议的问题往往是理论上的难点问题，过去大家一直习惯于认为并不会涉及争议问题，目前来看，无论是主观题还是客观题，命题人会越来越趋向采用开放式的命题方式考查考生的理论功底。所以，复习时千万不要再绕过疑难和争议问题，抱着不会考查的侥幸心理复习。

就具体争议问题的解题来说，对于构成要件的提前实现，要认定行为人是否成立故意犯罪既遂，关键在于看行为人在实施第一个行为时是否有足以导致结果发生的风险，或者说第一个行为能否认定为着手实行，如果得出肯定结论，则认定为故意犯罪既遂没有问题。对于死者对财物的占有，肯定说与否定说将分别导出不同的逻辑结论：如果肯定死者仍然占有财物，则拿走死者财物的行为属于变他人占有为自己占有的盗窃行为；如果否定死者占有财物，则拿走死者财物的行为属于变自己占有为自己所有的侵占行为。而对于盗窃或是侵占的不同结论会进一步推导出其后的利用他人信用卡取款是构成信用卡诈骗罪还是盗窃罪的差异。对于共同正犯在预备阶段的脱离，脱离者必须切断自己和其他犯罪参与者之间的心理以及物理的因果联系。把握上述理论重点，本题便可以得到很高的分数。

就案例解析题的解题方法来看，**在涉及众多参与者和行为事实的场合，考生最好画个简单的人物和对应的犯罪事实的图谱，这样不会遗漏应该检验的行为事实，最后在处理竞合的问题时也不会出差错**。另外，题目已明确交代按照人别来检验犯罪事实，在作答时即应该按照要求分别检验每个人的每一起犯罪行为事实，而不是就每一起行为事实分别检验每个人的刑事责任。

答案解析：

关于高某的刑责。第一，就高某杀人涉及的构成要件提前实现（又称“结果的提前发生”）来说，其属于因果关系错误的一种情形，是指提前实现了行为人所预想的犯罪结果。即犯罪人本想在第二行为阶段实现结果，却在第一行为阶段便使得结果发生。如甲准备让乙喝下掺有安眠药的饮料后将其杀害，结果安眠药的剂量过量，导致乙因服用过量安眠药死亡。如果行为人实施的两个行为都有使得构成要件结果发生的高度风险时（如棍击被害人后误以为其昏迷，实际已经死亡，想将其推入海中淹死），第一行为能够被认定为着手实行犯罪，便可以认定其构成犯罪既遂。当然，少数观点会认为，行为人在实施第一行为阶段时毕竟没有意识到会致死，因而不能认定相应犯罪的故意，只能认定为过失致人死亡，以故意杀人未遂与过失致人死亡的想象竞合论处。高某掐被害人脖子本来就具有高度致死的风险，因此足以认定其已经着手实行，成立故意杀人既遂。少数观点会认为掐脖子时并没有杀人故意，按行为与责任同时存在原则，高某应成立故意杀人未遂与过失致人死亡的想象竞合。第二，就高某将死者的财物取走来说，如果肯定死者对财物的继续占有状态，则高某属于变他人占有为自己占有的盗窃罪；而如果否定死者对财物的继续占有状态，则高某构成属于拾得遗失物型的侵占罪。第三，就高某将被害人的储蓄卡和身份证交给尹某取款的行为来看，如果认为高某的前阶段取财行为成立盗窃罪，则按照《刑法》第169条第3款的规定：盗窃信用卡并使用的，依照盗窃罪定罪处罚，因此，取款行为同样构成盗窃罪；而如果认为高某的前阶段取财行为成立侵占罪，则高某属于冒用他人信用卡的信用卡诈骗罪。由于亲手去取款的并非高某，而是高某唆使的尹某，因此，高某构成信用卡诈骗罪的教唆犯。

关于夏某的刑责。夏某与高某等人商议杀害尹某，夏某也与高某共同参与实行了杀人的行为，成立故意杀人既遂。当然，如果对于构成要件的提前实现持少数说的看法，其成立故意杀人未遂与过失致人死亡的想象竞合。另外，夏某并不成立犯罪中止。要成立共同正犯的犯罪中止，行为人必须积极阻止其他犯罪参与者实现构成要件，如果阻止失败或者是行为人根本就没有阻止，而是单独撤出犯罪参与，就必须承担其他共同正犯者实现犯罪结果的风险。

关于宗某的刑责。宗某与高某等人合谋由宗某将被害人骗出，被害人也确实被骗出，此时属于犯罪预备阶段。要成立预备阶段的共犯脱离，必须切断自己先前行为与构成要件实现的物理性以及心理性因果关系，宗某将被害人骗到犯罪地点为结果的实现提供了物理性因果关系，但是由于钱某手机关机未通，其并没有成功切断自己的预备行为贡献与最终结果发生之间的因果关联，因而必须认定其成立故意杀人既遂。

关于尹某的刑责。首先，其构成掩饰、隐瞒犯罪所得罪。掩饰、隐瞒犯罪所得罪是指明知是犯罪所得而予以窝藏、转移、收购、代为销售或者以其他方法掩饰、隐瞒的行为。尹某既然猜到包是由高某犯罪所得，其仍然收下了包，属于明知是犯罪所得而予以掩饰、隐瞒的行为。其次，就尹某冒充钱某取出 2 万元的行为定性问题。第一种可能的结论是信用卡诈骗罪，因为尹某属于冒用钱某的信用卡，完全符合信用卡诈骗罪的构成要件。第二种可能的结论则是构成盗窃罪。题干明确交代，尹某明知包与卡都是高某犯罪所得，换句话说，尹某可能认识到储蓄卡可能是高某盗窃所得，仍然帮助高某取款，构成盗窃罪的承继的共犯。

2014 年

一、试题（本题 22 分）

案情：

扫一扫　看微课视频

国有化工厂车间主任甲与副厂长乙（均为国家工作人员）共谋，在车间的某贵重零件仍能使用时，利用职务之便，制造该零件报废、需向五金厂（非国有企业）购买的假象（该零件价格 26 万元），以便非法占有货款。甲将实情告知五金厂负责人丙，嘱丙接到订单后，只向化工厂寄出供货单、发票而不需要实际供货，等五金厂收到化工厂的货款后，丙再将 26 万元货款汇至乙的个人账户。

丙为使五金厂能长期向化工厂供货，便提前将五金厂的 26 万元现金汇至乙的个人账户。乙随即让事后知情的妻子丁去银行取出 26 万元现金，并让丁将其中的 13 万元送给甲。3 天后，化工厂会计准备按照乙的指示将 26 万元汇给五金厂时，因有人举报而未汇出。甲、乙见事情败露，主动向检察院投案，如实交代了上述罪行，并将 26 万元上交检察院。

此外，甲还向检察院揭发乙的其他犯罪事实：乙利用职务之便，长期以明显高于市场的价格向其远房亲戚戊经营的原料公司采购商品，使化工厂损失近 300

万元；戊为了使乙长期关照原料公司，让乙的妻子丁未出资却享有原料公司10%的股份（乙、丁均知情），虽未进行股权转让登记，但已分给红利58万元，每次分红都是丁去原料公司领取现金。

问题：

请分析甲、乙、丙、丁、戊的刑事责任（包括犯罪性质、犯罪形态、共同犯罪、数罪并罚与法定量刑情节），须答出相应理由。

二、答案精讲

1. 请分析甲、乙、丙、丁、戊的刑事责任（包括犯罪性质、犯罪形态、共同犯罪、数罪并罚与法定量刑情节），须答出相应理由。

答案：甲、乙利用职务上便利实施了贪污行为，虽然客观上获得了26万元，构成贪污罪，但该26万元不是化工厂的财产，没有给化工厂造成实际损失；甲、乙也不可能贪污五金厂的财物，所以，对甲、乙的贪污行为只能认定为贪污未遂。甲、乙犯贪污罪后自首，可以从轻或者减轻处罚。甲揭发了乙为亲友非法牟利罪与受贿罪的犯罪事实，构成立功，可以从轻或者减轻处罚。

乙长期以明显高于市场的价格向其远房亲戚戊经营的原料公司采购商品，使化工厂损失近300万元的行为构成为亲友非法牟利罪。乙以妻子丁的名义在原料公司享有10%的股份分得红利58万元的行为，符合受贿罪的构成要件，成立受贿罪。对于为亲友非法牟利罪与受贿罪以及上述贪污罪，应当实行数罪并罚。

丙将五金厂的26万元挪用出来汇给乙的个人账户，不是为了个人使用，也不是为了谋取个人利益，不能认定为挪用资金罪。但是，丙明知甲、乙二人实施贪污行为，客观上也帮助甲、乙实施了贪污行为，所以，丙构成贪污罪的共犯（从犯）。

丁将26万元取出的行为，不构成掩饰、隐瞒犯罪所得罪，因为该26万元不是贪污犯罪所得，也不是其他犯罪所得。丁也不成立贪污罪的共犯，因为丁取出26万元时该26万元不是贪污犯罪所得。丁将其中的13万元送给甲，既不是帮助分赃，也不是行贿，因而不成立犯罪。丁对自己名义的干股知情，并领取贿赂款，构成受贿罪的共犯（从犯）。

戊作为回报让乙的妻子丁未出资却享有原料公司10%的股份，虽未进行股权转让登记，但让丁分得红利58万元的行为，是为了谋取不正当利益，构成行贿罪。

难度：中

考点：贪污罪；受贿罪；为亲友非法牟利罪；行贿罪；犯罪未得逞、从犯及

其刑事责任；自首、立功

命题和解题思路：随着国家打击贪污腐败犯罪的力度不断加大，一些公职人员与反贪工作开始“斗智斗勇”，各种闻所未闻的新奇贪腐手段层出不穷。本案的贪污行为手段也颇有点新意，如果考生无法“透过现象看本质”——意图将单位的公共财物占为己有，便无法对甲、乙的行为正确定性。

另外，如果考生对于相关的罪名不甚熟悉的话，也非常容易失分。例如本题所涉及的为亲友非法牟利罪。所以，在复习时一定要牢记相关重点犯罪的构成要件以及罪名，千万不要抱着侥幸的心理认为不会考。

答案解析：

从解题方法来看，由于案件事实涉及的人物及行为事实较多，为了避免思维混乱和遗忘应该检验的行为事实，建议考生在遇到类似的案例事实时，画个简单的人物关系和人物各自所做的行为事实图谱，这样，对于每个人的每个行为该如何定性，人物之间是否存在共同犯罪关系便一目了然，思维上也不至于一团糨糊。

（一）关于甲的刑事责任

甲的行为属于典型的贪污行为，命题人主要想考查的点其实在于贪污罪既遂与未遂的认定问题。甲的行为到底是既遂抑或是未遂，这一点可能是很多考生犯错之处。很多人误以为甲、乙想贪污单位的26万元公款，最后也确实得到了26万元，因此是贪污既遂。可是，很清楚的是，甲、乙的单位并没有现实地丧失26万元公款，贪污罪如同盗窃罪，是一种利用特殊身份实施的财产犯罪，所以仅仅在实行行为和财物损失之间存在直接因果关系时，才可论以既遂。

首先，甲、乙利用职务之便私自以单位设备损害需要购买新设备为由套取单位公款，意图据为己有，构成贪污罪。但是，由于丙汇给甲、乙的26万元并非甲、乙所在单位国有化工厂的资金，国有资产并没有受到实际的损失，因而甲、乙二人成立贪污罪未遂。甲、乙主动向检察院投案，如实交代了贪污罪行，成立自首。而甲另外还交代了乙长期利用职务之便为自己亲友非法牟利的事实，成立立功，可以从轻或减轻处罚。

（二）关于乙的刑事责任

针对乙的行为部分，命题人主要想考查考生对于为亲友非法牟利罪犯罪构成的理解，考生只要对本罪的犯罪构成有基本的掌握，便可以轻松作答。

为亲友非法牟利罪，是指国有公司、企业、事业单位的工作人员，利用职务便利，存在有将本单位的盈利业务交由自己的亲友进行经营的、以明显高于市场的价格向自己的亲友经营管理的单位采购商品或者以明显低于市场的价格向自己的亲友经营管理的单位销售商品、向自己的亲友经营管理的单位采购不合格商品的，使国家利益遭受重大损失的行为。乙利用职务之便，长期以明显高于市场的价格向其远房亲戚戊经营的原料公司采购商品，使化工厂损失近300万元，构成为亲友非法牟利罪。此外，乙由于与甲意图共同贪污单位资金，成立贪污罪，数罪并罚。对于贪污罪，由于存在自首情节，可以从轻或者减轻处罚。

（三）关于丙的行为部分

丙的行为主要涉及的是贪污罪共犯的认定问题，考生只需要清楚非身份者不能成立相应身份犯构成要件的正犯，而只能视情形成立教唆或帮助即可作答。

就丙的行为来说，其明知甲、乙二人意图虚构单位设备损害需更换设备为由套取单位公款，仍然为甲、乙二人提供帮助，成立贪污罪的帮助犯（从犯）。

（四）关于丁的行为部分

对丁的行为，命题人主要想考查贪污罪和掩饰、隐瞒犯罪所得罪犯罪构成的理解。考生要正确作答丁的行为，必须清楚丁协助甲、乙领取的26万元的性质并不属于国有财产，也不是甲、乙的犯罪所得，否则非常容易出错。至于丁在乙知情的情形下未出资却占有戊公司股份的行为，性质上很容易认定。

对丁来说，丁帮助甲、乙领取的26万元并非国有化工厂的资金，因而不成立贪污罪的共犯。而这26万元也不能算作是甲、乙的贪污犯罪所得的，丁当然也不成立掩饰、隐瞒犯罪所得、犯罪所得收益罪。但是，戊为了使乙长期关照自己的公司，让乙妻丁未出资却享有原料公司10%的股份（乙、丁均知情），尽管没有进行股权转让登记，但丁已取得现金红利58万元，由于丁不具有国家工作人员身份，因而成立受贿罪的帮助犯（从犯）。

（五）关于戊的行为部分

对于戊的行为，命题人主要考查行贿罪犯罪构成的理解。戊的行为性质一眼便可看出，基本可以说是命题人在送分。

就戊的行为来看，其为了给自己公司谋取不正当利益，以干股分红的形式贿赂乙，构成行贿罪。

2013年

一、试题（本题22分）

扫一扫　看微课视频

案情：

甲与余某有一面之交，知其孤身一人。某日凌晨，甲携匕首到余家盗窃，物色一段时间后，未发现可盗财物。此时，熟睡中的余某偶然大动作翻身，且口中念念有词。甲怕被余某认出，用匕首刺死余某，仓皇逃离。（事实一）

逃跑中，因身上有血迹，甲被便衣警察程某盘查。程某上前拽住甲的衣领，试图将其带走。甲怀疑遇上劫匪，与程某扭打。甲的朋友乙开黑车经过此地，见状停车，和甲一起殴打程某。程某边退边说："你们不要乱来，我是警察。"甲对乙说："别听他的，假警察该打。"程某被打倒摔成轻伤。（事实二）

司机谢某见甲、乙打人后驾车逃离，对乙车紧追。甲让乙提高车速并走"蛇形"，以防谢某超车。汽车开出2公里后，乙慌乱中操作不当，车辆失控撞向路中间的水泥隔离墩。谢某刹车不及撞上乙车受重伤。赶来的警察将甲、乙抓获。（事实三）

在甲、乙被起诉后，甲父丙为使甲获得轻判，四处托人，得知丁的表兄刘某是法院刑庭庭长，遂托丁将15万元转交刘某。丁给刘某送15万元时，遭到刘某坚决拒绝。（事实四）

丁告知丙事情办不成，但仅退还丙5万元，其余10万元用于自己炒股。在甲被定罪判刑后，无论丙如何要求，丁均拒绝退还余款10万元。丙向法院自诉丁犯有侵占罪。（事实五）

问题：

1. 就事实一，对甲的行为应当如何定性？理由是什么？

2. 就事实二，对甲、乙的行为应当如何定性？理由是什么？

3. 就事实三，甲、乙是否应当对谢某重伤的结果负责？理由是什么？

4. 就事实四，丁是否构成介绍贿赂罪？是否构成行贿罪（共犯）？是否构成利用影响力受贿罪？理由分别是什么？

5. 就事实五，有人认为丁构成侵占罪，有人认为丁不构成侵占罪。你赞成哪一观点？具体理由是什么？

二、答案精讲

1. 就事实一，对甲的行为应当如何定性？理由是什么？

答案：甲携带凶器盗窃、入户盗窃，应当成立盗窃罪。如暴力行为不是作为压制财物占有人反抗的手段而使用的，只能视情况单独定罪。在盗窃过程中，为窝藏赃物、抗拒抓捕、毁灭罪证而使用暴力的，才能定抢劫罪。甲并非出于上述目的，因而不应认定为抢劫罪。在本案中，被害人并未发现罪犯的盗窃行为，并未反抗；甲也未在杀害被害人后再取得财物，故对甲的行为应以盗窃罪和故意杀人罪（未遂）并罚，不能对甲定抢劫罪。

难度：中

考点：抢劫罪；盗窃罪

命题和解题思路：在做案例分析时，考生应当先对案例事实按照行为数进行切割，分析每一个行为的定性如何，最后根据罪数理论分析行为人到底是一罪还是数罪。就事实一来说，行为人甲的行为事实明显可以切分为两个行为：一个是甲携匕首到余家盗窃，物色后未发现可盗财物；一个是甲用匕首刺死余某。对于前一行为的定性不会有什么问题，关键在于后一行为定性是否属于所谓的准（事后）抢劫，这是考生容易犯错的地方。对于是否成立事后抢劫，要围绕“以窝藏赃物、抗拒抓捕或者毁灭罪证为目的”进行分析。

答案解析：

首先，就甲携带匕首到余家盗窃、未物色到财物的行为来说，成立盗窃罪。盗窃罪的客观构成要件表现为以平和手段变他人占有的财物为自己占有，数额较大的，或者是多次盗窃、入户盗窃以及携带凶器盗窃和扒窃。甲携带凶器入户盗窃，成立盗窃罪（未遂）。

其次，就甲怕被余某认出，用匕首刺死余某后逃离的行为来看，成立故意杀人罪。

再次，甲不成立准（事后）抢劫罪。根据《刑法》第269条的规定，犯盗窃、诈骗、抢夺罪，为窝藏赃物、抗拒抓捕或者毁灭罪证而当场使用暴力或者以暴力相威胁的，以抢劫罪定罪处罚。据此，**成立准抢劫罪必须具备三个条件：第一，犯盗窃、诈骗、抢夺罪；第二，当场使用暴力或者以暴力相威胁；第三，以窝藏赃物、抗拒抓捕或者毁灭罪证为目的。**很清楚的是，为了抗拒抓捕的逻辑前提当然是行为人的盗窃等行为已经被他人发现，如果盗窃行为未被发现，当然不存在抗拒抓捕的问题。甲盗窃后确实对被害人使用了暴力，但是，被害人余某当时正处于熟睡状态中，甲也并非是为了抗拒抓捕的目的实施杀人，因而不成立准抢劫罪。此外，最高人民法院2001年5月23日《关于抢劫过程中故意杀人案件如何定性问题的批复》指出：“**行为人为劫取财物而预谋故意杀人，或者在劫取财物过程中，为制服被害人反抗而故意杀人的，以抢劫罪定罪处罚。**”甲显然也不是为了制服被害人反抗而故意杀人，不应适用本规定。

2. 就事实二，对甲、乙的行为应当如何定性？理由是什么？

答案：甲、乙的行为系假想防卫。假想防卫视情况成立过失犯罪或意外事件。在本案中，甲、乙在程某明确告知是警察的情况下，仍然对被害人使用暴力，主观上有过失。但是，过失行为只有在造成重伤结果的场合，才构成犯罪。甲、乙仅造成轻伤结果，因此，对于事实二，甲、乙均无罪。

难度： 易

考点： 正当防卫

命题和解题思路： 本题主要考查考生对于假想防卫概念的理解。**所谓的假想防卫，是指行为人误认为客观上存在正在进行的不法侵害，而对自认为的“侵害者”实施防卫行为。假想防卫由于不满足正当防卫的客观前提要件——现实的不法侵害，因此不是正当防卫，要视具体的情境审查是否成立过失犯罪，或是意外事件。** 考生要想正确解答本题，首先要正确答出最重要的争点——假想防卫，接着要具体分析是成立过失犯罪抑或是意外事件，此外还要避免落入误认为成立妨害公务罪的陷阱。

答案解析：

甲怀疑上前盘查的警察程某为劫匪而与程某扭打，而路过的乙误以为程某是假装警察而共同殴打甲，甲、乙的行为成立假想防卫。在程某亮明自己的警察身份后，此时的甲与乙应当停下殴打行为以便审慎核实程某的身份，但甲乙未履行适当的注意义务，而是继续殴打程某，所以应当认为二人对于程某的伤害后果存在主观过失，但是，我国刑法仅仅处罚过失致人重伤，对于过失致人轻伤的不予处罚。因此，甲、乙不构成犯罪。

妨害公务罪是指以暴力、胁迫方法阻碍国家机关工作人员依法执行职务。妨害公务罪的故意犯罪，行为人必须认识到国家机关工作人员依法执行职务这一客观构成要件要素。本案中的甲与乙恰恰误认为程某并非国家机关工作人员，因此，也不成立妨害公务罪。

3. 就事实三，甲、乙是否应当对谢某重伤的结果负责？理由是什么？

答案： 在被告人高速驾车走蛇形和被害人重伤之间，介入被害人的过失行为（如对车速的控制不当等）。谢某的重伤与甲乙的行为之间，仅有条件关系，从规范判断的角度来看，是谢某自己驾驶的汽车对乙车追尾所造成，该结果不应当由甲、乙负责。

难度： 中

考点： 刑法上因果关系的认定

命题和解题思路： 问甲、乙是否应当对谢某重伤的结果负责，其实就是要确认甲、乙的行为与谢某的重伤后果是否具备因果关系。刑法上的因果关系判断是一种规范的价值判断，而非单纯的事实判断或条件关系判断，因此，除了确认事实性的因果关联（条件理论）是否存在外，还应当从规范分析的角度确认应当将结果算在谁的行为头上，最终确定是否存在规范性的因果关系（相当因果关系）。考生常犯的错误便是仅仅确认了事实性因果后，便直接推导出应当对结果负责的结论，这样，本题便不可能得分。而在确认规范性的因果关系是否存在的时候，由于存在被害人自身的介入因素，需要从介入三因素着手分析是否应当将结果算在前行为人头上，这也正是本题的难点所在。

答案解析：

如果不是甲、乙二人违规走“蛇形”发生车辆事故，谢某便不会刹车不及撞上乙车致使自己受重伤。因此，从条件理论看来，甲、乙的行为与谢某的重伤后果存在事实性因果关系。但是，仅此还不足以确认规范上的因果关系。由于存在被害人谢某自身的过失因素介入，因此在判断甲、乙二人的行为与谢某的重伤结果之间的相当因果关系时，便要综合考虑前行为人的行为导致结果发生的可能性大小、介入因素的异常性大小、介入因素对结果发生所起的作用力大小这三个因素综合考量。

首先，应当说，甲、乙的过失行为导致谢某重伤的后果可能性很低。一般情况下，如果不是后车超速导致制动距离过长，即便前车发生事故，也不会发生后车撞上事故车辆导致伤亡后果的出现。

其次，**就被害人介入因素的异常性大小判断来说，应当坚持一般人的客观立场来判断，换句话说，要看是不是有前行为通常或者必然导致介入因素的出现，如果是，则应当否定介入因素异常**。就本案情况来看，谢某以高速追击甲、乙的行为很难说在一般人看来是正常的情况，毕竟，以一般人的认知来看，以极高的车速追逐车辆极易发生事故，谢某的追尾也证实了这一判断。并且，谢某在当时的情况下，完全可以不必冒如此大的风险追击，而是可以选择诸如停车报警等手段。所以综合来看，应当认为谢某的介入因素极其异常。

最后，毋庸置疑，正是因为谢某自身以极高车速追击甲、乙才导致追尾，因此，应当认为谢某自身的过失对结果发生所起的作用力极大。

综上，应当将谢某重伤的后果归咎于其自身的重大过失行为，而不应算在甲、乙的头上。甲、乙不应当对谢某的重伤后果负责。

难点解析：刑法上因果关系的认定确实是相当困难的规范判断问题，但由于是理论是实务上不可回避的非常重要的问题，因此是几乎每年必考的内容，甚至是同一年的卷子中反复出现多道涉及因果关系的考题。所以，考生必须认真细致地完全掌握因果关系的判断。在介入因素的场合，通常比较难的问题是到底介入因素的出现是否为异常的判断。对此，需要站在一般人的立场看是否有前行为通常会引出后行为的介入。

一般来说，介入因素的异常性大小大体有四种情形：有前行为必然会导致第三人或者被害人介入（被害人被砍伤后由医生正常救治但身亡）；有前行为通常一般会导致第三人或者被害人介入（被害人在十字路口被追砍后闯红灯身亡）；有前行为很少会导致第三人或者被害人介入（被害人被砍伤后死于医院大火）；有前行为不会导致第三人或被害人介入（被害人被砍伤后自杀身亡）。前两种介入情形不属于异常因素（前行为和结果具有因果关系），而后两种情形则属于异常介入因素（前行为和结果不具有因果关系）。

4. 就事实四，丁是否构成介绍贿赂罪？是否构成行贿罪（共犯）？是否构成利用影响力受贿罪？理由分别是什么？

答案：①丁没有在丙和法官刘某之间牵线搭桥，没有促成行贿受贿事实的介绍行为，不构成介绍贿赂罪。②丁接受丙的委托，帮助丙实施行贿行为，构成行贿罪（未遂）共犯。③丁客观上并未索取或者收受他人财物，主观上并无收受财物的意思，不构成利用影响力受贿罪。

难度：易

考点：介绍贿赂罪；行贿罪；利用影响力受贿罪

命题和解题思路：介绍贿赂罪、行贿罪以及利用影响力受贿罪都是有关行贿、受贿的犯罪，三者之间的界限初看很模糊，实际上由于主体身份以及行为表现均不相同，只要认真掌握三者的犯罪构成，本题失分的可能性不高。

答案解析：

介绍贿赂罪是指在行贿人和国家工作人员之间进行引见、撮合、居中联络，促使行、受贿得以实现的行为。**由于事实上的居中联络行为人主观上基本都会认识到自己是在帮助人行贿或者受贿，因此，可以说，如果介绍贿赂罪的成立范围过宽，必定会严重限制共犯理论在行贿罪和受贿罪中的应用，冲击总则的共犯理论架构。所以，解释上就必须限制介绍贿赂罪的成立范围，如果行为人超过了引见、撮合、居中联络以提供行贿、受贿信息的限度，存在诸如将贿赂物交付给受贿者等直接参与行贿、受贿的行为，则已经超出了介绍贿赂罪的规制范围，成立行贿、受贿罪的共犯。**据此，丁受丙所托直接将15万元人民币交给刘某的行为不成立介绍贿赂罪。

丙是为了给其儿子甲谋取轻判的不法利益而要给予刘某财物，但由于刘某拒收，成立行贿罪（未遂）。而丁明知丙是为了谋取不正当利益给予国家工作人员刘某财物，并且协助将财物交付给刘某，因而成立行贿罪（未遂）的帮助犯。

成立利用影响力受贿罪，要求国家工作人员的近亲属或者其他与国家工作人员关系密切者、离职的国家工作人员或者近亲属以及其他与其关系密切者，索取请托人财物或者收受请托人财物。本案中的丁并没有索取或收受请托人丙的财物，主观上也没有索取或收受财物的意思，当然不成立利用影响力受贿罪。

5. 就事实五，有人认为丁构成侵占罪，有人认为丁不构成侵占罪。你赞成哪一观点？具体理由是什么？

答案：

（1）构成。理由：①丁将代为保管的他人财物非法占为己有，数额较大，拒不退还，完全符合侵占罪的犯罪构成。②无论丙对 10 万元是否具有返还请求权，10 万元都不属于丁的财物，因此该财物属于“他人财物”。③虽然民法不保护非法的委托关系，但刑法的目的不是确认财产的所有权，而是打击侵犯财产的犯罪行为，如果不处罚侵占代为保管的非法财物的行为，将可能使大批侵占赃款、赃物的行为无罪化，这并不合适。

（2）不构成。理由：①10 万元为贿赂款，丙没有返还请求权，该财物已经不属于丙，因此，丁没有侵占“他人的财物”。②该财产在丁的实际控制下，不能认为其已经属于国家财产，故该财产不属于代为保管的“他人财物”。据此，不能认为丁虽未侵占丙的财物但侵占了国家财产。③如认定为侵占罪，会得出民法上丙没有返还请求权，但刑法上认为其有返还请求权的结论，刑法和民法对相同问题会得出不同结论，法秩序的统一性会受到破坏。

难度：难

考点：侵占罪

命题和解题思路：不法原因给付与侵占罪的关系问题始终是我国刑法学界的非常重要的争议点和难点，也是司法实务中非常困惑和做法极度不统一之处。对于将不法原因给付物据为己有是否成立侵占罪的问题，涉及对于侵占罪中的“他人财物”“非法”等规范性构成要件要素的理解问题，也关涉刑法与民法之间的协调这一法秩序统一性问题。尽管存在重大争议，命题人还是以此命题，但是答案是开放式的，不管考生是持肯定或者否定的立场，只要逻辑一致地言之成理即可。

此题也显示了未来的命题趋向：通过开放式地题目考查说理和逻辑思维能力。考生在作答此类题目时，必须得抓住关键的考点，围绕关键词展开细致分析，同时要注意逻辑和说理一贯性。具体到本案来说，作答时必须对于“他人财物”“非法”进行深入说理，同时要兼顾民法与刑法各自的规范目的和法秩序统一性问题。

答案解析：

侵占罪，是指将代为保管的他人财物非法占为己有，数额较大，拒不退还的，或者将他人的遗忘物或者埋藏物非法占为己有，数额较大，拒不交出的行为。前者被称为委托物侵占，后者被称为脱离占有物侵占。在将不法原因委托物据为己有的场合显然只涉及委托物侵占，因此，必须围绕“将代为保管的他人财物非法占为己有”进行解释。

如果认为丁的行为成立侵占罪，对于“他人财物”这一构成要件要素来说，相对于丁，无论丙是否享有民法上的返还请求权，10万元无论如何不可能是丁自己所有的财物，而是“他人财物”，可能的理由有二：第一，如果承认丙有返还请求权，财物当然是丙的财物；第二，如果不承认丙的返还请求权，有观点认为此时由于是非法的委托物，应当由国家予以没收，因此，对于丁来说，是将国家的财物据为己有。所以，丁是将他人财物据为己有。就“非法”要素的解释来说，由于刑法与民法的规范目的不同，即使丙与丁之间的委托关系在民法上不受保护，并不意味着丙的委托财物不受刑法的保护，所以，丁将丙委托行贿的10万元占为己有是非法的。据此，丁将丙委托其行贿的10万元财物据为己有，成立侵占罪。

如果认为丁的行为不成立侵占罪，对于“他人财物”则可以解释为：丙对财物没有返还请求权，可以认为该财物的所有权已经不属于丙；而由于10万元毕竟事实上还是由丁占有，也不能认为该财产已经属于国家财产。所以，丙并没有将他人财物据为己有。就“非法”要素的解释来看，如果认为丁将丙不法委托的财物据为己有成立侵占罪，意味着民法不予保护的10万元财物反而受到刑法的保护，因为民法上丙没有返还请求权，但刑法上丙却有返还请求权，严重破坏了法秩序统一性原理。据此，丁将丙委托其行贿的10万元财物据为己有不成立侵占罪。

2012年

一、试题（本题22分）

案情：

镇长黄某负责某重点工程项目占地前期的拆迁和评估工作。黄某和村民李某勾结，由李某出面向某村租赁可能被占用的荒山20亩植树，以骗取补偿款。但村长不同意出租荒山。黄某打电话给村长施压，并安排李某给村长送去1万元现金后，村长才同意签订租赁合同。李某出资1万元购买小树苗5000棵，雇人种在荒山上。

副县长赵某带队前来开展拆迁、评估工作的验收。李某给赵某的父亲（原县民政局局长，已退休）送去1万元现金，请其帮忙说话。赵某得知父亲收钱后答应关照李某，令人将邻近山坡的树苗都算到李某名下。

后李某获得补偿款50万元，分给黄某30万元。黄某认为自己应分得40万元，二人发生争执，李某无奈又给黄某10万元。

李某非常恼火，回家与妻子陈某诉说。陈某说："这种人太贪心，咱可把钱偷回来。"李某深夜到黄家伺机作案，但未能发现机会，便将黄某的汽车玻璃（价值1万元）砸坏。

黄某认定是李某作案，决意报复李某，深夜对其租赁的山坡放火（李某住在山坡上）。

树苗刚起火时，被路过的村民邢某发现。邢某明知法律规定发现火情时，任何人都有报警的义务，但因与李某素有矛盾，便悄然离去。

大火烧毁山坡上的全部树苗，烧伤了李某，并延烧至村民范某家。范某被火势惊醒逃至屋外，想起卧室有5000元现金，即返身取钱，被烧断的房梁砸死。

问题：

1. 对村长收受黄某、李某现金1万元一节，应如何定罪？为什么？

2. 对赵某父亲收受1万元一节，对赵某父亲及赵某应如何定罪？为什么？

3. 对黄某、李某取得补偿款的行为，应如何定性？二人的犯罪数额应如何认定？

4. 对陈某让李某盗窃及汽车玻璃被砸坏一节，对二人应如何定罪？为什么？

5. 村民邢某是否构成不作为的放火罪？为什么？

6. 如认定黄某放火与范某被砸死之间存在因果关系，可能有哪些理由？如否定黄某放火与范某被砸死之间存在因果关系，可能有哪些理由？（两问均须作答）

二、答案精讲

1. 对村长收受黄某、李某现金1万元一节，应如何定罪？为什么？

答案：村长构成非国家工作人员受贿罪，黄某、李某构成对非国家工作人员行贿罪。出租荒山是村民自治组织事务，不是接受乡镇政府从事公共管理活动，村长此时不具有国家工作人员身份，不构成受贿罪。

难度：易

考点：非国家工作人员受贿罪；对非国家工作人员行贿罪

命题和解题思路：村基层组织的工作人员身份问题会直接影响其构成职务侵占罪或贪污罪、受贿罪或非国家工作人员受贿罪。对此，全国人大常委会曾经专门做出过相关解释。命题人正是借此考查考生对于此一司法解释掌握的细致程度。一旦弄清楚村长的主体身份，相应地，对黄某与李某的行为定性便能很快得出结论。

答案解析：

根据2000年全国人民代表大会常务委员会《关于〈中华人民共和国刑法〉第九十三条第二款的解释》第三款和第四款规定：**村民委员会等村基层组织人员协助人民政府从事国有土地的经营和管理、土地征收、征用补偿费用的管理时，属于《刑法》第93条第2款规定的“其他依照法律从事公务的人员”**。考生在此处非常容易仅凭第一印象大体，进而犯错，尽管题干提到了土地拆迁征收的问题，但是村长收受黄某与李某的钱财，是因为将村里的荒山出租，显然并非属于协助政府从事行政管理工作。因此，村长此时不具有国家工作人员身份，其只能构成非国家工作人员受贿罪。相对的，李某与黄某当然只构成对非国家工作人员行贿罪。

2. 对赵某父亲收受1万元一节，对赵某父亲及赵某应如何定罪？为什么？

答案：赵某父亲与赵某构成受贿罪共犯。赵某父亲不成立利用影响力受贿罪。因为只有在离退休人员利用过去的职务便利收受财物，且与国家工作人员没有共犯关系的场合，才有构成利用影响力受贿罪的余地。

难度：难

考点：受贿罪；共同犯罪；利用影响力受贿罪

命题和解题思路：命题人主要想考查的是受贿罪共犯与利用影响力受贿罪的关系问题。**在国家工作人员明知其近亲属或关系密切的人收受请托人财物，仍然通过职务行为或者职权与地位形成的便利条件通过其他国家工作人员职务行为为请托人谋取不正当利益的场合，其近亲属或者关系密切的人仅成立受贿罪共犯，抑或受贿罪共犯与利用影响力受贿罪的想象竞合，存在一定的争议，但法考的观点为仅仅成立受贿罪共犯，考生需要记住这一点**。

答案解析：

利用影响力受贿罪的客观行为表现为，国家工作人员的近亲属或者其他与该国家工作人员关系密切的人，通过该国家工作人员职务上的行为，或者利用该国家工作人员职权或者地位形成的便利条件，通过其他国家工作人员职务上的行为，或者离职的国家工作人员或者其近亲属以及其他与其关系密切的人，利用该离职的国家工作人员原职权或者地位形成的便利条件通过其他国家工作人员职务上的行为，为请托人谋取不正当利益，索取请托人财物或者收受请托人财物，数额较大或者其他较重情节的行为。

在本题中，实质上是赵某父亲收受贿赂后利用赵某的职权为请托人谋取利益，如果成立利用影响力受贿罪，则属于国家工作人员的近亲属通过该国家工作人员职务上的行为为请托人谋取不正当利益，尽管理论界有观点认为，此时近亲属成立受贿罪共犯与利用影响力受贿罪的想象竞合，但是法考的观点是成立利用影响力的前提为不成立受贿罪共犯，换句话说，近亲属与国家工作人员之间无共谋，国家工作人员对于近亲属收钱并不知情，否则，仅成立受贿罪共犯。因此，赵某与其父亲仅成立受贿罪共同犯罪，赵某父亲不成立利用影响力受贿罪。

3. 对黄某、李某取得补偿款的行为，应如何定性？二人的犯罪数额应如何认定？

答案：伙同他人贪污的，以共犯论。黄某、李某取得补偿款的行为构成贪污罪，二人是贪污罪共犯。因为二人共同利用了黄某的职务便利骗取公共财物。二人要对共同贪污的犯罪数额负责，犯罪数额都是50万元，而不能按照各自最终分得的赃物确定犯罪数额。

难度：中

考点：贪污罪；共同犯罪

命题和解题思路：本题难度适中，命题人主要想考查贪污罪以及共犯与身份的问题。只要考生掌握了基础原理，不难拿分。

答案解析：

黄某作为负责某重点工程项目占地前期的拆迁和评估工作的镇长，属于国家工作人员，但其却与村民李某相勾结骗取拆迁补偿款，当然成立贪污罪。李某尽管不具有国家工作人员身份，但其明知黄某作为国家工作人员骗取拆迁补偿款，仍然予以协助，成立贪污罪共犯。由于共同犯罪人需要对共同犯意内的所有不法结果负责，因此，二人贪污的数额各为50万元，而非各自最后分赃所得数额。

4. 对陈某让李某盗窃及汽车玻璃被砸坏一节，对二人应如何定罪？为什么？

答案：陈某构成盗窃罪的教唆犯，属于教唆未遂。李某构成故意毁坏财物罪。李某虽然接受盗窃教唆，但并未按照陈某的教唆造成危害后果，对汽车玻璃被砸坏这一结果，属于超过共同故意之外的行为，由李某自己负责。

难度：中

考点：教唆犯；共同犯罪

命题和解题思路：命题人主要想考查考生对于教唆未遂以及共犯过剩问题的掌握程度。在被教唆人着手实行犯罪但未既遂的场合，正犯即成立教唆未遂。教唆犯对于正犯在教唆故意以外所造成的不法结果，即成立共犯过剩，教唆犯无须负责。

答案解析：

陈某唆使李某盗窃，题干交代李某深夜到黄家伺机作案，说明其已入室盗窃，因此应当认为正犯李某已经着手实行，但由于其未能成功窃取财物，因而李某盗窃未遂，相应的，正犯陈某便成立盗窃罪的教唆未遂。由于李某将车玻璃砸坏这一故意毁坏财物的行为已经超出了教唆故意的范围，因此成立共犯过剩，教唆者陈某对于此部分事实无须负责。

5. 村民邢某是否构成不作为的放火罪？为什么？

答案：邢某不构成不作为的放火罪。虽然法律明文规定发现火情时，任何人都有报警的义务，但是，报警义务不等于救助义务，同时，仅在行为人创设了危险或者具有保护、救助法益的义务时，其他法律、法规规定的义务，才能构成刑法上的不作为的义务来源。本案中火情是黄某造成的，邢某仅是偶然路过，其并未创设火灾的危险，因此，邢某并无刑法上的作为义务，不构成不作为的放火罪。

难度：中

考点：不作为

命题和解题思路：本题主要考查不作为犯的作为义务来源问题。题干中"某明知法律规定发现火情时，任何人都有报警的义务"是命题人故意设置的干扰论述，意在误导考生认为既然行政法规定了有报警义务，那么邢某便有报警的作为义务。

答案解析：

对于作为义务的考查，只能从刑法本身的法益保护视角来切入。早期的形式作为义务论会认为法律规定的作为义务是刑法上的作为义务来源，但问题是，为何其他部门法规定的作为义务可以成为刑法上的作为义务？各个部门法的规范目的不同，因此，这种形式义务论显然存在问题。由于邢某并非制造火灾，对法益并没有积极制造风险，而且由于其只是路人，并没有降低法益风险的义务，所以不成立不作为的放火罪。

6. 如认定黄某放火与范某被砸死之间存在因果关系，可能有哪些理由？如否定黄某放火与范某被砸死之间存在因果关系，可能有哪些理由？（两问均须作答）

答案：黄某放火与范某死亡之间，介入了被害人范某的行为。肯定因果关系的大致理由：①根据条件说，可以认为放火行为和死亡之间具有"无 A 就无 B"的条件关系；②被害人在当时情况下，来不及精确判断返回住宅取财的危险性；③被害人在当时情况下，返回住宅取财符合常理。

否定因果关系的大致理由：①根据相当因果关系说，放火和被害人死亡之间不具有相当性；②被告人实施的放火行为并未烧死范某，范某为抢救数额有限的财物返回高度危险的场所，违反常理；③被害人是精神正常的成年人，对自己行为的后果非常清楚，因此要对自己的选择负责；④被害人试图保护的法益价值有限。只有甲对乙的住宅放火，如乙为了抢救婴儿而进入住宅内被烧死的，才能肯定放火行为和死亡后果之间的因果关系。

难度： 难

考点： 刑法上的因果关系

命题和解题思路： 本题具有相当的难度，命题人主要想考查考生对于相当因果关系的理解程度。在判断相当因果关系时，需要着重考查介入三因素：前行为对结果所起的作用大小、介入因素是否异常、介入行为对于结果所起作用大小。问题是，相当因果关系是一种价值判断，对于异常不异常以及作用大小的判断，可能大家都是根据相当因果关系的判准最后得出的却是不太相当的结论。本题就是这种情形，幸亏命题人采用开放式的命题方式，让考生自己论述正反结论的各自理由。

答案解析：

本题中，行为人的放火行为介入了被害人的因素，因此，在判断被害人的死亡结果和行为人的放火行为是否存在因果关系时，便需要着重考查介入因素是否异常。如果认为被害人范某在着火后进房屋内抢救财物是一般人的正常反应，便不能认为被害人介入因素是异常的，因此，应当将死亡结果算在行为人放火的行为头上，进而肯定相当因果关系的存在；如果认为一般人会倾向于要命不要钱，那么被害人冲进火海抢救钱财便是异常的介入因素，因此，放火行为和死亡结果之间便没有相当因果关系。

2011 年

一、试题（本题 22 分）

案情：

陈某因没有收入来源，以虚假身份证明骗领了一张信用卡，使用该卡从商场购物 10 余次，金额达 3 万余元，从未还款。（事实一）

陈某为求职，要求制作假证的李某为其定制一份本科文凭。双方因价格发生争执，陈某恼羞成怒，长时间勒住李某脖子，致其窒息身亡。（事实二）

陈某将李某尸体拖入树林，准备逃跑时忽然想到李某身有财物，遂拿走李某手机、现金等物，价值 1 万余元。（事实三）

陈某在手机中查到李某丈夫赵某手机号，以李某被绑架为名，发短信要求赵某交 20 万元“安全费”。由于赵某及时报案，陈某未得逞。（事实四）

陈某逃至外地。几日后，走投无路向公安机关投案，如实交代了上述事实二与事实四。（事实五）

陈某在检察机关审查起诉阶段，将自己担任警察期间查办犯罪活动时掌握的刘某抢劫财物的犯罪线索告诉检察人员，经查证属实。（事实六）

问题：

1. 对事实一应如何定罪？为什么？
2. 对事实二应如何定罪？为什么？
3. 对事实三，可能存在哪几种处理意见（包括结论与基本理由）？
4. 对事实四应如何定罪？为什么？
5. 事实五是否成立自首？为什么？
6. 事实六是否构成立功？为什么？

二、答案精讲

1. 对事实一应如何定罪？为什么？

答案：对事实一应认定为信用卡诈骗罪。因为以虚假身份证明骗领信用卡触犯了妨害信用卡管理罪，使用以虚假的身份证明骗领的信用卡，数额较大，构成信用卡诈骗罪，二者具有手段行为与目的行为的牵连关系，从一重罪论处，应认定为信用卡诈骗罪。

难度：中

考点：妨害信用卡管理罪；信用卡诈骗罪；牵连犯

命题和解题思路：本题除了考查考生对于妨害信用卡管理罪和信用卡诈骗罪犯罪构成的掌握程度外，还考查了牵连犯的概念。

答案解析：

信用卡诈骗罪的其中一种行为表现形式即使用虚假的身份证明骗领信用卡。陈某以虚假身份证明骗领了一张信用卡，首先便成立妨害信用卡管理罪。此外，陈某还使用该卡消费，并且从未还款，符合信用卡诈骗罪的构成要件，因为使用以虚假的身份证明骗领的信用卡与恶意透支都是信用卡诈骗罪的客观行为表现形式。由于骗领信用卡和使用骗领的信用卡存在明显的手段——目的之间的牵连关系，因此成立牵连犯，从一重罪处断的结果便是成立信用卡诈骗罪。

2. 对事实二应如何定罪？为什么？

答案：对事实二应认定为故意杀人罪。因为长时间勒住被害人的脖子，不仅表明其行为是杀人行为，而且表明行为人具有杀人故意。

难度：易

考点： 故意杀人罪

命题和解题思路： 本题较简单，主要考故意杀人罪的概念，可以说是命题人在慷慨送分。

答案解析：

陈某长时间勒住李某脖子，显然具有致人死亡的故意，成立故意杀人罪。

3. 对事实三，可能存在哪几种处理意见（包括结论与基本理由）？

答案： 对事实三主要存在两种处理意见：其一，如认为死者仍然占有其财物的，而属于遗失物，事实三成立盗窃罪；其二，如认为死者不可占有其财物的，事实三成立侵占罪。

难度： 难

考点： 盗窃罪；侵占罪

命题和解题思路： 本题较难，命题人采用了开放式的命题方式让考生回答死者对财物的占有这一理论上极具争议的问题。考生需要根据各自的不同立场写出详细的理由加以论证。

答案解析：

简单点说，**盗窃罪是将他人占有的财物变为自己占有，而侵占罪则是将自己占有的财物变为自己所有，因此，判断财物有谁占有便会直接决定行为是构成盗窃罪抑或是侵占罪。如果肯定死者对于财物的占有，则陈某属于变死者占有为自己所有，成立盗窃罪。如果否定死者对于财物的占有，则陈某属于侵占死者的遗忘物（遗失物），成立侵占罪。**肯定死者占有的主要理由为应肯定死者占有的观念，是否具有占有意思对占有的成立与否无关紧要。否定死者占有的主要理由则认为主体一旦死亡，便不可能有占有意思，事实上也无法对财物进行支配控制利用，因此死者对财物不再有占有。

4. 对事实四应如何定罪？为什么？

答案： 事实四成立敲诈勒索罪（未遂）与诈骗罪（未遂）的竞合。因为陈某的行为同时符合二罪的犯罪构成，属于想象竞合。陈某对赵某实行威胁，意图索取财物未果，构成敲诈勒索罪（未遂）；陈某隐瞒李某死亡的事实，意图骗取财物未果，构成诈骗罪（未遂）。由于只有一个行为，故从一重罪论处。

难度： 中

考点： 敲诈勒索罪；诈骗罪；想象竞合

命题和解题思路： 本题看似考查诈骗罪与敲诈勒索罪的构成要件，实则命题人意在考查考生对于分则罪名关系的理解。不少考生的思维定式是在遇到分则罪名时习惯做非此即彼的理解，即检验了某一行为构成A罪名后，便直接放弃检验该行为是否还构成其他罪名，换句话说，没有竞合论的思维。

答案解析：

在李某死亡的情况下，陈某仍然对赵某谎称绑架了李某，因此属于虚构事实骗取他人钱财，成立诈骗罪；而以绑架为由威胁他人交付钱款，当然符合敲诈勒索罪的构成要件，成立本罪。由于陈某事实上未获得钱财，并且只有一个行为，因此成立诈骗罪（未遂）与敲诈勒索罪（未遂）的想象竞合，从一重罪论处。

5. 事实五是否成立自首？为什么？

答案：事实五对故意杀人罪与敲诈勒索罪或诈骗罪成立自首。因为走投无路而投案的，属于自动投案，不影响自首的成立。

难度：易

考点：自首

命题和解题思路：本题较简单，只要掌握自首的概念，即便不清楚司法解释的规定，也能从自首的规范目的中推导出结论。

答案解析：

自首，是指犯罪以后自动投案，如实供述自己罪行的行为，或者被采取强制措施的犯罪嫌疑人、被告人和正在服刑的罪犯，如实供述司法机关还未掌握的本人其他罪行的行为。其本质在于犯罪分子悔罪，自动供述其犯罪事实并承担相应法律后果，在一定程度上表明了自首犯人身危险性的减小。自首一方面可以鼓励和引导犯罪人主动归案，改过自新，争取宽大处理；另一方面可以尽可能降低司法成本，提高破案效率，有效地实现刑罚目的。因此，在走投无路的情况下自动投案并如实供述犯罪事实的，当然符合前述将的自首的规范目的，成立自首。

6. 事实六是否构成立功？为什么？

答案：事实六不构成立功。因为根据《刑法》中关于立功的司法解释规定，陈某提供的犯罪线索虽属实，但是其以前查办犯罪活动中掌握的，故不构成立功。

难度：中

考点：立功

命题和解题思路：本题难度也不大，但是考生需要熟悉司法解释的相关规定，才能正确作答。

答案解析：

最高人民法院《关于处理自首和立功若干具体问题的意见》明确规定：犯罪分子将本人以往查办犯罪职务活动中掌握的，或者从负有查办犯罪、监管职责的国家工作人员处获取的他人犯罪线索予以检举、揭发的，不能认定为有立功表现。因此陈某在检察机关审查起诉阶段，将自己担任警察期间查办犯罪活动时掌握的刘某抢劫财物的犯罪线索告诉检察人员经查证属实，但不成立立功。

2010年

一、试题（本题22分）

案情：

被告人赵某与被害人钱某曾合伙做生意（双方没有债权债务关系）。2009年5月23日，赵某通过技术手段，将钱某银行存折上的9万元存款划转到自己的账户上（没有取出现金）。钱某向银行查询知道真相后，让赵某还给自己9万元。

扫一扫 看微课视频

同年6月26日，赵某将钱某约至某大桥西侧泵房后，二人发生争执。赵某顿生杀意，突然勒钱某的颈部、捂钱某的口鼻，致钱某昏迷。赵某以为钱某已死亡，便将钱某"尸体"缚重扔入河中。

6月28日凌晨，赵某将恐吓信置于钱某家门口，谎称钱某被绑架，让钱某之妻孙某（某国有企业出纳）拿20万元到某大桥赎人，如报警将杀死钱某。孙某不敢报警，但手中只有3万元，于是在上班之前从本单位保险柜拿出17万元，急忙将20万元送至某大桥处。赵某蒙面接收20万元后，声称2小时后孙某即可见到丈夫。

28日下午，钱某的尸体被人发现（经鉴定，钱某系溺水死亡）。赵某觉得罪行迟早会败露，于29日向公安机关投案，如实交代了上述全部犯罪事实，并将勒索的20万元交给公安人员（公安人员将20万元退还孙某，孙某于8月3日将17万元还给公司）。公安人员李某听了赵某的交代后随口说了一句"你罪行不轻啊"，赵某担心被判死刑，逃跑至外地。在被通缉的过程中，赵某身患重病无钱治疗，向当地公安机关投案，再次如实交代了自己的全部罪行。

问题：

1. 赵某将钱某的9万元存款划转到自己账户的行为，是什么性质？为什么？

2. 赵某致钱某死亡的事实，在刑法理论上称为什么？刑法理论对这种情况有哪几种处理意见？你认为应当如何处理？为什么？

3. 赵某向孙某索要20万元的行为是什么性质？为什么？

4. 赵某的行为是否成立自首？为什么？

5. 孙某从公司拿出17万元的行为是否成立犯罪？为什么？

二、答案精讲

1. 赵某将钱某的9万元存款划转到自己账户的行为，是什么性质？为什么？

答案：赵某将钱某的9万元存款划转到自己账户的行为，成立盗窃罪。在我国，存款属于盗窃罪的对象，即通过平和的手段变他人所有（财产性利益）为自己所有。赵某的行为完全符合盗窃罪的构成要件，而且是盗窃既遂。

难度：易

考点：盗窃罪

命题和解题思路：本题较简单，命题人主要考查的是考生对盗窃罪对象的理解。只要掌握财产性利益可以成为盗窃罪的对象，本题便可迎刃而解。

答案解析：

盗窃罪，是指以非法占有为目的，采用平和的手段破坏他人对财物的占有，进而建立自己对财物的占有。盗窃罪的对象除了狭义的财物外，还包括财产性利益。而存款债权典型的属于财产性利益。因此，赵某通过技术手段将钱某的9万元划转到自己账户，破坏了钱某对存款的占有，建立了自己的占有，成立盗窃罪。

2. 赵某致钱某死亡的事实，在刑法理论上称为什么？刑法理论对这种情况有哪几种处理意见？你认为应当如何处理？为什么？

答案：赵某致钱某死亡的行为，在刑法理论上称为事前的故意。刑法理论对这种情况有以下处理意见：①第一行为即勒颈部、捂口鼻的行为成立故意杀人未遂。第二行为即将钱某“尸体”缚重扔入河中的行为成立过失致人死亡罪；②如果在实施第二行为时对死亡有间接故意（或未必的故意），则成立一个故意杀人既遂；否则成立故意杀人未遂与过失致人死亡罪；③将两个行为视为一个行为，将支配行为的故意视为概括的故意，认定为一个故意杀人既遂；④将两个行为视为一体，作为对因果关系的认识错误来处理，只要存在相当的因果关系，就认定为一个故意杀人既遂。应当认为，第一行为与结果之间的因果关系并未中断，而且客观发生的结果与行为人意欲发生的结果完全一致，故应肯定赵某的行为成立故意杀人既遂。

难度：难

考点：事前的故意

命题和解题思路：本题较难，难在命题人首先便没有明确问及事前的故意，而是需要考生从案件事实的隐含交代中总结出这是事前的故意考点。其次，本题也采用了开放式的命题方式，需要答出关于事前的故意的重要观点。

答案解析：

事前的故意，是指误以为第一个行为已经造成了设想的结果，出于其他目的实施第二个行为，实际上是第二个行为导致了结果的发生。如何处理，存在争议。

第一种意见：概括故意理论。将前后两个行为视为是一个行为，作为整体成立故意杀人既遂。

第二种意见：由于存在两个清楚可分的行为，不能因为行为人想杀人，最后人也死了，就成立故意杀人既遂。毕竟行为人在实施第二个行为时候没有杀人故意，所以成立故意杀人未遂和过失致人死亡的数罪并罚。也有极少数人认为，尽管是故意杀人未遂和过失致人死亡，但成立想象竞合。

第三种意见：看实施第二个行为时是否有间接故意，如果有间接故意，则将前后两个行为视为一个行为，成立故意杀人既遂；如果没有间接故意，则分开论处，以过失致人死亡和故意杀人未遂并罚。

第四种意见：看第一个行为和结果之间是不是具有相当因果关系，如果第一行为和结果之间还在相当因果关系范围内，不影响因果关系的认定，结果也是行为人想要的，成立故意杀人既遂。

一般用第四种意见处理事前的故意：由于第一个行为具有致死的高度危险，再加上介入出于毁尸灭迹等目的实施的第二个行为也并非异常因素，所以行为与结果之间存在相当因果关系，而且这个结果也是行为人想要的结果，所以成立故意杀人既遂。

3. 赵某向孙某索要20万元的行为是什么性质？为什么？

答案：赵某向孙某勒索20万元的行为是敲诈勒索罪与诈骗罪的想象竞合犯。一方面，赵某实施了胁迫行为，孙某产生了恐惧心理，并交付了财物。所以，赵某的行为触犯了敲诈勒索罪；另一方面，钱某已经死亡，赵某的行为具有欺骗性质，孙某产生了认识错误；如果孙某知道真相就不会受骗、不会将20万元交付给赵某。因此，赵某的行为也触犯了诈骗罪。但是，由于只有一个行为，故成立想象竞合犯，从一重罪论处。

难度：中

考点：敲诈勒索罪；诈骗罪；想象竞合

命题和解题思路：本题看似在考查敲诈勒索罪和诈骗罪的犯罪构成，其实命题人主要想考查的是考生是否有竞合论的观念。不少考生在学习刑法时习惯于做非此即彼式的思考，即将罪名之间理解为互斥关系的思维定式。只要将行为可能构成的罪名逐个审查，最后按照竞合论得出处理结论即可。

答案解析：

被害人已死亡，却谎称绑架被害人借此勒索钱财，当然属于虚构事实欺骗他人交付财物，因此，赵某首先成立诈骗罪；此外，以绑架为由索财，显然是想利用对方的恐惧心理交付财物，所以赵某又成立敲诈勒索罪。而行为人只有一行为，属于一行为触犯数罪，因此论以想象竞合，从一重处罚。

4. 赵某的行为是否成立自首？为什么？

答案：赵某的行为成立自首。虽然相关司法解释规定，“犯罪嫌疑人自动投案后又逃跑的，不能认定为自首”，但这是针对后来不再投案自首而言。在本案中，虽然可以根据司法解释否认赵某的前一次投案成立自首，但不能否认后一次自动投案与如实交代成立自首。

难度：易

考点：自首

命题和解题思路：本题相对较简单，主要考查自首的相关知识，只要考生熟悉自首的制度宗旨，即便不记得相关司法解释，也能得出成立自首的结论。

答案解析：

赵某的行为成立自首。司法解释规定，“犯罪嫌疑人自动投案后又逃跑的，不能认定为自首”，但是行为人逃跑后走投无路又自动投案如实供述的，完全符合自首制度鼓励行为人悔过自新的规范目的，当然还是成立自首。

5. 孙某从公司拿出17万元的行为是否成立犯罪？为什么？

答案：孙某的行为虽然属于挪用公款，但不成立挪用公款罪。因为孙某虽然将公款挪用给个人使用，但并没有超过三个月未还。

难度：易

考点：挪用公款罪

命题和解题思路：本题较简单，主要考查挪用公款罪的犯罪构成。挪用公款归个人使用，如果不属于用于非法活动与营利活动，则需要超过三个月未还。

答案解析：

挪用公款罪，指国家工作人员利用职务上的便利，挪用公款归个人使用，进行非法活动的，或者挪用公款数额较大、进行营利活动的，或者挪用公款数额较大、超过3个月未还的行为。孙某的行为确实属于挪用公款归个人使用，但其并没有将公款用于非法活动与营利活动，因此要超过3个月未还才成立本罪。但孙某挪用公款的时间并未超过3个月，因此，不成立犯罪。

2009年

一、试题（本题22分）

案情：

甲和乙均缺钱。乙得知甲的情妇丙家是信用社代办点，配有保险柜，认为肯定有钱，便提议去丙家借钱，并说："如果她不借，也许我们可以偷或者抢她的钱。"甲说："别瞎整！"乙未再吭声。某晚，甲、乙一起开车前往丙家。乙在车上等，甲进屋向丙借钱，丙说："家里没钱。"甲在丙家吃饭过夜。乙见甲长时间不出来，只好开车回家。甲一觉醒来，见丙已睡着，便起身试图打开保险柜。丙惊醒大声斥责甲，说道："快住手，不然我报警了！"甲恼怒之下将丙打死，藏尸地窖。

甲不知密码打不开保险柜，翻箱倒柜只找到了丙的一张储蓄卡及身份证。甲回家后想到乙会开保险柜，即套问乙开柜方法，但未提及杀丙一事。甲将丙的储蓄卡和身份证交乙保管，声称系从丙处所借。两天后甲又到丙家，按照乙的方法打开保险柜，发现柜内并无钱款。乙未与甲商量，通过丙的身份证号码试出储蓄卡密码，到商场刷卡购买了一件价值两万元的皮衣。

案发后，公安机关认为甲有犯罪嫌疑，即对其实施拘传。甲在派出所乘民警应对突发事件无人看管之机逃跑。半年后，得知甲行踪的乙告知甲，公安机关正在对甲进行网上通缉，甲于是到派出所交代了自己的罪行。

问题：

请根据《刑法》有关规定，对上述案件中甲、乙的各种行为和相关事实、情节进行分析，分别提出处理意见，并简要说明理由。

二、答案精讲

1. 请根据《刑法》有关规定，对上述案件中甲、乙的各种行为和相关事实、情节进行分析，分别提出处理意见，并简要说明理由。

答案：

1. 关于甲的行为定性

甲在着手盗窃丙的保险柜过程中，因罪行败露而实施杀害丙的行为，甲的犯罪目的是取得财物，根据《刑法》第269条的规定，其杀人行为属于盗窃过程中为“抗拒抓捕”而对被害人使用暴力，应当成立抢劫罪。根据《刑法》第263条的规定，甲的行为属于抢劫致人死亡，成立抢劫罪的结果加重犯，应适用升格的法定刑。

甲的杀人、抢劫行为，都与乙无关，甲、乙之间没有共同故意和共同行为，根据《刑法》第25条的规定，不成立共犯；甲将丙的储蓄卡和身份证给乙，不构成盗窃罪的教唆犯。甲两天后回到丙家，打开保险柜试图窃取丙的钱财的行为，属于抢劫罪中取财行为的一部分，不单独构成盗窃罪。

根据最高人民法院《关于处理自首和立功具体应用法律若干问题的解释》第1条的规定，只有在案发后没有受到讯问、未被采取强制措施，自动投案如实供述自己的罪行的，才能成立自首。本案中，甲被公安机关采取强制措施后逃跑再归案的，即便如实供述也不能成立自首。

2. 关于乙的行为定性

乙事先的提议甲并未接受，当时没有达成合意，二人没有共同犯罪故意。甲的抢劫行为属于临时起意，系单独犯罪，不能认为乙的行为构成教唆犯。乙不成立教唆犯，当然就不能对乙的行为适用《刑法》第29条第2款。在甲实施抢劫行为之时，乙已经离开现场，与甲之间没有共犯关系，乙没有帮助故意，也缺乏帮助行为，不成立帮助犯。

甲套问乙打开保险柜的方法，将丙的储蓄卡、身份证交乙保管时，均未告知乙实情，乙缺乏传授犯罪方法罪，掩饰、隐瞒犯罪所得、犯罪所得收益罪的故意。乙去商场购物的行为，根据《刑法》第196条的规定，属于冒用他人信用卡，构成信用卡诈骗罪。

难度：中

考点：盗窃罪；抢劫罪；信用卡诈骗罪；教唆犯；共犯过剩；自首

命题和解题思路：命题人主要想考查的首要知识点还是在共犯的认定问题，在缺乏共同故意的情形下，无法成立共犯。本题的另外一个关键点是，行为人是在盗窃过程中被人发现，进而使用暴力，所以应当认定为抢劫罪，杀人行为是压制他人反抗的抢劫罪的手段行为，而非抢劫后出于灭口等动机的杀人行为，如果是后者，就得数罪并罚，这是不少考生丢分的地方。

答案解析：

对于甲的可罚性来说，由于乙提议两人共同去借钱，如果丙不借便偷或抢，甲并没有接受乙的教唆。甲进入丙家后临时起意盗窃保险柜，盗窃过程中被人发现后使用暴力“抗拒抓捕”，因而成立转化型抢劫，而杀人行为是抢劫罪的暴力手段行为，成立抢劫罪的结果加重犯，因此，不以抢劫罪和故意杀人罪数罪并罚。最高人民法院《关于抢劫过程中故意杀人案件如何定罪问题的批复》规定的行为人实施抢劫后为灭口而故意杀人的以抢劫罪和故意杀人罪数罪并罚，在本案中并不适用。另外，甲在数天后重新回到丙甲取财的，属于抢劫罪取财的一部分，不再另行定罪。而根据最高人民法院《关于处理自首和立功具体应用法律若干问题的解释》第1条的规定，犯罪嫌疑人自动投案后又逃跑的，不能认定为自首。甲是被公安机关采取强制措施后逃跑再归案，因此即便如实供述，也不能成立自首。

对于乙来说，甲的抢劫行为与其不成立共犯关系，对此一部分事实，乙无须复杂。而甲将丙的储蓄卡、身份证交乙保管时，并没有告知乙是抢劫所得，因此乙显然不成立掩饰、隐瞒犯罪所得、犯罪所得收益罪。但乙明知是丙的储蓄卡，仍然到商场刷卡消费，属于冒用他人信用卡，成立信用卡诈骗罪。

2008年

一、试题（本题20分）

案情：

徐某系某市国有黄河商贸公司的经理，顾某系该公司的副经理。2005年，黄河商贸公司进行产权制度改革，将国有公司改制为管理层控股的股份有限公司。其中，徐某、顾某及其他15名干部职工分别占40%、30%、30%股份。在改制过程中，国有资产管理部门委托某资产评估所对黄河商贸公司的资产进行评估，资产评估所指派周某具体参与评估。在评估时，徐某与顾某明知在公司的应付款账户中有100万元系上一年度为少交利润而虚设的，经徐某与顾某以及公司其他领导班子成员商量，决定予以隐瞒，转入改制后的公司，按照股份分配给个人。当周某发现了该100万元应付款的问题时，公司领导班子决定以辛苦费的名义，从公司的其他公款中取出1万元送给周某。周某收下该款后，出具了隐瞒该100万元虚假的应付款的评估报告。随后，国有资产管理部门经研究批准了公司的改制方案。在尚未办理产权过户手续时，徐某等人因被举报而案发。

问题：

1. 徐某与顾某构成贪污罪还是私分国有资产罪？为什么？
2. 徐某与顾某的犯罪数额如何计算？为什么？

3. 徐某与顾某的犯罪属于既遂还是未遂？为什么？

4. 给周某送的1万元是单位行贿还是个人行贿？为什么？

5. 周某的行为是否以非国家工作人员受贿罪与提供虚假证明文件罪实行数罪并罚？为什么？

6. 周某是否构成徐某与顾某的共犯？为什么？

二、答案精讲

1. 徐某与顾某构成贪污罪还是私分国有资产罪？为什么？

答案：徐某与顾某构成贪污罪，而不构成私分国有资产罪。本案不符合以单位名义集体私分的特征，而是采取隐瞒的方式将公款予以非法占有，符合贪污罪的特征。

难度：中

考点：贪污罪；私分国有资产罪

命题和解题思路：命题人主要想考查的是私分国有资产罪和贪污罪的界分问题。解题的关键在于把握成立私分国有资产罪的核心为以单位名义集体私分。

答案解析：

私分国有资产罪，是指国家机关、国有公司、企业、事业单位、人民团体，违反国家规定，以单位名义将国有资产集体私分给个人，数额较大的行为。因此，**私分国有资产罪应当是由单位领导共同研究决定集体私分，换句话说，私分国有资产罪是单位犯罪，因此，私分国有资产行为应当体现的是单位的整体意志，必须由单位的决策机构按照单位的决策程序进行**。根据题干的交代，徐某与顾某等人将改制前公司的100万元私自转入改制后的公司，并非以单位名义按照单位的决策程序进行，因此不应认定为私分国有资产罪。由于顾某等人是利用职务便利将国有资产不法所有，因此，成立贪污罪的共同犯罪。

2. 徐某与顾某的犯罪数额如何计算？为什么？

答案：徐某与顾某应对100万元的贪污总数额负责，而不是只对个人所得部分负责；此外，用于行贿的1万元也应计入贪污数额。

难度：易

考点：共同犯罪

命题和解题思路：本题可以说是送分题，只要考生理解了共同正犯的归责原则便可轻松答题。

答案解析：

徐某与顾某属于贪污罪的共同正犯，共同正犯实行交互归责原则（部分实行全部责任），因此，每个共同正犯都应对所有的共同正犯在共同犯意范围内的不法结果负责，因此犯罪数额的计算就是所有人的贪污犯罪总额，而非每个人实际所得的犯罪赃款。对此，最高人民法院2003年11月13日《全国法院审理经济犯罪案件工作座谈会纪要》明确规定，在共同贪污犯罪案件中，各共同犯罪人均应对参与的共同贪污的数额承担刑事责任。因此，徐某与顾某的犯罪数额为100万元。

3. 徐某与顾某的犯罪属于既遂还是未遂？为什么？

答案：徐某与顾某贪污100万元属于未遂，因为公司产权尚未过户，但贪污1万元属于既遂。

难度：易

考点：贪污罪

命题和解题思路：本题不难，主要考查贪污罪既遂与未遂的认定标准问题。

答案解析：

贪污罪，指的是国家工作人员利用职务上的便利采取侵吞、窃取、骗取等方式不法取得公共财物。可以将贪污罪简单一点理解为利用国家工作人员身份的财产犯罪行为，因此，其既遂标准也应当是以是否实际取得公共财物为标准。本案中，公司产权还没有实际过户，因此针对这100万元属于贪污未遂，但是，徐某与顾某为掩盖贪污实施，私自决定将单位公款1万元给周某，则是贪污既遂。

4. 给周某送的1万元是单位行贿还是个人行贿？为什么？

答案：给周某送的1万元属于个人行贿，因为不是为单位谋取不正当利益。

难度：易

考点：单位行贿罪

命题和解题思路：本题实质上也较容易，陷阱在于回答本题要以正确回答第1问为前提。

答案解析：

单位行贿罪，是指单位为谋取不正当利益而行贿，或者违反国家规定给予国家工作人员以回扣、手续费的行为。所以，单位行贿罪也必须是为单位谋取不正当利益。如前所述，顾某等人决定将100万元据为己有，并非为了单位利益且经由单位决策程序决策，不属于私分国有资产犯罪，而是成立贪污罪的共同犯罪，其为掩盖不法事实向周某行贿1万元，因此不能认定是为了单位谋取不正当利益，不成立单位行贿罪，属于个人行贿行为。

5. 周某的行为是否以非国家工作人员受贿罪与提供虚假证明文件罪实行数罪并罚？为什么？

答案：周某构成提供虚假证明文件罪，不应与非国家工作人员受贿罪实行并罚。

难度：中

考点：提供虚假证明文件罪；非国家工作人员受贿罪

命题和解题思路：命题人主要考查考生对于提供虚假证明文件罪刑法规定的熟悉程度。本题说难也难，说简单也简单：难在如果对《刑法》第229条不熟悉，根据竞合论的基础理论会认为周某存在数行为，应当数罪并罚；易在如果熟悉229条的特别规定，本题就是送分题。由此看来，考生应当尽量熟悉刑法典的规定。

答案解析：

从理论上看，承担资产评估等工作的人员提供虚假证明文件，并且收受他人贿赂的，存在数个行为，侵害了数个法益，按照竞合论的基本原理，应当数罪并罚。但是，**《刑法》第229条第2款规定，承担资产评估、验资、验证、会计、审计、法律服务等职责的中介组织的人员索取他人财物或者非法收受他人财物，犯提供虚假证明文件罪的，属于加重情节**。因此，提供虚假证明文件并且收受他人财物的，不再数罪并罚。

6. 周某是否构成徐某与顾某的共犯？为什么？

答案：周某构成徐某与顾某犯罪的共犯，属于提供虚假证明文件罪与贪污共犯的想象竞合。

难度：易

考点：共同犯罪；想象竞合犯

命题和解题思路：本题不难，考查的主要是共犯与身份问题，以及想象竞合。考生只要理解相关知识点的基础原理，便不难正确回答。

答案解析：

周某在资产评估时明知100万元存在问题，在意识到徐某等人是想将100万元公款不法据为己有仍然以提供虚假证明文件的形式提供帮助，当然成立贪污罪的帮助犯。由于帮助行为另成立提供虚假证明文件罪，一行为触犯数罪名的想象竞合，即提供虚假证明文件罪和贪污罪共犯的想象竞合，择一重罪处罚。

第四部分　命题人模拟金题

案例分析题一

一、试题

案情：

曾某1998年因故意伤害罪被判处5年有期徒刑，2002年刑满出狱。其后，曾某长期沉迷于炒股，其向黄某借的用于炒股的10万元早已逾期。曾某的远房表亲廖某在某国有保险公司上班，曾某遂产生骗保险金的念头。

扫一扫　看微课视频

2006年4月，曾某与廖某协商，准备请黄某将曾某的双脚砍断后，由廖某办理保险理赔，获得理赔金后将分给廖某一部分。此后，曾某先后向廖某所在保险公司投保了数份意外伤害保险，保额总计达到70余万元，被保险人与受益人均为曾某。曾某找到黄某，劝说黄某砍掉他的双脚，用以向保险公司理赔，曾某承诺将从所得的高额保险金中拿出15万元优先偿还黄某的本金及利息。黄某在曾某的多次劝说下答应曾某的请求，由曾某确定砍脚的具体部位，由黄某准备砍刀和塑料袋等工具并寻找作案地点。

某日晚8时许，曾某按约定骑摩托车到指定地点，黄某用砍刀将曾某双下肢膝盖以下的部位砍断，之后，黄某将砍下的双脚装入塑料袋内，携带砍刀骑着曾某的摩托车离开现场。曾某在黄某离开后呼救，周围群众发现后报警，将其送往医院抢救。曾某向公安机关以及保险公司谎称自己是被三名陌生男子抢劫时砍断双脚，以期获得赔偿。

一个月后，曾某向保险公司提出理赔申请，由廖某经手办理。未等理赔，公安机关侦破此案。后经鉴定，曾某的伤情为重伤，伤残评定为三级。

问题：

请结合理论与实务的观点，分析曾某、黄某、廖某的刑事责任（包括犯罪性质即罪名、犯罪形态、共同犯罪、数罪并罚等），需简述相应理由。

［**案例来源：**《人民法院刑事指导案例裁判要旨通纂（上）》：曾劲青等保险诈

骗、故意伤害案]

二、答案精讲

1. 请结合理论与实务的观点，分析曾某、黄某、廖某的刑事责任（包括犯罪性质即罪名、犯罪形态、共同犯罪、数罪并罚等），需简述相应理由。

答案：

1. 曾某与黄某构成保险诈骗罪的共同犯罪。曾某作为投保人和被保险人，伙同黄某共同造成自己伤残，骗取保险金，成立保险诈骗罪的正犯，黄某明知曾某是要以此方式骗取保险金，仍然予以协助，则成立保险诈骗罪的帮助犯。

2. 黄某应曾某的要求，故意砍断曾某的双脚，造成曾某重伤。尽管是应曾某请求而重伤害曾某，但是，我国刑法理论通说认为，对于重伤害的被害人同意是无效的，因此，黄某成立故意伤害罪。

由于黄某砍断曾某双脚的行为另成立保险诈骗罪的帮助犯，因此，属于一行为触犯数罪名的想象竞合犯，从一重罪处断，论以故意伤害罪。

而曾某要求他人砍断自己双脚的行为，不应追究其故意伤害罪的责任。

3. 曾某与廖某成立诈骗罪以及贪污罪的共同犯罪。从理论上看，相对于廖某而言，曾某的行为是保险诈骗罪的正犯，而曾某明知廖某是国有保险公司的工作人员，廖某欲伙同自己采取欺骗的方式非法占有国有公司的财产，因此曾某又成立贪污罪的帮助犯，所以曾某成立保险诈骗罪的实行犯与贪污罪的帮助犯的想象竞合，从一重处断，论以保险诈骗罪的实行犯。

相对于曾某而言，廖某明知曾某欲通过制造保险事故的方式骗取保险金，自己仍然予以协助，成立保险诈骗罪的帮助犯，而廖某欲利用职务之便骗取公司财产，又成立贪污罪的正犯，因此，廖某成立贪污罪的实行犯与保险诈骗罪帮助犯的想象竞合，从一重罪处断，论以贪污罪的正犯。

最高人民法院2003年《全国法院审理经济犯罪案件工作座谈会纪要》指出：“对于在公司、企业或者其他单位中，非国家工作人员与国家工作人员勾结，分别利用各自的职务便利，共同将本单位财物非法占有的，应当尽量区分主从犯，按照主犯的犯罪性质定罪。司法实践中，如果根据案件的实际情况，各共同犯罪人在共同犯罪中的地位、作用相当，难以区分主从犯的，可以贪污罪定罪处罚。”这一司法解释是针对公司、企业等单位中的非国家工作人员与国家工作人员共同利用各自职务便利如何定罪问题的规定，但是实务中也出现了有判决将其类比适用于其他不同身份者利用各自身份的共同犯罪案件。就本案看，对于骗取保险公司保险金的整个犯罪计划来说，应当认为曾某在其中起了主要作用，廖某只是协助理赔，因此，曾某是主犯，廖某是从犯，按照前述司法解释的观点，对二人均论以保险诈骗罪。其中，曾某是保险诈骗罪的实行犯，廖某是保险诈骗罪的帮助犯。

由于已向保险公司提出理赔申请，保险诈骗罪已经着手。但未实际获得保险理赔，因此，曾某与廖某分别论以保险诈骗罪实行犯的犯罪未遂以及贪污罪实行犯的犯罪未遂，或保险诈骗罪实行犯未遂与保险诈骗罪帮助犯的未遂。

4. 曾某属于在刑罚执行完毕 5 年内再犯应判处有期徒刑以上刑罚的累犯。

难点：难

考点：保险诈骗罪；故意伤害罪；被害人承诺；犯罪未遂；累犯；共犯与身份

命题和解题思路：本题主要考查考生对保险诈骗罪犯罪构成的掌握程度，包括保险诈骗罪的着手与既遂，投保人教唆他人制造人身保险事故骗保时的罪数以及被害人承诺的出罪界限。在理论上与事务上，对于在不同身份者共同犯罪时定性存在争议。

对于保险诈骗罪着手时点的判定，考生必须注意要结合保险诈骗罪的保护法益进行实质的危险判断。而对于被害人承诺的出罪界限，则需要牢记只有在承诺重伤害以及生命以外的个人法益时，才能以被害人承诺为由出罪，并且，法律并不禁止人自伤或自杀。

至于不同身份者利用各自身份共同犯罪的，理论与实务界存在不同看法。理论上会认为，不同身份者会成立各自身份犯的正犯以及对方身份犯的共犯，二者成立想象竞合。但是，司法解释的观点却以起主要作用者的身份进行定罪处罚。因此，考生需要对重要的，尤其是有理论争议的司法解释重点掌握。

答案解析：

投保人故意制造保险事故进行保险理赔的，成立保险诈骗罪。本案例中，存在两对共同犯罪关系：曾某与黄某成立保险诈骗罪的共同犯罪；曾某与廖某成立保险诈骗罪、贪污罪的共同犯罪。

1. 针对曾某与黄某的保险诈骗共同犯罪：曾某是实行犯，黄某是帮助犯。我国刑法理论一般认为，被害人承诺的出罪界限在于重伤害和生命，也就是说，得到被害人承诺的身体重伤害与杀人，仍然构成故意伤害罪与故意杀人罪。黄某在知道投保人曾某想透过制造人身事故骗取保险金仍然予以协助的，成立保险诈骗罪的帮助犯，由于只有一行为，因而成立保险诈骗罪与故意伤害罪的想象竞合犯，从一重处罚。另外，必须注意的是，故意伤害罪与故意杀人罪的规范目的在于保护他人的生命与身体，却不禁止人自伤与自杀，否则理论上必定推导出自杀与自伤是违法甚至是犯罪的行为。因此，投保人教唆他人伤害自己的，对投保人不应认定为故意伤害罪。

2. 针对曾某与廖某成立保险诈骗罪、贪污罪的共同犯罪：由于理论与实务对于不同身份者利用各自身份实施共同犯罪的处理意见不同，因而需要分别展开分析。

从理论上看，曾某的行为首先是保险诈骗罪的正犯。另外，其明知廖某是国有保险公司的工作人员，仍然伙同廖某采取欺骗的方式非法占有国有公司的财产，因此曾某又成立贪污罪的帮助犯，进而曾某应论以保险诈骗罪的实行犯与贪污罪帮助犯的想象竞合，从一重处断，论以保险诈骗罪的实行犯；廖某首先是利用职务之便骗取公司财产，成立贪污罪的实行犯，而其明知曾某欲保险诈骗却予以协助，成立保险诈骗罪的帮助犯，所以廖某成立贪污罪的实行犯与保险诈骗罪帮助犯的想象竞合，从一重罪处断，论以贪污罪的正犯。

从实务上看，最高人民法院2003 年《全国法院审理经济犯罪案件工作座谈会纪要》指出：“对于在公司、企业或者其他单位中，非国家工作人员与国家工作人员勾结，分别利用各自的职务便利，共同将本单位财物非法占有的，应当尽量区分主从犯，按照主犯的犯罪性质定罪。司法实践中，如果根据案件的实际情况，各共同犯罪人在共同犯罪中的地位、作用相当，难以区分主从犯的，可以贪污罪定罪处罚。”尽管这一司法解释的规定针对的是公司、企业等单位中的非国家工作人员与国家工作人员共同利用各自职务便利如何定罪的问题，但是实务中也出现了将其类比适用于其他不同身份者利用各自身份的共同犯罪案件中。因此，本案中，对于骗取保险公司保险金的整个犯罪计划制定与实施来说，应当认为曾某在其中起了主要作用，廖某只是予以协助，因此，曾某是主犯，廖某是从犯，按照司法解释的观点，对二人均论以保险诈骗罪。其中，曾某是保险诈骗罪的实行犯，廖某是保险诈骗罪的帮助犯。

在行为人制造保险事故时属于犯罪预备，只有在提出保险理赔时，才对保险公司的财产造成现实危险，进入着手阶段。但未实际获得保险理赔，因此，与前述理论与实务对于二人最后定性的看法不同相对应：对曾某与廖某分别论以保险诈骗罪实行犯的犯罪未遂以及贪污罪实行犯的犯罪未遂，或者保险诈骗罪实行犯的未遂与保险诈骗罪帮助犯的未遂。不难看出，在本案中，如果按照主犯的性质定罪，对于廖某的制裁显然显得轻了，毕竟对其以贪污罪实行犯的未遂处理要更重。

案例分析题二

一、试题

案情：

王某在某玩具厂打工期间认识了被害人宋某。后王某辞职，经营一家服装店，由于生意不景气，便将店转让给了宋某，转让款项已付清。宋某经营有方，勤劳肯干，生意越做越红火。

扫一扫 看微课视频

赵某、林某与王某、宋某同为玩具厂的同事。某日，王某在与赵某、林某喝酒聊天时，告诉二人，宋某接了自己的服装店，结果还有3万元转让款至今不还，不如三人一起将宋某绑了，拿回3万元欠款后给每人1万元，赵某与林某答应。

翌日，三人依约在宋某小区门口将宋某的车拦下，并将其劫持至王某乡下的老家。赵某与林某在得知宋某已经将门面房转让款还清后，赵某大骂王某是骗子，后独自离开。王某、林某共同使用暴力导致宋某轻伤，在强迫宋某说出其信用卡密码后，王某随即独自一人去ATM机取款，由林某看管宋某。王某顺利在ATM机上取款10万元。林某在看管宋某时，宋某欲逃脱，林某为灭口持刀将宋某杀害。就在林某正要逃跑时，宋某的妻子给宋某打来电话，林某灵机一动，接起电话告诉宋某妻子，宋某在自己手上，迅速汇10万元到林某的银行卡，否则便撕票。宋某妻子报警，林某被抓获。王某得知林某被抓后，主动到派出所交代了所有的犯罪事实。

问题：

请分析王某、赵某、林某的刑事责任（包括定性、犯罪形态、共同犯罪、数罪并罚等），须简述相应理由。

二、答案精讲

1. 请分析王某、赵某、林某的刑事责任（包括定性、犯罪形态、共同犯罪、数罪并罚等），须简述相应理由。

答案：

1. 赵某的刑事责任。三人在非法拘禁罪的范围内成立共同犯罪。由于宋某的人身已经被实际控制，故赵某成立非法拘禁罪既遂。

2. 王某的刑事责任。王某利用自己的优势认知将赵某作为工具予以利用，成立非法拘禁罪的间接正犯。

同时，王某与林某成立抢劫罪既遂。

对于死亡结果，王某不负刑责。

王某主动投案并如实交代罪行，成立自首。

3. 林某的刑事责任。在得知王某与宋某没有债权债务关系后，林某仍然与王某共同对宋某施加暴力逼取银行卡密码，成立抢劫罪的共同犯罪。

由于是抢劫既遂后故意杀害被害人，因此应当以抢劫罪与故意杀人罪数罪并罚。

林某电话向宋某妻子索要10万元的行为，属于诈骗罪与敲诈勒索罪的想象竞合，从一重罪论处，并与抢劫罪、故意杀人罪数罪并罚。

难度：中

考点：共同犯罪与犯罪构成的关系；间接正犯；共同犯罪与犯罪形态；自首；非法拘禁罪；抢劫罪；诈骗罪；绑架罪；敲诈勒索罪

命题和解题思路：在考查共同犯罪部分时，一般会牵涉到共同犯罪与犯罪构成的关系问题，对此，考生需要清楚如果二人以上持不同的故意共同实施某一行为，则只就他们所实施的行为中重合的部分成立共同犯罪。本例中的王某是想通过控制被害人的人身自由后直接针对被害人取财，因而是持抢劫罪的故意，但其是通过绑架（非法拘禁）的手段来实施劫取财物，因而可以说二人在非法拘禁范围内成立共同犯罪。同时，王某是利用优势认知，即将他人犯轻罪的故意（非法拘禁故意）作为工具予以利用来实现自己实施重罪的故意（抢劫故意），就非法拘禁罪来说，成立间接正犯。而针对王某与林某的抢劫罪共同犯罪部分来说，林某单独故意将被害人杀害，已经超出两人共同故意的范围，属于共犯过剩，王某无须对死亡结果负责。

本题考查的分则罪名知识点则涉及绑架罪、非法拘禁罪、诈骗罪以及敲诈勒索罪，其中具体涉及绑架罪的犯罪构成、绑架罪与抢劫罪的关系，以及诈骗罪与敲诈勒索罪的竞合关系。必须要注意的是，如果是直接针对被绑架或非法拘禁者实施强行劫取财物的行为，不成立绑架罪，而是成立抢劫罪。

答案解析：

赵某的刑事责任。由于其深信王某所说的绑架被害人宋某是为了索取宋某欠王某的债务，《刑法》第238条明确规定，为索取债务非法扣押、拘禁他人的，依照非法拘禁罪的规定定罪处罚。赵某已经伙同王某等以实力剥夺宋某的人身自由，成立非法拘禁罪既遂。

王某的刑事责任。①对于为获取财物，采用暴力等手段绑架控制他人直接向被害人勒索的，应认定为抢劫罪；控制人质，然后向第三人提出勒索要求的，是绑架罪。王某意欲通过剥夺宋某人身自由的方式实施直接向宋某索要钱款，成立抢劫罪，而非绑架罪。②王某利用自己的优势认知欺骗赵某与林某剥夺宋某的人身自由，成立非法拘禁罪的间接正犯，但控制宋某的人身自由只是其实施抢劫的手段行为，因而仅最后论以抢劫罪，由于已经控制了人身自由并且已经取财成立，成立抢劫罪既遂。③王某与林某成立抢劫罪的共同正犯，但林某的杀人行为已经超出了二人的共同故意，因此，王某对于宋某的死亡结果不负责。④自首，是指犯罪以后自动投案，如实供述自己罪行的行为，或者被采取强制措施的犯罪嫌疑人、被告人和正在服刑的罪犯，如实供述司法机关还未掌握的本人其他罪行的行为。王某主动投案并如实交代所有的犯罪事实，成立自首。

林某的刑事责任。①在得知宋某并无欠款后，仍然伙同王某对宋某实施暴力劫取钱财，转化为抢劫罪。②根据最高法院2005年《关于审理抢劫、抢夺案件刑事案件适用法律若干问题的意见》的规定，“具备劫取财物或者造成他人轻伤以上后果之一的，均属抢劫既遂。”林某与王某在共同对宋某实施暴力时已经致使宋某轻伤，成立抢劫既遂。因此，其在抢劫既遂后为灭口杀害宋某，应当以抢劫罪与杀人罪数罪并罚。对此，最高院2001年《关于抢劫过程中故意杀人案件如何定罪问题的批复》作了明确规定。③在宋某死亡后，林某仍然向宋某的妻子以虚构的事实索要钱财，成立敲诈勒索罪与诈骗罪的想象竞合，从一重罪论处，并与抢劫罪、故意杀人罪数罪并罚。

案例分析题三

一、试题（本题为刑法、刑事诉讼法融合试题）

材料一：2011年10月，被告人陈某的邻居王某与陈某商定，用陈某及其家人的身份证办理四张招商银行卡供王某转账使用，并许诺每张卡给陈某200元的“好处费”。办好银行卡后，王某将银行卡拿走并设定了密码。2012年2月1日，陈某不愿意将其母亲杨某名下的招商银行卡继续提供给王某使用，遂与杨某等人到招商银行某分行将以杨某名义开立的银行卡挂失并冻结了账户内资金，陈某在此过程中得知该账户内有人民币5万元资金。王某得知该银行卡被挂失后，

扫一扫 看微课视频

找到陈某表示愿意给好处费，让陈某取消挂失，但双方协商未果。2月9日，陈某与杨某等人在招商银行某分行补办了新的银行卡并重新设定了密码。后陈某与杨某等人在招商银行另一分行以陈某的名义办理新银行卡，并通过银行转账方式将杨某账户内的资金转入该卡账户内。

材料二：2012年2月18日15时，被告人陈某携带螺丝刀等作案工具来到G省F市M区后二村田边街10巷1号的一间出租屋，撬门进入房间，盗走现金人民币100元，后在客厅遇到被害人陈某某，陈某拿起铁锤威胁不让其喊叫，并逃离现场。

材料三：2012年5月29日，陈某因涉嫌盗窃罪被F市公安局M分局刑事拘留，6月26日被批准逮捕，7月23日，M区检察院以被告人陈某犯抢劫罪向M区法院提起公诉。

一审期间，M区检察院经进一步审查，发现被告人陈某有材料一所涉的遗漏犯罪事实。2012年9月24日，M区检察院依法补充起诉被告人陈某材料一的犯罪事实。

问题：

1. 材料一所涉及的案件事实应如何定性？为什么？
2. 材料二所涉及的案件事实如何定性？为什么？
3. M区法院对于M区检察院的补充起诉应当如何处理？为什么？

［**案例来源：**最高人民检察院刑事指导案例第17号、《刑事审判参考》第938号］

二、答案精讲

1. 材料一所涉及的案件事实应如何定性？为什么？

答案：陈某的行为成立侵占罪。

我国实务界普遍认为，存款应当由存款名义人占有，而非银行占有。因为存款虽然不是财物，但存款债权属于财产性利益。储户和银行之间的存款债权，名义上的储户对于存款债权的支配力更高：即储户要求银行返还存款额度内的存款债权时，银行应当无条件返还。所以储户对于存款额度内的存款债权具有绝对的支配、控制权，存款债权应当认定由储户占有、而非银行占有。

由于陈某母亲是名义上的存款人（卡主），因此卡内的存款债权由其占有，但存款债权是王某委托其占有的，陈某属于将他人委托自己占有的财物变为自己所有，成立侵占罪。

难度： 难

考点： 侵占罪；盗窃罪

命题和解题思路： 对于存款的占有，理论界存在一定的争议，但实务对存款的占有基本持的是由存款名义人占有。认定财物由谁占有，将对财产犯罪的定性产生极大影响：变他人占有为自己占有，成立盗窃罪；变自己占有为自己所有，则属于侵占罪。而在判断占有时，必须坚持实质的、规范的判断，不仅要看事实上的支配，还要看法律上的支配。名义存款人显然对于存款具有法律上的支配，这样便能很快得出成立侵占罪的结论。

答案解析：

财物由谁占有，将直接影响财产犯罪的定性。本案中，如果认为存款由卡片的名义持有人，即陈某母亲杨某占有，则陈某与杨某将卡内的余额转入自己的另一账户，属于将他人（王某）委托自己占有的财物变为自己所有，成立侵占罪；如果认为存款并非由杨某占有，无论是认为由王某占有抑或是银行占有，陈某的行为都属于变他人占有为自己占有，成立盗窃罪。

对于财物占有的判断，不仅要考虑对财物的事实性支配，还要考虑对财物的法律性支配。银行卡的名义所有人对于代表存款债权的卡内余额，随时有请求银行返还现金的权利。尽管存款债权相应的现金由银行事实性的占有，但是无论如何，储户在银行账户的余额范围内，有法律上的支配、控制权，即其在存款额度内金钱，随时可以在自动柜员机或银行柜台取现或转账。因此，应当认为，存款债权有名义上的存款人占有。这样，陈某的母亲便是受王某委托占有的银行债权，陈某伙同其母亲将他人委托自己占有的财物变为自己所有，成立侵占罪。

2. 材料二所涉及的案件事实如何定性？为什么？

答案： 陈某成立抢劫罪，并且是入户抢劫。

《刑法》第269条规定，犯盗窃罪、诈骗罪、抢夺罪，为窝藏赃物、抗拒抓捕或者毁灭罪证当场使用暴力或者以暴力相威胁的，依照抢劫罪定罪处罚。陈某在入室盗窃过程中被发现后以暴力相威胁，成立准抢劫罪。此外，最高人民法院2016年《关于审理抢劫刑事案件适用法律若干问题的指导意见》明确指出：以侵害户内人员的人身、财产为目的，入户后实施抢劫，包括入户实施盗窃、诈骗等犯罪而转化为抢劫的，应当认定为“入户抢劫”。据此，陈某成立入户抢劫。

难度： 中

考点： 抢劫罪

命题和解题思路： 对于陈某成立准抢劫罪，应当比较没有疑问，这是刑法的明文规定。材料二的难点和关键在于其是否成立入户抢劫。对此，考生如果熟悉相关司法解释的规定，便不难做对本题。

答案解析：

在实施盗窃、诈骗、抢夺罪的过程中，为了窝藏赃物、抗拒抓捕或者毁灭罪证而当场使用暴力或者以暴力相威胁的，成立准抢劫罪。2005 年最高人民法院《关于审理抢劫、抢夺刑事案件适用法律若干问题的意见》规定：认定入户抢劫时，要注意“入户”目的的非法性。进入他人住所须以实施抢劫等犯罪为目的。需要注意的是，此一司法解释，并未将目的限定为实施抢劫罪，只要是以非法的目的入户，便有成立入户抢劫的可能。对此，最高人民法院 2000 年《关于审理抢劫案件具体应用法律若干问题的解释》规定：对于入户盗窃，因被发现而当场使用暴力或者以暴力相威胁的行为，应当认定为入户抢劫。最高人民法院 2016 年《关于审理抢劫刑事案件适用法律若干问题的指导意见》也明确指出：以侵害户内人员的人身、财产为目的，入户后实施抢劫，包括入户实施盗窃、诈骗等犯罪而转化为抢劫的，应当认定为“入户抢劫”。陈某在入户盗窃的过程中被被害人发现，转而对被害人实施暴力，应当被认定为入户抢劫。

3. M 区法院对于 M 区检察院的补充起诉应当如何处理？为什么？

答案：应当裁定终止审理。因为陈某在材料一中的行为构成侵占罪，该罪属于告诉才处理的犯罪，而检察院以公诉的方式补充起诉后，根据《刑事诉讼法》规定，法院应当裁定终止审理，并可告知被害人可提起自诉。

难度：中

考点：自诉案件的处理

命题和命题和解题思路：本题的难点在于将刑法和刑事诉讼法的考点相关联，如果对材料一中所涉及的犯罪事实定性不准，则本题就无法正确回答。因此解题时首先要对第一个问题认真思考，然后再回答本题。在考试中，尤其要注意此种具有关联性的问题，避免连续出错。

答案解析：

通过对材料一的分析，可知陈某的行为应定性为侵占罪。侵占罪属于告诉才处理的犯罪。而检察院以公诉的方式补充起诉后，根据《刑事诉讼法》第十五条第四款的规定，法院应当裁定终止审理，并可告知被害人可提起自诉。

案例分析题四

一、试题（本题为刑法、刑事诉讼法融合试题）

扫一扫 看微课视频

材料一： 蔡某、林某于1998年初认识了在福建、安徽两地从事鳗鱼苗经营的一男子，该男子透露莆田市多人集资14万余元赴芜湖市购买鳗鱼苗，让蔡某、林某设法将钱款偷走或抢走，自己作为内应。蔡某、林某遂召集陈某、李某、方某、何某赶到芜湖市。经事先“踩点”，蔡某、陈某等六人携带凶器及作案工具，于1998年3月12日上午租乘一辆面包车到被害人潘某房屋附近。按照事先约定，蔡某在车上等候，其余五名犯罪嫌疑人进入屋内，其中陈某、李某、林某在一层寻找被害人，方某与何某则前往二层寻找。陈某在一层找到了潘某后按住潘某，其他人用水果刀逼迫潘某，抢到密码箱内的14万余元现金后逃跑。何某与方某两人在二层寻找被害人的过程中，发现潘某的女儿正在午睡，两人共同对其实施暴力，欲强行与其发生性关系。何某由于过度紧张而未得逞，方某则强奸得逞。

材料二： 当天，被害人潘某到芜湖市公安局报案，4月18日芜湖市公安局对犯罪嫌疑人李某、方某、何某进行通缉，4月23日对三人做出刑事拘留决定。李某于2018年5月28日被江苏省连云港市公安局抓获，方某、何某于2018年6月3日在福建省莆田市投案。到案后，方某与何某交代了自己抢劫与强奸的事实，供出抢劫同案犯罪嫌疑人蔡某、陈某、林某（已死亡）三人。同时两人交代了蔡某目前在杭州市某电脑城中经营电脑配件生意，但具体店名不记得了，而陈某则住在其姐姐家。莆田市公安局根据两人提供的线索于2018年6月9日将犯罪嫌疑人蔡某、陈某抓获。

材料三： 2018年6月12日，芜湖市公安局对两名犯罪嫌疑人刑事拘留（后取保候审）。另据查明：①犯罪嫌疑人蔡某、陈某与被害人（潘某等当年集资做生意的群众）达成和解协议，并支付被害人40余万元赔偿金（包括直接损失和间接损失），各被害人不再要求追究其刑事责任。②蔡某、陈某居住地基层组织未发现二人有违法犯罪行为，建议司法机关酌情不予追诉。

问题：

1. 分析材料一中蔡某、林某、陈某、李某、方某、何某行为的刑事责任。
2. 分析材料二中方某与何某是否成立自首与立功。
3. 结合材料三，从理论角度分析是否应追究蔡某与陈某的刑事责任。

4. 根据上述材料，分析本案应由何地公安机关管辖，为什么？

[**案例来源**：最高人民检察院刑事指导案例第23号]

二、答案精讲

1. 分析材料一中蔡某、林某、陈某、李某、方某、何某行为的刑事责任。

答案：(1) 蔡某、林某、陈某、李某、方某、何某共谋实施抢劫，并且林某等五人进入被害人潘某家，以实力控制潘某后抢走其14万元现金，成立抢劫罪的共同正犯。尽管何某与方某并没有直接对被害人行使暴力并取财，但何某、方某与其他几人属于功能分工的关系，共同正犯实行“部分实行全部责任原则”，因此，六人均为抢劫罪既遂。

(2) 何某与方某临时起意强奸，超出了蔡某等六人共同抢劫的犯罪故意，属于共犯过剩，对于强奸行为的过剩部分，何某与方某以外的四人不负责。

(3) 何某与方某二人有轮奸的故意，二人共同对被害人行使暴力，成立强奸罪的共同正犯。尽管何某由于意志以外的原因未能得逞，但是方某已经强奸既遂，基于“部分实行全部责任原则”，何某也是强奸既遂。但是，按照我国实务界的看法，轮奸是指两人以上轮流奸淫，只有当客观上存在两人以上轮流奸淫时，才能适用轮奸的加重情节，因此，何某与方某成立强奸罪既遂，但不适用轮奸的加重情节。由于何某与方某存在抢劫与强奸两个独立的行为，因此，要以抢劫罪与强奸罪数罪并罚。

难度：难

考点：共同犯罪与犯罪形态；强奸罪

命题和解题思路：本题考查的核心是考生对于共同正犯归责原则的理解程度。因此，正确解答本题的关键之一就在于要掌握共同正犯实行交互归责的原则。而对于超出共同犯罪故意的共犯过剩不需要负责，以及轮奸是指存在客观上的二人以上轮流发生性关系这两点，考生也需要认真掌握。

答案解析：

蔡某等六人共谋抢劫，六人有分工协作，即通过功能分担的形式共同犯罪，成立共同正犯。共同正犯实行“部分实行全部责任原则”，即每个共同正犯即便实施了部分实行行为，也要对共同故意范围内造成的所有结果负责。在压制了被害人后劫走现金14万元，因此六人均成立抢劫罪既遂。方某与何某临时起意强奸的部分，由于超出了抢劫罪共同故意的范围，对于过剩的此一部分不法事实，其余四人不负担刑事责任。

对于何某与方某强奸的犯罪事实，二人同样成立共同正犯，既然方某已经强奸既遂，因此何某即便事实上未能成功奸淫被害人，在规范上也应适用共同正犯的交互归责原则，即认定何某同样成立强奸罪既遂。需要注意的是，我国实务的判决一般都认为，轮奸是指数人客观上与被害女性轮流发生性关系，如果事实上一人强奸既遂，其他行为人强奸未遂的，或者共同强奸未遂的，构成强奸罪，但不适用轮奸这一强奸罪的加重情节。

2. 分析材料二中方某与何某是否成立自首与立功。

答案：方某、何某被通缉后，主动到公安机关投案，并且如实供述自己抢劫与强奸的犯罪事实，同时还同属了其他同案犯的共同犯罪事实，成立自首。方某、何某交代了蔡某、陈某的所在地，司法机关正是根据二人的交代抓住了蔡某与陈某，应当认定方某与何某成立协助司法机关抓捕其他重大犯罪嫌疑人，成立立功。

难度：中

考点：自首；立功

命题和解题思路：本题主要考查考生对于共同犯罪中自首与立功的理解问题。认定自首，必须抓住自动投案以及如实供述基本和主要犯罪事实两点进行，供述共同犯罪中的其他同案犯属于如实供述犯罪事实的组成部分。协助抓捕其他犯罪嫌疑人则成立立功。

答案解析：

自首，是指犯罪以后自动投案，如实供述自己罪行的行为。方某与何某在被通缉后主动归案，在如实交代自己抢劫和强奸的犯罪事实的同时，供述了抢劫罪的其他同案犯，成立自首。最高人民法院《关于处理自首和立功具体应用法律若干问题的解释》规定：共同犯罪案件中的犯罪嫌疑人，除如实供述自己的罪行，还应当供述所知的同案犯，主犯则应当供述所知的其他同案犯的共同犯罪事实，才能认定为自首。立功的其中一种表现形式即为犯罪分子揭发他人犯罪行为经查证属实。这里的揭发他人犯罪行为，包括了同案犯。上述司法解释规定：协助司法机关抓捕其他犯罪嫌疑人（包括同案犯），应当认定为有立功表现。司法机关根据何某与方某的交代，抓住了蔡某等人，据此，应认定为二人有立功表现。

3. 结合材料三，从理论角度分析是否应追究蔡某与陈某的刑事责任？

答案：从理论上看，不应再追究蔡某与陈某的刑事责任。蔡某与陈某 1998 年伙同他人抢劫，而抢劫罪的法定最高刑为死刑。根据《刑法》第 87 条的规定，法定最高刑为无期徒刑、死刑的，经过20年不再追诉。如果20年以后认为必须追诉的，须报请最高人民检察院核准。

本案案发后，公安机关并未发现蔡某与陈某的犯罪事实并对二人采取强制措施，蔡某与陈某在此期间也未再犯罪，因此所涉嫌的犯罪已过二十年追诉期限，且二人没有再犯危险性，同时也通过赔礼道歉、赔偿损失等方式积极消除犯罪影响，被害方对犯罪嫌疑人表示谅解，犯罪破坏的社会秩序明显恢复，不追诉也不会影响社会稳定或者产生其他严重后果，因此从理论上看，对犯罪嫌疑人不宜再追诉。如果公诉机关认为必须追诉的，必须报请最高人民检察院核准。

难度： 中

考点： 追诉时效

命题和解题思路： 正确解答这道题的关键在于要弄清楚两点：第一，刑法关于追诉时效的规定；第二，规定追诉时效的理论基础是什么。对于法定最高刑为无期徒刑或死刑的犯罪，经过20年便不得再行追诉。如果必须追诉，则须报请最高检核准。而之所以规定时效制度，主要是基于特殊预防与一般预防必要性的考量，同时也有利于司法机关击中精力追诉现行犯罪。把握了这两点，便不难回答本题。

答案解析：

《刑法》第87条规定，法定最高刑为无期徒刑、死刑的，经过20年便不再追诉。同时，如果20年以后认为必须追诉的，需要报请最高人民检察院核准。之所以规定追诉时效制度，是因为经过若干年的追诉期后，行为人的特殊预防必要性便有所降低，同时，在犯罪经过很长一段时间后，行为人一般均为正常的社会人，过正常的社会生活，不处罚行为人也能得到社会的认同，一般预防的必要性大大降低。对于过追诉时效的犯罪行为不再追诉，也有利于司法机关集中精力打击现行的犯罪。

本案中，蔡某与陈某在案发后并未被司法机关发现并采取强制措施，不属于逃避侦查或审判，且二人此后没有再犯罪的行为，因此应当受到法定追诉时效的限制。抢劫罪的法定最高刑为死刑，因此其追诉时效为20年。时隔20年后，两人均已正常生活，同时二人得到了被害人的谅解，二人所在的基层组织也建议不予追诉，此时便应当认为二人已过追诉时效，没有了一般预防和特殊预防的必要性，理论上不应再行追诉。当然，如果检察机关认为必须要追诉的，便须报请最高人民检察院核准。

4. 根据上述材料，分析本案应由何地公安机关管辖，为什么？

答案：本案应由芜湖市公安机关管辖。因为本案犯罪行为发生地与结果发生地均为芜湖，被害人报案也是在芜湖，通缉令也是由芜湖市公安局发布。根据刑事诉讼法的规定，本案应由芜湖市公安局管辖。

难度：易

考点：地区管辖

命题和解题思路：本题主要考查刑事诉讼中的地区管辖问题。三份材料中涉及多地，容易产生一定的混淆。但只要厘清了几个地点哪些是属于犯罪行为发生地、结果发生地、犯罪嫌疑人居住地、被抓获地后，本题不难回答。

答案解析：

本案犯罪行为发生地与结果发生地均为芜湖，被害人报案也是在芜湖，通缉令也是由芜湖市公安局发布。其后出现的连云港市、莆田市、杭州市均属于被抓获地或者居住地，根据刑事诉讼法的规定，本案应由芜湖市公安局管辖。

案例分析题五

一、试题（本题为刑法、刑事诉讼法融合试题）

扫一扫 看微课视频

材料一：祝某与杨某分别系国有公司北京万业大厦的总经理与副总经理。2004年2月，祝某、杨某与陈某等人共同商定并出资，以祝某亲属的名义成立了北京恒伟佳星经贸有限公司。同年3月，北京中复电讯公司有意承租万业大厦裙楼一层约488平方米用于经营。祝某与杨某共同利用职务之便，由杨某代表万业大厦与中复电讯公司洽谈租赁事宜，在双方商定租赁价格后，采用由恒伟佳星公司同日先与北京万业大厦签订承租合同，再与中复电讯公司签订转租合同的手段，以此赚取租金差价。管理恒伟佳星公司的负责人将赚取的租金差价扣除各类税费等费用后不定期交给祝某与杨某。至恒伟佳星公司注销，该公司没有任何实质性的经营业务，而祝某与杨某合计赚取房租差价100余万元。

材料二：祝某在任万业大厦总经理期间，利用职务便利于2007年10月私自决定以万业大厦名义与业务交往较多的北京科达公司签订借款协议，将万业大厦的400万元公款借给科达公司用于经营。2008年11月至2009年5月，科达公司总经理王某分六次将400万元返还给万业大厦。

案发后，对于本节事实，祝某供述是因为科达公司与万业大厦向来业务往来密集，其和科达公司王某的个人关系也不错，科达公司2007年9月因某工程需要400万元保证金，便个人决定以万业大厦名义将400万元公款借给科达公司，双方约定两年内还清，对于此事，他个人未收科达公司及王某的任何钱。王某陈述，借款是单位之间进行的，其对于祝某个人决定以万业大厦名义将400万元借给他并不知情。为感谢祝某，在2007年10月8日，王某在祝某的办公室送给祝某人民币现金10万元；后又在2008年1月6日，再次在祝某的办公室送给祝某人民币现金10万元。王某的司机谭某证实，在2007年10月8日和2008年1月6日，自己曾陪同王某去万业大厦附近的工商银行取款，每次取款人民币现金10万元，钱由王某放到其随身携带的公文包中。后自己开车送王某到万业大厦车库后，王某让其离开。银行的取款流水证实在2007年10月8日和2008年1月6日，王某分别从银行取出现金各10万元。

材料三：祝某与宋某两人均酷爱喝茶，经常在一起品茶。宋某的好友徐某欲租赁万业大厦的底层800余平方米商铺，但一直因价格问题未谈妥。某日，徐某在与宋某闲聊期间谈及此事。宋某表示只要花8万元，就能帮徐某以优惠价格租赁商铺。徐某分两次将8万元交给宋某。宋某以帮亲戚找商铺为由请祝某帮忙，使得徐某成功以远低于市场价的价格租到了营业商铺。

问题：

1. 分析材料一中祝某与杨某行为的刑事责任。
2. 结合材料二，分析能否追究祝某行为的刑事责任。
3. 分析材料三中宋某行为的刑事责任。

［**案例来源：**《刑事审判参考》第1087号］

二、答案精讲

1. 分析材料一中祝某与杨某行为的刑事责任。

答案：二人成立贪污罪的共同犯罪。祝某与杨某作为国有公司的管理人员，采取增设中间交易环节的方式获取交易差价，中间交易环节本来不必要，并且由杨某等人实际控制的中间交易环节公司没有任何实质性的其他业务开展，仅仅只是为了赚取房租差价，并不承担任何的经营风险，使得本应由国有公司获得的房租变相被输送到了祝某与杨某私人手中。因此，二人行为的实质即以不法手段将公共财产据为己有，成立贪污罪。

难度： 难

考点： 贪污罪

命题和解题思路： 本题考查的核心是考生对于贪污罪和非法经营同类营业罪犯罪构成的理解问题。实务中，国有企业高管通过虚构、增设交易环节的方式套取国有公司资金屡见不鲜。这类行为究竟成立贪污罪抑或非法经营同类营业罪，抑或应当数罪并罚的关键，在于判断中间环节是否存在实际的经营行为，是否实质性地承担经营风险。如果不存在实际的经营行为，也没有实质性的承担任何经营风险，则应认定成立贪污罪。

答案解析：

对于虚构、增设中间交易环节，套取国有公司财产行为的定性，如果中间交易环节的公司本身根本不存在，则显然成立贪污罪，这一点应该不会有任何争议。如果存在一个真实的中间交易环节，但是，中间交易的公司本身并没有其他的实质性经营性营利活动，没有任何经营风险，而只是靠公司实际控制人的公权力职权之便将国有公司的利益输送到中间交易的公司，也应认定成立贪污罪。

需要注意的是，贪污罪与非法经营同类营业罪完全可能并罚。如果国有公司的管理人员利用职权的便利实际经营与国有公司同类业务的公司，并且在此过程中还存在通过虚设交易环节将国有公司的财产输送给自己实际经营的公司，应当数罪并罚。

2. 结合材料二，分析能否追究祝某行为的刑事责任。

答案： 现有证据无法证明祝某有谋取个人利益的主观动机及客观事实，不成立挪用公款罪。尽管祝某个人决定将公款400万元挪用借给其他公司用于营利活动，超过3个月未还，但是，祝某对此并未谋取个人利益，因此不成立挪用公款罪。

从材料二所给的证据来看，祝某本人供述没有收过40万元；谭某的证词仅能证明王某取款和到过万业大厦的事实；银行取款流水仅能证明王某取款的事实；只有王某本人的证言证明自己曾送过祝某40万元。根据刑事诉讼的规定，现有证据尚未达到“证据确实、充分”的证明标准，无法证明祝某收取王某所赠的40万元，也没有其他证据表明祝某谋取了个人利益，所以不能认定祝某的刑事责任。

难度： 难

考点： 挪用公款罪；证据的审查

命题和解题思路： 本题综合考查了实体法与程序法的相关内容。解决本题的关键在于清楚掌握两个层次的问题：第一，挪用公款罪中的“挪用公款归个人使用”，如果是个人决定以单位名义将公款供其他单位使用，必须要谋取个人利益，否则，便不成立挪用公款罪。第二，根据刑事诉讼法的相关知识，结合现有证据分析能否证明祝某“谋取个人利益”。

答案解析：

挪用公款的客观行为表现包含了三种形式：挪用公款归个人使用，进行非法活动；挪用公款归个人使用，数额较大，进行营利活动的；挪用公款归个人使用，数额较大，超过3个月未还三种情形。祝某的行为属于挪用公款进行营利活动。但是，挪用公款归个人使用，根据全国人大的立法解释，包括以下情形：①将公款供本人、亲友，或者其他自然人使用；②以个人名义将公款供其他单位使用；③个人决定以单位名义将公款供其他单位使用，谋取个人利益的。本案中的祝某显然属于个人决定以单位名义将公款供其他单位使用，按照立法解释的规定，需要谋取个人利益。

材料二中的证据主要是四份：一是祝某的供述与辩解；二是王某的证言；三是谭某的证言；四是银行取款流水。从这四份证据来看，祝某本人不承认收钱的事实，司机谭某的证言只能证明在王某所述的两个时间，王某的确从银行取款和曾经到过万业大厦，但送到后自己即离开，不能证明王某去过祝某的办公室，更不能证明王某在办公室向祝某送钱的事实。银行取款流水也只能证明取款的事实。唯一指向祝某收钱的事实的证据只有王某本人的证言，属于孤证。按照刑事诉讼法所规定的证明标准来看，现有证据无法达到确实充分的标准，不能认定祝某收取了王某40万元现金，同时本案也没有其他证据证明祝某谋取了其他个人利益，因此不能认定祝某的刑事责任。

3. 分析材料三中宋某行为的刑事责任。

答案： 宋某成立利用影响力受贿罪。本案中，宋某作为国有公司总经理祝某的朋友，属于与国家工作人员关系密切的人，其利用祝某的职权收受请托人财物，为请托人谋取不正当利益，成立利用影响力受贿罪。

难度： 中

考点： 利用影响力受贿罪

命题和解题思路： 本题比较简单，基本可以说是送分题。只要考生熟练掌握利用影响力受贿罪的犯罪构成，即可答对。

答案解析：

利用影响力受贿罪的客观方面表现为，国家工作人员的近亲属或者其他与该国家工作人员关系密切的人，通过该国家工作人员职务上的行为，或者利用该国家工作人员职权或地位形成的便利条件，通过其他国家工作人员职务上的行为，或者离职的国家工作人员或者其近亲属以及其他与其关系密切的人，利用该离职的国家工作人员原职权或者地位形成的便利条件通过其他国家工作人员职务上的行为，为请托人谋取不正当利益，索取请托人财物或者收受请托人财物。本案中的宋某就属于与国家工作人员关系密切的人，通过国家工作人员职务上的行为，为请托人谋取不正当利益。宋某利用祝某的职权为请托人徐某以远低于市场价的价格租赁营业用房，显然为请托人谋取了不正当利益，因而成立利用影响力受贿罪。

2019

国家统一法律职业资格考试系列用书

命题人讲主观题

中国特色社会主义法治理论

桑　磊◎主编

祁春轶◎编著

中国经济出版社
CHINA ECONOMIC PUBLISHING HOUSE

中国石化出版社
HTTP://WWW.SINOPEC-PRESS.COM

图书在版编目（CIP）数据

命题人讲主观题．中国特色社会主义法治理论/桑磊主编．
—北京：中国经济出版社：中国石化出版社，2018.12
2019 国家统一法律职业资格考试系列用书
ISBN 978－7－5136－5455－5

Ⅰ.①命…　Ⅱ.①桑…　Ⅲ.①社会主义法制—中国—资格考试—自学参考资料
Ⅳ.①D92

中国版本图书馆 CIP 数据核字（2018）第 267566 号

策划编辑　崔姜薇
责任编辑　崔姜薇　王建昌
责任印制　马小宾
封面设计　任燕飞装帧设计工作室

出版发行　中国经济出版社
印 刷 者　北京柏力行彩印有限公司
经 销 者　各地新华书店
开　　本　710mm×1000mm　1/16
印　　张　8.5
字　　数　118 千字
版　　次　2018 年 12 月第 1 版
印　　次　2018 年 12 月第 1 次
定　　价　23.80 元
广告经营许可证　京西工商广字第 8179 号

中国经济出版社　**网址** www.economyph.com　**社址** 北京市西城区百万庄北街 3 号　**邮编** 100037
本版图书如存在印装质量问题，请与本社发行中心联系调换（联系电话：010－68330607）

PREFACE 前言

法考元年，考试主管机关经过多年酝酿，终于将考试分为客观题和主观题两个阶段，将主观题从司考时代的第四卷独立为一个阶段的考试，分值也从150分增至180分，同时考场上配备法律法规汇编，实现了客观题考查基础知识、主观题考查能力的不同分工，增强了考试的科学性，彰显了主管机关不断推进考试改革的决心。

一、首次主观题考试的特点

根据多年的相关经验，在“2018年桑磊法考主观题保过班”上，本人预测了首次主观题考试的四大特点，即理论性、融合性、开放性和限缩性。

（一）理论性显著增强。主观题考试考查考生运用法律知识解决实际问题的能力，在一定程度上，可以说就是考查理论深度。

（二）融合性突出。会出现两学科甚至多学科的交叉融合考查。这是试题形式上的最大变化。分两个层次：①刑法与刑诉结合、民法与民诉结合，甚至民法与商法、民诉结合。②再进一步，将民法、刑法、行政法结合，或者与司法制度、法律文书结合。

（三）开放性进一步得到体现。司考时期只有第四卷第七题是开放性试题，无标准答案，评阅时实行“双评”。法考时期，开放性试题会增多，允许有多个答案，只要言之有理、有理有据即可。

（四）限缩性趋势明显。这一特点主要在于主观题考试题量的变化方面。即法考主观题考试可能在原来卷四基础上增加一两道融合性试题，也可能减少题量，只出几道试题。法考未来的趋势是主观题数量会减少，通过少量的论述题即可考查考生的能力。

2018 年首次法考主观题考试结束后，从广大考生的普遍反馈来看，上述四大特点基本得到了验证，特别是融合性和限缩性两个方面。在融合性方面，出现了一道“大民事”综合性试题，共 13 问，融合考查了民法、商法、民事诉讼法三科的相关知识要点；在限缩性方面，全卷只有 6 道试题，其中两道选做题择一，考生实际上只需做五道试题，与司考时代第四卷相比，题量减少了两道试题题量。

二、主观题考试趋势分析

由于首次主观题考试尚处于从司考向法考的过渡期，主管机关出于在改革的同时兼顾稳定性的考量，尚未大刀阔斧地进行试卷的调整。但可以预测的是，鉴于首次考试已经成功举办，且各方反应良好，接下来，主管机关将会对主观题试题进一步调整，以期充分发挥主观题考试的测试目的，真正实现考试改革的初衷。

2019 年及之后的主观题考试会怎样考查呢？本人觉得有以下几点值得强调：

一是融合性继续扩大。在 2018 年出现一道综合性大题之后，2019 年及之后会加大考查力度，有可能增加此种类型题目的命题数量，或者出现融合涉及三大实体法的试题。

二是限缩性进一步增强。多学科综合性试题增多之后，无须增加题量即可达到考查的目的，所以题量的长远趋势是继续削减。我国近年来的考试改革借鉴了大陆法系国家的成熟经验，从大陆法系国家的通行做法来看，只需少量试题即可实现对考生法律实际运用能力的考查。

三是主观性逐步强化。主观题之所以为主观题，是因为无论在考查目的上还是试题形式上，都与客观题明显不同。其中的一个显著特点是提问的笼统性，并且往往只设置极少提问，如前几年只设置了一问的刑法主观题（2017 年、2015 年、2014 年、2009 年）和第七题，这样才能真正考查考生的分析能力。而传统的、设有很多小问的案例分析大题并不是真正意义上的主观题，那样更类似客观题，其并不能实现主观题考试的测试目的。因此，长远来看，主观题的设问会减少，答案也将会更加开放。

根据以上主观题考试命题趋势，本人特意组织前命题人团队编写了本套用书。其中，撰写每个科目的作者老师均具有丰富的命题经验，他们在书中为大家分析了本学科的命题规律和趋势，提炼了解题思路，详细阐述了主观题考点，并对近十年的主观题进行了深入剖析。最后，每科为大家提供了 3 ~ 5 道高质量的模拟试题，其中有两科甚至多科的融合性试题，希望大家反复认真练习，力争掌握解题的诀窍。

另外，对于书中的经典真题和模拟试题，各科目的作者老师还分别录制了配套的微课讲解视频，大家在书中试题的位置手机扫码即可观看。自 2019 年 1 月开始，本人也会组织各科老师为大家带读考点内容，届时敬请广大读者关注“桑磊法考”微信公众号。

唯一深表遗憾的是，由于司法部没有公布 2018 年主观题，而考生的回忆版并不准确，从对考生读者负责的角度，本套书中暂未收录相关试题，而谨以前命题人团队在精准把握 2019 命题趋势的基础上，精心命制的各科目模拟试题以飨广大考生读者。

由于成书仓促，错误之处在所难免，恳请大家指正。

最后，预祝大家 2019 年度能够顺利通过主观题考试，圆梦法考！在法考之路上，我们将和大家同行！

桑　磊

2018 年 11 月

>> CONTENTS 目录

第一部分　命题人讲命题

中国特色社会主义法治理论是司考卷四的必考内容，在2018年法考元年这种考试传统得到了延续。在180分的主观卷中，中国特色社会主义法治理论这道论述题占了38分，分值比例达到21%。所以，如果想在主观题考试中取得理想的分数，应当在备考中重视法治理论。接下来，我们将先从命题规律上对这部分的命题情况进行总结，然后结合历年真题讲解主观题的解题思路和解题方法。

一、历年命题规律归纳

中国特色社会主义法治理论部分，目前主观题考查了四年，难以总结出有规律性的命题趋势。但是在命题取材、命题形式等方面还是存在一定的固定模式，考生可以通过熟悉这部分的命题方式，预测考查重点，做到有备而来，在考试中多得分。

从命题方式看，从2015到2018年这四年主观题都是"两三段材料+一个问题"。"两三段材料"多出自中央文件或者习近平总书记的讲话，如《中共中央关于全面推进依法治国若干重大问题的决定》（以下简称《决定》）全文、习近平《关于〈中共中央关于全面推进依法治国若干重大问题的决定〉的说明》、习近平《在十八届中央政治局第四次集体学习时的讲话》、习近平考察中国政法大学时的讲话等。2018年"四大本"中在"中国特色社会主义法治理论"参考文献中提到三个文献：《决定》全文、党的十九大报告有关法治的论述、《习近平关于全面依法治国论述摘编》。这三个文献都可能成为材料的出处，尤其是最后一个。

"一个问题"，通常的提问方式是"请根据材料，结合……谈谈……"，在"谈谈"部分，有时是从某个角度谈谈什么，有时是谈谈什么（某考点）对于什么（某考点）的意义，这都是为了融入多个考点，考查考生对知识、理论融会贯通的能力，增加论述的难度。

从考点选择上来看，命题人通常会考虑当年或近年来习近平总书记的重要讲话、中央重要文件、社会重大问题、重要事件或者热点案件，挖掘其背后的理论问题，考查考生的认知和理解程度，分析问题、阐述问题的能力。

在备考中要做到“厚积”，才能在考场上实现“薄发”。从考点的命题趋势上来看，重要知识点是命题的考查重点。大家应当结合社会热点，抓住重点知识点，对其全面掌握。下面对近四年主观题的考点、分值和命题背景进行总结。

年度	设问	考点	分值	命题背景
2015	结合全面推进依法治国的总目标，从立法、执法、司法三个环节谈谈建设社会主义法治国家的意义和基本要求	全面推进依法治国的总目标	5	首次考查《决定》内容，宏观视角提纲挈领考查总目标和法治工作基本格局
		法治工作的基本格局	15	
2016	结合依宪治国、依宪执政的总体要求，谈谈法律面前人人平等的原则对于推进严格司法的意义	健全宪法实施和监督制度	6	《决定》首次提出严格司法，结合“健全宪法实施”和“法律面前人人平等的原则”进行命题
		坚持法律面前人人平等	4	
		推进严格司法	10	
2017	结合自己对中华法文化中“天理、国法、人情”的理解，谈谈在现实社会的司法、执法实践中，一些影响性裁判、处罚决定公布后，有的深获广大公众认同，取得良好社会效果，有的则与社会公众较普遍的认识有相当距离，甚至截然相反的看法	坚持从中国实际出发	3	结合习近平总书记考察中国政法大学时的讲话、聊城辱母案等争议案件、最高法院副院长沈德咏关于“个案判决要综合考量天理国法人情”的讲话进行命题
		坚持依法治国和以德治国相结合	2	
		深入推进科学立法和民主立法	6	
		坚持规范公正执法	5	
		坚持公正司法、严格司法	6	

续表

年度	设问	考点	分值	命题背景
2018	结合工作和学习，谈谈坚定不移走中国特色社会主义法治道路的核心要义	推进全面依法治国的指导思想和总目标（需要阐明：习近平新时代中国特色社会主义法治思想是马克思主义法律思想中国化的最新成果）	略	结合十九大报告对总目标的强调和对深化依法治国实践的部署进行命题
		推进全面依法治国的基本原则		
		新时代深化依法治国实践的主要任务		

二、高分解答指引

主观题的答题可以分三步来进行，即“**认真阅读材料，准确解读内容，完整理解问题**”。材料限定了答题方向，指引了答题要点，问题则框定了答题结构和层次：

第一步：完整准确地阅读和理解命题人提供的材料，把握其提供的核心信息（可以画线、做标记）。

第二步：完整准确地理解问题，把握问题框定的答题重点（可以画圈），抓住答题的基本结构。

第三步：列出答题的简要提纲，再依次作答。

其中，**最为关键和最为核心的是抓住材料与问题、考点之间的逻辑关系，这个逻辑关系就是答题的基本结构**。下面以 2015—2017 年的主观题为例进行说明。

2015年的主观题，命题人选择的材料二出自《决定》原文，是对法治建设“存在问题”的依次总结；材料一出自习近平对《决定》所做的说明，其中点出“必须全面推进社会主义法治国家建设，从法治上为解决这些问题提供制度化方案”。结合问题，命题人要求考生抓住的逻辑关系是**“存在的问题—总目标—基本格局及其要求”，而关键点是“全面推进社会主义法治国家建设，从法治上为解决这些问题提供制度化方案”**，这决定了答题的结构和要点。

2016年的主观题，材料一出自《决定》“总论”，是对“坚持法律面前人人平等”原则的具体阐述。材料二出自习近平《在十八届中央政治局第四次集体学习时的讲话》（以下简称《讲话》），内容是关于“坚持公正司法”，而**公正司法的内涵之一就是在法律适用中坚持人人平等**。结合问题，命题人要求考生抓住的**逻辑链条是“依宪治国、依宪执政—具体到司法领域—具体到严格司法必须贯彻法律面前人人平等的原则”**，其关键点是依宪治国、依宪执政必须贯彻法律面前人人平等的原则，进而严格司法是法律面前人人平等原则在司法环节的具体表现，进而坚持法律面前人人平等的原则，对严格司法提出更高的要求。

2017年的主观题，材料一出自《讲话》，从司法的角度指出司法不公使法律定分止争的功能难以实现，也导致人心不服，进而框定需要解决“影响司法公正和制约司法能力的深层次问题”。材料二出自习近平在中国政法大学考察时的讲话，强调在国家治理中要从中国的历史和现实国情出发，从中国实际出发。结合问题，命题人要求考生抓住的逻辑关系是**“中华法文化中的‘天理国法人情’有其合理之处——国法与天理人情之间的张力导致执法/司法实践中法律效果和社会效果之间的差距——如何看待并拉近这种差距”**，其关键点是法的观念是被塑造出来的，它不能超越于置身其中的文化。因此，需要准确认识到中国外源型的法的现代化，把握国法和人们的共同理性和共同情感之间的隔阂，分析法律在本土化的过程中，在适用时存在的问题及解决路径。

2018年的主观题，由于司法部未公布试题，在这里就不展开分析了。考生只需要结合工作和学习，回应到指导思想和总目标（注意阐明：习近平新时代中国特色社会主义法治思想是马克思主义法律思想中国化的最新成果）、基本原则的各个方面以及新时代深化依法治国实践的主要任务就可以得到理想的分数。

总之，法治理论的主观题相较于案例分析，更为容易得分。大家要做到沉着冷静，对待材料和问题不要草率，要按照前面的步骤审慎分析，抓住答题结构。只要达到论证充分、观点明确、逻辑严谨、文字通顺等方面的要求，就能顺利得分。

第二部分　命题人讲考点

考点1　推进全面依法治国的重大意义

命题分析

“推进全面依法治国的重大意义”是一个重要考点。作为基本原理中的考点，它可以和法治工作的基本格局的某个具体方面结合进行考查，例如“结合推进全面依法治国的重大意义，谈谈你对健全宪法实施和监督、推进合宪性审查工作的理解”。考生在理解该考点时，要注意它在国家建设宏观布局中的位置。此外可以结合法治建设中存在的问题，理解各项具体的改革举措，因为命题时也可以将“存在的问题—改革举措—推进全面依法治国的重大意义”连成一条线进行考查。

考点解析

《决定》开宗明义，指出**推进全面依法治国的重大意义**：依法治国，是坚持和发展中国特色社会主义的本质要求和重要保障，是实现国家治理体系和治理能力现代化的必然要求，事关我们党执政兴国，事关人民幸福安康，事关党和国家长治久安。对这一考点，在理解时，需要注意以下几点：

一、推进全面依法治国在宏观布局中的位置

党在十八大研究部署了全面建成小康社会，十八届三中全会研究部署

了全面深化改革。在我国全面建成小康社会的决定性阶段和全面深化改革进入攻坚期、深水区之际，十八届四中全会专门研究部署了全面推进依法治国。正如习近平总书记强调指出，党的十八届四中全会通过的全面推进依法治国的决定，与党的十八届三中全会通过的全面深化改革的决定形成了姊妹篇。**全面建成小康社会既需要深化改革提供动力，也需要加强法治提供保障**。全面深化改革、全面推进依法治国就像两个轮子，共同推动全面建成小康社会的事业滚滚向前。所以**三个“全面”可以说是“一体两翼”**，“一体”就是全面建成小康社会，“两翼”分别是全面深化改革和全面推进依法治国。①

二、法治建设中存在的问题

法治建设中**存在的问题凸显了推进全面依法治国的意义，也框定了法治工作的基本格局和具体举措**。这些问题，违背了社会主义法治原则，损害了人民群众利益，妨碍党和国家事业发展，需要下大气力解决。这些问题包括：

1. 有的法律法规未能全面反映客观规律和人民意愿，针对性、可操作性不强，立法工作中部门化倾向、争权诿责现象较为突出。

2. 有法不依、执法不严、违法不究现象比较严重，执法体制权责脱节、多头执法、选择性执法现象仍然存在，执法不规范、不严格、不透明、不文明现象较为突出，群众对执法不公和腐败问题反映强烈。

3. 司法不规范、不严格、不透明、不文明现象也很突出，群众对司法不公和腐败问题反映也很强烈。

4. 部分社会成员尊法信法守法用法、依法维权意识不强。

5. 一些国家工作人员特别是领导干部依法办事观念不强、能力不足，

① 袁曙宏：《全面推进依法治国　加快建设社会主义法治国家的纲领性文献》，《时事报告》2014 年第 11 期。

知法犯法、以言代法、以权压法、徇私枉法现象依然存在。

部分具体的改革举措，与这些问题相互之间是对应的：

法治建设中需要解决的问题	具体改革举措
有的法律法规未能全面反映客观规律和人民意愿，针对性、可操作性不强	深入推进科学立法、民主立法
立法工作中部门化倾向、争权诿责现象较为突出	完善立法体制
有法不依、执法不严、违法不究现象比较严重	依法全面履行政府职能
执法体制权责脱节、多头执法、选择性执法现象仍然存在	深化行政执法体制改革
执法不规范、不严格、不透明、不文明现象较为突出	坚持严格规范公正文明执法、全面推进政务公开
群众对执法不公和腐败问题反映强烈	强化对行政权力的制约和监督
司法不规范、不严格、不透明、不文明现象也很突出	推进严格司法
群众对司法不公和腐败问题反映也很强烈	提高司法公信力
部分社会成员尊法信法守法用法，依法维权意识不强	推动全社会树立法治意识
一些国家工作人员特别是领导干部依法办事观念不强、能力不足，知法犯法、以言代法、以权压法、徇私枉法	提高党员干部法治思维和依法办事能力

三、依法治国，是实现国家治理体系和治理能力现代化的必然要求

国家治理体系是国家治国理政制度体系的总称。国家治理体系的定性、定位、内容及其发展完善，是一国执政意志的集中表现，与执政权的行使、社会的需求和宪法法律的规定直接相关。**国家治理能力指一国治理体系发挥作用、体现价值和实现目标的一种水平和能力**，它具体包括执政党的执政能力、行政机关的执法能力、司法机关的司法能力、参政党的参政能力、军队的国防军事能力、公民和社会的有序参与社会治理能力等，以及它们相互之间的协调互补、分工合作。习近平总书记指出，国家治理体系和治理能力是一个国家的制度和制度执行能力的集中体现，二者相辅相成。十

九大报告中指出，“全面依法治国是国家治理的一场深刻革命”。

实现国家治理体系和治理能力的现代化，是以国家治理主体和人的最大解放、人权的最大实现和人民的最大幸福为最大目标，通过国家治理体系的有效运转和法治规则的有效运用，让现代化成果惠及民众，实现国家的有效有序治理。① 因此，《决定》中的改革举措，都是从不同方面通过实现法治，从而最终实现国家治理体系和治理能力的现代化。

考点2　全面依法治国的总目标

命题分析

“全面依法治国的指导思想和总目标”在2015年、2018年真题中进行过考查。对于主观题来说，它是一个“重者恒重”的考点。所以，**考生需要对“全面依法治国的指导思想和总目标”在理解的基础上进行准确记忆，同时把握总目标对全面推进依法治国起纲举目张的作用。**“习近平新时代中国特色社会主义法治思想是马克思主义法律思想中国化的最新成果”作为新增考点，也应当进行全面理解，答题时应当阐明。

考点解析

全面推进依法治国，指导思想是贯彻落实党的十九大精神，高举中国特色社会主义伟大旗帜，以马克思列宁主义、毛泽东思想、邓小平理论、“三个代表”重要思想、科学发展观、习近平新时代中国特色社会主义指导思想为指导，坚持党的领导、人民当家作主、依法治国有机统一，坚定不移走中国特色社会主义法治道路，坚决维护宪法法律权威，依法维护人

① 应松年：《加快法治建设　促进国家治理体系和治理能力现代化》，《中国法学》2014年第6期，第43～45页。

民权益、维护社会公平正义、维护国家安全稳定，为实现“两个一百年”奋斗目标、实现中华民族伟大复兴的中国梦提供有力法治保障。

全面推进依法治国，总目标是建设中国特色社会主义法治体系，建设社会主义法治国家。这就是，在中国共产党领导下，坚持中国特色社会主义制度，贯彻中国特色社会主义法治理论，形成完备的法律规范体系、高效的法治实施体系、严密的法治监督体系、有力的法治保障体系，形成完善的党内法规体系，坚持依法治国、依法执政、依法行政共同推进，坚持法治国家、法治政府、法治社会一体建设，实现科学立法、严格执法、公正司法、全民守法，促进国家治理体系和治理能力现代化。

如果说，推进全面依法治国的指导思想是在说明中国特色社会主义法治要举什么旗，走什么路，那么总目标就是在说做出什么价值和制度选择，实现什么目标。这个总目标是《决定》的最大亮点、最大创新，意义重大。**总目标既明确了全面推进依法治国的性质和方向，又突出了全面推进依法治国的工作重点和总抓手，是贯穿《决定》的主线，对全面推进依法治国具有纲举目张的作用**。在十九大报告中，作为新时代中国特色社会主义思想的精神实质和丰富内涵的一个方面，“坚持全面依法治国”得到了进一步的强调。可以从四个层次上理解总目标的含义：

一、在中国共产党领导下，坚持中国特色社会主义制度，贯彻中国特色社会主义法治理论

这阐明了中国特色社会主义法治道路的核心要义，规定和确保了中国特色社会主义法治体系的制度属性和前进方向。

二、形成五大体系

1. 形成完备的法律规范体系，即中国特色社会主义法律体系。2011 年 3 月 10 日第十一届全国人大第四次会议正式宣布：中国特色社会主义法律

体系已形成。但是还需要进一步对这个法律规范体系进行完善。

2. 形成高效的法治实施体系。法的实施是法的实效和法的实现的保证，包括执法、司法、守法等环节。只有通过严格执法、公正司法、全民守法才能使观念中的法的要素落实在现实的法律生活中。

3. 形成严密的法治监督体系。这主要指的是必须对公权力即对立法权，尤其是对执法权和司法权进行严密监督，因此在法治工作的基本格局中，每个部分都分别提出健全宪法监督制度、强化对行政权力的监督、加强对司法活动的监督。

4. 形成有力的法治保障体系。最根本的保障就是党的领导。此外还有法治工作队伍的保障即人才保障。

5. **形成完善的党内法规体系。这是《决定》的重大创新。这个考点考生一定要重视。**

三、坚持依法治国、依法执政、依法行政共同推进，坚持法治国家、法治政府、法治社会一体建设

依法治国是党领导人民治理国家的基本方略，依法执政是党在新的历史条件下执政的基本方式，依法行政是各级政府的基本准则。法治国家指的是整个国家和国家权力都要在法治的轨道上运行；法治政府是法治国家的主体，因为政府作为国家公共管理机关，活动范围具有广泛性，涉及人民群众的切身利益，只有依法行政才能保证社会的稳定发展。法治社会是法治国家和法治政府的基础。

四、促进国家治理体系和治理能力现代化

全面推进依法治国是为了推进国家治理体系和治理能力现代化，法治

是国家治理体系和治理能力的集中体现和重要依托。①

在这一部分，**大纲中增加了一个考点：“习近平新时代中国特色社会主义法治思想是马克思主义法律思想中国化的最新成果”**。但是在 2018 年官方教材“四大本”第一卷“中国特色社会主义法治理论”部分并没有对该考点进行展开阐释。下面结合最新理论研究成果进行讲解：②

1. 习近平新时代中国特色社会主义法治思想形成的标志

党的十八届四中全会作出《中共中央关于全面推进依法治国若干重大问题的决定》，提出了全面推进依法治国的指导思想、基本原则、总目标、总抓手、基本任务、法治工作的基本格局，阐释了中国特色社会主义法治道路的核心要义，回答了党的领导与依法治国的关系等重大问题。

《决定》把中国特色社会主义法治道路、法治理论、法治体系“三位一体”全面建设提到了全新的历史高度，使全面依法治国从理论创新、顶层设计到实践推进迈上了更高的历史起点，标志着习近平新时代中国特色社会主义法治思想正式形成，具有十分重大的里程碑意义。

2. 党的十九大报告作为习近平新时代中国特色社会主义法治思想的最新理论成果

党的十九大报告进一步丰富和发展了中国特色社会主义法治理论，是习近平新时代中国特色社会主义法治思想的最新理论成果。党的十九大作出了中国特色社会主义进入新时代、我国社会主要矛盾已经转化等重大政治判断，确立了习近平新时代中国特色社会主义思想的历史地位。

社会主义法治国家的建设目标是，到 2035 年基本建成法治国家、法治政府、法治社会。实现“两个一百年”奋斗目标和“两个阶段”的战略安排，建设社会主义现代化强国，实现民族复兴的伟大梦想，必须坚持习近

---

① 袁曙宏：《全面推进依法治国　加快建设社会主义法治国家的纲领性文献》，《时事报告》2014 年第 11 期。

② 下文讲解主要引自李林：《习近平新时代中国特色社会主义法治思想的形成和发展》，中国社会科学网 2018 年 3 月 15 日。

平新时代中国特色社会主义法治思想为指导思想和行动指南，坚持全面依法治国，加快建设中国特色社会主义法治体系、建设社会主义法治国家，必须把党的领导贯彻落实到依法治国全过程和各方面，坚定不移走中国特色社会主义法治道路，发展中国特色社会主义法治理论，从八个方面深化依法治国实践，努力把我国建设成为社会主义法治强国。这八个方面的任务是：

1. 推进科学立法、严格执法、公正司法、全民守法；

2. 成立中央全面依法治国领导小组，加强对法治中国建设的统一领导；

3. 加强宪法实施和监督，推进合宪性审查工作；

4. 推进科学立法、民主立法、依法立法，以良法促进发展、保障善治；

5. 建设法治政府，推进依法行政，严格规范公正文明执法；

6. 深化司法体制综合配套改革，全面落实司法责任制；

7. 加大全民普法力度，建设社会主义法治文化，树立宪法法律至上、法律面前人人平等的法治理念；

8. 各级党组织和全体党员要带头尊法学法守法用法。

3. 习近平新时代中国特色社会主义法治思想的内容要旨

习近平新时代中国特色社会主义法治思想，是中国特色社会主义法治理论的灵魂，其蕴含的统筹布局的战略观、治国理政的方略观、公平正义的价值观、党法统一的政治观、人民为本的主体观、宪法至上的权威观、全面推进的系统观、良法善治的治理观、于法有据的改革观、依法治权的监督观、民族复兴的强国观、命运共同体的全球观等新观点新理念新思想，是习近平新时代中国特色社会主义法治思想的精髓要义。

习近平新时代中国特色社会主义法治思想，是以党和人民实践经验和集体智慧的结晶，深刻阐释了新时代中国特色社会主义法治的理论依据、本质特征、指导思想、价值功能、内在要求、基本原则、发展方向等重大问题，系统阐述了什么是新时代的社会主义法治，为什么要全面依法治国，如何推进全面依法治国、建设中国特色社会主义法治体系和法治中国，如何运用法治方式和法治思维管理国家、治理社会、管理经济文化事业等一系列根本性问题，对于推进全面依法治国、建设社会主义法治国家，推进国家治理体系和治理能力现代化，把我国建成富强民主文明和谐美丽的社会主义现代化法治强国，具有重大的理论意义、历史意义和现实价值。

4. 习近平新时代中国特色社会主义法治思想的理论地位

党的十九大最重大的政治成果，是把习近平新时代中国特色社会主义思想确立为我们党的指导思想和行动指南。习近平新时代中国特色社会主义法治思想，是新时代中国特色社会主义思想的重要组成部分，是中国特色社会主义理论体系的重要组成部分。

习近平新时代中国特色社会主义法治思想，是以马克思列宁主义、毛泽东思想、邓小平理论、“三个代表”重要思想、科学发展观和新时代中国特色社会主义思想为指导，坚持党的领导、人民当家作主、依法治国有机统一，坚定不移走中国特色社会主义法治道路，坚决维护宪法法律权威，依法维护人民权益、维护社会公平正义、维护国家安全稳定，是为实现“两个一百年”奋斗目标、实现中华民族伟大复兴中国梦提供有力法治保障的中国特色社会主义法治理论体系。

习近平新时代中国特色社会主义法治思想，是中国特色社会主义理论体系的重要组成部分，是对马克思列宁主义经典作家关于国家与法学说的中国化继承和最新发展，是对毛泽东同志关于人民民主法律思想的时代化丰富和实践性深化，是对邓小平理论、“三个代表”重要思想和科学发展观关于中国特色社会主义法治观念的系统化坚持和理论化创新，是对全面依法治国和中国特色社会主义法治最新实践的科学总结和理论升华，是传承中华法文化精华、汲取全球法治精髓、借鉴国际法治经验的最新法治理论成果，是中华民族对世界法治文明和人类法治文化的原创性理论贡献，是全党全国人民为建设社会主义现代化法治强国、实现中华民族伟大复兴而奋斗的指导思想和行动指南。

考点3 坚持人民主体地位

命题分析

从考点3到考点6这四个考点都是关于推进全面依法治国的基本原则。其中第一个原则是“坚持中国共产党的领导”，该考点在2015—2017年没有考查过。如果主观题是从“全面依法治国的基本原则”这个角度命题，考生要能答到这个基本原则上，例如2018年的考题就可以回答这个考点。

“坚持人民主体地位”是推进全面依法治国的基本原则之一，它体现的是中国共产党执政的根本目的和核心理念，是坚定中国特色社会主义法治道路的本质要求。《决定》中的部分改革举措都是从这一原则出发提出的，**考生可以前后贯通进行理解**。具体考查方式，考生可以结合本书后面的第一道模拟题来体会。

考点解析

坚持人民主体地位是推进全面依法治国的基本原则之一。在理解这一原则时，注意把握以下几点：

一、人民是依法治国的主体和力量源泉

马克思、恩格斯在《神圣家族》中提出：“历史活动是群众的事业”，决定历史发展的是“行动着的群众”。这一观点确立了人民群众创造历史

的主体地位，打破了既往的英雄史观。[①] 中国共产党人深刻洞察这个道理，创建了群众路线的工作方法。习近平总书记在谈到依法治国的人民主体地位原则时指出："我国社会主义制度保证了人民当家作主的主体地位，也保证了人民在全面推进依法治国中的主体地位。**这是我们的制度优势，也是中国特色社会主义法治区别于资本主义法治的根本所在。**"[②] 在依法治国中，坚持人民主体地位意味着充分吸收、体现人民群众的意志，制定既符合历史发展规律又适应人民意愿的法律法规，使得人民成为依法治国的主体和力量源泉。

人民代表大会制度是保证人民当家作主的根本政治制度。《宪法》第 1 条以国体的形式，回答了"国家是谁的国家"的问题。接下来第 2 条回答的是"国家权力归属于谁"和**"如何保障人民权力真正实施"的问题，在制度保障上就是人民代表大会制度**。

二、依法治国的目标主体

在法治问题上，重要的问题是，法律是为什么人立的、由什么人立法和护法、由什么人运用和受益。《决定》指出，"必须坚持法治建设为了人民、依靠人民、造福人民、保护人民，以保障人民根本权益为出发点和落脚点，保证人民依法享有广泛的权利和自由、承担应尽的义务，维护社会公平正义，促进共同富裕"。这是从依法治国的目标主体上，阐明法治建设必须维护人民利益，回答"为什么人立法"的问题，确立了"为人民立法"的原则。例如，要坚持科学立法，恪守以民为本、立法为民的原则。

---

① 王伟光：《论坚持人民主体地位》，《求是》2013 年第 3 期，第 17 页。

② 习近平：《加快建设社会主义法治国家》，《求是》2015 年第 1 期。

三、依法治国的过程主体

《决定》指出，“必须保证人民在党的领导下，依照法律规定，通过各种途径和形式管理国家事务，管理经济文化事业，管理社会事务”。这是从依法治国的过程主体的角度，强调人民是管理国家事务的真正主体，回答“由什么人立法和护法”的问题，明确“由人民立法、由人民护法”。例如在立法上，要健全立法机关和社会公众沟通机制，拓宽公民有序参与立法途径；在司法上，强调保障人民群众参与司法，依靠人民推进公正司法。

在这一部分，**注意人民通过各种途径和形式管理国家事务，但是并不等于“直接行使立法、执法和司法的权力”**。

四、依法治国的运用主体

《决定》指出，“必须使人民认识到法律既是保障自身权利的有力武器，也是必须遵守的行为规范，增强全社会学法尊法守法用法意识，使法律为人民所掌握、所遵守、所运用”。这是从依法治国的运用主体的角度，强调人民是法律的真正受益者和运用者，回答“由什么人运用和受益”的问题，即“由人民受益、由人民运用”。[①] 例如在守法上，要推动全社会树立法治意识，人民既是社会主义法治的受益主体，享有法律规定的广泛的权利并受到法律的保护，也是守法的主体，在享受法律保护的同时应该履行应尽的法律义务。

下面对这一考点内容进行总结：

---

① 以上分析框架参考了金民卿：《全面推进依法治国与坚持人民主体地位》，《江西社会科学》2015 年第 1 期。

含义	回答的问题	主旨	举例	常见错误
人民是依法治国的主体和力量源泉		人民在全面推进依法治国中的主体地位		
人民代表大会制度是保证人民当家作主的根本政治制度	“如何保障人民权力真正实施”			人民直接行使立法、执法和司法的权力
必须坚持法治建设为了人民、依靠人民、造福人民、保护人民，以保障人民根本权益为出发点和落脚点，保证人民依法享有广泛的权利和自由、承担应尽的义务，维护社会公平正义，促进共同富裕	“为什么人立法”	“为人民立法”	坚持科学立法，恪守以民为本、立法为民的原则	
必须保证人民在党的领导下，依照法律规定，通过各种途径和形式管理国家事务，管理经济文化事业，管理社会事务	“由什么人立法和护法”	“由人民立法、由人民护法”	在立法上，健全立法机关和社会公众沟通机制，拓宽公民有序参与立法途径； 在司法上，保障人民群众参与司法	
必须使人民认识到法律既是保障自身权利的有力武器，也是必须遵守的行为规范，增强全社会学法尊法守法用法意识，使法律为人民所掌握、所遵守、所运用	“由什么人运用和受益”	“由人民受益、由人民运用”	在守法上，推动全社会树立法治意识	人民只享有权利（不承担应尽义务）；法律只是保障自身权利的武器（不是必须遵守的行为规范）

考点4 坚持法律面前人人平等

命题分析

“坚持法律面前人人平等”是推进全面依法治国的基本原则之一。该考点在2016年的论述题中考查过，即“法律面前人人平等的原则对推进严格司法的意义”。掌握这一考点，要完整理解这一原则的基本内涵，尤其重点是在“推进全面依法治国”中，**提出该项基本原则的特殊意义及其针对的主体，进而和具体改革举措间建立联系**。今后的考查形式，仍然可能是论述该原则对某一法治工作领域的改革举措的意义。

考点解析

坚持法律面前人人平等是推进全面依法治国的基本原则之一。在理解这一原则时，注意把握以下几点：

一、平等是社会主义法律的基本属性

“法律面前人人平等”最早是在资产阶级革命中提出的。早在启蒙运动时期，启蒙思想家就在“天赋人权”和“社会契约”理论中阐述了这一理念，例如洛克提出“人类天生都是自由、平等和独立的”，卢梭提出“每个人都生而自由平等”，这为资产阶级革命奠定了思想基础。在反对封建等级和特权，与不受法律约束、凌驾于法律之上的权力进行斗争的过程中，资产阶级提出“法律面前人人平等”的口号，要求废除一切等级和身份特权。1789年法国《人权宣言》正式确认了这一原则，规定“在法律面前，所有的公民都是平等的”，即“在权利方面，人们生来是而且始终是自由平等的”。在资产阶级革命成功之后，“法律面前人人平等”被以宪法

的形式确定下来，成为资产阶级法律制度的一项重要原则。但是如马克思指出的，**资产阶级法律面前人人平等的原则只是形式上的平等，它掩盖了人们在实际生活中存在的事实上的不平等**。

社会主义的本质是解放生产力，发展生产力，消灭剥削，消除两极分化，实现共同富裕。因此，在社会主义国家，随着生产力的发展和各项制度的完善，剥削最终必然要被消灭，一切不平等和不公正的体制和制度必然要被消除，全体人民在经济、政治、文化等各个方面都将享有同等的权利，从而最终实现人的自由而全面的发展。社会主义从本质上体现了公正、平等的要求，平等是社会主义题中应有之义。社会主义法律的根本目的是营造公平的社会环境，保证全体人民依法管理国家事务和社会事务、管理经济和文化事业、平等参与社会主义现代化建设、平等享有各项权益，即**平等是社会主义法律的基本属性**。①

二、法律面前人人平等的基本内涵

在我国，法律面前人人平等的基本内涵是：任何组织和个人都必须尊重宪法法律权威，都必须在宪法法律范围内活动，都必须依照宪法法律行使权力或权利、履行职责或义务，都不得有超越宪法法律的特权。具体言之：

1. 立法应当体现人民的意志，发扬社会主义民主，保障人民通过多种途径参与立法活动。

2. 法律对于全体公民，不分民族、种族、性别、职业、社会出身、宗教信仰、财产状况等，都统一适用，所有公民依法享有同等的权利并承担同等的义务。

3. 任何权利受到侵犯的公民一律平等地受到法律保护，不能歧视任何

① 潘盛洲：《全面推进依法治国必须坚持法律面前人人平等》，《人民日报》2014 年 11 月 21 日，第 7 版。

公民，在诉讼中保证诉讼当事人享有平等的诉讼权利，不能偏袒任何一方当事人，保障诉讼参加人依法享有的诉讼权利。

4. 对任何公民的违法犯罪行为，都必须同样地追究法律责任，依法给予相应的法律制裁，不允许有不受法律约束或凌驾于法律之上的特殊公民，任何超出法律之外的特权都是违法的。

5. 维护国家法制统一、尊严、权威，切实保证宪法法律有效实施，不允许任何人以任何借口任何形式以言代法、以权压法、徇私枉法。

三、在“推进全面依法治国”中提出该项基本原则的特殊意义

在现实社会生活中，很多不平等现象和事例的发生，是因为公权力超越了宪法和法律的界限，导致公民在法律上的平等权利受到侵犯。具体表现在法治建设中存在的突出问题，如“有法不依、执法不严、违法不究”“执法体制权责脱节、多头执法、选择性执法现象”突出，“执法司法不规范、不严格、不透明、不文明”“一些国家工作人员特别是领导干部依法办事观念不强、能力不足，知法犯法、以言代法、以权压法、徇私枉法”等。这是“全面推进依法治国的总目标及其基本原则”提出的社会背景。正是为了有针对性地解决这些问题，《决定》指出，**该原则在“推进全面依法治国”中的特殊意义，即“必须以规范和约束公权力为重点，加大监督力度，做到有权必有责、用权受监督、违法必追究，坚决纠正有法不依、执法不严、违法不究行为”**，这又具体表现为“健全宪法监督制度”“坚持严格规范执法”“坚持严格司法”“提高党员干部依法办事能力”等具体改革举措。

考点5 坚持依法治国和以德治国相结合

命题分析

“坚持依法治国和以德治国相结合”是推进全面依法治国的基本原则

之一，而且也是一个体现“中国特色社会主义法治理论”的重点考点，故颇受命题人青睐。该考点从往年命题来看，主要通过客观题进行考查，2017 年论述题从论述角度上可以关联到这个考点。在今后的命题中，还是存在较大概率以主观题的形式进行命题。考生应当全面理解该考点的内容，具体命题方式可以参考本书后面的模拟题第三题。

考点解析

坚持依法治国和以德治国相结合是推进全面依法治国的基本原则之一。在理解这一原则时，注意把握以下几点：

一、以德治国的含义

坚持以德治国，就是大力弘扬社会主义核心价值观，弘扬中华传统美德，培育社会公德、职业道德、家庭美德、个人品德。十九大报告强调，“社会主义核心价值观是当代中国精神的集中体现，凝结着全体人民共同的价值追求”，应当“把社会主义核心价值观融入社会发展各方面，转化为人们的情感认同和行为习惯”，提出“深入实施公民道德建设工程，推进社会公德、职业道德、家庭美德、个人品德建设”。

二、国家和社会治理需要法律和道德共同发挥作用

“小智治事，中智用人，大智立法。”法治是治国理政不可或缺的重要手段，依法治国已成为党领导人民治理国家的基本方略。法律通过确定权利和义务，通过建立法律关系来调节人们之间的关系，并依靠国家强制力保证实施。在社会治理上，不能仅仅依靠法律。法律的有效实施有赖于道德的支持，道德主要通过在人们中间建立以义务为纽带的道德关系来调整人们之间的关系。道德的重心在于义务或责任，它凭靠内在良知认同，以主体内省和自决的方式生成和实现。**“德治”的作用，在于用道德的力量**

唤起人们的良知、正义感、荣誉感，培养和增强公民的道德观念，使其自觉遵守法律，维护法律的权威性。

但是，道德不像法律那样，以有组织的国家强制机关、暴力机关为后盾和程序设置作为外在强制，道德的压力和谴责只能在主体对谴责所依据的道德准则认同的前提下发挥作用，所以**道德的自觉践行离不开法律的强力约束**。

在历史上，从孔子提出“宽猛相济”，到孟子提出“徒善不足以为政，徒法不能以自行”；从荀子提出“隆礼重法”，到汉代董仲舒强调“阳为德，阴为刑”；从唐代提出“制礼以崇敬，立刑以明威”，到宋元明清时期一直延续德法合治，都体现了德治与法治相结合的治国之道。① 因此，必须坚持一手抓法治、一手抓德治，在法律难以规范的领域，道德可以发挥作用，而道德无力约束的行为，法律则可以给予惩戒。

三、依法治国和以德治国如何相互结合

《决定》指出，“既重视发挥法律的规范作用，又重视发挥道德的教化作用，以法治体现道德理念、强化法律对道德建设的促进作用，以道德滋养法治精神、强化道德对法治文化的支撑作用，实现法律和道德相辅相成、法治和德治相得益彰”。以表格形式体现为：

治国方式	作用特点	相互结合时侧重的作用	具体含义
法律	规范作用	促进作用	以法治体现道德理念，通过法律促进道德建设
道德	教化作用	支撑作用	以道德滋养法治精神，通过道德支撑法治文化

在这一部分，需要注意辨析的有：

1. 坚持依法治国和以德治国相结合，以发挥法律的规范作用为主，以

① 雒树刚：《坚持依法治国和以德治国相结合》，《人民日报》2014 年 11 月 24 日，第 7 版。

道德的教化作用为辅。

2. 通过道德支撑法治文化，但是法律的有效实施并不总是依赖于道德，并不总是诉诸道德谴责和舆论压力，法律有保障自身得以实施的强制力。

3. 发挥道德在依法治国中的作用，但是不能把全部道德义务都转化为法律义务，法律只是最低限度的道德。

4. 以法治体现道德理念，但是道德问题的有效解决并不总是必须依赖法律的强制手段。

考点6　坚持从中国实际出发

命题分析

“坚持从中国实际出发”是推进全面依法治国的基本原则之一，而且也是凸显中国特色社会主义法治理论和法治道路的重点考点。2017 年的论述题从材料选择和提问都显示出，是以这个考点作为重点考查视角，所以大家可以结合 2017 年的真题进行体会。对于该考点，考生需要**理解坚持从实际出发的实践意义、具体方式，并注意把握对传统法律文化和域外的法治经验的恰当态度**。

考点解析

坚持从中国实际出发是推进全面依法治国的基本原则之一。在理解这一原则时，注意把握以下几点：

一、中国特色社会主义道路、理论体系、制度是全面推进依法治国的根本遵循

这是立足我国国情，总结近代以来法治发展的曲折历程和世界各国法

治道路所做出的唯一正确选择。近代以来，在中国法治道路的探索中，“君主立宪法治”“议会民主法治”“五权宪法法治”都失败了，只有1949年中华人民共和国的成立和嗣后社会主义制度的建立，才为在新中国实行社会主义法治奠定了根本的政治和经济基础。

世界各国法治发展模式和道路具有复杂性和多样性，脱离具体国情，盲目照抄照搬西方国家的民主法治模式，很可能像埃及、乌克兰、菲律宾等国家那样，陷入政治混乱、经济停滞、民生凋敝、社会动荡。一国的法治道路总是由一国的政治经济制度和历史文化传统等因素决定的。**没有最好的法治道路，只有最适合本国国情的法治道路**。在中国这样一个幅员辽阔、人口众多、历史悠久、国情复杂的多民族大国，推进依法治国必须坚持中国特色社会主义道路、理论体系和制度。①

二、在推进依法治国中，如何坚持从实际出发

《决定》指出，“必须从我国基本国情出发，同改革开放不断深化相适应，总结和运用党领导人民实行法治的成功经验，围绕社会主义法治建设重大理论和实践问题，推进法治理论创新，发展符合中国实际、具有中国特色、体现社会发展规律的社会主义法治理论，为依法治国提供理论指导和学理支撑”。

因此，**全面依法治国的制度基础是现行的有中国特色的社会主义法律体系（而不是中华法系），实践基础是党领导人民实行法治的治理经验（而不是传统社会中的治理经验）**。

三、坚持从实际出发的两个重要方面

坚持从实际出发，必须正确面对传统法律文化和域外的法治经验。

① 袁曙宏：《全面推进依法治国　加快建设社会主义法治国家的纲领性文献》，《时事报告》2014年第11期。

1. 汲取中华法律文化精华

中华法律文化是中华民族数千年法律实践活动的经验和智慧总结，体现了人类法律实践的科学性和规律性。例如法治和德治相结合的传统，注重发挥道德的教化作用；又如在司法审判中，注重兼顾“天理、国法、人情”，在立法时要“上稽天理、下揆人情”，在法的实施中要“准情酌理”，处断平允。①

2. 借鉴国外法治有益经验，但决不照搬外国法治理念和模式

这意味着，可以在比较法的视角下，借鉴国外法治经验。例如赋予地方人大制定地方性法规的权力，设立行政诉讼制度、国家赔偿制度、听证制，适用罪刑法定原则、无罪推定原则，规定单位犯罪、民法上的无过程责任，对商标法、专利法保护范围进行规定，制定消费者权益保护法等，都体现了对国外法治有益经验的借鉴。② 现在，在反腐败、社会治理、安全生产、环境污染防治、税收体制等多方面，也可以进行制度比较和借鉴。但是，不能“照搬”外国法治理念和模式，必须和中国的国情和制度相适应。

在这一部分需要注意的是，**“借鉴”不等于“照搬”，借鉴意味着可以对外国的法律进行法律移植**，在鉴别、认同、调适、整合的基础上，引进、吸收、采纳、摄取、同化外国法律（包括法律概念、技术、规范、制度等）使之成为本国法律体系的有机组成部分，为本国所用。但是**法律文化具有独特性，反映的是不同民族、不同地域和共同体的人们对法律及其价值的态度，是不能移植的**。

---

① 更多总结参见武树臣：《中华法律文化精神中的六个重要传统》，《人民论坛学术前沿》2014 年 11 月（上）。

② 沈宗灵：《当代中国借鉴外国法律的实例》，《中国法学》1997 年第 5、第 6 期。

考点7　党的十九大提出的深化依法治国实践的主要任务

命题分析

“党的十九大提出的深化依法治国实践的主要任务”是一个新增考点，也是主观题的重点考点。因为在党的十九大报告中，从法治工作的各个方面提出了深化依法治国实践的主要任务，所以这个考点既可以命制宏观论述题，也可以就某一个具体领域（例如司法方面）命制较为具体的分析论述题。考生可以结合下面考点解析中的图表全面掌握和理解这一部分的内容。具体的命题形式，大家可以参考模拟试题第五题。这道题是从宏观角度提问的，也可以把它具体化，例如：谈谈推动宪法与时俱进、维护宪法权威在深化依法治国实践中，对建设法治政府的意义。

考点解析

依据党的十九大报告重要论述，2018 年大纲在第一章增加了“第四节　新时代深化依法治国实践的主要任务”，该节下的考点是“党的十九大提出的深化依法治国实践的主要任务”。按照往年命题规律，新增考点是必考考点，考生要注意这一部分可能命制论述题。

新增第四节共四段：

第一段扼要总结和概述全面推进依法治国的总目标和十八届四中全会明确的建设中国特色社会主义法治体系的具体任务。

第二段对“党的十九大提出的深化依法治国实践的主要任务”这一考点进行论述，其内容来自十九大报告中“六、健全人民当家作主制度体系，发展社会主义民主政治”的“（四）深化依法治国实践”。

第三段对《宪法修正案》的内容及其意义做出概括和说明。

第四段宪法的地位、效力、在全社会进行宪法学习和宣传进行论述和强调。

下面以图表的形式，对这部分内容及其关系进行概括：

全面推进依法治国的总目标	建设中国特色社会主义法治体系、建设社会主义法治国家
建设中国特色社会主义法治体系的具体任务	形成完备的法律规范体系、高效的法治实施体系、严密的法治监督体系、有力的法治保障体系、形成完善的党内法规体系
深化依法治国实践的主要任务	总要求：坚持厉行法治，推进科学立法、严格执法、公正司法、全民守法
	组织保障：成立中央全面依法治国领导小组，加强对法治中国建设的统一领导
	加强宪法实施：加强宪法实施和监督，推进合宪性审查工作，维护宪法权威
深化依法治国实践的主要任务	立法方面：推进科学立法、民主立法、依法立法，以良法促进发展、保障善治
	行政方面：建设法治政府，推进依法行政，严格规范公正文明执法
	司法方面：深化司法体制综合配套改革，全面落实司法责任制，努力让人民群众在每一个司法案件中感受到公平正义
	守法方面：加大全民普法力度，建设社会主义法治文化，树立宪法法律至上、法律面前人人平等的法治理念
	党的领导方面：各级党组织和全体党员要带头尊法学法守法用法，任何组织和个人都不得有超越宪法法律的特权，绝不允许以言代法、以权压法、逐利违法、徇私枉法
宪法修改及其意义	宪法修改的内容： 把党的十九大确定的重大理论观点和重大方针政策，特别是习近平新时代中国特色社会主义思想载入国家根本法； 确立科学发展观、习近平新时代中国特色社会主义思想在国家政治和社会生活中的指导地位； 调整充实中国特色社会主义事业总体布局和第二个百年奋斗目标的内容； 完善依法治国和宪法实施举措； 充实完善我国革命和建设发展历程的内容，充实完善爱国统一战线和民族关系的内容，充实和平外交政策方面的内容； 充实坚持和加强中国共产党全面领导的内容； 增加倡导社会主义核心价值观的内容； 修改国家主席任职方面的规定； 增加设区的市制定地方性法规的内容； 增加有关监察委员会的各项规定

续表

<table>
<tr><td rowspan="3">宪法修改及其意义</td><td>宪法修改的意义：
体现了党和国家事业发展的新成就新经验新要求，在总体保持我国宪法连续性、稳定性、权威性的基础上推动了宪法与时俱进、完善发展；
为新时代坚持和发展中国特色社会主义、实现“两个一百年”奋斗目标和中华民族伟大复兴的中国梦提供了有力的宪法保障。</td></tr>
<tr><td>宪法的地位：宪法是国家根本法，是制定国家各种制度和法律法规的总依据。
宪法的效力：宪法具有最高的法律地位、法律权威、法律效力。</td></tr>
<tr><td>实施宪法的重要基础：加强宪法学习宣传教育，使宪法的权威源自人民的内心拥护和真诚信仰。
宪法学习和宣传的总要求：
在全社会广泛开展尊崇宪法、学习宪法、遵守宪法、维护宪法、运用宪法的宣传教育；
弘扬宪法精神，弘扬社会主义法治意识，增强广大干部群众的宪法意识，使全体人民成为宪法的忠实崇尚者、自觉遵守者、坚定捍卫者。</td></tr>
</table>

考点8　形成完备的法律规范体系的意义和基本要求

命题分析

“形成完备的法律规范体系的意义和基本要求”在法治工作基本格局的“立法”方面，是一个提纲挈领的考点。如果在论述题中考到立法问题，可以在形成完备的法律规范体系的意义和基本要求下，展开论述。在“意义”部分，考生可以从“法治在形式要素和实体要素上的要求”，理解“良法是善治之前提”。在“基本要求”部分，考生可以参考下面结合《决定》原文和十九大报告内容进行的总结。

考点解析

形成完备的法律规范体系是从法的制定的角度，对法治工作基本格局做出的部署，具体而言就是完善以宪法为核心的中国特色社会主义法律体系，加强宪法实施。

一、形成完备的法律规范体系的意义

法律是治国之重器，良法是善治之前提。法的制定是法的执行和实施的起始点和出发点，也是法的效力的来源。**完备的法律规范体系应当符合法治在形式要素和实体要素上的要求**，具体来说：

1. 在形式要素上，法律必须公开、清晰，可行；必须具有一般性和普遍性；法律规则之间必须协调一致；法律以不溯及既往为原则；保持相对稳定；法律必须保障司法权独立行使原则，并使其易于接近，还要公开审理，不得以偏见司法，等等。

2. 在实体要素上，法律必须体现人民主权原则，是人民根本利益和共同意志的反映，以维护和促进全体人民的共同利益为目标；法律必须实现权利保障，必须承认、尊重和保护人权和公民权利；法律必须进行权力控制，给权力划分界限，为权力制定规则，以权力监督权力；法律也应当关注实质的合法性，以正义原则、道德权利和正义感为基础，来避免和废除不正义的法律。

总之，完备的法律规范体系能够真正反映社会发展规律，解放和发展生产力，切实调整社会关系；能够充分反映人民意愿，调动人的积极性和创造性、激发社会活力和创造力；能够规范权力运行，防止权力滥用；能够维护公平正义。

二、形成完备的法律规范体系的基本要求

形成完备的法律规范体系的基本要求，以图表显示：

基本要求	《决定》原文
提高立法质量	建设中国特色社会主义法治体系，必须坚持立法先行，发挥立法的引领和推动作用，抓住提高立法质量这个关键
坚持立法为民	要恪守以民为本、立法为民理念，贯彻社会主义核心价值观，使每一项立法都符合宪法精神、反映人民意志、得到人民拥护
促进立法公正、公平、公开	要把公正、公平、公开原则贯穿立法全过程，完善立法体制机制，坚持立改废释并举，增强法律法规的及时性、系统性、针对性、有效性

基本要求	《十九大报告》原文
坚持民主立法、扩大政治参与	推进社会主义民主政治制度化、规范化、法治化、程序化，保证人民依法通过各种途径和形式管理国家事务； 扩大人民有序政治参与，保证人民依法实行民主选举、民主协商、民主决策、民主管理、民主监督； 加强人权法治保障，保证人民依法享有广泛权利和自由； 巩固基层政权，完善基层民主制度，保障人民知情权、参与权、表达权、监督权； 健全依法决策机制，构建决策科学、执行坚决、监督有力的权力运行机制
推进科学立法、民主立法、依法立法	推进科学立法、民主立法、依法立法，以良法促进发展、保障善治

考点9　健全宪法实施和监督制度

命题分析

在立法工作部分，“健全宪法实施和监督制度”“完善立法体制”“深入推进科学立法、民主立法、依法立法”“加强重点领域立法”“实现立法和改革决策相衔接”这五个考点，都是“形成完备的法律规范体系”下的具体举措。考生需要首先在总体上对这一架构进行把握，如果宏观地考查立法问题这就是答题展开的具体角度。除此之外，立法部分也可能就某一个具体方面命制主观题，或者问题涉及某个具体方面，例如接下来要讲解的这四个知识点（考点9—考点12）。

“健全宪法实施和监督制度”在2016年论述题中考查过，是一个主观题的命题重点。由于2018年的“修宪”，这个考点在接下来几年中仍然可能会成为命题热点。考查重点是依宪治国和依宪执政的总体要求，**不仅公民权利受到宪法法律的保护，而且公权力必须在宪法法律规定的范围内行使，在行使过程中不能侵犯宪法对公民权利的保障**。这部分在命题时，也可以结合深化依法治国实践的主要任务，或者任务的某个具体方面，如立法、执法、司法等进行考查。大家可以结合模拟试题第五题进行体会。

考点解析

健全宪法实施意味着在依法治国中，首先坚持依宪治国和依宪执政。这是和宪法的性质和地位联系在一起的。宪法是国家的根本法，规定了国家的根本任务和根本制度、国家政权的组织及其职权以及公民的基本权利义务等内容。宪法是党和人民意志的集中体现，是通过科学民主程序形成的。

因此，全国各族人民、一切国家机关和武装力量、各政党和各社会团体、各企业事业组织，都必须以宪法为根本的活动准则，并且负有维护宪法尊严、保证宪法实施的职责。一切违反宪法的行为都必须予以追究和纠正。

健全宪法监督制度意味着完善全国人大及其常委会对宪法的监督，健全宪法解释程序机制。加强备案审查制度和能力建设，《决定》指出，把所有规范性文件纳入备案审查范围，依法撤销和纠正违宪违法的规范性文件，禁止地方制发带有立法性质的文件。在十九大报告中，也强调了“加强宪法实施和监督，推进合宪性审查工作，维护宪法权威”。

“推进合宪性审查工作”是第一次出现在党的正式文件中。合宪性审查制度的确立和实施，将为全面依法治国向纵深发展提供强大推动力量。这一制度安排，对落实“依宪治国”“依宪执政”，发挥法治作为治国利器的作用，推动国家治理体系、治理能力现代化具有重大意义。大家在备考时可以适当关注相关理论观点，把握基本原则和实践取向。

下面用图表对这部分的内容进行总结：

	具体要求
健全宪法实施	1. 坚持依宪治国、依宪执政； 2. 以宪法为根本的活动准则，维护宪法尊严、保证宪法实施； 3. 违反宪法的行为必须予以追究和纠正； 4. 设立国家宪法日（12 月 4 日），开展宪法教育； 5. 建立宪法宣誓制度，**凡经人大及其常委会选举或者决定任命的国家工作人员**正式就职时公开向宪法宣誓
健全宪法监督制度	1. 全国人大及其常委会依法撤销和纠正违宪违法的规范性文件； 2. 健全全国人大常委会宪法解释程序机制； 3. 把所有规范性文件纳入备案审查范围； 4. 禁止地方制发带有立法性质的文件

考点 10　完善立法体制

命题分析

“完善立法体制”这个考点，一般来说不会作为一个独立的、主要的考点在主观题中出现，因为这一改革举措有很强的制度针对性，所以辐射的考查范围就比较窄。但是在对立法工作进行把握时，考生需要**熟悉这部分的内容表述，结合立法体制中存在的问题，理解相关完善措施**。

考点解析

立法体制是一个国家立法制度最重要的组成部分。**立法体制是关于立法权限、立法权运行和立法权载体**诸方面的体系和制度所构成的有机整体。

其核心是有关立法权限的体系和制度。具体来说，立法权限的体系和制度涉及立法权的归属、性质、种类、范围、限制、立法权之间的关系、立法权和其他国家权力的关系等；立法权的运行体系和制度涉及立法权的运行原则、运行过程、运行方式等；立法权的载体体系和制度涉及立法主体的建制、组织原则、活动形式等。①

对**完善立法体制**，《决定》提出以下具体举措：

一、加强党对立法工作的领导，完善党对立法工作中重大问题决策的程序；

二、健全有立法权的人大主导立法工作的体制机制；

三、加强和改进政府立法制度建设；

四、明确立法权力边界，防止部门利益和地方保护主义法律化。

下面以图表形式对各项举措进行列举：

完善立法体制的方面	具体举措
加强党对立法工作的领导	1. 凡立法涉及重大体制和重大政策调整的，必须报党中央讨论决定； 2. 党中央向全国人大提出宪法修改建议，依照宪法规定的程序进行宪法修改； 3. 法律制定和修改的重大问题由全国人大常委会党组向党中央报告
健全有立法权的人大主导立法工作的体制机制	1. 发挥人大及其常委会在立法工作中的主导作用； 2. 建立由全国人大相关专门委员会、全国人大常委会法制工作委员会组织有关部门参与起草综合性、全局性、基础性等重要法律草案制度； 3. 增加有法治实践经验的专职常委比例； 4. 依法建立健全专门委员会、工作委员会立法专家顾问制度； 5. 加强法律解释工作，及时明确法律规定含义和适用法律依据

① 张文显：《法理学》（第四版），高等教育出版社、北京大学出版社，2011 年，第 192 页。

续表

完善立法体制的方面	具体举措
加强和改进政府立法制度建设	1. 完善行政法规、规章制定程序； 2. 完善公众参与政府立法机制； 3. 重要行政管理法律法规由政府法制机构组织起草
明确立法权力边界，防止部门利益和地方保护主义法律化	1. 对部门间争议较大的重要立法事项，由决策机关引入第三方评估，充分听取各方意见，协调决定，不能久拖不决； 2. 明确地方立法权限和范围，依法赋予设区的市地方立法权

关于健全有立法权的人大主导立法工作的体制机制：

十九大报告在“健全人民当家作主制度体系，发展社会主义民主政治”部分，强调“人民代表大会制度是坚持党的领导、人民当家作主、依法治国有机统一的根本政治制度安排”。因此，健全有立法权的人大主导立法工作的体制机制，在民主政治方面具有的意义是，保证人民通过人民代表大会行使国家权力。发挥人大及其常委会在立法工作中的主导作用，就是“健全人大组织制度和工作制度，支持和保证人大依法行使立法权、监督权、决定权、任免权，更好发挥人大代表作用，使各级人大及其常委会成为全面担负起宪法法律赋予的各项职责的工作机关，成为同人民群众保持密切联系的代表机关”。

考点11　深入推进科学立法、民主立法、依法立法

命题分析

“深入推进科学立法、民主立法、依法立法”在2017年的主观题中有所涉及，考查的是如何使立法凝聚社会共识，将天理、人情适当融入国法，提高法律实施的可接受性。由于十九大报告在对深化依法治国实践的立法工作，提出“推进科学立法、民主立法、依法立法，以良法促进发展、保

障善治"，所以2018年大纲修改中，在"科学立法、民主立法"之外，增加了"依法立法"。该考点作为主观题具有一定的可考性，考生应注意**全面认识科学立法、民主立法、依法立法的含义和要求**，理解具体改革举措的针对性。

考点解析

科学立法就是实现立法的科学化和现代化，尊重立法规律，克服立法中的主观随意性和盲目性，避免和减少失误，降低立法成本，提高立法效益。《立法法》第6条规定，"立法应当从实际出发，科学合理地规定公民、法人和其他组织的权利与义务、国家机关的权力与责任"。坚持科学立法原则，除了要注意解决方法、策略和技术问题，还要从制度上着手，建立科学的立法权限划分体制、立法主体设置体制、立法运行体制。

民主立法是坚持人民主体地位的根本要求，它包括三方面的要求：**第一，立法主体应当具有广泛性**，在现代政治生活中，为了保障立法不偏离人民意愿，立法机关必须由民主选举产生，能够代表人民利益；**第二，立法内容应当以维护人民利益为宗旨**，确认和体现人民的意志，而不是少数人的意志；**第三，立法程序应当具有民主性**，使人民能够通过一定途径，有效参与立法。[①]《立法法》第5条规定："立法应当体现人民的意志，发扬社会主义民主，保障人民通过多种途径参与立法活动"。坚持民主立法原则，要从立法权行使上建立完备的制度，健全公众参与制度。

依法立法强调的是"严格依照法定权限和程序立法，明确立法权力边界，完善立法工作程序，注意克服立法部门化、地方化倾向"。它包括下面几方面的具体要求：**第一，按照法定立法权限立法**，其主要依据是《宪法》和《立法法》；**第二，按照法定立法程序立法**；**第三，按照立法备案**

---

① 张文显：《法理学》（第四版），高等教育出版社、北京大学出版社，2011年，第200~201页。

审查和监督制度，进行合宪性审查和合法性审查。

依法立法的现实针对性，一是指向越权立法、违反立法程序立法的问题；二是推动相关法律法规的立改废等工作常态化。

下面以图表形式对具体举措进行列举：

	具体举措
科学立法	加强人大对立法工作的组织协调，健全立法起草、论证、协调、审议机制
	健全向下级人大征询立法意见机制
	建立基层立法联系点制度，推进立法精细化
	健全法律法规规章起草征求人大代表意见制度
	增加人大代表列席人大常委会会议人数，更多发挥人大代表参与起草和修改法律作用
	完善立法项目征集和论证制度
	健全立法机关主导、社会各方有序参与立法的途径和方式
	探索委托第三方起草法律法规草案
	完善法律草案表决程序，对重要条款可以单独表决
民主立法	健全立法机关和社会公众沟通机制，开展立法协商，充分发挥政协委员、民主党派、工商联、无党派人士、人民团体、社会组织在立法协商中的作用
	探索建立有关国家机关、社会团体、专家学者等对立法中涉及的重大利益调整论证咨询机制
	拓宽公民有序参与立法途径，健全法律法规规章草案公开征求意见和公众意见采纳情况反馈机制
依法立法	依照法定权限和程序立法，明确立法权力边界，完善立法工作程序，注意克服立法部门化、地方化倾向

考点 12　实现立法和改革决策相衔接

命题分析

“实现立法和改革决策相衔接”在主观题中并不会单独命题，但是如果对立法问题进行考查，它可以作为一个分析和论证的角度。这个考点也可以和“深入推进科学立法、民主立法、依法立法”结合进行考查。考生应当正确理解二者之间的关系，能够分析和区分两种错误认识。

考点解析

实现立法和改革决策相衔接，就是要处理好改革和法治的关系，这是全面深化改革和全面依法治国的前提，对于全面建成小康社会具有重要意义。

正确理解二者的关系，要注意识别两种错误认识：**一种观点认为**，改革就是突破法律的禁区，现行法律的规定会妨碍改革。在实践中，这会导致一些地方和部门无视法律权威，以领导意志代替法律规定，以政策代替法律，进而使改革措施缺乏规范性，破坏改革措施的公信力与执行力。**另一种观点认为**，法律就是要保持稳定性、权威性、适当的滞后性，法律很难引领改革。在实践中，这会导致一些领导干部人为地将法治与改革对立起来，甚至以落后的法律规定维护地方与部门利益，懒政怠政，以法律为名阻碍体制改革和创新。①

立法和改革决策之间的关系，可以总结为：

一、改革决策可以通过先行先试提高立法效率和科学性

法律不能朝令夕改。我国是一个幅员辽阔、人口众多、各地发展不均衡、国情复杂的大国。在实践条件不成熟的情况下，贸然制定法律可能导致制定出来的法律不能适应现实情况，不利于维护法治权威。但是仅仅从法律的稳定性的角度出发，又不利于推进改革，完善国家治理。因此这种情况下，可以先立法授权进行试点，这样既不违反法律规定，又能根据实

① 周汉华：《改革要于法有据》，《时事报告》2015 年第 4 期。

际情况判断改革决策恰当与否，寻求利益冲突的有效化解。

例：2013年8月30日，全国人大会常委会决定，授权国务院在上海外高桥保税区、上海外高桥保税物流园区、洋山保税港区和上海浦东机场综合保税区基础上设立的中国（上海）自由贸易试验区内，对国家规定实施准入特别管理措施之外的外商投资，暂时调整《外资企业法》《中外合资经营企业法》和《中外合作经营企业法》规定的有关行政审批。上述行政审批的调整在三年内试行，对实践证明可行的，应当修改完善有关法律；对实践证明不宜调整的，恢复施行有关法律规定。作为转变政府管理方式，打造中国经济升级版的桥头堡，上海自贸区综合试验措施这是通过先行先试，提高行政审批制度改革的立法效率和科学性。①

二、立法可以对改革决策进行规范和保障，使重大改革于法有据，使改革成果得以确认

改革就是“改变同生产力发展不相适应的生产关系和上层建筑，改变一切不适应的管理方式、活动方式和思想方式”，它的特点是“变”。法律具有规范性、相对稳定性等特点，立法的功能是“定”，它能把行之有效的改革决策上升为法律，用法律引领、推动新的社会关系生成。实现立法和改革决策相衔接就是把经验的、确认式的、规范性的立法和能动性的、前瞻性的、引领性改革决策有机结合起来，用制度构建引领、支撑、促进改革，发挥立法对改革的推动作用。

例：党的十八届三中全会《决定》推出的一系列改革举措，经全国人大常委会法工委研究疏理，改革领域涉及现行法律139件，需要制定、修改和废止的立法项目76件。②

① 周汉华：《改革要于法有据》，《时事报告》2015年第4期。

② 任进：《正确认识和处理改革与立法、修宪的关系》，《中国宪法年刊》2014年（第十卷），第125~129页。

三、《决定》中的具体表述

	具体表述	不同情况
立法对改革决策的规范和保障	做到重大改革于法有据、立法主动适应改革和经济社会发展需要	实践证明行之有效的，要及时上升为法律
		实践条件还不成熟、需要先行先试的，**要按照法定程序作出授权**
改革决策对立法的要求	对不适应改革要求的法律法规，要及时修改和废止	

最后，**需要注意的是，立法和改革决策相衔接，不意味着立法只是简单地、被动地“符合”改革的要求**，通过法律的制定、修改，可以使改革决策更完善、更规范，从而引领、推动和保障改革。

考点13　建设法治政府的意义和基本要求

命题分析

“建设法治政府的意义和基本要求”在法治工作基本格局的“建设法治政府”方面，是一个提纲挈领的考点。如果在论述题中考到依法行政问题，可以在建设法治政府的意义和基本要求下，展开论述。在“意义”部分，考生可以从行政行为的特点和内容的广泛性上、从行政权力的特点等方面理解“法律的权威在于实施”。在“基本要求”部分，考生一方面要能够**准确理解和记忆十九大报告中简明扼要的概括**，另一方面，要**准确记忆《决定》中的24字基本要求，理解每项要求的具体含义，并能和具体改革举措对应起来。**

考点解析

党的十八大提出，到2020年基本建成**法治政府**。这意味着全面建成小康社会，不只是物质上富足的小康，还必须是保证公平正义的小康。因此，法治工作的基本格局之一是，深入推进依法行政，加快建设法治政府。具体来说：

一、建设法治政府的意义

行政机关是代表国家行使国家权力，它是国家权力机关的执行机关，是**以国家的名义对社会进行全面的公共管理**，涉及政治、经济、外交、国防、财政、文化、教育、卫生、科技、工农商业、交通、建设、治安、社会福利、公用事业等十分广泛的领域。行政权不仅能够改变社会的资源分配，控制城市的人口规模，影响公用事业的侧重领域，左右不同产业的发展方向，也能够影响每一个公民的生活和切身利益，例如升学、就业、结婚、迁徙、安居等。

在现代社会，大量法律的内容是关于社会生活的组织和管理。**行政权和其他权力一样，具有强制他人服从的特性，对权力享有者具有腐蚀性，有被滥用的可能**。因此，需要从实体和程序上保证行政权的行使始终服务于公共利益，只有依法行政才能保证社会的稳定发展。《决定》指出，"法律的生命力在于实施，法律的权威也在于实施。各级政府必须坚持在党的领导下、在法治轨道上开展工作"。

二、建设法治政府的基本要求

党的十九大要求，建设法治政府，推进依法行政，严格规范公正文明执法。各级政府必须坚持在党的领导下、在法治轨道上开展工作，创新执法体制，完善执法程序，推进综合执法，严格执法责任，建立权责统一、权威高效的依法行政体制。《决定》中把建设法治政府的基本要求概括为 24 个字，即"职能科学、权责法定、执法严明、公开公正、廉洁高效、守法诚信"。

下面通过图表和举例进行说明：

法治政府的基本要求	含义	具体举措举例
职能科学	科学配置政府机构职责，实现结构优化，避免部门之间职能交叉重叠、权责失配、政出多门等	推进各级政府事权规范化、法律化；按照减少层次、整合队伍、提高效率的原则，合理配置执法力量
权责法定	行政权力的存在、运用必须依据法律、符合法律程序，不能与法律相抵触； 有权必有责，行政权力在行使中如果侵犯其他合法权益，必须依法承担相应责任	推进机构、职能、权限、程序、责任法定化
执法严明	创新执法体制，完善执法程序，推进综合执法，严格执法责任，建立权责统一、权威高效的依法行政体制	严格实行行政执法人员持证上岗和资格管理制度； 严格执行罚缴分离和收支两条线管理制度，严禁收费罚没收入同部门利益直接或者变相挂钩； 健全行政执法和刑事司法衔接机制，克服有案不移、有案难移、以罚代刑现象
公开公正	推进决策公开、执行公开、管理公开、服务公开、结果公开； 行政行为适当合理，即符合法律的基本精神和目的，符合公平正义的法律理性	推行权力清单制度，公开政府职能、法律依据、实施主体、职责权限、管理流程、监督方式等事项； 建立健全行政裁量权基准制度，细化、量化行政裁量标准，规范裁量范围、种类、幅度
廉洁高效	行政权力在行使中，不徇私情，不谋私利，秉公办事，不以权谋私，贪污腐败； 政府机构精干、政府行为有效率，对行政相对人的请求及时回应，对违法行为及时查出和制裁，使公民、法人和其他组织的合法权益得到切实保护	对财政资金分配使用、国有资产监管、政府投资、政府采购、公共资源转让、公共工程建设等权力集中的部门和岗位实行分事行权、分岗设权、分级授权，定期轮岗，强化内部流程控制，防止权力滥用； 完善纠错问责机制，健全责令公开道歉、停职检查、引咎辞职、责令辞职、罢免等问责方式和程序
守法诚信	行政机关要崇法守法，忠诚人民，取信于民，造福人民	行政机关要坚持法定职责必须为、法无授权不可为，勇于负责、敢于担当； 推进政务公开信息化，加强互联网政务信息数据服务平台和便民服务平台建设

考点14　依法全面履行政府职能

命题分析

在行政工作部分，“依法全面履行政府职能”“健全依法决策机制”“深化行政执法体制改革”“坚持严格规范公正文明执法”“强化对行政权力的制约和监督”“全面推进政务公开”这六个考点，都是“深入推进依法行政，加快建设法治政府”下的具体举措。考生需要首先在总体上对这一架构进行把握，如果宏观地考查法治政府建设问题，这些方面提供了一些具体的角度和相应措施建议。

通常来说，行政工作部分一般不会就单独某个具体方面命制主观题，但是在较为宏观的论述题中，执法中的问题会和司法中的问题一并进行考查。大家具体可以参考2017年的真题。

接下来结合历年命题情况，重点讲解三个考点（考点14—考点16）。

“依法全面履行政府职能”这一部分的表述，主要是第一段，大家要尽可能地记忆背诵。在理解中的重点是**推进机构、职能、权限、程序、责任法定化的要求**，以及**“法定职责必须为、法无授权不可为”的具体含义和对应问题**。考生可以结合下面的总结有层次地理解记忆。

考点解析

十八届三中全会《决定》中，明确政府职能主要是宏观调控、公共服务、市场监管、社会管理、环境保护五个方面。四中全会《决定》更进一步厘清了政府与市场、企业、社会、公民权利的边界。这要求政府依法行政，即**依法全面履行政府职能**。具体可以从两方面进行理解：

一、推进机构、职能、权限、程序、责任法定化

从行为的表现形式上，可以**把政府的行为区分为积极行为与消极行为**。积极行为指以积极、主动作用于客体的形式表现的行为，即“作为”；消极行为指以消极的、抑制的形式表现的行为，即“不作为”。二者不能反向选择，即当法律要求政府积极行为时，它就不能作出消极行为，反之亦然。

依法全面履行政府职能，需要“完善行政组织和行政程序法律制度，推进机构、职能、权限、程序、责任法定化。行政机关要坚持法定职责必须为、法无授权不可为”。具体来说：

行政行为类型	全面履行职能的要求	具体举措	保障举措
积极行为	法定职责必须为	坚决纠正不作为，坚决克服懒政、怠政，坚决惩处失职、渎职	推行政府权力清单制度，坚决消除权力设租寻租空间
消极行为	法无授权不可为	坚决纠正乱作为，惩处失职、渎职； 行政机关不得法外设定权力，没有法律法规依据不得作出减损公民、法人和其他组织合法权益或者增加其义务的决定	

二、推进各级政府事权规范化、法律化

“重新配置中央与地方事权”，是一个新的改革提法，在于解决中央和地方职责同构严重，责任不明，效率低下的问题。在实践中，**行政机关之所以乱作为、任意扩权，一个原因在于权力界限不明**。这种情况也存在于中央和地方的关系上，主要表现为中央和地方社会事务管理职责边界模糊、职能错位。因此《决定》指出，“推进各级政府事权规范化、法律化，完

善不同层级政府特别是中央和地方政府事权法律制度”。具体来说：

政府层级	事权职责
中央政府	宏观管理、制度设定、必要的执法权
省级政府	统筹推进区域内基本公共服务均等化
市县政府	具体执行

考点15　健全依法决策机制

命题分析

“健全依法决策机制”这一部分的表述，记忆的重点是第一段，以及“建立重大决策终身责任追究制度及责任倒查机制”这一保障机制。在理解上需要把握的重点是**重大行政决策法定程序的内容及其含义、行政机关内部重大决策合法性审查机制的含义、政府法律顾问的制度目标**。

考点解析

决策是行政权力运行的起点。因此规范决策行为是规范行政权力的重点，也是法治政府建设的应有之义。行政机关能否做到依法决策，直接关系到其依法行政的水平，关系到其政府职能的全面正确履行。《决定》在**健全依法决策机制**上提出了一系列重要举措：

重要举措	具体含义	制度目标
确立重大行政决策法定程序	包括公众参与、专家论证、风险评估、合法性审查、集体讨论决定	确保决策制度科学、程序正当、过程公开、责任明确
建立行政机关内部重大决策合法性审查机制	未经合法性审查或经审查不合法的，**不得提交讨论**	

续表

重要举措	具体含义	制度目标
推行政府法律顾问制度	建立政府法制机构人员为主体、吸收专家和律师参加的法律顾问队伍	保证法律顾问在制定重大行政决策、推进依法行政中发挥积极作用
建立重大决策终身责任追究制度、责任倒查机制	对决策严重失误或者依法应该及时作出决策但久拖不决造成重大损失、恶劣影响的，严格追究行政首长、负有责任的其他领导人员和相关责任人员的法律责任	确保决策科学合理、合法及时

需要的注意的是，行政机关内部重大决策合法性审查，不能代替重大行政决策的其他法定程序，例如公众参与、专家论证、风险评估、集体讨论决定。

例：确立重大行政决策法定程序的现实意义是什么？

提示：现在，一些重大行政决策出台以后，特别是一些地方PX等重化工、核电、垃圾焚烧等大型项目建设，会常常陷入“群众一抵制，项目即下马”的困境。究其原因，在于没有为重大行政决策确立一个科学合理的法定程序。行政决策不能暗箱操作，也不能由领导主观独断做出，而是应当充分发挥公众参与、专家论证、风险评估、合法性审查、集体讨论决定等程序性价值。这既可以提高行政决策的可接受性，也可以防御决策权的滥用。

具体言之，公众参与又称“利益相关者参与”，它是群众利益诉求表达的重要渠道，强调决策者和受决策影响的利益相关者之间的沟通和对话。政府部门与社会公众进行及时充分有效的沟通互动，能促进行政决策的合理性和可接受性。

专家具有某领域的专业知识和经验，专家论证具有客观公正性，相对于做决策的政府部门，能够清楚充分地将行政决策的利弊得失向人民群众讲解清楚，并具有说服力。专家论证也能避免产生不合理的、甚至是错误的行政决策。

风险评估是对社会稳定、环境、经济等多方面的因素进行评估，对决策可能引发的风险进行科学预测、综合研判，有助于有针对性地提出风险防范措施和化解处置预案。

合法性审查，有助于事先审查决策事项是否于法有据，决策程序是否依法履行，决策内容是否依法合规。

集体讨论决定能避免行政负责人专断和主观决策，确保行政决策遵循客观规律，而非依个人感觉主观专断决策，违背科学决策的要求。

考点16 坚持严格规范公正文明执法

命题分析

“坚持严格规范公正文明执法”是对执法工作的具体要求。2017 年论述题考查了“规范公正执法”这个考点。对于该考点，考生需要理解严格、规范、公正、文明四个执法原则的含义，并和具体举措之间有所对应。

考点解析

严格、规范、公正、文明是从原则的角度对行政执法提出的要求。**严格规范公正文明执法**关系法律、法规能否得到全面正确实施，关系到经济社会秩序能否得到有效维护，关系到人民群众合法权益能否得到切实保护，关系到依法行政能否真正落到实处。[1] 十九大报告中强调，“建设法治政府，推进依法行政，严格规范公正文明执法”。

---

[1] 袁曙宏：《全面推进依法治国　加快建设社会主义法治国家的纲领性文献》，《时事报告》2014 年第 11 期。

一、严格执法

严格执法一般指的是，执法人员必须严格按照法律规定和程序执法，尽职尽责，只要违法就依法进行处罚，反对“态度执法”“人情执法”。**从具体举措来看，在这一部分严格执法指的是加大执法力度**，尤其是在关系人民群众切身利益的食品药品、安全生产、社会治安、劳动保障、医疗卫生、环境保护等方面。目前，在这些领域违法成本较低，使得违法行为屡禁不止。因此，加大执法力度有利于遏制违法行为多发高发态势，保障人民群众切身利益，提升人民群众安全感。

二、规范执法

规范执法是执法公平公正的重要保障，它指的是**完善执法程序，明确具体流程**。在执法中，尤其是一些敏感复杂案件，执法程序规范严密、公开透明，能最大限度赢得人民群众的理解和认可。因此，要规范执法流程，强化行政执法活动全过程跟踪和监督，确保执法工作有据可查。

三、公正执法

行政权力在行使时具有较大的自由裁量权。公正执法要求执法主体在执法活动中，特别是在行使自由裁量权时，做到适当、合理、公正。当前群众反映强烈的一个突出执法问题是滥用自由裁量权，同事不同罚，处罚畸重畸轻，显失公平公正。因此需要规范自由裁量权的行使，从制度机制上防止出现“选择性执法”“倾向性执法”。

四、文明执法

文明执法要求准确把握社会心态和群众情绪，改进执法方式，理性文明执法，注重语言规范、行为规范，做到融法、理、情于一体，坚持以法为据、以理服人、以情感人，积极争取当事人的理解和支持，力求实现执法效果最大化。①

下面用图表的形式对具体举措进行列举：

<table>
<tr><th>执法的原则</th><th>具体举措</th><th>保障举措</th></tr>
<tr><td>严格</td><td>依法惩处各类违法行为，加大关系群众切身利益的重点领域执法力度</td><td rowspan="6">1. 加强行政执法信息化建设和信息共享，提高执法效率和规范化水平；
2. 全面落实行政执法责任制，严格确定不同部门及机构、岗位执法人员执法责任和责任追究机制；
3. 加强执法监督，坚决排除对执法活动的干预，防止和克服地方和部门保护主义，惩治执法腐败现象</td></tr>
<tr><td rowspan="3">规范</td><td>完善执法程序，建立执法全过程记录制度</td></tr>
<tr><td>明确具体操作流程，重点规范行政许可、行政处罚、行政强制、行政征收、行政收费、行政检查等执法行为</td></tr>
<tr><td>严格执行重大执法决定法制审核制度</td></tr>
<tr><td>公正</td><td>建立健全行政裁量权基准制度，细化、量化行政裁量标准，规范裁量范围、种类、幅度</td></tr>
<tr><td>文明</td><td></td></tr>
</table>

考点 17　公正司法的意义和基本要求

命题分析

“公正司法的意义和基本要求”在 2015 年和 2017 年都在论述题中进行了考查。今后如果涉及这一考点，还是会在论述题中，考生要能够**根据给出的材料，判断命题人侧重考查的影响公正司法的问题，再结合具体举措**

① 郭声琨：《坚持严格规范公正文明执法》，《人民日报》2014 年 11 月 13 日，第 6 版。

展开阐述。

考点解析

公正司法在法治工作的基本格局中，是从司法角度提出的要求。**司法公正原则指司法机关在司法活动的过程和结果中，应当坚持并体现公平和正义**。司法公正是社会正义的一个重要组成部分，它包括实体公正，即司法裁判结果的公正和程序公正，即司法程序具有正当性，当事人在司法过程中得到公正对待。司法的功能主要是为了定分止争，所以公正是司法的本质要求和终极价值准则。

一、公正司法的意义

《决定》中指出，“公正是法治的生命线。司法公正对社会公正具有重要引领作用，司法不公对社会公正具有致命破坏作用”。**保证和实现公正司法是为了提高司法公信力，“让人民群众在每一个司法案件中感受到公平正义”，树立司法权威**。

司法公信力，体现的是“人民群众对司法制度、司法机关、司法权运行过程及结果的信任程度，是以社会信心为基础而积累的司法社会信用，以及由极高的司法信用而最终形成的司法信赖”。① 在中国，影响司法公信力、导致司法不公的因素有：

1. 政治权力的运用对司法产生不当影响，导致司法自主和司法自律的弱化，这表现为一些党政领导者对司法活动进行干预，甚至对案件裁判提出明确要求，借用各种理由对司法机关作批示、打招呼。

2. 司法腐败导致司法不公，这表现为司法中在“权钱交易”“权权交易”“权情交易”下，枉法裁判。

---

① 《深入推进公正司法　大力提升司法公信——“提升司法公信力”专家学者座谈会发言摘要》，《人民法院报》2013年5月6日，第5版。

3. 司法人员在做出法律决定的过程中，释法说理不够透彻清晰，导致决定或裁判的结果不被人民群众接受和认同。

4. 司法机关内部司法职权配置和运行存在问题。以法院为例，除了一些明确规定由审委会讨论决定的案件外，具体案件裁判的最终决定者并不确定。这样院长、庭长可以用明示或者默示的方式表达自己的意见或主张，而谁也不需要对裁判承担具体责任。这会导致裁判生成过程中随意性增大，影响司法公正。

5. 司法程序的正规化、技术化、专业化的提升进程和部分社会成员参与诉讼的实际能力相脱节，制度配套不足导致社会成员不能公平地分享和有效利用司法资源。

6. 媒体和社会舆论的干扰。社会舆论对个案的认知和评价关注的角度通常不从法律规定出发，并蕴含社会情绪和身份带入，常常偏离理性轨道，这会导致司法行为的扭曲。①

只有通过司法改革，解决这些问题才能促进司法公正，提高司法公信力。

二、公正司法的基本要求

《决定》指出，实现公正司法，“必须完善司法管理体制和司法权力运行机制，规范司法行为，加强对司法活动的监督”。党的十九大报告特别强调，深化司法体制综合配套改革，全面落实司法责任制，努力让人民群众在每一个司法案件中感受到公平正义。可以说，每一项具体举措都是在这一基本要求下提出的，都是为了有针对性地解决前面指出的问题。

① 顾培东：《当代中国司法公正问题研究》，《中国法律评论》2015 年第 6 期。

考点18　优化司法职权配置

命题分析

在司法工作部分，“完善确保依法独立公正行使审判权和检察权的制度”“优化司法职权配置”“推进公正司法”“保障人民群众参与司法”“加强人权司法保障”“加强对司法活动的监督”这六个考点，都是“保证公正司法、提供司法公信力”下的具体举措。考生需要首先在总体上对这一架构进行把握。在司法工作部分，有很大可能就某一个或几个具体方面命制主观题，接下来对其中四个知识点进行讲解（考点18至考点21）。

“优化司法职权配置”是司法改革的重点。这一考点内容丰富，每一个具体举措都有相应的制度针对性。考生可以**结合司法改革的具体实践全面把握其具体内容、制度价值和实践意义**。这些方面在论述中可以提供充分的论证角度和论据。

考点解析

优化司法职权配置是司法体制改革的重点，是指“健全公安机关、检察机关、审判机关、司法行政机关各司其职，侦查权、检察权、审判权、执行权相互配合、相互制约的体制机制”。**优化司法职权配置，是为了化解司法权运行中存在的各种矛盾，进一步明确司法机关的职责，节约司法资源，提高办案效率，实现司法为民，促进司法公正**。

下面用图表的形式对具体改革举措进行列举：

司法改革举措	具体含义或要求
实行审判权和执行权相分离的体制改革	
完善刑罚执行制度	统一刑罚执行体制
改革司法机关人财物管理体制	实行法院、检察院司法行政事务管理权和审判权、检察权相分离
最高人民法院设立巡回法庭	审理跨行政区域重大行政和民商事案件
设立跨行政区划的人民法院和人民检察院	办理跨地区案件
完善行政诉讼体制机制	调整行政诉讼案件管辖制度，解决行政诉讼立案难、审理难、执行难等问题
改革法院案件受理制度	变立案审查制为立案登记制，对人民法院依法应该受理的案件，做到有案必立、有诉必理，保障当事人诉权
	加大对虚假诉讼、恶意诉讼、无理缠诉行为的惩治力度
完善刑事诉讼中认罪认罚从宽制度	
完善审级制度	一审重在解决事实认定和法律适用，二审重在解决事实法律争议、实现二审终审，再审重在解决依法纠错、维护裁判权威
完善对涉及公民人身、财产权益的行政强制措施实行司法监督制度	
完善检察机关对行政机关的监督	检察机关在履行职责中发现行政机关违法行使职权或者不行使职权的行为，应该督促其纠正
建立检察机关提起公益诉讼制度	
健全司法机关内部监督制约机制	明确司法机关内部各层级权限
建立司法机关内部人员过问案件的记录制度和责任追究制度	司法机关内部人员不得违反规定干预其他人员正在办理的案件
完善主审法官、合议庭、主任检察官、主办侦查员办案责任制	落实谁办案谁负责
健全职务犯罪受理、分流、查办、信息反馈制度	加强线索管理，明确纪检监察和刑事司法办案标准和程序衔接，严格查办职务犯罪案件

例 1：2015—2016 年，最高人民法院先后在深圳、沈阳、南京、郑州、

重庆、西安设立了巡回法庭。这一制度改革的价值是什么？

提示：第一，保证公正司法，提高司法公信力。在司法实践中，一些重大行政案件或跨区域案件由某一方当事人所在地法院管辖，法院可能受到各种关系影响，不利于公正判决。巡回法庭来审理这些案件，有利于避免地方保护主义，保证案件审判更加公平公正。巡回法庭也能够指导监督巡回区内各级法院公正审理各类案件。

第二，落实司法为民和诉讼便民利民的原则。巡回法庭能让当事人和律师有更多机会、更便捷的渠道得到最高人民法院的司法服务，节约到最高人民法院打官司及申诉、上访的成本。

第三，探索审判权去行政化的经验和有效模式。巡回法庭率先实行主审法官和合议庭办案责任制，随机确立审判组织，庭领导带头审案但不签发自己未参与审判案件的裁判文书，有助于消除审判权运行的行政化问题，确保其符合司法规律。

第四，就地化解信访问题，分解最高人民法院办案压力，使其有更多精力制定司法解释和司法政策，审理对统一法律适用有重大指导意义的案件，发布指导性案例，指导全国法院审判工作。①

例2：2015年下半年，最高人民检察院先后分布了《检察机关提起公益诉讼试点方案》和《人民检察院提起公益诉讼试点工作实施办法》，根据规定，“人民检察院履行职责中发现污染环境、食品药品安全领域侵害众多消费者合法权益等损害社会公共利益的行为，在没有适格主体或者适格主体不提起诉讼的情况下，可以向人民法院提起民事公益诉讼”。该制度的价值和实践意义是什么？

提示：第一，弥补了提起行政公益诉讼主体的缺位，强化了对国家和社会公共利益的保护。检察机关以公益诉讼人身份提起诉讼，是保护国家和社会公共利益的重要手段，不仅能够增强公益保护刚性，而且能够发挥

① 胡云腾：《为什么要设立巡回法庭?》，《求是》2015年第12期。

专业知识、诉讼技能和国库资金支持的优势。

第二，有利于督促行政机关主动纠正违法行为，依法履行职责，助推法治政府建设。在实践中，检察机关严格落实诉前程序，能够促进行政机关和有关社会组织主动履行公益保护的职责。

第三，调动了其他适格主体的积极性，增进了公益保护的社会参与。这有利于检察机关围绕人民群众关心的突出问题，拓展案件线索来源，强化对线索的排查、评估和管理。①

考点19　推进公正司法

命题分析

"推进公正司法"是主观题的一个命题重点，2016年考查了"法律面前人人平等的原则对推进严格司法的意义"，2017年考查了"如何在司法中正确处理法律和天理人情的关系"。公正司法的原则在分析司法不公、司法腐败等问题时，有较大的阐述空间。考生可以**分别从理论上和改革措施的内容和现实意义上对该考点进行备考**。

考点解析

推进公正司法，是司法工作的基本要求。坚持公正司法，就是坚持司法法治原则，即"坚持以事实为根据、以法律为准绳"。

一、公正司法的三个方面

《决定》中从三个方面提出推进公正司法的要求：

① 曹建明：《最高人民检察院关于检察机关提起公益诉讼试点工作情况的中期报告》2016年11月5日。

1. 事实认定符合客观真相。这指的是坚持以事实为根据，司法机关审理案件，只能以被合法证据证明的事实和依法推定的事实作为适用法律的依据。这意味着在司法中，坚持实事求是，从实际出发，重视证据的收集、审查和认定。

2. 办案结果符合实体公正。这指的是坚持以实体法律为准绳，司法时要严格依照法律规定裁判案件，即按照实体法律的有关规定确定争议双方的权利和义务，认定和归结法律责任。

3. 办案过程符合程序公正。这指的是坚持以程序法律为准绳，在司法时，遵照法律所规定的权限划分，按照诉讼法上的程序和要件裁判案件。

二、推进公正司法的两项制度机制

《决定》指出，“加强和规范司法解释和案例指导，统一法律适用标准”。这是党的文献首次对司法解释和案例指导工作提出明确要求。

1. 加强和规范司法解释。司法解释在推动法律修改和完善，统一法律适用标准，促进严格、公正司法，保障人民群众合法权益等方面，发挥了重要作用。一方面，要适时发布高质量的司法解释，统一办案尺度，为严格、公正司法提供明确依据；另一方面，要推进司法解释规范化，完善司法解释的工作程序，保证司法解释制定过程公开透明，吸纳社会公众的意见和建议，提高司法解释的质量和水平。

2. 加强和规范案例指导。案例指导制度是贯彻党的十七大部署的司法改革举措而诞生的新事物，2010 年，最高人民法院、最高人民检察院和公安部分别发布了关于案例指导工作的规定，正式确立了中国特色的案例指导制度。人民法院发布的指导性案例，对于统一裁判标准，实现同案同判发挥了重要作用。还需要进一步统一指导性案例的编选标准、工作程序、指导范围和发布机制，提高案例指导工作规范化水平。①

三、推进公正司法的具体举措

下面先用图表的形式进行列举，再举例说明：

<table>
<tr><th colspan="2">司法改革举措</th><th>制度价值和要求</th></tr>
<tr><td colspan="2">推进以审判为中心的诉讼制度改革</td><td>确保侦查、审查起诉的案件事实证据经得起法律的检验</td></tr>
<tr><td colspan="2" rowspan="2">严格依法收集、固定、保存、审查、运用证据，完善证人、鉴定人出庭制度</td><td>贯彻证据裁判规则</td></tr>
<tr><td>保证庭审在查明事实、认定证据、保护诉权、公正裁判中发挥决定性作用</td></tr>
<tr><td rowspan="3">办案责任制</td><td>明确各类司法人员工作职责、工作流程、工作标准</td><td rowspan="3">确保案件处理经得起法律和历史检验</td></tr>
<tr><td>办案质量终身负责制</td></tr>
<tr><td>错案责任倒查问责制</td></tr>
</table>

例 1：2016 年 10 月，最高人民法院、最高人民检察院、公安部、国家安全部、司法部近日联合发布《关于推进以审判为中心的刑事诉讼制度改革的意见》，2017 年 2 月，最高人民法院印发了《关于全面推进以审判为中心的刑事诉讼制度改革的实施意见》。推进以审判为中心的诉讼制度改革，在刑事诉讼实践中有什么重要意义？

提示：在刑事诉讼中，**审判程序是刑事诉讼的最后一道程序，是参与的诉讼主体最多的诉讼程序，也是最终对案件作出裁判并承担法律责任的诉讼程序**。但是，一些公诉案件到了审判阶段以后，由于关键证据没有收集或者没有依法收集，或者起诉的案件没有达到“案件事实清楚、证据确实充分”的定案要求，使审判机关既难以依法定罪也难以依法宣告无罪。如果强行下判，则可能造成冤假错案，严重损害司法公信力；如果依法放

① 周强：《推进严格司法》，《人民日报》2014 年 11 月 14 日。

人，又难以承受来自社会各方的巨大压力，当事人往往被超期羁押，人民群众反映强烈。

因此，推进以审判为中心的诉讼制度改革，确保侦查程序和公诉程序的办案标准符合审判程序的法定定案标准，有利于从源头上防止事实不清、证据不足的案件或者违反法律程序的案件进入审判程序，从而有效防范冤假错案，提高办案质量，节约诉讼资源，实现司法公正。①

例2：如何理解办案质量终身负责制和错案责任倒查问责制？

提示：办案质量终身负责制，指法官、检察官、警察各自对办理的案件承担法定责任，这种责任从办案之日起一直延续终身。这是“让审理者裁判、由裁判者负责”的具体化，是司法责任制的延伸。案件质量涉及事实真相是否查明，法律适用是否正确，是否遵循法定程序，当事人权利是否受到依法保护或非法侵害等方面。如果出现错案，就要进行倒查和问责。

但是，如果司法人员的权力不独立、不完整，对案件起诉的内容和审判的结果并没有决定权，一定程度上要按上级指令办案或者听命于领导的要求，在出现错案时，如何追究办案人员或有关领导和上级的责任？这就要求必须依法保障司法人员的独立办案权，即依法保障法官的独立审判权、检察官的独立检察权和公安人员的独立侦办权，才能要求他们对案件质量承担终身责任，才能就冤假错案对他们进行责任倒查和追究。

2015年4月，中央办公厅、国务院办公厅印发了《关于贯彻落实党的十八届四中全会决定进一步深化司法体制和社会体制改革的实施方案》，从两个方面对此做出制度安排：**①健全法治工作人员管理制度，完善职业保障体系**，建立法官、检察官、人民警察专业职务序列及工资制度，推动建立省以下地方法院、检察院人财物统一管理制度。把法官、检察官、警察等司法人员从公务员中单列，把司法人员的人财物保障从地方财政中单列，对司法人员和普通公务员实行分类管理，强化对司法人员的薪酬保障、专

① 周强：《推进严格司法》，《人民日报》2014年11月14日。

业职务保障和职业保障，从而促进他们独立、完整的司法权的实现，也要求他们承担比公务员更大的责任。**②建立领导干部干预司法活动记录、通报和责任追究制度，建立完善司法机关内部人员过问案件记录制度和责任追究制度**，为司法人员在办案过程中坚持独立行使权力、依法抵制各种干预干扰行为提供制度保障。①

考点20　保障人民群众参与司法

命题分析

“保障人民群众参与司法”可以和“坚持人民主体地位”的原则结合进行考查，考生可以全面理解它的具体举措和相关制度价值。

考点解析

保障人民群众参与司法，是坚持人民主体地位的基本原则在司法领域中的体现。《决定》指出，“坚持人民司法为人民，依靠人民推进公正司法，通过公正司法维护人民权益”。保障人民群众参与司法的具体举措有：

一、拓宽人民群众参与司法的渠道

司法活动除了诉讼，还有调解、司法听证、涉诉信访等附属性、辅助性的形式。《决定》指出，“在司法调解、司法听证、涉诉信访等司法活动中保障人民群众参与”。具体言之：

1. 完善司法调解机制。我国《民事诉讼法》第95条规定：“人民法院进行调解，可以邀请有关单位和个人协助。被邀请的单位和个人，应当协

① 《办案质量终身负责制是一个“牛鼻子”》，《北京青年报》2015年4月11日，第2版。

助人民法院进行调解。”充分发挥与当事人关系密切的组织和群众在司法调解中的作用，有利于和人民调解、行政调解形成联调联动机制，形成化解社会矛盾的合力。人民群众参与司法调解工作，更容易和当事人进行沟通、建立信任、获得认同，有利于当事人双方打开心结、化解矛盾，对维护社会稳定、提高司法效率具有重要作用。

2. 探索司法听证程序。司法听证是在特定司法活动中听取案件利害关系人意见的法律程序，如不起诉、拟判处缓刑、司法赔偿等案件以及减刑、假释、暂予监外执行等程序。听证程序公开透明，可以成为诉讼程序的有力补充，也需要保障参与听证的人的范围。

3. 丰富化解涉诉信访的方法。涉法涉诉信访如果进行司法程序，要通过公正的司法活动进行解决。对依法不能进行司法程序、依法应当终结或者需要复查听证的涉诉信访，可以邀请律师、人大代表、心理咨询师、相关领域专业人员和基层群众代表，共同做好释法说理、司法救助和矛盾化解工作，促使信访人息诉罢访，回归正常生活，维护社会和谐稳定。

二、完善人民陪审员制度

人民陪审员制度体现了我国人民司法的传统，它的功能在于实现司法的民主化、司法参与的大众化。《决定》指出，“完善人民陪审员制度，保障公民陪审权利，扩大参审范围，完善随机抽选方式，提高人民陪审制度公信度。逐步实行人民陪审员不再审理法律适用问题，只参与审理事实认定问题”。2015 年 4 月，根据《人民陪审员制度改革试点方案》，最高人民法院在北京、河北、黑龙江等 10 个省（区、市），各选 5 个法院开展人民陪审员制度改革试点工作。

结合该制度在运行中存在的问题，改革举措有：

1. 保障公民陪审权利，增加人民陪审员选任数量。这是为了避免人民陪审员选任上过于“精英化”的倾向，扩大人民陪审员的选任范围，让社会不同行业、性别、年龄、民族的人员都能参加陪审工作，保证人民陪审员的广泛代表性。

2. 扩大参审范围。这是针对陪审案件较少的问题，提出合理设定人民陪审员参审案件的范围，细化陪审适用条件。一方面，要提高在涉及群体利益、公共利益、人民群众广泛关注的案件中人民陪审员的参审比例；另一方面，探索在知识产权、医疗事故等专业性较强的案件中，建立专家陪审机制，提高案件审理的质量和效果。

3. 完善随机抽选陪审员方式。这是为了解决实践中人民陪审员选任“固定化”和“专职化”的倾向，纠正普遍存在的常驻法院的“专审员”现象，对陪审员选任方式进行改革。应当逐步实行陪审案件的人员从“陪审员库”中随机抽选，防止人为因素干扰陪审的公正性。

4. 调整人民陪审员审判职权。《民事诉讼法》第39条规定：陪审员在执行陪审职务时，与审判员有同等的权利义务。但是实践中这导致对法律知之不多的人民陪审员，不敢、不愿发表意见。因此有必要对陪审员和法官的职能进行科学分工。逐步实行人民陪审员不再审理法律适用问题，只参与审理事实认定问题，可以充分发挥人民陪审员富有社会阅历、了解乡规民约、熟知社情民意的优势，以大众的思维和朴素的观念弥补职业法官的专业局限，促进国法、事理、常情在司法活动中的有机统一。

三、深化司法公开

司法公开，有利于保障人民群众对司法工作的知情权和监督权，有助于实现以公开促公正、树公信、保廉洁。《决定》指出，“构建开放、动态、透明、便民的阳光司法机制，推进审判公开、检务公开、警务公开、狱务公开，依法及时公开执法司法依据、程序、流程、结果和生效法律文书，杜绝暗箱操作。加强法律文书释法说理，建立生效法律文书统一上网和公开查询制度”。具体言之：

1. 推进审判公开。具体包括审判流程公开、裁判文书公开（加强法律文书释法说明，公开裁判理由）、执行信息公开三个方面。

2. 推进检务公开。建立检察机关终结性法律文书公开制度，对存在较大争议或在当地有较大影响的案件拟作不起诉、不服检察机关处理决定的申诉案件，检察机关主动或依申请公开审查、公开答复。要完善办案信息查询系统，实现当事人通过网络实时查询办案流程和程序性信息，确保对案件办理的全程、实时、公开监督。

3. 推进警务公开。要健全公安机关执法依据、程序、流程、结果和生效法律文书公开机制，及时公开涉及公共利益、社会关注度高的重大案件调查进展和办理结果，为人民群众及时提供执法情况信息。

4. 推进狱务公开。严格提请减刑、假释，提请和决定暂予监外执行各环节的条件和程序，建立健全公开、公示制度，积极建设减刑、假释、暂予监外执行网上信息平台。

5. 推进信息化建设。建立生效法律文书统一上网和公开查询制度，充分利用现代信息技术的交互性特点，及时关注群众对公开信息的评价意见，加强互动交流。①

考点21 加强人权司法保障

命题分析

“加强人权司法保障”可以和“坚持人民主体地位”的原则结合进行考查。在具体落实上，它也可以和“优化司法职权配置”结合进行考查，例如通过相关制度切实解决执行难，保障胜诉当事人及时实现权益。

近年，国家发布了若干文件，用于加强诉讼过程中当事人及其他诉讼

① 参见姜伟：《保障人民群众参与司法》，《光明日报》2014年11月27日。

参与人的权利保障、防范和纠正冤假错案、解决执行难的问题等。2017 年 12 月 15 日，国务院新闻办公室发布《中国人权法治化保障的新进展》白皮书。在主观题备考上，考生应全面理解相关举措，做好准备。

考点解析

“全面依法治国，全方位提升人权保障法治化水平，保证人民享有更加充分的权利和自由，努力实现社会公平正义，更好推动人的全面发展、社会全面进步，是中国共产党、中国政府的坚定意志和不懈追求。”① **加强人权司法保障**是保证司法公正的一个重要方面，这是因为司法是人权保障的最后防线。

下面用图表的形式对具体改革举措进行列举：

具体要求	举措和内容
加强诉讼过程中当事人及其他诉讼参与人的权利保障	强化诉讼过程中当事人和其他诉讼参与人的知情权、陈述权、辩护辩论权、申请权、申诉权的制度保障
防范和纠正冤假错案	健全落实罪刑法定、疑罪从无、非法证据排除等法律原则的法律制度
	完善对限制人身自由司法措施和侦查手段的司法监督
	加强对刑讯逼供和非法取证的源头预防
切实解决执行难的问题	制定强制执行法，规范查封、扣押、冻结、处理涉案财物的司法程序
	加快建立失信被执行人信用监督、威慑和惩戒法律制度
	依法保障胜诉当事人及时实现权益
落实终审和诉讼终结制度	实行诉访分离，保障当事人依法行使申诉权利
	对不服司法机关生效裁判、决定的申诉，逐步实行由律师代理制度
	对聘不起律师的申诉人，纳入法律援助范围

下面是 2017 年《中国人权法治化保障的新进展》白皮书中的部分

① 国务院新闻办公室：《中国人权法治化保障的新进展》白皮书，2017 年 12 月 15 日。

事例：

例1：健全非法证据排除规则。

第一，明确需要进行录音录像的案件范围、录制要求等，检察机关和公安机关在讯问职务犯罪案件，可能判处无期徒刑、死刑的案件，以及其他重大犯罪案件的嫌疑人时实行全程同步录音录像，规范侦查讯问活动。

第二，2017年6月，我国最高人民法院和最高人民检察院等五部门联合发布实施《关于办理刑事案件严格排除非法证据若干问题的规定》，进一步明确了刑事诉讼各环节非法证据的认定标准和排除程序，将以威胁、非法限制人身自由方法收集的证据纳入非法证据排除规则的适用对象，确立了犯罪嫌疑人重复性供述排除规则，强化了辩护人的非法证据排除权，明确了庭前会议对证据收集是否合法的初步审查功能，明确了非法获取的证人证言和被害人陈述以及实物证据的排除规则和当庭裁决原则。

2013年以来，各级检察机关因排除非法证据决定不批捕2624人，不起诉870人。

例2：切实解决执行难的具体措施和落实情况。

第一，通过建立并运行覆盖全国法院的执行指挥系统和网络执行查控系统，健全联合信用惩戒体系，出台网络司法拍卖等涉执行司法解释和规范文件，案件执行质效显著提升。

第二，2016年9月，中共中央办公厅、国务院办公厅发布《关于加快推进失信被执行人信用监督、警示和惩戒机制建设的意见》，规定37项惩治“老赖”措施。

第三，完善包括先予执行在内的执行工作机制，切实有效缓解当事人困难。

第四，开展涉民生案件专项集中执行活动，着重执行涉及人民群众生存生活的追索劳动报酬、农民工工资、赡养费、抚养费等9类案件。

2016年，全国法院共受理执行案件614.9万件，执结507.9万件，同比上升均超过三成；执行到位金额 1.5 万亿元，同比增加五成以上。

考点22 推动全社会树立法治意识

命题分析

在守法工作部分，主要是从“推动全社会树立法治意识”“推进多层次多领域依法治理”“建设完备的法律服务体系”“健全依法维权和化解纠纷机制”进行展开的。对于**守法工作的意义**来说，应当记忆的是十九大报告提出“加大全民普法力度，建设社会主义法治文化，树立宪法法律至上、法律面前人人平等的法治理念。各级党组织和全体党员要带头尊法学法守法用法，任何组织和个人都不得有超越宪法法律的特权，绝不允许以言代法、以权压法、逐利违法、徇私枉法”；《决定》指出，“法律的权威源自人民的内心拥护和真诚信仰。人民权益要靠法律保障，法律权威要靠人民维护。必须弘扬社会主义法治精神，建设社会主义法治文化，增强全社会厉行法治的积极性和主动性，形成守法光荣、违法可耻的社会氛围，使全体人民都成为社会主义法治的忠实崇尚者、自觉遵守者、坚定捍卫者”。下面对具体的三个方面进行讲解（考点22—考点24）。

对于“推动全社会树立法治意识”，考生应当**熟悉具体举措的内容和要求，并对“法治精神”有正确认识**。

考点解析

法治意识是人们对法律发自内心的认可、崇尚、遵守和服从。**推动全社会树立法治意识**是为了使法律的权威源自人民的内心拥护和真诚信仰，使全体人民都成为社会主义法治的忠实崇尚者、自觉遵守者、坚定捍卫者。

“奉法者强则国强，奉法者弱则国弱”，现代社会的每个公民都应当有对法治的信仰和敬畏。这意味着法治不是依赖法律的严酷、冷峻，不是仅仅通过国家强制力来使人们遵守法律，而是应当通过人们在观念上、意识上、情感上对法律的信仰来实现。因此，《决定》指出，“坚持把全民普法和守法作为依法治国的长期基础性工作，引导全民自觉守法、遇事找法、解决问题靠法”。十九大报告强调，“加大全民普法力度，建设社会主义法治文化，树立宪法法律至上、法律面前人人平等的法治理念”。

下面用图表的形式对具体举措进行列举：

具体举措	内容和要求
开展法治宣传教育	完善国家工作人员学法用法制度：把宪法法律列入党委（党组）中心组学习内容，列为党校、行政学院、干部学院、社会主义学院必修课（领导干部带头学法、模范守法是树立法治意识的关键）
	把法治教育纳入国民教育体系：在中小学设立法治知识课程
健全普法宣传教育机制	各级党委和政府要加强对普法工作的领导
	宣传、文化、教育部门和人民团体要在普法教育中发挥职能作用
	实行国家机关“谁执法谁普法”的普法责任制：建立法官、检察官、行政执法人员、律师等以案释法制度，加强普法讲师团、普法志愿者队伍建设
	把法治教育纳入精神文明创建内容，开展群众性法治文化活动
	健全媒体公益普法制度，加强新媒体新技术在普法中的运用，提高普法实效
树立有权力就有责任、有权利就有义务观念	加强社会诚信建设，健全公民和组织守法信用记录，完善守法诚信褒奖机制和违法失信行为惩戒机制
实现法治和公民道德建设相得益彰	加强公民道德建设，弘扬中华优秀传统文化，增强法治的道德底蕴，强化规则意识，倡导契约精神，弘扬公序良俗
	发挥法治在解决道德领域突出问题中的作用，引导人们自觉履行法定义务、社会责任、家庭责任

考点23 推进多层次多领域依法治理

命题分析

“推进多层次多领域依法治理”在主观题的命题中可以和“保障人民群众参与司法”进行结合，在理论考查上可以考虑“多元社会治理规范体系”作为命题点。

十九大报告强调：“打造共建共治共享的社会治理格局。加强社会治理制度建设，完善党委领导、政府负责、社会协同、公众参与、法治保障的社会治理体制，提高社会治理社会化、法治化、智能化、专业化水平。”“加强农村基层基础工作，健全自治、法治、德治相结合的乡村治理体系。”考生可以从下面四个方面对这部分的内容进行全面理解。

考点解析

推进多层次多领域依法治理，是对多年来我国依法治理经验的总结，反映了党对社会治理和依法治国科学规律的认识。推进多层次多领域依法治理就是创新社会治理，推进国家治理体系和治理能力的现代化。**在社会快速发展过程中，我国社会呈现出社会层次立体化、社会主体多样化、社会利益差别化、社会矛盾复杂化的特点**，因此需要通过法治使不同层次不同领域社会关系得到规范协调，使社会主体能够依法理性表达诉求，使社会矛盾纠纷能够按照法律规定的内容和程序得到公正解决。《决定》指出，推进多层次多领域依法治理的基本要求，要“坚持系统治理、依法治理、综合治理、源头治理，提高社会治理法治化水平”。具体来说：

一、开展多层次多形式法治创建活动

我国社会主体数量众多，乡镇4万多个，建制村（居）80多万个，登

记企事业法人1000余万家。这些基本社会单元的法治化程度，直接决定整个社会的法治化水平。因此，可以**根据不同类型社会主体的性质、功能和特点，制定符合实际、特色鲜明的法治创建目标和实施方案**。

例如，对于行政区域，可以着眼于推进区域社会治理的制度化、法治化，规范公共权力行使，保障公民权利；对于市场主体，可以着眼于建立现代企业制度，完善法人治理结构，促进依法经营、重信守诺；对于村（居）基层组织，可以着眼于推进基层民主法治建设，完善村（居）民自治制度和机制，促进民主管理、依法自治；对于社会组织，可以着眼于规范行为、激发活力，完善内部治理机制、强化自律功能。

二、深化基层组织和部门、行业依法治理

《决定》指出，“深化基层组织和部门、行业依法治理，支持各类社会主体自我约束、自我管理”。基层组织和部门、行业是社会的重要组成单元。对于基层组织，要深入贯彻《村民委员会组织法、城市居民委员会组织法》等基层群众自治法律法规，健全完善村（居）群众组织，推进村民委员会、居民委员会依照法律和章程自主管理村（居）事务，使广大基层群众在自我管理、自我服务中增强法治意识和权利义务观念，提高依法管理社会事务的意识和能力。对于各个部门和行业，要深入推进其依法治理，促进各级政府部门依法行政、严格执法，社会各行业依法办事、诚信尽责。

三、发挥社会规范在社会治理中的积极作用

《决定》指出，“发挥**市民公约、乡规民约、行业规章、团体章程**等社会规范在社会治理中的积极作用”。社会治理规范体系是由不同类别、不同层级、不同效力的社会规范构成的集合体。除了法律外，还有市民公约、乡规民约、行业规章、团体章程等多种形式的社会规范，它们对相应的不同主体或成员也发挥着规范、指引和约束作用。发挥这些社会规范在社会

治理中的积极作用，有利于推动形成多层次、多样化的社会治理规范体系，以最适当的规范形式实现对社会纠纷最佳方式的解决。

四、发挥人民团体和社会组织在法治社会建设中的积极作用

人民团体是党领导下的群众组织，包括各工商联、各级工会、共青团、妇联、科协、侨联、台联、青联等。要发挥各自组织特点和优势，建立制度化管道，完善其工作机制。社会组织是社会治理的重要主体，在市场经济条件下，社会组织在政府与市场之间、政府与社会之间搭建起桥梁和纽带。《决定》是从三个方面展开具体举措：

1. 建立健全社会组织参与社会事务、维护公共利益、救助困难群众、帮教特殊人群、预防违法犯罪的机制和制度化渠道。

这意味着，把适合由社会组织提供的公共服务和解决的事项交由社会组织承担。引导社会组织发挥专业优势、开展志愿服务，构建制度化服务平台。

2. 支持行业协会、商会类社会组织发挥行业自律和专业服务功能，发挥社会组织对其成员的行为导引、规则约束、权益维护作用。

这指的是，进一步推进政社分开，加快行业协会、商会与行政机关脱钩步伐，使之真正成为组织健全、制度完善、权责明确、运行规范的社会主体。发挥社会组织行业自律和专业服务功能，规范和促进行业健康有序发展。①

3. 加强在华境外非政府组织管理，引导和监督其依法开展活动。

例1：人民团体在维护公民合法权益上的积极作用。②

在人权保障上，工会、共青团、妇联等群团组织通过多种渠道反映民众诉求，在反家庭暴力法、劳动保障监察条例等法律法规的制定过程中积

① 参见汪永清：《推进多层次多领域依法治理》，《人民日报》2014年12月11日，第7版。

② 此例内容引自国务院新闻办公室《中国人权法治化保障的新进展》白皮书。

极建言献策。

各级工会履行劳动法律监督职责，开展重大劳动违法典型案件公开曝光工作，积极维护劳动者合法权益。截至2016年，全国共有工会劳动法律监督组织近99万个，工会劳动法律监督员199万人。

2012年至2016年，县以上妇联系统通过12338热线等渠道受理妇女权益投诉133万余件次，基层妇联协调专业力量共同为权益受侵害的妇女提供矛盾排查、纠纷化解、法律援助、关爱帮扶的综合维权服务。

例2：中国社会组织发展现状及其作用发挥。①

截至2017年6月，全国依法登记的社会组织约72.5万个，其中社会团体34.4万个，社会服务机构37.5万个，基金会5919个。慈善类社会组织在扶贫济困救灾和应对各类突发事件中的优势和作用得到充分发挥。政府向社会组织购买服务力度加大，2017年，中央财政全年共立项474个，立项总资金18206万元，配套资金7668万元，预计直接受益群众超过107.84万人，培训社会组织负责人近7400人。

考点24　健全依法维权和化解纠纷机制

命题分析

“健全依法维权和化解纠纷机制”可以和“坚持人民主体地位”“保障人民群众参与司法”等考点结合考查。重点内容如利益表达机制和协商沟通机制、健全救济救助机制、把信访纳入法治化轨道、完善多元化纠纷解决机制、强化危害食品药品安全、影响安全生产、损害生态环境、破坏网络安全等重点问题治理。

① 此例内容引自国务院新闻办公室《中国人权法治化保障的新进展》白皮书。

考点解析

健全依法维权和化解纠纷机制，是法治社会建设的重要内容。一方面，随着经济社会发展和民主法治进步，人民群众的权利意识日益增强，利益诉求也日益多元化。健全依法维权和化解纠纷机制，能**使人民群众通过法律途径，选择最便捷、最适当的方式维护自身权益，化解纠纷**；另一方面，我国正处在社会转型期，各种人民内部矛盾和社会矛盾已经成为影响社会稳定很突出、处理起来很棘手的问题。对涉及维权的维稳问题，首先要把群众合理合法的利益诉求解决好。健全依法维权和化解纠纷机制，**有助于及时妥善处置化解各类社会矛盾纠纷**。

所以，从维护人民群众合法权益和维护社会和谐稳定的角度出发，《决定》指出，“强化法律在维护群众权益、化解社会矛盾中的权威地位，引导和支持人们理性表达诉求、依法维护权益，解决好群众最关心最直接最现实的利益问题”。

下面用图表的形式对具体举措进行列举：

改革举措	具体机制	制度目标
构建对维护群众利益具有重大作用的制度体系	建立健全社会矛盾预警机制	畅通群众利益协调、权益保障法律渠道
	利益表达机制和协商沟通机制	
	救济救助机制	
	把信访纳入法治化轨道	保障合理合法诉求依照法律规定和程序就能得到合理合法的结果
健全社会矛盾纠纷预防化解机制	完善多元化纠纷解决机制	实现调解、仲裁、行政裁决、行政复议、诉讼等有机衔接、相互协调
	加强行业性、专业性人民调解组织建设，完善调解联动工作体系	实现人民调解、行政调解、司法调解联动工作
	完善仲裁制度	提高仲裁公信力
	健全行政裁决制度	强化行政机关解决同行政管理活动密切相关的民事纠纷功能

续表

改革举措	具体机制	制度目标
推进社会治安综合治理，健全落实领导责任制	完善立体化社会治安防控体系	有效防范化解管控影响社会安定的问题，保障人民生命财产安全
	依法严厉打击暴力恐怖、涉黑犯罪、邪教和黄赌毒等违法犯罪活动	不允许其形成气候，遏制其发展和扩大
	依法强化危害食品药品安全、影响安全生产、损害生态环境、破坏网络安全等重点问题治理	

考点25 提高党员干部法治思维和依法办事能力

命题分析

“提高领导干部的法治思维和依法办事能力”，在加强和改进党对全面依法治国的领导部分，这是一个重点内容。考生需要**正确理解和辨析法治思维的含义，领会这一要求提出的现实背景和原因，进而掌握三项具体举措及其制度价值**。

考点解析

党的十八大报告和十八届三中、四中全会《决定》都特别强调**提高领导干部的法治思维和依法办事能力**，对其高度重视。《决定》指出，“党员干部是全面推进依法治国的重要组织者、推动者、实践者，要自觉提高运用法治思维和法治方式深化改革、推动发展、化解矛盾、维护稳定能力，高级干部尤其要以身作则、以上率下”。十九大报告在“深化依法治国实践”部分强调，“各级党组织和全体党员要带头尊法学法守法用法，任何组织和个人都不得有超越宪法法律的特权，绝不允许以言代法、以权压法、逐利违法、徇私枉法”。

一、提高领导干部的法治思维和依法办事能力的意义

领导干部必须学会运用法治思维和法治方式来治国理政，原因主要在于两方面：

第一，法治是国家治理体系和治理能力的重要依托。随着经济社会的发展、全面深化改革的展开和人民法治意识的提高，法治作为党治国理政的基本方式，在国家治理体系中的地位越来越重要。党员干部特别是各级领导干部只有**适应新形势对法治建设提出的新要求**，善于运用法治思维和法治方式调节经济社会关系、统筹协调各种利益、实现改革于法有据，才能更好地规范发展行为、凝聚改革共识、促进矛盾化解、保障社会和谐，不断提高科学执政、民主执政、依法执政水平。

第二，**提高党员干部法治思维和依法办事能力，具有现实紧迫性**。当前，一些党员干部特别是领导干部依法执政、依法行政意识和能力不强，运用法治思维和法治方式管理经济社会事务水平不高；有的把法治建设喊在嘴上、贴在墙上，搞形式主义、口号化，但是没有抓在手上；有的存在特权思想和官本位意识，认为法律是管老百姓的，是约束别人的，仍然运用权力思维、人治思维来管理国家和社会，知法犯法、以言代法、以权压法、徇私枉法现象依然存在。

二、法治思维的含义

法治思维是基于法治的固有特性和对法治的信念来认识事物、判断是非、解决问题的思维方式。法治方式是运用法治思维处理和解决问题的行为方式。

法治思维是一种规则思维、程序思维，它以严守规则为基本要求，强调法律的底线不能逾越、法律的红线不能触碰，凡事必须在既定的程序及

法定权限内运行。法治思维的核心是权利义务观念，对于党员干部特别是各级领导干部而言，**最重要的是要有法治的权力观，即权力的有限性与程序性，以及守护法律、维护宪法与法律权威的职责意识**。

提高党员干部法治思维和依法办事能力，要求党员干部想问题、作决策、办事情，必须以法律为准绳，运用法治思维和法治方式进行公共事务管理，保护和实现人民权益，推动改革和社会进步、维护社会稳定和有序发展。①

三、提高党员干部法治思维和依法办事能力的举措

《决定》主要从三方面提出要求，下面以图表的形式进行说明：

具体举措	制度价值
把法治建设成效作为衡量各级领导班子和领导干部工作实绩重要内容，纳入政绩考核指标体系	完善干部考核评价机制，切实核准法治建设成效和依法履职情况
把能不能遵守法律、依法办事作为考察干部重要内容，在相同条件下，优先提拔使用法治素养好、依法办事能力强的干部	坚持正确的用人导向、形成依法办事的良好法治环境，引导和督促各级干部自觉做学法尊法信法守法用法的模范
对特权思想严重、法治观念淡薄的干部要批评教育，不改正的要调离领导岗位	坚持奖惩并举，建立刚性约束机制，做到有权必有责、用权受监督、失职要问责、违法要追究

① 参见陈希：《提高党员干部法治思维和依法办事能力》，《人民日报》2014 年 12 月 17 日，第 7 版。

第三部分　命题人讲真题

2017年

一、试题

扫一扫　看微课视频

材料一：法律本来应该具有定分止争的功能，司法审判本来应该具有终局性的作用，如果司法不公、人心不服，这些功能就难以实现……我们提出要努力让人民群众在每一个司法案件中都感受到公平正义，所有司法机关都要紧紧围绕这个目标来改进工作，重点解决影响司法公正和制约司法能力的深层次问题。（**摘自习近平：《第十八届中央政治局第四次集体学习时的讲话》**）

材料二：新华社北京2017年5月3日电：中共中央总书记、国家主席、中央军委主席习近平3日上午来到中国政法大学考察。习近平指出，我们有我们的历史文化，有我们的体制机制，有我们的国情，我们的国家治理有其他国家不可比拟的特殊性和复杂性，也有我们自己长期积累的经验和优势。

问题：

请根据材料一和材料二，结合自己对中华法文化中“天理、国法、人情”的理解，谈谈在现实社会的司法、执法实践中，一些影响性裁判、处罚决定公布后，有的深获广大公众认同，取得良好社会效果，有的则与社会公众较普遍的认识有相当距离，甚至截然相反判断的原因和看法。

答题要求：

1. 无观点或论述、照搬材料原文的不得分；

2. 观点正确，表述完整、准确；

3. 总字数不少于500字。

二、答案精讲

请根据材料一和材料二，结合自己对中华法文化中“天理、国法、人情”的理解，谈谈在现实社会的司法、执法实践中，一些影响性裁判、处罚决定公布后，有的深获广大公众认同，取得良好社会效果，有的则与社会公众较普遍的认识有相当距离，甚至截然相反判断的原因和看法。

答案要点①：

一、中国有数千年的文化传统，天理、国法、人情都体现了扎根于人们心中的正义观念。其中，天理反映的是社会普遍正义；国法是国家机关制定或认可的行为规范体系；人情则是人民群众的朴素情感和基本的道德诉求。在中华法文化中，情是基础，理为本，法为末。不仅立法中要“上稽天理、下揆人情”，在法的实施中也要“准情酌理”，处断平允。可以说，在天理、国法、人情中强调的是法治和德治相得益彰。

二、中国法律现代化的过程是立法主导型的，法律体系在很大程度上是通过移植西方国家的法律规则和制度，自上而下建立的。借鉴外来法律资源生成的法律在本土化的过程中会遇到问题。在实践中之所以存在法律效果和社会效果之间的差距，原因在于：

1. 有的法律在制定中没有充分考虑中国的现实国情，而司法、执法人员在适用法律中，又僵硬地依据规则裁判；

① 答案部分内容参考了最高人民法院副院长沈德咏在山东省济南市主持召开刑事审判工作调研座谈会上的讲话内容。

2. 在适用法律时，释法说理不够透彻清晰，没有阐明个案依据的法律规则所蕴含的法理和制度价值，导致裁判结果不被人民群众认同；

3. 没有法律至上的法治传统。在法治意识不强的情况下，出现片面追求社会效果的问题，或领导干部干预司法等问题，结果导致执法不公、司法不公。

三、为了改变这种情况，可从以下几方面完善，形成舆论和司法的良性互动，凝聚社会共识：

1. 深入推进科学立法、民主立法。如健全法律法规规章草案公开征求意见和公众意见采纳情况反馈机制，广泛凝聚社会共识。

2. 在适用法律的过程中，探讨和实现法、理、情的有机结合。如将个案的审判置于天理、国法、人情之中综合考量，以论证说理彰显执法/司法的理性，以情理展示执法/司法的良知。

3. 贯彻法治原则，坚持规范公正执法、推进严格司法。既要以事实为根据，以法律为准绳，也要注意分析案件发生的深层原因，兼顾法律正义和社会正义。

难度：难

考点：坚持从中国实际出发；坚持依法治国和以德治国相结合；深入推进科学立法和民主立法；建设法治政府的意义和基本要求；公正司法的意义和基本要求

命题和解题思路：平遥县城的县衙是中国目前保存最完整的古代县衙之一。县衙大堂的匾上书有“明镜高悬”，二堂的匾上书有“天理国法人情”。大堂的匾位于县太爷座位顶上，是给天下人看的；二堂的匾位于座位对面，是给断狱县丞看的。从 2009 年“邓玉娇案”到 2018 年“昆山龙哥案”，人们都在国法之外讨论天理和人情。2017 年 4 月 5 日，最高人民法院副院长沈德咏在山东省济南市主持召开刑事审判工作调研座谈会上的讲话，主题也是“坚持依法独立审判，个案判决要综合考量天理国法人情”。命题人取材于此，以“天理国法人情”为主线，串起多个考点，既有宏观的依法治国的基本原则，又有这些基本原则在法律制定和实施具体环节上的要求。平时考生既要打好基本功，也应当多关注热点案件和新闻报道，融会贯通理解中国特色社会主义法治理论的内容。

在形式上，该题采取了材料分析题的命题方式；在内容上，命题人着重考查如何理解法律效果和社会效果之间的差距。考生既要分析其“原因”，也要在“看法”部分进一步分析如何拉近二者之间的差距。

法治理论论述题解题的思路是“**认真阅读材料，准确解读内容；完整理解问题，把握逻辑关系；列出结构层次，展开逻辑分析**”，即材料限定了答题方向，问题则指引了答题要点，框定了答题结构和层次：

第一步先看材料：材料一从司法的角度指出司法不公使法律定分止争的功能难以实现，也导致人心不服，进而框定需要解决“影响司法公正和制约司法能力的深层次问题”。材料二出自习近平在中国政法大学考察时的讲话，强调在国家治理中要从中国的历史和现实国情出发，从中国实际出发。

第二步结合问题可以看到：材料二是线，考生需要思考在法治建设中哪些方面没有从历史和现实国情出发（对应问题中的国法与天理人情之间的张力），进而串联起由材料一引申出来的问题。命题人要求考生抓住的逻辑关系是**“中华法文化中的‘天理国法人情’有其合理之处——国法与天理人情之间的张力导致执法/司法实践中法律效果和社会效果之间的差距——如何看待并拉近这种差距”**，其关键点是法的观念是被塑造出来的，它不能超越于置身其中的文化。因此需要准确认识到中国外源型法的现代化，把握国法和人们的共同理性和共同情感之间的隔阂，分析法律在本土化的过程中，在适用时存在的问题及解决路径。

第三步思考需要回答的问题结构和层次：中华法文化中的“天理国法人情”指的是什么？其合理之处在哪里？我国法的现代化的特点是什么（外源型法的现代化）？在这种背景下，立法、执法、司法中法律和天理人情之间的张力如何引发问题？如何解决这些问题？

具体论述的逻辑展开是：

首先**阐述中华法文化中的“天理国法人情”，并说明其合理之处**。主旨是：法律作为刚硬的规则体系，在适用过程中需要兼顾天理和人情，才能纠正可能存在的偏差。这是一种法治和德治相结合的思想。

其次，**结合中国外源型法的现代化的问题，分析我国司法和执法实践中，一些裁判、处罚决定获得认同，社会效果良好，一些遭到质疑，引发舆论争议的原因**。可以从立法、执法和司法、公权力行使等角度展开分析。

最后，**论述如何看待这种差距，从哪些方面可以拉近这种差距**，如通过科学立法和民主立法，通过在适用法律的过程中加强裁判文书的说理，运用多种法律方法，通过坚持依法行政、确保独立公正行使司法权等。

答案解析：

一、法的观念是被塑造出来的，它不能超越于置身其中的文化。举凡文明社会，都保有自己的独特价值观念和处理问题的方式。在中华法文化中，有“王法本乎人情”之说，法律在制定和适用的过程中要做到“尽情适理”。国法是国家机关制定或认可并依靠国家强制力保证实施的，以确认、保护和发展对统治阶级有利的社会关系和社会秩序为目的的行为规范体系。法律作为刚硬的规则体系，在适用过程中需要兼顾天理和人情，才能纠正可能存在的偏差。天理代表天道，是自然律令、公理和正义；人情代表百姓的道德情感、良知和朴素的正义观。这是一种法治和德治相结合的思想。

二、这里要先点明中国法的现代化是外源型的，这种法律不是自然而然生长于社会缓慢的、渐进的发展中，不是人们在社会生活中自然而然生发的规则，因此和人们的共同理性和共同情感之间存在隔阂。然后再逐一分析法律在本土化的过程中，在适用时存在的问题。第一，在立法不能反映中国的现实和国情时，如果僵硬地依据规则裁判，就会引发质疑；第二，执法者或者司法者如果释法说理不够透彻清晰，没有体现出综合考量天理、国法、人情，也会引发误解。第三，在公权力持有者自身法治意识不强、对规则缺乏认知的情况下，会出现假借天理人情遮掩私人感情，干预司法的问题，违背社会主义法治原则，导致执法不公、司法不公。

三、可以从以下这些方面拉近这种差距：

第一，通过科学立法和民主立法，通过法律的修改和完善，建立更为合理的社会秩序意义脉络，使人们在规范领域内可以找到对法律所确立的价值体系和秩序安排的认同。这是使法首先是良法，体现“上稽天理、下揆人情”。

第二，推进依法治国不仅是一种制度的改造和治理技术的改进，更是一种价值构建。执法和司法机关在适用法律的过程中，应当加强裁判文书的说理，运用法律解释、法律推理、法律论证等法律方法，既阐明法理，又兼顾情理，形成舆论与司法的良性互动，让人民群众从内心认可并支持司法机关依法作出的裁判。

第三，法治与德治相结合，在执法/司法活动中依据国法，又兼顾天理和人情，并不等于片面追求社会效果而牺牲法律效果，更不等于这可以成为干预司法的理由。要坚持依法行政、确保独立公正行使司法权，坚持以事实为根据，以法律为准绳，通过每一个案件宣传法治观念、普及法律知识、推进法治进程。只有公正高效，而不是一味顺从舆论或仅体现私人情感的执法和司法，才能赢得人民群众的信任，才能使人民群众对权利保障有更多获得感，对法治建设有更多参与感。

2016 年

一、试题

扫一扫 看微课视频

材料一：平等是社会主义法律的基本属性。任何组织和个人都必须尊重宪法法律权威，都必须在宪法法律范围内活动，都必须依照宪法法律行使权力或权利、履行职责或义务，都不得有超越宪法法律的特权。必须维护国家法制统一、尊严、权威，切实保证宪法法律有效实施，绝不允许任何人以任何借口任何形式以言代法、以权压法、徇私枉法。必须以规范和约束公权力为重点，加大监督力度，做到有权必有责、用权受监督、违法必追究，坚决纠正有法不依、执法不严、违法不究行为。（摘自《中共中央关于全面推进依法治国若干重大问题的决定》）

材料二：全面推进依法治国，必须坚持公正司法。公正司法是维护社会公平正义的最后一道防线。所谓公正司法，就是受到侵害的权利一定会得到保护和救济，违法犯罪活动一定要受到制裁和惩罚。如果人民群众通过司法程序不能保证自己的合法权利，那司法就没有公信力，人民群众也不会相信司法。法律本来应该具有定分止争的功能，司法审判本来应该具有终局性的作用，如果司法不公、人心不服，这些功能就难以实现。（摘自习近平：《在十八届中央政治局第四次集体学习时的讲话》）

问题：

根据以上材料，结合依宪治国、依宪执政的总体要求，谈谈法律面前人人平等的原则对于推进严格司法的意义。

答题要求：

1. 无观点或论述、照搬材料原文的不得分；
2. 观点正确，表述完整、准确；
3. 总字数不得少于400字。

二、答案精讲

根据以上材料，结合依宪治国、依宪执政的总体要求，谈谈法律面前人人平等的原则对于推进严格司法的意义。

答案要点：

一、坚持依法治国首先要坚持依宪治国，坚持依法执政首先要坚持依宪执政。宪法是国家的根本大法，是党和人民意志的集中体现，全国各族人民、一切国家机关和武装力量、各政党和各社会团体、各企业事业组织，都必须以宪法为根本活动准则。依宪治国、依宪执政必须贯彻法律面前人人平等的原则：一方面，宪法法律对所有公民和组织的合法权利予以平等保护，对受侵害的权利予以平等救济；另一方面，任何个人都不得有超越宪法法律的特权，一切违反宪法法律的行为都必须予以纠正和追究。

二、平等是社会主义法律的基本属性，是社会主义法治的根本要求，严格司法是法律面前人人平等原则在司法环节的具体表现。公正是法治的生命线，司法公正对社会公平正义具有重要引领作用。正如习近平总书记所说，司法不公、司法不严对社会公平正义和司法公信力具有致命破坏作用。坚持法律面前人人平等，意味着人民群众的诉讼权利在司法程序中应得到平等对待，人民群众的实体权利在司法裁判中得到平等保护。只有让人民群众在每一个司法案件中感受到公平正义，人民群众才会相信司法，司法才具有公信力。

三、坚持法律面前人人平等的原则，对于严格司法提出了更高的要求：首先，司法机关及其工作人员在司法过程中必须坚持以事实为根据、以法律为准绳，坚持事实认定符合客观真相、办案结果符合实体公正、办案过程符合程序公正，统一法律适用的标准，避免同案不同判，实现对权利的平等保护和对责任的平等追究。其次，推进以审判为中心的诉讼制度改革，全面贯彻证据裁判规则，确保案件事实证据经得起法律检验，确保诉讼当事人受到平等对待，绝不允许法外开恩和法外施刑。再次，司法人员工作职责、工作流程、工作标准必须明确，办案要严格遵循法律面前人人平等的原则，杜绝对司法活动的违法干预，办案结果要经得住法律和历史的检验。

难度： 难

考点：健全宪法实施和监督制度；坚持法律面前人人平等；推进严格司法

命题和解题思路：2016年是第二年以《决定》全文对“中国特色社会主义法治理论”进行考查。在论述题中，命题人仍然选取从宏观视角“提纲挈领”进行考查，重点落在“推进全面依法治国基本原则”中的“坚持法律面前人人平等”的原则。在具体考查上，为了提高考查的深度和广度，避免过于抽象的理论阐述，命题人将这一原则具体到司法领域，并和健全宪法实施这一考点进行结合，提高了该题的难度（依宪治国、依宪执政的总体要求隐藏在“健全宪法实施”这一考点中，考生备考时未必注意到）。由于《决定》首次提出“严格司法”的要求，它体现了对司法性质和规律认识的科学化和理性化，是树立司法公信和权威的重要举措，所以命题人在司法领域选择“推进严格司法”这一考点。

从形式上，该题依然采取的是材料分析题的命题方式。从内容上，命题人通过两段材料之后的问题，设计了考查重点。

法治理论论述题解题的思路是“**认真阅读材料，准确解读内容；完整理解问题，把握逻辑关系；列出结构层次，展开逻辑分析**”。材料限定了答题方向，问题则指引了答题要点，框定了答题结构和层次：

第一步先看材料：材料一出自《决定》“总论”部分，在“总论”中《决定》指出，为了实现全面推进依法治国的总目标，必须坚持五项基本原则，其中一项原则是“坚持法律面前人人平等”的原则。材料一的内容是对这一原则的具体阐述。材料二出自2013年2月习近平《在十八届中央政治局第四次集体学习时的讲话》，所引的内容是关于“坚持公正司法”。和材料一相比，材料二更为具体和有针对性，公正司法的内涵之一就是在法律适用中坚持人人平等。

第二步结合问题，这道题一是考查考生能否将依宪治国、依宪执政的总体要求和“法律面前人人平等”结合起来；二是考查考生能否将法律面前人人平等的原则具体运用到司法领域，论述如何通过在司法中坚持人人平等而推进严格司法，实现司法公正。命题人要求考生抓住的**逻辑链条是“依宪治国、依宪执政——具体到司法领域——具体到严格司法必须贯彻法律面前人人平等的原则”**，其关键点是依宪治国、依宪执政必须贯彻法律面前人人平等的原则，——进而严格司法是法律面前人人平等原则在司法环节的具体表现，——进而坚持法律面前人人平等的原则，对严格司法提出更高的要求。

第三步根据题目要求，需要回答的问题结构和层次是：依宪治国、依宪执政的总体要求是什么？宪法中“法律面前人人平等”原则的内涵是什么？（二者结合：坚持依宪治国、依宪执政，必须贯彻法律面前人人平等的原则）司法是治国执政的一个领域，在司法领域体现“法律面前人人平等”的原则意味着什么？“法律面前人人平等”对严格司法的意义和要求是什么？

具体论述的逻辑展开是：

首先阐述依宪治国、依宪执政的总体要求，在宪法背景下，论述“法律面前人人平等”原则的内涵。一是论证宪法是公民权利的守护神，“法律面前人人平等”是宪法中的规定，也是宪法上的要求，依宪治国、依宪执政意味着在治国和执政中，必须贯彻“法律面前人人平等”的原则，平等地保护免遭侵害的权利，平等地追究违反宪法法律的责任。

二是论证宪法规定国家机构的组织形态及其权限，依宪治国、依宪执政意味着公权力在行使过程中，不能侵犯宪法对公民的平等保障。**其次，将“法律面前人人平等”的原则适用到司法领域进行论证**。司法公正的基本要求是“同等情况同等对待，不同等情况不同等对待”，这实际上意味着法律的平等适用。而**严格司法就是在法律适用中严格遵循司法公正的要求**。从反面立论，以言代法、以权压法、徇私枉法等司法不公、司法不严的行为，在具体表现形式上都会导致人民群众的权利没有得到平等对待，违反了法律面前人人平等的原则，导致人心不服，破坏了司法的公信力。

最后，论述根据依宪治国、依宪执政的要求，法律面前人人平等的原则落实到“严格司法”方面提出的具体措施。在这部分考生可以以《决定》中的相应内容展开论述。严格司法的措施是全面的，《决定》是从统一司法裁判的规范标准、完善公正司法的程序标准、健全严格司法的保障机制三个方面展开的，提出了很多具体的改革措施。考生在答题时，**不必完整无误地将其全部陈述出来，但是也不能完全脱离《决定》内容**。总之，只要大框架不离《决定》的基本内容，言之有据，论证充分，达到了观点明确、论证充分、逻辑严谨、文字通顺等方面的要求，都能得到较好的分数。

答案解析：

一、坚持依法治国首先要坚持依宪治国，坚持依法执政首先要坚持依宪执政。这是因为宪法是国家的根本大法，是党和人民意志的集中体现，是通过科学民主程序形成的根本法。全国各族人民、一切国家机关和武装力量、各政党和各社会团体、各企业事业组织，都必须以宪法为根本的活动准则。一切违反宪法的行为都必须予以追究和纠正。坚持依宪治国、依宪执政，要求贯彻法律面前人人平等的原则。**一方面，宪法是公民权利的守护神**。宪法中肯定了“法律面前人人平等”，依宪治国、依宪执政意味着在治国和执政中，必须贯彻“法律面前人人平等”的原则，任何人的权利都受到宪法法律的平等保护，在权利被侵害时，应当得到宪法法律的平等救济。同样，任何人在违反宪法法律的规定时，都应当平等地被追究责任，不得有超越宪法法律的特权。**另一方面，宪法规定了国家机构的组织形态及其权限**。依宪治国、依宪执政意味着公权力必须在宪法法律规定的范围内行使，公权力在行使过程中不能侵犯宪法对公民的平等保障。

二、坚持依宪治国、依宪执政，具体到司法领域，要求在法律适用中贯彻法律面前人人平等的原则。公正司法是维护社会公平正义的最后一道防线，它的基本要求是“同等情况同等对待，不同等情况不同等对待”。**这实际上意味着法律的平等适用**，即受到侵害的权利都要依法得到保护和救济，违法犯罪行为都要依法受到制裁和惩罚。平等是社会主义法律的基本属性，在法律适用中贯彻法律面前人人平等的原则，在我国当前司法形势下，要做到严格司法，即严格遵循司法公正的要求。以言代法、以权压法、徇私枉法等司法不公、司法不严的行为，其直接结果就是导致人民群众的权利没有得到平等对待，被侵害的权利没有得到平等救济，违法行为没有得到平等追责。这都违反了法律面前人人平等的原则，导致人心不服，破坏了司法的公信力。

三、在依宪治国、依宪执政的总体要求下，推进严格司法，即严格遵循司法公正的要求，落实各项具体措施，做到法律面前人人平等，有利于规范司法行为，加强对司法活动的监督，努力让人民群众在每一个司法案件中感受到公平正义。具体来说：

1. 在统一司法裁判的规范标准方面，司法机关及其工作人员应当坚持以事实为根据、以法律为准绳，健全事实认定符合客观真相、法律适用标准统一、办案结果符合实体公正的法律制度。避免同案不同判，做到对权利进行平等救济，对责任进行平等追究。

2. 在完善公正司法的程序标准方面，健全办案过程符合程序公正的制度，推进以审判为中心的诉讼制度改革，保证庭审在查明事实、认定证据、保护诉权、公正裁判中发挥决定性作用。全面贯彻证据裁判规则，确保案件事实证据经得起法律的检验，使诉讼当事人得到平等对待。

3. 在健全严格司法的保障机制方面，明确各类司法人员工作职责、工作流程、工作标准，实行办案质量终身负责制和错案责任倒查问责制，严格遵循法律面前人人平等的原则，坚决纠正有法不依、违法不究的行为。

2015 年

一、试题

扫一扫 看微课视频

材料一：法律是治国之重器，法治是国家治理体系和治理能力的重要依托。全面推进依法治国，是解决党和国家事业发展面临的一系列重大问题，解放和增强社会活力、促进社会公平正义、维护社会和谐稳定、确保党和国家长治久安的根本要求。要推动我国经济社会持续健康发展，不断开拓中国特色社会主义事业更加广阔的发展前景，就必须全面推进社会主义法治国家建设，从法治上为解决这些问题提供制度化方案。（摘自习近平《关于〈中共中央关于全面推进依法治国若干重大问题的决定〉的说明》）

材料二：同党和国家事业发展要求相比，同人民群众期待相比，同推进国家治理体系和治理能力现代化目标相比，法治建设还存在许多不适应、不符合的问题，主要表现为：有的法律法规未能全面反映客观规律和人民意愿，针对性、可操作性不强，立法工作中部门化倾向、争权诿责现象较为突出；有法不依、执法不严、违法不究现象比较严重，执法体制权责脱节、多头执法、选择性执法现象仍然存在，执法司法不规范、不严格、不透明、不文明现象较为突出，群众对执法司法不公和腐败问题反映强烈。（摘自《中共中央关于全面推进依法治国若干重大问题的决定》）

问题：

根据以上材料，结合全面推进依法治国的总目标，从立法、执法、司法三个环节谈谈建设社会主义法治国家的意义和基本要求。

答题要求：

1. 无观点或论述、照搬材料原文的不得分；

2. 观点正确，表述完整、准确；

3. 总字数不得少于400字。

二、答案精讲

根据以上材料，结合全面推进依法治国的总目标，从立法、执法、司法三个环节谈谈建设社会主义法治国家的意义和基本要求。

答案要点：

一、全面推进依法治国的总目标是建设中国特色社会主义法治体系，建设社会主义法治国家。即在党的领导下，坚持中国特色社会主义制度，贯彻中国特色社会主义法治理论，形成完备的法律规范体系、高效的法治实施体系、严密的法治监督体系、有力的法治保障体系，形成完备的党内法规体系，坚持依法治国、依法执政、依法行政共同推进，坚持法治国家、法治政府、法治社会一体建设，实现科学立法、严格司法、公正司法、全民守法，促进国家治理体系和治理能力现代化。

二、从立法环节来看，要完善以宪法为核心的法律体系，加强宪法实施。建设中国特色社会主义法治体系，必须坚持立法先行，发挥立法的引领和推动作用，抓住提高立法质量这个关键。形成完备的法律规范体系，要贯彻社会主义核心价值观，使每一项立法都符合宪法精神。要完善立法体制机制，坚持立改废释并举，增强法律法规的及时性、系统性、针对性、有效性。

三、从执法环节来看，要深入推进依法行政，加快建设法治政府。法律的生命力和法律的权威均在于实施。建设法治政府要求在党的领导下，创新执法体制，完善执法程序，推进综合执法，严格执法责任，建立权责统一、权威高效的依法行政体制，加快建设职能科学、权责法定、执法严明、公开公正、廉洁高效、守法诚信的法治政府。

四、从司法环节来看，要保证公正司法，提高司法公信力。要完善司法管理体制和司法权力运行机制，规范司法行为，加强监督，让人民群众在每一个司法案件中感受到公平正义。

难度：中

考点：全面推进依法治国的总目标；法治工作的基本格局

命题和解题思路：十八届四中全会是在我国进入全面建成小康社会决定性阶段和全面深化改革进入攻坚期、深水区召开的一次重要会议。这次会议是党的历史上第一次专题研究法治的中央全会，第一次确立了全面推进依法治国的总目标。**2015年是司法考试第一次以《决定》全文为文本，对“中国特色社会主义法治理论”进行考查，所以在论述题中，命题人从宏观视角“提纲挈领”考查了“推进全面依法治国的总目标及法治工作的基本格局”**。

该题从形式上，依惯例采取材料分析题的命题方式。《决定》体现了十八大后以习近平为总书记的党中央和新一届中央领导集体对法治的认识达到了新的战略高度。党在《决定》中以文件的形式谋划法治、部署法治、推进法治，在开篇论述“全面推进依法治国的重大意义”时直面现实，指出“法治建设还存在许多不适应、不符合的问题”。正是存在这些问题，才需要对推进依法治国做出全面部署，因为法治工作基本格局中具体的改革举措为这些问题的解决提供了制度化的方案。因此，从内容上命题人是由此思路进行命题。作为首考第一题，该题难度适中，具有一定广度。考生不仅需要熟读《决定》全文，对重要部分进行记忆，而且需要从宏观上把握《决定》各部分之间的逻辑关系，理解改革举措在宏观布局中的针对性。

考生应当遵循“**认真阅读材料，准确解读内容；完整理解问题，把握逻辑关系；列出结构层次，展开逻辑分析**”的方式，正确解题，即材料限定了答题方向，问题则指引了答题要点，框定了答题结构和层次：

第一步先看材料：材料一出自习近平对《决定》所做的说明，其中点出“必须全面推进社会主义法治国家建设，从法治上为解决这些问题提供制度化方案”。材料二出自《决定》原文，是对法治建设“存在问题”的依次总结。

第二步结合问题，命题人偏重考查考生对**“存在的问题—总目标—基本格局及其要求”**的整体把握和理解，考查考生是否能抓住“**全面推进社会主义法治国家建设，从法治上为解决这些问题提供制度化方案**”这一关键点，从而找到答题的方向和要点。

第三步，根据题目的要求，需要回答的问题结构和层次是：如何解决法治建设中存在的诸多不适应、不符合的问题？既然全面推进社会主义法治国家建设，从法治上为解决这些问题提供了制度化方案，那么要达到的总目标是什么？在具体落实中，如何从立法、执法、司法三个环节建设社会主义法治国家？形成完备的法律规范体系、高效的法治实施体系如何体现了从法治上为解决这些问题提供制度化方案？

具体论述的逻辑展开是：

首先应当阐释全面推进依法治国的总目标的内容。然后根据材料反映的法治建设中存在的问题，分别从立法、执法、司法三个环节论述建设社会主义法治国家的意义和基本要求，论述全面推进社会主义法治国家建设，是为了从法治上为解决这些问题提供制度化方案。在立法环节方面，答题要点是《决定》中“完善以宪法为核心的中国特色社会主义法律体系，加强宪法实施”下形成完备的法律规范体系的意义和基本要求；在执法环节方面，答题要点是“深入推进依法行政，加快建设法治政府”下建设法治政府的意义和基本要求；在司法环节方面，答题要点是“保证公正司法，提高司法公信力”下公正司法的意义和基本要求。

考生应当将基本知识点回答出来，论述中也要注意**回应“全面推进依法治国的总目标”中对立法、执法、司法提出的具体目标，即“形成完备的法律规范体系、高效的法治实施体系、严密的法治监督体系”。能够结合**

材料本身谈谈个人的理解和看法更好。本题虽然属无标准答案型试题，但仍然需要考生掌握和回答《决定》中的基本知识点；然后考生可以根据自己的判断和理解，从有利于论证的角度出发，提出自己的看法。关于全面推进依法治国的总目标，不需要一字不差，但是也不能完全臆造。对于立法、执法、司法三个环节的基本要求，也不需要在每个环节上都把具体措施面面俱到，表述无误，能针对问题提出若干项措施即可。总之，只要论证充分，达到了观点明确、论证充分、逻辑严谨、文字通顺等方面的要求，都能得到较好的分数。

答案解析：

一、《中共中央关于全面推进依法治国若干重大问题的决定》对全面推进依法治国、建设社会主义法治国家做出了整体部署，提出了全面推进依法治国的总目标是建设中国特色社会主义法治体系，建设社会主义法治国家。在中国共产党领导下，坚持中国特色社会主义制度，贯彻中国特色社会主义法治理论，形成完备的法律规范体系、高效的法治实施体系、严密的法治监督体系、有力的法治保障体系，形成完善的党内法规体系，坚持依法治国、依法执政、依法行政共同推进，坚持法治国家、法治政府、法治社会一体建设，实现科学立法、严格执法、公正司法、全民守法，促进国家治理体系和治理能力现代化。

二、之所以提出全面推进依法治国的总目标，尤其是提到“形成完备的法律规范体系、高效的法治实施体系、严密的法治监督体系”，“实现科学立法、严格执法、公正司法”是因为在法治建设中还存在很多问题，这些问题只有通过完善法治、建设社会主义法治国家才能有效解决。因为只有法治才能为这些问题提供制度化的解决方案。法治的实现需要立法、执法、司法各个环节共同发挥作用，下面从这三个环节依次阐述建设社会主义法治国家的意义和基本要求：

1. 从立法环节来看，要完善以宪法为核心的法律体系，加强宪法实施。法律是治国之重器，良法是善治之前提。建设中国特色社会主义法治体系，必须坚持立法先行，发挥立法的引领和推动作用，提高立法质量。“形成完备的法律规范体系”，具体言之，要健全宪法的实施和监督制度，使每一项立法都符合宪法精神；要完善立法体制，通过具体改革措施去除立法工作中的部门化倾向；要推进科学立法、民主立法，坚持立改废释并举，增强法律法规的及时性、系统性、针对性、有效性。

2. 从执法环节来看，要深入推进依法行政，加快建设职能科学、权责法定、执法严明、公开公正、廉洁高效、守法诚信的法治政府。法律的生命力和法律的权威均在于实施。“形成高效的法治实施体系”，具体言之，要实现法定职责必须为，法无授权不可为，促进政府全面履行政府职能；要健全依法决策机制，规范政府决策行为；要创新执法体制，完善执法程序，推进综合执法，严格执法责任，建立权责统一、权威高效的依法行政体制，消除多头执法、选择性执法等现象；要坚持严格规范公正文明执法，推进政务公开。

3. 从司法环节来看，要保证公正司法，提高司法公信力，让人民群众在每一个司法案件中感受到公平正义。公正是法治的生命线。司法公正对社会公正具有重要引领作用，司法不公对社会公正具有致命破坏作用。“形成严密的法治监督体系”，具体言之，要完善确保依法独立公正行使审判权和检察权的制度；要优化司法职权配置，完善司法权力运行机制；要推进严格司法，完善司法管理体制，规范司法行为；要加强对司法活动的监督，严惩司法不公和腐败问题，实现公正司法。

第四部分　命题人模拟金题

第一题

一、试题

扫一扫　看微课视频

材料一：“善禁者，先禁其身而后人；不善禁者，先禁人而后身。”领导干部要牢记法律红线不可逾越、法律底线不可触碰，带头遵守法律、执行法律，带头营造办事依法、遇事找法、解决问题用法、化解矛盾靠法的法治环境。谋划工作要运用法治思维，处理问题要运用法治方式，说话做事要先考虑一下是不是合法，把握不准的就要去查一查党纪国法是怎样规定的，还可以请法律专家、法律顾问帮助把把关。（**摘自习近平：《在省部级主要领导干部学习贯彻党的十八届四中全会精神全面推进依法治国专题研讨班上的讲话》**）

材料二：要加强对权力的制约和监督，让人民监督权力，让权力在阳光下运行，把权力关进制度的笼子。……深化国家监察体制改革，将试点工作在全国推开，组建国家、省、市、县监察委员会，同党的纪律检查机关合署办公，实现对所有行使公权力的公职人员监察全覆盖。制定国家监察法，依法赋予监察委员会职责权限和调查手段，用留置取代“两规”措施。（**摘自习近平：《在中国共产党第十九次全国代表大会上的报告》**）

问题：

请根据材料一和材料二，结合国家治理体系和治理能力现代化，谈谈国家监察体制改革对坚持人民主体地位的意义。

答题要求：

1. 无观点或论述、照搬材料原文的不得分；

2. 观点正确，表述完整、准确；

3. 总字数不少于600字。

二、答案精讲

请根据材料一和材料二，结合国家治理体系和治理能力现代化，谈谈国家监察体制改革对坚持人民主体地位的意义。

答案要点：

一、国家治理体系是国家治国理政制度体系的总称，国家治理能力是一国治理体系发挥作用、体现价值和实现目标的一种水平和能力。国家治理体系和治理能力是一个国家的制度和制度执行能力的集中体现，二者相辅相成。

实现国家治理体系和治理能力的现代化，是国家治理主体以人的最大解放、人权的最大实现和人民的最大幸福为最大目标，通过国家治理体系的有效运转和法治规则的有效运用，让现代化成果惠及民众，实现国家的有效有序治理。

二、国家监察体制改革经历了从局部试点到全面推开再通过宪法法律确认的改革路径。国家监察机关的设立是组织创新和制度创新的成果。形成集中统一、权威高效的国家监察体系，有利于提升国家治理能力，实现国家治理体系和治理能力现代化。

宪法的修改和《国家监察法》的制定，确保了公权力行使的规范化和制度化，不但使行政机关，而且使立法机关、司法机关等国家机关及其公务人员，企事业单位、社会组织行使公权力的公职人员都成为监察对象。

三、国家公权力在行使过程中，不论是通过立法对有限的社会资源进行制度性分配，还是通过行政对社会进行公共管理，通过司法对社会争议进行解决，都事关公民的切身利益。因此对权力的滥用必定会造成公民权利的损害。在这个意义上，通过法律对权力进行有效监督和制约，就是对公民权利的最大保障，就是坚持人民主体地位。

对所有行使公权力的公职人员进行监察全覆盖，可以从以下方面实现对人民权利的保障：

1. 推进科学立法、民主立法、依法立法，使每一项立法都符合宪法精神、反映人民意志；

2. 推进依法行政，依法全面履行政府职能，坚持严格规范公正文明执法，建设公开公正、廉洁高效、守法诚信的法治政府；

3. 推进公正司法，避免关系案、人情案、金钱案，惩治徇私枉法、司法腐败；

4. 坚持依法执政，纠正违法行使权力、以言代法、以权压法、逐利违法等行为。

难度：难

考点：推进全面依法治国的重大意义；坚持人民主体地位；深入推进科学立法、民主立法、依法立法；坚持严格规范公正文明执法；推进公正司法；健全依法维权和化解纠纷机制；坚持依法执政的意义和基本要求；提高党员干部法治思维和依法办事能力

命题和解题思路：国家监察体制改革是事关全局的重大政治体制改革，是强化党和国家自我监督的重大决策部署。十八大以来，党中央多次对国家监察体制改革作出重要指示、提出明确要求，实行了从局部试点到全面推开再通过宪法法律确认的改革路径。在对改革成果和经验进行总结的基础上，第十三届全国人大第一次会议在宪法修正案中设专节规定了国家监察委员会和地方各级监察委员会的性质、地位、名称、人员组成、任期任届、领导体制和工作机制等重要内容，并审议通过《国家监察法》，使国家监察体制改革成果上升为宪法和法律规范。国家监察体制改革及其立法是我国政治生活中的一件大事，具有重大的现实意义和深远的历史意义。

本题就是从这一角度出发，串联起多个考点进行命题。

一方面，国家监察机关的设立是全面深化改革的产物，是组织创新和制度创新的成果。考生要把握的是，形成集中统一、权威高效的国家监察体系，有利于健全中国特色社会主义法治体系和监督体系，提升党和国家治理能力，实现党和国家治理体系和治理能力现代化。另一方面，国家监察体制改革是为了有效实现对所有行使公权力的公职人员监察全覆盖，保证党纪国法得到一体遵循。考生要把握的是，对公权力的监督和制约，实际上就是对公民权利进行保障，坚持人民主体地位，保证人民依法享有广泛的权利和自由、承担应尽的义务。这二者都是重要考点。而在对通过国家监察体制改革制约公权力进行具体论述时，又可以考查考生对法治工作基本格局、加强和改进党的领导中的多个相关考点进行融会贯通的能力。

在形式上，该题采取的是材料分析题的命题方式；在内容上，**着重考查国家监察体制改革对推进国家治理体系和治理能力现代化的制度价值，考查国家监察体制对所有行使公权力的公职人员进行监察全覆盖，在公权力运行的各个层面对人民权利保障的意义。**考生需要遵循“**认真阅读材料，准确解读内容；完整理解问题，把握逻辑关系；列出结构层次，展开逻辑分析**”的方式正确解题，即材料限定了答题方向，问题则指引了答题要点，框定了答题结构和层次：

先看材料并归纳重点：材料一表述的是领导干部要坚持依法执政，带头遵守法律，运用法治思维和法治方式谋划工作和处理问题，这就是主张推进全面依法治国。材料二取自十九大报告中“十三、坚定不移全面从严治党，不断提高党的执政能力和领导水平”的“（七）健全党和国家监督体系”，是从深化国家监察体制改革的角度，论述如何在制度和法律层面加强对权力运行的制约和监督。

结合问题，命题人要求考生抓住的逻辑关系是**“国家监察体制改革体现了国家治理体系和治理能力的现代化：对公权力行使进行规范化和制度化——对公民权利进行有效保障”**，而关键点是**“国家监察体制改革对推**

进国家治理体系和治理能力现代化的制度价值”。

接下来将材料的内容和问题结合来看，需要回答的问题结构和层次是：

什么是国家治理体系和治理能力的现代化？

国家监察体制改革对推进国家治理体系和治理能力现代化的制度价值是什么？

在坚持人民主体地位的原则中，如何理解人民是依法治国的目标主体？

在公权力运行的各个层面，对所有行使公权力的公职人员进行监察全覆盖对人民权利保障的意义是什么？

具体论述的逻辑展开是：

1. 根据题目要求，考生首先需要阐明国家治理体系和治理能力现代化的含义，并论证依法治国是实现国家治理体系和治理能力现代化的必然要求。

2. 结合题目要求，扼要陈述国家监察体制改革的内容，论述国家监察机关的设立是全面深化改革的产物，是组织创新和制度创新的成果，不仅涉及政治体制、政治权力和政治关系的重大调整，而且在组织和制度层面形成和发展了中国特色社会主义国家监察体系。进而论述宪法的修改和《国家监察法》的制定，确保了公权力行使的规范化和制度化。

3. 在法理上，从对权力的监督和制约过渡到对人民权利的保障。首先论述坚持人民主体地位，人民是依法治国的目标主体。接下来可以分别从依法立法、严格规范公正文明执法、公正司法、依法化解纠纷、依法执政等多个角度阐述在公权力运行的各个层面，对所有行使公权力的公职人员进行监察全覆盖对人民权利保障的意义。这部分在论述时角度是开放的，可以以《决定》内容为依据，但是不必过于拘泥，将所有方面都一一列举。

在论证中要注意言之有据，论证充分，达到观点明确、论证充分、逻辑严谨、文字通顺等方面的要求。

答案解析：

一、国家治理体系是国家治国理政制度体系的总称，国家治理能力是一国治理体系发挥作用、体现价值和实现目标的一种水平和能力，具体包括执政党的执政能力、行政机关的执法能力、司法机关的司法能力、公民和社会的有序参与社会治理能力等方面。国家治理体系和治理能力是一个国家的制度和制度执行能力的集中体现，二者相辅相成。

实现国家治理体系和治理能力的现代化，是国家治理主体以人的最大解放、人权的最大实现和人民的最大幸福为最大目标，通过国家治理体系的有效运转和法治规则的有效运用，让现代化成果惠及民众，实现国家的有效有序治理。由于法治所具有的形式要素和实体要素，及其相对于人治在国家治理上的优势，依法治国是实现国家治理体系和治理能力现代化的必然要求。

二、国家监察体制改革经历了从局部试点到全面推开再通过宪法法律确认的改革路径。最新的《宪法修正案》设专节规定了国家监察委员会和地方各级监察委员会的性质、地位、名称、人员组成、任期任届、领导体制和工作机制等重要内容，并审议通过《国家监察法》，使国家监察体制改革成果上升为宪法和法律规范。国家监察机关的设立是组织创新和制度创新的成果。形成集中统一、权威高效的国家监察体系，有利于健全中国特色社会主义法治体系和监督体系，提升国家治理能力，实现国家治理体系和治理能力现代化。

宪法的修改和《国家监察法》的制定，确保了公权力行使的规范化和制度化。改革改变了行政监察和党内监督不协调的问题，是为了有效实现对所有行使公权力的公职人员监察全覆盖，保证党纪国法得到一体遵循。不仅行政机关，而且立法机关、司法机关等国家机关及其公务人员，企事业单位、社会组织行使公权力的公职人员都是监察对象。

三、国家公权力在行使过程中，不论是通过立法对有限的社会资源进行制度性分配，还是通过行政对社会进行公共管理，通过司法对社会争议进行解决，稳定规范性预期，都事关公民的切身利益。因此对权力的滥用必定会造成公民权利的损害。在这个意义上，通过法律对权力进行有效监督和制约，就是对公民权利的最大保障。在推进依法治国中坚持人民主体地位，意味着“必须坚持法治建设为了人民、依靠人民、造福人民、保护人民，以保障人民根本权益为出发点和落脚点，保证人民依法享有广泛的权利和自由、承担应尽的义务，维护社会公平正义，促进共同富裕”。

对所有行使公权力的公职人员进行监察全覆盖，可以从以下方面实现对人民权利的保障：

1. 推进科学立法、民主立法、依法立法，使每一项立法都符合宪法精神、反映人民意志、保障公民权利得到落实；

2. 推进依法行政，依法全面履行政府职能，坚持严格规范公正文明执法，纠正不作为、乱作为，克服懒政、怠政，惩处失职、渎职，建设公开公正、廉洁高效、守法诚信的法治政府；

3. 推进公正司法，坚持以事实为根据、以法律为准绳，避免关系案、人情案、金钱案，惩治徇私枉法、司法腐败；

4. 依法化解纠纷，畅通群众利益协调、权益保障法律渠道，把信访纳入法治化轨道；

5. 坚持依法执政，纠正违法行使权力、以言代法、以权压法、逐利违法等行为；

6. 促使党员干部提高法治思维和依法办事能力，督促各级领导干部正确行使权力。

第二题

一、试题

扫一扫 看微课视频

材料一：全面推进依法治国，必须坚持全民守法。全民守法，就是任何组织或者个人都必须在宪法和法律范围内活动，任何公民、社会组织和国家机关都要以宪法和法律为行为准则，依照宪法和法律行使权利或权力、履行义务或职责。……要坚决改变违法成本低、守法成本高的现象，谁违法就要付出比守法更大的代价，甚至是几倍、十几倍、几十倍的代价。当然，这是一个过程，要逐步在广大干部群众中树立法律的权威。（**摘自习近平：《在十八届中央政治局第四次集体学习时的讲话》**）

材料二：全面依法治国是中国特色社会主义的本质要求和重要保障。必须把党的领导贯彻落实到依法治国全过程和各方面，坚定不移走中国特色社会主义法治道路，完善以宪法为核心的中国特色社会主义法律体系，建设中国特色社会主义法治体系，建设社会主义法治国家，发展中国特色社会主义法治理论，坚持依法治国、依法执政、依法行政共同推进，坚持法治国家、法治政府、法治社会一体建设，坚持依法治国和以德治国相结合，依法治国和依规治党有机统一，深化司法体制改革，提高全民族法治素养和道德素质。（**摘自习近平：《在中国共产党第十九次全国代表大会上的报告》**）

问题：

请根据材料一和材料二，结合十九大报告中提出的深化依法治国实践，谈谈在社会生活中违法成本低、违法行为屡次发生，而守法成本高，正当权利容易受到侵犯，并且受到侵犯后难以得到有效救济这种现象出现的原因和解决措施。

答题要求：

1. 无观点或论述、照搬材料原文的不得分；
2. 观点正确，表述完整、准确；
3. 总字数不少于600字。

二、答案精讲

请根据材料一和材料二，结合十九大报告中提出的深化依法治国实践，谈谈在社会生活中违法成本低、违法行为屡次发生，而守法成本高，正当权利容易受到侵犯，并且受到侵犯后难以得到有效救济这种现象出现的原因和解决措施。

答案要点：

一、在现实生活中，违法成本低指的是违法行为没有被依法追究法律责任，或者只被追究较轻的法律责任，导致违法行为、法律责任与惩罚或补偿之间不相当。这会导致违法主体在低违法成本下继续从事违法行为，甚至变本加厉。在法律关系中，一方主体的违法行为意味着另一方主体的权益因之受到侵害，从而因为遵守法律而造成自身权益减损，也就是所谓的守法成本高。在一个社会中，违法成本低而守法成本高的现象普遍出现，会导致法律权威丧失、社会失序、人心涣散。

二、从国家治理和公权力运行的角度来看，这种现象主要发生在这些情况出现时：

1. 法律体系不健全，法律规定不完善。如法律出现规制空白或规定不合理，或者过于笼统，可操作性差，或者处罚力度弱，达不到惩戒效果。

2. 法律实施不力，有法不依，执法不严，违法不究。如行政机关没有坚持严格规范公正执法，没有做到依法惩处各类违法行为。

3. 在适用法律环节，存在司法不公、司法腐败。如在审判中存在着关系案、人情案、金钱案。

4. 从执政者的角度来看，各级党组织和全体党员，如果有超越宪法法律的特权，以言代法、以权压法、逐利违法、徇私枉法，就会破坏宪法法律至上、法律面前人人平等等法治理念，使人们认为违法的成本低，而守法的成本高。

三、党的十九大提出深化依法治国实践，指出全面依法治国是国家治理的一场深刻革命，必须坚持厉行法治，推进科学立法、严格执法、公正司法、全民守法。深化依法治国实践的主要任务有着现实针对性，对改变这一现象有纲举目张的作用。具体言之：

1. 应当推进科学立法、民主立法、依法立法，以良法促进发展、保障善治。

2. 加强宪法实施和监督，维护宪法权威。应以宪法为最高法律规范，实现国家和社会生活制度化、法治化。

3. 建设法治政府，推进依法行政，严格规范公正文明执法，惩治执法腐败。

4. 深化司法体制综合配套改革，推进公正司法。

5. 各级党组织和全体党员要带头尊法学法守法用法，坚持依法执政。

难度：难

考点：党的十九大提出的深化依法治国实践的主要任务；深入推进科学立法、民主立法、依法立法；坚持严格规范公正文明执法；强化对行政权力的制约和监督；完善确保依法独立公正行使审判权和检察权的制度；推进公正司法；加强对司法活动的监督；坚持依法执政的意义和基本要求

命题和解题思路：这道题的设计起因，首先是在命题时看到习近平总书记在《在十八届中央政治局第四次集体学习时的讲话》中的这段话，然后就出现了疫苗事件。2010 年曾经出现过“山西疫苗事件”，2018 年又出现长春长生的疫苗不合格事件。这就好像 2003 年安徽阜阳曝出大头娃娃事件，重庆、江苏、甘肃等地也相继发现空壳奶粉，但是风波却很快被掩过。逃脱的奶粉制造企业以掺三聚氰胺的方式提高蛋白质检测值，随后才又发生 2008 年婴儿患肾结石致死事件。在这些令人错愕愤慨的事件反复出现中，值得思考的是为什么违法行为反复出现？在现实社会生活中，还存在为数不少的其他违法成本低、守法成本高的现象，例如环境违法违规行为像割韭菜一样，屡禁不止；或者违章停车普遍存在等。因此，这道题就选

择了《在十八届中央政治局第四次集体学习时的讲话》中提到的现象，作为考查重点，需要大家分析现象出现的原因，并思考如何从法治的角度对症下药（原文现象提出的背景是，在社会矛盾纠纷解决时，没有畅通群众利益协调和权益保障法律渠道，这使人们产生大闹大解决、小闹小解决、不闹不解决的印象。但我们认为，这里指出的现象不仅存在于信访问题上，而是具有普遍性。所以在引文中这一视角被隐去，以兼顾一般性）。

十九大报告提出，要深刻领会新时代中国特色社会主义思想的精神实质和丰富内涵，在各项工作中全面准确贯彻落实，其中一个方面是坚持全面依法治国。进而在“健全人民当家作主制度体系，发展社会主义民主政治”部分，提出新时代深化依法治国实践的主要任务，这是从立法、执法、司法、守法的角度提出的提纲挈领的要求。在解决上述现象中存在的问题时，需要厉行法治，从各方面多管齐下，让违法者承担应当承担的责任，杜绝类似违法行为的再次发生。因此，命题通过“党的十九大提出的深化依法治国实践的主要任务”这个考点，将深入推进科学立法、民主立法、依法立法，坚持严格规范公正文明执法、强化对行政权力的制约和监督、完善确保依法独立公正行使审判权和检察权的制度、推进公正司法、加强对司法活动的监督、坚持依法执政的意义和基本要求等多考点联系起来，考查考生对知识融会贯通的能力。

在形式上，该题采取的是材料分析题的命题方式；在内容上，**着重考查考生在现实生活中，是否对违法成本低，守法成本高这一现象有所认识，有所思考，是否能够分析其发生的原因，并能从依法治国实践的角度提出合理的解决建议**。考生要遵循“**认真阅读材料，准确解读内容；完整理解问题，把握逻辑关系；列出结构层次，展开逻辑分析**”的方式，正确解题，即材料限定了答题方向，问题则指引了答题要点，框定了答题结构和层次。

先看材料并归纳重点：材料一一方面表述了全民守法的含义，另一方面描述了在不守法的行为没有被及时依法追究责任后，出现的违法成本低、守法成本高的现象，提出要改变这一现象，树立法律的权威。材料二来自十九大报告，表述的是如何理解在全面依法治国中，贯彻落实新时代中国特色社会主义思想的精神实质和丰富内涵。

结合问题，命题人要求考生抓住的逻辑链条是“**现象描述和理论界定—现象的危害—原因分析—解决建议**”，关键点是结合十九大提出的深化依法治国实践，从坚持厉行法治，推进科学立法、严格执法、公正司法、全民守法的角度提出建议。

接下来将材料的内容和问题结合来看，需要回答的问题结构和层次是：

违法成本低、守法成本高的具体含义是什么？

即为什么会在违法—守法之间出现这种关系？

这种现象普遍出现的危害是什么？这种现象出现的原因是什么？

如何减少甚至杜绝这种现象的发生？

具体论述的逻辑展开是：

1. 从提问来看，考生宜先说明违法成本低的含义是什么，守法成本高的含义是什么，二者之间“成本”此消彼长的法理是什么。接下来扼要说明这种现象普遍出现的危害是什么，引出需要分析其原因并解决。在这一部分，也可以描述自己观察到的现象，但是最好能从理论上进行抽象概括。

2. 结合题目要求，对这种现象出现的原因进行分析。但是在这一部分，考生要注意的是，该现象出现的原因是多方面的，是否应该面面俱到呢？这时就要考虑到提问中“结合……”这一句的要求。提问要求“结合十九大报告中提出的深化依法治国实践”，而深化依法治国实践是从提高国家治理体系和治理能力，从如何执政的角度提出的，事关公权力的运行。所以，在原因分析时，要表明分析所选取的视角，使论述更为集中，并和题目要求能够呼应。

3. 从论述逻辑上，第三部分应当谈谈如何改变这一现象，使人们形成对法律的信仰，对法治的信赖，在社会中形成守法光荣、违法可耻的社会氛围。在论述时，应继续结合十九大报告中提出的深化依法治国实践，从完善法律体系、加强宪法实施和监督、推进依法行政、全面落实司法责任制、各级党组织和全体党员带头尊法守法等多角度展开。在论述时，尽量和第二点中的原因分析一一对应，体现出措施的针对性，做到有的放矢。

在论证中要注意言之有据，论证充分，达到观点明确、论证充分、逻辑严谨、文字通顺等方面的要求。

答案解析：

一、在现实生活中，违法成本低指的是违法行为没有被依法追究法律责任，而变成事实上的合法行为；或者只被追究较轻的法律责任，导致违法行为、法律责任与惩罚或补偿之间不相当。这导致违反法律的人，在高获益低违法成本的情况下，继续从事违法行为，甚至变本加厉。而在法律关系中，一方主体的违法行为意味着另一方主体的权益因之受到侵害。在违法行为没有被追究应予追究的法律责任的情况下，受到侵犯的正当权利就无法得到有效救济。这使得守法一方的主体在法律关系中因为遵守法律而造成自身权益减损，也就是所谓的守法成本高。如果在一个社会中，违法成本低而守法成本高这种现象普遍出现，就会导致法律的权威丧失，导致国家治理效率低下，甚至出现社会失序、人心涣散。

二、这种现象的出现，原因是多方面的，例如我国传统法治淡薄，人们守法意识不强等。从国家治理和公权力运行的角度来看，这种现象主要发生在这些情况出现时：

1. 法律体系不健全，法律规定不完善。这可能表现为法律存在规制空白或法律规定不合理；也可能表现为法律规定过于笼统，可操作性差；或表现为立法中所立法的处罚力度弱，达不到惩戒的效果。

2. 法律实施不力，有法不依，执法不严，违法不究。行政机关没有坚持法定职责必须为，存在失职和渎职行为。这有的是因为执法体制自身存在问题，不同层级和部门的事权和职能不明确，执法力量配置不合理，或者行政执法和刑事司法衔接机制不完善，存在有案不移、有案难移等问题。有的是因为行政机关没有坚持严格规范公正执法，没有做到依法惩处各类违法行为。这一部分原因是因为存在对执法活动的干预，存在地方和部门保护主义，存在执法腐败现象。

3. 在适用法律环节，存在司法不公、司法腐败。例如在审判中托人情、找关系、打招呼、批条子、请客送礼，说的是可能存在着关系案、人情案、金钱案。一种情况是司法人员和当事人、律师、特殊关系人、甚至某种中介组织进行私下接触、交往，出现司法腐败、徇私枉法。另一种情况是领导干部干预司法活动，插手具体案件处理，让司法机关做违反法定职责、有碍司法公正的事情，影响审判权和检察权的独立公正行使。

4. 从执政者的角度来看，各级党组织和全体党员，如果有超越宪法法律的特权，以言代法、以权压法、逐利违法、徇私枉法，就会破坏宪法法律至上、法律面前人人平等等法治理念，使人们认为违法的成本低，而守法的成本高。

三、党的十九大提出深化依法治国实践，指出全面依法治国是国家治理的一场深刻革命，必须坚持厉行法治，推进科学立法、严格执法、公正司法、全民守法。深化依法治国实践的主要任务有着现实针对性，对改变这一现象，增强全社会厉行法治的主动性，形成守法光荣、违法可耻的社会氛围有纲举目张的作用。因此，为了改变这一现象，应当做到：

1. 推进科学立法、民主立法、依法立法，以良法促进发展、保障善治。例如把信访纳入法治化轨道，保障合理合法诉求依照法律规定和程序能够得到合理合法的解决，又如完善执法程序，对执法范围、幅度进行细化等，再如通过修宪设立“监察委员会”和《国家监察法》的制定，就是从立法上进行制度完善，实现对所有行使公权力的公职人员监察全覆盖，保证对公权力的监督和制约等。

2. 加强宪法实施和监督，维护宪法权威。宪法是国家的根本法，规定了国家的根本制度和公民的基本权利。宪法也规定了国家机关的职责范围，规定了审判权、检察权独立行使的原则。因此应以宪法为最高法律规范，实现国家和社会生活制度化、法治化。

3. 建设法治政府，推进依法行政，严格规范公正文明执法。这要求推进依法行政，要求行政机关全面履行政府职能，纠正不作为、乱作为，深化执法体制改革。同时，也要强化对行政权力的制约和监督，惩治执法腐败。

4. 深化司法体制综合配套改革，推进公正司法。完善确保依法独立公正行使审判权和检察权制度，优化司法职权配置，全面落实司法责任制。加强对司法活动的监督，让人民群众在每一个司法案件中感受到公平正义。

5. 各级党组织和全体党员要带头尊法学法守法用法，任何组织和个人都不得有超越宪法法律的特权，绝不允许以言代法、以权压法、逐利违法、徇私枉法，坚持依法执政。

第三题

扫一扫　看微课视频

一、试题

材料一： 加强社会诚信建设，健全公民和组织守法信用记录，完善守法诚信褒奖机制和违法失信行为惩戒机制，使遵法守法成为全体人民共同追求和自觉行动。加强公民道德建设，弘扬中华优秀传统文化，增强法治的道德底蕴，强化规则意识，倡导契约精神，弘扬公序良俗。发挥法治在解决道德领域突出问题中的作用，引导人们自觉履行法定义务、社会责任、家庭责任。（摘自《中共中央关于全面推进依法治国若干重大问题的决定》）

材料二： 发挥好法律的规范作用，必须以法治体现道德理念、强化法律对道德建设的促进作用。一方面，道德是法律的基础，只有那些合乎道德、具有深厚道德基础的法律才能为更多人所自愿遵守。另一方面，法律是道德的保障，可以通过强制性规范人们行为、惩罚违法行为来引领道德风尚。要注意把一些基本道德规范转化为法律规范，使法律法规更多体现道德理念和人文关怀，通过法律的强制力来强化道德作用、确保道德底线，推动全社会道德素质提升。（摘自习近平：《加快建设社会主义法治国家》）

问题：

根据材料一和材料二，结合全面推进依法治国的总目标，谈谈在司法领域深化依法治国实践和社会信用体系建设二者之间的关系。

答题要求：

1. 无观点或论述、照搬材料原文的不得分；
2. 观点正确，表述完整、准确；
3. 总字数不少于600字。

二、答案精讲

根据材料一和材料二，结合全面推进依法治国的总目标，谈谈在司法领域深化依法治国实践和社会信用体系建设二者之间的关系。

答案要点：

一、全面推进依法治国的总目标是建设中国特色社会主义法治体系、建设社会主义法治国家。这表明中国的法治道路和法治体系的制度属性并不是完全照搬西方，而是具有自身特点，其中之一就是法治和德治相得益彰。

二、司法领域是依法治国的重要领域，在厉行法治的过程中，必须坚持公正司法。公正是法治的生命线，在深化依法治国的实践中，必须努力让人民群众在每一个司法案件中感受到公平正义。社会信用体系是一个国家信用管理体系，它的核心作用在于记录社会主体信用状况，褒扬诚信、惩戒失信。社会信用体系建设要求加强公民道德建设，增强法治的道德底蕴。在国家治理中，在司法领域深化依法治国实践凸显的是依法治国，社会信用体系建设旨在使诚实守信成为人们的自觉行为规范，体现以德治国。

三、在司法领域深化依法治国实践和社会信用体系建设之间的关系，反映了国家和社会治理需要法律和道德共同发挥作用。

1. 一方面，以法治体现道德理念，强化法律对道德建设的促进作用。应当以公正的司法促进社会信用体系的建设，通过“切实解决执行难”的多项举措，破除体制机制障碍，实现及时兑现胜诉权益，构建信用惩戒机制，通过法律的强制力强化道德作用，推动全社会道德素质提升。

2. 另一方面，道德可以滋养法治精神、道德能够对法治文化起到支撑作用。完善守法诚信褒奖机制和违法失信行为惩戒机制，在于通过公民道德建设把道德内化到对法律的信仰和自觉遵守中。社会征信系统强调司法公信，这也应通过深化司法体制综合配套改革来落实。

难度： 难

考点： 全面依法治国的总目标；坚持依法治国和以德治国相结合；党的十九大提出的深化依法治国实践的主要任务；优化司法职权配置；推进公正司法；推动全社会树立法治意识

命题和解题思路： 环境污染、电信诈骗、引进项目造假、一边逃脱债务一边过着奢侈生活……这些百姓诟病的问题，根源都指向诚信缺失。随着现代化进程加快，传统“熟人社会”逐渐瓦解，利益主体渐趋多元，社会交往常常是在远程陌生人之间进行，这对诚信水平提出更高要求。党的十八大以来，我国加快推进社会信用体系建设，不断扎牢制度的笼子，逐步形成“一处失信、处处受限”的态势（高铁吸烟例子）。诚信建设是国家治理体系和治理能力现代化的重要实践，推进社会信用体系建设对于创新社会治理方式、转变政府职能、加强事中事后监管都发挥关键支撑作用。

司法领域是深化依法治国实践的重要领域，十九大提出要深化司法体制综合配套改革，努力让人民群众在每一个司法案件中感受到公平正义。2018 年 5 月 5 日，最高人民法院院长周强在“政法领导干部学习贯彻习近平新时代中国特色社会主义思想专题研讨班”做出报告，指出“坚持公正司法，努力让人民群众在每一个司法案件中感受到公平正义”。其中人民法院贯彻落实习近平公平正义思想的实践和思考之一是“坚持以人民为中心的发展思想，切实维护人民群众合法权益”，提出充分发挥公正裁判的教育引领作用，及时兑现胜诉权益。从2013年最高人民法院建立失信被执行人名单制度，至2018年7月共有150项惩戒措施迫使280万“老赖”低头。法院破解执行难也对社会信用体系建设有积极意义。

党的十八届四中全会和党的十九大明确提出，全面推进依法治国的总目标是建设中国特色社会主义法治体系、建设社会主义法治国家。而坚持依法治国和以德治国相结合，既是推进全面依法治国的基本原则之一，也是中国特色社会主义法治道路的独特之处。因此这道题将司法领域深化依法治国的实践和社会信用体系建设联系起来，结合全面推进依法治国的总目标，围绕依法治国与以德治国相结合对多个考点进行考查，需要考生对相关实践举措有所观察和思考。

在形式上，该题采取的是材料分析题的命题方式；在内容上，**着重考查考生能否结合具体问题理解依法治国和以德治国相结合的含义，能否进而把握中国特色社会主义法治道路在法治与德治相得益彰上的独特之处**。答题时，考生应遵循“**认真阅读材料，准确解读内容；完整理解问题，把握逻辑关系；列出结构层次，展开逻辑分析**”的方式正确解题，即材料限定了答题方向，问题则指引了答题要点，框定了答题结构和层次。

先看材料并归纳重点：材料一表述的是十八届四中全会上对加强社会诚信建设和公民道德建设的要求，这里体现了通过制度机制促进诚信，通过道德建设强化规则意识两方面。材料二表述的也是在建设社会主义法治国家中，要一方面以道德作为法律的基础，另一方面用法律做道德的保障。

结合问题，命题人要求考生抓住的逻辑关系是**“中国特色社会主义法治道路——深化依法治国实践（法治）+社会信用体系建设（德治）”**，而关键点是**“中国特色社会主义法治道路在法治与德治相得益彰上的独特之处”**。

接下来将材料的内容和问题结合来看，需要回答的问题结构和层次是：

全面推进依法治国的总目标是什么？

结合材料在对总目标的含义进行理解时，应该突出强调的是什么（法治和德治相结合）？

在司法领域深化依法治国实践的任务和要求是什么？

社会信用体系建设的内容和要求是什么？

分述二者之间的关系是什么？

具体论述的逻辑展开是：

1. 从提问来看，考生在本题中宜先说明全面推进依法治国的总目标是什么，并结合材料和下面的分析说明，中国特色社会主义法治道路的独特之处之一在于，坚持依法治国和以德治国相结合。

2. 结合题目要求，在对司法领域深化依法治国实践和社会信用体系建设二者之间的关系进行说明之前，应当先论述在司法领域深化依法治国实践的任务和要求，社会信用体系建设的内容和要求。进而说明二者分别体现的侧重点，分别回应依法治国和以德治国。

3. 可以用两部分论述在司法领域深化依法治国实践和社会信用体系建设二者之间的关系。在论述中，注意将具体问题和基本原理相结合，可以适当结合一些具体事例，说明如何“以法治体现道德理念，强化法律对道德建设的促进作用”，如何“以道德滋养法治精神、强化道德对法治文化的支撑作用”。

在论证中要注意言之有据，论证充分，达到观点明确、论证充分、逻辑严谨、文字通顺等方面的要求。

答案解析：

一、党的十八届四中全会和党的十九大明确提出，全面推进依法治国的总目标是建设中国特色社会主义法治体系、建设社会主义法治国家。这表明中国的法治道路和法治体系的制度属性并不是完全照搬西方，而是从实际国情出发具有自身特点。其中之一体现在治理国家、治理社会坚持一手抓法治、一手抓德治，既重视发挥法律的规范作用，又重视发挥道德的教化作用，实现法律和道德相辅相成、法治和德治相得益彰。

二、司法领域是依法治国的重要领域，在厉行法治的过程中，必须坚持公正司法。公正是法治的生命线，司法公正对社会公正具有重要引领作用，司法不公对社会公正具有致命的破坏作用。在深化依法治国的实践中，必须深化司法体制综合配套改革，全面落实司法责任制，努力让人民群众在每一个司法案件中感受到公平正义。社会信用体系是一个国家信用管理体系，它的核心作用在于记录社会主体信用状况，揭示社会主体信用优劣，警示社会主体信用风险，整合全社会力量褒扬诚信、惩戒失信。由于信用是建立在信任基础上的能力，因此它和能够赢得信任的道德约束力联系在一起。社会信用体系建设要求加强公民道德建设，增强法治的道德底蕴，也要求健全公民和组织守法信用记录，完善守法诚信褒奖机制和违法失信行为惩戒机制。总之，在国家治理中，在司法领域深化依法治国实践凸显的是依法治国，社会信用体系建设建立在以德治国的基础上，旨在使诚实守信成为国家、社会、公民的自觉行为规范。

三、在司法领域深化依法治国实践和社会信用体系建设之间的关系，反映了国家和社会治理需要法律和道德共同发挥作用。既要重视发挥法律的规范作用，又要重视发挥道德的教化作用。二者之间是相辅相成、相得益彰的。

一方面，以法治体现道德理念，强化法律对道德建设的促进作用。在司法领域，应当坚持司法公正，这不仅要完善司法管理体制和司法权力运行机制，规范司法行为，加强对司法活动的监督，而且应以公正的司法促进社会信用体系的建设。例如，充分发挥公正裁判的教育引领作用，在“电梯内劝阻吸烟案”中，判决不让正当行使劝阻吸烟权利的公民承担补偿责任，是为了维护公民依法维护社会公共利益的积极性，引导公众共同创造良好的公共环境。又如通过“切实解决执行难”的多项举措，破除体制机制障碍，实现及时兑现胜诉权益。最高人民法院建立“失信被执行人名单制度”，与国家机关、社会团体、企事业单位对失信被执行人进行联合惩戒，迫使其自动履行义务。一系列打击拒执行为、构建信用惩戒机制的措施，对信用体系建设有着积极作用。这使得法院系统成为对失信行为进行事后惩罚的司法信用系统，直播执行过程、公布典型案例有助于在社会营造“守信光荣、失信可耻”的舆论氛围，通过法律的强制力强化道德作用，推动全社会道德素质提升。

另一方面，道德可以滋养法治精神、道德能够对法治文化起到支撑作用。社会信用体系建设要求加强公民道德建设，增强法治的道德底蕴。社会征信系统的内容包括政务诚信、商务诚信、社会诚信和司法公信。在司法领域深化依法治国实践，就是要通过深化司法体制综合配套改革，不断提高司法公信力，让人民群众在每一个司法案件中感受到公平正义。例如，围绕“告状难”问题，全面实施立案登记制改革，推进多元化纠纷解决机制；围绕“审者不判、判者不审”的问题，推进司法责任制改革；围绕“庭审虚化、效率不高”的问题，推进以审判为中心的刑事诉讼制度改革；围绕“司法不公开、不透明”的问题，深化司法公开，建成审判流程、庭审活动、裁判文书、执行信息四大公开平台等。

第四题

一、试题

扫一扫 看微课视频

材料一：中国特色社会主义进入新时代，我国社会主要矛盾已经转化为人民日益增长的美好生活需要和不平衡不充分的发展之间的矛盾。……人民美好生活需要日益广泛，不仅对物质文化生活提出了更高要求，而且在民主、法治、公平、正义、安全、环境等方面的要求日益增长。同时，我国社会生产力水平总体上显著提高，社会生产能力在很多方面进入世界前列，更加突出的问题是发展不平衡不充分，这已经成为满足人民日益增长的美好生活需要的主要制约因素。（摘自习近平：《在中国共产党第十九次全国代表大会上的报告》）

材料二：坚持人民主体地位，必须坚持法治为了人民、依靠人民、造福人民、保护人民。……要把体现人民利益、反映人民愿望、维护人民权益、增进人民福祉落实到依法治国全过程，使法律及其实施充分体现人民意志。（摘自习近平：《加快建设社会主义法治国家》）

问题：

根据以上材料，结合推进全面依法治国的重大意义，谈谈如何从执法和司法角度实现对公民权利的保障。

答题要求：

1. 无观点或论述、照搬材料原文的不得分；
2. 观点正确，表述完整、准确；
3. 总字数不少于600字。

二、答案精讲

根据以上材料，结合推进全面依法治国的重大意义，谈谈如何从执法和司法角度实现对公民权利的保障。

答案要点：

一、推进全面依法治国的重大意义在于，依法治国是实现国家治理体系和治理能力现代化的必然要求，事关我们党执政兴国，事关人民幸福安康，事关党和国家长治久安。在新时代，人们对美好生活的需要不仅是物质文化生活的满足，还有得到法律平等的保护和公平的对待。但是和人民群众期待相比，法治建设还存在许多不适应、不符合的问题。

二、在执法领域，有法不依、执法不严、违法不究现象比较严重，执法体制权责脱节、多头执法、选择性执法现象仍然存在，执法不规范、不严格、不透明、不文明现象较为突出。在司法领域也同样存在司法不规范、不严格、以权压法、徇私枉法等问题。执法司法不公损害了人民群众的利益，侵犯了公民权利，需要从法治角度进行解决。全面依法治国，应当全方位提升权利保障法治化的水平。

三、在依法行政上可以从以下方面着手：依法明确行政权力边界，加快推进行政机构、职能、权限、程序、责任法定化；依法约束行政权力行使，建立权责统一、权威高效的行政执法体制，完善行政执法程序；依法保障公民在行政决策中的参与权，保障公民对行政权力的监督权，等等。

四、在公正司法上可以从以下方面着手：确保审判权检察权依法独立公正行使；推进以审判为中心的刑事诉讼制度改革，确保无罪的人不受刑事追究，有罪的人受到公正惩罚；保障人民群众诉讼权益，坚持非法证据排除规则；完善法律援助制度，保障律师执业权利，等等。

难度：难

考点：推进全面依法治国的重大意义；坚持人民主体地位；建设法治政府的意义和基本要求；公正司法的意义和基本要求

命题和解题思路：十九大报告中提出了一系列法治新判断、新思想，成为报告中的闪亮“音符”。十九大报告把坚持全面依法治国，确立为新时代坚持和发展中国特色社会主义基本方略的重要内容，对深化依法治国实践作出全面部署，为建设社会主义法治国家提供了科学指导。考生对十九大报告中关于依法治国部分的内容要有足够重视。2017 年 12 月，国务院发布了《中国人权法治化保障的新进展》白皮书，展示了中国人权法治化保障取得的巨大成就，表明中国人民的各项基本权利和自由得到更加切实的保障。本题将十九大报告中提出的新时代的社会主要矛盾和坚持人民主体地位、公民权利保障进行结合，串起多个考点，既涉及推进全面依法治国的重大意义，又涉及推进依法治国过程中，建设法治政府和公正司法对权利保障的意义和具体措施。

在形式上，该题采取的是材料分析题的命题方式；在内容上，**着重考查全面推进依法治国如何实现对公民权利的执法和司法保障**。考生仍然需要遵循“**认真阅读材料，准确解读内容；完整理解问题，把握逻辑关系；列出结构层次，展开逻辑分析**”的方式正确解题，即材料限定了答题方向，问题则指引了答题要点，框定了答题结构和层次。

先看材料并归纳重点：材料一表述的是新时代我国社会主要矛盾。重点之一是人们日益增长的美好生活需要，除了物质文化方面，还有民主、法治、公平、正义、安全、环境等方面的要求。重点之二是不平衡不充分的发展也会体现在以上这些方面之中。材料二概括了坚持人民主体地位的原则，强调在依法治国中要维护人民权益、增进人民福祉。

结合问题，命题人要求考生抓住的逻辑关系是“**新时代，我国社会主要矛盾——具体化为法律平等保护公平对待的期待与执法、司法中问题的冲突——如何解决**”，而关键点是“**全面推进依法治国如何在对权利的执法和司法保障方面，事关人民幸福安康和国家长治久安**”。

接下来将材料的内容和问题结合来看，需要回答的问题结构和层次是：

推进全面依法治国的重大意义是什么？这里哪些方面和新时代我国社会主要矛盾有所呼应？

社会主要矛盾中的“不平衡不充分的发展”在执法和司法领域的表现有哪些？

如何采取具体举措对此进行完善？

具体论述的逻辑展开是：

1. 根据题目要求，考生首先需要阐明推进全面依法治国的重大意义。接下来概括新时代我国社会主要矛盾的内容在法治领域的具体表现。**重视和解决存在的矛盾与问题，正是推进全面依法治国的重大意义所在**，即坚持和发展中国特色社会主义，实现国家治理体系和治理能力的现代化，实现人民幸福安康，党和国家长治久安。

2. 结合题目要求，首先需要明确在执法和司法领域有哪些“不平衡不充分的发展”，不符合人民群众对法律平等的保护和公平的对待的期待，侵犯了公民权利，无法体现对公民权利和自由的保障。进而指出**提升权利保障法治化水平的意义在于，保证人民享有更加充分的权利和自由，努力实现社会公平正义，更好推动人的全面发展、社会全面进步**。

3. 分别从执法和司法两个方面，论述采取哪些具体举措解决执法领域和司法领域存在的问题。这时，**既要说明举措的内容，也要点明其制度针对性**。这部分在论述时，可以以《决定》内容为依据，不必过于拘泥，将所有措施都一一列举，但也不能完全脱离《决定》自由发挥。只要大框架不离《决定》的基本内容，言之有据，论证充分，达到观点明确、论证充分、逻辑严谨、文字通顺等方面的要求，就能得到较好的分数。

答案解析：

一、推进全面依法治国的重大意义在于，依法治国是坚持和发展中国特色社会主义的本质要求和重要保障，是实现国家治理体系和治理能力现代化的必然要求，事关我们党执政兴国，事关人民幸福安康，事关党和国家长治久安。在新时代，人们对美好生活的需要不仅是物质文化生活的满足，还有得到法律平等的保护和公平的对待，在一个和谐的环境中享有一种可预期的安定的生活。但是同人民群众期待相比，同推进国家治理体系和治理能力现代化目标相比，法治建设还存在许多不适应、不符合的问题。

二、在执法领域，有法不依、执法不严、违法不究现象比较严重，执法体制权责脱节、多头执法、选择性执法现象仍然存在，执法不规范、不严格、不透明、不文明现象较为突出。在司法领域也同样存在司法不规范、不严格、以权压法、徇私枉法等问题。执法司法不公损害了人民群众的利益，侵犯了公民权利，需要从法治角度进行解决。全面依法治国，应当全方位提升权利保障法治化的水平，保证人民享有更加充分的权利和自由，努力实现社会公平正义，更好推动人的全面发展、社会全面进步。

三、依法行政，建设法治政府是公民权利法治化保障的重要环节。为此可从以下方面着手：

1. 依法明确行政权力边界，加快推进行政机构、职能、权限、程序、责任法定化，禁止行政机关法外设定权力，把权力关进制度的笼子。

2. 依法约束行政权力行使，建立权责统一、权威高效的行政执法体制，完善行政执法程序。建立行政机关内部重大决策合法性审查机制，实行重大决策终身责任追究制度及责任倒查机制。

3. 依法保障公民在行政决策中的参与权，统筹兼顾不同群体的利益诉求，保障公民对行政权力的监督权。

四、完善司法权力运行机制，规范司法行为是公民权利保障的重要防线。为此可从以下方面着手：

1. 确保审判权检察权依法独立公正行使，全面落实司法责任制改革，完善权责明晰、监管有效、保障有力的司法权运行机制。

2. 推进以审判为中心的刑事诉讼制度改革，明确刑事诉讼各阶段的基本证据标准，做到案件事实证据经得起法律检验，确保无罪的人不受刑事追究，有罪的人受到公正惩罚。

3. 保障人民群众诉讼权益，坚持非法证据排除规则，防范和纠正冤假错案。

4. 完善法律援助制度，保障律师执业权利，使当事人权利得到有效维护。

第五题

一、试题（本题为中国特色社会主义法治理论、宪法融合试题）

扫一扫 看微课视频

材料一： 全面贯彻实施宪法，是建设社会主义法治国家的首要任务和基础性工作。宪法是国家的根本法，是治国安邦的总章程，具有最高的法律地位、法律权威、法律效力，具有根本性、全局性、稳定性、长期性。全国各族人民、一切国家机关和武装力量、各政党和各社会团体，各企业事业组织，都必须以宪法为根本的活动准则，并且负有维护宪法尊严、保证宪法实施的职责。任何组织或者个人，都不得有超越宪法和法律的特权。一切违反宪法和法律的行为，都必须予以追究。（摘自习近平：《在首都各界纪念现行宪法公布施行三十周年大会上的讲话》）

材料二： 全面依法治国是国家治理的一场深刻革命，必须坚持厉行法治，推进科学立法、严格执法、公正司法、全民守法。成立中央全面依法治国领导小组，加强对法治中国建设的统一领导。加强宪法实施和监督，推进合宪性审查工作，维护宪法权威。……各级党组织和全体党员要带头尊法学法守法用法，任何组织和个人都不得有超越宪法法律的特权，绝不允许以言代法、以权压法、逐利违法、徇私枉法。（摘自习近平：《在中国共产党第十九次全国代表大会上的报告》）

问题：

请根据材料一和材料二，结合推进全面依法治国的总目标，谈谈推动宪法与时俱进、维护宪法权威对深化依法治国实践的意义。

答题要求：

1. 无观点或论述、照搬材料原文的不得分；

2. 观点正确，表述完整、准确；

3. 总字数不少于600字。

二、答案精讲

请根据材料一和材料二，结合推进全面依法治国的总目标，谈谈推动宪法与时俱进、维护宪法权威对深化依法治国实践的意义。

答案要点：

一、全面推进依法治国的总目标是建设中国特色社会主义法治体系、建设社会主义法治国家。十九大报告中强调深化依法治国实践，从推进科学立法、严格执法、公正司法、全民守法等方面对这一总目标提出具体落实的任务要求。

具体来说，首要的是加强宪法实施和监督，推进合宪性审查工作，维护宪法权威；其次在立法方面，要推进科学立法、民主立法、依法立法；在行政方面，要推进依法行政，严格规范公正文明执法；在司法方面，要深化司法体制综合配套改革，全面落实司法责任制；在守法方面，要加大全民普法力度，树立法治理念；在党的领导方面，各级党组织和全体党员要带头尊法学法守法用法。

二、健全宪法实施和监督制度，维护宪法权威在全面推进依法治国的总的工作格局中具有特殊的法律地位、法律效力和制度价值。首先，宪法在法律体系中具有最高地位，具有根本性和全局性。其次，宪法具有最高的法律效力。立法、执法、司法和守法都必须在宪法规定的范围内进行，任何组织或者个人都不得有超越宪法和法律的特权。最后，在制度价值上，宪法体现了我国人民共同意志和根本利益，宪法最高的法律地位、法律权威和法律效力正是人民主体地位在法律上的直接表现。

三、加强宪法实施和监督，需要宪法与时俱进。宪法进一步完善有利于更好维护宪法权威。宪法修改体现了党和国家事业发展的新成就新经验新要求，例如把党的十九大确定的重大理论观点和重大方针政策，特别是习近平新时代中国特色社会主义思想载入国家根本法，完善依法治国和宪法实施举措，增加有关监察委员会的各项规定，等等。

通过修宪健全宪法实施和监督制度，有利于推进全面依法治国，深化依法治国实践。具体来说，在立法方面有利于实现以良法促进发展、保障善治；在行政方面推进依法行政，建设法治政府；在司法方面保证和实现公正司法；在守法方面增强全民法治观念；在党的领导上提高党依宪执政和依法执政的能力和水平。

难度： 难

考点： 全面依法治国的总目标；党的十九大提出的深化依法治国实践的主要任务；健全宪法实施和监督制度

命题和解题思路： 从2017年司法考试结束至今，党和国家具有法治意义的重大事件，第一是党的十九大的召开，提出“深化依法治国实践”，第二是第十三届全国人大第一次会议审议通过《宪法修正案》，对现行宪法作出了重要修改。2018年《考试大纲》在法治理论部分有两处重要增加，其中一处是在第一章增加了“第四节　新时代深化依法治国实践的主要任务”。新增第四节中，既回应了全面推进依法治国的总目标，论述了“党的十九大提出的深化依法治国实践的主要任务”，而且对《宪法修正案》的内容及其意义做出概括和说明，对宪法的地位、效力、在全社会进行宪法学习和宣传进行论述和强调。

这道题在命题中串联起三个重点：第一个是原有重点，即全面依法治国的总目标；第二个是新增重点，即党的十九大提出的深化依法治国实践的主要任务；第三个是变动的重点，即健全宪法实施和监督制度，强调维护宪法权威。

在形式上，该题采取的是材料分析题的命题方式；在内容上，着重考查宪法修改、维护宪法权威、强调宪法最高的法律地位、法律效力对十九大提出的深化依法治国实践的意义。考生应遵循“**认真阅读材料，准确解**

读内容；完整理解问题，把握逻辑关系；列出结构层次，展开逻辑分析”的方式正确解题，即材料限定了答题方向，问题则指引了答题要点，框定了答题结构和层次。

先看材料并归纳重点：材料一表述的是宪法是国家的根本法，是治国安邦的总章程，具有最高的法律地位、法律权威、法律效力，是各类组织和个人根本的活动准则。材料二来自十九大报告中“六、健全人民当家作主制度体系，发展社会主义民主政治”中的“（四）深化依法治国实践”，是对其的总括概述。

接下来将材料的内容和问题结合来看，需要回答的问题结构和层次是：

全面依法治国的总目标是什么？

作为对这一总目标的具体化，党的十九大提出的深化依法治国实践的主要任务是什么？

健全宪法实施和监督制度，维护宪法权威在法治工作基本格局中的地位和意义是什么？

宪法修改如何促进宪法权威的实现？

具体论述的逻辑展开是：

1. 根据题目要求，考生首先需要阐明全面依法治国的总目标。接下来说明十九大报告中强调的深化依法治国实践，画龙点睛地提出新时代推进和实现依法治国的主要任务。进而对主要任务的层次进行分析，凸显加强宪法实施和监督，维护宪法权威的首要位置。

2. 结合题目要求，阐述健全宪法实施和监督制度，维护宪法权威在全面推进依法治国的总的工作格局中的法律地位、法律效力和制度价值。这里的难点是论述宪法的法律效力在立法、执法、司法、守法和党的领导方面的意义。

3. 扼要阐述宪法修改的相关内容及其意义，论述宪法修改如何促进宪法权威的实现。这部分在论述时，可以以《宪法修正案》内容为依据，但是不必过于拘泥，将所有修改内容都一一列举。但是也不能完全自由发挥，要注意表述的准确性。最后，要从深化依法治国实践主要任务的各个方面，对题目进行回应，体现推动宪法与时俱进、维护宪法权威对深化依法治国实践的意义。

在论证中要言之有据，论证充分，达到观点明确、论证充分、逻辑严谨、文字通顺等方面的要求。

答案解析：

一、党的十八届四中全会和党的十九大明确提出，全面推进依法治国的总目标是建设中国特色社会主义法治体系、建设社会主义法治国家。党的十八届四中全会明确建设中国特色社会主义法治体系的具体任务，是形成完备的法律规范体系、高效的法治实施体系、严密的法治监督体系、有力的法治保障体系，形成完善的党内法规体系。习近平总书记在十九大报告中强调深化依法治国实践，指出全面依法治国是国家治理的一场深刻革命，从推进科学立法、严格执法、公正司法、全民守法等方面对这一总目标提出具体落实的任务要求。

具体来说，首要的是加强宪法实施和监督，推进合宪性审查工作，维护宪法权威；其次在立法方面，要推进科学立法、民主立法、依法立法；在行政方面，要推进依法行政，严格规范公正文明执法；在司法方面，要深化司法体制综合配套改革，全面落实司法责任制；在守法方面，要加大全民普法力度，树立宪法法律至上、法律面前人人平等的法治理念；在党的领导方面，各级党组织和全体党员要带头尊法学法守法用法，任何组织和个人都不得有超越宪法法律的特权。

二、宪法是立国之根基、治国之圭臬、强国之重器。健全宪法实施和监督制度，维护宪法权威在全面推进依法治国的总的工作格局中具有特殊的法律地位、法律效力和制度价值。

1. 宪法在法律体系中具有最高地位，它是国家的根本法，是治国安邦的总章程，规定了国家的根本制度和根本任务，具有根本性和全局性。

2. 宪法具有最高的法律效力。其一，其他一切法律、行政法规和地方性法规都必须以宪法为依据，都不得与宪法的内容相抵触。因此，立法必须在宪法规定的范围内进行。其二，一切国家机关和武装力量、各政党和各社会团体、各企业事业组织都必须遵守宪法和法律。一切违反宪法和法律的行为，必须予以追究。因此，执法、司法和守法都必须首先在宪法规定的范围内进行。其三，任何组织或者个人都不得有超越宪法和法律的特权。因此，各级党组织和全体党员首要的是带头尊崇宪法、遵守宪法，绝不允许以言代法、以权压法、逐利违法、徇私枉法。

3. 在制度价值上，宪法体现了中国人民共同意志和根本利益，巩固的是中国人民经过长期斗争而取得的最重大成果，即创建新国家和建立新制度。国家的一切权力属于人民，宪法最高的法律地位、法律权威和法律效力正是人民主体地位在法律上的直接表现。

三、在落实深化依法治国实践主要任务的过程中，应当加强宪法实施和监督，需要宪法与时俱进，需要宪法自身进一步的完善发展，从而更好地维护宪法权威。宪法修改体现了党和国家事业发展的新成就新经验新要求，在总体保持我国宪法连续性、稳定性、权威性的基础上推动了宪法与时俱进，例如把党的十九大确定的重大理论观点和重大方针政策，特别是习近平新时代中国特色社会主义思想载入国家根本法；确立科学发展观、习近平新时代中国特色社会主义思想在国家政治和社会生活中的指导地位；调整充实中国特色社会主义事业总体布局和第二个百年奋斗目标的内容；完善依法治国和宪法实施举措；增加有关监察委员会的各项规定等。

通过修宪健全宪法实施和监督制度，有利于坚持和完善中国特色社会主义制度，推进国家治理体系和治理能力现代化，保证国家法治的统一和权威，推进全面依法治国，深化依法治国实践。具体来说，在立法方面有利于实现以良法促进发展、保障善治；在行政方面推进依法行政，建设职能科学、权责法定、执法严明、公开公正、廉洁高效、守法诚信的法治政府；在司法方面保证和实现公正司法，提高司法公信力，让人民群众在每一个司法案件中感受到公平正义；在守法方面增强全民法治观念，建设社会主义法治文化，使宪法和法律的权威源自人民的内心拥护和真诚信仰；在党的领导上提高党依宪执政和依法执政的能力和水平。

2019

国家统一法律职业资格考试系列用书

命题人讲主观题

刑事诉讼法

桑　磊◎主编
颜　飞　孙　锐◎编著

中国经济出版社
CHINA ECONOMIC PUBLISHING HOUSE
中国石化出版社
HTTP://WWW.SINOPEC-PRESS.COM

图书在版编目（CIP）数据

命题人讲主观题．刑事诉讼法/桑磊主编．

—北京：中国经济出版社：中国石化出版社，2018.12

2019 国家统一法律职业资格考试系列用书

ISBN 978 – 7 – 5136 – 5452 – 4

Ⅰ.①命… Ⅱ.①桑… Ⅲ.①刑事诉讼法—中国—资格考试—自学参考资料 Ⅳ.①D92

中国版本图书馆 CIP 数据核字（2018）第 267550 号

策划编辑　崔姜薇

责任编辑　崔姜薇　王建昌

责任印制　马小宾

封面设计　任燕飞装帧设计工作室

出版发行　中国经济出版社

印 刷 者　北京柏力行彩印有限公司

经 销 者　各地新华书店

开　　本　710mm × 1000mm　1/16

印　　张　16.75

字　　数　300 千字

版　　次　2018 年 12 月第 1 版

印　　次　2018 年 12 月第 1 次

定　　价　46.80 元

广告经营许可证　京西工商广字第 8179 号

中国经济出版社　**网址** www.economyph.com　**社址** 北京市西城区百万庄北街 3 号　**邮编** 100037

本版图书如存在印装质量问题，请与本社发行中心联系调换（联系电话：010 – 68330607）

PREFACE 前言

法考元年，考试主管机关经过多年酝酿，终于将考试分为客观题和主观题两个阶段，将主观题从司考时代的第四卷独立为一个阶段的考试，分值也从150分增至180分，同时考场上配备法律法规汇编，实现了客观题考查基础知识、主观题考查能力的不同分工，增强了考试的科学性，彰显了主管机关不断推进考试改革的决心。

一、首次主观题考试的特点

根据多年的相关经验，在“2018年桑磊法考主观题保过班”上，本人预测了首次主观题考试的四大特点，即理论性、融合性、开放性和限缩性。

（一）理论性显著增强。主观题考试考查考生运用法律知识解决实际问题的能力，在一定程度上，可以说就是考查理论深度。

（二）融合性突出。会出现两学科甚至多学科的交叉融合考查。这是试题形式上的最大变化。分两个层次：①刑法与刑诉结合、民法与民诉结合，甚至民法与商法、民诉结合。②再进一步，将民法、刑法、行政法结合，或者与司法制度、法律文书结合。

（三）开放性进一步得到体现。司考时期只有第四卷第七题是开放性试题，无标准答案，评阅时实行“双评”。法考时期，开放性试题会增多，允许有多个答案，只要言之有理、有理有据即可。

（四）限缩性趋势明显。这一特点主要在于主观题考试题量的变化方面。即法考主观题考试可能在原来卷四基础上增加一两道融合性试题，也可能减少题量，只出几道试题。法考未来的趋势是主观题数量会减少，通过少量的论述题即可考查考生的能力。

2018年首次法考主观题考试结束后，从广大考生的普遍反馈来看，上述四大特点基本得到了验证，特别是融合性和限缩性两个方面。在融合性方面，出现了一道“大民事”综合性试题，共13问，融合考查了民法、商法、民事诉讼法三科的相关知识要点；在限缩性方面，全卷只有6道试题，其中两道选做题择一，考生实际上只需做五道试题，与司考时代第四卷相比，题量减少了两道试题题量。

二、主观题考试趋势分析

由于首次主观题考试尚处于从司考向法考的过渡期，主管机关出于在改革的同时兼顾稳定性的考量，尚未大刀阔斧地进行试卷的调整。但可以预测的是，鉴于首次考试已经成功举办，且各方反应良好，接下来，主管机关将会对主观题试题进一步调整，以期充分发挥主观题考试的测试目的，真正实现考试改革的初衷。

2019年及之后的主观题考试会怎样考查呢？本人觉得有以下几点值得强调：

一是融合性继续扩大。在2018年出现一道综合性大题之后，2019年及之后会加大考查力度，有可能增加此种类型题目的命题数量，或者出现融合涉及三大实体法的试题。

二是限缩性进一步增强。多学科综合性试题增多之后，无须增加题量即可达到考查的目的，所以题量的长远趋势是继续削减。我国近年来的考试改革借鉴了大陆法系国家的成熟经验，从大陆法系国家的通行做法来看，只需少量试题即可实现对考生法律实际运用能力的考查。

三是主观性逐步强化。主观题之所以为主观题，是因为无论在考查目的上还是试题形式上，都与客观题明显不同。其中的一个显著特点是提问的笼统性，并且往往只设置极少提问，如前几年只设置了一问的刑法主观题（2017年、2015年、2014年、2009年）和第七题，这样才能真正考查考生的分析能力。而传统的、设有很多小问的案例分析大题并不是真正意义上的主观题，那样更类似客观题，其并不能实现主观题考试的测试目的。因此，长远来看，主观题的设问会减少，答案也将会更加开放。

根据以上主观题考试命题趋势，本人特意组织前命题人团队编写了本套用书。其中，撰写每个科目的作者老师均具有丰富的命题经验，他们在书中为大家分析了本学科的命题规律和趋势，提炼了解题思路，详细阐述了主观题考点，并对近十年的主观题进行了深入剖析。最后，每科为大家提供了 3 ~5 道高质量的模拟试题，其中有两科甚至多科的融合性试题，希望大家反复认真练习，力争掌握解题的诀窍。

另外，对于书中的经典真题和模拟试题，各科目的作者老师还分别录制了配套的微课讲解视频，大家在书中试题的位置手机扫码即可观看。自 2019 年 1 月开始，本人也会组织各科老师为大家带读考点内容，届时敬请广大读者关注“桑磊法考”微信公众号。

唯一深表遗憾的是，由于司法部没有公布 2018 年主观题，而考生的回忆版并不准确，从对考生读者负责的角度，本套书中暂未收录相关试题，而谨以前命题人团队在精准把握 2019 命题趋势的基础上，精心命制的各科目模拟试题以飨广大考生读者。

由于成书仓促，错误之处在所难免，恳请大家指正。

最后，预祝大家 2019 年度能够顺利通过主观题考试，圆梦法考！在法考之路上，我们将和大家同行！

桑　磊

2018 年 11 月

>> CONTENTS 目录

第一部分　命题人讲命题

主观题考试有规律可循，有趋势可预判。2018 年法考主观题“刑事诉讼法”部分的考试基本印证了我们之前的预判。不管是从题型（案例分析），还是从命题思路（通过真实度极高的案例考查分析运用法律的实践能力），甚至具体的考点（非法证据排除规则以及证据的审查判断），都与我们之前在“桑磊法考主观题保过班”上所做的预测和推出的模拟题相一致。如果考生按照我们建议的备考策略进行了针对性准备的话，那么顺利地拿到 25 分以上（2018 年刑事诉讼法主观题总分为 30 分）应该是有较大把握的。

现在大家可能比较关心的是 2019 年主观题考试“刑事诉讼法”部分又会以怎样的命题思路、题型和考点出现呢？尤其是法考元年已经通过客观题部分考试，但很遗憾未能通过主观题部分考试的考生。我们建议，**及时总结在前一年主观题备考中的经验和教训，并找到适合自己的备考方法和备考重点，这是你接下来需要认真准备的重要工作。**

一、历年命题规律归纳

在预判 2018 年法考主观题时，我们详细分析了过往十年司考的命题思路、命题风格和考查的重难点。事实证明，基于过往真题预判今后命题规律这一思路是完全正确的。因此，在备考 2019 年法考的主观题时，过去十年司考主观题真题以及 2018 年法考主观题真题具有极强的借鉴意义。

正如我们经常所说的，只有知道过去是怎么来的，才会知道将来往何处去。因此，在备考 2019 年法考主观题时，首先应充分把握过往的真题，知道了过去是怎么考、考什么，那么对于将来怎么考、可能考什么才会有一个基本的认识。

2008—2018 年刑事诉讼法主观题考点

年份	考点
2008	1. 二审法院对刑事附带民事案件中刑事、民事部分均有错误的处理（此为第一问，下同） 2. 第二审法院审理对刑事部分提出抗诉，附带民事部分已经发生法律效力的案件的处理 3. 第二审法院审理只对附带民事部分提出上诉的案件的处理 4. 第二审案件附带民事部分审理中，对增加独立诉讼请求或者提出反诉情形的处理 5. 人民法院对认为不符合提出附带民事诉讼条件规定的案件的处理 6. 对一审附带民事诉讼的调解
2009	1. 死刑案件复核程序、执行程序 2. 二审程序 3. 死刑复核程序；附带民事诉讼上诉 4. 停止执行死刑
2010	证据的审查；刑事诉讼的证明标准
2011	1. 非法言词证据排除 2. 法庭对证据的合法性审查 3. 共同犯罪案件的证明标准 4. 认定有罪的证明标准 5. 证据的关联性
2012	1. 非法证据的分类及排除标准 2. 非法证据排除的主体 3. 有罪的证明标准 4. 刑事诉讼法对保障刑法实施的价值 5. 非法证据排除规则的立法过程及价值
2013	1. 技术侦查（技术侦查的程序和要求） 2. 指定居所监视居住 3. 非法证据排除规则
2014	1. 强制医疗程序的适用条件 2. 强制医疗程序的救济程序 3. 强制医疗程序的决定程序 4. 强制医疗程序中附带民事诉讼的调解与审判
2015	1. 证据的收集、审查判断和运用、证明标准 2. 以审判为中心的诉讼制度改革

续表

年份	考点
2016	1. 刑事司法协助 2. 庭前会议 3. 补充起诉 4. 上诉不加刑原则 5. 第二审程序的审理（不开庭审理的方式和程序）、对上诉、抗诉案件审理后的处理
2017	1. 判决（生效时间） 2. 提起审判监督程序的材料来源（申诉的提出、受理及审查处理）、提起审判监督程序的方式 3. 提起审判监督的方式、重新审判后的处理 4. 提起审判监督的方式、重新审判的程序 5. 重新审判后的处理
2018	证据的审查；非法证据排除；证明标准

二、2019 年命题趋势预判

法考元年的题型以及命题思路对于今后的法考有着重要的指向意义。从总体上而言，我们预判，**2019 年法考主观题“刑事诉讼法”部分仍然会延续法考元年的基本特征**，事实上，这也是过往十年司法考试卷四“刑事诉讼法”部分积淀而成的特征。

首先，题型上极有可能仍然会以一个真实性极高的案例为基本素材。要求考生通过仔细阅读材料，尤其是分析其中蕴含的各种证据，进而形成对于案件事实的基本判断（极有可能还是罪与非罪的判断），然后再根据问题进行相应的回答。当然，问题的问法是多样的，但答题思路却是相似的。比如 2018 年主观题中的问题：“请利用相关证据、法律规定等对李四的判决作出说理?”有部分考生看到这个问题，可能就会产生疑惑，给的材料里面没有判决啊，怎么说理？有的考生会认为是不是先写一个刑事案件的裁判文书，然后再对判决进行说理。实际上，这个问题的实质简单说就是根据现有证据能否认定李四有罪，并说明理由。这和司法考试 2010 年、2012 年、2015 年卷四案例分析的考法是完全一致的，也是我们之前在“桑磊法考主观题保过班”预判 2018 年法考趋势时反复给考生强调的重中之重，即通过案例中给定的证据，综合审查判断是否达到有罪的证明标准？那么在 2019 年的考试中，我们判断，基本题型不会变，可能在问法上会有变化，但答题思路万变不离其宗。

其次，就可能出现的考点而言，虽然2018年已经考查了证据的审查判断（当然以往已经多次考查，我们之前也反复提示过须高度重视），但是不等于说2019年就不会再考查。实际上，**证据的审查判断是一个高度灵活的考点，且包容性很强。**既可能考查相关证据规则（比如非法证据排除规则、意见证据规则、自白补强规则等），也可能考查证明责任的分配、证明标准的理解等，**所以在2019年的备考中仍然是重点，尤其是把握住证据审查判断的方法和思路。**之前有很多考生曾多次问道，“我知道这个人不构成犯罪，但是不知道该怎么分析”，或者说“就是简单地罗列了一下主要证据后就不知道怎么展开了”，这些困惑实际上都反映出考生还没有掌握证据审查判断的思路和方法，更直接地说，没有掌握类似题型的答题技巧。因此在2019年的备考过程中，需要特别加强这方面的训练，我们将在2019年“桑磊法考主观题班”上强化这种训练。除了证据的审查判断外，还有哪些可能出现的考点呢？我们预判，类似于非法证据排除这类常考点仍是有命题的可能。虽然非法证据排除已经多次考查，比如2011年、2012年、2013年的卷四都考查了，2018年法考也考查了，但是其中的某些重要小考点实际上并未完全涉及。之前我们多次提到，2017年6月新修订的“两高三部”《关于办理刑事案件严格排除非法证据若干问题的规定》肯定会考，虽然的确也考了，但并未把所有可能的考点都全部考查了，比如“重复性供述”问题、“非法供述”的认定问题等都还有考查的空间。因此，2019年的法考备考还需按照“重者恒重”的思路认真准备。

此外，2018年10月26日，《刑事诉讼法》修正案已经生效。此次修正涉及三个大方面的问题：监察法与刑事诉讼法的衔接、认罪认罚制度、缺席审判。**其中前两个方面的问题较大可能命制主观题。如果考查监察法与刑事诉讼法的衔接问题，那很有可能出现2018年法考中出现的“综合性题型”，即两个以上的学科融合在一题之中，我们也将在2019年“桑磊法考主观题班”上继续推出此类试题。**具体而言，有可能行政法、刑法、刑事诉讼法三个学科的考点集中在一个案例当中，这种题目难度较大，考点较多，也是考生在备考中需要高度重视的。

三、2019年备考策略

（一）熟悉题型结构，磨炼答题技巧

纵观近十年司法考试卷四刑事诉讼法考题以及2018年法考真题，刑事诉

讼法部分的题型结构已经相对稳定，基本都是通过一个案例，再设定相应的问题（有时是分列出4~5个小问题，有时是一个大的综合性问题），要求考生分别回答。这种题最大的特点就在于案例本身往往改编自真实案件，所涉及的内容较多，综合性较强，强调考生须通过对案例素材的仔细分析，运用相关法律知识，来分析问题、解决问题。比如2017年卷四刑事诉讼法案例分析题以五个小问题的形式分别考查了第一审和第二审判决生效时间、当事人向检察院提起申诉的程序、再审的程序及处理方式等考点；2016年卷四刑事诉讼法案例分析题也是通过五个小问题考查了境外取证、庭前会议、非法证据排除程序、上诉不加刑、第二审的处理方式等考点。

考生在答题时要注意：一是要将案例中所包含的信息完整、准确地提炼出来，不可只看到一点就匆忙作答；二是要注意几个问题之间有时是平行关系，有时存在递进关系。如果是属于平行关系，对于某个问题拿不准时，可以暂时跳过，先回答有把握的题目，最后再解决难题，即便答错，也不影响其他题目的得分；如果是属于递进关系，则须慎重考虑，匆忙回答后又发现考虑不周、前后矛盾，再回过来修改，则容易导致卷面不整洁，时间不够。

（二）重点掌握对证据的分析与判断

如前所述，证据的分析与判断是灵活性极强、包容度极高的考点。从近十年的考试真题来看，2010年以后的8次考试中有6次都涉及证据问题，其中半数以上的试题都以证据法的相关知识点为考查要点。而2018年的考题和2010年的考题几乎如出一辙，都只设定了一个问题：综合全案，判断李四（张某，2010年）是否构罪，并说明理由。由此可见，证据问题是刑事诉讼法案例分析题的重中之重。那么该如何准备呢？

第一，应掌握证据法所涉及的基础知识点。比如2013年案例分析题的第五个问题："如何判断证据是否具有关联性？法院认定何某辩护人提供的4份书面材料不具有关联性是否适当？为什么？"如果考生对证据相关性的基本概念都不知道，很明显是无法回答该问的。又比如2012年案例分析题的第一、第二两个问题："1. 本案哪些行为收集的证据属于非法证据？哪些非法证据应当予以排除？2. 本案负有排除非法证据义务的机关有哪些？"如果考生对非法证据的概念、非法证据的分类、排除标准、排除主体等基础知识缺乏掌握，是不可能回答正确的。

第二，在掌握证据法基础知识点后，关键还在于要学会结合案例，通过对

证据的分析和判断，形成结论，这也是近年来案例分析题最常见的考查方式。比如前述的2010年；2011年的第三、第四小问；2012年第三小问；2015年的第一小问，等等。考生在回答“是否能认定有罪?”“法院该如何判决?”等问题时，要综合分析全案的信息，切忌以偏概全。在答题时还要注意，一是一定要紧扣案例，不能只空泛地回答是或不是，要有理有据；二是应从证据法的角度，而不是从罪名本身等实体法的角度来分析；三是除非有特别说明，否则不要超出材料给定的范围，假设存在某种情况或者证据虚假等来分析，考试给出的案例基本属于常见案例，而不要想着是否属于“奇案”“怪案”。

第三，证据法部分的备考也要突出重点，即非法证据排除规则的理解和适用。在围绕证据设计的案例分析题中，有关非法证据排除的考点又属于重中之重，先后在2011年、2012年、2013年、2015年、2016年的卷四案例分析题中反复考查该知识点。尤其需要考生注意的是，2017年6月，“两高三部”联合发布了《关于办理刑事案件严格排除非法证据若干问题的规定》，该规定在2010年“两高三部”《关于办理刑事案件排除非法证据若干问题的规定》的基础上，对于非法言词证据的界定、犯罪嫌疑人的重复性供述的排除等作出了新的规定。如前所述，2018年的法考中虽然如我们所预测的那样再次考查了非法证据排除，但考点并未全部涉及，仍还有命题的空间。

（三）适当加强对重要理论知识考点的准备

虽然2018年主观题考试“刑事诉讼法”科目没有涉及理论考点，但不等于说以后就绝对不会出现理论考点。实际上，从近十年的卷四刑事诉讼法考题来看，分值最重的两年：2012年（28分）、2015年（26分）恰恰是考查了理论知识考点。2012年案例分析题的第四、第五小问，要求“结合本案，简要说明刑事诉讼法对保障刑法实施的价值。简述非法证据排除规则的完善过程，阐明非法证据排除规则的诉讼价值”。2015年的卷四刑事诉讼法案例分析题的第二小问（该题只有两个问题）要求论述以审判为中心的诉讼制度改革。因此，我们建议，在2019年的主观题备考过程中，对于刑事诉讼的独立价值、刑事诉讼与法治国家、刑事诉讼构造与刑事审判模式等重要理论知识点，需要有所准备。

（四）注意实体法与程序法的结合

最后，但并非不重要的是，如同我们之前的预判，在2018年法考中首次出现了实体法和程序法相结合的考题（民商法与民事诉讼法），这是以往没有出现过的新题型，对考生而言难度更大。如前所述，在2019年的考试中，出现刑法和刑事诉讼法的综合考题，甚至出现行政法、刑法、刑事诉讼法三项综合的考题也是完全有可能的。考生在答题时首先应仔细分析案例给出的相关证据，然后再判断构成何种罪名。因此，证据的分析是基础，只有在认定事实正确的情况下方可论及刑法的适用。

还要提醒的是，对于2018年遗憾未能通过主观题考试的考生，虽然只需要准备2019年的主观题考试，**但切不可忽视基础知识的准备**。主观题的考试，基础知识乃是基础。如果不想在考场上手忙脚乱地翻查法条的话，备考主观题的过程中切不可丢掉基础。

2018法考元年已经落下帷幕，2019年的备考已经启程。相信大家按照我们建议的备考策略认真准备，一定会顺利地获得梦寐以求的法律职业资格！

第二部分　命题人讲考点

考点1　刑事诉讼法的独立价值

命题分析

“刑事诉讼法的独立价值”是一个重要的理论性考点，既可以作为论述题考查，也可以在案例题中设置一个小问题。比如在2012年案例分析大题即设置了一个小问题，“结合本案，简要说明刑事诉讼法对保障刑法实施的价值”。**该考点可以与非法证据排除规则、程序公正原则等考点结合起来命制主观题**。例如，可设置一个案例，案例中存在严重程序违法的行为，但是案件实体的认定又是正确的，让考生对此作出评价。因此，考生在备考时应注意结合材料，将本考点的核心知识点，灵活运用于考试当中。

考点解析

刑事诉讼法的独立价值，主要体现在以下几个方面：

第一，**刑事诉讼法所规定的诉讼原则、结构、制度、程序，体现着程序本身的民主、法治、人权精神**，也反映出一国刑事司法制度的进步、文明程度，是衡量社会公正的一个极为重要的指标。刑事诉讼法的制定和实施，就是在实施其自身蕴含着的民主、法治、人权保障等价值。刑讯逼供、非法取证、秘密审判等做法，即使案件在实体处理上没有错误，也会因为诉讼过程中的野蛮、专横，导致当事人和社会公众不仅会对实体处理是否公正产生怀疑，而且会通过程序这个窗口对社会公正产生怀疑，进而对现实社会失去信心，甚至产生对抗心理。

第二，**刑事诉讼法具有弥补刑事实体法不足并“创制”刑事实体法的功能**。当实体法规范的语意抽象而模糊时，应在刑事诉讼法规定的程序框架下，通过诉讼活动加以解说。当刑事实体法规范之间出现不协调时，刑事诉讼法可以为解决这种不协调提供程序机制。在遵循罪刑法定原则的前提下，通过判例创制、丰富刑事实体法的内容，并在条件成熟时吸收进刑事实体法。

第三，**刑事诉讼法具有影响刑事实体法实现的功能**。刑事诉讼法并非仅是被动地实施刑事实体法，在启动或终结实施刑事实体法活动方面，刑事诉讼法有着积极的作用。当出现了某些法定情形时，就要结束适用刑事实体法的程序；对同一个案件，如果选择不同的刑事程序，适用刑事实体法的结果可能会不同。

综上，刑事诉讼法既具有保障刑法实施的工具价值，又具有独立价值。刑事诉讼法和刑事实体法相辅相成，共同构成国家统一的刑事法制体系。

考点2 刑事诉讼法与法治国家

命题分析

“刑事诉讼法与法治国家”这一考点，实际就是考查刑事诉讼法在实现法治国家方面的作用，而**这一作用主要体现在刑事诉讼法与宪法的关系之中**。既可以命制论述题，例如，刑事诉讼法在维护宪法制度方面有哪些作用？也可以在案例题中涉及犯罪嫌疑人、被告人、被害人权利保障的问题，要求考生从加强权利保障的角度分析刑事诉讼法与宪法的关系。因此，考生需要掌握这一考点的基本观点，然后结合相关素材加以分析。

考点解析

刑事诉讼法在实现法治国家方面的作用，集中体现在刑事诉讼法与宪法的关系之中。

第一，**刑事诉讼法在宪法中有着重要的地位。体现法治主义的有关刑事诉讼的程序性条款，构成了各国宪法或宪法性文件中关于人权保障条款的核心**，以至于宪法关于程序性条款的规定成为法治国家的基本标志。从这个意义上说，程序意味着法治主义。

第二，**刑事诉讼法在维护宪法制度方面发挥着极为重要的作用。为维护宪法确认的制度和原则，国家制定实体刑法并通过刑事程序对破坏宪法制度而构成犯罪的人予以制裁**。同时，国家要确保宪法所保障的公民基本权利，非依法律规定不得随意剥夺。而**刑事诉讼法就是调整和平衡国家打击犯罪和保障公民人身自由等基本权利相关关系的法律，从而承担着防止司法权滥用而保障公民人身自由等基本权利的任务**。宪法的许多规定，一方面要通过刑事诉讼法保证刑法的实施来实现，另一方面，要通过刑事诉讼法本身的实施来实现。

考点3 实体公正与程序公正

命题分析

实体公正与程序公正的关系是理论性考点中非常重要的一个考点，**容易命制大题**。比如，可以设计这样一个问题：《中共中央关于全面推进依法治国若干重大问题的决定》指出，“公正是法治的生命线。司法公正对社会公正具有重要的引领作用，司法不公对社会公正具有致命的破坏作用。必须完善司法管理体制和司法权力运行机制，规范司法行为，加强对司法活动的监督，努力让人民群众在每一个司法案件中感受到公平正义”。请结合该论述，谈一谈你对司法公正的理解。另外，**也可以结合非法证据排除或者侦查行为违法的案例**，分析程序公正的价值。

考点解析

一、司法公正，包括实体公正和程序公正两个方面

实体公正，是指案件实体的结局处理所体现的公正，包括：①据以定罪量刑的犯罪事实的认定，应当做到证据确实、充分；②正确适用刑法，准确认定犯罪嫌疑人、被告人是否有罪及其罪名；③按照罪行相适应原则，依法适度判定刑罚；④对于错误处理的案件，及时纠正、赔偿或者补偿。

程序公正，是指诉讼程序方面体现的公正，包括：①严格遵守刑事诉讼法的规定；②认真保障当事人和其他诉讼参与人，特别是犯罪嫌疑人、被告人和其他被害人的诉讼权利；③严禁刑讯逼供和以其他非法手段取证；④司法机关依法独立行使职权；⑤保障诉讼程序的公开和透明；⑥按法定期限办案、结案。

实体公正与程序公正，不能互相代替，二者应当并重。

二、公正与效率的关系

刑事诉讼价值，是指刑事诉讼立法及其实施对国家、社会及其一般成员具

有的效用和意义。刑事诉讼价值包括秩序、公正、效益诸项内容。**公正在刑事诉讼价值中居于核心的地位**。刑事诉讼公正包括实体公正和程序公正两个方面。刑事诉讼的效益价值既包括效率，也包括在保证社会生产方面所产生的效益，即刑事诉讼对推动社会经济发展方面的效益。刑事诉讼的秩序、公正、效益诸项价值都很重要，**不可偏废。如果不适当地追求高效处罚，而忽视程序的有序性和公正性，结果会造成处罚不公乃至大量冤狱，导致更尖锐的社会矛盾和更多新的犯罪，不但损害了秩序和公正，而且也没有真正实现效率。反之，同样会造成恶果。**

考点4　刑事诉讼构造与刑事审判模式

命题分析

这是关联性很强的两个考点，因具有相通性，故一并分析。从以往的考试来看，刑事诉讼的范畴部分最容易出理论考点的就是刑事诉讼构造，而刑事审判模式部分可视为我国刑事诉讼构造的具体体现。在2015年考查了对“推进以审判为中心的诉讼制度改革，确保侦查、审查起诉的案件事实证据经得起法律的检验”的理解，实际上主要就是考查对刑事审判模式的理解，且要结合刑事诉讼构造的基础知识加以分析。这种考查方式具有较强的理论性，不仅需要考生对于具体知识点的掌握，还需要具备一定的刑事诉讼理论知识储备，具有相当的难度。类似的考题还有2012年最后一问，“结合本案，简述非法证据排除规则的完善过程，阐明非法证据排除规则的诉讼价值。”这都需要考生对于我国刑事诉讼法中基本架构、重要制度的发展历程要有一定的了解。

考点解析

一、刑事诉讼的构造

（一）刑事诉讼构造的内涵

刑事诉讼构造是指刑事诉讼法所确立的进行刑事诉讼的基本方式以及专门机关、诉讼参与人在刑事诉讼中形成的法律关系的基本格局，它集中体现为控诉、辩护、审判三方在刑事诉讼中的地位及其相互间的法律关系。

（二）刑事诉讼构造的划分

根据刑事诉讼构造的通行理论，可以将其划分为以下几类：

1. 弹劾式诉讼与纠问式诉讼

在我国的通行理论中，弹劾式诉讼是指欧洲奴隶社会和封建社会初期的诉讼模式，其主要特点是不告不理、控辩平等、法官消极中立。

纠问式诉讼是指从13世纪至19世纪上半期盛行于欧洲大陆的诉讼模式，其主要特点是不实行不告不理，而由法官积极主动追究犯罪，集侦、控、审职能于一身，被告人是被调查的对象，几乎没有任何权利，审判秘密进行，刑讯逼供盛行。

2. 当事人主义诉讼、职权主义诉讼、混合式诉讼

在我国通行理论中，当事人主义诉讼、职权主义诉讼、混合式诉讼是对近现代诉讼模式的划分。

当事人主义诉讼的特点是法官中立，诉讼主要通过控辩双方的平等对抗来推进。

职权主义诉讼脱胎于纠问式诉讼，实行控审分离，禁止刑讯，赋予被告人有限权利，但仍然强调法官职权，由法官主导庭审，控辩双方处于相对消极的地位。

混合式诉讼则是指当事人主义诉讼和职权主义诉讼相互借鉴形成的兼有二者特点的诉讼模式，也特指以日本和意大利为代表的在职权主义诉讼的基础上借鉴当事人主义诉讼而形成的混合式诉讼。

在西方理论中，弹劾式诉讼其实常被与当事人主义诉讼在同一意义上使用，都代表不告不理、控辩平等、法官中立的诉讼模式。英国的诉讼模式从整体上看就一直是弹劾式或者说是当事人主义的，没有在整体上走向纠问式诉讼。

在我国理论中的职权主义诉讼其实是脱胎于纠问式诉讼。与纠问式诉讼相比，其职权主义的色彩已经没有那么极端，换句话说，我国理论中的职权主义诉讼实际上已经是在纠问式诉讼的基础上吸收了一定的当事人主义因素而形成，其本身就具有混合色彩。我国理论中的日本、意大利的混合式不过是在此基础上继续吸收当事人主义因素而形成的一种诉讼模式。

（三）刑事诉讼构造与刑事诉讼目的的关系

刑事诉讼目的是指国家制定刑事诉讼法和进行刑事诉讼活动所期望达到的

结果。

立法者总是基于实现一定的刑事诉讼目的而设计相应的构造；同时，刑事诉讼目的的提出与实现也必须以刑事诉讼构造本身所具有的功能为前提。

总体而言，当事人主义诉讼更强调程序正当与人权保障；职权主义诉讼则更强调实体真实与惩罚犯罪。

我国1979年刑事诉讼法主要以惩罚犯罪为目的，追求实体真实，因此采取超职权主义的诉讼模式，强调公检法三机关之间的配合，诉讼构造呈线型模式，表现为公、检、法三机关前后相继的调查，被告人处于被调查的地位，权利非常有限。

1996年刑事诉讼法修改后，我国刑事诉讼开始强调惩罚犯罪与人权保障的平衡，刑事诉讼构造也开始积极吸收当事人主义的因素，但职权主义因素的影响仍然深重。

2012年刑事诉讼法修改及2014年中央提出的以审判为中心的诉讼制度改革均体现了对惩罚犯罪与保障人权的并重，在刑事诉讼构造上则主要是在保留职权主义合理因素的基础上，继续借鉴当事人主义诉讼的因素。

二、刑事审判模式

（一）1979年刑事诉讼法所确立的刑事审判模式

我国1979年刑事诉讼法受苏俄模式的影响，确立的是超职权主义审判模式。其特点包括：第一，庭前审查为实体审查；第二，法官完全主导和控制法庭审判程序；第三，被告人诉讼地位弱化，辩护权受到抑制；第四，控审不分，法官协助检察官行使控诉职能。

（二）1996年刑事诉讼法修改对刑事审判模式的变革

我国1996年刑事诉讼法修改对审判模式进行了重大改革，主要是吸收了英美法系当事人主义的对抗式因素，并保留了职权主义的某些特征。其主要变革包括：第一，庭前审查由实体性审查改为程序性审查；第二，强化了控方的举证责任和辩方的辩护职能，弱化了法官的事实调查功能；第三，扩大了辩方的权利范围，强化了庭审的对抗性。上述改革使我国刑事审判模式具有了当事人主义的某些特征，学界一般称其为“控辩式”审判方式。

（三）2012年刑事诉讼法修改对控辩式刑事审判模式的完善

2012年刑事诉讼法的再次修改沿着控辩式庭审方式改革的方向取得了新

的进展，主要表现为继续强化庭审对抗和加强人权保障。例如，扩大强制辩护的适用范围、强化辩护律师的权利、建立非法证据排除规则、强化法庭调查和辩论、强化证人保护、建立证人作证补偿制度、强制证人出庭作证制度、鉴定人出庭提供意见制度，等等。

（四）以审判为中心的诉讼制度改革

2014 年十八届四中全会出台《中共中央关于全面深化改革若干重大问题的决定》，提出“推进以审判为中心的诉讼制度改革”。2016 年，最高人民法院、最高人民检察院、公安部、国家安全部、司法部联合发布《关于推进以审判为中心的刑事诉讼制度改革的意见》，对以审判为中心的诉讼制度改革做出了进一步的规范。例如，强调未经人民法院依法判决对任何人都不得确定有罪原则和证据裁判原则，继续完善取证程序和非法证据排除规则，完善举证责任制度，完善庭前会议程序，规范法庭调查程序，完善对证人、鉴定人的法庭质证规则，完善法庭辩论规则，完善当庭宣判制度，强调严格依法裁判，健全诉讼参与人权利保障制度，建立法律援助值班律师制度，完善法律援助制度，推进案件繁简分流，优化司法资源配置，等等。其中，**规范法庭调查程序、完善对证人、鉴定人的法庭质证规则、完善法庭辩论规则等都直接强化了控辩审的庭审方式**。

考点 5　法定不予追究刑事责任的情形

命题分析

本考点不可能单独命制主观题，但在案例分析大题中，如果是设置多个小问题的，则有可能会涉及。因为本考点涉及的内容较多，贯穿于整个诉讼阶段，且与实体法有关联（比如追诉时效的问题），而且在**新修订的刑事诉讼法中增加了一种撤销案件或者不起诉（部分不起诉）的情况，作为一个新增考点，考生应当给予重视**。

考点解析

具有法定情形不予追究刑事责任原则实际上就是指《刑事诉讼法》第 16 条的规定，即“有下列情形之一的，不追究刑事责任，已经追究的，应当撤销案件，或者不起诉，或者终止审理，或者宣告无罪：（一）情节显著轻微、危害不大，不认为是犯罪的；（二）犯罪已过追诉时效期限的；（三）经特赦令免除刑罚的；（四）依照刑法告诉才处理的犯罪，没有告诉或者撤回告诉的；（五）犯罪嫌疑人、被告人死亡的；（六）其他法律规定免予追究刑事责任的”。

在考试中运用该条规定时通常需要作出三步判断：第一步，题目给出的情形是否属于法定不追究刑事责任的情形；第二步，处于何种诉讼阶段；第三步，应当作出何种处理。

一、法定不追究刑事责任的情形

对于是否属于法定不追究刑事责任的情形，有的需要结合其他规定才能作出判断，为了方便理解和记忆，我们列表如下：

法定不追究刑事责任的情形	判断依据
情节显著轻微、危害不大，不认为是犯罪的	注意与“犯罪情节轻微，依照刑法规定不需要判处刑罚或者免除刑罚的”酌定不起诉的适用情形相区别
犯罪已过追诉时效期限的	法定最高刑为不满5年有期徒刑的，经过5年
	法定最高刑为5年以上不满10年有期徒刑的，经过10年
	法定最高刑为10年以上有期徒刑的，经过15年
	法定最高刑为无期徒刑、死刑的，经过20年
经特赦令免除刑罚的	
依照刑法告诉才处理的犯罪，没有告诉或者撤回告诉的	侮辱、诽谤案（未严重危害社会秩序和国家利益）
	暴力干涉婚姻自由案（未引起被害人死亡）
	虐待案（未造成被害人重伤、死亡）
	侵占案
犯罪嫌疑人、被告人死亡的	
新增：坦白且有重大立功或者涉及国家重大利益的《刑事诉讼法》第182条）	经最高人民检察院核准，公安机关可以撤销案件，人民检察院可以作出不起诉决定，也可以对涉嫌数罪中的一项或者多项不起诉
其他法律规定免予追究刑事责任的	

二、各诉讼阶段对法定不追究刑事责任的情形的处理

（一）在审理前遇有法定不追究刑事责任的情形的处理

1. 审查起诉阶段：犯罪嫌疑人没有犯罪事实，或者有本法第 16 条规定的情形之一的，人民检察院应当作出不起诉决定。对于犯罪情节轻微，依照刑法规定不需要判处刑罚或者免除刑罚的，人民检察院可以作出不起诉决定。这里要注意，**对于《刑事诉讼法》第 16 条规定的情形是“应当”作出不起诉决定，属于“法定不起诉”；对于“犯罪情节轻微，依照刑法规定不需要判处刑罚或者免除刑罚的”则是“可以”做出不起诉决定，属于“酌定不起诉”。此外，新增的第 182 条，犯罪嫌疑人自愿如实供述涉嫌犯罪的事实，有重大立功或者案件涉及国家重大利益的，经最高人民检察院核准，公安机关可以撤销案件，人民检察院可以作出不起诉决定，也可以对涉嫌数罪中的一项或者多项不起诉。**

2. 公诉案件庭前审查阶段：人民法院对提起公诉的案件审查后，对于符合刑事诉讼法第 16 条第（二）项至第（六）项规定情形的，应当裁定终止审理或者退回人民检察院。

上述内容可以通过下表来理解和记忆：

<table>
<tr><th rowspan="2">法定不追究刑事责任的情形</th><th colspan="4">各个诉讼阶段遇有法定情形时的处理</th></tr>
<tr><th>立案</th><th>侦查</th><th>审查起诉</th><th>庭前审查</th></tr>
<tr><td>情节显著轻微、危害不大，不认为是犯罪的</td><td rowspan="6">不予立案</td><td rowspan="6">撤销案件</td><td rowspan="6">不起诉</td><td></td></tr>
<tr><td>犯罪已过追诉时效期限的</td><td rowspan="5">裁定终止审理或者退回人民检察院</td></tr>
<tr><td>经特赦令免除刑罚的</td></tr>
<tr><td>依照刑法告诉才处理的犯罪，没有告诉或者撤回告诉的</td></tr>
<tr><td>犯罪嫌疑人、被告人死亡的</td></tr>
<tr><td>其他法律规定免予追究刑事责任的</td></tr>
<tr><td>犯罪嫌疑人自愿如实供述涉嫌犯罪的事实，有重大立功或者案件涉及国家重大利益的，经最高人民检察院核准</td><td></td><td>可以撤销案件</td><td>人民检察院可以作出不起诉决定，也可以对涉嫌数罪中的一项或者多项不起诉</td><td></td></tr>
</table>

（二）在审理中或审理后遇有相关情形的处理

1. 人民法院在审理案件过程中，被告人死亡的，应当裁定终止审理；被告人脱逃的，应当裁定中止审理。人民检察院可以依法另行向人民法院提出没收违法所得的申请。

2. 对第一审公诉案件，人民法院审理后，对被告人因不满十六周岁，不予刑事处罚的，应当判决宣告被告人不负刑事责任；对被告人是精神病人，在不能辨认或者不能控制自己行为时造成危害结果，不予刑事处罚的，应当判决宣告被告人不负刑事责任；对犯罪已过追诉时效期限且不是必须追诉，或者经特赦令免除刑罚的，应当裁定终止审理；对被告人死亡的，应当裁定终止审理；根据已查明的案件事实和认定的证据，能够确认无罪的，应当判决宣告被告人无罪。

3. 共同犯罪案件，上诉的被告人死亡，其他被告人未上诉的，第二审人民法院仍应对全案进行审查。经审查，死亡的被告人不构成犯罪的，应当宣告无罪；构成犯罪的，应当终止审理。对其他同案被告人仍应作出判决、裁定。

上述内容可以通过下表来理解和记忆：

<table>
<tr><th colspan="2">法定不追究刑事责任的情形</th><th>一审或二审后的处理</th></tr>
<tr><td colspan="2">情节显著轻微、危害不大，不认为是犯罪的</td><td>判决宣告无罪</td></tr>
<tr><td colspan="2">犯罪已过追诉时效期限的</td><td rowspan="3">裁定终止审理</td></tr>
<tr><td colspan="2">经特赦令免除刑罚的</td></tr>
<tr><td colspan="2">依照刑法告诉才处理的犯罪，没有告诉或者撤回告诉的</td></tr>
<tr><td rowspan="2">犯罪嫌疑人、被告人死亡的</td><td></td><td>裁定终止审理，人民检察院可另行提出没收违法所得的申请</td></tr>
<tr><td>能够确认无罪</td><td>判决宣告无罪</td></tr>
<tr><td>其他法律规定免予追究刑事责任的</td><td>因年龄或精神疾病不予刑事处罚的</td><td>判决宣告被告人不负刑事责任</td></tr>
</table>

考点6 被害人的诉讼权利

命题分析

该考点与上一考点类似，不可能单独命制主观题，**但由于涉及多个诉讼阶**

段，容易在案例分析大题中成为单独设置的小问题。考生应注意掌握在不同诉讼阶段，被害人可以行使哪些诉讼权利。

考点解析

关于被害人诉讼权利的规定散见于刑事诉讼法及司法解释的诸多程序性条款中，很难全面总结，这里仅讲解**为被害人所专有的比较特殊的诉讼权利**及注意事项。

1. 被害人**对不立案决定的申请复议权**：人民法院、人民检察院或者公安机关对于报案、控告、举报和自首的材料，应当按照管辖范围，迅速进行审查，认为有犯罪事实需要追究刑事责任的时候，应当立案；认为没有犯罪事实，或者犯罪事实显著轻微，不需要追究刑事责任的时候，不予立案，并且将不立案的原因告知控告人。控告人如果不服，可以申请复议。这里的控告人，实际上就是指被害人。

2. 被害人**对公安机关不立案决定的申诉权**：被害人认为公安机关对应当立案侦查的案件而不立案侦查，向人民检察院提出的，人民检察院应当要求公安机关说明不立案的理由。人民检察院认为公安机关不立案理由不能成立的，应当通知公安机关立案，公安机关接到通知后应当立案。

3. 被害人**对不起诉决定的申诉权**：对于有被害人的案件，决定不起诉的，人民检察院应当将不起诉决定书送达被害人。被害人如果不服，可以自收到决定书后七日以内向上一级人民检察院申诉，请求提起公诉。人民检察院应当将复查决定告知被害人。

4. 被害人的**自诉权**：对于自诉案件，被害人有权向人民法院直接起诉；对人民检察院维持不起诉决定的，被害人可以向人民法院起诉。被害人也可以不经申诉，直接向人民法院起诉。

5. 被害人的**申请抗诉权**：被害人及其法定代理人不服地方各级人民法院第一审的判决的，自收到判决书后五日以内，有权请求人民检察院提出抗诉。人民检察院自收到被害人及其法定代理人的请求后五日以内，应当作出是否抗诉的决定并且答复请求人。

上述内容可通过下表理解和记忆：

对象、条件	被害人权利	相关程序
不立案决定	申请复议权	有关机关应将不立案的原因通知控告人，控告人如果不服，可以申请复议。控告人即实质上的被害人
	申诉权	对公安机关不立案的，被害人可以向人民检察院提出申诉。该申诉不以申请复议为前提
不起诉决定	申诉权	可以向上一级人民检察院提出申诉
	自诉权	既可在上一级检察院维持不起诉决定后再提起自诉，也可以不经申诉而直接提起自诉
自诉案件	自诉权	对自诉案件被害人有权提起自诉。被害人死亡或者丧失行为能力的，其法定代理人、近亲属有权提起自诉
地方各级法院一审判决	申请抗诉权	对地方各级人民法院的一审判决，被害人没有上诉权，但有权请求人民检察院提出抗诉。对裁定不能请求抗诉

考点7　检察机关的立案管辖

命题分析

在2018年10月26日新修订的《刑事诉讼法》第19条第2款中，对于检察机关的立案管辖进行了重新规定。**作为新增考点，又是属于监察法与刑事诉讼法相衔接的内容，同时还有可能与非法证据排除结合起来命题**，因此考生对于这一变化应当掌握。

考点解析

《刑事诉讼法》第19条第2款修改为："人民检察院在**对诉讼活动实行法律监督中发现的司法工作人员利用职权实施的非法拘禁、刑讯逼供、非法搜查等侵犯公民权利、损害司法公正的犯罪，可以由人民检察院立案侦查**。对于公安机关管辖的国家机关工作人员利用职权实施的重大犯罪案件，需要由人民检察院直接受理的时候，经省级以上人民检察院决定，可以由人民检察院立案侦查。"

需要注意：第一，贪污、贿赂等职务犯罪由监察委进行调查，原来检察机关的职务犯罪侦查权只保留了司法工作人员利用职权实施的非法拘禁、刑讯逼供、非法搜查等侵犯公民权利、损害司法公正的犯罪，可以由人民检察院立案侦查。**因此，对于案例中如果涉及刑讯逼供可能构成犯罪的，由检察机关行使立案侦查权**。第二，对于属于公安机关管辖的国家机关工作人员利用职权实施的重大犯罪案件，需要由人民检察院直接受理的时候，**经省级以上人民检察院决定**，可以由人民检察院立案侦查。

考点8 辩护人的权利

命题分析

辩护人的权利是一个综合性很强的考点，**既可以命制论述题，也可以通过案例分析大题**考查**具体知识点**。比如，可以和有权获得辩护原则相结合考查辩护权的价值和意义；也可以在案例中考查非法证据排除中辩护律师的权利。需要注意的是，在2018年《刑事诉讼法》修正案中，有多处对辩护制度进行了修改，比如增加了值班律师制度，增加了在认罪认罚案件中辩护人的权利等，从“新增必考”这个角度来看，需要重视。

考点解析

一、辩护权相关理论

（一）有权获得辩护原则

辩护权是法律赋予受到刑事追诉的人针对所受到的指控进行反驳、辩解和申辩，以维护自身合法权益的一种诉讼权利。辩护权是犯罪嫌疑人、被告人各种诉讼权利中最为基本的权利，在各项权利中居于核心地位。我国《宪法》第130条规定，被告人有权获得辩护。因此，辩护权是犯罪嫌疑人、被告人所享有的一项宪法性权利。

（二）有效辩护原则

有效辩护原则是辩护权的体现，也是对辩护权的保障。在刑事诉讼中，辩护应当对保护犯罪嫌疑人、被告人的权利具有实质意义，而不仅仅是形式上的，这就是有效辩护原则的基本要求。具体包括：①犯罪嫌疑人、被告人作为刑事诉讼的当事人在整个诉讼过程中应当享有充分的辩护权；②允许犯罪嫌疑人、被告人聘请合格的能够有效履行辩护职责的辩护人为其辩护，这种辩护同样应当覆盖从侦查到审判甚至执行阶段的整个诉讼过程；③国家应当保障犯罪嫌疑人、被告人自行辩护权的充分行使，并通过设立法律援助制度确保犯罪嫌疑人、被告人能够获得符合最低标准并具有实质意义的律师帮助。

有效辩护原则的确立，是人类社会文明、进步在刑事诉讼中的体现，体现了犯罪嫌疑人、被告人在刑事诉讼主体地位的确立和人权保障的理念，还有助于强化辩方成为影响诉讼进程的重要力量，维系控辩平等对抗和审判方居中裁判的刑事诉讼构造。

（三）辩护的意义

1. 有利于发现真相和正确处理案件。

2. 是实现程序正义的重要保障。

3. 对于法制宣传教育也有积极意义。

二、辩护人范围的修改

《刑事诉讼法》第33条第3款：**“被开除公职和被吊销律师、公证员执业证书的人，不得担任辩护人，但系犯罪嫌疑人、被告人的监护人、近亲属的除外。”**

三、值班律师

1. 值班律师的派驻与地位

《刑事诉讼法》第36条：**法律援助机构可以在人民法院、看守所等场所派驻值班律师**。犯罪嫌疑人、被告人没有委托辩护人，法律援助机构没有指派律师为其提供辩护的，由值班律师为犯罪嫌疑人、被告人提供法律咨询、程序选择建议、申请变更强制措施、对案件处理提出意见等法律帮助。

注意，值班律师不等于辩护人，值班律师行使的权利不等于辩护权。

2. 听取值班律师的意见

《刑事诉讼法》第173条：人民检察院审查案件，应当讯问犯罪嫌疑人，**听取辩护人或者值班律师、被害人及其诉讼代理人的意见**，并记录在案。辩护人或者值班律师、被害人及其诉讼代理人提出书面意见的，应当附卷。

犯罪嫌疑人认罪认罚的，**人民检察院应当告知其享有的诉讼权利和认罪认罚的法律规定，听取犯罪嫌疑人、辩护人或者值班律师、被害人及其诉讼代理人对下列事项的意见**，并记录在案：①涉嫌的犯罪事实、罪名及适用的法律规定；②从轻、减轻或者免除处罚等从宽处罚的建议；③认罪认罚后案件审理适用的程序；④其他需要听取意见的事项。

人民检察院依照前两款规定听取值班律师意见的，应当提前为值班律师了解案件有关情况提供必要的便利。

人民法院、人民检察院、看守所**应当告知犯罪嫌疑人、被告人有权约见值班律师，并为犯罪嫌疑人、被告人约见值班律师提供便利**。

3. 值班律师的在场

《刑事诉讼法》第174条：犯罪嫌疑人自愿认罪，同意量刑建议和程序适用的，**应当在辩护人或者值班律师在场的情况下**签署认罪认罚具结书。

四、辩护人的权利

（一）知情权（获得通知权）

辩护人首先应享有向办案机关了解案件有关情况和就案件有关情况获得通知的知情权。

（1）辩护律师（**在侦查期间只能委托律师作为辩护人**）在侦查期间可以向侦查机关了解犯罪嫌疑人涉嫌的罪名和案件有关情况，包括当时已查明的该罪的主要事实，犯罪嫌疑人被采取、变更、解除强制措施的情况，侦查机关延长侦查羁押期限等情况；办案机关应当依法及时告知辩护律师。

（2）办案机关作出移送审查起诉、退回补充侦查、提起公诉、延期审理、二审不开庭审理、宣告判决等重大程序性决定的，以及人民检察院将直接受理立案侦查案件报请上一级人民检察院审查决定逮捕的，应当依法及时告知辩护律师。对于诉讼中的重大程序信息和送达当事人的诉讼文书，办案机关应当通知辩护、代理律师。

对于上述内容，可通过下表予以理解：

<table>
<tr><th></th><th>方式</th><th>内容</th></tr>
<tr><td rowspan="5">知情权</td><td rowspan="3">可向办案机关了解；
办案机关应依法及时告知</td><td>犯罪嫌疑人、被告人涉嫌或者被指控的罪名</td></tr>
<tr><td>当时已查明的该罪的主要事实</td></tr>
<tr><td>犯罪嫌疑人、被告人被采取、变更、解除强制措施的情况、侦查机关延长侦查羁押期限等情况</td></tr>
<tr><td rowspan="2">办案机关应依法及时告知</td><td>办案机关作出移送审查起诉、退回补充侦查、提起公诉、延期审理、二审不开庭审理、宣告判决等重大程序性决定</td></tr>
<tr><td>人民检察院将直接受理立案侦查案件报请上一级人民检察院审查决定逮捕的（因监察体制改革，已暂停）</td></tr>
</table>

此外，还有以下一些有关辩护人知情权的规定需要稍加留意：

（1）人民法院决定开庭审判后，应当将人民检察院的**起诉书副本至迟在开庭十日以前送达被告人及其辩护人**。

（2）人民法院确定案件**开庭日期**时，应当为律师出庭预留必要的准备时间并将开庭的时间**书面通知律师**，传票和通知书至迟在开庭三日以前送达。律师因开庭日期冲突等正当理由申请变更开庭日期的，人民法院应当在不影响案件审理期限的情况下，予以考虑并调整日期，**决定调整日期的，应当及时通知律师**。

（3）**判决书应当同时送达辩护人**和诉讼代理人。

（二）会见通信权

关于会见通信权的规定内容比较繁杂，可从以下几个方面予以理解和记忆：

1. 会见通信权的行使主体、对象与时间

注意：2018 年《刑事诉讼法》对原第 37 条进行了修改，改为第 39 条。第 1 款规定：“辩护律师可以同在押的犯罪嫌疑人、被告人会见和通信。其他辩护人经人民法院、人民检察院许可，也可以同在押的犯罪嫌疑人、被告人会见和通信。”**第 3 款进行了修改：“危害国家安全犯罪、恐怖活动犯罪案件，在侦查期间辩护律师会见在押的犯罪嫌疑人，应当经侦查机关许可。上述案件，侦查机关应当事先通知看守所。”注意，之前常说的“三类案件”已经改为了两类案件，特别重大贿赂案件已经删去，但是要注意由于这类案件是由监察委进行调查，在调查期间是不允许律师介入的，只有在移送起诉后才允许律师的介入。**第 4 款规定：“辩护律师同被监视居住的犯罪嫌疑人、被告人会见、通信，适用第一款、第三款、第四款的规定。”

《最高人民法院关于适用〈中华人民共和国刑事诉讼法〉的解释》第48条规定：“辩护律师可以同在押的或者被监视居住的被告人会见和通信。其他辩护人经人民法院许可，也可以同在押的或者被监视居住的被告人会见和通信。”

根据上述规定，可以得出以下结论：

第一，会见通信权的行使对象是**在押的或被监视居住的犯罪嫌疑人、被告人**。会见权和通信权实际上是两个权利，但是因为其行使对象均为在押的或被监视居住的犯罪嫌疑人、被告人，因此常被放在一起规定。

第二，会见通信权的行使主体是辩护律师和其他辩护人，但是辩护律师的会见通信权没有阶段限制，既可在侦查阶段行使，也可在审查起诉和审判阶段行使；其他辩护人在侦查阶段则不享有会见通信权，只在审查起诉和审判阶段享有会见通信权。

第三，辩护律师行使会见通信权一般无须经许可，只是在侦查阶段会见在押的或被监视居住的犯罪嫌疑人时，如果是危害国家安全犯罪、恐怖活动犯罪，应当经侦查机关的许可。其他辩护人在侦查阶段没有会见通信权，在审查起诉和审判阶段行使会见通信权则需经人民检察院或人民法院许可。

后两条可通过下表理解和记忆：

	侦查阶段		自审查起诉之日起
辩护律师	一般不需许可		无须许可
	需经许可	危害国家安全犯罪	
		恐怖活动犯罪	
其他辩护人	在侦查期间只能委托律师作为辩护人		需经许可

注意：监察委调查期间，不允许律师的介入。

此外，《人民检察院刑事诉讼规则》第48条第3款规定了人民检察院可不许可其他辩护人阅卷或会见通信的情形：“对于律师以外的辩护人申请查阅、摘抄、复制案卷材料或者申请同在押、被监视居住的犯罪嫌疑人会见和通信，具有下列情形之一的，人民检察院可以不予许可：（一）**同案犯罪嫌疑人在逃的**；（二）**案件事实不清，证据不足，或者遗漏罪行、遗漏同案犯罪嫌疑人需要补充侦查的**；（三）**涉及国家秘密或者商业秘密的**；（四）**有事实表明存在**

串供、毁灭、伪造证据或者危害证人人身安全可能的。”

2. 关于会见权的具体规定

（1）时间：辩护律师到看守所会见在押的犯罪嫌疑人、被告人，看守所在查验律师执业证书、律师事务所证明和委托书或者法律援助公函后，应当及时安排会见。能当时安排的，应当**当时安排**；不能当时安排的，看守所应当向辩护律师说明情况，并保证辩护律师在**四十八小时以内**会见到在押的犯罪嫌疑人、被告人。

（2）保障：看守所安排会见不得附加其他条件或者变相要求辩护律师提交法律规定以外的其他文件、材料，不得以未收到办案机关通知为由拒绝安排辩护律师会见。看守所应当设立会见预约平台，采取网上预约、电话预约等方式为辩护律师会见提供便利，但不得以未预约会见为由拒绝安排辩护律师会见。辩护律师会见在押的犯罪嫌疑人、被告人时，看守所应当采取必要措施，保障会见顺利和安全进行。律师会见在押的犯罪嫌疑人、被告人的，看守所应当保障律师履行辩护职责需要的时间和次数，并与看守所工作安排和办案机关侦查工作相协调。辩护律师会见犯罪嫌疑人、被告人时**不被监听，办案机关不得派员在场**。在律师会见室不足的情况下，看守所经辩护律师书面同意，可以安排在讯问室会见，但应当关闭录音、监听设备。

（3）人员：犯罪嫌疑人、被告人委托两名律师担任辩护人的，**两名辩护律师可以共同会见，也可以单独会见**。辩护律师**可以带一名律师助理协助会见**。助理人员随同辩护律师参加会见的，应当出示律师事务所证明和律师执业证书或申请律师执业人员实习证。办案机关应当核实律师助理的身份。

（4）内容：自案件移送审查起诉之日起，辩护律师会见犯罪嫌疑人、被告人，可以向其核实有关证据。

（5）笔录：辩护律师会见在押的犯罪嫌疑人、被告人，可以根据需要制作会见笔录，并要求犯罪嫌疑人、被告人确认无误后在笔录上签名。

上述内容中的要点可通过下表理解和记忆：

<table>
<tr><th colspan="2">会见权基本内容</th></tr>
<tr><td rowspan="2">人员</td><td>两名辩护律师可以共同会见，也可以单独会见</td></tr>
<tr><td>辩护律师可以带一名律师助理协助会见</td></tr>
<tr><td rowspan="2">时间</td><td>当时安排</td></tr>
<tr><td>至迟不得超过四十八小时</td></tr>
<tr><td rowspan="2">内容</td><td>了解案件有关情况，提供法律咨询等</td></tr>
<tr><td>自案件移送审查起诉之日起，可以向犯罪嫌疑人、被告人核实有关证据</td></tr>
<tr><td>保障</td><td>不被监听，办案人员不得派员在场</td></tr>
</table>

（6）侦查阶段辩护律师会见权的特殊规定

辩护律师在侦查期间要求会见**危害国家安全犯罪、恐怖活动犯罪**在押的犯罪嫌疑人的，应当向侦查机关提出申请。

侦查机关应当依法及时审查辩护律师提出的会见申请，在三日以内将是否许可的决定书面答复辩护律师，并明确告知负责与辩护律师联系的部门及工作人员的联系方式。对许可会见的，应当向辩护律师出具许可决定文书；因有碍侦查或者可能泄露国家秘密而不许可会见的，应当向辩护律师说明理由。

有碍侦查或者可能泄露国家秘密的情形消失后，应当许可会见，并及时通知看守所和辩护律师。

侦查机关不得随意解释和扩大前款所述两类案件的范围，限制律师会见。

关于侦查阶段辩护律师会见权的特殊规定可通过下表理解和记忆：

<table>
<tr><td rowspan="3">侦查阶段辩护律师会见</td><td colspan="3">一般不需许可</td><td rowspan="3">不可向犯罪嫌疑人核实证据</td></tr>
<tr><td rowspan="2">需经许可</td><td>危害国家安全犯罪</td><td rowspan="2">有碍侦查或可能泄露国家秘密的情形消失后，应当许可会见，并及时通知看守所和辩护律师</td></tr>
<tr><td>恐怖活动犯罪</td></tr>
</table>

3. 关于通信权的具体规定

看守所应当**及时传递**辩护律师同犯罪嫌疑人、被告人的往来信件。看守所可以对信件进行**必要的检查**，但**不得截留、复制、删改信件，不得向办案机关提供信件内容**，但信件内容**涉及危害国家安全、公共安全、严重危害他人人身安全**以及**涉嫌串供、毁灭证据等**情形的除外。

（三）阅卷权

1. 范围

辩护律师自人民检察院对案件审查起诉之日起，可以查阅、摘抄、复制本案的案卷材料，人民检察院检察委员会的讨论记录、人民法院合议庭、审判委员会的讨论记录以及其他依法不能公开的材料除外。

辩护律师查阅、摘抄、复制的案卷材料属于国家秘密的，应当经过人民检察院、人民法院同意并遵守国家保密规定。

2. 保障

人民检察院、人民法院应当为辩护律师查阅、摘抄、复制案卷材料提供便利，有条件的地方可以推行电子化阅卷，允许刻录、下载材料。

侦查机关应当在案件移送审查起诉后三日以内，人民检察院应当在提起公诉后三日以内，将案件移送情况告知辩护律师。案件提起公诉后，人民检察院对案卷所附证据材料有调整或者补充的，应当及时告知辩护律师。辩护律师对调整或者补充的证据材料，有权查阅、摘抄、复制。辩护律师办理申诉、抗诉案件，在人民检察院、人民法院经审查决定立案后，可以持律师执业证书、律师事务所证明和委托书或者法律援助公函到案卷档案管理部门、持有案卷档案的办案部门查阅、摘抄、复制已经审理终结案件的案卷材料。

辩护律师提出阅卷要求的，人民检察院、人民法院应当当时安排辩护律师阅卷，无法当时安排的，应当向辩护律师说明并安排其在三个工作日以内阅卷，不得限制辩护律师阅卷的次数和时间。有条件的地方可以设立阅卷预约平台。人民检察院、人民法院应当为辩护律师阅卷提供场所和便利，配备必要的设备。因复制材料发生费用的，只收取工本费用。律师办理法律援助案件复制材料发生的费用，应当予以免收或者减收。

3. 人员及方式

辩护律师可以采用复印、拍照、扫描、电子数据拷贝等方式复制案卷材料，可以根据需要带律师助理协助阅卷。办案机关应当核实律师助理的身份。

4. 义务

律师不得违反规定，披露、散布案件重要信息和案卷材料，或者将其用于本案辩护、代理以外的其他用途。

对上述规定的主要内容，可通过下表理解和记忆：

<table>
<tr><th colspan="2">阅卷权的基本内容</th><th>备注</th></tr>
<tr><td rowspan="3">人员</td><td>辩护律师</td><td>不需要经人民法院、人民检察院许可</td></tr>
<tr><td>其他辩护人</td><td>需经人民法院、人民检察院许可</td></tr>
<tr><td>辩护律师可带律师助理协助阅卷</td><td>办案机关应当核实律师助理的身份</td></tr>
<tr><td>时间</td><td>自检察院对案件审查起诉之日起</td><td>侦查阶段辩护人没有阅卷权</td></tr>
<tr><td>方式</td><td>查阅、摘抄、复制</td><td>可以采用复印、拍照、扫描、电子数据拷贝等方式复制</td></tr>
<tr><td rowspan="7">范围</td><td rowspan="3">可以查阅</td><td>诉讼文书和证据材料（即案卷材料）</td></tr>
<tr><td>调整或者补充的证据材料</td></tr>
<tr><td>已经审理终结案件的案卷材料</td></tr>
<tr><td rowspan="3">不可查阅</td><td>检察委员会的讨论记录</td></tr>
<tr><td>合议庭、审判委员会的讨论记录</td></tr>
<tr><td>其他依法不能公开的材料</td></tr>
<tr><td>经许可后可以查阅</td><td>属于国家秘密的案卷材料</td></tr>
<tr><td rowspan="7">保障</td><td rowspan="2">告知案件移送情况</td><td>侦查机关在移送审查起诉后三日以内告知</td></tr>
<tr><td>人民检察院在提起公诉后三日以内告知</td></tr>
<tr><td>告知证据材料的调整和补充情况</td><td></td></tr>
<tr><td rowspan="2">安排阅卷</td><td>当时安排</td></tr>
<tr><td>予以说明并安排在三个工作日以内阅卷</td></tr>
<tr><td>不得限制阅卷的次数和时间</td><td></td></tr>
<tr><td>只收取工本费用</td><td>法律援助案件应予免收或减收</td></tr>
<tr><td>义务</td><td colspan="2">律师不得违反规定，披露、散布案件重要信息和案卷材料，或者将其用于本案辩护、代理以外的其他用途</td></tr>
</table>

（四）调查取证权

辩护律师**自审查起诉之日起**拥有调查取证权。其他辩护人没有调查取证权。关于辩护律师和其他辩护人的权利区别，可通过下表理解和记忆：

	会见通信权	阅卷权	调查取证权
辩护律师	侦查期间即有，特殊案件须经许可	自审查起诉之日起即有	自审查起诉之日起即有，部分对象须经许可
其他辩护人	自审查起诉之日起，经许可方有	自审查起诉之日起，经许可方有	无

辩护律师的调查取证权的行使方式有两种：自行收集和申请人民法院、人民检察院调取。

1. 自行收集

辩护律师经**证人或者其他有关单位和个人**同意，可以向他们收集与本案有关的材料，也可以申请人民检察院、人民法院收集、调取证据，或者申请人民法院通知证人出庭作证。辩护律师经人民检察院或者人民法院许可，并且经**被害人或者其近亲属、被害人提供的证人**同意，可以向他们收集与本案有关的材料。

辩护律师申请向**正在服刑的罪犯**收集与案件有关的材料的，监狱和其他监管机关在查验律师执业证书、律师事务所证明和犯罪嫌疑人、被告人委托书或法律援助公函后，应当及时安排并提供合适的场所和便利。正在服刑的罪犯属于辩护律师所承办案件的被害人或者其近亲属、被害人提供的证人的，应当经人民检察院或者人民法院许可。

上述规定中的要点可通过下表理解和记忆：

	调查对象	是否需经检察院或法院许可	是否需调查对象同意
自行收集证据	证人、其他有关单位或个人	无须许可	均需调查对象同意
	被害人或者其近亲属、被害人提供的证人	需经许可	
	正在服刑的罪犯	无须许可（除非系被害人或其近亲属、被害人方证人）	

2. 申请人民法院、人民检察院调取证据

辩护律师经证人或者其他有关单位和个人同意，可以向他们收集与本案有关的材料，**也可以申请人民检察院、人民法院收集、调取证据，或者申请人民法院通知证人出庭作证**。人民检察院、人民法院认为需要调查取证的，应当由人民检察院、人民法院收集、调取证据，**不得向律师签发准许调查决定书，让律师收集、调取证据**。

辩护人认为**在侦查、审查起诉期间公安机关、人民检察院收集的证明犯罪嫌疑人、被告人无罪或者罪轻的证据材料未提交的**，有权申请人民检察院、人民法院调取。人民检察院、人民法院应当依法及时审查。经审查，认为辩护律师申请调取的证据材料已收集并且与案件事实有联系的，应当及时调取。相关证据材料提交后，人民检察院、人民法院应当及时通知辩护律师查阅、摘抄、复制。经审查决定不予调取的，应当书面说明理由。

上述规定中的要点可通过下表理解和记忆：

	范围	程序
申请人民法院、人民检察院调取证据	向证人或者其他有关单位和个人收集与本案有关的材料	不得向律师签发准许调查决定书，让律师收集、调取证据
	公安机关、检察院在侦查、审查起诉期间收集但未提交的证明犯罪嫌疑人、被告人无罪或罪轻的证据材料	经审查决定不予调取的，书面说明理由

（五）申请变更或解除强制措施权

犯罪嫌疑人、被告人及其法定代理人、近亲属或者**辩护人有权申请变更强制措施**；对于**采取强制措施法定期限届满的，有权要求解除强制措施**。

辩护律师书面申请变更或者解除强制措施的，办案机关应当在三日以内作出处理决定。辩护律师的申请符合法律规定的，办案机关应当及时变更或者解除强制措施；经审查认为不应当变更或者解除强制措施的，应当告知辩护律师，并书面说明理由。

（六）要求回避、申请复议权

《刑事诉讼法》第32条第2款规定："**辩护人、诉讼代理人可以依照本章的规定要去回避、申请复议**。"此为2012年刑事诉讼法修改的新增内容。

（七）提出意见权

1. 审查逮捕程序中

人民检察院审查批准逮捕，可以询问证人等诉讼参与人，听取辩护律师的意见；辩护律师提出要求的，应当听取辩护律师的意见。

对未成年犯罪嫌疑人、被告人应当严格限制适用逮捕措施。人民检察院审查批准逮捕和人民法院决定逮捕，应当讯问未成年犯罪嫌疑人、被告人，听取辩护律师的意见。

2. 侦查程序中

在案件侦查终结前，辩护律师提出要求的，侦查机关应当听取辩护律师的意见，并记录在案。辩护律师提出书面意见的，应当附卷。

3. 审查起诉程序中（注意：此部分为2018年新修订的重要内容）

人民检察院审查案件，应当讯问犯罪嫌疑人，听取辩护人或者值班律师、被害人及其诉讼代理人的意见，并记录在案。辩护人或者值班律师、被害人及其诉讼代理人提出书面意见的，应当附卷。犯罪嫌疑人认罪认罚的，人民检察院应当告知其享有的诉讼权利和认罪认罚的法律规定，听取犯罪嫌疑人、辩护人或者值班律师、被害人及其诉讼代理人对下列事项的意见，并记录在案：①涉嫌的犯罪事实、罪名及适用的法律规定；②从轻、减轻或者免除处罚等从宽处罚的建议；③认罪认罚后案件审理适用的程序；④其他需要听取意见的事项。人民检察院依照前两款规定听取值班律师意见的，应当提前为值班律师了解案件有关情况提供必要的便利。

4. 二审程序中

第二审人民法院决定不开庭审理的，应当讯问被告人，听取其他当事人、辩护人、诉讼代理人的意见。

5. 死刑复核程序中

最高人民法院复核死刑案件，应当讯问被告人，辩护律师提出要求的，应当听取辩护律师的意见。

《关于依法保障律师执业权利的规定》第21条对上述规定作出了总结，即："侦查机关在案件侦查终结前，人民检察院、人民法院在审查批准、决定逮捕期间，最高人民法院在复核死刑案件期间，辩护律师提出要求的，办案机关应当听取辩护律师的意见。人民检察院审查起诉、第二审人民法院决定不开庭审理的，应当充分听取辩护律师的意见。辩护律师要求当面反映意见或者提交证据材料的，办案机关应当依法办理，并制作笔录附卷。辩护律师提出的书面意见和证据材料，应当附卷。"

（八）参加法庭调查、辩论权

法庭审理过程中，经审判长准许，律师可以：

1. 向当事人、证人、鉴定人和有专门知识的人发问。

2. 就证据的真实性、合法性、关联性，从证明目的、证明效果、证明标准、证明过程等方面，进行法庭质证和相关辩论。

3. 就案件事实、证据和适用法律等问题，进行法庭辩论。

法官应当注重诉讼权利平等和控辩平衡。对于律师发问、质证、辩论的内容、方式、时间等，法庭应当依法公正保障，以便律师充分发表意见，查清案件事实。法庭审理过程中，法官可以对律师的发问、辩论进行引导，除发言过于重复、相关问题已在庭前会议达成一致、与案件无关或者侮辱、诽谤、威胁他人，故意扰乱法庭秩序的情况外，法官不得随意打断或者制止律师按程序进行的发言。

4. 提出证据材料，申请通知新的证人、有专门知识的人出庭，申请调取新的证据，申请重新鉴定或者勘验、检查。

5. 遇有被告人供述发生重大变化、拒绝辩护等重大情形，经审判长许可，辩护律师可以与被告人进行交流。

6. 有下列情形之一的，律师可以向法庭申请休庭：①辩护律师因法定情形拒绝为被告人辩护的；②被告人拒绝辩护律师为其辩护的；③需要对新的证据作辩护准备的；④其他严重影响庭审正常进行的情形。

7. 就回避、案件管辖、非法证据排除，申请通知证人、鉴定人、有专门知识的人出庭，申请通知新的证人到庭，调取新的证据，申请重新鉴定、勘验等问题当庭提出申请，或者对法庭审理程序提出异议的，法庭原则上应当休庭进行审查，依照法定程序作出决定。其他律师有相同异议的，应一并提出，法庭一并休庭审查。法庭决定驳回申请或者异议的，律师可当庭提出复议。经复议后，律师应当尊重法庭的决定，服从法庭的安排。律师不服法庭决定保留意见的内容应当详细记入法庭笔录，可以作为上诉理由，或者向同级或者上一级人民检察院申诉、控告。

8. 作无罪辩护的，可以当庭就量刑问题发表辩护意见，也可以庭后提交量刑辩护意见。

上述内容可以通过下表来理解和记忆：

<table>
<tr><th></th><th>权利</th><th>备注</th></tr>
<tr><td rowspan="10">参加法庭调查、辩论</td><td>经审判长准许，向当事人、证人、鉴定人和有专门知识的人发问</td><td rowspan="3">除发言过于重复、相关问题已在庭前会议达成一致、与案件无关或者侮辱、诽谤、威胁他人，故意扰乱法庭秩序的情况外，法官不得随意打断或者制止律师按程序进行的发言</td></tr>
<tr><td>进行法庭质证和相关辩论</td></tr>
<tr><td>进行法庭辩论</td></tr>
<tr><td>提出证据材料，申请通知新的证人、有专门知识的人出庭，申请调取新的证据，申请重新鉴定或者勘验、检查</td><td rowspan="3">申请或异议被驳回的，可当庭提出复议；
复议后，应服从法庭安排；
保留意见应记入法庭笔录，可作为上诉理由或向同级或上一级人民检察院申诉、控告</td></tr>
<tr><td>就回避、案件管辖、非法证据排除提出申请</td></tr>
<tr><td>对法庭审理程序提出异议</td></tr>
<tr><td>经审判长许可，与被告人进行交流</td><td>遇有被告人供述发生重大变化、拒绝辩护等重大情形</td></tr>
<tr><td rowspan="4">申请休庭</td><td>辩护律师因法定情形拒绝为被告人辩护的</td></tr>
<tr><td>被告人拒绝辩护律师为其辩护的</td></tr>
<tr><td>需要对新的证据作辩护准备的</td></tr>
<tr><td></td><td>其他严重影响庭审正常进行的情形</td></tr>
<tr><td></td><td>当庭发表或庭后提交量刑辩护意见</td><td>无罪辩护</td></tr>
</table>

此外，人民法院适用普通程序审理案件，应当**在裁判文书中写明律师依法提出的辩护、代理意见，以及是否采纳的情况，并说明理由**。

律师申请查阅人民法院录制的庭审过程的录音、录像的，人民法院应当准许。

（九）保密权

辩护律师对在执业活动中知悉的委托人的有关情况和信息，有权予以保密。但是，辩护律师在执业活动中知悉委托人或者其他人，**准备或者正在实施危害国家安全、公共安全以及严重危害他人人身安全的犯罪**的，应当及时告知司法机关。

（十）拒绝辩护权

如果遇有当事人**委托事项违法**或者**委托人利用律师提供的服务从事违法活动**或者**委托人隐瞒事实**的情形，律师有权拒绝辩护。

（十一）申诉控告权

辩护人、诉讼代理人认为公安机关、人民检察院、人民法院及其工作人员阻碍其依法行使诉讼权利的，有权**向同级或者上一级人民检察院申诉或者控告**。人民检察院对申诉或者控告应当及时进行审查，情况属实的，通知有关机关予以纠正。

人民检察院受理辩护人、诉讼代理人的申诉或者控告后，应当在十日以内将处理情况书面答复提出申诉或者控告的辩护人、诉讼代理人。

（十二）辩护人犯罪管辖保障权（人身保障权）

辩护人或者其他任何人，不得帮助犯罪嫌疑人、被告人隐匿、毁灭、伪造证据或者串供，不得威胁、引诱证人作伪证以及进行其他干扰司法机关诉讼活动的行为。违反前款规定的，应当依法追究法律责任，辩护人涉嫌犯罪的，应当**由办理辩护人所承办案件的侦查机关以外的侦查机关办理**。具体而言，应当**报请办理辩护人所承办案件的侦查机关的上一级侦查机关指定其他侦查机关立案侦查，或者由上一级侦查机关立案侦查。不得指定办理辩护人所承办案件的侦查机关的下级侦查机关立案侦查**。辩护人是律师的，应当**及时通知其所在的律师事务所或者所属的律师协会**。

考点9　刑事证据的基本属性

命题分析

刑事证据的基本属性是整个证据制度的基础，对于理解证据的收集、审查和运用，乃至于各项证据规则，都将起到基本的导向作用。2011年案例分析大题的第五小问就直接考查了对于证据关联性的理解和运用。因此，考生在备考时应对刑事证据的基本属性从理解和运用的角度加以掌握。

考点解析

我国刑事证据理论认为，刑事证据具有以下三个紧密联系的基本属性：

一、客观性

证据的客观性，是指证据必须是客观存在的事实，不以人的主观意志为转移，任何主观想象、猜测、假设以及来源不明的道听途说等并非客观存在的材料，都不能成为刑事诉讼中的证据。

二、关联性

对证据关联性的理解可以从以下几个方面着手：

（一）关联性的含义及如何判断证据有无关联性

关联性也称相关性，是指证据必须与案件事实有客观联系，对证明刑事案件事实具有某种实际意义；反之，与本案无关的事实或材料，都不能成为刑事证据。

判断某一证据是否具有关联性的依据：第一，该证据是否是用来证明案件争点问题的，与案件证明对象之间是否存在客观联系；第二，该证据对案件事实能否起到证明作用，即该证据的存在对证明刑事案件有无实际意义。如果因为该证据的存在至少可以推论案件事实存在的可能性是更大了或者是更小了，那么该证据对案件事实的证明就是有实际意义的，因此也就具有关联性；如果该证据的存在并不影响案件事实存在的可能性的大小，那么该证据对案件事实的证明就没有实际意义，也就没有关联性。

（二）关联性的基本特征

第一，关联性是证据的一种客观属性，证据事实与案件事实之间的联系应当是客观的，而不是办案人员主观想象或臆测的联系。

第二，证据与案件事实相关联的形式是多种多样、十分复杂的。其中最常见的是因果联系，其次是与犯罪相关的空间、时间、条件、方法、手段的事实。

（三）关联性与证明力的关系

证明力是指证据具有的对案件事实的证明作用，也即证据对证明案件事实的价值。证据的关联性是证据具有证明力的原因。证据对案件事实有无证明力以及证明力的大小，取决于证据本身与案件事实有无联系及联系的紧密、强弱程度。

证明力是大陆法系证据理论中的概念。在大陆法系证据理论中，证据应当具有证据能力和证明力，其中证据能力也即证据资格，证明力则是指证据对待证事实的证明价值。如果要将我国的证据三性理论与大陆法系证据能力及证明力理论相结合，那么合法性应当属于证据能力或说证据资格的范畴，关联性则与证明力密切相关，证据与案件事实的联系越密切，其对案件事实的证明力就越大，也即证据与待证事实的关联度决定着证据的证明力的大小。

（四）关联性与关联性规则的关系

关联性规则是英美法系的证据规则。关联性规则是指不具备关联性的证据均不可采，而不具备关联性的证据主要是指品格证据和类似行为证据。品格证据规则是指用以证明某人具有某种品格的证据与某人实施了反映此种品格的行为之间是不具有关联性的，也即品格证据是不可采的。类似行为证据规则是指用以证明某人曾经实施过某种行为的证据与某人后来实施了相类似的行为之间是不具有关联性的，也即类似行为证据是不可采的。可见，关联性规则中的关联性和我国证据三性中的关联性其实是不一样的，关联性规则是由法律预先否定了某一类证据的关联性，实际上也就是认为这类证据均不可采；证据三性中的关联性则并非针对某一类证据，而是要针对具体案件中的具体证据与待证事实的关系，具体问题具体分析。不过，值得注意的是，我国刑事证据理论的通说并没有将英美法系的关联性规则和我国证据三性中的关联性区分开来，从而认为关联性规则是调整证明力的规则。法考中还是要以通说为准。

三、合法性

合法性是指证据必须依法加以收集和运用。证据的合法性主要包括四个方面的内容，即主体合法、程序合法、形式合法、经法定程序出示和查证。后文非法证据排除规则的讲解中会涉及证据的合法性问题，这里不展开讲解。

考点10　刑事证据的收集与审查

命题分析

刑事证据的收集与审查涉及的内容较多，在以往涉及证据分析的案例分析大题中基本都会考查证据收集是否符合法律规定。最典型的就是2015年第一问："请根据《刑事诉讼法》及相关司法解释的规定，对以上证据分别进行简要分析，并作出是否有罪的结论。"**考生须注意的是，该问题其实包含了两个方面，并不仅是判断是否有罪，而是首先要对材料中包含的各项证据进行分**

析。那怎么分析证据？最基本的思路就是首先按照证据的种类将材料中包含的各类证据进行分类整理；然后再根据不同种类证据收集的基本要求判断该证据的收集是否符合法律的规定，换言之，即分析证据的证据资格；最后才是根据证据所蕴含的信息分析该证据证明了什么，全案证据综合起来是否达到事实清楚、证据确实充分的证明标准。因此，证据的收集与审查是证据分析的前提和基础。

考点解析

一、刑事证据收集的基本原则

刑事证据的收集要遵循合法、及时、客观全面和深入细致的原则。

审判人员、检察人员、侦查人员必须依照法定程序，收集能够证实犯罪嫌疑人、被告人有罪或者无罪、犯罪情节轻重的各种证据。严禁刑讯逼供和以威胁、引诱、欺骗以及其他非法方法收集证据，不得强迫任何人证实自己有罪。必须保证一切与案件有关或者了解案情的公民，有客观充分地提供证据的条件，除特殊情况外，可以要求他们协助调查。

对涉及国家秘密、商业秘密、个人隐私的证据，应当保密。凡是伪造证据、隐匿证据或者毁灭证据的，无论属于何方，必须受法律追究。

二、对行政机关在行政执法和查办案件过程中收集到的部分证据材料的使用

人民法院、人民检察院和公安机关有权向有关单位和个人收集、调取证据。有关单位和个人应当如实提供证据。行政机关在行政执法和查办案件过程中收集的物证、书证、视听资料、电子数据等证据材料，在刑事诉讼中可以作为证据使用。根据法律、行政法规规定行使国家行政管理职权的组织，在行政执法和查办案件过程中收集的证据材料，视为行政机关收集的证据材料。值得注意的是，上述规定并不是说行政机关在刑事诉讼中有权收集证据，而是仅指行政机关在行政执法和查办案件过程中收集到的部分证据材料，可以在刑事诉讼中使用。从种类上而言，能够在刑事诉讼中使用的行政机关收集的证据仅包括物证、书证、视听资料、电子数据等公安机关、司法机关难于重新收集的证据。

由于具体到各种刑事证据而言，其收集程序往往就是侦查程序中的侦查措施，除电子数据外，一般都是以“侦查措施”为考点来考查，而不是以“证据的收集”为考点来考查，因此我们在这部分中暂不展开讨论。

三、刑事证据的审查判断

（一）物证、书证的审查判断

1. 审查重点

对物证、书证应当着重审查以下内容：

（1）物证、书证是否为原物、原件，是否经过辨认、鉴定；物证的照片、录像、复制品或者书证的副本、复制件是否与原物、原件相符，是否由二人以上制作，有无制作人关于制作过程以及原物、原件存放于何处的文字说明和签名。

（2）物证、书证的收集程序、方式是否符合法律、有关规定；经勘验、检查、搜查提取、扣押的物证、书证，是否附有相关笔录、清单，笔录、清单是否经侦查人员、物品持有人、见证人签名，没有物品持有人签名的，是否注明原因；物品的名称、特征、数量、质量等是否注明清楚。

（3）物证、书证在收集、保管、鉴定过程中是否受损或者改变。

（4）物证、书证与案件事实有无关联；对现场遗留与犯罪有关的具备鉴定条件的血迹、体液、毛发、指纹等生物样本、痕迹、物品，是否已作DNA鉴定、指纹鉴定等，并与被告人或者被害人的相应生物检材、生物特征、物品等比对。

（5）与案件事实有关联的物证、书证是否全面收集。

对于上述内容，把握住全面、细致审查的原则予以理解即可，无须逐项记忆。

2. 判断规则

（1）原物、原件优先

据以定案的物证应当是原物。原物不便搬运，不易保存，依法应当由有关部门保管、处理，或者依法应当返还的，可以拍摄、制作足以反映原物外形和特征的照片、录像、复制品。物证的照片、录像、复制品，不能反映原物的外形和特征的，不得作为定案的根据。物证的照片、录像、复制品，经与原物核对无误、经鉴定为真实或者以其他方式确认为真实的，可以作为定案的根据。

据以定案的书证应当是原件。取得原件确有困难的，可以使用副本、复制件。书证有更改或者更改迹象不能作出合理解释，或者书证的副本、复制件不能反映原件及其内容的，不得作为定案的根据。书证的副本、复制件，经与原件核对无误、经鉴定为真实或者以其他方式确认为真实的，可以作为定案的根据。

（2）非法证据排除及瑕疵证据的补正

收集物证、书证不符合法定程序，可能严重影响司法公正的，应当予以补正或者作出合理解释；不能补正或者作出合理解释的，对该证据应当予以排除。

在勘验、检查、搜查过程中提取、扣押的物证、书证，未附笔录或者清单，不能证明物证、书证来源的，不得作为定案的根据。物证、书证的收集程序、方式有下列瑕疵，经补正或者作出合理解释的，可以采用：①勘验、检查、搜查、提取笔录或者扣押清单上没有侦查人员、物品持有人、见证人签名，或者对物品的名称、特征、数量、质量等注明不详的；②物证的照片、录像、复制品，书证的副本、复制件未注明与原件核对无异，无复制时间，或者无被收集、调取人签名、盖章的；③物证的照片、录像、复制品，书证的副本、复制件没有制作人关于制作过程和原物、原件存放地点的说明，或者说明中无签名的；④有其他瑕疵的。对物证、书证的来源、收集程序有疑问，不能作出合理解释的，该物证、书证不得作为定案的根据。

上述内容可通过以下表格理解和记忆：

<table>
<tr><td rowspan="10">物证、书证的审查判断</td><td rowspan="5">可以作为定案的根据（不影响真实性的、可修正的瑕疵）</td><td colspan="2">复制品等经与原物、原件核对无误、经鉴定为真实或者以其他方式确认为真实</td></tr>
<tr><td rowspan="4">收集程序、方式有瑕疵，经补正或者作出合理解释</td><td>相关文书中缺少签名或标注不详</td></tr>
<tr><td>复制品等未注明与原件核对无异，无复制时间或缺少签名、盖章</td></tr>
<tr><td>复制品等未附相关说明或说明中无签名</td></tr>
<tr><td>有其他瑕疵</td></tr>
<tr><td rowspan="5">不能作为定案的根据（根本性缺陷）</td><td colspan="2">复制品等与原物、原件不符</td></tr>
<tr><td colspan="2">书证有更改或者更改迹象不能作出合理解释</td></tr>
<tr><td colspan="2">未附笔录或者清单，不能证明物证、书证来源</td></tr>
<tr><td colspan="2">对物证、书证的来源、收集程序有疑问，不能作出合理解释的</td></tr>
<tr><td colspan="2">收集物证、书证不符合法定程序，可能严重影响司法公正，不能补正或者作出合理解释的</td></tr>
</table>

（二）证人证言、被害人陈述的审查判断

1. 审查重点

对证人证言应当着重审查以下内容：①证言的内容是否为证人直接感知；②证人作证时的年龄，认知、记忆和表达能力，生理和精神状态是否影响作证；③证人与案件当事人、案件处理结果有无利害关系；④询问证人是否个别进行；⑤询问笔录的制作、修改是否符合法律、有关规定，是否注明询问的起止时间和地点，首次询问时是否告知证人有关作证的权利义务和法律责任，证人对询问笔录是否核对确认；⑥询问未成年证人时，是否通知其法定代理人或者有关人员到场，其法定代理人或者有关人员是否到场；⑦证人证言有无以暴力、威胁等非法方法收集的情形；⑧证言之间以及与其他证据之间能否相互印证，有无矛盾。

对上述规定把握住全面、细致审查的原则予以理解即可，无须逐项记忆。

2. 判断规则

（1）生理上、精神上有缺陷或者年幼，不能辨别是非、不能正确表达的人，不能作证人。对此规定的理解需要注意，**生理上、精神上有缺陷或者年幼的人并非必然丧失证人资格，**只有因生理上、精神上有缺陷或者年幼，导致不能辨别是非、不能正确表达的，才不能做证人。

（2）处于明显醉酒、中毒或者麻醉等状态，不能正常感知或者正确表达的证人所提供的证言，不得作为证据使用。

（3）证人的猜测性、评论性、推断性的证言，不得作为证据使用，但根据一般生活经验判断符合事实的除外。**此规定即为我国的意见证据规则**。

（3）采用暴力、威胁以及非法限制人身自由等非法方法收集的证人证言、被害人陈述，应当予以排除。

（4）证人证言具有下列情形之一的，不得作为定案的根据：①询问证人没有个别进行的；②书面证言没有经证人核对确认的；③询问聋、哑人，应当提供通晓聋、哑手势的人员而未提供的；④询问不通晓当地通用语言、文字的证人，应当提供翻译人员而未提供的。

（5）证人证言的收集程序、方式有下列瑕疵，经补正或者作出合理解释的，可以采用；不能补正或者作出合理解释的，不得作为定案的根据：①询问笔录没有填写询问人、记录人、法定代理人姓名以及询问的起止时间、地点的；②询问地点不符合规定的；③询问笔录没有记录告知证人有关作证的权利

义务和法律责任的；④询问笔录反映出在同一时段，同一询问人员询问不同证人的。

（6）下列证据应当慎重使用，有其他证据印证的，可以采信：①生理上、精神上有缺陷，对案件事实的认知和表达存在一定困难，但尚未丧失正确认知、表达能力的被害人、证人和被告人所作的陈述、证言和供述；②与被告人有亲属关系或者其他密切关系的证人所作的有利被告人的证言，或者与被告人有利害冲突的证人所作的不利被告人的证言。**此规定属于我国的补强证据规则。**

（7）证人当庭作出的证言，经控辩双方质证、法庭查证属实的，应当作为定案的根据。证人当庭作出的证言与其庭前证言矛盾，证人能够作出合理解释，并有相关证据印证的，应当采信其庭审证言；不能作出合理解释，而其庭前证言有相关证据印证的，可以采信其庭前证言。经人民法院通知，证人没有正当理由拒绝出庭或者出庭后拒绝作证，法庭对其证言的真实性无法确认的，该证人证言不得作为定案的根据。

上述内容可通过下表理解和记忆：

<table>
<tr><td rowspan="9">证人证言、被害人陈述的审查判断</td><td rowspan="9">不能作为定案的根据</td><td colspan="2">生理上、精神上有缺陷或者年幼，不能辨别是非、不能正确表达的人所作的陈述</td></tr>
<tr><td colspan="2">处于明显醉酒、中毒或者麻醉等状态，不能正常感知或者正确表达的证人所提供的证言</td></tr>
<tr><td colspan="2">猜测性、评论性、推断性的证言（根据一般生活经验判断符合事实的除外）</td></tr>
<tr><td colspan="2">经人民法院通知，证人没有正当理由拒绝出庭或者出庭后拒绝作证，法庭对其证言的真实性无法确认的</td></tr>
<tr><td rowspan="5">取证方式严重违法</td><td>采用暴力、威胁以及非法限制人身自由等非法方法取证</td></tr>
<tr><td>询问证人没有个别进行的</td></tr>
<tr><td>书面证言没有经证人核对确认的</td></tr>
<tr><td>询问聋、哑人，应当提供通晓聋、哑手势的人员而未提供的</td></tr>
<tr><td>询问不通晓当地通用语言、文字的证人，应提供翻译人员而未提供</td></tr>
</table>

续表

证人证言、被害人陈述的审查判断	可以作为定案的根据	取证方式有瑕疵，可补正或作出合理解释	询问笔录没有填写询问人、记录人、法定代理人姓名以及询问的起止时间、地点的
			询问地点不符合规定的
			询问笔录没有记录告知证人有关作证的权利义务和法律责任
			询问笔录反映出在同一时段，同一询问人员询问不同证人的
		庭审证言与庭前证言矛盾	出庭证人能够作出合理解释，并有相关证据印证，应当采信庭审证言
			出庭证人不能做出合理解释，而庭前证言有相关证据印证，可以采信庭前证言
		慎重使用，有其他证据印证的，可以采信	生理上、精神上有缺陷，对案件事实的认知和表达存在一定困难，但尚未丧失正确认知、表达能力的被害人、证人和被告人所作的陈述、证言和供述
			与被告人有亲属关系或者其他密切关系的证人所作的有利被告人的证言，或者与被告人有利害冲突的证人所作的不利被告人的证言

（三）犯罪嫌疑人、被告人供述的审查判断

1. 审查重点

对被告人供述和辩解应当着重审查以下内容：①讯问的时间、地点，讯问人的身份、人数以及讯问方式等是否符合法律、有关规定；②讯问笔录的制作、修改是否符合法律、有关规定，是否注明讯问的具体起止时间和地点，首次讯问时是否告知被告人相关权利和法律规定，被告人是否核对确认；③讯问未成年被告人时，是否通知其法定代理人或者有关人员到场，其法定代理人或者有关人员是否到场；④被告人的供述有无以刑讯逼供等非法方法收集的情形；⑤被告人的供述是否前后一致，有无反复以及出现反复的原因；被告人的所有供述和辩解是否均已随案移送；⑥被告人的辩解内容是否符合案情和常理，有无矛盾；⑦被告人的供述和辩解与同案被告人的供述和辩解以及其他证据能否相互印证，有无矛盾。**对于上述内容把握住全面、细致审查的原则予以理解即可，无须逐项记忆。**

必要时，可以调取讯问过程的录音录像、被告人进出看守所的健康检查记录、笔录，并结合录音录像、记录、笔录对上述内容进行审查。

2. 判断规则

被告人供述具有下列情形之一的，不得作为定案的根据：①讯问笔录没有

经被告人核对确认的；②讯问聋、哑人，应当提供通晓聋、哑手势的人员而未提供的；③讯问不通晓当地通用语言、文字的被告人，应当提供翻译人员而未提供的。

讯问笔录有下列瑕疵，经补正或者作出合理解释的，可以采用；不能补正或者作出合理解释的，不得作为定案的根据：①讯问笔录填写的讯问时间、讯问人、记录人、法定代理人等有误或者存在矛盾的；②讯问人没有签名的；③首次讯问笔录没有记录告知被讯问人相关权利和法律规定的。

上述规定可通过下表理解和记忆：

<table>
<tr><td rowspan="6">供述的审查判断</td><td rowspan="3">不得作为定案的根据</td><td>讯问笔录没有经被告人核对确认的</td></tr>
<tr><td>讯问聋、哑人，应当提供通晓聋、哑手势的人员而未提供的</td></tr>
<tr><td>讯问不通晓当地通用语言、文字的被告人，应提供翻译人员而未提供</td></tr>
<tr><td rowspan="3">讯问笔录有瑕疵，可补正或作出合理解释</td><td>讯问笔录填写的讯问时间、讯问人、记录人、法定代理人等有误或者存在矛盾的</td></tr>
<tr><td>讯问人没有签名的</td></tr>
<tr><td>首次讯问笔录没有记录告知被讯问人相关权利和法律规定的</td></tr>
</table>

审查被告人供述和辩解，应当结合控辩双方提供的所有证据以及被告人的全部供述和辩解进行。被告人庭审中翻供，但不能合理说明翻供原因或者其辩解与全案证据矛盾，而其庭前供述与其他证据相互印证的，可以采信其庭前供述。被告人庭前供述和辩解存在反复，但庭审中供认，且与其他证据相互印证的，可以采信其庭审供述；被告人庭前供述和辩解存在反复，庭审中不供认，且无其他证据与庭前供述印证的，不得采信其庭前供述。可见，**究竟是采信庭前供述还是庭审供述，主要还是取决于有无其他证据相互印证**。

上述规定可通过下表理解和记忆：

<table>
<tr><th>庭前供述</th><th>庭审供述</th><th>条件</th><th>后果</th></tr>
<tr><td>被告人庭前供述稳定</td><td>庭审中翻供</td><td>不能合理说明翻供原因或者其辩解与全案证据矛盾，而其庭前供述与其他证据相互印证的</td><td>可以采信其庭前供述</td></tr>
<tr><td rowspan="2">被告人庭前供述和辩解存在反复</td><td>庭审中不供认</td><td>无其他证据与庭前供述印证的</td><td>不得采信其庭前供述</td></tr>
<tr><td>庭审中供认</td><td>且与其他证据相互印证的</td><td>可以采信其庭审供述</td></tr>
</table>

其他内容留待“非法证据排除规则”部分再予讨论。

（四）鉴定人意见的审查判断

1. 审查重点

对鉴定意见应当着重审查以下内容：①鉴定机构和鉴定人是否具有法定资质；②鉴定人是否存在应当回避的情形；③检材的来源、取得、保管、送检是否符合法律、有关规定，与相关提取笔录、扣押物品清单等记载的内容是否相符，检材是否充足、可靠；④鉴定意见的形式要件是否完备，是否注明提起鉴定的事由、鉴定委托人、鉴定机构、鉴定要求、鉴定过程、鉴定方法、鉴定日期等相关内容，是否由鉴定机构加盖司法鉴定专用章并由鉴定人签名、盖章；⑤鉴定程序是否符合法律、有关规定；⑥鉴定的过程和方法是否符合相关专业的规范要求；⑦鉴定意见是否明确；⑧鉴定意见与案件待证事实有无关联；⑨鉴定意见与勘验、检查笔录及相关照片等其他证据是否矛盾；⑩鉴定意见是否依法及时告知相关人员，当事人对鉴定意见有无异议。**对上述内容把握住全面、细致审查的原则予以理解即可，无须逐项记忆。**

2. 判断规则

鉴定意见具有下列情形之一的，不得作为定案的根据：①鉴定机构不具备法定资质，或者鉴定事项超出该鉴定机构业务范围、技术条件的；②鉴定人不具备法定资质，不具有相关专业技术或者职称，或者违反回避规定的；③送检材料、样本来源不明，或者因污染不具备鉴定条件的；④鉴定对象与送检材料、样本不一致的；⑤鉴定程序违反规定的；⑥鉴定过程和方法不符合相关专业的规范要求的；⑦鉴定文书缺少签名、盖章的；⑧鉴定意见与案件待证事实没有关联的；⑨违反有关规定的其他情形。

经人民法院通知，鉴定人拒不出庭作证的，鉴定意见不得作为定案的根据。**鉴定人由于不能抗拒的原因或者有其他正当理由无法出庭的，人民法院可以根据情况决定延期审理或者重新鉴定**。对没有正当理由拒不出庭作证的鉴定人，人民法院应当通报司法行政机关或者有关部门。

上述内容可通过下表理解和记忆：

<table>
<tr><td rowspan="10">鉴定意见的审查判断</td><td rowspan="10">不能作为定案的根据</td><td rowspan="2">主体资格欠缺</td><td>鉴定机构无法定资质或鉴定事项超出该鉴定机构业务范围、技术条件</td></tr>
<tr><td>鉴定人无法定资质，不具有相关专业技术或职称，或违反回避规定的</td></tr>
<tr><td rowspan="2">检材样本不可靠</td><td>送检材料、样本来源不明，或者因污染不具备鉴定条件的</td></tr>
<tr><td>鉴定对象与送检材料、样本不一致的</td></tr>
<tr><td rowspan="2">程序方法违规</td><td>鉴定程序违反规定的</td></tr>
<tr><td>鉴定过程和方法不符合相关专业的规范要求的</td></tr>
<tr><td>文书缺陷</td><td>鉴定文书缺少签名、盖章的</td></tr>
<tr><td>无关联性</td><td>鉴定意见与案件待证事实没有关联的</td></tr>
<tr><td>其他</td><td>违反有关规定的其他情形</td></tr>
<tr><td>不出庭</td><td>经人民法院通知，鉴定人拒不出庭作证的</td></tr>
</table>

此外，对案件中的专门性问题需要鉴定，但没有法定司法鉴定机构，或者法律、司法解释规定可以进行检验的，可以指派、聘请有专门知识的人进行检验，**检验报告可以作为定罪量刑的参考。经人民法院通知，检验人拒不出庭作证的，检验报告不得作为定罪量刑的参考**。

（五）勘验、检查笔录、辨认笔录、侦查实验笔录的审查判断

1. 审查重点

对勘验、检查笔录应当着重审查以下内容：

（1）勘验、检查是否依法进行，笔录的制作是否符合法律、有关规定，勘验、检查人员和见证人是否签名或者盖章。

（2）勘验、检查笔录是否记录了提起勘验、检查的事由，勘验、检查的时间、地点，在场人员、现场方位、周围环境等，现场的物品、人身、尸体等的位置、特征等情况，以及勘验、检查、搜查的过程；文字记录与实物或者绘图、照片、录像是否相符；现场、物品、痕迹等是否伪造、有无破坏；人身特征、伤害情况、生理状态有无伪装或者变化等。

（3）补充进行勘验、检查的，是否说明了再次勘验、检查的原由，前后勘验、检查的情况是否矛盾。

对辨认笔录应当着重审查辨认的过程、方法，以及辨认笔录的制作是否符合有关规定。

对侦查实验笔录应当着重审查实验的过程、方法，以及笔录的制作是否符合有关规定。

对上述规定把握住全面、细致审查的原则予以理解即可，无须逐项记忆。

2. 判断规则

勘验、检查笔录存在明显不符合法律、有关规定的情形，不能作出合理解释或者说明的，不得作为定案的根据。

对辨认笔录应当着重审查辨认的过程、方法，以及辨认笔录的制作是否符合有关规定。辨认笔录具有下列情形之一的，不得作为定案的根据：①辨认不是在侦查人员主持下进行的；②辨认前使辨认人见到辨认对象的；③辨认活动没有个别进行的；④辨认对象没有混杂在具有类似特征的其他对象中，或者供辨认的对象数量不符合规定的；⑤辨认中给辨认人明显暗示或者明显有指认嫌疑的；⑥违反有关规定、不能确定辨认笔录真实性的其他情形。

对侦查实验笔录应当着重审查实验的过程、方法，以及笔录的制作是否符合有关规定。侦查实验的条件与事件发生时的条件有明显差异，或者存在影响实验结论科学性的其他情形的，侦查实验笔录不得作为定案的根据。

此外，《最高人民法院关于适用〈中华人民共和国刑事诉讼法〉的解释》第67条第2款规定："由于客观原因无法由符合条件的人员担任见证人的，应当在笔录材料中注明情况，并对相关活动进行录像。"这说明没有见证人，但是在笔录材料中注明了情况，并对相关活动进行了录像，那么相关的笔录是可以作为认定案件事实的根据的。

上述规定可通过下表理解和记忆：

<table>
<tr><td rowspan="10">不得作为定案的根据</td><td>勘验、检查笔录</td><td>存在明显不符合法律、有关规定的情形，不能作出合理解释或说明</td></tr>
<tr><td rowspan="6">辨认笔录</td><td>辨认不是在侦查人员主持下进行的</td></tr>
<tr><td>辨认前使辨认人见到辨认对象的</td></tr>
<tr><td>辨认活动没有个别进行的</td></tr>
<tr><td>辨认对象没有混杂在具有类似特征的其他对象中，或者供辨认的对象数量不符合规定的</td></tr>
<tr><td>辨认中给辨认人明显暗示或者明显有指认嫌疑的</td></tr>
<tr><td>违反有关规定、不能确定辨认笔录真实性的其他情形</td></tr>
<tr><td rowspan="2">侦查实验笔录</td><td>侦查实验的条件与事件发生时的条件有明显差异</td></tr>
<tr><td>存在影响实验结论科学性的其他情形的</td></tr>
<tr><td>可采</td><td>各种笔录</td><td>由于客观原因无法由符合条件的人员担任见证人的，应当在笔录材料中注明情况，并对相关活动进行录像</td></tr>
</table>

（六）视听资料、电子数据的审查判断

1. 审查重点

对视听资料应当着重审查以下内容：①是否附有提取过程的说明，来源是否合法；②是否为原件，有无复制及复制份数；是复制件的，是否附有无法调取原件的原因、复制件制作过程和原件存放地点的说明，制作人、原视听资料持有人是否签名或者盖章；③制作过程中是否存在威胁、引诱当事人等违反法律、有关规定的情形；④是否写明制作人、持有人的身份，制作的时间、地点、条件和方法；⑤内容和制作过程是否真实，有无剪辑、增加、删改等情形；⑥内容与案件事实有无关联。**对视听资料有疑问的，应当进行鉴定**。

对电子邮件、电子数据交换、网上聊天记录、博客、微博客、手机短信、电子签名、域名等电子数据，应当着重审查以下内容：①是否随原始存储介质移送；在原始存储介质无法封存、不便移动或者依法应当由有关部门保管、处理、返还时，提取、复制电子数据是否由二人以上进行，是否足以保证电子数据的完整性，有无提取、复制过程及原始存储介质存放地点的文字说明和签名；②收集程序、方式是否符合法律及有关技术规范；经勘验、检查、搜查等侦查活动收集的电子数据，是否附有笔录、清单，并经侦查人员、电子数据持有人、见证人签名；没有持有人签名的，是否注明原因；远程调取境外或者异地的电子数据的，是否注明相关情况；对电子数据的规格、类别、文件格式等注明是否清楚；③电子数据内容是否真实，有无删除、修改、增加等情形；④电子数据与案件事实有无关联；⑤与案件事实有关联的电子数据是否全面收集。**对电子数据有疑问的，应当进行鉴定或者检验**。

对上述规定把握住全面、细致审查的原则予以理解即可，无须逐项记忆。

2. 一般性的判断规则

视听资料、电子数据具有下列情形之一的，不得作为定案的根据：

（1）**经审查无法确定真伪的**；

（2）**制作、取得的时间、地点、方式等有疑问，不能提供必要证明或者作出合理解释的**。

（七）其他材料的审查判断

1. 对**侦查机关出具的被告人到案经过、抓获经过等材料**，应当审查是否有出具该说明材料的办案人、办案机关的签名、盖章。对到案经过、抓获经过

或者确定被告人有重大嫌疑的根据有疑问的，应当要求侦查机关补充说明。

2. **证明被告人自首、坦白、立功的证据材料**，没有加盖接受被告人投案、坦白、检举揭发等的单位的印章，或者接受人员没有签名的，不得作为定案的根据。对被告人及其辩护人提出有自首、坦白、立功的事实和理由，有关机关未予认定，或者有关机关提出被告人有自首、坦白、立功表现，但证据材料不全的，人民法院应当要求有关机关提供证明材料，或者要求相关人员作证，并结合其他证据作出认定。

3. **证明被告人构成累犯、毒品再犯的证据材料**，应当包括前罪的裁判文书、释放证明等材料；材料不全的，应当要求有关机关提供。

（八）电子数据收集和审查判断的具体规定

2014 年，最高人民法院、最高人民检察院、公安部联合发布了《关于办理网络犯罪案件适用刑事诉讼程序若干问题的意见》。2016 年，最高人民法院、最高人民检察院、公安部联合发布了《关于办理刑事案件收集提取和审查判断电子数据若干问题的规定》。这两个规定自出台后连考三年，而且考查内容非常细致，现对有关电子数据的收集和审查判决的内容总结如下：

1. 电子数据的收集

（1）一般原则

收集、提取电子数据，应当由二名以上具备相关专业知识的侦查人员进行。取证设备和过程应当符合相关技术标准，并保证所收集、提取的电子数据的完整性、客观性。

（2）原始储存介质的封存

《关于办理网络犯罪案件适用刑事诉讼程序若干问题的意见》第 14 条规定："收集、提取电子数据，能够获取原始存储介质的，应当封存原始存储介质，并制作笔录，记录原始存储介质的封存状态，由侦查人员、原始存储介质持有人签名或者盖章；持有人无法签名或者拒绝签名的，应当在笔录中注明，由见证人签名或者盖章。有条件的，侦查人员应当对相关活动进行录像。"

《关于办理刑事案件收集提取和审查判断电子数据若干问题的规定》第 8 条规定："收集、提取电子数据，能够扣押电子数据原始存储介质的，应当扣押、封存原始存储介质，并制作笔录，记录原始存储介质的封存状态。封存电子数据原始存储介质，应当保证在不解除封存状态的情况下，无法增加、删除、修改电子数据。封存前后应当拍摄被封存原始存储介质的照片，清晰反映封口或者张贴封条处的状况。封存手机等具有无线通信功能的存储介质，应当采取信号屏蔽、信号阻断或者切断电源等措施。”

上述规定中的要点包括以下几个方面：

第一，**封存、扣押原始储存介质的优先性**，即能够封存、扣押原始储存介质的，应优先选择封存、扣押原始储存介质。

第二，**封存、扣押原始储存介质应采取各种手段保障数据的安全性**。考生不必详细记忆各种具体的方法、手段，只要把握住这一原则，在选择时把所有能保障相关数据安全性的方法、手段都选上就可以了。

（3）电子数据的提取

关于提取电子数据的条件和方法，《关于办理网络犯罪案件适用刑事诉讼程序若干问题的意见》第15条规定：“具有下列情形之一，无法获取原始存储介质的，可以提取电子数据，但应当在笔录中注明不能获取原始存储介质的原因、原始存储介质的存放地点等情况，并由侦查人员、电子数据持有人、提供人签名或者盖章；持有人、提供人无法签名或者拒绝签名的，应当在笔录中注明，由见证人签名或者盖章；有条件的，侦查人员应当对相关活动进行录像：①原始存储介质不便封存的；②提取计算机内存存储的数据、网络传输的数据等不是存储在存储介质上的电子数据的；③原始存储介质位于境外的；④其他无法获取原始存储介质的情形。”

《关于办理刑事案件收集提取和审查判断电子数据若干问题的规定》第9条规定：“具有下列情形之一，无法扣押原始存储介质的，可以提取电子数据，但应当在笔录中注明不能扣押原始存储介质的原因、原始存储介质的存放地点或者电子数据的来源等情况，并计算电子数据的完整性校验值：（一）原始存储介质不便封存的；（二）提取计算机内存数据、网络传输数据等不是存储在存储介质上的电子数据的；（三）原始存储介质位于境外的；（四）其他无法扣押原始存储介质的情形。对于原始存储介质位于境外或者远程计算机信息系统上的电子数据，可以通过**网络在线提取**。为进一步查明有关情况，必要时，可以对远程计算机信息系统进行**网络远程勘验**。进行网络远程勘验，需要采取技术侦查措施的，应当依法经过严格的批准手续。”

上述规定中的要点可通过下表理解和记忆：

<table>
<tr><th></th><th colspan="2">条件</th><th colspan="2">保障</th></tr>
<tr><td rowspan="4">电子数据提取</td><td rowspan="4">无法扣押原始存储介质</td><td>原始存储介质不便封存的</td><td rowspan="3">在笔录中注明</td><td>不能扣押原始存储介质的原因</td></tr>
<tr><td>提取计算机内存数据、网络传输数据等不是存储在存储介质上的电子数据的</td><td>原始存储介质的存放地点</td></tr>
<tr><td>原始存储介质位于境外的</td><td>电子数据的来源等</td></tr>
<tr><td>其他无法扣押原始存储介质的情形</td><td colspan="2">计算电子数据的完整性校验值</td></tr>
</table>

关于收集、提取电子数据的笔录制作，《关于办理网络犯罪案件适用刑事诉讼程序若干问题的意见》第16条规定："收集、提取电子数据应当制作笔录，记录案由、对象、内容，收集、提取电子数据的时间、地点、方法、过程，电子数据的清单、规格、类别、文件格式、完整性校验值等，并由收集、提取电子数据的侦查人员签名或者盖章。远程提取电子数据的，应当说明原因，有条件的，应当对相关活动进行录像。通过数据恢复、破解等方式获取被删除、隐藏或者加密的电子数据的，应当对恢复、破解过程和方法作出说明。"

《关于办理刑事案件收集提取和审查判断电子数据若干问题的规定》第14条规定："收集、提取电子数据，应当制作笔录，记录案由、对象、内容、收集、提取电子数据的时间、地点、方法、过程，并附电子数据清单，注明类别、文件格式、完整性校验值等，由侦查人员、电子数据持有人（提供人）签名或者盖章；电子数据持有人（提供人）无法签名或者拒绝签名的，应当在笔录中注明，由见证人签名或者盖章。**有条件的，应当对相关活动进行录像。**"

《关于办理刑事案件收集提取和审查判断电子数据若干问题的规定》第15条规定："收集、提取电子数据，应当根据刑事诉讼法的规定，由符合条件的人员担任见证人。**由于客观原因无法由符合条件的人员担任见证人的，应当在笔录中注明情况，并对相关活动进行录像。针对同一现场多个计算机信息系统收集、提取电子数据的，可以由一名见证人见证。**"

上述规定中有关笔录制作的内容与方法与其他笔录差别不大，考生只需要注意突出显示的内容：第一，**不是所有收集、提取电子数据的活动都要进行录像**；第二，**不是所有收集、提取电子数据的活动都要有见证人**；第三，**没有见证人的收集、提取电子数据的活动都要进行录像**；第四，**对同一现场多个计算机信息系统收集、提取电子数据的，可以由一名见证人见证**。

（4）电子数据的保全

《关于办理刑事案件收集提取和审查判断电子数据若干问题的规定》第10条规定："由于客观原因无法或者不宜依据第八条、第九条的规定收集、提取电子数据的，可以采取打印、拍照或者录像等方式固定相关证据，并在笔录中说明原因。”

（5）电子数据的冻结

《关于办理刑事案件收集提取和审查判断电子数据若干问题的规定》第11条规定：“具有下列情形之一的，经县级以上公安机关负责人或者检察长批准，可以对电子数据进行冻结：（一）数据量大，无法或者不便提取的；（二）提取时间长，可能造成电子数据被篡改或者灭失的；（三）通过网络应用可以更为直观地展示电子数据的；（四）其他需要冻结的情形。”

《关于办理刑事案件收集提取和审查判断电子数据若干问题的规定》第12条规定：“冻结电子数据，应当制作协助冻结通知书，注明冻结电子数据的网络应用账号等信息，送交电子数据持有人、网络服务提供者或者有关部门协助办理。解除冻结的，应当在三日内制作协助解除冻结通知书，送交电子数据持有人、网络服务提供者或者有关部门协助办理。冻结电子数据，应当采取以下一种或者几种方法：（一）计算电子数据的完整性校验值；（二）锁定网络应用账号；（三）其他防止增加、删除、修改电子数据的措施。”

上述规定可通过下表理解和记忆：

<table>
<tr><td rowspan="9">电子数据的冻结</td><td rowspan="4">条件</td><td>数据量大，无法或者不便提取的</td></tr>
<tr><td>提取时间长，可能造成电子数据被篡改或者灭失的</td></tr>
<tr><td>通过网络应用可以更为直观地展示电子数据的</td></tr>
<tr><td>其他需要冻结的情形</td></tr>
<tr><td rowspan="2">程序</td><td>经县级以上公安机关负责人或者检察长批准</td></tr>
<tr><td>制作协助冻结通知书，送交电子数据持有人、网络服务提供者或有关部门协助</td></tr>
<tr><td rowspan="3">方法</td><td>计算电子数据的完整性校验值</td></tr>
<tr><td>锁定网络应用账号</td></tr>
<tr><td>其他防止增加、删除、修改电子数据的措施</td></tr>
</table>

（6）电子数据的调取

《关于办理刑事案件收集提取和审查判断电子数据若干问题的规定》第13条规定：“调取电子数据，应当制作调取证据通知书，注明需要调取电子数据的相关信息，通知电子数据持有人、网络服务提供者或者有关部门执行。”

（7）电子数据的检查等

《关于办理网络犯罪案件适用刑事诉讼程序若干问题的意见》第18条规

定："对电子数据涉及的专门性问题难以确定的，由司法鉴定机构出具鉴定意见，或者由公安部指定的机构出具检验报告。"

《关于办理刑事案件收集提取和审查判断电子数据若干问题的规定》第16条规定："对扣押的原始存储介质或者提取的电子数据，可以通过恢复、破解、统计、关联、比对等方式进行检查。**必要时，可以进行侦查实验**。电子数据检查，应当对电子数据存储介质拆封过程进行录像，并将电子数据存储介质通过写保护设备接入到检查设备进行检查；有条件的，应当制作电子数据备份，对备份进行检查；无法使用写保护设备且无法制作备份的，应当注明原因，并对相关活动进行录像。电子数据检查应当制作笔录，注明检查方法、过程和结果，由有关人员签名或者盖章。进行侦查实验的，应当制作侦查实验笔录，注明侦查实验的条件、经过和结果，由参加实验的人员签名或者盖章。"

《关于办理刑事案件收集提取和审查判断电子数据若干问题的规定》第17条规定："对电子数据涉及的专门性问题难以确定的，**由司法鉴定机构出具鉴定意见**，或者**由公安部指定的机构出具报告**。对于人民检察院直接受理的案件，也可以由最高人民检察院指定的机构出具报告。具体办法由公安部、最高人民检察院分别制定。"

上述规定可以通过下表理解和记忆：

<table>
<tr><th></th><th>条件</th><th colspan="2">方法</th></tr>
<tr><td rowspan="7">电子数据的检查等</td><td rowspan="4"></td><td rowspan="4">检查</td><td>对电子数据存储介质拆封过程进行录像</td></tr>
<tr><td>将电子数据存储介质通过写保护设备接入到检查设备进行检查</td></tr>
<tr><td>有条件的，应当制作电子数据备份，对备份进行检查</td></tr>
<tr><td>无法使用写保护设备且无法制作备份的，应当注明原因，并对相关活动进行录像</td></tr>
<tr><td>必要时</td><td>侦查实验</td><td></td></tr>
<tr><td rowspan="2">对专门性问题难以确定</td><td rowspan="2">鉴定</td><td>由司法鉴定机构出具鉴定意见</td></tr>
<tr><td>由公安部指定的机构出具报告</td></tr>
</table>

2. 电子数据的移送和展示

（1）电子数据的移送

关于电子数据的移送内容与方式，《关于办理网络犯罪案件适用刑事诉讼程序若干问题的意见》第17条规定："收集、提取的原始存储介质或者电子数据，应当以封存状态随案移送，并制作电子数据的复制件一并移送。对文档、图片、网页等可以直接展示的电子数据，可以不随案移送电子数据打印件，但应当附有展示方法说明和展示工具；人民法院、人民检察院因设备等条件限制无法直接展示电子数据的，公安机关应当随案移送打印件。对侵入、非法控制计算机信息系统的程序、工具以及计算机病毒等无法直接展示的电子数据，应当附有电子数据属性、功能等情况的说明。对数据统计数量、数据同一性等问题，公安机关应当出具说明。”

《关于办理刑事案件收集提取和审查判断电子数据若干问题的规定》第18条规定：“收集、提取的原始存储介质或者电子数据，应当以封存状态随案移送，并制作电子数据的备份一并移送。对网页、文档、图片等可以直接展示的电子数据，可以不随案移送打印件；人民法院、人民检察院因设备等条件限制无法直接展示电子数据的，侦查机关应当随案移送打印件，或者附展示工具和展示方法说明。对冻结的电子数据，应当移送被冻结电子数据的清单，注明类别、文件格式、冻结主体、证据要点、相关网络应用账号，并附查看工具和方法的说明。”

《关于办理刑事案件收集提取和审查判断电子数据若干问题的规定》第19条规定：“对侵入、非法控制计算机信息系统的程序、工具以及计算机病毒等无法直接展示的电子数据，应当附电子数据属性、功能等情况的说明。对数据统计量、数据同一性等问题，侦查机关应当出具说明。”

上述内容可通过下表理解和记忆：

<table>
<tr><td rowspan="6">电子数据的移送</td><td colspan="3" rowspan="2">一般的电子数据</td><td>以封存状态随案移送</td></tr>
<tr><td>制作复制件一并移送</td></tr>
<tr><td rowspan="3">可直接展示的电子数据</td><td colspan="2">一般情况下</td><td>可以不随案移送电子数据打印件，但应当附有展示方法说明和展示工具</td></tr>
<tr><td rowspan="2">因故无法直接展示</td><td>设备等条件限制</td><td>应随案移送打印件或附展示工具和方法说明</td></tr>
<tr><td>是侵入、非法控制计算机信息系统的程序、工具及病毒等</td><td>应当附电子数据属性、功能等情况的说明。对数据统计量、数据同一性等问题，应当出具说明</td></tr>
<tr><td colspan="3">冻结的电子数据</td><td>移送被冻结电子数据的清单，并附查看工具和方法的说明</td></tr>
</table>

此外，《关于办理刑事案件收集提取和审查判断电子数据若干问题的规

定》第20条规定："公安机关报请人民检察院审查批准逮捕犯罪嫌疑人，或者对侦查终结的案件移送人民检察院审查起诉的，应当将电子数据等证据一并移送人民检察院。人民检察院在审查批准逮捕和审查起诉过程中发现应当移送的电子数据没有移送或者移送的电子数据不符合相关要求的，应当**通知公安机关补充移送或者进行补正**。对于提起公诉的案件，人民法院发现应当移送的电子数据没有移送或者移送的电子数据不符合相关要求的，应当通知人民检察院。**公安机关、人民检察院应当自收到通知后三日内移送电子数据或者补充有关材料**。"

（2）电子数据的展示

《关于办理刑事案件收集提取和审查判断电子数据若干问题的规定》第21条规定："控辩双方向法庭提交的电子数据需要展示的，可以根据电子数据的具体类型，借助多媒体设备出示、播放或者演示。**必要时，可以聘请具有专门知识的人进行操作，并就相关技术问题作出说明。**"

3. 电子数据的审查判断

《关于办理刑事案件收集提取和审查判断电子数据若干问题的规定》第6条规定："初查过程中收集、提取的电子数据，以及通过网络在线提取的电子数据，可以作为证据使用。"

《关于办理刑事案件收集提取和审查判断电子数据若干问题的规定》第27条规定："电子数据的收集、提取程序有下列瑕疵，经补正或者作出合理解释的，可以采用；不能补正或者作出合理解释的，不得作为定案的根据：（一）未以封存状态移送的；（二）笔录或者清单上没有侦查人员、电子数据持有人（提供人）、见证人签名或者盖章的；（三）对电子数据的名称、类别、格式等注明不清的；（四）有其他瑕疵的。"

《关于办理刑事案件收集提取和审查判断电子数据若干问题的规定》第28条规定："电子数据具有下列情形之一的，不得作为定案的根据：（一）电子数据系篡改、伪造或者无法确定真伪的；（二）电子数据有增加、删除、修改等情形，影响电子数据真实性的；（三）其他无法保证电子数据真实性的情形。"

上述规定可以通过下表理解和记忆：

<table>
<tr><td rowspan="8">电子数据的审查判断</td><td rowspan="5">可以作为证据使用</td><td colspan="2">初查过程中收集、提取的电子数据，以及通过网络在线提取的电子数据</td></tr>
<tr><td rowspan="4">收集、提取程序有（不影响电子数据真实性的）瑕疵，经补正或作出合理解释的</td><td>未以封存状态移送的</td></tr>
<tr><td>笔录或者清单上没有侦查人员、电子数据持有人（提供人）、见证人签名或者盖章的</td></tr>
<tr><td>对电子数据的名称、类别、格式等注明不清的</td></tr>
<tr><td>有其他瑕疵的</td></tr>
<tr><td rowspan="3">不得作为定案根据</td><td rowspan="3">影响电子数据真实性的根本性缺陷</td><td>电子数据系篡改、伪造或者无法确定真伪的</td></tr>
<tr><td>电子数据有增加、删除、修改等情形，影响电子数据真实性的</td></tr>
<tr><td>其他无法保证电子数据真实性的情形</td></tr>
</table>

考点 11 刑事证据的运用

命题分析

从 2010 年开始，刑事诉讼法的案例分析大题曾多次考查证据的运用。比如，2010 年，“依据有关法律、司法解释规定和刑事证明理论，运用本案现有证据，分析能否认定张某构成受贿罪，请说明理由”。又比如，2011 年第 3 问：“法院对尤某的犯罪事实的认定是否已经达到事实清楚、证据确实充分？为什么？”2018 年再次考查了这一考点，“请利用相关证据、法律规定等对李四的判决作出说理”。不管是判断是否有罪、指控是否成立还是对判决进行说理，**其实质都是考查考生对于证据的分析和运用，这也是最接近于司法实践的一种题型，也最符合法考强调考查考生实际运用法律的能力的标准，所以在将来的法考中，类似的题型肯定还会多次出现，考生务必高度重视。**

考点解析

刑事证据的运用涉及的知识点非常广泛，除本部分的解析外，考点 9 到考点 14 都属于广义上的刑事证据的运用，请考生注意。此外，**对于本考点，除掌握基本的知识点，更强调的是掌握证据分析的方法和思路，简单地说，关键是在于运用，而不是死记硬背。因此，考生在备考过程中，最好将以往真题中相关题目反复练习，训练自己结合案例分析证据、运用证据的能力。**以下属于考生在运用刑事证据时应该掌握的基本内容。

运用证据认定案件事实应遵循以下规定：

1. 证明标准

证据确实、充分，应当符合以下条件：①定罪量刑的事实都有证据证明；②据以定案的证据均经法定程序查证属实；③综合全案证据，对所认定事实已排除合理怀疑。一般而言，有关运用现有证据能否认定被告人有罪的案例分析题，最终都要归结到其能否达到证明标准，能否排除合理怀疑的问题上来。

2. 口供的运用规则

对一切案件的判处都要重证据，重调查研究，不轻信口供。**只有被告人供述，没有其他证据的，不能认定被告人有罪和处以刑罚；没有被告人供述，证据确实、充分的，可以认定被告人有罪和处以刑罚。**

根据被告人的供述、指认提取到了隐蔽性很强的物证、书证，且被告人的供述与其他证明犯罪事实发生的证据相互印证，并排除串供、逼供、诱供等可能性的，可以认定被告人有罪。

3. 间接证据的运用规则

没有直接证据，但间接证据同时符合下列条件的，可以认定被告人有罪：①证据已经查证属实；②证据之间相互印证，不存在无法排除的矛盾和无法解释的疑问；③全案证据已经形成完整的证明体系；④根据证据认定案件事实足以排除合理怀疑，结论具有唯一性；⑤运用证据进行的推理符合逻辑和经验。

4. 被告人是否达到法定责任年龄的认定规则

审查被告人实施被指控的犯罪时或者审判时是否达到相应法定责任年龄，应当根据户籍证明、出生证明文件、学籍卡、人口普查登记、无利害关系人的证言等证据综合判断。**证明被告人已满十四周岁、十六周岁、十八周岁或者不满七十五周岁的证据不足的，应当认定被告人不满十四周岁、不满十六周岁、不满十八周岁或者已满七十五周岁。**

考点12　刑事证据的分类

命题分析

如前一考点所述，本考点属于广义上的证据的分析和运用的范畴。在命制主观题时，有可能会在案例分析中设置小问题。比如，“上述材料中哪些证据属于原始证据和直接证据？为什么？”这就需要考生掌握证据分类的基本概念。

考点解析

一、原始证据与传来证据

原始证据和传来证据的划分比较简单，它们是以证据材料的来源不同为依据来分类的。

凡是来自原始出处，即直接来源于案件事实的证据材料，是原始证据。例如，被害人对自己受害经过的陈述、犯罪嫌疑人、被告人对自己罪行的供述、证人根据自己看到和直接听到的事实所提供的证言、书证的原件、物证的原物等。

凡非直接来源于案件事实，而是经过中间环节中转后形成的证据，是传来证据。分析某个证据是原始证据还是传来证据的一个比较简单的方法就是**看其在侦查人员收集该证据之前有没有经过中转环节**（侦查人员收集证据的行为不能算作中转环节），如证人根据从别人处听到的情况所作的转述、物证的复制品、书证的复印件等。

二、直接证据与间接证据

（一）直接证据与间接证据的划分

直接证据和间接证据的划分相对复杂些，它们是以**证据与案件主要事实之间的证明关系**为划分依据的。所谓案件主要事实，就是指有无犯罪事实和犯罪事实是否为嫌疑人所为。所谓证明关系，是指证据的证明内容与案件主要事实的关系，也即其证明内容是能够单独、直接地反映案件的主要事实，还是仅仅只能反映其中的某一方面，需要与其他证据相结合才能推断出案件的主要事实。

直接证据可分为肯定的直接证据和否定的直接证据。肯定的直接证据要包含两个要素：第一，存在犯罪事实（事）；第二，犯罪事实为某嫌疑人所为（人）。其证明内容是“谁实施了什么犯罪”。例如，被害人指认犯罪分子的陈述；犯罪嫌疑人、被告人对犯罪事实的供述；现场目击者指认犯罪分子并陈述犯罪事实的证言；记载有犯罪人和犯罪事实的书证或视听资料等。否定的直接证据只要否定其中一个要素即可。其证明内容是“不存在犯罪事实”（无事）或者“犯罪事实非某嫌疑人所为”（非此人）。例如，确定没有发生犯罪的勘验笔录；犯罪嫌疑人、被告人对犯罪的否认等。

间接证据则不能单独、直接地反映案件的主要事实，既不能直接证明是谁实施了什么犯罪事实，也不能直接证明不存在犯罪事实或者犯罪事实不是犯罪嫌疑人所为，其只能反映出案件事实的某一个方面，必须结合其他证据才能推断出案件的主要事实。例如反映犯罪嫌疑人、被告人到过现场，但无法反映出其实施了犯罪行为的物品、痕迹；反映犯罪动机、目的的书证；反映发生了犯罪，但无法反映犯罪人是谁的勘验笔录等。

（二）直接证据“能够单独地、直接地证明案件主要事实”与“孤证不能定案”

各种教材对直接证据的定义都是“能够单独地、直接地证明案件主要事实”，可能会有考生困惑于这有违“孤证不能定案”的原则。

事实上，这里的**“能够单独地、直接地证明案件主要事实”是就其证明内容所包含的要素而言的，与证据的真伪无关。**只要证据本身直观地表达了谁实施了什么犯罪事实，或者不存在犯罪事实，或者犯罪事实不是某人所为，它就是直接证据，无论真伪。

“孤证不能定案”涉及证据的真伪问题，是指任何证据都要有其他证据与之相印证，才能作为定案的根据。直接证据要想成为定案根据，也必须有其他证据的印证。但这种“印证”与间接证据需要与其他证据相结合才能推断出案件主要事实的“结合”是完全不同的。前者的目的是为了保障直接证据的可靠性，后者是为了弥补间接证据证明内容的不完整性。无论是直接证据还是间接证据，都要依靠其他证据的印证来证明其可靠性，不同的是，**直接证据一旦被印证为可靠，即可直接对是否存在犯罪事实及谁实施了**

犯罪事实得出肯定或否定的结论，间接证据即便被印证为可靠，也无法直接得出这一结论。

（三）直接证据与间接证据、原始证据与传来证据的易混淆点解析

直接证据与间接证据的划分是以其证明内容与案件主要事实之间的关系为划分依据的，与证据的来源是直接的还是间接的没有关系。

由于各种教材对原始证据的解释中都有“直接”的字眼儿，即“直接来源于案件事实”，而对传来证据的解释中都有“间接”的字眼儿，即“从间接的非第一来源获得”，这导致考生容易将直接证据和间接证据的划分与原始证据和传来证据的划分弄混，认为直接证据就是直接来源于案件事实的证据，间接证据就是非直接来源于案件事实的证据。其实**直接证据与间接证据与案件的来源无关，它们都既有可能是原始证据，也有可能是传来证据。**

考点 13 非法证据排除规则

命题分析

非法证据排除规则的重要性无须多言，可以说是近年来主观题考查中最重要、最常见的考点，既可以命题案例分析大题，也可以命制论述题。虽然在2018年的法考元年再次考查了非法证据排除，但该考点还有继续命题的空间，请考生务必高度重视。

考点解析

一、非法证据排除的范围

非法证据是一个含义较广的概念，严格来说，只要是通过违反法律规定的方式取得的证据都属于非法证据。但是，出于价值平衡的考虑，被排除的非法证据往往只是那些违法取证情况比较严重的证据。刑事诉讼法所规定的非法证据的排除范围是比较窄的，后来的《最高人民法院关于适用〈中华人民共和国刑事诉讼法〉的解释》《关于建立健全防范刑事冤假错案工作机制的意见》等扩大了这一范围。目前关于非法证据排除范围的最新规定是2017年6月发布的《关于办理刑事案件严

格排除非法证据若干问题的规定》（2017））。

（一）非法证据排除的范围

《刑事诉讼法》第56条第1款规定：“采用刑讯逼供等非法方法收集的犯罪嫌疑人、被告人供述和采用暴力、威胁等非法方法收集的证人证言、被害人陈述，应当予以排除。收集物证、书证不符合法定程序，可能严重影响司法公正的，应当予以补正或者作出合理解释；不能补正或者作出合理解释的，对该证据应当予以排除。”

《最高人民法院关于适用〈中华人民共和国刑事诉讼法〉的解释》第95条规定：“使用肉刑或者变相肉刑，或者采用其他使被告人在肉体上或者精神上遭受剧烈疼痛或者痛苦的方法，迫使被告人违背意愿供述的，应当认定为刑事诉讼法第五十六条规定的‘刑讯逼供等非法方法’。认定刑事诉讼法第五十六条规定的‘可能严重影响司法公正’，应当综合考虑收集物证、书证违反法定程序以及所造成后果的严重程度等情况。”

《关于办理刑事案件严格排除非法证据若干问题的规定》第2条规定：“采取殴打、违法使用戒具等暴力方法或者变相肉刑的恶劣手段，使犯罪嫌疑人、被告人遭受难以忍受的痛苦而违背意愿作出的供述，应当予以排除。”

《关于办理刑事案件严格排除非法证据若干问题的规定》第3条规定：“采用以暴力或者严重损害本人及其近亲属合法权益等进行威胁的方法，使犯罪嫌疑人、被告人遭受难以忍受的痛苦而违背意愿作出的供述，应当予以排除。”

《关于办理刑事案件严格排除非法证据若干问题的规定》第4条规定：“采用非法拘禁等非法限制人身自由的方法收集的犯罪嫌疑人、被告人供述，应当予以排除。”

《关于办理刑事案件严格排除非法证据若干问题的规定》第6条规定：“采用暴力、威胁以及非法限制人身自由等非法方法收集的证人证言、被害人陈述，应当予以排除。”

《关于办理刑事案件严格排除非法证据若干问题的规定》第7条规定：“收集物证、书证不符合法定程序，可能严重影响司法公正的，应当予以补正或者作出合理解释；不能补正或者作出合理解释的，对有关证据应当予以排除。”

上述规定可通过下表理解和记忆：

<table>
<tr><th></th><th>种类</th><th>手段</th><th>内容</th><th>程度要求</th></tr>
<tr><td rowspan="7">非法证据的排除范围</td><td rowspan="3">犯罪嫌疑人、被告人供述</td><td>暴力方法或变相肉刑</td><td>采取殴打、违法使用戒具等暴力方法或者变相肉刑的恶劣手段</td><td rowspan="2">使犯罪嫌疑人、被告人遭受难以忍受的痛苦而违背意愿作出供述</td></tr>
<tr><td>威胁</td><td>以暴力或严重损害本人及其近亲属合法权益等进行威胁</td></tr>
<tr><td>非法限制人身自由</td><td>非法拘禁等</td><td></td></tr>
<tr><td rowspan="3">证人证言、被害人陈述</td><td>暴力</td><td rowspan="3"></td><td rowspan="3"></td></tr>
<tr><td>威胁</td></tr>
<tr><td>非法限制人身自由等</td></tr>
<tr><td>物证、书证</td><td colspan="2">不符合法定程序，可能严重影响司法公正，不能补正或作出合理解释</td><td>综合考虑违反法定程序及所造成后果的严重程度等</td></tr>
</table>

上述规定通过上表列表比较，可以得出如下的结论：

第一，对非法取得的证人证言、被害人陈述的排除范围最广。首先，会导致证人证言、被害人陈述被排除的非法取证行为除了暴力、威胁或非法限制人身自由以外，还包括“等”，也即通过其他非法方法取得的证人证言、被害人陈述也要被予以排除。其次，凡是采取了暴力、威胁或非法限制人身自由等非法方法取得的证人证言、被害人陈述，都要予以排除，对暴力所达到的程度、威胁的内容等，没有特别的要求。

第二，对非法取得的犯罪嫌疑人、被告人供述的排除范围要小于前者。首先，会导致犯罪嫌疑人、被告人供述被排除的非法取证行为仅限于暴力（暴力方法或变相肉刑）、威胁、非法限制人身自由，不包括其他方法。其次，对暴力的程度、威胁的内容都有要求，只有“采取殴打、违法使用戒具等暴力方法或者变相肉刑的恶劣手段”“以**暴力或严重损害本人及其近亲属合法权益等**进行威胁”，且达到了“使犯罪嫌疑人、被告人遭受到难以忍受的痛苦而违背意愿”作出的供述才会被排除。再次，对采用限制人身自由的方法所取得的供述的排除，要求对人身自由的限制达到类似于非法拘禁的程度，但并不要求达到使犯罪嫌疑人、被告人遭受到难以忍受的痛苦而违背意愿供述的程度。

第三，对非法取得的物证、书证的排除范围最窄。要同时符合以下三个条件的物证、书证才会被排除：一是不符合法定程序；二是可能严重影响司法公正；三是不能补正或作出合理解释。

相关真题可参见本书第三部分 2012 年案例分析题第 1 问。

（二）重复供述的排除

《关于办理刑事案件严格排除非法证据若干问题的规定》第 5 条规定："采用刑讯逼供方法使犯罪嫌疑人、被告人作出供述，之后犯罪嫌疑人、被告人受该刑讯逼供行为影响而作出的与该供述相同的重复性供述，应当一并排除，但下列情形除外：（一）侦查期间，根据控告、举报或者自己发现等，侦查机关确认或者不能排除以非法方法收集证据而更换侦查人员，其他侦查人员再次讯问时告知诉讼权利和认罪的法律后果，犯罪嫌疑人自愿供述的；（二）审查逮捕、审查起诉和审判期间，检察人员、审判人员讯问时告知诉讼权利和认罪的法律后果，犯罪嫌疑人、被告人自愿供述的。"

综上，重复供述可采的条件是：第一，**换人**。也即将非法讯问的侦查人员更换为其他侦查人员或更换为检察人员、审判人员。第二，**告知**。更换后的讯问人员在讯问时要告知其诉讼权利和认罪的法律后果。第三，**自愿**。即犯罪嫌疑人为自愿供述。只有满足这三个条件的重复供述才是可采的。

二、非法证据排除的程序

（一）侦查阶段

《关于办理刑事案件严格排除非法证据若干问题的规定》第 14 条规定："犯罪嫌疑人及其辩护人在侦查期间可以向人民检察院申请排除非法证据。对犯罪嫌疑人及其辩护人提供相关线索或者材料的，人民检察院应当调查核实。调查结论应当书面告知犯罪嫌疑人及其辩护人。对确有以非法方法收集证据情形的，人民检察院应当向侦查机关提出纠正意见。侦查机关对审查认定的非法证据，应当予以排除，不得作为提请批准逮捕、移送审查起诉的根据。对重大案件，人民检察院驻看守所检察人员应当在侦查终结前询问犯罪嫌疑人，核查是否存在刑讯逼供、非法取证情形，并同步录音录像。经核查，确有刑讯逼供、非法取证情形的，侦查机关应当及时排除非法证据，不得作为提请批准逮捕、移送审查起诉的根据。"

《关于办理刑事案件严格排除非法证据若干问题的规定》第 15 条规定："对侦查终结的案件，侦查机关应当全面审查证明证据收集合法性的证据材料，依法排除非法证据。排除非法证据后，证据不足的，不得移送审查起诉。侦查机关发现办案人员非法取证的，应当依法作出处理，并可另行指派侦查人员重新调查取证。”

上述规定中有以下要点：

第一，犯罪嫌疑人及其辩护人在侦查期间可以向**人民检察院**提出。

第二，对犯罪嫌疑人及其辩护人**提供相关线索或者材料的**，人民检察院应当调查核实。调查结论应当**书面告知**犯罪嫌疑人及其辩护人。对确有以非法方法收集证据情形的，人民检察院应当向侦查机关提出纠正意见。

第三，对**重大案件**，人民检察院**驻看守所检察人员**应当在侦查终结前**询问**犯罪嫌疑人，核查是否存在刑讯逼供、非法取证情形，并**同步录音录像**。

第四，侦查机关发现非法取证的，**可另行指派侦查人员重新调查取证**。

第五，排除非法证据后，证据不足的，不得移送审查起诉。

（二）审查逮捕阶段、审查起诉阶段

《关于办理刑事案件严格排除非法证据若干问题的规定》第 16 条规定：“审查逮捕、审查起诉期间讯问犯罪嫌疑人，应当告知其有权申请排除非法证据，并告知诉讼权利和认罪的法律后果。”

《关于办理刑事案件严格排除非法证据若干问题的规定》第 17 条规定：“审查逮捕、审查起诉期间，犯罪嫌疑人及其辩护人申请排除非法证据，并提供相关线索或者材料的，人民检察院应当调查核实。调查结论应当书面告知犯罪嫌疑人及其辩护人。人民检察院在审查起诉期间发现侦查人员以刑讯逼供等非法方法收集证据的，应当依法排除相关证据并提出纠正意见，必要时人民检察院可以自行调查取证。人民检察院对审查认定的非法证据，应当予以排除，不得作为批准或者决定逮捕、提起公诉的根据。被排除的非法证据应当随案移送，并写明为依法排除的非法证据。”

《关于办理刑事案件严格排除非法证据若干问题的规定》第 18 条规定：“人民检察院依法排除非法证据后，证据不足，不符合逮捕、起诉条件的，不得批准或者决定逮捕、提起公诉。对于人民检察院排除有关证据导致对涉嫌的重要犯罪事实未予认定，从而作出不批准逮捕、不起诉决定，或者对涉嫌的部分重要犯罪事实决定不起诉的，公安机关、国家安全机关可要求复议、提请复核。”

《人民检察院刑事诉讼规则》第378条规定："人民检察院在审查起诉中，发现可能存在刑事诉讼法第五十六条规定的以非法方法收集证据情形的，可以要求侦查机关对证据收集的合法性作出书面说明或者提供相关证明材料。"

《人民检察院刑事诉讼规则》第379条规定："人民检察院公诉部门在审查中发现侦查人员以非法方法收集犯罪嫌疑人供述、被害人陈述、证人证言等证据材料的，应当依法排除非法证据并提出纠正意见，同时可以要求侦查机关另行指派侦查人员重新调查取证，必要时人民检察院也可以自行调查取证。"

上述规定中有以下要点：

1. 审查逮捕、审查起诉期间讯问犯罪嫌疑人，应当**告知其有权申请排除非法证据**，并告知**诉讼权利**和**认罪的法律后果**。

2. 发现可能有非法取证情形的，可以**要求侦查机关对证据收集的合法性作出书面说明或者提供相关证明材料**。

3. 排除非法证据后，可以**要求侦查机关另行指派侦查人员重新调查取证，必要时可以自行调查取证**。

4. **被排除的非法证据应当随案移送，并写明为依法排除的非法证据**。

5. 因排除非法证据而不批准逮捕、不起诉的，**公安机关、国家安全机关可要求复议、提请复核**。

相关真题可参见本书第三部分2012年案例分析题第2问。

（三）审判阶段

1. 开庭前

（1）庭前准备

《关于办理刑事案件严格排除非法证据若干问题的规定》第23条规定："人民法院向被告人及其辩护人**送达起诉书副本时**，应当**告知**其有权申请排除非法证据。被告人及其辩护人申请排除非法证据，应当**在开庭审理前**提出，但**在庭审期间发现相关线索或者材料等情形除外**。人民法院应当在开庭审理前将申请书和相关线索或者材料的**复制件送交人民检察院**。"

（2）庭前审查

《关于办理刑事案件严格排除非法证据若干问题的规定》第24条规定："被告人及其辩护人在开庭审理前申请排除非法证据，**未提供相关线索或者材**

料，不符合法律规定的申请条件的，人民法院对申请**不予受理**。”

（3）庭前会议

《关于办理刑事案件严格排除非法证据若干问题的规定》第25条规定：“被告人及其辩护人在开庭审理前申请排除非法证据，按照法律规定提供相关线索或者材料的，人民法院**应**当召开庭前会议。人民检察院应当通过出示有关证据材料等方式，有针对性地对证据收集的合法性作出说明。人民法院可以核实情况，听取意见。人民检察院可以决定撤回有关证据，撤回的证据，没有新的理由，不得在庭审中出示。被告人及其辩护人可以撤回排除非法证据的申请。撤回申请后，没有新的线索或者材料，不得再次对有关证据提出排除申请。”

《关于办理刑事案件严格排除非法证据若干问题的规定》第26条规定：“公诉人、被告人及其辩护人在庭前会议中对证据收集是否合法未达成一致意见，人民法院对证据收集的合法性有疑问的，应当在庭审中进行调查；人民法院对证据收集的合法性没有疑问，且没有新的线索或者材料表明可能存在非法取证的，可以决定不再进行调查。”

上述内容可以通过下表理解和记忆：

	主体	行为	后果
庭前会议	被告人及其辩护人	在开庭审理前申请排除非法证据，按照法律规定提供相关线索或者材料	人民法院应当召开庭前会议
		可以撤回排除非法证据的申请	没有新的线索或材料，不得再次对有关证据提出排除申请
	人民检察院	应当通过出示有关证据材料等方式，有针对性地对证据收集的合法性作出说明	
		可以决定撤回有关证据	没有新的理由，不得在庭审中出示
	人民法院	可以核实情况，听取意见	
		对证据收集的合法性有疑问的	应当在庭审中进行调查
		对证据收集的合法性没有疑问，且没有新的线索或材料表明可能存在非法取证	可以决定不再进行调查

2. 庭审中的证据合法性调查

《关于办理刑事案件严格排除非法证据若干问题的规定》第28条规定：“**公诉人宣读起诉书后，法庭应当宣布开庭审理前对证据收集合法性的审查及处理情况**。”

《关于办理刑事案件严格排除非法证据若干问题的规定》第29条规定：“被告人及其辩护人在开庭审理前未申请排除非法证据，在法庭审理过程中提出申请的，应当说明理由。对前述情形，法庭经审查，对证据收集的合法性有疑问的，应当进行调查；没有疑问的，应当驳回申请。法庭驳回排除非法证据申请后，被告人及其辩护人没有新的线索或者材料，以相同理由再次提出申请的，法庭不再审查。”

《关于办理刑事案件严格排除非法证据若干问题的规定》第30条规定：“庭审期间，法庭决定对证据收集的合法性进行调查的，应当**先行当庭调查**。但为防止庭审过分迟延，也可以在**法庭调查结束前**进行调查。”

《关于办理刑事案件严格排除非法证据若干问题的规定》第31条规定：“公诉人对证据收集的合法性加以证明，可以出示讯问笔录、提讯登记、体检记录、采取强制措施或者侦查措施的法律文书、侦查终结前对讯问合法性的核查材料等证据材料，有针对性地播放讯问录音录像，提请法庭通知侦查人员或者其他人员出庭说明情况。被告人及其辩护人可以出示相关线索或者材料，并申请法庭播放特定时段的讯问录音录像。侦查人员或者其他人员出庭，应当向法庭说明证据收集过程，并就相关情况接受发问。对发问方式不当或者内容与证据收集的合法性无关的，法庭应当制止。**公诉人、被告人及其辩护人可以对证据收集的合法性进行质证、辩论。**”

《关于办理刑事案件严格排除非法证据若干问题的规定》第27条规定：“被告人及其辩护人申请人民法院通知侦查人员或者其他人员出庭，人民法院认为现有证据材料不能证明证据收集的合法性，确有必要通知上述人员出庭作证或者说明情况的，可以通知上述人员出庭。”

上述双色重点显示的规定内容可通过下表理解和记忆：

<table>
<tr><th></th><th>主体</th><th colspan="2">行为</th><th>后果</th></tr>
<tr><td rowspan="15">庭审中的证据合法性调查</td><td rowspan="6">被告人及其辩护人</td><td colspan="2" rowspan="2">在开庭审理前未申请排除非法证据，在法庭审理过程中提出申请的，应当说明理由</td><td>法庭经审查有疑问的，应予调查</td></tr>
<tr><td>没有疑问，驳回申请后没有新线索或材料以相同理由再次申请的，不再审查</td></tr>
<tr><td colspan="2">出示相关线索或者材料</td><td></td></tr>
<tr><td colspan="2">申请播放特定时段的讯问录音录像</td><td></td></tr>
<tr><td colspan="2">申请法院通知侦查人员或其他人员出庭</td><td>法院认为现有证据材料不能证明证据合法性，确有必要的，可通知其出庭</td></tr>
<tr><td colspan="3"></td></tr>
<tr><td rowspan="7">公诉人</td><td rowspan="5">出示证据材料</td><td>讯问笔录</td><td></td></tr>
<tr><td>提讯登记</td><td></td></tr>
<tr><td>体检记录</td><td></td></tr>
<tr><td>采取侦查或强制措施的法律文书</td><td></td></tr>
<tr><td>侦查终结前对讯问合法性的核查材料等</td><td></td></tr>
<tr><td colspan="2">有针对性地播放讯问录音录像</td><td></td></tr>
<tr><td colspan="2">提请法庭通知侦查人员或其他人员出庭说明情况</td><td>向法庭说明证据收集过程，并就相关情况接受发问</td></tr>
</table>

《关于办理刑事案件严格排除非法证据若干问题的规定》第32条规定：“法庭对控辩双方提供的证据有疑问的，可以宣布休庭，对证据进行调查核实。**必要时，可以通知公诉人、辩护人到场**。”

相关真题可参见本书第三部分2011年案例分析题第1－2问。

3. 调查后的处理

《关于办理刑事案件严格排除非法证据若干问题的规定》第33条规定：“法庭对证据收集的合法性进行调查后，应当当庭作出是否排除有关证据的决定。必要时，可以宣布休庭，由合议庭评议或者提交审判委员会讨论，再次开庭时宣布决定。在法庭作出是否排除有关证据的决定前，不得对有关证据宣读、质证。”

《关于办理刑事案件严格排除非法证据若干问题的规定》第34条规定：“经法庭审理，确认存在本规定所规定的以非法方法收集证据情形的，对有关证据应当予以排除。法庭根据相关线索或者材料对证据收集的合法性有疑问，而人民检察院未提供证据或者提供的证据不能证明证据收集的合法性，不能排除存在本规定所规定的以非法方法收集证据情形的，对有关证据应当予以排除。对依法予以排除的证据，不得宣读、质证，不得作为判决的根据。”

上述规定可通过下表理解和记忆：

<table>
<tr><td rowspan="5">调查后的处理</td><td rowspan="3">程序</td><td>调查后</td><td>当庭作出是否排除有关证据的决定</td></tr>
<tr><td>必要时</td><td>宣布休庭，由合议庭评议或提交审判委员会讨论，再次开庭时宣布决定</td></tr>
<tr><td>决定前及排除后</td><td>不得对有关证据宣读、质证</td></tr>
<tr><td rowspan="2">条件</td><td>确认存在非法取证</td><td>对有关证据应当予以排除</td></tr>
<tr><td>不能排除存在非法取证</td><td></td></tr>
</table>

《关于办理刑事案件严格排除非法证据若干问题的规定》第35条规定：“人民法院排除非法证据后，案件事实清楚，证据确实、充分，依据法律认定被告人有罪的，应当作出有罪判决；证据不足，不能认定被告人有罪的，应当作出证据不足、指控的犯罪不能成立的无罪判决；**案件部分事实清楚，证据确实、充分的，依法认定该部分事实**。”

《关于办理刑事案件严格排除非法证据若干问题的规定》第36条规定：“**人民法院对证据收集合法性的审查、调查结论，应当在裁判文书中写明，并说明理由**。”

《关于办理刑事案件严格排除非法证据若干问题的规定》第37条规定：“人民法院对证人证言、被害人陈述等证据收集合法性的审查、调查，参照上述规定。”

综上所述，需要特别强调的是，被告人及其辩护人申请排除非法证据，应当提供相关线索或者材料，否则人民法院在开庭前会不予受理，在开庭后会驳回申请，但这种提供相关线索或者材料的责任与公诉人在证据合法性调查中所承担的证明责任所要达到的标准是不一样的。**被告人及其辩护人提供的线索或者材料只要能够达到使人民法院对证据收集的合法性产生疑问即可**，一旦人民法院对此产生疑问，就要启动证据合法性调查；**公诉人对证据合法性的证明则必须达到能够排除非法取证的程度**，也即确认存在法定非法取证情形的，相关证据要排除；无法确认但也无法排除存在法定非法取证情形的，相关证据也要被排除。这也说明公诉人对其所主张的证据合法须承担证明责任，而被告人及其辩护人对其所主张的非法取证并不承担证明责任，仅承担提供线索或材料的责任。

4. 二审

《关于办理刑事案件严格排除非法证据若干问题的规定》第 38 条规定："人民检察院、被告人及其法定代理人提出抗诉、上诉，对第一审人民法院有关证据收集合法性的审查、调查结论提出异议的，第二审人民法院应当审查。被告人及其辩护人在第一审程序中未申请排除非法证据，在第二审程序中提出申请的，应当说明理由。第二审人民法院应当审查。**人民检察院在第一审程序中未出示证据证明证据收集的合法性，第一审人民法院依法排除有关证据的，人民检察院在第二审程序中不得出示之前未出示的证据，但在第一审程序后发现的除外**。"

第二审程序适用"全面审查原则"，因此对人民检察院、被告人及其辩护人代理人就第一审人民法院有关证据收集合法性的审查、调查结论提出异议的，当然应当审查。这一点无须特别记忆。但是对规定中的双色重点显示部分应当予以留意。**人民检察院在一审中发现但是却没有出示能够证明取证合法的证据，导致相关证据被排除后，又要求在二审程序中出示的：不予准许。但如果该证据是在一审后才被发现的，则可以出示。**

《关于办理刑事案件严格排除非法证据若干问题的规定》第 39 条规定："第二审人民法院对证据收集合法性的调查，参照上述第一审程序的规定。"

《关于办理刑事案件严格排除非法证据若干问题的规定》第 40 条规定："第一审人民法院对被告人及其辩护人排除非法证据的申请未予审查，并以有关证据作为定案根据，可能影响公正审判的，第二审人民法院可以裁定撤销原判，发回原审人民法院重新审判。第一审人民法院对依法应当排除的非法证据未予排除的，第二审人民法院可以依法排除非法证据。排除非法证据后，原判决认定事实和适用法律正确、量刑适当的，应当裁定驳回上诉或者抗诉，维持原判；原判决认定事实没有错误，但适用法律有错误，或者量刑不当的，应当改判；原判决事实不清楚或者证据不足的，可以裁定撤销原判，发回原审人民法院重新审判。"

一审	二审	排除后的处理	
一审法院未审查非法证据排除申请，并以有关证据作为定案根据，可能影响公正审判	可以裁定撤销原判，发回原审人民法院重新审判		
一审法院对依法应当排除的非法证据未予排除的	可以依法排除	原判决认定事实和适用法律正确、量刑适当	应当裁定驳回上诉或者抗诉，维持原判
		原判决认定事实没有错误，但适用法律有错误，或者量刑不当的	应当改判
		原判决事实不清楚或证据不足的	可以裁定撤销原判，发回原审人民法院重新审判

关于二审法院排除非法证据后的处理，可以与《刑事诉讼法》第236条关于一般情况下二审后的处理相对比。该条规定："第二审人民法院对不服第一审判决的上诉、抗诉案件，经过审理后，应当按照下列情形分别处理：（一）原判决认定事实和适用法律正确、量刑适当的，应当裁定驳回上诉或者抗诉，维持原判；（二）原判决认定事实没有错误，但适用法律有错误，或者量刑不当的，应当改判；（三）原判决事实不清楚或者证据不足的，可以在查清事实后改判；也可以裁定撤销原判，发回原审人民法院重新审判。原审人民法院对于依照前款第三项规定发回重新审判的案件作出判决后，被告人提出上诉或者人民检察院提出抗诉的，第二审人民法院应当依法作出判决或者裁定，不得再发回原审人民法院重新审判。"可见，其区别主要在于，对于一般的二审案件，经审理认为原判决事实不清或者证据不足的，有两种处理，一是查清事实后改判；二是裁定撤销原判，发回原审人民法院重新审判。而对于二审中排除了一审未予排除的非法证据导致原判决事实不清或者证据不足的，《关于办理刑事案件严格排除非法证据若干问题的规定》第40条仅仅规定了一种处理方式，即可以裁定撤销原判，发回原审人民法院重新审判。

考点14 意见证据规则

命题分析

在证据规则中，除非法证据排除规则外，另一个易出现的考点就是意见证据规则。从命题的角度来看，**容易在案例分析题中设置一个小问题，涉及对证人证言、鉴定意见等证据的分析。**

考点解析

意见证据规则，是指证人只能陈述自己亲身感受和经历的事实，而不得陈述对该事实的意见或者结论。例如，证人说："我看见张三从那个屋里出来"，这就是对事实的陈述，而如其说："肯定是张三干的"，这就是意见。再如，证人说："我看见张三突然又哭又笑"，这就是对事实的陈述，而如其说："张三肯定有精神病"，这就是意见。证人的意见不能作为证据使用。

意见证据规则源于英美法系。英美国家将证人分为"专家证人"和"普通证人"。**专家证人可以基于专业知识提供意见证据，而普通证人只能就其亲身感受和经历的事实提供证言，而不能提供意见、推论或结论。但也存在一些例外。**英美法系意见证据规则的理论依据主要有：第一，根据事实作出判断是事实裁判者的职权，证人的职责只是把事实提供给裁判者，而不是对该事实作出判断并发表意见；第二，普通证人发表意见可能对案件事实的认定产生误导；第三，普通证人缺乏发表意见所需要的专门性知识与经验；第四，普通证人的意见对案件事实的认定没有价值。

我国的鉴定人类似于英美法系的专家证人，其所出具的**鉴定意见就是一种意见证据，不受意见证据规则的规制**。但证人不能提供意见证据。《最高人民法院关于适用〈中华人民共和国刑事诉讼法〉的解释》第75条规定："**证人的猜测性、评论性、推断性的证言，不得作为证据使用，但根据一般生活经验判断符合事实的除外**。"这就是我国的意见证据规则。有的时候，证人陈述意见是不可避免的，例如："他看上去二十多岁"也是一种意见，但是这属于根据一般生活经验可以判断的事项，如其符合事实，是可以作为证据使用的。

考点15 适用强制措施的原则和应当考虑的因素

命题分析

从命制大题的角度来看，强制措施这部分容易考查的考点就是“适用强制措施的原则和应当考虑的因素”，且**可能会结合惩罚犯罪与保障人权等理论来设置理论性考点**，需要考生对此做好相应的准备。

考点解析

一、强制措施的内涵

强制措施在刑事诉讼中发挥着重要作用，可以防止犯罪嫌疑人、被告人逃避侦查、起诉和审判，防止犯罪嫌疑人、被告人实施妨害诉讼的活动或继续进行犯罪活动，防止犯罪嫌疑人、被告人自杀以及发生其他意外事件，还可以起到震慑犯罪分子，鼓励群众积极同犯罪行为做斗争，以及预防犯罪的作用。但由于强制措施涉及宪法所保障的公民的人身自由权，因此其适用必须慎重，遵循相应的原则并全面考虑相关因素。

二、适用原则

适用强制措施应当遵循必要性原则、相当性原则和变更性原则。

（1）必要性原则，是指只有在为保证刑事诉讼的顺利进行而有必要时方能采取，若无必要，不得随意适用强制措施。

（2）相当性原则，又称为比例原则，是指适用何种强制措施，应当与犯罪嫌疑人、被告人的人身危险性程度和涉嫌犯罪的轻重程度相适应。

（3）变更性原则，是指强制措施的适用，需要随着诉讼的进展、犯罪嫌疑人、被告人及案件情况的变化而及时变更或解除。

三、应当考虑的因素

除遵循上述三项原则外，**适用强制措施还要全面考虑一系列的因素**：

（1）犯罪嫌疑人、被告人所实施行为的社会危害性。社会危害性越大，采取强制措施的必要性也就越大，适用的强制措施的强制力度也就越高。

（2）犯罪嫌疑人、被告人逃避侦查、起诉和审判或者进行各种妨害刑事诉讼的行为的可能性。可能性越大，采取强制措施的必要性及强度就越高。

（3）公安司法机关对案件事实的调查情况和对案件证据的掌握情况。适用强制措施必须按照法定条件，只有根据已经查明的案件事实和已有的证据，才能确定对犯罪嫌疑人、被告人具体采用的强制措施的种类。

（4）犯罪嫌疑人、被告人的个人情况。如其身体健康状况，是否正在怀孕、哺乳自己婴儿的妇女等，以确定是否对其采用强制措施和采用何种强制措施。

考点16 取保候审

命题分析

取保候审这一考点不大可能单独命制主观题，**最可能出现的形式就是结合其他考点共同命制。**比如在案例题中描述了某个案件从立案、侦查、起诉再到审判的整个流程。其中侦查、起诉或者审判阶段就有可能涉及取保候审这一强制措施的适用，然后让考生分析材料中的做法是否正确，并说明理由。在接下来的监视居住、逮捕以及羁押必要性复查这几个考点都有非常相似的命题思路。

考点解析

一、保证人保证与保证金保证

人民法院、人民检察院和公安机关决定对犯罪嫌疑人、被告人取保候审，应当责令犯罪嫌疑人、被告人提出保证人或者交纳保证金。因此，取保候审的方式有两种：保证人保证和保证金保证。值得注意的是，对同一犯罪嫌疑人或被告人的取保候审，**不得同时使用保证人保证和保证金保证方式**，只能择其一而适用。

（一）保证人保证

1. 保证人保证的适用情形和保证人的数量

对下列被告人决定取保候审的，可以责令其提出1～2名保证人：①无力交纳保证金的；②未成年或者已满 75 周岁的；③不宜收取保证金的其他被告人。

2. 保证人的条件

保证人必须符合下列条件：①与本案无牵连；②有能力履行保证义务；③享有政治权利，人身自由未受到限制；④有固定的住处和收入。

3. 保证人的义务

保证人应当履行以下义务：①监督被保证人遵守取保候审期间应当遵守的相关规定；②发现被保证人可能发生或者已经发生违反规定的行为的，应当及时向执行机关报告。

4. 保证人未履行保证义务的责任

被保证人违反取保候审期间应遵守的规定，保证人未履行保证义务的，对保证人处以罚款，构成犯罪的，依法追究刑事责任。

根据案件事实和法律规定，认为已经构成犯罪的被告人在取保候审期间逃匿的，如果系保证人协助被告人逃匿，或者保证人明知被告人藏匿地点但拒绝向司法机关提供，对保证人应当依法追究刑事责任。

对取保候审保证人是否履行了保证义务，由公安机关认定，对保证人的罚款决定，也由公安机关作出。

5. 保证人保证方式的变更

被告人被取保候审期间，保证人不愿继续履行保证义务或者丧失履行保证义务能力的，人民法院应当在**收到保证人的申请或者公安机关的书面通知后 3 日内**，责令被告人重新提出保证人或者交纳保证金，或者变更强制措施，并通知公安机关。

上述内容可通过下表理解和记忆：

<table>
<tr><td rowspan="6">保证人保证</td><td>数量</td><td>1～2 名保证人</td></tr>
<tr><td rowspan="3">适用对象</td><td>无力交纳保证金的</td></tr>
<tr><td>未成年或者已满 75 周岁的</td></tr>
<tr><td>不宜收取保证金的其他被告人</td></tr>
<tr><td rowspan="2">义务</td><td>监督被保证人遵守本法第 71 条的规定</td></tr>
<tr><td>发现被保证人可能发生或者已经发生违反本法第 71 条规定的行为的，应当及时向执行机关报告</td></tr>
</table>

续表

<table>
<tr><td rowspan="5">保证人保证</td><td rowspan="3">责任</td><td>被保证人有违反本法第71条规定的行为，保证人未履行保证义务的，构成犯罪的</td><td rowspan="2">依法追究刑事责任</td></tr>
<tr><td>已经构成犯罪的被告人在取保候审期间逃匿的，如果系保证人协助被告人逃匿，或者保证人明知被告人藏匿地点但拒绝向司法机关提供</td></tr>
<tr><td colspan="2">保证人是否履行了保证义务由公安机关认定，罚款决定也由公安机关作出</td></tr>
<tr><td rowspan="2">变更</td><td>保证人不愿继续履行保证义务</td><td rowspan="2">责令被告人重新提出保证人或交纳保证金，或变更强制措施</td></tr>
<tr><td>保证人丧失履行保证义务能力</td></tr>
</table>

（二）保证金保证

1. 保证金的数额与收取管理

取保候审的决定机关应当综合考虑保证诉讼活动正常进行的需要，被取保候审人的社会危险性，案件的性质、情节，可能判处刑罚的轻重，被取保候审人的经济状况等情况，确定保证金的数额。提供保证金的人应当将保证金存入执行机关指定银行的专门账户。

对决定取保候审的被告人使用保证金保证的，应当责令被告人或者为其提供保证金的单位、个人将保证金一次性存入公安机关指定银行的专门账户。

《人民检察院刑事诉讼规则》第90条规定："采取保证金担保方式的，人民检察院可以根据犯罪嫌疑人的社会危险性，案件的性质、情节、危害后果，可能判处刑罚的轻重，犯罪嫌疑人的经济状况等，责令犯罪嫌疑人交纳一千元以上的保证金，对于未成年犯罪嫌疑人可以责令交纳五百元以上的保证金。"

2. 保证金的退还

犯罪嫌疑人、被告人在取保候审期间未违反相关规定的，取保候审结束的时候，凭解除取保候审的通知或者有关法律文书到银行领取退还的保证金。

对被取保候审的被告人的判决、裁定生效后，应当解除取保候审、退还保证金的，如果保证金属于其个人财产，人民法院可以书面通知公安机关将保证金移交人民法院，用以退赔被害人、履行附带民事赔偿义务或者执行财产刑，剩余部分应当退还被告人。

3. 保证金的“继承”

保证金的“继承”是指，如果已采取保证金取保候审的案件进入下一诉讼阶段，而下一诉讼阶段的机关决定继续采取保证金取保候审的，应重新作出取保候审的决定，期限也重新计算，但是不再重新收取保证金。

公安机关决定对犯罪嫌疑人取保候审，案件移送人民检察院审查起诉后，对于需要继续取保候审的，人民检察院应当依法重新作出取保候审决定，并对犯罪嫌疑人办理取保候审手续。取保候审的期限应当重新计算并告知犯罪嫌疑人。对继续采取保证金方式取保候审的，被取保候审人没有违反刑事诉讼法相关规定的，不变更保证金数额，不再重新收取保证金。

人民检察院、公安机关已经对犯罪嫌疑人取保候审、监视居住，案件起诉至人民法院后决定继续取保候审、监视居住的，应当**重新办理手续**，**期限重新计算**；继续使用保证金保证的，**不再收取保证金**。

4. 保证金的没收

公安机关在宣读没收保证金决定书时，应当告知如果对没收保证金的决定不服，被取保候审人或者其法定代理人可以向作出决定的公安机关申请复议。被取保候审人或者其法定代理人对复议决定不服的，可以向上一级公安机关申请复核一次。对上级公安机关撤销或者变更没收保证金决定的，下级公安机关应当执行。

5. 保证金的上缴

没收保证金的决定已过复议期限，或者经上级公安机关复核后维持原决定的，公安机关应当及时通知指定的银行将没收的保证金按照国家的有关规定上缴国库，并在三日以内通知决定取保候审的机关。

6. 保证金的暂扣

被取保候审人没有违反取保候审期间应遵守的相关规定，但在取保候审期间涉嫌重新故意犯罪被立案侦查的，负责执行的公安机关应当暂扣其交纳的保证金，待人民法院判决生效后，根据有关判决作出处理。

上述内容可通过下表理解和记忆：

<table>
<tr><td rowspan="19">保证金保证</td><td rowspan="8">金额</td><td>决定主体</td><td>取保候审的决定机关</td></tr>
<tr><td rowspan="5">考虑因素</td><td>保证诉讼活动正常进行的需要</td></tr>
<tr><td>被取保候审人的社会危险性</td></tr>
<tr><td>案件的性质、情节</td></tr>
<tr><td>可能判处刑罚的轻重</td></tr>
<tr><td>被取保候审人的经济状况等</td></tr>
<tr><td rowspan="2">起点金额</td><td>1000 元以上</td></tr>
<tr><td>未成年犯罪嫌疑人为 500 元以上</td></tr>
<tr><td>收取</td><td colspan="2">一次性存入（县级以上）公安机关指定银行的专门账户</td></tr>
<tr><td rowspan="5">退还</td><td colspan="2">凭解除取保候审的通知或者有关法律文书到银行领取</td></tr>
<tr><td rowspan="4">如果保证金属于其个人财产，人民法院可以书面通知公安机关将保证金移交人民法院</td><td>退赔被害人</td></tr>
<tr><td>履行附带民事赔偿义务</td></tr>
<tr><td>执行财产刑</td></tr>
<tr><td>剩余部分应当退还被告人</td></tr>
<tr><td>继承</td><td colspan="2">如下一阶段仍采保证金取保，需重新作出决定、计算期限，但不再收取保证金</td></tr>
<tr><td rowspan="2">没收</td><td colspan="2">可向作出决定的公安机关申请复议</td></tr>
<tr><td colspan="2">对复议决定不服的可向上一级公安机关申请复核</td></tr>
<tr><td rowspan="2">上缴</td><td>没收保证金的决定已过复议期限</td><td rowspan="2">通知指定的银行上缴国库，并在 3 日以内通知决定取保候审的机关</td></tr>
<tr><td>经上级公安机关复核后维持原决定的</td></tr>
<tr><td></td><td>暂扣</td><td>涉嫌重新故意犯罪被立案侦查</td><td>暂扣保证金，待判决生效后依判决处理</td></tr>
</table>

二、被取保候审人的义务及违反义务的处理

（一）被取保候审人的义务

1. 法定义务

法定义务是指法律规定的每一个被取保候审的犯罪嫌疑人、被告人在取保候审期间都必须履行的义务，包括：①未经执行机关批准不得离开所居住的市、县；②住址、工作单位和联系方式发生变动的，在 24 小时以内向执行机关报告；③在传讯的时候及时到案；④不得以任何形式干扰证人作证；⑤不得毁灭、伪造证据或者串供。”

2. 酌定义务

酌定义务是指人民法院、人民检察院和公安机关根据案件和被取保候审人的具体情况，责令被取保候审人在取保候审期间须遵守的义务，可以包括以下一项或多项：①不得进入特定的场所；②不得与特定的人员会见或者通信；③不得从事特定的活动；④将护照等出入境证件、驾驶证件交执行机关保存。

上述内容可通过下表理解和记忆：

<table>
<tr><td rowspan="9">被取保候审人的义务</td><td rowspan="5">法定义务</td><td>未经执行机关批准不得离开所居住的市、县</td></tr>
<tr><td>住址、工作单位和联系方式发生变动的，在24小时以内向执行机关报告</td></tr>
<tr><td>在传讯的时候及时到案</td></tr>
<tr><td>不得以任何形式干扰证人作证</td></tr>
<tr><td>不得毁灭、伪造证据或者串供</td></tr>
<tr><td rowspan="4">酌定义务</td><td>不得进入特定的场所</td></tr>
<tr><td>不得与特定的人员会见或者通信</td></tr>
<tr><td>不得从事特定的活动</td></tr>
<tr><td>将护照等出入境证件、驾驶证件交执行机关保存</td></tr>
</table>

（二）被取保候审人违反义务的处理

被取保候审的犯罪嫌疑人、被告人违反在取保候审期间应遵守的规定，已交纳保证金的，没收部分或者全部保证金，并且区别情形，责令犯罪嫌疑人、被告人具结悔过，重新交纳保证金、提出保证人，或者监视居住、予以逮捕。对违反取保候审规定，需要予以逮捕的，可以对犯罪嫌疑人、被告人先行拘留。

被取保候审的被告人具有下列情形之一的，人民法院应当决定逮捕：①故意实施新的犯罪的；②企图自杀、逃跑的；③毁灭、伪造证据，干扰证人作证或者串供的；④对被害人、举报人、控告人实施打击报复的；⑤经传唤，无正当理由不到案，影响审判活动正常进行的；⑥擅自改变联系方式或者居住地，导致无法传唤，影响审判活动正常进行的；⑦未经批准，擅自离开所居住的市、县，影响审判活动正常进行，或者两次未经批准，擅自离开所居住的市、县的；⑧违反规定进入特定场所、与特定人员会见或者通信、从事特定活动，影响审判活动正常进行，或者两次违反有关规定的；⑨依法应当决定逮捕的其他情形。

人民法院发现使用保证金保证的被取保候审人违反《刑事诉讼法》第 71 条第 1 款、第 2 款规定的，应当提出没收部分或者全部保证金的**书面意见**，连同有关材料一并**送交负责执行的公安机关处理**。人民法院收到公安机关已经没收保证金的书面通知或者变更强制措施的建议后，应当区别情形，责令被告人具结悔过，重新交纳保证金或者提出保证人，或者变更强制措施，并通知公安机关。人民法院决定对被依法没收保证金的被告人继续取保候审的，**取保候审的期限连续计算**。

上述规定可以通过下表理解和记忆：

<table>
<tr><td rowspan="13">被取保候审人违反规定的处理</td><td rowspan="13">没收部分或全部保证金</td><td colspan="3">责令犯罪嫌疑人、被告人具结悔过</td></tr>
<tr><td colspan="3">重新交纳保证金、提出保证人（取保候审期限连续计算）</td></tr>
<tr><td colspan="3">监视居住</td></tr>
<tr><td rowspan="10">予以逮捕</td><td rowspan="9">原因</td><td>故意实施新的犯罪的</td></tr>
<tr><td>企图自杀、逃跑的</td></tr>
<tr><td>毁灭、伪造证据，干扰证人作证或者串供的</td></tr>
<tr><td>对被害人、举报人、控告人实施打击报复的</td></tr>
<tr><td>经传唤，无正当理由不到案，影响审判活动正常进行的</td></tr>
<tr><td>擅自改变联系方式或者居住地，导致无法传唤，影响审判活动正常进行的</td></tr>
<tr><td>未经批准，擅自离开所居住的市、县，影响审判活动正常进行，或者两次未经批准，擅自离开所居住的市、县的</td></tr>
<tr><td>违反规定进入特定场所、与特定人员会见或者通信、从事特定活动，影响审判活动正常进行，或者两次违反有关规定的</td></tr>
<tr><td>依法应当决定逮捕的其他情形</td></tr>
<tr><td>程序</td><td>可以对犯罪嫌疑人、被告人先行拘留</td></tr>
</table>

考点 17　指定居所监视居住

命题分析

指定居所监视居住的命题思路与上一考点相似。**需要注意的是，在 2018 年修改后的《刑事诉讼法》中对指定居所监视居住的适用进行了修改，提醒考生对此要注意。**

考点解析

一、指定居所监视居住的适用条件

指定居所监视居住是监视居住中的一种特殊情况，因此，指定居所监视居住的适用条件首先涉及监视居住的适用条件。

（一）监视居住的适用条件

人民法院、人民检察院和公安机关对符合逮捕条件，有下列情形之一的犯罪嫌疑人、被告人，可以监视居住：①患有严重疾病、生活不能自理的；②怀孕或者正在哺乳自己婴儿的妇女；③系生活不能自理的人的唯一扶养人；④因为案件的特殊情况或者办理案件的需要，采取监视居住措施更为适宜的；⑤羁押期限届满，案件尚未办结，需要采取监视居住措施的。对符合取保候审条件，但犯罪嫌疑人、被告人不能提出保证人，也不交纳保证金的，可以监视居住。

上述内容可通过下表理解和记忆：

监视居住适用条件	符合逮捕条件	患有严重疾病、生活不能自理的
		怀孕或者正在哺乳自己婴儿的妇女
		系生活不能自理的人的唯一扶养人
		因为案件的特殊情况或者办理案件的需要，采取监视居住措施更为适宜的
		羁押期限届满，案件尚未办结，需要采取监视居住措施的
	符合取保条件	不能提出保证人，也不交纳保证金的

（二）指定居所监视居住的特殊适用条件

注意，2018 年《刑事诉讼法》对此进行了修改。监视居住应当在犯罪嫌疑人、被告人的住处执行；无固定住处的，可以在指定的居所执行。对于涉嫌危害国家安全犯罪、恐怖活动犯罪，在住处执行可能有碍侦查的，经上一级公安机关批准，也可以在指定的居所执行。但是，不得在羁押场所、专门的办案场所执行。

上述内容可以通过下表理解和记忆：

<table>
<tr><td rowspan="4">指定居所监视居住适用条件</td><td>所有犯罪</td><td colspan="2">无固定住处</td></tr>
<tr><td>危害国家安全犯罪</td><td rowspan="3">在住处执行可能有碍侦查</td><td rowspan="3">经上一级公安机关批准（删去了上一级人民检察院）</td></tr>
<tr><td>恐怖活动犯罪</td></tr>
<tr><td>特别重大贿赂犯罪（删去）</td></tr>
</table>

二、执行指定居所监视居住中的特殊规定

（一）执行地点

可以在指定的居所执行，但**不得在羁押场所、专门的办案场所执行**。

（二）及时通知被监视居住人家属

《刑事诉讼法》第 75 条第 2 款规定："指定居所监视居住的，**除无法通知的以外**，应当在执行监视居住后**二十四小时以内**，通知被监视居住人的家属。"该款规定仅要求将犯罪嫌疑人、被告人已被指定居所监视居住的信息通知其家属，并没有规定通知的内容。

关于指定居所监视居住中通知家属的内容，各部门的解释及规定均不相同。

《最高人民法院关于适用〈中华人民共和国刑事诉讼法〉的解释》第 126 条第 2 款规定："对被告人指定居所监视居住后，人民法院应当在二十四小时内，将监视居住的**原因**和**处所**通知其家属；确实无法通知的，应当记录在案。"**也即通知内容包括监视居住的原因和处所**。

《公安机关办理刑事案件程序规定》第 109 条第 1 款规定："指定居所监视居住的，除无法通知的以外，应当制作监视居住通知书，在执行监视居住后二十四小时以内，由决定机关通知被监视居住人的家属。"**没有明确规定通知内容**。

（三）折抵刑期

指定居所监视居住的期限应当折抵刑期。**被判处管制的，监视居住一日折抵刑期一日；被判处拘役、有期徒刑的，监视居住二日折抵刑期一日**。

考点 18 逮捕

命题分析

逮捕的命题思路与考点 16 相似。需要注意的是，**在 2018 年修改后的《刑**

事诉讼法》中对批准或决定逮捕时对社会危险性的审查进行了修改，提醒考生对此要注意。

考点解析

一、审查逮捕的程序

公安机关要求逮捕犯罪嫌疑人的时候，应当写出提请批准逮捕书，连同案卷材料、证据，一并移送同级人民检察院审查批准。必要的时候，人民检察院可以派人参加公安机关对于重大案件的讨论。

注意：2018 年《刑事诉讼法》中对社会危险性的审查增加了一项：修改后的第 81 条增加了一款，“批准或者决定逮捕，应当将犯罪嫌疑人、被告人涉嫌犯罪的性质、情节，认罪认罚等情况，作为是否可能发生社会危险性的考虑因素。”

人民检察院审查批准或者决定逮捕犯罪嫌疑人，由侦查监督部门办理。

侦查监督部门办理审查逮捕案件，应当审阅案卷材料和证据，依法讯问犯罪嫌疑人、询问证人等诉讼参与人、听取辩护律师意见，制作审查逮捕意见书，提出批准或者决定逮捕、不批准或者不予逮捕的意见，经部门负责人审核后，报请检察长批准或者决定；重大案件应当经检察委员会讨论决定。**侦查监督部门办理审查逮捕案件，不另行侦查，不得直接提出采取取保候审措施的意见**。

关于审查逮捕中讯问犯罪嫌疑人的范围，《刑事诉讼法》第 88 条规定：“人民检察院审查批准逮捕，可以讯问犯罪嫌疑人；有下列情形之一的，应当讯问犯罪嫌疑人：（一）对是否符合逮捕条件有疑问的；（二）犯罪嫌疑人要求向检察人员当面陈述的；（三）侦查活动可能有重大违法行为的。人民检察院审查批准逮捕，可以询问证人等诉讼参与人，听取辩护律师的意见；辩护律师提出要求的，应当听取辩护律师的意见。”

但《人民检察院刑事诉讼规则》第 305 条扩大了应当讯问的犯罪嫌疑人的范围，该条规定：“侦查监督部门办理审查逮捕案件，可以讯问犯罪嫌疑人；有下列情形之一的，应当讯问犯罪嫌疑人：（一）对是否符合逮捕条件有疑问的；（二）犯罪嫌疑人要求向检察人员当面陈述的；（三）侦查活动可能有重大违法行为的；（四）案情重大疑难复杂的；（五）犯罪嫌疑人系未成年人的；（六）犯罪嫌疑人是盲、聋、哑人或者是尚未完全丧失辨认或者控制自己行为能力的精神病人的。讯问未被拘留的犯罪嫌疑人，讯问前应当征求侦查机关的意见，并做好办案安全风险评估预警工作。是否符合逮捕条件有疑问主要包括罪与非罪界限不清的，据以定罪的证据之间存在矛盾的，犯罪嫌疑人的供述前后矛盾或者违背常理的，有无社会危险性难以把握的，以及犯罪嫌疑人是否达到刑事责任年龄需要确认等情形。重大违法行为是指办案严重违反法律规定的程序，或者存在刑讯逼供等严重侵犯犯罪嫌疑人人身权利和其他诉讼权利等情形。”

此外，《人民检察院刑事诉讼规则》第306条还规定：“在审查逮捕中对被拘留的犯罪嫌疑人不予讯问的，应当送达听取犯罪嫌疑人意见书，由犯罪嫌疑人填写后及时收回审查并附卷。经审查发现应当讯问犯罪嫌疑人的，应当及时讯问。”

上述规定中的要点可通过下表予以理解和记忆：

<table>
<tr><th></th><th>方法</th><th>条件</th><th>备注</th></tr>
<tr><td rowspan="11">审查逮捕的程序</td><td rowspan="6">可以讯问犯罪嫌疑人；有下列情形之一的，应当讯问犯罪嫌疑人</td><td>对是否符合逮捕条件有疑问的</td><td rowspan="6">讯问未被拘留的犯罪嫌疑人，讯问前应当征求侦查机关的意见</td></tr>
<tr><td>犯罪嫌疑人要求向检察人员当面陈述的</td></tr>
<tr><td>侦查活动可能有重大违法行为的</td></tr>
<tr><td>案情重大疑难复杂的</td></tr>
<tr><td>犯罪嫌疑人系未成年人的</td></tr>
<tr><td>犯罪嫌疑人是盲、聋、哑人或者是尚未完全丧失辨认或者控制自己行为能力的精神病人的</td></tr>
<tr><td>送达听取意见书</td><td colspan="2">对未被讯问的被拘留人</td></tr>
<tr><td colspan="3">可以询问证人等诉讼参与人</td></tr>
<tr><td colspan="3">可以听取辩护律师的意见，辩护律师提出要求的，应当听取</td></tr>
<tr><td colspan="3">必要的时候，人民检察院可以派人参加公安机关对于重大案件的讨论</td></tr>
<tr><td colspan="3">不另行侦查</td></tr>
</table>

二、审查逮捕的决定

人民检察院审查批准逮捕犯罪嫌疑人**由检察长决定**。**重大案件应当提交检察委员会讨论决定**。

人民检察院对于公安机关提请批准逮捕的案件进行审查后，应当根据情况分别作出批准逮捕或者不批准逮捕的决定。对于批准逮捕的决定，公安机关应当立即执行，并且将执行情况及时通知人民检察院。对于不批准逮捕的，人民检察院应当说明理由，需要补充侦查的，应当同时通知公安机关。

公安机关对人民检察院不批准逮捕的决定，认为有错误的时候，可以要求复议，但是必须将被拘留的人立即释放。如果意见不被接受，可以向上一级人民检察院提请复核。上级人民检察院应当立即复核，作出是否变更的决定，通知下级人民检察院和公安机关执行。

上述规定中的要点可通过下表予以理解和记忆：

<table>
<tr><th></th><th></th><th>公安机关</th><th>检察院</th></tr>
<tr><td rowspan="7">审查逮捕的决定</td><td rowspan="2">批准逮捕</td><td>立即执行</td><td rowspan="2"></td></tr>
<tr><td>将执行情况及时通知检察院</td></tr>
<tr><td rowspan="5">不批准逮捕</td><td rowspan="3"></td><td>说明理由</td></tr>
<tr><td>需要补充侦查的，应同时通知公安机关</td></tr>
<tr><td>不得直接提出采取取保候审措施的意见</td></tr>
<tr><td>要求复议，并立即释放被拘留人</td><td></td></tr>
<tr><td>向上一级人民检察院提请复核</td><td></td></tr>
</table>

三、《刑事诉讼法》关于强制措施的变更、撤销或解除的一般规定

一般而言，强制措施的撤销或者变更是因为适用强制措施的条件自始或嗣后不存在，导致采取强制措施不当，因而予以撤销或者变更。强制措施的解除或者变更则是因为在强制措施执行的过程中出现了其他情形，导致不宜继续适用，因而予以解除或变更。

1. 采取强制措施不当的：人民法院、人民检察院和公安机关如果发现对犯罪嫌疑人、被告人采取强制措施不当的，应当及时撤销或者变更。公安机关释放被逮捕的人或者变更逮捕措施的，应当通知原批准的人民检察院。

2. 采取强制措施法定期限届满的：人民法院、人民检察院或者公安机关对被采取强制措施法定期限届满的犯罪嫌疑人、被告人，应当予以释放、解除取保候审、监视居住或者依法变更强制措施。犯罪嫌疑人、被告人及其法定代理人、近亲属或者辩护人对于人民法院、人民检察院或者公安机关采取强制措施法定期限届满的，有权要求解除强制措施。

3. 不能在法定办案期限办结的：犯罪嫌疑人、被告人被羁押的案件，不

能在本法规定的侦查羁押、审查起诉、一审、二审期限内办结的，对犯罪嫌疑人、被告人应当予以释放；需要继续查证、审理的，对犯罪嫌疑人、被告人可以取保候审或者监视居住。

上述规定可通过下表理解和记忆：

	事由	处理
强制措施的变更、撤销或解除	采取强制措施不当	及时撤销或者变更
		公安机关释放被逮捕的人或者变更逮捕措施的，应当通知原批准的人民检察院
	采取强制措施法定期限届满	予以释放、解除取保候审、监视居住或者依法变更强制措施
		犯罪嫌疑人、被告人及其法定代理人、近亲属或辩护人有权要求解除
	羁押，不能在法定期限内办结	予以释放
		需要继续查证、审理的，可以取保候审或者监视居住

此外，**犯罪嫌疑人、被告人及其法定代理人、近亲属或者辩护人**有权申请变更强制措施。人民法院、人民检察院和公安机关收到申请后，应当在**三日以内**作出决定；不同意变更强制措施的，应当告知申请人，并说明不同意的理由。

四、《最高人民法院关于适用〈中华人民共和国刑事诉讼法〉的解释》关于逮捕的变更、撤销或解除的规定

《最高人民法院关于适用〈中华人民共和国刑事诉讼法〉的解释》第133条规定："被逮捕的被告人具有下列情形之一的，人民法院可以变更强制措施：（一）患有严重疾病、生活不能自理的；（二）怀孕或者正在哺乳自己婴儿的；（三）系生活不能自理的人的唯一扶养人。"

《最高人民法院关于适用〈中华人民共和国刑事诉讼法〉的解释》第134条规定："第一审人民法院判决被告人无罪、不负刑事责任或者免除刑事处罚，被告人在押的，应当在宣判后立即释放。被逮捕的被告人具有下列情形之一的，人民法院应当变更强制措施或者予以释放：（一）第一审人民法院判处管制、宣告缓刑、单独适用附加刑，判决尚未发生法律效力的；（二）被告人被羁押的时间已到第一审人民法院对其判处的刑期期限的；（三）案件不能在法律规定的期限内审结的。"

上述规定可通过下表理解和记忆：

<table>
<tr><th></th><th>处理</th><th>事由</th><th colspan="2">程序</th></tr>
<tr><td rowspan="7">逮捕的变更撤销解除</td><td>应当予以释放</td><td>一审判决无罪、不负刑事责任或免除刑事处罚</td><td rowspan="7">立即将变更强制措施决定书或者释放通知书送交公安机关执行</td><td rowspan="7">检察院建议的应在收到建议后10日内将处理情况通知检察院</td></tr>
<tr><td rowspan="3">应当变更强制措施或予以释放</td><td>第一审人民法院判处管制、宣告缓刑、单独适用附加刑，判决尚未发生法律效力的</td></tr>
<tr><td>被告人被羁押的时间已到第一审人民法院对其判处的刑期期限的</td></tr>
<tr><td>案件不能在法律规定的期限内审结的</td></tr>
<tr><td rowspan="3">可以变更强制措施或予以释放</td><td>患有严重疾病、生活不能自理的</td></tr>
<tr><td>怀孕或者正在哺乳自己婴儿的</td></tr>
<tr><td>系生活不能自理的人的唯一扶养人</td></tr>
</table>

考点19　羁押必要性的审查

命题分析

羁押必要性审查是2012年刑事诉讼法修改后的新增内容。2016年最高人民检察院又发布了《人民检察院办理羁押必要性审查案件规定（试行）》，对《人民检察院刑事诉讼规则》中的相关规定作出了调整，因此考生在主观题的准备过程中应重视该考点。**备考时主要以《人民检察院办理羁押必要性审查案件规定（试行）》中的相关规定为准，同时注意结合前述考点15的内容，注意相关理论性考题的命制。**

考点解析

一、羁押必要性审查的对象、主体及启动方式

（一）羁押必要性审查的对象

《刑事诉讼法》第95条规定："犯罪嫌疑人、被告人被逮捕后，人民检察院仍应当对羁押的必要性进行审查。对不需要继续羁押的，应当建议予以释放或者变更强制措施……"

羁押必要性审查，是指人民检察院依据刑事诉讼法的相关规定，**对被逮捕的犯罪嫌疑人、被告人有无继续羁押的必要性**进行审查，对不需要继续羁押

的，建议办案机关予以释放或者变更强制措施的监督活动。

（二）羁押必要性审查的主体

《人民检察院办理羁押必要性审查案件规定（试行）》第3条规定："羁押必要性审查案件由办案机关对应的**同级人民检察院刑事执行检察部门**统一办理，侦查监督、公诉、侦查、案件管理、检察技术等部门予以配合。"

《人民检察院办理羁押必要性审查案件规定（试行）》第8条规定："羁押必要性审查的申请由办案机关对应的同级人民检察院刑事执行检察部门统一受理。办案机关对应的同级人民检察院控告检察、案件管理等部门收到羁押必要性审查申请后，应当在一个工作日以内移送本院刑事执行检察部门。其他人民检察院收到羁押必要性审查申请的，应当告知申请人向办案机关对应的同级人民检察院提出申请，或者在两个工作日以内将申请材料移送办案机关对应的同级人民检察院，并告知申请人。"

上述规定与《人民检察院刑事诉讼规则》中的相关规定不一致，《人民检察院办理羁押必要性审查案件规定（试行）》出台后应以该文件中的规定为准。

（三）羁押必要性审查的启动方式

1. 依申请启动

《人民检察院办理羁押必要性审查案件规定（试行）》第7条规定："犯罪嫌疑人、被告人及其法定代理人、近亲属、辩护人申请进行羁押必要性审查的，应当说明不需要继续羁押的理由。有相关证明材料的，应当一并提供。"

《人民检察院办理羁押必要性审查案件规定（试行）》第27条规定："人民检察院依看守所建议进行羁押必要性审查的，参照依申请进行羁押必要性审查的程序办理。"

2. 依职权启动

《人民检察院办理羁押必要性审查案件规定（试行）》第11条规定："刑事执行检察部门对本院批准逮捕和同级人民法院决定逮捕的犯罪嫌疑人、被告人，应当依职权对羁押必要性进行初审。"

上述规定可通过下表理解和记忆：

<table>
<tr><td rowspan="6">羁押必要性审查</td><td>对象</td><td colspan="3">被逮捕的犯罪嫌疑人、被告人有无继续羁押的必要性</td></tr>
<tr><td>主体</td><td colspan="3">同级人民检察院刑事执行检察部门</td></tr>
<tr><td rowspan="4">启动</td><td rowspan="2">依申请</td><td>犯罪嫌疑人、被告人及其法定代理人、近亲属、辩护人</td><td rowspan="2">应当说明不需要继续羁押的理由，有相关证明材料的，应一并提供</td></tr>
<tr><td>看守所</td></tr>
<tr><td rowspan="2">依职权</td><td colspan="2">本院批准逮捕的</td></tr>
<tr><td colspan="2">同级人民法院决定逮捕的</td></tr>
</table>

二、羁押必要性审查的方法

（一）审查方式

《人民检察院办理羁押必要性审查案件规定（试行）》第 13 条规定：“人民检察院进行羁押必要性审查，可以采取以下方式：（一）审查犯罪嫌疑人、被告人不需要继续羁押的理由和证明材料；（二）听取犯罪嫌疑人、被告人及其法定代理人、辩护人的意见；（三）听取被害人及其法定代理人、诉讼代理人的意见，了解是否达成和解协议；（四）听取现阶段办案机关的意见；（五）听取侦查监督部门或者公诉部门的意见；（六）调查核实犯罪嫌疑人、被告人的身体状况；（七）其他方式。”

（二）公开审查的原则及其例外

《人民检察院办理羁押必要性审查案件规定（试行）》第 13 条规定：“人民检察院可以对羁押必要性审查案件进行公开审查。但是，涉及国家秘密、商业秘密、个人隐私的案件除外。公开审查可以邀请与案件没有利害关系的人大代表、政协委员、人民监督员、特约检察员参加。”

（三）羁押必要性的评估

《人民检察院办理羁押必要性审查案件规定（试行）》第 15 条规定：“人民检察院应当根据犯罪嫌疑人、被告人涉嫌犯罪事实、主观恶性、悔罪表现、身体状况、案件进展情况、可能判处的刑罚和有无再危害社会的危险等因素，综合评估有无必要继续羁押犯罪嫌疑人、被告人。”

《人民检察院办理羁押必要性审查案件规定（试行）》第 16 条规定：“评估犯罪嫌疑人、被告人有无继续羁押必要性可以采取量化方式，设置加分项目、减分项目、否决项目等具体标准。犯罪嫌疑人、被告人的得分情况可以作为综合评估的参考。”

上述规定可通过下表理解和记忆：

<table>
<tr><td rowspan="11">羁押必要性审查</td><td rowspan="7">审查方式</td><td colspan="2">审查犯罪嫌疑人、被告人不需要继续羁押的理由和证明材料</td></tr>
<tr><td colspan="2">听取犯罪嫌疑人、被告人及其法定代理人、辩护人的意见</td></tr>
<tr><td colspan="2">听取被害人及其法定代理人、诉讼代理人的意见，了解是否达成和解协议</td></tr>
<tr><td colspan="2">听取现阶段办案机关的意见</td></tr>
<tr><td colspan="2">听取侦查监督部门或者公诉部门的意见</td></tr>
<tr><td colspan="2">调查核实犯罪嫌疑人、被告人的身体状况</td></tr>
<tr><td colspan="2">其他方式</td></tr>
<tr><td rowspan="2">公开审查</td><td colspan="2">可邀与案件无利害关系的人大代表、政协委员、人民监督员、特约检察员参加</td></tr>
<tr><td>例外</td><td>涉及国家秘密、商业秘密、个人隐私的案件</td></tr>
<tr><td rowspan="2">评估</td><td>依据</td><td>犯罪嫌疑人、被告人涉嫌犯罪事实、主观恶性、悔罪表现、身体状况、案件进展情况、可能判处的刑罚和有无再危害社会的危险</td></tr>
<tr><td>方法</td><td>可以采取量化方式，量化结果仅为参考</td></tr>
</table>

三、羁押必要性审查后的处理

《人民检察院办理羁押必要性审查案件规定（试行）》第17条规定：“经羁押必要性审查，发现犯罪嫌疑人、被告人具有下列情形之一的，应当向办案机关提出释放或者变更强制措施的建议：（一）案件证据发生重大变化，没有证据证明有犯罪事实或者犯罪行为系犯罪嫌疑人、被告人所为的；（二）案件事实或者情节发生变化，犯罪嫌疑人、被告人可能被判处拘役、管制、独立适用附加刑、免予刑事处罚或者判决无罪的；（三）继续羁押犯罪嫌疑人、被告人，羁押期限将超过依法可能判处的刑期的；（四）案件事实基本查清，证据已经收集固定，符合取保候审或者监视居住条件的。”

《人民检察院办理羁押必要性审查案件规定（试行）》第18条规定：“经羁押必要性审查，发现犯罪嫌疑人、被告人具有下列情形之一，且具有悔罪表现，不予羁押不致发生社会危险性的，可以向办案机关提出释放或者变更强制措施的建议：（一）预备犯或者中止犯；（二）共同犯罪中的从犯或者胁从犯；（三）过失犯罪的；（四）防卫过当或者避险过当的；（五）主观恶性较小的初犯；（六）系未成年人或者年满七十五周岁的人；（七）与被害方依法自愿达成和解协议，且已经履行或者提供担保的；（八）患有严重疾病、生活不能自理的；（九）系怀孕或者正在哺乳自己婴儿的妇女；（十）系生活不能自理的人的唯一扶养人；（十一）可能被判处一年以下有期徒刑或者宣告缓刑的；（十二）其他不需要继续羁押犯罪嫌疑人、被告人的情形。”

上述规定可通过下表理解和记忆：

<table>
<tr><td rowspan="16">羁押必要性审查后的处理</td><td rowspan="4">应当向办案机关提出释放或者变更强制措施的建议</td><td colspan="2">案件证据发生重大变化，没有证据证明有犯罪事实或者犯罪行为系犯罪嫌疑人、被告人所为的</td></tr>
<tr><td colspan="2">案件事实或者情节发生变化，犯罪嫌疑人、被告人可能被判处拘役、管制、独立适用附加刑、免予刑事处罚或者判决无罪的</td></tr>
<tr><td colspan="2">继续羁押犯罪嫌疑人、被告人，羁押期限将超过依法可能判处的刑期的</td></tr>
<tr><td colspan="2">案件事实基本查清，证据已经收集固定，符合取保候审或监视居住条件的</td></tr>
<tr><td rowspan="12">可以向办案机关提出释放或者变更强制措施的建议</td><td rowspan="12">有悔罪表现，不予羁押不致发生社会危险性（不必逐项记忆）</td><td>预备犯或者中止犯</td></tr>
<tr><td>共同犯罪中的从犯或者胁从犯</td></tr>
<tr><td>过失犯罪的</td></tr>
<tr><td>防卫过当或者避险过当的</td></tr>
<tr><td>主观恶性较小的初犯</td></tr>
<tr><td>系未成年人或者年满七十五周岁的人</td></tr>
<tr><td>与被害方依法自愿达成和解协议，且已经履行或者提供担保的</td></tr>
<tr><td>患有严重疾病、生活不能自理的</td></tr>
<tr><td>系怀孕或者正在哺乳自己婴儿的妇女</td></tr>
<tr><td>系生活不能自理的人的唯一扶养人</td></tr>
<tr><td>可能被判处一年以下有期徒刑或者宣告缓刑的</td></tr>
<tr><td>其他不需要继续羁押犯罪嫌疑人、被告人的情形</td></tr>
</table>

四、羁押必要性审查的程序

（一）立案程序

《人民检察院办理羁押必要性审查案件规定（试行）》第12条规定：“经初审，对于犯罪嫌疑人、被告人可能具有本规定第十七条、第十八条情形之一的，检察官应当制作立案报告书，经检察长或者分管副检察长批准后予以立案。对于无理由或者理由明显不成立的申请，或者经人民检察院审查后未提供新的证明材料或者没有新的理由而再次申请的，由检察官决定不予立案，并书面告知申请人。”

（二）结案程序

《人民检察院办理羁押必要性审查案件规定（试行）》**第 20 条规定**：“办理羁押必要性审查案件，应当在立案后十个工作日以内决定是否提出释放或者变更强制措施的建议。案件复杂的，可以延长五个工作日。”

《人民检察院办理羁押必要性审查案件规定（试行）》**第 21 条规定**：“经审查认为无继续羁押必要的，检察官应当报经检察长或者分管副检察长批准，以本院名义向办案机关发出释放或者变更强制措施建议书，并要求办案机关在十日以内回复处理情况。释放或者变更强制措施建议书应当说明不需要继续羁押犯罪嫌疑人、被告人的理由和法律依据。”

《人民检察院办理羁押必要性审查案件规定（试行）》**第 22 条规定**：“人民检察院应当跟踪办案机关对释放或者变更强制措施建议的处理情况。办案机关未在十日以内回复处理情况的，可以报经检察长或者分管副检察长批准，以本院名义向其发出纠正违法通知书，要求其及时回复。”

《人民检察院办理羁押必要性审查案件规定（试行）》**第 23 条规定**：“经审查认为有继续羁押必要的，由检察官决定结案，并通知办案机关。”

《人民检察院办理羁押必要性审查案件规定（试行）》**第 24 条规定**：“对于依申请立案审查的案件，人民检察院办结后，应当将提出建议和办案机关处理情况，或者有继续羁押必要的审查意见和理由及时书面告知申请人。”

《人民检察院办理羁押必要性审查案件规定（试行）》**第 25 条规定**：“刑事执行检察部门应当通过检察机关统一业务应用系统等途径将审查情况、提出建议和办案机关处理情况及时通知本院侦查监督、公诉、侦查等部门。”

上述规定可通过下表理解和记忆：

<table>
<tr><th></th><th></th><th>条件</th><th>处理</th><th colspan="3">程序</th></tr>
<tr><td rowspan="6">羁押必要性审查</td><td rowspan="2">立案程序</td><td>略</td><td>立案</td><td colspan="3">经检察长或分管副检察长批准</td></tr>
<tr><td>略</td><td>不立案</td><td colspan="3">由检察官决定</td></tr>
<tr><td rowspan="4">结案程序</td><td rowspan="2">无羁押必要性</td><td rowspan="2">发出释放或变更强制措施建议书</td><td rowspan="2">报经检察长或分管副检察长批准</td><td>要求办案机关十日内回复</td><td>未回复的，可报批准，发出纠正违法通知书</td></tr>
<tr><td colspan="2">书面告知申请人</td></tr>
<tr><td rowspan="2">有羁押必要性</td><td rowspan="2">结案</td><td rowspan="2">由检察官决定</td><td colspan="2">通知办案机关</td></tr>
<tr><td colspan="2">书面告知申请人</td></tr>
</table>

考点20　附带民事诉讼的当事人

命题分析

附带民事诉讼涉及的考点较多，且与司法实践联系密切，**容易在案例分析大题中**考查**相关知识。考点20和考点21都属于附带民事诉讼的常见考点**。在2008年案例分析大题中，就以整个题目详细考查了附带民事诉讼的一审、二审等问题。**而且还需要注意的是，附带民事诉讼容易和刑法、行政法甚至民法（人身侵权、精神损害等）中相关考点结合起来命制综合性大题**，考生需要认真准备。

考点解析

一、有权提起附带民事诉讼的主体

被害人由于被告人的犯罪行为而遭受物质损失的，在刑事诉讼过程中，有权提起附带民事诉讼。被害人死亡或者丧失行为能力的，被害人的法定代理人、近亲属有权提起附带民事诉讼。如果是国家财产、集体财产遭受损失的，人民检察院在提起公诉的时候，可以提起附带民事诉讼。

国家财产、集体财产遭受损失，受损失的单位未提起附带民事诉讼，人民检察院在提起公诉时提起附带民事诉讼的，人民法院应当受理。**人民检察院提起附带民事诉讼的，应当列为附带民事诉讼原告人**。

附带民事诉讼的原告人可通过下表理解和记忆：

	范围		条件
原告人	被害人	因犯罪行为遭受物质损失的自然人	
		因犯罪行为遭受物质损失的单位	
	被害人的法定代理人、近亲属		被害人死亡或者为丧失行为能力
	人民检察院		国家、集体财产遭受损失，受损失的单位未提起附带民事诉讼

二、附带民事诉讼中依法负有赔偿责任的人

附带民事诉讼中依法负有赔偿责任的人包括：①刑事被告人以及未被追究

刑事责任的其他共同侵害人；②刑事被告人的监护人；③死刑罪犯的遗产继承人；④共同犯罪案件中，案件审结前死亡的被告人的遗产继承人；⑤对被害人的物质损失依法应当承担赔偿责任的其他单位和个人。附带民事诉讼被告人的亲友自愿代为赔偿的，应当准许。

被害人或者其法定代理人、近亲属仅对部分共同侵害人提起附带民事诉讼的，人民法院应当告知其可以对其他共同侵害人，包括没有被追究刑事责任的共同侵害人，一并提起附带民事诉讼，但共同犯罪案件中同案犯在逃的除外。被害人或者其法定代理人、近亲属放弃对其他共同侵害人的诉讼权利的，人民法院应当告知其相应法律后果，并在裁判文书中说明其放弃诉讼请求的情况。

共同犯罪案件，同案犯在逃的，不应列为附带民事诉讼被告人。逃跑的同案犯到案后，被害人或者其法定代理人、近亲属可以对其提起附带民事诉讼，但已经从其他共同犯罪人处获得足额赔偿的除外。

上述规定可通过下表理解和记忆：

<table>
<tr><th></th><th>范围</th><th colspan="2">备注</th></tr>
<tr><td rowspan="5">负有赔偿责任的人</td><td>刑事被告人以及未被追究刑事责任的其他共同侵害人</td><td></td><td rowspan="5">附带民事诉讼被告人的亲友自愿代为赔偿的，应当准许</td></tr>
<tr><td>刑事被告人的监护人</td><td></td></tr>
<tr><td>死刑罪犯的遗产继承人</td><td rowspan="2">在所继承遗产的范围内承担赔偿责任</td></tr>
<tr><td>共同犯罪案件中，案件审结前死亡的被告人的遗产继承人</td></tr>
<tr><td>对被害人的物质损失依法应承担赔偿责任的其他单位和个人</td><td></td></tr>
<tr><td rowspan="2">不列为被告</td><td>共同犯罪中在逃的同案犯</td><td colspan="2">到案后，被害人或者其法定代理人、近亲属可以对其提起附带民事诉讼，但已经从其他共同犯罪人处获得足额赔偿的除外</td></tr>
<tr><td>被害人对其放弃诉讼权利的其他共同侵害人</td><td colspan="2">人民法院应当告知其相应法律后果，并在裁判文书中说明其放弃诉讼请求的情况</td></tr>
</table>

考点21　附带民事诉讼的调解与审理

命题分析

关于本考点的命题分析可参见上一考点。

考点解析

一、附带民事诉讼的调解

（一）侦查、审查起诉期间的调解

侦查、审查起诉期间，有权提起附带民事诉讼的人提出赔偿要求，经公安机关、人民检察院调解，**当事人双方已经达成协议并全部履行**，被害人或者其法定代理人、近亲属又提起附带民事诉讼的，人民法院**不予受理**，但有证据证明调解违反自愿、合法原则的除外。

（二）一审期间的调解

人民法院审理附带民事诉讼案件，可以根据自愿、合法的原则进行调解。经调解达成协议的，应当制作调解书。调解书经双方当事人签收后，即具有法律效力。**调解达成协议并即时履行完毕的，可以不制作调解书，但应当制作笔录**，经双方当事人、审判人员、书记员签名或者盖章后即发生法律效力。

调解未达成协议或者调解书签收前当事人反悔的，附带民事诉讼应当**同刑事诉讼一并判决**。

（三）二审期间的调解

第一审期间未提起附带民事诉讼，在第二审期间提起的，第二审人民法院可以依法进行调解；**调解不成的，告知当事人可以在刑事判决、裁定生效后另行提起民事诉讼**。

上述内容可以通过下表理解和记忆：

	阶段	条件	后果
附带民事诉讼调解	审前	达成协议并全部履行	又提起附带民事诉讼的，不予受理（有证据证明调解违反自愿、合法原则的除外）
	一审	达成协议	制作调解书，双方签收后生效
		达成协议并即时履行完毕	可不制作调解书，但应制作笔录，各方签名或盖章后生效
		未达成协议	附带民事诉讼应当同刑事诉讼一并判决
		调解书签收前当事人反悔	
	二审	调解不成	告知当事人可在刑事裁判生效后另行提起民事诉讼

二、附带民事诉讼的审判

（一）审判组织

附带民事诉讼应当**同刑事案件一并审判**，只有为了防止刑事案件审判的过分迟延，才可以**在刑事案件审判后，由同一审判组织继续审理**附带民事诉讼；同一审判组织的成员确实不能继续参与审判的，**可以更换**。

（二）当事人拒不到庭的处理

附带民事诉讼原告人经传唤，无正当理由拒不到庭，或者未经法庭许可中途退庭的，**应当按撤诉处理**。刑事被告人以外的附带民事诉讼被告人经传唤，无正当理由拒不到庭，或者未经法庭许可中途退庭的，附带民事部分**可以缺席判决**。

主体	条件	处理
附带民事诉讼原告人	无正当理由拒不到庭	**应当**按撤诉处理
	未经法庭许可中途退庭	
刑事被告人以外的附带民事诉讼被告人	经传唤无正当理由拒不到庭	附带民事部分**可以**缺席判决
	未经法庭许可中途退庭	

注意，“按撤诉处理”是“应当”；“缺席判决”则是“可以”，而非“应当”。

（三）判决

1. 刑事部分

审理刑事附带民事诉讼案件，人民法院应当结合**被告人赔偿被害人物质损失的情况**认定其悔罪表现，并在量刑时予以考虑。

2. 附带民事部分

对附带民事诉讼作出判决，应当根据**犯罪行为造成的物质损失**，结合**案件具体情况**，确定被告人应当赔偿的数额。犯罪行为造成被害人人身损害的，应当赔偿医疗费、护理费、交通费等为治疗和康复支付的合理费用，以及因误工减少的收入。造成被害人残疾的，还应当赔偿残疾生活辅助具费等费用；造成被害人死亡的，还应当赔偿丧葬费等费用。驾驶机动车致人伤亡或者造成公私财产重大损失，构成犯罪的，依照《中华人民共和国道路交通安全法》第76条的规定确定赔偿责任。**附带民事诉讼当事人就民事赔偿问题达成调解、和解协议的，赔偿范围、数额不受上述限制。**

人身损害赔偿范围	一般情况	医疗费、护理费、交通费等为治疗和康复支付的合理费用
		因误工减少的收入
	残疾	残疾生活辅助具费等费用
	死亡	丧葬费等费用

人民检察院提起附带民事诉讼的，人民法院经审理，认为附带民事诉讼被告人依法应当承担赔偿责任的，应当判令附带民事诉讼被告人直接向遭受损失的单位作出赔偿；遭受损失的单位已经终止，有权利义务继受人的，应当判令其向继受人作出赔偿；**没有权利义务继受人的，应当判令其向人民检察院交付赔偿款，由人民检察院上缴国库。**

（四）适用法律

人民法院审理附带民事诉讼案件，除刑法、刑事诉讼法以及刑事司法解释已有规定的以外，适用民事法律的有关规定。

考点22 侦查措施

命题分析

侦查措施是案例分析大题中常见的考点。从另一个角度来看，**侦查措施实际也就是证据的收集**。在以往涉及证据的审查和分析的考题中，已经多次考查讯问犯罪嫌疑人、扣押物证、制作勘验检查笔录等侦查措施，在2013年案例分析大题中专门考查过技术侦查。因此，考生在准备本考点时要结合前述证据部分的考点一并准备。在以下的考点分析中，我们对容易考查的侦查措施进行讲解。

考点解析

一、讯问犯罪嫌疑人

（一）讯问主体、地点与期间

讯问犯罪嫌疑人必须由人民检察院或者公安机关的侦查人员负责进行。讯问的时候，侦查人员不得少于2人。犯罪嫌疑人被送交看守所羁押以后，侦查人员对其进行讯问，应当在看守所内进行。

对不需要逮捕、拘留的犯罪嫌疑人，可以传唤到犯罪嫌疑人所在市、县内的指定地点或者到他的住处进行讯问，但是应当出示人民检察院或者公安机关的证明文件。对在现场发现的犯罪嫌疑人，经出示工作证件，可以口头传唤，但应当在讯问笔录中注明。传唤、拘传持续的时间不得超过12小时；案情特别重大、复杂，需要采取拘留、逮捕措施的，传唤、拘传持续的时间不得超过24小时。不得以连续传唤、拘传的形式变相拘禁犯罪嫌疑人。传唤、拘传犯罪嫌疑人，应当保证犯罪嫌疑人的饮食和必要的休息时间。

上述规定可通过下表予以理解和记忆：

<table>
<tr><td rowspan="7">讯问</td><td>主体</td><td colspan="2">侦查人员</td><td>不得少于二人</td></tr>
<tr><td rowspan="3">地点</td><td rowspan="2">不需要逮捕、拘留</td><td>犯罪嫌疑人所在市、县内的指定地点</td><td rowspan="2">传唤犯罪嫌疑人，出示证明文件；现场发现的，出示工作证件，口头传唤，在讯问笔录中注明</td></tr>
<tr><td>住处</td></tr>
<tr><td>送交看守所羁押后</td><td colspan="2">看守所内</td></tr>
<tr><td rowspan="2">期间</td><td>一般情况下</td><td>不得超过 12 小时</td><td rowspan="2">不得以连续传唤、拘传的形式变相拘禁犯罪嫌疑人；应保证饮食和必要的休息时间</td></tr>
<tr><td>案情特别重大、复杂，需要拘留、逮捕的</td><td>不得超过 24 小时</td></tr>
</table>

（二）讯问程序

1. 基本程序

侦查人员在讯问犯罪嫌疑人的时候，应当首先讯问犯罪嫌疑人是否有犯罪行为，让他陈述有罪的情节或者无罪的辩解，然后向他提出问题。犯罪嫌疑人对侦查人员的提问，应当如实回答。但是对与本案无关的问题，有拒绝回答的权利。**注意，2018 年《刑事诉讼法》对侦查人员的告知义务进行了修改：修改后的第一百二十条，第二款修改为侦查人员在讯问犯罪嫌疑人的时候，应当告知犯罪嫌疑人享有的诉讼权利，如实供述自己罪行可以从宽处理和认罪认罚的法律规定**。增加了告知认罪认罚的相关规定。

上述规定的要点如下：

（1）首先讯问犯罪嫌疑人是否有犯罪行为，让他陈述有罪的情节或者无罪的辩解。

（2）然后向他提出问题。犯罪嫌疑人对侦查人员的提问应当如实回答，但是对于与本案无关的问题，有拒绝回答的权利。

（3）应当告知犯罪嫌疑人如实供述自己的罪行可以从宽处理和**认罪认罚（新增）**的法律规定。

2. 讯问聋、哑犯罪嫌疑人的程序

讯问聋、哑的犯罪嫌疑人，应当有通晓聋、哑手势的人参加，并且将这种情况记明笔录。

3. 制作讯问笔录和书写供词

讯问笔录应当交犯罪嫌疑人核对，对于没有阅读能力的，应当向他宣读。

如果记载有遗漏或者差错，犯罪嫌疑人可以提出补充或者改正。犯罪嫌疑人承认笔录没有错误后，应当签名或者盖章。侦查人员也应当在笔录上签名。**犯罪嫌疑人请求自行书写供述的，应当准许。必要的时候，侦查人员也可以要犯罪嫌疑人亲笔书写供词**。

4. 讯问时录音录像制度

侦查人员在讯问犯罪嫌疑人的时候，可以对讯问过程进行录音或者录像；对于可能判处无期徒刑、死刑的案件或者其他重大犯罪案件，应当对讯问过程进行录音或者录像。录音或者录像应当全程进行，保持完整性。

讯问时录音或录像	可以	一般情况下	
	应当	可能判处无期徒刑、死刑或其他重大犯罪案件	全程进行，保持完整性

二、询问证人、被害人的程序和方式

侦查人员询问证人，可以在现场进行，也可以到证人所在单位、住处或者证人提出的地点进行，在必要的时候，可以通知证人到人民检察院或者公安机关提供证言。在现场询问证人，应当出示工作证件，到证人所在单位、住处或者证人提出的地点询问证人，应当出示人民检察院或者公安机关的证明文件。**询问证人应当个别进行**。

询问证人的地点	现场	出示工作证件
	证人所在单位、住处	出示侦查机关的证明文件
	证人提出的地点	
	侦查机关	必要时通知证人

询问证人，应当告知他应当如实地提供证据、证言和有意作伪证或者隐匿罪证要负的法律责任。

注意询问证人和讯问犯罪嫌疑人有以下区别：

第一，对犯罪嫌疑人的讯问适用**传唤**，对证人的询问适用**通知**。

第二，对犯罪嫌疑人可以在犯罪嫌疑人所在市县内的指定地点进行讯问，对证人则不可以。**对证人可以在其自己提出的地点进行询问，但不能为其指定地点**。

第三，**现场**询问证人、讯问犯罪嫌疑人，应当出示**工作证件**；**到证人所在**

单位、住处或者证人提出的地点询问证人，把犯罪嫌疑人传唤到其所在市县内的指定地点或者到他的住处讯问犯罪嫌疑人，则应出示侦查机关的**证明文件**。

第四，只有在**必要的时候**，才可以通知证人到人民检察院或公安机关提供证言。

三、勘验、检查的程序

（一）参加人员

侦查人员对于与犯罪有关的场所、物品、人身、尸体应当进行勘验或者检查。在必要的时候，可以指派或者聘请具有专门知识的人，在侦查人员的主持下进行勘验、检查。”

公安机关对案件现场进行勘查不得少于二人。勘查现场时，应当邀请与案件无关的公民作为见证人。

《最高人民法院关于适用〈中华人民共和国刑事诉讼法〉的解释》第 67 条规定：“下列人员不得担任刑事诉讼活动的见证人：（一）生理上、精神上有缺陷或者年幼，不具有相应辨别能力或者不能正确表达的人；（二）与案件有利害关系，可能影响案件公正处理的人；（三）行使勘验、检查、搜查、扣押等刑事诉讼职权的公安、司法机关的工作人员或者其聘用的人员。由于客观原因无法由符合条件的人员担任见证人的，应当在笔录材料中注明情况，并对相关活动进行录像。”

上述规定可通过下表予以理解和记忆：

<table>
<tr><td rowspan="5">勘验检查参加人</td><td>侦查人员</td><td colspan="3">现场勘查不得少于二人</td></tr>
<tr><td>具有专门知识的人</td><td colspan="3">在必要的时候，在侦查人员的主持下进行勘验、检查</td></tr>
<tr><td rowspan="3">见证人</td><td rowspan="3">不适格</td><td>生理上、精神上有缺陷或者年幼，不具有相应辨别能力或者不能正确表达的人</td><td rowspan="3">由于客观原因无法找到适格见证人的，应在笔录材料中注明，并录像</td></tr>
<tr><td>与案件有利害关系，可能影响案件公正处理</td></tr>
<tr><td>行使相关刑事诉讼职权的公安、司法机关的工作人员或者其聘用的人员</td></tr>
</table>

可见，**勘验检查等刑事诉讼活动应当邀请见证人参加，但如果因客观原因无法找到适格的见证人，也可以在没有见证人的情况下进行，但应当在笔录材料中注明，并对相关活动进行录像。**

（二）程序

1. 必须持有证明文件

侦查人员执行勘验、检查，必须持有人民检察院或者公安机关的**证明文件**。

2. 解剖尸体的条件与程序

对于死因不明的尸体，公安机关有权决定解剖，并且通知死者家属到场。

为了确定死因，经县级以上公安机关负责人批准，可以解剖尸体，并且通知死者家属到场，让其在解剖尸体通知书上签名。死者家属无正当理由拒不到场或者拒绝签名的，侦查人员应当在解剖尸体通知书上注明。对身份不明的尸体，无法通知死者家属的，应当在笔录中注明。

<table>
<tr><td rowspan="3">尸体解剖</td><td>条件</td><td colspan="3">死因不明</td></tr>
<tr><td rowspan="2">程序</td><td colspan="3">经县级以上公安机关负责人批准</td></tr>
<tr><td>通知死者家属到场并让其在通知书上签名</td><td>无正当理由拒不到场或拒绝签名的，在通知书上注明</td><td>因尸体身份不明无法通知死者家属的在笔录中注明</td></tr>
</table>

3. 人身检查的条件和程序

为了确定被害人、犯罪嫌疑人的某些特征、伤害情况或者生理状态，可以对人身进行检查，可以提取指纹信息，采集血液、尿液等生物样本。犯罪嫌疑人如果拒绝检查，侦查人员认为必要的时候，可以强制检查。检查妇女的身体，应当由女工作人员或者医师进行。

注意两点：第一，**对拒绝检查的犯罪嫌疑人在必要的时候可以强制检查，对被害人不能强制检查**。第二，**检查妇女身体，应当由女工作人员或医师进行，对医师没有性别要求**。

4. 制作笔录

勘验、检查的情况应当写成笔录，由参加勘验、检查的人和见证人签名或者盖章。

勘查现场，应当拍摄现场照片、绘制现场图，制作笔录，由参加勘查的人和见证人签名。**对重大案件的现场，应当录像**。

5. 复验复查

人民检察院审查案件的时候，对公安机关的勘验、检查，认为需要复验、

复查时，可以要求公安机关复验、复查，并且可以派检察人员参加。

四、辨认的程序

（一）辨认主体和辨认对象

为了查明案情，在必要的时候，侦查人员可以让被害人、证人或者犯罪嫌疑人对与犯罪有关的物品、文件、尸体、场所或者犯罪嫌疑人进行辨认。

辨认主体			辨认对象				
被害人	证人	犯罪嫌疑人	物品	文件	尸体	场所	犯罪嫌疑人

（二）辨认程序

1. 个别辨认

辨认应当在侦查人员的主持下进行。主持辨认的侦查人员不得少于2人。**几名辨认人对同一辨认对象进行辨认时，应当由辨认人个别进行。**

2. 混杂辨认

辨认时，应当将辨认对象混杂在特征相类似的其他对象中，**不得给辨认人任何暗示**。辨认犯罪嫌疑人时，被辨认的人数不得少于7人；对犯罪嫌疑人照片进行辨认的，不得少于10人的照片；辨认物品时，混杂的同类物品不得少于五件。对场所、尸体等特定辨认对象进行辨认，或者辨认人能够准确描述物品独有特征的，陪衬物不受数量的限制。

混杂辨认	犯罪嫌疑人	不得少于7人
	犯罪嫌疑人照片	不得少于10人的照片
	物品	同类物品不得少于5件
	场所、尸体等特定辨认对象	不受数量的限制
	辨认人能够准确描述物品独有特征的	不受数量的限制

3. 对辨认人的保护

对犯罪嫌疑人的辨认，辨认人不愿意公开进行时，可以在**不暴露辨认人**的情况下进行，并应当为其**保守秘密**。

4. 制作辨认笔录

对辨认经过和结果，应当制作辨认笔录，由侦查人员、辨认人、见证人签名。**必要时，应当对辨认过程进行录音或者录像**。

五、技术侦查

（一）技术侦查及秘密侦查的措施

技术侦查措施是指由设区的市一级以上公安机关负责技术侦查的部门实施的**记录监控、行踪监控、通信监控、场所监控**等措施。

为了查明案情，在必要的时候，经公安机关负责人决定，可以**由有关人员隐匿其身份实施侦查**。但是，不得诱使他人犯罪，不得采用可能危害公共安全或者发生重大人身危险的方法。对涉及给付毒品等违禁品或者财物的犯罪活动，公安机关根据侦查犯罪的需要，可以依照规定实施**控制下交付**。

注意：**由有关人员隐匿身份侦查的，不得诱使他人犯罪，不得采用可能危害公共安全或者发生重大人身危险的方法**。

控制下交付适用于**给付毒品等违禁品或者财物的犯罪活动**。

（二）技术侦查的适用对象

技术侦查措施的适用对象是**犯罪嫌疑人、被告人**以及**与犯罪活动直接关联的人员**。

（三）技术侦查的适用范围

公安机关在立案后，对于危害国家安全犯罪、恐怖活动犯罪、黑社会性质的组织犯罪、重大毒品犯罪或者其他严重危害社会的犯罪案件，根据侦查犯罪的需要，经过严格的批准手续，可以采取技术侦查措施。追捕被通缉或者批准、决定逮捕的在逃的犯罪嫌疑人、被告人，经过批准，可以采取追捕所必需的技术侦查措施。

需要注意的是，2018年《刑事诉讼法》对检察机关适用技术侦查的案件范围进行了修改。第150条第2款修改为“人民检察院在立案后，对于利用职权实施的严重侵犯公民人身权利的重大犯罪案件，根据侦查犯罪的需要，经过严格的批准手续，可以采取技术侦查措施，按照规定交有关机关执行”。

注意，技术侦查必须在立案后才能实施

（四）技术侦查的程序

批准决定应当根据侦查犯罪的需要，确定采取技术侦查措施的种类和适用对象。采取技术侦查措施，**必须严格按照批准的措施种类、适用对象和期限**

执行。

批准决定自签发之日起3个月以内有效。对于不需要继续采取技术侦查措施的，应当及时解除；**对于复杂、疑难案件，期限届满仍有必要继续采取技术侦查措施的，经过批准，有效期可以延长，每次不得超过3个月**。

侦查人员对采取技术侦查措施过程中知悉的国家秘密、商业秘密和个人隐私，应当**保密**；对采取技术侦查措施获取的与案件无关的材料，必须**及时销毁**。采取技术侦查措施获取的材料，**只能用于对犯罪的侦查、起诉和审判，不得用于其他用途**。公安机关依法采取技术侦查措施，有关单位和个人应当配合，并对有关情况予以保密。

（五）对技术侦查收集证据的使用

《刑事诉讼法》第154条规定："依照本节规定采取侦查措施收集的材料在刑事诉讼中可以作为证据使用。"说明依照该节规定采取侦查措施所收集的材料是具有证据资格的。

该证据可能危及有关人员的人身安全，或者可能产生其他严重后果的，应当采取不暴露有关人员身份、技术方法等保护措施，必要的时候，可以由审判人员在庭外对证据进行核实。

条件	条件
使用该证据可能危及有关人员的人身安全，或者可能产生其他严重后果的	采取不暴露有关人员身份、技术方法等保护措施
	必要时由审判人员在庭外对证据进行核实

考点23　审查起诉

命题分析

审查起诉的考点下包含了移送审查起诉案件的受理、审查起诉的内容、审查起诉的步骤和方法、审查起诉的期限等小考点，其中审查起诉中对一些特殊情况的处理是容易在案例分析大题中设置考点的。比如2016年案例分析大题中就考查了补充起诉的问题。**在2018年《刑事诉讼法》修改后，由于增加了认罪认罚制度、值班律师值班以及监察法与刑事诉讼法的衔接，这都导致"审查起诉"出现了较多新增考点，需要考生高度关注**。为突出重点，在本部分主要分析审查起诉的基础知识点，而2018年新增的内容将会在后续的考点中单独讲解。

考点解析

一、审查起诉的方法

人民检察院审查案件，应当讯问犯罪嫌疑人，听取辩护人、被害人及其诉讼代理人的意见，并记录在案。辩护人、被害人及其诉讼代理人提出书面意见的，应当附卷。

直接听取辩护人、被害人及其诉讼代理人的意见有困难的，可以通知辩护人、被害人及其诉讼代理人提出书面意见，在指定期限内未提出意见的，应当记录在案。

对于重大、疑难、复杂的案件，人民检察院认为确有必要时，可以派员适时介入侦查活动，对收集证据、适用法律提出意见，监督侦查活动是否合法。

上述规定可通过下表理解和记忆：

<table>
<tr><th></th><th>条件</th><th colspan="2">方法</th></tr>
<tr><td rowspan="7">审查起诉的方法</td><td></td><td colspan="2">阅卷</td></tr>
<tr><td></td><td colspan="2">讯问犯罪嫌疑人</td></tr>
<tr><td></td><td colspan="2">听取辩护人、被害人及其诉讼代理人的意见</td></tr>
<tr><td rowspan="2">直接听取意见有困难的</td><td rowspan="2">可通知辩护人、被害人及诉讼代理人提出书面意见</td><td>应当附卷</td></tr>
<tr><td>在指定期限内未提出意见的，记录在案</td></tr>
<tr><td rowspan="2">重大疑难复杂的案件，确有必要时</td><td rowspan="2">派员适时介入侦查活动</td><td>对收集证据、适用法律提出意见</td></tr>
<tr><td>监督侦查活动是否合法</td></tr>
</table>

二、审查起诉中各种情况的处理

（一）关于管辖问题的处理

各级人民检察院提起公诉，**应当与人民法院审判管辖相适应**。

公诉部门收到移送审查起诉的案件后，经审查认为不属于本院管辖的，应当移送有管辖权的人民检察院。认为属于上级人民法院管辖的第一审案件的，应当报送上一级人民检察院，同时通知移送审查起诉的公安机关；认为属于同级其他人民法院管辖的第一审案件的，应当移送有管辖权的人民检察院或者报送共同的上级人民检察院指定管辖，同时通知移送审查起诉的公安机关。上级人民检察院受理同级公安机关移送审查起诉案件，认为属于下级人民法院管辖的，可以交下级人民检察院审查，由下级人民检察院向同级人民法院提起公诉，同时通知移送审查起诉的公安机关。一人犯数罪、共同犯罪和其他需要并案审理的案件，只要其中一人或者一罪属于上级人民检察院管辖的，全案由上级人民检察院审查起诉。需要依照刑事诉讼法的规定指定审判管辖的，人民检察院应当在侦查机关移送审查起诉前协商同级人民法院办理指定管辖有关事宜。

关于上述规定，可以通过下表理解和记忆：

<table>
<tr><th></th><th>情形</th><th colspan="2">处理</th></tr>
<tr><td rowspan="4">管辖</td><td>属于上级人民法院管辖</td><td>应报送上一级人民检察院</td><td rowspan="4">同时通知移送审查起诉的公安机关</td></tr>
<tr><td rowspan="2">属于同级其他人民法院管辖</td><td>应移送有管辖权的人民检察院</td></tr>
<tr><td>（或）报送共同的上级人民检察院指定管辖</td></tr>
<tr><td>属于下级人民法院管辖</td><td>可交下级人民检察院审查</td></tr>
</table>

上述规定中，对于上级人民检察院受理同级公安机关移送审查起诉案件，认为属于下级人民法院管辖的，可以交下级人民检察院审查。在这一个规定中，有两点值得注意，

第一，是“可以”而不是“应当”交下级人民检察院审查。也就是说，**上级人民检察院受理同级公安机关移送审查起诉的案件，认为属于下级人民检察院管辖的，既可以交下级人民检察院审查，也可以自己审查**。

第二，**中级人民法院受理同级人民检察院提起公诉的案件，认为属于基层人民法院管辖的，则应当依法审判，不应再交基层人民法院审判**。对此，《最高人民法院关于适用〈中华人民共和国刑事诉讼法〉的解释》第 12 条规定：“人民检察院认为可能判处无期徒刑、死刑，向中级人民法院提起公诉的案件，中级人民法院受理后，认为不需要判处无期徒刑、死刑的，应当依法审判，不再交基层人民法院审判。”

（二）关于证据问题的处理

1. 对各种类证据的审查

人民检察院认为需要对案件中某些专门性问题进行鉴定而侦查机关没有鉴

定的，应当要求侦查机关进行鉴定；必要时也可以由人民检察院进行鉴定或者由人民检察院送交有鉴定资格的人进行。人民检察院自行进行鉴定的，可以商请侦查机关派员参加，必要时可以聘请有鉴定资格的人参加。

人民检察院对鉴定意见有疑问的，可以询问鉴定人并制作笔录附卷，也可以指派检察技术人员或者聘请有鉴定资格的人对案件中的某些专门性问题进行补充鉴定或者重新鉴定。公诉部门对审查起诉案件中涉及专门技术问题的证据材料需要进行审查的，可以送交检察技术人员或者其他有专门知识的人审查，审查后应当出具审查意见。

人民检察院审查案件的时候，对公安机关的勘验、检查，认为需要复验、复查的，应当要求公安机关复验、复查，人民检察院可以派员参加；也可以自行复验、复查，商请公安机关派员参加，必要时也可以聘请专门技术人员参加。

人民检察院对物证、书证、视听资料、电子数据及勘验、检查、辨认、侦查实验等笔录存在疑问的，可以要求侦查人员提供获取、制作的有关情况。必要时也可以询问提供物证、书证、视听资料、电子数据及勘验、检查、辨认、侦查实验等笔录的人员和见证人并制作笔录附卷，对物证、书证、视听资料、电子数据进行技术鉴定。

人民检察院对证人证言笔录存在疑问或者认为对证人的询问不具体或者有遗漏的，可以对证人进行询问并制作笔录附卷。

对于随案移送的讯问犯罪嫌疑人录音、录像或者人民检察院调取的录音、录像，人民检察院应当审查相关的录音、录像；对于重大、疑难、复杂的案件，必要时可以审查全部录音、录像。

这部分内容较多，**不需要逐条详细记忆**，只需要把握一个基本的原则，即人民检察院在审查起诉中对证据有疑问的，可以采取要求相关人员提供情况、询问、鉴定、补充鉴定或者重新鉴定、复验、复查、审查录音、录像等多种方式，**对于鉴定、复验、复查等，既可以要求公安机关进行，也可以自己进行并商请公安机关派员参加。对于录音、录像，一般只需要审查相关的录音、录像，对于重大、疑难、复杂的案件，必要时可以审查全部录音、录像。**

2. 对证据方面特殊情况的处理

人民检察院对侦查机关移送的案件进行审查后，在法院作出生效判决之前，认为需要补充提供法庭审判所必需的证据的，可以书面要求侦查机关提供。

人民检察院在审查起诉中，发现可能存在《刑事诉讼法》第56条规定的以非法方法收集证据情形的，可以要求侦查机关对证据收集的合法性作出书面说明或者提供相关证明材料。

人民检察院公诉部门在审查中发现侦查人员以非法方法收集犯罪嫌疑人供述、被害人陈述、证人证言等证据材料的，应当依法排除非法证据并提出纠正意见，同时可以要求侦查机关另行指派侦查人员重新调查取证，必要时人民检察院也可以自行调查取证。

上述内容可通过下表理解和记忆：

	情形	处理
审查起诉	需要补充提供庭审所必需的证据	书面要求侦查机关提供
	可能存在非法取证情形的	要求侦查机关作出书面说明或提供相关证明材料
	侦查人员以非法方法收集犯罪嫌疑人供述、被害人陈述、证人证言等证据材料的	依法排除非法证据并提出纠正意见
		要求侦查机关另行指派侦查人员重新调查取证
		必要时自行调查取证

（三）关于经两次补充侦查后又发现的新的犯罪事实的处理

人民检察院对已经退回侦查机关二次补充侦查的案件，在审查起诉中又发现**新的犯罪事实**的，应当**移送侦查机关立案侦查**；对**已经查清的犯罪事实**，应当**依法提起公诉**。

（四）关于犯罪嫌疑人在逃的处理

对于移送审查起诉的案件，如果犯罪嫌疑人在逃的，应当**要求公安机关采取措施保证犯罪嫌疑人到案后再移送审查起诉**。**共同犯罪案件中部分犯罪嫌疑人在逃的，对在案的犯罪嫌疑人的审查起诉应当依法进行**。

三、补充、追加和变更起诉

《人民检察院刑事诉讼规则》第455条规定："法庭审判过程中遇有下列情形之一的，公诉人可以建议法庭延期审理：……（三）发现遗漏罪行或者遗漏同案犯罪嫌疑人，虽不需要补充侦查和补充提供证据，但需要补充、追加或者变更起诉的……"

《最高人民法院关于适用〈中华人民共和国刑事诉讼法〉的解释》第243

条规定："审判期间，人民法院发现新的事实，可能影响定罪的，可以建议人民检察院补充或者变更起诉；人民检察院不同意或者在七日内未回复意见的，人民法院应当就起诉指控的犯罪事实，依照本解释第二百四十一条的规定作出判决、裁定。"

上述规定可通过下表理解和记忆：

	条件	处理	条件
检察院	发现遗漏罪行	补充、追加或者变更起诉	
	发现遗漏同案犯罪嫌疑人		
法院	发现新的事实可能影响定罪	建议检察院补充或变更起诉	检察院不同意

考点24 监察法与刑事诉讼法衔接

命题分析

2018年《刑事诉讼法》修改的一个重点就是**明确了监察法与刑事诉讼法的衔接。作为一个新增且重要的考点，在今后的法考主观题中有较大的考查可能**。在目前尚未有专门的司法解释之前，考生需要对修改后的《刑事诉讼法》中的相关条文重点掌握。

考点解析

一、调整了检察机关的立案管辖范围（参见前述考点7）

由于管辖范围的变化，相应地修改了以下内容：

侦查阶段辩护律师会见犯罪嫌疑人需要经过办案机关同意的案件范围（删去了特别重大贿赂犯罪案件）；

可以适用指定居所监视居住的案件类型也减少为两类（删去了特别重大贿赂犯罪案件）；

检察机关可以适用技术侦查措施的案件类型调整为，对于利用职权实施的严重侵犯公民人身权利的重大犯罪案件，根据侦查犯罪的需要，经过严格的批准手续，可以采取技术侦查措施，按照规定交有关机关执行（删去了重大的贪污、贿赂犯罪案件）。

二、监察委移送审查起诉

人民检察院对于监察机关移送起诉的案件，依照本法和监察法的有关规定进行审查。**人民检察院经审查，认为需要补充核实的，应当退回监察机关补充调查，必要时可以自行补充侦查。对于监察机关移送起诉的已采取留置措施的案件，人民检察院应当对犯罪嫌疑人先行拘留，留置措施自动解除。人民检察院应当在拘留后的十日以内作出是否逮捕、取保候审或者监视居住的决定。在特殊情况下，决定的时间可以延长一日至四日。**人民检察院决定采取强制措施的期间不计入审查起诉期限。

三、审查起诉的期限

人民检察院对于**监察机关**、公安机关移送起诉的案件，应当在一个月以内作出决定，重大、复杂的案件，可以延长十五日；犯罪嫌疑人认罪认罚，符合速裁程序适用条件的，应当在十日以内作出决定，对可能判处的有期徒刑超过一年的，可以延长至十五日。

考点25　不起诉

命题分析

本考点的命题思路与考点23相似。需要考生注意的是，2018年《刑事诉讼法》中增加了不起诉或者部分不起诉的新规定。

考点解析

一、不起诉的种类

不起诉可以分为法定不起诉、酌定不起诉、存疑不起诉和附条件不起诉四类，其中，附条件不起诉仅适用于未成年犯罪嫌疑人，且前三类不起诉作出的是不起诉决定，附条件不起诉作出的则是附条件不起诉决定。

（一）法定不起诉

法定不起诉，是指犯罪嫌疑人没有犯罪事实，或者有《刑事诉讼法》

第16条规定的情形之一的，人民检察院应当作出不起诉决定。法定不起诉又称绝对不起诉或应当不起诉。**对于犯罪嫌疑人没有犯罪事实或者依法不应当追究刑事责任的，人民检察院应当、必须、只能做出不起诉决定，**没有其他选择。

前文中对《刑事诉讼法》第16条规定的不追究刑事责任的情形已有讨论，这里不再赘述。

（二）酌定不起诉

酌定不起诉，是指对于犯罪情节轻微，依照刑法规定不需要判处刑罚或者免除刑罚的，人民检察院可以作出不起诉决定。酌定不起诉又称相对不起诉。**对于犯罪情节轻微，依照刑法规定不需要判处刑罚或者免除刑罚的，人民检察院可以决定不起诉，也可以决定起诉。**

《刑法》第37条对“犯罪情节轻微不需要判处刑罚”作出了规定，即“对于犯罪情节轻微不需要判处刑罚的，可以免予刑事处罚，但是可以根据案件的不同情况，予以训诫或者责令具结悔过、赔礼道歉、赔偿损失，或者由主管部门予以行政处罚或者行政处分”。

《刑法》总则和分则中均有关于“免除刑罚”的规定，其中总则中关于“免除刑罚”的规定主要有：①**又聋又哑的人或者盲人**犯罪，可以从轻、减轻或者免除处罚。②**正当防卫明显超过必要限度造成重大损害**的，应当负刑事责任，但是应当减轻或者免除处罚。③**紧急避险超过必要限度造成不应有的损害**的，应当负刑事责任，但是应当减轻或者免除处罚。④对于**预备犯**，可以比照既遂犯从轻、减轻处罚或者免除处罚。⑤对于**中止犯，没有造成损害**的，应当免除处罚；造成损害的，应当减轻处罚。⑥对于**从犯**，应当从轻、减轻处罚或者免除处罚。⑦对于**被胁迫参加犯罪的**，应当按照他的犯罪情节减轻处罚或者免除处罚。⑧对于**自首**的犯罪分子，可以从轻或者减轻处罚。其中，**犯罪较轻**的，可以免除处罚。⑨**有重大立功表现**的，可以减轻或者免除处罚。⑩凡在中华人民共和国领域外犯罪，依照本法应当负刑事责任的，虽然经过外国审判，仍然可以依照本法追究，但是**在外国已经受过刑罚处罚**的，可以免除或者减轻处罚。

关于是具有上述可以免除刑罚的情形，就可以做出不起诉决定，还是必须同时具备“犯罪情节轻微”才能作出不起诉决定，通说认为，**必须同时具备两个条件**。例如，即便有重大立功表现，如果犯罪情节并非轻微，也不能做出不起诉决定。

（三）存疑不起诉

证据不足不起诉，是指人民检察院对于**二次退回补充侦查的案件，仍然认为证据不足，不符合起诉条件的，应当作出不起诉决定。对于经过一次退回补充侦查的案件，认为证据不足，不符合起诉条件，且没有退回补充侦查必要的，可以作出不起诉决定**。存疑不起诉又称证据不足不起诉。

（四）附条件不起诉

《刑事诉讼法》第282条第1款规定："对于未成年人涉嫌刑法分则第四章、第五章、第六章规定的犯罪，可能判处一年有期徒刑以下刑罚，符合起诉条件，但有悔罪表现的，人民检察院可以作出附条件不起诉的决定……"该款规定的情形即为附条件不起诉。关于附条件不起诉的具体内容，我们放在"未成年人刑事案件诉讼程序"中再予讨论。

上述内容可通过下表理解和记忆：

不起诉的种类	条件	后果
法定不起诉	没有犯罪事实	应当不起诉
	有《刑事诉讼法》第16条规定的情形之一	
酌定不起诉	犯罪情节轻微，依照刑法规定不需要判处刑罚	可以不起诉
	犯罪情节轻微，依照刑法规定可以免除刑罚	
存疑不起诉	二次退回补充侦查，仍然认为证据不足	应当不起诉
	一次退回补充侦查，认为证据不足，且没有退回补充侦查必要的	可以不起诉
附条件不起诉	未成年人涉嫌刑法分则第四、第五、第六章的犯罪，可能判处一年有期徒刑以下刑罚，符合起诉条件，但有悔罪表现的	可以附条件不起诉

（五）新增加的不起诉的情形

2018《刑事诉讼法》第182条："犯罪嫌疑人自愿如实供述涉嫌犯罪的事实，有重大立功或者案件涉及国家重大利益的，经最高人民检察院核准，公安机关可以撤销案件，人民检察院可以作出不起诉决定，也可以对涉嫌数罪中的一项或者多项不起诉。

根据前款规定不起诉或者撤销案件的，人民检察院、公安机关应当及时对查封、扣押、冻结的财物及其孳息作出处理。"

二、不起诉的救济程序

（一）公安机关要求复议、提请复核

对于公安机关移送起诉的案件，人民检察院决定不起诉的，应当将不起诉决定书送达公安机关。公安机关认为不起诉的决定有错误的时候，可以要求复议，如果意见不被接受，可以向上一级人民检察院提请复核。

（二）被害人申诉或自诉

对于有被害人的案件，决定不起诉的，人民检察院应当将不起诉决定书送达被害人。被害人如果不服，可以自收到决定书后七日以内向上一级人民检察院申诉，请求提起公诉。人民检察院应当将复查决定告知被害人。对人民检察院维持不起诉决定的，被害人可以向人民法院起诉。被害人也可以不经申诉，直接向人民法院起诉。人民法院受理案件后，人民检察院应当将有关案件材料移送人民法院。”

（三）被不起诉人申诉

《刑事诉讼法》第 181 条规定：“对于人民检察院依照本法第一百七十七条第二款规定作出的不起诉决定，被不起诉人如果不服，可以自收到决定书后七日以内向人民检察院申诉。人民检察院应当作出复查决定，通知被不起诉的人，同时抄送公安机关。”

《人民检察院刑事诉讼规则》第 421 条第 1 款规定：“被不起诉人对不起诉决定不服，在收到不起诉决定书后七日以内提出申诉的，应当由作出决定的人民检察院刑事申诉检察部门立案复查。被不起诉人在收到不起诉决定书七日后提出申诉的，由刑事申诉检察部门审查后决定是否立案复查。”

可见，**根据刑事诉讼法的规定，只有酌定不起诉的被不起诉人才能提出申诉，但《人民检察院刑事诉讼规则》却无此限制。**

上述内容可通过下表来理解和记忆：

	作出不起诉决定的检察院	上一级检察院	法院
公安机关	要求复议	提请复核	
被害人		提出申诉	提出自诉
被不起诉人	提出申诉		

关于上述内容，还有以下几点需要注意：

第一，**公安机关只能对自己移送起诉的案件的不起诉决定要求复议复核。**

第二，**被害人的申诉应当向上一级检察院提出**，如果其向作出不起诉决定的人民检察院提出，后者应当将申诉材料连同案卷一并报送上一级人民检察院；**被不起诉人的申诉应当向作出不起诉决定的检察院提出。**

第三，**被害人可以在人民检察院维持不起诉决定后向人民法院提起自诉，也可以不经申诉直接提起自诉。**

（四）人民检察院复查

人民检察院发现不起诉决定确有错误，符合起诉条件的，应当撤销不起诉决定，提起公诉。

最高人民检察院对地方各级人民检察院的起诉、不起诉决定，上级人民检察院对下级人民检察院的起诉、不起诉决定，发现确有错误的，应当予以撤销或者指令下级人民检察院纠正。

人民检察院收到人民法院受理被害人对被不起诉人起诉的通知后，人民检察院应当终止复查，将作出不起诉决定所依据的有关案件材料移送人民法院。

此外，人民检察院作出证据不足不起诉的，在发现新的证据，符合起诉条件时，可以提起公诉。

上述规定可通过下表理解和记忆：

检察院 条件	作出不起诉决定的人民检察院	上一级人民检察院	最高人民检察院及上级人民检察院
发现不起诉确有错误，符合起诉条件	撤销不起诉决定，提起公诉	撤销不起诉决定或指令下级人民检察院纠正	
收到人民法院受理被害人自诉的通知		中止复查，将有关案件材料移送人民法院	
疑罪不起诉，发现新证据，符合起诉条件	可以提起公诉		

考点26　审判公开原则

命题分析

审判公开原则是审判原则中一个重要的考点。近年来，司法公开是最高人民法院推动的一项重要的司法改革措施，已经初步建立了审判流程公开、裁判文书公开、执行信息公开三大司法公开平台。**从命制主观题的角度，有可能要求考生结合相关材料，论述对于司法公开的理解。考生在答题时，可以依托审判公开的相关原理和知识进行分析。**

考点解析

一、审判公开的概念

审判公开是指人民法院审理案件和宣告判决，公开进行，允许公民到法庭旁听，允许新闻记者采访报道，也就是把法庭的全过程，除了休庭评议之外都公之于众。**审判公开是一项民主的审判原则，已为现代各国立法所普遍规定。**我国《宪法》第130条规定：人民法院审理案件，除法律规定的特别情况外，一律公开进行。《刑事诉讼法》第11条规定：人民法院审判案件，除本法另有规定的以外，一律公开进行。

就公开的内容而言，审判公开包括审理过程的公开和审判结果的公开。审理过程公开就是要公开开庭，当庭调查事实和证据，当庭进行辩论；审判结果公开就是要公开宣告判决，包括公开判决的内容、判决的理由和根据。

就公开的对象而言，审判公开包括向当事人公开和向社会公开。向当事人公开要求开庭审理，而不得进行书面审理，案件事实与证据的调查应当在当事人的参加下进行。向社会公开就是允许公民到场旁听审判过程，允许新闻记者向社会公开报道审判活动和审判结果。

二、审判公开的意义

（一）审判公开将审判活动置于当事人和社会的监督之下，**有利于实现审判的公正性。**

（二）**有利于增强刑事司法的公信力和权威性**，审判公开增强了刑事司法的透明度，并且将刑事审判过程和审判结果置于当事人和公众的监督之下，不仅有助于防止司法腐败和司法权的滥用，而且有利于当事人和公众对国家刑事司法活动的认可、信任和尊重，从而有利于提升刑事司法的公信力，增加刑事司法的权威性。

（三）**有利于加强法制宣传，增强民众的法律意识。**

三、审判公开的基本规定

<table>
<tr><td rowspan="3">应当不公开</td><td>涉及国家秘密的案件（注意，不是涉外案件）</td></tr>
<tr><td>个人隐私的案件</td></tr>
<tr><td>审判时不满十八周岁的案件（经未成年被告人及其法定代理人同意，未成年被告人所在学校和未成年人保护组织可以派代表到场）。到场代表的人数和范围，由法庭决定。到场代表经法庭同意，可以参与对未成年被告人的法庭教育工作
对依法公开审理，但可能需要封存犯罪记录的案件，不得组织人员旁听
对未成年人刑事案件宣告判决应当公开进行，但不得采取召开大会等形式
对依法应当封存犯罪记录的案件，宣判时，不得组织人员旁听；有旁听人员的，应当告知其不得传播案件信息。（《最高人民法院关于适用〈中华人民共和国刑事诉讼法〉的解释》第487条）</td></tr>
<tr><td>可以不公开</td><td>涉及商业秘密的案件：当事人申请不公开审理的，可以决定不公开审理</td></tr>
<tr><td>公开审理的程序要求</td><td>公开审判的案件，在开庭三日以前先期公布案由、被告人姓名、开庭时间和地点</td></tr>
<tr><td rowspan="3">不公开审理的程序要求</td><td>对于不公开审理的案件，应当当庭宣布不公开审理的理由</td></tr>
<tr><td>依法不公开审理的案件，任何公民包括与审理该案无关的法院工作人员和被告人的近亲属都不得旁听。但法律另有规定的除外</td></tr>
<tr><td>精神病人、醉酒的人、未经人民法院批准的未成年人以及其他不宜旁听的人不得旁听案件审理（《最高人民法院关于适用〈中华人民共和国刑事诉讼法〉的解释》第187条）</td></tr>
<tr><td>公开审理转为不公开审理</td><td>公开审理案件时，公诉人、诉讼参与人提出涉及国家秘密、商业秘密或者个人隐私的证据的，法庭应当中止。有关证据确与本案有关的，可以根据具体情况，决定将案件转为不公开审理，或者对相关证据的法庭调查不公开进行</td></tr>
<tr><td colspan="2">宣判必须公开，但评议一律秘密进行
重大、疑难、复杂案件，可以邀请人大代表、政协委员、基层群众代表等旁听观审</td></tr>
</table>

考点27　人民陪审

命题分析

2018年4月27日，第十三届全国人民代表大会常务委员会第二次会议通过《中华人民共和国人民陪审员法》。2018年修订后的《刑事诉讼法》也对人民陪审进行了修改。作为新增考点，**在今后的法考中命题的可能性很大，考生应根据《人民陪审员法》和修改后的《刑事诉讼法》相关规定掌握人民陪审制度。**

考点解析

一、人民陪审员任职资格

公民担任人民陪审员，应当具备下列条件：①拥护中华人民共和国宪法；②年满28周岁；③遵纪守法、品行良好、公道正派；④具有正常履行职责的身体条件。担任人民陪审员，一般应当具有高中以上文化程度。

不能担任陪审员的情形：

A. 职业禁止：下列人员不能担任人民陪审员：①人民代表大会常务委员会的组成人员，监察委员会、人民法院、人民检察院、公安机关、国家安全机关、司法行政机关的工作人员；②律师、公证员、仲裁员、基层法律服务工作者；③其他因职务原因不适宜担任人民陪审员的人员。

B. 违纪违法：有下列情形之一的，不得担任人民陪审员：①受过刑事处罚的；②被开除公职的；③被吊销律师、公证员执业证书的；④被纳入失信被执行人名单的；⑤因受惩戒被免除人民陪审员职务的；⑥其他有严重违法违纪行为，可能影响司法公信的。

二、人民陪审员的名额与产生

（一）名额

人民陪审员的名额，由基层人民法院根据审判案件的需要，提请同级人民代表大会常务委员会确定。人民陪审员的名额数不低于本院法官数的三倍。

（二）产生

1. 随机抽选：司法行政机关会同基层人民法院、公安机关，从辖区内的常住居民名单中随机抽选拟任命人民陪审员数五倍以上的人员作为人民陪审员候选人，对人民陪审员候选人进行资格审查，征求候选人意见。司法行政机关会同基层人民法院，从通过资格审查的人民陪审员候选人名单中随机抽选确定人民陪审员人选，由基层人民法院院长提请同级人民代表大会常务委员会任命。

2. 申请推荐：因审判活动需要，可以通过个人申请和所在单位、户籍所在地或者经常居住地的基层群众性自治组织、人民团体推荐的方式产生人民陪审员候选人，经司法行政机关会同基层人民法院、公安机关进行资格审查，确定人民陪审员人选，由基层人民法院院长提请同级人民代表大会常务委员会任命。依照前款规定产生的人民陪审员，不得超过人民陪审员名额数的五分之一。

三、任职宣誓与任职期限

人民陪审员经人民代表大会常务委员会任命后，应当公开进行就职宣誓。宣誓仪式由基层人民法院会同司法行政机关组织。**人民陪审员的任期为五年，一般不得连任**。

四、合议庭的组成

2018 年《刑事诉讼法》第 183 条：基层人民法院、中级人民法院审判第一审案件，应当由审判员 3 人或者由审判员和人民陪审员共 3 人或者 7 人组成合议庭进行，但是基层人民法院适用简易程序、速裁程序的案件可以由审判员 1 人独任审判。

高级人民法院审判第一审案件，应当由审判员 3 人至 7 人或者由审判员和人民陪审员共 3 人或者 7 人组成合议庭进行。最高人民法院审判第一审案件，应当由审判员 3 人至 7 人组成合议庭进行。

注意：最高人民法院审理案件、上诉和抗诉案件没有人民陪审员。

五、陪审的案件范围

人民法院审判第一审刑事、民事、行政案件，有下列情形之一的，由人民陪审员和法官组成合议庭进行：①涉及群体利益、公共利益的；②人民群众广泛关注或者其他社会影响较大的；③案情复杂或者有其他情形，需要由人民陪审员参加审判的。人民法院审判前款规定的案件，法律规定由法官独任审理或者由法官组成合议庭审理的，从其规定。

人民法院审判下列第一审案件，由人民陪审员和法官组成七人合议庭进行：①可能判处十年以上有期徒刑、无期徒刑、死刑，社会影响重大的刑事案件；②根据民事诉讼法、行政诉讼法提起的公益诉讼案件；③涉及征地拆迁、生态环境保护、食品药品安全，社会影响重大的案件；④其他社会影响重大的案件。

第一审刑事案件被告人、民事案件原告或者被告、行政案件**原告申请由人**

民陪审员参加合议庭审判的，人民法院**可以决定**由人民陪审员和法官组成合议庭审判。

六、人民陪审员参与审判

1. 审判长应当履行与案件审判相关的指引、提示义务，但不得妨碍人民陪审员对案件的独立判断。合议庭评议案件，审判长应当对本案中涉及的事实认定、证据规则、法律规定等事项及应当注意的问题，向人民陪审员进行必要的解释和说明。

2. 人民陪审员参加**3人合议庭**审判案件，**对事实认定、法律适用**，独立发表意见，行使表决权。

3. 人民陪审员参加**7人合议庭**审判案件，**对事实认定，独立发表意见**，并与法官共同表决；对法律适用，可以发表意见，但不参加表决。

4. 合议庭评议案件，实行少数服从多数的原则。人民陪审员同合议庭其他组成人员意见分歧的，应当将其意见写入笔录。合议庭组成人员意见有重大分歧的，人民陪审员或者法官可以要求合议庭将案件提请院长决定是否提交审判委员会讨论决定。

七、免职

人民陪审员有下列情形之一，经所在基层人民法院会同司法行政机关查证属实的，由院长提请同级人民代表大会常务委员会免除其人民陪审员职务：①本人因正当理由申请辞去人民陪审员职务的；②具有本法第六条、第七条所列情形之一的（即前述职业禁止、违纪违法）；③无正当理由，拒绝参加审判活动，影响审判工作正常进行的；④违反与审判工作有关的法律及相关规定，徇私舞弊，造成错误裁判或者其他严重后果的。

人民陪审员有上自然段③、④所列行为的，可以采取通知其所在单位、户籍所在地或者经常居住地的基层群众性自治组织、人民团体，在辖区范围内公开通报等措施进行惩戒；构成犯罪的，依法追究刑事责任。

八、履职保障

（一）人身安全

人民陪审员的人身和住所安全受法律保护。任何单位和个人不得对人民陪审员及其近亲属打击报复。对报复陷害、侮辱诽谤、暴力侵害人民陪审员及其近亲属的，依法追究法律责任。

（二）经济补偿

人民陪审员参加审判活动期间，所在单位不得克扣或者变相克扣其工资、奖金及其他福利待遇。人民陪审员参加审判活动期间，由人民法院依照有关规定按实际工作日给予补助。人民陪审员因参加审判活动而支出的交通、就餐等费用，由人民法院依照有关规定给予补助。

考点28　庭前会议

命题分析

庭前会议是2012年刑事诉讼法修改后增加的新考点。在2016年案例大题中的第四小问，结合非法证据排除考查了该考点。从考查趋势来看，**庭前会议仍有可能再次考查。**

考点解析

一、庭前会议的适用范围

案件具有下列情形之一的，审判人员**可以召开**庭前会议：①当事人及其辩护人、诉讼代理人申请排除非法证据的；②证据材料较多、案情重大复杂的；③社会影响重大的；④需要召开庭前会议的其他情形。

上述规定可以通过下表理解和记忆：

庭前会议的适用范围	当事人及其辩护人、诉讼代理人申请排除非法证据的
	证据材料较多、案情重大复杂的
	社会影响重大的
	需要召开庭前会议的其他情形

二、庭前会议的参加人员

在开庭以前，**审判人员**可以召集**公诉人、当事人和辩护人、诉讼代理人**，对回避、出庭证人名单、非法证据排除等与审判相关的问题，了解情况，听取意见。

召开庭前会议，**根据案件情况，可以通知被告人参加。**

三、庭前会议的内容及效力

召开庭前会议，审判人员可以就下列问题向控辩双方了解情况，听取意见：①是否对案件管辖有异议；②是否申请有关人员回避；③是否申请调取在侦查、审查起诉期间公安机关、人民检察院收集但未随案移送的证明被告人无罪或者罪轻的证据材料；④是否提供新的证据；⑤是否对出庭证人、鉴定人、有专门知识的人的名单有异议；⑥是否申请排除非法证据；⑦是否申请不公开审理；⑧与审判相关的其他问题。

审判人员可以询问控辩双方对证据材料有无异议，对有异议的证据，应当在庭审时重点调查；无异议的，庭审时举证、质证可以简化。

被害人或者其法定代理人、近亲属提起附带民事诉讼的，可以调解。

庭前会议情况应当制作笔录。

上述内容可通过下表理解和记忆：

<table>
<tr><td rowspan="11">庭前会议的内容及效力</td><td rowspan="8">了解情况、听取意见</td><td colspan="3">是否对案件管辖有异议</td></tr>
<tr><td colspan="3">是否申请有关人员回避</td></tr>
<tr><td colspan="3">是否申请调取在侦查、审查起诉期间公安机关、人民检察院收集但未随案移送的证明被告人无罪或者罪轻的证据材料</td></tr>
<tr><td colspan="3">是否提供新的证据</td></tr>
<tr><td colspan="3">是否对出庭证人、鉴定人、有专门知识的人的名单有异议</td></tr>
<tr><td colspan="3">是否申请排除非法证据</td></tr>
<tr><td colspan="3">是否申请不公开审理</td></tr>
<tr><td colspan="3">与审判相关的其他问题</td></tr>
<tr><td rowspan="2">询问</td><td rowspan="2">对证据材料有无异议</td><td>有异议</td><td>在庭审时重点调查</td></tr>
<tr><td>无异议</td><td>庭审时举证、质证可以简化</td></tr>
<tr><td colspan="4">对附带民事诉讼进行调解</td></tr>
</table>

可见，庭前会议只能就相关问题了解情况、听取意见，而**不能做出实质性的决定**。例如，庭前会议不能就是否排除非法证据作出决定。

考点29 法庭调查的程序

命题分析

“法庭调查的程序”属于内容较多的考点，**从考查内容来看，证人、鉴定人出庭，包括其出庭的条件、不出庭的后果、强制证人出庭制度都容易设计成案例分析题中的考点**。

考点解析

一、证人、鉴定人、有专门知识的人出庭制度

（一）证人、鉴定人出庭的条件和拒不出庭的后果

公诉人、当事人或者辩护人、诉讼代理人对证人证言有异议，且该证人证言对案件定罪量刑有重大影响，人民法院认为证人有必要出庭作证的，证人应当出庭作证。人民警察就其执行职务时目击的犯罪情况作为证人出庭作证，适用上述规定。公诉人、当事人或者辩护人、诉讼代理人对鉴定意见有异议，人民法院认为鉴定人有必要出庭的，鉴定人应当出庭作证。经人民法院通知，鉴定人拒不出庭作证的，鉴定意见不得作为定案的根据。

（二）强制证人出庭制度

经人民法院通知，证人没有正当理由不出庭作证的，人民法院可以强制其到庭，但是被告人的配偶、父母、子女除外。证人没有正当理由拒绝出庭或者出庭后拒绝作证的，予以训诫，情节严重的，经院长批准，处以十日以下的拘留。被处罚人对拘留决定不服的，可以向上一级人民法院申请复议。复议期间不停止执行。

（三）证人可以不出庭的条件和替代方法

证人具有下列情形之一，无法出庭作证的，人民法院可以准许其不出庭：①在庭审期间身患严重疾病或者行动极为不便的；②居所远离开庭地点且交通极为不便的；③身处国外短期无法回国的；④有其他客观原因，确实无法出庭的。具有上述规定情形的，可以通过视频等方式作证。

（四）有专门知识的人出庭的条件和人数限制

公诉人、当事人及其辩护人、诉讼代理人申请法庭通知有专门知识的人出庭，就鉴定意见提出意见的，应当说明理由。法庭认为有必要的，应当通知有专门知识的人出庭。**申请有专门知识的人出庭，不得超过2人。有多种类鉴定意见的，可以相应增加人数。**有专门知识的人出庭，适用鉴定人出庭的有关规定。

上述内容可通过下表理解和记忆：

<table>
<tr><th></th><th>主体</th><th colspan="2">条件</th><th>拒不出庭的效果</th></tr>
<tr><td rowspan="11">证人、鉴定人出庭作证</td><td rowspan="7">证人（含执行职务时目击犯罪的警察）</td><td rowspan="3">积极条件（应当出庭作证）</td><td>控辩双方对证人证言有异议</td><td rowspan="3">强制出庭（被告人的配偶、父母、子女除外）</td></tr>
<tr><td>证人证言对案件定罪量刑有重大影响</td></tr>
<tr><td>人民法院认为证人有必要出庭作证</td></tr>
<tr><td rowspan="4">消极条件（可以准许其不出庭）</td><td>庭审期间身患严重疾病或行动极为不便</td><td rowspan="4">可通过视频等方式作证</td></tr>
<tr><td>居所远离开庭地点且交通极为不便的</td></tr>
<tr><td>身处国外短期无法回国的</td></tr>
<tr><td>有其他客观原因，确实无法出庭的</td></tr>
<tr><td rowspan="2">鉴定人</td><td rowspan="2">积极条件</td><td>控辩双方对鉴定意见有异议</td><td rowspan="2">鉴定意见不得作为定案的根据</td></tr>
<tr><td>人民法院认为鉴定人有必要出庭</td></tr>
<tr><td rowspan="2">有专门知识的人</td><td rowspan="2">积极条件</td><td>需要就鉴定意见提出意见的</td><td rowspan="2"></td></tr>
<tr><td>人民法院认为有必要的</td></tr>
</table>

通过上表可以看出，证人、鉴定人出庭制度存在以下区别：

第一，条件不同。证人应当出庭作证的条件除了控辩双方有异议、人民法院认为有必要外，还多一条，即“证人证言对定罪量刑有重大影响”；**鉴定人应当出庭提供意见的条件则只有控辩双方有异议、人民法院认为有必要这两条，不要求鉴定意见对定罪量刑有重大影响。**

第二，证人或鉴定人拒不出庭的效果不同。一则，对无正当理由拒不出庭的证人，除被告人的配偶、父母、子女外，可强制出庭；**对拒不出庭的鉴定人不能强制出庭**。二则，**鉴定人如果拒不出庭，其鉴定意见不得作为定案的根据**；**证人如果不出庭或出庭后拒绝作证**，法律仅对其规定了相应的惩戒措施，但**并没有规定其庭前的证言不得作为定案的根据**。

此外，关于强制证人出庭制度，可通过下表理解和记忆：

<table>
<tr><td rowspan="2">强制到庭</td><td>条件</td><td colspan="2">经人民法院通知证人无正当理由不出庭作证</td></tr>
<tr><td>适用人员</td><td colspan="2">除被告人配偶、父母、子女以外的证人</td></tr>
<tr><td rowspan="5">惩戒</td><td rowspan="2">条件</td><td colspan="2">无正当理由拒不到庭</td></tr>
<tr><td colspan="2">出庭后拒绝作证</td></tr>
<tr><td rowspan="3">措施</td><td colspan="2">训诫</td></tr>
<tr><td rowspan="2">拘留</td><td>情节严重的，经院长批准，处十日以下拘留</td></tr>
<tr><td>可向上一级法院申请复议，复议期间不停止执行</td></tr>
</table>

关于强制证人出庭制度，需要注意以下几点：

第一，**对被告人的配偶、父母、子女不能够强制出庭**。

第二，对无正当理由拒不到庭或到庭后拒绝作证的证人可以采取的惩戒措施是**训诫和拘留，没有罚款**。**拘留只能在情节严重的情况下，经院长批准后才能适用，且不得超过十日**。

第三，对拘留决定不服可向**上一级人民法院**申请复议，而不是向作出拘留决定的人民法院申请复议。

二、法庭调查的基本流程

（一）宣读起诉书及向当事人发问

公诉人在法庭上宣读起诉书后，被告人、被害人可以就起诉书指控的犯罪进行陈述，公诉人可以讯问被告人。被害人、附带民事诉讼的原告人和辩护人、诉讼代理人，经审判长许可，可以向被告人发问。审判人员可以讯问被告人。

审判长宣布法庭调查开始后，应当先由公诉人宣读起诉书；有附带民事诉讼的，再由附带民事诉讼原告人或者其法定代理人、诉讼代理人宣读附带民事起诉状。

起诉书指控的被告人的犯罪事实为两起以上的，法庭调查一般应当分别进行。

在审判长主持下，被告人、被害人可以就起诉书指控的犯罪事实分别陈述。

在审判长主持下，公诉人可以就起诉书指控的犯罪事实讯问被告人。经审判长准许，被害人及其法定代理人、诉讼代理人可以就公诉人讯问的犯罪事实补充发问；附带民事诉讼原告人及其法定代理人、诉讼代理人可以就附带民事部分的事实向被告人发问；被告人的法定代理人、辩护人，附带民事诉讼被告人及其法定代理人、诉讼代理人可以在控诉一方就某一问题讯问完毕后向被告人发问。

讯问同案审理的被告人，应当分别进行。必要时，可以传唤同案被告人等到庭对质。

经审判长准许，控辩双方可以向被害人、附带民事诉讼原告人发问。

审判人员可以讯问被告人。必要时，可以向被害人、附带民事诉讼当事人发问。

上述规定可通过下文理解和记忆：

<table>
<tr><th></th><th>步骤</th><th colspan="2">条件和主体</th><th>程序</th><th>备注</th></tr>
<tr><td rowspan="10">宣读起诉书及向当事人发问</td><td rowspan="2">宣读起诉书</td><td colspan="2">公诉人</td><td colspan="2">宣读起诉书</td></tr>
<tr><td colspan="2">附带民诉原告人方</td><td colspan="2">宣读附带民事起诉状</td></tr>
<tr><td>当事人陈述</td><td colspan="2">被告人、被害人</td><td>可就指控的犯罪事实分别陈述</td><td>犯罪事实为两起以上的，法庭调查一般应分别进行</td></tr>
<tr><td rowspan="5">讯问被告人或向被告人发问</td><td>审判长主持下</td><td>公诉人</td><td>可就指控的犯罪事实讯问被告人</td><td rowspan="5">讯问同案审理的被告人，应分别进行。必要时，可以传唤同案被告人等到庭对质</td></tr>
<tr><td rowspan="3">经审判长准许</td><td>被害人方</td><td>可补充发问</td></tr>
<tr><td>附带民事诉讼原告人方</td><td>可就附带民事部分的事实发问</td></tr>
<tr><td>被告人方及附带民事诉讼被告人方</td><td>可在控方就某一问题讯问完毕后发问</td></tr>
<tr><td></td><td>审判人员</td><td>可以讯问被告人</td></tr>
<tr><td rowspan="2">向被害人、附带民诉原告人发问</td><td>经审判长准许</td><td>控辩双方</td><td rowspan="2">可以向被害人、附带民事诉讼原告人发问</td><td rowspan="2"></td></tr>
<tr><td>必要时</td><td>审判人员</td></tr>
</table>

（二）向出庭的证人、鉴定人、有专门知识的人发问

证人作证，审判人员应当告知他要如实地提供证言和有意作伪证或者隐匿罪证要负的法律责任。公诉人、当事人和辩护人、诉讼代理人经审判长许可，可以对证人、鉴定人发问。审判长认为发问的内容与案件无关的时候，应当制止。审判人员可以询问证人、鉴定人。

向证人、鉴定人发问，应当先由提请通知的一方进行；发问完毕后，经审

判长准许，对方也可以发问。

控辩双方的讯问、发问方式不当或者内容与本案无关的，对方可以提出异议，申请审判长制止，审判长应当判明情况予以支持或者驳回；对方未提出异议的，审判长也可以根据情况予以制止。

审判人员认为必要时，可以询问证人、鉴定人、有专门知识的人。

向证人、鉴定人、有专门知识的人发问应当分别进行。证人、鉴定人、有专门知识的人经控辩双方发问或者审判人员询问后，审判长应当告知其退庭。证人、鉴定人、有专门知识的人不得旁听对本案的审理。

上述规定可通过下表理解和记忆：

<table>
<tr><th>步骤</th><th colspan="2">程序和主体</th><th>顺序</th><th colspan="2">制止条件及程序</th><th>退庭</th></tr>
<tr><td rowspan="5">向证人、鉴定人、有专门知识的人发问</td><td rowspan="4">经审判长准许</td><td>公诉人</td><td rowspan="4">先由提请通知的一方发问完毕后，经审判长准许，对方也可发问</td><td rowspan="4">讯问、发问方式不当或内容与本案无关</td><td rowspan="4">对方可提出异议，申请审判长制止，审判长应判明情况予以支持或者驳回；审判长也可依职权予以制止</td><td rowspan="4">应当分别进行；不得旁听对本案的审理</td></tr>
<tr><td>当事人</td></tr>
<tr><td>辩护人</td></tr>
<tr><td>诉讼代理人</td></tr>
<tr><td>必要时</td><td>审判人员</td><td colspan="3"></td><td></td></tr>
</table>

（三）出示物证、宣读作为证据的文书

公诉人、辩护人应当向法庭出示物证，让当事人辨认，对未到庭的证人的证言笔录、鉴定人的鉴定意见、勘验笔录和其他作为证据的文书，应当当庭宣读。审判人员应当听取公诉人、当事人和辩护人、诉讼代理人的意见。

上述规定可通过下表理解和记忆：

<table>
<tr><td rowspan="5">出示物证、宣读作为证据的文书</td><td>出示</td><td>物证</td><td>让当事人辨认</td><td rowspan="5">审判人员应当听取公诉人、当事人和辩护人、诉讼代理人的意见</td></tr>
<tr><td rowspan="4">宣读</td><td>未到庭的证人的证言笔录</td><td rowspan="4"></td></tr>
<tr><td>未到庭的鉴定人的鉴定意见</td></tr>
<tr><td>勘验笔录</td></tr>
<tr><td>其他作为证据的文书</td></tr>
</table>

考点30　认罪认罚制度与速裁程序

命题分析

认罪认罚制度与速裁程序是2018年《刑事诉讼法》新增的重要内容，同时也是近年来我国刑事诉讼制度的一项重要改革措施，**在2019年的法考中命题的可能性极大**，请考生务必高度重视本考点。**从命题思路上分析，既可能以案例的形式考查认罪认罚制度的基本知识点；也有可能涉及理论性考点，考查认罪认罚制度的理论价值**，考生需要结合前述考点中**诉讼价值、公正与效率的关系来分析**。

考点解析

一、认罪认罚的含义

2018年《刑事诉讼法》第15条：犯罪嫌疑人、被告人自愿如实供述自己的罪行，承认指控的犯罪事实愿意接受处罚的，可以依法从宽处理。由此可见包含三层含义：**一是认罪，即自愿如实供述自己的罪行，承认所指控的犯罪事实；二是认罚，即愿意接受处罚；三是从宽。**

二、认罪认罚的程序

（一）侦查阶段

1. 侦查人员在讯问犯罪嫌疑人的时候，应当告知犯罪嫌疑人享有的诉讼权利，如实供述自己罪行可以从宽处理和**认罪认罚的法律规定**。

2. 犯罪嫌疑人自愿认罪的，**应当记录在案，随案移送并在起诉意见书中写明有关情况**。

（二）审查起诉阶段

1. 人民检察院对于监察机关、公安机关移送起诉的案件，应当在1个月以内作出决定，重大、复杂的案件，可以延长15日；**犯罪嫌疑人认罪认罚，符合速裁程序适用条件的，应当在10日以内作出决定，对可能判处的有期徒刑超过1年的，可以延长至15日。**

2. 人民检察院审查案件，应当讯问犯罪嫌疑人，听取辩护人或者值班律师、被害人及其诉讼代理人的意见，并记录在案。辩护人或者值班律师、被害人及其诉讼代理人提出书面意见的，应当附卷。

犯罪嫌疑人认罪认罚的，人民检察院应当告知其享有的诉讼权利和认罪认罚的法律规定，听取犯罪嫌疑人、辩护人或者值班律师、被害人及其诉讼代理人对下列事项的意见，并记录在案：①涉嫌的犯罪事实、罪名及适用的法律规定；②从轻、减轻或者免除处罚等从宽处罚的建议；③认罪认罚后案件审理适用的程序；④其他需要听取意见的事项。

人民检察院依照上述规定听取值班律师意见的，应当提前为值班律师了解案件有关情况提供必要的便利。

3. **犯罪嫌疑人自愿认罪，同意量刑建议和程序适用的，应当在辩护人或者值班律师在场的情况下签署认罪认罚具结书。**

犯罪嫌疑人认罪认罚，有下列情形之一的，不需要签署认罪认罚具结书：①犯罪嫌疑人是盲、聋、哑人，或者是尚未完全丧失辨认或者控制自己行为能力的精神病人的；②未成年犯罪嫌疑人的法定代理人、辩护人对未成年人认罪认罚有异议的；③其他不需要签署认罪认罚具结书的情形。

4. 犯罪嫌疑人认罪认罚的，人民检察院应当就主刑、附加刑、是否适用缓刑等提出量刑建议，并随案移送认罪认罚具结书等材料。

（三）审判阶段

1. 被告人认罪认罚的，**审判长应当告知被告人享有的诉讼权利和认罪认罚的法律规定，审查认罪认罚的自愿性和认罪认罚具结书内容的真实性、合法性。**

2. 对于认罪认罚案件，人民法院依法作出判决时，**一般应当采纳人民检察院指控的罪名和量刑建议**，但有下列情形的除外：①被告人的行为不构成犯罪或者不应当追究其刑事责任的；②被告人违背意愿认罪认罚的；③被告人否认指控的犯罪事实的；④起诉指控的罪名与审理认定的罪名不一致的；⑤其他可能影响公正审判的情形。

人民法院经审理认为量刑建议明显不当，或者被告人、辩护人对量刑建议提出异议的，人民检察院可以调整量刑建议。人民检察院不调整量刑建议或者调整量刑建议后仍然明显不当的，人民法院应当依法作出判决。

三、速裁程序

（一）**适用范围**：基层人民法院管辖的可能判处3年有期徒刑以下刑罚的

案件，案件事实清楚，证据确实、充分，被告人认罪认罚并同意适用速裁程序的，可以适用速裁程序，由审判员一人独任审判。人民检察院在提起公诉的时候，可以建议人民法院适用速裁程序。

（二）**不得适用的情形**：①被告人是盲、聋、哑人，或者是尚未完全丧失辨认或者控制自己行为能力的精神病人的；②被告人是未成年人的；③案件有重大社会影响的；④共同犯罪案件中部分被告人对指控的犯罪事实、罪名、量刑建议或者适用速裁程序有异议的；⑤被告人与被害人或者其法定代理人没有就附带民事诉讼赔偿等事项达成调解或者和解协议的；⑥其他不宜适用速裁程序审理的。

（三）**审理方式**：适用速裁程序审理案件，不受相关送达期限的限制，一般不进行法庭调查、法庭辩论，但在判决宣告前应当听取辩护人的意见和被告人的最后陈述意见。适用速裁程序审理案件，应当当庭宣判。

（四）**审理期限**：适用速裁程序审理案件，人民法院应当在受理后10日以内审结；对可能判处的有期徒刑超过一年的，可以延长至15日。

（五）**转程序**：人民法院在审理过程中，发现有被告人的行为不构成犯罪或者不应当追究其刑事责任、被告人违背意愿认罪认罚、被告人否认指控的犯罪事实或者其他不宜适用速裁程序审理的情形的，应当按照公诉案件一审普通程序或者简易程序的规定重新审理。

考点31 上诉不加刑原则

命题分析

上诉不加刑原则属于二审程序中的常见考点，在2016年案例分析大题中也通过设置小问题的方式考查了这一考点。这一考点难度不大，只要把握住“不得以任何理由和方式加重被告人的刑罚”这一基本要求即可，各种具体的情形实际上是万变不离其宗的，无须专门记忆。

考点解析

第二审人民法院审理被告人或者他的法定代理人、辩护人、近亲属上诉的案件，不得加重被告人的刑罚。第二审人民法院发回原审人民法院重新审判的案件，除有新的犯罪事实，人民检察院补充起诉的以外，原审人民法院也不得加重被告人的刑罚。人民检察院提出抗诉或者自诉人提出上诉的，不受此规定的限制。

审理被告人或者其法定代理人、辩护人、近亲属提出上诉的案件，不得加重被告人的刑罚，并应当执行下列规定：

1. 同案审理的案件，只有部分被告人上诉的，既不得加重上诉人的刑罚，也不得加重其他同案被告人的刑罚；

2. 原判事实清楚，证据确实、充分，只是认定的罪名不当的，可以改变罪名，但不得加重刑罚；

3. 原判对被告人实行数罪并罚的，不得加重决定执行的刑罚，也不得加重数罪中某罪的刑罚；

4. 原判对被告人宣告缓刑的，不得撤销缓刑或者延长缓刑考验期；

5. 原判没有宣告禁止令的，不得增加宣告；原判宣告禁止令的，不得增加内容、延长期限；

6. 原判对被告人判处死刑缓期执行没有限制减刑的，不得限制减刑；

7. 原判事实清楚，证据确实、充分，但判处的刑罚畸轻、应当适用附加刑而没有适用的，不得直接加重刑罚、适用附加刑，也不得以事实不清、证据不足为由发回第一审人民法院重新审判。**必须依法改判的，应当在第二审判决、裁定生效后，依照审判监督程序重新审判。**

人民检察院只对部分被告人的判决提出抗诉，或者自诉人只对部分被告人的判决提出上诉的，第二审人民法院不得对其他同案被告人加重刑罚。

被告人或者其法定代理人、辩护人、近亲属提出上诉的案件，第二审人民法院发回重新审判后，除有新的犯罪事实，人民检察院补充起诉的以外，原审人民法院不得加重被告人的刑罚。

上述内容可以通过下表理解和记忆：

	前提	情形	处理
上诉不加刑原则	只有被告人一方上诉（人民检察院抗诉或自诉人上诉的不在此限）	同案审理的案件，只有部分被告人上诉	既不得加重上诉人的刑罚，也不得加重其他同案被告人的刑罚
		人民检察院只对部分被告人的判决提出抗诉，或者自诉人只对部分被告人的判决提出上诉的	不得对其他同案被告人加重刑罚
		原判事实清楚，证据确实、充分，只是认定的罪名不当	可以改变罪名，但不得加重刑罚
		原判对被告人实行数罪并罚的	不得加重决定执行的刑罚，也不得加重数罪中某罪的刑罚
		原判对被告人宣告缓刑	不得撤销缓刑或延长缓刑考验期

续表

<table>
<tr><th></th><th>前提</th><th>情形</th><th>处理</th></tr>
<tr><td rowspan="6">上诉不加刑原则</td><td rowspan="6">只有被告人一方上诉（人民检察院抗诉或自诉人上诉的不在此限）</td><td>原判没有宣告禁止令的</td><td>不得增加宣告</td></tr>
<tr><td>原判宣告禁止令的</td><td>不得增加内容、延长期限</td></tr>
<tr><td>原判对被告人判处死缓没有限制减刑</td><td>不得限制减刑</td></tr>
<tr><td rowspan="2">原判事实清楚，证据确实、充分，但判处的刑罚畸轻、应当适用附加刑而没有适用的</td><td>不得直接加重刑罚、适用附加刑，也不得以事实不清、证据不足为由发回第一审人民法院重新审判</td></tr>
<tr><td>必须依法改判的，应当二审裁判生效后，依照审判监督程序重新审判</td></tr>
<tr><td>二审法院发回重新审判的案件除有新的犯罪事实，人民检察院补充起诉的以外，原审人民法院不得加重被告人的刑罚</td><td></td></tr>
</table>

关于上表中的内容，需要注意以下几个问题：

第一，上诉不加刑原则的基本内容就是**在只有被告人一方上诉的情况下，第二审人民法院不得以任何理由、方式加重被告人的刑罚。在这一点上是不存在例外的**。这与再审不加刑原则不同。《最高人民法院关于适用〈中华人民共和国刑事诉讼法〉的解释》第386条规定："除人民检察院抗诉的以外，**再审一般不得加重被告人的刑罚。"“一般”二字说明再审不加刑原则是存在例外的**。

第二，对于只有被告人一方上诉，而二审发回重新审判的案件，原审人民法院也不得加重被告人的刑罚。在这一点上也不存在例外。**对发回重审的案件，有新的犯罪事实，人民检察院补充起诉的，原审人民法院可能加重被告人的刑罚，但这是基于新诉的犯罪事实产生的刑罚，而非针对原来的犯罪事实加重刑罚**，因此也不能算作是上诉不加刑原则的例外。

考点32　二审程序

命题分析

二审程序是历年主观题考查的常见考点。2008年案例分析大题考查了附带民事诉讼的二审；2009 年和 2016 年考查了二审的审理方式、发回重审后的处理等问题，考生应予以重视。

考点解析

一、二审案件开庭审理的范围

下列案件，应当开庭审理：①被告人、自诉人及其法定代理人对第一审认定的事实、证据提出异议，可能影响定罪量刑的上诉案件；②被告人被判处死刑立即执行的上诉案件；③人民检察院抗诉的案件；④应当开庭审理的其他案件。被判处死刑立即执行的被告人没有上诉，同案的其他被告人上诉的案件，第二审人民法院应当开庭审理。

被告人被判处死刑缓期执行的上诉案件，虽不属于上述情形，有条件的，也应当开庭审理。

对上诉、抗诉案件，第二审人民法院经审查，认为原判事实不清、证据不足，或者具有刑事诉讼法第 238 条规定的违反法定诉讼程序情形，需要发回重新审判的，可以不开庭审理。

上述规定可以通过下表理解和记忆：

	案件	备注
二审应当开庭的案件	被告人、自诉人及其法定代理人对第一审认定的事实、证据提出异议，可能影响定罪量刑的上诉案件	**需要发回重新审判的，可以不开庭审理**
	被告人被判处死刑立即执行的上诉案件（含被判处死刑立即执行的被告人没有上诉，同案其他被告人上诉的案件）	被告人被判死缓的上诉案件，**有条件的**也应开庭
	人民检察院抗诉的案件	
	应当开庭审理的其他案件	

值得注意的是，对被告人、自诉人及其法定代理人对第一审认定的事实、证据提出异议，可能影响定罪量刑的上诉案件，如果经审查认为原判事实不清、证据不足，需要发回原审人民法院重审的，则可以不开庭审理而直接发回重审。

二、二审案件开庭审理的方式和程序

（一）地点

第二审人民法院开庭审理上诉、抗诉案件，可以到**案件发生地**或者**原审人民法院所在地**进行。

（二）开庭前的准备

人民检察院提出抗诉的案件或者第二审人民法院**开庭审理的公诉案件**，同级人民检察院都应当派员出席法庭。也即**只要是人民法院开庭审理的公诉案件，即便人民检察院没有提出抗诉的，同级人民检察院也应当派员出席法庭。**开庭审理上诉、抗诉的公诉案件，应当通知同级人民检察院派员出庭。抗诉案件，人民检察院接到开庭通知后不派员出庭，且未说明原因的，人民法院可以裁定按人民检察院撤回抗诉处理，并通知第一审人民法院和当事人。

开庭审理第二审公诉案件，应当在决定开庭审理后及时通知人民检察院查阅案卷。自通知后的第二日起，人民检察院查阅案卷的时间不计入审理期限。

第二审期间，人民检察院或者被告人及其辩护人提交新证据的，人民法院应当及时通知对方查阅、摘抄或者复制。

上述内容可通过下表理解和记忆：

<table>
<tr><th></th><th>条件</th><th colspan="2">处理</th></tr>
<tr><td rowspan="3">二审案件庭审前的准备</td><td>提交新证据</td><td colspan="2">及时通知对方查阅、摘抄或者复制</td></tr>
<tr><td rowspan="2">决定开庭</td><td>及时通知检察院查阅案卷</td><td>应在一个月以内查阅完毕。自通知后的第二日起，查阅案卷的时间不计入审理期限</td></tr>
<tr><td>通知同级检察院派员出庭</td><td>抗诉案件，检察院接到开庭通知后不派员出庭，且未说明原因，可裁定按撤回抗诉处理</td></tr>
</table>

（三）审理程序

1. *法庭调查和法庭辩论的顺序*

开庭审理上诉、抗诉案件，除参照适用第一审程序的有关规定外，应当按照下列规定进行：①法庭调查阶段，审判人员宣读第一审判决书、裁定书后，上诉案件由上诉人或者辩护人先宣读上诉状或者陈述上诉理由，抗诉案件由检察员先宣读抗诉书；既有上诉又有抗诉的案件，先由检察员宣读抗诉书，再由上诉人或者辩护人宣读上诉状或者陈述上诉理由；②法庭辩论阶段，上诉案件，先由上诉人、辩护人发言，后由检察员、诉讼代理人发言；抗诉案件，先由检察员、诉讼代理人发言，后由被告人、辩护人发言；既有上诉又有抗诉的案件，先由检察员、诉讼代理人发言，后由上诉人、辩护人发言。也即，**上诉案件上诉方优先；抗诉案件和既有上诉又有抗诉的案件，抗诉方优先**。

2. 审理程序的特点

开庭审理上诉、抗诉案件，可以重点围绕对第一审判决、裁定有争议的问题或者有疑问的部分进行。根据案件情况，可以按照下列方式审理：①宣读第一审判决书，可以只宣读案由、主要事实、证据名称和判决主文等；②法庭调查应当重点围绕对第一审判决提出异议的事实、证据以及提交的新的证据等进行；对没有异议的事实、证据和情节，可以直接确认；③对同案审理案件中未上诉的被告人，未被申请出庭或者人民法院认为没有必要到庭的，可以不再传唤到庭；④被告人犯有数罪的案件，对其中事实清楚且无异议的犯罪，可以不在庭审时审理。同案审理的案件，未提出上诉、人民检察院也未对其判决提出抗诉的被告人要求出庭的，应当准许。出庭的被告人可以参加法庭调查和辩论。

上述内容可通过下表理解和记忆：

<table>
<tr><th></th><th>总特点</th><th colspan="2">具体特点</th></tr>
<tr><td rowspan="7">二审开庭审理的特点</td><td rowspan="7">重点围绕对一审裁判有争议的问题或有疑问的部分进行</td><td>宣读第一审判决书</td><td>可以只宣读案由、主要事实、证据名称和判决主文等</td></tr>
<tr><td rowspan="2">法庭调查</td><td>应重点围绕对一审判决提出异议的事实、证据以及提交的新的证据等进行</td></tr>
<tr><td>对没有异议的事实、证据和情节，可以直接确认</td></tr>
<tr><td rowspan="2">对同案审理案件中未上诉，也未被抗诉的被告人</td><td>未被申请出庭或法院认为没有必要到庭的，可不再传唤到庭</td></tr>
<tr><td>要求出庭的，应当准许。出庭的被告人可以参加法庭调查和辩论</td></tr>
<tr><td>被告人犯有数罪的</td><td>对其中事实清楚且无异议的犯罪，可不在庭审时审理</td></tr>
</table>

三、二审案件不开庭审理的方式和程序

第二审案件依法不开庭审理的，应当讯问被告人，听取其他当事人、辩护人、诉讼代理人的意见。合议庭全体成员应当阅卷，必要时应当提交书面阅卷意见。

据此，**二审案件不开庭审理的方式和程序如下：**

1. 合议庭成员共同阅卷，必要时应当提交书面阅卷意见。
2. 讯问被告人；对没有上诉的被告人也应当讯问。
3. 听取其他当事人、辩护人、诉讼代理人的意见。
4. 合议庭评议和宣判。

四、二审程序中的委托辩护

第二审期间，被告人除**自行辩护**外，还可以**继续委托第一审辩护人**或者**另行委托辩护人**辩护。共同犯罪案件，只有部分被告人提出上诉，或者自诉人只对部分被告人的判决提出上诉，或者人民检察院只对部分被告人的判决提出抗诉的，**其他同案被告人也可以委托辩护人辩护**。

五、对上诉、抗诉案件审理后的处理

第二审人民法院对不服第一审判决的上诉、抗诉案件，经过审理后，应当按照下列情形分别处理：①原判决认定事实和适用法律正确、量刑适当的，应当裁定驳回上诉或者抗诉，维持原判；②原判决认定事实没有错误，但适用法律有错误，或者量刑不当的，应当改判；③原判决事实不清楚或者证据不足的，可以在查清事实后改判；也可以裁定撤销原判，发回原审人民法院重新审判。

第二审人民法院发现第一审人民法院的审理有下列违反法律规定的诉讼程序的情形之一的，应当裁定撤销原判，发回原审人民法院重新审判：①违反本法有关公开审判的规定的；②违反回避制度的；③剥夺或者限制了当事人的法定诉讼权利，可能影响公正审判的；④审判组织的组成不合法的；⑤其他违反法律规定的诉讼程序，可能影响公正审判的。

第二审人民法院对不服第一审裁定的上诉或者抗诉，经过审查后，应当分别情形用裁定驳回上诉、抗诉，或者撤销、变更原裁定。

上述内容可以通过下表理解和记忆：

<table>
<tr><th></th><th></th><th>事实、证据</th><th>适用法律、量刑</th><th>处理</th></tr>
<tr><td rowspan="13">对上诉抗诉案件审理后的处理</td><td rowspan="6">原判决</td><td rowspan="2">认定事实正确</td><td>适用法律正确</td><td rowspan="2">裁定驳回上诉或抗诉，维持原判</td></tr>
<tr><td>量刑适当</td></tr>
<tr><td rowspan="2">认定事实没有错误</td><td>适用法律有错误</td><td rowspan="2">改判</td></tr>
<tr><td>量刑不当</td></tr>
<tr><td rowspan="2">事实不清楚或证据不足</td><td rowspan="2"></td><td>在查清事实后改判</td></tr>
<tr><td rowspan="6">裁定撤销原判，发回原审人民法院重新审判</td></tr>
<tr><td rowspan="5">原一审程序</td><td colspan="2">违反公开审判的规定</td></tr>
<tr><td colspan="2">违反回避制度的</td></tr>
<tr><td colspan="2">剥夺或限制当事人的法定诉讼权利，可能影响公正审判的</td></tr>
<tr><td colspan="2">审判组织的组成不合法的</td></tr>
<tr><td colspan="2">其他违反法定诉讼程序可能影响公正审判的</td></tr>
<tr><td rowspan="2">裁定</td><td colspan="2"></td><td>裁定驳回上诉、抗诉</td></tr>
<tr><td colspan="2"></td><td>撤销、变更原裁定</td></tr>
</table>

六、对发回重审的案件的处理

原审人民法院对于发回重新审判的案件，应当另行组成合议庭，依照第一审程序进行审判。对于重新审判后的判决，可以上诉、抗诉。

第二审人民法院发回原审人民法院重新审判的案件，**原审人民法院从收到发回的案件之日起，重新计算审理期限**。

原判事实不清、证据不足，第二审人民法院发回重新审判的案件，原审人民法院重新作出判决后，被告人上诉或者人民检察院抗诉的，第二审人民法院应当依法作出判决、裁定，**不得再发回重新审判**。

第二审人民法院发现原审人民法院在重新审判过程中，有法定的违反法定程序的情形的，应当裁定撤销原判，发回重新审判。

上述内容可通过下表理解和记忆：

<table>
<tr><th></th><th>情由</th><th>程序</th><th colspan="2">处理</th></tr>
<tr><td rowspan="4">对发回重审案件的处理</td><td>因原判决事实不清、证据不足发回重审</td><td rowspan="2">另行组成合议庭，依照第一审程序进行审判</td><td rowspan="4">对重审后的判决，可上诉、抗诉</td><td>第二审人民法院不得再发回重新审判</td></tr>
<tr><td>因原一审程序违反法定程序发回重审</td><td>根据《刑事诉讼法》第 238 条第 1 款分别情况处理</td></tr>
<tr><td rowspan="2">重审过程中</td><td>没有另行组成合议庭</td><td rowspan="2">裁定撤销原判发回重审</td></tr>
<tr><td>违法法定程序</td></tr>
</table>

值得注意的是，二审发回重审的情形有两种，一是原判事实不清、证据不足，可以裁定撤销原判，发回重审；二是原一审程序违反法定程序（具有《刑事诉讼法》第 238 条规定的情形之一），依法应当裁定撤销原判，发回重审的。而并非所有发回重审的案件再次进入二审后，第二审人民法院都不能再发回重审。**只有因原判事实不清、证据不足发回重审的案件再次进入二审后，第二审人民法院才不能再次发回重新审判**。这主要是为了防止在司法实践中，一些证据不足的案件因反复发回重审而给被告人带来长期的羁押和权利侵害。

七、对附带民事诉讼案件的处理

第二审人民法院审理对刑事部分提出上诉、抗诉，附带民事部分已经发生法律效力的案件，发现第一审判决、裁定中的附带民事部分确有错误的，应当依照审判监督程序对附带民事部分予以纠正。

第二审人民法院审理对附带民事部分提出上诉，刑事部分已经发生法律效力的案件，发现第一审判决、裁定中的刑事部分确有错误的，应当依照审判监督程序对刑事部分进行再审，并将附带民事部分与刑事部分一并审理。

第二审期间，第一审附带民事诉讼原告人增加独立的诉讼请求或者第一审附带民事诉讼被告人提出反诉的，第二审人民法院可以根据自愿、合法的原则进行调解；调解不成的，告知当事人另行起诉。

上述内容可通过下表理解和记忆：

	情形	处理
二审对附带民诉案件的处理	对刑事部分提出上诉、抗诉，附带民事部分已经发生法律效力的案件，发现附带民事部分确有错误	依审判监督程序对附带民事部分予以纠正
	对附带民事部分提出上诉，刑事部分已经发生法律效力的案件，发现刑事部分确有错误	依审判监督程序对刑事部分再审，并一并审理附带民事部分
	第一审附带民事诉讼原告人增加独立的诉讼请求	调解；调解不成的，告知当事人另行起诉
	第一审附带民事诉讼被告人提出反诉	

八、对自诉案件的处理

对第二审自诉案件，必要时可以调解，当事人也可以自行和解。调解结案的，应当制作调解书，第一审判决、裁定视为自动撤销；当事人自行和解的，应当裁定准许撤回自诉，并撤销第一审判决、裁定。

第二审期间，自诉案件的当事人提出反诉的，应当告知其另行起诉。

	情形		处理
自诉案件二审	必要时	可以调解	调解结案的，应制作调解书，第一审判决、裁定视为自动撤销
	当事人自行和解		裁定准许撤回自诉，并撤销第一审判决、裁定
	当事人提出反诉		告知当事人另行起诉

注意，**在附带民事诉讼案件的二审中，被告人提起反诉的，应当先调解，调解不成的，才告知当事人另行起诉；在自诉案件的二审中，当事人提出反诉的，则应当直接告诉其另行起诉。**

考点33　死刑复核

命题分析

2009 年案例分析大题专门考查了死刑复核程序。2018 年《刑事诉讼法》对死刑复核进行了少量修改。**将来单独以大题的形式考查的可能性不大，但不排除以结合其他考点设置小问题的方式再次考查的可能。**

考点解析

一、2018 年《刑事诉讼法》修改

第 261 条第 2 款修改为："被判处死刑缓期二年执行的罪犯，在死刑缓期执行期间，如果没有故意犯罪，死刑缓期执行期满，**应当予以减刑的**，由执行机关提出书面意见，报请高级人民法院裁定；如果故意犯罪，**情节恶劣**，查证属实，应当执行死刑的，由高级人民法院报请最高人民法院核准；**对于故意犯罪未执行死刑的，死刑缓期执行的期间重新计算，并报最高人民法院备案。**

二、死刑立即执行案件复核后的处理

（一）死刑立即执行案件复核后的处理

最高人民法院复核死刑案件，应当按照下列情形分别处理：

1. 原判认定事实和适用法律正确、量刑适当、诉讼程序合法的，应当裁定核准；

2. 原判认定的某一具体事实或者引用的法律条款等存在瑕疵，但判处被告人死刑并无不当的，可以在纠正后作出核准的判决、裁定；

3. 原判事实不清、证据不足的，应当裁定不予核准，并撤销原判，发回重新审判；

4. 复核期间出现新的影响定罪量刑的事实、证据的，应当裁定不予核准，并撤销原判，发回重新审判；

5. 原判认定事实正确，但依法不应当判处死刑的，应当裁定不予核准，并撤销原判，发回重新审判；

6. 原审违反法定诉讼程序，可能影响公正审判的，应当裁定不予核准，并撤销原判，发回重新审判。

对一人有两罪以上被判处死刑的数罪并罚案件，最高人民法院复核后，认为其中部分犯罪的死刑判决、裁定事实不清、证据不足的，应当对全案裁定不予核准，并撤销原判，发回重新审判；认为其中部分犯罪的死刑判决、裁定认定事实正确，但依法不应当判处死刑的，可以改判，并对其他应当判处死刑的犯罪作出核准死刑的判决。

对有两名以上被告人被判处死刑的案件，最高人民法院复核后，认为其中

部分被告人的死刑判决、裁定事实不清、证据不足的，应当对全案裁定不予核准，并撤销原判，发回重新审判；认为其中部分被告人的死刑判决、裁定认定事实正确，但依法不应当判处死刑的，可以改判，并对其他应当判处死刑的被告人作出核准死刑的判决。

上述内容可通过下表理解和记忆：

<table>
<tr><th></th><th>案件</th><th>原判</th><th>复核后的处理</th></tr>
<tr><td rowspan="8">死刑案件复核后的处理</td><td rowspan="6">一人一罪被判死刑</td><td>认定事实和适用法律正确、量刑适当、程序合法</td><td>裁定核准</td></tr>
<tr><td>认定的某一具体事实或者引用的法律条款等存在瑕疵，但判处被告人死刑并无不当</td><td>可以在纠正后作出核准的判决、裁定</td></tr>
<tr><td>事实不清、证据不足的</td><td rowspan="5">（对全案）裁定不予核准，并撤销原判，发回重新审判</td></tr>
<tr><td>复核期间出现新的影响定罪量刑的事实、证据</td></tr>
<tr><td>原判认定事实正确，但依法不应当判处死刑</td></tr>
<tr><td>原审违反法定诉讼程序，可能影响公正审判</td></tr>
<tr><td rowspan="2">一人有两罪以上或有两名以上被告人被判死刑</td><td>部分犯罪或有部分被告人的死刑判决、裁定事实不清、证据不足</td></tr>
<tr><td>部分犯罪或部分被告人的死刑判决、裁定认定事实正确，但依法不应当判处死刑的</td><td>可以改判，并对其他应判处死刑的犯罪或被告人作出核准死刑的判决</td></tr>
</table>

（二）发回重审的处理

最高人民法院裁定不予核准死刑的，根据案件情况，可以发回第二审人民法院或者第一审人民法院重新审判。第一审人民法院重新审判的，应当开庭审理。第二审人民法院重新审判的，可以直接改判；必须通过开庭查清事实、核实证据或者纠正原审程序违法的，应当开庭审理。

高级人民法院依照复核程序审理后报请最高人民法院核准死刑，最高人民法院裁定不予核准，发回高级人民法院重新审判的，高级人民法院可以依照第二审程序提审或者发回重新审判。

上述内容可通过下表理解和记忆：

<table>
<tr><th></th><th>情形</th><th>重审法院</th><th colspan="2">处理</th></tr>
<tr><td rowspan="5">死刑复核后发回重审的处理</td><td rowspan="3">根据案件情况</td><td>发回一审法院重审</td><td colspan="2">应当开庭审理</td></tr>
<tr><td rowspan="2">发回二审法院重审</td><td colspan="2">可以直接改判</td></tr>
<tr><td>必须通过开庭查清事实、核实证据或纠正原审程序违法的</td><td>应当开庭审理</td></tr>
<tr><td rowspan="2">高级人民法院复核后报最高法院核准死刑</td><td rowspan="2">发回高级人民法院重审</td><td colspan="2">可以依照第二审程序提审</td></tr>
<tr><td colspan="2">可以发回重新审判</td></tr>
</table>

最高人民法院裁定不予核准死刑，发回重新审判的案件，原审人民法院应当另行组成合议庭审理，但复核期间出现新的影响定罪量刑的事实、证据或者原判认定事实正确，但依法不应当判处死刑的案件除外。

上述内容可通过下表理解和记忆：

<table>
<tr><th></th><th>理由</th><th>是否需要另组合议庭</th></tr>
<tr><td rowspan="4">不予核准死刑，发回重新审判</td><td>事实不清、证据不足的</td><td rowspan="2">另行组成合议庭</td></tr>
<tr><td>原审违反法定诉讼程序，可能影响公正审判</td></tr>
<tr><td>复核期间出现新的影响定罪量刑的事实、证据</td><td rowspan="2">不需要另行组成合议庭</td></tr>
<tr><td>原判认定事实正确，但依法不应当判处死刑</td></tr>
</table>

值得注意的是，因为复核期间出现新的影响定罪量刑的事实、证据而发回重审的，因为原审合议庭并没有接触过这些新的事实、证据，因此不需要另组合议庭；原判认定事实正确，只是依法不应当判处死刑的，因为不涉及事实和证据的调查，也不需要另组合议庭。

三、死刑缓期二年执行案件复核后的处理

高级人民法院复核死刑缓期执行案件，应当按照下列情形分别处理：

1. 原判认定事实和适用法律正确、量刑适当、诉讼程序合法的，应当裁定核准；

2. 原判认定的某一具体事实或者引用的法律条款等存在瑕疵，但判处被告人死刑缓期执行并无不当的，可以在纠正后作出核准的判决、裁定；

3. 原判认定事实正确，但适用法律有错误，或者量刑过重的，应当改判；

4. 原判事实不清、证据不足的，可以裁定不予核准，并撤销原判，发回重新审判，或者依法改判；

5. 复核期间出现新的影响定罪量刑的事实、证据的，可以裁定不予核准，

并撤销原判，发回重新审判，或者依照本解释第220条规定审理后依法改判；

6. 原审违反法定诉讼程序，可能影响公正审判的，应当裁定不予核准，并撤销原判，发回重新审判。

高级人民法院复核死刑缓期执行案件，不得加重被告人的刑罚。

法庭对证据有疑问的，可以告知公诉人、当事人及其法定代理人、辩护人、诉讼代理人补充证据或者作出说明；必要时，可以宣布休庭，对证据进行调查核实。对公诉人、当事人及其法定代理人、辩护人、诉讼代理人**补充的和法庭庭外调查核实取得的证据，应当经过当庭质证才能作为定案的根据。但是，经庭外征求意见，控辩双方没有异议的除外**。有关情况，应当记录在案。

<table>
<tr><th></th><th>案件</th><th>原判</th><th>复核后的处理</th></tr>
<tr><td rowspan="7">死缓复核后的处理</td><td rowspan="7">一人一罪被判死刑</td><td>认定事实和适用法律正确、量刑适当、程序合法</td><td>裁定核准</td></tr>
<tr><td>认定的某一具体事实或者引用的法律条款等存在瑕疵，但判处被告人死缓并无不当</td><td>可以在纠正后作出核准的判决、裁定</td></tr>
<tr><td>认定事实正确，但适用法律有错误或量刑过重</td><td>改判</td></tr>
<tr><td rowspan="2">事实不清、证据不足的或者复核期间出现新的影响定罪量刑的事实、证据</td><td>裁定不予核准，并撤销原判，发回重新审判</td></tr>
<tr><td>改判</td></tr>
<tr><td>原审违反法定诉讼程序，可能影响公正审判</td><td>裁定不予核准，并撤销原判，发回重新审判</td></tr>
</table>

此外，《最高人民法院关于死刑缓期执行限制减刑案件审理程序若干问题的规定》（2011）第3条规定：“高级人民法院审理或者复核判处死刑缓期执行并限制减刑的案件，认为原判对被告人判处死刑缓期执行适当，但判决限制减刑不当的，应当改判，撤销限制减刑。”实际上，即便不知道这一规定，根据《最高人民法院关于适用〈中华人民共和国刑事诉讼法〉的解释》的相关规定也能判断出相应情况下应如何处理：**认定事实正确，但量刑过重的，应当直接改判为较轻刑罚，而不需要撤销原判，发回重审，那么同理，认定事实正确，量刑适当，只是限制减刑不当的，当然也应当直接改判，撤销限制减刑即可**。

《最高人民法院关于死刑缓期执行限制减刑案件审理程序若干问题的规定》（2011）第4条第1款规定：“高级人民法院审理判处死刑缓期执行没有限制减刑的上诉案件，认为原判事实清楚、证据充分，但应当限制减刑的，不得直接改判，也不得发回重新审判。**确有必要限制减刑的，应当在第二审判决、裁定生效后，按照审判监督程序重新审判。**”本规定也是“**高级人民法院复核死刑缓期执行案件，不得加重被告人的刑罚**”的应有之义。

将二审、死刑立即执行案件的符合、死缓案件的复核的处理相对比，有以下异同：

第一，对认定事实清楚，只是适用法律有错误或量刑不当的，二审和死缓复核应当直接改判；死刑复核则应当裁定撤销原判，发回重审。

第二，对事实不清、证据不足的，二审和死缓复核可以裁定撤销原判、发回重审，也可以在查清事实后改判；死刑复核则只能裁定撤销原判，发回重审。

第三，对复核期间出现新的影响定罪的事实、证据，死缓复核可以裁定撤销原判，发回重审，也可以依法改判；死刑复核则只能裁定撤销原判，发回重审。

第四，对原审违反法定诉讼程序，可能影响公正审判的，二审、死缓复核、死刑复核均应裁定撤销原判，发回重审。

三者之间的对比可通过下表理解和记忆：

<table>
<tr><th>情形</th><th>二审</th><th>死缓复核</th><th>死刑复核</th></tr>
<tr><td>认定事实清楚，只是适用法律有错误或量刑不当</td><td colspan="2">改判</td><td rowspan="3">裁定撤销原判，发回重审</td></tr>
<tr><td rowspan="2">事实不清、证据不足及出现新的影响定罪的事实、证据</td><td colspan="2">裁定撤销原判、发回重审</td></tr>
<tr><td colspan="2">在查清事实后改判</td></tr>
<tr><td>原审违反法定诉讼程序，可能影响公正审判</td><td colspan="3">裁定撤销原判，发回重审</td></tr>
</table>

考点34 提起审判监督程序的材料来源

命题分析

审判监督程序历来属于难度较大的考点。在2017年案例分析大题中即考查了向检察院申诉的程序。**从考查趋势来看，“提起审判监督程序的材料来源”，尤其是受理及审查处理，仍为考查重点。**

考点解析

一、有权提出申诉的主体和期限

（一）有权提出申诉的主体

当事人及其法定代理人、近亲属对已经发生法律效力的判决、裁定提出申诉的，人民法院应当审查处理。案外人认为已经发生法律效力的判决、裁定侵害其合法权益，提出申诉的，人民法院应当审查处理。可见，**当事人及其法定代理人、近亲属、认为生效裁判侵害其合法权益的案外人**均可提出申诉。

申诉可**委托律师**代为进行。

（二）有权提出申诉的期限

人民法院对刑事案件的申诉人在刑罚执行完毕后两年内提出的申诉，应当受理；超过两年提出申诉，具有下列情形之一的，应当受理：①可能对原审被告人宣告无罪的；②原审被告人在本条规定的期限内向人民法院提出申诉，人民法院未受理的；③属于疑难、复杂、重大案件的。

	一般	例外
申诉的期限	刑罚执行完毕后两年内	可能对原审被告人宣告无罪的
		原审被告人在刑罚执行完毕两年内提出申诉，人民法院未受理的
		属于疑难、复杂、重大案件的

二、申诉的受理

（一）人民法院对申诉案件的受理（级别管辖）

申诉由终审人民法院审查处理。但是，第二审人民法院裁定准许撤回上诉的案件，申诉人对第一审判决提出申诉的，可以由第一审人民法院审查处理。上一级人民法院对未经终审人民法院审查处理的申诉，可以告知申诉人向终审人民法院提出申诉，或者直接交终审人民法院审查处理，并告知申诉人；案件疑难、复杂、重大的，也可以直接审查处理。对未经终审人民法院及其上一级人民法院审查处理，直接向上级人民法院申诉的，上级人民法院可以告知申诉人向下级人民法院提出。

对死刑案件的申诉，可以由原核准的人民法院直接审查处理，也可以交由原审人民法院审查。**原审人民法院应当写出审查报告，提出处理意见，层报原核准的人民法院审查处理**。

上述内容可通过下表理解和记忆：

<table>
<tr><th>法院</th><th>第一条件</th><th>第二条件</th><th>处理</th></tr>
<tr><td>终审法院</td><td></td><td></td><td>审查处理</td></tr>
<tr><td>一审法院</td><td>二审裁定准许撤回上诉</td><td></td><td>可以审查处理</td></tr>
<tr><td rowspan="3">（终审法院的）上一级法院</td><td rowspan="3">未经终审法院审查处理</td><td rowspan="2">一般情况下</td><td>告知申诉人向终审法院申诉</td></tr>
<tr><td>直接交终审法院审查处理</td></tr>
<tr><td>案件疑难复杂重大</td><td>可以直接审查处理</td></tr>
<tr><td>（再）上级法院</td><td>未经终审法院及其上一级法院审查处理</td><td></td><td>可以告知申诉人向下级人民法院提出</td></tr>
<tr><td rowspan="2">死刑案件的原核准法院</td><td rowspan="2"></td><td rowspan="2"></td><td>可以直接审查处理</td></tr>
<tr><td>也可交原审人民法院审查，但需层报原核准法院处理</td></tr>
</table>

（二）人民检察院对申诉案件的受理（级别管辖、内部部门管辖）

当事人及其法定代理人、近亲属认为人民法院已经发生法律效力的刑事判决、裁定确有错误，向人民检察院申诉的，由作出生效判决、裁定的人民法院的同级人民检察院**刑事申诉检察部门**依法办理。当事人及其法定代理人、近亲属直接向上级人民检察院申诉的，上级人民检察院可以交由作出生效判决、裁定的人民法院的同级人民检察院受理；案情重大、疑难、复杂的，上级人民检察院可以直接受理。

上述内容可通过下表理解和记忆：

<table>
<tr><th>检察院</th><th>条件</th><th>处理</th></tr>
<tr><td>作出生效裁判的人民法院的同级检察院</td><td></td><td>受理</td></tr>
<tr><td rowspan="2">上级检察院</td><td>一般情况下</td><td>交由作出生效裁判的法院的同级检察院受理</td></tr>
<tr><td>案件重大疑难复杂</td><td>可以直接受理</td></tr>
</table>

此外，需要注意的是，**对死刑判决、裁定尚未执行的申诉，由监所检察部门办理，除此之外的案件均有刑事申诉检察部门办理**。

三、对申诉的审查及期限

（一）申诉审查的内容（提起审判监督程序的理由）

对申诉的审查实际上可以分为两步：**第一步是程序性审查，也即审查申诉是否符合形式性要件，包括是否符合管辖、期限的规定，从而决定是否受理；第二步是立案受理后的实体性审查，也即审查申诉理由是否符合人民法院重新审判或人民检察院提出抗诉的条件，从而决定是否对案件予以重新审判。**

对此，《刑事诉讼法》第253条规定："当事人及其法定代理人、近亲属的申诉符合下列情形之一的，人民法院应当重新审判：（一）有新的证据证明原判决、裁定认定的事实确有错误，可能影响定罪量刑的；（二）据以定罪量刑的证据不确实、不充分、依法应当予以排除，或者证明案件事实的主要证据之间存在矛盾的；（三）原判决、裁定适用法律确有错误的；（四）违反法律规定的诉讼程序，可能影响公正审判的；（五）审判人员在审理该案件的时候，有贪污受贿，徇私舞弊，枉法裁判行为的。"

《最高人民法院关于适用〈中华人民共和国刑事诉讼法〉的解释》第375条第2款规定："经审查，具有下列情形之一的，应当根据刑事诉讼法第二百四十二条的规定，决定重新审判：（一）有新的证据证明原判决、裁定认定的事实确有错误，可能影响定罪量刑的；（二）据以定罪量刑的证据不确实、不充分、依法应当排除的；（三）证明案件事实的主要证据之间存在矛盾的；（四）主要事实依据被依法变更或者撤销的；（五）认定罪名错误的；（六）量刑明显不当的；（七）违反法律关于溯及力规定的；（八）违反法律规定的诉讼程序，可能影响公正裁判的；（九）审判人员在审理该案件时有贪污受贿、徇私舞弊、枉法裁判行为的。"

《人民检察院刑事诉讼规则》第591条第1款规定："人民检察院认为人民法院已经发生法律效力的判决、裁定确有错误，具有下列情形之一的，应当按照审判监督程序向人民法院提出抗诉：（一）有新的证据证明原判决、裁定认定的事实确有错误，可能影响定罪量刑的；（二）据以定罪量刑的证据不确实、不充分的；（三）据以定罪量刑的证据依法应当予以排除的；（四）据以定罪量刑的主要证据之间存在矛盾的；（五）原判决、裁定的主要事实依据被依法变更或者撤销的；（六）认定罪名错误且明显影响量刑的；（七）违反法律关于追诉时效期限的规定的；（八）量刑明显不当的；（九）违反法律规定的诉讼程序，可能影响公正审判的；（十）审判人员在审理案件的时候有贪污受贿，徇私舞弊，枉法裁判行为的。”

上述规定的内容可通过下表予以理解和记忆：

<table>
<tr><th></th><th>人民法院决定重新审判的条件</th><th>人民检察院决定抗诉的条件</th></tr>
<tr><td rowspan="5">事实证据</td><td colspan="2">有新的证据证明原判决、裁定认定的事实确有错误，可能影响定罪量刑的</td></tr>
<tr><td colspan="2">据以定罪量刑的证据不确实、不充分</td></tr>
<tr><td colspan="2">据以定罪量刑的证据依法应当排除</td></tr>
<tr><td colspan="2">证明案件事实的主要证据之间存在矛盾的</td></tr>
<tr><td colspan="2">主要事实依据被依法变更或者撤销的</td></tr>
<tr><td rowspan="2">法律适用</td><td>认定罪名错误的</td><td>认定罪名错误且明显影响量刑的</td></tr>
<tr><td>违反法律关于溯及力规定的</td><td>违反法律关于追诉时效期限的规定</td></tr>
<tr><td>量刑</td><td colspan="2">量刑明显不当的</td></tr>
<tr><td>程序</td><td colspan="2">违反法律规定的诉讼程序，可能影响公正裁判的</td></tr>
<tr><td>行为</td><td colspan="2">审判人员在审理该案件时有贪污受贿、徇私舞弊、枉法裁判行为的</td></tr>
</table>

此外，《最高人民法院关于适用〈中华人民共和国刑事诉讼法〉的解释》第376条规定：“具有下列情形之一，可能改变原判决、裁定据以定罪量刑的事实的证据，应当认定为刑事诉讼法第二百五十三条第（一）项规定的‘新的证据’：（一）原判决、裁定生效后新发现的证据；（二）原判决、裁定生效前已经发现，但未予收集的证据；（三）原判决、裁定生效前已经收集，但未经质证的证据；（四）原判决、裁定所依据的鉴定意见，勘验、检查等笔录或者其他证据被改变或者否定的。”

对“新的证据”可通过下表予以理解：

<table>
<tr><td rowspan="4">新的证据</td><td>原判决、裁定生效后新发现的证据</td></tr>
<tr><td>原判决、裁定生效前已经发现，但未予收集的证据</td></tr>
<tr><td>原判决、裁定生效前已经收集，但未经质证的证据</td></tr>
<tr><td>原判决、裁定所依据的鉴定意见，勘验、检查等笔录或者其他证据被改变或者否定的</td></tr>
</table>

（二）申诉审查的期限

《最高人民法院关于适用〈中华人民共和国刑事诉讼法〉的解释》第375条规定：“对立案审查的申诉案件，应当在**三个月内**作出决定，**至迟不得超过六个月**。”可见，这个期限是指立案后的进行实体审查的期限。

四、对再次申诉的处理

（一）对驳回申诉的裁定或不予抗诉的决定不服而再次申诉的处理

1. 对人民法院驳回申诉的裁定不服而再次申诉

《最高人民法院关于适用〈中华人民共和国刑事诉讼法〉的解释》第377条规定："申诉人对驳回申诉不服的，可以向上一级人民法院申诉。上一级人民法院经审查认为申诉不符合刑事诉讼法第二百五十三条和本解释第三百七十五条第二款规定的，应当说服申诉人撤回申诉；对仍然坚持申诉的，应当驳回或者通知不予重新审判。"

<table>
<tr><th>情形</th><th>处理</th><th>条件</th><th colspan="2">处理</th></tr>
<tr><td rowspan="3">被驳回申诉后向上一级法院申诉</td><td rowspan="3">应当受理</td><td>申诉符合重新审判的条件</td><td colspan="2">决定重新审判</td></tr>
<tr><td rowspan="2">申诉不符合重新审判的条件</td><td rowspan="2">说服申诉人撤回申诉，申诉人坚持</td><td>驳回申诉</td></tr>
<tr><td>通知不予重新审判</td></tr>
</table>

2. 对人民检察院不予抗诉的决定不服而再次申诉

《人民检察院刑事诉讼规则》第593条第3款规定："当事人及其法定代理人、近亲属对人民法院已经发生法律效力的判决、裁定提出申诉，经人民检察院复查决定不予抗诉后继续提出申诉的，**上一级人民检察院应当受理**。"

（二）对经审监程序维持原判或经两级法院复查驳回或经两级检察院办理且经省级检察院复查后再次申诉的处理

1. 人民法院对经审监程序维持原判或经两级法院复查均驳回而再次申诉的处理

《最高人民法院关于规范人民法院再审立案的若干意见》（2002）第15条规定：上级人民法院对经终审法院的上一级人民法院依照审判监督程序审理后维持原判或者经两级人民法院依照审判监督程序复查均驳回的申请再审或申诉案件，一般不予受理。但再审申请人或申诉人提出新的理由，且符合《中华人民共和国刑事诉讼法》第204条（现第253条）规定条件的，以及刑事案件的原审被告人可能被宣告无罪的除外。

该规定可通过下表予以理解和记忆：

条件		处理	
经终审法院的上一级法院依审监程序审理后维持原判	经两级法院依审监程序复查均驳回	一般情况下	不予受理
		提出新的事实和理由，且符合重新审判的条件	受理
		原审被告人可能被宣告无罪	
		判决、裁定有其他重大错误可能	

本规定存在不合理之处：根据《最高人民法院关于适用〈中华人民共和国刑事诉讼法〉的解释》的规定，对申诉案件是否符合重新审判的条件应当是在立案后进行审查的，而且审查时间长达三个月甚至六个月，审查结果是决定是否重新审判；而本规定却要求在受理前就对申诉是否符合人民法院重新审判的条件予以审查，并依此来决定是否受理案件。这显然是不合理的。但是该规定在2015年被考查过。

2. 人民检察院对经两级检察院办理且经省级检察院复查后再次申诉的处理

依据最高人民检察院《人民检察院刑事诉讼规则》第594条规定，对不服人民法院已经发生法律效力的刑事判决、裁定的申诉，经两级人民检察院办理且省级人民检察院已经复查的，如果没有新的事实和理由，人民检察院不再立案复查，但原审被告人可能被宣告无罪或者判决、裁定有其他重大错误可能的除外。

该规定可通过下表理解和记忆：

条件	处理	
经两级人民检察院办理且省级人民检察院已经复查	一般情况下	不再立案复查
	提出新的事实和理由	立案复查
	原审被告人可能被宣告无罪	
	判决、裁定有其他重大错误可能	

与上面最高人民法院《关于规范人民法院再审立案的若干意见》第15条不同，根据上述规定，**只要申诉人提出了新的事实、证据和理由，或者符合本条最后规定的例外情形的，就应当立案复查，至于申诉是否符合检察院提出抗诉的条件，这应当是立案后要复查的内容**，审查的结果是决定是否抗诉。

五、申诉的效力

申诉不停止判决、裁定的执行。

六、申诉和上诉的区别

申诉和上诉的区别可通过下表理解和记忆：

<table>
<tr><th></th><th>上诉</th><th>申诉</th></tr>
<tr><td>对象</td><td>尚未生效的一审裁判</td><td>已生效裁判</td></tr>
<tr><td>主体</td><td>被告人、自诉人、附带民事诉讼当事人及其法定代理人、经被告人同意的辩护人及近亲属</td><td>当事人及其法定代理人、近亲属、认为生效裁判侵害其合法利益的案外人</td></tr>
<tr><td rowspan="2">受理机关</td><td rowspan="2">原审法院及其上一级法院</td><td>原审法院及其上级法院</td></tr>
<tr><td>与原审法院及其上级法院同级的检察院</td></tr>
<tr><td>期限</td><td>一般为刑罚执行完毕两年内</td><td>对判决的上诉期为十日，裁定为五日</td></tr>
<tr><td>效力</td><td>必然引起二审，一审裁判不能生效</td><td>不必然引起再审，不影响原生效裁判的效力</td></tr>
</table>

注意，**近亲属上诉要经被告人同意，申诉则无须被告人同意。**

考点35　审判监督程序的启动与审理

命题分析

审判监督程序中另一个难点就是审判监督程序的启动以及启动后的审理程序。在2017年案例分析大题的第5问即考查了按审判监督程序重新审理后的处理。本考点的难度在于法条的规定较为简单，**考查的主要是相关的司法解释，且内容较多，容易结合案例来命制题目。**

考点解析

一、审判监督程序的启动

（一）决定再审

决定再审是指各级人民法院院长对本院已经发生法律效力的判决和裁定，如果发现在认定事实上或者在适用法律上确有错误，经提交审判委员会讨论决定再审。

（二）指令再审

指令再审是指最高人民法院对各级人民法院已经发生法律效力的判决和裁定，上级人民法院对下级人民法院已经发生法律效力的判决和裁定，如果发现确有错误，可以指令下级人民法院再审。

上级人民法院指令下级人民法院再审的，**一般应当指令原审人民法院以外的下级人民法院审理**；**由原审人民法院审理更有利于查明案件事实、纠正裁判错误的，可以指令原审人民法院审理**。

对于指令再审的案件，如果**原来是第一审案件**，接受抗诉的人民法院应当**指令第一审人民法院依照第一审程序进行审判**，所作出的判决、裁定，可以上诉、抗诉；如果**原来是第二审案件**，接受抗诉的人民法院应当**指令第二审人民法院依照第二审程序进行审判**，所作出的判决、裁定，是终审的判决、裁定。

（三）决定提审

决定提审是指最高人民法院对各级人民法院已经发生法律效力的判决和裁定，上级人民法院对下级人民法院已经发生法律效力的判决和裁定，**认定事实正确但适用法律错误**，或者**案件疑难、复杂、重大**，或者有**不宜由原审人民法院审理**情形的，也可以提审，即可以直接组成合议庭，调取原审案卷和材料并进行审判。

（四）提出抗诉

提出抗诉是指最高人民检察院对各级人民法院已经发生法律效力的判决和裁定，上级人民检察院对下级人民法院已经发生法律效力的判决和裁定，如果发现确有错误，有权按照审判监督程序向同级人民法院提出抗诉。

上述内容可通过下表理解和记忆：

		方式	主体	对象
提起审监的主体和方式	法院	决定再审	各级法院院长经提交审委会讨论	本院生效裁判
		指令再审或决定提审	最高人民法院	各级法院生效裁判
			上级人民法院	下级法院生效裁判
	检察院	提出抗诉	最高人民检察院	各级法院生效裁判
			上级人民检察院	下级法院生效裁判

最高人民法院2011年公布了《关于审理人民检察院按照审判监督程序提出的刑事抗诉案件若干问题的规定》，该规定于2012年1月1日施行。而于

2013年1月1日施行的刑事诉讼法和《最高人民法院关于适用〈中华人民共和国刑事诉讼法〉的解释》对该规定中的内容予以了吸收和修改，因此对于相关内容应以刑事诉讼法和《最高人民法院关于适用〈中华人民共和国刑事诉讼法〉的解释》为准。

1. 对抗诉的程序性审查及处理

《关于审理人民检察院按照审判监督程序提出的刑事抗诉案件若干问题的规定》第1条规定："人民法院收到人民检察院的抗诉书后，应在一个月内立案。经审查，具有下列情形之一的，应当决定退回人民检察院：（一）不属于本院管辖的；（二）按照抗诉书提供的住址无法向被提出抗诉的原审被告人送达抗诉书的；（三）以有新证据为由提出抗诉，抗诉书未附有新的证据目录、证人名单和主要证据复印件或者照片的；（四）以有新证据为由提出抗诉，但该证据并不是指向原起诉事实的。人民法院决定退回的刑事抗诉案件，人民检察院经补充相关材料后再次提出抗诉，经审查符合受理条件的，人民法院应当予以受理。"

《最高人民法院关于适用〈中华人民共和国刑事诉讼法〉的解释》第380条将此规定修改为："对人民检察院依照审判监督程序提出抗诉的案件，人民法院应当在收到抗诉书后一个月内立案。但是，有下列情形之一的，应当区别情况予以处理：（一）对不属于本院管辖的，应当将案件退回人民检察院；（二）按照抗诉书提供的住址无法向被抗诉的原审被告人送达抗诉书的，应当通知人民检察院在三日内重新提供原审被告人的住址；逾期未提供的，将案件退回人民检察院；（三）以有新的证据为由提出抗诉，但未附相关证据材料或者有关证据不是指向原起诉事实的，应当通知人民检察院在三日内补送相关材料；逾期未补送的，将案件退回人民检察院。决定退回的抗诉案件，人民检察院经补充相关材料后再次抗诉，经审查符合受理条件的，人民法院应当受理。"其变化有二：一是**对于材料欠缺的，先通知人民检察院在三日内补充，逾期未补充的才退回，而不是直接退回**；二是**对于以并不是指向原起诉事实的新证据为由提出抗诉的，不能将案件退回人民检察院**。

上述内容可以通过下表理解和记忆：

	处理	情形
程序性审查及处理	退回人民检察院	不属于本院管辖的
		按照抗诉书提供的住址无法向被提出抗诉的原审被告人送达抗诉书，且经通知逾期未提供的
		以有新证据为由提出抗诉，抗诉书未附有新的证据目录、证人名单和主要证据复印件或者照片的，且经通知逾期未补送的

2. 接受抗诉的人民法院应当组成合议庭重新审理，对于原判决事实不清楚或者证据不足的可以指令下级人民法院再审

《关于审理人民检察院按照审判监督程序提出的刑事抗诉案件若干问题的规定》第2条规定："人民检察院按照审判监督程序提出的刑事抗诉案件，接受抗诉的人民法院应当组成合议庭进行审理。涉及新证据需要指令下级人民法院再审的，接受抗诉的人民法院应当在接受抗诉之日起一个月以内作出决定，并将指令再审决定书送达提出抗诉的人民检察院。"

《关于审理人民检察院按照审判监督程序提出的刑事抗诉案件若干问题的规定》第4条规定："对于原判决、裁定事实不清或者证据不足的案件，接受抗诉的人民法院进行重新审理后，应当按照下列情形分别处理：（一）经审理能够查清事实的，应当在查清事实后依法裁判；（二）经审理仍无法查清事实，证据不足，不能认定原审被告人有罪的，应当判决宣告原审被告人无罪；（三）经审理发现有新证据且超过刑事诉讼法规定的指令再审期限的，可以裁定撤销原判，发回原审人民法院重新审判。"

因此，根据上述规定，只有涉及新证据的才需要指令下级人民法院再审，只有经审理发现新证据且超过法定指令再审期限的，才可以发回原审人民法院重新审判，除此之外，对于原判决、裁定事实不清或者证据不足的，均应由接受抗诉的人民法院直接予以重新审理并作出裁判。

但是，《刑事诉讼法》第254条第4款却规定："**人民检察院抗诉的案件，接受抗诉的人民法院应当组成合议庭重新审理，对于原判决事实不清楚或者证据不足的，可以指令下级人民法院再审**。"《最高人民法院关于适用〈中华人民共和国刑事诉讼法〉的解释》第381条规定："对人民检察院依照审判监督程序提出抗诉的案件，接受抗诉的人民法院应当组成合议庭审理。对原判事实不清、证据不足，包括有新的证据证明原判可能有错误，需要指令下级人民法院再审的，应当在立案之日起一个月内作出决定，并将指令再审决定书送达抗诉的人民检察院。"**由于《关于审理人民检察院按照审判监督程序提出的刑事**

抗诉案件若干问题的规定》是2012年实施的，而《刑事诉讼法》和《最高人民法院关于适用〈中华人民共和国刑事诉讼法〉的解释》是2013年实施的，因此应采用《刑事诉讼法》《最高人民法院关于适用〈中华人民共和国刑事诉讼法〉的解释》的规定。据此，2017年第四卷案例分析题的第4题根据《关于审理人民检察院按照审判监督程序提出的刑事抗诉案件若干问题的规定》第4条给出答案，实际上是有问题的。

三、再审的程序

（一）制作再审决定书

对决定依照审判监督程序重新审判的案件，除人民检察院抗诉的以外，人民法院应当制作再审决定书。

（二）中止执行与强制措施

1. 再审期间不停止原判决、裁定的执行。

2. 可以决定中止执行的情形：

（1）被告人可能经再审改判无罪。

（2）被告人可能经再审减轻原判刑罚而致刑期届满。

3. 必要时，可以对被告人采取取保候审、监视居住措施。

4. 人民法院决定再审的案件，需要对被告人采取强制措施的，由人民法院依法决定；人民检察院提出抗诉的再审案件，需要对被告人采取强制措施的，由人民检察院依法决定。

（三）审理程序

1. 适用程序

如果原来是第一审案件，应当依照第一审程序进行审判，所作的判决、裁定，可以上诉、抗诉；如果原来是第二审案件，或者是上级人民法院提审的案件，应当依照第二审程序进行审判，所作的判决、裁定，是终审的判决、裁定。

2. 审理方式

（1）开庭审理：原则上开庭审理。

（2）不开庭审理：对原审被告人、原审自诉人已经死亡或者丧失行为能力的再审案件，可以不开庭审理。

3. 参加人员

（1）由原审人民法院审理的，应当另行组成合议庭进行。

（2）开庭审理的，同级人民检察院应当派员出席法庭。

（3）开庭审理的，再审决定书或者抗诉书只针对部分原审被告人，其他同案原审被告人不出庭不影响审理的，可以不出庭参加诉讼。

4. 审理范围

依照审判监督程序重新审判的案件，人民法院应当**重点针对申诉、抗诉和决定再审的理由进行审理**。**必要时**，应当对原判决、裁定认定的事实、证据和适用法律进行**全面审查**。

5. 撤诉和按撤诉处理

人民法院审理人民检察院抗诉的再审案件，人民检察院在**开庭审理前**撤回抗诉的，应当裁定准许；**人民检察院接到出庭通知后不派员出庭，且未说明原因的**，可以**裁定按撤回抗诉处理**，并通知诉讼参与人。

人民法院审理申诉人申诉的再审案件，申诉人**在再审期间**撤回申诉的，应当裁定准许；申诉人经依法通知无正当理由拒不到庭，或者未经法庭许可中途退庭的，应当裁定按撤回申诉处理，但**申诉人不是原审当事人的除外**。

（四）重新审判后的处理

再审案件经过重新审理后，应当按照下列情形分别处理：①原判决、裁定认定事实和适用法律正确、量刑适当的，应当裁定驳回申诉或者抗诉，维持原判决、裁定；②原判决、裁定定罪准确、量刑适当，但在认定事实、适用法律等方面有瑕疵的，应当裁定纠正并维持原判决、裁定；③原判决、裁定认定事实没有错误，但适用法律错误，或者量刑不当的，应当撤销原判决、裁定，依法改判；④依照第二审程序审理的案件，原判决、裁定事实不清或者证据不足的，可以在查清事实后改判，也可以裁定撤销原判，发回原审人民法院重新审判。

原判决、裁定事实不清或者证据不足，经审理事实已经查清的，应当根据查清的事实依法裁判；事实仍无法查清，证据不足，不能认定被告人有罪的，应当撤销原判决、裁定，判决宣告被告人无罪。

原判决、裁定认定被告人姓名等身份信息有误，但认定事实和适用法律正确、量刑适当的，作出生效判决、裁定的人民法院可以通过裁定对有关信息予以更正。

上述内容可通过下表理解和记忆：

<table>
<tr><th></th><th>原判决、裁定的情况</th><th colspan="2">处理</th></tr>
<tr><td rowspan="7">重新审理后的处理</td><td>认定事实和适用法律正确、量刑适当</td><td colspan="2">裁定驳回申诉或者抗诉，维持原判决、裁定</td></tr>
<tr><td>定罪准确、量刑适当，但在认定事实、适用法律等方面有瑕疵</td><td colspan="2">裁定纠正并维持原判决、裁定</td></tr>
<tr><td>认定事实没有错误，但适用法律错误，或者量刑不当</td><td colspan="2">撤销原判决、裁定，依法改判</td></tr>
<tr><td rowspan="3">事实不清或者证据不足</td><td>依照二审程序审理的</td><td>可以裁定撤销原判，发回原审人民法院重新审判</td></tr>
<tr><td rowspan="2">依照一审程序审理的或依照二审程序审理没有发回重审的</td><td>经审理事实已经查清的，应当根据查清的事实依法裁判</td></tr>
<tr><td>事实仍无法查清，证据不足，不能认定被告人有罪的，应当撤销原裁判，判决宣告被告人无罪</td></tr>
<tr><td>认定被告人姓名等身份信息有误，但认定事实和适用法律正确、量刑适当</td><td colspan="2">作出生效判决、裁定的人民法院可以通过裁定对有关信息予以更正</td></tr>
</table>

此外，**除人民检察院抗诉的以外，再审一般不得加重原审被告人的刑罚。再审决定书或者抗诉书只针对部分原审被告人的，不得加重其他同案原审被告人的刑罚。**可见，再审不加刑与上诉不加刑不同，前者是“一般”不得加重被告人刑罚，后者是“一律”不得加重被告人刑罚。

考点36 财产刑和附带民事裁判的执行

命题分析

在以往的主观题考试中，执行程序考查得较少，只在2009年案例分析大题中结合死刑复核程序，考查了死刑执行的变更问题。**从近几年的命题思路来看，财产刑和附带民事裁判的执行成为考点的可能性较大，可与刑法、民法、民事诉讼法等学科组合成综合性考题，需要考生注意。**

考点解析

一、关于财产刑和附带民事裁判的执行的一般规定

（一）执行主体

财产刑和附带民事裁判由**第一审人民法院负责裁判执行的机构**执行。

被执行人或者被执行财产在外地的，可以委托当地人民法院执行。受托法院在执行财产刑后，应当及时将执行的财产上缴国库。

没收财产的判决，在必要的时候，可以会同公安机关执行。

（二）罚金的执行方法

1. 一次或分期缴纳

罚金在判决规定的期限内一次或者分期缴纳。

2. 强制缴纳与随时追缴

期满无故不缴纳或者未足额缴纳的，人民法院应当强制缴纳。经强制缴纳仍不能全部缴纳的，在任何时候，包括主刑执行完毕后，发现被执行人有可供执行的财产的，应当追缴。

3. 罚金的减免

因遭遇不能抗拒的灾祸缴纳罚金确有困难，被执行人申请减少或者免除罚金的，应当提交相关证明材料。人民法院应当在收到申请后一个月内作出裁定。符合法定减免条件的，应当准许；不符合条件的，驳回申请。

4. 罚金的抵扣

行政机关对被告人就同一事实已经处以罚款的，人民法院判处罚金时应当折抵，扣除行政处罚已执行的部分。

上述内容可通过下表理解和记忆：

	条件	执行方法
罚金的执行	一般情况下	在判决规定的期限内一次或者分期缴纳
	期满无故不缴纳或者未足额缴纳	强制缴纳
	经强制缴纳仍不能全部缴纳	随时（包括主刑执行完毕后）追缴
	因遭遇不能抗拒的灾祸缴纳罚金确有困难	减少或者免除
	行政机关对被告人就同一事实已处罚款	抵扣行政处罚已执行部分

（三）履行顺序

被判处财产刑，同时又承担附带民事赔偿责任的被执行人，应当**先履行民事赔偿责任**。

判处财产刑之前被执行人所负正当债务，需要以被执行的财产偿还的，经债权人请求，应当偿还。

（四）中止执行与终结执行

1. 中止执行

执行财产刑过程中，具有下列情形之一的，人民法院应当裁定中止执行：①执行标的物系人民法院或者仲裁机构正在审理案件的争议标的物，需等待该案件审理完毕确定权属的；②案外人对执行标的物提出异议的；③应当中止执行的其他情形。

中止执行的原因消除后，应当恢复执行。

2. 终结执行

执行财产刑过程中，具有下列情形之一的，人民法院应当裁定终结执行：①据以执行的判决、裁定被撤销的；②被执行人死亡或者被执行死刑，且无财产可供执行的；③被判处罚金的单位终止，且无财产可供执行的；④依照刑法第五十三条规定免除罚金的；⑤应当终结执行的其他情形。

裁定终结执行后，发现被执行人的财产有被隐匿、转移等情形的，应当追缴。

上述内容可通过下表理解和记忆：

	情形	备注
中止执行	执行标的物系人民法院或者仲裁机构正在审理案件的争议标的物，需等待该案件审理完毕确定权属的	中止执行的原因消除后，应当恢复执行
	案外人对执行标的物提出异议的	
	应当中止执行的其他情形	
终结执行	据以执行的判决、裁定被撤销的	裁定终结执行后，发现被执行人的财产有被隐匿、转移等情形的，应当追缴
	被执行人死亡或者被执行死刑，且无财产可供执行的	
	被判处罚金的单位终止，且无财产可供执行的	
	免除罚金的	
	应当终结执行的其他情形	

（五）撤销

财产刑全部或者部分被撤销的，已经执行的财产应当全部或者部分返还被执行人；无法返还的，应当依法赔偿。

二、《最高人民法院关于刑事裁判涉财产部分执行的若干规定》

（一）执行主体

刑事裁判涉财产部分，由**第一审人民法院**执行。第一审人民法院可以委托**财产所在地的同级人民法院**执行。

（二）裁判内容

刑事裁判涉财产部分的裁判内容，应当明确、具体。

涉案财物或被害人人数较多，不宜在判决主文中详细列明的，可以概括叙明并另附清单。

判处没收部分财产的，应当明确没收的具体财物或者金额。

判处追缴或责令退赔的，应当明确追缴或者退赔的金额或财物的名称、数量等相关情况。

（三）执行期限

人民法院办理刑事裁判涉财产部分执行案件的期限为**六个月**。有特殊情况需要延长的，**经本院院长批准，可以延长**。

（四）执行程序与方式

1. 执行部门与程序

（1）人民法院刑事审判中可能判处被告人财产刑、责令退赔的，**刑事审判部门**应当依法**对被告人的财产状况进行调查**；发现可能隐匿、转移财产的，应当**及时查封、扣押、冻结**其相应财产。

（2）由人民法院执行机构负责执行的刑事裁判涉财产部分，刑事审判部门应当**及时移送立案部门审查立案**。移送立案应当提交生效裁判文书及其附件和其他相关材料，并填写《移送执行表》。《移送执行表》应当载明以下内容：①被执行人、被害人的基本信息；②已查明的财产状况或者财产线索；③随案移送的财产和已经处置财产的情况；④查封、扣押、冻结财产的情况；⑤移送执行的时间；⑥其他需要说明的情况。人民法院立案部门经审查，认为属于移送范围且移送材料齐全的，应当在7日内立案，并**移送执行机构**。

2. 执行方式

（1）续行查封、扣押、冻结与直接裁定处置

刑事审判或者执行中，对于侦查机关已经采取的查封、扣押、冻结，人民法院应当**在期限届满前及时续行**查封、扣押、冻结。**人民法院续行查封、扣押、冻结的顺位与侦查机关查封、扣押、冻结的顺位相同。**

对侦查机关查封、扣押、冻结的财产，人民法院执行中**可以直接裁定处置，无须侦查机关出具解除手续**，但裁定中应当指明侦查机关查封、扣押、冻结的事实。

（2）请求有关单位协助调查、查封、扣押、冻结、划拨等

人民法院可以向**刑罚执行机关、社区矫正机构等**有关单位调查被执行人的财产状况，并可以根据不同情形要求有关单位协助采取查封、扣押、冻结、划拨等执行措施。

（3）拍卖、变卖

被执行财产需要变价的，人民法院执行机构应当依法采取拍卖、变卖等变价措施。

涉案财物最后一次拍卖未能成交，需要上缴国库的，人民法院应当通知有关财政机关以该次拍卖保留价予以接收；有关财政机关要求继续变价的，可以进行无保留价拍卖。

需要退赔被害人的，以该次拍卖保留价以物退赔；被害人不同意以物退赔的，可以进行无保留价拍卖。

（五）执行范围

1. 判处没收财产的，应当执行**刑事裁判生效时被执行人合法所有的财产**。

2. 保留被执行人及其所抚养家属的生活必须费用。

执行没收财产或罚金刑，应当**参照被扶养人住所地政府公布的上年度当地居民最低生活费标准，保留被执行人及其所扶养家属的生活必需费用。**

3. 追缴账款赃物及其收益

对赃款赃物及其收益，人民法院应当一并追缴。

（1）对用于投资或置业的账款赃物及其收益的追缴

被执行人将赃款赃物投资或者置业，对因此形成的财产及其收益，人民法院应予追缴。

被执行人将赃款赃物与其他合法财产共同投资或者置业，对**因此形成的财产中与赃款赃物对应的份额及其收益**，人民法院应予追缴。

（2）对用于清偿债务、转让或者设置其他权利负担的账款赃物的追缴

被执行人将刑事裁判认定为赃款赃物的涉案财物用于清偿债务、转让或者设置其他权利负担，具有下列情形之一的，人民法院应予追缴：①第三人明知是涉案财物而接受的；②第三人无偿或者以明显低于市场的价格取得涉案财物的；③第三人通过非法债务清偿或者违法犯罪活动取得涉案财物的；④第三人通过其他恶意方式取得涉案财物的。

第三人善意取得涉案财物的，执行程序中不予追缴。作为原所有人的被害人对该涉案财物主张权利的，人民法院应当告知其通过诉讼程序处理

对用于清偿债务、转让或者设置其他权利负担的账款赃物的追缴可通过下表理解和记忆：

<table>
<tr><th></th><th></th><th>情形</th><th>备注</th></tr>
<tr><td rowspan="5">追缴范围</td><td rowspan="4">应予追缴</td><td colspan="2">第三人明知是涉案财物而接受的</td></tr>
<tr><td colspan="2">第三人无偿或者以明显低于市场的价格取得涉案财物的</td></tr>
<tr><td colspan="2">第三人通过非法债务清偿或违法犯罪活动取得涉案财物</td></tr>
<tr><td colspan="2">第三人通过其他恶意方式取得涉案财物的</td></tr>
<tr><td>不予追缴</td><td>第三人善意取得涉案财物的</td><td>作为原所有人的被害人对该涉案财物主张权利的，告知其通过诉讼程序处理</td></tr>
</table>

4. 赔偿被害人损失

对于被害人的损失，应当按照刑事裁判认定的实际损失予以发还或者赔偿。

（六）执行顺序

被执行人在执行中同时承担刑事责任、民事责任，其财产不足以支付的，按照下列顺序执行：①人身损害赔偿中的医疗费用；②退赔被害人的损失；③其他民事债务；④罚金；⑤没收财产。

债权人对执行标的依法享有优先受偿权，其主张优先受偿的，人民法院应当在前款第 1 项规定的医疗费用受偿后，予以支持。

即执行顺序为：**①支付人身损害赔偿中的医疗费用；②偿还债权人有优先受偿权的民事债务；③退赔被害人的损失；④偿还其他民事债务；⑤罚金；⑥没收财产。**

（七）执行异议

执行过程中，当事人、利害关系人认为执行行为违反法律规定，或者案外人对执行标的主张足以阻止执行的实体权利，向执行法院提出书面异议的，执行法院应当依照《民事诉讼法》第225条的规定处理。（《民事诉讼法》第225条规定："当事人、利害关系人认为执行行为违反法律规定的，可以向负责执行的人民法院提出书面异议。当事人、利害关系人提出书面异议的，人民法院应当自收到书面异议之日起十五日内审查，理由成立的，裁定撤销或者改正；理由不成立的，裁定驳回。当事人、利害关系人对裁定不服的，可以自裁定送达之日起十日内向上一级人民法院申请复议。"）

人民法院审查案外人异议、复议，应当公开听证。

执行过程中，案外人或被害人认为刑事裁判中对涉案财物是否属于赃款赃物认定错误或者应予认定而未认定，向执行法院提出书面异议，可以通过裁定补正的，执行机构应当将异议材料移送刑事审判部门处理；无法通过裁定补正的，应当告知异议人通过审判监督程序处理。

上述内容可通过下表理解和记忆：

<table>
<tr><th></th><th>事由</th><th>处理</th><th>备注</th></tr>
<tr><td rowspan="4">书面异议</td><td>当事人、利害关系人认为执行行为违反法律规定</td><td rowspan="2">理由成立的，裁定撤销或改正；理由不成立的，裁定驳回；对裁定不服的，可向上一级人民法院申请复议</td><td rowspan="2">审查案外人异议、复议，应公开听证</td></tr>
<tr><td>案外人对执行标的主张足以阻止执行的实体权利</td></tr>
<tr><td rowspan="2">案外人或被害人认为刑事裁判中对涉案财物是否属于赃款赃物认定错误或应予认定而未认定</td><td>可通过裁定补正的，执行机构应当将异议材料移送刑事审判部门处理</td><td rowspan="2"></td></tr>
<tr><td>无法通过裁定补正的，应当告知异议人通过审判监督程序处理</td></tr>
</table>

考点37　未成年人刑事案件诉讼程序的方针和原则

命题分析

“未成年人刑事案件诉讼程序的方针和原则”可以设计成理论性考点，通过考查未成年人刑事案件的某个特殊规定，然后要求考生谈对该规定的理解和认识。**回答这类题型的出发点就是从未成年人诉讼程序的特殊性分析其价值和意义。**

考点解析

一、设置未成年人刑事案件诉讼程序的目的

之所以设置区别于成年人刑事诉讼程序的专门的未成年人刑事案件诉讼程序，是因为未成年人犯罪具有明显区别于成年人犯罪的特点，因此需要在刑事诉讼中设置专门程序和制度。

鉴于未成年人的身心特点，未成人司法的目的、功能与成年人司法有着根本的区别。未成年人司法关注行为人而不是行为本身，关注未成年人回归社会、恢复正常生活状态，而不是对犯罪行为本身的报应和制裁，因此，**教育和保护贯穿于未成年人司法保护程序的始终，也是其基本立场。**

设立未成年人刑事案件诉讼程序，**在于为涉罪未成年人提供着眼于其未来发展的处理、分流和矫正机制，避免简单惩罚等干预方式不当对其人格行程带来负面影响。**另外，未成年人刑事案件诉讼程序注重未成年被害人及证人的保护，避免因诉讼活动给他们带来伤害。

二、未成年人刑事案件诉讼程序的方针

教育、感化、挽救方针，是指公安司法机关在未成年刑事案件诉讼程序中，应当坚持教育为主、惩罚为辅，对犯罪的未成年人动之以情、晓之以理，寓教于情，寓教于行，促使未成年人认识其行为的危害性，促其悔罪并重新回归社会。

三、未成年人刑事案件诉讼程序的原则

（一）教育为主、惩罚为辅的原则

教育为主、惩罚为辅的原则贯穿于我国未成年人刑事案件诉讼程序的整个过程。在未成年人刑事案件诉讼的各个阶段，公安司法机关的办案人员都应将办案与对未成年人的教育相结合，帮助其认识犯罪原因和犯罪行为的社会危害性，促其真诚悔罪。教育和惩罚并不矛盾，对未成年人进行教育和感化，并不是说对应当追究刑事责任的不予追究，或者无原则地不予处罚。坚持教育为主，惩罚为辅，可罚可不罚的尽量不罚，以利于犯罪的未成年人今后改过自新，重返社会。

（二）保障诉讼权利原则

保障未成年犯罪嫌疑人、被告人诉讼权利原则，是指公安司法机关在处理未成年人刑事案件的过程中，应当充分保障未成年犯罪嫌疑人、被告人依法享有的各项诉讼权利，尤其是其享有的一些特殊的权利。

（三）分案处理原则

分案处理原则，是指公安司法机关在刑事诉讼过程中应当对未成年人案件与成年人案件实行诉讼程序分离、分案处理，对犯罪的未成年人与犯罪的成年人分别关押、分别执行。具体而言：一是对未成年人采用拘留、逮捕等强制措施时，必须与成年犯罪嫌疑人分开看管；二是处理未成年人与成年人共同犯罪或者有牵连的案件时，尽量适用不同的诉讼程序，在不妨碍审理的前提下，坚持分案处理，包括分案侦查、分案起诉和分案审理；三是在未成年人犯罪案件处理完毕，交付执行阶段，不得与成年罪犯同处一个监所。

（四）审理不公开与保密原则

审理不公开原则是指人民法院在开庭审理未成年人刑事案件时，不允许旁听，不允许记者采访，报纸等印刷品不得刊登未成年被告人的姓名、年龄、职业、住址及照片等。但是，经未成年被告人及其法定代理人同意，未成年被告人所在学校和未成年人保护组织可以派代表到场。

保密原则要求办理未成年人刑事案件时应当对涉案未成年人的资料予以保密，不得向外界泄露。

审理不公开和保密原则的意义在于维护未成年人的名誉，防止公开审理或泄露资料对其造成精神创伤，进而不利于其未来回归社会和恢复正常生活。

（五）全面调查原则

全面调查原则是指公安司法机关在办理未成年人案件时，除对案件事实和证据进行调查、审查外，还应就导致未成年人犯罪之主客观因素及其形成、发展、演变过程，以及对未成年人特殊性格的形成产生过重要影响的人和事件的详细情况进行全面、彻底的调查，必要时还可以进行医学、心理学及精神病学等方面的调查分析。全面调查的目的在于通过上述全面的调查查清未成年人走上犯罪道路的原因和条件，为教育、挽救未成年犯罪人确定有针对性的方案，以取得良好的教育改造效果。

（六）社会参与原则

社会参与原则是指未成年人刑事案件诉讼程序中融入社会因素，由普通民众和社会组织等社会力量在诉讼各个环节对未成年人提供辅助和支持，包括将社会调查、讯问和审判时在场，观护帮教和社会适应能力培养等委托给社会力量承担或由社会力量参与。社会参与不仅有助于更好地维护未成年人的诉讼权利与其他合法权益，还能帮助保持未成年人与社会的正常联系，有助于其重新回归社会。

考点38　附条件不起诉

命题分析

从2013年至今，附条件不起诉已经多次在客观题中考查，**且多是以小案例的形式，不排除将来命制主观题的可能。考生还须注意本考点容易与附带民事诉讼结合起来考查**。

考点解析

一、附条件不起诉的适用对象和条件

（一）附条件不起诉的适用对象和条件

对于犯罪时已满14周岁不满18周岁的未成年人，同时符合下列条件的，

人民检察院可以作出附条件不起诉决定：①涉嫌《刑法分则》第四章、第五章、第六章规定的犯罪；②根据具体犯罪事实、情节，可能被判处一年有期徒刑以下刑罚；③犯罪事实清楚，证据确实、充分，符合起诉条件；④具有悔罪表现。

上述内容可通过下表理解和记忆：

	适用对象	适用条件
可以附条件不起诉	犯罪时已满14周岁不满18周岁的未成年人	涉嫌《刑法分则》第四章、第五章、第六章规定的犯罪
		根据具体犯罪事实、情节，可能被判处一年有期徒刑以下刑罚
		犯罪事实清楚，证据确实、充分，符合起诉条件
		具有悔罪表现

（二）作为对比——未成年人刑事案件诉讼程序中酌定不起诉的适用对象和条件

《人民检察院办理未成年人刑事案件的规定》第26条规定："对于犯罪情节轻微，具有下列情形之一，依照刑法规定不需要判处刑罚或者免除刑罚的未成年犯罪嫌疑人，一般应当依法作出不起诉决定：（一）被胁迫参与犯罪的；（二）犯罪预备、中止、未遂的；（三）在共同犯罪中起次要或者辅助作用的；（四）系又聋又哑的人或者盲人的；（五）因防卫过当或者紧急避险过当构成犯罪的；（六）有自首或者立功表现的；（七）其他依照刑法规定不需要判处刑罚或者免除刑罚的情形。"

《人民检察院办理未成年人刑事案件的规定》第27条规定："对于未成年人实施的轻伤害案件、初次犯罪、过失犯罪、犯罪未遂的案件以及被诱骗或者被教唆实施的犯罪案件等，情节轻微，犯罪嫌疑人确有悔罪表现，当事人双方自愿就民事赔偿达成协议并切实履行或者经被害人同意并提供有效担保，符合刑法第三十七条规定的，人民检察院可以依照刑事诉讼法第一百七十三条（说明：现第一百七十七条）第二款的规定作出不起诉决定，并可以根据案件的不同情况，予以训诫或者责令具结悔过、赔礼道歉、赔偿损失，或者由主管部门予以行政处罚。"

上述内容可通过下表理解和记忆：

<table>
<tr><th></th><th colspan="6">条件</th></tr>
<tr><td rowspan="12">未成年人刑事案件中的酌定不起诉</td><td rowspan="12">犯罪情节轻微</td><td rowspan="12">依照刑法规定不需要判处刑罚或者免除刑罚</td><td colspan="3">被胁迫参与犯罪的</td><td rowspan="7">一般应当不起诉</td></tr>
<tr><td colspan="3">犯罪预备、中止、未遂的</td></tr>
<tr><td colspan="3">在共同犯罪中起次要或者辅助作用的</td></tr>
<tr><td colspan="3">系又聋又哑的人或者盲人的</td></tr>
<tr><td colspan="3">因防卫过当或者紧急避险过当构成犯罪的</td></tr>
<tr><td colspan="3">有自首或者立功表现的</td></tr>
<tr><td colspan="3">其他依照刑法规定不需要判处刑罚或者免除刑罚的情形</td></tr>
<tr><td>轻伤害案件</td><td rowspan="5">犯罪嫌疑人确有悔罪表现</td><td rowspan="5">当事人双方自愿就民事赔偿达成协议并切实履行或者经被害人同意并提供有效担保</td><td rowspan="5">可以不起诉</td></tr>
<tr><td>初次犯罪</td></tr>
<tr><td>过失犯罪</td></tr>
<tr><td>犯罪未遂</td></tr>
<tr><td>被诱骗或者被教唆实施的犯罪</td></tr>
</table>

二、附条件不起诉的相关程序

（一）作出附条件不起诉决定前

1. 听取各方意见

人民检察院在作出附条件不起诉的决定以前，**应当听取公安机关、被害人、未成年犯罪嫌疑人的法定代理人、辩护人的意见**，并制作笔录附卷。**被害人是未成年人的，还应当听取被害人的法定代理人、诉讼代理人的意见。**

2. 对各方意见的处理

未成年犯罪嫌疑人及其法定代理人对人民检察院决定附条件不起诉有异议的，人民检察院应当作出起诉的决定。

公安机关或者被害人对附条件不起诉有异议或争议较大的案件，人民检察院可以召集侦查人员、被害人及其法定代理人、诉讼代理人、未成年犯罪嫌疑人及其法定代理人、辩护人举行不公开听证会，充分听取各方的意见和理由。

对于决定附条件不起诉可能激化矛盾或者引发不稳定因素的，人民检察院应当慎重适用

上述内容可通过下表理解或记忆：

<table>
<tr><th></th><th>听取意见</th><th>条件</th><th colspan="2">人民检察院的处理</th></tr>
<tr><td rowspan="4">作出决定前</td><td>公安机关</td><td rowspan="2">公安机关或者被害人对附条件不起诉有异议或争议较大的</td><td rowspan="2">可召集侦查人员、被害人及其法定代理人、诉讼代理人、未成年犯罪嫌疑人及其法定代理人、辩护人举行不公开听证会，充分听取各方的意见和理由</td><td rowspan="2">对于决定附条件不起诉可能激化矛盾或者引发不稳定因素的，应当慎重适用</td></tr>
<tr><td>被害人（或未成年人的法定代理人、诉讼代理人）</td></tr>
<tr><td>未成年犯罪嫌疑人的法定代理人</td><td>未成年犯罪嫌疑人及其法定代理人有异议的</td><td colspan="2">应当作出起诉的决定</td></tr>
<tr><td>辩护人</td><td></td><td colspan="2"></td></tr>
</table>

（二）作出不起诉决定后

1. 送达与告知

人民检察院作出附条件不起诉的决定后，应当制作附条件不起诉决定书，并在3日以内送达公安机关、被害人或者其近亲属及其诉讼代理人、未成年犯罪嫌疑人及其法定代理人、辩护人。

送达时，应当告知被害人或者其近亲属及其诉讼代理人，如果对附条件不起诉决定不服，可以自收到附条件不起诉决定书后7日以内向上一级人民检察院申诉。

2. 宣布与告知

人民检察院应当**当面向未成年犯罪嫌疑人及其法定代理人宣布**附条件不起诉决定，告知考验期限、在考验期内应当遵守的规定和违反规定应负的法律责任，以及可以对附条件不起诉决定提出异议，并制作笔录附卷。

3. 释放或变更强制措施

未成年犯罪嫌疑人在押的，作出附条件不起诉决定后，人民检察院应当作出释放或者变更强制措施的决定。

4. 公安机关要求复议、提请复核或被害人申诉

对附条件不起诉的决定，公安机关要求复议、提请复核或者被害人申诉的，适用本法第179条、第180条的规定。

5. 未成年犯罪嫌疑人及其法定代理人提出异议

未成年犯罪嫌疑人及其法定代理人对人民检察院决定附条件不起诉有异议

的，**人民检察院应当作出起诉的决定。**

6. 备案与撤销

人民检察院在作出附条件不起诉决定后，应当在 10 日内将附条件不起诉决定书**报上级人民检察院主管部门备案。**

上级人民检察院认为下级人民检察院作出的附条件不起诉决定不适当的，应当**及时撤销**下级人民检察院作出的附条件不起诉决定，下级人民检察院应当执行。

三、附条件不起诉的考验期

（一）考验期的确定

人民检察院决定附条件不起诉的，应当确定考验期。考验期为**6 个月以上 1 年以下，从人民检察院作出附条件不起诉的决定之日起计算**。**考验期不计入案件审查起诉期限**。

考验期的长短应当与未成年犯罪嫌疑人所犯罪行的轻重、主观恶性的大小和人身危险性的大小、一贯表现及帮教条件等相适应，**根据未成年犯罪嫌疑人在考验期的表现，可以在法定期限范围内适当缩短或者延长**。

（二）考验期内被附条件不起诉的未成年犯罪嫌疑人的义务

被附条件不起诉的未成年犯罪嫌疑人应遵守下列规定：①遵守法律法规，服从监督；②按照考察机关的规定报告自己的活动情况；③离开所居住的市、县或者迁居，应当报经考察机关批准；④按照考察机关的要求接受矫治和教育。

考验期内应遵守的规定	遵守法律法规，服从监督
	按照考察机关的规定报告自己的活动情况
	离开所居住的市、县或者迁居，应当报经考察机关批准
	按照考察机关的要求接受矫治和教育

人民检察院可以要求被附条件不起诉的未成年犯罪嫌疑人接受下列矫治和教育：①完成戒瘾治疗、心理辅导或者其他适当的处遇措施；②向社区或者公益团体提供公益劳动；③不得进入特定场所，与特定的人员会见或者通信，从事特定的活动；④向被害人赔偿损失、赔礼道歉等；⑤接受相关教育；⑥遵守其他保护被害人安全以及预防再犯的禁止性规定。

矫治和教育	完成戒瘾治疗、心理辅导或者其他适当的处遇措施
	向社区或者公益团体提供公益劳动
	不得进入特定场所，与特定的人员会见或者通信，从事特定的活动
	向被害人赔偿损失、赔礼道歉等
	接受相关教育
	遵守其他保护被害人安全以及预防再犯的禁止性规定

（三）考验期内监督考察的主体和方式

在附条件不起诉的考验期内，由**人民检察院**对被附条件不起诉的未成年犯罪嫌疑人进行监督考察。

未成年犯罪嫌疑人的监护人，应当对未成年犯罪嫌疑人加强管教，**配合**人民检察院做好监督考察工作。

人民检察院可以**会同未成年犯罪嫌疑人的监护人、所在学校、单位、居住地的村民委员会、居民委员会、未成年人保护组织等的有关人员定期**对未成年犯罪嫌疑人进行考察、教育，实施跟踪帮教。

未成年犯罪嫌疑人经批准离开所居住的市、县或者迁居，作出附条件不起诉决定的人民检察院可以要求**迁入地的人民检察院协助进行考察**，并将考察结果函告作出附条件不起诉决定的人民检察院。

四、附条件不起诉的后果

（一）撤销附条件不起诉决定，提起公诉

《刑事诉讼法》第284条第1款规定："被附条件不起诉的未成年犯罪嫌疑人，在考验期内有下列情形之一的，人民检察院应当撤销附条件不起诉的决定，提起公诉：（一）实施新的犯罪或者发现决定附条件不起诉以前还有其他犯罪需要追诉的；（二）违反治安管理规定或者考察机关有关附条件不起诉的监督管理规定，情节严重的。"

《人民检察院办理未成年人刑事案件的规定》第46条规定："被附条件不起诉的未成年犯罪嫌疑人，在考验期内有下列情形之一的，人民检察院应当撤销附条件不起诉的决定，提起公诉：（一）实施新的犯罪的；（二）发现决定附条件不起诉以前还有其他犯罪需要追诉的；（三）违反治安管理规定，造成严重后果，或者多次违反治安管理规定的；（四）违反考察机关有关附条件不

起诉的监督管理规定，造成严重后果，或者多次违反考察机关有关附条件不起诉的监督管理规定的。”

《人民检察院办理未成年人刑事案件的规定》第 47 条规定：“对于未成年犯罪嫌疑人在考验期内实施新的犯罪或者在决定附条件不起诉以前还有其他犯罪需要追诉的，人民检察院应当移送侦查机关立案侦查。”

<table>
<tr><th></th><th colspan="2">事由</th><th>处理</th></tr>
<tr><td rowspan="4">撤销附条件不起诉的决定，提起公诉</td><td colspan="2">实施新的犯罪的</td><td rowspan="2">移送侦查机关立案侦查</td></tr>
<tr><td colspan="2">发现决定附条件不起诉以前还有其他犯罪需要追诉的</td></tr>
<tr><td rowspan="2">违反治安管理规定或者考察机关有关附条件不起诉的监督管理规定，情节严重的</td><td>造成严重后果</td><td></td></tr>
<tr><td>多次违反</td><td></td></tr>
</table>

（二）考验期满后的处理——在审查起诉期限内作出起诉或不起诉的决定

1. 审查起诉期限的中止与恢复

作出附条件不起诉决定的案件，**审查起诉期限自人民检察院作出附条件不起诉决定之日起中止计算，自考验期限届满之日起或者人民检察院作出撤销附条件不起诉决定之日起恢复计算**。

2. 审查起诉的程序

考验期届满，办案人员应当制作附条件不起诉考察意见书，提出起诉或者不起诉的意见，经部门负责人审核，报请检察长决定。

3. 审查起诉后的处理

（1）发现在考验期内有应当撤销附条件不起诉决定的情形的——撤销附条件不起诉决定，提起公诉。

（2）**在考验期内没有应当撤销附条件不起诉决定的情形的——应当作出不起诉决定。**

4. 不起诉决定的宣布、教育与回访

（1）在向被不起诉的未成年人及其法定代理人宣布不起诉决定书时，应当充分阐明不起诉的理由和法律依据，并结合社会调查，围绕犯罪行为对被害人、对本人及家庭、对社会等造成的危害，导致犯罪行为发生的原因及应当吸取的教训等，**对被不起诉的未成年人开展必要的教育**。**如果侦查人员、合适成**

年人、辩护人、社工等参加有利于教育被不起诉未成年人的，经被不起诉的未成年人及其法定代理人同意，可以邀请他们参加，但要严格控制参与人范围。

（2）对于附条件不起诉的案件，**不起诉决定宣布后六个月内，办案人员可以对被不起诉的未成年人进行回访**，巩固帮教效果，并做好相关记录。

考点39　当事人和解的公诉案件诉讼程序

命题分析

当事人和解的公诉案件诉讼程序可以从两个角度来命题，一是通过案例的形式考查具体的程序，比如案件的适用范围；二是可以命制理论性题目，论述该制度的价值，比如说，有观点认为该程序就是“花钱买刑”，请谈谈你对此的认识。

考点解析

一、设立“当事人和解的公诉案件诉讼程序”的价值

“当事人和解的公诉案件诉讼程序”是2012年刑事诉讼法修改时增加的一项特别程序。其目的在于允许部分情节轻微、主观恶性不大的犯罪嫌疑人通过真诚悔罪、赔偿被害人的损失，取得被害人的谅解，进而获得从宽处理。其价值主要体现在三个方面：

一是有利于保障被害人的权益。通过和解，提升了被害人的诉讼地位，确保其能直接参与到与自身利益攸关的案件处理过程之中；同时和解协议中的赔偿内容由于是在当事人间自愿协商达成的，具有更强执行力，确保对损失的及时补偿；和解也淡化了被害人的报应情感，降低对立双方的冲突程度，有助于正常社会关系的恢复。

二是有利于犯罪嫌疑人的矫正。通过加害人与被害人直接协商、讨论，加害人能认识到自己行为给被害人及其家属带来痛苦，加害人知道其行为的法律后果，从而促使其真诚地认错、觉悟，使其能尽快地开始重返社会。

三是有利于解约司法资源。我国正处在经济和社会转轨期，各类犯罪案件

大量增加，加上刑事诉讼程序的日趋复杂化，司法资源变得越来越稀缺。和解制度的创立和运行是一种更为经济、更有效率的纠纷解决机制，它能促使加害人主动认罪，减轻被害人或者检察官的举证责任，促进司法资源的优化配置，从而将司法资源重点用于处置对社会秩序造成严重破坏或社会影响较大的案件，以提高办案效率。

二、适用条件和案件范围

下列公诉案件，犯罪嫌疑人、被告人真诚悔罪，通过向被害人赔偿损失、赔礼道歉等方式获得被害人谅解，被害人自愿和解的，双方当事人可以和解：①因民间纠纷引起，涉嫌刑法分则第四章、第五章规定的犯罪案件，可能判处三年有期徒刑以下刑罚的；②除渎职犯罪以外的可能判处七年有期徒刑以下刑罚的过失犯罪案件。

犯罪嫌疑人、被告人在五年以内曾经故意犯罪的，不适用刑事和解程序。

上述内容可通过下表理解和记忆：

<table>
<tr><th></th><th></th><th>案件性质</th><th>犯罪类型</th><th>可能判处刑罚</th></tr>
<tr><td rowspan="6">刑事和解</td><td rowspan="2">案件范围</td><td>因民间纠纷引起</td><td>涉嫌《刑法分则》第四章、第五章规定的犯罪案件</td><td>可能判处3年有期徒刑以下刑罚</td></tr>
<tr><td>过失犯罪</td><td>除渎职犯罪以外</td><td>可能判处7年有期徒刑以下刑罚</td></tr>
<tr><td rowspan="3">积极条件</td><td colspan="3">犯罪嫌疑人、被告人真诚悔罪</td></tr>
<tr><td colspan="3">通过向被害人赔偿损失、赔礼道歉等方式获得被害人谅解</td></tr>
<tr><td colspan="3">被害人自愿和解</td></tr>
<tr><td>消极</td><td colspan="3">犯罪嫌疑人、被告人在5年以内曾经故意犯罪</td></tr>
</table>

此外，《最高人民法院关于适用〈中华人民共和国刑事诉讼法〉的解释》第496条和《人民检察院刑事诉讼规则》第510条规定的适用刑事和解的条件中还有**“事实清楚，证据确实、充分”**。

《公安机关办理刑事案件程序规定》第323条则规定：“有下列情形之一的，不属于因民间纠纷引起的犯罪案件：（一）雇凶伤害他人的；（二）涉及黑社会性质组织犯罪的；（三）涉及寻衅滋事的；（四）涉及聚众斗殴的；（五）多次故意伤害他人身体的；（六）其他不宜和解的。”

三、程序规则

（一）和解和代为和解的主体

《最高人民法院关于适用〈中华人民共和国刑事诉讼法〉的解释》第497条规定：“符合刑事诉讼法第二百七十七条规定的公诉案件，被害人死亡的，其近亲属可以与被告人和解。近亲属有多人的，达成和解协议，应当经处于同一继承顺序的所有近亲属同意。被害人系无行为能力或者限制行为能力人的，其法定代理人、近亲属可以代为和解。”

《最高人民法院关于适用〈中华人民共和国刑事诉讼法〉的解释》第498条规定：“被告人的近亲属经被告人同意，可以代为和解。被告人系限制行为能力人的，其法定代理人可以代为和解。被告人的法定代理人、近亲属依照前两款规定代为和解的，和解协议约定的赔礼道歉等事项，应当由被告人本人履行。”

《人民检察院刑事诉讼规则》第511条规定：“被害人死亡的，其法定代理人、近亲属可以与犯罪嫌疑人和解。被害人系无行为能力或者限制行为能力人的，其法定代理人可以代为和解。”

《人民检察院刑事诉讼规则》第512条规定：“犯罪嫌疑人系限制行为能力人的，其法定代理人可以代为和解。犯罪嫌疑人在押的，经犯罪嫌疑人同意，其法定代理人、近亲属可以代为和解。”

上述内容可以通过下表理解和记忆：

<table>
<tr><th></th><th></th><th>条件</th><th>和解或代为和解的主体</th><th>备注</th></tr>
<tr><td rowspan="6">刑事和解的主体</td><td rowspan="3">控方</td><td>一般情况下</td><td>被害人</td><td></td></tr>
<tr><td>被害人死亡的</td><td>被害人的近亲属</td><td rowspan="2">达成和解协议，应经处于同一继承顺序的所有近亲属同意</td></tr>
<tr><td>被害人系无行为能力或限制行为能力人的</td><td>被害人的法定代理人、近亲属</td></tr>
<tr><td rowspan="3">辩方</td><td>一般情况下</td><td>犯罪嫌疑人、被告人</td><td></td></tr>
<tr><td>犯罪嫌疑人、被告人系限制行为能力人的</td><td>犯罪嫌疑人、被告人的法定代理人</td><td rowspan="2">和解协议约定的赔礼道歉等事项，应当由被告人本人履行</td></tr>
<tr><td>犯罪嫌疑人、被告人在押（《最高人民法院关于适用〈中华人民共和国刑事诉讼法〉的解释》不要求在押）</td><td>经犯罪嫌疑人、被告人同意的近亲属</td></tr>
</table>

（二）公安机关、人民检察院、人民法院在刑事和解中的职权

双方当事人和解的，公安机关、人民检察院、人民法院应当听取当事人和其他有关人员的意见，对和解的自愿性、合法性进行审查，并主持制作和解协议书。

可见，公安机关、人民检察院、人民法院在刑事和解中具有以下职权：

1. 听取当事人和其他有关人员的意见

2. 对和解的自愿性、合法性进行审查

3. 主持制作和解协议书

除此之外，《最高人民法院关于适用〈中华人民共和国刑事诉讼法〉的解释》和《人民检察院刑事诉讼规则》对人民检察院和人民法院在刑事和解中的职权又有进一步的规定：

《最高人民法院关于适用〈中华人民共和国刑事诉讼法〉的解释》第 496 条第 1 款规定："对符合刑事诉讼法第二百七十七条规定的公诉案件，事实清楚、证据充分的，人民法院应当告知当事人可以自行和解；当事人提出申请的，人民法院可以主持双方当事人协商以达成和解。根据案件情况，人民法院可以邀请人民调解员、辩护人、诉讼代理人、当事人亲友等参与促成双方当事人和解。"

《人民检察院刑事诉讼规则》第 514 条规定："双方当事人可以自行达成和解，也可以经人民调解委员会、村民委员会、居民委员会、当事人所在单位或者同事、亲友等组织或者个人调解后达成和解。人民检察院对于本规则第五百一十条规定的公诉案件，可以建议当事人进行和解，并告知相应的权利义务，必要时可以提供法律咨询。"

比较起来，**法院**的立场更为积极一些，可以直接参与当事人的和解，**主持双方当事人协商以达成和解**，并可**邀请人民调解员、辩护人、诉讼代理人、当事人亲友等参与促成双方当事人和解**；**检察院**则相对消极一些，其不直接参与当事人的和解，仅在**必要时提供法律咨询**和**在当事人自行或在其他组织或个人调解后达成和解后主持制作和解协议书**。

（三）对和解自愿性、合法性的审查

1. 当事人可进行和解的事项

双方当事人可以就赔偿损失、赔礼道歉等民事责任事项进行和解，并且可以就被害人及其法定代理人或者近亲属是否要求或者同意公安机关、人民检察

院、人民法院对犯罪嫌疑人依法从宽处理进行协商，但不得对案件的事实认定、证据采信、法律适用和定罪量刑等依法属于公安机关、人民检察院、人民法院职权范围的事宜进行协商。

<table>
<tr><td rowspan="3">和解范围</td><td rowspan="2">可协商</td><td>赔偿损失、赔礼道歉等民事责任事项</td></tr>
<tr><td>被害人方是否要求或同意公检法对犯罪嫌疑人依法从宽处理</td></tr>
<tr><td>不可协商</td><td>案件的事实认定、证据采信、法律适用和定罪量刑等依法属于公检法职权范围的事宜</td></tr>
</table>

2. 人民检察院对和解自愿性、合法性的审查

审查时，应当**听取双方当事人和其他有关人员对和解的意见，告知刑事案件可能从宽处理的法律后果和双方的权利义务，**并制作笔录附卷。

3. 人民法院对和解自愿性、合法性的审查

对公安机关、人民检察院主持制作的和解协议书，当事人提出异议的，人民法院应当审查。经审查，和解自愿、合法的，予以确认，无须重新制作和解协议书；和解不具有自愿性、合法性的，应当认定无效。和解协议被认定无效后，双方当事人重新达成和解的，人民法院应当主持制作新的和解协议书。

审判期间，双方当事人和解的，人民法院应当听取当事人及其法定代理人等有关人员的意见。双方当事人在庭外达成和解的，人民法院应当通知人民检察院，并听取其意见。经审查，和解自愿、合法的，应当主持制作和解协议书。”

关于人民法院对和解自愿性、合法性的审查可通过下表理解和记忆：

<table>
<tr><th></th><th>前提</th><th>听取意见及审查</th><th>审查结果</th><th>处理</th></tr>
<tr><td rowspan="4">人民法院的审查</td><td rowspan="2">公、检已主持制作和解协议</td><td rowspan="2">当事人提异议的应当审查</td><td>和解自愿、合法的</td><td>予以确认，无须重新制作和解协议书</td></tr>
<tr><td>和解不具有自愿性、合法性</td><td>认定无效，重新和解的，应主持制作新的和解协议书</td></tr>
<tr><td>在审判期间和解</td><td>应听取当事人及其法定代理人等有关人员的意见</td><td rowspan="2">和解自愿、合法的</td><td rowspan="2">主持制作和解协议书</td></tr>
<tr><td>在庭外达成和解</td><td>应通知人民检察院，并听取其意见</td></tr>
</table>

（四）和解协议书的内容

《人民检察院刑事诉讼规则》第516条第2、第3、第4款规定："和解协议书的主要内容包括：（一）双方当事人的基本情况；（二）案件的主要事实；（三）犯罪嫌疑人真诚悔罪，承认自己所犯罪行，对指控的犯罪没有异议，向被害人赔偿损失、赔礼道歉等；赔偿损失的，应当写明赔偿的数额、履行的方式、期限等；（四）被害人及其法定代理人或者近亲属对犯罪嫌疑人予以谅解，并要求或者同意公安机关、人民检察院、人民法院对犯罪嫌疑人依法从宽处理。和解协议书应当由双方当事人签字，可以写明和解协议书系在人民检察院主持下制作。检察人员不在当事人和解协议书上签字，也不加盖人民检察院印章。和解协议书一式三份，双方当事人各持一份，另一份交人民检察院附卷备查。"

《最高人民法院关于适用〈中华人民共和国刑事诉讼法〉的解释》第501条第1、第2、第3款规定："和解协议书应当包括以下内容：（一）被告人承认自己所犯罪行，对犯罪事实没有异议，并真诚悔罪；（二）被告人通过向被害人赔礼道歉、赔偿损失等方式获得被害人谅解；涉及赔偿损失的，应当写明赔偿的数额、方式等；提起附带民事诉讼的，由附带民事诉讼原告人撤回附带民事诉讼；（三）被害人自愿和解，请求或者同意对被告人依法从宽处罚。和解协议书应当由双方当事人和审判人员签名，但不加盖人民法院印章。和解协议书一式三份，双方当事人各持一份，另一份交人民法院附卷备查。"

比较上述两个规定，可以得知，**和解协议书大致有以下几部分内容：**

1. 双方当事人基本情况及案件的主要事实。

2. 犯罪嫌疑人、被告人承认罪行并真诚悔罪。

3. 犯罪嫌疑人、被告人向被害人赔礼道歉、赔偿损失等，包括赔偿的数额和方式。

4. 被害人方同意和解，要求或同意对犯罪嫌疑人、被告人依法从宽处理

值得注意的是，**人民检察院主持制作的和解协议书，检察人员不签字；而人民法院主持制作的和解协议书，审判人员应签名；均不加盖人民检察院、人民法院印章。**

（五）和解协议书的履行

1. *履行期间及方式*

（1）人民检察院主持制作和解协议书的，应当**在双方签署协议后立即履**

行，至迟在人民检察院作出从宽处理决定前履行。确实难以一次性履行的，**在被害人同意并提供有效担保的情况下，也可以分期履行**。

（2）人民法院主持制作和解协议书的，被告人应当**在协议签署后即时履行**。

2. 履行的后果

（1）**和解协议已经全部履行，当事人反悔的，人民法院不予支持，但有证据证明和解违反自愿、合法原则的除外**。

（2）双方当事人**在侦查、审查起诉期间已经达成和解协议并全部履行**，被害人或者其法定代理人、近亲属**又提起附带民事诉讼的，人民法院不予受理，但有证据证明和解违反自愿、合法原则的除外**。

此外，被害人或者其法定代理人、近亲属提起附带民事诉讼后，双方愿意和解，但被告人不能即时履行全部赔偿义务的，人民法院应当制作**附带民事调解书**。

（六）从宽处理

1. 公安机关

公安机关将案件移送人民检察院审查起诉时，**可以提出从宽处理的建议**。

2. 人民检察院

（1）在审查逮捕和审查起诉时应当充分考虑公安机关的建议。

（2）对于公安机关提请批准逮捕的案件，双方当事人达成和解协议的，可以作为有无社会危险性或者社会危险性大小的因素予以考虑，经审查认为不需要逮捕的，可以作出不批准逮捕的决定；在审查起诉阶段可以依法变更强制措施。

（3）对于公安机关移送审查起诉的案件，双方当事人达成和解协议的，可以作为是否需要判处刑罚或者免除刑罚的因素予以考虑，符合法律规定的不起诉条件的，可以决定不起诉。

（4）对于依法应当提起公诉的，人民检察院可以向人民法院提出从宽处罚的量刑建议。

上述内容可通过下表理解和记忆：

<table>
<tr><th></th><th>条件</th><th>方式</th></tr>
<tr><td rowspan="3">检察院可从轻处理</td><td>可以作为有无社会危险性或者社会危险性大小的因素予以考虑</td><td>可以作出不批准逮捕的决定</td></tr>
<tr><td>可以作为是否需要判处刑罚或者免除刑罚的因素予以考虑</td><td>可以决定不起诉</td></tr>
<tr><td></td><td>可以向人民法院提出从宽处罚的量刑建议</td></tr>
</table>

此外，人民检察院拟对当事人达成和解的公诉案件作出不起诉决定的，应当**听取双方当事人对和解的意见，并且查明犯罪嫌疑人是否已经切实履行和解协议、不能即时履行的是否已经提供有效担保，将其作为是否决定不起诉的因素予以考虑**。

当事人在不起诉决定作出之前反悔的，可以另行达成和解。不能另行达成和解的，人民检察院应当依法作出起诉或者不起诉决定。

当事人在不起诉决定作出之后反悔的，人民检察院不撤销原决定，但有证据证明和解违反自愿、合法原则的除外。

犯罪嫌疑人或者其亲友等以暴力、威胁、欺骗或者其他非法方法强迫、引诱被害人和解，或者在协议履行完毕之后威胁、报复被害人的，应当认定和解协议无效。已经作出不批准逮捕或者不起诉决定的，人民检察院根据案件情况可以撤销原决定，对犯罪嫌疑人批准逮捕或者提起公诉。

上述内容可通过下表理解和记忆：

<table>
<tr><th></th><th colspan="2">特殊情况</th><th>条件</th><th>处理</th></tr>
<tr><td rowspan="5">人民检察院对特殊情况的处理</td><td rowspan="3">当事人反悔</td><td rowspan="2">在不起诉决定作出之前</td><td>可以另行达成和解</td><td></td></tr>
<tr><td>不能另行达成和解</td><td>依法作出起诉或不起诉决定</td></tr>
<tr><td>在不起诉决定作出之后</td><td>无证据证明和解违反自愿、合法原则</td><td>不撤销原决定</td></tr>
<tr><td colspan="2">以暴力、威胁、欺骗或其他非法方法强迫、引诱被害人和解</td><td rowspan="2"></td><td rowspan="2">应认定和解协议无效。根据案件情况可撤销原不批准逮捕决定或不起诉决定，对犯罪嫌疑人批准逮捕或提起公诉</td></tr>
<tr><td colspan="2">在协议履行完毕之后威胁、报复被害人的</td></tr>
</table>

3. 人民法院

对达成和解协议的案件，人民法院**应当**对被告人从轻处罚；符合非监禁刑适用条件的，应当适用非监禁刑；判处法定最低刑仍然过重的，可以减轻处罚；综合全案认为犯罪情节轻微不需要判处刑罚的，可以免除刑事处罚。（《刑事诉讼法》规定的是“可以”从宽处罚，《最高人民法院关于适用〈中华人民共和国刑事诉讼法〉的解释》规定的则是“应当”从宽处罚。）

共同犯罪案件，部分被告人与被害人达成和解协议的，可以依法对该部分被告人从宽处罚，但应当注意全案的量刑平衡。

上述内容可通过下表理解和记忆：

<table>
<tr><th></th><th>方式</th><th>备注</th></tr>
<tr><td rowspan="3">法院应从轻处罚</td><td>符合非监禁刑适用条件的，应当适用非监禁刑</td><td rowspan="3">共同犯罪案件，部分被告人与被害人达成和解协议的，可以依法对该部分被告人从宽处罚，但应当注意全案的量刑平衡</td></tr>
<tr><td>判处法定最低刑仍然过重的，可以减轻处罚</td></tr>
<tr><td>综合全案认为犯罪情节轻微不需要判处刑罚的，可以免除刑事处罚</td></tr>
</table>

考点 40　缺席审判制度

命题分析

缺席审判制度是2018年《刑事诉讼法》新增的一项特别程序。考生在备考时一是要理解该制度的价值；二是要掌握该制度的基本规定。本考点有可能与监察法进行综合考查。

考点解析

一、设立“缺席审判”的价值

首先，**刑事缺席审判制度有利于司法机关查明潜逃境外的被告人的犯罪事实，及时挽回相关损失**。

其次是**为我国在国际上追逃追赃提供法律依据**。目前我们追逃主要依据的是国际公约和与部分国家签署的引渡条约，而在某些情况下，没有相关的国际公约可遵循，和一些国家没有建立引渡条约，对于这类犯罪嫌疑人的追捕，先在国内拿出一个经过司法机关审理认定的司法文书，就能成为相关国家给予配合的法律依据。

二、缺席审判的程序

（一）适用范围

1. 对于**贪污贿赂犯罪案件，以及需要及时进行审判，经最高人民检察院核准的严重危害国家安全犯罪、恐怖活动犯罪案件**，犯罪嫌疑人、被告人**在境外**，监察机关公安机关移送起诉，人民检察院认为**犯罪事实已经查清，证据确实、充分，依法应当追究刑事责任**的，可以向人民法院提起公诉。人民法院进行审查后，对于起诉书中有明确的指控犯罪事实，符合缺席审判程序适用条件的，应当决定开庭审判。

2. 因**被告人患有严重疾病无法出庭，中止审理超过六个月**，被告人仍无法出庭，被告人及其法定代理人、近亲属申请或者**同意恢复审理**的，人民法院可以在被告人不出庭的情况下缺席审理，依法作出判决。

3. 被告人死亡的，人民法院应当裁定终止审理，但有**证据证明被告人无罪，人民法院经缺席审理确认无罪的，应当依法作出判决**。

4. 人民法院按照**审判监督程序重新审判的案件，被告人死亡**的，人民法院可以缺席审理，依法作出判决。

（二）管辖

由**犯罪地、被告人离境前居住地或者最高人民法院指定的中级人民法院**组成合议庭进行审理。

（三）送达传票和起诉书副本

人民法院应当通过**有关国际条约规定的或者外交途径提出的司法协助方式**，或者**被告人所在地法律允许的其他方式**，将**传票和人民检察院的起诉书副本送达被告人**。传票和起诉书副本送达后，被告人未按要求到案的，人民法院应当开庭审理，依法作出判决，**并对违法所得及其他涉案财产作出处理。**

（四）委托辩护人

人民法院缺席审判案件，**被告人有权委托辩护人，被告人的近亲属可以代为委托辩护人**。被告人及其近亲属没有委托辩护人的，人民法院应当通知**法律援助机构指派律师**为其提供辩护。

（五）判决书的送达

人民法院应当将判决书送达被**告人及其近亲属、辩护人**。

（六）上诉和抗诉

被告人或者其近亲属不服判决的，有权向上一级人民法院上诉。辩护人经被告人或者其近亲属同意，可以提出上诉。

人民检察院认为人民法院的判决确有错误的，应当向上级人民法院提出抗诉。

（七）重新审理

在审理过程中，**被告人自动投案或者被抓获**的，人民法院应当重新审理。

罪犯在判决、裁定发生法律效力后到案的，人民法院应当将罪犯交付执行刑罚。交付执行刑罚前，人民法院**应当告知罪犯有权对判决、裁定提出异议**。**罪犯对判决、裁定提出异议的，人民法院应当重新审理**。

依照生效判决、裁定对罪犯的财产进行的处理确有错误的，应当予以返还、赔偿。

第三部分　命题人讲真题

2017 年

一、试题（本题 21 分）

案情：

被告人李某于 2014 年 7 月的一天晚上，和几个朋友聚会，饭后又一起卡拉 OK，期间餐厅经理派服务员胡某陪侍。次日凌晨两点结束后，李某送胡某回家的路上，在一废弃的工棚内强行与胡某发生了性关系。案发后李某坚称是通奸而不是强奸。此案由 S 市 Y 区检察院起诉。Y 区法院经不公开审理，以事实不清证据不足为由作出无罪判决。检察机关提起抗诉，S 市中级人民法院改判被告人构成强奸罪并处有期徒刑三年。二审法院定期宣判，并向抗诉的检察机关送达了判决书，没有向被告人李某送达判决书，但在中国裁判文书网上发布了判决书。

问题：

1. 本案二审判决是否生效？为什么？我国刑事裁判一审生效与二审生效有无区别？为什么？

2. 此案生效后当事人向检察院申诉，程序要求是什么？

3. 省检察院按审判监督程序向省高级人民法院提起抗诉，对于原判决、裁定事实不清或者证据不足的再审案件，省高级人民法院应当如何处理？

4. 如果省高级人民法院认为 S 市中级人民法院生效判决确有错误，应当如何纠正？

5. 此案在由省检察院向省高级人民法院抗诉中，请求改判被告人无罪，被告人及其辩护人也辩称无罪，省高级人民法院根据控辩双方一致意见，是否应当做出无罪判决？为什么？

二、答案精讲

1. 本案二审判决是否生效？为什么？我国刑事裁判一审生效与二审生效

有无区别？为什么？

答案：

（1）未生效。二审判决应当在宣告以后才生效，本案二审判决始终未向被告人李某宣告，也未向李某送达判决书，裁判文书网上发布判决书也不能等同于向李某宣告判决，李某始终不知道判决的内容，因此本案二审程序未完成宣告，判决未生效。

（2）一审裁判的生效时间为裁判送达后次日开始计算上诉、抗诉期限，经过上诉、抗诉期限未上诉、抗诉的一审裁判才生效。由于我国实行二审终审制，普通案件二审裁判为终审裁判，但需要送达后始生效，即二审当庭宣判或定期宣判送达裁判文书后发生法律效力。

难度：难

考点：判决（生效时间）

命题和解题思路：命题人通过此题考查了考生对一审裁判和二审裁判生效时间的理解，其实际上设了两问，可分两部分解答。第一部分要针对本案，解答本案的二审判决是否生效并阐明原因。第二部分要概括地阐明一审裁判和二审裁判在生效方式和时间上的区别。本题的难度主要在于，关于二审裁判的生效时间实际上是存在争议的。

答案解析：

关于一审裁判的生效日期，法律规定得相对明确。《最高人民法院关于适用〈中华人民共和国刑事诉讼法〉的解释》第301条规定："上诉、抗诉必须在法定期限内提出。不服判决的上诉、抗诉的期限为十日；不服裁定的上诉、抗诉的期限为五日。上诉、抗诉的期限，从接到判决书、裁定书的第二日起计算。"因此，**一审裁判应自经过法定的上诉、抗诉期限而没有上诉或抗诉之日起生效，而法定的上诉、抗诉期限自一审裁判送达后的第二日起算**。由此也可看出，一审裁判的生效时间与宣判日期没有直接关系，仅与送达日期有关。

关于二审裁判的生效时间，法律没有明确的规定。《最高人民法院关于适用〈中华人民共和国刑事诉讼法〉的解释》第247条第1款对一审的宣判程序作出规定："当庭宣告判决的，应当在五日内送达判决书。定期宣告判决的，应当在宣判前，先期公告宣判的时间和地点，传唤当事人并通知公诉人、法定代理人、辩护人和诉讼代理人；判决宣告后，应当立即送达判决书。"刑事诉讼法及司法解释均未对二审的宣判程序作出规定。但是，《刑事诉讼法》

第242条规定："第二审人民法院审判上诉或者抗诉案件的程序，除本章已有规定的以外，参照第一审程序的规定进行。"因此，二审的宣判程序也应参照第一审程序的规定进行。由此可见，无论一审还是二审，**裁判文书的宣告日期和送达日期都有可能不同**。那么，对于宣判之日与送达之日不一致的，**二审裁判应当自宣判之日起生效，还是自送达之日起生效呢？**关于这一问题，实际上是存在争议的。鉴于一审裁判的上诉、抗诉期限及生效期限的计算实际上都是以送达为准而非以宣判为准的，而二审程序无特别规定的又应参照一审程序的规定进行，**因此我们认为，二审裁判宣告之日与送达之日不一致的，应自送达之日起生效。**

2. 此案生效后当事人向检察院申诉，程序要求是什么？

答案：①当事人及其法定代理人、近亲属首先应当向S市检察院提出，案情重大、复杂、疑难的，省检察院也可以直接受理。②当事人一方对S市检决定不予抗诉而继续向省检察院申诉的，省检察院应当受理，经省市两级检察院办理后，没有新的事实和证据不再立案复查。③S市检认为判决裁定确有错误需要抗诉的，应当提请省检抗诉。④省检认为判决裁定确有错误可以直接向省高级人民法院抗诉。

难度：难

考点：提起审判监督程序的材料来源（申诉的提出、受理及审查处理）；提起审判监督程序的方式

命题和解题思路：命题人通过本题考查了当事人就生效判决向人民检察院申诉的程序要求。对生效裁判的申诉可以向法院提出，也可以向检察院提出，具体的程序分别规定在《最高人民法院关于适用〈中华人民共和国刑事诉讼法〉的解释》和《人民检察院刑事诉讼规则》中，考生一般对前者比较重视，对后者可能会重视不够。但两者的规定有一些相通之处，如果实在不了解《人民检察院刑事诉讼规则》的规定，也可根据《最高人民法院关于适用〈中华人民共和国刑事诉讼法〉的解释》中的相关规定尽量"蒙"。具体而言，对本题的解答可分三步：**第一步，当事人应当向哪级检察院申诉？第二步，接受申诉的检察院应如何处理？第三步，应由哪一级检察院向哪一级法院提出抗诉？**

答案解析：

第一步，当事人应向哪级检察院申诉？对此，**《人民检察院刑事诉讼规则》第539条第1、第2款**规定："当事人及其法定代理人、近亲属认为人民法院已经发生法律效力的刑事判决、裁定确有错误，向人民检察院申诉的，由

作出生效判决、裁定的人民法院的同级人民检察院刑事申诉检察部门依法办理。当事人及其法定代理人、近亲属直接向上级人民检察院申诉的，上级人民检察院可以交由作出生效判决、裁定的人民法院的同级人民检察院受理；案情重大、疑难、复杂的，上级人民检察院可以直接受理。"本案的生效判决是由S市中级人民法院作出，因此当事人及其法定代理人、近亲属应首先向S市检察院申诉；当事人直接向省检察院申诉的，如果案情重大、复杂、疑难，省检察院也可以直接受理。

第二步，接受申诉的人民检察院应如何处理？对此，《人民检察院刑事诉讼规则》第539条第3款规定："当事人及其法定代理人、近亲属对人民法院已经发生法律效力的判决、裁定提出申诉，经人民检察院复查决定不予抗诉后继续提出申诉的，上一级人民检察院应当受理。"**第540条**规定："对不服人民法院已经发生法律效力的刑事判决、裁定的申诉，经两级人民检察院办理且省级人民检察院已经复查的，如果没有新的事实和理由，人民检察院不再立案复查，但原审被告人可能被宣告无罪或者判决、裁定有其他重大错误可能的除外。"因此，本案中，申诉人在S市检察院经复查决定不予抗诉后继续提出申诉的，省检察院应当受理。经省市两级检察院复查决定不予抗诉的，没有新的事实和理由的，不再立案复查。

第三步，应当由哪一级检察院向哪一级法院提出抗诉？对此，《人民检察院刑事诉讼规则》第595条第2款规定："地方各级人民检察院刑事申诉检察部门对不服同级人民法院已经发生法律效力的刑事判决、裁定的申诉复查后，认为需要提出抗诉的，报请检察长或者检察委员会讨论决定。认为需要提出抗诉的，应当提请上一级人民检察院抗诉。"因此，S市检察院认为需要提出抗诉的，应当报请省检察院抗诉。**《刑事诉讼法》第254条第3款**规定："最高人民检察院对各级人民法院已经发生法律效力的判决和裁定，上级人民检察院对下级人民法院已经发生法律效力的判决和裁定，如果发现确有错误，有权按照审判监督程序向同级人民法院提出抗诉。"因此，对于S市中级人民法院作出的生效裁判，应当由其上级检察院，也即省检察院向其同级法院，也即省高级人民法院抗诉。

3. 省检察院按审判监督程序向省高级人民法院提起抗诉，对于原判决、裁定事实不清或者证据不足的再审案件，省高级人民法院应当如何处理？

答案：

①经审理能够查清事实的，应当在查清事实后依法裁判；②经审理仍无法

查清事实，证据不足的，不能认定原审被告人无罪的，应当判决宣告原审被告人无罪；③经审理发现有新证据且超过刑事诉讼法规定的指令再审期限的，可以裁定撤销原判，发回原审法院重新审判。

难度：难

考点：提起审判监督的方式；重新审判后的处理

命题和解题思路：命题人通过此题想要考查的是《最高人民法院关于审理人民检察院按照审判监督程序提出的刑事抗诉案件若干问题的规定》（2012）的第4条。但是2013年刑事诉讼法和《最高人民法院关于适用〈中华人民共和国刑事诉讼法〉的解释》实际上已经对相关规定作出重大修改。根据该《最高人民法院关于审理人民检察院按照审判监督程序提出的刑事抗诉案件若干问题的规定》（2012）第2条，只有涉及新证据的才需要指令下级人民法院再审，而根据刑事诉讼法和《最高人民法院关于适用〈中华人民共和国刑事诉讼法〉的解释》，对原判事实不清、证据不足，包括有新的证据证明原判可能有错误的，均可指令再审。因此该规定的相关内容实际上已经失效，本题仍据此给出答案是值得商榷的。

答案解析：

根据“本案为人民检察院按照审判监督程序抗诉的案件”这一信息，本题的解答依据应包括：**《刑事诉讼法》第254条第4款**：“人民检察院抗诉的案件，接受抗诉的人民法院应当组成合议庭重新审理，对于原判决事实不清楚或者证据不足的，可以指令下级人民法院再审。”**《刑事诉讼法》第258条**：“……对需要指令下级人民法院再审的，应当自接受抗诉之日起一个月以内作出决定……”**《最高人民法院关于适用〈中华人民共和国刑事诉讼法〉的解释》第381条**：“对人民检察院依照审判监督程序提出抗诉的案件，接受抗诉的人民法院应当组成合议庭审理。对原判事实不清、证据不足，包括有新的证据证明原判可能有错误，需要指令下级人民法院再审的，应当在立案之日起一个月内作出决定，并将指令再审决定书送达抗诉的人民检察院。”

而根据“原判决、裁定事实不清或者证据不足”的信息，本题的解答依据还应当包括：**《最高人民法院关于适用〈中华人民共和国刑事诉讼法〉的解释》第389条第1款**：“再审案件经过重新审理后，应当按照下列情形分别处理：（一）原判决、裁定认定事实和适用法律正确、量刑适当的，应当裁定驳回申诉或者抗诉，维持原判决、裁定；（二）原判决、裁定定罪准确、量刑适当，但在认定事实、适用法律等方面有瑕疵的，应当裁定纠正并维持原判决、裁定；（三）原判决、裁定认定事实没有错误，但适用法律错误，或者量刑不当的，应当撤销原判决、裁定，依法改判；（四）**依照第二审程序审理的案件，原判决、裁定事实不清或者证据不足的，可以在查清事实后改判，也可以裁定撤销原判，发回原审人民法院重新审判**。”**第2款**：“原判决、裁定事实不清或者证据不足，经审理事实已经查清的，应当根据查清的事实依法裁判；事实仍无法查清，证据不足，不能认定被告人有罪的，应当撤销原判决、裁定，判决宣告被告人无罪。”对比这两款规定，可以推知，第2款规定应当是包括依照第一审程序再审的案件，和依照第二审程序审理因原判、裁定事实不清或者证据不足，发回原审人民法院重新审判的案件。此外，根据《刑事诉讼法》第256条的规定，如果原来是第二审案件，或者是上级人民法院提审的案件，都应当依照第二审程序进行审判。

综上所述，本题答案应当为：省检察院按审判监督程序向省高级人民法院提起抗诉，省高级人民法院应当组成合议庭审理。对于原判决、裁定事实不清、证据不足的可作如下处理：第一，可以在一个月以内指令下级人民法院再审。第二，省高级人民法院提审或下级人民法院再审，均应依照第二审程序进行，原判决、裁定事实不清或者证据不足的，可以在查清事实后改判，也可以裁定撤销原判，发回原审人民法院重新审判。第三，原审人民法院经审理事实已经查清的，应当根据查清的事实依法裁判；事实仍无法查清，证据不足，不能认定被告人有罪的，应当撤销原判决、裁定，判决宣告被告人无罪。

4. 如果省高级人民法院认为S市中级人民法院生效判决确有错误，应当如何纠正？

答案：省高级人民法院既可以提审也可以指令下级法院再审。①提审由省高级人民法院组成合议庭，所作出判决裁定为终审判决裁定；提审的案件应当是原判决裁定认定事实正确但适用法律错误，或者案件疑难、复杂、重大，或者不宜由原审法院审理的情形。②省法院指令再审一般应当指令S市中院以外的中级人民法院再审，依照第二审程序进行；如果更有利于查明案件事实、纠正裁判错误，也可以指令S市中院再审，S市中院应当另行组成合议庭，依照二审程序进行。

难度：中

考点：提起审判监督的方式；重新审判的程序

命题和解题思路：命题人通过此题考查了提起审判监督的另一种方式，即上级人民法院发现下级人民法院的生效裁判确有错误而提起审判监督的，以及重新审判的程序。本题的解答可分两步：第一步，**概括说明这种情况高级人民法院可以提审也可以指令再审**；第二步，**分别阐述提审和指令再审的基本程序和适用条件。**

答案解析：

第一步，根据**《刑事诉讼法》第 254 条第 2 款的**规定："……上级人民法院对下级人民法院已经发生法律效力的判决和裁定，如果发现确有错误，有权提审或者指令下级人民法院再审"，概括说明本案中高级人民法院可以提审也可以指令再审。

第二步，关于提审和指令再审各自的适用条件和基本程序，有以下法律依据：《刑事诉讼法》第 255 条规定："上级人民法院指令下级人民法院再审的，应当指令原审人民法院以外的下级人民法院审理；由原审人民法院审理更为适宜的，也可以指令原审人民法院审理。"**第 256 条**规定："人民法院按照审判监督程序重新审判的案件，由原审人民法院审理的，应当另行组成合议庭进行。如果原来是第一审案件，应当依照第一审程序进行审判，所作的判决、裁定，可以上诉、抗诉；如果原来是第二审案件，或者是上级人民法院提审的案件，应当依照第二审程序进行审判，所作的判决、裁定，是终审的判决、裁定。"**《最高人民法院关于适用〈中华人民共和国刑事诉讼法〉的解释》第 379 条**规定："上级人民法院发现下级人民法院已经发生法律效力的判决、裁定确有错误的，可以指令下级人民法院再审；原判决、裁定认定事实正确但适用法律错误，或者案件疑难、复杂、重大，或者有不宜由原审人民法院审理情形的，也可以提审。上级人民法院指令下级人民法院再审的，一般应当指令原审人民法院以外的下级人民法院审理；由原审人民法院审理更有利于查明案件事实、纠正裁判错误的，可以指令原审人民法院审理。"综合上述规定，即可得出本题答案。

5. 此案在由省检察院向省高级人民法院抗诉中，请求改判被告人无罪，被告人及其辩护人也辩称无罪，省高级人民法院根据控辩双方一致意见，是否应当做出无罪判决？为什么？

答案：法院可以根据具体情况，既可以作有罪判决也可以作无罪判决。①本案系审判监督程序的案件，法庭审理的对象是生效的法院判决裁定是否有错误，判决有罪无罪的依据是案件事实、证据及适用的法律是否确有错误。

②检察机关的抗诉是引起再审程序的缘由，其请求改判无罪已经不是控诉的含义，也不是控方，不存在控辩双方意见一致的情形。

难度： 难

考点： 重新审判后的处理

命题和解题思路： 命题人通过此题考查了检察院抗诉请求改判被告人无罪的情况应如何处理，这是审判监督程序中看上去比较特殊但实际上却经常出现的状况。对此，刑事诉讼法及司法解释并无明确规定，但是根据相关法理及常识可以解答。对于此类缺乏明确法律依据的考题，考生很难判断命题人具体的考查意图，所以比较保险的方法是，尽可能多地选择不同的角度去寻找依据。

答案解析：

第一，**从审判监督程序的性质与功能来看**，审判监督程序是一种纠错程序，最终应否作出无罪判决，应取决于原来的有罪裁判有无错误，而不取决于检察院与被告人、辩护人的意见是否一致。

第二，**从再审程序的审理对象来看**，其针对的是生效裁判，而非检察院或被告人的诉讼主张。检察院或被告人的诉讼主张只是导致再审程序启动的原因，一旦启动了再审程序，其应否作出无罪判决，就仅取决于原生效裁判有无错误，而不取决于检察院与被告人的诉讼主张。

第三，**从检察院抗诉的内容与性质来看**，其内容是请求改判被告人无罪，因此在性质上已不属于控诉，也即在因此种抗诉所引起的再审程序中已不存在一般的审判程序中的控辩双方，也就无所谓控辩双方意见一致。

2016 年

一、试题（本题 22 分）

案情：

顾某（中国籍）常年居住 M 国，以丰厚报酬诱使徐某（另案处理）两次回国携带毒品甲基苯丙胺进行贩卖。2014 年 3 月 15 日 15 时，徐某在 B 市某郊区交易时被公安人员当场抓获。侦查中徐某供出了顾某。我方公安机关组成工作组按照与该国司法协助协定赴该国侦查取证，由 M 国警方抓获了顾某，对其进行了讯问取证和住处搜查，并将顾某及相关证据移交中方。

检察院以走私、贩卖毒品罪对顾某提起公诉。鉴于被告人顾某不认罪并声称受到刑讯逼供，要求排除非法证据，一审法院召开了庭前会议，通过听取控辩双方的意见及调查证据材料，审判人员认定非法取证不成立。开庭审理后，一审法院认定被告人两次分别贩卖一包甲基苯丙胺和另一包重量为7.6克甲基苯丙胺判处其有期徒刑6年6个月。顾某不服提出上诉，二审法院以事实不清发回重审。原审法院重审期间，检察院对一包甲基苯丙胺重量明确为2.3克并作出补充起诉，据此原审法院以被告人两次分别贩卖2.3克、7.6克毒品改判顾某有期徒刑7年6个月。被告人不服判决再次上诉到二审法院。

问题：

1. M国警方移交的证据能否作为认定被告人有罪的证据？对控辩双方提供的境外证据，法院应当如何处理？

2. 本案一审法院庭前会议对非法证据的处理是否正确？为什么？

3. 发回原审法院重审后，检察院对一包甲基苯丙胺重量为2.3克的补充起诉是否正确？为什么？

4. 发回重审后，原审法院的改判加刑行为是否违背上诉不加刑原则？为什么？

5. 此案再次上诉后，二审法院在审理程序上应如何处理？

二、答案精讲

1. M国警方移交的证据能否作为认定被告人有罪的证据？对控辩双方提供的境外证据，法院应当如何处理？

答案：M国警方移交的证据可以作为认定被告人有罪的证据。

我国刑事诉讼法规定我国司法机关可以进行刑事司法协助，警方赴M国请求该国警方抓捕、取证属于司法协助的范围，我国法院对境外证据认可其证据效力，本案司法协助程序符合规范，符合办理刑事案件程序规定。

人民法院对来自境外的证据材料，应当对材料来源、提供人、提供时间以及提取人、提取时间等进行审查。经审查，能够证明案件事实符合《刑事诉讼法》规定的，可以作为证据使用。但提供人或者我国与有关国家签订的双边条约对材料的使用范围有明确限制的除外；材料来源不明或者真实性无法确认的，不得作为定案的证据。

难度： 难

考点： 刑事司法协助

命题和解题思路： 命题人通过此题考查了刑事司法协助中关于境外调查取证所获证据的证据资格及审查重点等问题。其中第二问实际上是对《最高人民法院关于适用〈中华人民共和国刑事诉讼法〉的解释》第405条的考查。刑事司法协助虽然是考纲明确列出的考点，但考生对该部分内容的复习一般也就是走马观花，更不会关注《最高人民法院关于适用〈中华人民共和国刑事诉讼法〉的解释》第405条的规定。但不管怎样，考生至少要对刑事司法协助的范围有所了解，明确调查取证和移送证据属于刑事司法协助的范围，所获证据具有证据资格。至于如何审查，对于不知道《最高人民法院关于适用〈中华人民共和国刑事诉讼法〉的解释》第405条规定的考生来说，可从核实证据来源与可靠性的角度来写，即便不准确，也不至于失分过多。

答案解析：

《刑事诉讼法》第18条规定："根据中华人民共和国缔结或者参加的国际条约，或者按照互惠原则，我国司法机关和外国司法机关可以相互请求刑事司法协助。"刑事司法协助是指一国的法院或者其他司法机关，根据另一国的法院或者其他司法机关的请求，代为或者协助实行与刑事诉讼有关的司法行为。

关于刑事司法协助的范围，刑事诉讼法和《最高人民法院关于适用〈中华人民共和国刑事诉讼法〉的解释》均未作明确规定，但《人民检察院刑事诉讼规则》第679条规定了："人民检察院司法协助的范围主要包括刑事方面的调查取证，送达刑事诉讼文书，通报刑事诉讼结果，移交物证、书证和视听资料，扣押、移交赃款、赃物以及法律和国际条约规定的其他司法协助事宜。"《公安机关办理刑事案件程序规定》第365条规定："公安机关进行刑事司法协助和警务合作的范围，主要包括犯罪情报信息的交流与合作，调查取证，送达刑事诉讼文书，移交物证、书证、视听资料或者电子数据等证据材料，引渡、缉捕和递解犯罪嫌疑人、被告人或者罪犯以及国际条约、协议规定的其他刑事司法协助和警务合作事宜。"根据这些规定，**调查取证、移交证据材料等显然均属刑事司法协助的范围**，所获证据当然也都具有证据资格。

对于在境外取得的证据材料的审查，**《最高人民法院关于适用〈中华人民**

共和国刑事诉讼法〉的解释》第405条规定："对来自境外的证据材料，人民法院应当对材料来源、提供人、提供时间以及提取人、提取时间等进行审查。经审查，能够证明案件事实且符合刑事诉讼法规定的，可以作为证据使用，但提供人或者我国与有关国家签订的双边条约对材料的使用范围有明确限制的除外；材料来源不明或者其真实性无法确认的，不得作为定案的根据。当事人及其辩护人、诉讼代理人提供来自境外的证据材料的，该证据材料应当经所在国公证机关证明，所在国中央外交主管机关或者其授权机关认证，并经我国驻该国使、领馆认证。"

2. 本案一审法院庭前会议对非法证据的处理是否正确？为什么？

答案：不正确。按照刑事诉讼法的规定，庭前会议就非法证据等问题只是**了解情况，听取意见**，不能做出决定。

难度：中

考点：庭前会议

命题和解题思路：命题人通过此题考查了2012年刑事诉讼法修改的新增内容庭前会议制度。虽然题目问的是对非法证据的处理是否正确，但实际上并不是要考对非法证据的排除是否符合法定的排除范围之类，如果考生顺着这个路子回答就跑偏了。命题人实际要考查的是考生对庭前会议制度的理解和把握，也即庭前会议中能不能就非法证据排除等问题作出处理性决定？

答案解析：

《刑事诉讼法》第187条第2款规定："在开庭以前，审判人员可以召集公诉人、当事人和辩护人、诉讼代理人，对回避、出庭证人名单、非法证据排除等与审判相关的问题，了解情况，听取意见。"**《最高人民法院关于适用〈中华人民共和国刑事诉讼法〉的解释》第99条**规定："开庭审理前，当事人及其辩护人、诉讼代理人申请排除非法证据，人民法院经审查，对证据收集的合法性有疑问的，应当依照《刑事诉讼法》第一百八十二条（说明：现第一百八十七条）第二款的规定召开庭前会议，就非法证据排除等问题了解情况，听取意见。人民检察院可以通过出示有关证据材料等方式，对证据收集的合法性加以说明。"**第184条第2款**规定："（庭前会议中）审判人员可以询问控辩双方对证据材料有无异议，对有异议的证据，应当在庭审时重点调查；无异议的，庭审时举证、质证可以简化。"可见，在庭前会议中，人民法院只能就非法证据排除等问题了解情况，听取意见，有异议的应在庭审时重点调查，无异议的，庭审时举证、质证可以简化，但无论如何，都还是要经过庭审调查的，庭前会议不能直接作出结论。

3. 发回原审法院重审后，检察院对一包甲基苯丙胺重量为2.3克的补充起诉是否正确？为什么？

答案：不正确。本案第二审法院基于原审法院认定的一包甲基苯丙胺数量不明，以事实不清发回重审，重审中检察机关明确为2.3克，只是补充说明不是补充起诉。补充起诉是在法院宣告判决前检察机关发现有遗漏的同案犯罪嫌疑人或者罪行可以一并起诉和审理的。

难度：中

考点：补充起诉

命题和解题思路：考试大纲中并没有明确列出“补充起诉”的考点，但是变更、补充、追加起诉却是高频考点，很受命题人的青睐。本题主要考查的是补充起诉的适用情形，命题人设计的情节为补充之前起诉过的贩毒罪中的毒品的重量，考生需要认真审题，弄清补充的内容是什么，该内容能否构成一个“诉”。

答案解析：

所谓“补充之诉”，补充的内容要能独立构成一个“诉”才能成为“补充起诉”，**仅仅是对已经起诉的案件中的一些具体内容的补充，不能成立“补充之诉”。只有发现遗漏的同案犯罪嫌疑人或罪行可以一并起诉和审理的，才适用追加、补充起诉**。本案中，检察院并没有发现顾某在两次贩毒罪行外还有其他罪行，而只是就补充了其中一次贩毒的毒品数量，这种情况不能补充起诉。

《人民检察院刑事诉讼规则》第458条规定，在人民法院宣告判决前，人民检察院发现被告人的真实身份或者犯罪事实与起诉书中叙述的身份或者指控犯罪事实不符的，或者事实、证据没有变化，但罪名、适用法律与起诉书不一致的，可以变更起诉；发现遗漏的同案犯罪嫌疑人或者罪行可以一并起诉和审理的，可以追加、补充起诉（遗留同案犯罪嫌疑人的适用追加起诉，遗漏罪行的适用补充起诉）。**《最高人民法院关于适用〈中华人民共和国刑事诉讼法〉的解释》第243条**规定：“审判期间，人民法院发现新的事实，可能影响定罪的，可以建议人民检察院补充或者变更起诉……”由此可见，补充起诉应当涉及新的犯罪事实，只是对原有犯罪事实细节的补充不能成立补充之诉。

4. 发回重审后，原审法院的改判加刑行为是否违背上诉不加刑原则？为什么？

答案： 违反上诉不加刑。第二审人民法院发回原审人民法院重新审理的案件，除有新的犯罪事实，人民检察院补充起诉的以外，原审人民法院不得加重被告人的刑罚。本案补充说明一包甲基苯丙胺重量 2.3 克是原有的指控内容，不是新增加的犯罪事实。

难度： 中

考点： 上诉不加刑原则

命题和解题思路： 命题人通过此题考查了上诉不加刑原则在发回重审的情况下是否存在例外的问题。根据《最高人民法院关于适用〈中华人民共和国刑事诉讼法〉的解释》第 327 条的规定，此种情形下唯一的例外就是“人民检察院补充起诉”，因此，此题的设计与上一题可谓环环相扣，如果上一题中，考生认为检察机关的补充起诉成立，那么在这一题中也就会认为原审法院的改判加刑并不违背上诉不加刑原则。因此解答本题的关键仍然在于判断检察院的补充说明是否构成补充起诉。

答案解析：

《刑事诉讼法》第 237 条规定：“第二审人民法院审理被告人或者他的法定代理人、辩护人、近亲属上诉的案件，不得加重被告人的刑罚。第二审人民法院发回原审人民法院重新审判的案件，除有新的犯罪事实，人民检察院补充起诉的以外，原审人民法院也不得加重被告人的刑罚。人民检察院提出抗诉或者自诉人提出上诉的，不受前款规定的限制。”**《最高人民法院关于适用〈中华人民共和国刑事诉讼法〉的解释》第 327 条**规定：“被告人或者其法定代理人、辩护人、近亲属提出上诉的案件，第二审人民法院发回重新审判后，除有新的犯罪事实，人民检察院补充起诉的以外，原审人民法院不得加重被告人的刑罚。”

可见上诉不加刑原则的适用首先有一个普适性的条件，即人民检察院没有提出抗诉或自诉人没有提出上诉，本案符合这一条件。在这一前提下，如果案件被发回重审，原审人民法院仍然不能加重被告人的刑罚，唯一的例外就是——人民检察院就新的犯罪事实补充起诉。因此判断本案中第一审人民法院加重被告人刑罚的做法是否违背了上诉不加刑原则，其关键又在于判断人民检察院是否就新的事实提出了补充起诉。本案中，如上题所述，人民检察院虽然提出了补充起诉，但并不存在新的事实，人民检察院补充起诉的做法是错误的，因此补充起诉不成立，也即例外条件不成立，因此第一审人民法院仍然不能加重被告人的刑罚，否则就是对上诉不加刑原则的违背。

5. 此案再次上诉后，二审法院在审理程序上应如何处理？

答案：①组成合议庭不开庭审理，但应当讯问被告人、听取辩护人、诉讼代理人意见。②鉴于本案系发回重审后的上诉审，第二审法院不得以事实不清再发回原审法院重新审理。③如果认为原判认定事实和适用法律正确、量刑适当，应当裁定驳回上诉，维持原判；如果认为原判适用法律有错误或量刑不当，应当改判，但受上诉不加刑限制。④第二审人民法院应当在二个月以内审结。

难度：中

考点：第二审程序的审理（不开庭审理的方式和程序）；对上诉、抗诉案件审理后的处理

命题和解题思路：命题人通过此题比较全面地考查了第二审程序的审理方式及关于发回重审后再次上诉的二审案件的特殊规定。本题的难点主要在于判断应当回答哪些内容。考生应按照审理方式、审理后的处理、审理期限依次回答。

答案解析：

命题人问的是二审法院在审理程序上应如何处理，那么首先应回答**审理方式**的问题。对此，**《刑事诉讼法》第234条**规定："第二审人民法院对于下列案件，应当组成合议庭，开庭审理：（一）被告人、自诉人及其法定代理人对第一审认定的事实、证据提出异议，可能影响定罪量刑的上诉案件；（二）被告人被判处死刑的上诉案件；（三）人民检察院抗诉的案件；（四）其他应当开庭审理的案件。第二审人民法院决定不开庭审理的，应当讯问被告人，听取其他当事人、辩护人、诉讼代理人的意见。第二审人民法院开庭审理上诉、抗诉案件，可以到案件发生地或者原审人民法院所在地进行。"本题中没有给出被告人上诉的理由，因此似乎分两种情况说明才更为妥当：如果其上诉的原因是对事实、证据提出异议，可能影响定罪量刑的，应由合议庭开庭审理。否则，可以不开庭审理，但应当由合议庭讯问被告人，听取其他当事人、辩护人、诉讼代理人的意见。

回答完审判方式后即可回答**审理后的处理**。**《刑事诉讼法》第225条**规定："第二审人民法院对不服第一审判决的上诉、抗诉案件，经过审理后，应当按照下列情形分别处理：（一）原判决认定事实和适用法律正确、量刑适当

的，应当裁定驳回上诉或者抗诉，维持原判；（二）原判决认定事实没有错误，但适用法律有错误，或者量刑不当的，应当改判；（三）原判决事实不清楚或者证据不足的，可以在查清事实后改判；也可以裁定撤销原判，发回原审人民法院重新审判。原审人民法院对于依照前款第三项规定发回重新审判的案件作出判决后，被告人提出上诉或者人民检察院提出抗诉的，第二审人民法院应当依法作出判决或者裁定，不得再发回原审人民法院重新审判。”本案属于只有辩方上诉和发回重审后再次上诉的案件，因此这部分的回答要突出两个内容：不得加重被告人刑罚；不得自此发回重审。

最后回答**审理期限**即可。**《刑事诉讼法》第243条**规定：“第二审人民法院受理上诉、抗诉案件，应当在二个月以内审结。对于可能判处死刑的案件或者附带民事诉讼的案件，以及有本法第一百五十六条规定情形之一的，经省、自治区、直辖市高级人民法院批准或者决定，可以延长二个月；因特殊情况还需要延长的，报请最高人民法院批准。”本案不存在本条所规定的特殊情况，因此应当在二个月以内审结。

2015年

一、试题（本题26分）

扫一扫 看微课视频

案情：

某日凌晨，A市某小区地下停车场发现一具男尸，经辨认，死者为刘瑞，达永房地产公司法定代表人。停车场录像显示一男子持刀杀死了被害人，但画面极为模糊，小区某保安向侦查人员证实其巡逻时看见形似刘四的人拿刀捅了被害人后逃走（开庭时该保安已辞职无法联系）。

侦查人员在现场提取了一只白手套，一把三棱刮刀（由于疏忽，提取时未附笔录）。侦查人员对现场提取的血迹进行了ABO血型鉴定，认定其中的血迹与犯罪嫌疑人刘四的血型一致。

刘四到案后几次讯问均不认罪，后来交代了杀人的事实并承认系被他人雇佣所为，公安机关据此抓获了另外两名犯罪嫌疑人康雍房地产公司开发商张文、张武兄弟。

侦查终结后，检察机关提起公诉，认定此案系因开发某地块利益之争，张文、张武雇佣社会人员刘四杀害了被害人。

法庭上张氏兄弟、刘四同时翻供，称侦查中受到严重刑讯，不得不按办案人员意思供认，但均未向法庭提供非法取证的证据或线索，未申请排除非法证据。

公诉人指控定罪的证据有：①小区录像；②小区保安的证言；③现场提取的手套、刮刀；④ABO血型鉴定；⑤侦查预审中三被告人的有罪供述及其相互证明。三被告对以上证据均提出异议，主张自己无罪。

问题：

1. 请根据《刑事诉讼法》及相关司法解释的规定，对以上证据分别进行简要分析，并作出是否有罪的结论。

2. 请结合本案，谈谈对《中共中央关于全面推进依法治国若干重大问题的决定》中关于"推进以审判为中心的诉讼制度改革，确保侦查、审查起诉的案件事实证据经得起法律的检验"这一部署的认识。

答题要求：

1. 无本人分析、照抄材料原文不得分；
2. 结论、观点正确，逻辑清晰，说理充分，文字通畅；
3. 请按问题顺序作答，总字数不得少于800字。

二、答案精讲

1. 请根据《刑事诉讼法》及相关司法解释的规定，对以上证据分别进行简要分析，并作出是否有罪的结论。

答案：对本案公诉人指控定罪的证据分析如下：

①小区录像：该证据为视听资料，画面极为模糊，只能证明一男子在停车场持刀杀死了被害人，无法证明该男子是谁。

②小区保安的证言：该证言的内容仅为一个形似李四的人拿刀捅了被害人后逃走，无法肯定行凶者就是李四，且开庭时已无法联系到该证人，法庭对其证言的真实性无法确认，该证人证言不得作为定案的根据。

③现场提取的手套、刮刀：该证据属于物证，根据相关司法解释的规定，在勘验过程中提取、扣押的物证，未附笔录，不能证明物证来源的，不得作为定案的根据。

④ABO血型鉴定：该证据属于鉴定意见，但ABO血型鉴定并非同一性鉴定，只能证明现场提取的血迹与刘四的血型一致，无法证明现场提取的血迹就

是刘四留下的。

⑤侦查预审中三被告人的有罪供述及其相互证明：首先，我国刑事诉讼法规定，对一切案件的判处都要重证据，重调查研究，不轻信口供，因此即便各被告均作出了有罪供述，也还是要从其本身的情况及其与其他证据之间的印证情况等来综合判断其真伪。其次，本案中，被告人供述不稳定，刘某到案后几次均不认罪，后来虽然供述，但在法庭上又翻供了，其他被告也均同时翻供。根据我国司法解释的规定，被告人庭前供述和辩解存在反复，庭审中不供认，且无其他证据与庭前供述印证的，不得采信其庭前供述。再次，法庭上各被告人同时翻供，称侦查中受到严重刑讯，不得不按办案人员意思供认，虽然被告人没有向法庭提供非法取证的证据或线索，没有申请排除非法证据，但是，如果法庭对证据的合法性有疑问，可以依职权予以调查。如果确认或者无法排除这些口供为刑讯逼供所获，则这些口供不能被作为定案的根据。最后，共同犯罪中犯罪嫌疑人或被告人的相互证明仍然为犯罪嫌疑人、被告人供述和辩解，而不能互为证人证言，根据刑事诉讼法的规定，只有被告人供述，没有其他证据的，不能认定被告人有罪。

综上所述，上述证据**达不到证据确实、充分的证明标准**。证据确实、充分要求定罪量刑的事实都有证据证明，综合全案证据，对所认定事实已排除合理怀疑。本案中的上述证据**只能证明被害人在停车场被人用刀捅死，而不能排除合理怀疑地证明被告人系被张氏兄弟雇佣的李四捅死，故本案不能认定被告人有罪**，而只能做出证据不足，指控的犯罪不能成立的无罪判决。

难度： 中

考点： 证据的收集；审查判断和运用；证明标准

命题和解题思路： 命题人通过此题考查了考生对各种类证据的收集程序及审查判断方法、对证据的综合审查判断方法以及对证明标准的把握。

本题应先就控方指控被告人有罪的各项证据予以逐个分析，再对所有指控证据予以综合分析，最后判断其是否达到了证明标准，从而作出是否有罪的结论。

分析的时候要注意，命题人围绕各项证据所提供的信息是不一样的，因此，考生要**围绕命题人给出的信息对相关证据从不同的角度予以分析**。从证据资格角度，考生要熟知各种关于证据资格的法律规定及司法解释，虽然不需要原文复述，但是相关的点必须答到。从证据内容角度来看，考生要明确指出每项证据究竟能证明什么，能否证明被告人有罪。

答案解析： 具体而言，本案中，公诉人指控定罪的证据一共有五项，对各项证据可予以如下分析：

（1）小区录像：小区录像属于视听资料，命题人没有就该视听资料的提取过程给出信息，只对该录像所反映的内容给出了信息。因此对小区录像的分析应当从它的证明内容着手。

（2）小区保安的证言：命题人为该证人证言提供了两方面的信息，一是证明内容；二是开庭时无法联系到该证人。对这两方面的信息都要予以分析。关于后一方面的信息，《刑事诉讼法》第192条第1款规定："公诉人、当事人或者辩护人、诉讼代理人对证人证言有异议，且该证人证言对案件定罪量刑有重大影响，人民法院认为证人有必要出庭作证的，证人应当出庭作证。"《最高人民法院关于适用〈中华人民共和国刑事诉讼法〉的解释》第78条规定："证人当庭作出的证言，经控辩双方质证、法庭查证属实的，应当作为定案的根据……经人民法院通知，证人没有正当理由拒绝出庭或者出庭后拒绝作证，法庭对其证言的真实性无法确认的，该证人证言不得作为定案的根据。"答案中应当对相关规定的主要内容和基本精神有所反映。

（3）现场提取的手套、刮刀：命题人专门给出了提取手套、刮刀未作笔录的信息，考生要抓住这一信息对其证据资格予以分析。《最高人民法院关于适用〈中华人民共和国刑事诉讼法〉的解释》第73条规定："在勘验、检查、搜查过程中提取、扣押的物证、书证，未附笔录或者清单，不能证明物证、书证来源的，不得作为定案的根据。"这一条的内容必须要答出来。

（4）ABO血型鉴定：命题人未就该血型鉴定的样本、检材提取情况给出信息，仅指出了鉴定意见的内容。因此对此项证据的分析应从其内容入手。

（5）侦查预审中三被告人的有罪供述及其相互证明：命题人就此项证据给出了三方面的信息：一是被告人供述不稳定，有反复。对此，应答出《最高人民法院关于适用〈中华人民共和国刑事诉讼法〉的解释》第83条中的相关内容，即"被告人庭前供述和辩解存在反复，但庭审中供认，且与其他证据相互印证的，可以采信其庭审供述；被告人庭前供述和辩解存在反复，庭审中不供认，且无其他证据与庭前供述印证的，不得采信其庭前供述"。二是被告人在法庭上同时翻供，声称侦查中受到严重刑讯，不得不按办案人员意思供认。这里命题人设计了一个陷阱，专门指出被告人未向法庭提供非法取证的证据或线索，未申请排除非法证据。对此，考生应指出非法证据排除得依职权进行，并对本项证据的证据资格予以分析。三是本案为共同犯罪，存在多名被告人供述。对此，要指出共同犯罪中的多名被告人供述不能互为证人证言。此外，本部分还应答出《刑事诉讼法》对待供述的总的原则，即对一切案件的判处都要重证据、重调查研究、不轻信口供。

对以上各项证据予以分别分析之后，要对全案证据予以综合分析，指出其是否达到了证明标准。《刑事诉讼法》第55条第2款规定："证据确实、充分，应当符合以下条件：（一）定罪量刑的事实都有证据证明；（二）据以定案的证据均经法定程序查证属实；（三）综合全案证据，对所认定事实已排除合理怀疑。"要分析本案证据是否达到了这一标准。如未达到，则依据《刑事诉讼法》第200条第（三）项的规定："证据不足，不能认定被告人有罪的，应当作出证据不足、指控的犯罪不能成立的无罪判决。"从而得出本题结论，本案不能认定被告人有罪，只能做出证据不足、指控的犯罪不能成立的无罪判决。

2. 请结合本案，谈谈对《中共中央关于全面推进依法治国若干重大问题的决定》中关于"推进以审判为中心的诉讼制度改革，确保侦查、审查起诉的案件事实证据经得起法律的检验"这一部署的认识。

答案："推进以审判为中心的诉讼制度改革，确保侦查、审查起诉的案件事实证据经得起法律的检验"可以从以下几个方面理解：

第一，要全面贯彻**证据裁判原则**。对犯罪事实的认定要以证据为根据；作为定案根据的证据应当是具有证据资格和经过法定程序查证属实的证据；认定犯罪事实的证据应当达到确实、充分的证明标准，能够排除合理怀疑。在本案中，以审判为中心，贯彻证据裁判原则，首先要求对犯罪事实的认定要以证据为根据，不能仅凭"形似"等猜测、推断定罪；其次要求作为定案根据的证据应当是具有证据资格和经过法定程序查证属实，对于确认或者不能排除为刑讯逼供等非法手段所取得的供述、没有附提取笔录不能证明来源的物证、因联系不到证人而无法确定其真伪的证人证言等，均不得作为定案的根据；最后要求认定犯罪事实的证据应当达到确实、充分的证明标准，能够排除合理怀疑，本案证据仅能证明被害人被杀，而证明被害人系被张氏兄弟雇佣的李四杀害的证据则要么证明内容模糊，要么取证手段违法，难以相互印证并得出排他性的结论。

第二，要贯彻**直接言辞原则**。完善证人、鉴定人出庭制度，强化庭审质证，确保侦查、审查起诉阶段收集的证据在法庭上经过控辩双方的质证并查证属实后才能作为定案的根据。本案中，小区保安是唯一的目击证人，他的证言对定罪量刑有重大影响，但他在庭审时已经失联，不可能出庭，他的证言也无法核实，控辩双方无从质证，因此他的证言不能作为定案的根据。

第三，要充分**发挥庭审的决定性作用**。以审判为中心的诉讼制度改革最终要落脚于发挥庭审的决定性作用，使侦查、审查起诉的案件事实在庭审中接受检验。本案中，通过庭审对证据裁判原则和直接言辞原则的贯彻，排除了在侦查和审查起诉阶段收集到的不具有证据资格的证据，没有采信证明内容模糊、证明力薄弱的证据，最终得出了与侦查和审查起诉阶段不一致的无罪结论，说明侦查、审查起诉的案件事实证据没能经住法律的检验，也反映了庭审的决定性作用，发挥出了以审判为中心的制度功能。

难度：难

考点：以审判为中心的诉讼制度改革

命题和解题思路：命题人通过此题考查了考生对《中共中央关于全面推进依法治国若干重大问题的决定》中关于“推进以审判为中心的诉讼制度改革，确保侦查、审查起诉的案件事实证据经得起法律的检验”的理解，并要求结合本案来谈。本题的难度主要在于，应当选择哪几个方面来谈。对此，有两种判断方法：

第一，这句话在《中共中央关于全面推进依法治国若干重大问题的决定》中的完整表述是：“推进以审判为中心的诉讼制度改革，确保侦查、审查起诉的案件事实证据经得起法律的检验。全面贯彻证据裁判规则，严格依法收集、固定、保存、审查、运用证据，完善证人、鉴定人出庭制度，保证庭审在查明事实、认定证据、保护诉权、公正裁判中发挥决定性作用。”因此，本题可以从贯彻证据裁判原则、落实直接言辞原则和发挥庭审的决定性作用这几个角度来解答，并且要结合本案的具体情况予以说明。

第二，对于不了解《中共中央关于全面推进依法治国若干重大问题的决定》表述的人，可以**根据“以审判为中心”所必然包含的内容和本案所给出的信息，按照如下逻辑将可能想到的内容都答出来**：首先，以审判为中心当然是要发挥庭审的决定性作用。本案中，经过庭审得出了不同于侦查和审查起诉阶段的结论恰恰说明了这一点。其次，结合本案中给出的证人失联等信息，可以想到完善证人鉴定人出庭作证制度，并想到以审判为中心当然要求所有的证据都要在法庭上经过控辩双方的质证并查证属实的才能作为定案根据，这既是直接言辞原则的要求，也是证据裁判原则的要求。最后，结合本案中给出的取证手段违法等信息，可以想到，以审判为中心还要求作为定案根据的证据必须是具有证据资格的证据，其应当将那些不具有证据资格但在侦查和审查起诉阶段没有被排除的证据排除掉，这也反映了审判阶段的决定性作用和对侦查、审查起诉的案件事实证据的检验。

答案解析：

根据上述解题思路，确定了本题可从贯彻证据裁判原则、落实直接言辞原则和发挥庭审的决定性作用这几个角度来谈后，本题的解答就比较简单了。

关于证据裁判原则，可先说明证据裁判原则的基本内容和要求，然后根据每一条要求逐个分析本案的情况是否符合证据裁判原则的要求。

关于直接言辞原则，也是先说明直接言辞原则的基本含义，然后针对本案中给出的与此原则有关的信息，也即作为关键证人的保安无法出庭的信息，予以说明。

关于发挥庭审的决定性作用，本案的庭审最终做出了与侦查、起诉不同的结论，相关的信息还是比较容易说明庭审的决定性作用的，考生要注意充分利用相关信息。

2014 年

一、试题（本题 22 分）

案情：

犯罪嫌疑人段某，1980 年出生，甲市丁区人，自幼患有间歇性精神分裂症而辍学在社会上流浪，由于生活无着落便经常偷拿东西。2014 年 3 月，段某窜至丁区一小区内行窃时被事主发现，遂用随身携带的刀子将事主刺成重伤夺路逃走。此案丁区检察院以抢劫罪起诉到丁区法院，被害人的家属提起附带民事诉讼。丁区法院以抢劫罪判处段某有期徒刑 10 年，赔偿被害人家属 3 万元人民币。段某以定性不准、量刑过重为由提起上诉。甲市中级人民法院二审中发现段某符合强制医疗条件，决定发回丁区法院重新审理。

丁区法院对段某依法进行了精神病鉴定，结果清晰表明段某患有精神分裂症，便由审判员张某一人不公开审理，检察员马某和被告人段某出庭分别发表意见。庭审后，法庭作出对段某予以强制医疗的决定。

问题：

1. 结合本案，简答强制医疗程序的适用条件。

2. 如中级人民法院直接对段某作出强制医疗决定，如何保障当事人的救济权？

3. 发回重审后，丁区法院的做法是否合法？为什么？

4. 发回重审后，丁区法院在作出强制医疗决定时应当如何处理被害人家属提出的附带民事诉讼？

二、答案精讲

1. 结合本案，简答强制医疗程序的适用条件。

答案：强制医疗程序要求行为人同时满足以下三个条件：①实施了危害公共安全或者严重危害公民人身安全的暴力行为；②为经法定程序鉴定依法不负刑事责任的精神病人；③有继续危害社会的可能。本案中，段某实施了严重危害公民人身安全的暴力行为，又经法定程序鉴定为患有精神分裂症的精神病人，因此，只要根据其行为和病情推断其仍有继续危害社会的可能，就符合适用强制医疗程序的条件。

难度：易

考点：强制医疗程序的适用条件

命题和解题思路：命题人通过此题考查了强制医疗程序的适用条件，该条件在**《刑事诉讼法》第302条**中有明确的规定。本题可分两步解答：第一步，根据《刑事诉讼法》第302条的规定解析强制医疗程序的适用条件；第二步，结合案例予以说明。

答案解析：

第一步，根据《刑事诉讼法》第302条的规定解析强制医疗程序的适用条件。该条规定："实施暴力行为，危害公共安全或者严重危害公民人身安全，经法定程序鉴定依法不负刑事责任的精神病人，有继续危害社会可能的，可以予以强制医疗。"可见强制医疗的适用要求行为人符合三个条件：第一，实施暴力行为，危害公共安全或者严重危害公民人身安全；第二，经法定程序鉴定为依法不负刑事责任的精神病人；第三，有继续危害社会的可能。

第二步，结合本案予以说明。分别对应上述三个条件就本案的情况予以说明即可。

2. 如中级人民法院直接对段某作出强制医疗决定，如何保障当事人的救济权？

答案：刑事诉讼法规定了一审程序被强制医疗的人、被害人及其法定代理人、近亲属对强制医疗决定不服的，可以向上一级法院申请复议，没有明确二审程序是否可以申请复议。从理论上讲，二审是终审程序，当事人不能再上诉，只能通过审判监督程序予以纠正。但按照我国刑事诉讼法关于审判监督程序的规定，只有法院的判决、裁定才可以申诉，不包括决定。因此，如果中级人民法院的强制医疗决定不允许复议，必将剥夺当事人的救济权。故《刑事诉讼法》第305条规定的被决定强制医疗的人、被害人及其法定代理人、近亲属对强制医疗不服的，可以向上一级法院申请复议，应作广义理解，既包括一审也包括二审，使得当事人的救济权利得以保障。

难度： 中

考点： 强制医疗程序的救济程序

命题和解题思路： 命题人通过此题考查了强制医疗的救济程序，但其设定的情况有些特殊，即该强制医疗决定是二审法院作出的。部分考生可能会纠结于二审法院作出的裁判是终审裁判，不能上诉，因此认为二审法院作出的强制医疗决定也不能申请复议，但事实上，一审法院、二审法院的划分仅适用于强制医疗程序开始前的普通程序，一旦转为强制医疗程序，无论是哪一级人民法院依据该程序作出的强制医疗决定在性质和效力上都是一样的，救济途径也并无不同。本题的解答可分为两部分内容：第一，指出二审法院作出的强制医疗决定的救济途径也是向上一级法院申请复议；第二，对为何就二审法院作出的强制医疗决定也可申请复议略加说明。此说明可从法律的规定、法院审级与强制医疗程序的关系、对当事人救济权的保障等多个角度展开。本题的参考答案仅给出了最后一个角度，但是对无法预知参考答案的考生而言，解答时应尽可能从不同的角度予以说明才更为保险。

答案解析：

就二审法院作出的强制医疗决定也可以向上一级法院申请复议，其理由可以从三个方面加以说明：

第一，从法律规定的角度来看，《最高人民法院关于适用〈中华人民共和国刑事诉讼法〉的解释》第534条规定："人民法院在审理第二审刑事案件过程中，发现被告人可能符合强制医疗条件的，可以依照强制医疗程序对案件作出处理，也可以裁定发回原审人民法院重新审判。"说明二审法院可以依照强制医疗程序作出强制医疗决定。而**《刑事诉讼法》第305条第2款**规定："被决定强制医疗的人、被害人及其法定代理人、近亲属对强制医疗决定不服的，可以向上一级人民法院申请复议。"**《最高人民法院关于适用〈中华人民共和国刑事诉讼法〉的解释》第536条**规定："被决定强制医疗的人、被害人及其法定代理人、近亲属对强制医疗决定不服的，可以自收到决定书之日起五日内向上一级人民法院申请复议。复议期间不停止执行强制医疗的决定。”这些规定并没有对作出强制医疗决定的法院加以限制，无论是哪一级人民法院（除非是最高人民法院，因为其没有“上一级人民法院”）作出的强制医疗决定，均可向上一级人民法院申请复议。

第二，从法院的审级与强制医疗程序的关系来看，一审法院、二审法院的划分其实仅适用于强制医疗程序开始前的普通程序，一旦转为强制医疗程序，其实就无所谓一审、二审了，因为强制医疗程序作出的决定是立即生效的，即便申请复议也不影响该决定的执行，换句话说，强制医疗程序本身实际上是“一审终审”的，因此无论是哪一级人民法院依据该程序作出的强制医疗决定在性质和效力上都应当是一样的，可以向上一级人民法院申请复议，但是复议期间不停止决定的执行。

第三，从对当事人救济权的保障来说，出于充分保障当事人救济权的角度考虑，也应当允许当事人就二审法院作出的强制医疗决定申请复议。本题给出的参考答案就是从这个角度来予以说明的。

3. 发回重审后，丁区法院的做法是否合法？为什么？

答案：不合法。按照刑事诉讼法和有关司法解释的规定，丁区法院有下列违法行为：①审理强制医疗应当组成合议庭进行；②本案被告人系成年人，所犯抢劫罪不属于不公开审理的案件；③审理强制医疗案件，应当通知段某的法定代理人到庭；④段某没有委托诉讼代理人，法院应当通知法律援助机构指派律师担任其法定代理人，为其提供法律援助。

难度：中

考点：强制医疗程序的决定程序

命题和解题思路：命题人通过此题考查了强制医疗程序的具体规定，实际上也就是**《刑事诉讼法》第 304 条**的规定。考生只要比照这条规定即可发现本案中丁区法院做法中的违法之处。本题的难点主要在于判断不公开审理是否合法，从案件性质来看，本案不涉及个人隐私，但强制医疗案件均涉及被告人的精神状态，对被告人的精神状态是否属于个人隐私的范畴及强制医疗案件是否应当不公开审理，学界实际上是存在争议的。

答案解析：

《刑事诉讼法》第 304 条规定：“人民法院受理强制医疗的申请后，应当组成合议庭进行审理。人民法院审理强制医疗案件，应当通知被申请人或者被告人的法定代理人到场。被申请人或者被告人没有委托诉讼代理人的，人民法院应当通知法律援助机构指派律师为其提供法律帮助。”将这条规定拆开，即为上述参考答案中的①、③、④项。

本题参考答案中的②项在理论界存在争议。抢劫罪肯定不属于不公开审理的范围，但被告人的精神状态是否属于个人隐私，强制医疗案件是否应不公开审理，学界存在争议。

4. 发回重审后，丁区法院在作出强制医疗决定时应当如何处理被害人家属提出的附带民事诉讼？

答案：按照《最高人民法院关于适用〈中华人民共和国刑事诉讼法〉的解释》第160条关于法院认定公诉案件被告人的行为不构成犯罪，对已经提起的附带民事诉讼，经调解不能达成协议的，应当一并作出附带民事诉讼判决的精神，丁区法院应当就民事赔偿进行调解。调解不成，判决宣告被告人段某不负刑事责任，并在判决中就附带的民事赔偿一并处理，同时做出对被告人段某强制医疗的决定。

难度：难

考点：（强制医疗程序中）附带民事诉讼的调解与审判

命题和解题思路：命题人通过此题考查了在强制医疗程序中应如何处理附带民事诉讼的问题，本题难在刑事诉讼法及司法解释中均无明确规定。只有《最高人民法院关于适用〈中华人民共和国刑事诉讼法〉的解释》第539条规定：“审理强制医疗案件，本章没有规定的，参照适用公诉案件第一审普通程序和第二审程序的有关规定。”因此解答本题的关键在于找到可以参照的相关规定。

答案解析：

《最高人民法院关于适用〈中华人民共和国刑事诉讼法〉的解释》关于第一审普通程序和第二审程序的规定中，最具有参照意义的就是第160条的规定：“人民法院认定公诉案件被告人的行为不构成犯罪，对已经提起的附带民事诉讼，经调解不能达成协议的，应当一并作出刑事附带民事判决。”还有第241条的规定：“对第一审公诉案件，人民法院审理后，应当按照下列情形分别作出判决、裁定：……（七）被告人是精神病人，在不能辨认或者不能控制自己行为时造成危害结果，不予刑事处罚的，应当判决宣告被告人不负刑事责任……”将这两条规定综合起来予以参考，即可得出正确答案。

2013年

一、试题（本题22分）

案情：

李某于2012年7月毕业后到某国有企业从事财务工作。因无钱买房，单位又不分房，在同学、朋友及亲戚家里四处借住，如何弄钱买一套住房成为他的心结。

2013年4月，单位有一笔80万元现金未来得及送银行，存放于单位保险柜，李某借职务之便侵吞了全部现金并伪造外人盗窃现场。李某用该款购买了一套公寓。

李某的反常行为被单位举报到检察机关，检察机关反贪技术侦查部门当即实施技术侦查措施，查明系李某作案并予以立案。在刑事拘留期间，李某供认了全部犯罪事实。鉴于本人最终认罪并将赃物全部追回，根据本案特殊情况和办案需要，检察机关决定对其采取指定居所监视居住。

2013年7月该案提起公诉。李某及其辩护律师向法院提出李某在拘留期间遭受了严重的刑讯逼供，要求排除非法证据。

问题：

1. 检察机关对李某贪污行为采取技术侦查措施，是否正确？为什么？

2. 根据修改后的《刑事诉讼法》，技术侦查措施在使用主体、案件范围和适用程序上有哪些特殊要求？

3. 检察机关对李某采取指定居所监视居住措施是否正确？为什么？

4. 法院处理李某及其辩护人申请排除非法证据的程序步骤是什么？

二、答案精讲

1. 检察机关对李某贪污行为采取技术侦查措施，是否正确？为什么？

答案：不正确。①技术侦查措施只能在立案后采取。②采取技术侦查措施必须履行严格的批准手续。③检察机关不能实施技术侦查措施，必须交有关机关执行。

难度：中

考点：技术侦查（技术侦查的程序和要求）

命题和解题思路：本题主要是在考查技术侦查的适用范围和条件，命题人将案件设计为由检察机关管辖的贪污案件，同时也附带考查了技术侦查措施的执行主体。本题的关键在于应从哪几个方面展开分析，**考生要善于从法律规定中归纳出答案要点**。

注意，由于2018年《刑事诉讼法》修改后，检察机关不再行使对贪污贿赂案件的侦查权，相应的其适用技术侦查手段以及指定居所监视居住的案件范围等规定也发生了改变，因此本案例题的1－3问的答案在2018年以后已经不具有参考性。考生重在结合2012年《刑事诉讼法》的规定来把握命题和答题思路。

答案解析：

2012年《刑事诉讼法》第148条第2款明确规定："人民检察院在立案后，对于重大的贪污、贿赂犯罪案件以及利用职权实施的严重侵犯公民人身权利的重大犯罪案件，根据侦查犯罪的需要，经过严格的批准手续，可以采取技术侦查措施，按照规定交有关机关执行。"**《人民检察院刑事诉讼规则》第263条第1款**规定："人民检察院在立案后，对于涉案数额在十万元以上、采取其他方法难以收集证据的重大贪污、贿赂犯罪案件以及利用职权实施的严重侵犯公民人身权利的重大犯罪案件，经过严格的批准手续，可以采取技术侦查措施，交有关机关执行。"

上述规定实际上从以下几个方面规定了技术侦查措施的适用范围和条件：

第一，**案件范围**。本案涉案金额80万元，属于重大贪污犯罪案件，符合适用技术侦查措施的案件范围。

第二，**适用时间**，即立案后。本案中检察机关在接到举报后当即采取技术侦查措施显然是错误的。

第三，**适用条件和程序**，即要根据侦查犯罪的需要，经过严格的批准手续。本案显然没有经过严格的批准手续。

第四，**适用机关**。检察机关决定采取技术侦查的，只能按规定交有关机关执行。本案中由检察机关反贪部门直接实施技术侦查显然是错误的。

凡是有关技术侦查适用范围和条件的题目，都可从上述案件范围、适用时间、适用条件和程序以及适用机关这几个角度予以分析和解答。

2. 根据修改后的《刑事诉讼法》，技术侦查措施在使用主体、案件范围和适用程序上有哪些特殊要求？

答案：①技术侦查措施的使用主体只能是公安机关和国家安全机关。②适用范围：公安机关在立案后，对于危害国家安全犯罪、恐怖活动犯罪、黑社会性质的组织犯罪、重大毒品犯罪或者其他严重危害社会的犯罪案件可以采取技术侦查措施；检察机关在立案后，对于重大的贪污、贿赂犯罪案件以及利用职权实施的严重侵犯公民人身权利的重大犯罪案件，可以采取技术侦查措施；追捕被通缉或者批准、决定逮捕的在逃的犯罪嫌疑人、被告人，可以采取必要的技术侦查措施。③适用程序上，技术侦查措施由公安机关、国家安全机关、人民检察院决定，由公安机关、国家安全机关执行；采取技术侦查措施，必须严格经过严格的批准手续；有关机关必须严格按照批准的措施种类、适用对象和期限执行。

难度：难

考点：技术侦查（技术侦查的程序和要求）

命题和解题思路：命题人通过此题继续考查技术侦查的程序和要求，但是与上一题比较起来，考查得更为细致和全面，难度也更大。有些是对法条内容的详细考查，要求考生熟记法条。有些则要求考生根据法律规定予以概括。但好在与上题及其他同类考题相比，本题指出了解答的基本方向，即包括使用主体、案件范围、适用程序，考生只需依据这几个方面逐项解答即可，不需要再为究竟应答哪些内容为难。

答案解析：

与本题有关的法律规定主要有：

2012 年《刑事诉讼法》第 148 条规定："公安机关在立案后，对于危害国家安全犯罪、恐怖活动犯罪、黑社会性质的组织犯罪、重大毒品犯罪或者其他严重危害社会的犯罪案件，根据侦查犯罪的需要，经过严格的批准手续，可以采取技术侦查措施。人民检察院在立案后，对于重大的贪污、贿赂犯罪案件以及利用职权实施的严重侵犯公民人身权利的重大犯罪案件，根据侦查犯罪的需要，经过严格的批准手续，可以采取技术侦查措施，按照规定交有关机关执行。追捕被通缉或者批准、决定逮捕的在逃的犯罪嫌疑人、被告人，经过批准，可以采取追捕所必需的技术侦查措施。"

2012 年《刑事诉讼法》第 149 条规定："批准决定应当根据侦查犯罪的需要，确定采取技术侦查措施的种类和适用对象。批准决定自签发之日起三个月以内有效。对于不需要继续采取技术侦查措施的，应当及时解除；对于复杂、疑难案件，期限届满仍有必要继续采取技术侦查措施的，经过批准，有效期可以延长，每次不得超过三个月。”

2012年《刑事诉讼法》第150条规定：“采取技术侦查措施，必须严格按照批准的措施种类、适用对象和期限执行。侦查人员对采取技术侦查措施过程中知悉的国家秘密、商业秘密和个人隐私，应当保密；对采取技术侦查措施获取的与案件无关的材料，必须及时销毁。采取技术侦查措施获取的材料，只能用于对犯罪的侦查、起诉和审判，不得用于其他用途。公安机关依法采取技术侦查措施，有关单位和个人应当配合，并对有关情况予以保密。”

关于技术侦查的使用主体，上述2012年《刑事诉讼法》第148条规定了公安机关和检察机关都有权采取技术侦查，但是检察机关采取技术侦查却需要交由有关机关执行，这说明检察机关是自己不能执行技术侦查的，同时也说明公安机关是可以执行技术侦查的。又因为2012年《刑事诉讼法》第4条规定：“国家安全机关依照法律规定，办理危害国家安全的刑事案件，行使与公安机关相同的职权。”可知国家安全机关也可采取和执行技术侦查措施。由此**从决定主体和执行主体两个方面来分析技术侦查的使用主体**，比较全面，不会失分。

关于适用技术侦查的案件范围，只能牢记《刑事诉讼法》第148条的规定，可根据该条的三款规定分类记忆和解答。

关于技术侦查的适用程序，可从2012年《刑事诉讼法》第148条、第149条、第150条的规定中加以概括，总的内容就是技术侦查必须根据侦查犯罪的需要，经过严格的批准手续方可适用；必须严格按照批准的措施种类、适用对象和期限执行。

3. 检察机关对李某采取指定居所监视居住措施是否正确？为什么？

答案：正确。符合逮捕条件，因为案件的特殊情况或者办理案件的需要，办案机关可以采取监视居住措施。指定居所监视居住适用于无固定住处的，以及涉嫌危害国家安全罪等三类案件，本案李某虽然不符合三类案件，但他没有固定住处，符合指定居所监视居住规定。

难度：难

考点：指定居所监视居住

命题和解题思路：本题考查的是指定居所监视居住的适用条件，命题人没有明确指出李某没有固定住所，因此可能导致考生将分析的重点放在贪污犯罪不属于可适用指定居所监视居住的三大类案件中，从而作出错误的选择，这也是本题的难点所在。本题可分两步来分析，**先分析李某是否符合适用监视居住的条件，再分析李某是否符合适用指定居所监视居住的条件。**

答案解析：

关于监视居住的条件，2012 年《刑事诉讼法》第 72 条第 1 款规定："人民法院、人民检察院和公安机关对符合逮捕条件，有下列情形之一的犯罪嫌疑人、被告人，可以监视居住：（一）患有严重疾病、生活不能自理的；（二）怀孕或者正在哺乳自己婴儿的妇女；（三）系生活不能自理的人的唯一扶养人；（四）因为案件的特殊情况或者办理案件的需要，采取监视居住措施更为适宜的；（五）羁押期限届满，案件尚未办结，需要采取监视居住措施的。对符合取保候审条件，但犯罪嫌疑人、被告人不能提出保证人，也不交纳保证金的，可以监视居住。"而第 79 条第 1 款规定："对有证据证明有犯罪事实，可能判处徒刑以上刑罚的犯罪嫌疑人、被告人，采取取保候审尚不足以防止发生下列社会危险性的，应当予以逮捕……"本案中，李某贪污 80 万元公款，符合逮捕条件，同时符合 2012 年《刑事诉讼法》第 72 条第 1 款中第（四）项的规定的情况，可以采取监视居住。答题时不需要复述法条，但是要说明李某符合逮捕条件，同时属于符合因为案件的特殊情况或者办理案件的需要，采取监视居住措施更为适宜的情形。

关于指定居所监视居住的条件，2012 年《刑事诉讼法》第 73 条第 1 款规定："监视居住应当在犯罪嫌疑人、被告人的住处执行；无固定住处的，可以在指定的居所执行。对于涉嫌危害国家安全犯罪、恐怖活动犯罪、特别重大贿赂犯罪，在住处执行可能有碍侦查的，经上一级人民检察院或者公安机关批准，也可以在指定的居所执行。但是，不得在羁押场所、专门的办案场所执行。"**该款规定实际上为指定居所监视居住设置了两个条件：第一，无固定住处；第二，涉嫌危害国家安全、恐怖活动犯罪、特别重大贿赂犯罪，在住处执行可能有碍侦查的。**符合其中任何一条都可适用指定居所监视居住。本案为贪污犯罪，不符合本款规定中的第二个条件，有考生可能会据此回答本案中对李某不能适用指定居所监视居住。但是本案中还有另外一个情况，就是李某没有住房，贪污公款所购买的公寓作为赃物要被追缴，因此实际上无固定住处，所以是符合第一个条件的，因此检察机关对李某适用指定居所监视居住是正确的。

4. 法院处理李某及其辩护人申请排除非法证据的程序步骤是什么？

答案：①人民法院应当在开庭前及时将申请书及相关线索、材料的复制件送交人民检察院；②人民法院经审查，对证据收集的合法性有疑问的，应当召开庭前会议就非法证据排除等问题了解情况，听取意见。人民检察院可以通过出示有关证据材料等方式，对证据收集的合法性加以说明；③庭审对非法证据的调查，可以在当事人及辩护人提出排除非法证据的申请后进行，也可以在法庭调查结束前一并进行；④调查程序主要是由公诉人出示、宣读、播放有关证据材料，提请法庭通知有关侦查人员或者其他有关人员出庭说明情况，证明证据收集的合法性；⑤人民法院对证据收集的合法性进行调查后，应当将调查结论告知公诉人、当事人和辩护人、诉讼代理人。

难度：难

考点：非法证据排除规则

命题和解题思路：本题考查的是审判阶段非法证据排除规则的适用程序。刑事诉讼法对此规定得比较简单，《最高人民法院关于适用〈中华人民共和国刑事诉讼法〉的解释》对此有比较详细的规定。命题人就是要考查考生对《最高人民法院关于适用〈中华人民共和国刑事诉讼法〉的解释》相关规定的掌握。考生虽然不需要将相关法条全部默写出来，但是要将主要的规定都答出来，难度也还是比较大的。

答案解析：

本题属于被告人及辩护人在开庭审理前申请人民法院排除非法证据的情况，对此，**《最高人民法院关于适用〈中华人民共和国刑事诉讼法〉的解释》第98条**规定："开庭审理前，当事人及其辩护人、诉讼代理人申请人民法院排除非法证据的，人民法院应当在开庭前及时将申请书或者申请笔录及相关线索、材料的复制件送交人民检察院。"**第99条**规定："开庭审理前，当事人及其辩护人、诉讼代理人申请排除非法证据，人民法院经审查，对证据收集的合法性有疑问的，应当依照刑事诉讼法第一百八十二条第二款的规定召开庭前会议，就非法证据排除等问题了解情况，听取意见。人民检察院可以通过出示有关证据材料等方式，对证据收集的合法性加以说明。"

由于庭前会议并不具有强制性的效力，因此庭前会议中很有可能并无法彻底解决非法证据排除的问题，李某和辩护人在法庭审理过程中仍有可能申请排除非法证据。对于在法庭审理过程中申请排除非法证据的，**《最高人民法院关于适用〈中华人民共和国刑事诉讼法〉的解释》第100条**规定："法庭审理过程中，当事人及其辩护人、诉讼代理人申请排除非法证据的，法庭应当进行审查。经审查，对证据收集的合法性有疑问的，应当进行调查；没有疑问的，应当当庭说明情况和理由，继续法庭审理。当事人及其辩护人、诉讼代理人以相同理由再次申请排除非法证据的，法庭不再进行审查。对证据收集合法性的调查，根据具体情况，可以在当事人及其辩护人、诉讼代理人提出排除非法证据的申请后进行，也可以在法庭调查结束前一并进行。法庭审理过程中，当事人及其辩护人、诉讼代理人申请排除非法证据，人民法院经审查，不符合本解释第九十七条规定的，应当在法庭调查结束前一并进行审查，并决定是否进行证据收集合法性的调查。”**第101条**规定；“法庭决定对证据收集的合法性进行调查的，可以由公诉人通过出示、宣读讯问笔录或者其他证据，有针对性地播放讯问过程的录音录像，提请法庭通知有关侦查人员或者其他人员出庭说明情况等方式，证明证据收集的合法性。公诉人提交的取证过程合法的说明材料，应当经有关侦查人员签名，并加盖公章。未经有关侦查人员签名的，不得作为证据使用。上述说明材料不能单独作为证明取证过程合法的根据。”**第102条**规定：“经审理，确认或者不能排除存在刑事诉讼法第五十四条（说明：现第五十六条）规定的以非法方法收集证据情形的，对有关证据应当排除。人民法院对证据收集的合法性进行调查后，应当将调查结论告知公诉人、当事人和辩护人、诉讼代理人。”

考生不可能把上述法律规定都复述出来，因此可按照如下五个方面的线索来尽量记忆和解答：第一，将相关材料送交人民检察院；第二，召开庭前会议；第三，法庭审查和调查；第四，由公诉人证明证据合法性。第五，作出结论并告知相关人等。

2012年

一、试题（本题28分）

扫一扫　看微课视频

专家观点：

刑事诉讼法既有保障刑法实施的工具价值，又具有独立价值。

在刑事诉讼中，以刑讯逼供等非法方法收集证据，不仅违反法定程序，侵犯人权，而且往往导致证据虚假，发生冤错案件。为此，《刑事诉讼法》及有关部门的解释或规定，完善了非法证据排除规则，发挥了刑事诉讼法的应有功效。

案情：

花园小区发生一起入室抢劫杀人案，犯罪现场破坏严重，未发现有价值的痕迹物证。经查，李某有重大犯罪嫌疑，其曾因抢劫被判有期徒刑12年，刚刚刑满释放，案发时小区保安见李某出入小区。李某被东湖市公安局立案侦查并被逮捕羁押。审讯期间，在保安的指认下，李某不得不承认其在小区他处入室盗窃3000元，后经查证属实。但李某拒不承认抢劫杀人行为。审讯人员将李某提到公安局办案基地对其实施了捆绑、吊打、电击等行为，三天三夜不许吃饭，不许睡觉，只给少许水喝，并威胁不坦白交代抢劫杀人罪行、认罪态度不好，法院会判死刑。最终，李某按审讯人员的意思交代了抢劫杀人的事实。在此期间，侦查人员还对李某的住处进行了搜查，提取扣押了李某鞋子等物品，当场未出示搜查证。

案件经东湖市检察院审查起诉后，向东湖市中级人民法院提起公诉。庭审中，应李某辩护人的申请，法庭启动了排除非法证据程序。

问题：

1. 本案哪些行为收集的证据属于非法证据？哪些非法证据应当予以排除？

2. 本案负有排除非法证据义务的机关有哪些？

3. 针对检察院的指控，东湖市中级人民法院应当如何判决本案？

4. 结合本案，简要说明刑事诉讼法对保障刑法实施的价值。

5. 结合本案，简述非法证据排除规则的完善过程，阐明非法证据排除规则的诉讼价值。

答题要求：

1. 根据法律、司法解释规定及刑事诉讼法理知识作答；

2. 无本人观点或论述，照抄材料原文不得分；

3. 观点明确，逻辑清晰，说理充分，文字通畅；

4. 请按提问顺序逐一作答，总字数不得少于800字。

二、答案精讲

1. 本案哪些行为收集的证据属于非法证据？哪些非法证据应当予以排除？

答案：①李某按审讯人员的意思交代的抢劫杀人的供述属于非法证据，应当排除。②侦查人员在未出示搜查证的情况下，扣押了李某的鞋子等物品，如果公安机关不能对未出示搜查证的原因做出合理的解释，则属于非法证据，应当排除。

难度： 中

考点： 非法证据的分类及排除标准

命题和解题思路： 本大题延续了过往几年案例题的命题思路，即通过案例的形式既考查非法证据排除规则，也考查对于证据的审查和判断。稍有不同的是，在最后两个小题中，还考查了刑事诉讼法的价值以及非法证据排除规则的价值两个理论性考点，这也是近年来案例题的一种新变化，需要考生引起重视。

解题思路和既往一致，首先应对案例进行详细的分析，列出主要的证据，分析各证据对于案件事实的证明作用；其次在回答最后两个理论性题目时要注意，一定要结合本案来具体阐述，不要空泛地回答。

在本小题中，命题人首先考查了非法证据的分类以及不同的排除标准。解题时首先应把本案的证据逐一列出，然后分为言词证据和实物证据两类，再根据不同的标准判断哪些属于应当排除的非法证据。需要特别注意的是，本案中被告人的供述分为两个部分：一是对于盗窃事实的供述；二是对于抢劫杀人事实的供述。两部分要区分对待，不可混为一谈。

答案解析：

（1）“审讯人员将李某提到公安局办案基地对其实施了捆绑、吊打、电击等行为，三天三夜也不许吃饭，不许睡觉，只给少许水喝，并威胁不坦白交代抢劫杀人罪行、认罪态度不好，法院会判死刑。最终，李某按审讯人员的意思交代了抢劫杀人的事实。”这是侦查人员通过刑讯逼供等非法方法获取的李某的供述，依据《刑事诉讼法》第56条第一款的规定，采用刑讯逼供等非法方法收集的犯罪嫌疑人、被告人供述，应当予以排除。

（2）“侦查人员还对李某的住处进行了搜查，提取扣押了李某鞋子等物品，当场未出示搜查证。”侦查人员搜查扣押的李某的鞋子等物品，属于物证。依据《刑事诉讼法》第56条第一款的规定，收集物证、书证不符合法定程序，可能严重影响司法公正的，应当予以补正或者做出合理的解释；不能补正或者做出合理解释的，属于非法证据，才应对该证据予以排除。

2. 本案负有排除非法证据义务的机关有哪些？

答案： 东湖市公安局、东湖市检察院和东湖市中级人民法院。

难度： 易

考点：非法证据排除的主体

命题和解题思路：本题考查非法证据排除的主体，难度较低。解题时须注意除了法院外，公安机关、人民检察院都负有排除的义务。

答案解析：

依据《刑事诉讼法》第56条第2款之规定，在侦查、审查起诉、审判时发现有应当排除的证据的，应当依法予以排除，不得作为起诉意见、起诉决定和判决的依据。由此可见，本案负有排除非法证据义务的机关包括东湖市公安局、东湖市检察院和东湖市中级人民法院。

3. 针对检察院的指控，东湖市中级人民法院应当如何判决本案？

答案：对于李某的盗窃罪，因有保安的指认，且有李某的供述，并经查证属实。因此，对李某的盗窃罪应作有罪判决。

对于李某的抢劫罪，虽然有供述，但属于非法证据应当排除。对于鞋子等物品，最多只能证明李某可能到过现场。因此现有证据尚未达到《刑事诉讼法》第55条第二款规定的给被告人定罪的“证据确实、充分”的三个要求：①定罪量刑的事实都有证据证明；②据以定案的证据均经法定程序查证属实；③综合全案证据，对所认定的案件事实已排除合理怀疑。因此，按照《刑事诉讼法》第200条的规定，对于抢劫杀人的指控，应当作出证据不足、指控的犯罪不能成立的无罪判决。

难度：难

考点：有罪的证明标准

命题和解题思路：本题的难点在于要注意仔细阅读案例，李某涉嫌的是两个罪名，一是盗窃，二是抢劫杀人。解题时首先要对此作出区分，然后再分别根据不同罪名的证据来判断是否达到证据确实、充分的证明标准。

答案解析：

参见前述答案。

4. 结合本案，简要说明刑事诉讼法对保障刑法实施的价值。

答案：刑事诉讼法在保障刑法实施方面的价值有：①通过明确对刑事案件行使侦查权、起诉权、审判权的专门机关，为调查和明确案件事实、适用刑事实体法提供了组织上的保障。②通过明确行使侦查权、起诉权、审判权主体的权力与职责及诉讼参与人的权利与义务，为调查和明确案件事实及适用刑事实体法的活动提供了基本架构；同时，由于有明确的活动方式和程序，也为刑事实体法适用的有序性提供了保障。③规定了收集证据的方法与运用证据的规则，既为获取证据、明确案件事实提供了手段，又为收集证据、运用证据提供了程序规范。④关于程序系统的设计，可以在相当程度上减少案件实体上的误差。⑤针对不同案件或不同情况设计不同的具有针对性的程序，使得案件处理简繁有别，保证处理案件的效率。

在本案中，刑事诉讼法通过规范证据的收集程序和运用规则，让行使侦查权、起诉权、审判权的专门机关排除刑讯逼供等非法方法收集的证据，准确、及时地查明犯罪事实，正确应用法律，惩罚犯罪分子，保障无罪的人不受刑事追究，避免冤假错案的发生。

同时，在本案中，通过行使侦查权、起诉权、审判权的专门机关相互之间的制约和监督机制，保证了刑法的正确实施，保证了惩罚犯罪和保障人权目标的实现，以有效的程序机制保障了刑法的实现。

难度： 中

考点： 刑事诉讼法对保障刑法实施的价值

命题和解题思路： 此题目是理论性考点，刑事诉讼法对于保障刑法实施的价值属于常见考点，但考生通常在备考中不会较为详细地记忆，以往考查往往是通过选择题的方式来进行，因此提醒考生在备考时要注意对于理论性知识点要有必要的分析和阐述能力。解题时注意要结合本案的案情，不能仅是空泛地谈价值。

答案解析：

参见前述答案。

5. 结合本案，简述非法证据排除规则的完善过程，阐明非法证据排除规则的诉讼价值。

答案：

（1）非法证据排除规则，是指违反法定程序，以非法方法获取的证据，原则上不具有证据能力，不能为法庭采纳。既包括非法言词证据的排除，也包括非法实物证据的排除。

在我国，为保证证据收集的合法性，《刑事诉讼法》及相关司法解释对于证据的收集、固定、保全、审查判断、查证核实等，都规定了严格的程序。

1996 年《刑事诉讼法》第 43 条规定，严禁刑讯逼供和以威胁、引诱、欺骗以及其他非法方法收集证据。1998 年最高人民法院《关于执行〈中华人民共和国刑事诉讼法〉若干问题的解释》第 61 条规定，严禁以非法的方法收集证据。凡经查证确实属于采用刑讯逼供或者威胁、引诱、欺骗等非法的方法取得的证人证言、被害人陈述、被告人供述，不能作为定案的根据。1999 年最高人民检察院《人民检察院刑事诉讼规则》第 265 条规定，以刑讯等非法手段收集的证人证言、被害人陈述、犯罪嫌疑人供述，不能作为指控犯罪的证据。

2010 年 6 月发布的《关于办理刑事案件排除非法证据若干问题的规定》和《关于办理死刑案件审查判断证据若干问题的规定》对我国的非法证据排除规则作了明确具体的规定。一方面，明确非法证据排除的范围。《关于办理刑事案件排除非法证据若干问题的规定》第 1 条规定：采用刑讯逼供等非法手段取得的犯罪嫌疑人、被告人供述和采用暴力、威胁等非法手段取得的证人证言、被害人陈述，属于非法言词证据。第 2 条规定，经依法确认的非法言词证据，应当予以排除，不能作为定案的根据。第 14 条规定，物证、书证的取得明显违反法律规定，可能影响公正审判的，应当予以补正或者做出合理解释，否则，该物证、书证不能作为定案的根据。另一方面，明确了非法取得的被告人审判前供述的排除程序。

2012 年修正后的《刑事诉讼法》，吸收了《关于办理刑事案件排除非法证据若干问题的规定》的相关内容，在三个方面增加了非法证据排除规则的规定：第一，排除范围，即《刑事诉讼法》第 54 条的规定。第二，法庭调查，包括启动、证明、处理，即《刑事诉讼法》第 56－58 条的规定。第三，法律监督，即《刑事诉讼法》第 55 条的规定。2012 年修改后的最高人民法院《关于适用〈中华人民共和国刑事诉讼法〉的解释》和最高人民检察院《人民检察院刑事诉讼规则（试行）》设专节对非法证据排除制度的具体适用作出了进一步规定，明确了“非法证据”的认定标准、申请排除证据的程序、对取证合法性的审查、调查程序等。

在本案中，排除刑讯逼供等非法方法收集的证据，是对 2010 年《关于办理刑事案件排除非法证据若干问题的规定》以及 2012 年《刑事诉讼修正案》关于非法证据排除规则的有效贯彻和落实。

（2）非法证据排除规则的诉讼价值主要体现在以下三个方面：

第一，非法证据排除规则有利于保障犯罪嫌疑人、被告人的人权乃至每个公民的合法权益不受侵犯。非法证据排除规则对刑讯逼供等非法取证行为进行否定性评价，能够使非法取证一方承受不利的程序结果和实体结果，消除非法取证的心理动力，从而达到保障诉讼参与人各项权利、保障无辜的人不受追究的目的。在本案中，排除李某的供述等非法证据，有利于保障李某的人权，同时，警示司法人员在以后的执法中应充分保障诉讼参与人的合法权益。

第二，非法证据排除规则有利于保障程序公正，保障诉讼程序独立价值的实现。非法证据排除规则有助于督促公检法机关严格遵守刑事诉讼法的规定，通过程序性制裁来实现对程序公正的追求。在本案中，通过排除李某的供述等非法证据，彰显了程序的独立价值，维护了程序的公正性，是程序公正价值的重要体现。

第三，非法证据排除规则有利于规范司法行为，维护司法权威，彰显法治精神。司法行为是否合法、是否规范，是衡量司法文明程度和法治建设水平的重要标志，关系到司法权威的实现和确立。司法机关若非法取证、带头违法，就会严重损害司法机关形象，损害法律权威，对整个社会的法律信仰和法治精神也有着巨大的破坏。在本案中，排除李某的供述等非法证据，有利于抑制刑讯逼供等非法取证行为，督促司法机关及其工作人员树立惩罚与保护并重的司法理念，坚持规范理性文明执法，这对树立我国司法的权威，具有重要意义。

难度：难

考点：非法证据排除规则的立法过程及价值

命题和解题思路：此题目与上一题相似，都属于对理论知识点的考查，需要考生对非法证据排除规则全面的掌握。解题时注意先要论述非法证据排除规则在立法上是如何逐步完善的，然后再结合本案的情况论述其价值。

答案解析：

参见前述答案。

2011 年

一、试题（本题 22 分）

案情：

2010 年 10 月 2 日午夜，A 市某区公安人员在辖区内巡逻时，发现路边停靠的一辆轿车内坐着三个年轻人（朱某、尤某、何某）形迹可疑，即上前盘查。经查，在该车后备厢中发现盗窃机动车工具，遂将三人带回区公安分局进一步审查。案件侦查终结后，区检察院向区法院提起公诉。

（证据）朱某——在侦查中供称，其作案方式是 3 人乘坐尤某的汽车在街上寻找作案目标，确定目标后由朱某、何某下车盗窃，得手后共同分赃。作案过程由尤某策划、指挥。在法庭调查中承认起诉书指控的犯罪事实，但声称在侦查中被刑讯受伤。

尤某——在侦查中与朱某供述基本相同，但不承认作案由自己策划、指挥。在法庭调查中翻供，不承认参与盗窃机动车的犯罪，声称对朱某盗窃机动车毫不知情，并声称在侦查中被刑讯受伤。

何某——始终否认参与犯罪。声称被抓获当天从C市老家来A市玩，与原先偶然认识的朱某、尤某一起吃完晚饭后坐在车里闲聊，才被公安机关抓获。声称以前从没有与A市的朱某、尤某共同盗窃，并声称在侦查中被刑讯受伤。

公安机关——在朱某、尤某供述的十几起案件中核实认定了A市发生的3起案件，并依循线索找到被害人，取得当初报案材料和被害人陈述。调取到某一案发地录像，显示朱某、尤某盗窃汽车经过。根据朱某、尤某在侦查阶段的供述，认定何某在2010年3月19日参与一起盗窃机动车案件。

何某辩护人——称在案卷材料中看到朱某、尤某、何某受伤后包有纱布的照片，并提供4份书面材料：①何某父亲的书面证言：2010年3月19日前后，何某因打架被当地公安机关告知在家等候处理，不得外出。何某未离开C市；②2010年4月5日，公安机关发出的行政处罚通知书；③C市某机关工作人员赵某的书面证言：2010年3月19日案发前后，经常与何某在一起打牌，何某随叫随到，期间未离开C市；④何某女友范某的书面证言：2010年3月期间，何某一直在家，偶尔与朋友打牌，未离开C市。

（法庭审判）庭审中，3名被告人均称受到侦查人员刑讯。辩护人提出，在案卷材料中看到朱某、尤某、何某受伤后包有纱布的照片，被告人供述系通过刑讯逼供取得，属于非法证据，应当予以排除，要求法庭调查。公诉人反驳，被告人受伤系因抓捕时3人有逃跑和反抗行为造成，与讯问无关，但未提供相关证据证明。法庭认为，辩护人意见没有足够根据，即开始对案件进行实体审理。

法庭调查中，根据朱某供述，认定尤某为策划、指挥者，系主犯。

审理中，何某辩护人向法庭提供了证明何某没有作案时间的4份书面材料。法庭认为，公诉方提供的有罪证据确实充分，辩护人提供的材料不足以充分证明何某在案发时没有来过A市，且材料不具有关联性，不予采纳。

最后，法院采纳在侦查中朱某、尤某的供述笔录、被害人陈述、报案材料、监控录像作为定案根据，认定尤某、朱某、何某构成盗窃罪（尤某为主犯），分别判处有期徒刑9年、5年和3年。

问题：

1. 法院对于辩护人提出排除非法证据的请求的处理是否正确？为什么？

2. 如法院对证据合法性有疑问，应当如何进行调查？

3. 法院对尤某的犯罪事实的认定是否已经达到事实清楚、证据确实充分？为什么？

4. 现有证据能否证明何某构成犯罪？为什么？

5. 如何判断证据是否具有关联性？法院认定何某辩护人提供的4份书面材料不具有关联性是否适当？为什么？

二、答案精讲

1. 法院对于辩护人提出排除非法证据的请求的处理是否正确？为什么？

答案： 不正确。因为根据《关于办理刑事案件排除非法证据若干问题的规定》（2010年），法庭应当启动对证据是否为非法取得的调查程序。本案被告人均称供述系刑讯逼供所得，辩护人提出了排除非法证据的请求，并提供了相关线索和材料，法院在公诉人没有证据支持的情况下，不做调查即采纳公诉人的解释，是不正确的。

难度： 易

考点： 非法言词证据排除

命题和解题思路： 本题是2010年"两高三部"《关于办理刑事案件排除非法证据若干问题的规定》出台后首次考查非法证据的排除，**可预计的是在未来几年的考试中，非法证据排除问题将成为考查的重点。** 本题以案例的形式既考查了非法证据排除，又延续了前一年案例题的考点：根据题干所列证据判断是否可以认定犯罪及其理由。可以说是在前一年的基础上加入了非法证据排除这一考点。此种命题思路非常典型，需要考生特别关注。

解题时，除了需要关注前一年的分析中提到的注意事项外，还须高度重视对《关于办理刑事案件排除非法证据若干问题的规定》（2010）这一司法解释的理解和把握，特别是《刑事诉讼法》中未详细规定的部分，易成为考查的重点。

本小题考查的是对排除非法证据申请的审查问题，在《关于办理刑事案件排除非法证据若干问题的规定》（2010）中对此有专门规定，只要熟悉规定，此题相对比较容易。

答案解析：

根据《刑事诉讼法》第58条规定：法庭审理过程中，审判人员认为可能存在本法第56条规定的以非法方法收集证据情形的，应当对证据收集的合法性进行法庭调查。当事人及其辩护人、诉讼代理人有权申请人民法院对以非法方法收集的证据依法予以排除。申请排除以非法方法收集的证据的，应当提供相关线索或者材料。本案被告人均称供述系刑讯逼供所得，辩护人提出了排除非法证据的请求，并有一定证据支持，法院在公诉人没有证据支持的情况下，不做调查即采纳公诉人的解释，是不正确的。

2. 如法院对证据合法性有疑问，应当如何进行调查？

答案：根据《关于办理刑事案件排除非法证据若干问题的规定》，法庭应进行如下调查：

（1）应要求公诉人向法庭提供讯问笔录、原始的讯问过程录音录像或者其他证据，提请法庭通知讯问时其他在场人员或者其他证人出庭作证。

（2）仍不能排除刑讯逼供嫌疑的，公诉人应提请法庭通知本案讯问人员出庭作证。

（3）公诉人当庭不能举证的，可以建议延期审理。

（4）控辩双方可以就被告人供述的合法性进行质证、辩论。

（5）对被告人供述的合法性，如果公诉人不提供证据加以证明，或者已提供的证据不够确实、充分的，该供述不能作为定案根据。

难度：中

考点：法庭对证据的合法性审查

命题和解题思路：本题继续考查《关于办理刑事案件排除非法证据若干问题的规定》中关于证据合法性的调查方式及程序。**解题时既要回答公诉人对于证据合法性的证明方式，也要回答法庭的调查程序。**

答案解析：

《最高人民法院关于适用〈中华人民共和国刑事诉讼法〉的解释》第99条规定：开庭审理前，当事人及其辩护人、诉讼代理人申请排除非法证据，人民法院经审查，对证据收集的合法性有疑问的，应当依照《刑事诉讼法》第182条（现第187条）第2款的规定召开庭前会议，就非法证据排除等问题了解情况，听取意见。人民检察院可以通过出示有关证据材料等方式，对证据收集的合法性加以说明。《最高人民法院关于适用〈中华人民共和国刑事诉讼法〉的解释》第100条规定：法庭审理过程中，当事人及其辩护人、诉讼代理人申请排除非法证据的，法庭应当进行审查。经审查，对证据收集的合法性有疑问的，应当进行调查；没有疑问的，应当当庭说明情况和理由，继续法庭审理。当事人及其辩护人、诉讼代理人以相同理由再次申请排除非法证据的，法庭不再进行审查。对证据收集合法性的调查，根据具体情况，可以在当事人及其辩护人、诉讼代理人提出排除非法证据的申请后进行，也可以在法庭调查结束前一并进行。法庭审理过程中，当事人及其辩护人、诉讼代理人申请排除非法证据，人民法院经审查，不符合本解释第97条规定的，应当在法庭调查结束前一并进行审查，并决定是否进行证据收集合法性的调查。《最高人民法院关于适用〈中华人民共和国刑事诉讼法〉的解释》第101条规定：法庭决定对证据收集的合法性进行调查的，可以由公诉人通过出示、宣读讯问笔录或者其他证据，有针对性地播放讯问过程的录音录像，提请法庭通知有关侦查人员或者其他人员出庭说明情况等方式，证明证据收集的合法性。公诉人提交的取证过程合法的说明材料，应当经有关侦查人员签名，并加盖公章。未经有关侦查人员签名的，不得作为证据使用。上述说明材料不能单独作为证明取证过程合法的根据。《最高人民法院关于适用〈中华人民共和国刑事诉讼法〉的解释》第102条规定：经审理，确认或者不能排除存在刑事诉讼法第54条（现第56条）规定的以非法方法收集证据情形的，对有关证据应当排除。人民法院对证据收集的合法性进行调查后，应当将调查结论告知公诉人、当事人和辩护人、诉讼代理人。综上所述，法院对证据合法性有疑问，应当按照上述规定进行调查。

3. 法院对尤某的犯罪事实的认定是否已经达到事实清楚、证据确实充分？为什么？

答案：没有。因为根据《关于办理死刑案件审查判断证据若干问题的规定》，共同犯罪案件中，被告人的地位、作用必须均已查清，是证据确实、充分的基本要素。本案仅根据同案犯朱某供述即认定尤某为策划指挥者，无其他证据印证。

难度：难

考点：共同犯罪案件的证明标准

命题和解题思路：本题目考查了结合案例所列证据对证明标准的理解。解题时首先要理解我国刑事诉讼的证明标准，其次，结合案例中所列涉及尤某的证据进行分析。

答案解析：

关于“证据确实、充分”的要求，《办理死刑案件证据规定》第5条第2款规定：证据确实、充分是指：①定罪量刑的事实都有证据证明；②每一个定案的证据均已经法定程序查证属实；③证据与证据之间、证据与案件事实之间不存在矛盾或者矛盾得以合理排除；④共同犯罪案件中，被告人的地位、作用均已查清；⑤根据证据认定案件事实的过程符合逻辑和经验规则，由证据得出的结论为唯一结论。另外，依据《刑事诉讼法》第55条第2款规定：证据确实、充分，应当符合以下条件：①定罪量刑的事实都有证据证明；②据以定案的证据均经法定程序查证属实；③综合全案证据，对所认定事实已排除合理怀疑。本案中，法院仅根据同案犯朱某的供述即认定尤某为策划指挥者，且无其他证据印证，不符合上述具体要求，因此，法院对尤某的犯罪事实的认定没有达到事实清楚，证据确实充分。

4. 现有证据能否证明何某构成犯罪？为什么？

答案：不能。因为根据《刑事诉讼法》和《关于办理死刑案件审查判断证据若干问题的规定》，认定有罪，必须证据确实充分。法庭认定何某犯罪的证据中，朱某、尤某在侦查中的供述笔录尚未排除刑讯逼供可能；被害人陈述笔录和车辆被盗时的报案材料只能证明车辆被盗，不能证明谁是盗车者；监控录像只证明朱某、尤某实施了其中一起犯罪；何某辩护人提供的犯罪时何某不在现场的4份证据，法庭没有查明其真伪。因此，现有证据没有排除何某没有犯罪的可能性，不能得出唯一的结论，认定何某犯罪的证据不确实充分。

难度：难

考点：认定有罪的证明标准

命题和解题思路：此题与上一题系同一思路，也是结合案例中的证据判断是否构成犯罪，即是否达到确实、充分的证明标准。**解题时注意除了判断之外，更重要的是在于运用案例中的证据说明理由**。

答案解析：

依据《刑事诉讼法》第55条的规定：对一切案件的判处都要重证据，重调查研究，不轻信口供。只有被告人供述，没有其他证据的，不能认定被告人有罪和处以刑罚；没有被告人供述，证据确实、充分的，可以认定被告人有罪和处以刑罚。据此，我国刑事诉讼中认定被告人有罪的诉讼证明标准是：犯罪事实清楚，证据确实充分。关于证据确实、充分的含义，见上题有关解析。本案法庭认定何某犯罪的证据中，朱某、尤某在侦查中的供述笔录尚未排除刑讯逼供的可能，被害人陈述笔录和车辆被盗时的报案材料只能证明车辆被盗，不能证明谁是盗车者；监控录像只证明朱某、尤某实施了其中一起犯罪；何某辩护人提供的犯罪时何某不在场的4份证据，法庭没有查明真伪。因此，何某是否存在犯罪行为的事实缺乏证据证明，现有的定案证据有些并未查证属实，现存的何某不在场的证据与“何某实施盗窃”的事实之间存在矛盾且得不到合理排除，根据现有证据，不能通过逻辑推理和经验判断得出“何某实施了盗窃行为”这一唯一的结论。综上所述，现有证据没有排除何某没有犯罪的可能性，不能得出唯一的结论，认定何某犯罪的证据不确实、不充分。

5. 如何判断证据是否具有关联性？法院认定何某辩护人提供的4份书面材料不具有关联性是否适当？为什么？

答案：

（1）判断证据是否具有关联性的依据主要是：第一，该证据是否用来证明本案的争点问题，与案件证明对象之间是否存在客观联系；第二，该证据是否能够起到证明的作用，即是否具有对案件事实的证明价值。

（2）不适当。因为这些材料与案件证明对象之间存在客观联系，指向何某是否有罪的争点问题；另外，这些材料具有证明案件事实的证明价值，能够实际起到使指控的犯罪事实更无可能的证明作用。

难度： 难

考点： 证据的关联性

命题和解题思路： 此题首先考查了对证据相关性的理解，然后须结合案例来具体分析。解题时首先应回答证据相关性的内涵，其次对4份书面材料起到何种证明作用进行分析。

答案解析：

本案中法院认定辩护人提供的上诉材料不具有关联性是不适当的。这些材料与证明对象之间存在客观联系，都证明了案发时何某不在犯罪现场，不可能实施盗窃行为，直接指向何某是否有罪的争点问题。这些材料具有证明案件事实的证明价值，它们通过证明案发时间何某不在犯罪现场，能够实际起到使何某被指控的盗窃行为不可能发生的证明作用，所以具有关联性。

2010年

一、试题（本题21分）

扫一扫 看微课视频

案情：

张某——某国企副总经理

石某——某投资管理有限公司董事长

杨某——张某的朋友

姜某——石某公司出纳

石某请张某帮助融资，允诺事成后给张某好处，被张某拒绝。石某请出杨某帮忙说服张某，允诺事成后各给张某、杨某400万股的股份。后经杨某多次撮合，2006年3月6日，张某指令下属分公司将5000万元打入石某公司账户，用于股权收购项目。2006年5月10日，杨某因石某允诺的400万股未兑现，遂将石某诉至法院，并提交了张某出具的书面证明作为重要证据，证明石某曾有给杨某股份的允诺。石某因此对张某大为不满，即向某区检察院揭发了张某收受贿赂的行为。检察院立案侦查，查得证据及事实如下：

石某称：2006年3月14日，在张某办公室将15万元现金交给张某。同年4月17日，在杨某催促下，让姜某与杨某一起给张某送去40万元。因担心杨某私吞，特别告诉姜某一定与杨某同到张某处（石某讲述了张某办公室桌椅、沙发等摆放的具体位置）。

姜某称：取出40万元后与杨某约好见面时间和地点，但杨某称堵车迟到很久。自己因有重要事情需要处理，就将钱交杨某送与张某。杨某称：确曾介绍张某与石某认识，并积极撮合张某为石某融资。与姜某见面时因堵车迟到，姜某将钱交给他后匆匆离开。他随后在自己车上将钱交给张某，张某拿出10万元给他，说是辛苦费（案发后，杨某将10万元交检察院）。

张某称：帮助石某公司融资，是受杨某所托（检察院共对张某讯问六次，每次都否认收受过任何贿赂）。

据石某公司日记账、记账凭证、银行对账单等记载，2006年3月6日张某公司的下属分公司将5000万元打入石某公司账户。同年3月14日和4月17日，分别有15万元和40万元现金被提出。

问题：

依据有关法律、司法解释规定和刑事证明理论，运用本案现有证据，分析能否认定张某构成受贿罪，请说明理由。

答题要求：

1. 能够根据法律、司法解释相关规定及对刑事证明理论的理解，运用本案证据作出能否认定犯罪的判断，指出法院依法应当作出何种判决。

2. 观点明确，分析有据，逻辑清晰，文字通畅。

二、答案精讲

依据有关法律、司法解释规定和刑事证明理论，运用本案现有证据，分析能否认定张某构成受贿罪，请说明理由。

答案：

（1）不能认定张某收受贿赂。

（2）依据：根据《刑事诉讼法》第55条、最高人民法院司法解释第52条、第176条规定的证明标准。刑事诉讼证明理论关于“案件事实清楚，证据确实、充分”的阐述，具体是指：据以定罪的每个证据都已查证属实；证据与案件事实存在客观联系；犯罪事实各部分有相应证据证明；全案证据排除了其他可能性，得出的结论唯一。

（3）理由：从犯罪行为是否存在角度来看，在证明张某收受两笔款项问题上，均为“一对一”证据，既没有足够证据证明他没有收受贿赂，也没有足够证据证明他收受了贿赂。从本案涉案人员情况来看，石某、杨某均为本案利害关系人，有可能为了推脱罪责陷害张某。现有证据不足以排除这种可能性。

（4）处理：本案证据在证明张某收受这两笔钱这一关键问题上没有排除其他可能性，应当作出证据不足，指控的犯罪不能成立的无罪判决。

难度： 难

考点： 证据的审查；刑事诉讼的证明标准

命题及解题思路： 命题人以接近于真实案例的形式综合查考了刑事证据的审查与证明标准的理解和把握。本题非常接近于司法实践，考点不再拘泥于法条及司法解释，而是考查考生在掌握相关规定的基础上如何运用于司法实践。

这一题型预示了将来案例分析题的发展趋势，极具代表性，考生须重点准备此类题型。

解题时首先须注意此类题型的答题结构，一般分为三个层次：**一是判断，根据所给的证据能否认定有罪；二是依据及理由，这是答题的重点，即通过对证据的分析，说明理由；三是根据前述分析，回答法院应当作出何种判决。其次，在答题时还需注意，分析的基础是现有证据，不能超出给定的证据范围，假设存在某种情况，如无特别注明，不能假定某份证据不属实或者属于非法证据应该排除等。最后强调一点，题干中已说明结合相关证据理论，而不是刑法理论来分析，所以分析的重点是证据，而不是从实体法或者说刑法罪名的角度来分析。**

答案解析：

1. 对于张某收受15万元现金的贿赂这一犯罪事实，现有证据包括：

（1）石某的证言称：2006年3月14日，石某在张某办公室将15万元现金交给张某。石某还讲述了张某办公室桌椅、沙发等摆放的具体位置。

（2）据石某公司日记账、记账凭证、银行对账单等记载，2006年3月6日张某公司的下属分公司将5000万元打入石某公司账户。2006年3月14日有15万元现金被提出。

（3）被告人张某否认自己收受贿赂。

从上述证据的客观真实性上分析，石某为办案利害关系人，有可能为了推脱罪责陷害张某，其证言的可信性值得质疑。

从上述证据的关联性上分析，石某的证言对于张某收受15万元现金的贿赂而言，系直接证据，而“石某公司日记账、记账凭证、银行对账单等记载”则属间接证据。

对于张某收受15万元现金的贿赂这一犯罪事实，上述证据为“一对一”证据，难以形成完整的证据链条，既没有足够的证据证明他没有收受贿赂，又没有足够的证据证明他收受了贿赂，因而对于张某收受15万元现金的贿赂这一犯罪事实，法院不能作出有罪认定，应当做出证据不足，指控的犯罪不能成立的无罪判决。

2. 对于张某收受40万元现金的贿赂这一犯罪事实，现有证据包括：

（1）石某的证言称：2006年4月17日，在杨某的催促下，让姜某与杨某一起给张某送去40万元。因担心杨某私吞，特别告诉姜某一定与杨某同到张某处。

（2）姜某的证言称：取出40万元后与杨某约好见面时间和地点，但杨某称堵车迟到很久。自己因有重要事情需要处理，就将钱交杨某送与张某。

（3）杨某的证言称，杨某与姜某见面时因堵车迟到，姜某将钱交给他后匆匆离开。他随后在自己车上将钱交给张某，张某10万元给他，说是辛苦费。

（4）据石某公司日记账、记账凭证、银行对账单等记载，2006年3月6日张某公司的下属分公司将5000万元打入石某公司账户。2006年4月17日有40万元现金被提出。

（5）被告人张某否认自己收受贿赂。

从上述证据的客观真实性上分析，石某、杨某为本案利害关系人，有可能为了推脱罪责陷害张某，他们的证言的可信性值得质疑。

从上诉证据的关联性上分析，杨某的证言对于张某收受40万元现金的贿赂而言，系直接证据；而石某、姜某的证言、公司日记账、记账凭证、银行对账单等记载则属于间接证据。

对于张某收受40万元现金的贿赂这一犯罪事实，尽管姜某与杨某的证言能够部分印证，但是，石某与姜某的证言无法完全印证，杨某向张某交钱的陈述没有其他证据相佐证，系"一对一"证据，难以形成完整的证据链条，既没有足够证据证明他没有收受贿赂，也没有足够证据证明他收受了贿赂。因而对于张某收受40万元现金的贿赂这一犯罪事实，法院不能作出有罪认定，应当作出证据不足，指控的犯罪不能成立的无罪判决。

综上所述，依据《刑事诉讼法》第55条第2款、《最高人民法院关于适用〈中华人民共和国刑事诉讼法〉的解释》第64条、第241条规定的证明标准，刑事诉讼证明理论关于"案件事实清楚，证据确实、充分"的阐述，具体是指：①定罪量刑的事实都有证据证明；②据以定案的证据均经法定程序查证属实；③综合全案，对所认定事实已排除合理怀疑。因此，法院不能认定张某收受贿赂，应当作出证据不足，指控的犯罪不能成立的无罪判决。

2009年

一、试题（本题21分）

案情：

杨某被单位辞退，对单位领导极度不满，心存报复。一天，杨某纠集董某、樊某携带匕首闯到厂长贾某办公室，将贾某当场杀死。中级人民法院一审以故意杀人罪判处杨某死刑，立即执行，判处董某死刑缓期二年执行，判处樊某有期徒刑十五年。

问题：

1. 如一审宣判后，被告人杨某、董某、樊某均未上诉，检察机关亦未抗诉，对被告人杨某、董某、樊某的一审判决，中级人民法院和高级人民法院分别应当如何处理？

2. 如一审宣判后，被告人杨某、董某均未上诉，检察机关亦未抗诉，樊某提出上诉，高级人民法院应按什么程序处理对杨某、董某的一审判决？理由是什么？

3. 如一审宣判后，被告人杨某、董某、樊某均未上诉，检察机关亦未抗诉，但贾某的妻子对附带民事判决不服提起上诉，高级人民法院应按什么程序处理对杨某、董某的一审判决？理由是什么？

4. 被告人杨某经最高人民法院核准死刑并下达执行死刑命令后，下级人民法院发现杨某可能另案犯有伤害罪，对杨某应当如何处理？

二、答案精讲

1. 如一审宣判后，被告人杨某、董某、樊某均未上诉，检察机关亦未抗诉，对被告人杨某、董某、樊某的一审判决，中级人民法院和高级人民法院分别应当如何处理？

答案：

（1）对杨某来说，中级人民法院在上诉、抗诉期满后 3 日内报请高级人民法院复核。高级人民法院同意判处死刑的，应当依法作出裁定后，报请最高人民法院核准；不同意判处死刑的，应当提审或发回重新审判。

（2）对董某来说，中级人民法院在上诉、抗诉期满后应当报请高级人民法院核准。高级人民法院同意判处死刑缓期 2 年执行的，应当裁定予以核准；认为原判事实不清、证据不足的，应当裁定发回原中级人民法院重新审判；认为原判量刑过重的应当依法改判。

（3）对樊某来说，中级人民法院在上诉、抗诉期满后应当交付执行。

难度： 中

考点： 死刑案件复核程序、执行程序

命题和解题思路： 命题人通过案例的形式考查了死刑复核程序以及死刑的执行程序。案例本身并不复杂，考点主要是通过设置四个问题的形式加以体现，考查的重点主要还是集中在法条及司法解释上。解题时需注意对每个小题所设计情形的准确把握，只要对相关规定记忆准确，答题难度并不大。

第一题考查的重点是在一审判决后未上诉、未抗诉的情况下，死刑立即执行、死缓以及有期徒刑分别按何种程序处理的问题。

答案解析：

本题中，中级人民法院判处杨某死刑立即执行，在法定期间，由于杨某没有上诉，检察院没有抗诉，中级人民法院在上诉、抗诉期满后 10 日内报请高级人民法院复核。依据《最高人民法院关于适用〈中华人民共和国刑事诉讼法〉的解释》第 344 条规定：报请最高人民法院核准死刑案件，应当按照下列情形分别处理：中级人民法院判处死刑的第一审案件，被告人未上诉、检察院未抗诉的，在上诉、抗诉期满后 10 日内报请高级人民法院复核。高级人民法院同意判处死刑的，应当在作出裁定后 10 日内报请最高人民法院核准；不同意的，应当依照第二审程序提审或者发回重新审判。

本案中，中级人民法院判处董某死刑缓期两年执行，在法定期间，由于董某没有上诉、检察院没有抗诉，中级人民法院针对董某的情形，依据《最高人民法院关于适用〈中华人民共和国刑事诉讼法〉的解释》第 349 条规定：高级人民法院复核死刑缓期执行执行案件应当按照下列情形分别处理：①原判认定事实和适用法律正确、量刑适当、诉讼程序合法的，应当裁定核准。②原判认定的某一具体事实或者引用的法律条款等存在瑕疵，但判处被告人死刑缓期执行并无不当的，可以在纠正后作出核准的判决、裁定；③原判认定事实正确，但适用法律有错误，或者量刑过重的，应当改判；④原判事实不清、证据不足的，可以裁定不予核准，并撤销原判，发回重新审判，或者依法改判；⑤复核期间出现新的影响定罪量刑的事实、证据的，可以裁定不予核准，并撤销原判，发回重新审判，或者依照本解释第 220 条规定审理后依法改判；⑥原审违反法定诉讼程序，可能影响公正审判的，应当裁定不予核准，并撤销原判，发回重新审判。高级人民法院复核死刑缓期执行案件，不得加重被告人的刑罚。

本案中，中级人民法院判处樊某有期徒刑 15 年，在法定期间，樊某没有

上诉，检察院没有抗诉，中级人民法院在上诉、抗诉期满后，将樊某交付执行。针对樊某的情形，已过法定期限没有上诉、抗诉的判决和裁定，属于发生法律效力的判决和裁定，应当交付执行。

2. 如一审宣判后，被告人杨某、董某均未上诉，检察机关亦未抗诉，樊某提出上诉，高级人民法院应按什么程序处理对杨某、董某的一审判决？理由是什么？

答案：高级人民法院应按二审程序对杨某、董某的一审判决进行审查。理由是：杨某和董某、樊某系共同犯罪，一审法院进行了全案审理一并判决，根据《刑事诉讼法》的规定，共同犯罪的案件只有部分被告人上诉的，二审法院应当对全案进行审查，一并处理。

难度：易

考点：二审程序

命题和解题思路：本题考查的是共同犯罪中部分被告人提起上诉时，二审程序中如何处理未上诉、未被抗诉的同案被告人问题。**解题的关键在于把握二审全面审查的原则。**

答案解析：

本案中，被告人杨某、董某与樊某是共同犯罪，杨某、董某对一审判决并未提起上诉，而樊某提起上诉，高级人民法院应按二审程序审理。其依据为《刑事诉讼法》第230条规定：第二审人民法院应当就第一审判决认定的事实和适用法律进行全面审查，不受上诉或者抗诉范围的限制。共同犯罪的案件只有部分被告人上诉的，应当对全案进行审查，一并处理。《最高人民法院关于适用〈中华人民共和国刑事诉讼法〉的解释》第331条规定：第二审人民法院审理上诉、抗诉案件，应当就第一审判决、裁定认定的事实和适用法律进行全面审查，不受上诉、抗诉范围的限制。

3. 如一审宣判后，被告人杨某、董某、樊某均未上诉，检察机关也未抗诉，但贾某的妻子对附带民事判决不服提起上诉，高级人民法院应按什么程序处理对杨某、董某的一审判决？理由是什么？

答案：高级人民法院应按死刑复核程序处理对杨某、董某的一审判决。理由是：对刑事附带民事案件，其刑事部分与民事部分可以独立提出上诉，按最高法院的解释，如果只对民事部分提出上诉，其效力不影响刑事部分的效力，高级人民法院对杨某、董某的死刑判决不适用二审程序，而应按死刑复核程序处理。

难度： 中

考点： 死刑复核程序；附带民事诉讼上诉

命题和解题思路： 命题人在此题中加入了附带民事诉讼，这与前一年卷四案例的考点是一致的。**解题时，须注意，杨某、董某因分别被判处死刑立即执行和死刑缓期执行，因未上诉和未被抗诉，因此随后应按照死刑复核程序分别复核。**

答案解析：

依据《最高人民法院关于适用〈中华人民共和国刑事诉讼法〉的解释》第331条规定：第二审人民法院审理对附带民事部分提出上诉，刑事部分已经发生法律效力的案件，发现第一审判决、裁定中的刑事部分确有错误的，应当按照审判监督程序对刑事部分进行再审，并将附带民事部分与刑事部分一并审理。

本题中贾某的妻子对附带民事诉讼判决提出诉讼，其并不影响刑事部分已经发生法律效力，因此高级人民法院应按死刑复核程序进行。

4. 被告人杨某经最高法院核准死刑并下达执行死刑命令后，下级人民法院发现杨某可能另案犯有伤害罪，对杨某应当如何处理？

答案： 下级人民法院应当停止执行，并且立即层报最高人民法院，由最高人民法院作出裁定。

难度： 易

考点： 停止执行死刑

命题和解题思路： 此题考查的是在核准死刑后，执行过程中发现有漏罪时如何处理。**解题时，一方面要注意执行法院应当停止执行死刑，另一方面还要注意报请程序。**

答案解析：

本案中，被告人杨某经最高人民法院核准死刑下达执行死刑命令，下级法院发现杨某可能另案犯有伤害罪，下级法院应当停止执行死刑。《刑事诉讼法》第262条规定：下级人民法院接到最高人民法院执行死刑的命令后，应当在7日以内交付执行。但是发现有下列情形之一的，应当停止执行，并且立即报告最高人民法院，由最高人民法院作出裁定：（一）在执行前发现判决可能有错误的……《最高人民法院关于适用〈中华人民共和国刑事诉讼法〉的解释》第418条规定：第一审人民法院在接到执行死刑命令后、执行前，发现有下列情形之一的，应当暂停执行，并立即将请求停止执行死刑的报告和相关材料层报最高人民法院：①罪犯可能有其他犯罪的；②共同犯罪的其他犯罪嫌疑人到案，可能影响罪犯量刑的；③共同犯罪的其他罪犯被暂停或者停止执行死刑，可能影响罪犯量刑的；④罪犯揭发重大犯罪事实或者有其他重大立功表现，可能需要改判的；⑤罪犯怀孕的；⑥判决、裁定可能有影响定罪量刑的其他错误的。最高人民法院经审查，认为可能影响罪犯定罪量刑的，应当裁定停止执行死刑；认为不影响的，应当决定继续执行死刑。

2008 年

一、试题（本题 20 分）

案情：

张某与王某因口角发生扭打，张某将王某打成重伤。检察院以故意伤害罪向法院提起公诉，被害人王某同时向法院提起附带民事诉讼。

问题：

1. 如果一审宣判后，张某对刑事部分不服提出上诉，王某对民事部分不服提出上诉，第二审法院在审理中发现本案的刑事部分和附带民事部分认定事实都没有错误，但适用法律有错误，应当如何处理？

2. 如果一审宣判后，检察院对本案刑事部分提起了抗诉，本案的附带民事部分没有上诉。第二审法院在审理中发现本案民事部分有错误，二审法院对民事部分应如何处理？

3. 如果一审宣判后，本案的刑事部分既没有上诉也没有抗诉，王某对本案附带民事部分提起了上诉，在刑事部分已经发生法律效力的情况下，二审法院在审理中发现本案的刑事部分有错误，二审法院应如何处理？

4. 如果一审宣判后，王某对附带民事部分判决上诉中增加了独立的诉讼请求，张某在二审中也对民事部分提出了反诉，二审法院应当如何处理？

5. 如果在一审程序中，法院审查王某提起的附带民事诉讼请求后，认为不符合提起附带民事诉讼的条件，法院应当如何处理？

6. 如果法院受理了附带民事诉讼，根据我国《刑事诉讼法》及司法解释相关规定，对一审过程中附带民事诉讼的调解，法院应当如何处理？

二、答案精讲

1. 如果一审宣判后，张某对刑事部分不服提出上诉，王某对民事部分不服提出上诉，第二审法院在审理中发现本案的刑事部分和附带民事部分认定事实都没有错误，但适用法律有错误，应当如何处理？

答案： 第二审人民法院应当在二审判决中一并改判。

难度： 易

考点： 二审法院对刑事附带民事案件中刑事；民事部分均有错误的处理。

命题和解题思路： 命题人在题干中设计了一种常见的刑事附带民事诉讼案件：故意伤害（公诉）附带民事诉讼。随后通过六个问题分别考查了在一审和二审程序中涉及的相关问题。因此，在解题时，**首先应注意六个小题分别设计的情形，然后再根据相应的情形回答提问。** 本题目考查了对于一审事实认定无误，但适用法律有错时，二审法院如何处理的问题，题目相对比较简单，属于对法条的直接考查。

答案解析：

根据《刑事诉讼法》第 230 条的规定，第二审人民法院应当就一审判决认定的事实和适用法律进行全面审查，不受上诉或者抗诉范围的限制。根据第 236 条第 2 款的规定，第二审人民法院对不服第一审判决的上诉、抗诉案件，经过审理后，应当按照下列情形分别处理："……（2）原判决认定事实没有错误，但适用法律有错误，或者量刑不当的，应当改判……"

第二审人民法院审理刑事附带民事上诉、抗诉案件，如果发现刑事和附带民事部分均有错误需依法改判的，应当一并改判。本案中，张某和王某分别对刑事部分和民事部分上诉，根据前述规定，第二审法院应当对一审判决的刑事部分和附带民事部分一并直接改判。

2. 如果一审宣判后，检察院对本案刑事部分提起了抗诉，本案的附带民事部分没有上诉。第二审法院在审理中发现本案民事部分有错误，二审法院对民事部分应如何处理？

答案： 第二审人民法院应当对民事部分按审判监督程序予以纠正。

难度： 易

考点： 第二审法院审理对刑事部分提出抗诉，附带民事部分已经发生法律效力的案件的处理

命题和解题思路： **本题目也是属于对法条的直接考查**，在只对刑事部分提

起抗诉的情况下，对于未上诉的附带民事部分该如何处理。解题时首先考虑二审全面审查的原则；其次针对未上诉的附带民事部分在二审期间已经发生法律效力的情况下，如果有错，应启动审判监督程序加以纠正。

答案解析：

首先根据二审全面审查的原则，即便是未上诉的附带民事部分，二审也应一并审理。其次，根据《最高人民法院关于适用〈中华人民共和国刑事诉讼法〉的解释》第 330 条的规定：第二审人民法院对刑事部分提出上诉、抗诉，附带民事部分已经发生法律的案件，发现第一审判决、裁定中附带民事部分确有错误的，应当依照审判监督程序对附带民事部分予以纠正。故在本案中，二审法院应当对民事部分按照审判监督程序予以纠正。

3. 如果一审宣判后，本案的刑事部分既没有上诉也没有抗诉，王某对本案附带民事部分提起了上诉，在刑事部分已经发生法律效力的情况下，二审法院在审理中发现本案的刑事部分有错误，二审法院应如何处理？

答案：第二审人民法院应当对刑事部分按照审判监督程序进行再审，并将附带民事诉讼部分与刑事部分一并审理。

难度：易

考点：第二审法院审理只对附带民事部分提出上诉的案件的处理

命题和解题思路：本题目属于对前一问题的延续考查，即只针对附带民事部分提起上诉，未对刑事部分提起上诉或抗诉时，二审法院如何处理。解题时注意和上一题的区别。

答案解析：

根据《最高人民法院关于适用〈中华人民共和国刑事诉讼法〉的解释》第 331 条的规定：第二审人民法院审理对附带民事部分提出上诉，刑事部分已经发生法律效力的案件，发现第一审判决、裁定中的刑事部分确有错误的，应当按照审判决监督程序对刑事部分进行再审，并将附带民事部分与刑事部分一并处理。本案中，二审法院应当对刑事部分按照审判监督程序进行再审，并将附带民事诉讼部分与刑事部分一并审理。

4. 如果一审宣判后，王某对附带民事部分判决上诉中增加了独立的诉讼请求，张某在二审中也对民事部分提出了反诉，二审法院应当如何处理？

答案：第二审人民法院可以根据当事人自愿的原则就新增加的诉讼请求或者反诉进行调解，调解不成的，告知当事人另行起诉。

难度：易

考点：第二审案件附带民事部分审理中，对增加独立诉讼请求或者提出反诉情形的处理

命题和解题思路：本题考查了在二审中增加独立的诉讼请求和反诉的处理，也是属于对法条的直接考查。解题时需注意一点，**对民事部分提起反诉，可以先调解。如果是在其他题目中针对刑事自诉案件提起反诉，则没有先调解的规定。**

答案解析：

《最高人民法院关于适用〈中华人民共和国刑事诉讼法〉的解释》第332条规定：第二审期间，第一审附带民事诉讼原告人增加独立的诉讼请求或者第一审附带民事诉讼被告人提出反诉的，第二审人民法院可以根据自愿、合法的原则进行调解；调解不成的，告知当事人另行起诉。

5. 如果在一审程序中，法院审查王某提起的附带民事诉讼请求后，认为不符合提起附带民事诉讼的条件，法院应当如何处理？

答案：人民法院经审查认为不符合提起附带民事诉讼条件规定的，应当裁定驳回起诉。

难度：易

考点：人民法院对认为不符合提出附带民事诉讼条件规定的案件的处理

命题和解题思路：本题相对简单，直接考查不受理附带民事诉讼时法院该如何处理。**注意裁定和判决的区别**。

答案解析：

《最高人民法院关于适用〈中华人民共和国刑事诉讼法〉的解释》第149条规定：被害人或者其法定代理人、近亲属提出附带民事诉讼的，人民法院应当在7日内决定是否立案。符合《刑事诉讼法》第101条以及本解释有关规定的，应当受理；不符合的，裁定不予受理。因此，如果一审时王某不符合提起附带民事诉讼条件，法院应裁定不予受理。

6. 如果法院受理了附带民事诉讼，根据我国《刑事诉讼法》及司法解释相关规定，对一审过程中附带民事诉讼的调解，法院应当如何处理？

答案：①调解应当在自愿合法的基础上进行，经调解达成协议的，审判人员应当及时制作调解书，调解书经双方当事人签收后即发生法律效力。②调解达成协议并当庭执行完毕的，可以不制作调解书，但应记入笔录，经双方当事人、审判人员、书记员签名或盖章即发生法律效力。③经调解无法达成协议或者调解书签收前当事人反悔的，附带民事诉讼应当同刑事诉讼一并判决。

难度：中

考点：对一审附带民事诉讼的调解

命题和解题思路：本题重在考查一审程序中对于附带民事部分进行调解时的相关程序。解题时需注意对于法条及司法解释规定的详细和完整记忆。

答案解析：

《刑事诉讼法》第103条规定：人民法院审理附带民事诉讼案件，可以进行调解，或者根据物质损失情况作出判决、裁定。《最高人民法院关于适用〈中华人民共和国刑事诉讼法〉的解释》第153条规定：人民法院审理附带民事诉讼案件，可以根据自愿、合法的原则进行调解。经调解达成协议的，应当制作调解书。调解书经双方当事人签收后，即具有法律效力。调解达成协议并及时履行完毕的，可以不制作调解书，但应当制作笔录，经双方当事人、审判人员、书记员签名或者盖章后即发生法律效力。《最高人民法院关于适用〈中华人民共和国刑事诉讼法〉的解释》第154条规定：调解未达成协议或者调解书签收前当事人反悔的，附带民事诉讼应当同刑事诉讼一并判决。

第四部分　命题人模拟金题

论述题一

一、试题（本题为刑事诉讼法、刑法融合试题）

扫一扫　看微课视频

案情：

2015 年 3 月 1 日 14 时许，陈某驾驶渝 BAXX41 红岩牌重型自卸货车由北向南行驶至 K 县东二道街路口北侧人行横道处等待红灯，当红灯变为绿灯车辆起步时，将行人杨某（男，62 岁）撞伤。事故发生后，陈某立即拨打 120 急救电话并送杨某去医院抢救，后杨某经抢救无效死亡。陈某在 K 县交警到达事故现场后赶回事故现场接受调查。交警在现场首先查验并扣押了陈某的驾驶证和行驶证，又分别对陈某以及目睹了事故发生过程的证人黄某进行了询问，制作了询问笔录。随后对现场进行了勘验，并制作了勘验笔录。3 月 22 日，K 县交通警察大队出具了《交通事故认定书》，认定陈某负本起事故的全部责任，杨某无责任。3 月 25 日，在 K 县公安机关的主持下，陈某与杨某家属达成和解协议，陈某当场赔偿死者家属人民币 20 万元，并取得了死者家属的谅解。3 月 30 日，K 县公安机关将陈某涉嫌交通肇事罪一案移送至 K 县人民检察院。K 县人民检察院在审查了案卷材料后，于 4 月 25 日对陈某作出了酌定不起诉的决定。

问题：

1. 公安机关在移送案件时，应当将哪些材料作为证据移送？为什么？

2. 《交通事故认定书》属于何种证据？人民检察院可否直接将其作为认定案件事实的依据，理由是什么？

3. 陈某的行为是否成立自首？为什么？

4. 请结合本案，谈谈刑事诉讼法中规定“当事人和解的公诉案件诉讼程序”的价值。

答题要求：

1. 无本人分析、照抄材料原文不得分；
2. 结论、观点正确，逻辑清晰，说理充分，文字通畅；
3. 请按问题顺序作答，总字数不得少于800字。

二、答案精讲

1. 公安机关在移送案件时，应当将哪些材料作为证据移送？为什么？

答案：应当将驾驶证、行驶证、勘验笔录、交通事故认定书作为证据移送。交通警察作为行政执法机关，其在执法过程中收集、制作的书证（驾驶证、行驶证以及《交通事故认定书》）以及勘验笔录可以在刑事诉讼中作为证据使用。

交警在现场对陈某和证人黄某进行询问，制作的询问笔录，属于言词证据，不能在刑事诉讼中作为证据使用，必须经过转化，即由侦查人员在立案后依照刑事诉讼法的规定重新讯问和询问后才能在刑事诉讼中作为证据使用。

难度：中

考点：行政执法证据在刑事诉讼中的适用

命题和解题思路：本题根据真实案例改编。第一问主要考查考生对于《刑事诉讼法》第54条第2款的理解，同时还涉及对司法实践中办理交通肇事案件程序的掌握，具有较强的实践性。解题时，首先应从程序上判断本案的处理分为两个阶段，第一阶段是交通警察在现场的处置，这部分属于行政执法程序；第二阶段是公安机关按照刑事案件办理的程序。这也是破题的关键所在。厘清了这一问题后，再逐一列出案例中给出的证据，并进行归类。此时依照《刑事诉讼法》第54条第2款的规定，可以判断除两份询问笔录属于言词证据，不能直接在刑事诉讼中作为证据使用之外，其他证据（书证、勘验笔录）都是可以使用的，因此应当移送。

答案解析：

根据《刑事诉讼法》第54第2款规定，行政机关在行政执法和查办案件过程中收集的物证、书证、视听资料、电子数据等证据材料，在刑事诉讼中可以作为证据使用。从本案来看，交通警察作为行政执法机关，在处理交通事故时依法收集、制作的书证（驾驶证、行驶证以及交通事故认定书）以及勘验笔录可以在刑事诉讼中作为证据使用，因此公安机关在移送案件时应当一并移送。而交警在现场对陈某和证人黄某进行询问，制作的询问笔录，属于言词证据，不能在刑事诉讼中作为证据使用，必须经过转化，即由侦查人员在立案后依照刑事诉讼法的规定依法对犯罪嫌疑人陈某进行讯问，转化为讯问笔录方能在刑事诉讼中作为证据使用；同理，对于证人黄某，也应由侦查人员依照刑事诉讼法所规定的程序重新对其进行询问，制作成询问笔录后方能作为证据使用。

2.《交通事故认定书》属于何种证据？人民检察院可否直接将其作为认定案件事实的依据，理由是什么？

答案：《交通事故认定书》属于书证。检察院在审查《交通事故认定书》时，不能直接将其作为认定案件事实的根据，仍然需要结合其他证据对其进行审查，当《交通事故认定书》中反映的事实与其他证据证明的事实彼此印证，没有无法排除的矛盾时方能作为认定案件事实的根据。

难度：易

考点：证据作为定案依据的条件

命题和解题思路：《交通事故认定书》是交通肇事案件中常见的一类证据。虽然其内容中包含了对于责任的认定，但这仅是公安机关交通管理部门一方对于案件事实的判断。在刑事诉讼中，凡是要作为定案的依据，都必须依照法定程序查证属实，因此检察机关也应对其进行审查，属实的方能作为认定案件事实的依据。考生在解题时，关键在于把握《交通事故认定书》的性质，只要是证据，就应当经法定程序审查。

答案解析：

《交通事故认定书》是公安机关交通管理部门根据交通事故现场勘验、检查、调查情况和有关的检验、鉴定结论，制作的作为处理交通事故的证据，属于公文书证的一种。根据《刑事诉讼法》第50条的规定，证据必须查证属实，方能作为定案的根据。因此，检察院在审查《交通事故认定书》时，不能直接将其作为认定案件事实的根据，仍然需要结合其他证据对其进行审查，当《交通事故认定书》中反映的事实与其他证据证明的事实彼此印证，没有无法排除的矛盾时方能作为认定案件事实的根据。

3. 陈某的行为是否成立自首？为什么？

答案：陈某的行为成立自首。成立自首，要求具备自动投案和如实陈述犯罪事实两个要件，陈某肇事后积极将伤者送医，并在交警处理事故时主动到现场接受处理的行为完全符合这两个条件，理应认定为自首。

难度： 难

考点： 自首

命题和解题思路： 命题人主要考查考生对于自首制度的把握。本题的疑难之处在于对交通肇事者能否成立自首，理论上存在一定的争议。考生如果在解答时能够将争议的观点清晰地展示出来，并且说清楚理由，便能获得较高的分数。而在解答有关自首的问题时，需要结合自首制度的设立初衷进行理解，即自首是为了鼓励犯罪者悔过自新和降低司法成本。由此，在针对交通肇事者能否成立自首的问题上，肇事者如果自动投案并且如实供述罪行，便完全符合自首制度的设立初衷，没有理由不认定为自首，这样就能很快得出正确结论。

答案解析：

对于交通肇事者能否成立自首，理论界存在一定的争议。否定论者认为，《道路交通安全法》明确规定：在道路上发生交通事故，车辆驾驶人应当立即停车，保护现场；造成人身伤亡的，车辆驾驶人应当立即抢救受伤人员，并迅速报告执勤的交通警察或者公安机关交通管理部门。所以交通肇事者主动投案或保护现场、抢救被伤害的人，是其应尽的法定义务。据此，不应当认定肇事者成立自首。肯定论者则认为，刑法总则对于自首并没有就分则的罪名作特殊的适用范围限制。对此，司法解释也是持肯定态度：2010 年最高人民法院《关于处理自首和立功若干具体问题的意见》规定：交通肇事后保护现场、抢救伤者，并向公安机关报告的，应认定为自动投案，构成自首的，因上述行为同时系犯罪嫌疑人的法定义务，对其是否从宽、从宽幅度要适当从严掌握。交通肇事逃逸后自动投案，如实供述自己罪行的，应认定为自首，但应依法以较重法定刑为基准，视情节决定对其是否从宽处罚以及从宽处罚的幅度。

成立一般自首，要求行为人具备自动投案和如实供述自己的罪行两个基本条件。本案中，陈某在肇事后积极抢救伤者，在交警到达事故现场后赶回事故现场接受调查。显然，陈某属于自动投案，并且如实供述自己的犯罪事实，理应认定为自首。

4. 请结合本案，谈谈刑事诉讼法中规定“当事人和解的公诉案件诉讼程序”的价值。

答案： 本案中，犯罪嫌疑人陈某驾车致一人死亡，并承担事故全部责任，根据《最高人民法院关于审理交通肇事刑事案件具体应用法律若干问题的解释》的规定，处三年以下有期徒刑或者拘役，属于刑事诉讼法规定的可以适用“当事人和解的公诉案件诉讼程序”的案件范围。在公安机关的主持下，陈某与死者家属达成了谅解协议，并按协议要求履行了赔偿，取得了死者家属的谅解。这符合《刑事诉讼法》第288条所规定的条件，因此，陈某具备了从宽处罚的情形，人民检察院依法对其作出酌定不起诉的决定。

“当事人和解的公诉案件诉讼程序”是2012年刑事诉讼法修改时新增加的一项特别程序。其目的在于允许部分情节轻微、主观恶性不大的犯罪嫌疑人通过真诚悔罪、赔偿被害人的损失，取得被害人的谅解，进而获得从宽处理。其价值主要体现在三个方面：一是有利于保障被害人的权益；二是有利于犯罪嫌疑人的矫正；三是有利于节约司法资源。

难度： 难

考点： 刑事和解的价值

命题和解题思路： 在主观题中考查理论知识点的可能性显著增大，考生应对此题型有所准备。解题时，一是要注意首先结合案例本身进行分析，不能空泛地回答；二是在答题时要注意分层次，分点论述，不要笼统地写成一段话，或者某一点写得过多，其他点寥寥几句。回答时能够从多角度、多层次地回答理论性考题，获得高分的可能性更大。

答案解析：

本案中，犯罪嫌疑人陈某驾车致一人死亡，并承担事故全部责任，根据《最高人民法院关于审理交通肇事刑事案件具体应用法律若干问题的解释》的规定，处三年以下有期徒刑或者拘役，属于刑事诉讼法规定的可以适用“当事人和解的公诉案件诉讼程序”的案件范围。在公安机关的主持下，陈某与死者家属达成了谅解协议，并按协议要求履行了赔偿，取得了死者家属的谅解。这符合《刑事诉讼法》第288条所规定的条件，即犯罪嫌疑人、被告人真诚悔罪，通过向被害人赔偿损失、赔礼道歉等方式获得被害人谅解，被害人自愿和解的，双方当事人可以和解。因此，陈某具备了从宽处罚的情形，人民检察院依法对其作出酌定不起诉的决定。

“当事人和解的公诉案件诉讼程序”是2012年刑事诉讼法修改时新增加的一项特别程序。其目的在于允许部分情节轻微、主观恶性不大的犯罪嫌疑人通过真诚悔罪、赔偿被害人的损失，取得被害人的谅解，进而获得从宽处理。其价值主要体现在三个方面：

一是有利于保障被害人的权益。通过和解，提升了被害人的诉讼地位，确保其能直接参与到与自身利益攸关的案件处理过程之中；同时和解协议中的赔偿内容由于是在当事人之间自愿协商达成的，具有更强执行力，确保了对损失的及时补偿；和解也淡化了被害人的报应情感，降低对立双方的冲突程度，有助于正常社会关系的恢复。

二是有利于犯罪嫌疑人的矫正。通过加害人与被害人直接协商、讨论，加害人能认识到自己行为给被害人及其家属带来痛苦，加害人知道其行为的法律后果，从而促使其真诚地认错、觉悟，使其能尽快地开始重返社会。

三是有利于节约司法资源。我国正处在经济和社会转轨期，各类犯罪案件大量增加，加上刑事诉讼程序的日趋复杂化，司法资源变得越来越稀缺。和解制度的创立和运行是一种更为经济、更有效率的纠纷解决机制，它能促使加害人主动认罪，减轻被害人或者公诉人的举证责任，促进司法资源的优化配置，从而将司法资源重点用于处置对社会秩序造成严重破坏或社会影响较大的案件，以提高办案效率。

论述题二

扫一扫　看微课视频

一、试题

材料一：2017 年 8 月 2 日，C 市人民检察院以被告人刘某、罗某犯贩毒毒品罪，向 C 市中级人民法院提起公诉。在庭审过程中，被告人刘某提出，其归案后被公安人员连续讯问五天五夜，直至昏睡，公安人员将其拍醒后在讯问笔录上签字，其在侦查阶段的有罪供述内容不真实。

法庭审查了刘某在侦查阶段的全部供述。经查，刘某归案后在侦查阶段共有六次供述，第一、二次未供认贩卖毒品的行为，第三次供述最为详细。在该次供述中，刘某供认了与上家秦某联系购买 24000 粒麻古，自己先前往与秦某交易，中途安排妻子李某筹集毒资交给罗某，指使罗某送来毒资 89800 元并拿走 5000 粒麻古出售给下家熊某，见罗某被抓捕即逃离现场。刘某在第四、五、六次供述时推翻原有供述，辩称未参与贩卖毒品。

材料二：法庭重点审查了刘某第三次供述的背景情况。该份供述时间起于 2017 年 3 月 28 日 21 时 7 分，止于同日 23 时 26 分；讯问地点在 C 市 L 县看守所三楼。经实地察看，该讯问地点并非正式讯问室，中间没有隔离设施。同时，刘某的提讯证记载，刘某于2017年3月26日17时被押解出看守所，于同年3月29日3时还押，持续时间为两天三夜58小时（中途没有送回看守所关押监室），而刘某第三次供述正是形成于这段时间。

第三份供述中注明了对该次讯问进行了同步录音录像。法庭要求公诉机关提供了第三次审讯刘某时的同步录音录像。经查，第三次讯问笔录记载讯问时长2小时9分，而同步录音录像资料仅持续12分10秒。法庭播放了该录音录像，发现录音录像的内容仅为侦查人员向刘某宣读讯问笔录，不能反映讯问过程。并且，录像中反映刘某有一定疲倦表情。

法庭审查了公诉机关提交的证明取证合法性的材料。侦查机关作出说明，称讯问期间给刘某留有足够休息时间，没有刑讯逼供等非法行为。因录音录像设备只能录制十多分钟，因此未能全程录音录像。除此之外，公诉机关未提请法庭通知侦查人员出庭作证，也未提交其他证明材料。

问题：

1. 对于刘某的第三次供述，法院是否应当排除？为什么？
2. 请结合本案，谈谈对我国非法证据排除规则中证明标准的理解。

答题要求：

1. 无本人分析、照抄材料原文不得分；
2. 结论、观点正确，逻辑清晰，说理充分，文字通畅；
3. 请按问题顺序作答，总字数不得少于800字。

［**案例来源：**《刑事审判参考》第92辑，刘晓鹏、罗永全贩卖毒品案］

二、答案精讲

1. 对于刘某的第三次供述，法院是否应当排除？为什么？

答案：应当排除。根据“两高三部”《关于办理刑事案件严格排除非法证据若干问题的规定》，通过严重的疲劳审讯所获得的口供属于非法言词证据，应当排除。从法院审查的情况来看，依据提讯证记录的时间，刘某在看守所外接受讯问的时间为58小时（中途没有送回看守所关押监室），因此客观上存在严重疲劳审讯的可能。而从公诉机关提供的材料来看，同步录音录像属于部分录制，不能证明整个讯问的合法性；侦查机关的说明仅仅只是表明给刘某留有足够休息时间，但并无其他证据印证其说法的真实性，因此综合上述证据来看，不能排除存在严重的疲劳审讯的可能性。因此，刘某的第三次供述应当排除。

难度：中

考点：非法言词证据的排除

命题和解题思路：非法证据的排除在最近几年的考试中属于常见的重要考点，几乎每年都有所涉及。本题解题的关键在于对材料二所示的三组证据信息的审查与判断。从三组信息来看，既不能证明确实存在非法取证，也不能排除其可能性。而公诉机关承担着证明取证合法性的责任，且须达到证据确实、充分的标准。因此，结合两方面可以判断出第三次供述应当排除。

答案解析：

根据“两高三部”《关于办理刑事案件严格排除非法证据若干问题的规定》，通过严重的疲劳审讯所获得的口供属于非法言词证据，应当排除。本案中，刘某第三次供述是否排除，关键的问题在于是否存在疲劳审讯的问题。从法院审查的情况来看，依据提讯证记录的时间，刘某在看守所外接受讯问的时间为58小时（中途没有送回看守所关押监室），因此客观上存在严重疲劳审讯的可能。而从公诉机关提供的材料来看，同步录音录像属于部分录制，不能证明整个讯问过程的合法性；侦查机关的说明仅仅只是表明给刘某留有足够休息时间，但并无其他证据印证其说法的真实性，因此综合上述证据来看，虽然不能证明确实存在严重的疲劳审讯，但不能排除存在严重的疲劳审讯的可能性。而根据《刑事诉讼法》第58条的规定，对于经过法庭审理，确认或者不能排除存在本法第56条规定的以非法方法收集证据情形的，对有关证据应当予以排除。因此，刘某的第三次供述应当排除。

2. 请结合本案，谈谈对我国非法证据排除规则中证明标准的理解。

答案：我国刑事诉讼法中对于非法证据的排除，规定由人民检察院承担证明取证合法性的证明责任，且应当达到证据确实、充分的程度。从法院的角度来说，对于经过法庭审理，确认或者不能排除存在以非法方法收集证据情形的，对有关证据应当予以排除。之所以这样规定，主要基于以下原因：一是由于犯罪嫌疑人、被告人往往处于被羁押状态，对于自己遭受非法取证的情况缺少行之有效的取证或证明方式，由公诉机关来承担取证合法性的证明责任有利于对犯罪嫌疑人、被告人的权利保障；二是公诉机关不仅承担着证明指控犯罪成立的证明责任，也应确保追诉犯罪的过程中，各种取证程序应当严格按照法定程序进行，这是国家权力行使的应然要求；三是由于非法取证行为的发生往往是在封闭的空间内进行，且极其隐蔽，要证明其确实存在，具有较大的难度。因此，如果规定必须查明确实存在非法取证的情形方能排除，则会导致非法证据排除规则难以发挥其应有的作用。

难度：中

考点：非法证据排除的证明标准

命题和解题思路：本题目为理论性考点，考查考生对于非法证据排除的证明标准的理解和把握，在近几年的考试中，关于非法证据排除的具体规定已经多次考查，在 2012 年的卷四中曾经出现过考查非法证据排除规则设立的过程及价值这一理论考点。在解题时，首先要注意是谈谈对证明标准的理解，而非整个非法证据排除规则；其次，一再强调应从多角度、多层次，分点回答理论性考点，切记不要只就一点长篇大论。

答案解析：

我国刑事诉讼法中对于非法证据的排除，规定由人民检察院承担证明取证合法性的证明责任，且应当达到证据确实、充分的程度。从法院的角度来说，对于经过法庭审理，确认或者不能排除存在以非法方法收集证据情形的，对有关证据应当予以排除。这一证明标准对于公诉机关而言，是一个较高的证明标准。之所以这样规定，主要基于以下原因：一是从犯罪嫌疑人、被告人的举证能力来看，由于犯罪嫌疑人、被告人往往处于被羁押状态，对于自己遭受非法取证的情况缺少行之有效的取证或证明方式，这也是以往非法证据排除程序难以启动、难以认定的重要原因，因此由公诉机关来承担取证合法性的证明责任有利于对犯罪嫌疑人、被告人的权利保障；二是从公诉机关的角度来看，公诉机关不仅承担着证明指控犯罪成立的证明责任，也应确保追诉犯罪的过程中，各种取证程序应当严格按照法定程序进行，这是国家权力行使的应然要求；三是从非法证据排除的司法实践来看，由于非法取证行为的发生往往是在封闭的空间内进行，且极其隐蔽，要证明其确实存在，具有较大的难度。因此，如果规定必须查明确实存在非法取证的情形方能排除，则会导致非法证据排除规则难以发挥其应有的作用。

综上，为保障犯罪嫌疑人、被告人的合法权利，规范侦查权的合法行使，确保刑事案件的办理既符合程序公正又符合实体公正的要求，非法证据排除规则应严格执行相应的证明标准。

案例分析题一

一、试题

扫一扫 看微课视频

案情：

赵某与同村村民冯某素有矛盾。2017年6月，赵某与冯某因琐事争吵后扭打起来，赵某的腿被冯某用铁锹砍伤，后各自回家。当天夜里，冯某失踪。

一周后，有人在赵某家附近的枯井里发现一具尸体，经鉴定系冯某，死因系头部钝器伤。公安机关认为赵某有重大嫌疑，遂对其予以拘留，并在未取得搜查证的情况下对赵某家进行搜查，找到并扣押了一把砍柴用的斧子，但上面没有血迹或人体组织。

赵某在前两次接受讯问时，均否认杀害冯某，但其因腿部伤口溃烂发炎，向侦查人员提出医治申请，侦查人员不予理睬，致其伤情加重，疼痛难忍。在第三次接受讯问时，侦查人员告知其如果承认就予以治疗，赵某不得已承认杀害冯某。第四次讯问时，公安机关更换了侦查人员，并将诉讼权利和认罪的法律后果告知赵某，赵某仍供述杀害冯某。赵某的妻子齐某在前三次接受公安机关询问时，均称赵某在被冯某砍伤后一直在家中养伤，再未出门。后公安机关将齐某非法拘禁了二十多个小时，齐某改称当天夜里赵某曾单独出去。

问题：

1. 本案中哪些证据应当排除？为什么？

2. 该案移送审查起诉前，检察院是否应当讯问犯罪嫌疑人？为什么？

3. 检察院在审查起诉时，发现本案存在以刑讯逼供等非法方法收集证据的情形，应如何处理？

二、答案精讲

1. 本案中哪些证据应当排除？为什么？

答案：

（1）赵某的供述应当排除，因为此系赵某遭受变相肉刑的恶劣手段，在难以忍受的情况下违背意愿作出的供述，应当予以排除。

（2）齐某的证人证言应当排除，因为采用威胁及非法限制人身自由等非法方法收集的证人证言应当予以排除。

难度：中

考点：非法证据的排除范围

命题和解题思路：本题根据真实案例改编。《刑事诉讼法》《最高人民法院关于适用〈中华人民共和国刑事诉讼法〉的解释》《人民检察院刑事诉讼规则》等均对非法证据的排除范围作出了规定，但本案发生于《关于办理刑事案件严格排除非法证据若干问题的规定》出台之后，应运用《关于办理刑事案件严格排除非法证据若干问题的规定》的内容来解答。

答案解析：

（1）《关于办理刑事案件严格排除非法证据若干问题的规定》第2条规定："采取殴打、违法使用戒具等暴力方法或者变相肉刑的恶劣手段，使犯罪嫌疑人、被告人遭受难以忍受的痛苦而违背意愿作出的供述，应当予以排除。"本案中的情况应当属于这里的"变相肉刑"。本案中还存在引诱的情况，引诱也属于非法的取证手段，但并不必然导致供述应被排除。

（2）《关于办理刑事案件严格排除非法证据若干问题的规定》第6条规定："采用暴力、威胁以及非法限制人身自由等非法方法收集的证人证言、被害人陈述，应当予以排除。"与《关于办理刑事案件严格排除非法证据若干问题的规定》第3条中的"威胁"相比，这里的"威胁"并不要求"以暴力或者严重损害本人及其近亲属合法权益等进行威胁"。也即非以暴力或者严重损害本人及其近亲属合法权益等进行的威胁虽然不足以导致犯罪嫌疑人、被告人供述被排除，却可导致证人证言、被害人陈述被排除。

（3）《关于办理刑事案件严格排除非法证据若干问题的规定》第7条规定："收集物证、书证不符合法定程序，可能严重影响司法公正的，应当予以补正或者作出合理解释；不能补正或者作出合理解释的，对有关证据应当予以排除。"但是《刑事诉讼法》第138条第2款规定："在执行逮捕、拘留的时候，遇有紧急情况，不另用搜查证也可以进行搜查。"因此本案中搜查和扣押斧子并不违反法律规定。该斧子倒是有可能因为与案件没有关联系而被排除，但是，其与案件有无关联性还需要更多的信息才能判断。

2. 该案移送审查起诉前，检察院是否应当讯问犯罪嫌疑人？为什么？

答案：应当讯问犯罪嫌疑人。根据《关于办理刑事案件严格排除非法证据若干问题的规定》第14条第3款的规定，对重大案件，人民检察院驻看守所检察人员应当在侦查终结前讯问犯罪嫌疑人，核查是否存在刑讯逼供、非法取证情形，并同步录音录像。经核查，确有刑讯逼供、非法取证情形的，侦查机关应当及时排除非法证据，不得作为提请批准逮捕、移送审查起诉的根据。本案赵某涉嫌故意杀人案，属于重大案件，因此适用该款的规定。

难度： 易

考点： 重大案件侦查终结讯问合法性核查制度

命题和解题思路： 此题考查的是《关于办理刑事案件严格排除非法证据若干问题的规定》中新增设的一项制度，解题时须注意案件的性质属于重大案件。

答案解析：

重大案件侦查终结讯问合法性核查制度是《关于办理刑事案件严格排除非法证据若干问题的规定》中新增设的一项制度，旨在将非法证据发现和排除的时间提前到侦查阶段，防止非法取证影响后续的起诉和审判。因此，在重大案件侦查终结前，由驻所检察人员专门对侦查讯问过程中是否存在非法取证的情况讯问犯罪嫌疑人，并同步录音录像，以便于及时发现非法取证的线索。

3. 检察院在审查起诉时，发现本案存在以刑讯逼供等非法方法收集证据的情形，应如何处理？

答案： 依法排除相关证据，不得作为提起公诉的根据；提出纠正意见；必要时检察院可以自行调查取证；随案移送法院，作出说明。

难度： 中

考点： 人民检察院发现存在非法取证行为的处理

命题和解题思路： 此题考查了人民检察院发现存在非法取证行为后应如何处理。除了排除相关证据外，还要将另外两条也答出来才算完整。

答案解析：

《关于办理刑事案件严格排除非法证据若干问题的规定》第17条规定："审查逮捕、审查起诉期间，犯罪嫌疑人及其辩护人申请排除非法证据，并提供相关线索或者材料的，人民检察院应当调查核实。调查结论应当书面告知犯罪嫌疑人及其辩护人。人民检察院在审查起诉期间发现侦查人员以刑讯逼供等非法方法收集证据的，应当依法排除相关证据并提出纠正意见，必要时人民检察院可以自行调查取证。人民检察院对审查认定的非法证据，应当予以排除，不得作为批准或者决定逮捕、提起公诉的根据。被排除的非法证据应当随案移送，并写明为依法排除的非法证据。”

案例分析题二

一、试题（本题为刑事诉讼法、刑法、法律文书融合试题）

材料一： 1. 2017 年 8 月 23 日，Y 省 K 市检察院指控称：2016 年 5 月 16 日，被告人余某利用自己私刻的“Y 省 K 市糖烟酒副食公司”（以下称“副食公司”）公章及该公司法人“何永胜”私章，伪造借款担保书，以自己担任法人代表的 K 市圣美食品有限公司的名义向 K 市润泽金融公司借款 500 万元，期限一年。该款转入被告人余某账户后，余某至今没有归还。2017 年 5 月 10 日，K 市润泽金融公司经向担保单位副食公司提出还款要求未果，得知该借款担保手续系被告人余某伪造，遂向公安机关报案。被告人余某的行为应当以诈骗罪追究其刑事责任，提请法院依法予以惩处。

2. 被告人余某辩称：自己以前的有罪供述是因为担心被刑讯逼供。因此，在公诉人对其进行提讯时便已如实陈述，自己没有私刻过公章，担保是何永胜办好后拿给他的。此外，何永胜提供担保时，是自己在黄润华（K 市润泽金融公司借贷部负责人）办公室用电话免提方式打给何永胜的，黄润华当时在场，何永胜同意担保黄润华是知道的，自己没有诈骗行为。

余某的辩护人提出：第一，被告人最初承认私刻“副食公司”印章的几份供述中，对刻章的时间、借款的用途等情节存在相互矛盾，可见供述有假。第二，辩方可提供证据证实：2014 年 4 月 5 日，副食公司与 K 市大丰食品公司签订的协议中，“副食公司”的印章与其在工商局备案的印章不同一；2014 年 8 月 5 日，K 市圣美食品有限公司与中铁建 K 市办事处签订的协议中，担保方“副食公司”的印章亦本案的假章；之后 K 市圣美食品有限公司为偿欠“副食公司”款项，双方签订的一份内容为 K 市圣美食品有限公司提供一张 400 万元承兑汇票给副食公司贴现后先归还副食公司分红利润 120 万元和欠款 80 万元的协议中，副食公司的印章也系本案假章，而两份协议均已履行，且副食公司为受益人。因此，被告人向 K 市润泽金融公司借款 500 万元协议中的假章到底为谁所加盖，不具排他性。第三，被告人主观上没有诈骗的故意，被告人借 500 万元用于购房，出借方实地查看过。由于所购房屋权属发生争议，卖方不能交房，致使被告人无法按期偿还500万元借款，但被告人先后还是归还利息及欠款80万元。因此，被告人主观上无诈骗的故意。综上，指控被告人构成诈骗罪的证据明显不足，提请法庭依法判决被告人无罪。

3. 针对被告人的辩解及其辩护人的辩护意见，公诉机关答辩称：本案指控事实清楚，证据充分，被告人余某主观上有诈骗的故意，客观上实施了私刻公章，用虚假担保进行诈骗的行为，已构成诈骗罪。从证据证明情况及常理上看均不能认定是何永胜为余某提供假章，被告人余某也供认过自己私刻假章，何永胜证言也否认提供过担保的情况。因此，被告人余某否认自己私刻公章，伪造担保的辩解不能成立。

材料二：公诉机关当庭出示的指控证据有：

1. 报案材料：2017年5月10日，K市润泽金融公司借款向K公安局报案称被骗借款500万元，认为K市圣美食品有限公司涉嫌诈骗，请求立案侦破。

2. 情况说明：被告人余某因涉嫌集资诈骗（另案）于2017年4月28日被K市公安局刑事拘留。

3. 书证：2017年5月16日借款合同及借款担保书，证实K市圣美食品有限公司向K市润泽金融公司借款500万元；中国建设银行转账支票及收据，证实K市圣美食品有限公司收到500万元借款的事实。

4. 刑事科学技术鉴定书：证实2017年5月16日担保书及借款合同上担保单位“副食公司”的印章及法人“何永胜”的私章系伪造。

5. 证人证言：

证人黄润华证言。证实2017年余某因购买房屋向K市润泽金融公司借款500万元，并签订了第一份借款合同，借款担保书是一个月后余某拿过来的，以后也从未找副食公司核实过的情况。

证人何永胜证言。证实副食公司没有为K市圣美食品有限公司担保过这笔借款，并证实公司的章管理严格，不允许带出，也从未更换过。他与余某是2009年做生意认识的，当时余某是K市大丰食品有限公司的经理，以后两人关系不错，也认识黄润华。

证人董丽洁（副食公司财务人员）证言。证实副食公司的公章管理情况及证实公章从未更换过的情况，证实反映了何永胜与余某关系密切。

6. 被告人供述：余某在看守所作了有罪供述，供述了2017年5月私刻了副食公司印章和何永胜的私章，伪造担保向K市润泽金融公司借款500万元的经过。

辩护人在法庭质证阶段当庭出示其收集及提请法庭调取的证据如下：

1. 协议书：证实2014年8月5日，K市圣美食品有限公司与中铁建K市办事处签订的协议中，担保方为副食公司，且有公章；证实K市圣美食品有限公司与副食公司签订协议：K市圣美食品有限公司提供一张400万元承兑汇票给副食公司贴现后先归还副食公司分红利润120万元和欠款80万元。

2. 印文鉴定：证实上述两份协议上的“副食公司”印章与涉案假章为同一枚印章所盖。

3. 银行查询单及汇票复印件：证实承兑汇票VIV09950855由“副食公司”贴现，金额400万元。

4. 协议书、文检鉴定书：证实2014年4月5日K市大丰食品工业公司签订的协议上“副食公司”的印章经鉴定与本案涉案假章及副食公司备案章均不一致。

5. 还款证明：证实被告人先后归还K市润泽金融公司利息及欠款80万元。

6. 购房协议：证实余某确于2017年6月5日与K市振华公司签署了总价为6000万元的购房协议，并已支付给振华公司300万元。

问题：

1. 根据现有材料，法院能否认定余某实施了私刻“副食公司”公章及该公司法人“何永胜”私章，伪造借款担保书的行为？为什么？

2. 根据现有材料，法院能否认定余某具有非法占有的故意？为什么？

3. 如检察机关指控余某诈骗的行为属实，余某的行为可能触犯什么罪名？如何论处？

4. 现假定你是本案的主审法官，请根据上述案情撰写刑事判决书的判决理由和判决主文部分。（答题要求：格式正确，应具备的事项齐全；请求合法有据，定性准确；文字通顺简练，无语法错误和错别字；字数不低于800字）

二、答案精讲

1. 根据现有材料，法院能否认定余某实施了私刻“副食公司”公章及该公司法人“何永胜”私章，伪造借款担保书的行为？为什么？

答案：不能认定。公诉机关所依据的核心指控证据是借款担保书及借款合同的印章经鉴定系伪造；余某在公安机关的有罪供述及何永胜证言相互印证，据此认为被告人余某的行为构成诈骗罪。但是，从辩护方提供的证据来看，有另外两份协议也出现过本案中的假印章，且Y省K市糖烟酒副食公司是受益方。如果该印章系被告人伪造，明显有违常理。同时，辩护方还提供了一份协议，表明还存在第三个印章的可能性，因此Y省K市糖烟酒副食公司是否只存在一枚印章（即工商机关备案章）的问题存疑。根据我国刑事诉讼法规定，指控犯罪的证据必须确实、充分。根据上述分析，公诉机关指控被告人私刻印章，伪造担保的行为尚未到达证明标准，法院不能认定。

难度：难

考点：证据的分析与审查；证明标准的理解

命题和解题思路：通过给定的案例材料，运用证据法的相关知识，判断指控的犯罪事实能否成立，这是历年考试的典型题型，目的在于考查考生运用法律解决实际问题的能力。在解题时，面对较多的材料，考生首先要仔细阅读，将案例中的关键信息提炼出来。就本题而言，材料一是对案情的整体介绍，以及控辩双方的主要观点。材料二则是控辩双方的主要证据。随后，根据梳理后的控方观点和辩护方观点，整理出本案的焦点，即控辩双方的主要分歧在哪？最后，根据我国刑事诉讼的证明标准，来判断控方的证据体系是否达到了确实、充分？或者说辩护方举示的证据是否表明案件还存在不能排除的合理怀疑？注意，合理怀疑须建立在现有证据的基础上，而不能超过给定的材料随意假设。

答案解析：

公诉机关所依据的核心指控证据是2017年5月16日借款担保书及借款合同上“Y省K市糖烟酒副食公司”及该公司法人“何永胜”私章经鉴定系伪造；余某在公安机关的有罪供述及何永胜证言相互印证，据此认为被告人余某的行为构成诈骗罪。但从被告人余某当庭翻供及其辩护人当庭向法庭提供的证据和提请法庭依法调取的证据上分析，其中两份盖有同一枚假章的关于承兑汇票贴现的“协议书”中所约定的事实客观存在。而且有一张面额为400万元的承兑汇票已被Y省K市糖烟酒副食公司贴现，用于冲抵余某公司对Y省K市糖烟酒副食公司的欠款。如果薛某是为诈骗K市中铁建公司的款项而伪造担保，那么款项应由余某的公司占有才符合逻辑，但实际的受益方却是Y省K市糖烟酒副食公司，而公诉机关当庭出示的马永胜的证言中也未提及此事，仅就现有证据看，被告人的行为有悖常理。因此两份“协议书”中的假章（即本案假章）是否是被告所私刻，并伪造担保的情况存疑。

另外，本案中由辩方提供的另一份2014年4月5日K市大丰食品工业公司与Y省K市糖烟酒副食公司签订的协议。协议中又出现了第三枚与Y省K市糖烟酒副食公司备案及本案假章均不同一的印章，又与本案中相关证言所证实的Y省K市糖烟酒副食公司从未更换过印章的情况矛盾，公诉机关也未能出示证据证实该印章是否存在过、是否也系被告人伪造的情况，从而关于Y省K市糖烟酒副食公司是否只存在一枚印章（即工商机关备案章）的问题存疑。

我国刑事诉讼法规定，指控犯罪的证据必须确实、充分。根据上述分析，公诉机关指控被告人私刻印章，伪造担保的行为尚未到达证明标准，法院不能认定。

2. 根据现有材料，法院能否认定余某具有非法占有的故意？为什么？

答案：不能认定。本案被告人余某始终一直承认所借款项，并偿还了借款利息及部分欠款共计80万元。从履约时间来看，K市润泽金融公司向公安机关报案时还款期还尚未到期。且有协议证实，余某确与振华公司签订了购房协议，并已支付了300万元购房款。控方除了被告人余某以前在公安机关的有罪供述以外，也没有其他证据证实被告人余某有非法占有的目的。因此，不能排除被告人余某有始终愿意履行合同的意愿，所以不能认定余某具有非法占有的故意。

难度：难

考点：证据的分析与审查；主观要件的证明

命题和解题思路：本题的命题和解题思路与上一题相似，但也有区别。本题和上一题属于递进关系，须对前一题正确判断的基础上进行回答。因此考生在回答此类题目时，尤其要注意，观点的前后一致性，避免出现互相矛盾的答案。在答题时需要首先对两个问题通盘考虑，确立基本的判断，然后分别作答，切忌尚未考虑清楚，匆忙作答，等回答第二题时又来修改第一题的答案，既影响时间，也可能导致卷面不整，影响分数。

答案解析：

"非法占有的故意"从诈骗罪的构成要件来看，属于主观要件的证明。而对主观要件的证明，只能通过见之于外的客观行为来加以分析。具体到本案，是否具有非法占有的故意，应从分析被告人的真实目的、双方的关系、事情的起因以及拖欠的情节等多方面来综合判断。

本案被告人余某始终一直承认所借款项，并偿还了借款利息及部分欠款共计80万元。从履约时间来看，被告人余某在2017年4月28日即因为涉嫌集资诈骗（另案）而被公安机关采取刑事拘留。此后5月10日，K市润泽金融公司才向公安机关报案，但按合同规定的还款期还尚未到期。且有协议证实，余某确与振华公司签订了购房协议，并已支付了300万元购房款。因此，在合同履行期限尚未届满，便认定余某没有还款可能，意欲诈骗的主观故意，也是建立于指控被告人私刻印章、伪造担保的行为的基础上，并没有其他证据予以印证。控方除了被告人余某以前在公安机关的有罪供述以外，也没有其他证据证实被告人余某有非法占有的目的。因此，不能排除被告人余某有始终愿意履行合同的意愿，所以不能认定余某具有非法占有的故意。

3. 如检察机关指控余某诈骗的行为属实，余某的行为可能触犯什么罪名？如何论处？

答案：如果指控余某诈骗的行为属实，则余某首先成立诈骗罪。因为其以假的印章伪造借款担保书骗取他人钱款，符合诈骗罪的构成要件，成立诈骗罪。其次，余某还成立伪造公司印章罪。余某私刻“Y省K市糖烟酒副食公司”公章，成立伪造公司印章罪。伪造公司印章罪与诈骗罪成立手段与目的的牵连犯，从一重罪论处，以诈骗罪定罪处罚。

难度：易

考点：牵连犯；伪造公司印章罪；诈骗罪

命题和解题思路：本题相对较为容易，主要考查的点在于罪数的问题。考生只要掌握牵连犯的基本概念，便能拿分。答题时务必仔细，如果不注意审题，或是对分则罪名不熟，便会略过对余某伪造公司印章罪的审查。

答案解析：

问题设定为如果检察院指控的事实为真，便意味着余某肯定成立诈骗罪。因为其以伪造的借款担保书骗取他人钱财的行为特征非常明显，成立诈骗罪没有疑问。接着需要注意审查的是其伪造公司印章行为的定性问题。余某擅自私刻“副食公司”公章，成立伪造公司印章罪。关键在于判断余某的罪数问题，我国刑法理论普遍承认牵连犯概念，即犯罪的手段行为与目的行为、原因行为与结果行为分别触犯不同的罪名，由于牵连犯的法律效果是从一重罪处断，其实是将原本成立数罪的行为作为一罪来论处，因此是不当的给予行为人刑罚优惠。所以理论界普遍对牵连犯要采取限制的态度，只有存在类型性的手段行为与目的行为时，才能认定为牵连犯。伪造公司印章用于诈骗他人钱财是日常生活和实务中比较常见的现象，因此可以认为存在通常性的牵连关系，因此成立牵连犯。据此，余某成立伪造公司印章罪和诈骗罪的牵连犯，从一重罪处断，论以诈骗罪。

4. 现假定你是本案的主审法官，请根据上述案情撰写刑事判决书的判决理由和判决主文部分。

答案：应根据材料中余某是否构成犯罪来分别确定判决理由和主文的写作内容。具体写作格式和主要内容参阅下面的“答案解析”部分。

难度：中

考点：刑事判决（刑事判决书的制作要求和内容）

命题和解题思路：鉴于法律文书在司法实践中的重要作用，熟练掌握法律文书写作方法无疑是法科学生的基本实践技能。在强调考查应用能力的法考主观题考试中，该类试题有可能会大显身手。本题命题素材节选自一份刑事判决书的控辩事实和证据部分，要求考生写作刑事判决书的指定部分。考生阅读材料后，应首先结合刑法和刑事诉讼法知识，对余某是否构成犯罪、构成何罪作出准确判断，还要注意审题，注意题目要求的写作内容和格式规范，由此才能写出定性准确、格式规范的法律文书。本题提醒考生，对于法考大纲明确提到的法律文书基本格式应当有所掌握，避免考查时无谓丢分。

答案解析：

本题要求写出判决理由和判决主文两个部分。

判决理由应当以“本院认为”开头，有罪刑事判决书的判决理由阐述大体分为四个部分：第一，概述被告人触犯的具体罪名；第二，对于控辩双方观点的回应；第三，案件涉及量刑情节的评价；第四，援引刑法等法律依据。法条引用应遵循先定罪、后量刑的顺序。只写明涉及条款的数字即可，无须列举具体的条文内容。

判决主文应当在列举法律条文后，写出“判决如下：”，然后另起一段来写。其基本格式是“被告人××犯××罪，判处×××。”先写主刑、后写附加刑；如果存在刑期折抵问题在下面列明即可；应具体写明有期徒刑、拘役等刑罚的起止时间。

如果给定材料应作无罪判决，同样应以“本院认为”开头，在判决理由中应重点揭示案件中难以排除的疑点，结合具体证据进行阐述，然后援引刑事诉讼法的规定作为法律依据。判决主文写明“被告人××无罪”。

2019

国家统一法律职业资格考试系列用书

命题人讲主观题

民 法

桑　磊◎主编
张作华◎编著

中国经济出版社
CHINA ECONOMIC PUBLISHING HOUSE
中国石化出版社
HTTP://WWW.SINOPEC-PRESS.COM

图书在版编目（CIP）数据

命题人讲主观题．民法/桑磊主编．

—北京：中国经济出版社：中国石化出版社，2018. 12

2019 国家统一法律职业资格考试系列用书

ISBN 978－7－5136－5449－4

Ⅰ. ①命… Ⅱ. ①桑… Ⅲ. ①民法—中国—资格考试—自学参考资料 Ⅳ. ①D92

中国版本图书馆 CIP 数据核字（2018）第 267545 号

策划编辑　崔姜薇

责任编辑　崔姜薇　王建昌

责任印制　马小宾

封面设计　任燕飞装帧设计工作室

出版发行　中国经济出版社

印 刷 者　北京柏力行彩印有限公司

经 销 者　各地新华书店

开　　本　710mm×1000mm　1/16

印　　张　17. 5

字　　数　314 千字

版　　次　2018 年 12 月第 1 版

印　　次　2018 年 12 月第 1 次

定　　价　46. 80 元

广告经营许可证　京西工商广字第 8179 号

中国经济出版社 **网址** www. economyph. com **社址** 北京市西城区百万庄北街 3 号 **邮编** 100037

本版图书如存在印装质量问题，请与本社发行中心联系调换（联系电话：010－68330607）

>> PREFACE 前言

法考元年，考试主管机关经过多年酝酿，终于将考试分为客观题和主观题两个阶段，将主观题从司考时代的第四卷独立为一个阶段的考试，分值也从 150 分增至 180 分，同时考场上配备法律法规汇编，实现了客观题考查基础知识、主观题考查能力的不同分工，增强了考试的科学性，彰显了主管机关不断推进考试改革的决心。

一、首次主观题考试的特点

根据多年的相关经验，在“2018 年桑磊法考主观题保过班”上，本人预测了首次主观题考试的四大特点，即理论性、融合性、开放性和限缩性。

（一）理论性显著增强。主观题考试考查考生运用法律知识解决实际问题的能力，在一定程度上，可以说就是考查理论深度。

（二）融合性突出。会出现两学科甚至多学科的交叉融合考查。这是试题形式上的最大变化。分两个层次：①刑法与刑诉结合、民法与民诉结合，甚至民法与商法、民诉结合。②再进一步，将民法、刑法、行政法结合，或者与司法制度、法律文书结合。

（三）开放性进一步得到体现。司考时期只有第四卷第七题是开放性试题，无标准答案，评阅时实行“双评”。法考时期，开放性试题会增多，允许有多个答案，只要言之有理、有理有据即可。

（四）限缩性趋势明显。这一特点主要在于主观题考试题量的变化方面。即法考主观题考试可能在原来卷四基础上增加一两道融合性试题，也可能减少题量，只出几道试题。法考未来的趋势是主观题数量会减少，通过少量的论述题即可考查考生的能力。

2018 年首次法考主观题考试结束后，从广大考生的普遍反馈来看，上述四大特点基本得到了验证，特别是融合性和限缩性两个方面。在融合性方面，出现了一道“大民事”综合性试题，共 13 问，融合考查了民法、商法、民事诉讼法三科的相关知识要点；在限缩性方面，全卷只有 6 道试题，其中两道选做题择一，考生实际上只需做五道试题，与司考时代第四卷相比，题量减少了两道试题题量。

二、主观题考试趋势分析

由于首次主观题考试尚处于从司考向法考的过渡期，主管机关出于在改革的同时兼顾稳定性的考量，尚未大刀阔斧地进行试卷的调整。但可以预测的是，鉴于首次考试已经成功举办，且各方反应良好，接下来，主管机关将会对主观题试题进一步调整，以期充分发挥主观题考试的测试目的，真正实现考试改革的初衷。

2019 年及之后的主观题考试会怎样考查呢？本人觉得有以下几点值得强调：

一是融合性继续扩大。在 2018 年出现一道综合性大题之后，2019 年及之后会加大考查力度，有可能增加此种类型题目的命题数量，或者出现融合涉及三大实体法的试题。

二是限缩性进一步增强。多学科综合性试题增多之后，无须增加题量即可达到考查的目的，所以题量的长远趋势是继续削减。我国近年来的考试改革借鉴了大陆法系国家的成熟经验，从大陆法系国家的通行做法来看，只需少量试题即可实现对考生法律实际运用能力的考查。

三是主观性逐步强化。主观题之所以为主观题，是因为无论在考查目的上还是试题形式上，都与客观题明显不同。其中的一个显著特点是提问的笼统性，并且往往只设置极少提问，如前几年只设置了一问的刑法主观题（2017 年、2015 年、2014 年、2009 年）和第七题，这样才能真正考查考生的分析能力。而传统的、设有很多小问的案例分析大题并不是真正意义上的主观题，那样更类似客观题，其并不能实现主观题考试的测试目的。因此，长远来看，主观题的设问会减少，答案也将会更加开放。

根据以上主观题考试命题趋势，本人特意组织前命题人团队编写了本套用书。其中，撰写每个科目的作者老师均具有丰富的命题经验，他们在书中为大家分析了本学科的命题规律和趋势，提炼了解题思路，详细阐述了主观题考点，并对近十年的主观题进行了深入剖析。最后，每科为大家提供了 3 ~ 5 道高质量的模拟试题，其中有两科甚至多科的融合性试题，希望大家反复认真练习，力争掌握解题的诀窍。

另外，对于书中的经典真题和模拟试题，各科目的作者老师还分别录制了配套的微课讲解视频，大家在书中试题的位置手机扫码即可观看。自 2019 年 1 月开始，本人也会组织各科老师为大家带读考点内容，届时敬请广大读者关注“桑磊法考”微信公众号。

唯一深表遗憾的是，由于司法部没有公布2018年主观题，而考生的回忆版并不准确，从对考生读者负责的角度，本套书中暂未收录相关试题，而谨以前命题人团队在精准把握2019命题趋势的基础上，精心命制的各科目模拟试题以飨广大考生读者。

由于成书仓促，错误之处在所难免，恳请大家指正。

最后，预祝大家2019年度能够顺利通过主观题考试，圆梦法考！在法考之路上，我们将和大家同行！

桑　磊

2018年11月

>> CONTENTS

目 录

第一部分　命题人讲命题

2018年开启“国家统一法律职业资格考试”新时代，即“法考时代”。法考与以前的司考最大的区别就是实行“主客观分离”，即考试分为两大部分——客观题考试与主观题考试，二者分设不同的试卷、针对不同的考生、在两个不同的阶段实施。在这样一种分离模式下，主观题的命题内容和考查目的具有相对的独立性，不再因与客观题置于同一套试卷而受当年客观题的“整体性”“关联性”之约束。同时，“司考时代”卷四的民法部分明显呈现“客观化”特征——简单、直接、法条依赖性强！而“法考时代”主观题卷的考试受众是经历客观题基础知识的复习准备、通过第一阶段考试的考生，因此其考查层次、考查目的更高，考题的“主观性”愈来愈名副其实！这样一种重大的模式改革背景下，我们可以对法考时代的主观题命题趋势进行合理研判，并对备考策略进行有效指引。

一、命题规律与趋势

（一）既往命题规律

2008—2017年民法主观题考点

年份	民法部门	分值	考点及分值分布
2017	债与合同	11分	民间借贷中的买卖型担保（5分）；租赁合同（3分）；买卖风险分担（3分）
	物权	6分	混合担保（1分）；质权的消灭（1分）；不动产所有权变动（4分）
	其他	5分	个人独资企业的投资人责任承担（2分）；财产保险合同（3分）
2016	债与合同	6分	无权处分合同的效力（3分）；租赁合同（2分）；不当得利（1分）
	物权	10分	让与担保（4分）；特殊动产的物权登记（3分）；留置权（3分）
	侵权	3分	机动车交通事故责任（2分）；替代责任（1分）
	其他	3分	涉及破产的诉讼纠纷管辖和申请执行（3分）
2015	总则	3分	离婚损害赔偿请求权的时效（3分）
	债与合同	6分	预约合同的强制履行（3分）；买卖合同的瑕疵担保义务（1分）；违约责任（2分）
	物权	10分	预告登记的效力（3分）；物权变动的区分原则（3分）；混合担保（2分）；担保人的追偿权（1分）；房产登记的撤销（1分）
	婚继	2分	夫妻共有财产的处分（2分）

续表

年份	民法部门	分值	考点及分值分布
2014	总则	6 分	恶意串通（3 分）；表见代理（3 分）
	债与合同	9 分	合同变更（6 分）；情势变更（3 分）
	物权	4 分	基于法律行为的不动产物权变动（4 分）
	侵权	3 分	共同侵权（2 分）；职务侵权（1 分）
2013	债与合同	14 分	次承租人的代位清偿请求权（3 分）；出租人的适租义务（3 分）；出租人对租赁物的维修义务（3 分）；房租租赁合同装饰装修费用的处理（3 分）；违约责任（2 分）
	侵权	8 分	过错侵权（2 分）；产品责任（2 分）；用人单位责任（1 分）；过失的判断（3 分）
2012	总则	2 分	民事法律关系（2 分）
	债与合同	14 分	无名合同（2 分）；免责的债务承担（3 分）；违约责任（3 分）；合同相对性和违约责任（3 分）；实践性合同（3 分）
	物权	6 分	抵押权的物上代位性和物权优先受偿权（3 分）；物权的优先效力（3 分）
2011	总则		
	债与合同	12 分	合同效力（2 分）；不安抗辩权（4 分）；约定解除权（2 分）；合同效力（1 分）；连带债务（1 分）；违约金（2 分）
	物权	7 分	动产浮动抵押（2 分）；共同抵押物权法（2 分）；物权法定原则（2 分）；物权区分原则（1 分）
2010	总则	3 分	无权代理（3 分）
	债与合同	11 分	合同的效力（1 分）；在途货物买卖合同的风险负担（2 分）；合同的相对性（2 分）；违约金与定金（3 分）；无权处分合同的效力（3 分）
	物权	6 分	基于法律行为的动产物权变动（2 分）；一物数卖（1 分）；善意取得（3 分）
2009	债与合同	15 分	不定期租赁合同的期限与解除（3 分）；租赁物的维修（3 分）；无名合同（2 分）；租赁物的改造及费用承担（3 分）；共同居住人的继续租赁权（3 分）；违约责任（1 分）
	物权	3 分	占有回复请求权（3 分）
	侵权	4 分	雇主责任（1 分）；定作人责任（1 分）；侵权责任（2 分）
2008	总则	1 分	合伙责任（1 分）
	债与合同	11 分	违约金酌减（2 分）；一房二卖法律后果、履行不能（3 分）；法定解除权、解除的法律后果（3 分）；违约责任（2 分）；建设工程款的支付（1 分）
	物权	6 分	保证方式的推定（3 分）；建设用地使用权抵押（3 分）
	侵权	5 分	雇主责任（2 分）；物件致害归责原则（3 分）

通过对近十年民法主观题部分的考点及分值统计，可以看出，主观题的命题范围集中在合同法与物权法部分，占比达 80% 以上；且均以案例分析形式设题。这对法考时代主观题的命题仍具有重要的参考意义。法考元年（2018 年），主观题与客观题分离之后，民法部分的考查点仍然集中在合同法（合同的无效事由、合同解除权、买卖型担保、表见代理合同）与物权法（物权担保）部分。当然，这一命题传统的维持，表明在法考改革初始的过渡期，考试组织者持谨慎态度，即在考生体验和社会接受度还不明朗的情形下，在改革者尚处于探索调研的背景下，不宜过度变革。

（二）2019 年命题趋势

2019 年，改革仍将继续推进，2019 年的主观题命题趋势仍可以合理把握。

1. 理论性加强

真正体现主观题之“主观”性，考题将深度涉及民法基本原理、理论争议共识。据此，答案将具有一定的开放性、灵活性，允许并鼓励考生合理的自圆其说。

2. 综合性加大

考查重点虽然会以传统的合同法、物权法为主，但可能辅以民法总则、侵权责任法以及婚姻继承法的综合考查。同时注意实体法与程序法的贯通、一般法与特别法的融合。（法考元年已进行了重要尝试）

3. 考题模式不变

基本延续案例分析题模式，仍然以案例材料 + 提问（判断 + 理由）。有可能会尝试“结合某一案例事实，阐述某一重要民法原理”，或请考生“结合民法相关原理，谈谈对本案件的处理意见”。

4. 回避单纯法条考查

每小题的理由部分将会对相关法条的内涵、立法趣旨的深度理解予以考查，并重点考查考生通过应用法律、司法解释处理案件、评价案件处理结果的能力。由于可以现场查阅法条，考题可能会直接设问“依据 × × × 法，责任如何分配？效力如何确定？该案如何处理？”

二、备考策略

我们建议参加 2019 年主观题考试的考生，注意以下几个方面：

（一）高效厘清案件事实

在阅读案情材料时，或以时间为线索，或以人物为线索，或以标的物为线索，将案例所涉法律关系梳理清楚。利用简图、简表精准掌握案情事实，初步预测并标注“题眼”。

（二）捕捉命题意图，有的放矢

这一点特别需要考生在做模拟题时，逐渐培养自己的“猜度”能力。成功破解命题人的意图，试题往往迎刃而解。

（三）解题要求

对于案例分析题，要做到要点清晰，逻辑清楚，语言精练。对于论述题，要做到围绕问题，段落分明，要点清单化，切忌“一段到底”，堆砌字码。

最后，祝大家能够顺利通过主观题考试！

第二部分　命题人讲考点

考点1　民事法律关系

命题分析

“民事法律关系”是民法内容体系的构架骨干，也是解析具体民事案例的有效工具。在主观题卷中，该知识点虽然不会直接设题考查，但是会成为考生民法素养的检测依据，也会为考生做好主观题提供方法论上的有力支撑。

从考试角度来看，本知识点需要掌握民事法律关系的识别、民事法律关系的静态要素（民事权利）和动态要素（法律事实）。民事权利的救济与民事责任也需要从宏观上加以把握。

考点解析

一、民事法律关系的识别

民事法律关系，指民事主体之间依据一定民事法律事实产生、以民事权利和民事义务为内容的社会关系，是民法对平等主体之间的人身关系和财产关系加以调整的结果。正确识别民事法律关系，既是民事主体主张实体权利的前提，也是民事法庭受理民事纠纷的依据。

（一）从法律关系的特征上识别

相较于其他法律关系，民事法律关系具有以下特征：

1. 主体具有平等性

作为民事主体的自然人、法人和非法人组织，其间的法律地位一律平等，不存在从属、管理或支配关系。这是民事法律关系的前提条件，也是私法本质特征的体现。

2. 内容包含实体权利义务

民事法律关系实质上就是民事权利义务关系，欠缺实体权利义务的法律关系无法言说、不可捉摸、殊难想象。民事权利与民事义务相辅相成。民事义务一般与民事权利相对应而存在，也是民事权利行使与利益实现的基础；民事责任则是民事义务履行的强制保障。

3. 发生根据是法律事实

民事法律关系总是基于一定民事法律事实而产生、变更或消灭。民法之所以要调整这类私的社会关系，主要是因为出现了法律规范所认可的民事法律事实，推动了这种关系的产生和变动。不同的法律事实，决定了不同的民事法律关系。

（二）从易混法律关系中识别民事法律关系

1. 民事法律关系与行政法律关系

行政法律关系是指行政主体和行政相对人依据行政法产生的权利义务关系。比如征收、征用、罚款、责令停产停业。民事法律关系中，双方地位是平等的；行政法律关系中的当事人一方是代表国家公权力的行政主体，与行政相对人地位并不平等。识别的关键是厘清代表国家公权力的组织或个人在所涉法律关系中以何种身份参与。

注意：国有土地使用权出让、政府采购、国家赔偿等仍属于私法意义上的民事法律关系。

2. 民事法律关系与好意施惠关系

好意施惠，泛指社会生活中出于相互帮助、增进情谊，但行为人之间无意产生民法上权利义务约束关系的无偿约定或承诺。常见类型包括：①搭乘便车；②自愿管理他人事务；③顺便提供劳务；④一般活动邀约等。该类社会关系一般属于道德关系，但通过一定的转化情节，有可能产生侵权责任关系或其他债权债务关系。

二、民事法律关系的动态要素——法律事实

民事法律事实是指符合民事法律规范，能够引起民事法律关系发生、变更、消灭的客观现象。它是从动态视角认识民事法律关系的关键。民事法律事实是民事法律关系的发动机，是判断民事法律关系是否发生的基础。在法律职业资格考试中，通常涉及民事法律事实的认定，是民事法律关系类型化的依据，是案例分析的万能钥匙，具有重要的法律实践意义。重点掌握法律事实的类型化。见下表：

类型	依据	再分类及法效依据	具体类型
事件	不受意志决定	事件（效果法定）	1. 人的出生；2. 人的死亡；3. 自然灾害；4. 社会事件；5. 不当得利
		状态（效果法定）	事实状态的持续：如失踪状态、占有状态、权利不行使状态等
行为	受意志决定	法律行为（效果意定）	1. 单方行为（遗嘱、抛弃、单方允诺） 2. 双方行为（合同） 3. 共同行为（合伙协议、团体协议）
		事实行为（效果法定）	1. 发现埋藏物、隐藏物；2. 拾得遗失物、漂流物、走失动物等；3. 无主物先占；4. 创作、发明、发现；5. 生产消费；6. 加工添附；7. 无因管理；8. 侵权
其他事实	公法	效果法定	1. 司法裁判行为（仅形成性）； 2. 行政行为（征收、征用、登记、收缴、扣押）
	特别法	效果法定	时效取得、善意取得、继承取得、孳息归属、提存物归属等

三、民事法律关系的静态要素——民事权利

（一）概说

民事权利是民事主体所享有特定利益上的法律之力。

（1）主体所享有的特定利益：人身利益、财产利益、行为可能性。

（2）法律之力：法律确认；法律保障（保护与救济）。

（3）民事权利 + 民事法益——合法利益受保护。

（二）民事权利的分类

按照不同的分类标准，民事权利可以做如下之分类：

分类标准	权利类型
按照是否具有实体利益	1. 实质性权利；2. 非实质性权利
按照权利体现的实体利益性质	1. 财产权；2. 人格权与身份权
按照权利的功能作用	1. 支配权；2. 请求权；3. 形成权；4. 抗辩权
按照权利的效力范围	1. 绝对权；2. 相对权
按照权利之间相互关联	1. 主权利；2. 从权利

【说明】

1. 实质性权利与非实质性权利

（1）实质性权利，指具有实体利益内容的权利，如财产权、人格身份权。

《民法总则》第五章确认的18种权利均属于实质性权利。实质性权利还可以按照属性进一步分为绝对性权利和相对性权利。

（2）非实质性权利，无实体利益，仅具有资格性、工具性、权能性等意义。如监护权、代理权、支配权、请求权、抗辩权、撤销权、追认权等权利。

2. 财产权与非财产权

（1）财产权指以具有经济价值的利益为客体的权利。财产权可以评价，可以转让。以权利的效力和内容为标准，财产权可以划分为物权、债权、知识产权、股权、继承权等。

（2）非财产权是与权利主体的人格、身份不可分离的，没有直接经济利益的权利。非财产权包括人身权和其他非财产权。人身权是以人身要素为客体的权利，可以进一步划分为人格权和身份权。其他非财产权，如自然人信息权等。

3. 支配权、请求权、形成权、抗辩权

（1）支配权是对权利客体进行直接的排他性支配并享受其利益的权利。支配权的行使无须其他人积极的配合，只要容忍、不行使同样的支配行为即可。人身权、物权等都是支配权。

（2）请求权是特定人得请求特定他人为一定行为或不为一定行为的权利，请求权人对权利客体不能直接进行支配，其权利的实现有赖于义务人的协助，没有排他效力。债权是典型的请求权。

（3）形成权是依权利人单方意思表示就能使法律关系发生、变更或消灭的权利。撤销权、解除权、追认权、抵销权等都属于形成权。

（4）抗辩权是能够阻止请求权效力的权利，抗辩权主要是针对请求权的，通过行使抗辩权，一方面可以阻止请求权效力，另一方面可以使权利人拒绝向相对人履行义务。合同中的同时履行抗辩权、不安抗辩权等都属于抗辩权。

4. 绝对权与相对权

（1）绝对权是权利效力所及相对人为不特定人的权利。绝对权的义务人是权利人之外的一切人，又称“对世权”。物权、人格权属于绝对权。

（2）相对权是权利效力所及相对人仅为特定人的权利，相对权的效力只及于特定的义务人。故又称“对人权”，债权就是典型的相对权。

（三）民事权利行使

权利行使是指具体实现民事权利内容的行为，将可能的民事权益变为现实。

1. 行使方式

（1）法律行为之方式（如出卖、出租）；

（2）事实行为之方式（占有、使用、消费）；

（3）积极方式（用益、抛弃）；

（4）消极方式（维持现状、不行使）。

注意：怠于行使≠滥用权利。

2. 民事权利行使之限制原则——违反后果：行为无效；承担责任

（1）权利不得滥用：以有害他人的方式或目的行使权利。

（2）不得违背诚信：以违背诚实守信的道德原则行使权利。

（3）不得违反公序良俗：以违反强制保护的公共利益行使权利。

（四）民事权利的救济

1. 概念

无救济则无权利，民法对民事权利的保护，首先体现在救济机制上。民法许可民事主体在一定条件下依靠自身强制力量实施自力救济，但更倡导权利人采用公力救济手段。

2. 类型

（1）公力救济

公力救济是权利人通过行使诉权，诉请法院依民事诉讼和强制执行程序保护自己权利的措施，是保护民事权利的主要手段，在能够援用公力救济的场合，排除自力救济的适用。比如：诉讼、仲裁、执行等。

（2）自力救济

自力救济是权利人依靠自己的力量捍卫自己权利的行为，包括自卫行为和自助行为。自卫行为包括紧急避险和正当防卫等；自助行为主要指债权人及时维护债权实现，对债务人实施人身限制和财产扣押、毁损的行为。

自力救济只有在来不及适用公力救济而权利被侵犯或者有被侵犯的现实危险时，才允许被例外适用，它只是公力救济的有限补充；而且自力救济不得超过一定的限度，超过限度的，构成侵权。

（五）民事责任

1. 概念

民事主体违反民事义务应当承担的民事法律后果。它是民事权利实现的强制保障。

2. 特征

（1）民事性：民事责任与行政责任、刑事责任应予以区分；并存时以民事责任优先。

（2）义务违反性：以违反民事义务为前提。

（3）填补性：民事责任原则上是对损害后果的补救，使其恢复到原有水平；无损害无救济，也无责任。禁止利用他人过错行为更多获利，体现“救济主义”。责任竞合择一主张。

（4）强制性：可以自动承担、请求承担，但最终强制承担（以国家强制力为保障）。事后可放弃、协商，即具有一定的任意性。

（5）可归责性：兼具行为非难功能，以过错责任为主，以无过错责任为例外。

3. 分类

分类依据	责任形态
责任发生的根据	合同责任、侵权责任与缔约责任
承担内容的财产性	财产责任与非财产责任
财产责任的承担范围	无限责任与有限责任
承担主体的数量	单独责任与共同责任
共同责任的承担方式	按份责任、连带责任与不真正连带责任
过错归责原则	过错责任、无过错责任和公平责任

4. 民事责任的减免——《民法总则》规定

（1）第 180 条：不可抗力免责，主要指不能履行民事义务的，不担责。

（2）第 181 条：正当防卫不担责。但防卫过度，适当担责。

（3）第 182 条：紧急避险由引起险情者承担民事责任。但避险过度，适当担责。

（4）第 183 条：见义勇为自损，侵权人担责；受益人可以补偿。没有侵权人、侵权人逃逸或者无力承担民事责任，受害人请求补偿的，受益人应当给予适当补偿。

（5）第 184 条：因自愿实施紧急救助行为造成受助人损害的，救助人不承担民事责任。

考点 2　自然人监护制度

命题分析

监护制度兼容多个民法制度，跨越不同法律领域。涉及法律行为能力制度、代理制度、婚姻家庭制度、侵权责任制度；价值取向包括私益保护和公益维护；凸显义务本位。该制度具有较深的理论性，具备较强的“衔接”能力，容易出现在主观题考试的综合性考题中。

《民法总则》对于监护制度相关法条进行了修改和完善，如父母遗嘱指定监护、成年人意定监护、国家监护责任等制度有新变化；“监护人资格的撤销”是近年新增考点，应当引起重视。

考点解析

一、监护制度概述

（一）含义

对限制行为能力、无民事行为能力的自然人的人身、财产及其他合法权益进行监督、保护的一种民事制度。

（二）性质与功能

1. 监护权制度并非权利机制，而是义务机制、职责机制！（《民法总则》第34条：监护人依法履行监护职责产生的权利，受法律保护。）

2. 监护制度的功能在于保护弱者群体的基本权益；维护社会秩序与交易秩序。

（三）监护设立原则

1. 法定主义为主，意定主义为辅。

2. 家庭监护为基础、社会监护为补充、国家监护为保障！

3. 以满足被监护人精神利益为目的，物质利益为基础；尊重被监护人真实意愿设立监护；最有利于被监护人履行监护职责。

二、监护人的设立

监护是对限制行为能力、无民事行为能力的自然人的人身、财产及其他合法权益进行监督、保护的一种民事制度。根据设立方式的不同，分为法定监护与意定监护两种类型：前者是指由法律对监护人范围、顺序和职责予以明文规定，后者则是指在法定监护之外通过当事人合意的方式设立的监护。

1. 法定监护

我国民法体系中的监护制度以法定主义为主，意定主义为辅。故对于未成年人和无或限制民事行为能力的成年人而言，法定监护是其第一位的监护方式。

（1）一般规则

未成年人、成年人的主体差异导致其在法定监护的监护人范围、顺序等问题上存在细微差异，有必要在对比中予以记忆理解：

<table>
<tr><th>对象</th><th>法定监护人范围（顺序）</th><th>国家监护（补充兜底）</th></tr>
<tr><td>未成年人</td><td>①父母：亲生父母（离婚不导致监护人身份消灭）、养父母、继父母；
②祖父母、外祖父母；
③成年兄、姐；
④其他愿意担任监护人的个人或者组织，但是须经未成年人住所地的居民委员会、村民委员会或者民政部门同意。（去掉了《民法通则》中的“父母单位”）</td><td rowspan="2">没有依法具有监护资格的人的，监护人由民政部门担任，也可以由具备履行监护职责条件的被监护人住所地的居民委员会、村民委员会担任（《民法总则》第32条）</td></tr>
<tr><td>无、限制民事行为能力的成年人</td><td>①配偶；
②父母、成年子女；
③其他近亲属；
④其他愿意担任监护人的个人或者组织，但是须经未成年人住所地的居民委员会、村民委员会或者民政部门同意</td></tr>
</table>

（2）协议监护与指定监护

具有监护资格的人之间通过协议来确定监护人的规则。该规则实为监护职责的协议承担，是法定监护的拓展。由于父母为当然的法定监护人，故父母之间不能协议确定监护人。换言之，此处的“具有监护资格的人”范围应指**除父母之外**的同一顺序的监护人。当同一顺序监护人之间对监护人的确定**有争议**且不能协商确定时，应由有关**组织指定监护**（《民法总则》第31条）；当事人可以申请居委会、村委会或民政部门指定，或者直接向法院申请指定。

2. 意定监护

从《民法总则》相关规则来看，意定监护涵括了父母遗嘱指定监护、成年人意定监护等类型：

（1）遗嘱指定监护

遗嘱指定监护是指被监护人的父母在担任监护人期间，通过遗嘱的方式为被监护人指定监护人的监护制度。

①主体：父母；有遗嘱能力；有监护资格。

②对象：为未成年人或失能成年人指定。

③不受监护资格或顺位限制。

④被指定人同意（不具有强制性；单方行为效力的特殊限制）。

⑤尊重被监护人的真实意愿。

⑥遗嘱人死亡生效。

注意：父母如被撤销监护资格，则不符合“担任监护人期间”之要件要求，不能遗嘱指定。此外，该指定行为不受监护资格或顺位的限制。

（2）成年人意定监护

即具有**完全民事行为能力**的成年人，可以与其**近亲属**、其他愿意担任监护人的**个人或者组织**事先协商，以**书面形式**确定自己的监护人。协商确定的监护人在该成年人丧失或者部分**丧失民事行为能力时**，履行监护职责。

三、监护人的职责

监护人的职责，主要是保护被监护人的身体健康、照顾被监护人的生活、对被监护人进行管教、保护和管理被监护人的财产、代理被监护人从事民事活动、代理被监护人进行诉讼，以及承担监护之民事责任。

1. 监护人履行职责的基本原则

民法为了明确监护人履行职责的标准，确立了监护原则，包括：①最有利于被监护人原则，监护人严重违反该原则可能因此丧失监护人资格。②尊重被监护人意愿的原则，这主要是指在与被监护人的智力和身体相适应的认知范围内，监护人履行职责时应当尊重被监护人自己的意志。

2. 监护人处分被监护人财产的效力

根据最有利于被监护人原则，监护人除**为维护被监护人利益**外，**不得处分被监护人的财产**（举轻以明重，人身处分行为更不得为之）。对于该处分行为效力如何，民法并无明文规定，学界亦有争议，从法考应试角度可作**无效**评价之理解。

3. 无、限制民事行为能力人侵权责任承担——补充性、替代性、救济充分性

监护人职责极易与**无、限制民事行为能力人侵权**的责任承担相联系进行考查。根据《侵权责任法》第32条规定，无民事行为能力人、限制民事行为能力人造成他人损害的，由监护人承担侵权责任。监护人尽到监护责任的，可以减轻其侵权责任。

在具体的责任承担方式上，首先从无、限制民事行为能力人的本人财产中支付侵权赔偿费用，不足部分，再由监护人赔偿。

四、监护人资格的撤销与恢复

监护人不履行监护职责或者侵害被监护人合法权益的，应当承担法律责任。一方面包括对于违反监护职责造成被监护人或他人人身损害和财产损失予以赔偿；另一方面，若监护人不能承担或怠于履行监护职责，或者发生严重侵害被监护人利益的情形，由法院根据申请，撤销监护人的监护资格。

撤销原因	(1) 严重损害被监护人身心健康； (2) 怠于履行监护职责，或者无法履行监护职责并且拒绝将监护职责部分或者全部委托给他人，导致被监护人处于危困状态； (3) 严重侵害被监护人合法权益的其他行为
申请主体	(1) 其他具有监护资格的人； (2) 有关个人、组织（范围广泛，各类社会团体组织均可）
临时监护	适用于因撤销监护资格导致被监护人处于无人保护状态之情形；有关组织担任
撤销后果	丧失监护人身份，但其法定身份义务不受影响，亦即依法负担被监护人抚养费、赡养费、扶养费的父母、子女、配偶等，监护撤销后，应当继续履行负担的义务
恢复程序	(1) 仅限于父母或子女被撤销监护人资格情形（亲子关系）； (2) 确有悔改表现**并且**经本人申请； (3) 尊重被监护人意愿前提下，法院酌定恢复； (4) 对被监护人实施**故意犯罪**者，禁止恢复其监护资格

考点3　法人与非法人组织

命题分析

民事主体分为两大类型：自然人和组织体。作为自然人的结合体，组织体在民事生活，尤其在市场经济中扮演越来越重要角色。民法对其法律地位的塑造既参照自然人，又有别于自然人，相关法律规则有其特殊性。作为民事主体的组织体又分为法人组织与非法人组织，其法律地位的界定与民事责任的承担是法考中重要的考查点。相关法律机制背后的法理基础也是法考主观题考查切入点。需要重点关注设立中的“法人”的法律地位及其责任承担、法定代表人的代表关系与其他职务人员的代理关系、法人合并与分立后的责任承担以及非法人组织的责任承担问题。

考点解析

一、设立中的“法人”的法律地位及其责任承担

1. 法人资格取得

需办理登记的，领取企业法人营业执照之日起取得法人资格；不需登记则从设立时取得。未取得资格之前，按照“合伙性组织”处理。

2. 设立过程中发起人（设立人）的责任

（1）设立成功的，为设立法人从事的民事活动，其法律后果由法人承担。

（2）法人未成立的，其法律后果由设立人连带承受（包括违约责任、侵权责任、对认股人已缴股款本息的返还责任）。

（3）间接代理责任：设立成功的，设立人为设立法人以自己的名义从事民事活动产生的民事责任，第三人有权选择请求法人或者设立人承担。

二、法人的法律地位及其责任承担

1. “法人三独”特征

①独立人格；②独立财产；③独立责任。法人人格独立于组成法人的自然人；法人对出资财产享有所有权，出资人仅享有投资收益权。法人以其全部财产对外独立承担责任。法人成员仅以其出资为限对法人的债务承担责任。

法人“人格否认”适用情形：营利法人的出资人滥用法人独立地位和出资人有限责任，逃避债务，严重损害法人的债权人利益的，应当对法人债务承担连带责任（《民法总则》第83条）。

2. 法定代表人的责任承担——“代表关系”

法定代表人参与民事活动的法律后果直接由法人承受。法人章程或者法人权力机构对法定代表人代表权的限制，不得对抗善意相对人。

法定代表人因执行职务造成他人损害的，由法人承担民事责任。法人承担民事责任后，依照法律或者法人章程的规定，可以向有过错的法定代表人追偿。

3. 其他职务人员的责任承担——“代理关系”

对外以法人的名义从事民事活动时属职务代理行为，成立委托代理关系；由法人承担被代理人责任。法理同“单位责任”——《侵权责任法》第34条：用人单位的工作人员因执行工作任务造成他人损害的，用人单位承担侵权责任。

三、法人合并与分立后的责任承担

为了避免法人组织通过合并与分立的形态变化逃避责任，损害债权人的利益，民法特别规定了法人合并与分立后的责任承担机制。

1. 企业法人分立合并的，应经债权人同意或向债权人提供担保或提前清偿。

2. 由合并、分立后的公司承受原债权债务（分立后的当事人连带承受）。

3. 分立当事人内部协议，不得对抗第三人，但债权人参与协议者除外。

4. 分立合并均不导致清算发生。

四、非法人组织及其责任承担

1. 非法人组织是不具有法人资格，但是能够依法以自己的名义从事民事活动的组织。非法人组织包括个人独资企业、合伙企业、不具有法人资格的专业服务机构等。

2. 设立条件：非法人组织应当依照法律的规定登记或经设立批准。（注意区别于普通民事合伙、设立中的法人）

3. 拥有相对独立的财产，对外首先应当以自己的财产承担责任。

4. 不能完全独立承担民事责任。当非法人组织不能清偿到期债务时，应由该非法人组织的出资人或者开办单位承担无限、连带责任。（《民法总则》第104条）

考点4　意思表示与法律行为效力

命题分析

民事法律行为是民事主体通过意思表示设立、变更、终止民事法律关系的行为。法律行为制度是民法的基石性制度，它是法律关系的引擎；是意思自治的工具；是对公权强制的博弈；也是民法原理的精髓所在。法律行为的实质就是意思表示行为，具有复杂的内部构造和深刻的理论基础。因此，该知识点也一定是法考主观题考查理论宽度和深度的重要依据，同时也能用于考查考生运用基础理论判断实务中合同、承诺、遗嘱、结婚等效力的实践能力。命题的重点在于意思表示的内部构造及瑕疵状态、影响法律行为效力的一般因素和特殊因素。

考点解析

一、意思表示

（一）概述

意思表示是指行为人将意图发生一定私法上效果的内心意思，以一定的方式表达于外部的行为。它由目的意思、法效意思及表示行为三要素组成。意思表示是法律行为的核心要素，决定法律行为的成立与效力。《民法总则》专设“意思表示”一节，将以往的民法理论学说法律化，体现立法者对基本法理的接受和认可。

（二）意思表示的形态、方式、生效及解释

<table>
<tr><th>形态</th><th>含义</th><th>相对人</th><th>方式</th><th>生效规则</th><th>规则适用</th><th>解释规则</th></tr>
<tr><td rowspan="4">明示</td><td rowspan="4">以文字、语言、网络数据、特定体态语言进行明确表示</td><td rowspan="2">特定相对人</td><td>双方对话</td><td>了解主义</td><td>相对人知道时生效</td><td rowspan="3">表示主义：有相对人，按照所用词句，确定表示含义</td></tr>
<tr><td>双方非对话</td><td>到达主义</td><td>未指定特定系统的，相对人知道或者应当知道该数据电文进入其系统时生效</td></tr>
<tr><td>不特定相对人</td><td>双方不对话</td><td>发出主义</td><td>广告、公开悬赏等公布时生效</td></tr>
<tr><td>无相对人</td><td>单方不对话</td><td>作出主义</td><td>所有权抛弃、立遗嘱等表示完成时生效</td><td>意思主义：无线对人，不拘泥词句，探求真意</td></tr>
<tr><td rowspan="2">默示</td><td>积极作为</td><td rowspan="2">特定相对人</td><td rowspan="2">双方不对话</td><td rowspan="2">—</td><td>法律推定</td><td rowspan="2">无明确词句，无须解释</td></tr>
<tr><td>消极沉默</td><td>依法律规定、当事人约定或者交易习惯时，可以视为意思表示</td></tr>
</table>

（三）意思表示瑕疵及其撤销

1. 概述

意思表示由内心意思与外部表示所构成，意思与表示不一致或者意思表示不自由，产生非真实意思表示，即为意思表示瑕疵。瑕疵原因包括：①虚伪表示；②错误表示；③欺诈表示；④胁迫表示；⑤显失公平表示。相关行为的法律后果或无效，或可撤销。

2. 虚伪表示，无效；而隐藏行为可以有效。**【新增一种瑕疵，但不属于可**

撤销】

3. 错误表示，要求“重大误解”；单方行为也可撤销；除斥期间3个月（保护信赖利益）。

4. 欺诈表示，受欺诈方有权撤销；除斥期间1年；第三人欺诈须相对人知情。

5. 胁迫表示，受胁迫方有权撤销；包括第三人胁迫；自胁迫行为终止之日起1年内撤销。

6. 一方利用对方处于危困状态、缺乏判断能力等情形，致使民事法律行为成立时显失公平的，受损害方有权撤销。除斥期间1年。

7. **撤销权受双重期间限制。先看短时（1年或3个月），再看长时（5年）。注意起算点。**当事人自民事法律行为发生之日起5年内没有行使撤销权的，撤销权消灭。【新增】

（四）意思表示的能力——法律行为能力

1. 概述

行为能力是指民事主体通过独立的法律行为行使民事权利、履行民事义务的能力。其核心为“意思能力”，即行为人认识、判断、识别自己行为性质、后果的能力。它是法律行为效力的重要依据。价值趣旨在于尊重意思自治、保护弱者利益、维护交易安全。民法按照“年龄+智力发育、精神状态”标准，将法律行为能力分为三种状态：①无能力；②限制能力；③完全能力。

2. 行为能力与法律行为效力

（1）无民事行为能力人，不能独立实施任何有效法律行为！需要代理人代为实施。

（2）限制行为能力人：

①可独立实施纯获利益的法律行为；或与其年龄、智力相应的法律行为。

②合同行为可被代理、同意、追认。

③其他行为无效，如遗嘱行为、合伙行为、商行为。

二、法律行为的效力

法律行为效力判断是各类民法考试设题的必备选项。民事主体依照意思自治原则成立的法律行为，是否能获得法律的认可，产生其所预期的法律后果，达到自己的行为目的，取决于民法对当事人所实施行为的有效认可。法律为了凸显对意思自治的尊重，原则认可已成立的法律行为的有效性，而谨慎适用无效判断机制管控当事人的自治行为，同时通过补正机制和部分无效机制，最大限度对交易秩序与交易效益进行维护。考生在要求判断合同、遗嘱、婚姻等行为效力时，既要通盘考量各种影响行为效力的法定因素，也要领会立法者在效力判断机制设计上的当代价值取向。

（一）法律行为的有效要件

当事人自治完成的意思表示行为获得了法律的肯定性评价；法律赋予法律行为以拘束力，并容许产生行为人预期的民事法律后果，此谓有效的法律行为，其要件具体包括：

（1）行为能力——达标（私益要件，但具有公益性）。

（2）意思表示——真实（自愿、一致）。

（3）行为内容——合法（不违反法律法规的强制性规定；不违背公序良俗）。

（4）特殊生效要件：死亡（遗嘱）、失能（意定监护）、附条件期限合同、主管审批、交付（自然人借款、定金合同）。【但保管合同自保管物交付时成立】

（二）法律行为一般无效情形

1. 欠缺相应行为能力**（无效Ⅰ——无能行为）**：不具有相应行为能力者其法律行为原则上无效。

2. 通谋的虚假行为：**（无效Ⅱ——双方虚假行为）**缺乏真实法效意思。如不害他人的阴阳合同、名卖实赠合同等。【但假离婚有效】【隐藏行为可以有效】

3. 恶意串通损害他人的行为：**（无效Ⅲ——恶意串通行为）**不仅意思表示瑕疵，而且目的非法。如代理人为拿回扣订立高价合同；开发商与知情第三人一房二卖、用合法形式掩盖非法目的等。

4. 违反强制法律：**（无效Ⅳ——违法行为）**违反法律、行政法规的强制性规定的民事法律行为无效，但是该强制性规定不导致该民事法律行为无效的除外。【违法并不一定无效】

5. 违背公序良俗：**（无效Ⅴ——背俗行为）**欺诈胁迫订立合同损害国家利益、销赃行为、维持婚外不正当性关系协议、忠诚协议、免除亲属法定义务的协议、人工代孕合同、解除亲子关系协议等。

（三）法律行为特别无效规定

1. 合同法

（1）未取得预售许可证明的商品房买卖合同无效（但可补正）；开发商与第

三人恶意串通订立商品房买卖合同并将房屋交付使用，导致其无法取得房屋的，无效。

（2）承包人非法转包、违法分包建设工程或者没有资质的实际施工人借用有资质的建筑施工企业名义与他人签订建设工程施工合同的行为无效。

（3）违章建筑房屋的租赁合同无效。

2. 物权法

当事人之间订立有关设立、变更、转让和消灭不动产物权的合同，除法律另有规定或者合同另有约定外，自合同成立时生效；未办理物权登记的，不影响合同效力。【扩大解释：动产未交付的，也不影响合同效力】【区分原则】

3. 担保法

（1）保证合同因主合同无效而无效。

（2）主合同当事人双方串通，骗取保证人提供保证的；主合同债权人采取欺诈、胁迫等手段，使保证人在违背真实意思的情况下提供保证的；债权人知道或者应当知道欺诈、胁迫事实的，保证人不承担保证责任（即保证合同无效）。

4. 婚姻继承法

四个婚姻无效事由：重婚；近亲婚；恶疾婚；未到法定婚龄结婚。胁迫结婚可通过撤销而无效；欺诈、胁迫、乘人之危、重大误解的遗嘱，应属无效。

（四）厘清效力的拘束范围、当事人、时间

如可撤销行为被撤销前为有效；限制行为能力人的行为被追认前为无效；无权代理合同被拒绝追认仅对被代理人无效；无权处分行为仅对物权变动无效；遗嘱、合同中的部分内容无效不影响其他有效部分；无效行为可依法定事由嗣后补正而有效、内部效力不能对抗善意。

考点5　代理制度

命题分析

代理制度是指代理人依据代理权，以被代理人的名义独立与第三人实施民事行为，由此产生的法律效果直接归属于被代理人的一种法律制度。该知识点具有一定的理论性和综合性，涉及民事法律行为制度、婚姻家庭制度；关系到多重主体的利益平衡。在2008—2018年的主观题（案例分析大题）中考过3次，属于主

观题的高频考点。

本考点的主观题设题角度将围绕代理关系与其他类似关系的区别、代理权的行使、代理责任的分配等。

考点解析

一、代理关系与其他关系的易混点

代理关系须从三个基本特征进行认定：

（1）代理人以被代理人的名义（含隐名代理）：因而，**行纪行为不构成代理。**

（2）代理人独立实施法律行为：因而，**居间行为不成立代理。**

（3）代理人以利益被代理人为目的，并将代理效果归属于被代理人。因而，**单纯的冒名行为不成立无权代理关系。**

另外，还需注意代理关系与代表、无权处分、无因管理等法律关系的区别。

（一）代理与代表

代理责任和代表责任虽然都可以归属于所代理或代表的组织体，但：①代表人与被代表人是同一人格体，而代理人和被代理人是两个独立的主体；②代表人的代表行为是组织体的行为，不发生效力归属问题，代理人的行为不是被代理人的行为，但发生效力归属问题。

注意区分：法定代表人和其他职务人员的地位与责任。

相关法条理解：①《民法总则》第 61 条：法定代表人以法人名义从事的民事活动，其法律后果由法人承受。法人章程或者法人权力机构对法定代表人代表权的限制，不得对抗善意相对人。②《民法总则》第 170 条：执行法人或者非法人组织工作任务的人员，实施民事法律行为，对组织发生效力。法人组织对职权范围的限制，不得对抗善意相对人。③《合同法》第 50 条：法定代表人、负责人超越权限订立的合同，除相对人知道其超越权限外，代表有效。

（二）无权代理与无权处分

比较项	无权代理	无权处分
权源瑕疵	欠缺代理权	欠缺处分权
行为名义	以被代理人的名义	以行为人自己的名义
行为效果	被追认时为被代理人承担，被拒绝时则代理人承担	无权处分成立侵权、不当得利、物权追及效力或第三人善意取得等

（三）无权代理与无因管理

虽都有利益本人的意图，但由于前者源于代理权欠缺，后者源于好意相助，二者存在以下区别：

比较项	无权代理	无因管理
利益关系人	三方关系	双方关系
行为性质	代理行为一般为法律行为	管理行为一般为事实行为
行为能力要求	代理人需具有完全行为能力	管理人可以是欠缺行为能力人
本人的名义	以被代理人的名义	可以被管理人或自己名义进行管理
责任承担	本人承担；被拒绝则行为人承担	被管理人承担；行为人轻过失免责

二、代理权的行使

代理权是指代理人基于被代理人的意思表示或法律的直接规定，能够以被代理人的名义为意思表示或受领意思表示，其法律效果直接归于被代理人的资格。代理权从本质上说只是一种资格或法律地位，代理人取得代理权只是意味着他得以代理人的名义与第三人进行民事行为，其行为后果直接归属于被代理人。

代理权的行使要求代理人本着诚信和勤勉态度履行职责、行使代理权，具体要求：①亲自代理；②有权代理；③利益本人代理；④合法代理。

（一）代理权的滥用及其后果

代理人在实施代理行为时，违背代理权的设定宗旨和基本准则、有损被代理人利益的行为，构成代理权的滥用，其代理行为原则无效，并将产生相应责任承担后果。

1. 自己代理：代理人以本人的名义对于自己为意思表示或受领自己作出的意思表示，而实施代理行为。该行为非经被代理人追认，无效。

2. 双方代理："一手托两家"，代理人同时兼任双方当事人的代理人实施代理行为，**非经双方被代理人同意的，无效。**

3. 恶意串通代理：代理人与第三人恶意串通，损害被代理人的利益而实施代理行为，**当然无效，并连带承担责任。**

（二）合法复代理

本着"亲自代理"的诚信原则，代理人在没有被代理人授权或同意不得转委托（次代理）。但紧急情况下为被代理人利益也可转委托代理。次代理人是被代理人的代理人而不是代理人的代理人；代理人仅承担对于次代理人的指示责任和选任责任。非法转委托的，代理无效；代理人承担一切后果。

三、表见代理

表见代理，本属于无权代理，但因具有外表授权的特征，致使相对人有理由相信行为人有代理权而与其进行民事法律行为，法律使之发生与有权代理相同的法律效果。表见代理的发生，往往与本人有某种可归责的关联性，法律为了保护善意第三人利益，维护交易安全特设该制度。因此，考生须从法理上理解、运用《合同法》第49条规定，严格把握表见代理的如下构成要件：

1. 符合狭义无权代理的四要件：①欠缺代理权（未被授权、超越代理权限和代理权已终止；②本人名义；③利益本人并将效果归属本人；④代理人独立行为。

2. 无权代理人实施的法律行为有效（符合有效要件，不具备无效情形）；

3. 有使相对人相信行为人具有代理权的事实和理由（相对人负举证义务）；

4. 相对人善意且无过失，即不知代理人欠缺代理权，且没有疏忽或懈怠（被代理人负举证义务）。

四、代理的效力推定和连带责任

（一）代理效力推定

作为被代理人的自然人死亡或者丧失行为能力。但代理行为在下列情形下仍然有效：

1. 代理人不知道被代理人死亡；

2. 被代理人的继承人承认；

3. 约定完成时终止的；

4. 被代理人死亡后为了其继承人利益继续完成的。

（二）代理中的连带责任

1. 代理人和第三人恶意串通、损害被代理人的利益的，由代理人和第三人负连带责任。

2. 第三人知道行为人无权代理而实施代理行为给他人造成损害的，由第三人和行为人负连带责任。【不知情者享有催告权或撤销权；有理由相信者，代理有效】

3. 转委托授权不明时，代理人与有过错的次代理人对本人承担连带责任；因转托不明给第三人造成损失的，被代理人应当向第三人承担民事责任，有过错的代理人负连带责任。

4. 代理人知道被委托代理的事项违法仍然进行代理活动的，或者被代理人知道代理人的代理行为违法不表示反对的，由被代理人和代理人负连带责任。

5. 共同代理人就共同过错的代理行为对本人承担连带责任，未与其他代理人协商的除外。

考点6　诉讼时效的适用范围

命题分析

民事主体享有权利行使自由，只要不构成“滥用权利”，其可以自由选择行使权利的方式和时间，甚至选择不行使权利或抛弃权利。但“诉讼时效制度”对这一基本原则进行了突破。该制度背后的法理基础和价值基础具有一定的理论性，成为主观题考查的切入点。同时，许多案例纠纷都涉及当事人主张权利的时效问题，这一知识点便容易纳入案例分析的考点。《民法总则》对时效制度做了重要改变；许多特殊时效制度散见于部门法，因而也极有可能成为综合题的考点。

主观题考查重点围绕诉讼时效的适用范围（客体）、诉讼时效期间的变化以及权利存续期间的特殊规定三个方面。

考点解析

一、诉讼时效的适用范围（客体）

根据《民法总则》第188条规定，**请求法院保护民事权利的权利，**受法定期间的限制。理论上，诉讼时效的适用范围包括一切需要公力救济的民事权利。该制度通过限制权利的消极行使，达到促使权利人及时地、主动地主张权利，以提高交易效益和维护交易安全。该“限权”制度使得义务人享有积极利益，而权利人承受消极利益。不管是绝对性权利还是相对性权利，都应当积极行使，都有被督促的必要。但由于绝对性权利内含“状态维持”利益，权利人可以通过“懈怠”方式行使之，一般不需要法律强令其行使。所以，理论和实务中，诉讼时效的客体一般限于相对性的债权及其请求权，原则上不适用于绝对性的物权、人身权、知识产权。

所谓债权请求权，是基于债权的权能而生的请求权，该类债权包括合同债权、单方允诺债权、无因管理债权、不当得利债权、侵害绝对权之债权。

但基于投资、存款行为所生债权不适用；基于身份关系所生请求权不适用。

法条解读：《民法总则》第196条：下列请求权不适用诉讼时效的规定：

1. 请求停止侵害、排除妨碍、消除危险。【绝对性权利的支配维持不受时效限制】

2. 不动产物权和登记的动产物权的权利人请求返还财产。**【物权的支配回复不受限制；但未登记的动产则例外的受限制】**

3. 请求支付抚养费、赡养费或者扶养费。【基于身份关系的债权请求权不受时效限制】

4. 其他请求权。【按照前述原理把握，并结合特别法把握】

二、诉讼时效的变化

（一）诉讼时效期间的中止

在诉讼时效期间的最后6个月内，权利人主观上积极行使，而因客观障碍不能行使！可依法中止诉讼时效期间的进行。自中止时效的原因消除之日起满6个月，诉讼时效期间届满。

法定中止情形如下：

1. 不可抗力；

2. 无民事行为能力人或者限制民事行为能力人没有法定代理人，或者法定代理人死亡、丧失民事行为能力、丧失代理权；

3. 继承开始后未确定继承人或者遗产管理人；

4. 权利人被义务人或者其他人控制；**【债权人一开始就被控制，应适用20年期间】**

5. 其他导致权利人不能行使请求权的障碍。

（二）诉讼时效期间的中断

在诉讼时效进行中，因法定事由的发生致使已经进行的诉讼时效期间全部归于无效，诉讼时效期间重新计算。法定的中断事由如下：

1. 权利人向义务人提出履行请求。【私力方式主张债权】。

2. 义务人同意履行义务（认诺）：①同意分期履行或部分履行；②请求延期；③提供担保；④支付利息或租金；⑤制定清偿计划等承诺或者行为等。【被动方式主张债权】

3. 权利人提起诉讼或者申请仲裁，包括提起诉讼，反诉，独立第三人参加诉讼等。

4. 同等效力的其他情形：包括向准司法机关请求保护自己权利，如行政申诉；申请人民委员会调解；信访；申请支付令；申请执行；申请破产；申请诉前财产保全；诉中主张抵销；为主张权利而申请宣告义务人失踪或死亡等。【公力方式主张债权】

特别注意：**诉讼时效届满，债务人同意履行，视为债务人对诉讼时效利益的放弃，事后不得以诉讼时效期间届满为由抗辩；诉讼时效重新开始，但并不是诉讼时效中断。**

三、诉讼时效特殊规定【考试中的法律适用：特别法不同于民法总则规定，以特别法为准】

1. 欠缺行为能力人对其法定代理人的请求权的时效期间，自法定代理终止之日起计算。

2. 未成年人遭性侵的损害赔偿的时效期间，自受害人年满 18 周岁之日起计算。

3. 产品缺陷损害的诉讼时效 2 年，该请求权在缺陷产品交付最初消费者满 10 年丧失；但是，尚未超过明示的安全使用期的除外。

4. 环境污染损害赔偿时效期间为 3 年，从当事人知道受到污染损害时起计算。

5. 有关船舶发生油污损害的请求权，时效期间为 3 年，自损害发生之日起计算；但是，在任何情况下时效期间不得超过从造成损害的事故发生之日起 6 年。

6. 遗失物通过转让被他人占有的，权利人有权向无处分权人请求损害赔偿，或者自知道或者应当知道受让人之日起 2 年内向受让人请求返还原物。【权利存续期间，即受让人 2 年后可以取得遗失物的所有权，**此为取得时效的特殊规定**】

7. 遗失物自发布招领公告之日起 6 个月内无人认领的，归国家所有。【国家所有权的时效取得】

8. 占有人返还原物的请求权，自侵占发生之日起 1 年内未行使的，该请求权消灭。**【占有回复权存续期间，并非严格意义上的诉讼时效期间】**

9. 债权人领取提存物的权利，自提存之日起 5 年内不行使而消灭，提存物扣除提存费用后归国家所有。**【提存权存续期间】**

10. 抵押权人应当在主债权诉讼时效期间行使抵押权；未行使的，人民法院

不予保护。【《物权法》第202条】【**抵押债权的诉讼时效，并非抵押物权的消灭时效**】

11. 在合同约定的一般保证期间和法定的保证期间（6个月或2年），债权人未对债务人提起诉讼或者申请仲裁的，保证人免除保证责任；债权人已提起诉讼或者申请仲裁的，保证期间适用诉讼时效中断的规定。【保证债权的存续期间】

12. 买受人在合理期间内未通知或者自标的物收到之日起2年内未通知出卖人的，视为标的物的数量或者质量符合约定（有质量保证期者除外）。【**质量异议权存续期**】

13. 继承权纠纷提起诉讼的期限为2年，自继承人知道或者应当知道其权利被侵犯之日起计算。但是，自继承开始之日起超过20年的，不得再提起诉讼。【诉讼时效】

14. 当事人因对方离婚时隐藏、转移、变卖、毁损夫妻共同财产，或伪造债务企图侵占另一方财产的，离婚后请求再次分割夫妻共同财产的诉讼时效为2年，从当事人发现之次日起计算。【财产**侵权的时效期间**】

15. 离婚损害赔偿请求权在办理离婚登记手续1年后提出的，不予支持。【人身侵权的时效期间】

考点7　物权的变动

命题分析

物权变动是历年主观题（案例分析大题）考试的永恒考点，经常与“一物二卖”或“且卖且抵”结合起来考查，其重要性毋庸赘述。

考试重点围绕基于法律行为物权变动之区分原则、非基于法律行为的物权原始取得、物权变动的公示制度等方面。

考点解析

一、区分原则

考试中，区分原则的应用从不动产扩及动产、从所有权扩及担保物权和用益物权，改变了以往考试重心集中在不动产转让与不动产抵押的倾向。

（一）区分原则的适用前提：基于法律行为的物权变动

只有在物权变动基于一定的法律行为（即债权行为）发生时，才有区分原则适用的空间。因此，需先把握我国物权发生变动的基本条件，才能进一步把握区分原则。物权变动的基本条件如下：

1. 法律行为须有效：我国不承认物权变动的无因性，因此法律行为的效力直接影响物权变动的效果。法律行为若因效力瑕疵被撤销或无效，即使已完成交付或者登记，物权变动也会通过“不当得利返还请求权”而回复。

2. 行为人具有处分权：转让人对处分标的物享有处分权（所有者或被授权者）。欠缺处分权虽不影响债权行为效力，但直接影响物权变动效果。

3. 物权变动须公示：（不动产登记或动产占有）法律另有规定除外。

（二）区分原则的实质——法律行为与物权变动既相区别又相关联

物权变动的区分原则是指通过买卖、赠与、用益、设立担保等法律行为进行物权变动时，应当将法律行为的效力与物权变动的效果区别对待，即法律行为的效力依照法律行为效力机制判断，而物权变动是否发生则依据物权变动规则判断；而且，因欠缺公示不发生物权变动效果的，法律行为（债权行为、基础行为或原因行为）的效力不因此受影响，但是法律行为无效时则影响物权变动的实际发生。

物权变动区分原则是中国民法对传统德国民法“物权行为理论”创造性继受的结果。区分原则的建立不但支持了“物权绝对性”基本法理，而且为构建“物—债二元体系”、厘清物权法和债权法不同制度功能、建立完备的物权变动规则、区分当事人的不同法律责任等，提供了科学的准则。

我国物权变动区分原则，适用于动产物权和不动产物权的设立、转让、变更和消灭；该物权变动涵盖所有权、用益物权、担保物权的变动。我国民事立法和实务在继受该原则时保留了自己的特点：

1. 物权变动的区分原则仅体现为两种法律事实效果的区分，即区别对待物权变动的效果与其原因行为——债权行为的效力。

2. 物权变动的区分原则不承认物权行为的无因性。物权行为的无因性是指物权变动中，只要物权行为有效，即使其原因行为——债权行为无效也不影响物权变动的发生。而在我国，作为原因行为的债权行为无效，物权变动虽然有效，但其效力维持的基础则丧失，即物权的取得变为不当得利。

（三）物权变动区分原则的规范应用

1. 不动产转让（买卖、赠与、互换）中，若未办理过户登记，物权不发生转让，受让人尚未取得不动产物权，但转让合同若无其他效力瑕疵，依然有效（《物权法》第15条）。

2. 不动产抵押中，未办理抵押登记，则抵押权不设立，但抵押合同的效力不因此受影响（《物权法》第187条）。**【抵押合同有效体现在抵押人有义务就抵押物的相应价值向抵押权人履行清偿】**

3. 动产转让（买卖、赠与、互易），若未交付动产，不发生动产所有权的变动，受让人尚未取得动产所有权。但转让合同是否有效仅需遵照合同法效力制度确定（《物权法》第23条）。

4. 动产质押中，未交付动产（或依占有改定方式交付），质权不设立，但质押合同另行依合同法相关规则确定其效力（《物权法》第212条）。

5. 土地承包经营权的转让、地役权的设立、动产抵押权的设立自合同生效时发生物权变动效果，未经登记不得对抗善意第三人。**【两者效力虽然具有同步牵连性，但仍体现区分原则】**

二、非基于法律行为的物权变动

（一）非基于法律行为的物权变动概述

除因法律行为引起物权关系变动者外，民事生活中还有大量因其他类型法律事实而产生物权变动的情形。非基于法律行为的物权变动有两个特点：第一，物权变动不需要有效的法律行为；第二，物权变动不需要公示或不必公示。该种物权变动的法律事实或原因包括：因善意取得、生效法律文书、继承或受遗赠、合法建造房屋等事实行为、征收、没收、强制执行、添附、取得孳息等发生的物权变动。

（二）非基于法律行为的物权变动的规范应用

1. 因生效法律文书或人民政府的征收决定发生的物权变动（《物权法》第28条）

（1）物权变动时间：物权变动自法律文书或者人民政府的征收决定等生效时发生效力。

（2）生效法律文书的性质：通说认为，**因生效法律文书发生的物权变动中的法律文书仅限于行使形成诉权所产生的形成判决、裁定，不包括确认判决和给付判决，且不包括行使单独形成权产生的生效判决，**之所以不包括单独形成权是因为单独形成权通过权利人自身行使即产生形成力，其生效判决属于确认判决。例如，解除合同，解除通知到达时即发生物权变动效果，后诉诸法院产生的生效判决仅为确认判决。

（3）生效法律文书的范围：属于《物权法》第28条规定的常见的生效形成

判决有：①人民法院、仲裁委员会在分割共有不动产或者动产等案件中作出的改变原有物权关系的生效判决书、裁决书、调解书；②人民法院在执行程序中作出的拍卖成交裁定书、以物抵债裁定书；③行使离婚请求权形成的分割财产的生效判决；④依据可撤销合同中的撤销权产生的生效判决；⑤债权人行使撤销权所产生的生效判决。

2. 因继承或受遗赠发生的物权变动（《物权法》第29条）

（1）物权变动时间：因继承或受遗赠发生的物权变动，物权变动自继承或受遗赠开始时发生效力。即被继承人死亡时，继承人或者受遗赠人取得遗产所有权或者他物权，无须登记或者交付。

（2）共同共有：法定继承中，若继承人有两个或两个以上，则在继承开始之后遗产分割之前，法定继承人对遗产成立共同共有。

3. 因合法建造房屋、拆除房屋等事实行为发生的物权变动（《物权法》第30条）

（1）物权变动时间：物权变动自事实行为成就时发生效力。

（2）事实行为成就：合法建造房屋的，房屋封顶之时，建造人取得房屋所有权；拆除房屋的，每一层屋顶掀开之时，房屋所有权消灭。

【注意】

（1）依照《物权法》第28条~第30条发生物权变动的，无须登记即可发生物权变动。

（2）依照《物权法》第28条~第30条发生物权变动虽无须登记即可发生物权变动效果，但未办理宣示登记（原始登记），权利人对该不动产缺乏处分权，权利人处分该不动产的，不发生物权变动效果，但不影响合同效力；欠缺宣示登记仅影响处分权，不影响该不动产物权的其他权能，例如权利人可以依法出租房屋。

（3）欠缺宣示登记不影响权利人获得物权保护，物权遭受侵害的，物权人可以依法主张保护请求权。

（4）依照《物权法》第28条~第30条发生物权变动后未办理宣示登记致使不动产物权权属登记错误的，登记名义人无权处分该不动产的，适用善意取得，实际权利人有权请求无权处分人赔偿损害。

4. 因取得孳息发生的物权变动（《物权法》第116条）

（1）概念：原物是指依自然属性或法律的规定，能够产生收益的物。孳息是指由原物产生之物，包括天然孳息和法定孳息。天然孳息是指依原物的自然属性而产生的物，例如果树所结的果实、母牛生下的小牛、土地上生长的粮食等。法定孳息是指原物依照法律规定而产生的物，例如出租房屋收取的租金、彩票中奖所获奖金或奖品。

（2）孳息的归属

①天然孳息：当事人之前有约定的按照约定取得；没有约定的由所有权人取得，既有所有权人又有用益物权人的，由用益物权人取得。

②法定孳息：当事人有约定的按照约定取得；没有约定或者约定不明确的，按照交易习惯取得。

【注意】

（1）抵押权人（在抵押物被法院扣押后）、质权人、留置权人（在质押、留置期间）有权**收取**孳息，但“收取”孳息不等于“取得”孳息所有权，收取孳息之后，该孳息可先冲抵收取孳息的费用。

（2）《合同法》第163条：标的物在交付之前产生的孳息，归出卖人所有，交付之后产生的孳息，归买受人所有。

（3）夫妻一方个人财产在婚后产生的收益，除孳息和自然增值外，应认定为夫妻共同财产。

5. 因添附发生物权变动

（1）不动产吸收动产的所有权。

（2）价值大的动产吸收价值小的动产。

（3）按份共有。

三、不动产物权变动公示——登记的种类和效力

类型	适用条件	法律效力
原始登记	不动产所有权、用益物权首次确权登记（国有自然资源可不登记）	未办理的，不得办理其他类型登记
移转登记	不动产权属发生转移的登记	所有权发生移转
更正登记	经权利人、利害关系人申请，登记名义人书面同意更正或者证明登记确有错误的事项予以更正	1. 在错误登记之后已经办理了涉及不动产权利处分的登记、预告登记和查封登记的，登记机构不应当予以办理更正登记； 2. 更正登记之后以更正登记的内容确定物权的归属和内容

续表

类型	适用条件	法律效力
异议登记	因登记名义人不同意更正且未办理更正的、事实上的权利人以及利害关系人对不动产登记簿记载的权利提出的异议记入登记簿	1. 因异议登记不当给权利人造成损害的，赔偿损害； 2. 申请人在异议登记之日起 15 日内不起诉，异议登记失效； 3. 异议登记期间，登记权利人以及第三人因处分权利申请登记的，应当提供知悉异议登记存在并自担风险的书面承诺
预告登记	商品房等不动产预售、买卖、抵押的，为了保全债权的实现、保全物权的顺位等而进行的提前登记	1. 未经预告登记的权利人同意，转移不动产所有权，或者设定他物权的，不发生物权效力； 2. 预告登记生效期间，未经预告登记的权利人书面同意，处分该不动产权利申请登记的，不动产登记机构应当不予办理； 3. 预告登记后，债权消灭、预告登记的权利人放弃预告登记的或者三个月内未申请登记的，预告登记失效

四、动产物权变动公示——交付

交付是动产物权变动的公示方法，是指动产占有或者所有权凭证的移转。交付的要件有二：其一，移转占有，既可以是直接占有，也可以是间接占有；其二，具有交付的合意。交付通常指现实交付，但为了交易便利，法律规定有时也可以以观念交付（拟制交付）代替现实交付。据此，交付的类型有四：现实交付、简易交付、指示交付、占有改定。（以下重点讲述现实交付、简易交付和指示交付三个方面）。

（一）现实交付

现实交付指标的物占有的现实移转，即对动产的事实管领力的移转，使受让人取得标的物的直接占有。生活中大多数民事交易关系都是现实交付。

1. 现实交付的类型

现实交付并不仅限于让与人，假借他人之手进行的交付也可视为现实交付，主要有三种情况：

（1）经由占有辅助人为交付，例如甲将玉佩出售于乙，约定由乙的员工丙接收拿玉佩，后甲依约定将玉佩交付于丙。丙是乙的占有辅助人，当甲将玉佩交付于丙时即完成现实交付，乙取得玉佩所有权。

（2）经由占有媒介关系为交付，例如甲将玉佩出售于乙，乙与丙约定由丙帮其保管该玉佩，乙与丙之间成立占有媒介关系，故甲将玉佩交付于丙时即完成交付。

（3）经由被指令人为交付，例如甲将玉佩出售于乙，乙转售于丙，乙请甲将该玉佩交付与丙，甲依约定将玉佩交付于丙。丙是被指令人，当甲将玉佩交付于丙时即完成现实交付，乙取得玉佩所有权。

2. 动产买卖的现实交付（《合同法》第141条、《最高人民法院关于审理买卖合同纠纷案件适用法律问题的解释》第12条）

交易双方约定了交付地点的则在约定的交付地点完成现实交付，若未约定交付地点，则完成现实交付的情况有以下两种：

情形	完成现实交付的地点
标的物不需要运输（买受人上门提货）	出卖人和买受人签订合同时知道标的物在某一地点的，出卖人应在该地点交付标的物；订立合同时不知道标的物所在地点的，应在出卖人订立合同时的营业地交付标的物
标的物需要运输	出卖人将标的物交付第一承运人时视为完成现实交付

（二）简易交付

简易交付是指动产物权设立和转让前，受让人已经事先占有该动产时，让与人与受让人之间关于动产物权变动的合同生效则视为交付，以代替现实交付。

（三）指示交付

指示交付是指动产物权设立和转让前，动产被第三人直接占有，让与人与受让人达成协议出让人将其对于第三人的返还请求权让与受让人以代替现实交付的交付。指示交付中存在两个合意：第一，移转标的物所有权或设立质权的合意；第二，让与返还请求权的合意。

考点8 所有权的特别取得方法

命题分析

所有权的特别取得方式涉及物权法“物权法定”原则的理解和应用。这种取得制度的设置涉及信赖利益和交易秩序的保护，也关乎财产利益变动的道德基础的维护。对该制度的理解和应用需要把握背后的立法价值趣旨，符合主观题命题思路。本考点重点介绍善意取得制度和遗失物拾得制度。

考点解析

一、善意取得

（一）概述

“善意取得”，是物权法中考查频率最高的知识点，加上《最高人民法院关于适用〈中华人民共和国物权法〉若干问题的解释（一）》将该制度进行了更新，考生须慎重对待！除掌握善意取得构成要件之外，还要全面把握善意取得与拾得遗失物制度之间的联系。

现代民法基于公示公信原则，为了保护第三人利益规定了善意取得制度。善意取得是指动产或不动产的占有人无权处分该财产，并将该财产以市场价格转让给第三人或向第三人设立物权负担，受让人取得该财产物权时出于善意且无重大过失，则受让人依法取得该财产的相关物权。

善意取得以无权处分为前提，理论上认为善意取得是原始取得的方式之一，其既适用于动产物权和不动产物权的取得，且从所有权扩展至用益物权以及担保物权。但盗赃物、遗失物、埋藏物等不适用善意取得。

（二）善意取得的一般效力

1. 物权效力

（1）善意受让人取得物权（所有权、担保物权、用益物权）；真正物权人丧失所有权或者承受他物权负担；物权人基于物权的追及效力受到阻碍。

（2）因善意取得系原始取得，故善意受让人不承担标的物上原有的权利负担。

例外：动产善意受让人善意取得所有权之时知道该动产上存在抵押权或质权的，抵押权和质权不消灭。

2. 债权效力

发生善意取得时，在债权法领域仍对原所有权人因善意取得遭受的损害予以救济，即原所有权人可以对无权处分人主张违约损害赔偿请求权、不当得利请求权、侵权损害赔偿权。

3. 善意取得的条件限制

具有下列情形之一，受让人不能通过善意取得制度主张物权：

（1）转让合同因违反《合同法》第52条规定被认定无效。

（2）转让合同因受让人存在欺诈、胁迫或者乘人之危等法定事由被撤销。

（三）不动产所有权善意取得的构成要件

1. 一般构成要件

（1）不动产登记簿出现权属登记错误。

（2）不动产的登记名义人以自己的名义对该不动产实施无权处分。

（3）受让人受让之时为善意。

（4）转让人以合理的价格转让。

（5）受让人已经办理完毕不动产过户登记。

2. “善意”的认定

“善意”的含义	受让人不知转让人无处分权，且其对此不知无重大过失
“善意”的时间	受让人须在“依法完成不动产物权移转登记之时”为善意，此后变为恶意的，不影响善意取得的发生
“善意”的证明	原则上，推定受让人为善意，真实权利人主张受让人不构成善意的，应当承担举证证明责任。真实权利人有证据证明不动产受让人应当知道转让人无处分权的，应当认定受让人具有重大过失
“善意”的除外	1. 登记簿上存在有效的异议登记； 2. 预告登记有效期内，未经预告登记的权利人同意； 3. 登记簿上已经记载司法机关或者行政机关依法裁定、决定查封或者以其他形式限制不动产权利的有关事项； 4. 受让人知道登记簿上记载的权利主体错误； 5. 受让人知道他人已经依法享有不动产物权

3. “合理价格”的认定

应当根据转让标的物的性质、数量以及付款方式等具体情况，参考转让时交易地市场价格以及交易习惯等因素综合认定。

【注意】

1. 赠与、继承、受让人以“明显不合理的低价”受让的，故不适用善意取得。

2. 受让人是否已经支付合理的价格不影响善意取得的成立。

（四）动产所有权善意取得的构成要件

1. 动产须为占有委托物：

占有委托物：基于原占有人的意思取得占有的动产，例如保管物、租赁物、借用物、质押物等。

【注意】不适用善意取得的动产：

（1）占有脱离物（如盗赃物、遗失物、埋藏物等），例外：占有脱离物通过转让被他人占有的，权利人自知道或者应当知道受让人之日起2年内向受让人请求返还原物，超过二年期限的，善意受让人善意取得该动产。

（2）货币和无记名有价证券，因为此二者适用“占有即所有”，不存在无权处分的问题。

（3）禁止流通物。

2. 动产占有人以自己的名义对该动产实施无权处分。

3. 受让人受让之时为善意：

（1）“善意”的含义：同不动产所有权善意取得。

（2）“善意”时间：受让人须于“动产交付之时”为善意，此后变为恶意的，不影响善意取得的发生。

（3）“善意”的证明：原则上，推定受让人为善意，真实权利人主张受让人不构成善意的，应当承担举证证明责任。受让人受让动产时，交易的对象、场所或者时机等不符合交易习惯的，应当认定受让人具有重大过失。

4. 转让人以合理的价格转让。

5. 转让人与受让人之间已完成动产交付：

交付的类型：①简易交付：动产交付之时为转让动产法律行为生效之时；②指示交付：动产交付之时为转让人与受让人之间关于让与返还原物请求权的约定生效之时；③占有改定不发生善意取得。

（五）担保物权的善意取得

担保物权的善意取得VS所有权的善意取得
1. 质权、抵押权的设立中，因质押合同、抵押合同属于无偿合同，因此质权和抵押权的善意取得不以“转让人以合理的价格转让”为构成要件
2. 动产抵押中，抵押合同成立生效时抵押权即设立，因此动产抵押权的善意取得不以“转让人与受让人之间已完成动产交付”为构成要件，不动产抵押的善意取得仍以已完成抵押登记为构成要件
3. 留置权的善意取得不以“无权处分”构成要件。 留置权的善意取得构成要件：①动产不归债务人所有；②债权人对动产不归债务人所有不知情；③符合留置权的其他成立要件

（六）用益物权的善意取得

用益物权的善意取得在考试中鲜少涉及，但应注意一点：因地役权的转让不需要登记，故地役权的善意取得不以“受让人已经办理完毕登记”为要件。

（七）善意取得的除外情形：占有脱离物

1. 占有脱离物：包括盗赃物、遗失物、漂流物、埋藏物、隐藏物、失散的动物等。

2. 占有脱离物原则上不适用善意取得。

对于占有脱离物，所有权人或者其他权利人有权追回，该遗失物通过转让被他人占有的，权利人有权向无处分权人请求损害赔偿，或者自知道或者应当知道受让人之日起 2 年内向受让人请求返还原物。

3. 对于遗失物通过转让被他人占有的，受让人通过拍卖或者向具有经营资格的经营者购得该遗失物的，权利人请求返还原物时应当支付受让人所付的费用。权利人向受让人支付所付费用后，有权向无处分权人追偿。除上述两种情形之外，权利人均无须向善意受让人支付其所付的费用。

4. 占有脱离物恒为占有脱离物，不论转让多少次，每轮交易中的善意受让人均不能善意取得。

二、拾得遗失物

“拾得遗失物”经常与善意取得制度结合起来考查，重点在于拾得人与失主之间的权利义务配置。

（一）拾得人的义务

1. 返还义务

拾得遗失物应当向权利人返还遗失物及孳息。拾得人应当及时通知权利人领取，或者送交公安等有关部门。有关部门收到遗失物，知道权利人的，应当及时通知其领取；不知道的，应当及时发布招领公告。

2. 保管义务

拾得人在遗失物送交有关部门前，有关部门在遗失物被领取前，应当妥善保管遗失物。因故意或者重大过失致使遗失物毁损、灭失的，应当承担民事责任。

（二）拾得人的权利

1. 必要费用返还请求权

权利人领取遗失物时，应当向拾得人或者有关部门支付保管遗失物等支出的必要费用。必要费用是指维持遗失物的存在必须支出的费用。

2. 赏金支付请求权

权利人悬赏寻找遗失物的，领取遗失物时应当按照承诺履行义务。

【注意】**拾得人侵占遗失物（或恶意占有遗失物）的，无权请求失主返还保管遗失物等支出的必要费用，也无权请求失主按照悬赏承诺履行义务；而且恶意占有人还需承担因过失导致遗失物毁损灭失的赔偿责任。**

3. 遗失物留置权

由于拾得人与失主成立法定保管关系，若失主不支付必要管理费用，拾得人有权留置遗失物，以担保其必要费用债权实现。但权利人已经支付必要费用，只是未按照悬赏广告支付报酬的，拾得人不得留置遗失物（理由是：**拾得行为与悬赏行为不存在"同一法律关系"**）。

（三）遗失物的归属

1. 物归原主：失主享有物权法上的原物返还请求权；原占有人享有占有回复请求权。

2. 遗失物自发布招领公告之日起 6 个月内无人认领的，归国家所有。【国家所有权的六个月取得时效】

3. 转卖受让人有条件的善意取得：

（1）拾得人擅自向第三人有偿转让遗失物的，构成无权处分和侵权，权利人（失主）有权向拾得人请求损害赔偿（由于占有已转移，权利人无法向拾得人主张原物返还或占有返还）。

（2）遗失物属于"占有脱离物"，原则上不适用"善意取得"。但善意买受人的利益也应合理兼顾。

①权利人有权自知道或者应当知道受让人之日起 2 年内向受让人请求返还原物。【物权请求权的存续期间】意即：2 年届满，失主丧失原物返还请求权，而买受人"善意取得"遗失物所有权。【物权的时效取得】

②但受让人通过拍卖或者向具有经营资格的经营者购得该遗失物的，失主请求返还原物时应当支付受让人所付的费用。失主向受让人支付所付费用后，有权向拾得人追偿。**【不当渠道转卖的，失主无须通过"赎回"方式取回遗失物】**

4. 拾得漂流物、发现埋藏物或者隐藏物的，参照拾得遗失物的有关规定。

考点9　共有制度

命题分析

共有是所有权的特殊形态，共有形成和存续的基础关系关涉当事人特殊利益与特殊伦理基础，该知识点具有一定的理论性。命题角度往往在于共有关系的维系、共有人的内部和外部关系、夫妻共有的认定和分割。

考点解析

一、共有的分类

（一）共同共有

共同共有，是指二人以上根据共同关系对共有物**不分份额**地共同享有权利并承担义务的共有关系。共同共有人的权利义务及于全部共有财产**（而不仅仅局限于其占有或使用的部分）**。

共同共有类型包括：①夫妻共同共有；②家庭共同共有；③继承开始后遗产分割前，继承人对遗产的共有；④被宣告无效或者撤销的婚姻，当事人同居期间所得的财产的共有。

（二）按份共有

按份共有，是指二人以上**按照各自确定的份额**对共有物享有权利和承担义务的共有关系。

按份共有是指对所有权的抽象按份共有，不是对实物的分割共有。按份共有人对其应有份额享有处分权，有权自主决定转让、抵押其份额。类型包括合同共有、合伙共有、建筑物区分所有权业主共有等。

（三）共有推定

1. 共有人共有的动产或不动产没有约定为按份共有或者共同共有的，或者约定不明确的，共有人具有家庭关系等，视为共同共有；不具有家庭关系的，视为按份共有。【如兄妹三人各自成家后，回家乡集资建房，推定为按份共有】

2. 按份共有人对共有的动产或不动产享有的份额，没有约定或者约定不明确的，按照出资额确定，不能确定出资额的，视为等额享有。

二、共有的效力

（一）共有物的处理

1. 共有物的管理、保存、改良、用益：约定不明确的，各共有人都有管理、保存、改良、使用权利和义务。单独使用收益（如出租），可能产生不当得利。

2. 共有物的处分、重大修缮：应当经占份额三分之二以上的按份共有人或者全体共同共有人同意。部分共有人擅自处分共有财产的，构成无权处分，适用善意取得制度。

（二）共有的外部债权债务关系

因共有物产生的债权债务，对外享有连带债权、承担连带债务（第三人明知不具有连带关系者除外）。按份共有人内部可以对超过部分的债务承担相互追偿。

（三）共有财产的分割

1. 分割条件：按份共有人可以随时请求分割；共同共有人在共有的基础丧失或者有重大理由需要分割时可以请求分割（形成权）。因分割对其他共有人造成损害的，应当给予赔偿。

重大理由包括：

（1）共有人破产；

（2）共有财产被强制执行；

（3）“少数共有人”对共有物的处分持不同意见的；

（4）家人病重急需用钱，共有人除共有财产外无其他财产。

2. 分割方式：共有财产可以分割并且不减损价值的，应当实物分割；难以分割或者因分割会减损价值的，应当进行价值分割。

3. 共有人分割所得的不动产或者动产有瑕疵的，其他共有人应当分担损失。

三、按份共有的优先购买权【要点把握：内外有别；身份基础；谁更优先】

1. 按份共有人向第三人外部转让其享有的共有物份额的，其他共有人在同等条件下享有优先购买的权利。【内部转让的；因继承、遗赠等发生转让的，其他共有人不享有优先权（约定除外）】

2. “同等条件”应当综合考虑转让价格、价款履行方式及期限等实质性区别。

3. 优先购买权的行使期间

（1）转让人未通知的，为其他按份共有人知道或者应当知道最终确定的同等条件之日起十五日；

（2）转让人未通知，且无法确定其他按份共有人知道最终确定的同等条件的，为共有份额权属转移之日起6个月。

4. 优先购买权的冲突解决：两个以上按份共有人均主张优先购买权：内部协商；协商不成时，按照转让时各自份额比例行使优先购买权。

5. 侵害救济：按份共有人未通知其他按份共有人的，侵害其优先购买权：①其他按份共有人知道后，在其优先购买权行使期限内仍可以主张优先购买权；②其他共有人不得以其优先购买权受到侵害为由，仅请求撤销共有份额转让合同或者认定该合同无效；③其他按份共有人知道之时已经超出其权利行使期限的，不再享有优先购买权，但可以对出让人请求损害赔偿。

6. 共有人的购买权优于承租人的购买权。

四、夫妻共有的特殊规定

（一）推定夫妻共同共有

除非当事人另有约定，在婚姻关系存续期间，夫妻一方或者双方共同取得的下列财产为夫妻共同共有财产：

1. 工作劳动、生产经营收益；

2. 因遗嘱继承或遗赠所得财产；**【法定继承的财产未分割前属于被继承人与其他共有人的共有财产，非夫妻共有】**

3. 个人财产的婚后收益（除孳息和自然增值外）；

4. 婚前一方支付首付款，且登记在该方名下的房屋，婚后共同还贷部分和增值部分为共同财产；

5. 由双方父母出资购买的不动产，产权登记在一方子女名下的，该不动产可认定为双方按照各自父母的出资份额按份共有。**【夫妻个人财产，除非当事人约定为共同共有，不因婚姻关系的延续而转化为共同财产】【内部按份约定不能对抗善意第三人】【不动产权属登记在一方名下的，也可以为共同财产】**

（二）家事代理权与平等财产处理权

1. 因日常家庭事务的处分行为，夫妻相互享有代理权，其法律后果由夫妻共同承受。

2. 夫妻对共同所有的财产，有平等的处理权。

（1）夫或妻在处理夫妻共同财产上的权利是平等的。因**日常生活需要**而处理夫妻共同财产的，任何一方均有权决定。因此，夫妻一方擅自处分共有财产一般不成立无权处分。

（2）夫或妻非因日常生活需要对夫妻共同财产做重要处理决定，夫妻双方应当平等协商，取得一致意见。**他人有理由相信其为夫妻双方共同意思表示的，另一方不得以不同意或不知道为由对抗善意第三人。**

（3）夫或妻非因日常生活需要擅自对夫妻共同财产实施重要处分的，构成对配偶平等商定权的侵害。**虽不能对抗善意第三人，但可以成为夫妻婚内财产分割请求权的基础。**

（三）夫妻共有财产的分割

婚姻关系存续期间，为维系夫妻共同体基础，原则上不允许分割夫妻共同财产，但有下列重大理由且不损害债权人利益的除外：

1. 一方有隐藏、转移、变卖、毁损夫妻共同财产或者伪造夫妻共同债务等严重损害夫妻共同财产利益行为的；

2. 一方负有法定扶养义务的人患重大疾病需要医治，另一方不同意支付相关医疗费用的；

3. 离婚后，另一方发现对方有上述行为的，可起诉再次分割夫妻共同财产，诉讼时效期间为2年，从当事人发现的次日开始计算。

五、夫妻共同债务的认定

债务形成	举债用途、性质、证据	举证负担	认定结论	法条依据
婚前双方举债	共同签字或事后追认	债权人	共同债务	最高人民法院夫妻债务解释1
婚后一方举债	债权人明知约定为个人债务或夫妻分别财产制	非举债配偶	个人债务	《最高人民法院关于适用〈中华人民共和国婚姻法〉若干问题的解释（二）》第24条
婚后一方举债	用于婚后家庭共同生活	债权人	共同债务	《最高人民法院关于适用〈中华人民共和国婚姻法〉若干问题的解释（二）》第23条
婚后一方举债	符合家庭日常生活所需	非举债配偶	共同债务	最高人民法院夫妻债务解释2
婚后一方举债	超出家庭日常生活所需，但用于家庭共同生活、共同生产经营或基于共同意思	债权人	共同债务	最高人民法院夫妻债务解释3
婚后一方举债	非法债务或虚假债务	夫妻双方	不予保护	《最高人民法院关于适用〈中华人民共和国婚姻法〉若干问题的解释（二）》第24条

考点10　物权的保护

命题分析

私有财产权具有神圣不可侵害性。物权的保护是指物权受到侵害的情况下，依照法律规定使物权人可以行使的权利恢复至圆满状态的各种保护方法。物权法“定纷止争”的功能需要物权保护机制的支撑。物权保护涉及物权效力或物权权能等相关制度，还涉及物权与债权的性质区分及请求权基础的确认，具有一定的理论深度和难度。考试的重点在于物权请求权以及占有回复请求权。

考点解析

一、物权请求权——源于支配的请求权能

物权请求权是指物权受到侵害或有被侵害危险时，为了恢复物权至未受到侵害时的圆满状态，物权人享有的、要求特定人为一定行为或不为一定行为的权利。物权的保护主要通过物权人行使物权请求权来实现，其主要包括返还原物请求权、排除妨碍请求权、消除危险请求权等方式。需从两方面把握物权请求权的特征：

1. 物权请求权是基于物权权能而生的防御性权利，是对物权支配状态的维持、回复请求权，义务人通常实施了违反“不作为”义务的行为，而被请求实施“作为”行为从而恢复物权原有状态。如返还原物请求权（占有的回复）、排除妨害、防止妨害或消除危险请求权（原状的回复）。

2. 物权请求权原则上不受诉讼时效的限制**（未登记的动产是例外）**。物权请求权属于物权效力（支配权能）的体现，这种防御性权利通常是“隐而不发”；而只要“支配状态”处于被破坏过程中，权利人也可以随时向破坏者主张，因此无“诉讼时效”限制的必要性和可能性。

相比较而言，债权虽然也内含请求权能，但因债权的义务人的特定性、义务的积极性、内容的非公示性，故债权请求权具备时效限制的必要性和可能性。因此，同样是“原物返还请求权”，其请求权基础是物权还是债权，决定其是否受诉讼时效的限制，对当事人有实质性利害关系。

此要点的常规考查问题是“权利人能否依物权请求相对人返还财产”和“相

对人能否主张时效抗辩”。

二、返还原物请求权

1. 含义

返还原物请求权是指权利人对无权占有不动产或者动产的人，请求其返还原物的权利。

2. 构成要件

（1）权利人为物权人，包括所有权人与他物权人，但抵押权人以及丧失占有的留置权人、质权人不得行使此项请求权。

（2）**相对人为现时的无权占有人。**

3. 效力

被请求人应当返还原物及孳息。

返还原物请求权 vs 占有返还请求权

区别点	返还原物请求权	占有返还请求权
权利主体	物权人（包括所有权人与他物权人）	占有人（包括直接占有人与间接占有人）
相对人	现时的无权占有人	现时侵占人及其继受人
构成要件	无权占有	占有被侵占
期限限制	一般无期限	自侵占之日起1年内

三、排除妨害请求权

1. 含义

排除妨害请求权，是指当物权的圆满状态受到他人以占有以外的方式妨害时，物权人对妨害人享有请求其排除妨害、从而使自己的权利恢复圆满状态的权利。妨害情形例如：因天灾致使自家围墙倒于邻居院中；在他人土地上堆放物品；制造难以忍受的噪音等。

2. 构成要件

①权利人为物权人；②妨害人以占有之外的方法妨害物权人行使物权；③妨害必须是非法的、不正当的，超出了正常的容忍限度；④妨害状态继续存在；⑤**被请求人应为对妨害的除去具有支配力的人。**

3. 效力

①中止妨害的继续存在。②被请求人对于妨害的产生具有过错的，应当独自承担排除妨害的费用；无过错的，由双方合理分担排除妨害的费用。

四、消除危险请求权

1. 含义

消除危险请求权，又称损害防止请求权，是指物权人的物权有被他人侵害或损害的可能时，物权人享有的请求其消除危险的权利，例如请义务人对其可能倒塌的建筑物予以拆除。

2. 构成要件

①请求权人为物权人；②物权人的物权有被他人妨害或损害的现实危险；③提出请求时危险仍现实存在；④被请求人应对危险的除去具有支配力。

3. 效力

①防止侵害实际发生；②消除危险的费用原则上由被请求人承担，但若危险的产生是由不可抗力所致，或者危险的产生与请求权人自身有关时，应由请求人与被请求人合理分担费用。

五、占有的保护

为维护财产秩序和生活秩序的稳定，法律针对非物权人的占有同样给予保护。保护制度包括占有推定制度、占有回复请求权及债权保护机制。

（一）占有推定保护

1. 占有状态的推定

指基于占有事实，推定占有人无瑕疵地具有某种占有状态，以维护其占有现状，包括自主占有的推定，善意占有的推定、以及前后连续占有的推定。

2. 占有权源的推定

指占有人对其占有的动产具有某种占有物权的，推定其享有该物权。该推定旨在通过证明责任倒置，来维护动产占有人的占有基础。要点包括：①自主占有人的所有权推定；②他主占有人的他物权人推定；③不适用“债权人”地位的推定，即不能基于占有人的占有，推定其随着占有的取得而享有相应的债权。

（二）占有的物权保护——占有回复请求权（占有之间的博弈）

占有的不动产或者动产被侵占的，占有人有权请求返还原物；对妨害占有的行为，占有人有权请求排除妨害或者消除危险。它是通过物上请求权，对占有人的占有状态予以恢复的救济机制，**其前提当然是“回复”具有可能性！**占有的物权保护请求权包括占有物返还请求权、排除妨害请求权、消除危险请求权三种。

占有物返还请求权：是指占有人在其占有物被他人侵占以后，可依法请求侵占人返还。

占有物的权利，其构成要件是：

1. 占有物被侵占：因他人非法侵占，占有人丧失对该物的管领和控制。

2. 请求权人为占有人：包括直接占有人和间接占有人，但占有辅助人一般不得行使该请求权。

3. 被请求人为物的现实侵占人：如果侵占人已然丧失对该物的管领和控制且无法恢复时，将出现“回复”不能。

4. 须在发生侵占之日起1年内行使。占有人返还原物的请求权，自侵占发生之日起1年内未行使的，该请求权消灭。**【特殊的短期诉讼时效期间：兼有物权请求和债权请求性质】**

（三）占有的债权保护

对他人之物的占有，一方面受物权法的保护，另一方面也可以获得债法上的保护。占有的债权保护，意指因他人侵占或者妨害造成损害的，占有人有权请求损害赔偿。该请求权的法理基础可以解释为不当得利的返还，或者基于违约责任或者侵权责任的承担。该制度的理解和适用需注意以下几个方面：

1. 无权占有的善恶之分：对他人之物的占有分为有权占有和无权占有（欠缺本权的占有，或欠缺取得占有的合法依据）。一般占有可推定为有权占有，因此只有“无权占有”被证明，才可推翻有权占有的推定。无权占有可再分为“善意占有”和“恶意占有（不知占有为无权占有）”，且善意多被推定。**注意善意向恶意的转化！如**拾得遗失物后等待失主，拾得人属于善意无权占有；而后决定据为己有，转念之间变成恶意占有。

2. 无权占有人使用占有物及损害占有物的赔偿：善意无权占有人可以使用占有物，且不承担合理使用的损害责任；但恶意占有人因使用占有物致使受到损害的，应当承担赔偿责任。

3. 善意无权占有人的必要费用请求权：权利人可以请求无权占有人返还原物及其孳息（对权利人的物权保护），但应当支付善意占有人因维护该占有物支出的必要费用。

4. 无权占有的风险负担：恶意无权占有人需承担占有物的毁灭风险，应弥补、赔偿权利人损失。

考点11 用益物权

命题分析

物权法对私人所有权提供周全保护的同时，也肯认和倡导民事主体对他人财产的合理使用和收益，这是现代物权法“物尽其用”原则的重要体现。用益物权制度涉及我国财产制度的守成和变革的兼顾、不同利益诉求的调和，以及物权制度与债权制度的交叉，具有一定的综合性。该考点关涉我国农村土地改革的热点问题，从容易进入主观题的命题范围。本考点重点把握土地承包经营权和地役权制度。

考点解析

一、土地承包经营权

（一）概述

土地承包经营权就是承包人（个人或单位）因从事种植业、林业、畜牧业、渔业生产或其他生产经营项目而承包使用、收益集体所有或国家所有的土地或森林、山岭、草原、荒地、滩涂、水面的权利。土地承包经营权属于用益物权性质，当事人可以通过合同行为设立、流转、消灭土地承包经营权。

（二）土地承包经营权的取得

1. 土地承包经营权的取得条件

当事人通过订立土地承包经营合同可设定土地承包经营权，承包形式分为家庭承包及以招标、拍卖、公开协商等方式进行的承包。通过这两种方式承包的，都应当签订承包合同，**承包合同自成立之日起生效，**承包方于**合同生效时取得土地承包经营权。**县级以上地方人民政府应当向土地承包经营权人发放土地承包经营权证、林权证、草原使用权证，并登记造册，确认土地承包经营权。登记造册仅作为承包经营权的确认程序。

2. 土地承包经营权的取得方式

（1）家庭承包方式取得土地承包经营权

集体经济组织的成员以农户的名义，与集体经济组织签订承包合同，可创设土地承包经营权。农村土地承包采取农村集体经济组织内部的家庭承包方式，家庭承包的承包方是本集体经济组织的农户。

（2）招标、拍卖、公开协商等方式取得土地承包经营权

对于不宜采取家庭承包方式的荒山、荒沟、荒丘、荒滩等农村土地，可以采取招标、拍卖、公开协商等方式承包。

集体经济组织之外的人承包的，只能采用招标、拍卖、公开协商等方式承包。

发包方将农村土地发包给本集体经济组织以外的单位或者个人承包，应当事先经本集体经济组织成员的村民会议三分之二以上成员或者三分之二以上村民代表的同意，并报乡（镇）人民政府批准。

在同等条件下，本集体经济组织成员享有优先承包权。

（3）家庭承包方式与招标、拍卖、公开协商等方式取得土地承包经营权的区别：

不同点	家庭承包方式取得土地承包经营权	招标、拍卖、公开协商等方式取得土地承包经营权
主体不同	本集体组织内部成员	可以是本集体经济组织成员以外的自然人、法人；也可以是本集体组织内部成员
客体不同	农用地使用权	荒山、荒沟、荒丘、荒滩的使用权
权利限制不同	流转受限制；禁设抵押权	可自由流转；可设立抵押权

（三）土地承包经营权的流转

土地承包经营权的流转是指土地承包经营权人将土地承包经营权或其中的部分权能转移给他人的行为。

1. 通过家庭承包取得的土地承包经营权，可以依法采取**转包、出租、互换、转让或者其他方式**流转。流转的期限不得超过承包期的剩余期限。未经依法批准，不得将承包地用于非农建设。

2. 通过招标、拍卖、公开协商等方式设立的“四荒”土地承包经营权的，其土地承包经营权可以依法采取**转让、出租、入股、抵押或者其他方式流转。**

“四荒”土地承包经营权的流转较为灵活，不仅可以转让，而且可以抵押、入股，而以家庭承包方式取得的土地承包经营权不能以抵押、入股的方式流转。

土地承包经营权人将土地承包经营权互换、转让，当事人要求登记的，应当向县级以上地方人民政府申请土地承包经营权变更登记；未经登记，不得对抗善意第三人。我国《物权法》对土地承包经营权的流转（**仅限于互换、转让方式**）采取的是登记对抗主义。土地承包经营权流转有转包、出租、互换、转让等方式，其中互换与转让涉及承包经营权的主体发生了变更；而转包和出租不发生权利主体的更迭，因此不要求对转包和出租进行变更登记。

（四）土地承包经营权的消灭

土地承包经营权的消灭，是指既存的土地承包经营权因一定法律事实的出现而不复存在，主要法律事实包括：

（1）土地承包经营权期限届满未继续承包。

（2）土地承包经营权提前被收回。

（3）承包地灭失或使用价值丧失。

（4）承包地被征收。

（5）承包方死亡无继承人或者继承人放弃继承。

（五）土地承包经营权的继承

根据《农村土地承包法》第50条的规定，土地承包经营权通过招标、拍卖、公开协商等方式取得的，该承包人死亡，其应得的承包收益，依照继承法的规定继承；在承包期内，其继承人可以继续承包。据此可知，土地承包经营权具有一定的专属特征，一般不得继承。究其原因有二：其一，土地承包经营权带有集体组织成员身份属性，农户的经营资格一般不存在继承问题；其二，土地承包经营权承担着社会保障功能，如果由集体成员以外的人继承，有可能损害集体所有权制度。

虽然土地承包经营权不能继承，但土地承包收益可以继承。根据《继承法》第4条规定，个人承包应得的个人收益，依照本法规定继承。个人承包，依照法律允许由继承人继续承包的，按照承包合同办理。

《农村土地承包法》有限地认可土地承包经营权的继承：①以家庭承包方式取得的林地承包经营权，承包人死亡的，其继承人可以**在承包期内继续承包；**②以招标、拍卖、公开协商等方式设立的承包经营权，承包人死亡的，其继承人可以**在承包期内继续承包**。

二、地役权

（一）地役权的概念和特征

地役权是以他人土地供自己土地便利而使用以提高自己不动产效益的权利。

特征如下：

1. 地役权是使用他人土地的权利

地役权的客体是土地，并以该土地属于他人所有或者使用为要素。由于地役权的内容在于以此土地供彼土地之役，因而地役权的成立，必须有两块土地的存在。其一是为其便利而使用他人土地之地，称需役地；其二是为该土地便利而供其使用的土地，称供役地。

由于地役权不限于需役地所有人与供役地所有人的关系，供役地的承包经营权人、地上权人、典权人、采矿权人、承租人也应当受地役权的约束，自属当然之理。

2. 地役权是为自己土地便利的权利

使用供役地的目的，乃是为了需役地的便利。若所供便利不是为需役地承受，而为特定人享受时，也不是地役权问题，而是人役权问题。至于所谓“便利”，泛指开发、利用需役地的各种需要，其内容只要不违反法律的强制性规定，不违背社会公共利益，可以由当事人根据实际情况约定。就一般情况而论，其内容有以下几类：

（1）以供役地供使用，如通行地役权。

（2）以供役地供收益，如用水地役权。

（3）避免相邻关系的任意性规范的适用。

（4）禁止供役地为某种使用，如禁止在邻地建高楼，以免妨碍眺望。

3. 地役权具有从属性和不可分性

（1）地役权的从属性

地役权虽然是一种独立的权利，并非需役地所有权或者使用权的扩张，但它仍应当与需役地的所有权或者使用权共命运，这就是地役权的从属性。它主要体现在两个方面：

①地役权必须与需役地所有权或者使用权一同转移，不能与需役地分离而让与，即需役地所有人或者使用人不得自己保留需役地所有权或者使用权，而单将地役权让与他人，不得自己保留地役权而将需役地所有权或者使用权让与他人，也不得以需役地所有权或者使用权与地役权分别让与两个人。

我国《物权法》第164条规定，地役权不得单独转让。土地承包经营权、建设用地使用权、宅基地使用权等转让的，地役权一并转让，但合同另有约定的除外。

②地役权不得与需役地分离而为其他权利的标的。如果在需役地上设定其他权利，则地役权亦包括在内，例如，在需役地上设定建设用地使用权，则建设用

地使用权人也得行使地役权，不能单独将地役权作为其他权利的标的，如单独以地役权抵押、出租。

根据我国《物权法》165 条的规定，地役权不得单独抵押。土地承包经营权、建设用地使用权等抵押的，在实现抵押权时，地役权一并转让。

（2）地役权的不可分性

地役权为不可分的权利，即地役权不得被分割为两个以上的权利，也不得使其一部分消灭。在需役地分割时，地役权在分割后的地块的利益仍然存续。

《物权法》第 166 条规定，需役地以及需役地上的土地承包经营权、建设用地使用权部分转让时，转让部分涉及地役权的，受让人同时享有地役权。

《物权法》第 167 条规定，供役地以及供役地上的土地承包经营权、建设用地使用权部分转让时，转让部分涉及地役权的，地役权对受让人具有约束力。

地役权关系与相邻关系之辨析

产生的原因不同	地役权主要通过约定产生	相邻关系基于法律规定产生
性质不同	地役权是独立的用益物权	相邻关系是不动产所有权或使用权的延伸与扩张，不是独立的物权
内容不同	地役权的内容由当事人约定	相邻关系的内容是请求相邻的不动产
有偿性不同	地役权的取得可有偿可无偿	相邻关系的取得是无偿的
是否需要登记不同	地役权以登记为条件，未经登记，不得对抗善意第三人	相邻关系无须登记
期限上不同	地役权通常是有期限的	相邻关系通常无固定期限
功能不同	地役权规则主要是行为规范	相邻关系主要是裁判规范

（二）地役权的内容

1. 地役权人的权利

（1）使用土地。地役权是为自己土地的便利而使用他人土地的权利，在地役权的目的范围内使用供役地，自然是地役权人的最主要的权利。地役权的目的范围应当依设定地役权的行为所限定的目的范围确定。地役权人在目的范围内对供役地的使用，不必是独占性的使用；除了可以与供役地人共同使用外，只要不是性质不相容，同一供役地上，还可设定数个地役权，依其情形同时使用。例如，一是通行地役，一是眺望地役，可以依次使用。

（2）实施附属行为。地役权人为行使其权利，在供役地内可以为必要的附属行为，如汲水地役权，可以在供役地上通行；通行地役权，可以开辟道路。

2. 地役权人的义务

（1）地役权人对供役地的使用应当选择损害最小的地点及方法为之。我国物权法规定，地役权人应当按照合同约定的利用目的和方法利用供役地，尽可能减少对供役地权利人物权的限制。另外，地役权人因其行使地役权的行为对供役地造成变动、损害的，应当在事后恢复原状并补偿损害。

（2）地役权人对于为行使地役权而在供役地修建的设施，如电线、管道、道路，应当注意维修，以免供役地人因其设施损坏而受到损害。另外，地役权人对于上述设施，在不妨碍其地役权行使的限度内，应当允许供役地人使用这些设置。

（三）地役权的取得

地役权的取得，有基于民事行为的，也有基于民事行为以外的原因的，以下分别说明：

1. 基于民事法律行为而取得地役权

基于民事行为而取得地役权，主要有基于设定行为和基于转让行为两种。基于转让行为取得地役权将在“地役权的移转”中阐述。

地役权的设定，通常采用合同方式，也有遗嘱的方式设立。地役权合同是要式合同，当事人应当采取书面形式订立地役权合同。地役权自地役权合同生效时设立。当事人要求登记的，可以向登记机构申请地役权登记；未经登记，不得对抗善意第三人。

2. 基于民事行为以外的原因取得地役权的，主要是继承。需役地权利人死亡时，需役地的权利既然由继承人继承，则其地役权亦当然由其继承人继承；但该通过继承取得的地役权，非经登记，不得处分。

（四）地役权的移转

地役权可以流转，但是由于地役权具有从属性，因此不得单独转让。我国《物权法》第164条规定：“地役权不得单独转让。土地承包经营权、建设用地使用权等转让的，地役权一并转让，但合同另有约定的除外。”因此，只能与需役地所有权或者用益物权共同转让，包括继承在内。

（五）地役权的消灭

地役权是一种不动产物权，则不动产物权的一般消灭原因，当然适用于地役权。以下叙述的是地役权消灭的几项特殊原因：

1. 土地灭失

土地灭失是任何以土地为标的的物权消灭的原因，但地役权不但因为作为其标的物的土地（供役地）灭失时消灭，而且地役权也因需役地的灭失而消灭。

2. 目的事实不能

设定地役权的目的事实上不能实现，即供役地事实上不能再供需役地便利时，地役权消灭。

3. 供役地权利人解除地役权关系

《物权法》第168条规定，地役权人有下列情形之一的，供役地权利人有权解除地役权合同，地役权消灭：①地役权人违反法律规定或者合同约定，滥用地役权；②有偿利用供役地，约定的付款期间届满后在合理期限内经两次催告未支付费用。

4. 抛弃

地役权人如将其地役权抛弃，供役地则因之恢复其无负担的状态，地役权归于消灭；但如果是有偿的地役权，地役权人抛弃地役权后，仍应支付地役权全部期间的租金。

5. 存续期间的届满或其他预定事由的发生

地役权如有存续期间，因期间的届满而消灭。其设定行为附有解除条件的，因条件的成就，地役权消灭。

考点12　抵押权

命题分析

担保物权体系中的抵押权，历来成为考试中案例分析大题的高频率考点。必须全面掌握各个重要制度。尤其对抵押权的价值支配性、代位性、从属性的一般原理及特殊规制，须从理论上深度把握。

考点解析

一、抵押权的基本原理

抵押权，是指对债权人对于债务人或者第三人不移转占有而提供担保的财产，在债务人不履行债务或发生当事人约定的实现抵押权的情形时，依法享有就担保财产变价并优先受偿的权利。抵押权基本原理包括抵押权的从属性、不可分性、物上代位性；抵押权的设立的区分原则；抵押权的实现规则等几个方面。

（一）抵押权的基本属性

抵押权是就供担保标的物变价所得优先受偿的权利，是以支配不动产的交换价值、确保债权的清偿为目的，具有优先清偿效力之担保作用，具有从属性、不可分性及物上代位性。

1. 抵押权具有从属性

抵押权从属于主债权，抵押权的产生、效力、移转、消灭都从属于主债权。《物权法》第192条规定："抵押权不得与债权分离而单独转让或者作为其他债权的担保。债权转让的，担保该债权的抵押权一并转让，但法律另有规定或者当事人另有约定的除外。"《担保法》第50条规定："抵押权不得与债权分离而单独转让或者作为其他债权的担保。"

例外规定：根据《物权法》204条的规定，最高额抵押担保的债权确定前，部分债权转让的，最高额抵押权不得转让，但当事人另有约定的除外。**这是关于最高额抵押权在移转上从属性的"特别"的规定。**在其担保的债权确定之前，最高额抵押权不具有移转上的从属性（但是当事人另有约定的除外）；在其担保的债权确定后，最高额抵押才具有移转上的从属性。

2. 抵押权具有不可分性

抵押权的不可分性，是指抵押权及于抵押物的全部。《最高人民法院关于适用〈中华人民共和国担保法〉若干问题的解释》第71条规定："主债权未受全部清偿的，抵押权人可以就抵押物的全部行使其抵押权。抵押物被分割或者部分转让的，抵押权人可以就分割或者转让后的抵押物行使抵押权。"

《最高人民法院关于适用〈中华人民共和国担保法〉若干问题的解释》第72条规定第一款："主债权被分割或者部分转让，各债权人可以就其享有的债权份额行使抵押权。"

3. 抵押权的物上代位性

抵押权的物上代位性是指抵押权的效力及于抵押财产的变形物。《物权法》第174条：担保期间，担保财产毁损、灭失或者被征收等，担保物权人可以就获得的保险金、赔偿金或者补偿金等优先受偿。被担保债权的履行期未届满的，也可以提存该保险金、赔偿金或者补偿金等。

（二）抵押权的设立

抵押权依抵押行为而设立。抵押行为是当事人（主债权人和主债务人或第三人）以意思表示设定抵押权的双方民事法律行为，其具体表现为抵押合同。

1. 抵押合同

根据我国物权法的规定，设立抵押权，当事人应当采取书面形式订立抵押合同。当事人在订立抵押合同时，不得在合同中约定在债务履行期满抵押权人未受清偿时，抵押物的所有权转移为债权人所有。抵押合同中有上述约定无效，但该内容的无效不影响抵押合同其他部分的效力。

2. 抵押标的物

抵押物是指债务人或者第三人提供担保的财产。法律、行政法规未禁止抵押的一般动产和不动产均可作为抵押物。抵押权为“抵押物价值支配权”，抵押财产的价值在抵押权实现时予以确定。

根据法律规定，下列财产不得抵押：

（1）土地所有权；

（2）耕地、宅基地、自留地、自留山等集体所有的土地使用权，但法律规定可以抵押的除外；

（3）学校、幼儿园、医院等以公益为目的的事业单位和社会团体的教育设施、医疗卫生设施和其他社会公益设施；

（4）所有权、使用权不明或有争议的财产；

（5）依法被查封、扣押、监管的财产；

（6）法律、行政法规规定不得抵押的其他财产。

3. 抵押登记

《物权法》就抵押权的设定，兼采了登记生效主义与登记对抗主义。

（1）登记生效主义：根据物权法的规定，不动产的抵押，应当办理抵押物登记，抵押权自登记时发生效力。

（2）登记对抗主义

对于动产设定抵押，抵押权自抵押合同生效时发生效力；未经登记，不得对抗善意第三人。

这一类抵押物包括：①生产设备、原材料、半成品、产品；②交通工具；③正在建造的船舶、航空器。

（三）抵押权的内容

1. 抵押人的权利

（1）对抵押物的占有和使用权

抵押权设立后，除法律另有规定或合同另有约定外，抵押人有权继续占有抵押物，并有权取得抵押物的孳息。

（2）重复设定抵押权

抵押人就抵押物设定抵押权后，可以在同一抵押物上另行设立抵押权。

（3）有条件的转让抵押财产

《物权法》第 191 条："抵押期间，抵押人经抵押权人同意转让抵押财产的，应当将转让所得的价款向抵押权人提前清偿债务或者提存。转让的价款超过债权数额的部分归抵押人所有，不足部分由债务人清偿。在抵押期间，抵押人未经抵押权人同意，不得转让抵押财产，但受让人代为清偿债务消灭抵押权的除外。"

（4）财产设定抵押与抵押物的出租

抵押人将已出租的财产抵押的，抵押权实现后，租赁合同在有效期内对抵押物的受让人继续有效。《物权法》第 190 条："订立抵押合同前抵押财产已出租的，原租赁关系不受该抵押权的影响。抵押权设立后抵押财产出租的，该租赁关系不得对抗已登记的抵押权。"

不适用买卖不破租赁之情形	先抵押后出租，抵押权已经登记的
适用买卖不破租赁之情形	先抵押后出租，抵押权未登记的
	先出租后抵押

2. 抵押权人的权利

（1）抵押物的价值保全权

由于抵押权人并不直接占有抵押物，因此法律赋予抵押权人保全抵押物价值的权利。《物权法》193 条："抵押人的行为足以使抵押物的价值减少的，抵押权人有权要求抵押人停止其行为。如果因抵押人的行为使抵押物价值减少的，抵押权人有权要求抵押人恢复抵押物的原状，或者提供与减少的价值相当的担保。抵押人不恢复抵押财产的价值也不提供担保的，抵押权人有权要求债务人提前清偿债务。"价值保全权包括：抵押物价值减少之防止权、抵押物价值之恢复原状或增加担保请求权以及加速到期请求权。

（2）抵押权人的处分权

抵押权虽然具有从属性，但也具有相对独立性，且抵押权在性质上仍然属于一种财产权，所以，依照私法自治原则，抵押人可以对抵押权进行处分。抵押权人对抵押权的处分，是指抵押权人所享有的让与、放弃抵押权、将抵押权供作担保，以及让与、放弃和变更抵押权顺位等处分行为的总称。

（3）优先受偿权

抵押权人的优先受偿权，是指债务履行期限届满，债务人不履行债务或发生当事人约定的实现抵押权的情形的，抵押权人以抵押物折价或以拍卖、变卖后的价款优先受偿的权利。**抵押权人优先于一般债权人受偿。**

（4）物权请求权

抵押权为物权的一种，抵押权人享有物权请求权。当抵押物被第三人非法侵占时，抵押权人可以行使抵押物返还请求权；当抵押权的圆满状态受到妨害时，抵押权人可以行使排除妨害请求权；当抵押权的圆满状态有受到妨害之虞时，抵押权人可以行使妨害防止请求权。

（四）抵押权的实现

1. 概述

抵押权的实现，是指在债务人不履行到期债务时，抵押权人有权处分抵押物，实现优先受偿权。抵押权的作用就在于担保债权受偿，因此，抵押权的实现是发挥抵押权的作用的方式和途径。

《物权法》第195条规定："债务人不履行到期债务或者发生当事人约定的实现抵押权的情形，抵押权人可以与抵押人协议以抵押财产折价或者以拍卖、变卖该抵押财产所得的价款优先受偿。协议损害其他债权人利益的，其他债权人可以在知道或者应当知道撤销事由之日起一年内请求人民法院撤销该协议。抵押权人与抵押人未就抵押权实现方式达成协议的，抵押权人可以请求人民法院拍卖、变卖抵押财产。"

抵押财产折价或者拍卖、变卖后，其价款超过债权数额的部分归抵押人所有，不足部分由债务人清偿。

2. 抵押权的实现顺位

以同一财产向两个以上债权人抵押的，拍卖、变卖抵押财产所得的价款依照下列规定清偿：

（1）抵押权已登记的，按照登记的先后顺序清偿；顺序相同的，按照债权比例清偿；

（2）抵押权已登记的先于未登记的受偿；

（3）抵押权未登记的，按照债权比例清偿。

3. 抵押权顺位变更规则

《物权法》第194条：抵押权人可以放弃抵押权或者抵押权的顺位。抵押权人与抵押人可以协议变更抵押权顺位以及被担保的债权数额等内容，但抵押权的变更，未经其他抵押权人书面同意，不得对其他抵押权人产生不利影响。

债务人以自己的财产设定抵押，抵押权人放弃该抵押权、抵押权顺位或者变更抵押权的，其他担保人在抵押权人丧失优先受偿权益的范围内免除担保责任，但其他担保人承诺仍然提供担保的除外。

4. 房地一并抵押规则

《物权法》第182条：以建筑物抵押的，该建筑物占用范围内的建设用地使用权一并抵押。以建设用地使用权抵押的，该土地上的建筑物一并抵押。抵押人未依照前款规定一并抵押的，未抵押的财产视为一并抵押。

《物权法》第200条：建设用地使用权抵押后，该土地上新增的建筑物不属于抵押财产。该建设用地使用权实现抵押权时，应当将该土地上新增的建筑物与建设用地使用权一并处分，但新增建筑物所得的价款，抵押权人无权优先受偿。

5. 抵押权的实现与诉讼时效

由于抵押权是担保债权的，因而在抵押权所担保的债权因诉讼时效而丧失胜诉权时，对担保该债权的抵押权产生什么样的效果，则不无疑问。

我国物权法规定，抵押权人应当在主债权诉讼时效期间行使抵押权；未行使的，人民法院不予保护。

（五）抵押权的终止

出现下列情况之一的，抵押权即终止其效力：

1. 主债权消灭。抵押权为担保主债权而存在。如果主债权因清偿、抵销、免除等原因消灭时，抵押权应当随之消灭。

2. 抵押物灭失。抵押权因抵押物灭失而消灭；但因抵押物灭失所得的赔偿金，应当作为抵押财产。

3. 抵押权实现。抵押权人对于抵押物已经实行其抵押权，无论其债权是否得到全部清偿，抵押权都归于消灭。

4. 诉讼时效经过。抵押权人应当在主债权诉讼时效期间行使抵押权；未行使的，人民法院不予保护。

二、共同抵押

共同抵押是为同一债权就数个物设定的抵押。在共同抵押中，数个抵押物并非结合而视为一物，而是在担保同一债权的目的上互相结合进行担保。所以共同抵押与一般抵押不同，是一种特殊的抵押。共同抵押分为按份共同抵押和连带共同抵押。共同抵押中，需重点掌握按份共同抵押与连带共同抵押中某一抵押人承担了担保责任后，有无追偿顺序限制的规定。

（一）按份共同抵押

若两个以上的抵押人在设立抵押权时，分别或者共同与债权人约定各自仅对全部债权的特定份额承担担保责任的，为按份共同抵押，债权人行使抵押权时，只能按照约定的份额行使抵押权。

抵押人承担了担保责任后只能向债务人追偿，不能向其他按份共同抵押人追偿，按份责任人之间不得相互追偿。

（二）连带共同抵押

对同一债权提供担保时，若两个以上的抵押人在设立抵押权时，未与债权人约定债权人行使抵押权的顺序与份额，为连带共同抵押。债权人行使抵押权时，不受顺序与份额的限制，可以就其中的任一抵押权行使担保权，也有权对所有的抵押权同时行使担保物权。

抵押人承担了担保责任后，既可以向债务人全额追偿，也可以直接按照内部份额比例向其他连带共同抵押人追偿。

三、最高额抵押

（一）概述

最高额抵押是指为担保债务的履行，债务人或者第三人对一定期间内将要连续发生的债权提供抵押担保，债务人不履行到期债务或者发生当事人约定的实现抵押权情形的，抵押权人有权在最高债权额限度内就该担保财产优先受偿。最高额抵押具有以下法律特征：

1	债权数额的可变性	最高额抵押担保的债权可以是前期债权，也可是将来债权
2	从属的特殊性	最高额抵押的主债权在确定前转让时，抵押权并不随之转移
3	债权限额的预定性	最高额抵押权须预定最高债权限额
4	债权实现的确定性	最高额抵押权的实现以对债权进行决算为必要

需要注意的是最高额抵押权的设立、最高额抵押权在移转上从属性的特殊规定，以及最高额抵押权确定的几种情形。

（二）最高额抵押权的设定

1. 最高额抵押合同

设定最高额抵押权，抵押人和抵押权人应当以书面形式订立最高额抵押合同。与一般抵押合同不同的是，最高额抵押合同应当约定被担保债权的种类范围和最高债权限额。最高额抵押合同中通常还约定债权确定期间。但是，债权确定期间约定与否，并不影响最高额抵押合同的成立。

2. 最高额抵押权设定登记

根据《物权法》第207条，最高额抵押权应适用一般抵押权登记的规定。最高额抵押权的设定登记，依其抵押财产的性质，分别采登记要件主义和登记对抗主义。

3. 主债权的范围

最高额抵押所担保的主债权只能是一定期限内连续发生的债权，这类债权一般都是连续性交易。在最高额抵押权设立前就已经存在的债权，也可以成为被最高额抵押所担保的债权，但需要与其他不特定债权结合才行，否则不能单独为最高额抵押所担保。

（三）最高额抵押权的变更与转让

1. 变更

《物权法》第205条规定："最高额抵押担保的债权确定前，抵押权人与抵押人可以通过协议变更债权确定的期间、债权范围以及最高债权额，但变更的内容不得对其他抵押权人产生不利影响。"范围变更形态包括取代、追加和缩减。

2. 转让

《物权法》第204条规定："最高额抵押担保的债权确定前，部分债权转让的，最高额抵押权不得转让，但当事人另有约定的除外"。对此，需注意以下几点：

（1）可转让的债权必须是已经确定的债权。在担保债权额确定前，最高额抵押所担保的债权无法转化为一个内容具体的债权，不具有转让的可能性（即标的不能）；但已经确定的债权可以转让。

（2）所谓部分债权转让，通常不是指某特定债权被分割成若干部分债权而转让，而是指抵押合同约定的一定期间内已经发生的某个或某些债权的转让。

（3）最高额抵押担保的债权确定前，部分债权转让的，最高额抵押权不随之转让。当事人约定部分债权转让、最高额抵押权也随之转让的，依当事人的约定。

（4）最高额抵押担保的债权确定前，债权人转让部分债权的，除当事人另有约定外，房屋登记机构不得办理最高额抵押权移转登记。

（四）最高额抵押债权的确定

最高额抵押权的确定，也称最高额抵押担保债权的确定，是指最高额抵押权所担保的一定范围内的不特定债权，由于一定事由的发生而变为具体、特定之债权。最高额抵押权的确定有利于确定最高额抵押权人的优先受偿范围，明确利害关系人的利益保护。

根据我国《物权法》的规定，最高额抵押权的确定事由主要有以下几类：

最高额抵押权所担保债权的确定条件（《物权法》第206条）	①约定的债权确定期间届满
	②没有约定债权确定期间或者约定不明确，抵押权人或者抵押人自最高额抵押权设立之日起满二年后请求确定债权
	③新的债权不可能发生
	④抵押财产被查封、扣押
	⑤债务人、抵押人被宣告破产或者被撤销
	⑥法律规定债权确定的其他情形

四、动产浮动担保

（一）动产浮动抵押权的概念

根据我国《物权法》第181条的规定，浮动抵押权是指企业、个体工商户、农业生产经营者以现有及将有的生产设备、原材料、半成品、产品抵押，债务人不履行到期债务或者发生当事人约定的实现抵押权的情形时，债权人有权就实现抵押权时的动产优先受偿的权利。

（二）动产浮动抵押权的设定

1. 浮动抵押权的主体

浮动抵押不同于固定抵押，固定抵押的抵押人可以是债务人，也可以是第三人，浮动抵押的抵押人**只能是债务人**。我国《物权法》将浮动抵押人限定为企业、个体工商户、农业生产经营者。

2. 浮动抵押财产的范围

我国《物权法》将浮动抵押财产限定为生产设备、原材料半成品、产品。除此以外的动产不得设立浮动抵押，不动产之上也不得设立浮动抵押权。

3. 浮动抵押合同

浮动抵押权由当事人双方合意设定，当事人就**浮动抵押权的设定应订立书面合同**，该合同一般包括担保债权的种类和数额、债务履行期间、抵押财产的范围、实现抵押权的条件等。这里所说的抵押财产的范围并不要求详细列明，比如以全部财产抵押的，可以写“以现有的或者将有的全部动产抵押”；以部分财产抵押的，可以写“以现有的和将有的渔产品、蔬菜、水果抵押”。

4. 浮动抵押权的登记

企业、个体工商户、农业生产经营者设定浮动抵押权的，应当向抵押人住所地的工商行政管理部门办理登记。**抵押权自抵押合同生效时设立；未经登记，不得对抗善意第三人。**

（三）动产浮动抵押权的效力

浮动抵押权的效力大体与动产抵押权的效力相同，二者最大的差别在于浮动抵押权有一个**效力休眠期**。浮动抵押的休眠，也称浮动抵押的效力休眠，是指在抵押财产确定之前，抵押权人没有支配具体抵押财产的权利，或不产生禁止抵押人在正常经营范围内处分抵押财产的权利，除非在抵押合同中对某些财产或处分行为作相反的约定。

浮动抵押权设定后，抵押权人享有优先受偿权。但浮动抵押权不得对抗正常经营活动中已支付合理价款并取得抵押财产的买受人。之所以这样规定，主要因为：浮动抵押是以现有的和将有的财产设定担保，抵押期间抵押人可以占有、使用、处分抵押财产，如果以全部或者部分动产抵押，又不让抵押人处分该财产，抵押人的经营活动就无法进行了。

（四）浮动抵押财产的确定

浮动抵押最大的制度价值在于，赋予抵押人对抵押财产的自由处分权，使抵押人既能获得来自于债权人的资金支持，又能使自己的正常经营免受不利影响。浮动抵押权设定后，因抵押人可对抵押物自由处分，所以抵押物具有不特定性，其形态变动不居，价值漂浮不定。

抵押权人要实现抵押权，首先要使浮动抵押停止浮动，让其固定下来，此即浮动抵押的结晶，我国《物权法》称其为浮动抵押财产的确定。

浮动抵押财产的确定是因法定或约定事件的发生，抵押人丧失对抵押财产的自由处分权，抵押权人获得其对抵押财产的价值控制权，抵押财产形态及价值特定，浮动抵押转为固定抵押，抵押权人可就抵押财产主张优先受偿权。浮动抵押财产的确定是抵押权人实现抵押权的前提。

浮动抵押财产的确定条件	债务履行期满，债权未实现
	抵押人被宣告破产或者被撤销，抵押人停止营业，进入清算程序
	发生当事人约定的实现抵押权的情形
	发生严重影响债权实现的其他情形

考点13 质权

命题分析

质权分为动产质权和权利质权，对于动产质权，考生应重点掌握动产质权的设立，质权人和出质人的相关权利和义务等；而权利质权往往会结合民法其他理论一起考查，如债权转让、抵销等，难度较大，因此需综合理解和把握。

考点解析

一、动产质权

动产质权，是指债务人或者第三人将其动产移交债权人占有，将该动产作为债权的担保。债务人不履行债务时，债权人依法以该动产折价或者以拍卖、变卖该动产的价款优先受偿的权利。

（一）动产质权的标的物

动产充作质押财产须具备以下条件：

1. 须为特定化的动产，包括特定物和特定化的种类物。
2. 须为有交换价值的动产。
3. 须具可让与性。

（二）动产质权的设立

1. 质押合同

动产质押须采取书面形式订立质押合同；在质权合同中，出质人和质权人不得约定在债务履行期届满，质权人未受清偿时，质物的所有权转移为质权人所有。质押合同中的此种约定无效，但该部分内容的无效不影响质押合同其他部分内容的效力。

2. 动产质押合同的生效与动产质权的设立

动产质押合同自合同成立之时起生效，但法律另有规定或当事人另有约定的除外；**动产质权自质押合同出质人向质权人移转质押财产占有时设定。**

出质人向质权人移转占有的行为，也就是交付行为。交付有多种形式，如现实交付、简易交付、指示交付、占有改定等。出质人移转质押财产的占有，并不以现实交付为必要，以其他方式交付亦可。**但出质人不得以占有改定代替质权人对质押财产的占有。**

3. 动产质权的善意取得

动产质权以占有为公示方法。对于动产，其所有人为何人第三者一般只能根据动产的占有来判断。占有发生移转，便“推定”适法权利移转。因此，从占有公信力的角度，善意债权人取得占有便应取得质权。同时，基于确保交易安全的目的，也应承认在无权处分人处分他人财产的情况下，善意第三人取得质物的占有便可以取得质权。

动产质权的善意取得的构成要件	须以设定质权为目的
	须出质人无处分质押财产的权利
	须质权人已占有该质押财产
	须质权人受让质押财产的占有时为善意，而不知出质人无处分权

（三）动产质权当事人的权利和义务

1. 质权人的权利和义务

权利	占有质物	质权人有权在债权受清偿前占有质物，并以质物的全部行使其权利
	收取孳息	质权人有权收取质物的孳息，但质权合同另有约定的除外
	保全质权	因不能归责于质权人的事由可能使质押财产毁损或者价值明显减少，足以危害质权人权利的，质权人有权要求出质人提供相应的担保
	优先受偿	债务人不履行到期债务或者发生当事人约定的实现质权的情形，质权人可以与出质人协议以质押财产折价，也可以就拍卖、变卖质押财产所得的价款优先受偿
	转质权	质权人在质权存续期间，为担保自己的债务，经出质人同意，以其所占有的质物为第三人设定质权的，应当在原质权所担保的债权范围之内，超过的部分不具有优先受偿的效力。转质权的效力优于原质权
	放弃质权	质权人可以放弃质权
义务	保管质押财产	质权人在享有占有质押财产的权利的同时，也负有在占有期间妥善保管质押财产的义务
	返还质押财产	债务人履行债务或者出质人提前清偿所担保的债权的，质权人应当返还质押财产

2. 出质人的权利和义务

权利	处分质物	出质人并不丧失所有权，其仍有权处分质押财产
	追偿权	出质人代债务人清偿债务，或者因质权人行使质权致使其丧失质押财产的所有权时，有权向债务人求偿
	保全质物	质权人的行为可能使质押财产毁损、灭失的，出质人可以要求质权人将质押财产提存，或者要求提前清偿债务并返还质押财产
义务	损害赔偿	质物有隐蔽瑕疵造成质权人其他财产损害的，应由出质人承担赔偿责任。但质权人在质物移交时明知质物有瑕疵而予以接受的除外
	偿还必要费用	出质人对于质权人因保管质物所支出的必要费用，负有偿还义务

（四）动产质权的消灭情形

1. 被担保的债权因法律规定的原因而消灭。
2. 质权因行使而消灭。
3. 质权因质物灭失而消灭。
4. 质权人将出质物返还给出质人而消灭。
5. 质权人丧失对物的占有并且不能请求返还而消灭。
6. 质权因质权人抛弃而消灭。

二、权利质权

权利质权是为了担保债权清偿，就债务人或第三人所享有的权利设定的质权。权利质权除了一些特殊问题外，准用动产质权的规定。因此，权利质权是一种准质权。

权利质权与动产质权的区别如下：

	动产质权	权利质权
标的物不同	动产，有体物	权利，无体物
标的物所受限制不同	标的物范围广泛	标的物范围较窄
权利公示方式不同	占有	交付占有权利凭证或者登记
权利保全方法不同	质权人对质押动产的实际掌握、控制	出质人处分质押权利的法律限制
权利实现方法不同	折价、拍卖、变卖	较复杂，还可以向出质人的债务人主张权利

（一）可以出质的权利的特征与范围

1. 可以出质的权利的特征

权利质权的标的是权利，但不是说任何权利都可以作为权利质权的标的。能够作为权利质权的标的的权利，在性质上必须具有下列特点：

必须是财产权	财产权包括物权、债权及无体财产权等可以用金钱价格评估的权利。自然人、法人的人格权、身份权等人身权，不能转让，也就不能作为权利质权的标的
必须是可让与的财产权	只有可让与的财产权才可以作为权利质权的标的。设定权利质权，目的是就该权利受偿
必须是不违背质权性质的财产权	质权是动产质权，不动产原则上不能设定质权。因此不动产物权，如典权、地上权，不能设定权利质权

2. 可以出质的权利的范围

《物权法》第223条规定了可以出质的权利的范围：债务人或者第三人有权处分的下列权利可以出质：

（1）汇票、本票、支票；

（2）债券、存款单；

（3）仓单、提单；

（4）可以转让的基金份额、股权；

（5）可以转让的注册商标专用权、专利权、著作权等知识产权中的财产权；

（6）应收账款；

（7）法律、行政法规规定可以出质的其他财产权利。

（二）权利质权的设定

权利质权的设定方式可以分为两类：一是具有一般权利凭证的权利；二是需要登记的权利。

1. 具有一般权利凭证的权利

具有一般权利凭证的权利主要是指汇票、本票、支票、债券、存款单、仓单、提单。以这些权利出质的，当事人应当订立书面质权合同，并将权利凭证交付给质权人。**质权自权利凭证交付质权人时设立；没有权利凭证的，质权自有关部门办理出质登记时设立。**

2. 需要登记的权利

需要登记的权利主要是指股份、股票、商标专用权、专利权、著作权中的财产权、公路桥梁、公路隧道或者公路渡等不动产收益权等。**以这些权利出质的，不仅要求当事人订立书面质权合同，还需要进行登记。**

3. 禁止流质

《物权法》第211条规定："质权人在债务履行期届满前，不得与出质人约定债务人不履行到期债务时质押财产归债权人所有。"

（三）权利质权的效力

1. 权利质权对于出质人的效力

权利质权对于出质人的效力，主要体现在对其就权利的处分权的限制上，即非经质权人同意，出质人不得以法律行为使其消灭或变更，以保护质权人的权利。

所谓以法律行为使其消灭，如以免除或抵销的方式使作为标的物的债权消灭。

所谓以法律行为使其变更，是指以契约的方式使债权额期限延长或减少利息或变更债的内容等。这些均对质权人不利，因此法律对此必须加以特别限制。

2. 权利质权对于质权人的效力

（1）质权人的权利。包括对证书或证券的留置权、孳息收取权、权利转质、优先受偿权。

（2）质权人的义务。质权人应以一个善良管理人的注意对权利质权的标的物，即权利进行保全。

（四）权利质权的消灭

1. 被担保的债权因法律规定的原因而消灭。

2. 质权因行使而消灭。

3. 质权因质物灭失而消灭。

4. 质权因质权人抛弃而消灭。

考点14　留置权

命题分析

"留置权"是一种法定担保物权，具有一定的理论特殊性和独立性，涉及合同法、商法和物权法的相关制度，有一定的综合性，主观题容易设题。留置权的难度不大，需重点掌握留置权取得的积极要件、留置权的善意取得、商事留置权以及留置权的消灭等知识点。

考点解析

一、留置权的概念和特征

（一）留置权的概念

留置权，是指债务人不履行到期债务时，债权人所享有的留置其已经合法占有的债务人的动产，并就该动产优先受偿的权利。其中，债权人为留置权人，占有的动产为留置财产。

（二）留置权的特征

①法定的担保物权	不论债权人和债务人是否有约定，只要具备我国《物权法》规定的条件，留置权当然产生
②与担保债权有牵连性	债权人留置的财产与债权属于同一法律关系（商事留置权除外）
③合法先占留置动产	留置权以动产的占有为要件；债权人丧失占有即丧失留置权
④效力具有双重性	留置效力 + 留置财产的变价受偿

（三）留置权与同时履行抗辩权的区别

区别点	留置权	同时履行抗辩权
权利性质	担保物权	债权的自力救济工具
制度目的	担保债权实现，维护一方利益	促使双方履行义务，衡平双方利益
成立要件	一方占有对方财产	双务合同具有对价性
适用范围	不限于合同之债	一般发生在双务合同中
行使效力	留置 + 变价受偿	中止履行 + 阻却违约

二、留置权的取得

留置权是法定权利，只有在符合法律规定的条件下，债权人才取得留置权，包括积极要件和消极要件。

（一）留置权取得的积极要件

1. 须债权人占有债务人的动产。根据《担保法》第 84 条的规定，债权人可以就履行保管合同、运输合同、加工承揽合同而占有的债务人动产行使留置权。债权人须合法占有债务人的财产，其占有方式是直接占有还是间接占有均可。但单纯的持有，如雇用人操持家务，则其在工作中使用家中的器具，**是持有而不是占有，故不能成立留置权**。债务人代债权人占有留置物的，留置权不成立。

债权人合法占有债务人交付的动产时，不知道债务人无处分该动产的权利，债权人仍可以依法享有留置权（**留置权的善意取得**）。

2. 须债权已届清偿期。债权人虽占有债务人的动产，但在债权尚未届清偿期时，尚不发生债务人不履行债务的问题。只有在债权已届清偿期，债务人仍不履行债务时，债权人才可以留置债务人的动产。

债权人的债权未届清偿期，其交付占有标的物的义务已届清偿期的，不能行使留置权。但是，**债权人能够证明债务人无支付能力的除外**。

3. 须债权的发生与该动产有牵连关系。留置权中，债权人占有债务人的动产必须与其债权的发生有牵连关系，即债权的成立与标的物的占有是基于同一合同关系。**但企业之间留置权的成立不必具备法律关系的同一性**。

（二）留置权取得的消极条件

1. 对动产的占有不是因侵权行为取得（不符合“合法占有”条件）。例如窃贼即使对盗赃支出了必要费用，也不享有留置权。

2. 对动产的留置不违反公共利益或善良风俗（不符合广义的“合法”条件）。对动产的留置如果违反公共利益或善良风俗，如留置他人的居民身份证、留置他人尸体、骨灰等，为法律所不许。

3. 对动产的留置不得与债权人的义务相抵触。债权人留置债务人的动产如果与其所承担的义务相抵触时，亦不得为之。例如，承运人有将货物运送到指定地点的义务，在运送途中，不得以未付运费而留置货物。

三、留置权的效力

（一）留置权人的权利

扣押留置财产	在债务人不履行债务时，债权人就可以留置标的物，拒绝债务人交付标的物的请求
收取留置物孳息	收取的孳息，应先充抵收取孳息的费用
请求偿还保管费用	债权人因保管留置物所支出的必要费用，有权向债务人请求返还
就留置物优先受偿	债务履行期届满后一定宽限期过后，留置权人可行使优先受偿权

（二）留置权人的义务

容留宽限期	留置权成立的，留置权人应当给债务人两个月以上履行债务的期间，但当事人约定合理期间者或留置鲜活易腐等不易保管的动产除外
保管留置物	留置权人负有妥善保管留置财产的义务；因保管不善造成留置财产毁损、灭失的，应当承担民事赔偿责任
返还留置物	在留置权所担保的债权消灭，或者债权虽未消灭，债务人另行提供担保时，债权人应当返还留置物给债务人

四、留置权的消灭

留置权消灭的原因主要有：①主债权消灭；②留置权实现；③留置物灭失；④债务人另行提供担保并被债权人接受；⑤留置权人对留置财产丧失占有。

考点15　担保物权的竞合与混合担保

命题分析

“担保物权的竞合”是同一标的物上多个担保物权的组合担保，而混合担保是对同一债权存在不同担保方式的组合担保。二者极容易引起混淆，且具有一定的综合性。主观卷的案例分析大题容易涉及。混合担保的难度较大，考生需要全面掌握《物权法》第176条所涉及的担保规则。

考点解析

一、担保物权的竞合的概述

担保物权的竞合，亦称为物的担保的竞合，是指在同一标的物上存在不同种类的担保物权，此时应以何类担保物权的效力优先的问题。

担保物权竞合的法律规则主要有：①“成立优先”规则；②“登记优先”规则；③“公示优先”规则；④“法定优先”规则。考生在把握基本概念前提下，比较识记并理解各具体规则的适用。

担保物权的竞合须具备以下条件：

（一）须同一标的物上同时存在数个不同种的物上担保权

只有在同一标的物即用于设定物上担保的同一项财产上，存在数个不同种类的物上担保时，才会发生担保物权的竞合。至于该标的物为一物或数物还是整体财产，则在所不问。所谓同时存在数个担保物权，是指于实现物上担保时，在标的物上存在着不同种类的担保物权，而不是指标的物上曾先后存在过数个担保物权。

（二）须各个担保物权人不为同一人

担保物权的竞合不仅须为担保权客体的竞合，而且其权利主体须不为同一人。所谓权利主体不为同一人，是指数个不同的担保物权所担保的并非同一个债权。因为在同一权利主体有不同的担保物权时，则属于数个担保物权担保同一债权，而不是不同的担保物权担保不同的债权。

二、抵押权与质权的竞合

（一）先设立抵押权，后设立质权

因抵押权是不移转标的物占有的，而质权是以移转标的物占有为成立要件的，所以在设定抵押权后，抵押人得将标的物再用于质押，成立质权。因为于此情形下，后设定的质权无害于抵押权。此时当发生抵押权与质权的竞合。通说认为，**若该抵押权属于可不予登记即成立而当事人又未为抵押权登记的，则因未登记的抵押权不具有对抗第三人的效力，未登记的抵押权虽成立在前，质权的效力也应优先于抵押权。**若当事人将该抵押权进行了登记，该抵押权的效力自然优先于质权的效力。

总结：

（1）抵押权若是法定登记的，已登记的抵押权恒优先于质权，而不论成立时间的先后。

（2）非法定登记物，抵押权未登记的不得对抗第三人，质权优先于抵押权。

（二）先设立质权，后设立抵押权

出质人于设定质权后可否再设定抵押权，即先质后押呢？理论上，在一般情况下，设定质权后不宜设定抵押权，但也并非不可设定抵押权。若当事人同意于出质的财产上再设定抵押权时，抵押权与质权竞合。**于此情形下，质权的效力应优先于抵押权，不问该抵押权是否办理抵押权的登记。**

三、抵押权与留置权的竞合

留置权的标的物为动产，因此只有动产抵押权才可能与留置权发生竞合。抵押权与留置权竞合的发生同样有两种情况：

（一）先设定抵押权，后成立留置权

因为先设定抵押权后因标的物不移转占有，所以在抵押人将抵押物交由他人占有时，在具备留置权的成立条件下可在抵押物上再成立留置权。此种情形下发生的抵押权与留置权的竞合效力如何？**通说认为，留置权优先于抵押权**；因为留置权人占有标的物，并且因留置权担保的债权往往是有利于保全抵押权人利益的。对此，我国《物权法》第239条明确规定：同一动产上已设立抵押权或者质权，该动产又被留置的，留置权人优先受偿。

（二）先成立留置权，后设定抵押权

这有两种可能：

一是留置物所有人将留置物抵押。此时在留置物上又成立抵押权，抵押权与留置权竞合。因留置权成立在先，**留置权的效力当然优先于抵押权**。

二是留置权人将留置物抵押。于此情形下，因为留置权人非为标的物所有人，抵押应为无效，不发生抵押权与留置权的竞合。但是若经留置物所有人同意，留置权人为自己的债务履行为其债权设定抵押权的，抵押权可为有效，发生抵押权与留置权的竞合。不过于此情形下，**抵押权的效力应优先于留置权**；因为留置权人是抵押权所担保债权的债务人，债务人的权利不能优于债权人的权利。

四、留置权与质权的竞合

由于留置权与质权都是以占有标的物为其存续要件的，留置权得因占有的丧失而消灭，质权在占有丧失而又不能回复时也消灭。但因占有不以直接占有为限，所以在同一标的物上可以发生留置权与质权的竞合。就其发生而言，有以下两种情况：

（一）先成立留置权，后成立质权

留置权人以其占有的留置物再设定质权的，如经所有人同意，质权成立。如未经所有人同意，则其设定行为应为无效；但因留置权与质权均以占有为公示原则，善意第三人得依善意取得原则取得质权。在第三人取得质权时，留置权与质权竞合，**后设定的质权效力应优先于留置权。**因为在此种情形下，标的物为质权人实际直接占有，而留置权人仅为间接占有人。但如果在留置期间经留置权人同意，标的物所有人以留置物设定质权的；则因留置权成立在前，质权成立在后，**留置权的效力应当优先于质权。**

（二）先成立质权，后成立留置权

在质物由质权人占有期间，质权人将质物交由第三人直接占有，而自己间接

占有时，第三人得基于留置权的成立事由而取得留置权。例如，质权人将质物交由第三人保管，保管人得于具备留置权条件下取得留置权。于此情形下，因质权人的质权并不消灭，发生留置权与质权的竞合，**留置权的效力优先于质权。**因为留置权是担保基于维护或保存标的物的价值的行为而发生的债权，并且标的物由留置权人直接占有，所以质权人仅为间接占有人。

<table>
<tr><th>情形</th><th>成立先后</th><th>何者优先</th><th>备注</th></tr>
<tr><td rowspan="3">抵押权与质权竞合</td><td rowspan="2">先抵押后质押</td><td>抵押经登记：抵押权优先</td><td rowspan="2">关键在于抵押是否登记</td></tr>
<tr><td>抵押未登记：质权优先</td></tr>
<tr><td>先质押后抵押</td><td>质押权优先</td><td>须当事人同意且不论抵押是否经过登记</td></tr>
<tr><td rowspan="3">抵押权（动产）与留置权竞合</td><td>先抵押后留置</td><td>留置权优先</td><td>因为留置权人占有标的物</td></tr>
<tr><td rowspan="2">先留置后抵押</td><td>留置权人抵押：抵押权优先</td><td>须经留置物所有人同意</td></tr>
<tr><td>留置物所有人抵押：留置权优先</td><td>因为留置权成立在先</td></tr>
<tr><td rowspan="3">质权与留置权竞合</td><td rowspan="2">先留置后质押</td><td>留置权人出质：质权优先得质权</td><td>经留置物所有人同意或虽未经同意但第三人善意取得质权</td></tr>
<tr><td>留置物所有人出质：留置权优先</td><td>需要经留置权人同意</td></tr>
<tr><td>先质押后留置</td><td>留置权优先</td><td>质权人将质物交由第三人直接占有，而自己间接占有时，第三人得基于留置权成立事由取得留置权</td></tr>
</table>

五、混合担保

（一）概述

所谓混合担保，指针对同一个债务既有物权担保（抵押、质押），又有第三人的保证担保（人保）而形成的多人、多种类的共同担保，其与共同抵押、共同保证等担保相区别。

混合担保的法律意义在于：当债务人不履行到期债务或担保权实现条件成就时，担保债权人按照何种比例、何种顺序向担保人行使担保权利、实现担保利益。混合担保问题较为复杂，需对担保权利的行使规则、担保人的免责规则以及担保人承担责任后的追偿规则作一体把握，尤其要注意是否有债务人提供的物权担保混合其中，其对担保权利的行使规则有重要影响。

（二）混合担保的适用规则

被担保的债权既有物的担保又有人的担保的，债务人不履行到期债务或者发生当事人约定的实现担保物权的情形时，债权人按照何种规则行使担保权、实现自己的债权利益，依照相关法律规定，归纳如下：

1. 约定优先规则

根据《物权法》第176条的规定，物保和人保的实现顺序应当首先根据当事人之间的约定来确定。该规定充分尊重当事人的意思自治，适用“约定优先于法定”规则。

2. 债务人物保优先规则

债务人的物保与第三人物保或人保“混合”时，且没有约定或未达成约定的，债权人应当先就债务人自己提供的物权担保实现债权，如果通过实现针对债务人的担保物权不能满足其债权时，再对其他担保人主张相应的担保责任，否则，其他担保人享有“先诉抗辩权”。该规则衍生规则是：若债权人放弃实现债务人提供的物的担保，则其他担保人在债权人丧失优先受偿权益的范围内免责（《物权法》第194条第2款、第218条）。

3. 物保和人保效力平等规则

既有第三人提供物保，也有第三人提供人保的，债权人可以就物保实现债权，也可以要求保证人承担保证责任，即物保和人保效力平等。

4. 担保人的追偿规则

承担了担保责任的第三人，应先向债务人追偿，未受偿还部分可向其他第三担保人追偿。从往年真题的情况来看，命题人采纳了“顺序说”的立场，即第三人承担了担保责任后，可以向债务人追偿，但不得向其他担保人追偿。

《最高人民法院关于适用〈中华人民共和国担保法〉若干问题的解释》第38条进一步规定，承担了担保责任的担保人，可以向债务人追偿，也可以要求其他担保人清偿其应当分担的份额。可见，第三人行使追偿权是没有顺序限制的。

考点16　债的履行与债的消灭

命题分析

债的效力体现于债的履行，债的目的也在于履行，可以说债法的全部内容都围绕着债务人如何履行义务、实现债权人的利益、终结债的关系，以及出现履行瑕疵时如何进行调整。履行规则涉及债的履行原则、履行规则、履行瑕疵、履行抗辩等内容，也是违约责任甚至侵权责任承担的基础。债的履行导致债的消灭，但债的消灭还有其他典型原因，需要整体把握。

该知识点的掌握具有体系意义，也是全面考查债的基本原理的合理视角。

考点解析

一、债的履行概述

债的履行指依债之内容，债务人按照约定或者依照法律的规定，全面地、适当地完成自己所负义务，实现债权人利益的行为。债的履行是以满足债权为目的的“给付”行为；也是以消灭债之关系的“清偿”行为。履行内容包括交付财物、支付价金、移转权利、提供劳务、提交成果或不作为。当事人应当按照约定和法律规定全面履行自己的义务。当事人应当遵循诚实信用原则，根据债的性质、目的和交易习惯履行通知、协助、保密等义务。债的履行还须遵循经济合理原则。

二、债的履行规则

（一）实际履行

实际履行，是指债务人须按照债的本旨和成立时的内容，履行义务，不得随意改变，也不得以承担违约责任来代替履行，应当在可能的情况下仍需继续完成履行。

实际履行通常作为一种违约救济方式。但该救济方式的适用需符合条件：

1. 须为非金钱之债：金钱之债不存在实际履行的问题。
2. 实际履行可能：即不存在法律不能或事实不能情形。
3. 履行内容具有可强制性。
4. 符合效益原则。
5. 经债权人请求。

（二）代为履行（代为受领履行）

代为履行，是指第三人按照当事人的约定或指定代替债务人而为履行或受领履行。这是履行主体的特殊规则，但仍须遵循债的相对性原理。

注意区分：

代理履行——第三人作为代理人代债务人履行，其后果按照代理关系处理。

代位履行——第三人基于特殊的法律关系以债务人的法律地位，实施履行**（如保证人的履行；连带债务人的履行；次债务人的代位履行；财产代管人的履行等）**。

（三）代物清偿

代物清偿，是指债务人以其他给付标的代替原定给付标的而进行履行，从而消灭债的关系。通常须通过双方协议变更债的标的。【如以房抵债】

（四）履行补充规则（主要适用合同之债）

履行补充规则，是指当债的内容约定不明或未有约定，如何对债的内容予以补充。

1. 没有约定或约定不明的，可以协议补充；不能达成补充协议的，按照合同有关条款或者交易习惯确定。

2. 质量、价格或报酬、履行地点、履行期限、履行方式、履行费用等具体补充。

（1）质量不明：按照国标、行标、通标或特标。

（2）价款报酬不明：按照订立合同时履行地市场价；政府指导价。

（3）履行地点不明：不动产在不动产所在地履行；动产“送钱上门，上门取货”；不作为债务的履行地点应在债权人所在地。

（4）履行期限不明：债务人可以随时履行，债权人可以随时要求履行，但应当给对方必要的准备时间。

（五）情势变更规则

情势变更规则，是指债之关系产生后，作为其基础或环境的情势，于债之关系消灭前，因不可归责于当事人之事由，发生了非当初所能预料之变更，如仍依原债之本旨、贯彻原定之债的效力，则会显失公平、有违诚信原则，法律允许变更原债内容或解除原债关系。【《最高人民法院关于适用〈中华人民共和国合同法〉若干问题的解释（二）》第26条】

1. 须有情势变更之事实（法律关系成立之基础或环境状况发生异常变动）。

2. 发生在债成立之后、消灭之前。

3. 不可归责当事人（意外事件）。

4. 于成立时不可预见（≠合理风险）。

5. 原债履行显失公平。

三、债务不履行和不完全履行（履行障碍）

（一）拒绝履行：债务人在能够履行的情形下，明确表示或通过行为表示不履行债务，包括预期拒绝、届期拒绝。

（二）履行不能：债丧失实际履行的可能性，包括自始不能、嗣后不能、事实不能、法律不能。

（三）迟延履行：指未在债的履行期间内完成履行或受领履行。注意：其区别于迟延不履行者在于：债务履行期限届满，债务人能够履行债务而没有按期履行，而非迟延后拒不履行或不能履行。

（四）瑕疵履行：指债务人的履行内容不符合约定或法律规定的标准，包括质量瑕疵和权利瑕疵（交付的标的物或转移的权利被第三人合法追索）。

（五）加害给付：债务人的给付给债权人造成人身或财产固有利益的损害，一般构成合同责任与侵权责任的竞合，受害人只能择一主张。

四、履行抗辩

债务人可依据合法理由对抗债权人的履行请求，而不需承担债不履行的法律责任。

（一）时效抗辩：债务人以债权已过时效期间为由而拒绝履行。

（二）保证期间抗辩：保证人以债权人未在保证期间内主张保证责任为由，拒绝承担保证责任。

（三）先诉抗辩：一般保证人以债权人未经过公力强制手段追索债务人为由，拒绝承担保证责任。

（四）双务合同的履行抗辩：

1. 同时履行抗辩权：指无先后履行顺序的双务合同债务人在对方未履行或者未提出履行之前，拒绝己方履行的权利。

2. 不安抗辩权：双务合同中应当先序履行义务一方在有确切证据证明后序履行义务一方在缔约后出现足以影响其对待给付的情形，可以中止履行合同并可有条件地解除合同的权利。

3. 先履行抗辩权：指双务合同的后履行义务人在先履行一方未履行之前，有权拒绝其履行请求。

五、债的消灭

（一）概述

债的消灭是指债权、债务因一定法律事实的发生而在客观上不复存在。

债的消灭除因撤销、无效、解除等非目的事实终结外，主要基于债的目的实现而消灭。目的事实有以下情形：

1. 目的达成：

（1）正常达成：债务人或其他义务人提出给付并经债权人受领。包括清偿、代物清偿、提存、抵销；第三人清偿、担保权实现、强制执行、请求权竞合等。

（2）偶然事实达成：如触礁船舶自行浮起无须拖离、房屋因地震倒塌而无须拆除。

2. 目的不能达成：不可归责于债务人而给付不能，包括事实不能、法律不能。

3. 视为目的达成：免除（债权抛弃）、混同（自己向自己清偿）。

（二）清偿

清偿是指债务人或者第三人向清偿受领人全面适当履行债务，使债权债务关系消灭的行为。清偿为发生私法上效果的民事行为，通说为“非法律行为”，无行为能力人或限制行为能力人也可以为有效清偿。

1. 清偿的形态

①自为清偿或他为清偿；②任意清偿或强制清偿；③主债清偿或从债清偿；

2. 清偿的内容

①交付财物或让与权利；②提供劳务；③支付金钱；④不作为四种

3. 代物清偿

代物清偿，是指债务人以他种给付代替原定给付，从而使债务消灭的行为。原则上债务人应以债的标的履行债务，不得以其他标的代替，但是在双方合意的情况下，债务人也可以代物清偿，并且发生债消灭的法律后果。代物清偿的构成要件如下：

（1）须有合法债务的存在；

（2）须以他种给付代替原定给付；

（3）代物清偿的目的是为了消灭原来的债务；

（4）须债权人与债务人达成代物清偿的协议；

（5）须完成他种给付的履行行为。（**通说认为，代物清偿协议是实践合同，**因此除达成协议外，尚需完成履行行为，即动产须交付，不动产须完成登记行为。）

注意：双方还可以通过订立买卖、赠与、互易、劳务等合同，用以清偿原债务。

4. 第三人代为清偿

（1）债权人与债务人的债务因第三人代为清偿而消灭。

（2）在第三人与债权人的关系上：若第三人对债务的清偿有法律上的利害关系，则第三人享有代位求偿权，在其对债务人追偿的范围内，第三人取得债权人的权利。

（3）第三人与债务人的关系上：若第三人基于赠与合同代为清偿，第三人对债务人无追偿权；若第三人基于委托合同代为清偿，第三人可基于委托合同向债务人追偿；若第三人基于其他原因代为清偿，第三人可基于无因管理或者不当得利向债务人追偿。

（三）抵销

抵销是指双方当事人互负债务时，各以其债权充当债务之清偿，从而使其债务与对方的债务在对等额度内相互消灭的制度。提出抵销一方的债权，称为主动债权；被抵销的债权，称为被动债权。抵销分为协议抵销和法定抵销。协议抵销是指按照双方当事人的合意所为的抵销。约定抵销是当事人意思自治的体现，可不受法律规定的抵销要件的限制。法定抵销，即依法律规定的条件，依据一方当事人的意思即可发生抵销的效力。依据一方当事人的意思即可发生抵销效力的权利，被称为抵销权，抵销权属于形成权。

1. 法定抵销的构成要件

（1）双方当事人互负债务、互享债权。

抵销以在对等额度内使双方的债权消灭为目的，所以以双方的债权存在为前提。但是需要注意以下特殊情形：①根据《合同法》第83条的规定，债务人的债权先于转让的债权到期或同时到期的，债务人可以向受让人主张抵销；②超过诉讼时效的债权不得作为主动债权而主张抵销；③在保证中，债权人请求保证人承担保证责任时，保证人可以就主债务人对债权人所享有的债权主张抵销保证债务。

（2）双方互负的债务标的物的种类、品质相同。

（3）主动债权已届清偿期。

（4）非依债的性质不能抵销。不得主张抵销的债务，大致包括以下三类：①

性质上不得抵销的；②法律规定不得抵销的。例如，强制执行时为被执行人保留必要的生活费用，对于这些应付费用不得主张抵销；③当事人约定不得抵销的。

2. 抵销权的行使

（1）通知。法定抵销权人主张抵销的，应当发出抵销的通知，通知到达对方时，产生抵销的效力。

（2）单方行为。法定抵销权为形成权，抵销权人行使抵销权时，无须对方当事人的同意，抵销时也不得附条件或附期限。

（3）抵销相对人的异议期。对于债务抵销虽有异议，但在约定的异议期限届满后才提出异议并向人民法院起诉的，人民法院不予支持；当事人没有约定异议期间，在债务抵销通知到达之日起3个月以后才向人民法院起诉的，人民法院不予支持。

3. 法定抵销的效力

（1）到达时生效。一方在行使法定抵销权时，抵销的通知到达对方时，发生法定抵销的效果，即双方的债权在对等额内消灭。

（2）具有溯及力。法定抵销的效果具有溯及力，双方互负的债务不是于抵销通知到达对方时消灭，而是溯及到主张抵销之人享有法定抵销权时（法定抵销权成立之时）消灭。

4. 协议抵销

协议抵销，又称为合意抵销、任意抵销，约定抵销的实质是互负债务的双方当事人订立一个全部或者部分消灭彼此债务的合同，它是双方当事人意思自治的体现，因此可以不受法定抵销各种条件的限制，只要双方当事人协商一致即可抵销。

（四）提存

1. 提存的条件

提存是指由于债权人的原因无法向其交付标的物时，债务人将该标的物交给提存部门而消灭债务的制度。提存须具备以下条件：

（1）债权人无正当理由拒绝受领的。

（2）债权人下落不明的。

（3）债权人死亡未确定继承人或丧失民事行为能力未确定监护人的。

（4）债权人分立、合并或变更住所没有通知债务人的，致使债务人履行债务发生困难的。

【注意】标的物具有下列情形的，不能提存：

（1）标的物不适合提存的。例如，鲜活易腐败物品等。

（2）提存费用过高的。

（3）不能提存的标的物，债务人依法可以变卖或者拍卖标的物的，可以提存所得的价款。

2. 提存的法律效果

（1）提存人向提存部门完成提存后，将成立一个向第三人履行的保管合同，提存人系寄存人，提存部门为保管人，债权人（提存受领人）为利益第三人。提存部门负有妥善保管的义务，因保管不善造成保管物毁损、灭失的，提存部门应承担赔偿责任；如果提存人另行向债权人清偿了债务，提存人对提存部门享有取回原提存物的权利。

（2）提存对债务人而言，债务人的债务免除；债务人负有通知义务，应将提存的事实通知债权人或其监护人。债务人怠于通知的，虽不影响提存的效力，但债务人应赔偿怠于通知给对方造成的损失。

（3）提存对债权人而言，提存物的所有权归债权人；提存物的孳息归债权人所有；提存物毁损、灭失的风险自提存之日起由债权人承担；提存费用由债权人承担；债权人有权自提存之日起5年内向提存机关领取提存物，超过5年未领取的，扣除提存费用后所有权属于国家。

考点17　债权保全与债的相对性

命题分析

债的相对性是指债的效力（约束力）仅限于特定的债权人和特定的债务人，对第三人一般不具有约束力。但在民事生活领域，债的关系常常关涉第三人。在涉他之债中，如何坚守债的相对性原理、何种情况下民法允许对这一原则进行突破，这是考查考生理论认知水平和规则应用能力的很好视角。本考点重点把握债的保全制度的价值趣旨。

考点解析

一、相对性原理的制度适用

（一）第三人履行制度

1. 当事人约定由债务人向第三人履行债务的，债务人未向第三人履行债务或

者履行债务不符合约定，应当向债权人承担违约责任。**【坚持相对性】**

2. 当事人约定由第三人向债权人履行债务的，第三人不履行债务或者履行债务不符合约定，债务人应当向债权人承担违约责任。**【坚持相对性】**

（二）第三人导致不履行

当事人一方因第三人的原因造成违约的，应当向对方承担违约责任。当事人一方和第三人之间的纠纷，依照法律规定或者按照约定解决。**【坚持相对性】**

（三）债的法定概括承受——相对性之例外

1. 企业的合并于分立：当事人订立合同后合并的，由合并后的法人或者其他组织行使合同权利，履行合同义务。当事人订立合同后分立的，除债权人和债务人另有约定的以外，由分立的法人或者其他组织对合同的权利和义务享有连带债权，承担连带债务。分立或合并后的企业虽然不是原债的当事人，但其需要接受原债关系的约束。

2. 买卖不破租赁：租赁物在租赁期间发生所有权变动的，不影响租赁合同的效力。租赁物的受让人虽然不是原租赁合同的当事人，但仍须接受该租赁关系的约束，享有相应债权，负担相应义务。

3. 无权代理未被追认：行为人没有代理权、超越代理权或者代理权终止后以被代理人名义订立的合同，**未经被代理人追认，对被代理人不发生效力，由行为人承担责任。**这一规定表明：未被追认的合同，仍为有效合同，只不过仅约束代理人和相对人，即无权代理人法定成为该合同的当事人，以代替被代理人的当事人地位。

二、债的保全——相对性之突破

（一）债的保全概述

债的保全属于债的一般担保，是指为了避免债务人擅自处分财产或者怠于向第三人主张债权，使其财产发生不当减少损害债权人利益，确保其债务清偿能力以实现债权的法律制度。债的保全制度包括债权人代位权制度与撤销权制度。

债的保全制度是对债的相对性的突破，使债的效力扩及于第三人，旨在维护交易安全。债权人代位权制度使得当债务人怠于向第三人主张到期债权，导致其财产不当减少、降低履行债务的资力时，债权人得以越过债务人向第三人主张权利，从而维护自己的债权利益；债权人撤销权制度使得当债务人向第三人实施法律行为减少自己责任财产时债权人得以请求法院撤销其行为从而保护自己的债权利益。

（二）债权人代位权

债权人代位权是指当债务人怠于行使其权利时，债权人为了保护自己的债权，得以自己的名义对第三人行使债务人的债权的权利。

1. 构成要件

（1）债权人对债务人的债权合法、有效、到期。

（2）债务人对次债务人的债权合法、有效、到期。

（3）债务人对次债务人的债权属于金钱债权。

（4）债务人怠于行使对次债务人的金钱债权，并因此损害债权人的债权：

①“怠于”的判断标准：债务人未对次债务人起诉或者申请仲裁。次债务人不认为债务人怠于行使权利的，应当承担举证责任。

②“损害”的判断标准：债务人除了对第三人的金钱债权之外，其他财产不足以偿还对债权人的债务。

③若债务人与次债务人的合同中有仲裁条款，亦不妨碍债权人以起诉方式行使代位权。

（5）债务人对次债务人的债权不具有专属性。

下列情形，债权人不得行使代位权：

①基于人身伤害产生的损害赔偿请求权；

②基于身份关系产生的债权，例如抚养（扶养）关系、赡养关系、继承关系产生的给付请求权；

③基于劳动关系产生的债权，如劳动报酬、养老金、安置费，等等；

④人寿保险合同（非财产保险）的保险金请求权。

2. 法律效果（前提：债权人胜诉）

（1）次债务人履行债务人对债权人所负债务，债务人对债权人的债务与次债务人对债务人的债务在对等额内消灭；

（2）诉讼费由次债务人负担，从实现的债权中优先支付。其他必要费用，由债务人承担，如律师费、交通费。

（三）债权人撤销权

债权人撤销权是指当债务人实施不当处分其责任财产的法律行为从而损害债权人利益时，债权人得请求法院撤销债务人法律行为以保全其债权的权利。

1. 构成要件

（1）债权人对债务人的债权合法有效（无须到期）。

（2）债务人实施的财产行为损害债权人的债权：

①无偿转让财产。

②放弃到期债权。

③以明显不合理低价转让财产；以明显不合理的高价收购他人财产。【“明显不合理的低价（高价）”：转让价格达不到交易时交易地的指导价或者市场交易价**百分之七十**的，一般可以视为明显不合理的低价；对转让价格高于当地指导价或者市场交易价**百分之三十**的，一般可以视为明显不合理的高价】

④放弃债权担保。

⑤恶意延长到期债权的履行期。

⑥债务人将自己的财产抵押，抵押权人实现抵押权时，债务人与抵押权人约定以明显不合理的低价抵偿债务。

（3）债务人的行为即使减损了其实现债权的能力，债权人也不享有撤销权的情形：①债务人实施的身份行为；②债务人拒绝接受赠与；③债务人放弃继承；④债务人拒绝第三人代为清偿债务。

（4）债务人是在负担债务之后实施的财产行为（债务人实施的财产行为必须是在其承担债务之后，而不能是之前，因为债权人撤销权制度的功能**在于恢复债务人的责任财产，而非增加其责任财产**）。

（5）若债务人的行为为有偿行为，则债务人、受益人或者受让人须具有恶意。

【注】债权人对债务人享有的提供劳务的债权不得行使撤销权（因为劳务之债的履行不需要责任财产的担保）。

2. 法律效果（前提：债权人胜诉）

（1）自人民法院依法撤销债务人的财产行为之日起，债务人的行为自始无效。受益人已受领债务人财产的，负有返还不当得利的义务，不能返还财产的应当折价赔偿；已支付的对价有权要求债务人返还。

（2）受益人或受让人返还所受利益应当加入债务人的一般财产，作为全体一般债权人的责任财产，**债权人无优先受偿权。**

（3）债权人行使撤销权所支付的诉讼费用、律师代理费、差旅费等必要费用，由债务人负担；第三人有过错的，应当适当分担。

（四）债权人代位权 VS 债权人撤销权

区别点	代位权	撤销权
构成要件	债权人对债务人的债权合法、有效、到期	债权人对债务人的债权合法有效（无须到期）
	债务人对次债务人的债权属于金钱债权	非限于处分金钱
被告	次债务人	债务人
无独立请求权的第三人	债务人	受让人或者受益人
必要费用承担	次债务人承担诉讼费，其他必要费用由债务人承担	债务人负担必要费用；第三人有过错的，应当适当分担

考点 18　债的移转与债的同一性

命题分析

债法理论中存在“同一性”理论，即债的关系自成立到终结，其权利义务约束力始终存在于特定的债权人与债务人之间，即使债的要素发生变更。该原理与债的本质特征紧密相连，是理解和适用债法相关制度的前提。

本考点主要通过债的移转制度进行考查，债权让与和债务承担应当重点把握。

考点解析

一、债的移转概述

债的移转，是指债的内容不改变同一性，而只改变债的主体的法律制度。债的移转包括债权让与、债务承担、债权债务的概括承受三种情形。

债的移转的法律特征是：

1. 债的移转仅限于债的主体发生变更，债的内容并没有变化。

2. 债的转移不会产生新债，债的关系前后保持其同一性。

3. 债的移转原因有两种：一是基于法律规定，如法定继承；二是基于法律行为，如债权让与行为和债务承担行为。

二、债权让与

（一）债权让与的概念与分类

1. 概念

债权让与，又称债权移转、债权转让，是指不改变债的内容，债权人将其债权移转给第三人享有的法律制度。债权让与涉及三方当事人，即让与人（原债权人）、受让人（新债权人）和债务人。

2. 分类

（1）全部让与，是指债权人将债权完全移转给受让人而脱离债的关系，受让人成为债的关系的新债权人。

（2）部分让与，是指受让人加入债权法律关系中，与债权人共享债权。

（二）债权让与的限制

我国《合同法》第 79 条规定了三种不可让与的债权：

1. 依债权性质不得让与的债权。性质上不得让与的债权，是指变更债的主体将会导致债权目的不能实现或丧失债的同一性的债权。主要包括：①具有人身属性或较强信任基础的债权，如劳务、委托、租赁等；②以特定的身份为基础的债权，如抚养请求权；③不作为的债权；④属于从权利的债权。

2. 依当事人约定不得让与。由于债权让与的内部约定不具有对世性，故不能对抗善意第三人。受让人善意且无过失时，债权让与有效，债务人可向让与人请求承担违约责任；受让人为恶意时，通说认为债权不发生让与的效力。

3. 依法律规定不得让与。《最高人民法院关于审理人身损害赔偿案件适用法律若干问题的解释》第 18 条第 2 款禁止精神损害抚慰金的请求权的让与，但赔偿义务人已经以书面方式承诺给予金钱赔偿，或者赔偿权利人已经起诉的，可以让与。

（三）债权让与的通知

1. 概念：债权让与的通知是将让与的事实告知债务人，不以债务人承诺为要件。

2. 目的：让债务人了解债权让与的事实，故其内容是通知债务人债权让与于何人。

3. 主体：根据《合同法》第 80 条的规定，通知的主体为让与人。将通知的主体限于债权人的目的是保证债权让与的真实性。让与通知的对方是债务人或其代理人，在债务人死亡时为其继承人，债务人破产的为其清算人。

4. 生效要件：通知自到达债务人或其代理人时对债务人生效，但通知不具有追溯力。

5. 通知的撤销：债权人让与权利的通知不得撤销，但经受让人同意的除外。

（四）债权让与的效力

债权让与的效力，涉及让与人、受让人和债务人，在让与合同的当事人之间的法律效果是债权让与的对内效力，在让与合同当事人与债务人或第三人之间的法律效果是债权让与的对外效力。

1. 债权让与在债权人与受让人之间的法律效力

（1）债权由让与人移转至受让人。

（2）从权利随同移转。

（3）债权人应履行交付证明债权的证明文书等附随义务。

（4）让与人对债权承担权利瑕疵担保责任。

2. 债权让与在受让人与债务人之间的法律效力

（1）在让与通知到达债务人前，债权让与仅在让与人与受让人之间发生效力，对债务人并不发生任何效力。

（2）让与通知到达债务人后，债权让与即对债务人发生法律效力。具体包括：①受让人取代让与人的地位成为债权人；②债务人对让与人的抗辩可以向受让人主张；③债务人可行使抵销权，一是就其对让与人的债权向受让人主张抵销权，二是就其对受让人的债权向受让人行使抵销权。

3. 债权让与在受让人与第三人之间的效力

债权让与发生效力时，债权即移转于受让人，因为债权不具有公示性，债权人仍有可能将债权移转给第二受让人。在比较法上，对**债权二重让与**有三种基本处理规则：①时间优先规则（德国民法典、英美法系等）；②通知优先规则（法国、日本、意大利民法典等）；③登记优先规则（联合国国际贸易应收款转让公约等）。我国没有关于债权双重让与处理规则的明确规定。

三、债务承担

（一）债务承担的概念和分类

1. 概念

债务承担，是指不改变债的内容，债务人发生变化的法律制度。

2. 分类

（1）免责的债务承担，又称债务转让，是指由第三人取代债务人的地位承担其债务，债务人则退出债务关系。《合同法》第 84 条规定了免责的债务承担。

(2) 并存的债务承担又称为债务加入，是指第三人加入债的关系，与债务人共同负担债务的情形。

(二) 债务承担的性质

1. 债务承担为处分行为。该行为的目的在于使新债务人取代原债务人，直接发生债务移转的效力。

2. 债务承担为无因行为。债务的承担通常基于债务的承担人与原债务人的原因行为，如赠与或清偿其他债务等，但原因行为无效的，不影响债务承担的效力。

(三) 债务承担的条件

1. 存在有效的债务。可撤销合同产生的债务，在其撤销之前是有效的，故也可成为债务承担的标的。

2. 债务具有可移转性。依法律规定，债务的性质或当事人约定不得让与的债务不能成为债务承担合同的标的。

3. 有以债务承担为内容的合同。合同生效即发生债务承担的效力。

4. 经债权人同意。不同的债务人其履行能力存在差异，由不同的债务人履行合同对债权人利益影响很大。《合同法》第 84 条规定，为保护债权人的利益，债务人将合同的义务全部或部分移转给第三人的，应当经债权人同意**【其实，在并存的债务承担中，由于原债务人仍须承担全部债务的连带清偿责任，故并不需要债权人的同意】**。

(四) 债务承担的效力

1. 债务人的改变。原债务人脱离债务关系，债权人无权要求其履行债务；第三人作为新的债务人，有履行债务的义务，债权人也有权要求其履行债务。

2. 从债务随之移转。《合同法》第 86 条规定，债务人移转义务的，新债务人还应当承担主债务的从债务，但该从债务专属于原债务人自身的除外。

3. 抗辩事由并不切断。债务承担未改变债的同一性，原债务存在的抗辩不发生任何影响，都可以由新债务人向债权人主张。

四、债权债务的概括承受

1. 概念

指一方当事人经对方同意，将债权债务一并移转给第三人，由第三人成为债的一方主体，享有权利并承担义务的法律制度。其特点是由第三人全部继受债权债务，承受人完全取代原当事人的法律地位，成为债的关系的主体。

2. 分类

债权债务概括承受按产生的依据不同，分为意定概括承受和法定概括承受。法定债权债务概括承受发生的情形，主要包括法人合并、法定继承、《合同法》第229条规定的“买卖不破租赁”等情形。

（二）意定的债权债务概括承受的要件

1. 债的关系必须具有可让与性

《合同法》第88条规定，当事人一方经对方同意，可以将合同中的权利义务一并让与给第三人。但也有法律或当事人禁止让与约定的限制，如依《招标投标法》规定必须通过强制招标程序订立的合同，当事人不能将合同债权债务让与给他人。

2. 债应为双务之债

只有双务合同才存在债权债务概括承受，单务合同只能成立债权让与或债务承担。

3. 须有让与合同

让与合同由一方当事人与第三人订立时，需要取得对方当事人的同意，债的移转自对方同意时发生法律效力。如果让与合同是由原合同双方当事人共同与第三人订立的，则自合同生效时起发生法律效力。

考点19 保证担保

命题分析

保证担保，是以主体的信用和一般财产作为债务履行担保的基础，不同于一般的物权担保。保证合同的无偿性、单务性使得保证责任的承担需要制度约束和正当性基础的支撑。该考点的理论性、实践性、综合性都非常明显，因而是主观题（案例分析题）考查的“常客”。

其中，“保证方式”“保证期间”“保证效力”属于重中之重，当然“混合担保”中，人保是必不可少的内容。

考点解析

一、保证概述

1. 保证的概念

保证是指第三人和债权人约定，当债务人不履行或不能履行其债务时，该第三人按照约定或法律规定履行债务或者承担责任的担保方式。

2. 保证的主要特征

附从性	成立上的附从性：保证以主合同的成立为前提，并于其存续中附从于主合同
	范围和强度上的附从性：保证的范围和强度原则上与主合同债务相同，不得大于或强于主合同债务
	变更、消灭上的附从性：主合同债务消灭时，保证债务也随之消灭；主合同债务变更时，保证债务一般随之变更，但不得增加其范围和强度
独立性	保证关系是另一个独立的法律关系，保证债务虽附从于主合同债务，并非主合同债务的一部分，而是独立于主合同债务的另一债务
补充性	保证债务是对主债务的补充和加强，因而具有补充性
单务性	在保证关系中，只有保证人承担代为清偿主债务的义务，被保证人没有对待给付的义务
无偿性	保证人的保证债务不以从债权人取得一定财产权利为代价，债权人也无须支付任何代价即对保证人享有保证债权

二、保证的设立

（一）保证人的条件

1. 保证人主体合格。根据《担保法》第7条的规定，除法律另有规定者外，凡具有代为清偿债务能力的法人、其他组织或者公民，都可以作为保证人。

2. 禁止提供保证的主体。根据担保法及其司法解释，下列主体不得作为保证人：

（1）未经国务院批准的国家机关。

（2）学校、幼儿园、医院等以公益为目的的事业单位、社会团体。

（3）企业法人的分支机构、职能部门。

（二）保证合同的内容与形式

1. 保证合同的内容

保证合同，是指保证人与债权人约定，在主债务人不履行其债务时由保证人承担保证债务的协议。保证合同是单务合同、无偿合同、诺成性合同、要式合同、附从合同。

根据《担保法》第15条的规定，保证合同应当包括以下内容：被保证的主债权种类与数额；债务人履行债务的期限；保证的方式；保证担保的范围；保证期间；双方认为需要约定的其他事项。

2. 保证合同的表现形式

（1）主从合同的形式，即保证人与债权人单独订立保证合同。

（2）主从条款形式，即债权人、债务人与保证人共同订立一个合同，作为从合同的保证合同仅作为保证条款出现在主合同中。

（3）以保证人身份在主合同上承保的形式，即保证人在债权人与债务人签订的主合同上以保证人身份或在“保证人”栏下签名或者盖章。

（4）保证人单方面出具保证承诺书的形式，即保证人单方以书面形式向债权人出具担保书，债权人接受且未提出异议。

三、保证期间

保证期间，是指保证人承担保证责任的期间。保证人只在保证期间内对其担保的主债务负保证责任。保证期间的确定，分为约定的保证期间和法定的保证期间。

1. 约定的保证期间

按照合同自由原则，双方当事人对于保证期间有约定的，按照约定的期间确定。

2. 法定的保证期间

（1）6个月的保证期间

有两种情况：第一种，保证人和债权人未约定保证期间的，无论一般保证还是连带保证，保证期间均为主债务履行期届满之日起6个月。第二种，保证合同约定的保证期间早于或等于主债务履行期限的视为没有约定，保证期间为主债务履行期届满之日起6个月。

（2）2年的保证期间

保证合同约定保证人承担保证债务直至主债务本息还清时为止等类似内容的，视为约定不明，保证期间为主债务履行期届满之日起2年。

四、保证方式

（一）一般保证

一般保证，是指保证人仅对债务人不履行债务负补充责任的保证。

1. 一般保证的保证人在主合同纠纷未经审判或者仲裁，并就债务人财产依法强制执行仍不能履行债务前，对债权人可以拒绝承担保证责任。一般保证是保证人享有先诉抗辩权的保证方式。

2. 先诉抗辩权的法定限制：

第一，债务人住所变更，致使债权人要求其履行债务发生重大困难的。

第二，人民法院受理债务人破产案件，中止执行程序的。

第三，保证人书面形式放弃先诉抗辩权的。

（二）连带保证

连带保证，是指保证人在债务人不履行债务时与债务人负连带责任的保证。

连带责任保证方式中，保证人的责任重于一般保证的保证人的责任。保证人并不享有先诉抗辩权。

（三）保证方式的推定

1. 当事人对保证方式没有约定或约定不明的，推定为连带责任保证。

2. “债务人不能履行债务时，由保证人承担保证责任”，推定当事人明确约定了**一般保证方式。**

五、共同保证

同一债务人有两个以上的保证人，保证人按合同约定或者法律的规定承担保证责任，没有约定保证份额的，承担连带保证责任。债权人可以要求任何一个保证人承担全部保证责任，保证人负有担保全部债权实现的义务。承担保证责任的保证人有权向债务人追偿，或要求其他承担连带责任的保证人清偿其应当承担的份额。

（一）按份共同保证

按份共同特征，是指共同保证的保证人与债权人约定保证份额的保证。按份保证的保证人仅就约定的份额向债权人承担保证责任，保证人在承担保证责任之后，仅能就其承担的保证份额向主债务人追偿。

（二）连带共同保证

连带共同保证，是指共同保证人在债务人不履行债务时与其他共同保证人连带承担保证责任，彼此没有份额分别，或内部的份额约定不具有外部对抗性。**注意“双重连带”的成立。**

（三）连带方式下的连带责任与共同保证人的连带责任

连带方式保证	共同连带保证
外部关系，相对于债务人而言的	保证人的内部关系
保证人与债务人对债权人承担履行责任或赔偿损失的连带关系	每个保证人都有承担全部清偿债务的义务

六、最高额保证

1. 概念

《担保法》第14条规定：“保证人与债权人可以就单个主合同分别订立保证合同，也可以协议在最高债权额限度内就一定期间连续发生的借款合同或者某项商品交易合同订立一个保证合同。”

2. 特征

（1）最高额保证担保的债务仅限于一定期间发生的借款合同和某项商品交易合同。

（2）最高额保证是对将来发生的不确定债务担保，设定的担保对象一般是将来发生的债务（也可包括已经发生的债务），这些债务将来是否发生是不确定的，债务额是多少也不确定。

（3）所担保的债务必须具有连续性。

（4）最高额保证是限额担保，债权人只能在最高限额内要求保证人承担保证责任，不论将来实际发生时如何变动，均以最高限额为限，达不到最高限额的，以实际发生的债权余额为限；超过最高限额的，以最高限额为限。

3. 保证期间

（1）最高额保证合同约定有保证人清偿债务期限的，保证期间为清偿期限届满之日起6个月。

（2）没有约定债务清偿期限的，保证期间自最高额保证终止之日或自债权人收到保证人终止保证合同的书面通知到达之日起6个月。

七、保证债务的诉讼时效期间

如果债权人在保证期间内主张了权利，则保证期间的作用完结，开始计算诉讼时效。

1. 一般保证保证债务的诉讼时效期间

《最高人民法院关于适用〈中华人民共和国担保法〉若干问题的解释》规定，一般保证的债权人在保证期间届满前对债务人提起诉讼或者申请仲裁的，从判决或者仲裁决生效之日起，开始计算保证合同的诉讼时效。

2. 连带保证保证债务的诉讼时效

《担保法》第18条规定，连带责任保证的债务人在主合同规定的债务履行期届满没有履行债务的，债权人可以要求债务人履行债务，也可以要求保证人在其保证范围内承担保证责任。此条规定说明，就保证人的保证责任而言，连带责任保证合同与一般责任保证合同相比具有相对的独立性，连带责任保证合同的诉讼时效是从债权人向债务人主张权利之次日起开始单独计算的。

3. 保证债务诉讼时效的中止和中断

（1）中止

一般保证和连带责任保证中，主债务诉讼时效中止的，保证债务的诉讼时效同时中止。

（2）中断

一般保证中，主债务诉讼时效中断，保证债务诉讼时效中断。

八、保证的效力

（一）保证担保的范围

保证担保的范围，亦即保证债务的范围，或称保证责任的范围。可以分为有限保证和无限保证两种不同的情况。

1. 有限保证

有限保证是保证人与债权人在保证合同中明确约定保证债务范围的保证。在有限保证中，保证人仅于当事人约定的范围内承担保证债务，对于超过约定范围的债务，保证人不负担保责任。

2. 无限保证

无限保证是指当事人未明确约定保证债务范围的保证。我国《担保法》第21条规定，“当事人对保证担保的范围没有约定或者约定不明确的，保证人应当对全部债务承担责任”。这里的全部债务包括主债务的全部、利息债务、违约金、损害赔偿金、实现债权的费用。

（二）保证对保证人与债权人之间的效力

保证人与债权人之间的关系，是保证效力的主要表现。保证成立后，债权人对保证人享有权利而不负担义务，保证人也享有一定的防御性权利。

1. 债权人的权利

债权人的权利是在主债务人不履行债务时，得请求保证人履行保债务即承担保证责任。债权人请求保证人履行保证债务的，除应向保证人主张外，须证明债务人的债务清偿期届满而自己未受债务的完全清偿。债权人请求保证人履行保证债务的权利的行使，依保证方式的不同而不同。

（1）在一般保证中，债权人只有在就主债务人的财产强制执行而仍不能完全受偿时，才得请求保证人承担保证责任，否则保证人得行使先诉抗辩权；并且，在保证人享有先诉抗辩权期间，债权人不得以自己对保证人的债务与保证人的保证债务相抵销。

（2）在连带责任保证中，只要主债务人于债务履行期限届满时未完全履行债务，债权人即得请求保证人承担保证责任。

2. 保证人的权利

保证人对债权人不享有请求给付的权利，所享有的只是抗辩权或其他防御性的权利。具体包括：

（1）主债务人享有的抗辩权与其他类似于抗辩权的权利。

保证人可以行使主债务人对债权人享有的抗辩权。我国《担保法》第20条规定："一般保证和连带责任保证的保证人享有债务人的抗辩权。债务人放弃对债务的抗辩权的，保证人仍有权抗辩。"

主要有三类：①权利未发生的抗辩权；②权利已消灭的抗辩权；③拒绝履行的抗辩权。其他类似于抗辩权的权利，主要包括撤销权与抵销权。

（2）一般债务人应享有的权利。如保证人得主张保证合同无效的抗辩，保证债务履行期未到的抗辩，保证债务消灭的抗辩。保证合同有可撤销的事由的，保证人得主张撤销；保证人对债权人享有同种类债权的，得以其债权与债权人的债权抵销。保证债务罹于诉讼时效时，保证人亦可拒绝履行。

（3）一般保证的保证人特别享有的权利。一般保证的保证人特有的权利主要是先诉抗辩权。

（三）保证对保证人与主债务人之间的效力

保证人与主债务人的关系，主要表现为保证人的求偿权与代位权。

1. 保证人的求偿权

保证人的求偿权，又称保证人的追偿权，是指保证人承担保证责任后，可以向主债务人请求偿还的权利。保证人求偿权的产生必须具备以下要件：

（1）保证人已经对债权人承担了保证责任。

（2）主债务人对债权人因保证而免责；如果主债务人的免责不是由保证人承担保证责任的行为引起的，保证人不得主张求偿权。

（3）保证人没有赠与的意思。

保证人求偿权的预先行使：我国《担保法》第32条规定："人民法院受理债务人破产案件后，债权人未申报债权的，保证人可以参加破产财产分配，预先行使追偿权。"

2. 保证人的代位权：**追偿权是代位权的前提！**

保证人的代位权，是指保证人在向债权人承担保证责任以后，可以取代债权人的地位，行使其债权的权利。需具备以下条件：一是保证人已经向债权人承担保证责任；二是保证人对债务人有求偿权。

九、无效保证

（一）无效保证的情形

1. 保证合同因主合同无效而无效。（《担保法》第30条）

2. 保证合同因自身原因无效（保证人不适格；保证人意思表示不真实；违反法律和社会公共利益的保证合同无效）。

（二）无效保证的后果

1. 对于保证合同因主合同无效而无效情况下保证人的民事责任，《最高人民法院关于适用〈中华人民共和国担保法〉若干问题的解释》第8条规定："主合同无效而导致担保合同无效，担保人无过错的，担保人不承担民事责任；担保人有过错的，担保人承担民事责任的部分，不应超过债务人不能清偿部分的三分之一。"

2. 对于保证合同自身无效而主合同仍属有效情况下保证人的民事责任，《最高人民法院关于适用〈中华人民共和国担保法〉若干问题的解释》第7条规定："主合同有效而担保合同无效，债权人无过错的，担保人与债务人对主合同债权人的经济损失，承担连带赔偿责任；债权人、担保人有过错的，担保人承担民事责任的部分，不应超过债务人不能清偿部分的二分之一。"

（三）保证责任的免除情形

1. 保证期间届满而债权人未为请求。
2. 债权人放弃物的担保。
3. 主债务转让给第三人未经保证人书面同意。
4. 主债务变更、消灭。
5. 保证合同的解除或终止。

考点20　不当得利

命题分析

“不当得利”作为一种独立类型的债，其适用范围几乎涵盖所有的民法领域。该制度将一种对非常利益变动的否定评价上升到法律调整层面，具有较强的价值考量和政策考量成分，为司法实务提供了宽口径的适用渠道，也是考查考生主观能动性和作业能力的良好素材。

不当得利的命题角度与无因管理制度较为相似，主要集中在不当得利的构成判断和不当得利双方的权利义务关系。

考点解析

一、不当得利的含义与构成

不当得利是指无法律上的原因而受利益，致使他人受损失的事实。作为债的发生依据之一，不当得利一旦成立，即在受益人与受损人之间产生不当得利之债：受损人有权请求受益人返还其无法律根据而获得的利益。

依据《民法总则》第122条的规定，不当得利的成立要件有四项：一方取得财产利益；一方受有损失；所得利益与所受损失之间具有因果关系；没有法律上的根据。上述四项要件的规范意义分析如下：

（一）一方取得财产利益

本要件要求一方所得为财产利益，即可以用金钱价值衡量的利益，精神利益被排除在外。受益人是否取得财产利益，判断标准在于其现在的财产或利益与未与他人发生利益变动情形下所应有的财产或利益是否存在差额。具体而言，主要表现为下列两种类型：

类型	内涵
财产利益的积极增加	通过取得权利、增强权利效力、获得财产利益或减弱义务等扩大积极财产范围（典型如物权、债权、知识产权等财产权的获得）
财产利益的消极增加	因财产利益本应减少而未减少所得的利益（典型如债务的减少或消灭、劳务或物的使用）

（二）一方受有损失

与一方取得财产利益类似，受损人所受的损失也可包括两种形式：财产利益的积极减少与消极减少。后者指应增加而未增加利益（可得利益）的丧失。**此处“应增加”的认定不以“必然增加”为必要，只需依通常情形受损人利益可增加即可。**

（三）所得利益与所受损失之间具有因果关系

对于所得利益与所受损失之间的因果关系，有直接因果关系说与非直接因果关系说之争。

1. 直接因果关系说要求取得利益与受有损失必须基于同一事实发生；

2. 非直接因果关系说则主张取得利益与受有损失不必基于同一事实发生，只要两者之间具有依社会观念认可的牵连关系，即如果没有受益事实，他方就不会受有损失，则认定二者存在因果关系。司法部“四大本”所持立场为非直接因果关系说。

（四）没有法律上的根据

没有法律上的根据是指利益的取得缺乏法律上的原因，区分给付型不当得利与非给付型不当得利。

1. 给付型不当得利，无法律上的原因指自始或嗣后欠缺给付目的（原因）。

2. 非给付型不当得利，无法律上的原因是指欠缺受有利益的法律权利。

【注意】

下列情形中虽无给付原因，但排除不当得利的成立：①给付系履行道德义务；②清偿未到期债务；③明知无债务而为给付；④因不法原因而为给付。

二、不当得利之债的内容

不当得利的基本内容是受益人与受损人之间产生不当得利返还的债权债务关系。由于不当得利返还请求权的规范目的在于利益返还而非损害填补，因此根据通说**如果受益人获益少于受损人损失，其利益返还范围以获益为限。如果获得利益多于损失，则受益人只在损失限度内负返还义务。**

1. 受益人的返还义务

受益人主观状态	返还义务内容
善意（受益人受益时不知其受益无法律上的根据。因过失而不知的，亦属善意）	1. 返还义务范围以**现存利益**为限（包括原物、孳息、代偿利益等）； 2. 善意受益人为取得利益或维持利益所支出的必要、有益费用，可以在返还现存利益时要求权利人偿还或予以扣除
恶意（明知无法律根据而取得利益）	1. 返还其初始所受的一切利益及本于该利益所产生的利益； 2. 为取得或维持利益所支出的必要费用，可以要求权利人偿还或在返还额中予以扣除； 3. 所支出有益费用，只能在现存的增加额限度内予以返还或予以扣除； 4. 依上述方法仍无法弥补受损人损失的，恶意受益人负有损害赔偿责任

2. 第三人的返还义务

不当得利受领人将其受领标的物**无偿让与**给第三人，则于受领人**因此免除返还义务的限度内**，第三人对受损人负返还责任。

考点21　无因管理

命题分析

无因管理制度旨在鼓励互助道义行为，允许合法干预他人事务，阻却违法评价。同时该制度也承担了维护个人自治空间，抑制对他人事务干预的评价功能。如何拿捏其适用空间，兼顾两种价值取向，极具理论性和实践性。需要考生“主观能动”地理解和掌握该知识点。

无因管理的命题角度与不当得利制度较为相似，主要集中在构成判断和双方权利义务配置上。

考点解析

一、无因管理的含义与构成

无因管理，是指没有法律规定或者约定的义务而为他人管理事务。管理事务的人称为管理人，该他人称为本人。一般而言，在没有法律规定或者约定义务的情况下对他人事务予以干预，是对他人依自由意志自行管理事务的妨害。但民法着眼于社会生活的连带关系，为鼓励互相帮助、见义勇为等道义行为，特规定无因管理制度，**赋予无因管理行为以阻却违法性的效力，并在管理人与本人之间形成债权债务关系**，使无因管理成为债的发生根据之一。

依据《民法总则》第121条的规定，无因管理的成立要件有以下三项：管理他人事务；有为他人利益的意思；无法律上的原因。

（一）管理他人事务

其中，“管理”“他人”“事务”三个词语的规范意义丰富，须逐一辨明。

1. “事务”的范围。无因管理中的他人“事务”，指一切能够满足生活利益并**适于作为债之客体**的事项。

无因管理的事项

类别	事项	示例
①	财产性事项	为他人修缮房屋
	非财产性事项	抢救落水儿童
②	继续性事项	长期照看他人生病的父母
	一次性事项	将他人果树上成熟的水果摘下并出售
③	民事法律行为	将昏迷的路人送往医院并办理住院手续
	事实行为	救火

下列行为不构成无因管理

行为	示例
违法行为	替他人打架并受伤；替他人隐匿赃物并支出保管费用
不能发生债之关系的纯粹道德、宗教行为或好意施惠行为	养子女对生父母的照料；为患病者祈祷
依法必须由本人亲自办理的事项	登记结婚；诉讼离婚
非经本人授权不得办理的事项	放弃继承权；公司股东出席股东会并行使表决权
单纯的不作为	眺望地役权合同中，供役地权利人负有的不作为义务，无法成立无因管理

2. 须为“他人”事务。他人事务包括两种：①客观的他人事务。指事务在性质上与他人具有当然结合关系，事务内容属于他人利益的范畴（如他人小孩走失，管理人予以收留并出钱治病）。②主观的他人事务。指事务本身系属中性，依其内容或性质不当然与他人具有结合关系，但可因正当的管理意思成为他人事务。

【注意】

(1)误将自己事务当成他人事务管理，即使具有管理意思，也不成立无因管理。

(2)他人须为“特定”的人。须为特定的一人或数人。若管理的是不特定多数人的事务，则不成立无因管理。因为无因管理是债，而债的双方主体均须特定。

(3)只要是为了他人利益，管理人即使对本人发生误认，不妨碍就真实的本人成立无因管理。

3. “管理”他人事务。管理，是对事务进行处理、实现事务内容的行为。管理行为包括事实行为与法律行为。

(1)无论管理行为属于事实行为还是法律行为，管理事务的承担本身均属于事实行为，不要求管理人具有民事行为能力。

(2)管理人因管理实施法律行为时，可以自己名义为之，也可以本人名义为之。以本人名义为之构成无权代理的，无因管理的成立不会因为无权代理而受影响。

(二)为他人利益的意思

为他人利益的意思，又称管理意思，指管理人知道其所管理的是他人事务，并欲使管理利益归于他人。有三点需特别强调：

1. 当管理人误将他人事务作为自己事务为自己利益管理时，因缺乏管理意思而不构成无因管理。

2. 当管理人在具备为他人管理意思的同时，兼为自己利益而管理他人事务的，构成无因管理。

3. 无因管理只要求管理人在主观上有为他人利益的管理意思，管理的目的是否实现则在所不问。

(三)无法律上的原因

无法律上的原因，指没有法律规定的或约定的义务。具言之：

1. 虽负有义务，但超过其义务的范围而为管理事务时，就其超出的部分属于无义务，可成立无因管理。

2. 管理人有无义务，以事务开始时为基准，并采客观判断标准，不以管理人主观状态为据。

类别	内容
法律规定的义务	1. 私法上的义务：如父母对未成年子女的抚养、监护义务，破产管理人对破产财产的管理义务； 2. 公法上的义务：如警察的救助行为
约定的义务	1. 合同一方当事人基于合同所负义务； 2. 第三人利益合同中，第三人虽非合同当事人，但义务方对第三人的义务是以对于合同另一方当事人的给付为内容，故对第三人也不成立无因管理

二、无因管理之债的内容

（一）管理人的义务

1. 适当管理义务。管理人自管理承担时起，就应依本人明示或可推知的意思，以利与本人的方法，依照善良管理人的注意标准，为管理行为。

2. 管理开始时通知本人的义务。如管理人无法通知（如不知本人是谁）或本人已知悉，则免除通知义务。

3. 继续管理的义务。管理人一般不负继续管理的义务，但于管理开始后如其停止管理较之不开始管理对本人更加不利，则其有继续管理的义务。

4. 报告及计算义务。管理过程中及结束后，管理人应向本人报告管理事务、交付管理所得。

（二）管理人的权利

管理的承担利于本人，且不违反本人明示或可推知的意思时，管理人享有以下权利：①请求偿还必要费用及自支出时起的利息；②请求清偿必要债务；③因管理事务受有损害的损害赔偿请求权。

【注意】

管理的承担不利于本人、违反本人明示或可推知的意思时，管理人只有在本人向管理人主张无因管理的利益时才享有上述三项权利，且以本人所受利益范围为限。

（三）管理人的赔偿责任

1. 原则：管理人未尽到适当管理义务，造成本人损害的，应向本人承担债务不履行的责任。

2. 例外：管理人为免除本人生命、身体或财产上的急迫危险时，对本人造成的损害，除非具有**故意或重大过失**，否则不承担损害赔偿责任。

考点22　合同的订立

命题分析

考试角度而言，合同的订立的主观考点在于格式条款合同的订立规则、缔约过失责任。格式条款的无效情形、缔约过失责任的构成要件及法律后果是考查的重点。

考点解析

一、格式条款

（一）概念

所谓格式条款，是指当事人为了重复使用而预先拟定，并在订立合同时未与对方协商的条款。

（二）特征

格式条款相较于一般的合同条款，有自己的独特之处，具体如下：

1. 格式条款是由一方为了反复使用而预先制定的。也即格式条款在合同相对人出现之前就已经制定好。

2. 格式条款是一方为不特定的相对人预先制定的。也即格式条款的相对人不特定。

3. 格式条款的内容具有定型化的特点。格式条款一旦制定出来就不轻易改变，其内容一般是固定的。

4. 相对人在订立合同时处于服从地位。相对人只有同意与否的权利，对格式条款要么接受要么拒绝。

（三）合同法对格式条款的特殊要求

1. 提供格式条款一方的提请注意义务及说明义务

在采用格式条款订立合同时，提供格式条款的一方除了遵循公平原则确定当事人之间的权利义务，还要采取合理的方式提请对方注意免除或者限制其责任的条款，按照对方的要求，对该条款予以说明。

【注意】合理方式：要采取足以引起对方注意的文字、符号、字体等特别标识，并按照对方的要求对条款进行说明。

2. 法律后果

（1）提供格式条款的一方对已尽合理提示及说明义务承担举证责任。

（2）提供格式条款一方违反提示说明义务的后果：对方当事人拥有申请撤销权。

（3）提供格式条款的一方当事人违反提示说明义务，导致对方没有注意免除或者限制其责任的条款，对方当事人申请撤销该格式条款的，人民法院应当支持。

3. 格式条款的无效情形

（1）《合同法》第 52 条中提及的合同无效的情形（欺诈、胁迫损害国家利益，恶意串通、以合法形式掩盖非法目的、损害公共利益等）。

（2）提供格式条款一方免除其责任、加重对方责任、排除对方主要权利的。

（3）格式条款中的造成对方人身损害的、因故意或者重大过失造成对方财产损失的免责条款。

4. 格式条款的解释

在对格式条款的理解发生争议时，通常有三种解释方式：

（1）按照通常理解予以解释。即按照订约者合理的理解方式进行解释。

（2）若格式条款有两种以上不同的解释，则对条款制作人做出不利的解释。

（3）格式条款与非格式条款不一致时采用非格式条款。

二、缔约过失责任

（一）概念

缔约过失责任是指在订立合同的过程中，当事人一方因违反依据诚实信用原则产生的先合同义务，而致另一方信赖利益损失时所应承担的损害赔偿责任。

（二）构成要件

时间	缔约过失责任是在订立合同的过程中发生的。当事人为了订立合同而接触或者磋商
原因	一方违背依诚实信用原则应负的先合同义务（通知、协助、保密、照顾、忠实、保护）
结果	对方信赖利益受损（包括缔约费用及利息、为准备履行合同所支出的合理费用及利息、丧失与第三人订立合同所遭受的损失）
过失	违反先合同义务的一方具有过失。如果损失的发生并非基于违反合同一方的过失，而是由于受害人或不可抗力造成的，则违法合同义务一方不承担缔约过失责任

（三）适用情形

1. 假借订立合同，恶意进行磋商。

注意“假借”与“恶意”。假借是根本就没有与对方订立合同的目的，与对方谈判只是一个借口而已，真实的目的是损害对方的利益。恶意即有故意造成对方损害的主观心理状态。

2. 故意隐瞒与订立合同有关的重要事实和提供虚假情况。

重要情况主要包括：财产状况、履约能力、瑕疵、性能和使用方法。

3. 泄露或者不正当使用商业秘密。

4. 其他违背诚实信用原则的行为。

比如：违法有效的要约邀请和要约人违反有效的要约；合同无效或被撤销，一方有过错并给对方造成损失；违反先契约义务。

（四）法律后果

有过错的一方应当赔偿他方所受到的损失，双方都有过错的，各自对他方承担责任。

缔约过失责任的赔偿范围：缔约费用、准备履行合同所支出的费用、丧失与第三人另订合同的机会所造成的损失。

考点23　合同的解除

命题分析

合同的解除制度既是一种合同救济制度、赋权制度，同时也是一种限权制度，旨在严格管控合同关系的维系，增进交易效益，维护合同诚信。考生须从这样的层面去理解和掌握该知识点。

合同解除的条件尤其是各种法定解除权，属于考查的重点；合同解除的效力和解除的程序也是较为重要的知识点。

考点解析

一、合同解除概述

合同解除，指合同成立以后，未履行或未完全履行前，经当事人协议，或者当具备合同解除的条件时，由解除权人行使解除权使合同关系自始或向将来消灭的一种行为。

合同解除类型	合同解除内涵
协议解除	指合同成立后，未履行或未完全履行前，当事人协商一致协议解除，使合同关系消灭的合同解除方式
约定解除	指当事人在合同中约定解除权成立的条件，在合同履行完毕之前约定解除权条件成就的，由解除权人通过行使解除权使合同关系消灭的一种合同解除方式
法定解除	指在合同成立之后，没有履行或履行完毕之前，当事人一方通过行使法定的解除权而使合同关系消灭的合同解除方式

相关概念的辨析

协议解除和约定解除	协议解除是以协议直接使合同解除，而约定解除是约定解除权的行使条件而解除合同
附解除条件的合同解除与约定解除	附解除条件的合同，在所附条件成就后，发生合同自然失效的后果；约定解除，即在合同中约定一定的解除条件，解除条件成就后，则解除权发生，但合同并不当然失效

二、合同解除的法定条件

（一）一般法定解除条件

1. 因不可抗力致使合同目的不能达到

双方当事人均享有解除权，且对因合同解除产生的损害不承担赔偿责任，但债务人迟延履行期间发生不可抗力导致合同解除的，迟延履行一方应承担损害赔偿责任。

2. 预期违约

在履行期限届满之前，当事人一方明确表示或者以自己的行为表明不履行主要债务，另一方当事人可以解除合同。

3. 迟延履行

（1）履行期限与合同目的的实现不具有密切联系时，当事人一方迟延履行**主要债务，经催告后**在合理期限内仍未履行，对方当事人有权解除合同。

（2）履行期限与合同目的的实现具有密切联系，当事人一方迟延履行债务致使合同目的不能实现，对方当事人无须经过催告即可行使法定解除权。

4. 根本违约

一方当事人的履行不符合法律的规定或者合同的约定，**致使合同目的不能实现（即根本违约）。**

5. 不安抗辩

在双务合同的履行中，不安抗辩权人中止履行后，后履行方在合理期限内未能恢复履行能力或提供担保，先履行方可以解除合同（《合同法》第69条）。

6. 情势变更

合同成立以后客观情况发生了当事人在订立合同时无法预见的、非不可抗力造成的不属于商业风险的重大变化，继续履行合同对于一方当事人明显不公平或者不能实现合同目的，当事人请求变更或解除合同的，人民法院应当根据公平原则，并结合案件的实际情况确定是否变更或解除（《最高人民法院关于适用〈中华人民共和国合同法〉若干问题的解释（二）》第26条）。

（二）特殊法定解除条件

1. 双方均享有法定任意解除权

任意解除权是指不以违约行为、不可抗力等作为成立条件的法定解除权，但解除权人应赔偿因行使任意解除权给对方造成的损失。

（1）委托合同（《合同法》第410条）。

（2）不定期租赁合同，分为三类：①6个月以上，当事人未采取书面形式的合同；②当事人对租赁期限没有约定或者约定不明的合同；③租赁期间届满，承租人继续使用租赁物，出租人没有提出异议的。

2. 特定一方享有法定任意解除权

（1）加工承揽合同中的定作人（《合同法》第258条、第268条）。

（2）货运合同中的托运人【货交收货人之前】（《合同法》第308条）。

（3）保管合同中的寄存人；未约定保管期限的保管合同中，保管人也享有任意解除权（《合同法》第376条）。

（4）保险合同中的投保人（《保险法》第15条）。

3. 特殊法定条件的合同解除

（1）分期付款买卖合同：买受人未支付到期价款的金额达到全部价款的**五分之一**的，出卖人有权解除合同。

（2）借款合同：借款人未按照**约定的借款用途**使用借款的，贷款人有权解除合同。

（3）租赁合同：承租人**擅自转租**的，出租人有权解除合同。

（4）承揽合同：承揽人擅自将承揽的**主要工作**交由第三人完成的，定作人有权解除合同。

三、合同解除的程序

（一）协议解除的程序

协议解除需要有效的要约和承诺。在合同解除需经有关部门批准时，有关部门批准解除的日期即为合同解除的日期；在合同解除无须有关部门批准时，双方当事人协商一致之时即为合同解除生效之日。

（二）解除权的行使

1. 行使解除权以通知的方式为之，通知到达对方时发生合同解除的效力（**解除权是形成权，不需要对方当事人的同意**）。

2. 对解除合同有异议的，应当在一定期限内提出。《最高人民法院关于适用〈中华人民共和国合同法〉若干问题的解释（二）》第 24 条规定，当事人对合同解除虽有异议，但在约定的异议期限届满后才提出异议并向人民法院起诉的，人民法院不予支持；当事人没有约定异议期限，在解除合同通知到达之日起 3 个月以后才向人民法院起诉的，人民法院不予支持。

3. 法律规定解除合同应当办理批准、登记等手续的，依法办理批准、登记手续后，才发生合同解除的效果。

4. 解除权的除斥期间：

（1）法律规定或者当事人约定解除权行使期限的，期限届满不行使解除权的，该权利消灭；无此期限的，经对方催告后在合理期限内不行使的，该权利消灭。

（2）房屋租赁合同：承租人非法转租的，出租人应自知道或者应当知道之日起**6 个月内**行使解除权。

（3）商品房买卖合同：出卖人迟延交付房屋或者买受人迟延支付购房款的，经催告后在 3 个月内仍未履行的，对方当事人才享有法定撤销权；一方享有法定撤销权的，对方催告其行使的，应在**催告后的 3 个月内**行使，对方未催告的，应在**解除权发生之日起 1 年内**行使。

四、合同解除的效力

合同解除的效力原则上不溯及既往，但可以根据合同性质将履行结果予以回转或补救。非继续性合同的解除可溯及于合同成立之时，继续性合同（如租赁合同、借用合同、雇佣合同等）的解除不具有溯及力。

根据《合同法》第 97 条规定，合同解除后，尚未履行的，终止履行；已经履行的，根据履行情况和合同性质，当事人可以要求恢复原状、采取其他补救措施，并有权要求赔偿损失。

合同解除不影响合同中结算和清理条款、争议解决条款的效力。

考点 24 违约责任

命题分析

违约责任，全称违反合同的民事责任。违约责任机制既承担对违约行为的否定评价功能，也负载对守约方提供民事救济的功能。需要从法理上将其与侵权责任、缔约责任比较起来掌握。从考查内容来看，违约责任包括违约责任的构成要件、免责事由、违约行为形态以及继续履行责任、采取补救措施责任、赔偿损失责任和违约金责任等各种承担违约责任的形式等内容，各个知识点之间具有很强的关联性，命题人会对考生的体系化能力进行考查。

考点解析

一、违约责任的构成

决定违约责任的构成因素有两个：**一是归责原则**；二是**违约责任的具体形式**。违约责任的构成要件一般分为一般构成要件和特殊构成要件。一般构成要件，指违约当事人承担任何违约责任都必须具备的要件。特殊构成要件，指各种具体的违约责任形式所要求的责任构成要件。

（一）违约责任的一般构成要件——“严格责任主义”

违约责任的一般构成要件有二：①具有违约行为；②不存在法定或者约定的免责事由。

（二）违约责任的特殊构成要件

违约责任的特殊构成要件，指承担具体的违约责任时，在一般构成要件之外，还需要具备的其他条件。简要说明如下：

1. 采用过错归责原则的，要求违约方具有过错。

2. 实际履行要求继续履行可能或者可行。

3. 损害赔偿要求另外两个构成要件：①受有损失；②违约行为与损失之间具有因果关系。

（三）违约责任的归责原则

原则：根据《合同法》第107条，违约责任采严格责任原则。因此，法定的免责事由只有不可抗力。无约定时，债务人因为意外事件不履行合同义务的，不能免责。

例外：对于法律明文规定的某类合同，或者法律规定的某类特定违约行为，违约责任采过错归责原则。债务人对于不履行合同无过错的，不构成违约。如：

1. 赠与合同：《合同法》第189条、第191条。
2. 租赁合同：《合同法》第222条。
3. 加工承揽合同：《合同法》第265条。
4. 客运合同：《合同法》第303条第1款。
5. 多式联运合同：《合同法》第320条。
6. 保管合同：《合同法》第374条。
7. 委托合同：《合同法》第406条。

二、违约责任的形式

（一）违约责任形式概述

违约责任的形式，指违约方承担违约责任的具体方式。《合同法》规定的违约责任方式包括六种：①实际履行（继续履行）；②采取补救措施（修理、更换、重作）；③支付违约金；④适用定金罚则；⑤赔偿损失；⑥请求减少价款或报酬（适用于买卖合同等双务合同）。

（二）继续履行责任

继续履行，又称实际履行，指债务人违反合同义务时，应当依照另一方的请求依据合同的规定继续履行其承担的合同义务。继续履行是与合同解除完全对立的救济方式，如果选择解除合同，债权人则无法享有继续履行的权利。（《合同法》第109条、第110条）

继续履行是一种相当重要的违约救济措施，它既可以适用于不履行合同义务的违约行为，如拒绝履行、迟延履行等，又可使用与履行合同义务不符合约定的违约行为，如不完全履行或瑕疵履行。具体适用范围如下：

1. 金钱债务的实际履行

根据《合同法》第109条的规定，请求债务人对金钱债务（支付价款或者报酬）承担实际履行的违约责任，具有一定的实用性、可行性。由于“金钱债务不发生履行不能”，只要债务人未履行支付金钱的义务，债权人就有请求其实际履行。

2. 非金钱债务的实际履行

根据《合同法》第110条规定，符合下列三种情形之一的非金钱债务，不能要求违约方实际履行：

（1）法律上或者事实上不能履行的。例如：债务人破产；诉讼时效期间届满；作为合同的特定的标的物毁损灭失的。

（2）债务标的不适于强制履行或者履行费用过高的。例如：劳务合同（演出合同等）。

（3）债权人在合理的期间内未要求履行。此时推定债权人放弃实际履行的请求。

3. 责任方式的并用

（1）实际履行可以与违约金、定金、损害赔偿责任并用，但不能与解除合同并用。

（2）实际履行可以与价格制裁并用。合同的标的物的价款应当执行政府定价的，实际履行时恰遇政府调整定价，可以适用《合同法》第63条规定的价格制裁。

（三）赔偿损失责任

损失赔偿，也称损害赔偿，指违约方对受害人因违约遭受的损失以金钱进行的补偿。在违约责任体系当中，损失赔偿是一种具有普遍适用性的救济权，它几乎可适用于各种不可免责的违约。

1. 损害赔偿的构成要件

损害赔偿的构成要件主要有三种：一是须发生违约行为；二是须因违约遭受损失；三是违约方或有过错。损失赔偿责任是否具备违约方的过错，应依据违反合同义务的性质而定。

2. 填补性损害赔偿

（1）完全赔偿原则。根据《合同法》第113条第1款的规定，违约方承担填补性损害赔偿的范围包括实际损失和可得利益的损失两个部分。①实际损失，指因违约行为遭受的财产损害和人身损害，不包括精神损害赔偿。②可得利益损失，主要是指利润的损失。

（2）填补性损害赔偿的限制（损害赔偿的范围）：

①可预见性规则。根据《合同法》113 条的规定，损害赔偿的数额不得超过“违反合同一方”在“订立合同时”能够预见到或者应当预见到的因违反合同可能造成的损失。

②减损规则。根据《合同法》第 119 条的规定，当事人一方违约后，对方没有采取适当防范措施致使损失扩大的，不能就扩大的损失要求赔偿。

③与有过失规则。《合同法》第 120 条的规定，当事人双方都违反合同的，应当各自承担相应责任的规定。《最高人民法院关于审理买卖合同纠纷案件适用法律问题的解释》第 30 条规定：“买卖合同当事人一方违反合同造成对方损失，对方对损失的发生也有过错的，违约方主张扣减相应的损失赔偿额的，人民法院应予支持。”

④损益相抵规则。如果违约行为在给对方造成损失的同时，还给对方带来了收益或者给对方减少了费用的支出，则在计算损害赔偿的数额时应当减去该收益或者节约的费用。

3. 惩罚性损害赔偿

惩罚性损害赔偿，是指在弥补实际损失之外，根据法律规定，当事人另行主张的赔偿责任。惩罚性损害赔偿限于法律明文规定的情形，且均要求特别的构成要件。我国明文规定的惩罚性损害赔偿越来越多，将逐渐成为法律职业资格考试的重点。

（1）《消费者权益保护法》第 55 条第 1 款规定了欺诈经营的惩罚性赔偿。经营者提供商品或者服务有欺诈行为的，应当按照消费者的要求增加赔偿其受到的损失，**增加赔偿的金额为消费者购买商品的价款或者接受服务的费用的 3 倍**；增加赔偿的金额**不足 500 元的，为 500 元**。法律另有规定的，依照其规定。

（2）《消费者权益保护法》第 55 条第 2 款规定了缺陷产品的惩罚性赔偿。经营者明知商品或者服务存在缺陷，仍然向消费者提供，造成消费者或者其他受害人**死亡**或者**健康严重损害**的，受害人有权要求**所受损失 2 倍以下的惩罚性赔偿**。

（3）《食品安全法》第 148 条第 2 款规定了违反食品安全标准的惩罚性赔偿。生产不符合食品安全标准的食品或者经营明知是不符合食品安全标准的食品，消费者可以向生产者或者经营者要求**支付价款 10 倍或者损失 3 倍的赔偿金；增加赔偿的金额不足 1000 元的，为 1000 元**。

（4）《侵权责任法》第47条规定了生产、销售缺陷产品的惩罚性赔偿。明知产品存在缺陷仍然生产销售的，造成他人死亡或者健康严重损害的，被侵权人有权**请求相应的惩罚性赔偿**。

（5）《最高人民法院关于审理商品房买卖合同纠纷案件适用法律若干问题的解释》第8条、第9条也规定了欺诈经营的惩罚性赔偿。

《最高人民法院关于审理商品房买卖合同纠纷案件适用法律若干问题的解释》第8条	具有下列情形之一的，导致商品房买卖合同目的不能实现的，无法取得房屋的买受人可以请求解除合同、返还已付购房款及利息、赔偿损失，并可以**请求出卖人承担不超过已付购房款一倍的赔偿责任**： a. 商品房买卖合同订立后，出卖人未告知买受人又将该房屋抵押给第三人； b. 商品房买卖合同订立后，出卖人又将该房屋出卖给第三人
《最高人民法院关于审理商品房买卖合同纠纷案件适用法律若干问题的解释》第9条	出卖人订立商品房买卖合同时，具有下列情形之一，导致合同无效或者被撤销、解除的，买受人可以请求返还已付购房款及利息、赔偿损失，并可以请求**出卖人承担不超过已付购房款一倍的赔偿责任**： a. 故意隐瞒没有取得商品房预售许可证明的事实或者提供虚假商品房预售许可证明； b. 故意隐瞒所售房屋已经抵押的事实； c. 故意隐瞒所售房屋已经出卖给第三人或者为拆迁补偿安置房屋的事实

（四）违约金责任

违约金，指违约方依据当事人的**事先约定**于违约发生时向对方支付的一定数额的金钱。

违约金的主要功能：免除受害方的损失举证责任；担保债权的实现。

1. 违约金的类型

（1）惩罚性违约金：合同当事人约定，若债务人违约，在支付违约金后，其他违约责任的承担不受影响。换言之，**惩罚性违约金可以与任何其他违约责任形式并用**，但是需要明确说明，若无明示则应默认为补偿性违约金。

（2）补偿性违约金：系违约损害赔偿的代替，因此，**不能与定金、违约损害赔偿并用**，且相对于违约损害赔偿具有适用上的优先性。

2. 违约金的调整

（1）违约金的调高

违约金过分低于实际的损失的，债权人可以请求法院或者仲裁机构予以增加。但是增加后的违约金以不超过实际损失额为限。《最高人民法院关于适用

〈中华人民共和国合同法〉若干问题的解释（二）》第28条）

（2）违约金的调低

违约金过分高于实际损失的，债务人可以请求法院或者仲裁机构适当减少。一般认为，**违约金高于实际损失的30%，可认定为过高。**

（五）定金责任

定金，是合同当事人约定一方在合同订立时或者合同履行前预付给对方的一定数量的金钱。定金作为一种违约责任形式，主要体现在法律关于“定金罚则”的规定上，即根据《合同法》第115条的规定：给付定金的一方不履行约定的债务的，无权要求返还定金；收受定金的一方不履行约定的债务的，应当双倍返还定金。

1. 违约定金

违约定金，指以定金作为违约的赔偿金。在具体的适用《合同法》第115条时须注意：因当事人一方迟延履行或者其他违约定位，致使合同目的不能实现，可以适用定金罚则。但是法律另有规定或者当事人另有约定的除外。当事人一方不完全履行合同的，应当按照未履行部分所占合同约定的比例，适用定金罚则。因不可抗力而不能履行债务的，不适用定金罚则。

2. 定金与违约金的关系

我国法律中的定金兼具证约定金和违约定金的双重功能。另外在《最高人民法院关于适用〈中华人民共和国担保法〉若干问题的解释》中，还明确承认了立约定金（第115条）、成约定金（第116条）和解约定金（第117条）。

当事人既约定违约金，又约定定金的，一方违约时，对方可以选择适用违约金或者定金条款，违约金和定金不能同时主张。

但是笔者认为，《合同法》第116条将违约金与定金立于二者择一的关系，并没有充分考虑定金类型及其规范目的的复杂多样性，简单化一，殊有不当。两者关系如下：

类型	关系	理由
惩罚性违约定金与违约金	可以并用	惩罚性违约定金因其本身作为对违约的惩罚，对违约责任不产生任何影响，故可以并用
赔偿性违约定金与违约金	不可并用	赔偿性违约定金其本身可以理解为对损害赔偿额的预定，它同样相当于损害赔偿额预定的违约金，规范目的相同，自然不应当并用

考点25　买卖合同

命题分析

买卖合同是合同法的“示范合同”，也是合同法、债法乃至整个民法基本精神和理念的集中体现。考试价值无须赘述。需全面、深入掌握。重点关注所有权转移、标的物风险负担、所有权保留、特种买卖合同和商品房买卖合同的知识点。

考点解析

一、买卖合同概述

（一）概念

出卖人交付标的物并转移所有权于买受人，买受人受领标的物并支付价款的合同。

（二）特征

1. 出卖人须转移标的物所有权于买受人，即发生所有权的得丧变更。
2. 买受人须向出卖人支付价款。
3. 双务、有偿。
4. 诺成。
5. 不要式。

（三）买卖合同的效力

合同一经成立，出卖人负有按照约定的时间、地点、数量、质量、包装方式交付标的物的义务，买受人负有受领标的物、支付价款、检验并通知的义务。

（四）合同内容的补充规则

合同生效后，当事人就质量、价款或者报酬、履行地点等内容没有约定或者约定不明的，可以协议补充；不能达成补充协议的，按照合同的有关条款或者交易习惯确定（《合同法》第61条）。仍不能确定的，适用下列规则：

买卖合同内容不明确的补充规则		
1	履行期限不明	随时履行，但买受人应当给予出卖人必要的准备时间，提前交付应取得买受人同意
2	履行地点不明	（1）交付不动产的，在不动产所在地； （2）交付动产的，在出卖人所在地； （3）需要运输的，货交第一承运人； （4）不需要运输的，双方订立合同时知道标的物所在地，在该地点交付；不知道的，在出卖人订立合同时的营业地交付
3	包装方式不明	按照通用方式；没有通用方式的，采取足以保护标的物的包装方式
4	质量要求不明	依次按照国家标准、行业标准——通常标准、特定标准予以执行
5	价款报酬不明	（1）支付数额约定不明，按照订立合同时履行地的市场价； （2）支付地点不明，在出卖人营业地付款。但约定"交货付款"的，在交付标的物或者交付提取标的物单证的所在地付款； （3）支付时间不明，在收货时付款

二、一物数卖问题

出卖人就同一标的物订立多重买卖合同，合同均不具有《合同法》第 52 条规定的无效情形，买受人因不能按照合同约定取得标的物所有权，请求追究出卖人违约责任的，人民法院应当予以支持（《最高人民法院关于适用〈中华人民共和国合同法〉若干问题的解释（二）》第 15 条）。在买卖合同均有效的情况下，买受人均要求实际履行合同的，应当按照以下情形分别处理：

一般动产的一物数卖（《最高人民法院关于审理买卖合同纠纷案件适用法律问题的解释》第 9 条）
（1）已经交付的，先行受领交付的买受人有权请求法院确认所有权已经转移
（2）均未受领交付，出卖人应向先行支付价款的买受人履行交付标的物
（3）均未受领交付，也未支付价款，出卖人应向成立在先的合同的买受人履行交付标的物的义务
船舶、航空器、机动车等特殊动产的一物数卖（《最高人民法院关于审理买卖合同纠纷案件适用法律问题的解释》第 10 条）
（1）已交付的，出卖人应向先行受领交付的买受人履行办理所有权转移登记手续的义务
（2）均未受领交付，出卖人应向先行办理所有权转移登记手续的买受人履行交付标的物
（3）均未受领交付，也未办理所有权转移登记手续，出卖人应向在先成立的合同的买受人履行交付标的物和办理转移登记的义务
（4）出卖人将标的物交付给买受人之一，又为其他买受人办理所有权转移登记的，已受领交付的买受人有权请求法院将标的物所有权登记在自己名下

三、标的物的瑕疵担保责任

（一）概念

出卖人应确保所交付的标的物具有应有的价值、效用或品质并且担保其权利完整无负担，否则应承担相应的违约责任。类型包括：物的瑕疵担保责任和权利的瑕疵担保责任。

（二）性质

1. 单方责任，为买受人利益的实现而由出卖人一方承担。

2. 无过错责任。

3. 基于买卖合同的有偿性，体现公平交易。

4. 违约责任，出卖人交付的标的物不符合质量要求的，应承担违约责任。

（三）物的瑕疵担保

1. 概念

出卖人担保其所交付的标的物符合买卖合同的约定或者法律规定的品质、价值和效用。

2. 构成要件

（1）出卖人交付的标的物不符合质量要求。

（2）标的物瑕疵在风险转移于买受人时已经存在。

（3）买受人及时履行检验义务，并适时履行瑕疵通知义务。

（4）买受人善意且无重大过失（《最高人民法院关于审理买卖合同纠纷案件适用法律问题的解释》第33条）。

（5）当事人没有约定免除瑕疵担保责任，但出卖人故意或者重大过失隐瞒瑕疵者的除外。

3. 效力

（1）承担违约责任。

（2）瑕疵导致合同目的不能实现的，买受人可以拒绝受领或者解除合同；并可主张违约赔偿。

（3）质量瑕疵若构成加害给付，出卖人应承担侵权责任，形成责任竞合。

（四）权利瑕疵担保

1. 概念

出卖人就交付的标的物负有保证第三人不得向买受人主张任何权利的义务。

2. 权利瑕疵类型

（1）标的物所有权全部或者部分归属于第三人。

（2）标的物存在第三人的合法权利负担，如担保物权。

（3）标的物存在知识产权负担。

3. 构成要件

（1）权利瑕疵在买卖合同订立时已经存在。

（2）履行时未能消除。

（3）买受人善意，即订立合同时不知道或者不应当知道存在权利瑕疵。

（4）当事人没有约定免除权利瑕疵担保责任。

（5）除外情形：第三人主张相邻权的，不构成标的物的权利瑕疵。

4. 效力

（1）买受人有确切证据证明第三人可能就标的物主张权利的，可中止付款，但出卖人提供担保时除外。

（2）买受人可以主张违约金、实际履行、损害赔偿、解除合同等。

四、标的物的风险负担

（一）概念

指买卖合同**成立后、履行完毕前**，因**不可归责于当事人的事由**而导致标的物毁损灭失造成的损失。

（二）风险负担的一般规则

1. 概述

风险负担的一般规则是交付主义，即标的物毁损灭失的风险，在标的物交付前由出卖人承担，在交付后由买受人承担，法定或约定的除外（《合同法》第142条）。这里的交付包括现实交付、简易交付、指示交付和占有改定。

2. “交付”的具体情形与风险负担

货交第一承运人	①**没有约定交付地点**或者约定不明确； ②标的物需要运输，由出卖人办理托运； ③货交第一承运人之后，风险转移给买受人承担
指定地点的承运	①合同**约定交付地点**； ②标的物需要运输，由出卖人办理托运； ③货物运到指定地点时，风险由买受人承担
提存视为交付	债务人依法提存标的物后，提存物毁损、灭失的风险由债权人承担

（三）风险负担的特殊规则

标的物未交付，风险已转移	（1）在途货物买卖，自买卖合同成立时起，风险已转移给买受人承担，但出卖人在订立合同时知道或者应当知道标的物已毁损、灭失而未告知的除外； （2）买受人过错，包括**延迟受领**和**延迟提货**，因买受人的原因致使标的物不能按照约定交付的，买受人承担毁损、灭失的风险
标的物已交付，风险未转移	出卖人根本违约或标的物不符合要求，致使合同的目的不能实现的，买受人有权拒绝接受标的物或解除合同，此时标的物毁损、灭失的风险由出卖人承担

（四）两点注意事项

1. 买卖标的物在特定化之前，毁损、灭失的风险一律由出卖人承担。适用风险转移规则的标的物必须是特定物。

2. 风险负担与所有权的转移并没有必然联系。不动产买卖中，虽办理了过户登记，但房屋没有交付，风险就不转移；动产所有权保留买卖也是如此。

五、所有权保留的买卖合同

（一）概述

所有权保留的买卖合同，是指附有保留所有权条款的买卖，即出卖人依特约将标的物交付给买受人占有，但仍然保留该标的物的所有权，待买受人支付价款或完成特定条件时，标的物所有权才发生转移的买卖。

1. 物权法定的例外

《物权法》第23条规定，动产物权的设立和建立，自交付时发生效力，但法律另有规定的除外。动产所有权保留买卖中的物权变动即属例外规定。

2. 适用范围

限于动产。《最高人民法院关于审理买卖合同纠纷案件适用法律问题的解释》第34条规定，买卖合同当事人主张《合同法》第134条关于标的物所有权保留的规定适用于不动产的，人民法院不予支持。

3. 性质

（1）非典型担保。

（2）所有权转移的附停止条件。

4. 风险负担

标的物占有发生转移，标的物毁损、灭失的风险应当由买受人承担。

（二）所有权保留买卖的效力

效力机制	构成条件
买受人的期待权，即买受人对所有权的期待利益	1. 出卖人的主给付义务尚未完成； 2. 出卖人应承担瑕疵担保责任； 3. 出卖人侵害、处分标的物的责任，出卖人仍享有处分权
出卖人的取回权，即出卖人在买受人未完成约定条件或出现法定情形时，从买受人处取回出卖物的权利	1. 有下列条件之一即可（《最高人民法院关于审理买卖合同纠纷案件适用法律问题的解释》第35条）： ①买受人未按约定支付价款的； ②买受人未按约定完成特定条件的； ③买受人将标的物出卖、出质或者作出其他不当处分的； ④取回的标的物价值显著减少，出卖人有权要求买受人赔偿损失 2. 对取回权的限制（《最高人民法院关于审理买卖合同纠纷案件适用法律问题的解释》第36条）： ①买受人已经支付标的物总价款的**75%以上**； ②第三人善意取得
买受人的回赎权	出卖人取回标的物后，买受人在双方约定的或者出卖人指定的**回赎期间**内，消除出卖人取回标的物的事由，可主张赎回标的物
出卖人再卖权	买受人在回赎期间内没有回赎标的物的，出卖人可另行出卖标的物

六、特种买卖合同

（一）分期付款买卖

1. 概念

是指买受人将应付的总价款在一定期间内**至少分三次**向出卖人支付的买卖。

2. 出卖人的权利

买受人未支付的**到期价款**的金额达到全部价款的**五分之一**以上的，出卖人有权择一行使下列权利：

（1）要求买受人支付剩余的全部价款。

（2）行使法定解除权解除合同。

（3）要求买受人支付标的物的使用费。当事人对标的物的使用费没有约定的，人民法院可以参照当地同类标的物的租金标准确定（《最高人民法院关于审理买卖合同纠纷案件适用法律问题的解释》第 39 条第 2 款）。

3. 买受人的保护

对买受人期待利益之保护。《合同法》第 167 条规定的“五分之一以上”这一比例，系强制性规范，当事人的约定违反该比例，损害买受人利益的，该约定无效（《最高人民法院关于审理买卖合同纠纷案件适用法律问题的解释》第 38 条第 2 款）。

（二）试用买卖

1. 概念

试用买卖，是指当事人约定由出卖人交付标的物、买受人试用或检验标的物，并以买受人认可标的物为**合同生效要件**的买卖。

2. 试用期间

约定不明的，由出卖人确定。

3. 性质

附生效条件的合同。认可权或者拒绝权为形成权。具体内容包括以下几点（《最高人民法院关于审理买卖合同纠纷案件适用法律问题的解释》第 42 条）：

（1）约定标的物经过试用或者检验符合一定要求时，买受人应当购买标的物；

（2）约定第三人经试验对标的物认可时，买受人应当购买标的物；

（3）约定买受人在一定期间内可以调换标的物；

（4）约定买受人在一定期间内可以退还标的物。

4. 认可权的行使

（1）明示方式：试用期间，买受人没有对质量提出异议的，不能认定为认可；

（2）作为的默示方式：试用期间，买受人支付部分或全部价款，或者将标的物用于试用以外的用途时，视为购买；

（3）不作为的默示方式：试用期届满，买受人对是否购买未作表示的，视为购买；

（4）拒绝权必须通过明示的方式或者作为的默示，如退还标的物的行为。

5. 效力

（1）买受人拒绝认可的，买卖合同确定不发生履行效力，买受人应当返还标的物；

（2）买受人拒绝购买时，出卖人无权要求支付使用费。

6. 风险负担问题

（1）依照“所有权主义”：标的物以外毁损、灭失的，没有约定或无特殊交易习惯的，由标的物所有权人负担损失；

（2）因可归责于试用人的事由导致标的物毁损、灭失的，试用人赔偿。

（三）凭样品买卖

1. 概念

凭样品买卖，是指出卖人交付的标的物须与当事人选定的样品及其说明的质量具有同一品质的买卖。其中，出卖人与买受人按照约定封存的样品及关于样品的质量说明，均系出卖人交付的标的物的**质量标准**。若出卖人交付的标的物与封存的样品及其文字说明不符，出卖人应当承担违约责任。

2. 样品说明

若封存的样品与样品的文字说明不一致的，当事人又不能就质量标准达成一致意见的，分两种情况处理：（《最高人民法院关于审理买卖合同纠纷案件适用法律问题的解释》第40条）

（1）样品封存后外观和内在品质**没有发生变化**的，以样品为准；

（2）样品封存后外观和内在品质**发生变化**的，或者当事人对是否发生变化有争议而又无法查明的，以文字说明为准。

（四）商品房买卖

1. 概念

商品房买卖合同是指房地产开发企业将尚未建成或已竣工的房屋向社会公众销售并转移房屋所有权于买受人，买受人支付价款的合同。其包括预售合同和正式合同。

2. 风险负担

采“交付主义”，即商品房交付之前由出卖人负担风险，交付之后由买受人负担。但买受人接到书面交房通知无正当理由拒绝接收房屋的，自该交房通知确定的交付使用之日起，风险由买受人承担。

3. 容纳规则

（1）商品房的销售广告和宣传资料为要约邀请。

（2）但具体、确定并对合同的订立以及房屋的价格有重大影响的，视为邀约，该说明和允诺即使未载入商品房买卖合同，亦应视为合同内容。

4. 合同无效的认定

（1）出卖人未取得商品房预售许可证明而订立的预售合同，无效。但在**起诉前**取得预售许可证明的，**可以**认定有效（《最高人民法院关于审理商品房买卖合同纠纷案件适用法律若干问题的解释》第2条）。

（2）出卖人与第三人恶意串通订立合同，买受人可主张该合同无效（《最高人民法院关于审理商品房买卖合同纠纷案件适用法律若干问题的解释》第10条）。

（3）双方约定以办理商品房预售合同登记备案手续为合同生效要件的，从其约定，但一方已经履行主要义务、对方接受的除外（《最高人民法院关于审理商品房买卖合同纠纷案件适用法律若干问题的解释》第6条）。

5. 法定解除权成立要件

（1）房屋**主体结构**不合格。

（2）质量问题严重**影响正常居住适用**。

（3）建筑面积误差超出3%。

（4）延迟交房或延迟付款，经催告后3个月内仍未履行。

（5）因出卖人的原因导致买受人无法办理房屋所有权登记。

6. 违约责任

由于出卖人的原因，买受人在下列期限届满未能取得房屋权属证书的，除当事人有特殊约定外，出卖人应当承担违约责任：

（1）商品房买卖合同约定的办理房屋所有权登记的期限；

（2）商品房买卖合同的标的物为尚未建成房屋的，自房屋交付使用之日起90日；

（3）商品房买卖合同的标的物为已竣工房屋的，自合同订立之日起90日。

7. 惩罚性赔偿

开发商的欺诈行为导致合同无效或者被撤销、解除的，承担不超过已付购房款一倍的赔偿责任（《消费者权益保护法》第49条、《最高人民法院关于审理商品房买卖合同纠纷案件适用法律若干问题的解释》第9条）：

（1）先出卖后抵押，未告知买受人；

（2）一房二卖，导致合同目的不能实现；

（3）隐瞒或提供虚假商品房预售许可证；

（4）隐瞒已经抵押的事实；

（5）隐瞒房屋为拆迁安置补偿房的事实。

考点26　赠与合同

命题分析

赠与合同是典型的无偿行为，法律对赠与的调整需要明确界分好意施惠行为和法律行为。这也是考查司法者和考生主观能动能力的着眼点。重点把握赠与人的反悔权、解除权、民事责任的减免规则。

考点解析

一、赠与合同的概念及效力

（一）概念

所谓赠与合同，是指赠与人将自己的财产无偿给予受赠人，受赠人表示接受赠与的合同。

【注意】赠与的财产可以是物也可以是财产权利。赠与合同是单务、无偿、诺成、不要式合同。

（二）效力

赠与人的义务：

（1）交付赠与财产并转移其权利。赠与人需要依照约定的期限、地点、方式等将赠与物移交给受赠与人并转移其权利。

（2）瑕疵担保义务。

赠与的财产有瑕疵的，赠与人不承担责任。

但在附义务的赠与中，赠与的财产有瑕疵的，赠与人在附义务的限度内承担与出卖人相同的责任。

赠与人故意不告知瑕疵或者保证无瑕疵，造成受赠人损失的，应当承担损害赔偿责任。

二、赠与合同的终止事由

<table>
<tr><td rowspan="4">赠与合同的撤销</td><td rowspan="2">任意撤销</td><td>一般来说，赠与人在赠与财产的权利转移之前可以撤销赠与。</td></tr>
<tr><td>例外情况：
①具有救灾、扶贫等社会公益；
②具有道德义务性质的合同；
③经过公证的赠与合同，赠与人不得任意撤销赠与合同</td></tr>
<tr><td rowspan="2">法定撤销</td><td>适用情形：
①严重侵害赠与人或者赠与人的近亲属；
②对赠与人有抚养义务而不履行；
③不履行赠与合同约定的义务</td></tr>
<tr><td>适用时间：
①赠与人的撤销权，自知道或应当知道撤销原因之日起1年内行使；
②若受赠人的违法行为致使赠与人死亡或丧失民事行为能力的，赠与人的继承人或者法定代理人的撤销权，自知道或者应当知道撤销原因之日起6个月内行使</td></tr>
<tr><td>赠与合同的解除</td><td>法定解除</td><td>赠与人的经济状况显著恶化，严重影响其生产经营或家庭生活的，可以不再履行赠与合同</td></tr>
</table>

考点27　借款合同

命题分析

从主观题考查角度来看，借款合同本身的实践性、利息的认定，以及借款债务的担保问题，常常与其他考点交叉考查，值得考生重视。

考点解析

一、自然人之间借款合同的成立（生效）

自然人之间的借款合同属于实践合同（《合同法》第210条）。合同自贷款人提供借款时生效。因此，贷款人不支付借款的，借款人不得主张违约责任；但可依法主张缔约过失责任。

借款合同成立条件（生效条件）：

1. 以现金方式支付的，自借款人收到借款时。

2. 以银行转账、网上电子汇款或者网络贷款平台等形式支付的，自资金到达借款人账户时。

3. 以票据交付的，自借款人依法取得票据权利时。

4. 出借人将特定资金账户支配权授权给借款人的，自借款人取得对该账户实际支配权时。

5. 出借人以借款人约定的其他方式提供借款并实际履行完成时。

二、自然人之间借款合同的适用规则

（一）还款期限

1. 有约定的，按约定。

2. 没有约定，又不能协商确定的，借款人可以随时返还；贷款人可以随时催告借款人在合理期限内返还。

（二）利息支付

1. 自然人之间的借款合同对支付利息没有约定或者约定不明确的，视为不支付利息。

2. 自然人之间的借款合同约定支付利息的，借款的利率不得违反国家有关限制借款利率的规定。

3. 借款人未按照约定的日期、数额收取借款的，应当按照约定的日期、数额支付利息。

4. 对支付利息的期限没有约定，又不能协商确定的，借款期间不满一年的，应当在返还借款时一并支付；借款期间 1 年以上的，应当在每届满 1 年时支付，剩余期间不满 1 年的，应当在返还借款时一并支付。

5. 逾期利息：借款人未按照约定的期限返还借款的，应当按照约定或者国家有关规定支付逾期利息。

6. 借款人提前偿还借款的，除当事人另有约定的以外，应当按照实际借款的期间计算利息。

7. 利息预先在本金中扣除的，应当按照实际借款数额返还借款并计算利息。

（三）贷款人的法定解除权

借款人未按照约定的借款用途使用借款的，贷款人可以停止发放借款，提前收回借款或者解除合同。

三、《民间借贷规定》的调整范围

（一）《民间借贷规定》调整三种借贷合同

1. 自然人之间的借款合同；
2. 自然人与（非金融机构的）法人、其他组织之间的借款合同；
3. （非金融机构的）法人、其他组织之间的借款合同。

（二）《民间借贷规定》不调整“贷款合同”

“贷款合同”，指金融机构作为出借方的“贷款”，具有三个特征：

1. 公众性：贷款对象是不特定的社会公众。
2. 经营性：以发放贷款为营业目的，并获取利润。
3. 特许性：须经批准。

四、民间借贷合同的无效情形

（一）套取金融机构信贷资金又高利转贷，且借款人事先知道或者应当知道的。

（二）以向其他企业借贷或者向本单位职工集资取得的资金又转贷给借款人牟利，且借款人事先知道或者应当知道的。

（三）出借人事先知道或者应当知道借款人借款用于违法犯罪活动仍然提供借款的。

（四）违背社会公序良俗的。

（五）其他违反法律、行政法规效力性强制性规定的。

【注意】①“转贷”。“转”者，出借的不属于自由资金。“贷”者，不属于“一般借款行为”，而是属于“金融”业务，具有公众性、经营性、特许性。②“用于违法犯罪活动”，如将借款用作赌资、毒资、嫖资。

五、民间借贷合同的利息和利率

（一）借款人的利息支付

1. 自然人之间的借贷合同

①没有约定利息的，借款人不支付利息；②对利息约定不明的，借款人不支

付利息。

2. 一方不属于自然人的民间借款合同

①没有约定利息的，借款人不支付利息；②对利息约定不明的，借款人应支付利息，利率通过合同漏洞填补规则确定。

（二）无偿借贷合同中的自然债务

无偿借贷合同中的利息债务系自然债务。没有约定利息但借款人自愿支付，或者超过约定的利率自愿支付利息或违约金，且没有损害国家、集体和第三人利益，借款人又以不当得利为由要求出借人返还的，人民法院不予支持，但借款人要求返还超过年利率 36% 部分的利息除外。

【注意】①借贷合同未约定利息的，借款人仅负担支付利息的道德义务，不负法律义务 。②借款人出于道德良心的原因，自愿支付利息的，系履行自然债务，该自然债务成为出借人保有利息的法律上原因，不成立不当得利之债。

（三）利率上限

1. 借贷双方约定的利率未超过年利率 24%，出借人请求借款人按照约定的利率支付利息的，人民法院应予支持。

2. 借贷双方约定的利率超过年利率 36%，超过部分的利息约定无效。借款人请求出借人返还已支付的超过年利率 36% 部分的利息的，人民法院应予支持。

【注意】①采用“统一规范模式”。不区分“生产经营性借贷”和“生活消费性借贷”，统一借贷利率的上限。②采用“固定利率模式”。不再采用浮动利率模式。

（四）复利（“驴打滚”）

借贷双方对前期借款本息结算后将利息计入后期借款本金并重新出具债权凭证，如果前期利率没有超过年利率 24%，重新出具的债权凭证载明的金额可认定为后期借款本金；超过部分的利息不能计入后期借款本金。约定的利率超过年利率 24%，当事人主张超过部分的利息不能计入后期借款本金的，人民法院应予支持。

按前款计算，借款人在借款期间届满后应当支付的本息之和，不能超过最初借款本金与以最初借款本金为基数，以年利率 24% 计算的整个借款期间的利息之和。出借人请求借款人支付超过部分的，人民法院不予支持。

【注意】

1. 存在两个以上的“计息期”，是复利产生的条件之一。

2. 当事人可约定计算复利，但约定受到两个限制：后期借款本金的认定；最终一期本息和上限。

3. “后期借款本金”的认定。未超过年利率24%的前期借款之利息，可以计入后期借款的本金；超过年利率24%的前期借款利息，不得计入后期借款的本金。

4. “后期本息和”之上限。最后一期借款的“本金与利息之和”，不得超过“最初借款本金”按照“24%年利率”在“整个借款期间内”所生利息与本金之和。

考点28 租赁合同

命题分析

“租赁合同”属于合同法分论中较为重要的一个有名合同，主观题部分对于租赁合同考查多次，命题综合性较强，有一定难度。其中房屋租赁合同是重要知识点，买卖不破租赁、房屋转租、优先购买权等都属于常考的命题角度。

考点解析

一、不定期租赁合同

（一）概念

不定期租赁合同指未约定租赁期限的租赁合同，包括三种情形：

1. 没有租赁期限的；
2. 租赁期限6个月以上的租赁合同未采用书面形式的；
3. 租赁期限届满，承租人继续使用租赁物，出租人没有提出异议的。

（二）任意解除权

不定期租赁合同的双方当事人均享有：

1. 出租人和承租人均有权随时解除合同；
2. 出租人解除合同应当在合理的期限之前通知承租人。

二、租赁合同中的法定解除权

（一）出租人的法定解除权条件

1. 承租人未按照约定的方法或者租赁物的性质使用租赁物，致使租赁物受到损失的。

2. 房屋租赁合同中，承租人擅自变动房屋建筑物主体和承重结构或者扩建，在出租人要求的合理期限内仍不予恢复原状的。

3. 承租人未经出租人同意擅自转租的。

4. 承租人无正当理由未支付或者迟延支付租金，经出租人催告后在合理期间内仍未支付的。

（二）承租人的法定解除权

1. 因不可归责于承租人的事由，致使租赁物部分或者全部毁损、灭失，不能实现合同目的的。

2. 租赁物危及承租人的安全或者健康的，**即使承租人订立的合同明知该租赁物质量不合格的。**

3. 出租人就同一房屋订立数份有效的租赁合同，不能取得租赁房屋的承租人有权解除合同。

4. 房屋租赁合同中，因被依法查封、租赁房屋权属有争议、租赁房屋具有违反法律、行政法规关于房屋使用条件强制性规定，导致租赁房屋无法使用的。

三、买卖不破租赁

1. “买卖不破租赁”的构成要件有三：①不动产或者动产租赁合同有效；②出租人已将租赁物交付给承租人，由承租人占有；③租赁期间内租赁物因买卖、互易、赠与、投资、抵押权的实现、继承、遗赠、企业合并等原因，租赁物的所有权发生变动。

2. “买卖不破租赁”产生原租赁合同的权利义务内容维持不变、新的所有权人法定承受该租赁合同的效果。

3. “买卖不破租赁”的例外情形：①租赁物被没收、征收的；②先抵押后出租，抵押权已经登记的；③租赁物在出租前已被人民法院依法查封的。

四、房屋租赁

（一）房屋租赁人的优先购买权

房屋租赁合同存续期间，出租人出卖（不包括继承、赠与）房屋、拍卖房屋、与抵押权人协议用租赁的房屋折抵债务（出租人将房屋抵押的情形），应提前在合理期间通知承租人，承租人享有同等条件优先受让的权利。优先受让权系“形成权”，承租人主张优先受让权的，自动在出租人与承租人间成立房屋买卖合同。

【注意】不享有优先购物权的情形：

1. 房屋的共有人行使优先购买权的；
2. 出租人将房屋出卖给自己的近亲属的；
3. 出租人履行通知义务后，承租人在十五日内未明确表示购买的；
4. 出租人将房屋出卖给善意的第三人，并办理完毕过户登记的。

（二）房屋租赁合同的法定承受

房屋租赁合同的存续期间，承租人死亡、被宣告死亡或者被宣告失踪的，与承租人生前共同居住的人（不要求是近亲属或继承人）、承租人的共同经营人（限于承租人为个体工商户的情形）、承租人的其他合伙人（限于承租人参与个人合伙的情形）法定承受该房屋租赁合同。

【注意】该制度仅适用于城镇房屋租赁合同；承租人须为自然人。

（三）一房数租问题

同一出租人就同一房屋与两个以上的承租人订立房屋租赁合同，数个承租人请求出租人实际履行债权的先后顺序为：已经合法占有租赁房屋的承租人优先；已经办理登记备案手续的承租人优先；合同成立在先的承租人优先（《房屋租赁合同司法解释》第6条）。

（四）房屋租赁中装饰装修物的处理

情形	双方达成协议	不能达成协议
承租人未经同意装修	按约定	①出租人有权请求承租人恢复原状； ②所有费用由承租人承担； ③装饰装修物是否形成附合不予考虑
承租人经同意装修，未形成附合的装饰装修物	按约定	①承租人可以取回，出租人有权要求承租人取回； ②因取回造成房屋毁损的，承租人应恢复原状； ③承租人对出租人无费用补偿请求权

承租人经同意装修，租赁合同终止时，对于构成附合部分的装饰装修物又分为三种情形：

租赁期满	对于形成附合部分的装饰装修物，承租人均无权请求出租人补偿
合同无效	由出租人和承租人按照各自导致合同无效的过错分担现值损失
合同解除	①因不可归责于双方的事由解除的，由双方按照公平原则分担； ②因出租人（承租人）违约解除，由出租人（承租人）承担； ③因双方违约解除，由双方根据各自的过错程度各自承担

五、转租

转租指承租人在维持与出租人间租赁合同的同时，将租赁物的全部或者一部分出租给第三人（次承租人）使用、收益，第三人向承租人（转租人）支付租金的行为。按照是否经过出租人同意，转租分为合法转租与非法转租。

（一）合法转租

1. 房屋租赁合同的合法转租，转租期限超过承租人剩余租赁期限且未经出租人同意的，超期的租赁合同无效。

2. 在房屋合法转租中，若承租人不支付到期租金，次承租人享有代位清偿请求权，有权提出替承租人代为支付到期租金。次承租人代为支付的租金和违约金超出其应付的租金数额，可以折抵租金或者向承租人追偿。

（二）非法转租

承租人非法转租，出租人享有法定解除权；房屋租赁合同中，出租人知道或者应当知道承租人非法转租，但在6个月内未提出异议的，**6个月期间届满，出租人的法定解除权消灭。**非法转租中，次承租人相对于出租人为无权占有人，作为所有权的出租人对次承租人享有返还原物请求权。

六、出租人、承租人的义务

（一）出租人的义务

1. 出租人应当按照约定将租赁物交付承租人，并在租赁期间保持租赁物符合约定的用途。

2. 对于租赁物维修的义务，有约定的按约定，没有约定的，由出租人承担租赁物的维修义务。出租人未履行维修义务的，承租人可以自行维修，维修费用由出租人承担。

（二）承租人的义务

1. 承租人应当按照约定的方法使用租赁物，没有约定使用方法的，承租人应当按照租赁物的性质使用租赁物，致使租赁物受到损耗的，不承担损害赔偿责任。未按照约定的方法或者租赁物的性质使用租赁物，致使租赁物受到损失的，出租人可以解除合同并要求赔偿损失。

2. 承租人应当妥善保管租赁物，因保管不善造成租赁物毁损、灭失的，应当承担损害赔偿责任。

3. 承租人应当按照约定的期限支付租金。

4. 租赁期间届满，承租人应当返还租赁物，返还的租赁物应当符合按照约定或者租赁物的性质使用后的状态。

考点29 融资租赁合同

命题分析

“融资租赁”本身将租赁、借贷、买卖等法律关系融合在一起，涉及多方复杂的法律关系，属于综合性较强的考点，符合主观题命题思路。融资租赁合同中当事人及出卖人的权利义务是考查的重点。

考点解析

一、融资租赁合同概念及特征

（一）概念

融资租赁合同是出租人根据承租人对出卖物、租赁物的选择，向出卖人购买租赁物，提供给出租人使用，承租人支付租金的合同。

【注意】融资租赁合同 = 买卖合同 + 租赁合同，该合同倾向于租赁合同的特征，在融资租赁合同中的当事人为出租人（买卖合同中的买受人）、承租人。

（二）特征

1. 融资租赁合同中的出租人有资格限制。必须为经过有关机关批准有权经营融资租赁业务的法人。

2. 融资租赁合同中的承租人支付的租金并非单纯使用租赁物的代价，而是“融资”的代价。

3. 融资租赁合同的标的物是应承租人的要求购买的，而且通常是价值较高的固定资产。

4. 融资租赁合同是双务、有偿、诺成、要式合同。

【注意】融资租赁合同需要采用书面形式。

二、融资租赁合同效力

<table>
<tr><td rowspan="6">融资租赁合同效力</td><td rowspan="2">出卖人</td><td>权利</td><td>请求出租人支付价款</td></tr>
<tr><td>义务</td><td>向承租人交付标的物；若出卖人不履行买卖合同义务，向买受人（承租人）承担违约责任</td></tr>
<tr><td rowspan="2">出租人</td><td>权利</td><td>①在租赁期间保有租赁物的所有权；
②收取租金；
③在合同终止后收回租赁物</td></tr>
<tr><td>义务</td><td>①购买租赁物并向出卖人支付价款；
②支付租赁物给承租人；
③协助承租人向出卖人索赔；
④物的瑕疵担保义务</td></tr>
<tr><td rowspan="2">承租人</td><td>权利</td><td>①选择承租人并决定租赁物的条件，受领出卖人交付的标的物；
②请求出卖人承担瑕疵担保责任；
③优先购买权</td></tr>
<tr><td>义务</td><td>①及时接收标的物；
②支付租金；
③妥善保管、使用与维修租赁物；
④承担损害赔偿责任；
⑤返还标的物</td></tr>
</table>

考点30　建设工程合同

命题分析

“建设工程合同”标的价值大、事关民生公益，且涉及抵押、土地物权、招投标制度、公法管制等多个知识点，有一定的综合性，近年来颇受主观题命题人的偏爱。重点掌握建设工程合同无效的情形与后果、建设工程合同承包人的优先受偿权、发生工程质量争议时当事人的确定等问题。

考点解析

一、建设工程合同概念及内容

（一）概念

建设工程合同是指建设工程的**发包人**为完成工程建设任务，与**承包人**签订的约定由承包人按照发包人的要求完成工作并交付建设工程，由发包人支付价款的合同。建设工程合同包括**勘察、设计合同**和**施工合同**两种。

建设工程合同具有如下特点：

1. 建设工程合同是以完成工作交付工作成果的合同，这里的工作成果是承包人按照发包人的要求完成的建设工程，其标的物是建设工程。

2. 建设工程合同是双务、诺成、有偿、要式合同。

（二）内容

1. 勘察设计合同当事人的义务

（1）发包人的义务

①按照合同约定，全面、准确、及时地提供开展勘察、设计工作所需要的基础资料、技术要求，按照合同约定提供必要的协作条件。

②按照合同约定向勘察、设计人支付勘察、设计费。

③维护勘察、设计成果。

（2）承包人的义务

①按照合同约定按期完成勘察、设计工作。向发包人提交勘察、设计成果，并对勘察、设计成果负瑕疵担保责任。

②按照合同约定完成协作事项。

2. 施工合同当事人的义务

（1）发包人的义务

①做好施工前的准备工作，按照合同约定提供材料、设备、施工场地、建设资金、技术资料等。

②为承包人提供必要的条件，保证工程建设顺利进行。

③组织工程验收。

④接收建设工程并依约支付工程价款。

（2）承包人的义务

①按时开工和按要求施工。

②接受承包人的必要监督。

③按期完成并交付建设工程。

④对建设工程合理使用期限内的质量安全负担保责任。

二、建设工程合同无效情形及后果

（一）建设工程合同的无效情形

《合同法》第272条规定了建设工程合同的无效情形，《建设工程施工合同解释》第1条，对建设工程合同无效情形做了补充性规定，归纳如下：

1. 肢解后发包：发包人将应当由一个承包人完成的建设工程肢解成若干部分发包给几个承包人。

2. 全部转包：承包人将其承包的全部建设工程转包给第三人。

3. 肢解后分包：承包人将其承包的全部建设工程肢解以后以分包的名义分别转包给第三人。

4. 无资质分包：承包人将工程分包给不具备相应资质条件的单位。

5. 无资质承包：承包人未取得建设施工企业资质或者超越资质等级的。

6. 擅自转包：建设工程主体结构的施工必须由承包人自行完成，但由承包人以外的单位或个人完成。

7. 没有资质的实际施工人借用有资质的建筑施工企业名义的。

8. 建设工程必须进行招标而未招标或者中标无效的。

9. 分包单位将其承包的工程再分包。

（二）建设工程合同的无效后果

1. 建设工程施工合同无效，但建设工程经竣工验收合格，承包人可请求参照合同约定支付工程价款（《建设工程合同司法解释》第2条）。

2. 建设施工合同无效，且建设工程经竣工验收不合格的，分为两种情况：

一是修复后工程竣工验收合格，发包人可请求承包人承担修复费用，承包人可请求支付工程价款；二是修复后工程竣工验收不合格，承包人则不能请求支付工程价款（《建设工程合同司法解释》第3条）。

3. 承包人非法转包、违法分包建设工程或者没有资质的实际施工人借用有资质的建筑施工企业名义与他人签订建设工程施工合同的行为无效。而行为无效法院有权收缴当事人已经取得的非法所得（《建设工程合同司法解释》第4条）。

【补充】对于因建设工程质量引发的争议，发包人可以以**总承包人、分包人、实际施工人**为共同被告提起诉讼（《建设工程合同司法解释》第25条）。

三、建设工程合同施工人的优先受偿权

《合同法》第286条规定，发包人未按照约定支付价款的，承包人可以**催告**发

包人在**合理期限**内支付价款。发包人逾期不支付的，除按照建设工程的性质不宜折价、拍卖的以外，承包人可以与发包人协议将该工程**折价**，也可以申请人民法院将该工程依法**拍卖**。建设工程的价款就该工程折价或者拍卖的价款优先受偿。

此条款的适用应注意：

1. 此条款的适用前提是建设工程已经竣工且验收合格而发包人未按照约定支付价款。

2. 承包人在行使优先受偿权时需要对发包人进行催告，并给予发包人合理的期限。

3. 承包人行使权利的方式是与发包人协商将工程折价或者申请人民法院拍卖建设工程。

4. 承包人的优先受偿权优先于银行债权人的抵押权。

考点31 委托合同

命题分析

委托合同是最讲“诚信”的合同，而且在民事生活领域涵盖面广泛，它与代理关系、劳务关系、任意撤销制度等均可关联起来，符合主观题命题的综合性特点。委托合同中当事人的确定，委托合同的终止事由，尤其是委托合同当事人的单方解除权是考查的重点。

考点解析

一、委托合同概念及特征

（一）概念

委托合同是指委托人和受托人约定，由受托人处理委托人事务的合同。委托合同的当事人是委托人与受托人。

（二）特征

1. 受托人既可以以委托人的名义，也可以以自己的名义对外进行民事活动。

2. 委托合同通常建立在彼此信任的基础上，故委托人与受托人享有单方解除权。

3. 委托合同的标的物是受托人提供的劳务。

4. 委托合同是双务、诺成、不要式合同。

5. 委托合同既可以是有偿合同也可以是无偿合同。

二、委托合同效力

（一）委托人的义务

1. 偿付费用及支付报酬的义务。

2. 清偿受托人处理委托事务产生的债务。

3. 赔偿损失。受托人在处理委托时，因不可归责于自己的事由受到损失的，可以向委托人要求赔偿损失。

（二）受托人的权利及义务

1. 受托人需要亲自处理委托事务。

2. 报告义务，忠实、勤勉义务。

3. 交付财产、转移权利给委托人的义务。

4. 注意义务及损害赔偿责任。

（1）在有偿的委托合同中，因受托人的过错给委托人造成损失的，委托人可以要求赔偿损失。

（2）在无偿的委托合同中，因受托人故意或重大过失给委托人造成损失的，委托人可以要求赔偿损失。

（3）受托人超越权限给委托人造成损失的，应当赔偿损失。

三、委托合同终止

委托合同终止原因	一般原因	通常合同终止的原因
	特殊原因	当事人行使单方解除权。 若因解除合同给对方造成损失，除不可归责于该当事人的事由外，应当赔偿损失
		委托人或者受托人死亡、丧失民事行为能力或者破产，委托合同终止，但当事人另有约定或者根据委托事务的性质不宜终止的除外

【注意】因委托人死亡、丧失民事行为能力或破产，致使委托合同终止，将损害委托人的利益的，在委托人的继承人、法定代理人或者清算组织承受委托事务之前，受托人应当继续处理委托事务。

因受托人死亡、丧失民事行为能力或破产，致使委托合同终止的，受托人的继承人、法定代理人或者清算组织应该及时通知委托人。

考点32　婚姻的效力

命题分析

婚姻的效力，是法律行为制度在婚姻家庭法领域的特殊体现，将伦理性与法律性融合在一起，也是理论与实务争议较大的问题，适合主观题开放性命题的思路。该考点的命题基本上是围绕着婚姻效力的判断（无效婚姻和可撤销婚姻的法定条件）展开的。

考点解析

一、婚姻的效力

（一）婚姻的效力内容

婚姻的效力内容，是指婚姻生效后对当事人的约束力，即对夫妻的权利义务约束。男女因结婚而产生的法律后果，随婚姻关系的消灭而终止。

婚姻的内容效力有直接效力和间接效力之分。所谓婚姻的间接效力是指基于亲属身份关系的连带性，因结婚或离婚而引起的其他亲属间的权利义务关系的变动；所谓婚姻的直接效力是指因婚姻而产生的夫妻间的权利义务关系。

婚姻的直接效力，依据性质不同可以分为两个方面，一是婚姻在身份法上的效力；二是婚姻在财产法上的效力。从域外立法的情况来看，前者包括姓名权、同居义务、忠实义务、婚姻住所决定权以及日常家事代理权；后者主要指夫妻财产关系，包括夫妻财产的管理、归属、使用、收益、处分以及债务的清偿等关系。

（二）婚姻的效力状态

婚姻的效力状态，是婚姻的有效性被法律肯认的形态，包括有效、无效、可撤销三种状态。我国对于违法成立的婚姻区分为无效婚姻和可撤销婚姻两种情形并规定不同的法律后果。

二、无效婚姻

无效婚姻，是指不符合结婚实质条件的男女两性结合，在法律上不具有合法效力的婚姻。

（一）无效婚姻的具体情形——“法定性”

我国关于无效婚姻的规定系封闭式规定，除了《婚姻法》第10条规定的情形外，当事人不得申请宣告婚姻无效。我国无效婚姻的具体情形有：①重婚的；②有禁止结婚的亲属关系的；③婚前患有医学上认为不应当结婚的疾病，婚后尚未治愈的；④未到法定婚龄的。

因此除了上述四种情形外，当事人以其他理由申请宣告婚姻无效的，人民法院应当判决驳回当事人的申请。

未履行登记程序的婚姻，是否属于“无效”婚姻？立法与实务历来有争论。理论上认为，符合实质要件的结婚行为，也是婚姻，因未办理登记，仅仅不受法律的保护，但并非不受法律的调整。事实婚姻和法律婚姻的效力范围、内容有所差别，但对当事人心理认知而言，并无区别。

（二）确认婚姻无效的程序

无效婚姻是不发生合法婚姻效力的婚姻，目前在我国有权宣告无效婚姻的唯一机关是人民法院，婚姻登记机关无此权力。

1. 有权申请确认婚姻无效的主体包括婚姻当事人及利害关系人。

利害关系人包括：

（1）以重婚为由申请宣告婚姻无效的，为当事人的近亲属及基层组织。

（2）以未到法定婚龄为由申请宣告婚姻无效的，为未达法定婚龄者的近亲属。

（3）以有禁止结婚的亲属关系为由申请宣告婚姻无效的，为当事人的近亲属。

（4）以婚前患有医学上认为不应当结婚的疾病，婚后尚未治愈为由申请宣告婚姻无效的，为与患病者共同生活的近亲属。

2. 由于无效婚姻违反婚姻的强制性、禁止性规定，不利于社会的和谐稳定，因此人民法院对此可以进行干预。

有关程序性规定包括：

（1）在人民法院审理当事人离婚案件的诉讼中，如果发现所受理的离婚案件确属无效婚姻，人民法院应该将无效婚姻的事由告诉当事人，并依法作出宣告婚姻无效的判决。

（2）针对夫妻一方或双方死亡的情形，婚姻法司法解释规定此情形下如果符合《婚姻法》第10条的规定，生存的一方或利害关系人一年内仍然可以向人民法院申请宣告婚姻无效。

（3）确认婚姻无效的利害关系人为申请人，婚姻关系当事人双方为被申请人。夫妻一方死亡的，生存一方为被申请人。夫妻双方均已死亡的，不列被申请人。

（4）如果同一法院分别受理了离婚和申请宣告婚姻无效的申请，法院应先针对无效婚姻的申请进行审查。因为离婚是以原有婚姻关系合法存在为前提的，无效婚姻当事人奢谈离婚。

（三）无效婚姻的补正

无效婚姻虽然具有法律强制性，但针对一些无效婚姻的情形可以进行补正，使其成为有效婚姻。《最高人民法院关于适用〈中华人民共和国婚姻法〉若干问题的解释（一）》第8条规定：当事人依据《婚姻法》第10条规定向人民法院申请宣告婚姻无效的，申请时，法定的无效婚姻情形已经消失的，人民法院不予支持。

（1）重婚的，有配偶一方已与原配偶解除婚姻关系（或者原配偶死亡）的。

（2）患有医学上不应当结婚的疾病已经治愈的。

（3）未到法定婚龄者已达到法定年龄的。

以上三种情形均可补正，**唯一不能补正的无效婚姻仅有当事人有禁止结婚的自然血亲关系。**

（四）无效婚姻的法律后果

无效婚姻是违法婚姻，在当事人间自始不发生合法婚姻的效力，不产生夫妻人身和财产关系。同居期间所得的财产，除有证据证明为一方当事人所有的外，按共同共有处理。当事人所生的子女为非婚生子女，与婚生子女具有同等的权利义务。

三、可撤销婚姻

可撤销婚姻，是指婚姻当事人受到胁迫而成立的婚姻关系，因欠缺结婚的真实意思，受胁迫的一方当事人可以依法向婚姻登记机关或人民法院请求撤销该婚姻。婚姻自由是婚姻法的基本原则之一，结婚自由是其应有之义，因此要求婚姻双方当事人具有结婚的真实意思。基于胁迫而成立的婚姻关系违背了当事人的真实意思，按《婚姻法》的规定属于可撤销婚姻。我国关于可撤销婚姻的规定同样系封闭性规定，即只有符合《婚姻法》第11条规定的情形时，婚姻关系的当事人才可以申请撤销该婚姻。可撤销婚姻在撤销前，现存婚姻具有法律效力，一旦被撤销自始不发生法律效力。

（一）可撤销婚姻应具备的要件

由于我国关于可撤销婚姻的规定是封闭性规定，可撤销婚姻必须是胁迫婚姻。胁迫婚姻必须具备以下要件：

1. 须有胁迫的故意，胁迫行为人通过胁迫行为使被胁迫人产生恐惧心理并因此而为意思表示的故意。

2. 须有胁迫行为，即胁迫人须有加害威胁被胁迫人的行为，并达到使被胁迫人产生恐惧的程度。

3. 胁迫行为具有违法性，包括目的违法和手段违法。

4. 须被胁迫人因恐惧心理而为意思表示与胁迫行为之间具有因果关系。

此外，根据《最高人民法院关于适用〈中华人民共和国婚姻法〉若干问题的解释（一）》第10条的规定可知，“胁迫”行为既可以针对婚姻关系的一方当事人也可以针对其近亲属，凡是以生命、身体健康、名誉、财产等方面造成损害为要挟，迫使另一方当事人违背真实意愿结婚的情况都可以认定为胁迫行为，另一方当事人均可以申请撤销该婚姻。

（二）婚姻撤销权的行使

可撤销婚姻只有行使撤销权以后，才自始不发生法律效力。有可撤销的事由而无撤销行为，其婚姻效力并不消灭。根据《最高人民法院关于适用〈中华人民共和国婚姻法〉若干问题的解释（一）》第10条第2款的规定可知，**行使撤销权的只能是受胁迫一方的婚姻当事人本人，此点不同于申请婚姻无效的主体，应特别留意。**当事人行使撤销权的意思表示既可以向婚姻登记机关作出，也可以向人民法院作出，而不必向另一方当事人作出。

（三）行使撤销权的法定期间

撤销权在性质上属于形成权，形成权的行使对法律关系的稳定将产生很大影响，因此法律对形成权的行使一般都规定了较短的除斥期间。申请婚姻为可撤销婚姻同样如此，法律规定了一定的行使期间，避免婚姻关系长期处于不稳定状态。《婚姻法》第11条规定：“因胁迫结婚的，受胁迫的一方可以向婚姻登记机关或人民法院请求撤销该婚姻。受胁迫的一方撤销婚姻的请求，应当自结婚登记之日起一年内提出。被非法限制人身自由的当事人请求撤销婚姻的，应当自恢复人身自由之日起一年内提出”。因该期间为除斥期间，撤销权在此期间不行使将消灭，并且没有期间的中止、中断和延长的规定。

考点33 离婚损害赔偿

命题分析

“离婚损害赔偿”是婚姻家庭法中的重要考点，它贯通婚姻法、财产法、侵权法等领域，融合了财产关系原理和身份关系原理的运用。具有一定的综合性和理论性，符合主观题命题要求。重点把握在“夫妻财产共同制”中如何认定和处理离婚损害赔偿问题。

考点解析

一、离婚损害赔偿概述

离婚损害赔偿是指在夫妻关系存续期间，夫妻一方有法定过错情形导致离婚的，无过错方有权要求过错方以个人财产给予经济赔偿的法律制度。

离婚损害赔偿具有以下特征：

1. 权利主体和义务主体是婚姻当事人——夫妻。享有离婚损害赔偿请求权的一方与承担义务的一方，必须有合法的婚姻关系，其他任何主体都不得向他方主张离婚损害赔偿。

2. 损害行为必须发生在婚姻关系存续期间。一方的损害行为须发生在结婚后，离婚前。结婚前和离婚后发生的损害行为，属于一般损害赔偿的问题。

3. 侵权行为的损害后果须是直接导致离婚。夫妻一方实施损害行为，无过错方不要求离婚而单纯要求损害赔偿的，人民法院不予受理。

4. 离婚损害赔偿只能由夫妻侵权一方承担，也即只能由无过错方的配偶承担，不适用婚姻关系以外的第三人共同侵权赔偿制度。

5. 该请求权具有不可转让性。该请求权专属于离婚时无过错方享有，是否请求损害赔偿完全由权利人决定，任何其他人均不享有此项权利。

二、离婚损害赔偿请求权的构成及行使

（一）离婚损害赔偿请求权的构成

离婚损害赔偿请求权的构成，包括以下四个方面的内容：

1. 申请离婚损害赔偿的主体：须在离婚诉讼或者协议离婚中，无过错的一方当事人。当事人仅提起离婚损害赔偿请求而不起诉离婚的或者法院判决不准离婚的案件，不允许当事人申请离婚损害赔偿。

2. 承担损害赔偿的主体：无过错方的配偶，第三人不得作为离婚损害赔偿的义务主体。

3. 另一方有过错：在离婚损害赔偿中要求无过错方的配偶具有过错，我国关于过错情形的规定具有法定性，且系封闭性规定、属于穷尽式列举：

（1）重婚的；

（2）有配偶与他人同居的；

（3）实施家庭暴力的；

（4）遗弃、虐待家庭成员的。

4. 离婚损害赔偿责任的内容：过错方承担的损害赔偿责任包括物质损害赔偿和精神损害赔偿，涉及精神损害赔偿的，适用最高人民法院《关于确定民事侵权精神损害赔偿责任若干问题的解释》的有关规定。

（二）离婚损害赔偿请求权的行使

离婚损害赔偿请求权的行使要区分情形对待：

1. 无过错方作为原告向人民法院提起损害赔偿请求的，必须在离婚诉讼的同时提出。

2. 无过错方作为被告的离婚诉讼案件，此时也应该在离婚诉讼中提出。但是司法解释规定了两个例外情形：

（1）如果被告既不同意离婚也没有提起离婚损害赔偿的，可以在判决离婚后1年就此单独起诉。

（2）一审期间没有提，二审期间提出的，法院应当先进行调解，调解不成告知当事人在离婚后1年内另行起诉。

3. 协议离婚的，如果已经明确放弃离婚损害赔偿请求的，不得反悔，不能再次主张；如果没有放弃的，应当在离婚后1年内提出。

考点34　夫妻财产制度

命题分析

"夫妻财产制度"是婚姻家庭法中的重要考点，该考点包含夫妻法定财产制、约定财产制、夫妻共同财产与个人财产的认定以及个人财产向共同财产的转化等多个子知识点，还涉及离婚财产的分割、夫妻共同债务的认定以及离婚债务的清偿等知识点。涉及多个法条及司法解释。婚姻家庭纠纷多涉及财产关系，立法与实务对此存在诸多争议，容易成为主观题的考查素材。

考点解析

一、夫妻财产制概述

夫妻财产制，又称为婚姻财产制，是指规定夫妻财产关系的法律制度，其内容包括各种夫妻财产制的设立、变更与废止，夫妻婚前财产与婚后所得财产的归属、管理、使用、收益、处分，以及家庭生活费用的负担，夫妻债务的清偿，婚姻终止时夫妻财产的清算和分割等问题。

夫妻财产制依据夫妻财产制发生根据的不同，可以分为法定财产制和约定财产制。

法定财产制是指夫妻双方在婚前、婚后对夫妻财产的归属、处分均未约定或约定无效时，直接适用有关法律规定的夫妻财产制度。约定财产制是相对于法定财产制而言的，指夫妻双方通过协商对婚前、婚后取得财产的归属、处分以及婚姻关系解除后的财产分割达成协议并优先于法定财产制适用的夫妻财产制度。约定财产制是意思自治原则在婚姻法中的体现。根据婚姻法的规定，夫妻双方采用约定财产制时应当采取书面形式，没有约定或者约定不明确的适用法定财产制，并且只有第三人知道夫妻双方采用约定财产制的才对第三人发生效力。

二、法定夫妻共同财产

夫妻共同财产的范围	
原则上除非当事人另有约定，在婚姻关系存续期间，夫妻一方或者双方共同取得的下列财产为夫妻共同共有财产	
1.	工资、奖金；生产、经营的收益
2.	婚姻关系存续期间，实际取得或者已经明确可以取得的“知识产权上的财产性收益”
3.	继承或者遗赠所取得的财产，但继承或者遗赠合同明确只归夫或妻一方的财产除外
4.	双方实际取得或者应当取得的住房补贴、住房公积金、养老保险金、破产安置费
5.	一方个人财产在婚后产生的收益，除孳息和自然增值外，应认定为夫妻共同财产
6.	发放到军人名下的复员费、自主择业费等一次性费用的，以夫妻婚姻关系存续年限乘以年平均值，所得数额为夫妻共同财产
7.	由一方婚前承租、婚后用共同财产购买的房屋，房屋权属证书登记在一方名下的，应当认定为夫妻共同财产
8.	由一方以婚前个人财产支付首付，且登记在个人名下的不动产，婚后以夫妻共同财产还债的，除非当事人另有约定，原则上支付首付的为房屋所有权人，对婚后以共同财产还贷的部分及增值，应认定为夫妻共同财产
9.	由双方父母出资购买的不动产，产权登记在一方子女名下的，该不动产可认定为双方按照各自父母的出资份额按份共有，但当事人另有约定的除外
婚姻关系存续期间夫妻共同财产的分割	
婚姻关系存续期间，原则上不允许分割夫妻共同财产，但有下列重大理由且不损害债权人利益的除外	
1.	一方有隐藏、转移、变卖、毁损、挥霍夫妻共同财产或者伪造夫妻共同债务等严重损害夫妻共同财产利益行为的
2.	一方负有法定扶养义务的人患重大疾病需要医治，另一方不同意支付相关医疗费用的

三、共同财产的平等处理权

《婚姻法》第 17 条第 2 款规定："夫妻对共同所有的财产，有平等的处理权。"在理解该条的规定时，要注意以下两点：

（1）夫或妻在处理夫妻共同财产上的权利是平等的。因日常生活需要而处理夫妻共同财产的，任何一方均有权决定。【家事代理权】

（2）夫或妻非因日常生活需要对夫妻共同财产做重要处理决定，夫妻双方应当平等协商，取得一致意见。他人有理由相信其为夫妻双方共同意思表示的，另一方不得以不同意或不知道为由对抗善意第三人。【共同商定权】【表见商定】

四、夫妻共同财产分割权

婚姻关系存续期间，为了坚持"共同体维持"原则上不得请求分割夫妻共同财产。但是，《最高人民法院关于适用〈中华人民共和国婚姻法〉若干问题的解释（三）》第 4 条规定了在婚姻关系存续期间可以请求分割夫妻共同财产的两种例外情形：

1. 一方有隐藏、转移、变卖、毁损、挥霍夫妻共同财产或者伪造夫妻共同债务等严重损害夫妻共同财产利益行为的；

2. 一方负有法定扶养义务的人患重大疾病需要医治，另一方不同意支付相关医疗费用的。

五、法定夫妻个人财产

夫妻个人财产的范围	
1.	一方的婚前财产；一方因身体受到伤害获得的医疗费、残疾人生活补助费等费用；遗嘱或赠与合同中确定只归夫或妻一方的财产；一方专用的生活用品
2.	军人的伤亡保险金、伤残补助金、医药生活补助费属于个人财产
3.	婚后由一方父母出资为子女购买的不动产，产权登记在出资人子女名下的，可按照《婚姻法》第 18 条第（三）项的规定，视为只对自己子女一方的赠与，该不动产应认定为夫妻一方的个人财产
夫妻个人财产向夫妻共同财产的转化	
根据《最高人民法院关于适用〈中华人民共和国婚姻法〉若干问题的解释（一）》第 19 条的规定，夫妻个人财产，除非当事人约定为共同共有，否则，不因婚姻关系的延续而转化为共同财产	

六、离婚时侵占夫妻共同财产的处理

根据《婚姻法》第 47 条的规定可知：

1. 离婚时，一方隐藏、转移、变卖、毁损夫妻共同财产，或伪造债务企图侵占另一方财产的，分割财产时，法院“可以”判决“不分或者少分”。

2. 离婚后，另一方发现对方有上述行为的，可以向人民法院起诉，请求再次分割夫妻共同财产，诉讼时效期间为 2 年，从当事人发现的次日开始计算。

七、特殊夫妻共同财产的分割规则

《最高人民法院关于适用〈中华人民共和国婚姻法〉若干问题的解释（二）》第 16 条至第 18 条对三类特殊的夫妻共同共有财产，采用了比较特殊的分割规则	
1.	分割夫妻一方在有**限责任公司中的出资额**，而另一方不是该公司的股东时应遵守的规则：①夫妻双方协议将该出资额部分或者全部转让给该股东的配偶，过半数股东同意，其他股东放弃优先购买权的，该股东的配偶成为该公司的股东；②夫妻双方就出资额转让份额和价格协商一致后：如果过半数股东不同意转让的，但愿意以同等价格购买该出资额的，可以对出资额转让所得的价款进行分割；如果过半数股东既不同意转让，又不愿意以同等价格购买，视为其同意转让，该股东的配偶成为该公司的股东
2.	分割夫妻一方在**合伙企业中的出资**，而另一方不是该合伙企业的合伙人时应遵守的规则：①夫妻双方协议将一方在合伙企业中的财产份额全部或者部分转让给对方的：其他合伙人一致同意的，该配偶取得合伙人地位；②其他合伙人不同意转让，但同意行使优先购买权的，则对转让的所得进行分割；③其他合伙人既不同意转让，又不行使优先购买权，但同意该合伙人退伙或者退还部分财产份额的，可以对退还的财产进行分割；④其他合伙人既不同意转让，又不行使优先购买权，并且也不同意该合伙人退伙或者退还部分财产的，视为同意转让，该配偶取得合伙人地位
3.	分割夫妻一方在**独资企业中的投资**时应遵守的规则：①仅一方主张经营的，经评估后，由取得企业的一方给对方相应地补偿；②如果双方均主张经营的，由竞价获胜方给予对方以补偿；③双方都不愿意经营的，清算后，分割剩余财产

八、离婚后对夫妻共同财产的分割

（一）财产分割

根据《最高人民法院关于适用〈中华人民共和国婚姻法〉若干问题的解释（二）》第 9 条的规定，协议离婚后，一方反悔请求重新分割夫妻共同财产的，符合下列条件的，法院应予受理：

1. 一方在订立财产分割协议时受到欺诈或者胁迫等情形的。

2. 应当在协议离婚后 1 年内起诉。

根据《最高人民法院关于适用〈中华人民共和国婚姻法〉若干问题的解释（三）》第 18 条的规定可知，在离婚后，一方以尚有夫妻共同财产未处理为由向人民法院起诉请求分割的，如果该财产确实属于离婚时尚未处理的夫妻共同财产，人民法院应当依法予以分割。

（二）债务清偿

1.	离婚时，夫妻共同债务的清偿遵循以下步骤： ①用夫妻共同财产清偿； ②夫妻共同财产不足以清偿，或者财产归各自所有的，由双方协议清偿，协议不成由人民法院判决
2.	根据《最高人民法院关于适用〈中华人民共和国婚姻法〉若干问题的解释（二）》第25条的规定可知，夫妻双方对其共同债务承担连带责任，无论一方在离婚时是否分得或者分得多少财产，债权人仍有权就夫妻共同债务向男女双方主张权利
3.	根据《最高人民法院关于适用〈中华人民共和国婚姻法〉若干问题的解释（二）》第26条的规定可知，夫或妻一方死亡的，生存一方应当对婚姻关系存续期间的共同债务承担连带清偿责任

考点35　继承制度

命题分析

继承制度兼跨身份关系法和财产法，具有伦理色彩，有一定的理论深度。把握具体继承制度背后的法理基础，是主观题命题意图和解题思路。重点把握继承权和法定继承规则。

考点解析

一、继承权概述

继承权是指自然人依照法律规定或被继承人遗嘱的指定，享有的承受被继承人遗产的权利。在我国，继承分为法定继承和遗嘱继承。继承权具有以下特征：

1. 继承权的主体只能是自然人。按照我国继承法的规定，继承权只能由自然人享有，而不能由法人、其他组织或国家享有。法人、其他组织或国家可以受遗赠人的身份取得遗产，但不能以法定继承人或遗嘱继承人的身份取得遗产。

2. 继承权的取得以继承人和被继承人存在特定的身份关系为前提。只有与被继承人有特定的婚姻、血缘以及收养关系的人才能成为继承人。

3. 继承权是一项财产权，现代民法中的继承专指财产继承，既包括积极财产的继承也包括消极财产的继承。

4. 继承权具有不可转让性。继承权虽然是一项财产权，但是它同时也体现了一定的身份色彩。因此，继承人虽然可以放弃继承权但是不能将继承权转让给他人。

5. 继承权的取得是基于法律的规定或被继承人合法有效的遗嘱。

二、继承权的取得

（一）依据法律的直接规定取得法定继承权

取得依据：

（1）婚姻关系：配偶；

（2）血缘关系：父母、子女、兄弟姐妹、祖父母、外祖父母；

（3）扶养关系：丧偶儿媳、丧偶女婿。

（二）依据合法有效遗嘱的指定取得遗嘱继承权

取得条件：

（1）有法定继承权；

（2）有合法有效的遗嘱。

三、继承权的放弃

继承人放弃继承权指继承人在继承开始后遗产分割前，以明确的方式作出放弃被继承人遗产的意思表示。

（一）放弃的时间

放弃继承权的意思表示应在继承开始后，遗产处理前作出。继承权是期待权，继承开始前作放弃意思表示的，不产生放弃继承权的效果；在遗产处理后，继承人已取得遗产，故放弃的不是继承权而是财产权。

（二）放弃的方式

放弃继承权的意思表示只能以明示的方式作出。在知道或者应当知道继承开始之后两个月内，继承人保持沉默的，视为接受继承。

继承人放弃继承应当以书面形式向其他继承人表示。用口头方式表示放弃继承，本人承认，或有其他充分证据证明的，也应当认定其有效。

（三）放弃的效力

放弃继承的效力，追溯到继承开始之时，即从继承开始就没有取得遗产所有权。如果出现了无人继承又无人受遗赠的遗产，归国家所有；死者生前为集体组织成员的，归集体所有。

继承权的放弃，与赡养义务不构成对价关系，不得以放弃继承权为由来证明拒绝赡养的合法性。继承人因放弃继承权，致其不能履行法定义务的，放弃继承权的行为无效。

（四）继承权放弃的撤回

遗产处理前，放弃继承权的继承人反悔的，由人民法院酌情决定是否恢复其继承权；遗产分割后，放弃继承权的继承人反悔的，不予支持（《最高人民法院关于贯彻执行〈中华人民共和国继承法〉若干问题的意见》第50条）。

四、继承权的丧失

继承权的丧失，又被称为继承权的剥夺，指法律规定在发生一定事由时，由法院取消继承人的继承权或其自然丧失继承权。根据我国《继承法》第7条的规定，继承权丧失的法定事由：

1. 故意杀害被继承人的。

（1）主观上具有杀害被继承人的故意，不论其基于什么动机；

（2）客观上实施了非法剥夺被继承人生命的行为，不论其手段是作为或不作为，也不论其结果是既遂或未遂。

2. 为争夺遗产而杀害其他继承人的。

（1）主观上具有杀害其他继承人的故意，且具有争夺遗产的动机；

（2）客观上实施了非法剥夺其他继承人生命的行为，不论是既遂或未遂。

3. 遗弃被继承人的，或者虐待被继承人情节严重的。

凡继承人有遗弃被继承人的行为，不论其情节是否恶劣，后果是否严重，也不论其是否构成犯罪，均依法丧失继承权。虐待被继承人，需达到情节严重的程度才丧失继承权。继承人遗弃被继承人，或虐待被继承人情节严重的，如以后确有悔改表现，而且被遗弃人、被虐待人生前又表示宽恕的，可以不确认其丧失继承权。

4. 伪造、篡改或者销毁遗嘱，情节严重的。不论是伪造、篡改或者销毁遗嘱，主观上都应具有争夺或独占遗产的动机。

五、法定继承概述

法定继承，指在无合法有效的遗嘱时，直接依据法律规定的继承人范围、顺序及遗产分配原则进行遗产转移的一种继承方式。这种继承只能在无遗嘱时才能发生，所以又被称为“无遗嘱继承”。法定继承有以下特征：

1. **法定继承以一定的人身关系为前提**，即法定继承权的取得根据，是被继承人与继承人之间有婚姻关系、血缘关系或扶养关系。

2. 法定继承人的范围、顺序、应继份和遗产分配原则等都由法律明确规定，属于强制性规范，除法律另有规定外，其他任何单位、组织和个人均无权改变。

根据我国《继承法》第27条及有关规定，法定继承适用以下情况：

（1）被继承人未与他人订立遗赠扶养协议，或已订立的遗赠扶养协议无效的；

（2）被继承人生前未立遗嘱的；

（3）遗嘱继承人放弃继承权、丧失继承权或者受遗赠人放弃受遗赠权的；

（4）遗嘱继承人、受遗赠人先于遗嘱人死亡的；

（5）遗嘱无效部分所涉及的遗产，以及遗嘱未处分的遗产。

六、法定继承人的范围和顺序

（一）法定继承人的范围

法定继承的特征之一，是法定继承以一定的人身关系为前提，即法定继承权的取得根据，是被继承人与继承人之间有婚姻关系、血缘关系或扶养关系。根据《继承法》第10条至第12条的规定，我国法定继承人的范围如下。

1. 配偶：夫妻之间的相互称谓。配偶继承权的取得，是基于合法有效的婚姻关系成立和存续。我国《继承法》将配偶作为固定顺序的继承人，其可与第一顺序的血亲继承人共同继承遗产。

2. 子女：父母的法定继承人，不论其婚生还是非婚生，也不论其是男性还是女性，子女享有平等的继承权。我国《继承法》第10条规定："本法所说的子女，包括婚生子女、非婚生子女、养子女和有扶养关系的继子女。"

3. 父母：对子女有继承权的父母，依据《继承法》第10条规定，"包括生父母、养父母和有扶养关系的继父母"。

4. 兄弟姐妹（属于最近的旁系血亲）：有继承权的兄弟姐妹包括亲兄弟姐妹、养兄弟姐妹和有扶养关系的继兄弟姐妹。

5. 祖父母、外祖父母：除父母以外的血缘关系最近的长辈直系血亲。

6. 孙子女、外孙子女：对祖父母、外祖父母是隔代的晚辈直系血亲。根据我国《继承法》第11条和有关司法解释的规定，**孙子女、外孙子女及晚辈直系血亲均为法定的代位继承人**。

7. 对公婆尽了主要赡养义务的丧偶儿媳和对岳父母尽了主要赡养义务的丧偶女婿。

（二）法定继承人的顺序

法定继承的顺序，指法律规定的各法定继承人继承遗产的先后次序。顺序在前的法定继承人，有优先参加遗产继承的权利，在有第一顺序继承人继承的情况下，无第二顺序继承人的继承机会。依据我国《继承法》第10条的规定，遗产按照下列顺序继承：

第一顺序：配偶、子女、父母。

第二顺序：兄弟姐妹、祖父母、外祖父母。

依据我国《继承法》第12条的规定，丧偶儿媳对公、婆，丧偶女婿对岳父、岳母，尽了主要赡养义务的，作为第一顺序继承人。孙子女、外孙子女，因法律规定其为代为继承人，他们不是基于自己固有的继承地位而继承，所以未列入法定继承顺位。

（三）适当分得遗产人

适当分得遗产的人，是我国继承法的一个独特概念，是指法定继承人及遗嘱继承人之外，依法应参与遗产分配、获得一定遗产份额的自然人。根据我国《继承法》第14条的规定，适当分得遗产人包括以下两类人：

（1）虽然不是继承人，但是依靠被继承人生前扶养的无劳动能力又无生活来源的人，或者对被继承人扶养较多的人；

（2）养子女不是其亲生父母的继承人，但是养子女对其生父母尽较多扶养义务的，可作为适当分得遗产人分得生父母遗产中的部分财产。

七、代位继承

代位继承，是指法定继承中被继承人的子女先于被继承人死亡时，由被继承人的子女的晚辈直系血亲代位继承其应继承份额。

代位继承人行使的是对被继承人遗产的继承权，而不是对被代位人的遗产继承权。我国《继承法》第11条规定："被继承人的子女先于被继承人死亡的，由被继承人的子女的晚辈直系血亲代位继承。代位继承人一般只能继承他的父亲或者母亲有权继承的遗产份额。"

代位继承必须具备下列条件：

1. 被代位人是被继承人的子女，且先于被继承人死亡。

2. 代位人是被代位人的直系血亲，在我国，代位继承不受代数限制。

3. 被代位人未丧失继承权。根据我国司法解释，代位人不是基于自己固有的继承地位，而是基于代替被代位人的地位取得继承权，因此被代位人必须享有继承权。

4. 代位人一般只能以被代位人的继承份额为限而继承。

5. 代位继承只适用于法定继承中，不适用于遗嘱继承和遗赠。

八、转继承

转继承，是指继承开始后，继承人没有表示放弃继承，并于遗产分割前死亡的，其继承遗产的权利转移给他的合法继承人。

我国《最高人民法院关于贯彻执行〈中华人民共和国继承法〉若干问题的意见》第52条规定："继承开始后，继承人没有表示放弃继承，并于遗产分割前死亡的，其继承遗产的权利转移给他的合法继承人。"转继承实质上是就被继承人的连续发生的两次继承。**转继承人享有的是分割被继承人遗产的权利，而不是对被继承人的遗产继承权。**

转继承 VS 代位继承

区别	转继承	代位继承
发生时间 成立条件	转继承发生在继承开始后、遗产分割前，可因任一继承人的死亡而发生	代位继承开始于被继承人死亡时，且只因被继承人的子女死亡而发生
权利主体	转继承人是被转继承人死亡时生存的所有合法继承人	代位继承人只限于被代位人的晚辈直系血亲
适用范围	转继承可发生在法定继承，遗嘱继承和遗赠中	代位继承只适用于法定继承
继承人地位	转继承人是继承人的继承人	代位继承人是被继承人的继承人

考点36 侵权行为的客体（法益）

命题分析

侵权行为的客体也是侵权责任法所要保护的对象。合法的权益是一个概括性概念。本考点既是一个基础性考点，也是一个综合性考点，可用来考查考生的知识体系化能力。其中，侵害人格权，尤其是信息权、肖像权、名誉权、姓名权、隐私权是考查重点。

考点解析

一、侵权行为客体概述

侵权行为的客体是民事权益（《侵权责任法》第2条），包括民事权利和民事利益。基于协调自由和安全两项基本价值的考量，侵权责任法对不同的民事权益给予了不同程度的保护。

（一）民事权利

民事权利，根据效力的不同，分为绝对权和相对权。根据行为人“期待可能性”，侵权责任法的保护对象**一般为绝对性权利**。绝对权通常具有公示性，加害人得以知悉权利的存在及其内容，对防免义务及行为后果具有预测可能性；而相对权不具备这些特点，所以侵权责任法一般不保护相对权，否则对行为人的自由会构成不适当的干预。

《侵权责任法》第2条第2款列举了18种民事权利，属于不完全列举。除这18种权利外，身体权、人格尊严权、人身自由权（《最高人民法院关于审理精神损害赔偿案件适用法律若干问题的解释》第1条第1款第（三）项）等也应当受到保护。

《侵权责任法》第2条列举的民事权利

人格权	生命权；健康权；姓名权；名誉权；肖像权；隐私权；婚姻自主权；荣誉权；发现权
身份（亲属）权	监护权；继承权
物权	所有权；用益物权；担保物权
知识产权	著作权；专利权；商标专用权
社员权	股权

其中，**人格权为本节的主要解析点**，其余民事权利分布在婚姻继承法、物权法、知识产权法等领域，此处不予赘述。

（二）民事利益

民事利益，包括人身利益和财产利益，这些利益虽然尚未形成民事权利，但已受到法律一定程度的保护。我国侵权责任法保护的财产利益包括占有、商业秘密、纯粹经济损失等，已在其他部门法中有论述，此处不予赘述。而人身利益包括但不限于：

1. 死者人格利益，如死者的姓名、肖像、名誉、荣誉、隐私、遗体和遗骨。
2. 具有人格象征意义的特定纪念物品上的人格利益。

二、人格权侵害

（一）概述

1. 概念

人格权是以人格利益为客体的权利，目的在于维护和实现民事主体人格平等、人格尊严和人格自由。人格权可以分为具体人格权和一般人格权，前者包括生命权、身体权、健康权、姓名权、名称权、肖像权、名誉权、荣誉权、隐私权等；后者属于抽象、概括的人格权利，如人格尊严权、人格自由权等。

2. 特征

（1）人格权具有专属性，不能让与、抛弃或继承，也不能由他人代为行使。但是，因为侵害人格权产生的财产损害赔偿请求权可以转让或继承，精神损害赔偿请求权在一定条件下也可以转让或继承（《最高人民法院关于审理人身损害赔偿案件适用法律若干问题的解释》第18条第2款）。

（2）人格权属于绝对权，具有排他效力。

（3）人格权的侵害较多涉及精神损害赔偿责任（《侵权责任法》第22条）。

（二）生命权

生命权，是指自然人维持生命和维护生命安全利益的权利，其客体是生命及其安全利益，与健康权和身体权不同。自然人的生命始于出生，终于死亡。**胎儿不享有生命权**，导致胎儿死亡的侵权行为不构成对胎儿生命权的侵害，但是构成对孕妇健康权的侵害。**尸体也不享有生命权，**但是非法利用、损害遗体、遗骨，或者以违反社会公共利益、社会公德的其他方式侵害遗体、遗骨的，遭受精神痛苦的近亲属可以请求精神损害赔偿（《最高人民法院关于审理精神损害赔偿案件适用法律若干问题的解释》第3条第（三）项）。

应注意，构成侵权责任法上的生命权侵权，必须**以受害人死亡为要件**，这与刑法上惩罚杀人未遂的情形不同。即使经受害人同意帮助其自杀，仍然构成对生命权的侵害，因为此种情形下的**受害人同意因违反善良风俗而无效**，不具有违法阻却性。

（三）健康权

健康权，是指自然人维护其机体**生理机能正常运作和功能完善发挥**的权利。应注意，生命权是其他权利的来源，因此**尚未出生的胎儿不享有生命权，亦不享有健康权**，但对胎儿健康的侵害可以构成对胎儿母亲健康权的侵害。

（四）身体权

身体权，是指自然人维护其**身体完整并能自由支配**其身体各组成部分的权利。《侵权责任法》第2条未规定身体权，不过《最高人民法院关于审理精神损害赔偿案件适用法律若干问题的解释》第1条第（一）项将身体权作为独立的人格权利。

与身体已持续性分离的部分，属于独立之物，不再享有身体权，如剪掉的头发、摘卸的假牙假肢等。侵犯身体权的行为主要表现为**破坏权利人身体完整性**，或者**违背权利人的意愿干预其身体**。医疗活动中医生对患者身体权的侵犯因取得患者和其近亲属的同意而获得了违法阻却性。

当侵权行为侵害身体完整性的同时，往往也构成对健康的侵害；反之亦然，侵害健康权的行为往往也是对身体权的侵害。不过二者的侧重点仍有不同：

侵犯身体权	侧重于防止从外部对身体完整性的破坏	如，擅自剪去他人头发（仅构成身体权侵权）
侵犯健康权	侧重于防止从内部对身体机能的破坏	如，故意恐吓他人导致重病不起（仅构成健康权侵权）

（五）姓名权

姓名权是公民依法享有的决定、使用、改变自己姓名并排除他人干涉或非法使用的权利（《民法通则》第99条第1款）。姓名并不限于法定姓名，还包括笔名、艺名、曾用名等。自然人决定、变更姓名的权利以其具备相应的民事行为能力为前提。因此，无民事行为能力人、限制民事行为能力人的父母或其他监护人有权决定、变更未成年人的姓名，不构成对姓名权的侵犯。

侵犯姓名权的行为主要有干涉、盗用、假冒、背俗使用等情形：

（1）干涉姓名权，是指侵权人干涉、妨害他人行使姓名权；

（2）盗用他人姓名，是指未经权利人同意而使用其姓名，且不存在混淆同一性的危险；

（3）假冒他人姓名，是指将他人姓名作为自己的姓名，存在混淆同一性的危险；

（4）背俗使用他人姓名，是指故意以违背善良风俗的方式使用他人姓名。

（六）名誉权

名誉权，是指民事主体依法享有的对其获得的客观社会评价、排除他人侵害的权利（《民法通则》第101条）。名誉权的客体是名誉，即对民事主体（自然人、法人）才干、声望、品德等的**客观社会评价，**而非民事主体内心的自我感受。

对名誉权的侵犯，需满足以下要件：

（1）存在诽谤、侮辱等侵权行为；

（2）侵权行为造成权利人社会评价降低的损害结果；

（3）侵权行为与损害结果之间存在因果关系；

（4）侵权人主观上存在过错。

判断名誉权侵权的构成，是考查的重点，应全面掌握。

应注意，非指名道姓侮辱、诽谤他人的情形：如果行为人发表的言论或撰写的文学作品中所涉及的人物仅仅是虚构的，虽然与权利人存在相似之处，仍不构成侵权；但是，若行为人虽未指名道姓，但事实上是以权利人或其特定事实为对象，构成名誉权侵权。对不特定的群体进行侮辱、诽谤的情形：因为受害人不具有特定性，往往不认定构成名誉权侵权；但是受害人人数较少，处于可控制的范围时，可以认定构成名誉权侵权。

（七）肖像权

肖像权，是指自然人对自己肖像的自主支配权。权利人有权决定是否公开，或允许他人以其肖像为内容进行拍摄、艺术创作等。所谓“肖像”，是指对自然人的外部特征所作的具有**可识别性**的展示，通常是通过照相、绘画、雕塑、录像等艺术方式或其他方式再现的**物质形态**。肖像，不仅可以体现在自然人的脸部特征上，凡是可以引起一般人产生与原形人有关的思想活动的载体，都可以称为肖像。

1. 肖像权的侵害

肖像权的内容包括肖像制作权、肖像使用权。相应地，任何人未经权利人的同意，擅自将其形象制作成肖像；或未经权利人同意，以营利为目的使用其肖像（《民法通则》第100条），都构成侵犯肖像权。

2. 肖像权保护的合理限制

为了防止因过度保护肖像权而造成对人们合理行为自由的妨害，需要对肖像权进行合理的限制。以下行为不构成对肖像权的侵害（包括但不限于）：①除法律另有规定的除外，因新闻报道使用他人肖像；②为进行犯罪调查、通缉逃犯等使用他人肖像；③为展示某一风景或地点，将自然人的肖像摄入其中，若该肖像不具有核心地位，仅为附属物或背景。

（八）隐私权

隐私权，是指自然人享有对其私人信息、私人生活空间进行支配、利用并排除他人干涉的权利。

相应地，侵犯隐私权的行为有两类：

一是未经权利人同意窃取、刺探或公布其个人信息。个人信息的范围十分广泛（包括姓名、性别、职业、学历、婚姻状况、财产状况、家庭住址、电话号码、病历资料、性取向等个人**不愿意公开**的信息），个人信息保护成为隐私权的核心内容。

二是侵扰权利人私人生活安宁的行为。如侵入、窥视他人住宅，以偷录、偷拍等形式窥探他人私人生活等。

不过，隐私权也受到相应的限制：如公众人物的隐私权受到一定的限制；公共场所的主要路口、通道安装的摄像头采集的视频不构成对隐私权的侵犯。

三、其他合法人身权益侵害

（一）身份权

身份权与人格权，统称为人身权。身份权又称为“亲属权”，是指具有亲属关系的自然人之间基于亲属身份地位而相互享有的权利，身份权主要包括监护权、配偶权、亲权、亲属权、继承权等。

（二）信用权

我国对具体人格权采法定主义，现行法尚未规定信用权为具体人格权（《侵权责任法》第2条）。因此，涉及侵害信用权的行为，可以依照侵害其他具体人格权予以救济。

（三）个人信息

自然人的个人信息除了受隐私权保护外，还有专门的个人信息保护规定：任何组织和个人需要获取他人个人信息的，应当依法取得并确保信息安全，**不得非法收集、使用、加工、传输**他人个人信息，**不得非法买卖、提供或者公开**他人个人信息（《民法总则》第111条）。

四、财产权侵害

侵害财产权，是指行为人通过减损权利人的财产利益或破坏其权利状态，致使其使用价值或交换价值贬损、减少、丧失，或者破坏了权利人对于财产权客体的支配关系，使其财产利益受到损失。

侵害财产权的种类主要有三类：

1. 侵占财产，是对财产所有权的侵害；
2. 损坏财产，主要影响财产的价值和使用价值；
3. 减损其他财产权益，主要指除所有权以外的其他财产利益受损。对侵害财产权的详述，参见本书“侵权责任的承担：财产损害赔偿”部分。

债权是否属于侵权行为的客体，存在理论争议。债权，是归属于债权人的财产性权利，但是债权属于相对权，不具有公示性。法考秉持的观点是：**债权一般不构成侵权行为的客体，**因此第三人侵害债权不纳入侵权责任法的调整范畴。

考点37　侵权责任归责原则

命题分析

无过错责任原则与过错责任原则构成并列的两种侵权责任归责原则。无过错原则是过错原则的补充，其适用应具有一定的正当性和必要性。对行为人（或责任人）主观状态的考查本身是一个理论性较强的问题。在掌握一般过错原则的基础上，重点把握饲养动物侵权责任、产品缺陷责任、环境污染责任、用工单位责任的归责原则。

考点解析

一、过错责任原则概述

过错责任原则，是指除非法律另有规定，**任何人**仅在因自身的过错（故意或过失）侵害他人权益时，就其所造成的损害承担侵权责任。“任何人”包括受害人和其他行为人：如果损害是受害人故意造成的，行为人不承担责任（《侵权责任法》第27条），如果受害人对损害的发生也有过错的，可以减轻侵权人的赔偿责任（《侵权责任法》第26条）；如果损害是数人共同故意造成的，行为人要承担连带责任，除非法律另有规定（《侵权责任法》第8条）。

过错责任的归责基础在于行为人具有过错（即可非难性），因此应对其行为后果承担责任。从消极层面讲，只要行为人没有过错，就不需要承担责任。这相较于传统的结果责任（以损害结果的存在为归责依据），减轻了人们在社会经济交往活动中的风险和负担，为资本经济的迅速发展提供了广阔的空间。所以，过错责任原则是在考虑经济便利和道德可非难性的基础上产生的。该制度体现了侵权责任法所追求的价值平衡：在救济受害人的同时，兼顾对行为人的自由保障。

侵权责任法上的“过错”判断，**宜采“合理人标准”**，即要求行为人应当具有其所在年龄层、所属职业等通常具备的认识能力和注意水平。若行为人在特定情形下未尽合理注意义务，未达成社会对行为人的合理期待，行为人就存在过错。具体而言，若行为人属于明知其行为会造成损害结果却追求或放任该结果的发生，则认定行为人存在故意；否则，认定行为人存在过失，过失可进一步分为重过失与轻过失两类，其影响责任分配的比例。

二、过错推定责任

过错推定责任是指损害发生后，依法律规定推定行为人有过错，如果行为人不能证明自己没有过错的，应当承担侵权责任（《侵权责任法》第6条第2款）。

一方面，随着科学技术的发展，很多损害事故都涉及专业的知识或技术，加大了受害人对行为人过错的证明难度；另一方面，转由行为人证明自己没有过错，有利于督促行为人善尽合理注意义务。由此便产生了过错推定责任，以免除受害人对过错的证明责任，转由行为人证明自己没有过错。但是受害人对除过错以外的其余要件仍负证明责任。因此，过错推定责任只是过错责任的特殊形态，而非独立的归责原则。

过错推定责任仅限于法律明文规定的特定情形（见下表），《侵权责任法》第6条第2款并非独立的请求权基础，不能单独使用。

《侵权责任法》明文规定的9种过错推定责任

《侵权责任法》明文规定的9种过错推定责任
1. 教育机构对无民事行为能力人遭受损害的赔偿责任（第38条）
2. 医疗机构违反诊疗规范、拒绝提供或伪造、篡改、销毁病历资料的责任（第58条）
3. 非法占有的高度危险物致害时，所有人、管理人与非法占有人之间的连带责任（第75条）
4. **动物园**饲养的动物致人损害的责任（第81条）
5. 建筑物及其搁置物、悬挂物脱落、坠落的致害责任（第85条）
6. 堆放物倒塌的致害责任（第88条）
7. 在公共道路上堆放、倾倒、遗撒妨碍通行的物品的致害责任（第89条）
8. 林木折断、果实坠落的致害责任（第90条）
9. 窨井等地下设施的致害责任（第91条第2款）

三、无过错责任原则

（一）概述

无过错责任原则，是指无论行为人有无过错，只要其行为损害了他人民事权益，根据法律规定就得承担侵权责任（《侵权责任法》第7条）。无过错责任的成立不以责任人的过错为要件，但不意味着过错没有意义。责任人是否存在过错，尤其是故意或者重大过失，影响责任减轻事由的成立（《最高人民法院关于审理人身损害赔偿案件适用法律若干问题的解释》第2条第1款）；另外，在产品责任中，责任人的过错决定是否承担惩罚性赔偿责任（《侵权责任法》第47条）。应注意，无过错责任也存在责任减免事由。

无过错责任包括两类：危险责任和替代责任，分别对应不同的责任基础和适用情形。

（二）无过错责任之危险责任

1. 责任基础

无过错责任之危险责任的理论基础在于责任人是危险的开启者或控制者，并且是开展危险活动或保有危险物件的受益者。责任人所从事的活动或保有的物件具有高度危险性，但这些物件、活动是科技发展的产物，同时又是社会进步的“必需品”，使得法律在允许这些危险活动存在的同时，又必须照顾社会大众的安全。因此，当危险现实化造成他人损害时，危险活动的行为人或危险物品的所有人不论有无过错，都应当承担责任。

2. 适用情形

这类无过错责任包括以下 7 种：

（1）产品责任（《侵权责任法》第 41 条、第 43 条）（应注意，生产者、销售者对外都承担无过错责任，但对内追偿时承担过错责任）；

（2）医疗产品责任（《侵权责任法》第 59 条）；

（3）机动车与非机动车驾驶人、行人间的交通事故责任（《道路交通安全法》第 76 条第 1 款第 2 项）、

（4）环境污染责任（《侵权责任法》第 65 条）；

（5）高度危险责任（《侵权责任法》第 69 条至第 75 条）；

（6）饲养动物侵权责任（《侵权责任法》第 78 条、第 80 条）；

（7）建筑物等倒塌侵权责任（《侵权责任法》第 86 条）。

（三）无过错责任之替代责任

1. 责任基础

无过错责任之替代责任的理论基础在于责任人对侵权人具有控制力，享受着行为人为其带来的利益，而且责任人承担责任的能力通常也比行为人强。因此，即使责任人不是侵权行为的实施者，也无相应的过错，仍然应当承担侵权责任。一方面能督促责任人更好地履行监督管理和教育的职责，避免侵权行为的发生；另一方面也能更好地赔偿受害人的损失，保护其权益。

2. 适用情形

这类无过错责任也被称为“替代责任”，包括以下 5 种：

<table>
<tr><td>①监护人侵权责任（《侵权责任法》第 32 条）</td><td>基于身份关系</td></tr>
<tr><td>②用人单位、用工单位侵权责任（《侵权责任法》第 34 条）</td><td rowspan="4">基于用工关系</td></tr>
<tr><td>③个人劳务侵权责任（《侵权责任法》第 35 条）；</td></tr>
<tr><td>④雇主侵权责任（《最高人民法院关于审理人身损害赔偿案件适用法律若干问题的解释》第 11 条）</td></tr>
<tr><td>⑤帮工侵权责任（《最高人民法院关于审理人身损害赔偿案件适用法律若干问题的解释》第 13 条、第 14 条）</td></tr>
</table>

考点38　数人侵权

命题分析

“数人侵权行为”是侵权责任法中基础性的考点，涉及侵权行为的构成理论和责任分配问题，也是公平理念在侵权责任法中体现视角，具有一定的综合性和理论性。

本知识点包括“共同加害行为（有意思联络数人侵权）”“无意思联络数人侵权”“教唆、帮助侵权”，以及“共同危险行为”等内容，其中，“无意思联络数人侵权”是数人侵权行为中的“重中之重”，属于命题人偏爱的热门考点。

考点解析

一、共同侵权（有意思联络的数人侵权）

（一）概念

共同侵权，是指数人共同不法侵害他人权益造成损害的行为（《侵权责任法》第 8 条）。

（二）构成要件

1. 主体是二人以上，主体可以是自然人也可以是法人。

2. 数个行为人**共同**实施了侵权行为。这里的“共同”可以是共同的故意、共同的过失，也可以是故意行为与过失行为相结合。

3. 数个侵权行为与损害后果之间具有因果关系。

4. 受害人因侵权行为受到损害。这是受害人请求加害人要求赔偿的必备条件，无损害，则无救济。

简单概括： 二人以上共同实施侵权行为，造成损害后果，具有因果关系。

（三）责任承担

共同侵权人对损害结果承担**连带**责任。

二、无意思联络的数人侵权

（一）概念

无意思联络的数人侵权是指数个行为人**并无共同的过错**，但由于数个行为的结合而导致同一损害后果的侵权行为。

（二）分类

无意思联络数人侵权包括承担连带责任的无意思联络数人侵权和承担按份责任的无意思联络数人侵权。以下进行重点区分：

	承担连带责任的无意思联络的数人侵权	承担按份责任的无意思联络数人侵权
主体	二人以上（对行为人的民事行为能力没有要求）	
行为	**分别**实施侵权行为，彼此之间没有意思联络	
结果	造成同一损害结果	
因果关系	每个人的行为都**足以**造成全部损害后果。也就是说每个独立的行为都是损害结果的直接原因，即使没有其他行为，该行为也可以单独导致结果的发生	每个独立的行为**不足以**导致损害结果的发生，因为偶然的机会**结合**在一起而导致损害结果的发生
责任承担	各侵权人承担连带责任	能够确定责任大小的，各自承担相应的责任；难以确定责任大小的，**平均**承担赔偿责任

三、教唆、帮助侵权

（一）概念

教唆、帮助完全民事行为能力人、限制民事行为能力人实施侵权行为，教唆人、帮助人需要与行为人承担连带责任。分为教唆、帮助完全民事行为能力人实施侵权行为和教唆、帮助无民事行为能力人、限制民事行为能力人实施侵权行为两种。

（二）构成要件

1. 教唆人、帮助人实施了教唆、帮助行为。
2. 教唆人、帮助人具有教唆帮助的主观意图。

3. 被教唆人、被帮助人实施了相应的侵权行为。

（三）责任承担

1. 教唆人、帮助人与行为人承担**连带**责任。

2. 教唆、帮助无民事行为能力人、限制民事行为能力人需要教唆人、帮助人**明知**被教唆人、被帮助人为无民事行为能力人、限制民事行为能力人。如果被教唆、被帮助的无民事行为能力人、限制民事行为能力人的监护人未尽到监护责任的，应当承担**相应**的责任。

四、共同危险行为（准共同侵权行为）

（一）概念

共同危险行为是指二人以上实施危及他人人身或者财产安全的行为并造成损害后果，不能确定实际侵害行为人的情况。共同危险行为与共同侵权行为的**最大区别**是共同危险行为不能确定实际侵权人。

（二）共同危险行为的构成要件

1. 主体为二人以上。

2. 均实施侵权行为，其中一人或数人的行为造成他人损害。注意：**虽然实施危及他人人身、财产行为的是数人，但真正导致受害人损害后果发生的只是其中一人或者几个人的行为。**

3. 具体的侵权人不明。在共同危险行为中，或许只有一人的行为造成了损害后果，或许许多人的行为造成了损害后果，但无法确定何人的行为造成了损害后果。

（三）法律后果

数行为人承担连带责任。

（四）免责事由

若能证明损害结果是由具体的加害人行为所致，可以免责。

考点39　侵权责任的承担

命题分析

侵权责任的承担解决的是侵权行为成立之后的后果问题，如何在主体之间分配这种不利后果，涉及利益衡量的公平问题。其中，责任的减免规则、责任竞合的规则、财产损失的范围、精神损害的认定等均是司法实务中的焦点问题。本考点的实践意义与理论意义兼具，符合主观题设题风格。

考点解析

一、侵权责任的减免

侵权责任的减免指的是减轻侵权责任或不承担责任的情形。《侵权责任法》明确规定的减免事由包括：受害人过错（《侵权责任法》第37条）、第三人过错（《侵权责任法》第28条）、不可抗力（《侵权责任法》第29条）、正当防卫（《侵权责任法》第30条）和紧急避险（《侵权责任法》第31条）。命题人最爱把**免责事由**作为命题切入点，应当重点掌握。

（一）受害人过错

1. 概述

受害人过错，指受害人对侵权行为的发生或者损害结果的扩大存在过错，具体包括故意和过失。若受害人存在故意，则行为人不承担责任（《侵权责任法》第27条），因为受害人故意切断了行为人的侵权行为与受害人损害之间的因果关系，造成受害人损害的**唯一原因**是受害人的故意行为。若受害人存在过失，则可以减轻行为人的责任（《侵权责任法》第26条）。受害人是否存在过错，由加害人承担举证责任。

2. 受害人故意的构成要件

（1）受害人具有责任能力，即识别、判断自己行为性质、后果的能力。

（2）受害人明知其故意行为会给自己造成损害并追求损害结果的发生，即直接故意。

（3）受害人的故意行为是受害人遭受损害的**唯一**原因。若侵权人的侵权行为亦是受害人损害的原因之一，则受害人过错仅构成减轻责任的事由，并非免除责任的事由。

3. 受害人故意的法律适用（《侵权责任法》有关规定）

（1）一般规定：（第27条）

（2）特别规定（选适用过错推定规则，并注意“不承担”与“减轻”的区别）：

①民用核设施侵权责任（《侵权责任法》第70条）；

②民用航空器侵权责任（《侵权责任法》第71条）；

③高度危险物侵权责任（《侵权责任法》第72条）；

④高度危险活动侵权责任（《侵权责任法》第73条）；

⑤饲养动物侵权责任（《侵权责任法》第78条）。

（二）第三人过错

1. 概述

第三人过错是指第三人对损害的发生或扩大存在过错，第三人应当承担侵权责任（《侵权责任法》第28条）。应注意，第三人的行为并非在任何情形下都能切断行为人的侵权行为与损害之间的因果关系。只有当损害**完全**是由第三人造成时，行为人才得以免除责任；否则，应当纳入多数人侵权的考查范畴。

2. 适用范围

所有的侵权行为都可以适用第三人过错（第三人行为）的相关规定，但是在部分责任中有关第三人过错的规定较为特殊，应着重掌握：

（1）安全保障责任中，因第三人的行为造成他人损害的，由第三人承担侵权责任；管理人或者组织者未尽到安全保障义务的，承担相应的**补充责任**（《侵权责任法》第37条第2款）。

（2）因运输者、仓储者等第三人的过错使产品存在缺陷，造成他人损害的，产品的生产者、销售者赔偿后，**有权向第三人追偿**（《侵权责任法》第44条）。应注意，侵权人承担责任后享有追偿权。

（3）因第三人的过错污染环境造成损害的，被侵权人可以向污染者请求赔偿，也可以向第三人请求赔偿。污染者赔偿后，有权向第三人追偿（《侵权责任法》第68条）。应注意，**被侵权人享有选择权**，侵权人承担责任后享有追偿权。

（4）因第三人的过错致使动物造成他人损害的，被侵权人可以向动物饲养人或者管理人请求赔偿，也可以向第三人请求赔偿。动物饲养人或者管理人赔偿后，有权向第三人追偿（《侵权责任法》第69条）。应注意，**被侵权人享有选择权**，侵权人承担责任后享有追偿权。

（三）不可抗力

1. 概述

不可抗力是指不能预见、不能避免且不能克服的客观情况。除法律另有规定的除外，因不可抗力造成他人损害的，不承担责任（《侵权责任法》第29条），因为不可抗力的存在使“行为人的过错”这一要件不具备。注意：我国侵权责任法中，**不可抗力不能成为民用核设施侵权责任（《侵权责任法》第70条）、民用**

航空器侵权责任（《侵权责任法》第71条）的免责事由。

2. 构成要件

（1）存在与侵权人无关的外界客观情况，但不包括侵权人之外的第三人行为；

（2）就侵权人而言，这种客观情况造成的损害是不能预见、不能避免且不能克服的。

（四）正当防卫

1. 概述

正当防卫是指为了使公共利益、本人或他人的财产、人身或其他合法利益免受正在进行的不法侵害，而对不法侵害人所实施的**不超过必要限度**的行为。因正当防卫造成损害，行为人不承担责任。若正当防卫超过必要限度，造成不应有的损害，防卫人应当承担适当的责任（《侵权责任法》第30条）。

2. 构成要件

（1）防卫起因：存在不法侵害行为。

应注意，如果侵害来自他人之物而非他人之不法侵害行为，则属于紧急避险。

（2）防卫目的：为保护公共利益、本人或他人合法权益免受不法侵害。

（3）防卫对象：针对不法侵害人本身。

（4）防卫时间：不法侵害正在进行。

（5）防卫限度：不超过必要限度。

（五）紧急避险

1. 概述

紧急避险是指为了使公共利益、本人或他人的财产、人身或其他合法权益免受正在发生的危险，不得已采取的致他人较少损害的行为。因紧急避险造成的损害，需要根据险情发生的原因确定责任的承担：如果险情是人为引起的，由引起险情的人承担责任；如果险情是自然原因引起的，避险人**不承担责任或给予适当补偿**。

2. 构成要件

（1）存在紧迫危险。

（2）避险人不得已才实施加害他人的行为。

（3）没有超过必要的限度，否则避险人仍应当承担适当的责任。

（六）其他事由

除了上述侵权责任法明确规定的减免事由外，还存在以下减免事由（包括但不限于)：

(1) 依法执行职务：即造成他人损害的行为是依照法律授权执行公务的行为。其构成要件为：①职务行为有合法依据；②程序合法；③造成他人损失是执行职务所必需。

(2) 受害人同意：即受害人在侵权行为或损害结果发生之前明确自愿承担某种损害后果的意思表示。其构成要件为：①受害人有明确的意思表示；②意思表示自愿合法；③受害人同意在侵权行为或损害发生之前。

(3) 自助行为：即权利人为保护自己的权利，在来不及请求公力救济的情况下，对义务人的财产予以扣押或者对其人身自由予以约束等行为。自助行为需方法适当，且不超过必要的限度。

(七) 各类侵权责任减轻、免责事由总结

责任类型	减轻免责事由
监护人责任	监护人尽到监护责任的，**可以减责（不能免责）**（《侵权责任法》第32条）
个人之间因劳务产生的侵权责任（提供劳务一方自伤）	提供劳务一方若是故意，接受劳务一方可免责
产品责任	免责：①未将产品投入流通；②产品投入流通时，引起损害的缺陷尚不存在；③将产品投入流通时的科学技术水平尚不能发现缺陷的存在的
机动车交通事故	受害人故意，驾驶机动车一方可免责
医疗损害责任	免责：①患者或其近亲属不配合医疗机构进行符合诊疗规范的诊疗；②医务人员在抢救生命垂危的患者等紧急情况下已经尽到合理的诊疗义务；③限于当时的医疗水平难以诊疗
环境污染责任	第三人过错的不真正连带责任（《侵权责任法》第68条）
高度危险责任	①不可抗力（民航、民核除外） ②战争（限于民核） ③受害人故意（4种：民核、民航、占有或使用高度危险物损害责任和从事高度危险活动损害责任） ④管理人已采取安全措施并尽到警示义务的，可以减轻或不承担责任（主要是指高度危险区域损害责任）（《侵权责任法》第76条）
饲养动物侵权	损害是因被侵权人故意或重大过失造成的可免责或减责（《侵权责任法》第78条）； 动物园及其管理人员尽到管理职责可免责（《侵权责任法》第79条）； 由第三人过错造成饲养动物侵权，适用不真正连带责任（《侵权责任法》第83条）
高空抛物责任	证明自己不是侵权人可免责

二、侵权责任的竞合

（一）概述

侵权责任的竞合，是指行为人的同一行为符合不同责任的构成要件，但最终只能适用一种责任。请求权人最终只能请求一种责任，这是因为损害赔偿法上禁止得利原则。本部分，主要考查侵权责任与违约责任的竞合，当事人可以自由选择，但只能选择其中一种责任。

（二）侵权责任与违约责任竞合的构成要件

1. 当事人之间存在有效的合同关系，并且一方的违约行为**对他方的履行利益之外的权益造成损害。**若违约行为只对他方履行利益造成损害，只会构成违约行为，不构成侵权行为。

2. 上述同一违约行为，同时满足侵权责任的构成要件。

3. 两种责任所针对的给付是同一的。

三、财产损害赔偿

（一）概述

财产损害赔偿，指行为人侵害他人民事权益并造成财产损害时，应承担的赔偿义务。包括侵害人身权益产生的财产损害赔偿（《侵权责任法》第16条～第18、第20条）和侵害财产的财产损害赔偿（《侵权责任法》第19条）。其中，侵害财产的情形主要有三类：①侵占财产，即对财产所有权的侵害；②损坏财产，主要影响财产的价值和使用价值；③使其他财产权益损失，主要指除所有权以外的其他财产利益受损。

（二）财产损害的赔偿范围

1. 侵害人身权益的财产损害赔偿范围

侵害他人人身权益造成财产损失的，应当依照被侵权人因此受到的损失赔偿（《侵权责任法》第20条）。被侵权人的损失可以分为“积极损失”和“消极损失”：

（1）积极损失

积极损失，即被侵权人因遭受人身伤亡支出的各项合理费用。

积极损失包括医疗费（《最高人民法院关于审理人身损害赔偿案件适用法律若干问题的解释》第19条）、护理费（《最高人民法院关于审理人身损害赔偿案件适用法律若干问题的解释》第21条）、交通费（《最高人民法院关于审理人身损害赔偿案件适用法律若干问题的解释》第22条)、其他为治疗和康复支出的合理费用(如营养费、住院伙食补助费,《最高人民法院关于审理人身损害赔偿案件适用法律若干问题的解释》第23条~第24条)、残疾生活辅助器具费(《最高人民法院关于审理人身损害赔偿案件适用法律若干问题的解释》第26条)、丧葬费(《最高人民法院关于审理人身损害赔偿案件适用法律若干问题的解释》第27条)。

(2)消极损失

消极损失,是指被侵权人因遭受人身伤亡而丧失的预期收入。

消极损失,包括因误工减少的费用(《最高人民法院关于审理人身损害赔偿案件适用法律若干问题的解释》第20条)、残疾赔偿金(侵权责任法第16条)、死亡赔偿金(侵权责任法第16条)。

2. 侵害财产权益的财产损害赔偿范围

侵害他人财产权益造成的财产损失,同样包括积极损失和消极损失,前者指现有财产价值的减少,后者指本应获得的利益没有获得。在确定损害赔偿范围时,应当以全部赔偿为原则,以客观的财产利益所受损失的价值为客观标准,损失多少,赔偿多少。

至于不同的损失类型,存在不同的计算方法:

(1)积极损失的计算方法:财产的直接损失=原物价值-残存价值。这里原物价值指的是成本价或者进价(《侵权责任法》第19条)。

(2)间接损失的计算方法:间接损失价值=单位时间增值效益×影响效益发挥的时间。

(3)对其他财产利益损失的推算方法:即侵权的赔偿数额为侵权人在侵权期间因侵权所获得的利益。(《侵权责任法》第20条)

根据上述内容,可以总结出简便算法,侵权人应当承担的财产损害赔偿范围=财产的市场价格-财产的残存价值。应注意,计算的时间点为**"损失发生时"**(《侵权责任法》第19条)。若不存在市场价格或以市场价格来计算并不妥当时,应采取其他方式计算(《侵权责任法》第19条)。

四、精神损害赔偿

精神损害赔偿,是指侵害他人人身权益并造成他人**严重**精神损害的,被侵权人可以请求侵权人支付精神损害抚慰金(《侵权责任法》第22条)。精神损害赔偿的主要功能在于补偿被侵权人遭受的损害,并抚慰其精神之创伤。这意味着法人或其他组织不享有精神损害赔偿请求权;同时也决定了精神损害抚慰金是不得让与或继承的，即具有**专属性**，但**存在两个例外**：①赔偿义务人已经以书面方式承诺给予金钱赔偿；②赔偿权利人已经向人民法院起诉。

（一）精神损害赔偿的适用情形

精神损害赔偿责任只适用于侵权案件，不适用于违约案件。侵权责任法对精神损害赔偿的适用进行了严格限制，主要体现在以下两个方面：

1. 侵害客体

侵害客体限于人身权益，包括人身权利和人身利益，主要有以下几种：

侵害客体——人身权益

人身权利	人身利益
1. 自然人的人格权： ①生命权、健康权、身体权； ②姓名权、肖像权、名誉权、荣誉权、婚姻自主权、发现权 ③人格尊严权、人身自由权	1. 自然人的人格利益 （《最高人民法院关于审理精神损害赔偿案件适用法律若干问题的解释》第 1 条第 2 款）
2. 自然人的身份权： ①监护权 ②继承权	2. 死者人格利益： ①姓名、肖像、名誉、荣誉； ②隐私； ③遗体、遗骨 （《最高人民法院关于审理精神损害赔偿案件适用法律若干问题的解释》第 3 条）
	3. 具有人格象征意义的特定纪念物品上的人格利益（《最高人民法院关于审理精神损害赔偿案件适用法律若干问题的解释》第 4 条）

2. 损害后果

限于被侵权人遭受**严重**精神损害的情形。死亡或残疾通常会导致严重精神损害，至于其他情形是否属于严重精神损害，被侵权人应当予以证明。应注意，如果侵权行为未达严重精神损害之后果，侵权人仍负有停止侵害、恢复名誉、消除影响或赔礼道歉等责任（《最高人民法院关于审理精神损害赔偿案件适用法律若干问题的解释》第 8 条第 1 款）。

（二）精神损害赔偿的请求权人

精神损害赔偿的请求权人取决于被侵害的客体类型，如下表：

侵害客体	请求权人
1. 自然人的人格权利（身份权）和人格利益受侵害	被侵权人或受害人（《最高人民法院关于审理精神损害赔偿案件适用法律若干问题的解释》第1条）
2. 自然人因侵权行为致死或死者人格利益受侵害	死者的配偶、父母和子女（《最高人民法院关于审理精神损害赔偿案件适用法律若干问题的解释》第3条、第7条）
3. 特定物品上的人格利益受侵害	物品所有人（《最高人民法院关于审理精神损害赔偿案件适用法律若干问题的解释》第4条）

考点40　特殊侵权主体

命题分析

“特殊侵权主体”是侵权责任法中的热门考点。理性经济人之外的特殊主体在侵权构成和责任承担上有其特殊性，应本于公平合理进行制度安排。虽然是具体规则制度的考查，但其背后的法理基础也会出现在主观考题中。

“特殊侵权主体”包括监护人、单位与雇主、网络服务提供者、安全保障义务人以及教育机构，其中，“单位与雇主的侵权责任”是特殊侵权主体中的“重中之重”。被监护人致人损失的侵权责任承担、监护责任的性质；网络服务提供者与网络用户承担连带责任的情形；安全保障责任的责任主体；无民事行为能力人、限制民事行为能力人因教育机构以外的第三人遭受人身损害时，第三人与教育机构之间的责任分配、教育机构承担责任的时间条件等都是考查的重点，考生需要格外重视。近几年虐童事件频发，教育机构的侵权责任可能会成为将来几年法考的重点。

考点解析

一、监护人的侵权责任

（一）概述

监护人的侵权责任是指监护人对被监护人因侵权行为造成他人损害的后果承担侵权责任。监护人责任系属**无过错责任**中的**替代责任**，责任基础在于监护人对被监护人具有控制力。之所以设立监护人责任，一是因为被监护人通常没有独立的财产，通过监护人责任可以更好地维护被侵权人的合法权益；二是因为被监护人无法理解或无法完全理解自己的行为及后果，通过监护人责任可以督促监护人履行管理、教育的义务，预防侵权行为的发生。

（二）构成要件

1. **行为人**实施加害行为：

（1）无民事行为能力人：①不满**8周岁**的未成年人；②不能辨认自己行为的成年人。

（2）限制民事行为能力人：①8周岁以上，不满18周岁的自然人。

②不能完全辨认自己行为的成年人。

2. 造成他人损害："他人"，即监护人和被监护人之外的第三人。

3. 加害行为与损害间有因果关系。

（三）责任承担

1. 责任主体

监护人的侵权责任是一种**替代责任**，是典型的行为主体和责任主体相分离的责任类型，但在某些情况下，行为人也承担侵权责任。被监护人承担责任的情形有以下几种：

（1）有财产的无民事行为能力人、限制民事行为能力人先自行承担，不足部分，由监护人赔偿（《侵权责任法》第32条第2款）。

（2）诉讼时已满18周岁+有经济能力，自行承担（《最高人民法院关于贯彻执行〈中华人民共和国民法通则〉若干问题的意见（试行）》第161条）。

（3）其余情形，由监护人承担责任：①未成年人的父母离异的，同被监护人共同生活的一方承担民事责任；确有困难的，另一方父或母应承担无过错的补充责任（《最高人民法院关于贯彻执行〈中华人民共和国民法通则〉若干问题的意见（试行）》第158条）。②委托监护中，除非另有约定，仍由监护人承担；被委托人有过错的，负连带责任（《最高人民法院关于贯彻执行〈中华人民共和国民法通则〉若干问题的意见（试行）》第22条）。③指定监护中，擅自变更监护人的，由原被指定的监护人与变更后的监护人承担连带责任（《最高人民法院关于贯彻执行〈中华人民共和国民法通则〉若干问题的意见（试行）》第18条）。④监护人不明确的，由顺序在前的有监护能力的人承担（《最高人民法院关于贯彻执行〈中华人民共和国民法通则〉若干问题的意见（试行）》第159条）。

2. 责任的减轻

（1）监护人尽到监护责任（《侵权责任法》第32条第1款）。

注意：**只能减轻责任，不能免除责任。**

（2）被侵权人具有过错（《侵权责任法》第26条）。

二、单位与雇主侵权责任

单位与雇主侵权责任包括用人单位侵权责任、用工单位侵权责任、个人劳务侵权责任、帮工侵权责任。

（一）用人单位侵权责任

1. 概念

用人单位是指法律允许招用和使用劳动力的单位和组织，包括中华人民共和国领域内的企业、个体经济组织、民办非企业单位，还包括国家机关、事业单位、社会团体以及各种合伙组织和基金会。需要注意的是，国家机关、事业单位、社会团体只有与其建立劳动关系的劳动者在订立、履行、变更、解除或终止劳动合同时才称之为用人单位。

2. 构成要件

（1）用人单位的工作人员有执行工作任务的行为。包括执行职务范围内和单位授权的工作任务；

（2）存在客观的损害事实：包括财产损害和人身损害；

（3）用人单位工作人员执行工作任务的行为须与损害事实有因果关系。即执行工作任务的行为是损害后果的原因，这种因果关系是客观存在的。

（4）需要注意的是，用人单位侵权责任的归责原则为无过错责任原则，所以过错不是用人单位侵权责任的构成要件。

3. 特殊情形

几种特殊的行为是否属于执行工作任务的行为判断：

（1）超越职责行为。雇员的行为超出授权范围，但其表现形式是履行职务或是与履行职务有内在关系的，应当认定为“从事雇佣活动”（《最高人民法院关于审理人身损害赔偿案件适用法律若干问题的解释》第9条）。

（2）擅自委托行为和违反禁止规定的行为。当工作人员违反职业要求和命令的行为对于侵权责任的承担不起决定作用的时候，用人单位应当承担侵权责任。

（3）借用机会的行为。工作人员以执行职务为便利条件，为了实现个人目的的行为，虽然其内在动机是处于个人私利，但其行为与职务有内在联系，因此应当认为是执行职务的行为。

（二）用工单位侵权责任

1. 概念

劳务派遣是指劳务派遣单位对其派遣的人员致人损害应当承担的侵权责任。

2. 劳务派遣涉及三方当事人

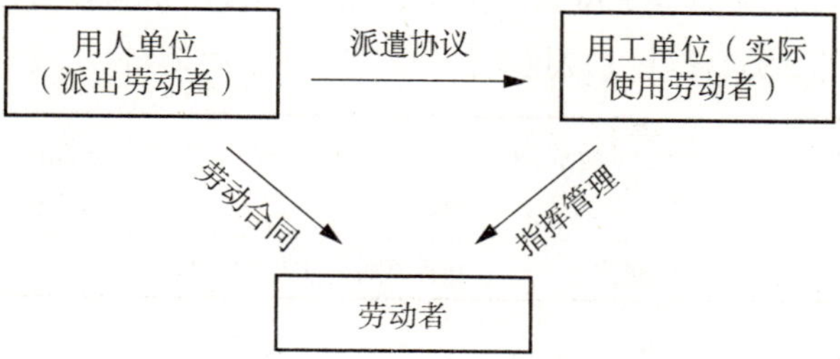

3. 适用规则

	用人单位（劳务派遣单位）	用工单位（接受劳务派遣单位）
归责原则	过错责任原则	无过错责任原则
责任承担	无过错，不承担责任； 有过错，承担相应**补充**责任	替代责任

（三）个人劳务侵权责任

1. 概念

个人劳务是指个人之间形成劳务关系，因提供个人劳务致人损害或遭受损害的侵权责任（《侵权责任法》第35条）。

应注意，《侵权责任法》第35条对此种个人劳务关系并没有区分有偿无偿。

个人劳务侵权的重点在于“个人之间形成劳务关系”的判断，这是个人劳务侵权责任区别于用人单位侵权责任的关键。《侵权责任法》第35条所调整的个人劳务关系有两个要求：①仅限于自然人与自然人之间的劳务关系，不包括个人与单位之间的劳务关系；②劳务提供者与劳务接受者之间存在支配控制关系，这是用人者承担无过错责任的理论基础。

2. 类型

（1）因提供个人劳务致人损害的侵权责任

个人之间形成劳务关系，提供劳务一方因劳务造成他人损害的，由接受劳务一方承担侵权责任（《侵权责任法》第35条第1句）。

责任成立要件	①须为个人之间形成的劳务关系	②劳务提供方致人损害	③提供劳务与致人损害之间存在因果关系
责任承担	责任主体：劳务接受方	归责原则：无过错责任原则	

（2）因提供个人劳务遭受损害的侵权责任

个人之间形成劳务关系，提供劳务一方因劳务**自己**受到损害的，根据双方各自的过错承担相应的责任（《侵权责任法》第35条第2句）。

责任成立要件	①须为个人之间形成的劳务关系	②劳务提供方自己遭受损害	③提供劳务与遭受损害之间存在因果关系
责任承担	责任主体：**过错方**	归责原则：过错责任原则	

（四）帮工侵权责任

所谓“帮工”，指无偿为他人提供劳务。关于帮工侵权责任的承担问题，可以分两种情况：

1. 帮工致人损害的责任承担（《最高人民法院关于审理人身损害赔偿案件适用法律若干问题的解释》第13条）

（1）帮工致人损害的，由被帮工人承担无过错替代责任；

（2）帮工人有故意或重大过失的，帮工人与被帮工人承担连带责任；

（3）明确拒绝帮工，帮工人仍坚持帮工并因帮工导致他人损害的，被帮工人不承担责任。

2. 因帮工遭受损害的责任承担（《最高人民法院关于审理人身损害赔偿案件适用法律若干问题的解释》第14条）

（1）因帮工遭受第三人人身损害的，由第三人承担赔偿责任。第三人不能确定或者没有赔偿能力的，可以由被帮工人予以适当补偿（公平原则）；

（2）因帮工遭受人身损害的，由被帮工人承担无过错侵权责任；

（3）被帮工人明确拒绝帮工，帮工人坚持帮工并因帮工行为遭受人身损害的，被帮工人不承担赔偿责任，但可以在受益范围内予以适当补偿（公平原则）。

三、网络侵权责任

（一）概念

网络侵权责任，是指网络用户和网络服务提供者的自己责任，即网络用户、网络服务提供者利用网络侵害他人民事权益的，应当承担侵权责任（《侵权责任法》第36条第1款）。其表现形式主要有，自己在网络上发表信息侮辱、诽谤他人，网络服务提供者在网络上抄袭、剽窃他人著作，未经著作权人同意而在网站上发表他人作品等。是一种过错责任，适用《侵权责任法》的一般性规定。

（二）网络服务提供者的连带责任

网络服务提供者的连带责任是指网络用户利用网络实施侵权行为，网络服务提供者与网络用户一起承担连带责任的特殊责任类型。

网络服务提供者即提供信息服务，为用户提供信息交流和技术服务的空间的服务提供者。

网络服务提供者与网络用户承担连带责任的情况如下：

1. 经被侵权人通知，未及时采取必要措施的，对**损害扩大的部分**与网络用户承担**连带责任**。必要的措施主要包括：删除、屏蔽、断开连接等（《侵权责任法》第36条第2款）。

2. 网络服务提供者**明知**网络用户利用其网络实施侵权行为，而未采取必要措施，对于该网络用户实施的侵权行为有放任的间接故意，因此应当与网络用户承担连带责任（《侵权责任法》第36条第3款）。

需要注意的是，只有**被侵权人**有权要求网络服务提供者采取删除、屏蔽、断开链接等必要措施，其他人通知网络服务提供者采取必要措施，网络服务提供者不予理睬，由此导致被侵权人损害扩大的，网络服务的提供者无须**向该通知人**承担侵权责任。

四、安全保障责任

（一）概念

安全保障责任是指依照法律规定或者约定负有安全保障义务的人违反安全保障义务，直接或者间接地造成他人人身或财产权益损害，应当承担损害赔偿责任的侵权行为 。

（二）构成要件

1. 侵权行为：安全保障义务人有违反安全保障义务的行为。

注意：安全保障义务的主体为宾馆、商场、银行、车站、娱乐场所等公共场所的管理人或群众性活动的组织者。

2. 损害事实：有人在公共场所或者群众性活动中受到损害。

3. 因果关系：损害事实是由侵权行为引起的。

4. 过错：违反安全保障义务的行为人有过错。过错责任原则，就其性质而言是**注意**义务。

（三）责任承担

1. 直接责任，在没有第三人介入的情况下，管理人、组织人因违反安保义务造成损害，承担直接的侵权责任。

2. 补充责任，若损害是由第三人导致的，第三人先承担责任，管理人、组织人未尽到注意义务，承担相应的补充责任。

五、教育机构侵权责任

（一）概念

教育机构责任是指教育机构因未尽教育、管理职责对无民事行为能力人、限制民事行为能力人在教育机构学习、生活期间遭受人身损害而承担的责任。其中，受害人仅限于无民事行为能力人、限制民事行为能力人，遭受的损害类型仅限人身损害。

（二）类型

根据行为人的不同，教育机构侵权责任可以分为两类：一是教育机构的直接侵权责任（《侵权责任法》第 38 条、第 39 条），二是第三人侵权时的侵权责任（《侵权责任法》第 40 条）。二者的区别见下表：

教育机构侵权责任的类型

	行为人	过错的表现形式	归责原则（责任承担）
1. 教育机构直接侵权	教育机构的工作人员 + 在教育机构学习、生活的无民事行为能力人、限制民事行为能力人	“未尽到教育、管理职责”	**过错推定**：受害人为无民事行为能力人——教育机构只有证明自己尽到职责才能免责
			过错责任：受害人为限制民事行为能力人——受害人必须证明教育机构未尽职责，侵权责任才成立
2. 第三人侵权	除 1 中行为人外的其他人	“未尽到管理职责”	第三人承担首位责任（过错责任），教育机构承担相应的**补充责任（过错责任）**

因此，在认定教育机构侵权责任时，应当先由**行为人**来判断责任的类型；若属于教育机构的直接侵权，应当区分**受害人**是无民事行为能力人还是限制民事行为能力

为能力人，二者的归责原则不同；若属于第三人侵权，应注意责任承担的顺序：第三人承担首位责任，教育机构承担相应的补充责任。

（三）构成要件

1. 行为人实施侵权行为：教育机构直接侵权或第三人侵权。

2. 受害人在教育机构学习、生活期间遭受人身损害。

（1）受害人：仅限于无民事行为能力人、限制民事行为能力人。

（2）时间条件：仅限于在教育机构学习、生活期间。原则上，**上学前及放学后**不属于该期间。

3. 教育机构未尽到教育、管理职责（即过错的表现形式）。

【注意】免责事由：教育机构证明自己没有过错或存在其他不可抗力等法定免责事由而免除责任。

考点41　产品侵权与医疗损害责任

命题分析

因食品、药品、日用商品等致害以及医疗事故的频频引发公共安全问题和群体性事故，产品侵权责任及医疗损害责任日益成为考试的热点问题。这类考点今后可能会与经济法、商法、行政法甚至刑法等考点“综合在一起”，成为主观题的命题内容。

“产品侵权责任”包括责任主体、赔偿权利人以及惩罚性赔偿条件等，其中重点考查产品侵权责任的责任承担主体。“医疗损害责任”重点掌握归责原则和免责事由。

考点解析

一、产品责任的概述

产品侵权责任，是指因产品缺陷造成他人人身、财产损害而产生的侵权责任。其中，涉及两个重要概念，需要全面掌握：

1. “产品”，是指经过加工、制作、用于销售的产品。产品责任的**“产品”不包括不动产，**因此建筑工程不适用产品责任的有关规定。应注意，（与人体分离的）血液属于特殊产品（《侵权责任法》第59条），但人体器官不属于产品。

2. “缺陷”，是指产品不符合保障人体健康和人身、财产安全的国家标准、行业标准；或者产品存在危及人身、财产安全的不合理危险。“不合理危险”，仅指产品在合理使用过程中出现的危及人身、财产安全的危险。产品缺陷可以分为设计缺陷、制造缺陷、警示缺陷。其中，存在警示缺陷的产品无须召回，只需要及时进行相应的警示即可。

二、产品侵权责任的构成要件与责任承担

（一）构成要件	1. 产品存在缺陷（注意，对“产品”“缺陷”的把握）
	2. 产品缺陷造成他人人身、财产损害（注意，**“损害”的范围**包括财产）
	3. 产品缺陷与损害结果之间存在因果关系
	注意：不要求产品生产者、销售者主观具有过错
（二）责任承担	责任主体：生产者与销售者 （被侵权人可以任意选择责任主体——《侵权责任法》第43条）
	归责原则： 对外。生产者和销售者都是无过错责任。 对内：销售者承担过错责任，生产者承担无过错责任
	赔偿权利人：被侵权人（人身、财产受到损害的受害人）
	生产者的免责事由（《产品质量法》第41条第2款）： （1）产品未投入流通； （2）产品投入流通时，引起损害的缺陷尚不存在； （3）将产品投入流通时的科学技术水平尚不能发现缺陷的存在

三、产品侵权的惩罚性赔偿责任适用情形

1. 生产者、销售者**明知**产品存在缺陷，仍然生产、销售。

2. 造成他人**死亡或健康**严重损害的。

同时满足以上要件，被侵权人可以请求惩罚性赔偿（《侵权责任法》第47条）。如果只是造成他人财产损害的，不能要求惩罚性赔偿。

惩罚性赔偿责任与一般产品侵权责任在构成要件上存在以下区别：

	惩罚性赔偿责任	一般产品侵权责任
（1）主观过错	要求生产者、销售者具有主观过错 （“明知”存在缺陷仍生产、销售）	不要求生产者、销售者具有主观过错
（2）损害结果	仅限于死亡或健康严重损害的情形	包括人身、财产损害的情形

四、医疗损害责任概述

（一）概念

医疗损害责任是指因医疗机构，医疗产品的生产者、销售者或者血液提供机构的过错，致使患者在诊疗活动中受到人身或者财产损害，应承担的赔偿责任。

医疗损害责任主体包括：医疗机构；医疗产品的生产者、销售者、血液提供机构。

患者在美容医疗机构或者开设医疗美容科室的医疗机构实施的医疗美容活动中受到人身或者财产损害而要求医疗机构承担的侵权责任属于医疗损害责任的范畴。对此，需要注意以下几点：

1. **医疗美容损害责任**纠纷适用《最高人民法院关于审理医疗损害责任纠纷案件适用法律若干问题的解释》，而**医疗服务合同纠纷**不适用《最高人民法院关于审理医疗损害责任纠纷案件适用法律若干问题的解释》。

（1）医疗美容：是指运用药物、手术、医疗器械以及其他具有创伤性或者不可逆性的医疗技术方法对人的容貌和人体各部位形态进行的修复与再塑的美容方式。

（2）医疗美容损害责任：是指医疗机构在对患者进行医疗美容的诊疗活动中，因为医疗机构或者医务人员的过错，造成患者人身、财产损害，医疗机构因而承担的责任。

（3）医疗服务合同：是指医疗机构与患者之间就医疗服务项目明确相互权利义务关系的协议。

2. 患者因医疗机构或者医务人员的过错而产生损害时，存在违约责任、侵权责任的竞合。当事人有选择的权利，要么选择医疗机构承担违约责任，不适用《最高人民法院关于审理医疗损害责任纠纷案件适用法律若干问题的解释》；要么选择医疗机构承担侵权责任，适用《最高人民法院关于审理医疗损害责任纠纷案件适用法律若干问题的解释》。

3. 医疗美容损害责任纠纷与生活美容类损害责任纠纷明显不同，注意《最高人民法院关于审理医疗损害责任纠纷案件适用法律若干问题的解释》的适用对象是前者而非后者。

（二）构成要件

1. 存在医疗侵权行为：医务人员以医疗机构的名义从事医疗行为。医疗责任的基本形态是替代责任，因此，医务人员是行为主体，医疗机构是责任主体。

2. 发生患者遭受非正常损失的损害事实：大多数医疗行为都具有侵袭性，但这种侵袭必须是正常医疗行为导致的正常损失，如果超出了合理范围，则构成非正常损失。

3. 医疗机构存在过错：即医疗机构在诊疗活动中负有专业性注意义务，但未尽到此义务（适用过错责任原则）。

4. 损害事实是由医疗侵权行为引起，具有因果关系。

注意：《最高人民法院关于审理医疗损害责任纠纷案件适用法律若干问题的解释》第4条对医疗损害责任纠纷的举证责任进行了明确的规定。

（1）患者依据《侵权责任法》第54条规定主张医疗机构承担赔偿责任的，应当提交到该医疗机构就诊、受到损害的**证据**。

患者无法提交医疗机构及其医务人员有过错、诊疗活动与损害之间具有因果关系的证据，依法提出**医疗损害鉴定申请**的，人民法院应予准许。

（2）医疗机构主张不承担责任的，应当就《侵权责任法》第60条第1款规定情形等抗辩事由承担举证证明责任（医疗机构的免责事由）。

（三）类型

医疗损害责任包括医疗伦理损害责任、医疗技术损害责任、医疗产品损害责任。

1. 医疗伦理损害责任（《侵权责任法》第55条、第56条、第62条）

医疗损害责任是指医疗机构和医务人员违背**医疗良知和医疗伦理**的要求，不履行**告知和保密**义务，具有医疗伦理方面的过失，造成患者人身损害以及其他合法权益的医疗损害责任。

2. 医疗技术损害责任（《侵权责任法》第57条）

医疗技术损害责任是指医疗机构及其义务人员在医疗活动中，违反医疗技术上的高度注意义务，具有违背当时的医疗水平的技术过失，造成患者人身损害的医疗损害责任。

其主要包括：诊断、治疗、护理、感染、传染、孕妇生产、组织过失等损害责任。

注意：这项责任构成侵权责任与违约责任的竞合，受害者可以选择一种主张。

3. 医疗产品损害责任（《侵权责任法》第59条）

（1）医疗产品损害责任是指医疗机构在医疗过程中使用有缺陷的药品、消毒药品、消毒药剂、医疗器械以及血液及制品等医疗产品，造成患者人身损害，医疗机构或医疗产品生产者、销售者应当承担的医疗损害责任。

（2）《最高人民法院关于审理医疗损害责任纠纷案件适用法律若干问题的解释》第7条针对医疗产品损害责任采“过错推定”规则，即患者或者近亲属需要对损害结果、因果关系进行举证；而医疗机构、生产者、销售者需要对产品不存在缺陷进行举证，否则推定存在缺陷。

（3）《最高人民法院关于审理医疗损害责任纠纷案件适用法律若干问题的解释》第23条规定医疗产品责任中适用“三倍”的惩罚性赔偿制度，即医疗产品的生产者、销售者**明知**医疗产品存在缺陷仍然生产、销售，并且**造成患者死亡或者健康严重损害后果的，**患者可以请求生产者或者销售者赔偿损失及所受损失二倍以下的惩罚性赔偿。

五、医疗机构的特别义务

（一）告知义务

1.《侵权责任法》第55条规定，医务人员在诊疗活动中应当向患者说明病情和医疗措施。这一条明确了医务人员的告知义务，同时也保护了患者及其近亲属的知情权、选择权。

2.《最高人民法院关于审理医疗损害责任纠纷案件适用法律若干问题的解释》第5条第2款规定了医疗机构的告知义务以及免责事由。医疗机构需要提交患者或者患者近亲属书面同意的证据，该证据视为医疗机构已经尽到告知义务。

3.《最高人民法院关于审理医疗损害责任纠纷案件适用法律若干问题的解释》第17条规定，虽然医疗机构或者医务人员违反告知义务但是没有给患者造成人身损害，医疗机构没有赔偿的义务。**侵权损害赔偿以有损害为前提，无损害无赔偿。**

（二）紧急医疗义务

因抢救生命垂危的患者等紧急情况且不能取得患者意见时，医务人员应当经医疗机构负责人或者授权的负责人批准立即实施相应医疗措施。患者不能因此请求医疗机构承担赔偿责任；而医疗机构及其医务人员怠于实施相应医疗措施造成损害，患者有权请求医疗机构承担赔偿责任。

五种情形视为紧急情况下不能取得患者近亲属意见（《最高人民法院关于审理医疗损害责任纠纷案件适用法律若干问题的解释》第18条第1款）

（1）近亲属不明的。

（2）不能及时联系到近亲属的。

（3）近亲属拒绝发表意见的。

（4）近亲属达不成一致意见的。

（5）法律、法规规定的其他情形。

六、医疗损害责任的承担

1. 两个以上医疗机构的诊疗行为造成患者同一损害，按份承担损害赔偿责任。

2. 医疗机构邀请本单位以外的医务人员对患者进行诊疗，因受邀医务人员的过错造成患者损害的，由邀请医疗机构承担赔偿责任。

3. 患者因医疗产品的缺陷或者输入不合格血液受到损害，医疗机构、缺陷医疗产品的生产者、销售者或者血液提供机构承担连带赔偿责任。

医疗机构承担赔偿责任后，有权向缺陷医疗产品的生产者、销售者或者血液提供机构追偿。因医疗机构的过错使医疗产品存在缺陷或者血液不合格，医疗产品的生产者、销售者或者血液提供机构承担赔偿责任后，有权向医疗机构追偿。

4. 缺陷医疗产品与医疗机构的过错诊疗行为共同造成患者同一损害，患者有权请求医疗机构与医疗产品的生产者或者销售者承担连带责任。

医疗机构或者医疗产品的生产者、销售者承担赔偿责任后，向其他责任主体追偿的，应当根据诊疗行为与缺陷医疗产品造成患者损害的原因力大小确定相应的数额。

输入不合格血液与医疗机构的过错诊疗行为共同造成患者同一损害的，参照前述规定。

七、医疗损害责任归责原则及免责事由

过错责任原则	一般医疗侵权情形
过错推定原则	①违反法律、行政法规、规章以及其他有关诊疗规范的规定； ②隐匿或者拒绝提供与纠纷有关的病历资料； ③伪造、篡改或者销毁病历资料
无过错责任原则	因药品、消毒药剂、医疗器械的缺陷，或者输入不合格的血液造成患者损害
免责事由	减轻或免责事由：不可抗力 免责事由： ①患者或其近亲属不配合医疗机构进行符合诊疗规范的诊疗； ②医务人员在抢救生命垂危的患者等紧急情况下已经尽到合理的诊疗义务； ③限于当时的医疗水平难以诊疗

考点42 动物与物件致害责任

命题分析

动物与物件致人损害，是“物害”，也是“人损”。如何调和人与物的紧张关系，达致人与物，尤其是与动物的和谐共处、互惠共赢局面，是这类责任机制设置的价值取向。“饲养动物侵权责任”中**责任减轻事由、责任承担主体是考查的重点**；“物件致人损害”考查重点是物件致损的归责原则，即过错推定原则。

考点解析

一、饲养动物侵权概述

饲养动物损害责任，是指动物的饲养人或者管理人应当对**饲养的动物造成他人的损**害承担侵权责任（《侵权责任法》第78条）。

“饲养的动物”，是指存在饲养人或管理人，为其所占有、管理、控制的动物，与野生动物相区别。

“造成他人损害”，是指饲养的动物**自身特有（固有）的危险性**而导致的损害。如果动物处于他人的支配、控制之下，成为人的加害工具，则视为人的加害行为。饲养动物致人损害既包括人身损害，也包括财产损害；**损害主要体现其积极方面，**譬如动物咬人、蜇人、踢人、吓人、毁损他人财物等。

二、饲养动物损害责任类型

《侵权责任法》规定了三种不同类型的饲养动物损害责任，分别规定了不同的归责原则。

类型	归责原则	责任主体
1.（1）违反管理规定，未对动物采取安全措施致人损害；（2）禁止饲养的烈性犬等危险动物致人损害	严格的无过错责任	饲养人、管理人
2. 动物园的动物致人损害	过错推定责任	动物园（亦即饲养人、管理人）
3. 不属于以上情形的一般情形	无过错责任	饲养人、管理人

由上表可知，以上三种类型的责任，不同点在于归责原则各异，相同点在于责任主体都是动物的饲养人、管理人。即使是遗弃、逃逸的动物致人损害，也由原动物饲养人、管理人承担侵权责任（《侵权责任法》第 82 条）。

三、饲养动物损害责任的减免事由

（一）受害人过错

受害人对损害的发生，存在**重大过失**的，侵权人可以减轻责任；存在**故意**的，侵权人可以不承担责任（《侵权责任法》第 78 条）。

这两种减免事由，**对上述三种损害责任类型均使用，但存在一个例外**：上文表格中类型 1（1）（违反管理规定未对动物采取安全措施致人损害；禁止饲养的烈性犬等危险动物致人损害）侵权人承担严格的无过错责任，“严格”之处在于受害人存在重大过失也不能减轻侵权人的责任。

（二）第三人过错

因第三人的过错造成他人损害的，动物的饲养人（管理人）和第三人之间承担**不真正连带责任**：在对外关系上，二者承担连带责任；在对内关系中，第三人承担最终的责任，饲养人（管理人）在承担侵权责任后，可以向第三人追偿（《侵权责任法》第 83 条）。但如果动物的饲养人、管理人也存在过错，则不适用第 83 条的规定。

（三）侵权人的过错

上文表格中损害责任类型 1 和类型 3 的归责原则为无过错责任，因此侵权人即使证明自己不存在过错，也不能免责。只有类型 2 为过错推定责任，**若动物园能够证明尽到管理职责**，则不承担责任。

四、物件致人损害的一般性规定

物件致人损害责任，指自己管领下的物件造成他人损害，应当由物件的所有人或者管理人承担的侵权责任。

根据《侵权责任法》的规定，物件损害责任的权利主体是受害人，物件损害的责任主体是物件的所有人、管理人和其他占有人。

五、各种具体的物件损害责任

（一）建筑物、构筑物或者其他设施及其搁置物、悬挂物损害责任

1. 责任主体：所有人、管理人或者使用人。

2. 构成要件：

（1）建筑物、构筑物或者其他设施及其搁置物、悬挂物发生脱落、坠落。

（2）损害事实的客观存在，指造成**他人**的财产或人身的损害，造成自己损害的，不构成侵权。

（3）脱落、坠落与损害事实之间具有因果关系，在有自然力、第三人行为或者被害人自己行为介入，共同造成损害事实时，也不影响因果关系的存在。

（4）侵权人具有过错，采取过错推定的原则。

（二）建筑物、构筑物或者其他设施倒塌损害责任

1. 责任主体

（1）建设单位和施工单位。“其他责任人”并不是侵权责任的主体，主要包括三类：一是勘察单位、设计单位等；二是监理单位；三是勘察、设计、监理单位以外的责任人；

（2）其他责任人。指除了上述列举之外的其他主体（《侵权责任法》第86条第2款）。

2. 归责原则：无过错责任原则。应当注意的是《侵权责任法》第86条第1款中规定的建设单位和施工单位有权向其他责任人追偿的前提是“其他责任人”具有过错。

（三）抛掷物坠落物损害责任

1. 责任主体：侵权人无法确定，由存在加害可能的建筑物使用人承担责任。

2. 归责原则：公平原则。承担的是补偿责任而非赔偿责任，是按份责任不是连带责任。

3. 行为性质：不是共同侵权行为，也不是共同危险行为，只存在一个侵权行为，且承担责任的主体之间没有意思联络。

4. 免责事由：能证明自己不是加害人的，免除责任。

（四）堆放物损害责任

1. 责任主体：所有人或管理人，当所有人与堆放人不一致时，由堆放人承担侵权责任。

2. 归责原则：过错推定原则，当堆放物致人损害时，堆放人不能证明自己没有过错的，应当承担侵权责任，反之，如果堆放人能够证明自己没有过错，则无须承担责任。

（五）障碍通行物损害责任

指在公共道路上堆放、倾倒、遗撒妨碍通行的障碍物，造成他人损害的。

1. 责任主体：堆放、倾倒、遗撒者和对公共道路负有安全保障义务的人。

2. 归责原则：过错推定原则。

（六）林木损害责任

指林木折断，造成他人人身、财产损害的，由林木所有人或者管理人承担侵权责任。

1. 行为性质：林木折断的行为，这种行为不存在积极的加害人。

2. 归责原则：过错推定原则。

（七）地下工作物损害责任

1. 地面施工致人损害

指在公共场所或者道路等地表以下挖坑、修缮、安装地下设施等形成地下工作物，没有设置明显标志和采取安全措施，造成他人损害的，施工人应当承担侵权责任。

（1）责任主体：施工人，这里的“施工人”应当结合用人单位侵权责任来理解，一般情况下指施工单位。

（2）权利主体：施工人以外的遭受财产或人身损害的人。

（3）行为性质：不作为。应当设置明显标志和采取安全措施而没有设置和采取。

（5）归责原则：过错推定原则。

2. 窨井等地下设施致人损害（《侵权责任法》第91条第2款）

窨井等地下设施造成他人损害，管理人不能证明尽到管理职责的，应当承担侵权责任。

（1）归责原则：过错推定原则。

（2）行为性质：应当履行管理职责而未履行。

第三部分　命题人讲真题

2017 年

一、试题（本题 22 分）

案情：

2016 年 1 月 10 日，自然人甲为创业需要，与自然人乙订立借款合同，约定甲向乙借款 100 万元，借款期限 1 年，借款当日交付。2016 年 1 月 12 日，双方就甲自有的 M 商品房又订立了一份商品房买卖合同，其中约定：如甲按期偿还对乙的 100 万元借款，则本合同不履行；如甲到期未能偿还对乙的借款，则该借款变成购房款，甲应向乙转移该房屋所有权；合同订立后，该房屋仍由甲占有使用。

2016 年 1 月 15 日，甲用该笔借款设立了 S 个人独资企业。为扩大经营规模，S 企业向丙借款 200 万元，借款期限 1 年，丁为此提供保证担保，未约定保证方式；戊以一辆高级轿车为质押并交付，但后经戊要求，丙让戊取回使用，戊又私自将该车以市价卖给不知情的己，并办理了过户登记。

2016 年 2 月 10 日，甲因资金需求，瞒着乙将 M 房屋出卖给了庚，并告知庚其已与乙订立房屋买卖合同一事。2016 年 3 月 10 日，庚支付了全部房款并办理完变更登记，但因庚自 3 月 12 日出国访学，为期 4 个月，双方约定庚回国后交付房屋。

2016 年 3 月 15 日，甲未经庚同意将 M 房屋出租给知悉其卖房给庚一事的辛，租期 2 个月，月租金 5000 元。2016 年 5 月 16 日，甲从辛处收回房屋的当日，因雷电引发火灾，房屋严重毁损。根据甲卖房前与某保险公司订立的保险合同（甲为被保险人），某保险公司应支付房屋火灾保险金 5 万元。2016 年 7 月 13 日，庚回国，甲将房屋交付给了庚。

2017 年 1 月 16 日，甲未能按期偿还对乙的 100 万元借款，S 企业也未能按期偿还对丙的 200 万元借款，现乙和丙均向甲催要。

问题：

1. 就甲对乙的 100 万元借款，如乙未起诉甲履行借款合同，而是起诉甲履行买卖合同，应如何处理？请给出理由。

2. 就 S 企业对丙的 200 万元借款，甲、丁、戊各应承担何种责任？为什么？

3. 甲、庚的房屋买卖合同是否有效？庚是否已取得房屋所有权？为什么？
4. 谁有权收取 M 房屋 2 个月的租金？为什么？
5. 谁应承担 M 房屋火灾损失？为什么？
6. 谁有权享有 M 房屋火灾损失的保险金请求权？为什么？

二、答案精讲

1. 就甲对乙的 100 万元借款，如乙未起诉甲履行借款合同，而是起诉甲履行买卖合同，应如何处理？请给出理由。

答案：

答案一：本案应按照民间借贷法律关系作出认定和处理。理由是：根据《最高人民法院关于审理民间借贷案件适用法律若干问题的规定》第 24 条第 1 款，当事人以签订买卖合同作为民间借贷合同的担保，借款到期后借款人不能还款，出借人请求履行买卖合同的，人民法院应当按照民间借贷法律关系审理，并向当事人释明变更诉讼请求；当事人拒绝变更的，人民法院裁定驳回起诉。《最高人民法院关于审理民间借贷案件适用法律若干问题的规定》第 24 条第 2 款，根据按照民间借贷法律关系审理作出的判决生效后，借款人不履行生效判决确定的金钱债务，出借人可以申请**拍卖买卖合同标的物，以偿还债务；**就拍卖所得的价款与应偿还借款本息之间的差额，借款人或者出借人有权主张返还或补偿。

答案二：应当按照抵押合同处理。根据《民法总则》第 146 条第 1 款“行为人与相对人以虚假的意思表示实施的民事法律行为无效”，认定买卖合同无效；进而，又根据《民法总则》第 146 条第 2 款“以虚假的意思表示隐藏的民事法律行为的效力，按照有关法律规定处理”，认定隐藏的行为为**抵押合同**，应当按照抵押合同处理。

难度： 难

考点： 民间借贷与**买卖型担保（以物抵债协议）**

命题和解题思路： 民间借贷中，出借人为了保障自己的利益，往往又与借款人签订一个买卖合同，约定将借款人的某项财产附条件地转让给出借人，以抵偿借贷钱款。该买卖合同的性质如何界定，以及出现借款不能清偿时如何处理纠纷，提供救济？理论与实务多有争议。本着合同自由的原则，既不能武断否认该类合同的效力，也不能因为法无明文而放任不理。对此，最高院专门颁布司法解释解决此类问题，该解释背后的法理基础到底如何，成为本年度命题人考查的切入点，而且有意识地让考生开启主观思维，允许自圆其说地开放性作答。命题选材以及考查意图，均值得点赞！

考生如果知道命题意图而且恰好知道 2015 年《民间借贷规定》第 24 条的规

定，回答当然快捷准确。解题思路还可以从合同自由、合同效力机制、履行不能规定等一般性地给出答案。也可以通过《民法总则》有关法律行为的效力新规，给出合理的解题方案。还有一种思路就是从抵押担保的角度寻找解决路径。官方答案只给出了两个解决路径，似有欠缺。

答案解析：

答案解析（一）：

《民间借贷规定》第24条明确规定，涉案合同关系应该按照民间借贷法律关系处理。按照民间借贷法律关系审理作出的判决生效后，借款人甲不履行生效判决确定的还款义务的，出借人乙可以申请拍卖M商品房，就拍卖款优先受偿。第24条的解决路径，实际上认为甲、乙之间的房屋买卖合同实质上是为他们之间的民间借贷提供担保。由于担保关系的从属性和补充性，先应该处理主债关系（借款关系），然后处理从债关系（买卖型担保或以物抵债关系）。该解释实际上否认了甲乙之间买卖合同关系，因而并没有判令甲履行买卖合同的交付并转移房屋所有权的义务。依第24条提出处理方案存在一些瑕疵，即在房屋抵押权未经登记而有效设立的情形下，通过拍卖涉案标的物，强令实现债权人乙的抵押权，在法理上欠缺说服力，而且有违反民事诉讼法上的“不告不理”原则之嫌！

答案解析（二）：

《民法总则》颁布之后提供了一条解决甲、乙之间诉讼纠纷的路径，即认为甲乙双方实施了“以虚假的意思表示隐藏民事法律行为”，即表面虚假的房屋买卖合同掩盖了双方真实的“抵押合同”，从而认定：买卖合同无效，而抵押合同有效！进而按照抵押合同关系处理本案。考生通过这一思路解决问题，当然应当鼓励和肯认，也达到了命题人的考查目的。但该答案的解决方案并没有把问题解决完，即如何处理一个“有效”的抵押合同。如果进一步回答：判令双方履行M房屋抵押权的登记义务；或者判令甲在M房屋的价值范围内履行还款义务。这才是圆满解决问题的答案。

2. 就S企业对丙的200万元借款，甲、丁、戊各应承担何种责任？为什么？

答案：根据《个人独资企业法》第31条的规定，“个人独资企业财产不足以清偿债务的，投资人应当以其个人的其他财产予以清偿”。甲仅于S企业财产不足以清偿债务时以个人其他财产予以清偿。丁应承担连带保证责任；根据《担保法》第19条的规定，未约定保证责任形式的按照连带责任保证承担责任。戊不承担责任，其质权因丧失占有而消灭。

难度：中

考点：个人独资企业的投资人责任承担、混合担保、质权的消灭

命题和解题思路：本题命题人将个人独资企业法的责任机制与混合担保责任机制结合起来设问，具有较大的综合性，好在考查深度较浅，难度不是很大。解

题时领会《个人独资企业法》对投资人责任承担形态规定，并对混合担保这一常考重点予以掌握，可以准确作答。

答案解析：

S企业对丙成立200万元借款债务，首先应由S企业承担清偿责任，由于S企业属于个人独资企业，其**投资人应以个人财产对企业的对外债务承担无限责任**（《个人独资企业法》第31条），甲为S企业的投资人，其应于S企业的财产不足以清偿该200万元债务时承担补充清偿责任。

该200万元债务成立时，丁为此提供保证担保，由于为约定保证方式，其应与主债务人S企业（或甲）共同承担连带保证责任（《担保法》第19条）。

戊虽以轿车为债权人丙设立质押，以担保丙的债权实现，但由于丙让戊取回轿车，**丙的质权因丧失占有而消灭，**故戊对该笔借款无须承担清偿责任（《最高人民法院关于适用〈中华人民共和国担保法〉若干问题的解释》第87条规定，出质人代质权人占有质物的，质押合同不生效；质权人将质物返还于出质人后，以其质权对抗第三人的，人民法院不予支持）。

难点解析：解析思路应该是：丧失质物占有的，质押合同不生效；质押物权也不成立，即在质押担保中，"占有"不仅决定物权生效，而且还决定债权合同的效力！（《担保法》第64条规定，质押合同自质物移交于质权人占有时生效；《最高人民法院关于适用〈中华人民共和国担保法〉若干问题的解释》第87条规定，出质人代质权人占有质物的，质押合同不生效）。所以，本题中，戊既不承担合同的履行责任，也不承担质权的担保责任。这一点不同于抵押担保：担保人即使不承担物权担保责任，还有可能基于有效的抵押合同承担合同法上的责任，即在抵押物的价值范围内承担主债务的清偿责任。

3. 甲、庚的房屋买卖合同是否有效？庚是否已取得房屋所有权？为什么？

答案：合同有效，庚知情并不影响合同效力。庚已取得所有权，甲系有权处分，庚因登记取得所有权。

难度：中

考点：区分原则；不动产所有权变动要件

命题和解题思路：本题间接考查了区分原则和善意取得制度。重点是追问：买受人取得房屋所有权的根据是什么？是通过有权处分而取得还是通过善意取得制度而取得？命题人将善意取得制度作为干扰点使用，对善意取得的前提条件（无权处分）进行考查。**解答本题的关键在于准确地判断出甲系有权处分**。

答案解析：

关于甲与庚的买卖合同效力问题：由于区分原则的确认，债权合同的效力不受处分权欠缺的影响，仅需通过合同行为的效力评价机制来检讨。本案中，对甲庚的买卖合同，不存在任何合同法或民法总则中瑕疵情形，是有效合同。

关于庚是否能够取得房屋所有权，取决于是否满足不动产物权变动要件：处分权、有效合同、变更登记三要件；如果欠缺处分权，取决于是否符合“善意取得”六要件。甲与庚签订房屋买卖合同时，甲仍为房屋所有权人，故甲在与庚签订合同时为有权处分，此时，庚是否知道甲、乙之间的买卖合同并不影响甲、庚之间的买卖合同的效力。此题比较简单，考生只要不被题干中涉及的众多当事人之间的一系列法律关系所迷惑，紧扣“甲系有权处分”这一点，就能准确地做出回答。

4. 谁有权收取M房屋2个月的租金？为什么？

答案：甲有权收取。甲为有权占有，租赁合同有效，甲可收取房屋法定孳息。

难度：中

考点：孳息的收取与孳息所有权归属；不当得利

命题和解题思路：既然M房屋的所有权属于庚，甲未经庚同意将M房屋出租给知情人辛，属于擅自出租他人之物。命题人的考查意图在于擅自出租他人之物者是否有权收取租金，并通过“无权处分”制度和孳息归属制度对考生进行干扰。解题时首先要弄清楚本题追问的是“收取权”而非“所有权归属”，然后再搜寻“孳息收取权”的相关法律依据或理论依据。方可对症下药，正确作答。

答案解析：

甲虽然擅自出租庚的房屋，且承租人辛知情，但甲辛的租赁合同不因此存在效力瑕疵，为有效合同。依照租赁合同的内容，出租人有权受领租金。而且，《物权法》第116条第2款也规定，对于法定孳息，当事人有约定的，按照约定取得。甲辛在租赁合同中显然约定了租金归出租人甲取得。故出租人甲有权收取合同约定的2个月租金。

难点解析：但需注意：①甲擅自出租他人之物，并非合法用益物权人，且租金属于法定孳息，因此甲的收取权依据不应是《物权法》第116条的规定：“天然孳息，由所有权人取得；既有所有权人又有用益物权人的，由用益物权人取得。”同时，由于甲不是所有权人，甲辛的合同也不是买卖合同，故也不应该依据《合同法》第163条规定“标的物在交付之前产生的孳息，归出卖人所有，交付之后产生的孳息，归买受人所有”来解释甲拥有收取权的原因（官方解析依据《合同法》第163条的买卖合同标的物孳息规定和《物权法》第116条孳息的取得规定来解释，显然在围绕“所有权归属”做文章，有失偏颇！须知，买卖合同与租赁合同存在实质区别）。②甲虽然有权取得租金，但因擅自出租，对房屋所有者庚而言，成立不当得利。

5. 谁应承担M房屋火灾损失？为什么？

答案：应由甲承担。根据《合同法》第142条的规定，除非当事人另有约定，标的物风险自交付时起转移。

难度：中

考点：买卖合同的风险分担中的“交付主义”

命题和解题思路：命题人的考查意图明确，就是买卖合同标的物的风险负担规则。解题时围绕**所有权的移转与标的物毁损灭失的风险承担之间的关系，正确理解和应用“交付主义”，即可正确作答。**

答案解析：

《合同法》第142条规定：“标的物毁损、灭失的风险，在标的物交付之前由出卖人承担，交付之后由买受人承担，但法律另有规定或者当事人另有约定的除外。”根据题干中给出的信息，甲虽然将房屋出卖给庚，且已经办理了房屋所有权的变更登记，因而该房屋的所有权人变更为庚，但是，买卖合同的风险分担规则**以交付为要件**，所以该房屋灭失的风险应当由甲承担。

需注意的是：假如房屋仍在租赁期间内，甲未从承租人辛处收回房屋，而出现了意外毁损风险，仍然由甲承担，而不应该由承租人辛承担，因为租赁合同并不适用“交付主义”，而是“所有权主义”。

难点解析：买卖合同的风险分担规则比较复杂，但以“交付主义”为原则，辅之“过错主义”，可以体系把握整套规则。**特别注意：只有买卖合同或类似标的物有偿转让合同中才适用这一套规则。**

适用原则	原则含义	具体适用
交付主义	标的物毁损、灭失的风险，在标的物交付之前由出卖人承担，交付之后由买受人承担	货交第一承运人：风险由买受人承担
		在指定地点货交第一承运人：风险由买受人承担
		出卖人依法提存：风险由债权人承担
		在途货物买卖：风险自合同成立时起由买受人承担
		不动产买卖：虽办理过户登记但未交付，出卖人承担
		所有权保留买卖：因交付由买受人承担
		试用买卖：买受人认可或视为认可前，出卖人承担
过错主义	风险发生前，因交付过错而未完成交付，过错方承担风险	买受人导致迟延交付：买受人自违反约定之日起承担风险
		买受人迟延收取：买受人自违反约定之日起承担风险
		买受人合理拒绝受领：买受人依法拒绝接受标的物或者解除合同的，风险由出卖人承担

6. 谁有权享有M房屋火灾损失的保险金请求权？为什么？

答案：庚享有请求权。根据《保险法》第49条第1款的规定，保险标的转让的，保险标的的受让人承继被保险人的权利和义务。

难度：难

考点：财产保险的保险利益的附随性

命题和解题思路：

保险合同是投保人与保险人约定保险权利义务关系的协议。保险合同是一种特殊合同类型，涉及投保人、保险人、被保险人、受益人等复杂法律关系主体，兼具私法与公法属性，由特别法加以调整。命题人在本题中试图考查考生对法律部门的交叉知识、基本理论与特殊规则的融合掌握能力，具有一定跨度和难度。不过，考生只要初步掌握《保险法》中有关保险合同的规则，尤其是保险利益的附随性规则的理解，不难正确作答。

答案解析：

依据《保险法》第10条规定，财产保险是以财产及其有关利益为保险标的的保险。被保险人是指其财产或者人身受保险合同保障，享有保险金请求权的人。投保人可以为被保险人。被保险人在保险事故发生时，对保险标的应当具有保险利益。

财产保险的保险利益与保险标的具有附随性，即保险标的的转移，基于保险标的的权利义务也随之转移。（《保险法》第49条：保险标的转让的，保险标的的受让人承继被保险人的权利和义务。）而且只有具有保险利益的被保险人才能向保险人主张保险金赔偿（《保险法》第48条）。

本案中，甲卖房前与某保险公司订立了保险合同（甲为被保险人），但随后甲将M房屋转让给庚，并办理了变更登记，完成了保险合同中保险标的的所有权转让，庚依法取得了房屋火灾保险合同中被保险人地位，对保险标的（M房屋）具有保险利益，依法在火灾事故发生时，享有相关保险金的请求权，有权向某保险公司主张5万元的保险金，而甲因丧失被保险人地位而不享有该项请求权。

需注意的是：M房屋的抵押权人虽依法享有保险标的物价值的代位求偿权，但依据债的相对性，只能针对抵押人主张，而不能依据保险合同向保险人主张。当然，即使乙对M房屋享有担保利益，但由于抵押权未经登记，不能主张抵押权，也不能享有房屋火灾保险金的代位权。

2016 年

一、试题（本题22分）

案情：

自然人甲与乙订立借款合同，其中约定甲将自己的一辆汽车作为担保物让与给乙。借款合同订立后，甲向乙交付了汽车并办理了车辆的登记过户手续。乙向甲提供了约定的50万元借款。

一个月后，乙与丙公司签订买卖合同，将该汽车卖给对前述事实不知情的丙公司并实际交付给了丙公司，但未办理登记过户手续，丙公司仅支付了一半购车款。某天，丙公司将该汽车停放在停车场时，该车被丁盗走。丁很快就将汽车出租给不知该车来历的自然人戊，戊在使用过程中因汽车故障送到己公司修理。己公司以戊上次来修另一辆汽车时未付修理费为由扣留该汽车。汽车扣留期间，己公司的修理人员庚偷开上路，违章驾驶撞伤行人辛，辛为此花去医药费2000元。现丙公司不能清偿到期债务，法院已受理其破产申请。

问题：

1. 甲与乙关于将汽车让与给债权人乙作为债务履行担保的约定效力如何？为什么？乙对汽车享有什么权利？

2. 甲主张乙将汽车出卖给丙公司的合同无效，该主张是否成立？为什么？

3. 丙公司请求乙将汽车登记在自己名下是否具有法律依据？为什么？

4. 丁与戊的租赁合同是否有效？为什么？丁获得的租金属于什么性质？

5. 己公司是否有权扣留汽车并享有留置权？为什么？

6. 如不考虑交强险责任，辛的2000元损失有权向谁请求损害赔偿？为什么？

7. 丙公司与乙之间的财产诉讼管辖应如何确定？法院受理丙公司破产申请后，乙能否就其债权对丙公司另行起诉并按照民事诉讼程序申请执行？

二、答案精讲

1. 甲与乙关于将汽车让与给债权人乙作为债务履行担保的约定效力如何？为什么？乙对汽车享有什么权利？

答案：（1）有效。因为我国《物权法》虽然没有规定这种让与担保方式，但并无禁止性规定。通过合同约定，再转移所有权的方式达到担保目的，是不违反法律的，也符合合同自由、鼓励交易的立法目的。

（2）答案一：乙享有的不是所有权，而是以所有权人的名义享有担保权。

答案二：由于办理了过户登记手续，乙享有所有权。

难度：难

考点：让与担保

命题和解题思路：合同效力与物权变动的相互交织是命题人进行民法案例分析题设计的常规套路。本次命题还尝试将理论中的争议观点（即物权法定原则的缓解）在考试中予以推行，而且将相关程序法问题（即诉讼管辖）引入实体法中考查。这对考生解题构成极大挑战！

在第一问中，命题人以交易习惯中存在的一种非典型担保形式为切入点，考查对物权法基本原则的理解和运用，同时间接地考查物权变动的区分原则。由于没有直接的法条依据，解题时需要通过法理类推分析得出结论，有一定的难度。本题的设计提示考生应该对民法相关领域的重要理论争议有所了解，对主流观点有所把握。

答案解析：

（1）我国《物权法》第5条规定了“物权法定原则”，即物权的种类和内容由法律规定，当事人不能自由创设。而物权法只规定了抵押、质押和留置三种担保物权；合同法间接规定了“保留所有权”的担保机制（《合同法》第134条）。而本题甲乙通过约定，旨在创设一种“动产让与担保物权”。依照《物权法》第15条的“区分原则”，当事人设定物权的合同行为与物权变动分别按照不同的效力评判机制：合同成立即生效；未办理物权登记（或交付）的，不影响合同效力。甲与乙之间成立让与担保物权的约定，虽不符合“物权法定”原则，但该基本原则并不属于禁止性的强制规定，该约定并不因此而无效；该约定也不存在其他影响其效力的情形。因此甲与乙关于将汽车让与给债权人乙作为债务履行担保的约定有效。

（2）动产所有权的让与担保，在物权法上的效力存在两种主流观点：一是严格遵循“物权法定原则”，当事人不能自行创设现有立法尚未认可的任何类型的物权，从而否认相应物权的设立；二是缓解“物权法定原则”的强制性，扩大物权法领域意思自治的空间，在不违反强制性规定和公共利益前提下，允许当事人创设社会经济生活中已经存在的新型物权种类。据此，本题中乙针对该汽车享有的权利，可以进行两种不同认定：其一，依据《物权法》第23条和第24条的规定，有关机动车的物权设立或转让，自交付时发生物权效力；未经登记的物权，不得对抗善意第三人。甲已向乙交付汽车并办理车辆的登记过户手续，故可以认定乙对汽车享有所有权。其二，依据“法无明文禁止即允许”原理，尊重当事人的真实意愿。甲乙本意就是要在该汽车上设立以担保债权实现为目的的担保物权。据此，乙对汽车享有的不是所有权，而是让与担保物权。

2. 甲主张乙将汽车出卖给丙公司的合同无效，该主张是否成立？为什么？

答案：不能成立。

答案一：乙对汽车享有所有权，其有权处分该汽车。没有导致合同无效的其他因素。

答案二：虽然乙将汽车出卖给丙公司的行为属于无权处分，对甲也是违约行为，但无权处分不影响合同效力，法律并不要求出卖人在订立买卖合同时对标的物享有所有权或者处分权。

难度：易

考点：无权处分合同的效力

命题和解题思路：无权处分是否会导致相关合同的效力瑕疵，这已经通过立法和司法解释确立了明确的答案，理论中也将无权处分的买卖合同的效力规则扩展到其他处分合同（如抵押合同）。此次命题人仍将这一曾经的热点问题设问，基本上属于给考生的送分大礼。而且就原因解释而言，考生只要掌握物权法的"区分原则"和一般合同的无效事由，这样的"为什么"怎么解释都不会错。解题时如果领会了**"行为人不管有没有处分权，都不会影响合同的有效性"，**就会高效作答。

答案解析：

本题重点考查无权处分与合同效力的关系。乙将汽车出卖给丙公司，不论乙是否对汽车享有所有权，原则上均不影响乙丙之买卖合同的效力。若按照前述第一种答案，乙对汽车享有所有权，则系有权处分，本题不存在其他导致合同无效的事由，故而合同有效。若认为乙只是享有汽车的担保物权，无权擅自处分担保标的物，则乙属于无权处分，而根据《最高人民法院关于审理买卖合同纠纷案件适用法律问题的解释》第3条第1款规定，当事人一方以出卖人在缔约时对标的物没有所有权或者处分权为由主张合同无效的，人民法院不予支持。故而，即便乙属于无权处分，也不影响乙、丙合同的效力。据此，原汽车所有人甲主张乙丙的买卖合同无效，不能成立。

3. 丙公司请求乙将汽车登记在自己名下是否具有法律依据？为什么？

答案：有法律依据。因根据《物权法》的规定，汽车属于特殊动产，交付即转移所有权，不登记不具有对抗第三人的效力。本案中因为汽车已经交付，丙公司已取得汽车所有权。

难度：易

考点：特殊动产的物权登记

命题和解题思路：命题人试图通过追问物权登记请求权的基础来考查特殊动产的登记效力问题，也可能是考查动产善意取得问题，但这种提问方式并不能有效地达到其考查目的，**本题存在考查目的不明确的瑕疵。**当事人请求义务人（非登记机关）将一项财产登记在自己名下，其根据有多种，或基于合同约定，请求相对人履行合同义务，办理或协助办理汽车过户登记；或基于物权效力，主张对物权的权利宣示。解题时从两个方面分析，都应该算正确。实际上，**本题有价值的考查点应该是：丙能否取得对该汽车的所有权？若丙取得所有权，能否对抗甲的物权主张？**

答案解析：

乙与丙签订汽车买卖合同，乙依约将汽车实际交付给了丙，但未办理登记过户手续；丙公司仅支付了一半购车款，丙对甲将汽车作为担保物不知情。根据《物权法》第23条的规定，动产物权的设立和转让，自交付时发生效力。本题中，丙基于有效的买卖合同和交付，从乙处继受取得汽车所有权；或基于善意取得制度从无权处分人乙处取得汽车的所有权（《物权法》第106条）。作为所有权人，丙可以请求乙办理汽车的过户登记。

需注意：根据《物权法》第24条规定，汽车物权的设立与转让未经登记，不得对抗善意第三人。本题中甲将汽车作为担保物交付给乙，并没有让渡所有权的意思。乙擅自将该汽车转让给丙时甲对此并不知情。**故即使丙取得汽车所有权，由于尚未办理登记手续，不能对抗善意第三人甲的物权主张。**

4. 丁与戊的租赁合同是否有效？为什么？丁获得的租金属于什么性质？

答案：有效，因为尽管丁不享有所有权或处分权，但是并不影响租赁合同效力。其所得的租金属于不当得利。

难度：易

考点：合同效力、不当得利

命题和解题思路：本题命题人对债权合同的效力问题进行重复考查。类似问题基本可以通过物权法“区分原则”和合同法的合同效力规范得以解答。本题另一考点**关于租金属性的考查也会产生歧义答案**，因为租金的法律属性既可以从孳息角度回答，也可以从获利合法性角度回答。所以，该题解答较为容易。

答案解析：

丁盗走丙的汽车，转而出租给不知情的戊，并取得租金。丁将他人财产擅自出租给不知情的戊，租赁合同不存在恶意串通情形或双方虚伪情形，也不存在其他法定无效情形，故为有效合同。又根据《民法通则》第92条规定，丁出租他人财产所获得的租金（属于法定孳息），欠缺法律上的合法根据，对于原物所有权人丙而言属于不当得利，应予以返还。

5. 己公司是否有权扣留汽车并享有留置权？为什么？

答案：己公司无权扣留汽车并享有留置权。《物权法》第231条规定，债权人留置的动产与债权应该属于同一法律关系。而在本案中，债权与汽车无牵连关系。

难度：中

考点：留置权

命题和解题思路：命题人将民事留置权的适用条件进行考查，目的明确，较为浅显。解题关键在于区分民事留置权与商事留置权的适用条件。

答案解析：

根据《物权法》第230条规定，债务人不履行到期债务，债权人可以留置已经合法占有的债务人的动产，并有权就该动产优先受偿。同法第231条又规定，债权人留置的动产，应当与债权属于同一法律关系，但企业之间留置的除外。本题中，己公司以自然人戊上次来修另一辆汽车时未付修理费为由扣留该汽车，不符合“同一法律关系”条件，而且本案并不涉及企业之间留置，故而，己公司无权扣押该汽车并行使留置权。

6. 如不考虑交强险责任，辛的2000元损失有权向谁请求损害赔偿？为什么？

答案：辛有权向戊、己公司、庚请求赔偿，因为戊系承租人，系汽车的使用权人；庚是己公司的雇员，庚的行为属于职务行为，己应当承担雇用人（或雇主）责任；庚系肇事人（或者答直接侵权行为人）。

难度：中

考点：机动车交通事故责任；替代责任

命题和解题思路：命题人以机动车交通事故责任为切入点，综合考查了多种特殊侵权责任形态。从理论考查而言，本题测试考生对**请求权基础的分析把握能力**，具备一定难度。解题时重点把握替代责任的几种特殊情形。

答案解析：

根据《侵权责任法》第49条的规定，因租赁、借用机动车发生交通事故后属于该机动车一方责任的，由保险公司在机动车强制保险责任限额范围内予以赔偿。不足部分，由机动车使用人承担赔偿责任；机动车所有人对损害的发生有过错的，承担相应的赔偿责任。又根据《最高人民法院关于审理人身损害赔偿案件适用法律若干问题的解释》第8条的规定，法人或者其他组织的工作人员，在执行职务中致人损害的，由该法人或者其他组织承担民事责任。本题中，戊是汽车的承租使用人；庚是执行己公司工作任务的雇员，己应当承担雇用人（或雇主）责任；庚系肇事人（或者直接侵权行为人），故而，辛有权向戊、己公司、庚请求赔偿。

7. 丙公司与乙之间的财产诉讼管辖应如何确定？法院受理丙公司破产申请后，乙能否就其债权对丙公司另行起诉并按照民事诉讼程序申请执行？

答案： 丙公司与乙之间的财产诉讼应该由破产案件受理的人民法院管辖。法院受理丙公司破产申请后，乙应当申报债权，如果对于债权有争议，可以向受理破产申请的人民法院提起诉讼，但不能按照民事诉讼程序申请执行。

难度： 难

考点： 涉及破产的诉讼纠纷管辖和申请执行

命题和解题思路： 本题命题人直接考查破产诉讼纠纷的管辖制度，偏重程序法问题，综合性过于宽泛，对考生答题制造较大困难。解题时如能熟知《企业破产法》相关法条，也能正确作答。

答案解析：

根据《企业破产法》第21条规定，人民法院受理破产申请后，有关债务人的民事诉讼，只能向受理破产申请的人民法院提起。本题题干交代“现丙公司不能清偿到期债务，法院已受理其破产申请”，因此丙公司与乙之间的财产诉讼管辖，应该由破产案件受理的人民法院管辖。又根据《企业破产法》第19条规定，人民法院受理破产申请后，有关债务人财产的保全措施应当解除，执行程序应当中止。故而，法院受理丙公司破产申请后，乙应当在人民法院确定的债权申报期限内向管理人申报债权，如果对于债权有争议，可以向受理破产申请的人民法院提起诉讼。在法院受理破产申请后，破产程序应优先于普通民事诉讼、执行程序，因此有关债务人的保全措施应当解除，执行程序应当中止，所以乙不能按照民事诉讼程序申请执行。

2015年

一、试题（本题21分）

案情：

扫一扫　看微课视频

甲欲出卖自家的房屋，但其房屋现已出租给张某，租赁期还剩余1年。甲将此事告知张某，张某明确表示，以目前的房价自己无力购买。

甲的同事乙听说后，提出购买。甲表示愿意但需再考虑细节。乙担心甲将房屋卖与他人，提出草签书面合同，保证甲将房屋卖与自己，甲同意。甲、乙一起到房屋登记机关验证房屋确实登记在甲的名下，且所有权人一栏中只有甲的名字，双方草签了房屋预购合同。

后双方签订正式房屋买卖合同约定：乙在合同签订后的5日内将购房款的三分之二通过银行转账给甲，但甲须提供保证人和他人房屋作为担保；双方还应就房屋买卖合同到登记机关办理预告登记。

甲找到丙作为保证人，并用丁的房屋抵押。丁与乙签订了抵押合同并办理了抵押登记，但并没有约定担保范围。甲乙双方办理了房屋买卖合同预告登记，但甲忘记告诉乙房屋出租情况。

此外，甲的房屋实际上为夫妻共同财产，甲自信妻子李某不会反对其将旧房出卖换大房，事先未将出卖房屋的事情告诉李某。李某知道后表示不同意。但甲还是瞒着李某与乙办理了房屋所有权转移登记。

2年后，甲与李某离婚，李某认为当年甲擅自处分夫妻共有房屋造成了自己的损失，要求赔偿。甲抗辩说，赔偿请求权已过诉讼时效。

问题：

1. 在本案中，如甲不履行房屋预购合同，乙能否请求法院强制其履行？为什么？

2. 甲未告知乙有租赁的事实，应对乙承担什么责任？

3. 如甲不按合同交付房屋并转移房屋所有权，预告登记将对乙产生何种保护效果？

4. 如甲在预告登记后又与第三人签订房屋买卖合同，该合同是否有效？为什么？

5. 如甲不履行合同义务，在担保权的实现上乙可以行使什么样的权利？担保权实现后，甲、丙、丁的关系如何？

6. 甲擅自处分共有财产，其妻李某能否主张买卖合同无效？是否可以主张房屋过户登记为无效或者撤销登记？为什么？

7. 甲对其妻李某的请求所提出的时效抗辩是否成立？为什么？

二、答案精讲

1. 在本案中，如甲不履行房屋预购合同，乙能否请求法院强制其履行？为什么？

答案：不能。理由是预约虽是合同，其目的在于订立主合同。按照最高法院买卖合同纠纷案件适用法律问题的司法解释，当事人签订认购书、备忘录等预约合同，约定将来订立买卖合同，一方不履行的，对方可请求其承担预约合同违约责任或者要求解除预约合同并主张损害赔偿。但是，法院不能强制当事人签订正式合同。乙可以按照《合同法》第113条请求赔偿，也可以根据第94条请求解除合同并请求赔偿。

难度：难

考点：预约合同的强制履行

命题和解题思路：本题命题人通过追问预约合同的强制性问题，实则是考查违约责任承担方式中“实际履行”的限制规则。由于没有直接的法条依据，本题需要通过法理类推分析得出结论，有一定的难度。

答案解析：

预约合同是指约定将来签订一定合同的合同。本题中甲、乙草签的房屋预购合同即属于房屋买卖预约合同。《最高人民法院关于审理买卖合同纠纷案件适用法律问题的解释》第2条规定，一方不履行预约合同约定的订立合同的义务，对方可请求其承担预约合同违约责任或者要求解除预约合同并主张损害赔偿，**但并没有明确排除“实际履行”违约责任承担方式。**这要结合《合同法》第110条规定“**当事人不能要求对方实际履行法律上不能履行或不适于强制履行的非金钱债务**”来分析。订立本约属于行为债务，具有法律上的不可强制性，构成实际履行的法律不能，故乙不能请求法院强制甲履行订约义务。乙可以按照《合同法》第113条请求赔偿，也可以根据第94条请求解除合同并请求赔偿。

2. 甲未告知乙有租赁的事实，应对乙承担什么责任？

答案：甲应对乙承担违约责任。甲应说明买卖标的物上有负担的事实而未说明，违反了法律规定的义务，在合同有效的情况下，应该纳入到违约责任中。

难度：中

考点：买卖合同的瑕疵担保义务、违约责任

命题和解题思路：本题的主要意图在于考查民事责任的性质与分类，命题人将缔约过失责任与合同履行责任进行比较考查，具有一定的迷惑性。解题时若能识别这一意图并掌握二者的区别，也能正确作答。注意本题只需回答责任类型，无须表述理由，难度降低许多，但仍然要弄清判断的理由。

答案解析：

《合同法》第150条、第151条规定，出卖人就交付的标的物，负有保证第三人不得向买受人主张任何权利的义务，除非买受人事先对该权利负担知情。甲在订立正式房屋买卖合同之时因过失忘了告知买受人乙该房屋尚在租赁期间、存在第三人租赁权负担的事实，构成标的物的权利瑕疵。该瑕疵在买卖合同成立之时就存在，而且给付时未消除。需注意的是，合同诚信原则产生的附随义务伴随着合同缔结、合同履行，以及履行后的效力维持等各个环节。本案中告知义务不是合同履行的从给付义务，而是合同的附随义务；**但也不属于先合同的附随义务**

（甲对房屋出租的隐瞒一直持续到合同履行之时），在合同有效的情况下，应该纳入到违约责任中，而不是《合同法》第42条规定的缔约过失责任。标的物存在权利瑕疵时，买受人乙可请求出卖人甲除去权利负担，并可请求甲承担瑕疵履行的违约赔偿责任。

3. 如甲不按合同交付房屋并转移房屋所有权，预告登记将对乙产生何种保护效果？

答案：按照我国《物权法》第21条的规定，预告登记后，甲再处分房屋的，不产生物权效力。即乙对房屋的交付请求权具有物权性优先权，可以对抗所有的未登记的购买人。

难度：中

考点：预告登记的效力

命题和解题思路：不动产转让合同的预告登记是介于债法与物权法之间的一个制度，它赋予一个合同债权一定的物权对抗效力。命题人借此考查了考生的综合分析能力。

答案解析：

《物权法》第20条规定，不动产买受人签订不动产买卖合同后，为保障将来实现物权，可以向登记机构申请预告登记。预告登记后3个月内，未经买受人同意，出卖人处分该不动产的，不发生物权效力。据此规定，预告登记的效力在于限制不动产权利人对标的物的再次处分。乙进行预告登记后，甲虽仍为房屋所有权人，但他想"一房二买"再次转让该房屋给第三人时，第三人无法通过办理变更登记取得房屋所有权。这样，**乙基于其先前与甲的买卖合同的债权能有效得以实现，达到保障自己未来物权的取得。**这也是债权"物权化"一种体现，乙通过合同预登记，对房屋的其他买受人可进行物权性抗辩，阻却其取得物权，从而保障自己物权的实现。预告登记的保护效力在登记之日起三个月后失效。

4. 如甲在预告登记后又与第三人签订房屋买卖合同，该合同是否有效？为什么？

答案：预告登记后，甲与第三人签订的房屋买卖合同有效，只是不发生物权变动的效力，如果甲不履行，将对第三人承担违约责任。

难度：易

考点：物权变动的区分原则

命题和解题思路：命题人通过预告登记制度考查了物权变动的区分原则，考查角度新颖，有一定的迷惑性。考生对合同的有效性容易判断，但对其背后的法理基础却不太容易把握。但只要是捕捉到了该题的命题意图，原因分析也会秒"get"！

答案解析：

《物权法》第 15 条规定，当事人之间订立有关设立、变更、转让和消灭不动产物权的合同，除法律另有规定或者合同另有约定外，自合同成立时生效；未办理物权登记的，不影响合同效力。办理房屋买卖预告登记后，甲仍为房屋所有权人，再次向第三人出卖房屋仍属有权处分，其与第三人所订立的房屋买卖合同，也不存在其他的无效情形。虽然甲乙的合同进行了预告登记，但根据《物权法》第 20 条规定，该预告登记只是阻却了第三人通过变更登记取得房屋所有权，而不能办理物权登记，不影响债权合同的效力，这就是"区分原则"的真正含义所在。据此，甲与第三人订立的房屋买卖合同有效。当甲不能履行房屋过户登记义务时，构成合同履行不能，其需对第三人承担违约责任。

5. 如甲不履行合同义务，在担保权的实现上乙可以行使什么样的权利？担保权实现后，甲、丙、丁的关系如何？

答案：如果甲不履行合同义务，乙可以选择向保证人丙主张保证责任或者向抵押人丁实现抵押权。无论丁还是丙履行担保责任后，都有权向甲追偿。或者丁、丙可向甲追偿，也可以要求对方（丁或者丙）承担一半的份额。

难度：难

考点：混合担保；追偿权

命题和解题思路：命题人旨在考查同一债权分别成立两个不同类型担保权时如何处理担保权实现的顺位和份额，以及相应的追偿问题。涉及混合担保、连带担保、追偿权的行使等多个制度，法律关系复杂，综合性较强，有一定难度。解题时抓住混合担保这个关键点，回忆相关法条规定，逐步分析解答。

答案解析：

本案中甲为了履行对乙的债务，先后找到丙和丁作为担保人，丙作为保证人和乙成立保证担保，乙对丁的房屋设立抵押担保，此为典型的"混合担保"，即第三人的物保与第三人的人保共同为一项债权"混合"担保。此种情形下，根据《物权法》第 176 条的规定，两个第三人共同担保一项债权的，如果事先没有约定各自担保的份额和顺位，则债权人可以就物的担保实现债权，也可以要求保证人承担保证责任，即两个担保人成立连带担保责任。据此，本案乙享有选择权，可以选择丁实现房屋抵押权或者选择丙承担保证责任。该条法律还规定，担保人承担担保责任后可以向债务人进行追偿。又根据《最高人民法院关于适用〈中华人民共和国担保法〉若干问题的解释》第 38 条规定，当事人对保证担保的范围或者物的担保的范围没有约定或者约定不明的，承担了担保责任的担保人，可以向债务人追偿，也可以要求其他担保人清偿其应当分担的份额。因此，在丙、丁二人承担完担保责任后，可向债务人甲追偿；若丙或丁不能从甲获得追偿，丙丁可以**相互请求追偿**相应的份额。

6. 甲擅自处分共有财产，其妻李某能否主张买卖合同无效？是否可以主张房屋过户登记为无效或者撤销登记？为什么？

答案：①不能主张无效。即使没有处分权，也不影响合同效力。②不可以主张房屋登记过户为无效或者撤销登记，对于善意的乙不得主张无效。

难度：难

考点：夫妻共有财产的处分；房产登记的撤销

命题和解题思路：本题将夫妻身份关系中的财产行为效力进行考查，表面上是合同是否无效的简单判断，但既涉及财产法与身份法相关规则的适用区别问题，还涉及夫妻财产行为的内部效力与外部效力的区分问题，本来就很复杂，而且还存在许多学理争议，要将解答做得既合理又合法，并不容易。但本题设问的表述让考生很容易讨巧，因为关于合同是否无效在区分原则下很容易判断，而且是否可以主张撤销登记机关的行政行为似乎又不是一个纯粹的民法问题（此观点的法条依据是《最高人民法院关于适用〈中华人民共和国婚姻法〉若干问题的解释（三）》第1条），一个民事主体一般不太可能去挑战一个登记行为的有效性的，故从技术上就可以正确地回答前两问，至于原因分析也容易找到合理的说辞，这样本题命题人的考查目的就会落空。

答案解析：

（1）《婚姻法》第17条规定，夫或妻对夫妻共同所有的财产，有平等的处理权。该平等权意指因日常生活需要而处理夫妻共同财产的，**任何一方均有权决定**（《最高人民法院关于适用〈中华人民共和国婚姻法〉若干问题的解释（一）》第17条）。甲与乙签订买卖合同出卖夫妻共有房屋时，是为了出卖旧房换大房，属于“日常生活需要”，甲**单独决定卖房，是行使平等的“决定权”，不构成无权处分，该买卖合同不需要共有人妻子李某的追认，**合同效力不受此影响（其实，即使构成无权处分，也不因此导致合同无效）。据此，李某不能仅凭此理由主张房屋买卖合同无效。

（2）合同签订后，李某知道了丈夫甲擅自卖房并表示不同意，但甲还是瞒着妻子与乙办理了房屋过户登记手续。对此“重要的家事处理决定”本应夫妻平等协商，取得一致意见。但《最高人民法院关于适用〈中华人民共和国婚姻法〉若干问题的解释（一）》第17条规定，买受人有理由相信其为夫妻双方共同意思表示的，另一方不得以不同意或不知道为由对抗善意第三人。受让人乙签合同前查验过登记簿（所有权人只有甲），办理过户登记手续时仍不知道该房屋为夫妻共有，按照前述司法解释的立法意旨，李某也不能以“不同意”为由，主张房屋过户登记为无效或者撤销登记，来对抗善意的买受人乙。**需要指出的是，甲不构成无权处分，因此乙并不是根据《物权法》第106条关于善意取得制度的规定而取得房屋所有权的，**而是通过正常的房屋买卖合同、办理过户登记而取得涉案房屋所有权。

7. 甲对其妻李某的请求所提出的时效抗辩是否成立？为什么？

答案：不成立。由于双方为夫妻共同财产制，夫妻关系存续是诉讼时效期间中止的法定事由。

难度：难

考点：离婚损害赔偿请求权的时效

命题和解题思路：在夫妻关系中考查诉讼时效制度，这是命题中一个新颖的考查角度。考生需掌握诉讼时效的客体（限制对象）、诉讼时效期间的起算点、时效期间的变化事由等基本规定，还要了解婚姻法等特别法对时效制度的特殊规定，方能准确作答。

答案解析：

甲与李某为夫妻，婚内甲擅自处分夫妻共有房屋侵害了李某的财产共有权，李某可以向甲主张财产损害赔偿。但由于夫妻特殊的身份关系，婚姻持续期间其财产利益具有法定的共同性，这种相互之间的财产性请求权不具有可诉性，通常只能在离婚时提起，且受到法律的严格限制（《最高人民法院关于适用〈中华人民共和国婚姻法〉若干问题的解释（一）》第29条）。本案中李某因丈夫擅自处分共有财产受到侵害的，在婚内只能向法院提起共同财产分割请求（《最高人民法院关于适用〈中华人民共和国婚姻法〉若干问题的解释（三）》第4条），或者在离婚时请求多分得共有财产（《婚姻法》第47条）。由于离婚损害赔偿的事由具有法定性**（限于重婚、同居、家暴、虐弃四类“人身性侵害”**，《婚姻法》第46条），因此**实际上李某离婚时不能因甲擅自处分共有财产而提起损害赔偿请求，甲可依据实体请求权瑕疵对抗李某的诉求。**

那么在实体请求权成立的前提下，甲以诉讼时效期间已过为由抗辩，能否成立呢？根据当年《民法通则》第136条规定，诉讼时效期间从知道或者应当知道权利被侵害时起计算；该法第137条还规定，在诉讼时效期间的最后6个月内，因不可抗力或者其他障碍不能行使请求权的，诉讼时效中止。李某的损害赔偿请求权是在离婚时提起的，但她在2年前就知道了该侵权事实，诉讼时效期间理应届满。但由于李某**在婚姻持续期间**不能提起该种损害赔偿诉讼请求，离婚前一直存在诉讼时效中止事由。因此，**李某对甲提起诉讼的诉讼时效期间起算时间应当从二人**离婚之日起继续计算（中止事由消灭），即她至少还有6个月的时效期间可资利用，故甲不得以诉讼时效已过进行抗辩。

2014年

一、试题（本题22分）

扫一扫 看微课视频

案情：

2月5日，甲与乙订立一份房屋买卖合同，约定乙购买甲的房屋一套（以下称“01号房”），价格80万元，并约定，合同签订后一周内乙先付20万元，交付房屋后付30万元，办理过户登记后付30万元。

2月8日，丙得知甲欲将该房屋出卖，表示愿意购买。甲告其已与乙签订合同的事实，丙说愿出90万元。于是，甲与丙签订了房屋买卖合同，约定合同签订后3日内丙付清全部房款，同时办理过户登记。2月11日，丙付清了全部房款，并办理了过户登记。

2月12日，当乙支付第一笔房款时，甲说：房屋已卖掉，但同小区还有一套房屋（以下称“02号房”），可作价100万元出卖。乙看后当即表示同意，但提出只能首付20万元，其余80万元向银行申请贷款。甲、乙在原合同文本上将房屋相关信息、价款和付款方式作了修改，其余条款未修改。

乙支付首付20万元后，恰逢国家出台房地产贷款调控政策，乙不再具备贷款资格。故乙表示仍然要买01号房，要求甲按原合同履行。甲表示01号房无法交付，并表示第二份合同已经生效，如乙不履行将要承担违约责任。乙认为甲违约在先。3月中旬，乙诉请法院确认甲丙之间的房屋买卖合同无效，甲应履行2月5日双方签订的合同，交付01号房，并承担迟延交付的违约责任。甲则要求乙继续履行购买02号房的义务。

3月20日，丙聘请不具备装修资质的A公司装修01号房。装修期间，A公司装修工张某因操作失误将水管砸坏，漏水导致邻居丁的家具等物件损坏，损失约5000元。

5月20日，丙花3000元从商场购买B公司生产的热水器，B公司派员工李某上门安装。5月30日，李某从B公司离职，但经常到B公司派驻丙所住小区的维修处门前承揽维修业务。7月24日，丙因热水器故障到该维修处要求B公司维修，碰到李某。丙对李某说：热水器是你装的，出了问题你得去修。维修处负责人因人手不够，便对李某说：那你就去帮忙修一下吧。李某便随丙去维修。李某维修过程中操作失误致热水器毁损。

问题：

1. 01 号房屋的物权归属应当如何确定？为什么？

2. 甲、丙之间的房屋买卖合同效力如何？考察甲、丙之间合同效力时应当考虑本案中的哪些因素？

3. 2 月 12 日，甲、乙之间对原合同修改的行为的效力应当如何认定？为什么？

4. 乙的诉讼请求是否应当得到支持？为什么？

5. 针对甲要求乙履行购买 02 号房的义务，乙可主张什么权利？为什么？

6. 邻居丁所遭受的损失应当由谁赔偿？为什么？

7. 丙热水器的毁损，应由谁承担赔偿责任？为什么？

二、答案精讲

1. 01 号房屋的物权归属应当如何确定？为什么？

答案：01 号房屋的物权应归属于丙。甲在向丙出售该房屋时依法享有所有权，不构成无权处分；而且甲丙基于合法有效的买卖合同于 2 月 11 日办理了过户登记手续，即完成了不动产物权的公示行为，01 号房屋所有权人甲变更为丙。

难度：易

考点：基于法律行为的不动产物权变动

命题和解题思路：本题命题人通过追问房屋的产权归属，其实是对不动产物权转让的三个要件的考查，即出让人对不动产享有处分权、转让合同有效及不动产过户登记完成。本题设置了丙知道甲与乙签订合同的事实，容易使得考查误认为丙为恶意第三人从而认定合同无效。只要仔细斟酌，便可正确作答。

答案解析：

《物权法》第 9 条规定："不动产物权的设立、变更、转让和消灭，经依法登记，发生效力；未经登记，不发生效力，但法律另有规定的除外。"甲、丙之间签订房屋买卖合同合法有效，甲作为所有权人具有完全的处分权，并办理了过户登记转移，条件全部满足，因此丙取得 01 号房屋所有权。

值得注意的是，丙虽然知情甲、乙之间的买卖合同，但丙的行为属于正常的交易行为，并不构成对第一买受人乙的恶意串通行为，不符合《合同法》第 52 条规定的无效情形，故合同合法有效。

2. 甲、丙之间的房屋买卖合同效力如何？考察甲、丙之间合同效力时应当考虑本案中的哪些因素？

答案：甲、丙之间于2月8日形成的房屋买卖合同，该合同为有效合同。尽管甲已就该房与乙签订了合同，但甲丙的行为不属于违背公序良俗的行为，也不违反法律、行政法规的强制性规定，不存在无效的因素。丙的行为仅为单纯的知情，甲、丙之间的合同不属于恶意串通行为，因其不以损害乙的权利为目的。

难度：中

考点：房屋买卖合同的效力判断

命题和解题思路：本题设计具有综合性、开放性、理论性。第一问不难回答。第二问围绕房屋买卖合同的效力影响因素，全面考查民法总则法律行为、合同行为、多重买卖、商品房买卖等相关知识点。当然解题时要结合本案情节来考量合同效力因素。

答案解析：

《最高人民法院关于适用〈中华人民共和国合同法〉若干问题的解释（二）》第15条规定："出卖人就同一标的物订立多重买卖合同，合同均不具有《合同法》第五十二条规定的无效情形，买受人因不能按照合同约定取得标的物所有权，请求追究出卖人违约责任的，人民法院应予支持。"从正面视角，本案甲实施了"一房二卖"，甲丙的合同行为中，当事人行为能力达标、意思表示真实，内容合法；从反面视角，其不具备《合同法》第52条所规定的无效情形。本题中丙虽然明知甲乙就01号房的买卖在先订立，可能在一定程度上损害了原合同当事人甲的利益，但为了鼓励交易，我国司法实践并不认为该类合同构成恶意串通损害第三人利益的行为。另外，涉案房屋不属于"商品房"，不适用《最高人民法院关于审理商品房买卖合同纠纷案件适用法律若干问题的解释》第10条的适用条件。买受人乙不能主张甲丙的房屋买卖合同无效。

3. 2月12日，甲、乙之间对原合同修改的行为的效力应当如何认定？为什么？

答案：

答案一：2月12日，甲、乙之间修改合同的行为，该行为有效，其性质属于双方变更合同。双方受变更后的合同约束。

答案二：该修改行为是一个独立的合同行为，双方就标的、价格等合同主要要素重新订立了房屋买卖合同。订立02号房屋买卖合同是对01号房买卖合同的补救措施，对原合同的内容和效力不存在影响。该新订合同是双方当事人真实意思的体现，不具备任何合同无效情形，属有效合同。

难度：中

考点：合同的变更（合同的订立）

命题和解题思路：命题人考查意图讨论：本小题并非继续考查合同的有效或无效问题，而是考查合同修改行为之性质及其法律后果，即该修改行为的性质到底是变更了原合同，抑或重新订立了另一合同？本书作者持后一观点。合同法强调当事人的意思自治，在不违背公序良俗的前提条件下，法律允许当事人变更合同或重新订立合同。由于甲乙原合同的标的物已经转让给丙，且已完成过户登记，在此情形下，甲乙协商变更原合同或者补充订立新合同是非常合乎常情的，只要不存在《合同法》所规定的合同无效之情形，甲、乙之间对原合同修改或重订当然是有效的。

答案解析：

（一）《合同法》第77条第1款规定："当事人协商一致，可以变更合同。"因此，甲、乙之间受变更后的合同约束。

（二）如果说仅仅是合同内容的变更，则意味着原合同被新合同替代，原合同不复存在；如果是对原合同不能履行的补救，而重新订立另外一个合同，那就涉及两个合同的效力和履行问题。这一解释符合命题人后面的问题设置意图。由于双方合同修改行为涉及标的物和价款两要素的根本变化（合同必要条款决定合同成立甚至合同的性质！），毋宁说双方重新订立一个房屋买卖合同，即甲乙之间先后订立了两份合同——01号房屋买卖合同和02号房物买卖合同。

02号房屋买卖合同的效力同样不存在任何瑕疵，为有效合同。

4. 乙的诉讼请求是否应当得到支持？为什么？

答案：乙与甲通过协商变更了合同，且甲、丙之间的合同有效且已经办理了物权变动的手续，故乙关于确认甲、丙之间合同无效、由甲交付01号房的请求不能得到支持。但是，乙可以请求甲承担违约责任，乙同意变更合同不等于放弃追索甲在01号房屋买卖合同项下的违约责任。

难度：难

考点：第三人对合同无效的主张；实际履行的限制；违约责任

命题和解题思路：本题考查"一房二卖"情形下合同无效的认定，以及合同实际履行请求与违约责任的并用问题。解题时需要先弄清乙的诉讼请求包括：①确认甲丙针对01号房的买卖合同无效；②请求甲履行修改之前的甲乙之间01号房的买卖合同，交付房屋；③承担原合同的迟延交付的违约责任。其实②与③项请求均围绕着交付01号房买卖合同产生，具有逻辑关联，可以一并处理。厘清原告乙主张所依据的涉案合同，有助于清晰作答。

答案解析：

首先，乙作为第三人是否可以主张一个已然有效的合同无效呢？通过第2问的分析已知甲丙的合同为有效合同，如果仅以此为由认定①项请求不应该被支持，显然不符合命题人的意图（或者说命题人有重复考查之嫌）。第三人挑战一个有效房屋买卖合同的效力，可能性在于：第一，该第三人是该合同的特殊利害关系人（如被代理人、监护人或法定代理人），且为善意第三人；第二，该房屋为商品房，且需具备“出卖人与第三人恶意串通，另行订立商品房买卖合同并将房屋交付使用，导致买受人无法取得房屋”（《最高人民法院关于审理商品房买卖合同纠纷案件适用法律若干问题的解释》第10条）。本案中乙的请求均不符合这些特殊条件，其主张甲丙合同无效不应支持。

其次，看后两项请求。从“一物二卖”角度而言，甲乙双方于2月5日签订了01号房屋的买卖合同，因不存在无效情形而有效。双方后来签订02号房屋合同时，并未约定解除或终止双方01号房屋的买卖合同，该合同对双方仍有约束力。但是由于该合同的标的物01号房所有权已经依法转让给丙，因而成立履行不能，乙请求违约方甲继续履行01号房的交付义务，不能获得法院支持（《合同法》第110条）。另外，“迟延履行”的前提是“实际履行了，只是迟延地履行了”。既然甲可以摆脱继续履行义务（房屋交付义务），也逻辑地不存在交付迟延责任问题。故后两个请求也不能获得法院支持。但乙可请求甲承担原合同履行不能的违约责任**（非迟延履行责任）**。

5. 针对甲要求乙履行购买02号房的义务，乙可主张什么权利？为什么？

答案：乙可请求解除合同，甲应将收受的购房款本金及其利息返还给乙。因政策限购属于当事人无法预见的情形，且合同出现了履行不能的情形，乙有权解除合同，且无须承担责任。

难度：中

考点：情势变更；合同解除与违约责任

命题和解题思路：本题命题者设计“政策限购导致合同无法履行”的情节来考查情势变更原则的适用。关键是要与不可抗力区分开来，正确把握情势变更规则的适用条件。

答案解析：

本题中，甲、乙之间变更合同，成立以02号房为标的物的房屋买卖合同，因政策原因，造成合同无法履行。而限购限贷政策系当事人订立合同时无法预见的重大变化，且不属于不可抗力或商业风险之情形，继续履行显失公平，属于情势变更范围，所以乙有权解除合同或者变更合同。同时，若主张合同解除后，双方存在对待返还义务，故乙可请求甲返还已付购房款本金和利息**（但不得主张因过错导致的损害赔偿）**。

易混点解析： 所谓情势变更，是指合同有效成立后，因不可归责于双方当事人的原因发生情势变更，致合同之基础动摇或丧失，若继续维持合同则显失公平，故允许当事人变更合同内容或者解除合同。其与不可抗力的区分要点是：①不可抗力主要是自然灾害等原因导致，而情势变更虽不可归责于当事人，但也不是来自自然界的因素，主要是国家政策方面的原因。②不可抗力强调不能履行而合同目的不能实现；而情势变更则强调继续履行导致明显不公平。本案乙的付款义务并非不可履行，只是其他贷款成本过高，继续筹款明显不公平。

6. 邻居丁所遭受的损失应当由谁赔偿？为什么？

答案： 应当由丙和A公司承担。张某是受雇人，其执行职务的行为，由A公司承担侵权赔偿责任。丙聘请没有装修资质的A公司进屋装修，具有过错，也应对丁的损失承担赔偿责任。

难度： 中

考点： 无意思联络的数人侵权、职务侵权

命题和解题思路： 侵权责任承担的替代机制属于侵权责任法重要考点，本次命题人选择职务侵权进行考查。本题还巧妙考到"多因一果"的责任承担问题，增加了题目的难度。解题时，重点把握二人以上分别侵权造成同一损害后果的责任承担机制，即可正确作答。

答案解析：

根据《侵权责任法》第34条第1款规定，用人单位的工作人员因执行工作任务造成他人损害的，由用人单位承担侵权责任。张某因操作失误砸坏水管致丁的财产受损，成立一般侵权责任，张某系A公司指派的装修工，属于因执行工作任务致害，应由A公司承担侵权赔偿责任；同时，丙聘请不具备装修资质的A公司进行专修，对丁的损害的发生具有一定的原因力，A公司的侵权行为与丙的侵权行为结合一起共同造成丁的损害，二者应按照其原因力大小及过错程度承担按份责任。

7. 丙热水器的毁损，应由谁承担赔偿责任？为什么？

答案： B公司承担。李某的维修行为，构成表见代理，其行为后果由B公司承担（合同上的赔偿责任）；或者李某虽然离职，但经维修处负责人指派，仍为执行工作任务，应由B公司承担（侵权责任）。

难度： 中

考点： 表见代理

命题和解题思路： 本题考查表见代理的成立。表见代理是民法总论里的重要

知识点。所谓表见代理，是指基于被代理人的过失或被代理人与无权代理人之间存在特殊关系，使相对人有理由相信无权代理人享有代理权而与之为民事法律行为，代理行为的后果由被代理人承担的一种特殊的无权代理。解答本题的关键在于，判断李某与B公司之间是否构成代理关系。考生需要根据题目材料里所给出的信息，准确地判断出李某具有代理维修处的权利外观。

答案解析：

李某从B公司离职，但经常到B公司派驻丙所在小区的维修处门前承揽维修业务，在丙向该维修处求助时，维修处负责人指派李某前往维修，李某具有代理维修处的权力外观，相对人善意无过失，故构成表见代理。产生有权代理的后果，即由被代理人B公司承担李某维修不慎造成的损害后果。

难点解析：B公司指派李某承担维修工作，李某的维修行为，究竟是辅助行为？表见代理？雇佣行为？职务行为？殊值讨论，因为其决定了责任承担主体和责任性质的不同。

（1）“代理”解析：李某从B公司离职，但经常到B公司派驻丙所在小区的维修处门前承揽维修业务；之前由李某安装该热水器；在丙向该维修处求助时，维修处负责人当面指派李某前往维修，丙有理由相信李某仍为职务代理人，善意无过失。被代理人B承担李某侵权或违约的法律后果。

（2）“辅助”解析：李某为B公司的履行辅助人，根据合同相对性原理，B承担履行瑕疵的合同责任。

（3）“雇佣”解析：李某受雇于B公司，职务侵权，B承担雇主侵权责任。

2013年

一、试题（本题22分）

案情：

大学生李某要去A市某会计师事务所实习。此前，李某通过某租房网站租房，明确租房位置和有淋浴热水器两个条件。张某承租了王某一套二居室，租赁合同中有允许张某转租的条款。张某与李某联系，说明该房屋的位置及房屋里配有高端热水器。李某同意承租张某的房屋，并通过网上银行预付了租金。

李某入住后发现，房屋的位置不错，卫生间也较大，但热水器老旧不堪，不能正常使用，屋内也没有空调。另外，李某了解到张某已拖欠王某1个月的租金，王某已表示，依租赁合同的约定要解除与张某的租赁合同。

李某要求张某修理热水器，修了几次都无法使用。再找张某，张某避而不见。李某只能用冷水洗澡并因此感冒，花了一笔医疗费。无奈之下，李某去B公司购买了全新电热水器，B公司派其员工郝某去安装。在安装过程中，找不到登高用的梯子，李某将张某存放在储藏室的一只木箱搬进卫生间，供郝某安装时使用。安装后郝某因有急事未按要求试用便离开，走前向李某保证该热水器可以正常使用。李某仅将该木箱挪至墙边而未搬出卫生间。李某电话告知张某，热水器已买来装好，张某未置可否。

另外，因暑热难当，李某经张某同意，买了一部空调安装在卧室。

当晚，同学黄某来A市探访李某。黄某去卫生间洗澡，按新装的热水器上的提示刚打开热水器，该热水器的接口处迸裂，热水喷溅不止，黄某受到惊吓，摔倒在地受伤，经鉴定为一级伤残。另外，木箱内装的贵重衣物，也被热水器喷出的水流浸泡毁损。

问题：

1. 由于张某拖欠租金，王某要解除与张某的租赁合同，李某想继续租用该房屋，可以采取什么措施以抗辩王某的合同解除权？

2. 李某的医疗费应当由谁承担？为什么？

3. 李某是否可以更换热水器？李某更换热水器的费用应当由谁承担？为什么？

4. 李某购买空调的费用应当由谁承担？为什么？

5. 对于黄某的损失，李某、张某是否应当承担赔偿责任？为什么？

二、答案精讲

1. 由于张某拖欠租金，王某要解除与张某的租赁合同，李某想继续租用该房屋，可以采取什么措施以抗辩王某的合同解除权？

答案：李某（次承租人）可以请求代张某（承租人）支付其欠付王某（出租人）的租金和违约金，以抗辩王某的合同解除权。

难度：中

考点：合同的相对性；转租中的代位清偿请求权

命题和解题思路：我国民法并未明确规定有法律上利害关系的第三人的代位清偿请求权，但是有两个具体的法条在特殊领域确立了该规则，一是《城镇房屋租赁合同解释》第17条；二是《物权法》第191条第2款后半句的规定，即抵押物受让人的代位清偿请求权。对此，考生需要了解并掌握。

答案解析：

《城镇房屋租赁合同解释》第 17 条第 1 款规定：“因承租人**拖欠租金**，出租人请求解除合同时，次承租人请求代承租人支付欠付的租金和违约金以抗辩出租人合同解除权的，人民法院应予支持。但转租合同无效的除外。”本题中，李某代替张某支付欠付的租金，是依法行使代位权，维护自己合法利益的正当行为。出租人不得拒绝，出租人拒绝的，次承租人可以以提存的方式清偿。

2. 李某的医疗费应当由谁承担？为什么？

答案：由张某（转租人）承担。因为张某（出租人）有提供热水（热水器）的义务，张某违反该义务，致李某损失，应由张某承担赔偿责任。

难度：中

考点：出租人的适租义务；违约责任

命题和解题思路：适租义务是指出租人应保证出租的房屋在租赁期间符合约定用途，让承租人通过使用租赁物业实现合同约定的使用和收益目的，例如约定以营业为目的而租赁房屋的，出租人不得交付仅适于居住而不适于营业的房屋。如约定以生活为目的而租赁房屋，出租人应当保证基本生活需要得到满足。

答案解析：

《合同法》第 107 条规定：“当事人一方不履行合同义务或者履行合同义务不符合约定的，应当承担继续履行、采取补救措施或者赔偿损失等违约责任。”《合同法》第 113 条第 1 款规定：“当事人一方不履行合同义务或者履行合同义务不符合约定，给对方造成损失的，损失赔偿额应当相当于因违约所造成的损失，包括合同履行后可以获得的利益，但不得超过违反合同一方订立合同时预见到或者应当预见到的因违反合同可能造成的损失。”本题中，“张某与李某联系，说明该房屋的位置及房屋里配有高端热水器”，张某违反了明示的合同义务，未提供合格的热水器，而李某被迫洗冷水澡，结果造成生病受损，符合违约责任的构成要件。该损害后果并未超出李某订立合同时可得而知的预见范围，所以李某的医疗费用应当由张某承担。

3. 李某是否可以更换热水器？李某更换热水器的费用应当由谁承担？为什么？

答案：可以（是）。张某承担。因为张某（转租人）作为出租人应当按照约定将租赁物交付承租人，应当履行租赁物的维修义务；张某有保持租赁物符合约定用途的义务。

难度：易

考点：出租人对租赁物的维修义务

命题和解题思路：本题较为简单，考生只需了解基本规定即可作答。

答案解析：

《合同法》第 216 条规定："出租人应当按照约定将租赁物交付承租人，并在租赁期间保持租赁物符合约定的用途。"《合同法》第 220 条规定："出租人应当履行租赁物的维修义务，但当事人另有约定的除外。"《合同法》第 221 条规定："承租人在租赁物需要维修时可以要求出租人在合理期限内维修。出租人未履行维修义务的，**承租人可以自行维修，**维修费用由出租人负担。因维修租赁物影响承租人使用的，应当相应减少租金或者延长租期。"本题中，租赁合同双方对维修义务并未有约定，应适用法律的规定，即由出租人负责，承租人李某更换热水器的费用由出租人承担。

4. 李某购买空调的费用应当由谁承担？为什么？

答案：由李某承担。因为李某（承租人）经张某（转租人，也是出租人）同意装饰装修，但未就费用负担作特别约定，故承租人不得请求出租人补偿费用。

难度：中

考点：房租租赁合同装饰装修费用的承担

命题和解题思路：本题系房屋租赁合同中较为复杂的一个问题，考生需要厘清具体情形及其规则适用。

答案解析：

《合同法》第 223 条规定："承租人经出租人同意，可以对租赁物进行改善或者增设他物。承租人未经出租人同意，对租赁物进行改善或者增设他物的，出租人可以要求承租人恢复原状或者赔偿损失。"《城镇房屋租赁合同解释》第 10 条规定："承租人经出租人同意装饰装修，租赁期间届满或者合同解除时，除当事人另有约定外，未形成附合的装饰装修物，可由承租人拆除。因拆除造成房屋毁损的，承租人应当恢复原状。"《城镇房屋租赁合同解释》第 12 条规定："承租人经出租人同意装饰装修，租赁期间届满时，承租人请求出租人补偿附合装饰装修费用的，不予支持。但当事人另有约定的除外。"本题中，李某经过张某的同意安装空调，该空调与房屋并未形成附合，对于购买并安装该空调的费用，双方并没有明确约定，未约定的，由承租人李某承担。

5. 对于黄某的损失，李某、张某是否应当承担赔偿责任？为什么？

答案：否（李某或张某均不应当承担赔偿责任）。因为李某与黄某之间并无合同，李某不需承担违约损害赔偿责任；对于黄某的损失，李某亦无过错，不需承担侵权责任。故李某不应承担赔偿责任。张某与黄某之间并无合同，张某不需要承担违约损害赔偿责任；对于黄某的损失，张某并无过错，不需承担侵权责任。故张某不应承担赔偿责任。

难度：中

考点：违约责任；侵权责任的因果关系

命题和解题思路：本题难度适中，但是很多考生都不能完整作答，原因便是在违约责任与侵权责任中有遗漏，在此提醒考生要全面思考。

答案解析：

《合同法》第107条规定："当事人一方不履行合同义务或者履行合同义务不符合约定的，应当承担继续履行、采取补救措施或者赔偿损失等违约责任。"《侵权责任法》第6条第1款规定："行为人因过错侵害他人民事权益，应当承担侵权责任。"本题中，李某、张某对黄某遭受的损害无过错，且双方之间没有合同关系，所以也不承担违约责任。

需要注意的是：黄某拜访同学李某，属于情谊行为，不成立合同关系，且黄某或张某均没有安全保障义务。黄某受伤主要原因是受到惊吓摔倒致害，与李某或张某的容留住宿没有侵权责任法上的因果关系，也不构成产品侵权责任。黄某应自担其责。

2012年

一、试题（本题22分）

案情：

信用卡在现代社会的运用越来越广泛。设甲为信用卡的持卡人，乙为发出信用卡的银行，丙为接受信用卡消费的百货公司。**甲可以凭信用卡到丙处持卡消费**但应于下个月的15日前将其消费的款项支付给乙；丙应当接受甲的持卡消费，并于每月的20日请求乙支付甲消费的款项，2012年3月，甲消费了5万元，无力向乙还款。甲与乙达成协议，约定3个月内还款，甲将其1间铺面房抵押给乙，并作了抵押登记，应乙的要求，甲为抵押的铺面房向丁保险公司投了火灾险，并将其对保险公司的赔偿请求权转让给了己。2012年4月，甲与张某签订借款意向书，约定甲以铺面房再作抵押向张某借款5万元，用于向乙还款。后因甲未办理抵押登记，张某拒绝提供借款。2012年7月，因甲与邻居戊有矛盾，戊放火烧毁了甲的铺面房。在保险公司理赔期间，己的债权人庚向法院申请冻结了保险赔偿请求权。

问题：

1. 2012年3月之前，甲与乙之间存在什么法律关系？乙与丙之间存在什么法律关系？甲与丙之间存在什么法律关系？

2. 丙有权请求乙支付甲消费的款项但不得请求甲支付其消费的款项，其法律含义是什么？乙可否以甲不支付其消费款项为理由，拒绝向丙付款？为什么？

3. 如甲不向乙支付其消费的款项，乙可以主张什么权利？如乙不向丙支付甲消费的款项，丙可以主张什么权利？

4. 如丙拒绝接受甲持卡消费，应由谁主张权利？可以主张什么权利？为什么？

5. 张某拒绝向甲提供借款是否构成违约？为什么？

6. 甲的抵押铺面房被烧毁之后，届期无力还款，乙可以主张什么权利？

7. 甲将保险请求权转让给己，己的债权人庚向法院申请冻结该保险赔偿请求权，对乙抵押权有什么影响？为什么？

二、答案精讲

1. 2012 年 3 月之前，甲与乙之间存在什么法律关系？乙与丙之间存在什么法律关系？甲与丙之间存在什么法律关系？

答案：

（1）甲与乙之间是一种无名合同关系，参照委托合同的规定处理；同时，由于甲应依照其消费金额向乙还款，甲与乙之间形成借款合同法律关系。

（2）丙接受持卡人的消费，也即丙受乙的委托向第三人为给付，负有与第三人订立合同的义务，乙与丙之间的关系类似于委托关系或者是一种无名合同关系。

（3）甲与丙之间是买卖合同关系。

难度：中

考点：法律关系；无名合同

命题和解题思路：命题人以生活中常见的信用卡消费为出发点，考查考生对法律关系的理解。虽然法律关系的识别是学习民法的基本功，但是一旦和无名合同结合起来考查就具有了一定难度。本题的设计提醒考生应注意民法知识点的综合考查。

答案解析：

（1）目前在我国信用卡合同为无名合同，因此甲与乙之间的法律关系是一种无名合同关系。关于无名合同，《合同法》第 124 条规定：“本法分则或者其他法律没有明文规定的合同，适用本法总则的规定，并可以参照本法分则或者其他法律最相类似的规定”。与之最相类似的规定为《合同法》第 396 条：“委托合同是委托人和受托人约定，由受托人处理委托人事物的合同。”此外，甲“应于下个月的 15 日前将其消费的款项支付给乙”，因此，甲与乙之间还形成借款合同法律关系。综上，一方面甲与乙之间是一种无名合同关系，参照委托合同的规定处理；同时，甲与乙之间还形成借款合同法律关系。

（2）同理，乙与丙之间的法律关系也是一种无名合同关系或者参照委托合同的法律关系处理。

（3）甲在丙百货公司购物消费，两者之间很明显是一种买卖合同关系。

2. 丙有权请求乙支付甲消费的款项但不得请求甲支付其消费的款项，其法律含义是什么？乙可否以甲不支付其消费款项为理由，拒绝向丙付款？为什么？

答案：

（1）甲在丙处的消费款项由乙支付，这是甲与乙订立的债务承担协议并且经过债权人同意的免责债务承担。

（2）乙不可以以甲不支付其消费款项为由拒绝向丙付款。这是因为甲与乙、乙与丙之间的协议是互相独立，且乙签订的债务承担协议具有无因性。

难度： 中

考点： 免责的债务承担；债务移转的无因性

命题和解题思路： 关于免责的债务承担，我国法律规定较为粗浅，属于理论性较强的考点。命题者将民法学说设计在考题中，这提示考生在备考时不仅要关注现行法的规定还要掌握相关的理论学说。

答案解析：

所谓免责的债务承担，是指债务人经债权人同意，将其债务全部第三人，由第三人向债权人清偿，原债务人退出债务关系。在本题中，“丙有权请求乙支付甲消费的款项但不得请求甲支付其消费的款项”，其实质即是乙与甲签订免责的债务承担协议且债权人丙同意。关于免责的债务承担其法律效果有：第一，在免责的债务承担中，原债务人退出债务关系，承担人成为新债务人对债务负责；第二，理论界通说认为，免责的债务承担协议具有无因性，即只要债务承担合同有效，债务承担人承担债务的基础原因无效、不成立或者被撤销的，不能作为承担人的抗辩事由而向债权人主张。具体到本题即是：乙不可以以甲不支付其消费款项为由拒绝向丙付款。

3. 如甲不向乙支付其消费的款项，乙可以主张什么权利？如乙不向丙支付甲消费的款项，丙可以主张什么权利？

答案：

（1）如甲不向乙支付其消费的款项，乙可以向甲主张违约责任。

（2）如乙不向丙支付甲消费的款项，丙可以向乙主张违约责任。

难度： 易

考点： 合同的相对性；违约责任

命题和解题思路：本题在第一问的基础上，考查考生对合同法的理解，特别是对违约责任的识别。解答该题比较简单。

答案解析：

（1）由第一问可知，甲与乙之间形成借款合同法律关系，如甲不向乙支付其消费的款项即构成违约，乙可以要求甲支付其消费的款项和利息。

（2）同理，乙与丙之间形成一种无名合同关系或类似委托合同的关系，当乙不向丙支付甲的消费款项时，乙即构成违约，应向丙支付甲消费的款项及利息。

4. 如丙拒绝接受甲持卡消费，应由谁主张权利？可以主张什么权利？为什么？

答案：

（1）应当由乙主张权利。

（2）向丙主张违约责任。

（3）因为在乙和丙之间存在一种无名合同关系或者类似于委托合同的法律关系，当丙拒绝接受甲的信用卡消费时对乙即构成不履行债务的违约责任，并且合同具有相对性，甲并非合同的当事人不能向丙主张权利。

难度：易

考点：合同相对性和违约责任

命题和解题思路：命题者通过考查考生识别违约责任的能力，进而间接考查合同的相对性原则，可谓一箭双雕。解答该题比较容易。

答案解析：

通过第一问的分析可知，在乙与丙之间存在一种无名合同关系或者类似于委托合同的法律关系，即丙有义务接受合格持卡人的消费，丙拒绝接受甲的持卡消费属于违约行为；又因为合同具有相对性，甲并非合同当事人，所以只能由乙而非甲向丙主张不履行合同的违约责任。

5. 张某拒绝向甲提供借款是否构成违约？为什么？

答案：不构成违约。因为自然人之间的借款合同属于实践性合同，自贷款人提供贷款时合同生效。张某未提供贷款，所以借款合同不生效，张某不构成违约。

难度：易

考点：实践性合同

命题和解题思路：本题主要考查考生识别实践性合同的能力，一旦识别出自然人之间的借款合同属于实践性合同就能正确解答该题。

答案解析：

所谓实践性合同，是指自合同当事人交付标的物时，合同生效。另外，《合同法》第212条规定："自然人之间的借款合同，自贷款人提供借款时合同生效。"在本案中，张某并未向甲交付借款，所以借款合同未生效，张某不存在违约责任。

6. 甲的抵押铺面房被烧毁之后，届期无力还款，乙可以主张什么权利？

答案：

（1）乙可以就甲对丁的保险赔偿金和甲对戊的损害赔偿金主张优先受偿权。

（2）乙可以对戊行使基于抵押权的损害赔偿请求权。

难度： 中

考点： 抵押权的物上代位性；物权优先受偿权

命题和解题思路： 本题主要考查物权法中的物上代位性和优先受偿权，识别出甲对丁的保险赔偿请求权属于物上代位权的行使对象即可解答该题。

答案解析：

《物权法》第174条规定："担保期间，担保财产毁损、灭失或被征收等。担保物权人可以就获得的保险金、赔偿金或者补偿金等优先受偿。被担保债权的履行期未届满的，也可以提存该保险金、赔偿金或补偿金等"。在本题中，乙可以行使甲对丁的保险赔偿请求权；甲对戊的损害赔偿请求权也可以由乙行使。此外，《物权法》第37条规定："侵害物权，造成权利人损害的，权利人可以请求损害赔偿，也可以请求承担其他民事责任。"由于戊侵害了乙的抵押权，所以乙也可以向戊主张损害赔偿请求权。

7. 甲将保险请求权转让给己，己的债权人庚向法院申请冻结该保险赔偿请求权，对乙抵押权有什么影响？为什么？

答案： 没有影响。因为抵押权具有优先效力，抵押权发生在保险金请求权转让之前。

难度： 中

考点： 物权的优先效力

命题和解题思路： 本题围绕物权的优先效力设计，掌握物权优先效力的表现就能准确作答。

答案解析：

《最高人民法院关于适用〈中华人民共和国担保法〉若干问题的解释》第55条规定："已经设定抵押的财产被采取查封、扣押等财产保全或者执行措施的，不影响抵押权的效力"。即先押后封，抵押优先。具体到本案而言，抵押权先于己债权人庚向法院申请冻结该保险赔偿请求权，所以，抵押权优先，对乙的抵押权没有影响。

2011年

一、试题（本题19分）

案情：

甲公司从某银行贷款1200万元，以自有房产设定抵押，并办理了抵押登记。经书面协议，乙公司以其价值200万元的现有的以及将有的生产设备、原材料、半成品、产品为甲公司的贷款设定抵押，没有办理抵押登记。后甲公司届期无力清偿贷款，某银行欲行使抵押权。法院拟拍卖甲公司的房产。甲公司为了留住房产，与丙公司达成备忘录，约定："由丙公司参与竞买，价款由甲公司支付，房产产权归甲公司。"丙公司依法参加竞买，以1000万元竞买成功。甲公司将从子公司筹得的1000万元交给丙公司，丙公司将这1000万元交给了法院。法院依据竞拍结果制作民事裁定书，甲公司据此将房产过户给丙公司。

法院裁定书下达次日，甲公司、丙公司与丁公司签约："甲公司把房产出卖给丁公司，丁公司向甲公司支付1400万元。合同签订后10日内，丁公司应先付给甲公司400万元，尾款待房产过户到丁公司名下之后支付。甲公司如果在合同签订之日起半年之内不能将房产过户到丁公司名下，则丁公司有权解除合同，并请求甲公司支付违约金700万元，甲公司和丙公司对合同的履行承担连带责任。"

在甲公司、丙公司与丁公司签订房产买卖合同的次日，丙公司与戊公司签订了房产买卖合同。丙公司以1500万元的价格将该房产卖给戊公司，尚未办理过户手续。丁公司见状，拒绝履行支付400万元首付款的义务，并请求甲公司先办理房产过户手续，将房产过户到丁公司名下。甲公司则要求丁公司按约定支付400万元房产购置首付款。鉴于各方僵持不下，半年后，丙公司索性把房产过户给戊公司，并拒绝向丁公司承担连带责任。经查，在甲公司、丙公司和丁公司签订合同后，当地房地产市场价格变化不大。

问题：

1. 乙公司以其现有的及将有的生产设备等动产为甲公司的贷款设立的抵押是否成立？为什么？

2. 某银行是否必须先实现甲公司的房产的抵押权，后实现乙公司的现有的及将有的生产设备等动产的抵押权？为什么？

3. 甲公司与丙公司达成的备忘录效力如何？为什么？

4. 丙公司与戊公司签订房产买卖合同效力如何？为什么？

5. 丁公司是否有权拒绝履行支付400万元的义务？为什么？

6. 丁公司是否有权请求甲公司在自己未支付400万元首付款的情况下先办理房产过户手续？为什么？

7. 丁公司能否解除房产买卖合同？为什么？

8. 丙公司能否以自己不是合同的真正当事人为由拒绝向丁公司承担连带责任？为什么？

9. 甲公司可否请求法院减少违约金数额？为什么？

二、答案精讲

1. 乙公司以其现有的及将有的生产设备等动产为甲公司的贷款设立的抵押是否成立？为什么？

答案：成立。因为根据我国《物权法》规定，动产浮动抵押权自抵押合同生效时设立，登记仅为对抗要件。因此，虽未办理抵押登记，乙公司为甲公司贷款所设立的动产浮动抵押已经因有效的书面协议而成立。

难度：易

考点：动产浮动抵押

命题和解题思路：命题人考查的是对动产浮动抵押的设立要件的掌握，由于物权法中即有直接的法条依据，故考查难度不大，基本属于送分题。

答案解析：

我国《物权法》第189条第1款，动产浮动抵押的设立应当向抵押人住所地的工商行政管理部门办理登记。抵押权自抵押合同生效时设立；未经登记，不得对抗善意第三人。因此，动产浮动抵押采登记对抗主义，未登记不影响动产浮动抵押本身的设立。

2. 某银行是否必须先实现甲公司的房产的抵押权，后实现乙公司的现有的及将有的生产设备等动产的抵押权？为什么？

答案：不是。因为甲公司的房产抵押与乙公司的动产浮动抵押未明确约定抵押的债权份额与顺序，构成典型的连带共同抵押。抵押权人可以就二者任一行使抵押权，无先后顺序的强制要求。

难度：中

考点：共同抵押

命题和解题思路：本题所考查的为连带共同抵押规则，属于物权法的基本知识点。唯一可能造成困扰的是，其与混合担保规则之间容易相混淆，继而对债权人的权利行使顺序产生错误判断。前者的构成前提是对同一债权有**两个以上抵押**

人（物保+物保），后者的适用前提为对同一债权既存在**担保物权又存在人的担保（物保+人保）**，对此不可不察。

答案解析：

根据《最高人民法院关于适用〈中华人民共和国担保法〉若干问题的解释》第75条第2款关于连带共同抵押的规定，同一债权有两个以上抵押人的，当事人对其提供的抵押财产所担保的债权份额或者顺序**没有约定或者约定不明**的，抵押权人可以就其中任一或者各个财产行使抵押权。甲公司、乙公司构成连带共同抵押，故而，作为抵押权人的银行可以对二者择一实现抵押权。

3. 甲公司与丙公司达成的备忘录效力如何？为什么？

答案：有效。该备忘录虽不能直接发生物权变动效力，但其具备当事人的真实意思表示，且不存在违反法律、行政法规强制性规定的情形，属于有效合同。

难度：中

考点：合同效力；不动产物权变动规则

命题和解题思路：本题表面考查对合同有效要件的判断，背后涉及对物权法定原则的理解，实质上也考查了考生对物权变动的公示规则掌握程度，具有一定难度。

答案解析：

该备忘录作为甲公司与丙公司双方的真实意思表示，并未违反法律、行政法规的强制性规定，对于当事人双方具有法律效力。此处考生易误认为甲公司与丙公司的备忘录存在“恶意串通，损害他人合法权益”情形，但仔细分析即可发现，其并未损害债权人（该银行）的抵押权及清算利益实现，因此并不构成恶意串通，不成立合同无效事由。另一干扰点在于，甲公司与丙公司直接约定房产产权归甲公司的效力问题。基于物权法定原则，不动产物权变动以登记为生效要件，故该约定不具有物权效力。但该备忘录并未违反法律、行政法规的强制性规定，因此依然具有债权效力，丙公司负有依约将房产过户给甲公司的合同义务。

4. 丙公司与戊公司签订房产买卖合同效力如何？为什么？

答案：有效。因为甲公司已将房产过户给丙公司，丙公司作为房产的所有权人，有权对该房产进行处分。丙公司虽就该房产签订了多重买卖合同，但各个买卖合同均为**有权处分**，若没有导致合同无效的其他因素则应认定为有效。同时，基于物权变动的“区分原则”，丙公司与戊公司签订的房产买卖合同虽未办理过户手续，仅导致不发生物权变动效果，不影响买卖合同本身的效力。

难度：中

考点：合同效力；物权区分原则

命题和解题思路：本题以不动产多重买卖合同效力为切入点，综合考查了对物权变动的“区分原则”以及合同效力规范的理解，近年来属于愈发常见的命题角度。这类题目万变不离其宗，考生只要掌握物权法的“区分原则”和合同的无效事由，即可高效作答。

答案解析：

出卖人就同一标的物订立多重买卖合同，只要其为有权处分人，且不具备《合同法》第52条规定的合同无效事由，则买卖合同具有债权效力，不会因为是一物数卖而受影响。此外，根据《物权法》第15条规定的物权变动“区分原则”，不动产买卖合同自合同成立时生效，未办理物权登记的，不影响合同的效力。故丙公司与戊公司签订的房产买卖合同不会因为未办理过户手续而未生效。

5. 丁公司是否有权拒绝履行支付400万元的义务？为什么？

答案：有权。虽然丁公司依照合同约定负有先交付首付款的义务，但由于房产的所有权人丙公司又与戊公司就该房产订立买卖合同，导致后履行一方甲公司有可能无法履行交房义务，作为先履行一方的丁公司有权行使不安抗辩权，中止履行支付首付款义务。

难度：易

考点：不安抗辩权

命题和解题思路：本题考查不安抗辩权的行使条件，属于合同法的基本知识点，考查意图与难度均较为浅显。解题关键在于把握不安抗辩权的构成要件。

答案解析：

根据《合同法》第68条的规定，负有先履行义务的一方当事人，在对方存在以下情形之一时可以行使不安抗辩权，中止履行：①经营状况严重恶化；②转移财产、抽逃资金，以逃避债务；③丧失商业信誉；④有丧失或者可能丧失履行债务能力的其他情形。本题中，丁公司为先履行一方，甲公司为后履行一方。但由于房产所有权人丙公司另行就标的物订立买卖合同，显然甲公司极有可能丧失办理房屋过户登记的履行能力。因此，丁公司为了维护自身债权利益，有权行使不安抗辩权，中止履行合同。

6. 丁公司是否有权请求甲公司在自己未支付400万元首付款的情况下先办理房产过户手续？为什么？

答案：无权。甲公司作为后履行一方可以行使顺序履行抗辩权，在先履行一方履行债务不符合约定时，拒绝其相应的履行要求。丁公司虽然具有不安抗辩权，但**不安抗辩权属防御性权利，其效力只是延缓自己的履行义务，没有积极的请求效力**。丁公司仅可以中止自己合同义务的履行，不能进一步要求在后履行一方履行合同义务。

难度：中

考点：顺序履行抗辩权；不安抗辩权

命题和解题思路：本题承接上一题，继续考查不安抗辩权，但深入到对于不安抗辩权的效力层面，难度加大。解题关键在于把握不安抗辩权的功能要旨在于消极意义上的担保债权实现，不具备积极意义上的请求履行权能。

答案解析：

根据《合同法》第 67 条关于顺序履行抗辩权的规定，当事人互负债务，有先后履行顺序，先履行一方未履行的，后履行一方有权拒绝其履行要求。先履行一方履行债务不符合约定的，后履行一方有权拒绝其相应的履行要求。换言之，丁公司不安抗辩权的行使虽然可以中止其合同义务的履行，但并不能阻止作为后履行一方的甲公司行使顺序履行抗辩权，故丁公司无权请求甲公司在自己未支付 400 万元首付款的情况下先办理房产过户手续。

7. 丁公司能否解除房产买卖合同？为什么？

答案：能。依照甲公司与丁公司约定，甲公司如果在合同签订之日起半年之内不能将房产过户到丁公司名下，则丁公司有权解除合同。半年后甲公司仍未履行房产过户登记义务，合同约定解除权的条件成就，丁公司有权行使约定解除权，解除房产买卖合同。

难度：易

考点：约定解除权

命题和解题思路：本题考查约定解除权这一合同法基本知识点，考查方式较为单一，考生只需注意题干即可轻松作出正确答案。

答案解析：

依据《合同法》第 93 条第 2 款，当事人可以约定一方解除合同的条件。解除合同的条件成就时，解除权人可以解除合同。本题中，由于甲公司在合同订立半年内未将房产过户至丁公司名下，满足约定解除权的成就条件，丁公司自然可以行使约定解除权。

8. 丙公司能否以自己不是合同的真正当事人为由拒绝向丁公司承担连带责任？为什么？

答案：不能。依照甲公司与丙公司、丁公司在房屋买卖合同中的约定，丙公司和甲公司对于合同的履行负担连带责任。该约定既属于当事人的真实意思表示，又不存在合同无效事由，当然具有法律效力，丙公司不能以自己不是合同的真正当事人为由拒绝向丁公司承担连带责任。

难度：易

考点：合同效力；连带债务

命题和解题思路：本题考查连带债务的产生方式与合同效力规则，实际上考生只需具备基础的合同法知识即不难正确答题。

答案解析：

连带责任是指依照法律规定或当事人约定，两个或两个以上当事人对其共同债务全部承担或部分承担的一种民事责任形式。连带债务的产生来源可以基于当事人约定，这是民法意思自治原则的应有之义。同时，该约定亦不违反法律、行政法规的强制性规定，不损害社会公共利益，具有法律拘束力。

9. 甲公司可否请求法院减少违约金数额？为什么？

答案：可以。合同约定的违约金超过实际损失的30%的，一般可以认定为违约金数额过分高于损失，当事人可以请求法院予以适当减少。本题中700万元的违约金显然远远超过造成损失的30%，故甲公司可以请求法院减少违约金数额。

难度：中

考点：违约金

命题和解题思路：本题考查违约金酌减规则的适用条件，考生不仅需掌握《合同法》关于违约金酌减的规则，还应熟记《最高人民法院关于适用〈中华人民共和国合同法〉若干问题的解释（二）》的细化规定，注意牢记30%这一判断违约金是否过高的特殊比例数字。

答案解析：

《合同法》及相关司法解释确立了违约金司法酌减规则。依据《合同法》第114条第2款，约定的违约金低于造成的损失的，当事人可以请求人民法院或者仲裁机构予以增加；约定的违约金过分高于造成的损失的，当事人可以请求人民法院或者仲裁机构予以适当减少。同时，结合《最高人民法院关于适用〈中华人民共和国合同法〉若干问题的解释（二）》第29条的具体化规定，一般当事人约定的违约金超过造成损失的30%的，可以认定为“过分高于造成的损失”。由于本题中当地房地产市场价格变化不大，故甲公司违约行为造成的损失也不大，700万元违约金可以认定为“过分高于”，进而甲公司可以请求法院减少违约金数额。

2010年

一、试题（本题20分）

案情：

甲公司委派业务员张某去乙公司采购大蒜，张某持盖章空白合同书以及采购大蒜授权委托书前往。

甲、乙公司于2010年3月1日签订大蒜买卖合同，约定由乙公司代办托运，货交承运人丙公司后即视为完成交付。大蒜总价款为100万元，货交丙公司后甲公司付50万元货款，货到甲公司后再付清余款50万元。双方还约定，甲公司向乙公司交付的50万元货款中包含定金20万元，如任何一方违约，需向守约方赔付违约金30万元。

张某发现乙公司尚有部分绿豆要出售，认为时值绿豆销售旺季，遂于2010年3月1日擅自决定与乙公司再签订一份绿豆买卖合同，总价款为100万元，仍由乙公司代办托运，货交丙公司后即视为完成交付。其他条款与大蒜买卖合同的约定相同。

2010年4月1日，乙公司按照约定将大蒜和绿豆交给丙公司，甲公司将50万元大蒜货款和50万元绿豆货款汇付给乙公司。按照托运合同，丙公司应在十天为将大蒜和绿豆运至甲公司。

2010年4月5日，甲、丁公司签订以120万元价格转卖大蒜的合同。4月7日因大蒜价格大涨，甲公司又以150万元价格将大蒜卖给戊公司，并指示丙公司将大蒜运交戊公司。4月8日，丙公司运送大蒜过程中，因山洪暴发大蒜全部毁损。戊公司因未收到货物拒不付款，甲公司因未收到戊公司货款拒绝支付乙公司大蒜尾款50万元。

后绿豆行情暴涨，丙公司以自己名义按130万元价格将绿豆转卖给不知情的己公司，并迅即交付，但尚未收取货款。甲公司得知后，拒绝追认丙公司行为，要求己公司返还绿豆。

问题：

1. 大蒜运至丙公司时，所有权归谁？为什么？
2. 甲公司与丁、戊公司签订的转卖大蒜的合同的效力如何？为什么？
3. 大蒜在运往戊公司途中毁损的风险由谁承担？为什么？
4. 甲公司能否以未收到戊公司的大蒜货款为由，拒绝向乙公司支付尾款？为什么？
5. 乙公司未收到甲公司的大蒜尾款，可否同时要求甲公司承担定金责任和违约金责任？为什么？
6. 甲公司与乙公司签订的绿豆买卖合同效力如何？为什么？
7. 丙公司将绿豆转卖给己公司的行为法律效力如何？为什么？
8. 甲公司是否有权要求己公司返还绿豆？为什么？

二、答案精讲

1. 大蒜运至丙公司时，所有权归谁？为什么？

答案：甲公司和乙公司约定，大蒜交给丙公司时视为完成交付，动产交付完成标志所有权发生转移，故此时甲公司是大蒜所有权人。

难度： 易

考点： 基于法律行为的动产物权变动

命题和解题思路： 物权变动规则几乎是每年的民法必考点，在本题的动产买卖中，要厘清大蒜运至丙公司时的所有权归属，只需掌握基于法律行为的动产物权变动的原则性规定，即以交付（或者放弃占有）为生效要件。其公式为：生效的法律行为 + 处分权 + 交付 = 物权变动。

答案解析：

因为大蒜是动产，除合同有特别约定外，以交付作为其所有权转移的标志。根据《物权法》第 23 条的规定："动产物权的设立和转让，自交付时发生效力，但法律另有规定的除外。"甲、乙公司约定货交承运人丙公司后即视为完成交付，当大蒜运至丙公司时，物权发生变动，所有权归属甲公司。

2. 甲公司与丁、戊公司签订的转卖大蒜的合同的效力如何？为什么？

答案： 有效。大蒜在交付之前，甲公司仍有所有权，享有处分权，出卖人就同一标的物订立的多重买卖合同，合同的效力相互之间是不排斥的。

难度： 中

考点： 一物数卖、合同的效力

命题和解题思路： "一物二卖"是民事审判中的一个难点，我国的现行法律承认多重买卖合同的效力，只要不存在合同无效或者可撤销的法定情形，双方当事人经过平等协商而自愿签订的合同都是有效合同。**其实，法考时代还需知道：即使构成无权处分，在区分原则下，买卖合同的效力也不因此受影响！**

答案解析：

乙公司将大蒜交付给承运人丙公司，甲公司即为大蒜的所有权人。甲、丁之间的大蒜买卖合同有效。由于甲尚未将大蒜交付给丁公司，因此，甲依然是大蒜的所有权人，甲又将大蒜出卖给戊，属于有权处分，甲、戊之间的买卖合同也是有效的。

《最高人民法院关于适用〈中华人民共和国合同法〉若干问题的解释（二）》第十五条明确规定："出卖人就同一标的物订立多重买卖合同，合同均不具有《合同法》第五十二条规定的无效情形，买受人因不能按照合同约定取得标的物所有权，请求追究出卖人违约责任的，人民法院应予支持。"《最高人民法院关于审理买卖合同纠纷案件适用法律问题的解释》第 3 条规定："当事人一方以出卖人在缔约时对标的物没有所有权或处分权为由主张合同无效的，人民法院不予支持。出卖人因未取得所有权或处分权致使标的物所有权不能转移，买受人要求出卖人承担违约责任或者要求解除合同并主张损害赔偿的，人民法院应予支持。”

3. 大蒜在运往戊公司途中毁损的风险由谁承担？为什么？

答案：戊公司承担。在途货物的买卖，自买卖合同签订之日起，标的物意外毁损灭失的风险由买方承担。故大蒜毁损灭失的风险由买方戊公司承担。

难度：易

考点：在途货物买卖合同的风险负担

命题和解题思路：本题涉及在途货物买卖合同中的风险承担规则。买卖合同中的“风险负担”，指买卖合同生效后，合同履行完毕前，因不可归责于双方当事人的事由致使标的物毁损或灭失时，应由哪一方当事人承担价金风险的问题。风险负担原则上采用“交付主义”。但在现代社会中，商事主体之间的大量交易，往往不是由出卖人直接交货或买受人直接提货，而是通过承运人来完成的。这就使得货物的交付更加复杂化了，风险转移也就有了特别的规则。解答本题的关键是要掌握合同法中在途货物风险负担的规则。

答案解析：

《合同法》第144条规定：“出卖人出卖交由承运人运输的在途标的物，除当事人另有约定的以外，损毁、灭失的风险自合同成立时起由买受人承担。”**值得注意的是，出卖人出卖交由承运人运输的在途标的物，在合同成立时知道或者应当知道标的物已经毁损、灭失却没有告知买受人，买受人主张“出卖人”负担标的物毁损、灭失风险的，人民法院应予支持。**

4. 甲公司能否以未收到戊公司的大蒜货款为由，拒绝向乙公司支付尾款？为什么？

答案：不能。因为合同具有相对性，甲、乙公司是大蒜购销合同的当事人，甲公司不能因为第三人戊公司的原因拒付尾款。

难度：中

考点：合同的相对性；第三人侵害债权

命题和解题思路：合同的相对性是指合同效力拘束范围具有相对性，其指合同约束力只能发生在特定的主体之间。合同关系仅是在特定人之间发生的法律关系，因此，只有合同关系当事人彼此之间才有权提出请求和有义务满足对方请求。乙公司作为合同的相对方有权请求甲公司支付尾款，**而且甲公司不存在法定抗辩事由；第三人戊公司的违约行为不影响甲乙合同的履行义务。**

答案解析：

《合同法》第121条规定：“当事人一方因第三人的原因造成违约的，应当向对方承担违约责任。当事人一方和第三人之间的纠纷，依照法律规定或者按照约定解决。”因此，甲公司不能以未收到戊公司的大蒜货款为由，拒绝向乙公司支付尾款，否则要向乙公司承担违约行为。

5. 乙公司未收到甲公司的大蒜尾款，可否同时要求甲公司承担定金责任和违约金责任？为什么？

答案：不能。同一合同中的违约金责任和定金责任不能并用。

难度：易

考点：违约金与定金

命题和解题思路：违约金与定金能否并用的问题，《合同法》已有明确规定，合同双方当事人既有违约金又有定金约定时，当事人只能二选一，要么选择适用违约金约定，要么选择适用定金罚则，因此，只需熟记该规则就能作答。

答案解析：

《合同法》第116条规定："当事人既约定违约金，又约定定金的，一方违约时，对方可以选择适用违约金或者定金条款。"**违约金和定金都是对守约方遭受违约损害的赔偿，同时并用会产生守约方"更多获利"的不公平结果，因此原则上不允许二者同时并用。**因此，甲公司和乙公司大蒜购销合同中既约定定金又约定了违约金，乙公司只能最有利益地选择适用违约金或者定金。

6. 甲公司与乙公司签订的绿豆买卖合同效力如何？为什么？

答案：有效。因为甲公司通过向乙公司支付50万元绿豆货款的行为，表明其已对张某无权代理行为进行了追认。

难度：中

考点：无权代理的追认

命题和解题思路：本题考查的是被代理人以行为追认无权代理合同的情形。"被代理人已经开始履行合同义务的，视为对合同的追认"，属于被代理人以言词之外的行为追认无权代理，可以视为以行为追认的典型。

答案解析：

张某以甲公司的名义与乙公司签订的绿豆买卖合同属于因无权代理而订立的合同，故甲公司与乙公司之间买卖绿豆特定合同属于代理效力待追认的合同。但是，《最高人民法院关于适用〈中华人民共和国合同法〉若干问题的解释（二）》第12条规定："无权代理人以被代理人的名义订立合同，被代理人已经开始履行合同义务的，视为对合同的追认。"追认权属于形成权，行使形成权的行为属于单方法律行为，可采用明示或者默示的方式行使。甲公司属于以推定的方式行使追认权。

7. 丙公司将绿豆转卖给己公司的行为法律效力如何？为什么？

答案：有效。因无权处分订立的买卖合同，若无其他效力瑕疵，无权处分不影响买卖合同的效力。权利人是否追认也不影响买卖合同的效力。故丙己间的买卖合同有效。

难度：难

考点：无权处分合同的效力

命题和解题思路：本题考查无权处分合同的效力，理论界通说认为，无权处分行为属于“效力待定”之行为。但是，2012 年 7 月 1 日起实施的《最高人民法院关于审理买卖合同纠纷案件适用法律问题的解释》，突破了“效力待定”学说。在动产领域同样适用区分原则，确定了物权变动与原因行为相分离即债权效力与物权效力相分离的原则。因此，无权处分的合同并不当然无效，此类合同只要系双方真实意思表示，其买卖合同的债权行为即为有效，但卖方向买方转移标的物所有权的物权行为处于效力待定状态，在经权利人追认或事后取得处分权时，物权行为生效。

答案解析：

《最高人民法院关于审理买卖合同纠纷案件适用法律问题的解释》》第 3 条规定：“当事人一方以出卖人在缔约时没有所有权或者处分权为由主张合同无效的，人民法院不予支持。出卖人因未取得所有权或者处分权致使标的物所有权不能转移的，买受人要求出卖人承担违约责任或者要求解除合同并主张损害赔偿的，人民法院应予以支持。”因此，虽然丙公司将绿豆转卖给己公司并无相应的处分权，但不影响丙、己之间的买卖合同的效力。

8. 甲公司是否有权要求己公司返还绿豆？为什么？

答案：无权。即使己公司尚未支付货款，也不影响其善意取得。

难度：难

考点：善意取得

命题和解题思路：本题涉及善意取得动产所有权的构成要件问题，即关于“以合理的价格转让”要件是否要求受让人实际支付对价？实践认为，该要件只要求无权处分合同中约定了“合理价格”即可，不要求实际支付，但出让人须实际转移标的物的占有于受让人。因此，解决本题的关键是要了解“合理价格”要件的真实含义，即不要求实际支付价款。

答案解析：

关于第三人善意取得动产所有权是否要求实际支付合理价款，有两种不同的观点。第一种认为，为了防止无权处分人与第三人恶意串通，善意取得动产所有权的，要求第三人实际支付合理价格。第二种观点认为，善意取得动产所有权的，只要第三人与无权处分人约定支付合理价格，不要求实际支付。出题人持第二种观点，因此，丙公司将绿豆以合理的价格转卖给不知情的己公司，虽然已经交付，但尚未收取货款，不影响善意取得的构成。

2009 年

一、试题（本题 22 分）

案情：

2005 年 1 月 1 日，甲与乙口头约定，甲承租乙的一套别墅，租期为五年，租金一次付清，交付租金后即可入住。洽谈时，乙告诉甲屋顶有漏水现象。为了尽快与女友丙结婚共同生活，甲对此未置可否，付清租金后与丙入住并办理了结婚登记。

入住后不久别墅屋顶果然漏水，甲要求乙进行维修，乙认为在订立合同时已对漏水问题提前作了告知，甲当时并无异议，仍同意承租，故现在乙不应承担维修义务。于是，甲自购了一批瓦片，找到朋友开的丁装修公司免费维修。丁公司派工人更换了漏水的旧瓦片，同时按照甲的意思对别墅进行了较大装修。更换瓦片大约花了 10 天时间，装修则用了一个月，乙不知情。更换瓦片时，一名工人不慎摔伤，花去医药费数千元。

2005 年 6 月，由于新换瓦片质量问题，别墅屋顶出现大面积漏水，造成甲一万余元财产损失。

2006 年 4 月，甲遇车祸去世，丙回娘家居住。半年后丙返回别墅，发现戊已占用别墅。原来，2004 年 12 月甲曾向戊借款 10 万元，并亲笔写了借条，借条中承诺在不能还款时该别墅由戊使用。在戊向乙出示了甲的亲笔承诺后，乙同意戊使用该别墅，将房屋的备用钥匙交付于戊。

问题：

1. 甲乙之间租赁合同的期限如何确定？理由是什么？如乙欲解除与甲的租赁合同，应如何行使权利？

2. 别墅维修及费用负担问题应如何处理，理由是什么？

3. 甲丁之间存在什么法律关系？其内容和适用规则如何？摔伤工人的医药费用如何承担？理由是什么？

4. 别墅装修问题应如何处理？理由是什么？

5. 甲是否有权请求乙赔偿因 2005 年 6 月屋顶漏水所受损失？理由是什么？

6. 丙可否行使对别墅的承租使用权？理由是什么？

7. 丙应如何向戊主张自己的权利？理由是什么？

二、答案精讲

1. 甲乙之间租赁合同的期限如何确定？理由是什么？如乙欲解除与甲的租赁合同，应如何行使权利？

答案：甲乙之间的租赁合同的期限为不定期租赁。理由是：租赁期限6个月以上的，应当采书面形式。当事人未采用书面形式的，视为不定期租赁。乙可以随时解除与甲的租赁合同，但应当在合理期限之前通知甲。

难度：易

考点：不定期租赁合同的期限与解除

命题和解题思路：命题人以当事人“口头约定”与“租期五年”为陷阱考查不定期租赁合同的期限，综合考查不定期租赁合同解除的特殊规定。

答案解析：

根据《合同法》第215条规定，租赁期限六个月以上的，应当采用书面形式。当事人未采用书面形式的，视为不定期租赁。本题中，甲承租乙别墅时口头约定租期为五年，未采用书面形式，但是租赁期限超过了六个月，因此视为不定期租赁。根据《合同法》第232条规定，当事人对租赁期限没有约定或者约定不明确，依照本法第61条的规定仍不能确定的，视为不定期租赁。当事人可以随时解除合同，但出租人解除合同应在合理期限之前通知承租人。据此可知，不定期租赁合同中出租人可以随时解除合同，因此本题中乙可以随时解除与甲的租赁合同，但应当在合理期限之前通知甲。

2. 别墅维修及费用负担问题应如何处理，理由是什么？

答案：①甲有权要求乙在合理期限内维修，乙未履行维修义务而甲自行维修，维修费用由乙承担，甲有权要求乙偿还维修费用及利息。②维修影响了甲对别墅的使用，甲有权要求乙减少租金或者延长租期。

理由：根据《合同法》第220条和第221条规定，出租人应当履行租赁物的维修义务。租赁物需要维修的，承租人可以在合理期限内要求出租人维修，承租人自行维修的，由出租人承担维修费用。因维修租赁物影响承租人使用的，应当相应减少租金或者延长租期。

难度：易

考点：租赁物的维修

命题和解题思路：租赁合同中当事人的权利义务历年来是司法考试的重点。本题中命题人以租赁物维修为切入点全面考查了《合同法》第221条，对考生精确理解记忆法条的要求较高。

答案解析：

《合同法》第220条规定：出租人应当履行租赁物的维修义务，但当事人另有约定的除外。第221条规定：承租人在租赁物需要维修时可以要求出租人在合理期限内维修。出租人未履行维修义务的，承租人可以自行维修，维修费用由出租人负担。因维修租赁物影响承租人使用的，应当相应减少租金或者延长租期。据此可知，出租人应当履行租赁物的维修义务。需注意：本题中尽管乙在订立合同时已对漏水问题提前作了告知，甲当时并无异议且仍同意承租，但承租人在租赁时是否被告知并不影响乙作为出租人对租赁物的维修义务。同时，承租人甲被告知房屋有漏水瑕疵，而未提出异议，但并不意味着双方约定了对出租人维修义务的免除。故关于维修义务“另有约定”并不存在，依法应由出租人承担维修义务。

租赁物需要维修的，承租人可以在合理期限内要求出租人维修，承租人自行维修的，由出租人承担维修费用。甲已向乙提出维修请求，乙未履行维修义务而甲自行维修，维修费用应由乙承担。在维修过程中，甲对别墅的使用不免受维修影响，因此有权要求乙相应减少租金或者延长租期。

3. 甲丁之间存在什么法律关系？其内容和适用规则如何？摔伤工人的医药费用如何承担？理由是什么？

答案：①甲丁之间构成无名合同关系（或帮工合同关系、义务承揽关系、劳务委托关系、雇用合同关系）。甲丁之间关于费用承担问题可以参照赠与合同的相关规定；装修工作参照承揽合同的相关规定。②摔伤工人的医药费用应当由丁装修公司承担，理由：摔伤的工人在雇佣活动中遭受的损害由雇主承担赔偿责任。

难度：难

考点：无名合同 雇主责任 定作人责任

命题和解题思路：经济社会的不断发展使得越来越多类型的合同出现在交易中，法律不可能对实践中出现的各种类型的合同穷尽规定，因此无名合同应运而生。无名合同的法律适用问题历来是学理界关注的问题，也是司法考试中命题人的青睐对象之一，本题中命题人即考查了无名合同的法律适用问题，同时考查了侵权责任法中特殊侵权的重点——雇主责任以及承揽合同中定作人责任。一题多问，设置不同的考点，难度较大。

答案解析：

（1）无名合同，又称为非典型合同，与有名合同相对应，是指法律没有规定其名称和规则的合同。本题中，丁为甲免费维修别墅，既似承揽合同又不是承揽合同，因为尽管承揽合同中承揽人要为定作人完成一定工作任务，但是承揽合同是有偿合同；既像赠与合同又不是赠与合同，因为尽管丁是免费为甲装修，但是赠与合同的标的是财产所有权的移转而不是完成一定工作，因此合同法中没有对甲丁之间的法律关系有明确的规定，故而甲丁之间属于无名合同或复合合同、混合合同。根据《合同法》第124条规定，本法分则或者其他法律没有明文规定的合同，适用本法总则的规定，并可以参照本法分则或者其他法律最相类似的规定。因此本题中甲丁之间的无名合同应当适用《合同法》总则的规定，并可以参照《合同法》分则或者其他法律最相类似的规定。例如：本题中甲丁之间关于费用承担问题可以参照赠与合同的相关规定；装修工作参照承揽合同的相关规定。

（2）装修别墅的过程中丁公司的一名工人不慎摔伤，根据《最高人民法院关于审理人身损害赔偿案件适用法律若干问题的解释》第11条规定，雇员在从事雇佣活动中遭受人身损害，雇主应当承担赔偿责任。因此该工人医药费用应有其雇主丁装修公司承担。那么定作人甲是否应就该工人遭受的损害承担责任呢？根据《最高人民法院关于审理人身损害赔偿案件适用法律若干问题的解释》第10条规定：承揽人在完成工作过程中对第三人造成损害或者造成自身损害的，定作人不承担赔偿责任。但定作人对定作、指示或者选任有过失的，应当承担相应的赔偿责任。可知，定作人只有在对定作、指示或者选任有过失的才对承揽人遭受的损害承担相应赔偿责任。本题中，甲不存在定作、指示或者选任上的过失，因此不需要承担摔伤工人的医疗费用。

4. 别墅装修问题应如何处理？理由是什么？

答案：乙可以要求甲恢复原状或者赔偿损失。承租人甲自行负担装修费用。理由是：承租人未经出租人同意，对租赁物进行改善或者增设他物的，出租人可以要求承租人恢复原状或者赔偿损失。承租人未经出租人同意装饰装修或者扩建发生的费用，由承租人负担。

难度：中

考点：租赁物的改造及费用承担

命题和解题思路：司法考试中常常将租赁物的维修与租赁物的装修一起考查，混淆考生的视听。本题考查《合同法》第223条关于租赁物的改造装修问题，需要考生将其与第2问的考点“租赁物的维修”区分开来，维修费用与装修费用是由不同当事人承担，答题时须擦亮眼睛，弄清是“维修”还是“装修”！

答案解析：

《合同法》第223条规定，承租人经出租人同意，可以对租赁物进行改善或者增设他物。承租人未经出租人同意，对租赁物进行改善或者增设他物的，出租人可以要求承租人恢复原状或者赔偿损失。《城镇房屋租赁合同司法解释》第13条规定，承租人未经出租人同意装饰装修或者扩建发生的费用，由承租人负担。出租人请求承租人恢复原状或者赔偿损失的，人民法院应予支持。本题中，甲装修别墅并未经过出租人乙的同意，因此由甲自行承担装修费用，且乙可以要求甲恢复原状或者赔偿损失。

5. 甲是否有权请求乙赔偿因2005年6月屋顶漏水所受损失？理由是什么？

答案： 甲无权请求乙赔偿损失。理由：第二次漏水是因为甲请求装修公司丁提供的瓦片质量问题，是由于甲自身原因所致，乙对此并无过错，因此乙不承担责任。

难度： 易

考点： 违约责任、侵权责任

命题和解题思路： 本题考查违约责任与一般侵权责任的成立要件，本题在当事人过错方面与违约行为方面设置陷阱。一方面，尽管违约责任是无过错责任，但是损失产生并非是因租赁合同当事人违约行为所致，故不成立违约责任；另一方面，本题中对损失的产生当事人也并无过错，因此亦不成立侵权责任。本题的解答，需要考生对违约责任与侵权责任的成立归责原则和因果关系要件重点把握。

答案解析：

《合同法》第216条规定，出租人应当按照约定将租赁物交付承租人，并在租赁期间保持租赁物符合约定的用途。《合同法》第107条规定，当事人一方不履行合同义务或者履行合同义务不符合约定的，应当承担继续履行、采取补救措施或者赔偿损失等违约责任。据此可知，出租人乙在出租别墅时应当保证租赁物符合约定用途，但是该别墅在出租时即有漏水现象，因此第一次漏水是因为乙交付的别墅不符合约定用途，乙应当对甲承担违约责任。但是2005年6月的漏水现象是因为甲自身原因所致，乙对此并无违约行为，因此不承担违约责任。而根据《侵权责任法》第6条第1款规定，行为人因过错侵害他人民事权益，应当承担侵权责任。乙对第二次漏水并无过错，因此也不应当承担侵权责任。综上，乙对第二次漏水既不承担违约责任也不承担侵权责任，故甲无权请求乙赔偿损失。

6. 丙可否行使对别墅的承租使用权？理由是什么？

答案： 丙有权行使对别墅的承租使用权。理由是：承租人在房屋租赁期间死亡的，与其生前共同居住的人可以继续按照租赁合同租赁该房屋。

难度： 中

考点： 共同居住人的继续租赁权

命题和解题思路： 本题考查的是租赁合同中非常细小的考点之一，题目本身不难，难在需要考生对法条的记忆要全面。本题实际上涉及一理论争点：特殊主体居住权问题。考生须领会居住权在房屋租赁关系中的适用条件。

答案解析：

根据《合同法》第234条规定，承租人在房屋租赁期间死亡的，与其生前共同居住的人可以按照原租赁合同租赁该房屋。据此，本题中，甲的女友丙与甲共同居住在该别墅内，属于共同居住人，因此其有权行使对别墅的承租使用权。

7. 丙应如何向戊主张自己的权利？理由是什么？

答案：丙有权对戊行使占有回复请求权，请求其返还该别墅。理由是：根据《合同法》第234条的规定，丙可以行使对别墅的承租使用权，因此其对别墅是合法占有，有权请求侵占人戊返还原物。

难度：易

考点：占有回复请求权

命题和解题思路：占有历来是物权法中的难点之一，也是司法考试命题的宠儿。本题涉及的占有的知识点并不复杂，只要考生熟练掌握占有回复请求权的构成要件，拿下此题轻而易举！

答案解析：

通过第6问分析可知，丙可以行使对别墅的承租使用权，因此其对别墅是合法占有、有权占有。根据《物权法》第245条规定，占有的不动产或动产被侵占的，占有人有权请求返还原物。这一占有回复请求权的构成要件为：①请求人为占有人；②占有被侵占；③被请求人为占有人及其继受人；④须在占有被侵害之日起一年内行使。本题中，虽然“戊向乙出示了甲的亲笔承诺后，乙同意戊使用该别墅，将房屋的备用钥匙交付于戊”，但由于丙的占有状态也可以依法对抗房屋的所有权人，乙的同意也构成对丙的占有妨害。戊通过此种方式住进该房屋不符合法律规定，侵害了丙的合法占有，而且期限也未超过一年，因此丙有权对戊行使占有回复请求权，要求戊返还别墅。

2008年

一、试题（本题23分）

案情：

扫一扫 看微课视频

A房地产公司（以下简称“A公司”）与B建筑公司（以下简称“B公司”）达成一项协议，由B公司为A公司承建一栋商品房。合同约定，标的总额6000万元，8个月交工，任何一方违约，按合同总标的额20%支付违约金。合同签订后，为筹集工程建设资金，A公司用其建设用地使用权作抵押向甲银行贷款3000万元，乙公司为此笔贷款承担保证责任，但对保证方式未作约定。

B公司未经A公司同意，将部分施工任务交给丙建筑公司施工，该公司由张、李、王三人合伙出资组成。施工中，工人刘某不慎掉落手中的砖头，将路过工地的行人陈某砸成重伤，花去医药费5000元。

A公司在施工开始后即进行商品房预售。丁某购买了1号楼101号房屋，预交了5万元房款，约定该笔款项作为定金。但不久，A公司又与汪某签订了一份合同，将上述房屋卖给了汪某，并在房屋竣工后将该房的产权证办理给了汪某。汪某不知该房已经卖给丁某的事实。

汪某入住后，全家人出现皮肤瘙痒、流泪、头晕目眩等不适。经检测，发现室内甲醛等化学指标严重超标。但购房合同中未对化学指标作明确约定。

因A公司不能偿还甲银行贷款，甲银行欲对A公司开发的商品房行使抵押权。

问题：

1. 若B公司延期交付工程半个月，A公司以此提起仲裁，要求支付合同总标的额20%即1200万元违约金，你作为B公司的律师，拟提出何种请求以维护B公司的利益？依据是什么？

2. 对于陈某的损失，应由谁承担责任？如何承担责任？为什么？

3. 对于陈某的赔偿，应当适用何种归责原则？依据是什么？

4. 对于乙公司的保证责任，其性质应如何认定？理由是什么？

5. 若甲银行行使抵押权，其权利标的是什么？甲银行如何实现自己的抵押权？

6. 丁某在得知房屋卖给汪某后，向法院提起诉讼，要求A公司履行合同交付房屋，其主张应否得到支持？为什么？

7. 汪某现欲退还房屋，要回房款。你作为汪某的代理人，拟提出何种请求维护汪某的利益？依据是什么？

8. 如果A公司不能向B公司支付工程款，B公司可对A公司提出什么请求？

二、答案精讲

1. 若B公司延期交付工程半个月，A公司以此提起仲裁，要求支付合同总标的额20%即1200万元违约金，你作为B公司的律师，拟提出何种请求以维护B公司的利益？依据是什么？

答案： 请求仲裁机构适当减少违约金。依据《合同法》规定，约定的违约金过分高于造成的损失的，当事人可以请求人民法院或者仲裁机构予以适当减少。

难度：易

考点：违约金酌减

命题和解题思路：有关违约金酌减的问题，《合同法》及《最高人民法院关于适用〈中华人民共和国合同法〉若干问题的解释（二）》早已有所规定，只要考生领会题干中"若B公司延期交付工程半个月，A公司要求支付合同总标的额20%即1200万元违约金"的目的意义，即可轻松作答。

答案解析：

A、B公司在合同中约定：标的总额6000万元，8个月交工，任何一方违约，按合同总标的额20%支付违约金。本题假设B公司延期交付工程半个月，因为迟延履行的期限并不长，B公司的违约行为给A公司造成的损失也不算太大，所以A公司要求B公司支付全部违约金1200万元，明显高于造成的损失。根据《合同法》第114条第2款后段的规定："约定的违约金过分高于造成的损失的，当事人可以请求人民法院或者仲裁机构予以适当减少"，所以B公司可以请求仲裁机构适当减少违约金。实务中，判断是否"过分"，一般依据实际损失与标的额的比例酌定，违约金高于实际损失的30%，可请求酌减；违约金低于实际损失额的70%，可请求适当增加或依实际损失处理。

2. 对于陈某的损失，应由谁承担责任？如何承担责任？为什么？

答案：应由丙建筑公司承担责任。陈某的损失系刘某造成，而刘某系丙公司的雇员，其在执行工作任务中非因故意或重大过失致人损害的，由雇主承担责任。最终由张、李、王三人承担连带责任，因为丙公司系由其三人出资的合伙企业。

难度：中

考点：雇主责任、合伙人责任

命题和解题思路：雇主责任属于侵权责任法上典型的替代责任，不过雇主责任与用人单位责任稍有不同，《最高人民法院关于审理人身损害赔偿案件适用法律若干问题的解释》对雇主责任的规定多了"雇员因故意或者重大过失致人损害的，（雇员）与雇主承担连带责任"的情形，这是本题的丢分点。合伙人对合伙企业债务承担连带责任，属于典型的送分点。

答案解析：

陈某是因为刘某施工时不慎掉落手中的砖头被砸伤的，该损失是否由刘某直接承担，取决于是否存在替代责任的情形。根据《最高人民法院关于审理人身损害赔偿案件适用法律若干问题的解释》第9条第1款前句的规定："雇员在从事雇佣活动中致人损害的，雇主应当承担赔偿责任；雇员因故意或者重大过失致人损害的，应当与雇主承担连带赔偿责任”，因为刘某系丙公司的雇员，并且刘某系“不慎”砸伤陈某，不属于故意或重大过失致人损害的情形，应当由雇主丙公司承担责任。

在具体的责任承担上，因丙公司由张、李、王三人合伙出资，根据《合伙企业法》第2条第2款前句的规定，“普通合伙企业由普通合伙人组成，合伙人对合伙企业债务承担无限连带责任”，因此最终由张、李、王三人承担连带责任。**其实，准确表述应该是先由丙公司承担，不足部分由张、李、王三人连带承担。其依据是《民法总则》第104条：非法人组织的财产不足以清偿债务的，其出资人或者设立人承担无限责任。**

法律适用：《侵权责任法》并未规定“雇用责任”，而是分别使用“用人单位责任”与“个人劳务责任”予以概括，改变了《最高人民法院关于审理人身损害赔偿案件适用法律若干问题的解释》雇主责任中雇员承担“重过失连带责任”的规定！《侵权责任法》是一般法但却是新法，应以新法为准。

3. 对于陈某的赔偿，应当适用何种归责原则？依据是什么？

答案：应当适用过错推定原则。因为侵权责任法规定建筑物、构筑物或者其他设施及其搁置物、悬挂物脱落、坠落造成他人损害，适用过错推定原则。

难度：易

考点：物件致害归责原则

命题和解题思路：本题只要熟练掌握物件致害归责原则的相关规定，即可轻松作答。

答案解析：

陈某系被工人掉落的砖头砸伤，属于物件致害的情形。根据《侵权责任法》第85条前句之规定，“建筑物、构筑物或者其他设施及其搁置物、悬挂物发生脱落、坠落造成他人损害，所有人、管理人或者使用人不能证明自己没有过错的，应当承担侵权责任”，对于陈某的赔偿，应当适用过错推定原则。

4. 对于乙公司的保证责任，其性质应如何认定？理由是什么？

答案：乙公司的保证责任性质上属于连带责任保证，因为担保法规定对保证责任性质约定不明的，保证人承担连带责任保证。

难度：易

考点：保证方式未约定或约定不明的推定

命题和解题思路：本题只要熟悉担保法对保证方式未约定或约定不明的推定，即可轻松作答，属于送分题。

答案解析：

乙公司为A公司向甲银行之贷款承担保证责任，但对保证方式未作约定，根据《担保法》第19条的规定："当事人对保证方式没有约定或者约定不明确的，按照连带责任保证承担保证责任"，因此乙公司应当承担连带责任保证。

易混点解析： 适用连带推定规则的前提是"没有约定或者约定不明确"，尤其要认定"明确约定"的表述，《担保法》第17条规定，"债务人不能履行债务时，由保证人承担保证责任"属于明确约定了一般保证方式，即不属于"约定不明"，不能推定为"连带保证"！

5. 若甲银行行使抵押权，其权利标的是什么？甲银行如何实现自己的抵押权？

答案： 权利标的是建设用地使用权，不包括商品房。甲银行实现抵押权时，应当将商品房与建设用地使用权一并处分，但就商品房所得价款无权优先受偿。

难度： 难

考点： 建设用地使用权抵押的特别规定

命题和解题思路： 由于房屋具有依附土地存在的特性，处理房地产关系时应遵循"地随房走"或"房随地走"原则。因此，若土地上已存在建筑物，一般来讲，在实现抵押权时应当将建筑物和建设用地使用权一并处分，才能实现建设用地使用权现实的使用价值和交换价值。因此，本题实现抵押权时，尽管新增的建筑物不属于抵押财产，仍可以将其与建设用地使用权一并处分。但处分后，由于新增的建筑物不属于抵押财产，处分新增建筑物所得的价款，抵押权人没有优先受偿的权利，只能作为普通债权人行使权利。

答案解析：

A公司以建设用地使用权作抵押向甲银行贷款3000万元，因为抵押当时土地上的商品房还未施工建设。根据《物权法》第200条的规定："建设用地使用权抵押后，该土地上新增的建筑物不属于抵押财产。该建设用地使用权实现抵押权时，应当将该土地上新增的建筑物与建设用地使用权一并处分，但新增建筑物所得的价款，抵押权人无权优先受偿"，甲银行抵押权的权利标的是建设用地使用权，新增的商品房不属于抵押财产；甲银行实现抵押权时，应当将商品房与建设用地使用权一并处分，但就商品房所得价款无权优先受偿。

易混点解析：“房地一体主义”意即实现抵押权时“一并处分”，应遵循“地随房走”或“房随地走”原则。根据《物权法》第182条的规定，“以建筑物抵押的，该建筑物占用范围内的建设用地使用权一并抵押。以建设用地使用权抵押的，该土地上的建筑物一并抵押。抵押人未依照前款规定一并抵押的，**未抵押的财产视为一并抵押**”。

但并不意味着房地一体，就必须“一并受偿”，要区分三种情形：

（1）抵押权设立时，房地一体，若房地一起抵押则一并受偿；分别抵押则一并处理，但分别受偿。

（2）抵押权设立时，有地无房，抵押权实现时有地有房，则一并处理，但不得对房屋价款受偿。

（3）抵押权设立时，有地无房，但房屋约定为“浮动抵押”范围，则实现时一并处理，一并受偿。

6. 丁某在得知房屋卖给汪某后，向法院提起诉讼，要求A公司履行合同交付房屋，其主张应否得到支持？为什么？

答案：不能得到支持。房屋买卖合同有效；且汪某已经取得商品房所有权，A公司构成履行不能。

难度：中

考点：履行不能

命题和解题思路：履行合同义务的请求能否得到法院支持，取决于三个方面：①合同是否有效；②被请求人是否拥有法定抗辩事由；③实际履行是否可能。本题主要考查合同实际履行规则。考生需掌握实际履行或继续履行，作为一种合同救济机制，其实受到诸多限制，需要对合同法的相关履行制度全面把握。

答案解析：

A公司在将商品房卖给丁某后又再次卖给汪某，并为汪某办理了产权登记，属于典型的一房二卖。因为汪某“不知该房已经卖给丁某的事实”，所以汪某并不构成“第三人恶意串通”，不符合《最高人民法院关于审理商品房买卖合同纠纷案件适用法律若干问题的解释》第10条规定的无效情形。汪某已经办理了房屋所有权转移登记，故汪某取得商品房所有权。所以丁某要求A公司履行合同交付房屋，A公司构成履行不能，根据《合同法》第109条“法律上不能履行”的规定，丁某的主张不能得到支持。

需要说明的是，丁某可以依据《最高人民法院关于审理商品房买卖合同纠纷案件适用法律若干问题的解释》第8条规定“无法取得房屋的买受人可以请求解除合同、返还已付购房款及利息、赔偿损失，并可以请求出卖人承担不超过已付购房款一倍的赔偿责任”，请求A公司承担其他违约责任。

7. 汪某现欲退还房屋，要回房款。你作为汪某的代理人，拟提出何种请求维护汪某的利益？依据是什么？

答案：请求解除合同，退房；并要求返还已付房款和利息；另可主张人身损害赔偿。因为该房屋无法居住，无能实现合同目的，汪某享有法定解除权。合同解除后，依据对待返还义务，主张返还已付房款及利息；因房屋化学成分超标构成加害给付，万某可请求侵权赔偿责任（包括精神损害赔偿）。

难度：中

考点：法定解除权、解除的法律后果

命题和解题思路：本题的关键在于判断汪某是否享有合同解除权，“购房合同中未对化学指标作明确约定”，由此推知双方未就化学指标约定合同解除权，因此应继而判断汪某是否享有法定解除权。

答案解析：

汪某入住后，全家人出现皮肤瘙痒、流泪、头晕目眩等不适，该房屋存在质量缺陷已经不适合居住，汪某购房目的无法实现。根据《合同法》第94条第（四）项规定，“当事人一方有其他违约行为致使不能实现合同目的”，当事人可以解除合同。根据《合同法》第97条规定“合同解除后，尚未履行的，终止履行；已经履行的，根据履行情况和合同性质，当事人可以要求恢复原状、采取其他补救措施，并有权要求赔偿损失”，所以汪某解除合同后，还能请求退房、退款和赔偿损失。

需要注意的是：本题中汪某已经依照有效合同获得了房屋所有权并入住使用，只是房屋存在质量瑕疵。虽然涉案房屋属于商品房，但并不符合《商品房买卖合同》第8条、第9条所规定的“双倍房款返还”的惩罚性规则，所以代理人不能依法请求所付房款的双倍返还来最大限度维护汪某的利益。但可考虑人身损害中的精神损害赔偿，如果足够严重的话！

8. 如果A公司不能向B公司支付工程款，B公司可对A公司提出什么请求？

答案：B公司可对A公司主张违约责任，并可就建设工程款对建设工程主张优先权。

难度：中

考点：违约责任、建设工程款的优先受偿

命题和解题思路：A公司不能向B公司支付工程款，属于违约行为，B公司可以主张违约责任。此外，本题还涉及建设工程款的优先权问题。为保护承包人的利益，承包人还可请求拍卖或折价建设工程并得以优先受偿。此条救济路径是本题的失分点和难点所在。

答案解析：

A 存在违约行为，B 公司可以主张违约责任；此外根据《合同法》第 286 条后句的规定，“发包人逾期不支付的，除按照建设工程的性质不宜折价、拍卖的以外，承包人可以与发包人协议将该工程折价，也可以申请人民法院将该工程依法拍卖。建设工程的价款就该工程折价或者拍卖的价款优先受偿”，本案中商品房不属于不宜折价、拍卖的建设工程，因此 B 公司可以请求法院将该工程拍卖或折价，并就相应价款优先受偿。

第四部分　命题人模拟金题

论述题

一、试题（本题为民法、民事诉讼法融合试题）

案情：

扫一扫　看微课视频

1996 年，狄某与妻子孙某因房屋拆迁分得 A 房。当年孙某去世，狄某搬去与女儿狄某某、女婿丁某共同居住在某小区公寓。

2000 年 7 月 5 日，丁某经与妻子狄某某商量，决定将 A 房出售给万某。双方约定："房屋价款 10.8 万元，协议生效后由万某先付定金 1 万元，丁某交付老产权证时再付 9 万元，丁某协助办理房屋过户手续后，付清余款 8000 元。"协议签订当日，丁某代狄某收到万某购房定金 1 万元，并出具收条一份。同年 8 月 22 日，丁某收到余款 9 万元，并将老房产证及钥匙交付万某。

2001 年 7 月，万某将 A 房出租给赵某，约定租期 3 年。8 月，赵某经万某同意后，对房屋进行了装修。9 月，房屋装修时加装的防盗网脱落砸伤了行人张某。10 月，张某因赔偿数额协商未果，向法院提起诉讼。

2002 年 5 月，赵某未经万某的同意将房屋转租给了李某，约定租期 4 年。万某知道后一直未置可否。

2003 年 8 月，万某主张赵某、李某之间的转租合同无效。

2012 年，丁某以办新证为由从万某处借走房屋老产权证，之后为狄某办理了新房产证。由于丁某换领新证后拒绝为万某办理过户手续，且狄某、狄某某称对丁某售房一事不知情，双方诉至法院。

问题：

1. 2000 年 7 月之前，涉案 A 房的权属状态如何？为什么？
2. 2000 年 7 月，丁某向万某出售 A 房的行为，属于何种性质？为什么？
3. 2001 年 10 月，张某因被防盗网砸伤起诉，该案的适格被告是谁？为什么？
4. 2003 年 8 月，万某提出转租合同无效，法院应如何处理？为什么？
5. 2012 年，万某是否有权请求狄某为其办理过户手续？为什么？

6. 结合本案中房屋买卖合同和所有权变动的关系，试述物权法理论中“区分原则”的含义及其适用（要求观点明确，逻辑清晰、说理充分、文字通畅；总字数不得少于500字）。

［**案例来源：**

①《最高人民法院公报》2018年第2期：万学全、万兵诉狄平等人房屋买卖合同纠纷二审案；②《最高人民法院公报》2017年第3期：汤某与连云港光鼎置业有限公司、灌南县开源物业管理有限公司生命权、健康权、身体权纠纷一审案］

二、命题总思路

本题以真实案例为基础，以热点问题为导向，综合考查了遗产共有、无权代理、无权处分、区分原则、房屋转租、合同的履行、物件致害责任等多个民法知识点和当事人适格、原告和被告地位的确定等民诉知识点。虽然所涉人物较多，但法律关系却并不复杂。解题时，可按照时间先后，厘清当事人之间的法律关系，准确把握每一题的考查意图，并不难做答。

三、答案精讲

1. 2000年7月之前，涉案A房的权属状态如何？为什么？

答案： A房属于狄某和狄某某共有，其中狄某占四分之三份额；狄某某占四分之一份额。因为孙某去世前，A房属于狄某与孙某夫妻共有，孙某去世后，共有房屋的一半属于遗产，由孙某同属第一顺位的两位法定继承人狄某和狄某某各继承其中一半。继承开始后，遗产分割之前，A房由狄某和狄某某共有。

难度： 中

考点： 遗产的共有

命题和解题思路： 家庭关系中的共有与一般共有在产生基础和维系依据上存在区别，它涉及相关法律行为的效力、登记的效力以及责任承担的制度设置，这是本题的理论性考查目的所在。解题重点在于把握遗产的范围以及特殊家庭关系中的共有形态。

答案解析：

诉争房屋系狄某与其妻孙某婚姻期间内取得的合法财产，应为夫妻共有。孙某去世，诉争房屋归属于孙某份额应作为遗产由其配偶狄某和其女儿狄某某依法继承，在狄某某既未明确放弃继承，亦未进行析产分割前，本案诉争房屋应为狄某、狄某某共有。其中 A 房的一半产权份额应属于狄某单独享有，不应纳入遗产范围。另外，虽然在老房产证上，A 房屋产权登记在狄某名下，之后也一直未做变更登记，但因继承取得财产所有权，自继承开始时发生物权变动效（《物权法》第 29 条），故 A 房并非产权登记名义人所有，而属于两继承人共有。

值得注意的是：狄某某的丈夫丁某对该份房产不享有共有权。理由：①A 房尚未分割，丁某配偶的继承权尚未实现，丁某无法通过夫妻共有关系对 A 房享有权利；②丁某只是女婿身份，不属于法定继承人范围，不能以自己的名义对 A 房享有继承权。

2. 2000 年 7 月，丁某向万某出售 A 房的行为，属于何种性质？效力如何？

答案：丁某出售 A 房屋的行为属于无权代理，但代理行为有效。

难度：难

考点：无权处分；无权代理；家事代理权

命题和解题思路：本题集中考查共同居住的家庭成员，将其他家庭成员名下房屋出卖给他人，该行为的性质认定及效力状态。解题时须判断房屋所有人是否知情并默认，并正确区分无权代理与无权处分的构成要件。

答案解析：

通过前述分析已知诉争房屋属于狄某和狄某某共同所有，且在老房产证上，房屋产权登记在狄某名下。丁某只是狄某的女婿，不属于家事代理权的身份范围。其卖房时虽然取得房屋共有人狄某某的同意，但并未得到狄某的同意。故丁某卖房没有合法权利来源。但在丁某与万某磋商并签订涉案房屋买卖合同，以及丁某代狄某收定金的过程中，可以看出丁某是以产权登记人狄某的名义实施买卖行为的，并非以其自己名义，故该行为应属无权代理，而非无权处分。狄某在房屋出卖前至本案诉讼发生时一直与丁某、狄某某共同居住。狄某将房屋钥匙、产权证书均交由丁某持有，并事实上交付给万某，且在房屋转让后至诉讼发生时约 12 年时间内从未对诉争房屋买卖、房款交付提出过异议，足见该无权代理已被权利人追认，或者成立表见代理，故该代理行为有效。

3. 2001 年 10 月，张某因被防盗网砸伤起诉，该案的适格被告是谁？为什么？

答案：适格被告应为承租人赵某。因为建筑物的悬挂物脱落致人损害的，由负有维修义务或者管护义务的所有人、管理人或者使用人承担过错推定责任。房屋租赁期间，承租人赵某加装的防盗网应当由赵某承担管护义务，对相关损害承担责任。因此，该案的适格被告是赵某。

难度：中

考点：当事人适格；原告和被告地位的确定

命题和解题思路：本题结合物件致人损害责任考查适格被告的确定。应当注意区分“适格被告”和“形式上的被告”。“形式上的被告”是原告起诉时主张的被告，只要明确即可。具言之，张某在起诉时可以将房屋产权证上的所有人狄某和狄某某、房屋买受人万某、承租人赵某等一并告上法庭。但本题考查的是“适格被告”，即根据民事实体法的规定本案应由谁承担民事赔偿责任。因此，考生解答本题必须结合《侵权责任法》规定的物件致人损害责任方可作出判断。

答案解析：

根据《侵权责任法》第85条的规范解释，当建筑设施的所有人与管理人或使用人不为同一主体时，应由实际使用人承担责任。本案的实际使用人是承租人赵某，且是由赵某加装的防盗网致人损害，出租人万某（房屋管理人）对防盗网的脱落并不存在过错，而承租人赵某（房屋实际使用人）是房屋和防盗网的实际管理人和使用人，存在安装过失或管理过失。因此应当由赵某承担侵权责任。据此，本案的适格被告应为赵某。

4. 2003年8月，万某提出转租合同无效，法院应如何处理？为什么？

答案：万某若以转租未经其同意为由主张转租合同无效，不能得到法院的支持；但万某若以转租期限超过承租人剩余租赁期限为由，主张转租合同无效的，法院应认定超过部分无效。万某知道赵某擅自转租后6个月未表示异议视为其同意转租，转租合同合法有效。转租期限超过承租人剩余租赁期限的，人民法院应当认定超过部分的约定无效。

难度：中

考点：房屋转租；合同部分无效

命题和解题思路：考生要重点把握转租情形中的推定同意，以及转租合同无效的不同事由。

答案解析：

出租人知道或者应当知道承租人转租，但在6个月内未提出异议，其以承租人未经同意为由请求解除合同或者认定转租合同无效的，人民法院不予支持。未经出租人同意的转租合同效力以是否超过法律规定的6个月异议期为标准，出租人万某在知道违法转租1年内均未提出异议，视为同意，法院不宜认定合同无效。既然涉案转租合同已经成为视为同意的有效合同，当事人若以转租期限超过原租赁合同期限为由主张转租合同无效的，法院应本着交易效益和交易安全原则，不宜全盘否认该转租合同效力，应以部分无效处理（《城镇房屋租赁合同解释》第15条）。

5. 2012年，万某是否有权请求狄某为其办理过户手续？为什么？

答案：万某有权请求狄某为其办理过户手续。因为房屋买卖合同有效，对狄某具有拘束力，而且合同履行是可能的。

考点：合同的拘束力、合同的实际履行

难度：中

命题和解题思路：本题考查代理合同的效力拘束范围以及合同履行的可能性。解题时需正确理解代理行为的效力归属，以及合同救济中的实际履行规则的运用。

答案解析：

既然代理行为有效，丁某实施代理行为的效果应当归属于被代理人狄某（也包括狄某某），即涉案房屋转让合同应直接约束狄某、狄某某。狄某作为房产登记名义人，也是合同一方当事人，应依约履行转让房屋所有权于买受人万某，并办理过户手续的义务。该履行行为不存在履行不能的情形，义务人不得据此抗辩。

6. 结合本案中房屋买卖合同和所有权变动的关系，试述物权法理论中的“区分原则”的含义及适用（要求观点明确，逻辑清晰、说理充分、文字通畅；总字数不得少于500字）。

难度：难

考点：物权变动的区分原则

命题和解题思路：本小题根据法考时代主观题部分的命题新变化和新要求，将民法学科相关基本原理结合案例进行考查。物权变动的“区分原则”是物权法中理论性强、实用性大的一项基本原则，需要结合法条、实务案例予以理解和把握。

答案要点：

（1）含义：物权变动的区分原则是指通过买卖、赠与、用益、设立担保等法律行为进行物权变动时，应当将法律行为的效力与物权变动的效果区别对待，即法律行为的效力依照法律行为效力机制判断，而物权变动是否发生则依据物权变动规则判断；而且，因欠缺公示不发生物权变动效果的，法律行为的效力不因此受影响，但是法律行为无效时则会影响物权变动的发生。

物权变动区分原则是中国民法对传统德国民法“物权行为理论”创造性继受的结果。区分原则的建立不但支持了“物权绝对性”基本法理，而且为构建“物—债二元体系”、厘清物权法和债权法不同制度功能、建立完备的物权变动规则、区分当事人的不同法律责任等，提供了科学的准则。

（2）适用：“区分原则”仅适用于以法律行为为基础的物权变动情形，具体适用情形包括：不动产转让（买卖、赠与、互换）；不动产抵押；动产转让（买卖、赠与、互易）；动产质押。

从本案来看，1996年，孙某去世后，其法定继承人狄某和狄某某即取得A房的所有权，由于其所有权变动并非基于法律行为，故不适用“区分原则”，登记与否不影响共有人取得物权。而在2000年，丁某擅自将涉案共有房屋出卖给万某，买卖合同依照法律行为的代理制度成为有效合同；但房屋所有权由于没有完成过户登记手续，并没有转移给买受人。交付产权证和交付房屋（钥匙），均不属于物权法上规定的“公示”方式，不产生物权变动的效果。这是“区分原则”的典型体现。

案例分析题一

一、试题（本题为民法、民事诉讼法融合试题）

案情：

扫一扫 看微课视频

2016年2月，莲坞公司与金陵公司签订了《借款合同》，双方约定：由金陵公司于2016年2月27日向莲坞公司提供借款1000万元用于公司经营，借款期限为2年。随后莲坞公司的大股东魏某与金陵公司签订《保证合同》，为前述借款提供担保。担保合同签订后，金陵公司如约向莲坞公司提供借款1000万元。

2016年8月，金陵公司与莲坞公司签订《商品房买卖合同》，约定终止前述借款合同关系，建立商品房买卖关系，将借款转化为购房款，双方经对账清算。

2016年10月，莲坞公司与金陵公司再次签订《借款合同》，约定莲坞公司向金陵公司借款500万元。10月9日，金陵公司如约向莲坞公司提供借款。

2016年11月18日，莲坞公司又与金陵公司签订了《最高额抵押合同》，约定将莲坞公司的厂房为自2017年2月3日至2018年2月3日期间莲坞公司向金陵公司的连续借款中，在4000万元的最高额内提供抵押担保，担保的范围仅为借款本金。该抵押担保已依法进行登记。

2017年2月3日至2017年12月1日期间，莲坞公司先后向金陵公司借款达2500万元。

2017年12月30日，莲坞公司向金陵公司借款1000万元。

2018年1月3日，金陵公司将其对莲坞公司的1500万债权转让给云深公司，并通知了莲坞公司。此前金陵公司欠莲坞公司2000万元工程款到期未还。

2018年1月23日，莲坞公司因违法经营，法院依法查封其名下所有财产。

2018年2月3日，莲坞公司对金陵公司的借款债务到期，均未能偿还。金陵公司于2018年7月1日诉至法院，请求法院判决就莲坞公司的担保财产优先受偿。

诉讼期间，莲坞公司被查封的厂房意外失火被烧毁，经查，莲坞公司为其厂房向保险公司投了火灾险。

问题：

1. 2016年8月，莲坞公司与金陵公司签订的《商品房买卖合同》有何特殊性？是否有效？产生哪些法律后果？

2. 本案中最高额抵押担保的债权何时确定？为什么？

3. 债权确定时，莲坞公司提供最高额抵押担保的债权金额最多可能为多少？为什么？

4. 2018年1月3日，莲坞公司收到债权转让通知后是否有权向云深公司抵销1500万元？为什么？

5. 莲坞公司的厂房被焚毁之后，金陵公司可以主张什么权利？

6. 除起诉之外，金陵公司还可通过何种方式维护其合法权益？

［**案例来源：**

①最高人民法院指导案例72号：汤龙、刘新龙、马忠太、王洪刚诉新疆鄂尔多斯彦海房地产开发有限公司商品房买卖合同纠纷案；②最高人民法院指导案例95号：中国工商银行股份有限公司宣城龙首支行诉宣城柏冠贸易有限公司、江苏凯盛置业有限公司等金融借款合同纠纷案］

二、命题总思路

本题融合了民法、民事诉讼法的内容，以最高法院发布的指导案例为切入点，主要考查借款合同与最高额抵押的相关内容，穿插民事纠纷的解决方式、债权让与、抵销以及保证担保等内容，涉及法条包括《物权法》《合同法》《担保法》和《民间借贷司法解释》。本题的难点集中在对最高额抵押从属性、可变性、代位性的特殊规定的理论把握，因此即使考场提供法条查阅，如果不熟悉相关理论和基础知识，短时间内也无济于事。

三、答案精讲

1. 2016年8月，莲坞公司与金陵公司签订的《商品房买卖合同》有何特殊性？是否有效？产生哪些法律后果？

答案：该合同属于房屋买卖、债务清偿（或以物抵债）的复合合同。合同有效。其产生的法律后果包括：①双方建立房屋买卖关系，且金陵公司1000万元购房款的履行义务完成；②双方1000万元的借款合同关系因清偿而终止；③魏某对该项借款的保证责任消灭（或不再承担保证责任）。

难度： 中

考点： 以物抵债的效力；债的清偿；担保合同的从属性

命题和解题思路： 司法实践中经常出现借款合同债务人为了清偿债务，与债权人协商通过将债务人的其他财产转让给债权人以抵借款的协议纠纷。这种以物抵债协议的名称和内容是否影响其有效性，需要结合现代合同理论予以分析。该种协议纠纷所涉及的多重法律关系变化，也需要综合考量其他民法制度的适用。

答案解析：

本案当事人所签订的《商品房买卖合同》实际上是一个包含多重标的与内容的复合合同，并非一个纯粹的商品房买卖合同，它将房屋买卖与债务清偿融合在一起。在合同自由原则之下，该合同既不违反《物权法》关于禁止流押的规定，也不属于《民间借贷司法解释》中关于让与担保的情形，更不具备《合同法》规定的无效情形，这种以房抵债协议是有效的。

有效的合同能够产生当事人所追求的法律后果。双方签约后，其商品房买卖合同关系建立并生效，金陵公司作为购房人据此已经支付了相关购房款，履行了己方的付款义务。同时，原借款合同因为以物抵债（或代物清偿）而得以终止。基于担保关系的从属性原理，由于主债务已经消灭，为此提供担保的从合同也相应消灭，魏某不再承担保证责任。

2. 本案中最高额抵押担保的债权何时确定？为什么？

答案： 2018年1月23日确定。因为最高额抵押中抵押财产被查封时，抵押权人的债权确定事由成立。

难度： 易

考点： 最高额抵押债权的确定

命题和解题思路： 最高额抵押担保的债权是一个可变债权，这不同于普通抵押担保，也不同于浮动抵押的抵押物的可变性，考生须对此有清晰认识。本题只要牢记最高额抵押中抵押权人的债权确定发生的几种情形，即可正确作答。

答案解析：

根据《物权法》第206条规定，最高额抵押中抵押权人的债权确定发生在以下几种情形：①约定的债权确定期间届满；②没有约定债权确定期间或者约定不明确，抵押权人或者抵押人自最高额抵押权设立之日起满二年后请求确定债权；③新的债权不可能发生；④抵押财产被查封、扣押；⑤债务人、抵押人被宣告破产或者被撤销；⑥法律规定债权确定的其他情形。本题中，虽然约定的债权确定期间（至2018年2月3日）尚未届满，但2018年1月23日，莲坞公司包括涉案抵押财产的厂房在内的所有财产被法院依法查封，此时担保债权确定。

3. 债权确定时，莲花坞公司提供最高额抵押担保的债权金额最多可能为多少？为什么？

答案：2500万元。因为在该债权确定之前，其间实际发生的借款为3500万元；但向第三人云深公司依法转让了1500万元；2016年10月双方发生的500万元借款，若经双方同意，也可以纳入本案最高额抵押的债权总额中。据此计算，在不考虑其他变化因素的情况下，涉案债权余额最多可以是2500万元。

难度：难

考点：最高额抵押的担保债权可变性；抵押权从属性的特殊性

命题和解题思路：最高额抵押区别一般抵押的一个显著特征就是其担保的主债权具有可变性，因此需要有特殊的债权确认规则。在最高额抵押担保期间，主债权的部分消灭、转让或者添加都是允许的。与此相关，抵押权的从属性也显示特殊形态，《物权法》明文规定了最高额抵押权不随主债权转让而移转。解题时在掌握担保物权的一般特点的前提下还要弄清特殊担保物权的特殊性所在。

答案解析：

莲坞公司在最高额抵押设立期间先后向金陵公司借款2500万元和1000万元。根据《物权法》相关规定，最高额抵押担保的债权确定前，抵押权人与抵押人可以通过协议变更债权确定的期间、债权范围以及最高债权额；而且可以将最高额抵押权设立前已经存在的债权转入最高额抵押担保的债权范围。本案中双方之前发生的500万元借款，是非常有可能转入后来签订最高额抵押担保的总额中。又根据《物权法》第204条规定，最高额抵押担保的债权确定前，部分债权转让的，最高额抵押权不得转让，由此可知金陵公司转让给云深公司1500万元债权后，其最高额抵押的担保债权相应减少1500万元。至2018年1月23日，莲坞公司被查封财产时，最高额抵押担保的债权最多可以被确定为2500万元。

4. 2018年1月3日，莲坞公司收到债权转让通知后是否有权向云深公司主张抵销1500万元？为什么？

答案：有权主张抵销。理由是：莲坞公司接到债权转让通知时，其对让与人金陵公司享有2000万元的工程款债权，且该债权先于转让的债权到期，故莲坞公司可以依法行使抵销权，向受让人云深公司主张相应数额（1500万元）的债务抵销。

难度：中

考点：债权让与；法定抵销

命题和解题思路：抵销的构成要件是法考中稍有难度的知识点，本题考查债权让与中的法定抵销，解题时需要对抵销的构成要件以及债权让与中的抵销权援用机制理解到位，即可正确作答。

答案解析：

2018 年 1 月 3 日金陵公司将其对莲坞公司的 1500 万元债权转让给云深公司，并通知了莲坞公司，其债权让与对莲坞公司发生效力。根据《合同法》第 83 条规定，债务人接到债权转让通知时，债务人对让与人享有债权，并且债务人的债权先于转让的债权到期或者同时到期的，债务人可以向受让人主张抵销。本题中，金陵公司向云深公司转让的债权清偿期至 2018 年 2 月 3 日，在此之前莲坞公司对金陵公司的工程款债权业已到期，金陵公司未予偿还，因此 2018 年 1 月 3 日莲坞公司收到债权转让通知后有权向云深公司主张抵销 1500 万元。

5. 莲坞公司的厂房被焚毁之后，金陵公司可以主张什么权利？为什么？

答案：金陵公司可对房屋烧毁后的保险金行使抵押权，优先受偿自己的债权。抵押权具有物上代位性，当抵押物毁损灭失后，抵押权人可以就获得的保险金、补偿金等优先受偿。

难度：中

考点：抵押物的物上代位性

命题和解题思路：物权担保制度的功能在于通过对担保物交换价值的支配，来保障担保权人的债权实现，因此当担保物毁损灭失后，其替代价值尚存的，依然应当，并可以满足担保物权的这一功能实现。这就是担保物权“物上代位性”的法理基础。掌握这一点，也是解答本题的关键。

答案解析：

《物权法》第 174 条规定，担保期间，担保财产毁损、灭失或者被征收等，担保物权人可以就获得的保险金、赔偿金或者补偿金等优先受偿。被担保债权的履行期未届满的，也可以提存该保险金、赔偿金或者补偿金等。据此，抵押权具有物上代位性，抵押物毁损灭失之后，抵押权人可以对其代位物行使抵押权，故金陵公司可对房屋烧毁后的保险金行使抵押权，优先受偿自己的债权。

6. 除起诉之外，金陵公司还可通过何种方式维护其合法权益？

答案：①与莲坞公司协商解决；②请求人民调解委员会等组织进行调解；③适用特别程序向法院申请实现担保物权。

难度：中

考点：民事纠纷的解决方式（内容）；实现担保物权案件的申请（申请条件）

命题和解题思路：民事纠纷的解决方式是主观题经常考查的知识点，主要涉及和解、调解、仲裁和诉讼等救济方式的适用。除此之外，本题主要涉及对实现担保物权的非讼程序的考查。如果考生仅从几类宏观的民事纠纷解决方式入手思考，未能结合民诉法规定的具体制度答题，很可能会遗漏申请实现担保物权程序。本题提醒考生，对于具体民事纠纷的解决方式，可以遵循民诉法规定的、从诉讼内到诉讼外的逻辑顺序逐一排除后予以确定，以防遗漏。

答案解析：

民事纠纷解决方式中，和解与调解的适用只要遵循当事人自愿原则即可，其适用几乎不受限制，本题也自然可以适用。本题并未提及双方存在仲裁协议，因此不可以用仲裁方式解决。

担保物权既可以通过诉讼方式实现，也可以通过非讼渠道实现。本案中金陵公司除了起诉之外，还可以向担保财产所在地或者担保物权登记地的基层法院申请实现担保物权。申请时应当向法院提交证明担保物权存在、证明实现担保物权条件成就、担保财产状况的说明等材料。

案例分析题二

一、试题（本题为民法、民事诉讼法融合试题）

案情：

扫一扫 看微课视频

2013 年，胡某与李某结婚，当年生育一子胡子木。

2014 年 3 月 15 日，胡某未与妻子李某商量，用私房钱 8000 元在某专卖店购买了一台电脑，买回第二天发现该电脑为冒牌电脑，立即找到该店交涉，但一年多都未解决问题。

2016 年，胡某在一次夫妻争吵后擅自将该电脑以 3000 元的价格卖给了不知情的同事刘某，李某对此极为不满。

2016 年 11 月，因胡某与其他女子保持不正当两性关系，婚姻无法为继，李某与胡某协议离婚。双方同意胡某“净身出户”，儿子胡子木由李某单独抚养 6 年，6 年后胡某每月向儿子支付抚养费 3000 元，直至其成年。

2017 年 5 月，胡某来到前妻李某住处要求探望胡子木，遭到李某无端拒绝。

2018 年 10 月，胡子木在幼儿园将另一小朋友眼睛打伤，需支付 8 万元赔偿费。此事发生后，胡某认为李某对胡子木管教不严，未尽到监护职责，主张由其抚养胡子木，遭李某拒绝后，就此向法院提起诉讼。

问题：

1. 2016 年，若胡某向专卖店主张撤销电脑的买卖合同，法院是否支持？为什么？

2. 李某可否以丈夫擅自处置夫妻共有财产为由对抗刘某而索回电脑？为什么？

3. 若胡子木向胡某请求支付抚养费，其诉讼时效期间如何确定？为什么？

4. 2017 年 5 月，李某拒绝胡某探望儿子胡子木是否构成侵权？为什么？

5. 2017 年 10 月，胡子木造成的 8 万元人身损害赔偿费应如何承担？

6. 胡某就胡子木的抚养权向法院起诉，该案属于何种类型的诉？为什么？

［**案例来源**：本题取材于多个真实案例，因案例来源较多，不再一一列出］

二、命题总思路

夫妻关系、亲子关系中的权利义务与纯粹财产关系存在本质区别。如何理解和适用婚姻法的特殊规则和《民法总则》的一般规则，是检验考生将民法知识运用于日常家庭纠纷能力的重要切入点。本案例问题设计围绕着合同效力、代理权、诉讼时效、权利义务等一般民法制度在婚姻家庭领域的特殊应用，并结合民诉中的变更之诉，深度考查应试者的理解能力和反思能力。

三、答案精讲

1. 2016 年，若胡某向专卖店主张撤销电脑的买卖合同，法院是否支持？为什么？

答案：不支持。撤销权已过除斥期间。

难度：易

考点：撤销权的除斥期间

命题和解题思路：《民法总则》对法律行为的撤销制度做了重要改变，尤其是撤销权除斥期间根据撤销事由的不同做了不同安排。考生应当注意，对规则变化的正当性、合理性须有一定把握。解题时只需记住规则，把握案情事实，针对性作答即可。

答案解析：

《民法总则》第 152 条规定，因受欺诈实施的法律行为可以撤销，该撤销权自当事人知道或者应当知道撤销事由之日起一年内行使。胡某 2014 年 3 月购买电脑后马上去专卖店交涉，即为知道欺诈事由，到 2016 年主张撤销，已超过一年。除斥期间为不变期间；除斥期间经过撤销权即消灭。

2. 李某可否以丈夫擅自处置夫妻共有财产为由对抗刘某而索回电脑？为什么？

答案：不可以。刘某有理由相信胡某卖电脑取得妻子李某同意（或相信胡某可以单独处理家庭财产）。

难度：难

考点：家事平等处理权的推定

命题和解题思路：家事代理权和夫妻财产平等处理权是夫妻关系的重要内容，也是立法与实务争议较多的制度，有一定的理论深度和难度。解题时，一方面需要把握夫妻平等财产处理权的含义，另一方面需要掌握婚外第三人“善意”的认定。

答案解析：

根据《最高人民法院关于适用〈中华人民共和国婚姻法〉若干问题的解释(一)》第17条规定，夫或妻在处理夫妻共同财产上的权利是平等的。因日常生活需要而处理夫妻共同财产的，任何一方均有权决定。他人有理由相信其为夫妻双方共同意思表示的，另一方不得以不同意或不知道为由对抗善意第三人。注意，由于家事代理权和家庭财产平等处理权的存在，婚外第三人的“善意”可以简单予以推定。妻子李某若要否认丈夫胡某的擅自处分行为，需要证明刘某“明知出卖人的妻子不同意”！丈夫胡某享有平等而独立的夫妻财产处理权，该其处置家用电脑的行为对妻子有效。

3. 若胡子木向胡某请求支付抚养费，其诉讼时效期间如何确定？为什么？

答案：不需确定。该请求权不受诉讼时效期间的限制。

难度：中

考点：诉讼时效适用的除外情形

命题和解题思路：本题虽涉及理论争议问题，但考试目的仍只是现行法律的识记型考查。解题时记住并理解诉讼时效客体的除外规定即可正确作答。

答案解析：

诉讼时效的客体（即受限制的民事权利）一般为债权请求权，但基于身份关系产生的债权请求权（或身份请求权）涉及伦理秩序的维护和特殊群体的基本保障，其行使不受时间的限制。所以，我国《民法总则》第196条规定，请求支付抚养费、赡养费或者扶养费请求权不适用诉讼时效的规定。

4. 2016年5月，李某拒绝胡某探望儿子胡子木是否构成侵权？为什么？

答案：构成侵权。离婚父母基于身份地位对未成年子女享有探视和被探视的权利。李某的无端阻挠既侵害了胡某的探视权，同时也构成对胡子木的被探视权的侵害。

难度： 难

考点： 探视权与被探视权

命题和解题思路： 纯粹身份权的概念及相关制度已经引起法考命题的注意。解题时应准确把握亲属法上的探望权（探视权）具有权利与义务的交互与叠加特性。

答案解析：

父母探望不与自己一起生活的子女，是法律保护的合法权益，任何人不得妨害或侵害。离婚夫妻有义务配合前妻或前夫对子女的探望。同时，身份关系中权利总是与对等的义务相互交织，探视子女既是对子女享有亲权的体现，同时也是亲权人对子女的义务，反言之，被探视也是子女对父母享有的合法权益。因此，李某不让父亲胡某探望胡子木，也构成对胡子木被探望权的侵害。

5. 2017 年 10 月，胡子木造成的 8 万元人身损害赔偿费应如何承担？

答案： 胡子木若有自己的财产，可先从其财产中支付。不足部分由与其一起生活的李某承担。李某承担确有困难的，由胡某补充承担。

难度： 难

考点： 被监护人致害他人的责任承担

命题和解题思路： 本题考查目的多元，还涉及理论争议的共识把握。解题时需要把握监护责任的无过错性、替代性、补充性；还需把握离婚父母监护责任合理分配规则。

答案解析：

根据《侵权责任法》第 32 条规定，无民事行为能力人、限制民事行为能力人造成他人损害的，由监护人承担侵权责任。监护人尽到监护责任的，可以减轻其侵权责任。有财产的无民事行为能力人、限制民事行为能力人造成他人损害的，从本人财产中支付赔偿费用。不足部分，由监护人赔偿。该条规定实质上体现了监护人承担的是补充性替代责任。欠缺行为能力的人可以依法独立承担侵权赔偿责任，其前提是他们有独立充足的个人财产。只有在其财产基础没有或不足时，监护人才替代他们担责，因而为“补充性替代”。

再看离婚父母的监护责任承担问题。父母离婚不影响监护资格，也不应该影响其监护义务。但由于与孩子生活一起的一方，在时间和精力上更有能力、更能有效地实施监护，因而其监护义务理应更高。所以首先应由该方承担监护人的赔偿责任。考虑到对受害方救济的充分性，以及该方的经济负担能力，让另一方承担补充赔偿责任，不失公平合理。

6. 胡某就胡子木的抚养权向法院起诉，该案属于何种类型的诉？为什么？

答案：该案属于变更（形成）之诉。胡某起诉的目的在于改变既有的抚养法律关系，即将胡子木的抚养人由李某变更为胡某，因此，本案属于变更（形成）之诉。

难度：中

考点：变更之诉（内容）

命题和解题思路：诉的分类属于民事诉讼法中的理论型考点，难度较高。本题所涉及的变更之诉更是法考中的高频考点。本题结合案例素材，考查对于诉的具体类型的识别。解答本题没有明确的法律依据，需要考生掌握三种诉的分类的具体内涵作出判断，这完全符合法考时代主观题的考查特点。考生正确解题，应结合胡某的起诉目的以及各类诉的概念，方可作出准确判断。

答案解析：

变更之诉，是指原告请求法院以判决改变或消灭既存的某种民事法律关系的诉。通过诉讼对民事法律关系的主体、客体和内容中任何一个要素的改变均属于变更之诉。本案中胡某意在通过法院判决，将胡子木的抚养人由李某变为其自己，这是对胡子木原有抚养法律关系主体的变更。因此，本案属于变更（形成）之诉。

案例分析题三

一、试题

案情：

扫一扫　看微课视频

2012年3月，郭某（男）与李某（女）登记结婚。2014年3月，郭某以自己的名义购买了A房屋，并将产权登记在自己名下，妻子李某后来知情，并未提出异议。

2017年5月，郭某委托某物业公司将A房出售，但在物业公司登记资料时声称自己未婚。后业务员范某为了慎重起见通过私人途径查知郭某已婚，并将郭某隐瞒已婚的事情在其他业务员之间传播。郭某一气之下终止了该售房中介委托。

2017年7月，郭某作为B有限责任公司的法定代表人，擅自以B公司名义（加盖B公司公章）为其亲戚周某向C银行所借50万元贷款提供连带保证担保。

同年8月，郭某以个人名义向丁某借款20万元，用于B公司的资金周转，并以A房屋提供抵押，已签订抵押合同但未办理抵押登记。对此次借款及抵押事项，妻子李某均不知情。

2018年2月，郭某与李某协议离婚，但因财产分割问题存在重大分歧，遂转为诉讼离婚。

问题：

1. 2014 年 3 月，郭某购买的 A 房是否属于夫妻共同财产？为什么？

2. 2017 年 5 月，物业公司是否应承担对郭某人格利益的侵权责任？为什么？

3. 2017 年 7 月，对于周某所负 C 银行的 50 万元借款债务，B 公司是否应当承担责任？为什么？

4. 依 2018 年出台的《关于审理涉及夫妻债务纠纷案件适用法律有关问题的解释》（不考虑司法解释溯及力问题），债权人丁某如欲主张李某对其丈夫郭某的 20 万元债务承担连带责任，能否得到法院支持？为什么？

5. 郭某对该房屋所设立的抵押合同及抵押权效力如何？为什么？

［**案例来源：**

①最高人民法院指导案例 50 号：李某、郭某阳诉郭某和、童某某继承纠纷案；

②最高人民法院（2015）民申字第 3299 号：侯向阳与商都县众邦亿兴能源材料有限责任公司、韩福全等民间借贷纠纷申诉、申请民事裁定书］

二、命题总思路

《民法总则》实施已一年多，势必成为法律职业资格考试命题的重要依据。本题主干部分由最高院指导案例 50 号改编而来，对于《民法总则》中的个人信息权、法人对外责任等重要内容予以重点考查，同时关照了夫妻共同债务认定这一司法实务与学界热点，结合了民诉中的自认和认诺。这就要求考生对民法的知识体系融会贯通，对各个部门法领域综合掌握。

三、答案精讲

1. 2014 年 3 月，郭某购买的 A 房是否属于夫妻共同财产？为什么？

答案： A 房属于夫妻共同财产。因为该房屋是夫妻婚姻持续期间所取得的财产，而且双方没有有效的相反约定。

难度： 中

考点： 夫妻共同财产推定制

解题思路： 本题的重要干扰点在于，不动产的登记公示在夫妻财产认定中是否具有绝对性效力。只有在理论上正确把握特殊身份关系与一般财产关系的本质区别，才能排除干扰，正确作答。

答案解析：

涉案A房是在当事人结婚之后购买，购房款无论是否单独由郭某支付，也无论妻子李某是否知情，都属于家庭共同开支，房子应为夫妻共同购买。另外，虽然房子仅登记在丈夫一人名下，但由于夫妻身份关系的特殊属性，该登记并不具有物权法上物权变动的绝对公示效力。

2. 2017年5月，物业公司是否应承担对郭某人格利益的侵权责任？为什么？

答案：应承担。

理由一：个人婚姻状况属于个人私密信息，权利人郭某明显不愿意他人知晓，物业公司业务员私自探知并传播，并造成权利人难堪，构成隐私权侵害。业务人员的职务行为，其法律后果由其单位物业公司承担。

理由二：个人婚姻状态信息既属于隐私权范畴，也属于个人信息范畴。业务员范某获取购房人的真实婚姻状态是其职责所需，并无不当，但不当使用、传播，给权利人带来不良感受，构成个人信息的侵害。业务人员的职务行为，其法律后果由其单位物业公司承担。

难度：难

考点：隐私权保护；个人信息权保护

命题和解题思路：在信息社会，保证个人信息的隐秘、安全和正当合理使用成为日益迫切的需求。本题结合法律新规，考查考生对隐私权与个人信息权的模糊界限与理论争议的理解能力。考试目的较隐蔽，但设问并不刁难。

答案解析：

根据《民法总则》第111条规定："自然人的个人信息受法律保护。任何组织和个人需要获取他人个人信息的，应当依法取得并确保信息安全，不得非法收集、使用、加工、传输他人个人信息，不得非法买卖、提供或者公开他人个人信息。"个人信息与个人隐私存在区别。一般认为，隐私强调个人私密信息不被知悉和私人活动、私人空间不被擅自公开、侵扰；而个人信息的保护着眼于对个人信息的支配、利用和自主决定。对隐私权的侵害表现为非法披露、利用他人隐私，或者以违反社会公共利益、社会公德的其他方式侵害他人隐私。本题中郭某本来不愿意其婚姻状况被物业公司知晓，更不愿意该信息被不当传播。从隐私保护的角度，"刺探"就构成侵权；而从个人信息保护的角度，业务员虽可依法取得客户的婚姻信息，但其不但私自打探，还公开传播，构成个人信息侵权。同时，按照职务侵权的责任承担机制，行为后果由其单位承受。

3. 2017年7月，对于周某所负C银行的50万元借款债务，B公司是否应当承担责任？为什么？

答案： B公司应当承担责任。郭某与C银行签订的保证合同依法不具备无效情形，保证人应当承担保证责任，具体而言属于连带保证责任。另外，郭某作为B公司法定代表人以B公司的名义从事的民事活动，应由B公司承受法律后果。故对于债务人周某所负债务，保证人B公司应当向债权人C银行承担连带清偿责任。

难度： 中

考点： 法定代表人越权担保效力

命题和解题思路： 本题以司法实践中常见的公司法定代表人越权对外提供担保为切入点，考查其效力问题。对此，《民法总则》已有明确规定，对于法定代表人的越权行为有效与否，关键点取决于该法律行为相对人之主观状态属于善意还是恶意。

答案解析：

根据《民法总则》及《公司法》相关规定，法人的法定代表人以法人名义从事的民事活动，其法律后果由法人承受。《民法总则》第61条第3款新增了法定代表人越权行为规则："法人章程或者法人权力机构对法定代表人代表权的限制，不得对抗善意相对人。"如果相对人于实施法律行为之时，不知道或者不应当知道法定代表人的行为超越了该法人章程或者权力机构对其代表权的限制，即属于善意相对人；反之，知道或者应当知道法定代表人的行为超越了该法人章程或者权力机构对其代表权的限制，即属于恶意相对人。本题中，B公司负连带保证责任之约定由其法定代表人所签，且盖有公章，善意的债权人有理由相信法定代表人的行为系公司的真实意思表示，因此保证合同有效。

《公司法》第16条第1款规定："公司向其他企业投资或者为他人提供担保，依照公司章程的规定，由董事会或者股东会、股东大会决议；公司章程对投资或者担保的总额及单项投资或者担保的数额有限额规定的，不得超过规定的限额。"然而，本条对于公司法定代表人违反该款规定以公司名义对外提供担保所签合同的效力并未明确规定，这也一直是审判实务中的争议点。当前的主流观点（最高人民法院公报案例亦持这一立场）认为，该条为管理性强制规范而非效力性强制规范，其立法本意在于限制约束公司主体行为，仅涉及内部决策程序，而不得约束外部主体，因此违反该规定并不导致担保无效。

4. 依2018年出台的《关于审理涉及夫妻债务纠纷案件适用法律有关问题的解释》（不考虑司法解释溯及力问题），债权人丁某如欲主张李某对其丈夫郭某的20万元债务承担连带责任，能否得到法院支持？为什么？

答案： 不能得到法院支持，因为该笔个人借款并未用于夫妻共同生活，也非共同生产经营所负债务。

难度： 难

考点： 夫妻共同债务认定

命题和解题思路： 夫妻共同债务的认定是困扰实务审判的一大难题，学界对于《最高人民法院关于适用〈中华人民共和国婚姻法〉若干问题的解释（二）》第24条的夫妻共同债务推定规则的批判亦是由来已久。2018年1月，最高人民法院出台《关于审理涉及夫妻债务纠纷案件适用法律有关问题的解释》，试图对夫妻共同债务的认定规则予以进一步明确。解题时需注意，该司法解释放弃了饱受诟病的“时间推定”标准，而采用“债务用途”标准，对于举证责任的分配也有较大变化。

答案解析：

根据婚姻法及有关司法解释的规定，对于以夫妻一方个人名义所负债务，要认定为夫妻共同债务，必须符合“三共”标准之一：①夫妻另一方签字、事后追认（**有共同意思表示**）的债务；②为共同家庭日常需要所负债务；③超出家庭日常生活需要但用于夫妻共同生活、共同生产经营所负债务。本题中李某对郭某借款一事并不知情亦未追认，不属于夫妻的共同意思表示。同时，从20万元借款的金额、用途来看，可以认为超出了日常生活的需要。最后，该借款用于举债配偶所在公司的生产经营，而妻子并未参与其生产经营活动，难以认定为用于“夫妻共同生产经营”。因此，郭某对丁某的20万元债务应当认定为个人债务而非夫妻共同债务。李某对该债务不承担连带清偿责任。

5. 郭某对A房屋所设立的抵押合同及抵押权效力如何？相关民事责任如何承担？

答案： 抵押权未设立，但抵押合同有效。丁某可要求郭某在抵押物的价值范围内对债务承担连带清偿责任。

难度： 难

考点： 无权处分效力；不动产抵押；物权区分原则

命题和解题思路： 本题考查了对物权变动的“区分原则”以及合同效力规范的理解。解答此类题型时，只需注意对合同效力和物权变动效力分别进行构成要件判断，即可轻松应答。此外需注意，未办理登记的抵押合同并非一张“废纸”，仍具有一定的债权效力。

答案解析：

首先，根据《物权法》第187条，基于法律行为变动物权时，不动产抵押采登记生效主义。由于A房屋未办理抵押登记，故抵押权尚未设立。其次，夫妻一方擅自抵押夫妻共有房屋，无论是否构成无权处分，都不影响抵押合同效力。

由于抵押权未有效设立，债权人丁某不能行使抵押权而主张就A房屋的变价款优先受偿。但在债权合同（抵押合同）仍然有效的情况下，债权人丁某可基于抵押合同要求抵押人郭某履行合同义务，向其主张在A房屋的价值范围内对20万元借款债务承担清偿责任。

案例分析题四

一、试题

案情：

扫一扫 看微课视频

2011年5月，利达公司与凯威公司签订了《改性沥青加工合同》，约定利达公司提供基质沥青暂定2000吨，凯威公司加工成改性沥青，加工单价1250元/吨。同年6月19日至7月17日，凯威公司收到利达公司基质沥青1930.2吨，凯威公司为利达公司加工改性沥青1489.84吨。2011年12月6日，经凯威公司确认，凯威公司尚存有利达公司基质沥青440.36吨。2011年基质沥青单价4756元/吨。

2014年11月20日，利达公司向凯威公司发函催告返还剩余沥青，凯威公司随即告知库存基质沥青已经灭失，并声称利达公司尚欠付凯威沥青加工费约4万元。

经查，基质沥青如果在仓库中存放，避免日照和雨淋，可以存放2～3年。2011年12月6日至2014年11月20日期间，利达公司一直未向凯跃公司主张返还440.36吨基质沥青，凯威公司亦未通知利达公司基质沥青已经灭失的情况。

2015年，利达公司向一审法院起诉请求：凯威公司归还基质沥青440.36吨或支付按相应市价计算的沥青款及利息。

庭审中，凯威公司主张合同名义上虽是凯威公司与利达公司签订，但实际上是案外人靳某某冒名与对方公司签约并履行合同。签订合同时，凯威公司的公章由靳某某控制，凯威公司仅为靳某某开具发票，其并未收到基质沥青。

2017年，本案再审中，双方当事人均认可2017年基质沥青的价格为2700元/吨。

问题：

1. 若案外人靳某某冒用凯威公司名义属实，凯威公司是否应该承担涉案合同的相关责任？为什么？

2. 若利达公司尚欠付凯威公司加工费4万元属实，凯威公司是否可以就存留沥青行使相应留置权？为什么？

3. 依照《民法总则》的规定，利达公司基于物权主张凯威公司返还存留沥青的请求权，是否受诉讼时效限制？为什么？

4. 利达公司向改威公司主张沥青灭失的赔偿请求权，是否已过诉讼时效期间？为什么？

5. 假如你是再审法官，针对一审原告的实体请求，你将如何处理？并说明裁判理由。

［**案例来源：**最高人民法院（2017）最高法民再332号：辽宁顺达交通工程养护有限公司与盘锦凯跃经贸有限公司承揽合同纠纷案］

二、命题总思路

本题基于真实案例设题，案件经一审、二审至再审，说明焦点问题存在较大的理论与实务分歧，符合法考时代对考生主观能力的考查趋势。本题围绕一个加工承揽合同的订立和履行，综合考查无权代理合同的效力归属、留置权的构成、物权请求权和债权请求权的时效限制、财产损失赔偿的范围等知识点。

三、答案精讲

1. 若案外人靳某某冒用凯威公司名义属实，凯威公司是否应该承担涉案合同的相关责任？为什么？

答案：应当。靳某某的行为构成表见代理，或靳某某的无权代理被凯威公司追认。

难度：中

考点：表见代理；无权代理合同的追认

命题和解题思路：现实社会经济活动中，冒名行为时有发生，如何区分诈骗型冒名与代理型冒名，事关民事制度的适用和当事人利益保护。本题重点围绕无权代理的构成及其法律后果的归属设问，解题并不困难。

答案解析：

如靳某某擅自以凯威公司的名义签订并履行合同，因凯威公司的公章由靳某某控制，并由凯威公司开具涉案合同履行的发票，使得相对人利达公司有理由相信靳某某拥有代理权，成立表见代理。另外，2011 年 12 月 6 日凯威公司对剩余基质沥青进行了书面确认，也构成对靳某某无权代理的追认，代理行为对被代理人凯威公司有效，凯威公司应承担涉案合同的法律后果。

2. 若利达公司尚欠付凯威公司加工费属实，凯威公司是否可以就存留沥青行使相应留置权？为什么？

答案：可以行使留置权。加工承揽合同的剩余材料与加工合同存在牵连关系，符合留置权成立要件。

难度：中

考点：留置权的构成

命题和解题思路：本题考查留置权的适用范围和构成要件。加工合同中的原材料是否可以成为留置权的客体是解题关键。

答案解析：

《合同法》第264条规定："定作人未向承揽人支付报酬或者材料费等价款的，承揽人对完成的工作成果享有留置权，但当事人另有约定的除外。"一般情况下，占有工作成果成为加工人享有留置权的必要条件。但加工后的剩余材料也应属于加工人占有的"工作成果"范围，也具有留置权成立所需的"牵连关系"，可以成为加工人担保其加工费债权的留置物。凯威公司可就剩余原材料行使相应的留置权。

3. 依照《民法总则》的规定，利达公司基于物权主张凯威公司返还存留沥青的请求权，是否受诉讼时效限制？为什么？

答案：该物权返还请求权受诉讼时效的限制。因为沥青属于动产，当事人并未予以登记。

难度：中

考点：物权请求权诉讼时效制度变化

命题和解题思路：本题着重考查对《民法总则》关于诉讼时效客体的立法变化的理解和适用。针对性明确，难度较低。

答案解析：

本案在定做人提供原材料的加工承揽合同中，原材料以及工作成果属于定作人所有，定做人请求加工承揽人返还剩余原材料，属于物权请求权。在《民法通则》时代，基于物权本身效力的原物返还请求权，一般是不适用诉讼时效制度的。但《民法总则》第196条明确限定"不动产物权和登记的动产物权的权利人请求返还财产"不适用诉讼时效的规定，将"未登记的动产"的返还请求权纳入诉讼时效的适用范围。本题明确指示考生依照《民法总则》规定作答。

4. 利达公司向凯威公司主张沥青灭失的赔偿请求权，是否已过诉讼时效期间？为什么？

答案：未过诉讼时效期间。该请求权诉讼时效期间起算点为2014年11月20

日凯威公司告知库存基质沥青已经灭失之时，至2015年起诉时未届满2年。

难度：难

考点：诉讼时效的适用；时效期间的起算

命题和解题思路：本题的案件审理发生在《民法总则》施行之前。有关诉讼时效的规则适用和理论基础应遵照《民法通则》规定。

答案解析：

首先，利达公司基于物权受到侵害（沥青因管理不善而灭失）而产生的赔偿请求权是债权请求权，当然受诉讼时效期间的限制。其次，本案审理时，《民法总则》尚未施行，应按照旧法规定的期间和起算点处理。最后，该2年期间应自权利人知道受侵害时起算。2014年11月20日利达公司向凯威公司发函催告返还剩余沥青，凯威公司随即告知库存基质沥青已经灭失，至起诉时（2015年）未届满2年。

5. 假如你是再审法官，针对一审原告的实体请求，你将如何处理？并说明裁判理由。

答案：

1. 不支持第一项请求。现经证实，留存的基质沥青已经灭失，返还不能。

2. 支持第二项请求。存留沥青灭失，其相应价值存在偿还可能。加工人基于合同关系依法占有定作人的财产，具有法定保管义务，对保管物的毁损灭失应当承担赔偿责任。

3. 赔偿范围：按照损失发生时的市场价格计算，不应该按照合同订立或合同履行时的市场价格。在损失发生时间无法确定时，可按照庭审期间双方认可的市价2700元/吨计算。

4. 责任减免：原告利达公司对留存沥青长期怠于主张取回，对损失发生存在一定过失，应承担适当责任，即相应减少被告凯威公司基于前项赔偿标准下赔偿数额。

难度：难

考点：原物返还的条件、损害赔偿的请求权的基础、赔偿范围、免责事由

命题和解题思路：本题通过“考生判案”的设题模式，主要目的在于考查应试者对法律规则和法律基础理论的应用水平。但仍然是围绕民事责任的构成和承担进行设问考查。解题时切莫被这一“阵势”吓到！

答案解析：

依照物权法一般原理，返还原物请求权成立的前提是原物尚存，法院的裁判结果应该具有强制执行的可能性。本案既然可以查证涉案存留沥青已经灭失，就不应该支持第一项请求。

根据《合同法》第265条规定：“承揽人应当妥善保管定作人提供的材料以

及完成的工作成果，因保管不善造成毁损、灭失的，应当承担损害赔偿责任。”又根据《侵权责任法》第19条规定，侵害他人财产的，财产损失按照损失发生时的市场价格计算。物权损害赔偿请求权的救济是以对物的损失的填补为原则，对于种类物，在市场上可以购得，在不能返还原物的前提下，也无法确定沥青何时“损失”的，可按照双方当事人认可的该种类物的市场价格认定赔偿数额。

凯威公司对存留沥青的保管义务是基于加工承揽合同而产生，并非无因管理。基于有偿合同而产生的管理责任，不适用“轻过失免责”原则。留存沥青的灭失，也并非不可抗力因素导致，不存在此种免责事由。

根据《侵权责任法》第26条规定，被侵权人对损害的发生也有过错的，可以减轻侵权人的责任。本案中，2011年12月6日利达公司明知加工人处存留440.36吨基质沥青，但直至2014年11月20日，其间一直未向凯威公司主张返还。由于利达公司长期怠于取回剩余基质沥青，对可能出现的沥青数量或性能减损甚至灭失，应当承担相应责任。

2019

国家统一法律职业资格考试系列用书

命题人讲主观题

行政法与行政诉讼法

桑　磊◎主编
闫尔宝◎编著

中国经济出版社
CHINA ECONOMIC PUBLISHING HOUSE
中国石化出版社
HTTP://WWW.SINOPEC-PRESS.COM

图书在版编目（CIP）数据

命题人讲主观题．行政法与行政诉讼法/桑磊主编．
—北京：中国经济出版社：中国石化出版社，2018.12
2019 国家统一法律职业资格考试系列用书
ISBN 978-7-5136-5453-1

Ⅰ.①命… Ⅱ.①桑… Ⅲ.①行政法—中国—资格考试—自学参考资料 ②行政诉讼法—中国—资格考试—自学参考资料 Ⅳ.①D92

中国版本图书馆 CIP 数据核字（2018）第 267548 号

策划编辑 崔姜薇
责任编辑 崔姜薇 王建昌
责任印制 马小宾
封面设计 任燕飞装帧设计工作室

出版发行 中国经济出版社
印 刷 者 北京柏力行彩印有限公司
经 销 者 各地新华书店
开　　本 710mm×1000mm 1/16
印　　张 11.5
字　　数 206 千字
版　　次 2018 年 12 月第 1 版
印　　次 2018 年 12 月第 1 次
定　　价 32.80 元
广告经营许可证 京西工商广字第 8179 号

中国经济出版社 **网址** www.economyph.com **社址** 北京市西城区百万庄北街 3 号 **邮编** 100037
本版图书如存在印装质量问题，请与本社发行中心联系调换（联系电话：010-68330607）

>> PREFACE

前言

法考元年，考试主管机关经过多年酝酿，终于将考试分为客观题和主观题两个阶段，将主观题从司考时代的第四卷独立为一个阶段的考试，分值也从150分增至180分，同时考场上配备法律法规汇编，实现了客观题考查基础知识、主观题考查能力的不同分工，增强了考试的科学性，彰显了主管机关不断推进考试改革的决心。

一、首次主观题考试的特点

根据多年的相关经验，在“2018年桑磊法考主观题保过班”上，本人预测了首次主观题考试的四大特点，即理论性、融合性、开放性和限缩性。

（一）理论性显著增强。主观题考试考查考生运用法律知识解决实际问题的能力，在一定程度上，可以说就是考查理论深度。

（二）融合性突出。会出现两学科甚至多学科的交叉融合考查。这是试题形式上的最大变化。分两个层次：①刑法与刑诉结合、民法与民诉结合，甚至民法与商法、民诉结合。②再进一步，将民法、刑法、行政法结合，或者与司法制度、法律文书结合。

（三）开放性进一步得到体现。司考时期只有第四卷第七题是开放性试题，无标准答案，评阅时实行“双评”。法考时期，开放性试题会增多，允许有多个答案，只要言之有理、有理有据即可。

（四）限缩性趋势明显。这一特点主要在于主观题考试题量的变化方面。即法考主观题考试可能在原来卷四基础上增加一两道融合性试题，也可能减少题量，只出几道试题。法考未来的趋势是主观题数量会减少，通过少量的论述题即可考查考生的能力。

2018年首次法考主观题考试结束后，从广大考生的普遍反馈来看，上述四大特点基本得到了验证，特别是融合性和限缩性两个方面。在融合性方面，出现了一道“大民事”综合性试题，共13问，融合考查了民法、商法、民事诉讼法三科的相关知识要点；在限缩性方面，全卷只有6道试题，其中两道选做题择一，考生实际上只需做五道试题，与司考时代第四卷相比，题量减少了两道试题题量。

二、主观题考试趋势分析

由于首次主观题考试尚处于从司考向法考的过渡期，主管机关出于在改革的同时兼顾稳定性的考量，尚未大刀阔斧地进行试卷的调整。但可以预测的是，鉴于首次考试已经成功举办，且各方反应良好，接下来，主管机关将会对主观题试题进一步调整，以期充分发挥主观题考试的测试目的，真正实现考试改革的初衷。

2019年及之后的主观题考试会怎样考查呢？本人觉得有以下几点值得强调：

一是融合性继续扩大。在2018年出现一道综合性大题之后，2019年及之后会加大考查力度，有可能增加此种类型题目的命题数量，或者出现融合涉及三大实体法的试题。

二是限缩性进一步增强。多学科综合性试题增多之后，无须增加题量即可达到考查的目的，所以题量的长远趋势是继续削减。我国近年来的考试改革借鉴了大陆法系国家的成熟经验，从大陆法系国家的通行做法来看，只需少量试题即可实现对考生法律实际运用能力的考查。

三是主观性逐步强化。主观题之所以为主观题，是因为无论在考查目的上还是试题形式上，都与客观题明显不同。其中的一个显著特点是提问的笼统性，并且往往只设置极少提问，如前几年只设置了一问的刑法主观题（2017年、2015年、2014年、2009年）和第七题，这样才能真正考查考生的分析能力。而传统的、设有很多小问的案例分析大题并不是真正意义上的主观题，那样更类似客观题，其并不能实现主观题考试的测试目的。因此，长远来看，主观题的设问会减少，答案也将会更加开放。

根据以上主观题考试命题趋势，本人特意组织前命题人团队编写了本套用书。其中，撰写每个科目的作者老师均具有丰富的命题经验，他们在书中为大家分析了本学科的命题规律和趋势，提炼了解题思路，详细阐述了主观题考点，并对近十年的主观题进行了深入剖析。最后，每科为大家提供了3～5道高质量的模拟试题，其中有两科甚至多科的融合性试题，希望大家反复认真练习，力争掌握解题的诀窍。

另外，对于书中的经典真题和模拟试题，各科目的作者老师还分别录制了配套的微课讲解视频，大家在书中试题的位置手机扫码即可观看。自2019年1月开始，本人也会组织各科老师为大家带读考点内容，届时敬请广大读者关注“桑磊法考”微信公众号。

唯一深表遗憾的是，由于司法部没有公布2018年主观题，而考生的回忆版并不准确，从对考生读者负责的角度，本套书中暂未收录相关试题，而谨以前命题人团队在精准把握2019命题趋势的基础上，精心命制的各科目模拟试题以飨广大考生读者。

由于成书仓促，错误之处在所难免，恳请大家指正。

最后，预祝大家2019年度能够顺利通过主观题考试，圆梦法考！在法考之路上，我们将和大家同行！

桑　磊

2018年11月

>> CONTENTS 目录

第一部分　命题人讲命题

一、历年命题规律归纳

行政法与行政诉讼法部分的主观题主要有两种题型：一为案例分析题；二为论述题。其中，案例分析题相对简单，以考查法律知识为主；论述题多以材料分析的方式呈现，如2010年要求考生结合最高人民法院关于撤诉的司法解释和最高人民法院公报中的材料，分析解决行政争议的多元化途径。

近年来，这两种题型的命题规律有一定变化。就案例分析题而言，其考查内容有以下变化：

1. 从单纯的行政诉讼知识考查向行政实体法知识考查转变。
2. 从单一实体法知识考查向综合性实体法知识考查转变。
3. 从单纯的立法规定考查向法学原理考查转变。
4. 新法修订内容的考查比例逐渐增多。

就论述题而言，考查内容主要为结合党和国家的重大改革举措探讨改革措施与政府法治建设的关联。历年给出的材料从最初的法院内部改革措施到国务院重大改革措施。如2010年考查的协调、和解在解决行政争议中的作用问题。后来逐步增加了十八届四中全会决定、国务院“放管服”改革的内容（国务院注册登记制度改革、盐业体制改革等），甚至增加了实务资料，如李克强总理在全国深化简政放权放管结合优化服务改革电视电话会议上的讲话等。从考查内容来看，主要是要求考生根据提供的实务资料，阐述国家政策制定对法治政府建设的重要意义。

2009—2018年行政法与行政诉讼法主观题考点

	考点	分值	总分
2009	行政诉讼管辖	4	20
	法律适用	7	
	行政赔偿诉讼的审理	5	
	行政处罚的设定权	4	

续表

	考点	分值	总分
2010	材料分析题（检讨协调、和解方式解决行政争议的做法）	25	25
2011	行政许可	4	20
	治安管理处罚	1	
	行政诉讼受案范围	4	
	原告	3	
	管辖	2	
	行政诉讼审理对象	1	
	国家赔偿	5	
2012	具体行政行为的认定	3	22
	行政诉讼受案范围	3	
	行政诉讼的被告	2	
	级别管辖	2	
	起诉期限	2	
	第三人诉讼地位与不出庭后果	2	
	行政许可案件的审理	2	
	行政机关强制执行的程序	2	
	政府信息公开行政案件的审理方式与判决	4	
2013	政府信息公开诉讼的受理	4	21
	政府信息主动公开	5	
	政府信息公开制度的主要内容	6	
	政府信息主动公开的行政诉讼	6	
2014	公司登记管理与当事人违法行为的纠正	3	26
	具体行政行为的效力	5	
	行政处罚程序	4	
	法治政府的基本原理（公司注册资本登记制度改革在法治政府建设方面的意义）	14	
2015	行政许可的设定原则（公司设立登记和变更登记法律性质）	4	20
	行政诉讼原告、被告	4	
	行政诉讼审理和裁判对象	4	

续表

	考点	分值	总分
2015	行政诉讼的起诉与受理（立案登记制）	4	
	行政诉讼第一审判决（宣告与送达）	4	
2016	一问：行政许可的延续程序	2	24
	行政规范性文件的一并审查请求	3	
	行政案件的裁判（规范性文件审查之后的处理）	2	
	行政行为的性质（责令）、行政处罚与行政强制措施的区别	5	
	二问：政府信息公开的意义作用、公开与不公开的关系	12	
2017	一问：行政强制措施实施程序	3	23
	行政处罚的决定程序	2	
	行政许可的设定（设定权限和形式）	4	
	行政诉讼的被告（行政复议案件）	2	
	二问：行政法原理与应用（简政放权、放管结合、优化服务改革对推进政府职能转变，建设法治政府的意义）	12	
2018	具体行政行为的性质	4	28
	行政诉讼的当事人（被告）	4	
	行政强制执行程序	6	
	行政诉讼起诉与受理	2	
	行政机关负责人出庭应诉制度	6	
	行政诉讼举证责任分配	6	

二、2019 年命题趋势预判

从 2018 年行政法与行政诉讼法主观题命题情况来看，其考试题型依然是案例分析。在知识点方面，重点内容除传统的具体行政行为的性质判断、行政强制执行的程序、行政诉讼的被告资格确定、行政诉讼的起诉期限、行政赔偿诉讼的举证责任承担外，还增加了行政诉讼法新修订的制度，即行政机关负责人出庭应诉的相关规则。总体而言，2018 年行政法与行政诉讼法的主观题考试中规中矩，没有超出我们在“桑磊法考主观题保过班”中事先预测的知识点范围。

结合以上情况，2019 年行政法与行政诉讼法的主观题考试，有可能遵循以下基本趋势：

第一，案例分析题还可能作为单独题型。鉴于行政法的实用性特征，案例分析题依然还会作为典型考查题型。

第二，案例分析题考查的知识内容将趋于综合，考查将更加灵活。案例分析内容仍会覆盖三大行政行为法、政府信息公开、行政诉讼法及其司法解释的相关内容，同时不排除与民法、民事诉讼法、刑法、刑事诉讼法知识的融合。

第三，论述题是否作为考试题型，目前情况不是十分明朗。即使出论述题，预测考查的内容也将围绕着典型案例、重大决策的变化等讨论行政法学的基本原理应用。

三、2019 备考策略与解题方法

（一）应对策略

1. 基础知识要牢固掌握

无论主观题采用何种出题方式，都会围绕着既有的知识设计材料和问题，万变不离其宗。考生仍需重点复习三大行政行为、政府信息公开条例及其司法解释，行政复议法、行政诉讼法、国家赔偿法及其司法解释的基础知识。

2. 重点准备多年经常考查的知识点

结合客观题目考查内容，重点准备常考知识点——不出客观题，必然会出主观题。比如具体行政行为的界定和效力理论，三大行政行为的实施程序，政府信息公开范围与程序，行政诉讼受案范围、管辖制度、当事人确定、起诉期限、审理对象、判决方式等。

3. 注意新法修订后的内容

尤其是行政诉讼法和最高人民法院最新司法解释中重点规定的内容。比如受案范围、特殊地域管辖、原告与被告确定、行政机关负责人出庭应诉制度、复议维持案件的审理、规范性文件一并审理、行政诉讼附带民事诉讼、简易程序、确认违法无效确认判决等。

（二）解题思路与方法

1. 案例分析题

这种题型较为简单，命题人在此部分的命题目的依然是考查考生对相关知识的掌握程度。因此，案例分析题的解题方法与客观题类似，考生需要在充分研读案情的基础上，通过检索已有知识储备，找到考题与所学知识的关联，然后结合理论与立法规定做出针对性的解答。

2. 论述题

主要遵循以下步骤：

（1）认真阅读试题中给定的材料，掌握基本信息和核心信息；

（2）分析试题提出的问题，看题目是要求论述相关政策制定在法治政府建设中的意义，还是对法律制度改革本身做出理论上的评价。

（3）根据出题特点，分别做出相应回答。如果是阐释政策制定在法治政府建设中的意义，可以在分析法治政府建设基本内容的前提下，看相关政策或改革举措在哪些方面与法治政府建设具有关联，再依次解读；如果是评价法律制度改革本身，则首先需要确定法律制度所属的领域，是实体法还是程序法，在此基础上，再调动所学知识，展开对法律制度改革的分析。

第二部分　命题人讲考点

考点1　行政法的基本原则

命题分析

以前主观题的考查基本没有涉及行政法的基本原则。不过，在有的论述题当中，有时也会与行政法基本原则发生关联（2014 年、2017 年）。从发展趋势看，行政法的基本原则理论性强，便于出论述题。同时，随着司法实践对行政法基本原则的重视，案例分析大题也可能涉及行政法基本原则的运用。因此，需要考生对本部分知识有全面的了解和掌握。

考点解析

行政法的基本原则是指能够反映行政法本质和具体制度规则内在联系的共同性规则，对行政法的制定、修改和废止起到统领作用。其基本来源包括：立法、政策、司法判例以及学理阐述。作为法考考查对象的行政法基本原则包括以下六个：

一、合法行政原则

合法行政原则，国外也被称为依法行政原理，是行政法成立的基石。现代意义的行政权与立法权之间的基本关系是：行政权的产生与运作来源于立法规定和授权，行政机关的意志必须遵从立法机关及其代表的全体国民的意志，即行政处于立法之下。

合法行政原则的基本要求如下：

第一，**法律优先**。行政机关作出的一切行政行为都必须合法。具体要求是：①行政机关的行政行为不得与法律相抵触，行政机关不得作出违反现行有效法律的规定和决定；②行政机关有义务积极执行现行有效的法律规定，行政不作为同样属于违法。

第二，**法律保留**。没有法律、法规、规章的规定，行政机关不得作出影响相对人权益或者增加其义务的决定，即负担性行政行为必须有明确授权依据方能实施。

二、合理行政原则

合理行政原则的基本含义是行政机关作出的裁量决定应当符合理性，符合科学公理和社会公德。该原则包括三个子原则：

第一，**公平公正原则**。要求行政机关在执行职务时要平等对待行政相对人，不偏私、不歧视。

第二，**考虑相关因素原则**。要求行政机关作出裁量决定时，只能考虑符合立法授权目的的各种因素，不能考虑非相关因素。

第三，**比例原则**。该原则有三方面要求：①**合目的性**。指行政机关选择的手段必须能够实现行政目的。②**必要性**。在有多种手段能够实现行政目的的情况下，行政机关应当选择对相对人造成损害最小的手段。③**均衡性**。指行政机关选择的手段给相对人造成的侵害不能明显超过行政目的所体现的价值，在手段与目的之间保持均衡关系。

三、程序正当原则

程序正当原则是对行政行为实施程序提出的基本要求，具体包括以下子原则：

第一，**行政公开原则**。除涉及国家秘密和依法受到保护的商业秘密、个人隐私外，行政机关实施行政管理应当公开，以实现公民的知情权。

第二，**公众参与原则**。行政机关作出重要规定或者决定，应当听取公民、法人或者其他组织的意见。特别是作出不利于相对人的决定，要听取其陈述和申辩。

第三，**回避原则**。行政机关工作人员履行职责，与行政相对人有利害关系时，应当回避。

四、高效便民原则

高效便民原则的基本内容分为两个方面：

第一，**行政效率原则**。要求：①行政机关应当积极履行法定职责，禁止不作为或者不完全作为；②遵守法定时限，禁止超过法定时限或者不合理迟延。

例如，甲向工商机关提出办理法人登记的申请，工商机关超出了法定处理期限没有作出回复，甲多次询问、催促，工作人员均以各种理由推托。此种行为表现明显违反了行政效率原则，侵害到相对人的权益。

第二，**便利当事人原则**。在实施行政行为时，行政机关应尽量为相对人提供各种便利条件，减轻当事人办事的成本和负担。如《行政许可法》规定，行政机关办理行政许可，一般不收取任何费用；《行政复议法》规定，相对人提出复议申请，可以采用书面形式，也可以采用口头形式，由行政机关工作人员记录在案。

五、诚实守信原则

诚实守信原则的基本内容分为两个方面：

第一，**行政信息真实原则**。行政机关公布的信息应当全面、准确、真实。行政机关为其提供的各类信息的真实性负责。

第二，**保护相对人信赖利益原则**。非因法定事由并经法定程序，行政机关不得撤销、变更已经生效的行政决定；因国家利益、公共利益或者其他法定事由需要撤回或者变更行政决定的，应当依照法定权限和程序进行，并对相对人由此受到的财产损失给予相应补偿。

例如，某县政府发布文件规定，完成政府倡导的招商引资任务的当事人，可以在资金到位之日起6个月内，向政府申请到位资金的千分之二的奖励。李某通过努力，促使韩国某企业到该县投资建厂。当李某申请奖励时，县政府却予以拒绝。县政府的行为即违反了诚实守信原则要求。

六、权责统一原则

权责统一原则的基本要求是实现行政权力和法律责任统一，做到执法有保障、有权必有责、用权受监督、违法受追究、侵权须赔偿。具体包含以下内容：

第一，**行政效能原则**。行政机关要完成管理经济、社会和文化事务的职责，需要立法赋予其必要的管理手段，保证政令有效。

第二，**行政责任原则**。行政机关违法或者不当行使职权，应当依法承担相应法律责任。

例如，某区公安分局在没有充分调查取证的情况下，认定张某实施了扰乱学校正常教学秩序的行为，决定对其拘留5天并执行。张某不服提起行政诉讼，请求撤销拘留决定并申请赔偿。受案法院经审理，判决撤销了处罚决定，并判令某区公安分局赔偿张某人身自由受到侵害的损失。此案中，某区公安分局为其违法行为承担赔偿责任即体现了行政责任原则的要求。

考点2　具体行政行为的成立与效力

命题分析

“具体行政行为的成立与效力”属于行政法学基础理论的组成内容。从主观题考查内容来看，其考查方式十分灵活，往往给出具体的行政管理手段，让考生确定是否存在具体行政行为以及做出多少个具体行政行为（2012 年、2018 年），同时还会结合个案考查考生对行政行为的效力的理解（2014 年）。此外，具体行政行为的界定还常常与行政诉讼受案范围的判断发生关联，对考生进行综合知识考查。就考查趋势而言，此部分内容的考查仍会反复出现，且日趋灵活，不限于纯粹理论知识的背诵记忆。

考点解析

一、具体行政行为的定义

具体行政行为是指国家行政机关依法就特定事项对特定的行政相对人权利义务作出处理的单方行政行为。其基本要素包括以下几项：

1. 行为主体是国家行政机关。此处的国家行政机关应持广义理解，包含法律法规规章授权组织。

2. 行使行政职权。具体行政行为必须是与行使行政职权有关的行为，需要在行政机关与相对人之间发生**行政管理与被管理的关系**。如果行为主体是行政机关，但其并未行使行政职权，则其作出的行为不能称为具体行政行为。例如，行政机关租赁办公用房、购买少量办公用品等行为。此外，行使行政职权的特点也使具体行政行为区别于行政机关实施的其他属性的行政行为，比如公安机关具有行政管理和刑事侦查双重职能，但刑事侦查行为属于刑事司法行为，与行政管理无关，不属于具体行政行为。

3. 个别性。具体行政行为是**针对特定人和特定事项**作出的处理，与抽象行政行为相区别。抽象行政行为针对的事项不确定，对象不特定，具有反复适用特点，与具体行政行为存在较大区别。具体行政行为的个别性特点主要表现为以下几种形式：

第一，针对特定事项对特定人的处理。比如A向民政局申领救济金，民政局对其申请进行审查后作出的处理。又如，县政府发布通告，告知对特定小区实施旧城改造，需要征收该小区居民的房屋。此种情况下，通告行为作出时虽没有指向特点对象，但实际上相对人范围依然确定。

第二，就特定事项对可以确定范围的一群人作出的处理。比如某市政府发布决定，要求市内居民一次性缴纳100元城市建设费。公安交管部门发布公告，在特定的某个时段和特定区域禁止车辆通行。上述行为同样归属于具体行政行为。

第三，就特定事项对不特定的人作出的处理。比如市政府发布公告，宣布某座桥梁供公众使用。该行为针对的对象并不确定，但针对的事项却非常具体。类似行为较为特殊，但一般认为仍属于具体行政行为，在有些国家也被称为一般处分。

4. 单方性。与行政协议这一双方行政行为不同，具体行政行为更强调行为的**高权性与官方性**，即行政机关作出具体行政行为无须征得相对人的同意，可以依照职权自行作出决定。

5. 法效性。具体行政行为是法律行为，是直接对相对人权利义务作出处分的产生法律效果的行为。一旦作出具体行政行为，将**导致相对人权利义务的产生、变更、消灭或者相关法律事实得到确认**。由此与行政事实行为相区别。

行政事实行为是指不以设定、变更、消灭相对人的权利义务或者确认其权利义务为目的的行政活动形式。该类行为**既可以是一种意思表示，也可以是一种实际动作**。前者如行政机关召开新闻发布会，向公众通报信息，或者对违法行为进行提醒告诫，督促其行为合规；后者如在执法检查过程中，执法人员对相对人携带的物品进行查验，对违法行为涉及的物品进行清点记录等。

理解具体行政行为的法律行为属性，需要注意以下几点：

第一，法律效果的确定不拘泥于行为的形式。具体行政行为的法律效果可以体现于书面决定，也可以通过**标志、符号、口头、手势等形式体现出来，甚至单纯的沉默**。例如，对相对人延长行政许可期限的申请，行政机关超过法定期限未作答复，即依法推定为准许。

第二，法律效果应当由行政机关**表示于外部的意思加以判断，不限于决定文书的主文**，理由也可包括在内。例如，某区公安分局以甲实施打人行为为由，对其作出处罚决定，甲不服申请复议，市公安局复议认为，打人者并非甲而是第三人乙，据此撤销区公安分局的处罚决定。该复议决定的法律效果不但及于申请人甲，而且其认定的事实中指向了乙，对乙产生法律效果。

6. 外部性。具体行政行为须为行政机关就**社会公共事务针对外部相对人**实施的行为，而非对内部事务的处置，如行政机关相互之间的意见咨询、上下级行政机关之间的请示批复，行政机关对内部的人事、财务、外事活动的处理等，不属于具体行政行为。

二、具体行政行为的成立与效力

（一）具体行政行为的成立

是指具体行政行为在法律上的存在。即作为行政机关行使职权或履行职责的意思表示已经确定，并外化到外界可以认知的状态。具体行政行为成立之时即是行为存在之时，具体行政行为不成立，就不能对其进行法律评价。

具体行政行为的一般成立要件如下：

1. 主体要件。具体行政行为必须由具有行政管理资格的行政机关及具有具体执法主体资格的相应工作人员实施。

2. 职权要件。法定行政机关及其工作人员必须行使了法律法规规章授予的行政管理职权。公安机关在实施刑事侦查过程中作出扣押作案工具、冻结存款等行为，不能认为是实施具体行政行为。

3. 法律效果要件。法定行政机关作出的行为必须实际上设定、变更或消灭了相对人的权利义务，或者对某种法律关系、法律事实作出了确认。

4. 表示行为要件。行政机关的处分相对人权利义务或者确认法律关系、法律事实的意思表示内容必须能够为外界知晓。在程序上表现为行政机关按照法定程序和方式向相对人履行了送达手续，相对人实际知晓了具体行政行为的内容。

（二）具体行政行为的效力

具体行政行为的效力是指具体行政行为一经成立，即具有以国家强制力为保障的拘束效力。一般认为，具体行政行为具有以下几种效力：

1. 公定力。具体行政行为一经成立，除明显无效的情况外，应**对其作合法的推定**，任何机关、组织和个人均应予以尊重。公定力是一种对世的效力，对于所有的机关、组织和个人都适用。

2. 确定力。具体行政行为生效后，**其内容非依法不得争议和变更**。确定力分为两种：形式确定力与实质确定力。

形式确定力是指具体行政行为对相对人的一种法律效力，即**在行政复议或行政诉讼期限届满之后，相对人不能再要求改变其行为内容**，该效力的设置是为了保证行政管理秩序的及时稳定。

实质确定力是具体行政行为对行政机关而言的一种效力，指具体行政行为自向相对人告知之时起，**行政机关不得任意改变行为内容**，否则须承担相应法律责任。

3. 拘束力。具体行政行为一经生效，即对相对人和行政机关产生**约束和限制效力**。相对人必须按照具体行政行为的要求履行相应的义务，行政机关同样需要依照该决定做出相应行为。

4. 执行力。具体行政行为一经作出即**具有必须执行的效力**，相对人如不履行该行为所确定的义务，行政机关有权采取强制措施实现行为确定的义务或者达到与履行相同的状态。

（三）具体行政行为的无效、撤销与废止

1. 具体行政行为的生效

具体行政行为的生效指具体行政行为在符合特定要件时，开始产生形式效力。一般而言，具体行政行为的生效时间有以下几种情况：

（1）告知生效。行政机关通过公告、布告等方式使相对人知悉具体行政行为的内容。

（2）受领生效。具体行政行为的内容为相对人接受并领会。书面决定一般要送达本人，并由本人或者其委托人代为受领。口头决定自向相对人宣布之时即生效。

（3）**附款成立生效**。具体行政行为自附款所规定的法律事实——条件成就或者期限到来——发生之时生效。

2. 具体行政行为效力的停止与终止

相对人针对具体行政行为申请行政复议或提起行政诉讼后，在符合法律规定的情况下，行政复议机关可以决定、人民法院可以裁定暂时停止该具体行政行为的执行，由此导致具体行政行为的暂时中止。

具体行政行为效力的终止，也称为具体行政行为效力的消灭。导致该行为效力终止的原因包括：作为相对人的自然人死亡或者组织终止；具体行政行为

针对的标的物灭失——如要拆除的违章建筑被火灾焚毁等；具体行政行为设定的义务履行完毕；具体行政行为被有权机关撤销或者废止，等等。

3. 无效的具体行政行为

无效的具体行政行为指具体行政行为因**具有重大明显的法律缺陷而自始全然不发生法律效力**的状态。其特征有三：一是自始无效，自作出时即不具有约束力；二是当然无效，无须相对人主张，也无须经过法院或者行政主体的确认，该行为都是无效的；三是绝对无效。受到具体行政行为影响的相对人在任何时候都可以请求法院宣告具体行政行为无效。

导致具体行政行为无效的重大且明显的瑕疵有以下几种：①行为主体不明确，行政决定书没有载明作出主体；②行为主体明显超越权限作出决定，如甲地税务机关对乙地的个体户征收营业税属于明显超越地域管辖权，其行为无效；③内容不明确，相对人无法执行；④行为内容的执行导致相对人构成犯罪，如行政机关命令捕杀珍惜濒危动物；⑤行为内容不具有实现的可能。如要求违规排污企业短时间内建成污水处理设施；⑥行为明显缺乏事实根据，如没有任何证据即对公民作出拘留决定。

具体行政行为被宣告无效之后，原则上应当恢复到行为作出之前的状态。由于无效行政行为给相对人造成损失的，行政机关应承担赔偿责任。

（四）可撤销的具体行政行为

可撤销的具体行政行为指其违法尚未达到重大且明显的程度，需要由有权机关依法定程序否定该行为效力的具体行政行为。

有权撤销具体行政行为的机关包括：原行为作出机关；行为作出机关的上级机关；人民法院。

具体行政行为被撤销之后，**需要将该行为引起的法律后果恢复到行为作出之前的状态**。当然，出于维护国家利益、社会公共利益的考虑，有时**也可以使该行为自撤销之日起向后失效**。由于具体行政行为违法给相对人合法权益造成的损失，行政机关应当给予赔偿。

（五）具体行政行为的废止

具体行政行为的废止指行政机关依职权使具体行政行为**面向将来失去法律效力**的情况。

导致具体行政行为废止的主要原因包括：①具体行政行为所依据的法律、法规、规章、政策，已被有权机关修改、废止或者撤销。具体行政行为继续存续，将与现有法律状态相冲突。②具体行政行为所依据的客观事实发生重大变化或已不复存在，具体行政行为的存续失去事实基础。③具体行政行为所期望的法律效果已经实现，没有继续存在的必要。

具体行政行为被废止后，行为废止之前确立的法律状态不发生变化。如果由于具体行政行为废止导致相对人合法权益遭受重大损失，行政机关应给予必要补偿。

考点3 行政许可的种类、设定权限（兼及行政处罚、行政强制）

命题分析

行政许可的种类设定权限的分配是《行政许可法》规范的重点内容，在主观题考试中曾多次被考查（2011 年、2012 年、2015 年）。从考查内容来看，考查重点涉及行政许可的各种设定依据，尤其是地方性法规、规章的行政许可的设定权和规定权，此外，行政许可具体类型的区分（如认可与核准）也偶有出现。从考查趋势看，有关行政许可的种类、地方性法规、行政规章的许可设定权限、规定权的界限等内容仍是考查重点。同时，鉴于行政许可的设定权限常常与行政处罚、行政强制的设定权限综合考查（2009 年），也需要考生对照综合复习。

考点解析

一、行政许可的种类

《行政许可法》以“行政许可设定事项”的形式对该法调整的许可种类做了规定。据此，行政许可主要包括普通许可、特别许可、认可、核准和登记等几类，其具体区别如下：

	适用事项	功能	数量限制	举例
普通许可	直接涉及国家安全、公共安全、经济宏观调控、生态环境保护以及直接关系人身健康、生命财产安全等特定活动，需要按照法定条件予以批准的事项	防止危险，保障安全	无	排污许可 药品生产许可

续表

	适用事项	功能	数量限制	举例
特别许可	有限自然资源开发利用、公共资源配置以及直接关系公共利益的特定行业的市场准入等，需要赋予特定权利的事项	分配稀缺资源	有	海域使用许可 无线电频率许可
认可	提供公众服务并且直接关系公共利益的职业、行业，需要确定具备特殊信誉、特殊条件或者特殊技能等资格、资质的事项	保障和提升服务水准	无	法律职业资格证书 监理单位资质证书
核准	直接关系公共安全、人身健康、生命财产安全的重要设备、设施、产品、物品，需要按照技术标准、技术规范，通过检验、检测、检疫等方式进行审定的事项	防止危险，保障安全	无	民用航空器适航许可 电梯质量认证
登记	企业或者其他组织的设立等，需要确定主体资格的事项	确立主体资格	无	企业法人登记 社团登记

需要注意的是，《行政许可法》第3条第2款规定，有关行政机关对其他机关或者对其直接管理的事业单位的人事、财务、外事等事项的审批，不适用本法。据此，有两种审批行为不受许可法调整。**一是有关行政机关对其他机关人事、财务、外事等事项的审批**。如某行政机关要组织外事交流活动，以本部门名义签署属于本部门职权范围内事项的协定，需要经过财政、外事部门的审批，因其对象并非一般外部对象，审批部门行使的也非社会管理职能，此种审批行为不属于行政许可。**二是行政机关对直属事业单位有关事项的审批**。这种审批是基于行政机关对所属事业单位的直接隶属关系，不同于行政机关对一般性社会事务的管理，也不属于行政许可。

二、行政许可的设定权限和形式

行政许可的设定权限是指何种层次的立法文件可以设定普遍性禁止而需要由相对人提出申请才能从事相关活动。依照《行政许可法》规定，有关行政许可设定权分配的具体内容见下表：

2009—2018 年行政法与行政诉讼法主观题考点

	设定前提条件	特殊规定
法律	无	无
行政法规	尚未制定法律	无
国务院决定	行政管理必要	临时性许可。国务院应及时提请全国人大及其常委会制定法律，或者自行制定行政法规
地方性法规	尚未制定法律、行政法规	不得设定应由国家统一确定的资格、资质许可 不得设定企业或者其他组织的设立登记及其前置性许可 不得限制其他地区的个人或者企业到本地区从事生产经营和提供服务，不得限制其他地区的商品进入本地区市场
省级人民政府规章	尚未制定法律、行政法规和地方性法规 行政管理需要确需立即实施行政许可	临时性许可。实施满一年需要继续实施，须提请本级人大及其常委会制定地方性法规 省级政府规章不得设定的事项同立法对前述地方性法规的限制

除上述许可设定依据外，**其他规范性文件一律不得设定行政许可**。

关于行政处罚的设定权限分配如下：

全国人大及其常委会在制定法律时，不仅有权设定所有种类的行政处罚，且拥有人身自由罚的专有立法权。**国务院制定行政法规时，有权设定除限制人身自由以外的行政处罚**。省级人大、设区的市人大及其常委会制定地方性法规时，有权设定**除限制人身自由和吊销企业营业执照以外**的行政处罚。吊销营业执照是剥夺其行为能力或资格的最重的处罚，且我国已有统一的法律规定。国务院各部门规章和地方政府规章有权对违反行政管理秩序的行为设定**警告或者一定数量罚款**的行政处罚。此外，其他规范性文件不得设定行政处罚。

关于行政强制措施的设定权限分配如下：

（1）法律。行政强制法规定，行政强制措施由法律设定。

（2）行政法规。行政强制法规定，尚未制定法律，且属于国务院行政管理职权事项的，行政法规可以设定**除限制公民人身自由，冻结存款、汇款和应当由法律规定的行政强制措施以外**的行政强制措施。

（3）地方性法规。行政强制法规定，尚未制定法律、行政法规，且属于地方性事务的，地方性法规可以设定**查封场所、设施、财物和扣押财物**的行政强制措施。

此外，其他规范性文件不得设定行政强制措施。

三、行政许可的规定

行政许可的规定指在立法已就行政许可事项的设定权进行分配的情况下，下位法就许可事项的具体实施作出进一步细化规定，如明确许可具体实施步骤，规定应当提交的申请材料等。

关于行政许可的规定问题，《行政许可法》作出了以下规定：

第一，行政法规可以在法律设定的行政许可事项范围内，对实施该行政许可作出具体规定。

第二，地方性法规可以在法律、行政法规设定的行政许可事项范围内，对实施该行政许可作出具体规定。

第三，规章可以在上位法设定的行政许可事项范围内，对实施该行政许可作出具体规定。

第四，法规、规章对实施上位法设定的行政许可作出的具体规定，**不得增设行政许可**；对行政许可条件作出的具体规定，**不得增设违反上位法的其他条件**。

前述第四项规定尤其值得注意。所谓“下位法在对行政许可作出具体规定时，不得在上位法规定的许可之外增设行政许可”，以及“下位法不得在上位法规定的许可之外增设违反上位法的其他条件”，是**防止下位法借规定之名行侵夺上位法对许可的设定权之实**。违反前者规定是对许可设定权的“显性”侵犯；违反后者则是对许可设定权的“隐性”侵犯，因为依照《行政许可法》第18条规定，行政许可的设定权包括以下内容：规定行政许可的实施机关、条件、程序、期限。据此，增设条件也是侵夺许可的设定权。

考点4 行政许可的实施程序

命题分析

行政许可实施程序规定条文多，内容琐碎，一般出现在客观题之中，不过，2016 年主观题考试中，也涉及了行政许可的实施程序考查，主要考查的是行政许可的延续程序。因此，从考查趋势看，不排除以后的案例分析大题仍会对此部分问题进行考查，需要认真应对。

考点解析

一、行政许可的普通程序

行政许可的普通程序是指通常情况下行政机关作出许可行为所遵循的方式、步骤、顺序和时限。行政许可的普通实施程序包括以下环节：

（一）申请与受理程序

在申请与受理环节，涉及以下问题：

第一，相对人提出申请的形式和递交申请方式。相对人申请行政许可，应当递交申请。如果申请书需要采用格式文本的，行政机关应向申请人提供格式文本。格式文本中不得包含与申请行政许可事项没有直接关系的内容。此外，从便民原则出发，立法规定，除依法应当由申请人到行政机关办公场所提出行政许可申请的情况外，**申请人可以委托代理人提出行政许可申请**；行政许可申请可以通过**信函、电报、电传、传真、电子数据交换和电子邮件**等方式提出。

第二，行政机关的公示义务。行政机关应当将法律、法规、规章规定的有关行政许可的事项、依据、条件、数量、程序、期限以及需要提交的全部材料的目录和申请书示范文本等在办公场所公示。申请人要求行政机关对公示内容予以说明、解释的，行政机关应当说明、解释，提供准确、可靠的信息。行政机关应当建立和完善有关制度，推行电子政务，在行政机关的网站上公布行政许可事项，方便申请人采取数据电文等方式提出行政许可申请。

第三，申请人的诚信义务。申请人申请行政许可，**应当如实向行政机关提交有关材料和反映真实情况，并对其申请材料实质内容的真实性负责**。行政机关不得要求申请人提交与其申请的行政许可事项无关的技术资料和其他材料。

第四，对申请的处理。行政机关对申请人提出的行政许可申请，应当根据下列情况分别作出处理：

（1）申请事项依法不需要取得行政许可的，应当即时告知申请人不受理。

（2）申请事项依法不属于本行政机关职权范围的，应当即时作出不予受理的决定，并告知申请人向有关行政机关申请。

（3）申请材料存在可以当场更正的错误的，应当允许申请人当场更正。

（4）申请材料不齐全或者不符合法定形式的，应当**当场或者在五日内**一次告知申请人需要补正的全部内容，逾期不告知的，自收到申请材料之日起即为受理。

（5）申请事项属于本行政机关职权范围，申请材料齐全、符合法定形式，或者申请人按照本行政机关的要求提交全部补正申请材料的，应当受理行政许可申请。

第五，行政机关出具书面凭证义务。行政机关受理或者不予受理行政许可申请，应当出具加盖本行政机关专用印章和注明日期的书面凭证。

（二）审查和决定程序

对行政许可申请的审查分为形式审查和实质审查两种情况。

形式审查只对申请人提交的申请材料是否齐全，是否符合法定形式进行审查。

实质审查不但审查申请人提交的申请材料是否齐全，是否符合法定形式，还要进一步核实相关申请材料反映的事实是否客观真实。实质审查包括以下形式：

（1）核查。行政机关根据法定条件和程序，需要对申请材料的实质内容进行核实的，**应当指派2名以上工作人员进行核查**。

（2）上级机关书面复查。依法应当先经下级行政机关审查后报上级行政机关决定的行政许可，下级行政机关应当在法定期限内将初步审查意见和全部申请材料直接报送上级行政机关。

（3）听证核查。行政机关对行政许可申请进行审查时，发现行政许可事项直接关系他人重大利益的，应当告知该利害关系人。申请人、利害关系人有权进行陈述和申辩。行政机关应当听取申请人、利害关系人的意见。

（4）听证程序。**法律、法规、规章规定实施行政许可应当听证的事项，或者行政机关认为需要听证的其他涉及公共利益的重大行政许可事项，行政机关应当向社会公告，并举行听证**。

听证程序经过以下环节：

（1）申请。行政许可直接涉及申请人与他人之间重大利益关系的，行政机关在作出行政许可决定前，应当告知申请人、利害关系人享有要求听证的权利；申请人、利害关系人在被告知听证权利之日起**5 日内**提出听证申请的，行政机关应当在**20 日内**组织听证。**申请人、利害关系人不承担行政机关组织听证的费用**。

（2）通知。行政机关应当于举行听证的**7 日前**将举行听证的时间、地点通知申请人、利害关系人，必要时予以公告。

（3）召开听证会。听证应当公开举行。行政机关应指定审查该行政许可申请的工作人员以外的人员为听证主持人，申请人、利害关系人认为主持人与该行政许可事项有直接利害关系的，有权申请回避。举行听证时，审查该行政许可申请的工作人员应当提供审查意见的证据、理由，申请人、利害关系人可以提出证据，并进行申辩和质证；听证应当制作笔录，听证笔录应当交听证参加人确认无误后签字或者盖章。

在对行政许可申请进行审查之后，行政机关应当在法定期限内依法作出行政许可决定。

决定程序分为三种情况：

（1）当场决定程序。如果申请人提交的材料齐全、符合法定形式，行政机关主体能够当场作出决定的，当场作出书面许可决定。

（2）上级机关决定程序。对于某些依法应当报经上级机关审查后决定的，下级行政机关在法定期限内将初步审查意见和全部申请材料上报上级机关，由后者作出许可决定。

（3）限期作出决定程序。行政机关对行政许可申请进行审查后，在法定期限内按照规定程序作出许可决定。

关于行政许可决定的形式，《行政许可法》规定，申请人的申请符合法定条件、标准的，行政机关应当依法作出准予行政许可的**书面决定**。行政机关依法作出不予行政许可的书面决定的，应当说明理由，并告知申请人享有依法申请行政复议或者提起行政诉讼的权利。行政机关作出准予行政许可的决定，需要颁发行政许可证件的，应当向申请人颁发加盖本行政机关印章的下列行政许可证件：①许可证、执照或者其他许可证书；②资格证、资质证或者其他合格证书；③行政机关的批准文件或者证明文件；④法律、法规规定的其他行政许可证件。

（三）行政许可的期限

关于行政许可的期限，主要分为以下几种情况：

	期限规定	特殊规定
一般期限	自受理许可申请之日起**20日内**作出许可决定	20日内不能作出决定的，经本行政机关负责人批准，可延长10日，并将延长期限的理由告知申请人。法律、法规另有规定的，依其规定
特殊期限	统一办理或者联合办理、集中办理的，办理时间不得超过45日	45日内不能办结的，经本级人民政府负责人批准，可以延长15日，并将延长期限的理由告知申请人
报请上级复查时的审查期限	下级行政机关应当自受理许可申请之日起20日内审查完毕	法律、法规另有规定的，依照其规定
许可决定送达期限	自决定之日起10日内送达许可证件	

（四）许可的变更与延续

行政许可的变更指申请人取得行政许可之后，要求变更许可事项。被许可人要求变更行政许可事项的，应当向作出行政许可决定的行政机关提出申请；符合法定条件、标准的，行政机关应当依法办理变更手续。

行政许可的延续指申请人取得的行政许可到期要求延长许可证期限的情况。被许可人需要延续依法取得的行政许可的有效期的，应当在该**行政许可有效期届满30日前**向作出行政许可决定的行政机关提出申请。但是，法律、法规、规章另有规定的除外。**行政机关应当根据被许可人的申请，在该行政许可有效期届满前作出是否准予延续的决定；逾期未作决定的，视为准予延续**。

二、行政许可的特别程序

行政许可的特别程序适用于普通行政许可以外的其他行政许可种类。概括起来，特别程序主要有以下几种情况：

	适用程序	特别规定
特许	招标、拍卖等公平竞争方式	按照招标、拍卖程序确定中标人、买受人后，作出准予行政许可的决定，并向中标人、买受人颁发许可证件 行政机关不采用招标、拍卖方式，或者违反招标、拍卖程序，损害申请人合法权益的，申请人可申请行政复议或提起行政诉讼

续表

	适用程序	特别规定
认可	赋予公民特定资格的，依法举行国家考试 赋予法人或其他组织资格、资质的，根据申请人的专业人员构成、技术条件、经营业绩和管理水平等的考核结果作出决定	公民特定资格的考试依法由行政机关或者行业组织实施，公开举行 行政机关或者行业组织应当事先公布资格考试的报名条件、报考办法、考试科目以及考试大纲。但不得组织强制性的资格考试的考前培训，不得指定教材或者其他助考材料
核准	按照技术标准、技术规范依法进行检验、检测、检疫，根据检验、检测、检疫结果作出许可决定	实施检验、检测、检疫，应自受理申请之日起5日内指派两名以上工作人员进行检验、检测、检疫。不需要对检验、检测、检疫结果作进一步技术分析即可认定设备、设施、产品、物品是否符合技术标准、技术规范的，当场作出决定 根据检验、检测、检疫结果，作出不予许可决定的，应书面说明不予行政许可所依据的技术标准、技术规范
登记	申请材料齐全、符合法定形式的，行政机关当场予以登记	需要核实的，行政机关应指派两名以上工作人员进行核查后决定

考点5　行政处罚的程序

命题分析

在主观题中不常见对行政处罚实施程序的考查。目前来看，2014 年主观题中考查了听证程序的适用情形及其具体操作。不过，从考查趋势看，在案例分析大题中，难免在一些小问题中涉及行政处罚的实施程序。为此，考生同样要对此部分内容认真准备。

考点解析

一、行政处罚一般程序

行政处罚的一般程序需要经过以下环节：

（一）立案

行政机关对检举、控告或者本机关在执法检查中发现的违法情况或者较大嫌疑问题，认为有进一步调查的必要时，决定专项查处。

（二）调查取证

行政机关在立案之后，要**全面、客观、公正地**进行调查，收集有关证据，以确定相对人是否确实实施违法行为，其违法的事实、情节和社会危害程度是否严重等。关于调查取证环节，《行政处罚法》作出了以下特殊规定。

（1）行政机关实施调查或检查的执法人员**不得少于2人**，并应当向当事人或者有关人员出示证件。询问或者检查应当制作笔录。执法人员与当事人有直接利害关系的，应当回避。

（2）调查收集证据的方法。行政机关在收集证据时，可以采取**抽样取证**的方法；在**证据可能灭失或者以后难以取得**的情况下，经行政机关负责人批准，可以**先行登记保存**，并应当在**7日**内及时作出处理决定，在此期间，当事人或者有关人员不得销毁或者转移证据。

（三）审查证据，听取申辩

行政执法人员在调查取证之后，应当对调查的事实和取得的证据进行分析判断，对案情形成总体认识，提出案件的处理建议，报送主管领导审批。在对案件有了初步处罚意见、作出正式行政处罚决定之前，行政机关应当**告知当事人作出行政处罚决定的事实、理由及依据，并告知当事人依法享有的权利**。当事人有权进行陈述和申辩。行政机关必须充分听取当事人的意见，对当事人提出的事实、理由和证据，应当进行复核；当事人提出的事实、理由或者证据成立的，行政机关应当采纳。

（四）作出书面行政处罚决定

调查终结，行政机关负责人应当对调查结果进行审查，根据不同情况，分别作出如下决定：

（1）确有应受行政处罚的违法行为的，根据情节轻重及具体情况，作出行政处罚决定；

（2）违法行为轻微，依法可以不予行政处罚的，不予行政处罚；

（3）违法事实不能成立的，不得给予行政处罚；

（4）违法行为已构成犯罪的，移送司法机关。

对情节复杂或者重大违法行为给予较重的行政处罚，行政机关的负责人应当**集体讨论**决定。行政机关作出行政处罚，应当制作行政处罚决定书。行政处罚决定书必须盖有作出行政处罚决定的行政机关的印章。

根据《行政处罚法》第24条规定，对当事人的同一个违法行为，不得给予两次以上罚款的行政处罚。该条规定被称为行政处罚的“一事不再罚”原则。其基本含义是**针对相对人的一个违法行为，不能给予多次罚款处罚，**否则即出现“过罚失当”，违背公正原则。该原则提出以下要求：

情形	规则	备注
相对人实施一个违法行为	不能重复给予处罚	同一违法行为指相对人实施某一个违法行为触犯了单一行政法律规范
相对人出现违法竞合时	只能给予一次罚款，其他处罚种类仍可适用	违法竞合是指相对人实施的违法行为同时触犯多个行政法律规范，数个行政机关均可实施处罚的情况
相对人违法行为构成犯罪的	行政处罚内容和刑罚内容具有相同性质的，按有关规定进行折抵	先期拘留折抵拘役或有期徒刑 先期罚款折抵罚金

（五）宣告或送达处罚决定书

行政处罚决定书应当在宣告后当场交付当事人；当事人不在场的，行政机关应当在**七日内**依照民事诉讼法的有关规定，将行政处罚决定书送达当事人。

二、行政处罚简易程序

简易程序是行政机关针对事实清楚、情节简单、后果轻微的行政违法行为当场进行处罚的程序。

行政处罚简易程序的适用条件是：

（1）**违法事实确凿**，有充分证据证明违法事实的存在。

（2）**有法定依据**，违法行为是法律法规或者规章明确规定应予处罚的行为，且有处罚程度较轻的处罚种类和罚款幅度。

（3）处罚程度较轻，**对公民处以50元以下，对法人或其他组织处以1000元以下罚款或警告**的行政处罚。

行政处罚简易程序按照下述规则进行：

（1）执法人员向当事人出示执法身份证件。

（2）告知当事人对其处罚的事实、理由和依据，听取当事人的陈述和申辩，并决定是否采纳。

（3）填写预定格式、编有号码的行政处罚决定书；决定书应载明当事人的违法行为、处罚依据、罚款数额、时间、地点以及行政机关名称，由执法人员签名或盖章。

（4）处罚决定书制作好后，当场交付当事人，并报所属行政机关备案。

三、行政处罚听证程序

行政处罚听证程序指行政机关在作出处罚决定之前，指派专人主持听取案件调查人员和当事人就案件事实、处罚理由及适用依据进行陈述、质证和辩论的法定程序。

（一）听证程序适用情形

听证程序适用于以下行政处罚种类：**责令停产停业、吊销许可证或者执照、较大数额罚款等行政处罚决定**。当然，根据最高人民法院发布的第6号指导案例（黄泽富、何伯琼、何熠诉四川省成都市金堂工商行政管理局行政处罚案）的裁判要点，**行政机关作出没收较大数额涉案财产的行政处罚决定时，未告知当事人有要求举行听证的权利或者未依法举行听证的，人民法院应当依法认定该行政处罚违反法定程序**。据此，适用听证程序的行政处罚不限于法律列举的几种，只要行政机关作出的处罚决定在对相对人的权益影响上达到与列举的几种行政处罚种类相同或类似程度，行政机关都有必要告知当事人有权申请听证。

依照《行政处罚法》第42条第2款规定，当事人对限制人身自由的行政处罚有异议的，依照治安管理处罚法有关规定执行。《治安管理处罚法》第98条规定，公安机关作出**吊销许可证以及处2000元以上罚款**的治安管理处罚决定前，应当告知违反治安管理行为人有权要求举行听证；违反治安管理行为人要求听证的，公安机关应当及时依法举行听证。据此，**治安拘留决定通常适用一般程序**。

对于行政处罚是否适用听证程序是历年考试考查的重点。此处举出以下几例，请判断，下列哪种情况适用听证程序：

（1）工商局扣押某违规企业价值200万元的商品。

（2）交通局吊销某运输企业的道路运输经营许可证。

（3）区环保局责令排放污染物严重的某公司停业整顿。

上述第一种情形中，扣押行为因不属于行政处罚（行政强制措施），强制措施不适用听证程序；第二、第三种情形中，吊销企业道路运输经营许可证、责令停业整顿都属于能力罚的处罚种类，符合《行政处罚法》适用听证程序的规定，应当适用听证程序。

（二）听证程序的具体操作

1. 听证申请。行政机关告知被处罚人有请求听证的权利；被处罚人应在**3日内**提出听证要求。

2. 听证通知。行政机关应在**听证的7日前**通知被处罚人举行听证的时间、地点。

3. 听证公开进行。除涉及国家秘密、商业秘密或个人隐私外，听证公开举行。

4. 听证的主持和参与。听证由行政机关指定的**非本案调查人员主持**；当事人有申请回避的权利，当事人可以亲自参加听证，也**可委托一至二人代理**。举行听证时，调查人员提出当事人违法的事实、证据和行政处罚建议；当事人进行申辩和质证。

5. 听证应当制作笔录。笔录应当交当事人审核无误后签字或者盖章。

听证结束后，行政机关依照《行政处罚法》的规定，作出决定。

考点6　治安管理处罚程序

命题分析

从往年的考查内容看，治安管理处罚程序不仅是客观题考查重点，在主观题考试中也曾出现（2011年）。由于今后案例分析大题仍将成为主观题考查的基本方式，而治安管理处罚又是常见的行政诉讼案件种类，所以，对于治安管理处罚的程序规则，要作为重点复习的对象。

考点解析

治安行政处罚程序分为三个阶段：

（一）调查

1. 受理案件。案件来源有以下途径：报案、控告、举报或者违反治安管理行为人主动投案，以及其他行政主管部门、司法机关的移送。对于上述来源，公安机关应当及时受理并进行登记。受理后认为属于违反治安管理行为的，应立即进行调查；认为不属于违反治安管理行为的，应当告知报案人、控告人、举报人、投案人，并说明理由。

2. 案件调查。具体内容包括：第一，依法调查；第二，人民警察的回避义务；第三，调查手段的具体实施。调查的主要目的是确认当事人有无违法行为以及违法行为的性质、情节和社会危害程度的大小等。

调查的具体实施遵循以下规则：

（1）传唤。经公安机关办案部门负责人批准，使用**传唤证**传唤违法行为人，必要时可以强制传唤。对现场发现的违反治安管理行为人，人民警察**经出示工作证件，可以口头传唤**，但应当在询问笔录中注明。

（2）询问查证。询问查证不得超过**8 小时**；情况复杂，依法可能适用行政拘留处罚的，询问查证的时间不得超过**24 小时**。公安机关应当及时将传唤的原因和处所通知被传唤人家属。询问制作笔录，并交被询问人核对。经确认笔录无误后，由被询问人签名或者盖章，人民警察也应在笔录上签名。**询问不满十六周岁的违反治安管理行为人，应当通知其父母或者其他监护人到场**。询问被侵害人或者其他证人，可以到其所在单位或者住处进行；必要时，也可以通知其到公安机关提供证言。人民警察在公安机关以外询问被侵害人或者其他证人，应当出示工作证件。

（3）检查。公安机关对与违反治安管理行为有关的场所、物品、人身可以进行检查。检查时，**人民警察不得少于 2 人**，并应当出示工作证件和县级以上人民政府公安机关开具的检查证明文件。对确有必要立即进行检查的，经出示工作证件，可以当场检查，但**检查公民住所应当出示县级以上人民政府公安机关开具的检查证明文件**。检查妇女的身体，应当由女性工作人员进行。检查的情况应当制作检查笔录，由检查人、被检查人和见证人签名或者盖章；被检查人拒绝签名的，人民警察应当在笔录上注明。

（4）扣押物品。公安机关可以扣押与案件有关的需要作为证据的物品，**对被侵害人或善意第三人合法占有的财产，不得扣押，应当予以登记**。对与案件无关的物品，不得扣押。对扣押的物品应当当场**开列清单一式二份**，由调查人员、见证人和持有人签名或者盖章，一份交给持有人，另一份附卷备查。对扣押的物品应当妥善保管，不得挪作他用；对不宜长期保存的物品，按照有关规定处理。经查明与案件无关的，应当及时退还；经核实属于他人合法财产的，应当登记后立即退还；**满 6 个月**无人对该财产主张权利或者无法查清权利人的，应当公开拍卖或者按照国家有关规定处理，所得款项上缴国库。

（5）鉴定。需要解决案件中有争议的专门性问题的，应指派或聘请具有专门知识的人员进行鉴定；鉴定人鉴定后，应当写出鉴定意见并签名。

（二）决定

1. 处罚决定机关。治安管理处罚由县级以上人民政府公安机关决定；其中**警告、500 元以下的罚款可以由公安派出所决定**。

2. 折抵。对决定给予行政拘留处罚的人，在处罚前已经采取强制措施限制人身自由的时间，应当折抵。**限制人身自由一日折抵行政拘留一日**。

3. 证据。对没有本人陈述，但其他证据能够证明案件事实的，公安机关可以作出治安管理处罚决定。但是，只有本人陈述，没有其他证据证明的，不能作出治安管理处罚决定。

4. 当事人的程序权利。公安机关作出治安管理处罚决定前，应当告知违反治安管理行为人作出治安管理处罚的事实、理由及依据，并告知违反治安管理行为人依法享有的权利。**违反治安管理行为人有权陈述和申辩。公安机关必须充分听取意见**，对相关事实、理由和证据，进行复核；相关事实、理由或者证据成立的，公安机关应当采纳。公安机关不得因违反治安管理行为人的陈述、申辩而加重处罚。

5. 作出处理决定。治安案件调查结束后，公安机关根据不同情况，分别作出给予处罚、不予处罚、移送追究刑事责任等处理。作出治安管理处罚决定的，应当制作治安管理处罚决定书。决定书应当载明下列内容并加盖公安机关印章：①被处罚人的姓名、性别、年龄、身份证件的名称和号码、住址；②违法事实和证据；③处罚的种类和依据；④处罚的执行方式和期限；⑤对处罚决定不服，申请行政复议、提起行政诉讼的途径和期限；⑥作出处罚决定的公安机关的名称和作出决定的日期。

6. 送达。公安机关应当向被处罚人宣告治安管理处罚决定书，并当场交付被处罚人；无法当场向被处罚人宣告的，应当**在二日内**送达被处罚人。决定给予行政拘留处罚的，应当及时通知被处罚人的家属。**有被侵害人的，公安机关应当将决定书副本抄送被侵害人**。

7. 听证程序。公安机关**作出吊销许可证**以及**处 2000 元以上罚款**的治安管理处罚决定前，应当告知违反治安管理行为人有权要求举行听证；违反治安管理行为人要求听证的，公安机关应当及时依法举行听证。

8. 办案期限。公安机关办理治安案件的期限，自受理之日起**不得超过30日**；案情重大、复杂的，经上一级公安机关批准，可以**延长30日**。但进行鉴定的期间不计入办理治安案件的期限。

此外，违反治安管理行为事实清楚，证据确凿，**处警告或者200元以下罚款**的，可以当场作出治安管理处罚决定。当场作出处罚决定的，经办的人民警察应当在**24小时内**报所属公安机关备案。

（三）执行

《治安管理处罚法》重点规定了拘留和罚款决定的执行问题。

1. 拘留处罚决定的执行

对被决定给予行政拘留处罚的人，由作出决定的公安机关**送达拘留所执行**。

被处罚人不服拘留处罚决定，申请行政复议、提起行政诉讼的，**可以向公安机关提出暂缓执行行政拘留的申请**。公安机关认为暂缓执行行政拘留不致发生社会危险的，由被处罚人或者其近亲属提出符合法定条件的担保人，或者**按每日行政拘留200元的标准交纳保证金，**行政拘留的处罚决定暂缓执行。行政拘留的处罚决定被撤销，或者行政拘留处罚开始执行的，公安机关收取的保证金应当及时退还交纳人。

2. 罚款决定的执行

受罚款处罚的人应当自收到处罚决定书之日起**15日内**，到指定的银行缴纳罚款。

有下列情形之一的，人民警察可以当场收缴罚款：①**被处50元以下罚款，被处罚人对罚款无异议的；**②在边远、水上、交通不便地区，公安机关及其人民警察依照本法的规定作出罚款决定后，被处罚人向指定的银行缴纳罚款确有困难，经被处罚人提出的；③被处罚人在当地没有固定住所，不当场收缴事后难以执行的。人民警察当场收缴的罚款，应当自收缴罚款之日起**2日内**，交至所属的公安机关，公安机关应当自收到罚款之日起2日内将罚款缴付指定的银行。

考点7　行政强制措施的界定（兼与其他行政行为的区别）

命题分析

从主观题命题情况来看，行政强制措施的界定往往与具体行政行为的界定、行政处罚、行政命令等一并进行考查。常见的题目为区分个案中行政机关实施的行为具有何种法律性质（2016年），其实质是判断具体行政行为是属于行政处罚，还是属于行政命令或行政强制措施。鉴于本部分内容具有较强的理论性，从考查趋势来看，以后在案例分析大题中，还将会不时出现。

考点解析

一、行政强制措施的界定

行政强制措施是指行政机关在行政管理过程中，为制止违法行为、防止证据损毁、避免危害发生、控制危险扩大等情形，依法对公民的人身自由实施暂时性限制，或者对公民、法人或者其他组织的财物实施暂时性控制的行为。

行政强制措施具有以下特征：

第一，行为的实施**不以确定义务的行政决定的先行存在**为前提。行政强制措施是为了制止违法行为、防止证据毁损、避免危害发生、控制危险扩大的紧急情况下实施，需要行动得迅速与及时，其作出往往不以行政决定的存在为前提。

第二，强制性。行为一旦实施，即直接构成对相对人的人身和财产的控制和限制。

第三，**临时性和辅助性**。临时性是指采取行政强制措施后，一旦相关违法、危险状态消失，行政强制措施的实施即失去意义，行为应即刻停止；辅助性是指行政强制措施的实施往往是为了保障行政决定的作出，或者为了保证后续行政决定的执行。

第四，非制裁性。行政强制措施的实施，不以受控相对人违法为前提，本身是限权而非制裁。

二、行政强制措施与其他具体行政行为的区别

（一）行政强制措施与行政强制执行

行政强制执行是指行政机关或者行政机关申请人民法院，对不履行行政决定的公民、法人或者其他组织，依法强制履行义务的行为。

根据该定义可知，行政强制执行具有以下特征：

第一，行为的实施以相对人不履行行政决定确定的义务为前提。①相对人所负义务是生效的行政决定确定的义务；②相对人不履行义务是基于主观上的故意或者过失，而不是客观上无法履行；③相对人不履行义务已超过法定期限或行政决定指定的履行期限。

第二，实施行政强制执行的主体是法定有权机关，包括行政机关和有管辖权的人民法院。

第三，行为的依据是已生效的行政决定。在决定作出与强制执行实施之间一般有一个过程，由此与即时强制相区别。

第四，行为的目的是迫使相对人履行义务或者达到与履行义务相同的状态。

行政强制措施与行政强制执行的区别见下表：

	行政强制措施	行政强制执行
前提不同	不以相对人不履行法定义务为前提	以相对人不履行行政决定义务为前提
目的不同	制止违法行为、防止证据损毁、避免危害发生、控制危险扩大等，保证行政决定的作出和将来的执行	迫使相对人履行既有义务或者达到与履行义务相同的状态
起因不同	行为，或者某种状态、事件	相对人不履行决定义务的行为
行为过程定位	一般发生最终决定之前	最终决定作出之后

（二）行政强制措施与行政处罚

依照《行政处罚法》规定，行政处罚包括以下种类：①警告；②罚款；③没收违法所得、没收非法财物；④责令停产停业；⑤暂扣或者吊销许可证、暂扣或者吊销执照；⑥行政拘留；⑦法律、行政法规规定的其他行政处罚。

在上述种类中，有些处罚种类与行政强制措施之间可能存在一定的相似性，比如责令停产停业、暂扣许可证、执照等。在实践中，容易引发争议。以下就行政强制措施与行政处罚的区别列表如下：

	行政强制措施	行政处罚
性质	行政法律行为或者事实行为	行政法律行为
目的	制止违法行为、防止证据损毁、避免危害发生、控制危险扩大等，保证行政决定的作出和将来的执行	对违法行为人实施制裁
行为过程定位	一般发生在终局决定作出之前	终局处理决定
时间持续	暂时性	决定作出，效力持续

在实践中，对政府作出的责令行为究竟属于何种性质的行政行为往往存在争议。例如，《行政处罚法》第23条规定，行政机关实施行政处罚时，应当责令当事人改正或者限期改正违法行为。对于该条规定的责令改正或责令限期改正违法行为，究竟属于何种性质的行政行为，一直存在争议。我们认为，应当区分不同情况，分别确定责令行为的法律性质。

第一，如果责令行为实施于行政执法程序终点，没有后续的行政处理措施，且不具有制裁性，可根据其设定相对人作为或者不作为义务的性质，可将之归类于**行政命令行为**。如《税收征收管理法》第32条规定，纳税人未按照规定期限缴纳税款的，扣缴义务人未按照规定期限解缴税款的，税务机关除责令限期缴纳外，从滞纳税款之日起，按日加收滞纳税款万分之五的滞纳金。此处的责令限期缴纳，属于行政命令行为。

第二，如果责令行为实施于行政执法程序终点，没有后续行政处理措施，但具有一定制裁性，则可将之归类于**行政处罚行为**。如《森林法》第39条规定，盗伐森林或者其他林木的，依法赔偿损失；由林业主管部门责令补种盗伐株数十倍的树木，没收盗伐的林木或者变卖所得，并处盗伐林木价值三倍以上十倍以下的罚款……该条规定的责令补种树木的数量多于盗伐的林木数量，具有了一定的惩戒性，可归类于行政处罚行为。当然，《行政处罚法》规定的责令停产停业，显然属于行政处罚行为。

第三，如果责令行为实施于行政执法过程中，责令行为实施后，还将有后续的处理措施，该责令行为发生在情况相对紧急时，则可将其归类于**行政强制措施**。如《矿产资源法》第39条规定，违反本法规定，未取得采矿许可证擅自采矿的，擅自进入国家规划矿区、对国民经济具有重要价值的矿区范围采矿的，擅自开采国家规定实行保护性开采的特定矿种的，责令停止开采、赔偿损失，没收采出的矿产品和违法所得，可以并处罚款；拒不停止开采，造成矿产资源破坏的，依照《刑法》第156条的规定对直接责任人员追究刑事责任。如果在紧急情况下，有矿产资源管理部门作出责令停止开采决定的，具有紧急制止违法行为的性质，即可归类于行政强制措施。

第四，如果责令行为的内容在于解决当事人之间的民事纠纷，尤其是责令一方当事人承担一定的金钱给付义务，则责令行为也可归类于**行政裁决**。

总之，关于责令行为的具体性质如何，需要结合个案的具体情况，结合行政处罚、行政强制措施、行政命令和行政裁决等行为的实质特点，进行综合判断。

考点8 行政强制措施的实施程序

命题分析

《行政强制法》重点规范的是行政强制行为的实施程序，该部分不但是客观题的命题热点，同时也会出现在某些年度的主观题之中（2017年）。从考查内容来看，命题人对扣押这一行政强制措施的实施程序一直青睐有加，内容涉及行政强制措施的一般程序和特别程序。也就是说，扣押行为的实施程序规范既涉及一般实施程序的规定，也涉及特别程序的规定，命题人常常将两种规范内容合在一起进行考查。今后的案例分析大题中还可能会出现对此问题的考查，需要给予必要重视。

考点解析

一、实施行政强制措施的主体

（一）行政强制措施由法定行政机关实施

鉴于行政强制措施的强制特征，《行政强制法》明确规定，只有**法律、法规规定的行政机关**才能在其法定职权范围内实施。此处的法律、法规均为狭义理解，不包括行政规章。

（二）行政强制措施权不能委托行使

《行政处罚法》第18条第1款规定，行政机关依照法律、法规或者规章的规定，可以在其法定权限内委托符合本法第19条规定条件的组织实施行政处罚。《行政许可法》第24条第1款规定，行政机关在其法定职权范围内，依照法律、法规、规章的规定，可以委托其他行政机关实施行政许可。上述两部法律虽然对处罚权和许可权委托行使的规定存在差异，但毕竟均认可处罚权和许可权的委托行使。与上述立法不同，《行政强制法》明确规定，**行政强制措施权不得委托**。

（三）享有集中行使行政处罚权的行政机关可以实施与处罚权有关的行政强制措施

由此解决了处罚权力集中行使后，与行政处罚权相伴的强制措施集中行使问题，方便有关行政机关更好地行使处罚权。

（四）由行政机关具备资格的执法人员具体实施

二、实施行政强制措施的一般程序要求

（一）事前报批

通常情况下，行政机关实施行政强制措施之前须向行政机关负责人报告并经批准。因情况紧急，需要当场实施行政强制措施的，行政执法人员应当**在24小时内**向行政机关负责人报告，并补办批准手续。行政机关负责人认为不应当采取行政强制措施的，应当立即解除。

（二）外部实施

行政机关在具体实施行政强制措施时，要遵守以下规定：①由**2名以上行政执法人员实施**；②出示执法身份证件；③通知当事人到场；④当场告知当事人采取行政强制措施的理由、依据以及当事人依法享有的权利、救济途径；⑤听取当事人的陈述和申辩；⑥制作现场笔录；⑦现场笔录**由当事人和行政执法人员签名或者盖章**，当事人拒绝的，在笔录中予以注明；⑧当事人不到场的，邀请见证人到场，由见证人和行政执法人员在现场笔录上签名或者盖章；⑨法律、法规规定的其他程序。

三、实施行政强制措施的特别程序要求

（一）限制公民人身自由的行政强制措施实施程序

行政机关实施限制公民人身自由的行政强制措施，除履行前述立法规定的一般程序义务外，还应当遵守以下特殊程序规则：

（1）当场告知或者实施行政强制措施后**立即通知当事人家属**实施行政强制措施的行政机关、地点和期限。

（2）在紧急情况下当场实施行政强制措施的，在返回行政机关后，立即向行政机关负责人报告并补办批准手续。

（3）法律规定的其他程序。如实施限制人身自由的行政强制措施**不得超过法定期限**。实施行政强制措施的目的已经达到或者条件已经消失，应当立即解除。

（二）实施查封、扣押的程序

依照法律规定，查封、扣押的实施需要遵守以下特殊规定：

（1）不得超出必要的范围。查封扣押限于涉案的场所、设施或者财物，不得查封、扣押与违法行为无关的场所、设施或者财物；不得查封、扣押公民个人及其所扶养家属的生活必需品。当事人的场所、设施或者财物已被其他国家机关依法查封的，**不得重复查封**。

（2）制作相应法律文书。行政机关决定实施查封、扣押的，除履行强制措施一般程序义务外，还制作并当场交付**查封、扣押决定书和清单**。查封、扣押决定书应当载明下列事项：①当事人的姓名或者名称、地址；②查封、扣押的理由、依据和期限；③查封、扣押场所、设施或者财物的名称、数量等；④申请行政复议或者提起行政诉讼的途径和期限；⑤行政机关的名称、印章和日期。**查封、扣押清单一式二份**，由当事人和行政机关分别保存。

（3）遵守法定期限。查封、扣押的期限不得超过**30日**；情况复杂的，除法律、行政法规另有规定以外，经行政机关负责人批准，**最多不得超过30日**。且延长查扣决定应及时书面告知当事人，并说明理由。查扣期间不包括检测、检验、检疫或者技术鉴定的期间。对物品需要进行检测、检验、检疫或者技术鉴定的，查封、扣押的期间不包括检测、检验、检疫或者技术鉴定的期间。检测、检验、检疫或者技术鉴定的期间应当明确，并书面告知当事人。**检测、检验、检疫或者技术鉴定的费用由行政机关承担**。

（4）妥善保管义务。行政机关应妥善保管查扣的场所、设施或财物，不得使用或者损毁；造成损失的，应当承担赔偿责任。对查封的场所、设施或者财物，**行政机关可以委托第三人保管**，第三人不得损毁或者擅自转移、处置。因第三人的原因造成的损失，行政机关先行赔付后，有权向第三人追偿。**因查封、扣押发生的保管费用由行政机关承担。**

（5）及时解除义务。行政机关采取查扣措施后，应当及时查清事实，在法定期限内作出处理决定。该没收的没收，该销毁的销毁。在下列情况下，应当作出解除查扣决定：①当事人没有违法行为；②查封、扣押的场所、设施或者财物与违法行为无关；③行政机关对违法行为已经作出处理决定，不再需要查封、扣押；④查封、扣押期限已经届满；⑤其他不再需要采取查封、扣押措施的情形。

解除查封、扣押应当立即退还财物；已将鲜活物品或者其他不易保管的财物拍卖或者变卖的，退还拍卖或者变卖所得款项。变卖价格明显低于市场价格，给当事人造成损失的，应当给予补偿。

（三）实施冻结的程序

依照法律规定，行政机关实施冻结存款、汇款，须履行以下程序义务：

（1）冻结存款、汇款的数额应当与违法行为涉及的金额相当；已被其他国家机关依法冻结的，不得重复冻结。

（2）行政机关依法决定实施冻结存款、汇款的，除应当遵守一般程序规则外，行政机关应当在3日内向金融机构交付冻结通知书。冻结决定书载明下列事项：①当事人的姓名或者名称、地址；②冻结的理由、依据和期限；③冻结的账号和数额；④申请行政复议或者提起行政诉讼的途径和期限；⑤行政机关的名称、印章和日期。

（3）冻结时限。自冻结存款、汇款之日起30日内，行政机关应作出处理决定或作出解除冻结决定；情况复杂的，经行政机关负责人批准，可以延长，但延长期限不得超过30日。法律另有规定的除外。延长冻结的决定应当及时书面告知当事人，并说明理由。

行政机关应当及时作出解除冻结决定的法定情形如下：①当事人没有违法行为；②冻结的存款、汇款与违法行为无关；③行政机关对违法行为已经作出处理决定，不再需要冻结；④冻结期限已经届满；⑤其他不再需要采取冻结措施的情形。

行政机关作出解除冻结决定的，应当及时通知金融机构和当事人。金融机构接到通知后，应当立即解除冻结。行政机关逾期未作出处理决定或者解除冻结决定的，金融机构应当自冻结期满之日起解除冻结。

考点9　政府信息公开制度

命题分析

政府信息公开制度是历年考试的重点。此前的主观题对此部分的考查内容包括：政府信息公开的实体制度规定，如政府信息公开的原则（2016 年），各级行政机关主动公开信息中有关重点公开的信息范围，信息公开申请人提出申请的方式、行政机关对信息公开申请的处理方式（2013 年）；政府信息公开诉讼案件的受理与审查（2012 年、2013 年）等。从考查趋势来看，政府信息公开制度的主观题将以案例形式，结合实体制度和诉讼案例展开考查。内容将涉及主动公开的事项范围、依申请公开的程序、政府信息公开的诉讼程序、举证责任分配乃至裁判方式等。

考点解析

一、政府信息公开制度的主要内容

（一）《政府信息公开条例》的适用主体范围

《政府信息公开条例》适用于以下主体：**①行政机关；②法律法规授权的具有管理公共事务职能的组织。**如得到立法授权的银监会、证监会、保监会、电监会、地震局、气象局等事业单位。

此外，考虑到教育、医疗卫生、计划生育、供水、供电、供气、供热、环保、公共交通等公共企事业单位在提供社会公共服务过程中也制作、获取了大量与人民群众利益密切相关的信息，为保障公众知情权，《政府信息公开条例》规定，上述单位制作、获取的前述信息的公开，**参照条例执行**，具体办法由国务院有关主管部门或者机构制定。

（二）政府信息公开遵循的原则

1. 公正、公平、便民原则。个人、组织享有平等的获取政府信息的权利，

不能成为少数人的特权，行政机关在公开政府信息时，应当平等对待申请人，不应歧视和存在偏见。在公开信息时，应当提供各种便利。

2. 及时、准确原则。行政机关在公开政府信息过程中，应当提高效率，遵守信息公开法定时限要求，同时，要保证所公开信息的真实可信、准确无误，一旦发现影响或者可能影响社会稳定、扰乱社会管理秩序的虚假或者不完整信息的，应当在其职责范围内发布准确的政府信息予以澄清。个人、组织有证据证明行政机关提供的与其自身相关的政府信息记录不准确的，有权要求该行政机关予以更正。该行政机关应当更正或转送有权机关更正。

3. 正确处理公开与保密的关系。第一，除法定不予公开的事项外，政府信息原则要公开；第二，行政机关公开政府信息，不得危及国家安全、公共安全、经济安全和社会稳定；第三，行政机关应当建立健全政府信息发布保密审查机制。行政机关在公开政府信息前，应当依照《保守国家秘密法》以及其他法律、法规和国家有关规定对拟公开的政府信息进行审查。对政府信息不能确定是否可以公开时，应当依照法律、法规和国家有关规定报有关主管部门或者同级保密工作部门确定。行政机关不得公开涉及国家秘密、商业秘密、个人隐私的政府信息。但是，经权利人同意公开或者行政机关认为不公开可能对公共利益造成重大影响的涉及商业秘密、个人隐私的政府信息，可以予以公开。

（三）政府信息公开的范围

1. 不予公开的信息

行政机关不得公开涉及国家秘密、商业秘密、个人隐私的政府信息。

公开政府信息，不得危及国家安全、公共安全、经济安全和社会稳定。

2. 主动公开的信息

对符合下列基本要求之一的政府信息，行政机关应当主动公开：①涉及公民、法人或者其他组织切身利益的；②需要社会公众广泛知晓或者参与的；③反映本行政机关机构设置、职能、办事程序等情况的；④其他依照法律、法规和国家有关规定应当主动公开的。

《政府信息公开条例》对不同层级行政机关需要重点公开的信息又作出了进一步规定，如下表所示：

	行政机关	重点公开的信息内容
1	县级以上各级人民政府及其部门	（一）行政法规、规章和规范性文件；（二）国民经济和社会发展规划、专项规划、区域规划及相关政策；（三）国民经济和社会发展统计信息；（四）财政预算、决算报告；（五）行政事业性收费的项目、依据、标准；（六）政府集中采购项目的目录、标准及实施情况；（七）行政许可的事项、依据、条件、数量、程序、期限以及申请行政许可需要提交的全部材料目录及办理情况；（八）重大建设项目的批准和实施情况；（九）扶贫、教育、医疗、社会保障、促进就业等方面的政策、措施及其实施情况；（十）突发公共事件的应急预案、预警信息及应对情况；（十一）环境保护、公共卫生、安全生产、食品药品、产品质量的监督检查情况
2	设区的市级人民政府、县级人民政府及其部门	除以上信息外，还应加上：（一）城乡建设和管理的重大事项；（二）社会公益事业建设情况；（三）征收或者征用土地、房屋拆迁及其补偿、补助费用的发放、使用情况；（四）抢险救灾、优抚、救济、社会捐助等款物的管理、使用和分配情况
3	乡（镇）人民政府	（一）贯彻落实国家关于农村工作政策的情况；（二）财政收支、各类专项资金的管理和使用情况；（三）乡（镇）土地利用总体规划、宅基地使用的审核情况；（四）征收或者征用土地、房屋拆迁及其补偿、补助费用的发放、使用情况；（五）乡（镇）的债权债务、筹资筹劳情况；（六）抢险救灾、优抚、救济、社会捐助等款物的发放情况；（七）乡镇集体企业及其他乡镇经济实体承包、租赁、拍卖等情况；（八）执行计划生育政策的情况

3. 依申请公开的信息

除行政机关主动公开的政府信息外，个人、组织可以根据自身生产、生活、科研等特殊需要，向国务院部门、地方各级人民政府及县级以上地方人民政府部门申请获取相关政府信息。

（四）政府信息公开的方式和程序

1. 主动公开的方式

行政机关应当将主动公开的政府信息，通过**政府公报、政府网站、新闻发布会以及报刊、广播、电视等便于公众知晓的方式**公开。

各级人民政府应当在国家档案馆、公共图书馆设置政府信息查阅场所，并配备相应的设施、设备，为公民、法人或者其他组织获取政府信息提供便利。

行政机关可以根据需要设立公共查阅室、资料索取点、信息公告栏、电子信息屏等场所、设施，公开政府信息。

属于主动公开范围的政府信息，应当自该政府信息形成或者变更之日起**20个工作日内**予以公开。法律、法规对政府信息公开的期限另有规定的，从其规定。

2. 依申请公开的方式和程序

（1）行政机关应当编制、公布政府信息公开指南和政府信息公开目录，并及时更新，方便当事人申请信息公开。

（2）当事人申请。个人或者组织向行政机关申请获取政府信息，应采用书面形式（包括数据电文形式），采用书面形式确有困难的，申请人可以口头提出，由受理该申请的行政机关代为填写政府信息公开申请。政府信息公开申请应当包括下列内容：申请人的姓名或者名称、联系方式；申请公开的政府信息的内容描述；申请公开的政府信息的形式要求。向行政机关申请提供与其自身相关的税费缴纳、社会保障、医疗卫生等政府信息的，还应出示有效身份证件或者证明文件。

（3）行政机关处理。对当事人的信息公开申请，行政机关根据不同情况分别作出以下答复：

第一，属于公开范围的，应当告知申请人获取该政府信息的方式和途径。

第二，属于不予公开范围的，应当告知申请人并说明理由。

第三，依法不属于本行政机关公开或者该政府信息不存在的，应当告知申请人，对能够确定该政府信息的公开机关的，应当告知申请人该行政机关的名称、联系方式。

第四，申请内容不明确的，告知申请人作出更改、补充。申请公开的政府信息中含有不应当公开的内容，但是能够作区分处理的，行政机关应向申请人提供可以公开的信息内容。

（4）书面征求第三方意见。行政机关认为申请公开的政府信息涉**及商业秘密、个人隐私，公开后可能损害第三方合法权益的，应当书面征求第三方的意见**；第三方不同意公开的，不得公开，但行政机关认为不公开可能对公共利益造成重大影响的，应予以公开，并将决定公开的政府信息内容和理由书面通知第三方。

（5）期限。行政机关收到申请后，能够当场答复的，当场予以答复。不能当场答复的，**应自收到申请之日起15个工作日内予以答复**；如需延长答复期限的，应当经政府信息公开工作机构负责人同意，并告知申请人，延长答复的期限**15个工作日**。申请公开的政府信息涉及第三方权益的，征求第三方意见所需的时间不计算在答复期限内。

二、政府信息公开诉讼

依照最高人民法院《关于审理政府信息公开行政案件若干问题的规定》，政府信息公开诉讼涉及以下问题：

（一）受案范围

应当受理的案件	不予受理的案件
（一）向行政机关申请获取政府信息，行政机关拒绝提供或者逾期不予答复的 （二）认为行政机关提供的政府信息不符合其在申请中要求的内容或者法律、法规规定的适当形式的 （三）认为行政机关主动公开或者依他人申请公开政府信息侵犯其商业秘密、个人隐私的 （四）认为行政机关提供的与其自身相关的政府信息记录不准确，要求该行政机关予以更正，该行政机关拒绝更正、逾期不予答复或者不予转送有权机关处理的 （五）认为行政机关在政府信息公开工作中的其他具体行政行为侵犯其合法权益的；个人、组织认为政府信息公开行政行为侵权造成损害的，可一并或单独提起行政赔偿诉讼 特殊规定：个人或者组织认为行政机关不依法履行主动公开政府信息义务，直接向人民法院提起诉讼的，应当告知其先向行政机关申请获取相关政府信息。对行政机关的答复或者逾期不予答复不服的，可以向人民法院提起诉讼	（一）因申请内容不明确，行政机关要求申请人作出更改、补充且对申请人权利义务不产生实际影响的告知行为 （二）要求行政机关提供政府公报、报纸、杂志、书籍等公开出版物，行政机关予以拒绝的 （三）要求行政机关为其制作、搜集政府信息，或者对若干政府信息进行汇总、分析、加工，行政机关予以拒绝的 （四）行政程序中的当事人、利害关系人以政府信息公开名义申请查阅案卷材料，行政机关告知其应当按照相关法律、法规的规定办理的

（二）被告确定

1. 依申请公开。个人或组织对国务院部门、地方各级人民政府及县级以上地方人民政府部门依申请公开政府信息行政行为不服提起诉讼的，以作出答复的机关为被告；逾期未作出答复的，以受理申请的机关为被告。

2. 主动公开。个人或组织对主动公开政府信息行政行为不服提起诉讼的，以公开该政府信息的机关为被告。

3. 法定授权组织。个人或组织对法律、法规授权的具有管理公共事务职能的组织公开政府信息的行为不服提起诉讼的，以该组织为被告。

4. 文书上署名的机关。下列情形，以在对外发生法律效力的文书上署名的机关为被告：①政府信息公开与否的答复依法报经有权机关批准的；②政府信息是否可以公开系由国家保密行政管理部门或者省、自治区、直辖市保密行政管理部门确定的；③行政机关在公开政府信息前与有关行政机关进行沟通、确认的。

（三）审理

人民法院审理政府信息公开行政案件，应当视情采取适当的审理方式，以避免泄露涉及国家秘密、商业秘密、个人隐私或者法律规定的其他应当保密的政府信息。

诉讼期间，原告申请停止公开涉及其商业秘密、个人隐私的政府信息，人民法院经审查认为公开该政府信息会造成难以弥补的损失，并且停止公开不损害公共利益的，可以依照《行政诉讼法》第56条的规定，裁定暂时停止公开。

（四）举证责任分配

1. 被告的举证责任

（1）被告拒绝向原告提供政府信息的，应当对拒绝的根据以及履行法定告知和说明理由义务的情况举证。

（2）因公共利益决定公开涉及商业秘密、个人隐私政府信息的，被告应当对认定公共利益以及不公开可能对公共利益造成重大影响的理由进行举证和说明。

（3）被告拒绝更正与原告相关的政府信息记录的，应当对拒绝的理由进行举证和说明。不过，被告能够证明政府信息涉及国家秘密，请求在诉讼中不予提交的，人民法院应当准许。

2. 原告的举证责任

（1）**被告以政府信息与申请人自身生产、生活、科研等特殊需要无关为由不予提供的，人民法院可以要求原告对特殊需要事由作出说明。**

（2）原告起诉被告拒绝更正政府信息记录的，应当提供其向被告提出过更正申请以及政府信息与其自身相关且记录不准确的事实根据。

此外，被告主张政府信息不存在，原告能够提供该政府信息系由被告制作或者保存的相关线索的，可以申请人民法院调取证据。

（五）裁判

1. 原告胜诉判决

（1）被告对依法应当公开的政府信息拒绝或者部分拒绝公开的，人民法院应当**撤销或者部分撤销被诉不予公开决定，并判决被告在一定期限内公开。尚需被告调查、裁量的，判决其在一定期限内重新答复**。

（2）被告提供的政府信息不符合申请人要求的内容或者法律、法规规定的适当形式的，人民法院应当判决被告按照申请人要求的内容或者法律、法规规定的适当形式提供。

（3）人民法院经审理认为被告不予公开的政府信息内容可以作区分处理的，应当**判决被告限期公开可以公开的内容**。

（4）被告依法应当更正而不更正与原告相关的政府信息记录的，人民法院应当判决被告在一定期限内更正。尚需被告调查、裁量的，判决其在一定期限内重新答复。**被告无权更正的，判决其转送有权更正的行政机关处理**。

（5）被告对原告要求公开或者更正政府信息的申请无正当理由逾期不予答复的，人民法院应当判决被告在一定期限内答复。原告一并请求判决被告公开或者更正政府信息且理由成立的，参照《政府信息公开案件规定》第9条规定处理。

（6）被告公开政府信息涉及原告商业秘密、个人隐私且不存在公共利益等法定事由的，人民法院应当判决确认公开政府信息的行为违法，并可以责令被告采取相应的补救措施；造成损害的，根据原告请求依法判决被告承担赔偿责任。政府信息尚未公开的，应当判决行政机关不得公开。

2. 原告败诉判决

有下列情形之一，被告已经履行法定告知或者说明理由义务的，人民法院应当判决驳回原告的诉讼请求：

（1）不属于政府信息、政府信息不存在、依法属于不予公开范围或者依法不属于被告公开的。

（2）申请公开的政府信息已经向公众公开，被告已经告知申请人获取该政府信息的方式和途径的。

（3）起诉被告逾期不予答复，理由不成立的。

（4）以政府信息侵犯其商业秘密、个人隐私为由反对公开，理由不成立的。

（5）要求被告更正与其自身相关的政府信息记录，理由不成立的。

（6）不能合理说明申请获取政府信息系根据自身生产、生活、科研等特殊需要，且被告据此不予提供的。

（7）无法按照申请人要求的形式提供政府信息，且被告已通过安排申请人查阅相关资料、提供复制件或者其他适当形式提供的。

（8）其他应当判决驳回诉讼请求的情形。

考点10　行政诉讼受案范围

命题分析

在历年主观题中，行政诉讼受案范围多为重点。其考查方式多与具体行政行为的判定发生直接关系，比如致函行为是否可诉（2011年），事实行为是否可诉（2012年）等。随着修订后的《行政诉讼法》的实施，《最高人民法院关于适用〈中华人民共和国行政诉讼法〉的解释》又增加了一些不受理的行为或事项，比如信访办理行为、程序性行政行为等，这些行为在实践中较为灵活，争议较大，可能成为今后主观题考试的重点。

考点解析

一、应予受理的案件

行政诉讼受案范围是指人民法院受理行政诉讼案件的范围。依照《行政诉讼法》第12条规定，应予受理的案件如下：①行政处罚行为。②行政强制措施和行政强制执行。③行政许可行为。④行政确认行为。⑤行政征收、征用决定及其补偿决定。⑥不履行法定职责的行为。相对人申请行政机关履行保护人身权、财产权的法定职责，行政机关拒绝履行或者不予答复的，相对人可以提起行政诉讼。⑦侵犯相对人经营自主权或者农村土地承包经营权、农村土地经营权的行为。⑧滥用行政权力排除或者限制竞争的行为。⑨违法集资、摊派费用或者违法要求履行其他义务的行为。如以建设公共设施为名强行要求本地企业捐款捐助等。⑩不履行行政给付义务的行为。⑪行政协议争议。包括两种类型：一是**不依法履行、未按照约定履行行政协议**；二是**行政机关违法变更、解除行政协议**。⑫侵犯其他人身权、财产权等合法权益的行为。

除前面列举的情况外，**法律、法规规定**可以提起诉讼的其他行政案件，同样属于行政诉讼受案范围。

二、不予受理的案件

1. 国防、外交等国家行为。指国务院、中央军事委员会、国防部、外交部等根据宪法和法律的授权，以国家的名义实施的有关国防和外交事务的行为，以及经宪法和法律授权的国家机关宣布紧急状态、实施戒严和总动员等行为。

2. 行政法规、规章或者行政机关制定、发布的具有普遍约束力的决定、命令。上述行为统称为抽象行政行为。其中，“普遍约束力的决定、命令”是指行政机关针对不特定对象发布的能反复适用的行政规范性文件。

3. 行政机关对行政机关工作人员的奖惩、任免等决定。上述行为在学理上称为**内部人事管理行为**。

4. 法律规定由行政机关最终裁决的行政行为。此处的“法律”专门指全国人大及其常委会制定通过的规范性文件。典型的代表性规定如：

《行政复议法》第14条规定，对国务院部门或者省、自治区、直辖市人民政府的具体行政行为不服的，向作出该具体行政行为的国务院部门或者省、自治区、直辖市人民政府申请行政复议。对行政复议决定不服的，可以向人民法院提起行政诉讼；也可以**向国务院申请裁决，国务院依照本法的规定作出最终裁决**。

《行政复议法》第30条第2款规定，根据国务院或者省、自治区、直辖市人民政府对行政区划的勘定、调整或者征用土地的决定，**省、自治区、直辖市人民政府确认土地、矿藏、水流、森林、山岭、草原、荒地、滩涂、海域等自然资源的所有权或者使用权的行政复议决定为最终裁决**。

《出境入境管理法》第81条规定，外国人从事与停留居留事由不相符的活动，或者有其他违反中国法律、法规规定，不适宜在中国境内继续停留居留情形的，可以处**限期出境**。外国人违反本法规定，情节严重，尚不构成犯罪的，公安部可以处**驱逐出境**。**公安部的处罚决定为最终决定**。

除以上情况外，最高人民法院《关于适用〈中华人民共和国行政诉讼法〉的解释》进一步明确以下几种情形不属于行政诉讼受案范围。

1. 公安、国家安全等机关依照刑事诉讼法的明确授权实施的行为

上述行为属于刑事司法行为，由人民检察院作为监督机关，造成侵权损害的，适用刑事司法赔偿程序解决。此类行为排除司法审查必须做到：①**行为目的纯正**。即为了侦查刑事犯罪。②**行为形式符合刑事诉讼法的明确授权**。主要有两类行为：一是刑事侦查行为，包括专门调查活动（如讯问；询问；勘验、检查；搜查；扣押书证、物证；冻结存款汇款、通缉等）和刑事强制措施（取保候审；监视居住；拘传；拘留；逮捕）；二是刑罚执行行为（如批准保外就医等）。

2. 调解行为以及法律规定的仲裁行为

调解行为不属于行政诉讼受案范围的理由是：行政机关**没有强制当事人遵从自己提出的调解方案**。

法律规定的仲裁行为是行政机关依法对平等主体之间的民事争议进行裁断的行为。依照当前法律规定，**当事人不服仲裁裁决，须向人民法院提起民事诉讼**，如劳动争议仲裁等。

3. 行政指导行为

行政指导行为不属于行政诉讼受案范围的理由是：①**不具有强制力**。行政指导只表明行政机关的某种期望，并未处分相对人权益；②是**否接受指导相对人有自主权**，对其自己选择自行承担责任。

4. 驳回当事人申诉的重复处理行为

重复处理行为指行政机关根据相对人的申请或者申诉，对原有的生效行政行为作出的没有任何改变的二次决定。属于重复处理的情形包括：一是**对相对人提出申诉的历史遗留问题的维持处理**；二是**对超过法定救济期限的行政行为提出申诉的维持处理；三是对终局裁决行为进行申诉的维持处理。**

5. 行政机关作出的不产生外部法律效力的行为

主要是**指行政机关在行政程序内部所做的行为，如内部意见沟通、内部报批等行为**。此类行为并不直接涉及相对人的权利义务，也不对外发生法律效力，属于不可诉的行为。

6. 行政机关为作出行政行为而实施的准备、论证、研究、层报、咨询等过程性行为

此类行为又被称为过程性行为，诸如论证、研究、层报、咨询等行为，其尚处于行政机关意思表示形成过程中，只是为最终的行政行为作出进行准备，在此阶段，司法机关过早介入审查，将可能中断正常的行政执法过程，不利于行政执法的正常进行。

7. 行政机关实施的执行人民法院生效裁判、协助执行通知书的行为

此类行为之所以不能纳入行政诉讼受案范围，主要是因为上述行为的作出并非行政机关自己独立的意思表示，而是执行司法机关的意志，当然，司法解释也规定，在行政机关的执行活动超出了司法机关意志的范围，如扩大执行范围或者采取违法方式实施执行，此时即具有单独的可诉性。

8. 上级行政机关基于内部层级监督关系对下级行政机关作出的听取报告、执法检查、督促履责等行为

此类行为之所以不可诉，**一方面是因为内部层级监督行为完全属于行政机关的内部行政行为，其并不直接设定相对人的权利义务。另一方面，也因为立法规定的上级层级监督义务的履行并非为了保护相对人的权益，而是为了维护客观的行政管理秩序**。为此，在起诉人的原告资格方面也存在一定疑问。

9. 行政机关针对信访事项作出的登记、受理、交办、转送、复查、复核意见等行为

此种行为不可诉，**是因为其并非行政机关行使"首次判断权"的行为。**行政机关根据《信访条例》的规定，作出的登记、受理等行为对信访人不具有强制力，对其实体权益不产生实际影响。

10. 对相对人权利义务不产生实际影响的行为

此类行为主要是指行政机关作出的观念通知类行为，如通报交通事故处理情况等。该种行为本质上属于行政事实行为，其并未给相对人设定、变更或者消灭权利义务，不属于行政诉讼受案范围。

考点11 行政诉讼级别管辖与地域管辖

命题分析

管辖部分的考查主要放在案例分析大题中，考查的内容主要涉及法定级别

管辖的两种形式，即级别管辖和地域管辖。其中，地域管辖涉及一般地域管辖（2009 年、2011 年），级别管辖主要涉及复议维持案件的级别管辖法院确定问题（2012 年）。此外，经复议的案件的管辖，《行政诉讼法》和最高人民法院司法解释规定较多，今后在案例分析大题中，将可能更多地作为考查对象，需要引起注意。

考点解析

一、级别管辖

级别管辖确定全国四级法院之间受理第一审行政案件的分工问题。

1. 基层法院的管辖：基层人民法院管辖第一审行政案件。

2. 中级人民法院的管辖：中级人民法院管辖下列案件：

（1）**对国务院部门或者县级以上地方人民政府所作的行政行为提起诉讼的案件。**

（2）**海关处理的案件。**

（3）**本辖区内重大、复杂的案件**。主要有以下几类案件：①社会影响重大的共同诉讼案件；②涉外或者涉及香港特别行政区、澳门特别行政区、台湾地区的案件；③其他重大、复杂案件。

（4）其他法律规定由中级人民法院管辖的案件。

3. 高级法院的管辖：本辖区内重大、复杂的第一审行政案件。

4. 最高人民法院的管辖：管辖全国范围内重大复杂的第一审行政案件。

需要注意的是，《最高人民法院关于适用〈中华人民共和国行政诉讼法〉的解释》第 134 条第 3 款规定，复议机关作共同被告的案件，以作出原行政行为的行政机关确定案件的级别管辖。据此，**即使复议机关作为共同被告，但并不必然提升案件的级别管辖**。

二、地域管辖

地域管辖解决不同行政区域的法院之间管辖第一审行政案件的权限分工问题。

（一）一般地域管辖

一般地域管辖，指按照**最初作出行政行为的行政机关的所在地**为标准来确定案件的管辖法院。《行政诉讼法》第18条规定，行政案件由最初作出行政行为的行政机关所在地人民法院管辖。经复议的案件，也可以由复议机关所在地人民法院管辖。经最高人民法院批准，高级人民法院可以根据审判工作的实际情况，确定若干人民法院跨行政区域管辖行政案件。

需要特别注意的是，依照现行法律规定，经复议的案件，**无论复议结果如何，都成立共同管辖的情况**，即当事人不服复议的结果，既可以向原行政机关所在地的法院提起行政诉讼，也可以向复议机关所在地的法院提起行政诉讼，两地的法院均有地域管辖权。

（二）特殊地域管辖

针对特殊情况确定案件的管辖法院，具有优先于其他管辖的效力。

1. 对限制人身自由的行政强制措施不服提起的诉讼，由被告所在地或者原告所在地人民法院管辖。其中，**“原告所在地”包括原告的户籍所在地、经常居住地和被限制人身自由地**。经常居住地是指公民离开住所地连续居住满1年以上的地方。被限制人身自由地，是指公民被收容、拘禁、强制治疗等被限制人身自由的场所所在地。

此外，《最高人民法院关于适用〈中华人民共和国行政诉讼法〉的解释》第8条规定，对行政机关基于同一事实，既采取限制公民人身自由的行政强制措施，又采取其他行政强制措施或者行政处罚不服的，由被告所在地或者原告所在地的人民法院管辖。

2. 因不动产提起的行政诉讼案件，**由不动产所在地人民法院管辖**。依照《最高人民法院关于适用〈中华人民共和国行政诉讼法〉的解释》第9条的规定，“因不动产提起的行政诉讼”是指因行政行为导致不动产物权变动而提起的诉讼。不动产已登记的，以不动产登记簿记载的所在地为不动产所在地；不动产未登记的，以不动产实际所在地为不动产所在地。

考点12　行政诉讼参加人

命题分析

主观题对行政诉讼参加人的考查集中在原告资格、被告和第三人的确定。原告资格的考查主要集中于利害关系的判断（2011年、2015年），被告的考查集中于复议维持情况下的被告确定（2012 年、2015 年），第三人的考查集中于第三人的确定及其诉讼地位（2012 年）。从考查趋势来看，今后的案例分析题仍将会继续关注原告资格、被告确定等规定，由于《最高人民法院关于适用〈中华人民共和国行政诉讼法〉的解释》中又增加了若干种不同的情形，这些新增规定极可能成为法考的重点。

考点解析

一、行政诉讼原告

行政诉讼的原告是指认为行政机关的行政行为侵犯其合法权益，依法以自己的名义向人民法院提起诉讼的公民、法人或者其他组织。

依照《行政诉讼法》第 25 条规定，行政诉讼的原告分为两种情况：

一是行政行为的相对人，比如行政处罚的直接对象，被行政机关拒绝颁发许可证的申请人等。

二是其他与行政行为有利害关系的公民、法人或者其他组织。指虽没有被直接列为行政行为的直接对象，但**其合法权益也受到了行政行为的影响**，由此具有了原告资格的个人或者组织。根据《最高人民法院关于适用〈中华人民共和国行政诉讼法〉的解释》第 12 条规定，有利害关系的个人、组织包括以下情形：①被诉的行政行为涉及其相邻权或者公平竞争权的；②在行政复议等行政程序中被追加为第三人的；③要求行政机关依法追究加害人法律责任的；④撤销或者变更行政行为涉及其合法权益的；⑤为维护自身合法权益向行政机关投诉，具有处理投诉职责的行政机关作出或者未作出处理的；⑥其他与行政行为有利害关系的。

一般认为，所谓的**利害关系是指公民个人或者组织与被诉行政行为之间具有直接、内在的关联，受到了行政行为的行为直接影响**。依此标准，可通过个案解释的方式确定起诉人是否具有原告资格。

针对实务中出现的原告确定方面的一些特殊情况，最高人民法院《关于适用〈中华人民共和国行政诉讼法〉的解释》作出了更加详细的规定，主要包括：

1. 债权人以行政机关对债务人所作的行政行为损害债权实现为由提起行政诉讼的，人民法院应当告知其就民事争议提起民事诉讼，但行政机关作出行政行为时依法应予保护或者应予考虑的除外。

2. 合伙企业向人民法院提起诉讼的，应当以**核准登记的字号**为原告。未依法登记领取营业执照的个人合伙的全体合伙人为共同原告；全体合伙人可以推选代表人，被推选的代表人，应当由全体合伙人出具推选书。**个体工商户向人民法院提起诉讼的，以营业执照上登记的经营者为原告。有字号的，以营业执照上登记的字号为原告，**并应当注明该字号经营者的基本信息。

3. 股份制企业的股东大会、股东会、董事会等认为行政机关作出的行政行为侵犯企业经营自主权的，可以**企业名义**提起诉讼。联营企业、中外合资或者合作企业的联营、合资、合作各方，认为联营、合资、合作企业权益或者自己一方合法权益受行政行为侵害的，**可以自己的名义**提起诉讼。

4. 非国有企业被行政机关注销、撤销、合并、强令兼并、出售、分立或者改变企业隶属关系的，该**企业或者其法定代表人**可以提起诉讼。

5. 事业单位、社会团体、基金会、社会服务机构等非营利法人的出资人、设立人认为行政行为损害法人合法权益的，可以自己的名义提起诉讼。

6. 业主委员会对于行政机关作出的涉及业主共有利益的行政行为，可以自己的名义提起诉讼。业主委员会不起诉的，**专有部分占建筑物总面积过半数或者占总户数过半数的业主**可以提起诉讼。

此外，《行政诉讼法》中还对人民检察院依法提起行政公益诉讼作出了特殊规定，即人民检察院在履行职责中发现**生态环境和资源保护、食品药品安全、国有财产保护、国有土地使用权出让等领域负有监督管理职责的行政机关违法行使职权或者不作为**，致使国家利益或者社会公共利益受到侵害的，应当向行政机关提出检察建议，督促其依法履行职责。行政机关不依法履行职责的，人民检察院依法向人民法院提起诉讼。

关于原告资格的承受问题，《行政诉讼法》第25条规定，有权提起诉讼的公民死亡，其近亲属可以提起诉讼。有权提起诉讼的法人或者其他组织终止，承受其权利的法人或者其他组织可以提起诉讼。此条中的“近亲属”，包括配偶、父母、子女、兄弟姐妹、祖父母、外祖父母、孙子女、外孙子女和其他具有扶养、赡养关系的亲属。公民因被限制人身自由而不能提起诉讼的，其近亲属可以依其口头或者书面委托以该公民的名义提起诉讼。

二、行政诉讼被告

行政诉讼被告是指因作出行政行为而被原告提起行政诉讼，经人民法院通知应诉的行政机关、法律、法规、规章授权的组织。

依照《行政诉讼法》与《最高人民法院关于适用〈中华人民共和国行政诉讼法〉的解释》的规定，行政诉讼被告的一般情形如下：

情形	被告确定	备注
原告直接起诉的	作出行政行为的行政机关	
经复议的案件	复议维持的，作出原行政行为的行政机关和复议机关是共同被告；复议改变的，复议机关是被告	复议维持原行为的，包括复议机关驳回复议申请或复议请求的情形，但以复议申请不符合受理条件为由驳回的除外 复议改变原行为，指复议机关改变原行政行为的处理结果
复议机关在法定期限内未作出复议决定	相对人起诉原行为的，原行为作出机关是被告；起诉复议机关不作为的，复议机关是被告	
两个以上行政机关作出同一行政行为的	共同作出行政行为的行政机关是共同被告	不具有行政主体资格的组织不能成为共同被告
法律、法规、规章授权的组织作出行政行为的	作出该行为的组织是被告	
行政机关委托的组织所作的行政行为	委托机关是被告	
行政机关被撤销或者职权变更的	继续行使其职权的行政机关是被告	
经上级行政机关批准作出行政行为的	以在对外发生法律效力的文书上署名的机关为被告	
行政机关组建并赋予行政管理职能但不具有独立承担法律责任能力的机构，以自己的名义作出行政行为的	以组建该机构的行政机关为被告	
法律、法规或者规章授权行使行政职权的行政机关内设机构、派出机构或者其他组织，超出法定授权范围实施行政行为	以实施该行为的机构或者组织为被告	

续表

情形	被告确定	备注
行政机关在没有法律、法规、规章规定的情况下，授权其内设机构、派出机构或其他组织行使行政职权的	以该行政机关为被告	
行政机关被撤销或者职权变更，没有继续行使其职权的行政机关的	以其所属的人民政府为被告；实行垂直领导的，以垂直领导的上一级行政机关为被告	
当事人对村民委员会或者居民委员会依据法律、法规、规章的授权履行行政管理职责的行为不服提起诉讼的	以村民委员会或者居民委员会为被告	
当事人对村民委员会、居民委员会受行政机关委托作出的行为不服提起诉讼的	以委托的行政机关为被告	
当事人对高等学校等事业单位以及律师协会、注册会计师协会等行业协会依据法律、法规、规章的授权实施的行政行为不服提起诉讼的	以该事业单位、行业协会为被告	
当事人对高等学校等事业单位以及律师协会、注册会计师协会等行业协会受行政机关委托作出的行为不服提起诉讼的	以委托的行政机关为被告	
市、县级人民政府确定的房屋征收部门组织实施房屋征收与补偿工作过程中作出行政行为，被征收人不服提起诉讼的	以房屋征收部门为被告，征收实施单位受房屋征收部门委托，在委托范围内从事的行为，被征收人不服提起诉讼的，应当以房屋征收部门为被告	
当事人对由国务院、省级人民政府批准设立的开发区管理机构作出的行政行为不服提起诉讼的	以该开发区管理机构为被告	
对由国务院、省级人民政府批准设立的开发区管理机构所属职能部门作出的行政行为不服提起诉讼的	以其职能部门为被告	
对其他开发区管理机构所属职能部门作出的行政行为不服提起诉讼的	以开发区管理机构为被告	
开发区管理机构没有行政主体资格的	以设立该机构的地方人民政府为被告	

被告资格的转移是指有被告资格的主体被撤销，其被告资格自然转移给其他特定主体。被告资格的承受是指没有作出具体行政行为的主体，由于继续行使作出具体行政行为但已被撤销的行政机关的职权，而自然承受该诉讼被告的资格。

三、行政诉讼第三人

行政诉讼第三人是指同被诉行政行为有利害关系但没有提起诉讼，或者同案件处理结果有利害关系的，主动参加诉讼或者由人民法院通知参加诉讼的个人或者组织。

行政诉讼第三人在诉讼中具有独立的法律地位，可以**提出自己独立的诉讼主张**，行政诉讼案件的判决其承担义务或者减损其权益的，第三人有权依法**提起上诉**。

行政诉讼第三人参加诉讼有两种方式：一是主动申请参加，二是由人民法院通知参加诉讼。

一般而言，行政诉讼第三人主要表现以下情形：

1. 在行政行为涉及存在利益冲突的两方当事人的情况下，在其中一方当事人针对行政行为提起行政诉讼时，另一方当事人宜列为第三人。

2. 作出相互矛盾行政行为的两个行政机关，当其中一个行政机关被提起行政诉讼时，有必要通知另一个行政机关作为第三人参加诉讼。

3. 多个相对人之间存在相同利益关系，行政行为处分了上述共同利益，部分相对人提起行政诉讼，部分相对人没有起诉，人民法院应通知其他利害关系人参加诉讼。

4. 多个行政机关共同作出了某个行政行为，相对人只起诉了其中部分被告，不同意起诉其他被告，人民法院应当将其他未被起诉的行政机关列为第三人。

5. 行政机关与没有行政主体资格的其他组织以共同名义作出了一个行政行为，相对人请求撤销该行政行为，同时提出了行政赔偿请求，在其情况下，虽然不能将其他组织列为被告，但为了分配行政赔偿责任，有必要将其他组织列为第三人。

考点13　起诉与受理

命题分析

在以往的主观题中，命题人往往通过设计案例，考查起诉期限（2012年）、复议前置和立案登记制（2015年）等内容。从考查趋势来看，主观题的案例分析大题将是常态，因此，对于行政诉讼法及其司法解释有关起诉与受理的规定，仍将继续考查，需要考生重点复习。

考点解析

一、起诉的条件

（一）一般条件

依照《行政诉讼法》第49条规定，相对人提起行政诉讼需要符合以下条件：

1. 原告是符合《行政诉讼法》第25条规定的公民、法人或者其他组织。即是行政行为的相对人以及其他与行政行为有利害关系的公民、法人或者其他组织，具有原告主体资格。

2. 有明确的被告。原告起诉需要明确指出实施具体行政行为的行政机关、法律、法规、规章授权组织的名称。

3. 有具体的诉讼请求和事实根据。诉讼请求是指当事人就其与被告存在的行政争议向人民法院提出的诉讼主张。事实根据是指原告向法院起诉所依据的事实和根据。包括案件的案情事实和证据事实。

4. 属于人民法院受案范围和受诉人民法院管辖。指原告请求人民法院保护的权益，必须是人民法院行政审判权作用的领域。同时，当事人起诉的行政案件必须属于接受起诉状的人民法院管辖。

（二）时间条件（起诉期限）

起诉期限是指相对人针对处分其权益的行政行为不服，依法向人民法院请求司法保护的期间限制。《行政诉讼法》明确规定，相对人不服该处理决定必须在法定期限内提起行政诉讼。该起诉期限为法定不变期间。起诉期限进一步分为一般期限与特殊期限。

1. 一般期限。根据《行政诉讼法》第46条规定，行政相对人直接向人民法院提起诉讼的，**应当自知道或者应当知道**作出行政行为之日起**6个月内**提出。

依照《行政诉讼法》第45条规定，经过行政复议的，相对人不服复议决定，可以在收到复议决定书之日起**15日内**向人民法院提起诉讼。复议机关逾期不作决定的，申请人可以在复议期满之日起**15日内**向人民法院提起诉讼。

《行政诉讼法》第47条规定，公民、法人或者其他组织申请行政机关履行保护其人身权、财产权等合法权益的法定职责，行政机关在接到申请之日起**2个月内**不履行的，公民、法人或者其他组织可以向人民法院提起诉讼。法律、法规对行政机关履行职责的期限另有规定的，从其规定。公民、法人或者其他组织在紧急情况下请求行政机关履行保护其人身权、财产权等合法权益的法定职责，行政机关不履行的，提起诉讼不受前款规定期限的限制。

需要注意的是，上述条款只是解决了行政机关不履行法定职责成立的时间点，即接到申请之日起两个月，但并未明确2个月届满之后，相对人应当在多长时间内提起行政诉讼。为此，最高人民法院《关于适用〈中华人民共和国行政诉讼法〉的解释》第66条规定："公民、法人或者其他组织依照行政诉讼法第四十七条第一款的规定，对行政机关不履行法定职责提起诉讼的，应当在行政机关履行法定职责期限届满之日起六个月内提出。"根据该条规定，相对人针对行政机关不履行法定职责的行为提起行政诉讼的，原则上依然适用**6个月**起诉期限。

2. 特殊期限。特殊期限是指单行法律另行规定的起诉期限。如果其他法律对于起诉期限有特殊规定的，须遵守该法律的规定。

3. 最长起诉期限。由于某种原因，相对人可能并不知晓行政机关作出的影响其权益的行政行为。待其知晓行政行为内容时，事实上已经超过了前述法定起诉期限的规定。为给相对人提供充分的保护机会，《行政诉讼法》规定了最长的诉讼保护期限。该法第46条第2款规定，因不动产提起诉讼的案件自行政行为作出之日起超过**20年**，其他案件自行政行为作出之日起超过**5年**提起诉讼的，人民法院不予受理。

4. 未告知起诉期限情况下的起诉期限确定。依照最高人民法院《关于适用〈中华人民共和国行政诉讼法〉的解释》第64条的规定，行政机关作出行政行为时，未告知公民、法人或者其他组织起诉期限的，起诉期限从公民、法人或者其他组织知道或者应当知道起诉期限之日起计算，但**从知道或者应当知道行政行为内容之日起最长不得超过1年**。复议决定未告知公民、法人或者其他组织起诉期限的，适用前款规定。

5. 起诉期限的扣除与延长。第一，公民、法人或者其他组织**因不可抗力或者其他不属于其自身的原因耽误起诉期限**的，被耽误的时间不计算在起诉期限内。也就是说，因不可抗力或者其他不属于其自身的原因耽误起诉期限，不再由人民法院决定是否延长，而是直接从起诉期限内扣除。此处的不可抗力是指相对人不能预见、不能避免又无力克服的情况，比如自然灾害、社会动乱等。其他不属于相对人自身的原因，主要是指其他客观原因，如突发疾病等。第二，公民、法人或者其他组织**因前款规定以外的其他特殊情况耽误起诉期限的，在障碍消除后十日内，可以申请延长期限**，是否准许由人民法院决定。此处构成延长起诉期限的其他特殊情况，是指除不可抗力以及其他不属于相对人自身原因以外的其他情况，其判断由人民法院在个案中认定。

（三）程序条件

即起诉与申请行政复议的关系，我国采用的是**当事人选择为原则、行政复议前置为例外**的立法体例。

1. 当事人选择为原则。对属于人民法院受案范围的行政案件，相对人可以先向行政机关申请复议，对复议决定不服的，再向人民法院提起诉讼；也可以直接向人民法院提起诉讼。

2. 法定复议前置为例外。法律、法规规定应当先向行政机关申请复议，对复议决定不服再向人民法院提起诉讼的，依照法律、法规的规定。

（四）起诉方式

原告提起行政诉讼，原则上应当向人民法院递交起诉状，并按照被告人数提出副本。起诉状应当包括以下内容：①当事人的基本情况。原告的基本情况；被告的基本情况；诉讼代理人的基本情况。②诉讼请求和所根据的事实理由。③证据和证据来源、证人姓名和住址。此外，起诉状还应写明接受起诉状的人民法院的名称和起诉的具体日期，并由原告签名或者盖章。

为方便相对人起诉，《行政诉讼法》同时规定，起诉人书写起诉状确有困难的，可以口头起诉，由人民法院记入笔录，出具注明日期的书面凭证，并告知对方当事人。

二、立案登记制

根据《行政诉讼法》和《最高人民法院关于适用〈中华人民共和国行政诉讼法〉的解释》的规定，立案登记制的内容主要包括以下几个方面：

1. 一律接收诉状。对当事人依法提起的诉讼，人民法院应当根据行政诉讼法规定，**一律接收起诉状**。

2. 接收诉状后，对于能够判断符合起诉条件的，应当当场登记立案；对当场不能判定是否符合本法规定的起诉条件的，应当接收起诉状，**出具注明收到日期的书面凭证**，并在**7日内**决定是否立案。不符合起诉条件的，作出不予立案的裁定。裁定书应当载明不予立案的理由。原告对裁定不服的，**可以提起上诉。**当场不能判断是否符合起诉条件的，应当在接收起诉状后7日内决定是否立案；7日内仍不能作出判断的，应当**先予立案。**

3. 指导与释明。起诉状内容或者材料欠缺的，人民法院应当给予指导和释明，并一次性全面告知当事人需要补正的内容、补充的材料及期限。在指定期限内补正并符合起诉条件的，应当登记立案。当事人拒绝补正或者经补正仍不符合起诉条件的，退回诉状并记录在册；坚持起诉的，裁定不予立案，并载明不予立案的理由。

4. 当事人的救济。人民法院既不立案，又不作出不予立案裁定的，当事人可以**向上一级人民法院起诉**。上一级人民法院认为符合起诉条件的，应当立案、审理，也可以指定其他下级人民法院立案、审理。对于不接收起诉状、接收起诉状后不出具书面凭证，以及不一次性告知当事人需要补正的起诉状内容的，当事人可以向上级人民法院**投诉**，上级人民法院应当**责令改正**，并对直接负责的主管人员和其他直接责任人员**依法给予处分**。

考点14 行政诉讼第一审程序

命题分析

对本部分内容而言，以往主观题的考查集中在以下方面：第一，简易程序，因是《行政诉讼法》修订新增加的内容，必为考查重点；第二，审理对象，包括一审案件的审理对象，部分试题还涉及二审案件的审理对象。从考查趋势来看，简易程序的适用范围、操作程序以及复议维持情况下的人民法院的审理对象等问题，因其属于新法规定的内容，将成为“重中之重”。

考点解析

一、简易程序

简易程序是一审人民法院审理简单行政案件所适用的简便易行的诉讼程序。

（一）适用范围

即哪些行政诉讼案件能够适用简易程序审理。对此问题，《行政诉讼法》规定了两种情况：

1. 法定情形。《行政诉讼法》第 82 条第 1 款规定，人民法院审理下列第一审行政案件，认为事实清楚、权利义务关系明确、争议不大的，可以适用简易程序：**①被诉行政行为是依法当场作出的；②案件涉及款额 2000 元以下的；③属于政府信息公开案件的**。据此，法定适用简易程序审理的案件必须具备以下条件：第一，第一审行政案件，二审案件、发回重审、按照审判监督程序再审的案件不适用简易程序；第二，案件事实清楚、权利义务关系明确、争议不大；第三，须为法定三类诉讼案件。

2. 意定情形。《行政诉讼法》第 82 条第 2 款规定，除前款规定以外的第一审行政案件，**当事人各方同意适用简易程序的，可以适用简易程序**。

（二）具体操作

1. 独任制。适用简易程序审理的行政案件，由**审判员一人**独任审理。

2. 审理程序。适用简易程序审理的行政案件，人民法院可以用口头通知、电话、短信、传真、电子邮件等简便方式传唤当事人、通知证人、送达裁判文书以外的诉讼文书。以简便方式送达的开庭通知，**未经当事人确认或者没有其他证据证明当事人已经收到的，人民法院不得缺席判决**。适用**简易程序案件的举证期限由人民法院确定，也可以由当事人协商一致并经人民法院准许，但不得超过十五日**。被告要求书面答辩的，人民法院可以确定合理的答辩期间。人民法院应当将举证期限和开庭日期告知双方当事人，并向当事人说明逾期举证以及拒不到庭的法律后果，由双方当事人在笔录和开庭传票的送达回证上签名或者捺印。**当事人双方均表示同意立即开庭或者缩短举证期限、答辩期间的，人民法院可以立即开庭审理或者确定近期开庭。**

3. 程序转换。人民法院发现案情复杂，需要转为普通程序审理的，应当在审理期限届满前作出裁定并将合议庭组成人员及相关事项书面通知双方当事人。案件转为普通程序审理的，审理期限自人民法院立案之日起计算。

4. 审理期限。适用简易程序审理的案件，应当在立案之日起**45 日内**审结。

二、审理对象

审理对象是指行政诉讼当事人之间争议的核心问题，是人民法院行政审判权直接作用的对象。

在一审程序中，人民法院的审理对象因案件争议种类不同而存在差异。概括言之，分为以下两种情况：第一，被诉行政行为。即人民法院以行政机关作出的处分相对人权益的行政处理决定为审理对象，其审理活动围绕着行政行为的合法性、有效性这一核心问题展开；第二，当事人之间的公法权利义务争议。即人民法院是以行政诉讼原告提出的公法权利主张是否成立为审理对象，如原告主张的赔偿、补偿请求权是否成立等，其审理活动围绕着原被告之间的法律关系争议展开。

此外，按照《行政诉讼法》的规定，在复议维持的情况下，作出原行政行为的行政机关和行政复议机关为共同被告。依照《最高人民法院关于适用〈中华人民共和国行政诉讼法〉的解释》第 135 条第 1 款规定，复议机关决定维持原行政行为的，人民法院应当在审查原行政行为合法性的同时，一并审查复议决定的合法性。由此，在复议维持情况下的行政诉讼案件中，审理对象为两个：一是原行政行为的合法性，二是行政复议程序的合法性。

顺便提及的是，在二审程序中，人民法院的审理对象会有增加，即除一审法院的审理对象之外，还要以一审法院的未生效裁判是否合法为审理对象。对此，《行政诉讼法》第 87 条规定，人民法院审理上诉案件，应当对原审人民法院的判决、裁定和被诉行政行为进行全面审查。

考点15　行政案件审理中的特殊制度

命题分析

行政案件审理中的特殊制度较多，但主观题考查的内容较少，如2015年对规范性文件一并审查制度的考查，2018年对行政机关负责人出庭应诉制度的考查等。从考查趋势上看，各种特殊的诉讼程序制度，一些新法增加的制度内容，诸如撤诉、诉讼调解等制度很可能成为重点考查对象。

考点解析

一、撤诉

撤诉是原告明确表示或者依其行为推定其将已经成立的起诉行为撤销，法院审查后予以同意的诉讼行为。广义的撤诉应当包括一审撤诉、二审撤回上诉以及再审程序中撤回再审申请。

行政诉讼中的撤诉分为**自愿申请撤诉**和**视为申请撤诉**两种情况。自愿申请撤诉是指在裁判宣告前的诉讼期间内，原告自动撤回起诉，经人民法院准许而终结诉讼的制度。视为申请撤诉是指原告经人民法院合法传唤，无正当理由拒不到庭时，人民法院可视其自愿撤回起诉，经审查以裁定准许而终结诉讼的制度。

1. 自愿申请撤诉的条件

根据《行政诉讼法》第62条规定，自愿申请撤诉分为两种情况：一是原告在判决或裁定宣告之前，主动放弃诉讼的情况；二是被告改变行政行为，原告同意并申请撤诉。结合《最高人民法院关于适用〈中华人民共和国行政诉讼法〉的解释》和最高人民法院《关于行政诉讼撤诉若干问题的规定》，诉讼期间，被告改变其所作行政行为是**指被告撤销、部分撤销或者变更被诉行政行为处理结果**。此外，下列情形可以视为被告改变其所作的行政行为：①**根据原告的请求依法履行法定职责**；②**采取相应的补救、补偿等措施**；③**在行政裁决案件中，书面认可原告与第三人达成的和解**。

对于第一种情况下的自愿申请撤诉，符合以下条件的，人民法院应当准许：①申请撤诉的必须是原告，包括原告特别授权的诉讼代理人；②撤诉申请必须是自愿并明确提出；③申请撤诉必须符合法律规定，不得借撤诉规避法律，不能损害国家、社会公共利益和他人合法利益；④撤诉申请须在裁判作出前提出；⑤撤诉须经人民法院准许。

对于第二种情况下的自愿申请撤诉，依照《最高人民法院关于行政诉讼撤诉若干问题的规定》，原告自愿申请撤诉须符合以下条件：①申请撤诉是当事人真实意思表示；②被告改变被诉具体行政行为，不违反法律、法规的禁止性规定，不超越或者放弃职权，不损害公共利益和他人合法权益；③被告已经改变或者决定改变被诉具体行政行为，并书面告知人民法院；④第三人无异议。

依照《最高人民法院关于适用〈中华人民共和国行政诉讼法〉的解释》的规定，当事人申请撤诉或者依法可以按撤诉处理的案件，当事人有违反法律的行为需要依法处理的，人民法院可以不准许撤诉或者不按撤诉处理。法庭辩论终结后原告申请撤诉，人民法院可以准许，但涉及国家利益和社会公共利益的除外。

2. 视为申请撤诉的条件

视为申请撤诉须符合以下条件：①经人民法院**传票传唤**；原告无正当理由拒不到庭；②原告未经法庭许可，中途退庭；③原告未按规定的期限预交案件受理费，又不提出缓交、减交、免交申请，或者提出申请未获批准的，按自动撤诉处理（原告或者上诉人在法定期限内再次起诉或者上诉，并依法解决诉讼费预交问题的，人民法院应予立案）。

3. 撤诉的法律后果

原告申请撤诉或视为撤诉，经法院准许的，终结诉讼；**原告申请撤诉后，以同一事实和理由再次起诉的，人民法院不予受理**。

二、调解

修订后的《行政诉讼法》对诉讼调解制度作出了规定。依照该法规定，可以进行调解的案件包括：

（1）**行政赔偿、补偿案件**。此类案件多涉及行政机关对相关金钱给付义务的履行，给付多少行政机关多有一定的处分余地。况且，行政赔偿诉讼早已由法律规定可以适用调解。

（2）**行政机关行使法律、法规规定的自由裁量权的案件**。此类案件之所以允许适用调解方式，主要在于行政机关对其职权的行使具有一定的灵活处理余地。

依照《行政诉讼法》第60条规定，人民法院实施调解，应当遵循自愿、合法原则，不得损害国家利益、社会公共利益和他人合法权益。

依照《最高人民法院关于适用〈中华人民共和国行政诉讼法〉的解释》的规定，人民法院审理《行政诉讼法》第60条第1款规定的行政案件，**认为法律关系明确、事实清楚，在征得当事人双方同意后，可以迳行调解。**

调解达成协议的，人民法院应当制作调解书。调解书经双方当事人签收后，即具有法律效力。调解书生效日期根据最后收到调解书的当事人签收的日期确定。

人民法院审理行政案件，调解过程不公开，但当事人同意公开的除外。

调解协议内容不公开，但为保护国家利益、社会公共利益、他人合法权益，人民法院认为确有必要公开的除外。

当事人一方或者双方不愿调解、调解未达成协议的，人民法院应当及时判决。

当事人自行和解或者调解达成协议后，请求人民法院按照和解协议或者调解协议的内容制作判决书的，人民法院不予准许。

三、行政诉讼附带民事诉讼

行政诉讼附带民事诉讼是指人民法院在审理行政案件的同时，附带解决与行政案件相关联的民事争议，并作出裁判的诉讼活动。

1. 行政附带民事诉讼的条件如下：

（1）行政诉讼案件已经成立。附带民事诉讼处于从属地位，依赖于行政诉讼案件的成立。

（2）行政机关作出的行政行为引起了两个不同性质的争议。一方面当事人对行政机关作出的行政行为不服，引发行政争议；另一方面，行政行为的作出引发新的民事争议或对业已存在的民事纠纷产生了影响，由此引发两种不同性质但彼此关联的争议。

（3）两个分属于不同诉讼系列的诉讼请求之间具有内在的关联性。分为两个方面：一是同一行政行为引起了行政和民事两个不同的争议；二是民事争议的解决有待于行政争议的解决。

（4）附带民事诉讼的请求应当在行政诉讼过程中提出。行政诉讼附带民事诉讼可以在行政诉讼提起时同时提起，也可以在行政诉讼开始后、案件审理终结之前提出。

（5）行政附带民事诉讼属于同一人民法院管辖，适用同一审判程序。

2. 依照《行政诉讼法》的规定，行政诉讼附带民事诉讼的案件范围如下：

（1）涉及**行政许可**的案件。如小区居民甲针对规划主管部门为某开发商发放的建设规划许可不服，以侵害其采光权为理由请求法院撤销，同时对开发商提起民事诉讼，请求法院同时解决其与开发商之间的民事纠纷。由此，成立行政诉讼附带民事诉讼。

（2）涉及**行政登记**的案件。如公民乙以房屋所有权受到侵犯为由，请求法院撤销为其朋友甲办理的本属于自己房屋的产权登记行为，同时以民事侵权为由，请求法院一并处理与甲之间的民事侵权赔偿争议。由此，成立行政诉讼附带民事诉讼。

（3）涉及**行政征收、征用**的案件。如村民丙认为房屋征收部门对其邻居丁作出的房屋征收补偿决定中，处分了本属于自己的部分房产，提起行政诉讼请求撤销房屋征收补偿决定，同时对丁提起民事诉讼，要去返还属于自己所有的补偿款。由此，成立行政诉讼附带民事诉讼。

（4）当事人**不服行政机关对其与他人之间的权属纠纷、赔偿纠纷所作的裁决，**请求人民法院撤销行政裁决，并要求人民法院重新确定权属的案件。如县政府就甲乙两村争议的某块集体所有的土地权属作出裁决之后，其中一方不服裁决，向人民法院起诉请求撤销该裁决，同时请求人民法院就两村之间的土地权属作出裁判。由此，成立行政诉讼附带民事诉讼。

3. 依照《最高人民法院关于适用〈中华人民共和国行政诉讼法〉的解释》规定，此类案件审理中涉及以下问题：

（1）行政诉讼附带民事诉讼的提起。公民、法人或者其他组织请求一并审理行政诉讼法相关民事争议的，应当在第一审开庭审理前提出；有正当理由的，也可以在法庭调查中提出。

有下列情形之一的，人民法院应当作出不予准许一并审理民事争议的决定，并告知当事人可以依法通过其他渠道主张权利：①法律规定应当由行政机关先行处理的；②违反民事诉讼法专属管辖规定或者协议管辖约定的；③约定仲裁或者提起民事诉讼的；④其他不宜一并审理的民事争议。对不予准许的决定可以申请复议一次。

（2）行政诉讼附带民事诉讼的立案。人民法院在行政诉讼中一并审理相关民事争议的，**民事争议应当单独立案**，由同一审判组织审理。**审理行政机关对民事争议所作裁决的案件，一并审理民事争议的，不另行立案**。

人民法院决定在行政诉讼中一并审理相关民事争议，或者案件当事人一致同意相关民事争议在行政诉讼中一并解决，人民法院准许的，**由受理行政案件的人民法院管辖**。

公民、法人或者其他组织请求一并审理相关民事争议，人民法院经审查发现行政案件已经超过起诉期限，民事案件尚未立案的，告知当事人另行提起民事诉讼；民事案件已经立案的，由原审判组织继续审理。

人民法院在审理行政案件中发现民事争议为解决行政争议的基础，当事人没有请求人民法院一并审理相关民事争议的，人民法院应当告知当事人依法申请一并解决民事争议。**当事人就民事争议另行提起民事诉讼并已立案的，人民法院应当中止行政诉讼的审理**。民事争议处理期间不计算在行政诉讼审理期限内。

（3）行政诉讼附带民事诉讼的法律适用。人民法院一并审理相关民事争议，**适用民事法律规范的相关规定**，法律另有规定的除外。

当事人在调解中对民事权益的处分，不能作为审查被诉行政行为合法性的根据。

（4）行政诉讼附带民事诉讼的裁判与上诉。行政争议和民事争议应当分别裁判。当事人仅对行政裁判或者民事裁判提出上诉的，未上诉的裁判在上诉期满后即发生法律效力。第一审人民法院应当将全部案卷一并移送第二审人民法院，由行政审判庭审理。第二审人民法院发现未上诉的生效裁判确有错误的，应当按照审判监督程序再审。

此外，还需要注意的是，《行政诉讼法》第 61 条规定，在行政诉讼中，人民法院认为行政案件的审理需以民事诉讼的裁判为依据的，可以裁定中止行政诉讼。即所谓“**审判前提问题**”，当民事争议的解决是解决行政争议的前提条件时，人民法院应当先裁定中止行政案件的审理，等待民事争议的处理结果。

（5）撤诉问题与诉讼费用收取。行政诉讼原告在宣判前申请撤诉的，是否准许由人民法院裁定。人民法院裁定准许行政诉讼原告撤诉，但其对已经提起的一并审理相关民事争议不撤诉的，人民法院应当继续审理。

人民法院一并审理相关民事争议，应当按行政案件、民事案件的标准分别收取诉讼费用。

四、规范性文件的一并审查

《行政诉讼法》第53条建立了规范性文件的一并审查制度。同时，该法第64条规定，人民法院在审理行政案件中，经审查认为本法第53条规定的规范性文件不合法的，不作为认定行政行为合法的依据，并向制定机关提出处理建议。为落实上述规定，《最高人民法院关于适用〈中华人民共和国行政诉讼法〉的解释》又作出了详细规定。

第一，行政相对人在对行政行为提起诉讼时一并请求对所依据的规范性文件审查的，**由行政行为案件管辖法院一并审查。**

第二，行政相对人请求人民法院一并审查规范性文件，应当**在第一审开庭审理前**提出；有正当理由的，也可以在法庭调查中提出。

第三，人民法院在对规范性文件审查过程中，发现规范性文件可能不合法的，应当听取规范性文件制定机关的意见。制定机关申请出庭陈述意见的，人民法院应当准许。行政机关未陈述意见或者未提供相关证明材料的，不能阻止人民法院对规范性文件进行审查。

第四，人民法院对规范性文件进行一并审查时，可以从规范性文件制定机关是否超越权限或者违反法定程序、作出行政行为所依据的条款以及相关条款等方面进行。有下列情形之一的，属于《行政诉讼法》第64条规定的“规范性文件不合法”：**①超越制定机关的法定职权或者超越法律、法规、规章的授权范围的；②与法律、法规、规章等上位法的规定相抵触的；③没有法律、法规、规章依据，违法增加公民、法人和其他组织义务或者减损公民、法人和其他组织合法权益的；④未履行法定批准程序、公开发布程序，严重违反制定程序的；⑤其他违反法律、法规以及规章规定的情形**。

第五，人民法院经审查认为行政行为所依据的规范性文件合法的，应当作为认定行政行为合法的依据；经审查认为规范性文件不合法的，不作为人民法院认定行政行为合法的依据，并在裁判理由中予以阐明。作出生效裁判的人民法院应当向规范性文件的制定机关提出处理建议，并可以抄送制定机关的同级人民政府、上一级行政机关、监察机关以及规范性文件的备案机关。

规范性文件不合法的，人民法院可以**在裁判生效之日起 3 个月内**，向规范性文件制定机关提出修改或者废止该规范性文件的司法建议。规范性文件由多个部门联合制定的，人民法院可以向该规范性文件的主办机关或者共同上一级行政机关发送司法建议。接收司法建议的行政机关应当**在收到司法建议之日起 60 日内**予以书面答复。情况紧急的，人民法院可以建议制定机关或者其上一级行政机关立即停止执行该规范性文件。

人民法院认为规范性文件不合法的，应当在裁判生效后报送上一级人民法院进行备案。涉及国务院部门、省级行政机关制定的规范性文件，司法建议还应当分别层报最高人民法院、高级人民法院备案。

考点 16　行政诉讼判决

命题分析

从往年的主观题情况看，对行政诉讼判决的考查有时很细，如对一审判决的宣告与送达程序的考查（2015 年），有时结合具体案件类型考查（2012 年）等。从发展趋势看，一审判决种类及其适用条件会反复出现，且命题更加灵活。另外需要注意的是，修订后的《行政诉讼法》新增的判决种类将成为今后考查的重点。

考点解析

一、驳回诉讼请求判决

驳回诉讼请求判决是指人民法院经过审理，认为原告的诉讼请求在法律上不能成立，依法予以驳回的判决方式。该类判决适用于以下情形：

1. 被诉行政行为合法。包括：①证据确凿。指行政行为认定的事实均有相应证据证明，且证据之间可以形成一个完整的证据链条。②适用法律、法规正确。包括以下内容：行政机关对执法依据的理解符合立法原意和立法精神，选择适用了正确的法律条文，在法律规范发生冲突时遵循了正确的规范冲突适用规则，行政机关未超越法定职权范围作出行政行为等。③符合法定程序。其是指行政行为符合法律法规规定的步骤、顺序、方式和时限。

2. 原告申请被告履行法定职责理由不成立。如被告不具有原告要求履行的法定职责，原告的请求超过法定期限，被告已经履行相应的法定职责等。

3. 原告申请被告履行给付义务理由不成立的。如原告要求被告给付抚恤金，但不符合给付条件等。

二、撤销判决

撤销判决是指人民法院经过审理，认为被诉行政行为全部或者部分违法，从而全部或者部分撤销行政行为的判决形式。

根据《行政诉讼法》的规定，人民法院在作出部分或者全部撤销判决时，可以判决被告重新作出行政行为。全部撤销主要适用于被诉行政行为全部违法，或者虽然部分违法但该行为不可分；部分撤销适用于行政行为部分违法、部分合法，且行政行为可分，人民法院只作出撤销违法部分的判决；判决撤销并责令被告重新作出行政行为，适用于违法行政行为撤销后尚需被告对行政行为所涉及的事项作出处理的情况。

撤销判决适用于以下情形：

1. 主要证据不足。**主要证据不足意味着行政机关作出的行政行为缺乏事实根据，所依据的事实不清，从而构成违法行为**。

2. 适用法律法规错误。指**行政机关在作出行政行为时，错误理解了法律法规的规定，适用了不应适用的法律法规，或者未适用应当适用的法律法规**。其主要表现形式是：应适用甲法却适用了乙法；适用了无效的法律法规；适用正确的法律法规，但援引条文错误；违反了法律冲突适用规则，如应适用高位阶法却适用了低位阶法，应适用特别法却适用了一般法等；有明确的法律根据，但在决定文书中并不引用等。

3. 违反法定程序。指**行政行为违反了法律、法规规定的步骤、顺序、时限和方式**。一般情况下，违反法定程序主要有以下表现形式：未按照法律法规规定采用集体讨论方式作出处理决定，行政执法人员未依法回避；遗漏了法律法规的必要步骤，如处罚作出前未履行告知听取意见程序义务等；颠倒了不同步骤的先后顺序，如“先裁决、后取证”；超过了法律法规规定的作出行政行为的时限等。

以违反法定程序作出撤销判决时应注意程序违法的严重程度。如超过法定时限不长作出的行政决定，人民法院需要考虑撤销重做产生的执法成本以及相对人实体权益受到该程序违法行为影响的程度，在撤销判决和确认行政行为违法判决之间作出选择。

4. 超越职权。指行政机关作出行政行为时超出法定权限范围。主要表现形式包括：①**职权僭越。**即行政机关在没有法律依据的情况下行使了其他国家机关的权力，如公安机关对民事侵权纠纷作出裁决。②**超越事务管辖权。**如工商机关作出吊销律师职业证书的决定等。③**超越地域管辖，**如甲地工商机关到乙地办理工商登记等。④**超越层级管辖权**。如下级行政机关越权行使了上级行政机关的权力。⑤**超出法定数额、范围、幅度等**。如派出所对违法行为处以600元的罚款等。⑥**超出法定时间作出行政行为**。如超过2年违法行为追诉时效，对相对人作出处罚决定等。

5. 滥用职权。指行政机关作出的行政行为虽在权限范围之内，但其违背了立法授予其该项权力的目的。滥用职权的表现形式主要包括：

①行政行为的实施是为了实现执法人员的私人利益和其所属团体、组织、单位的利益。②行政行为的实施符合公共利益，但不符合法律授予这种权力的特定目的。③不适当的考虑。行政机关作出行政行为时考虑了不应当考虑的因素，如对有作出陈述申辩的相对人给予较重的处罚；或者未考虑应当考虑的因素，如未考虑当事人主动消除违法行为后果这一情节而作出较重处罚。④不一致的解释和反复无常。前者指行政机关对其执法依据随意进行解释，前后不一，且应用于同类的案件处理；后者指在情况没有变化的情况下，行政机关为达到非法目的，故意朝令夕改，随意变动作出的行政决定。⑤故意迟延或不作为。行政机关负有法定作为义务，但为实现非法目的，故意采用“拖延”方式迟迟不作出相应行为。

6. 明显不当。指行政行为虽然形式上合法，但其具体决定的内容已经达到一个普通人都无法认同、接受或容忍的程度。主要表现形式为：①行政处罚畸轻畸重。②相同情况不同对待，不同情况，同样对待。

依照《行政诉讼法》第71条和《最高人民法院关于适用〈中华人民共和国行政诉讼法〉的解释》的规定，人民法院判决被告重新作出行政行为的，除违反法定程序的情况外，被告不得以同一的事实和理由作出与原行政行为基本相同的行政行为。行政机关以同一事实和理由重新作出与原行政行为基本相同的行政行为，人民法院应当判决撤销或者部分撤销，并根据《行政诉讼法》第 96 条的规定处理。人民法院判决被告重新作出行政行为，**被告重新作出的行政行为与原行政行为的结果相同，但主要事实或者主要理由有改变的，不属于“以同一的事实和理由作出与原行政行为基本相同的行政行为”。**

复议决定改变原行政行为错误，人民法院判决撤销复议决定时，可以一并责令复议机关重新作出复议决定或者判决恢复原行政行为的法律效力。

三、履行判决

履行判决是指责令被告限期履行其法定职责的判决。履行判决的适用须符合以下条件：

第一，行政机关负有法定职责。法定职责的来源可以是法律、法规、规章以及规范性文件的规定。如工商机关负有颁发营业执照的职责等。

第二，行政机关没有履行法定职责。表现为拒绝、拖延或者不予答复，虽履行职责但未达到预定效果。

第三，行政机关具有履行职责的可能。如由于客观条件的限制，如不可抗力等，行政机关不能履行其职责，不能认定不履行法定职责。

第四，行政机关履行职责依然有意义。如果在判决时，判令行政机关履行法定职责已经失去意义的，人民法院应改作其他判决。

人民法院判决被告履行法定职责，应当指定履行的期限，因情况特殊难于确定期限的除外。

适用履行判决需要注意处理司法权和行政权的关系，避免司法过度干预行政。基于司法权与行政权之间的分工，以及行政管理的专业性与技术性考虑，人民法院在作出履行判决时，需要注意判令被告履行法定职责的程度。对此，《最高人民法院关于适用〈中华人民共和国行政诉讼法〉的解释》第 91 条规定，原告请求被告履行法定职责的理由成立，**被告违法拒绝履行或者无正当理由逾期不予答复的，人民法院可以根据行政诉讼法第 72 条的规定，判决被告在一定期限内依法履行原告请求的法定职责；尚需被告调查或者裁量的，应当判决被告针对原告的请求重新作出处理。**

四、给付判决

给付判决是指人民法院依法判令被告履行公法上的给付义务的判决。此处的给付义务**不限于金钱给付义务，还可以包括作出其他不属于行政处理决定的行为义务**。如履行行政协议等。

根据《行政诉讼法》第73条、第76条、第78条的规定，给付判决适用于以下情形：①给付抚恤金、最低生活保障待遇或者社会保险待遇；②履行协议义务，如给予相对人优惠待遇等；③采取相关补救措施；④支付赔偿金或补偿金等。此外，如果扩大对第73条适用范围，给付判决可以包含任何不属于行政决定的作为或不作为义务的履行。

依照最高人民法院《关于适用〈中华人民共和国行政诉讼法〉的解释》第92条规定，原告申请被告依法履行支付抚恤金、最低生活保障待遇或者社会保险待遇等给付义务的理由成立，被告依法负有给付义务而拒绝或者拖延履行义务的，人民法院可以根据行政诉讼法第73条的规定，**判决被告在一定期限内履行相应的给付义务**。此外，该司法解释还规定，原告请求被告履行法定职责或者依法履行支付抚恤金、最低生活保障待遇或者社会保险待遇等给付义务，原告未先向行政机关提出申请的，人民法院裁定驳回起诉。

人民法院经审理认为原告所请求履行的法定职责或者给付义务明显不属于行政机关权限范围的，可以裁定驳回起诉。

五、确认违法判决

确认违法判决是指人民法院依法确认被诉行政行为违法的一种判决方式。确认违法判决适用于以下两种情况：

1. 基于利益衡量，以确认违法判决替代撤销判决

行政行为有下列情形之一的，人民法院判决确认违法，但不撤销行政行为：

（1）行政行为依法应当撤销，但撤销会给国家利益、社会公共利益造成重大损害的。即行政行为违法本应适用撤销判决，但考虑到行政行为的撤销将严重危害国家利益和社会公共利益，作为利益平衡的结果，人民法院不适用撤销判决，而是改用确认违法判决，其目的在于维持行政行为效力，不改

变既有现状，同时，也通过判决确认违法的方式明示被诉行政行为确实存在违法之处，进一步为行政机关承担补救责任或者使得相对人获得赔偿提供基础。

（2）行政行为程序轻微违法，但对原告权利不产生实际影响的。《最高人民法院关于适用〈中华人民共和国行政诉讼法〉的解释》第96条规定，有下列情形之一，且对原告依法享有的听证、陈述、申辩等重要程序性权利不产生实质损害的，属于行政诉讼法第74条第①款第（二）项规定的“程序轻微违法”：①处理期限轻微违法；②通知、送达等程序轻微违法；③其他程序轻微违法的情形。

2. 只能适用确认违法判决而无法适用撤销判决

行政行为有下列情形之一，不需要撤销或者判决履行的，人民法院判决确认违法：

（1）行政行为违法，但不具有可撤销内容的。此种情况主要适用于行政机关作出的事实行为。如违法实施的强制约束行为，在相对人起诉时早已实施完毕，无可撤销内容，只能判决确认违法。

（2）被告改变原违法行政行为，原告仍要求确认原行政行为违法的。此种情况下，相对人即使在最初提起的是撤销诉讼请求，但由于行政机关自行改变了其作出的原违法行政行为，在原告对该行为仍不撤诉的情况下，人民法院即使经审查认定原行政行为违法，但由于已经不存在撤销的对象，也只能采用确认违法判决方式。

（3）被告不履行或者拖延履行法定职责，判决履行没有意义的。此种情况主要是指相对人最初提起的是履行法定职责诉讼，但在案件审理期间，由于时间的经过，原告诉求法院判令被告作出履责的行为对其已经失去意义。为此，人民法院只能采用确认违法判决。

依照《行政诉讼法》第76条规定，人民法院判决确认违法的，可以同时判决责令被告采取补救措施；给原告造成损失的，依法判决被告承担赔偿责任。

六、确认无效判决

确认无效判决是指人民法院经过审理，依法宣告重大且明显违法的被诉行政行为无效的判决。

《行政诉讼法》第75条规定，**行政行为有实施主体不具有行政主体资格或者没有依据等重大且明显违法情形**，原告申请确认行政行为无效的，人民法院判决确认无效。依照《最高人民法院关于适用〈中华人民共和国行政诉讼法〉的解释》第99条规定，下列情形属于“重大且明显违法”：①行政行为实施主体不具有行政主体资格；②减损权利或者增加义务的行政行为没有法律规范依据；③行政行为的内容客观上不可能实施；④其他重大且明显违法的情形。

依照《最高人民法院关于适用〈中华人民共和国行政诉讼法〉的解释》第94条规定，当行政相对人起诉请求撤销行政行为，人民法院经审查认为行政行为无效的，应当作出确认无效的判决。相对人起诉请求确认行政行为无效，人民法院审查认为行政行为不属于无效情形，经释明，原告请求撤销行政行为的，应当继续审理并依法作出相应判决；原告请求撤销行政行为但超过法定起诉期限的，裁定驳回起诉；原告拒绝变更诉讼请求的，判决驳回其诉讼请求。

依照《行政诉讼法》第76条规定，人民法院判决确认无效的，可以同时判决责令被告采取补救措施；给原告造成损失的，依法判决被告承担赔偿责任。

七、变更判决

变更判决是指人民法院经过审理，依法对被诉行政行为的内容加以变更的判决。变更判决适用于以下情形：

（1）行政处罚明显不当。主要是指行政处罚畸轻畸重，或者同等情况不同对待、不同情况同等对待的情况。需要注意的是，撤销判决的适用情形中也有“明显不当”的情况，由于对于行政机关作出的处罚行为，人民法院既可适用撤销判决，也可适用变更判决。

（2）其他行政行为涉及对款额的确定、认定确有错误的。主要是指行政行为对数额的计算有误的情况，以变更判决代替撤销判决主要是为了减少执法成本，提高解决争议的效率。

依照《行政诉讼法》第77条第2款的规定，**人民法院判决变更，不得加重原告的义务或者减损原告的权益。但利害关系人同为原告，且诉讼**

请求相反的除外。如法院在变更对原告的罚款数额时，只能在原有数额的基础上减少，而不能增加罚款数额。除非个案中存在与原告利益冲突的第三人。

八、被告承担继续履行、采取补救措施或者赔偿损失等责任判决

此种判决主要针对行政协议履行过程中发生的争议设置的判决。其实质并未超出前述履行判决和给付判决的范畴。

依照《行政诉讼法》第78条规定，被告不依法履行、未按照约定履行或者违法变更、解除本法第12条第1款第（十一）项规定的协议的，人民法院判决被告承担继续履行、采取补救措施或者赔偿损失等责任。被告变更、解除本法第12条第1款第（十一）项规定的协议合法，但未依法给予补偿的，人民法院判决给予补偿。

九、复议维持案件的裁判

关于复议维持情况下的案件审理与裁判问题，《行政诉讼法》第79条规定，复议机关与作出原行政行为的行政机关为共同被告的案件，**人民法院应当对复议决定和原行政行为一并作出裁判**。对此规定，《最高人民法院关于适用〈中华人民共和国行政诉讼法〉的解释》进一步作出了详细规定。

人民法院依职权追加作出原行政行为的行政机关或者复议机关为共同被告的，对原行政行为或者复议决定可以作出相应判决。

人民法院判决撤销原行政行为和复议决定的，可以判决作出原行政行为的行政机关重新作出行政行为。

人民法院判决作出原行政行为的行政机关履行法定职责或者给付义务的，应当同时判决撤销复议决定。

原行政行为合法、复议决定违法的，人民法院可以判决撤销复议决定或者确认复议决定违法，同时判决驳回原告针对原行政行为的诉讼请求。

原行政行为被撤销、确认违法或者无效，给原告造成损失的，应当由作出原行政行为的行政机关承担赔偿责任；因复议决定加重损害的，由复议机关对加重部分承担赔偿责任。

原行政行为不符合复议或者诉讼受案范围等受理条件，复议机关作出维持决定的，人民法院应当裁定一并驳回对原行政行为和复议决定的起诉。

考点17　司法赔偿范围

命题分析

从主观题命题情况看，司法赔偿范围的考查集中于刑事司法赔偿的范围以及国家免责的情形（2011年）。从考查趋势来看，随着主观题综合考查考生知识的特点越来越明显，司法赔偿的范围将可能与行政行为的司法审查等内容结合起来一并考查，对考生灵活适用法律的能力考查更加全面，需要引起充分注意。

考点解析

司法赔偿范围是指司法机关及其工作人员在行使职权时侵犯公民、法人或者其他组织合法权益并造成损害，国家承担赔偿责任的范围。

一、刑事司法赔偿范围

（一）侵犯人身权的刑事赔偿

根据《国家赔偿法》第17条规定，行使侦查、检察、审判职权的机关以及看守所、监狱管理机关及其工作人员在行使职权时有下列侵犯人身权情形之一的，受害人有取得赔偿的权利：

1. 违法拘留

第一，**违反刑事诉讼法的规定对公民采取拘留措施**。对公民采取刑事拘留措施后终止追究刑事责任，具有下列情形之一的，属于国家赔偿法第17条第（一）项规定的违法刑事拘留：①违反刑事诉讼法规定的条件采取拘留措施的；②违反刑事诉讼法规定的程序采取拘留措施的；③依照刑事诉讼法规定的条件和程序对公民采取拘留措施，但是拘留时间超过刑事诉讼法规定的时限。违法刑事拘留的人身自由赔偿金自拘留之日起计算。

第二，**合法采取刑事拘留措施后终止追究刑事责任**。行使侦查权的机关采取刑事拘留本身合法，但拘留超过法定期限，且其后决定撤销案件、不起诉或者判决宣告无罪终止追究刑事责任，受害人有取得赔偿的权利。

《关于办理刑事赔偿案件适用法律若干问题的解释》第2条对“终止追究刑事责任”的情况进行了明确，即解除、撤销拘留或者逮捕措施后虽尚未撤销案件、作出不起诉决定或者判决宣告无罪，但是符合下列情形之一的，属于国家赔偿法第17条第（一）项、第（二）项规定的终止追究刑事责任：①办案机关决定对犯罪嫌疑人终止侦查的；②解除、撤销取保候审、监视居住、拘留、逮捕措施后，办案机关超过1年未移送起诉、作出不起诉决定或者撤销案件的；③取保候审、监视居住法定期限届满后，办案机关超过1年未移送起诉、作出不起诉决定或者撤销案件的；④人民检察院撤回起诉超过30日未作出不起诉决定的；⑤人民法院决定按撤诉处理后超过30日，人民检察院未作出不起诉决定的；⑥人民法院准许刑事自诉案件自诉人撤诉的，或者人民法院决定对刑事自诉案件按撤诉处理的。赔偿义务机关有证据证明尚未终止追究刑事责任，且经人民法院赔偿委员会审查属实的，应当决定驳回赔偿请求人的赔偿申请。

2. 逮捕后终止追究刑事责任

《国家赔偿法》第17条第（二）项规定，对公民采取逮捕措施后，决定撤销案件、不起诉或者判决宣告无罪终止追究刑事责任的，公民有取得赔偿的权利。据此，对因逮捕被羁押的公民赔偿遵循的是结果责任原则。

3. 无罪错判、原判刑罚已经执行

国家承担赔偿责任的无罪错判须满足以下条件：

第一，**人民法院对无罪的公民判处刑罚**。无罪包括公民没有实施犯罪行为或者没有充足证据证明公民实施了犯罪两种情况。如果公民实施了犯罪行为，人民法院在法定量刑幅度内作出不适当的判决，或者超出法定刑幅度量刑，经改判处以较轻的刑罚，都不构成国家赔偿法上的错判。同时，《关于办理刑事赔偿案件适用法律若干问题的解释》第6条规定，数罪并罚的案件经再审改判部分罪名不成立，监禁期限超出再审判决确定的刑期，公民对超期监禁申请国家赔偿的，应当决定予以赔偿。

第二，**原判刑罚已经执行**。包括全部执行和部分执行两种情况。在自由刑执行期间，被告人被依法减刑或者假释的，被减部分和假释部分的错判刑罚，国家不负赔偿责任。在刑罚执行中保外就医的，保外就医的期间，国家不负赔偿责任。缓刑判决经再审程序撤销，公民被宣告无罪的，不发生国家赔偿责任。根据《最高人民法院关于人民法院执行〈中华人民共和国国家赔偿法〉几个问题的解释》第4条规定，人民法院判处管制、有期徒刑缓刑、剥夺政治权利等刑罚被依法改判无罪的，国家不承担赔偿责任，但赔偿请求人在判决生效前被羁押的，依法有权取得赔偿。

第三，**原判决经审判监督程序撤销并且被告人被宣告无罪**。

4. 刑讯逼供或者以殴打、虐待等行为或者唆使、放纵他人以殴打、虐待等行为造成公民身体伤害或者死亡

上述行为可统称为**暴力侵权行为**。需要注意的是：第一，实施暴力行为的主体不限于司法机关的工作人员，还包括受到唆使、放纵实施暴力侵权的人员。第二，暴力行为发生与执行职务过程中，与执行职务具有关联。第三，暴力行为造成了公民身体伤害或者死亡的后果。

5. 违法使用武器、警械造成公民身体伤害或者死亡

（二）侵犯财产权的刑事赔偿

《国家赔偿法》第18条规定，行使侦查、检察、审判职权的机关以及看守所、监狱管理机关及其工作人员在行使职权时有下列侵犯财产权情形之一的，受害人有取得赔偿的权利：

1. 违法对财产采取查封、扣押、冻结、追缴等措施

（1）查封。查封指司法机关将与刑事案件有关的可用作证据、不便提取的财物、文件就地封存或者责成专人保管，任何人不得擅自移动或处分，以防转移、隐匿或者毁损丢失，以待进一步查处的措施。

（2）扣押。扣押指司法机关将与刑事案件有关的物品、文件、邮件强制扣留，限制被采取该项措施的人占有和处分的强制措施。

《刑事诉讼法》对查封、扣押强制措施的实施作出了严格规定。如第141条规定，与案件无关的财物、文件，不得查封、扣押。对查封、扣押的财物、文件，要妥善保管或者封存，不得使用、调换或者损毁。第142条规定，对查封、扣押的财物、文件，应当会同在场见证人和被查封、扣押财物、文件持有人查点清楚，当场开列清单一式二份，由侦查人员、见证人和持有人签名或者盖章，一份交给持有人，另一份附卷备查。第143条规定，侦查人员认为需要

扣押犯罪嫌疑人的邮件、电报的时候，经公安机关或者人民检察院批准，即可通知邮电机关将有关的邮件、电报检交扣押。第145条规定，对查封、扣押的财物、文件、邮件、电报，经查明确实与案件无关的，应当在3日以内解除查封、扣押、冻结，予以退还。司法机关违反上述规定，造成财产损害的，国家须承担赔偿责任。

（3）冻结。冻结指司法机关在案件侦查和审理中，发现被告人的存款、汇款与案件有直接关系后，要求有关单位对其存款、汇款停止支付或者转移的强制措施。《刑事诉讼法》第144条规定，人民检察院、公安机关根据侦查犯罪的需要，可以依照规定查询、冻结犯罪嫌疑人的存款、汇款、债券、股票、基金份额等财产。有关单位和个人应当配合。犯罪嫌疑人的存款、汇款、债券、股票、基金份额等财产已被冻结的，不得重复冻结。第145条规定，对冻结的存款、汇款、债券、股票、基金份额等财产，经查明确实与案件无关的，应当在3日以内解除查封、扣押、冻结，予以退还。

（4）追缴。追缴指司法机关对犯罪工具、物品、赃物、非法所得等进行追查、收缴、退还原主或上缴国家的措施。《刑事诉讼法》第298条第1款规定，对于贪污贿赂犯罪、恐怖活动犯罪等重大犯罪案件，犯罪嫌疑人、被告人逃匿，在通缉1年后不能到案，或者犯罪嫌疑人、被告人死亡，依照刑法规定应当追缴其违法所得及其他涉案财产的，人民检察院可以向人民法院提出没收违法所得的申请。司法机关无权、超越权限或者违反法律规定的条件采取上述措施，给个人或者组织造成财产损害的，国家承担刑事赔偿责任。

2. 再审改判无罪，原判罚金、没收财产已经执行

罚金指人民法院判处犯罪人向国家缴纳一定数额金钱的附加刑罚措施。没收财产指将犯罪分子个人所有财产的一部或全部强制无偿收归国有的附加刑罚措施。

依照《国家赔偿法》规定，罚金和没收财物导致国家承担赔偿责任，须符合以下条件：①判处罚金或没收财产的判决已经生效并得到执行。②生效判决经再审程序撤销，受害人被宣告无罪。

另外，根据《关于办理刑事赔偿案件适用法律若干问题的解释》第3条，对财产采取查封、扣押、冻结、追缴等措施后，有下列情形之一，且办案机关未依法解除查封、扣押、冻结等措施或者返还财产的，属于国家赔偿法第18条规定的侵犯财产权：

（1）赔偿请求人有证据证明财产与尚未终结的刑事案件无关，经审查属实的。

（2）终止侦查、撤销案件、不起诉、判决宣告无罪终止追究刑事责任的。

（3）采取取保候审、监视居住、拘留或者逮捕措施，在解除、撤销强制措施或者强制措施法定期限届满后超过1年未移送起诉、作出不起诉决定或者撤销案件的。

（4）未采取取保候审、监视居住、拘留或者逮捕措施，立案后超过2年未移送起诉、作出不起诉决定或者撤销案件的。

（5）人民检察院撤回起诉超过30日未作出不起诉决定的。

（6）人民法院决定按撤诉处理后超过30日，人民检察院未作出不起诉决定的。

（7）对生效裁决没有处理的财产或者对该财产违法进行其他处理的。

有前款第（三）项至（六）项规定情形之一，赔偿义务机关有证据证明尚未终止追究刑事责任，且经人民法院赔偿委员会审查属实的，应当决定驳回赔偿请求人的赔偿申请。

二、民事、行政司法赔偿范围

民事、行政司法赔偿范围，是指国家对国家机关及其工作人员在民事诉讼、行政诉讼过程中侵犯公民、法人或者其他组织合法权益造成的损害承担赔偿责任的范围。《国家赔偿法》第38条规定，人民法院在民事诉讼、行政诉讼过程中，违法采取对妨害诉讼的强制措施、保全措施或者对判决、裁定及其他生效法律文书执行错误，造成损害的，赔偿请求人要求赔偿的程序，适用本法刑事赔偿程序的规定。此外，《最高人民法院关于审理民事、行政诉讼中司法赔偿案件适用法律若干问题的解释》进一步明确了民事、行政司法赔偿的范围及其例外。

（一）违法采取排除妨害诉讼强制措施

根据《民事诉讼法》第109条至第116条的规定，法院对妨害民事诉讼的行为人可采取以下强制措施：拘传、训诫、责令退出法庭、责令履行协助义务、罚款和拘留。根据《行政诉讼法》第58条规定，法院对妨害行政诉讼的行为人可以采取以下强制措施：训诫、责令具结悔过、罚款和拘留。在上述措施中，训诫、责令退出法庭、责令具结悔过、责令履行协助义务，因其一般不会对人身权、财产权造成损害，不涉及赔偿问题。《最高人民法院关于人民法院执行〈中华人民共和国国家赔偿法〉几个问题的解释》第2条仅规定了法院错误实施司法拘留、罚款的国家赔偿责任。

1. 违法罚款

作为司法强制措施的罚款具有特定的适用条件和数额限制。在民事诉讼中，**对个人的罚款金额为人民币10万元以下。对单位的罚款金额，为人民币5万元以上100万元以下**。在行政诉讼中，**罚款的数额在1万元以下**。人民法院如果超出上述幅度实施罚款，即为违法。

2. 违法拘留

在民事诉讼和行政诉讼中实施司法拘留行为，首先需要经过法院院长批准，并制作决定书。其次，拘留时间**不能超过15日**。人民法院未遵守上述规定采取拘留措施，须承担赔偿责任。

依照《最高人民法院关于审理民事、行政诉讼中司法赔偿案件适用法律若干问题的解释》第2条规定，违法采取对妨害诉讼的强制措施，包括以下情形：①对没有实施妨害诉讼行为的人采取罚款或者拘留措施的；②超过法律规定金额采取罚款措施的；③超过法律规定期限采取拘留措施的；④对同一妨害诉讼的行为重复采取罚款、拘留措施的；⑤其他违法情形。

（二）违法采取保全措施

1. 违法采取证据保全措施。人民法院实施证据保全必须符合以下条件：一是证据有灭失可能；二是证据日后难以取得。违法采取证据保全措施主要有以下情形：第一，不符合法定条件和范围采取保全措施；第二，违反法定程序采取保全措施。

2. 违法采取财产保全措施。依照《最高人民法院关于审理民事、行政诉讼中司法赔偿案件适用法律若干问题的解释》第3条规定，违法采取保全措施，包括以下情形：

（1）依法不应当采取保全措施而采取的。

（2）依法不应当解除保全措施而解除，或者依法应当解除保全措施而不解除的。

（3）明显超出诉讼请求的范围采取保全措施的，但保全财产为不可分割物且被保全人无其他财产或者其他财产不足以担保债权实现的除外。

（4）在给付特定物之诉中，对与案件无关的财物采取保全措施的。

（5）违法保全案外人财产的。

（6）对查封、扣押、冻结的财产不履行监管职责，造成被保全财产毁损、灭失的。

（7）对季节性商品或者鲜活、易腐烂变质以及其他不宜长期保存的物品采取保全措施，未及时处理或者违法处理，造成物品毁损或者严重贬值的。

（8）对不动产或者船舶、航空器和机动车等特定动产采取保全措施，未依法通知有关登记机构不予办理该保全财产的变更登记，造成该保全财产所有权被转移的。

（9）违法采取行为保全措施的。

（10）其他违法情形。

（三）违法采取先予执行措施

违法采取先予执行措施主要包括以下情形：①违反法定条件和范围先予执行的；②超出诉讼请求范围先予执行的；③其他违法情形。

（四）错误执行判决、裁定和其他生效法律文书

此处的判决、裁定和其他法律文书包括已经发生法律效力的判决、裁定、民事制裁决定、调解、支付令、仲裁裁决，具有强制执行效力的公证债权文书以及行政处罚、处理决定等。

依照《最高人民法院关于审理民事、行政诉讼中司法赔偿案件适用法律若干问题的解释》第5条规定，错误执行上述法律文书包括以下情形：

（1）执行未生效法律文书的。

（2）超出生效法律文书确定的数额和范围执行的。

（3）对已经发现的被执行人的财产，故意拖延执行或者不执行，导致被执行财产流失的。

（4）应当恢复执行而不恢复，导致被执行财产流失的。

（5）违法执行案外人财产的。

（6）违法将案件执行款物执行给其他当事人或者案外人的。

（7）违法对抵押物、质物或者留置物采取执行措施，致使抵押权人、质权人或者留置权人的优先受偿权无法实现的。

（8）对执行中查封、扣押、冻结的财产不履行监管职责，造成财产毁损、灭失的。

（9）对季节性商品或者鲜活、易腐烂变质以及其他不宜长期保存的物品采取执行措施，未及时处理或者违法处理，造成物品毁损或者严重贬值的。

（10）对执行财产应当拍卖而未依法拍卖的，或者应当由资产评估机构评估而未依法评估，违法变卖或者以物抵债的。

（11）其他错误情形。

例如，因陈某拒绝履行法院作出的判令还款义务，某法院直接将其银行存款划拨至申请人账户。陈某认为法院的强制执行行为超出了应当履行义务的范围，于是向法院提出赔偿请求。问：陈某的主张是能否得到支持？对此，依照《最高人民法院关于审理民事、行政诉讼中司法赔偿案件适用法律若干问题的解释》第5条第（二）项规定，超出生效法律文书确定的数额和范围执行的，属于错误执行生效法律文书，应当赔偿。据此，陈某的主张应当得到支持。

（五）民事、行政诉讼中司法人员的侵权行为

依照《最高人民法院关于审理民事、行政诉讼中司法赔偿案件适用法律若干问题的解释》第6条规定，人民法院工作人员在民事、行政诉讼过程中，有殴打、虐待或者唆使、放纵他人殴打、虐待等行为，以及违法使用武器、警械，造成公民身体伤害或者死亡的，适用国家赔偿法第17条第（四）项、第（五）项的规定予以赔偿。

三、国家不承担赔偿责任的情形

依照《国家赔偿法》第19条规定，属于下列情形之一的，国家不承担赔偿责任：

1. 因公民自己故意作虚伪供述，或者伪造其他有罪证据被羁押或者被判处刑罚的。

2. 依照《刑法》第17条、第18条规定不负刑事责任的人被羁押的。根据此两条规定，实施犯罪行为而不负刑事责任的人包括：犯罪时不满14周岁的；已满14周岁不满16周岁的人，凡故意杀人、故意伤害致人重伤或者死亡、强奸、抢劫、贩卖毒品、防火、爆炸、投毒罪以外的罪行的；不能辨认或

者不能控制自己行为的精神病人在不能辨认和控制自己行为时犯罪的。

3. 依照《刑事诉讼法》第16条、第177条第2款、第284条第2款、第290条规定不追究刑事责任的人被羁押的。《刑事诉讼法》第16条规定，有下列情形之一的，不追究刑事责任，已经追究的，应当撤销案件，或者不起诉，或者终止审理，或者宣告无罪：①情节显著轻微、危害不大，不认为是犯罪的；②犯罪已过追诉时效期限的；③经特赦令免除刑罚的；④依照刑法告诉才处理的犯罪，没有告诉或者撤回告诉的；⑤犯罪嫌疑人、被告人死亡的；⑥其他法律规定免予追究刑事责任的。上述规定中的情形，多为当事人自身存在犯罪或违法行为，因为立法规定不被追究刑事责任，不适用无罪羁押赔偿原则，国家不承担赔偿责任。

《刑事诉讼法》第177条第2款规定，对于犯罪情节轻微，依照刑法规定不需要判处刑罚或者免除刑罚的，人民检察院可以作出不起诉决定。第284条第2款规定，被附条件不起诉的未成年犯罪嫌疑人，在考验期内没有上述情形，考验期满的，人民检察院应当作出不起诉的决定。第290条规定，对于达成和解协议的案件，公安机关可以向人民检察院提出从宽处理的建议。人民检察院可以向人民法院提出从宽处罚的建议；对于犯罪情节轻微，不需要判处刑罚的，可以作出不起诉的决定。人民法院可以依法对被告人从宽处罚。上述规定为特定情况下的不起诉，主要是酌定不起诉情形。国家对上述情形，不承担赔偿责任。

不过，依照最高人民法院《关于人民法院执行〈中华人民共和国国家赔偿法〉几个问题的解释》第1条规定："根据《中华人民共和国国家赔偿法》第17条（现为第19条）第（二）项、第（三）项的规定，依照刑法第14条（现为第17条）、第15条（现为第18条）规定不负刑事责任的人和依照刑事诉讼法第16条规定不追究刑事责任的人被羁押，国家不承担赔偿责任。但是对起诉后经人民法院判处拘役、有期徒刑、无期徒刑和死刑并已执行的上列人员，有权依法取得赔偿。判决确定前被羁押的日期依法不予赔偿。

4. 行使侦查、检察、审判职权的机关以及看守所、监狱管理机关的工作人员与行使职权无关的个人行为。上述司法机关工作人员实施的侵权行为完全与执行职务无关，属于**纯粹个人侵权行为**，国家对其不承担赔偿责任。

5. 因公民自伤、自残等故意行为致使损害发生的。需要注意，**上述自伤、自残行为是由于司法人员违法行为逼迫等导致，不排除国家承担赔偿责任**。

6. 法律规定的其他情形。

除以上《国家赔偿法》规定的国家免责情形外，《最高人民法院关于审理民事、行政诉讼中司法赔偿案件适用法律若干问题的解释》第7条又进一步规定以下国家免责情形：①属于民事诉讼法第105条、第107条第2款和第233条规定情形的；②申请执行人提供执行标的物错误的，但人民法院明知该标的物错误仍予以执行的除外；③人民法院依法指定的保管人对查封、扣押、冻结的财产违法动用、隐匿、毁损、转移或者变卖的；④人民法院工作人员与行使职权无关的个人行为；⑤因不可抗力、正当防卫和紧急避险造成损害后果的；⑥依法不应由国家承担赔偿责任的其他情形。

四、减轻国家赔偿责任的情形

依照《最高人民法院关于审理民事、行政诉讼中司法赔偿案件适用法律若干问题的解释》的规定，在出现混合过错或者多种原因造成损失的情况下，可以适当减轻国家赔偿责任。

第一，因多种原因造成公民、法人和其他组织合法权益损害的，应当根据人民法院及其工作人员行使职权的行为对损害结果的发生或者扩大所起的作用等因素，合理确定赔偿金额。

第二，受害人对损害结果的发生或者扩大也有过错的，应当根据其过错对损害结果的发生或者扩大所起的作用等因素，依法减轻国家赔偿责任。

考点18　司法赔偿程序

命题分析

从主观题考查内容看，重点集中在申请司法赔偿是否适用确认程序问题上(2011年)。从考查趋势来看，在今后的案例分析大题中，有关司法赔偿的申请程序（是否仍需要先由赔偿义务机关作出违法确认）、赔偿义务机关的处理程序（尤其是协商程序）、复议程序（复议审理方式）以及人民法院赔偿委员会的审理程序（含举证责任分配、协商程序）等，都可能成为考查重点，需要考生重点复习。

考点解析

司法赔偿程序是指公民、法人或者其他组织行使司法赔偿请求权以及有关国家机关履行司法赔偿责任的程序。依照《国家赔偿法》的规定，司法赔偿程序包括以下程序：

一、司法赔偿处理程序

司法赔偿处理程序是司法赔偿义务机关受理和处理受害人赔偿请求的程序。与旧法相比，修订后的国家赔偿法**取消了司法赔偿的先行确认程序**，进一步畅通了司法赔偿渠道。

（一）提出司法赔偿请求

司法赔偿请求人提出的赔偿请求需要满足以下条件：

1. 赔偿请求人适格。赔偿请求人必须是其合法权益受到司法机关及其工作人员违法行为侵害的公民、法人或者其他组织。

2. 赔偿义务机关适格。赔偿义务机关必须是实施了违法侵权行为的侦查、检察、审判、监狱管理的机关。

3. 递交赔偿请求书。赔偿请求书的内容应当符合法律要求。赔偿请求人书写申请书确有困难的，可以委托他人代书；也可以口头申请，由赔偿义务机关记入笔录。

赔偿请求人根据受到的不同损害，可以**同时提出数项赔偿要求**。

赔偿请求人当面递交申请书的，赔偿义务机关应当**当场出具加盖本行政机关专用印章并注明收讫日期的书面凭证**。申请材料不齐全的，赔偿义务机关应当当场或者在**5日内一次性告知**赔偿请求人需要补正的全部内容。

4. 在法定时效内提出赔偿请求。赔偿请求人请求赔偿的时效为**2年**，自其知道或者应当知道国家机关及其工作人员行使职权时的行为侵犯其人身权、财产权之日起计算，但被羁押等限制人身自由期间不计算在内。赔偿请求人在赔偿请求时效的**最后6个月内**，因不可抗力或者其他障碍不能行使请求权的，时效中止。从中止时效的原因消除之日起，赔偿请求时效期间继续计算。

需要注意的是，赔偿请求人原则上应当在相应程序终结后提出赔偿请求。

《最高人民法院关于适用〈中华人民共和国国家赔偿法〉若干问题的解释（一）》第7条规定，赔偿请求人认为行使侦查、检察、审判职权的机关以及看守所、监狱管理机关及其工作人员在行使职权时有新国家赔偿法第17条第（一）、第（二）、第（三）项，以及第18条规定情形的，应当在刑事诉讼程序终结后提出赔偿请求，但下列情形除外：第一，赔偿请求人有证据证明其与尚未终结的刑事案件无关的；第二，刑事案件被害人依据《刑事诉讼法》第234条的规定，以财产未返还或者认为返还的财产受到损害而要求赔偿的。

《最高人民法院关于审理民事、行政诉讼中司法赔偿案件适用法律若干问题的解释》第19条规定，公民、法人或者其他组织依据《国家赔偿法》第38条规定申请赔偿的，应当在民事、行政诉讼程序或者执行程序终结后提出，但下列情形除外：

第一，人民法院已依法撤销对妨害诉讼的强制措施的。

第二，人民法院采取对妨害诉讼的强制措施，造成公民身体伤害或者死亡的。

第三，经诉讼程序依法确认不属于被保全人或者被执行人的财产，且无法在相关诉讼程序或者执行程序中予以补救的。

第四，人民法院生效法律文书已确认相关行为违法，且无法在相关诉讼程序或者执行程序中予以补救的。

第五，赔偿请求人有证据证明其请求与民事、行政诉讼程序或者执行程序无关的。

第六，其他情形。

赔偿请求人依据前款规定，在民事、行政诉讼程序或者执行程序终结后申请赔偿的，该诉讼程序或者执行程序期间不计入赔偿请求时效。

（二）司法赔偿请求的受理

赔偿义务机关接到赔偿请求后，应及时审查决定是否受理。审查内容包括：

1. 赔偿请求人是否适格。

2. 请求赔偿的事实和理由是否确实充分。

3. 赔偿请求是否属于法定司法赔偿范围，是否存在国家不承担赔偿责任的情况。

4. 被请求人是否是适格的赔偿义务机关。

5. 赔偿请求是否超过法定请求时效。

（三）赔偿义务机关初步审查

赔偿义务机关对赔偿请求是否符合法定条件进行初步审查后，分别作出以下处理：

1. 不属于司法赔偿范围的，作出书面决定，通知赔偿请求人并告知理由。

2. 赔偿请求人无请求权的，书面通知不予受理并说明理由。

3. 不属于本机关赔偿事项范围的，告知赔偿请求人向负有赔偿义务的机关申请。

4. 申请书所载事项不符合法律规定或有遗漏的，通知赔偿请求人在规定期限内补正。

5. 赔偿请求超过时效的，通知赔偿请求人不予受理。

6. 符合赔偿条件的，将受理决定送达赔偿请求人。

（四）赔偿请求的处理

赔偿义务机关应当自收到申请之日起**2个月内**，作出是否赔偿的决定。赔偿义务机关作出赔偿决定，应当充分听取赔偿请求人的意见，**并可以与赔偿请求人就赔偿方式、赔偿项目和赔偿数额进行协商。**协商不成的，由赔偿义务机关作出决定。

赔偿义务机关决定赔偿的，应当制作赔偿决定书，并自作出决定之日起10日内送达赔偿请求人。

赔偿义务机关决定不予赔偿的，应当自作出决定之日起10日内书面通知赔偿请求人，并说明不予赔偿的理由。

二、司法赔偿复议程序

司法赔偿复议程序仅适用于公安机关、安全机关、检察机关和监狱管理机关等作为赔偿义务机关的情况。人民法院为赔偿义务机关的，在经过先行处理程序后，**受害人应直接向上一级人民法院的赔偿委员会申请，由赔偿委员会作出决定。**

司法赔偿的复议程序遵循以下步骤：

（一）复议申请的提出与受理

赔偿义务机关拒绝受理赔偿请求、作出不予赔偿的决定、逾期不予赔偿，或者赔偿请求人对赔偿的数额、赔偿方式等存在异议的，赔偿请求人有权向赔偿义务机关的上一级机关申请复议。

赔偿请求人提出复议申请，应当递交复议申请书，同时附上赔偿义务机关的书面决定。

赔偿请求人对赔偿的方式、项目、数额有异议的，或者赔偿义务机关作出不予赔偿决定的，赔偿请求人可以自知道相关决定之日起**30日内**申请复议。赔偿义务机关在规定期限内未作出赔偿决定的，赔偿请求人可以自**2个月届满之日起**30日内申请复议。《关于办理刑事赔偿案件适用法律若干问题的解释》第4条规定，赔偿义务机关作出赔偿决定，应当依法告知赔偿请求人有权在30日内向赔偿义务机关的上一级机关申请复议。赔偿义务机关未依法告知，赔偿请求人收到赔偿决定之日起**2年内**提出复议申请的，复议机关应当受理。

复议机关接到复议申请书后，应及时对赔偿请求人的申请进行审查，并分别作出受理、驳回申请、告知向法定赔偿义务机关提出赔偿请求、向正确的赔偿复议机关申请等决定。

（二）复议申请的审理和决定

复议机关受理申请后，应指定与本案无利害关系的工作人员办理。复议机关应当听取赔偿义务机关的意见。**复议可以采取书面方式审理，认为必要时，也可以采取其他方式审理**。

复议机关应当自收到申请之日起**2个月**内作出决定。

赔偿请求人不服复议决定的，可以在收到复议决定之日起**30日内**向复议机关所在地的同级人民法院赔偿委员会申请作出赔偿决定；复议机关逾期不作决定的，赔偿请求人可以自期限届满之日起30日内向复议机关所在地的同级人民法院赔偿委员会申请作出赔偿决定。

三、司法赔偿决定程序

《国家赔偿法》规定，中级以上的人民法院设立赔偿委员会，负责处理有关司法赔偿案件。赔偿委员会由人民法院3名以上审判员组成，组成人员的人数应当为单数。

人民法院赔偿委员会受理两类案件：

第一，公安机关、安全机关、检察机关和监狱管理机关等作为赔偿义务机关，在赔偿请求人对其作出的赔偿决定不服申请复议后，对复议决定不服或者复议机关逾期未作出复议决定的，在法定期限内向复议机关所在地的人民法院赔偿委员会提出申请的案件。

第二，人民法院作为赔偿义务机关，赔偿请求人先向人民法院申请赔偿，当该法院逾期未作出决定或者赔偿请求人对其赔偿决定有异议，在法定期限内向赔偿义务机关的上一级人民法院赔偿委员会提出申请的案件。

依照《最高人民法院关于人民法院赔偿委员会审理国家赔偿案件程序规定》的规定，人民法院赔偿委员会处理赔偿案件的基本程序是：

（一）申请

赔偿请求人依照法定程序和方式向有权处理的人民法院赔偿委员会提出申请。如，原则上采用书面方式递交申请书，一式四份。应当提供相关法律文书和证明材料。口头提出申请的，人民法院应当填写《申请赔偿登记表》，由赔偿请求人签名或者盖章。

（二）立案

赔偿委员会接到赔偿申请，经审查认为符合申请条件的，应当在7日内立案，并通知赔偿请求人、赔偿义务机关和复议机关；认为不符合申请条件的，应当在7日内决定不予受理。申请材料不齐全的，在5日内一次性告知补正的全部内容。在立案后发现不符合申请条件的，决定驳回申请。

赔偿委员会应当在立案之日起5日内将赔偿申请书副本或者《申请赔偿登记表》副本送达赔偿义务机关和复议机关。

（三）审理

审理涉及以下程序问题：

1. 代理。赔偿请求人可以委托1至2人作为代理人。赔偿义务机关、复议机关可以**委托本机关工作人员1至2人作为代理人**。赔偿请求人、赔偿义务机关、复议机关委托他人代理，应当向赔偿委员会提交由委托人签名或者盖章的授权委托书。

2. 审理组织。赔偿委员会审理赔偿案件，应当指定1名审判员负责具体承办。负责具体承办赔偿案件的审判员应当查清事实并写出审理报告，提请赔偿委员会讨论决定。赔偿委员会作赔偿决定，必须有3名以上审判员参加，按照少数服从多数的原则作出决定。

3. 协商。赔偿委员会审理赔偿案件，可以组织赔偿义务机关与赔偿请求人就赔偿方式、赔偿项目和赔偿数额进行协商。组织协商应当遵循自愿和合法的原则。**赔偿请求人、赔偿义务机关一方或者双方不愿协商，或者协商不成的，赔偿委员会应当及时作出决定**。赔偿请求人和赔偿义务机关经协商达成协议的，赔偿委员会审查确认后应当制作**国家赔偿决定书**。

4. 审理方式。分为书面审理和质证审理两种方式。

质证审理遵循《最高人民法院关于人民法院赔偿委员会适用质证程序审理国家赔偿案件的规定》的相关要求。

5. 举证责任。下列事实需要证明的，由赔偿义务机关负举证责任：赔偿义务机关行为的合法性；赔偿义务机关无过错；因赔偿义务机关过错致使赔偿请求人不能证明的待证事实；赔偿义务机关行为与被羁押人在羁押期间死亡或者丧失行为能力不存在因果关系。下列情形，由赔偿义务机关负举证责任：属于法定免责情形；赔偿请求超过法定时效；具有其他抗辩事由。

赔偿请求人、赔偿义务机关应当在收到受理案件通知书之日起**10日内**提供证据。赔偿请求人、赔偿义务机关确因客观事由不能在该期限内提供证据的，赔偿委员会可以根据其申请适当延长举证期限。

赔偿请求人可以在举证期限内申请赔偿委员会调取下列证据：由国家有关部门保存，赔偿请求人及其委托代理人无权查阅调取的证据；涉及国家秘密、商业秘密、个人隐私的证据；赔偿请求人及其委托代理人因客观原因不能自行收集的其他证据。赔偿请求人申请赔偿委员会调取证据，应当提供具体线索。

6. 中止审理和终结审理。适用类似于诉讼终止和诉讼终结的相关规定。

7. 撤回申请。赔偿委员会作出决定前，赔偿请求人撤回赔偿申请的，赔偿委员会应当依法审查并作出是否准许的决定。

（四）决定

赔偿委员会根据审理结果，作出以下决定：

1. 维持决定。赔偿义务机关的决定或者复议机关的复议决定认定事实清楚，适用法律正确的，依法予以维持。

2. 重新决定。赔偿义务机关的决定、复议机关的复议决定认定事实清楚，但适用法律错误的，依法重新决定；上述决定认定事实不清、证据不足的，查清事实后依法重新决定；

3. 直接决定。赔偿义务机关、复议机关逾期未作决定的，查清事实后依法作出决定。

赔偿委员会审理赔偿案件作出决定，应当制作国家赔偿决定书，加盖人民法院印章。决定应当分别送达赔偿请求人、赔偿义务机关和复议机关。

人民法院赔偿委员会应当自收到赔偿申请之日起**3个月内**作出决定；属于疑难、复杂、重大案件的，经本院院长批准，可以**延长3个月**。

（五）执行

赔偿委员会的决定一经作出，即发生法律效力，必须执行。

赔偿请求人或者赔偿义务机关对赔偿委员会作出的决定，认为确有错误的，可以向上一级人民法院赔偿委员会提出申诉。

赔偿委员会作出的赔偿决定生效后，如发现赔偿决定违反规定的，经本院院长决定或者上级人民法院指令，赔偿委员会应当在2个月内重新审查并依法作出决定，上一级人民法院赔偿委员会也可以直接审查并作出决定。

最高人民检察院对各级人民法院赔偿委员会作出的决定，上级人民检察院对下级人民法院赔偿委员会作出的决定，发现违反规定的，应当向同级人民法院赔偿委员会提出意见，同级人民法院赔偿委员会应当在2个月内重新审查并依法作出决定。

第三部分　命题人讲真题

2017 年

一、试题（本题 23 分）

案情：

某省盐业公司从外省盐厂购进 300 吨工业盐运回本地，当地市盐务管理局认为购进工业盐的行为涉嫌违法，遂对该批工业盐予以先行登记保存，并将《先行登记保存通知书》送达该公司。其后，市盐务管理局经听证、集体讨论后，认定该公司未办理工业盐准运证从省外购进工业盐，违反了省政府制定的《盐业管理办法》第 20 条，决定没收该公司违法购进的工业盐，并处罚款 15 万元。公司不服处罚决定，向市政府申请行政复议。市政府维持市盐务管理局的处罚决定。公司不服向法院起诉。

材料一：1.《盐业管理条例》（国务院 1990 年 3 月 2 日第 51 号令发布，自发布之日起施行）

第 24 条　运输部门应当将盐列为重要运输物资，对食用盐和指令性计划的纯碱、烧碱用盐的运输应当重点保证。

2.《盐业管理办法》（2003 年 6 月 29 日省人民政府发布，2009 年 3 月 20 日修正）

第 20 条　盐的运销站发运盐产品实行准运证制度。在途及运输期间必须货、单、证同行。无单、无证的，运输部门不得承运，购盐单位不得入库。

材料二：2016 年 4 月 22 日，国务院发布的《盐业体制改革方案》指出，要推进盐业体制改革，实现盐业资源有效配置，进一步释放市场活力，取消食盐产销区域限制。要改革食盐生产批发区域限制。取消食盐定点生产企业只能销售给指定批发企业的规定，允许生产企业进入流通和销售领域，自主确定生产销售数量并建立销售渠道，以自有品牌开展跨区域经营，实现产销一体，或者委托有食盐批发资质的企业代理销售。要改革工业盐运销管理。取消各地自行设立的两碱工业盐备案制和准运证制度，取消对小工业盐及盐产品进入市场的各类限制，放开小工业盐及盐产品市场和价格。

材料三：2017 年 6 月 13 日，李克强总理在全国深化简政放权放管结合优化服务改革电视电话会议上的讲话强调，我们推动的“放管服”改革、转变政府职能是一个系统的整体，首先要在“放”上下更大功夫，进一步做好简政放权的“减法”，又要在创新政府管理上破难题，善于做加强监管的“加法”和优化服务的“乘法”。如果说做好简化行政审批、减税降费等“减法”是革自己的命，是壮士断腕，那么做好强监管“加法”和优服务“乘法”，也是啃政府职能转变的“硬骨头”。放宽市场准入，可以促进公平竞争、防止垄断，也能为更好的“管”和更优的“服”创造条件。

问题：

（一）请根据案情、材料一和相关法律规定，回答下列问题：

1. 请简答行政机关适用先行登记保存的条件和程序。

2. 《行政处罚法》对市盐务管理局举行听证的主持人的要求是什么？

3. 市盐务管理局以某公司未办理工业盐准运证从省外购进工业盐构成违法的理由是否成立？为什么？

4. 如何确定本案的被告？为什么？

（二）请基于案情，结合材料二、材料三和相关法律作答（要求观点明确，说理充分，文字通畅，字数不少于400 字）：谈谈深化简政放权放管结合优质服务改革，对推进政府职能转变，建设法治政府的意义。

二、答案精讲

（一）请根据案情、材料一和相关法律规定，回答下列问题：

1. 请简答行政机关适用先行登记保存的条件和程序。

答案：根据《行政处罚法》规定，行政机关在证据可能灭失或者以后难以取得的情况下，经行政机关负责人批准，可以先行登记保存，并应当在 7 日内及时作出处理决定。

难度：易

考点：行政处罚的程序、行政强制措施实施程序

命题和解题思路：本题为问答题，要求学生根据交代的案情，对行政机关

实施的先行登记保存行为的条件和程序进行简要说明。我们以为，虽然本案最终作出的行政行为是处罚行为，《行政处罚法》也对行政处罚实施过程中的先行登记保存适用条件作出了规定，但对其程序的规定相对简单。从先行登记保存的法律性质上来说，学界一般认为其属于行政强制措施。因此，如题目要求需具体而完整解答本题，还有必要考虑将《行政强制法》有关行政强制措施的一般程序规定一并列。

答案解析：

综合《行政处罚法》和《行政强制法》的规定，可以考虑做以下回答：第一，先行登记保存适用的条件。根据《行政处罚法》第37条第2款的规定，行政机关在证据可能灭失或者以后难以取得的情况下，经行政机关负责人批准，可以先行登记保存。第二，先行登记保存适用的程序。因先行登记保存针对的是相对人的财产权，其实施需要遵守《行政强制法》规定的行政强制措施的一般程序。具体要求如下：①实施前须向行政机关负责人报告并经批准；②由两名以上行政执法人员实施；③出示执法身份证件；④通知当事人到场；⑤当场告知当事人采取行政强制措施的理由、依据以及当事人依法享有的权利、救济途径；⑥听取当事人的陈述和申辩；⑦制作现场笔录；⑧现场笔录由当事人和行政执法人员签名或者盖章，当事人拒绝的，在笔录中予以注明；⑨当事人不到场的，邀请见证人到场，由见证人和行政执法人员在现场笔录上签名或者盖章；⑩7日内及时作出处理决定。

2.《行政处罚法》对市盐务管理局举行听证的主持人的要求是什么？

答案：听证由市盐务管理局指定的非本案调查人员主持；当事人认为主持人与本案有直接利害关系的，有权申请回避。

难度：易

考点：行政处罚的决定程序

命题和解题思路：本题考查《行政处罚法》对处罚听证主持人的相关规定，内容涉及担任主持人的条件以及当事人对听证主持人申请回避的权利。由于立法规定的内容相对简单，考生回答的内容也比较简单。由于《行政处罚法》有关听证程序的规定是考生重点复习的部分，因此，本题从某种意义上说，依然是一道送分题。

答案解析：

依照《行政处罚法》第42条第1款第（四）项规定，听证由行政机关指定的非本案调查人员主持；当事人认为主持人与本案有直接利害关系的，有权申请回避。

3. 市盐务管理局以某公司未办理工业盐准运证从省外购进工业盐构成违法的理由是否成立？为什么？

答案： 不成立。根据《行政许可法》第15、第16条规定，在已经制定法律、行政法规的情况下，地方政府规章只能在法律、行政法规设定的行政许可事项范围内对实施该行政许可作出具体规定，不能设定新的行政许可。法律及国务院《盐业管理条例》没有设定工业盐准运证这一行政许可，地方政府规章不能设定工业盐准运证制度。所以，市盐务管理局认定该盐业公司未办理工业盐准运证从省外购进工业盐构成违法的理由不成立。

难度： 中

考点： 行政许可的设定（设定权限和形式）

命题和解题思路： 本题综合考查以下内容：第一，行政规章的行政许可设定权限；第二，上位法与下位法的关系以及上位法的溯及效力。本题中，行政机关认定当事人存在违法行为的依据是省政府的行政规章，该规章发布于《行政许可法》实施之前，由于当时并没有明确的许可设定权的规定，其设定的工业盐运输许可制度不好判断为违法。但在《行政许可法》实施之后，立法明确规定，尚未制定法律、行政法规和地方性法规的，因行政管理的需要，省政府可以制定规章设定临时行政许可。该法同时规定，该法实施前已经制定的有关行政许可的规定，需要由制定机关应当依据新法予以清理；不符合本法规定的，自本法施行之日起停止执行，由此明确了对此前已设定的行政许可制度具有溯及效力。因此，在新法实施之后，省政府需要及时评估规章的内容，在认定规章没有上位法根据，且国务院已明确取消工业盐运输许可制度的情况下，立即停止规章的执行。行政执法机关在执法过程中，发现规章存在违反法律规定的情况下，也应当通过法定程序报请批准停止执行规章的规定，不再将其作为行政执法的依据。

答案解析：

在本案中，市盐务管理局认定某公司未办理工业盐准运证从省外购进工业盐的行为违法，其依据的是省人民政府2003年制定的《盐业管理办法》第20条，该办法属于地方政府规章，并且设立了工业盐运输的许可制度，而作为其上位法的国务院的《盐业管理条例》并未规定工业盐运输实行许可制度。2004年7月1日起实施的《行政许可法》第15条规定，尚未制定法律、行政法规和地方性法规的，因行政管理的需要，确需立即实施行政许可的，省、自治区、直辖市人民政府规章可以设定临时性的行政许可。临时性的行政许可实施满1年需要继续实施的，应当提请本级人民代表大会及其常务委员会制定地方性法规。据此，省级人民政府规章今后只能设定临时行政许可。《行政许可法》第83条第2款同时规定，本法施行前有关行政许可的规定，制定机关应当依照本法规定予以清理；不符合本法规定的，自本法施行之日起停止执行。据此，省政府规章设定的工业盐准运许可需要根据新法进行重新评估。2016年4月22日，国务院发布的《盐业体制改革方案》明确取消工业盐准运证制度，据此，省政府2003年制定的《盐业管理办法》完全失去合法性基础，不能再作为执法依据适用，市盐务管理局认定某盐业公司未办理工业盐准运证从省外购进工业盐构成违法的理由不成立。

难点解析：解答本题涉及法律规范性质、效力层级、法律效力冲突的解决方式等多种知识的运用。考生首先需要判断，本案行政机关执法依据属于何种性质的规范性文件；其次，要确定先前发布的省政府规章与后来实施的法律规定之间是否存在不一致的情况，以及如何处理二者之间的关系。严格来讲，当法律实施之后，先前制定的下位法（法规、规章）的规定，如果与已经制定的新的法律规定不一致的，都应当停止执行，这是法律优先原则的要求。

4. 如何确定本案的被告？为什么？

答案：市盐务管理局和市人民政府为共同被告。理由：依照《行政诉讼法》第26条第2款规定，经复议的案件，复议机关决定维持原行政行为的，作出原行政行为的行政机关和复议机关是共同被告；复议机关改变原行政行为的，复议机关是被告。

难度：易

考点：行政诉讼的被告（行政复议案件）

命题和解题思路：本题考查的是行政诉讼被告制度，具体讲，是复议维持情况下的行政诉讼被告的确定。因复议维持情况下，由原行政行为作出机关和复议机关作为共同被告是修订后的行政诉讼法的最新规定，因此，考生在复习过程中当然作为重点准备的内容，因此，此题并无任何难度，依然是一道送分题。

答案解析：

本题中，盐业公司不服处罚决定，向市政府申请行政复议。市政府作出了维持市盐务管理局的行政复议决定。盐业公司不服，向法院起诉。此案案情完全符合《行政诉讼法》第26条第2款有关复议维持情况下，被告如何确定的规定，因此，应当确定市盐务管理局和市人民政府作为共同被告。

（二）请基于案情，结合材料二、材料三和相关法律作答（要求观点明确，说理充分，文字通畅，字数不少于400字）：谈谈深化简政放权放管结合优质服务改革，对推进政府职能转变，建设法治政府的意义。

答案：深化简政放权放管结合优质服务改革，对于转变政府职能、推进法治政府建设具有以下意义：

第一，深化简政放权改革旨在重新调整政府的职能，从正确处理政府与市场关系、释放市场活力角度出发，政府要放松对市场活动是事前干预，将职能定位在事中事后的监管和服务。国务院发布的《盐业体制改革方案》提出的取消各地自行设立的两碱工业盐备案制和准运证制度，取消对小工业盐及盐产品进入市场的各类限制，放开小工业盐及盐产品市场和价格等要求，即是政府从盐业领域事前监管撤出的表现，标志着政府职能的转移。有利于科学合理分配政府对盐业领域监管的职能，建立职能科学、权责进一步明确的法治政府。

第二，深化放管结合改革，是在强调政府虽然放开了市场的事前监管，但并非完全退出市场监管，而是要加强后续的市场监管，对在市场经济活动中违法经营、垄断经营等扰乱市场秩序的行为，政府要有力行使监管职能，净化市场竞争秩序，维持公平竞争的市场环境。为此，政府要不断创新监管机制和监管方式，通过实行综合监管和执法、推广随机监管、推行“智能”监管、加强社会监督等多种形式，提升政府市场监管水平，建设责任政府。

第三，深化提供优质服务改革，旨在强调政府为市场主体从事市场活动提供优质高效服务的职能。要通过加强政策支持，提供平台综合服务和便捷高效服务等措施，为公众创新创业提供便利；要更多增加公共产品和公共服务供给，提供充裕的公共服务，增强公共服务的公平性和可及性；要建立覆盖全民的社会保障制度，保障好困难群众的基本生活，解决市场主体参与市场竞争的后顾之忧，由此建立起公开公正、建立廉洁高效政府。

难度：中

考点： 行政法原理与应用

命题和解题思路： 本题为开放性问题，无统一答案。解答本题，首先需要考生明确法治政府建设包含的基本内容和要求，如职能科学、权责法定、执法严明、公开公正、廉洁高效、守法诚信等。其次需要考生分析材料二和材料三的内容。材料二是盐业监管领域简政放权的具体事例，材料三则是中央层面对深化简政放权放管结合优化服务改革三者关系的说明，即简政放权是在做“减法”，创新政府管理、加强监管是在做“加法”，优化服务是在做“乘法”。放权是政府职能转变的基础和条件，加强后续监管和优化政府服务是对政府职能提出的更高要求。

答案解析：

考生可以从以下思路对深化简政放权放管结合优质服务改革，对于转变政府职能、推进法治政府建设的意义作出概括：第一，深化简政放权改革是对政府职能的重新调整，强调减少政府对市场过多的事前干预，使政府职能配置趋于科学合理，有利于建设职能科学、权责法定政府；第二，深化放管结合改革，是在放开市场事前监管的基础上，强调提升政府对市场活动的后续监管职能。要通过创新监管机制和监管方式，提高监管效能等措施，实现权责法定、权责统一要求，建设责任政府；第三，深化提供优质服务改革，旨在强调政府要更多地承担对市场主体提供优质高效服务的职能。政府要更多地履行扶持市场主体创业、增加公共产品和公共服务供给、保障市场主体基本生活等公共服务职能。既要努力提供充裕的公共服务，同时也需要增强公共服务的公平性和可及性，最终建立起公开公正、廉洁高效政府。

2016年

一、试题（本题24分）

案情：

材料一：孙某与村委会达成在该村采砂的协议，期限为5年。孙某向甲市乙县国土资源局申请采矿许可，该局向孙某发放采矿许可证，载明采矿的有效期为2年，至2015年10月20日止。

扫一扫 看微课视频

2015年10月15日，乙县国土资源局通知孙某，根据甲市国土资源局日前发布的《严禁在自然保护区采砂的规定》，采矿许可证到期后不再延续，被许可人应立即停止采砂行为，撤回采砂设施和设备。

孙某以与村委会协议未到期、投资未收回为由继续开采，并于2015年10月28日向乙县国土资源局申请延续采矿许可证的有效期。该局通知其许可证已失效，无法续期。

2015年11月20日，乙县国土资源局接到举报，得知孙某仍在采砂，以孙某未经批准非法采砂，违反《矿产资源法》为由，发出《责令停止违法行为通知书》，要求其停止违法行为。孙某向法院起诉请求撤销通知书，一并请求对《严禁在自然保护区采砂的规定》进行审查。

孙某为了解《严禁在自然保护区采砂的规定》内容，向甲市国土资源局提出政府信息公开申请。

材料二：涉及公民、法人或其他组织权利和义务的规范性文件，按照政府信息公开要求和程序予以公布。推行行政执法公示制度。推进政务公开信息化，加强互联网政务信息数据服务平台和便民服务平台建设。（摘自《中共中央关于全面推进依法治国若干重大问题的决定》）

问题：

（一）结合材料一回答以下问题：

1.《行政许可法》对被许可人申请延续行政许可有效期有何要求？行政许可机关接到申请后应如何处理？

2. 孙某一并审查的请求是否符合要求？根据有关规定，原告在行政诉讼中提出一并请求审查行政规范性文件的具体要求是什么？

3. 行政诉讼中，如法院经审查认为规范性文件不合法，应如何处理？

4. 对《责令停止违法行为通知书》的性质作出判断，并简要比较行政处罚与行政强制措施的不同点。

（二）结合材料一和材料二作答（要求观点明确，逻辑清晰、说理充分、文字通畅；总字数不得少于500字）：谈谈政府信息公开的意义和作用，以及处理公开与不公开关系的看法。

二、答案精讲

（一）结合材料一回答以下问题：

1.《行政许可法》对被许可人申请延续行政许可有效期有何要求？行政许可机关接到申请后应如何处理？

答案：依照《行政许可法》第50条的规定，被许可人需要延续依法取得的行政许可的有效期的，应当在该行政许可有效期届满30日前向作出行政许可决定的行政机关提出申请。但是，法律、法规、规章另有规定的，依照其规定。行政机关应当根据被许可人的申请，在该行政许可有效期届满前作出是否准予延续的决定；逾期未作决定的，视为准予延续。

难度：易

考点：行政许可的延续程序

命题和解题思路：本题重点在考查考生对行政许可延续程序规定的掌握程度，难度不大，不过，如果考生对行政许可法有关行政许可延续程序的规定掌握不是十分牢固，容易想当然地作出回答，在一些细节方面会出现答题错误。

答案解析：

《行政许可法》第50条针对行政许可的延续程序作出了以下规定：一是被许可人需要延续行政许可有效期的，除法律、法规、规章另有规定外，需要在许可有效期届满30日前向行政许可机关提出申请。二是行政机关接到被许可人申请后，应当在许可有效期届满之前作出是否准许的决定，逾期未作出任何决定的，依法推定其准许延续。

2. 孙某一并审查的请求是否符合要求？根据有关规定，原告在行政诉讼中提出一并请求审查行政规范性文件的具体要求是什么？

答案：本案中，因《严禁在自然保护区采砂的规定》并非被诉行政行为（责令停止违法行为通知）作出的依据，孙某的请求不成立。根据行政诉讼法第53条和司法解释的规定，原告在行政诉讼中一并请求审查规范性文件需要符合下列要求：一是该规范性文件为国务院部门和地方政府及其部门制定的规范性文件，但不含规章；二是该规范性文件是被诉行政行为作出的依据；三是应在第一审开庭审理前提出；有正当理由的，也可以在法庭调查中提出。

难度：中

考点：行政规范性文件的一并审查请求

命题和解题思路：本题考查修订后的《行政诉讼法》有关一并审查行政规范性文件的相关规定。《行政诉讼法》修订的一项重要内容是承认了部分抽象行政行为——法律表述为规范性文件可以有条件的纳入司法审查范围。但规范性文件的范围、相对人提请司法审查的方式作出了限制性规定。为贯彻法律的规定，最高人民法院在《最高人民法院关于适用〈中华人民共和国行政诉讼法〉若干问题的解释》中又对相对人提请对规范性文件进行司法审查的时间作出了规定。考生如果对上述立法和司法解释的规定掌握不熟练，可能作出错误回答。

答案解析：

《行政诉讼法》第53条规定："公民、法人或者其他组织认为行政行为所依据的国务院部门和地方人民政府及其部门制定的规范性文件不合法，在对行政行为提起诉讼时，可以一并请求对该规范性文件进行审查。前款规定的规范性文件不含规章。"该条确立了行政规范性文件的一并审查请求制度。《最高人民法院关于适用〈中华人民共和国行政诉讼法〉若干问题的解释》第20条规定："公民、法人或者其他组织请求人民法院一并审查行政诉讼法第五十三条规定的规范性文件，应当在第一审开庭审理前提出；有正当理由的，也可以在法庭调查中提出。"根据上述规定，能够提出一并审查请求的行政规范性文件首先有确定的范围，行政规章和国务院的行政规范性文件不能被提出审查请求；同时，规范性文件还需成为被诉行政诉讼的依据，未作为依据的行政规范性文件不能被提出一并审查请求；此外，在提出时间上，限于在一审开庭审理前提出，有正当理由的，可以在法庭调查中提出。本题中，作为县国土资源局执法依据的是《矿产资源法》，并非《严禁在自然保护区采砂的规定》，孙某的请求不符合前述第二个条件。

难点解析：规范性文件的一并审查请求制度虽然是行政诉讼法修订后新建立的制度，但其适用有严格的条件限制。该限制不但包括规范性文件的范围，以及提出一并申请请求的时间，更重要的是**规范性文件须成为被诉行政行为的依据使用，相对人不能对没有作为被诉行政行为直接依据的规范性文件提出一并审查请求**。

3. 行政诉讼中，如法院经审查认为规范性文件不合法，应如何处理？

答案： 法院不作为认定被诉行政行为合法的依据，并在裁判理由中予以阐明。作出生效裁判的法院应当向规范性文件的制定机关提出处理建议，并可以抄送制定机关的同级政府或上一级行政机关。

难度： 易

考点： 行政案件的裁判

命题和解题思路： 本题考查《行政诉讼法》对行政规范性文件一并审查之后如何处理的规定，实质是考查法条的具体规定。如果考生对立法规定较为熟悉，回答本题并不困难。在此意义上，本题同样属于送分题。

答案解析：

《行政诉讼法》第64条规定："人民法院在审理行政案件中，经审查认为本法第五十三条规定的规范性文件不合法的，不作为认定行政行为合法的依据，并向制定机关提出处理建议。"《最高人民法院关于适用〈中华人民共和国行政诉讼法〉若干问题的解释》第21条规定："规范性文件不合法的，人民法院不作为认定行政行为合法的依据，并在裁判理由中予以阐明。作出生效裁判的人民法院应当向规范性文件的制定机关提出处理建议，并可以抄送制定机关的同级人民政府或者上一级行政机关。"依照上述规定，人民法院经审理认为行政规范性文件违法的，不作为认定被诉行政诉讼合法的依据，同时要在裁判理由部分予以阐明，此外，作出生效裁判的人民法院还应当向规范性文件的制定机关提出处理建议，并可以抄送法定监督机关，即该文件制定机关的同级人民政府或者上一级行政机关。

4. 对《责令停止违法行为通知书》的性质作出判断，并简要比较行政处罚与行政强制措施的不同点。

答案： 本案中，责令停止违法行为通知在于制止孙某的违法行为，不具有制裁性质，归于行政强制措施更为恰当。行政处罚和行政强制措施不同主要体现在下列三方面：一是目的不同。行政处罚的目的是制裁性，给予违法者制裁是本质特征；行政强制措施主要目的在于制止性和预防性，即在行政管理中制定违法行为、防止证据损毁、避免危害发生、控制危险扩大等。二是阶段性不同。行政处罚是对违法行为查处作出的处理决定，常发生在行政程序终了之时；行政强制措施是对人身自由、财物等实施的暂时性限制、控制措施，常发生在行政程序前端。三是表现形式不同。行政处罚主要有警告、罚款、没收违法所得、责令停产停业、暂扣或吊销许可证、执照、行政拘留等；行政强制措施主要有限制公民自由、查封、扣押、冻结等。

难度： 难

考点： 行政行为的性质、行政处罚与行政强制措施的区别

命题和解题思路： 本题考查责令停止违法行为的性质。在我国的行政立法中，有很多责令相对人作出或者不作出某种行为的规定。对于该种行为的法律属性，理论界存在一定的争议。命题人也承认，本题设计具有一定的开放性，只要考生能够作出有理有据的回答，能够自圆其说，即可得分。不过，从倾向性而言，本题中的责令停止违法行为归入行政强制措施更加恰当。

答案解析：

根据《行政处罚法》和《行政强制法》的规定，行政处罚与行政强制措施存在以下区别：第一，**目的不同。**行政处罚的目的在于制裁，制裁违法行为人是其本质特征，通过制裁实现惩戒违法者的效果，杜绝以后类似违法行为的发生。根据《行政强制法》第 2 条对行政强制措施的定义可知，行政强制措施的目的在于制止违法行为、防止证据损毁、避免危害发生、控制危险扩大等。第二，**存在的阶段不同。**行政处罚是对违法行为人的终局处理，行政程序已经走到终点；行政强制措施多发生在行政程序进行过程中，比较明显的如查封、扣押、冻结以及对违法行为的制止，在采取上述强制措施之后，行政机关还要进行后续的处理。第三，**行为的种类不同**。依照《行政处罚》第 8 条的规定，行政处罚的种类包括：①警告；②罚款；③没收违法所得、没收非法财物；④责令停产停业；⑤暂扣或者吊销许可证、暂扣或者吊销执照；⑥行政拘留；⑦法律、行政法规规定的其他行政处罚。依照《行政强制法》第 9 条的规定，行政强制措施的种类包括：（一）限制公民人身自由；（二）查封场所、设施或者财物；（三）扣押财物；（四）冻结存款、汇款；（五）其他行政强制措施。本案中，责令停止违法行为通知的目的并非制裁孙某的违法行为，而在于制止其违法行为的继续进行，更加符合行政强制措施的特点，定性为行政强制措施较为妥当。

难点解析： 责令行为的法律属性问题，理论界颇多争议，至今尚无定论。从实质上分析，责令行为可能表现为以下几种不同性质的行为：①**行政强制措施**。具有明显的制止性、预防性，且持续时间不长，具有暂时性特点。如本案中的责令停止违法行为。②**行政处罚**。具有明显的制裁性。如《行政处罚法》规定的责令停产停业。③**行政命令。**作为一

种终局的处理，但又不具有明显的制裁性，只是单纯为相对人设定了作为或不作为义务。如《水污染防治法》第88条规定，城镇污水集中处理设施的运营单位或者污泥处理处置单位，处理处置后的污泥不符合国家标准，或者对污泥去向等未进行记录的，由城镇排水主管部门责令限期采取治理措施，给予警告……该条中的“责令限期采取治理措施”，接近于行政命令。

（二）结合材料一和材料二作答（要求观点明确，逻辑清晰、说理充分、文字通畅；总字数不得少于500字）：谈谈政府信息公开的意义和作用，以及处理公开与不公开关系的看法。

答案：

1. 政府信息公开的意义和作用：

第一，**保障公民知情权的实现**。人民参与国家和社会治理的前提，是要有知情的权利。要能够了解政府权力的结构、组成、职权及其运行规则，能够及时了解涉及公民利益的行政立法、行政规范性文件以及具体执法行为的内容。这些信息的获得，都需要通过政府信息公开制度的建立；第二，**有利于加强对行政权力的监督，预防和制止行政腐败**。阳光是最好的防腐剂。只有让社会公众了解政府权力的运作过程和运作结果，才能有效地监督政府权力的运行，避免行政权力运行中的暗箱操作，填补权力运行机制中的漏洞，减少腐败行为发生的机会；第三，**为公民个人、组织生产生活和科学研究工作等提供各种便利**。及时、完整、准确公开政府信息，将为公民个人和组织的日常生产、生活和从事科学研究提供诸多便利，提升其生活品质，推动科学研究发展。

2. 关于政府信息公开与不公开关系处理的看法：

为实现建立政府信息公开制度的目的，政府信息公开与否遵循的基本原则是**“公开是原则，不公开为例外”**。按照《政府信息公开条例》的规定，凡涉及公民、法人或者其他组织切身利益的政府信息、需要社会公众广泛知晓或者参与的政府信息，反映本行政机关机构设置、职能、办事程序等情况的政府信息，以及其他依照法律、法规和国家有关规定应当主动公开的政府信息，行政机关都要主动公开。此外，行政机关还应当依照公民个人和组织的申请，向其公开相关政府信息。同时，依照《政府信息公开条例》的规定，行政机关不能公开危及国家安全、公共安全、经济安全和社会稳定的政府信息，不得公开涉及国家秘密、商业秘密、个人隐私等特定类别的政府信息。

难度：中

考点：政府信息公开

命题和解题思路：本题属于主观题，包含两部分内容：第一，论述政府信息公开的意义和作用，具体可以考虑从以下三个方面展开：①保障相对人知情权。②更好地监督政府权力，预防行政腐败。③方便相对人生产、生活。第二，提出处理政府信息公开与不公开关系的看法。此部分内容可以从政府信息"公开是原则，不公开为例外"这一角度展开分析。

答案解析：

本题的论证逻辑是：

第一部分：关于保障重点相对人知情权问题，可以围绕着提升国民参政议政能力，行使民主权利角度展开分析。论证只有通过政府信息公开，才能将行政权力的运行状况展示给公众，行政相对人得以了解行政权力的运行过程，了解涉及切实利益的重要决策、措施、行为的具体内容，最终使其国家主人的地位得到充分体现；关于监督政府权力部问题，重点围绕着权力的运行过程公开透明，减少行政权力行使暗箱操作可能的角度展开分析。论证通过政府信息公开，让行政权力在阳光下运行对违法行使权力的监督作用；关于方便相对人生产、生活问题，可以围绕政府信息公开如何帮助相对人有效获得各种政府决策和执法信息，以及相关数据、图表，从而更好地处理日常事务，方便办理各种手续，从事科学研究活动等方面展开论述。

第二部分：**首先，论述政府信息公开是基本原则，**从《政府信息公开条例》的立法目的、具体规定等方面展开分析，论证公开是第一要义，是总的原则；其次，**结合《政府信息公开条例》中有关政府信息公开的禁止条款展开论述**，论证在信息公开总原则之下，出于保护国家利益、公共利益、企业商业利益、个人隐私等权益的需要，立法也明确规定了不得公开相关政府信息的情形。

2015年

一、试题（本题20分）

案情：

某公司系转制成立的有限责任公司，股东15人。全体股东通过的公司章程规定，董事长为法定代表人。对董事长产生及变更办法，章程未作规定。股东会议选举甲、乙、丙、丁四人担任公司董事并组成董事会，董事会选举甲为董事长。

扫一扫 看微课视频

后乙、丙、丁三人组织召开临时股东会议，会议通过罢免甲董事长职务并解除其董事，选举乙为董事长的决议。乙向区工商分局递交法定代表人变更登记申请，经多次补正后该局受理其申请。

其后，该局以乙递交的申请，缺少修改后明确董事长变更办法的公司章程和公司法定代表人签署的变更登记申请书等材料，不符合法律、法规规定为由，作出登记驳回通知书。

乙、丙、丁三人向市工商局提出复议申请，市工商局经复议后认定三人提出的变更登记申请不符合受理条件，分局作出的登记驳回通知错误，决定予以撤销。

三人遂向法院起诉，并向法院提交了公司的章程、经过公证的临时股东会决议。

问题：

1. 请分析公司的设立登记和变更登记的法律性质。

2. 如市工商局维持了区工商分局的行政行为，请确定本案中的原告和被告，并说明理由。

3. 如何确定本案的审理和裁判对象？如市工商局在行政复议中维持区工商分局的行为，有何不同？

4. 法院接到起诉状决定是否立案时通常面临哪些情况？如何处理？

5.《行政诉讼法》对一审法院宣判有何要求？

二、答案精讲

1. 请分析公司的设立登记和变更登记的法律性质。

答案：公司的设立登记为行政许可。《行政许可法》规定，企业或者其他组织的设立等，需要确定主体资格的事项可以设定行政许可。《公司法》规定，设立公司应当依法向公司登记机关申请设立登记。符合《公司法》规定的设立条件的，由公司登记机关分别登记为有限责任公司或股份有限公司。不符合规定的设立条件的，不得登记为有限责任公司或股份有限公司。公司的设立登记的法律效力，是使公司取得法人资格，进而取得从事经营活动的合法身份，符合“行政机关根据公民、法人或者其他组织的申请，经依法审查，准予其从事特定活动”，为行政许可。

公司的变更登记指公司设立登记事项中的某一项或某几项改变，向公司登记机关申请变更的登记。对变更登记的性质认识不尽统一，有两种主流看法。一种意见认为是行政许可，理由是未经核准变更登记，公司不得擅自变更登记事项；公司登记事项发生变更时未依法办理变更登记的，需要承担相应法律责任。另一种意见认为是行政确认。理由是变更登记并不决定公司的身份或资格，只是对民事权利的确认。从行为的整体实施过程角度来看，第一种观点似乎更加合理一些。因为公司设立登记是《行政许可法》调整的广义行政行为，在相关登记事项发生变更后，有关公司依然需要按照立法规定履行后续的变更登记手续，并经历与设立登记相似的行为过程，工商机关仍需履行必要的审查职责。未经变更登记，公司同样不能以市场主体资格从事相关法律行为。第二种观点未注意从许可行为的整体实施过程角度展开分析，合理性稍弱。

难度：易

考点：行政许可的设定原则

命题和解题思路：本题考查考生对公司设立登记和变更登记法律性质的理解。《行政许可法》明确规定设立登记属于行政许可行为，但对于变更登记的法律性质并未明确，可能考生会对变更登记的法律性质发生疑问，或许将其作为其他行政行为看待。解答本题的关键是将设立登记、变更登记作为行政许可的不同阶段看待，注意变更登记行为实施的程序特点，进而明确其存在阶段虽然不同，但法律性质应无差别。

答案解析：

关于公司设立登记的性质问题，《行政许可法》第12条规定："下列事项可以设定行政许可：（一）直接涉及国家安全、公共安全、经济宏观调控、生态环境保护以及直接关系人身健康、生命财产安全等特定活动，需要按照法定条件予以批准的事项；（二）有限自然资源开发利用、公共资源配置以及直接关系公共利益的特定行业的市场准入等，需要赋予特定权利的事项；（三）提供公众服务并且直接关系公共利益的职业、行业，需要确定具备特殊信誉、特殊条件或者特殊技能等资格、资质的事项；（四）直接关系公共安全、人身健康、生命财产安全的重要设备、设施、产品、物品，需要按照技术标准、技术规范，通过检验、检测、检疫等方式进行审定的事项；（五）企业或者其他组织的设立等，需要确定主体资格的事项；（六）法律、行政法规规定可以设定行政许可的其他事项。"根据上述规定，本题中，公司的设立属于行政许可范畴。

关于公司的变更登记，《行政许可法》第49条规定："被许可人要求变更行政许可事项的，应当向作出行政许可决定的行政机关提出申请；符合法定条件、标准的，行政机关应当依法办理变更手续。"据此，本题中，公司的变更登记仍需要提出申请，由行政机关进行审查，在此意义上，变更登记仍属于行政许可范畴。

2. 如市工商局维持了区工商分局的行政行为，请确定本案中的原告和被告，并说明理由。

答案：乙、丙、丁为原告，被告为市工商局和区工商分局。本案中，针对区工商分局的决定，乙、丙、丁申请复议。如市工商局作出维持决定，根据行政诉讼法26条第2款规定，复议机关维持原行政行为的，作出原行政行为的行政机关和行政复议机关是共同被告，故市工商局和区工商分局为共同被告。行政诉讼法第25条第1款规定，行政行为的相对人以及其他与行政行为有利害关系的公民、法人或者其他组织，有权提起诉讼。故乙、丙、丁为原告。

难度：中

考点：行政诉讼原告、被告

命题和解题思路：本题考查考生对行政诉讼原告和被告相关规定的理解与适用。《行政诉讼法》对原告和被告的确定作出了明确规定。其中原告资格判断的难点在于利害关系确定，需要考生根据个案情况作出具体分析。被告判断并无太多困难，考生只要根据法律对被告不同情况的规定对号入座即可得出结论。就本案而言，主要考查的是复议维持情况下行政诉讼被告确定问题。难度不大。

答案解析：

关于行政诉讼的原告，《行政诉讼法》第25条第1款规定："行政行为的相对人以及其他与行政行为有利害关系的公民、法人或者其他组织，有权提起诉讼。"据此，原告包括行政行为的直接相对人以及与行政行为有利害关系的其他个人组织。本题中，**乙、丙、丁三人共同提出的法定代表人变更登记申请，是工商登记行为的直接相对人**，具有原告资格。

关于行政诉讼被告，《行政诉讼法》第26条规定："公民、法人或者其他组织直接向人民法院提起诉讼的，作出行政行为的行政机关是被告。经复议的案件，复议机关决定维持原行政行为的，作出原行政行为的行政机关和复议机关是共同被告；复议机关改变原行政行为的，复议机关是被告。复议机关在法定期限内未作出复议决定，公民、法人或者其他组织起诉原行政行为的，作出原行政行为的行政机关是被告；起诉复议机关不作为的，复议机关是被告……"本题设定市工商局作出了维持的复议决定，依照行政诉讼法的规定，被告应当为市工商局和区工商分局。

3. 如何确定本案的审理和裁判对象？如市工商局在行政复议中维持区工商分局的行为，有何不同？

答案：本案的审理裁判对象是市工商局撤销区工商分局通知的行为。如果市工商局维持了区工商分局的行为，那么原行政行为（登记驳回通知书）和复议决定（撤销决定）均为案件的审理对象，法院应一并作出裁判。

难度：易

考点：行政诉讼审理和裁判对象

命题和解题思路：本题考查复议维持和复议改变情况下，行政诉讼被告的确定以及与之关联的案件审理对象的确定。《行政诉讼法》修订后，对经过行政复议的案件如何确定被告作出了不同于旧法的规定，进而影响到行政诉讼案件审理对象发生变化。尤其是复议维持情况下出现了双被告的情况，且《最高人民法院关于适用〈中华人民共和国行政诉讼法〉若干问题的解释》也将复议维持情况下司法审查的对象设定为两个。对此，考生需要给予充足的注意。

答案解析：

本案中，市工商局作出的是撤销下级工商机关行为的行政复议决定，申请人不服，依照《行政诉讼法》第26条第2款的规定，复议机关改变原行政行为的，复议机关是被告。市工商局因此成为被告，其作出的撤销复议决定，就是本案的审理和裁判对象，人民法院须依法对该复议决定是否合法，并作出相应裁判。

依照《行政诉讼法》第26条第2款的规定，复议机关维持原行政行为，作出原行政行为的行政机关和复议机关是共同被告。《行政诉讼法》第79条规定，复议机关与作出原行政行为的行政机关为共同被告的案件，人民法院应当对复议决定和原行政行为一并作出裁判。据此，人民法院审理和裁判的对象分别是区工商分局作出的驳回登记行为和市工商局作出的复议维持决定。

4. 法院接到起诉状决定是否立案时通常面临哪些情况？如何处理？

答案： 接到起诉状时，对符合法定起诉条件的，应当登记立案。当场不能判定的，应当接收起诉状，出具注明收到日期的书面凭证，并在7日内决定是否立案；不符合起诉条件的，作出不予立案的裁定；如起诉状内容欠缺或有其他错误的，应给予指导和释明，并一次性告知当事人需要补正的内容。不得未经指导和释明即以起诉不符合条件为由不接收起诉状。

难度： 易

考点： 行政诉讼的起诉与受理

命题和解题思路： 本题实质是考查修订后的《行政诉讼法》关于立案登记的相关规定，考生可以直接根据《行政诉讼法》第51条的规定作出回答。

答案解析：

答案参照《行政诉讼法》第51条规定，即人民法院在接到起诉状时对符合本法规定的起诉条件的，应当登记立案。对当场不能判定是否符合本法规定的起诉条件的，应当接收起诉状，出具注明收到日期的书面凭证，并在7日内决定是否立案。不符合起诉条件的，作出不予立案的裁定。裁定书应当载明不予立案的理由。原告对裁定不服的，可以提起上诉。起诉状内容欠缺或者有其他错误的，应当给予指导和释明，并一次性告知当事人需要补正的内容。不得未经指导和释明即以起诉不符合条件为由不接收起诉状。对于不接收起诉状、接收起诉状后不出具书面凭证，以及不一次性告知当事人需要补正的起诉状内容的，当事人可以向上级人民法院投诉，上级人民法院应当责令改正，并对直接负责的主管人员和其他直接责任人员依法给予处分。

5. 《行政诉讼法》对一审法院宣判有何要求？

答案： 一律公开宣告判决。当庭宣判的，应当在10日内发送判决书；定期宣判的，宣判后立即发送判决书。宣判时，必须告知当事人上诉权利、上诉期限和上诉的法院。

难度： 中

考点： 行政诉讼第一审判决

命题和解题思路： 本题实质考查修订后的《行政诉讼法》对一审判决的规定，考生可以直接根据《行政诉讼法》第80条的规定作出回答。

答案解析：

依照《行政诉讼法》第80条规定，人民法院对公开审理和不公开审理的案件，一律公开宣告判决。当庭宣判的，应当在10日内发送判决书；定期宣判的，宣判后立即发给判决书。宣告判决时，必须告知当事人上诉权利、上诉期限和上诉的人民法院。

2014年

一、试题（本题26分）

案情：

材料一：2012年3月，建筑施工企业原野公司股东王某和张某向工商局提出增资扩股变更登记的申请，将注册资本由200万元变更为800万元。工商局根据王某、张某提交的验资报告等材料办理了变更登记。后市公安局向工商局发出10号公函称，王某与张某涉嫌虚报注册资本被采取强制措施，建议工商局吊销原野公司营业执照。工商局经调查发现验资报告有涂改变造嫌疑，向公司发出处罚告知书，拟吊销公司营业执照。王某、张某得知此事后迅速向公司补足了600万元现金，并向工商局提交了证明材料。工商局根据此情形作出责令改正、缴纳罚款的20号处罚决定。公安局向市政府报告，市政府召开协调会，形成3号会议纪要，认为原野公司虚报注册资本情节严重，而工商局处罚过轻，要求工商局撤销原处罚决定。后工商局作出吊销原野公司营业执照的25号处罚决定。原野公司不服，向法院提起诉讼。

材料二：2013年修改的《公司法》，对我国的公司资本制度作了重大修订，主要体现在：一是取消了公司最低注册资本的限额；二是取消公司注册资本实缴制，实行公司注册资本认缴制；三是取消货币出资比例限制；四是公司成立时不需要提交验资报告，公司的认缴出资额、实收资本不再作为公司登记事项。

2014年2月7日，国务院根据上述立法精神批准了《注册资本登记制度改革方案》，进一步明确了注册资本登记制度改革的指导思想、总体目标和基本原则，从放松市场主体准入管制，严格市场主体监督管理和保障措施等方面，提出了推进公司注册资本及其他登记事项改革和配套监管制度改革的具体措施。

问题：

1. 材料一中，王某、张某是否构成虚报注册资本骗取公司登记的行为？对在工商局作出20号处罚决定前补足注册资金的行为如何认定？
2. 材料一中，市政府能否以会议纪要的形式要求工商局撤销原处罚决定？
3. 材料一中，工商局做出25号处罚决定应当履行什么程序？
4. 结合材料一和材料二，运用行政法基本原理，阐述我国公司注册资本登记制度改革在法治政府建设方面的重要意义。

答题要求：

1. 无本人观点或论述、照搬材料原文不得分；
2. 观点明确，逻辑清晰，说理充分，文字通畅；
3. 请按提问顺序逐一作答，总字数不得少于600字。

二、答案精讲

1. 材料一中，王某、张某是否构成虚报注册资本骗取公司登记的行为？对在工商局作出20号处罚决定前补足注册资金的行为如何认定？

答案：王某、张某的行为构成虚报注册资本骗取公司登记的行为；对在工商局作出20号处罚决定前补足注册资金的行为属于对违法行为的纠正。

难度：易

考点：公司登记管理与当事人违法行为的纠正

命题和解题思路：本题涉及行政法基本理论在公司登记管理领域的具体应用问题，要求考生既要熟悉行政法基础理论，同时又要熟悉公司登记管理的相关规定。本题设计的案情发生在2012年3月，《公司法》最新修订是2013年12月28日，因此，本题分析仍应适用原《公司法》。

答案解析：

原《公司法》第199条规定："违反本法规定，虚报注册资本、提交虚假材料或者采取其他欺诈手段隐瞒重要事实取得公司登记的，由公司登记机关责令改正，对虚报注册资本的公司，处以虚报注册资本金额百分之五以上百分之十五以下的罚款；对提交虚假材料或者采取其他欺诈手段隐瞒重要事实的公司，处以五万元以上五十万元以下的罚款；情节严重的，撤销公司登记或者吊销营业执照。"本题中，市公安局向工商局发函称，王某与张某涉嫌虚报注册资本被采取强制措施，建议工商局吊销原野公司营业执照。工商局经过调查发现验资报告确有涂改变造嫌疑。根据以上事实，可以认定，王某、张某二人构成虚报注册资本骗取公司登记的行为。

在工商局向公司发出处罚告知书，拟吊销公司营业执照之后，王某、张某迅速向公司补足了600万元现金，并向工商局提交了证明材料，上述行为属于对违法行为的自行纠正，如查证属实，可以作为以后从轻处罚的情节加以考虑。对此，《行政处罚法》第27条规定："当事人有下列情形之一的，应当依法从轻或者减轻行政处罚：（一）主动消除或者减轻违法行为危害后果的；（二）受他人胁迫有违法行为的；（三）配合行政机关查处违法行为有立功表现的；（四）其他依法从轻或者减轻行政处罚的。违法行为轻微并及时纠正，没有造成危害后果的，不予行政处罚。"

2. 材料一中，市政府能否以会议纪要的形式要求工商局撤销原处罚决定？

答案：市政府不能以会议纪要的形式要求工商局撤销原处罚决定。

难度：中

考点：具体行政行为的效力

命题和解题思路：本题考查考生对行政行为实质确定力、内部行政行为与外部行政行为的关系以及《行政处罚法》有关上级撤销下级违法行政行为需要符合条件的理解和认识。实质确定力要求行政行为作出之后，行政机关无法定理由不得擅自加以变更或撤销，以维持行政法律关系的稳定。依照《行政处罚法》规定，上级撤销下级的行为需要符合法定条件。行政机关在作出涉及外部相对人合法权益的时候，一般要采用外部行政行为形式。

答案解析：

工商局作出责令改正、缴纳罚款的20号处罚决定后，市政府不能以会议纪要形式要求该局撤销原处罚决定，理由是：

第一，工商局对其职权管辖范围之内的相对人依法作出处罚决定之后，该行为即发生法律效力。无正当理由并经正当程序，该局及其上级市政府均不能轻易改变该处罚决定。这是具体行政行为实质确定力的表现。市政府以会议纪要形式否定下级已作出的行政决定，有违实质确定力原理。

第二，市政府以会议纪要这一内部行为形式作出影响外部相对人权益的行为，且未履行告知和听取相对人陈述、申辩的程序，在行为形式和程序上均存在违法之处。

第三，以会议纪要形式要求工商局撤销原处罚决定涉嫌侵犯工商局的职能。《行政处罚法》第55条规定："行政机关实施行政处罚，有下列情形之一的，由上级行政机关或者有关部门责令改正，可以对直接负责的主管人员和其他直接责任人员依法给予行政处分：（一）没有法定的行政处罚依据的；（二）擅自改变行政处罚种类、幅度的；（三）违反法定的行政处罚程序的；（四）违反本法第十八条关于委托处罚的规定的。"基于该条规定，在上级行政机关纠正下级行政机关的违法行为必须符合法定情形，但本题中工商局的处罚行为不符合该条规定，因此，市政府的撤销行为违法。

难点解析：具体行政行为的确定力分为两个方面的内容：一是**形式确定力**，指具体行政行为作出后，超过法定申请救济期限，行为即不得再改变的效力；二是**实质确定力**，指具体行政行为作出后，非因法定特殊事由，即使作出该行为的行政机关也不得擅自改变或撤销该行为的效力。无论是实质确定力还是形式确定力，其目的都在于强调为具体行政行为确定的法律秩序的尽早稳定，以给特定相对人或者社会公众一个稳定的预期。

3. 材料一中，工商局做出25号处罚决定应当履行什么程序？

答案：工商局作出25号处罚决定应当履行听证程序。

难度：易

考点：行政处罚程序

命题和解题思路：本题考查考生对《行政处罚法》规定的听证程序适用条件的规定，熟练掌握该法的相关规定，即可很容易地作出正确回答。

答案解析：

工商局作出的25号处罚决定的内容是吊销原野公司的营业执照，对于该种行政处罚的实施程序，《行政处罚法》第42条规定："行政机关作出责令停产停业、吊销许可证或者执照、较大数额罚款等行政处罚决定之前，应当告知当事人有要求举行听证的权利；当事人要求听证的，行政机关应当组织听证。当事人不承担行政机关组织听证的费用。听证依照以下程序组织……”根据上述规定，工商局作出的25号处罚适用听证程序。

4. 结合材料一和材料二，运用行政法基本原理，阐述我国公司注册资本登记制度改革在法治政府建设方面的重要意义。

答案：公司注册资本登记制度改革目的是为了进一步简政放权，这既是我国市场经济和社会发展的必然要求，也是全面深化改革的重要举措，对进一步推进政府职能转变，建设法治政府具有重要意义。

第一，注册资本登记制度改革是简政放权的重要举措。通过取消公司最低注册资本限额，取消注册资本实缴制等措施，可以有效扩大企业经营自主权，进一步划清政府、市场和企业的界限，有利于推进有限政府建设。

第二，注册资本登记制度改革简化了公司登记办事流程，方便了公众和当事人，有利于建设服务型政府。

第三，注册资本登记制度改革之下，公司成立时不需要提交验资报告，公司的认缴出资额、实收资本不再作为公司登记事项，减少了政府管理内容，进一步弱化了事先监管的权力，减少了权力寻租空间和腐败发生的概率，有利于建设廉洁政府。

第四，注册资本登记制度改革大大减少了政府事前审查内容，能够有效提高行政机关的办事效率，体现了政府在办理公司登记事务时的服务理念和便民原则，有利于建设效能政府。

第五，国务院批准的《注册资本登记制度改革方案》，在放松市场主体准入管制的同时，又提出要严格市场主体监督管理，也就是说，在公司注册资本登记制度改革之后，政府的事先监管趋于和缓，但事中事后的监管责任则需要进一步加强。这对行政机关的市场监管职能履行提出了更高的要求，有利于督促其创新监管机制，提高管理水平，最终建立起责任政府。

难度：中

考点：行政法原理与应用

命题和解题思路：本题为开放性问题，并无统一答案。不过，回答本题时，有两个基本问题需要注意：一是法治政府建设的主要内容，或者说法治政府的评价标准是什么。二是公司注册资本登记制度改革的各项内容对政府市场监管产生何种影响。在明确上述两个基本问题的前提下，考生需要在题中所给的各种改革措施与法治政府建设之间建立起必要的关联，进而概括出公司注册资本登记制改革对于法治政府建设所具有的重要意义。

答案解析：

根据十八届四中全会决定精神，法治政府建设的基本标准共有六个层面：建设职能科学、权责法定、执法严明、公开公正、廉洁高效、守法诚信的法治政府。对照本题公司注册资本登记制度改革的各项措施，可以认为，本项改革在以下方面体现了建设法治政府的要求：第一，取消公司市场准入限制，科学划定政府与市场关系，减少政府事先干预，使政府职能配置趋于科学合理，有利于建设有限政府；第二，减少公司市场准入限制并不意味着彻底放弃政府的监管职责，而是将市场监管职责后移，明确政府后续的对市场主体活动的监督管理职责，监管不力，同样需要被追责。由此，公司注册登记制度改革既体现权责法定的要求，又有利于建设责任政府；第三，减少公司注册登记事项，简化办事流程，既体现了政府的市场服务职能，有利于建设服务型政府，同时弱化了政府的事先监管权力，减少了政府权力寻租空间，有利于建立廉洁高效政府。

2013年

一、试题（本题21分）

案情：

《政府采购法》规定，对属于地方预算的政府采购项目，其集中采购目录由省、自治区、直辖市政府或其授权的机构确定并公布。张某在浏览某省财政厅网站时未发现该省政府集中采购项目目录，在通过各种方法均未获得该目录后，于2013年2月25日向省财政厅提出公开申请。财政厅答复，政府集中采购项目目录与张某的生产、生活和科研等特殊需要没有直接关系，拒绝公开。张某向省政府申请行政复议，要求认定省财政厅未主动公开目录违法，并责令其公开。省政府于4月10日受理，但在法定期限内未作出复议决定。张某不服，于6月18日以省政府为被告向法院提起诉讼。

问题：

1. 法院是否应当受理此案？为什么？
2. 财政厅拒绝公开政府集中采购项目目录的理由是否成立？为什么？
3. 省政府在受理此行政复议案件后应当如何处理才符合《行政复议法》

和《政府信息公开条例》的规定？

4. 对于行政机关应当主动公开的信息未予公开的，应当如何监督？

5. 如果张某未向财政厅提出过公开申请，而以财政厅未主动公开政府集中采购项目目录的行为违法直接向法院提起诉讼，法院应当如何处理？

二、答案精讲

1. 法院是否应当受理此案？为什么？

答案：法院应当受理此案。根据最高人民法院司法解释，复议机关在法定期限内不作复议决定，当事人对复议机关不作为不服向法院起诉的，属于行政诉讼受案范围，被告为复议机关，且张某具有原告资格，起诉未超过法定期限，不存在不受理的情形，故法院应当受理此案。

难度：易

考点：政府信息公开诉讼的受理

命题和解题思路：命题人在本题中考查的重点是行政复议机关不作为的起诉与受理问题。其特殊之处在于发生在政府信息公开领域，在行政机关不履行主动公开政府信息义务时，相对人先向负有公开职责的财政厅申请信息公开，在遭到拒绝的情况下，又申请了行政复议，但遭遇到复议机关的不作为。在此情况下，其向人民法院申请对复议机关不作为进行司法监督。

答案解析：

《政府信息公开条例》第33条第2款规定："公民、法人或者其他组织认为行政机关在政府信息公开工作中的具体行政行为侵犯其合法权益的，可以依法申请行政复议或者提起行政诉讼。"依照该规定，当张某申请省政府履行复议监督职责，监督财政厅拒绝履行公开政府信息职责，省政府逾期未作出复议决定，构成行政复议不作为的情况下，在张某与省政府之间形成了特定的行政法律关系，如果其认为省政府的不作为行为侵犯了其合法权益，有权依法提起行政诉讼。《行政诉讼法》第26条第3款规定："复议机关在法定期限内未作出复议决定，公民、法人或者其他组织起诉原行政行为的，作出原行政行为的行政机关是被告；起诉复议机关不作为的，复议机关是被告。"根据本案情况，张某具有原告资格，省政府是适格被告，复议不作为属于行政诉讼受案范围。此外，《行政诉讼法》第45条规定："公民、法人或者其他组织不服复议决定的，可以在收到复议决定书之日起十五日内向人民法院提起诉讼。复议机关逾期不作决定的，申请人可以在复议期满之日起十五日内向人民法院提起诉讼。法律另有规定的除外。”省政府 4 月 10 日受理张某的复议申请，张某 6 月 18 日提起行政诉讼，没有超出法定起诉期限。综上，人民法院应当受理张某针对省政府的行政复议不作为提起的行政诉讼。

2. 财政厅拒绝公开政府集中采购项目目录的理由是否成立？为什么？

答案： 不成立。按照《政府信息公开条例》以及相关法律规定，政府集中采购项目的目录属于政府主动公开的信息，不是依申请公开的信息，故不应当要求该信息与申请人的生产、生活和科研等特殊需要有关。

难度： 易

考点： 政府信息主动公开

命题和解题思路： 本题考查的需要政府主动公开的信息是否适用依申请公开的条件，即申请人证明该信息与其生产、生活和科研等特殊需要有关。由于《政府信息公开条例》将政府信息公开分为主动公开和依申请公开两种情况，且分别作出了不同规定。需要考生在针对相关案件时作出区分，不能混淆。

答案解析：

政府信息公开分为两种情况：一是行政机关主动公开；二是依申请公开。对于依申请公开的信息，《政府信息公开条例》第 13 条规定，公民、法人或者其他组织可以根据自身生产、生活、科研等特殊需要，向国务院部门、地方各级人民政府及县级以上地方人民政府部门申请获取相关政府信息。综上，**对于政府主动公开的信息，相关行政机关未依法公开，相对人申请其公开的，不受《政府信息公开条例》第 13 条的限制，行政机关不能要求该信息与申请人的生产、生活和科研等需要有关。**《政府信息公开条例》第 10 条规定，县级以上各级人民政府及其部门应当依照本条例第九条的规定，在各自职责范围内确定主动公开的政府信息的具体内容，并重点公开下列政府信息：（六）政府集中采购项目的目录、标准及实施情况……依照该规定，申请人申请公开应当由财政厅公开的政府集中采购项目的目录，无须基于自身生产、生活、科研等特殊需要。财政厅以相关政府信息与申请人的特殊需要无关为理由拒绝公开政府集中采购目录，理由不能成立。

3. 省政府在受理此行政复议案件后应当如何处理才符合《行政复议法》和《政府信息公开条例》的规定？

答案： 省政府应当审查省财政厅拒绝公开目录的行为是否合法，并在法定期限内作出复议决定。政府集中采购项目的目录属主动公开信息，如省政府已授权财政厅确定并公布，省政府应责令财政厅及时公布；如未授权相关机构确定并公布，省政府应主动公布。

难度：易

考点：行政复议决定与政府信息公开

命题和解题思路：政府信息公开领域出现行政争议时，相对人有权借助行政复议和行政诉讼程序获得救济。对此，《政府信息公开条例》有明确规定。该条例第33条第2款规定，公民、法人或者其他组织认为行政机关在政府信息公开工作中的具体行政行为侵犯其合法权益的，可以依法申请行政复议或者提起行政诉讼。据此，相对人申请公开政府信息遭到拒绝或者行政机关长期拖延时，有权依法申请行政复议，由行政复议机关履行复议监督职能。此外，**《政府信息公开条例》第33条只是原则规定了行政复议救济权，但对行政复议机关如何具体审查监督下级行政机关的行政行为，并未作出特殊规定。**因此，结合本题提问，省政府在受理张某的行政复议申请之后，应当按照《行政复议法》的有关规定，对财政厅拒绝公开政府集中采购项目目录的行为是否合法进行审查，并作出相应复议决定。

答案解析：

《行政复议法》第28条第1款第（二）项规定，行政复议机关负责法制工作的机构应当对被申请人作出的具体行政行为进行审查，提出意见，经行政复议机关的负责人同意或者集体讨论通过后，按照下列规定作出行政复议决定……（二）被申请人不履行法定职责的，决定其在一定期限内履行……。根据上一题分析得出的结论，财政厅以张某的申请与其生产、生活和科研等特殊需要无关为理由，拒绝向其公开政府集中采购项目目录，理由不能成立，属于不履行法定政府信息公开职责，作为复议机关的省政府，应当在受理复议案件之后，经过对该不履行法定职责的行为进行审查，在法定复议期限内，结合本案实际情况，作出相应复议决定。《政府采购法》规定，对属于地方预算的政府采购项目，其集中采购目录由省、自治区、直辖市政府或其授权的机构确定并公布。据此，本案中，如果省政府已授权财政厅确定并公布集中采购目录，则在其复议决定中，要责令财政厅及时公布；如果未授权相关机构确定和公布，则省政府应主动公布。

4. 对于行政机关应当主动公开的信息未予公开的，应当如何监督？

答案：对于行政机关应当主动公开的信息未予公开的，按照《政府信息公开条例》的规定，公民、法人或者其他组织可以向上级行政机关、监察机关或者政府信息公开工作主管部门举报。收到举报的机关应当予以调查处理。

难度：难

考点：政府信息公开制度的主要内容（政府信息公开的监督）

命题和解题思路：本题考查的是考生对《政府信息公开条例》第33条第1款规定内容的理解。即该款规定的内容是否只适用于主动公开的情形？这个问题在实践中存在争议，对考生回答本问题带来一定干扰。今后出题时有必要注意避免提出此类问题。

答案解析：

《政府信息公开条例》第33条规定："公民、法人或者其他组织认为行政机关不依法履行政府信息公开义务的，可以向上级行政机关、监察机关或者政府信息公开工作主管部门举报。收到举报的机关应当予以调查处理。公民、法人或者其他组织认为行政机关在政府信息公开工作中的具体行政行为侵犯其合法权益的，可以依法申请行政复议或者提起行政诉讼。"**该条规定的意旨在于，对于主动公开和依申请公开设置了不同的监督方式，**对于依法需要主动公开的政府信息，行政机关未履行主动义务的，公民、法人或者其他组织有权向上级行政机关、监察机关或者政府信息公开工作主管部门举报，由收到举报的机关依法予以调查处理。对于依申请公开的信息，行政机关拒绝公开或者逾期不予答复的，申请人则有权申请行政复议或者提起行政诉讼。

难点解析：《政府信息公开条例》第33条有两款内容，第1款是对行政机关不履行主动公开政府信息义务的监督方式，第2款是对政府不履行依申请公开政府信息义务的监督方式。命题人对本题的设计即基于此种认识。对于《政府信息公开条例》第33条两款规定的内容是否还要作出如此进一步详细的区分，目前存在一些不同认识。有的认为，该条的两款规定对于主动公开和依申请公开都同样适用，不需作出上述详细区分。从《政府信息公开条例》制定机关的解读以及有关条例的释义之中，尚未找到对该条意旨非常明确的说明。暂且按照命题人的命题意图来回答本题。

5. 如果张某未向财政厅提出过公开申请，而以财政厅未主动公开政府集中采购项目目录的行为违法直接向法院提起诉讼，法院应当如何处理？

答案： 按照《最高人民法院关于审理政府信息公开行政案件若干问题的规定》，法院应当告知其先向行政机关申请获取相关政府信息。对行政机关的答复或者逾期不予答复不服的，张某可以向法院提起诉讼。

难度： 中

考点： 政府信息主动公开的行政诉讼

命题和解题思路： 本题考查考生对行政机关未履行主动公开政府信息义务提起行政诉讼的程序问题。按照《政府信息公开条例》的规定，行政机关负有主动公开相关信息的义务。如果行政机关不履行上述公开职责，侵犯的是不特定多数人的知情权，如何对其进行监督，进而言之，公众能否对其提起行政诉讼，《政府信息公开条例》未作出明确规定。《最高人民法院关于审理政府信息公开行政案件若干问题的规定》对此作出了回应。因此，需要考生结合该司法解释的规定作出正确回答。

答案解析：

《最高人民法院关于审理政府信息公开行政案件若干问题的规定》第3条规定，公民、法人或者其他组织认为行政机关不依法履行主动公开政府信息义务，直接向人民法院提起诉讼的，应当告知其先向行政机关申请获取相关政府信息。对行政机关的答复或者逾期不予答复不服的，可以向人民法院提起诉讼。依照上述规定，张某未向财政厅提出信息公开申请，直接向人民法院提起行政诉讼的，人民法院不予受理，并告知其先向财政厅申请获取相关政府信息。只有在后者拒绝公开或者逾期未予答复的情况下，才可以向人民法院提起行政诉讼。

难点解析： 按照《政府信息公开条例》的规定，行政机关负有主动公开相关政府信息的义务。如果行政机关不履行主动公开职责，侵犯的是社会公众的知情权。因受到侵害的权益具有高度分散性，是否赋予特定个人或组织直接对该类违法行为提起行政诉讼的资格，一直存在争议。如果认可任何人或组织都可以直接提起行政诉讼，此类诉讼将演变为全民诉讼，与我国行政诉讼法的现有制度设计不符。但是，对该类违法行为又不能置之不理，放任行政机关的违法行为侵害公众的知情权。

经过慎重考虑，《最高人民法院关于审理政府信息公开行政案件若干问题的规定》第3条确立了“申请前置”程序，即公民、法人或者其他组织认为行政机关不依法履行主动公开政府信息义务，需要先向行政机关申请获取相关政府信息，在申请被拒绝或者行政机关逾期不予答复的情况下，可以向人民法院提起行政诉讼。经过此种转换，将政府不履行主动公开政府信息义务的行为纳入了行政诉讼受案范围。

2012年

一、试题（本题22分）

案情：

扫一扫 看微课视频

1997年11月，某省政府所在地的市政府决定征收含有某村集体土地在内的地块作为旅游区用地，并划定征用土地的四至界线范围。2007年，市国土局将其中一地块与甲公司签订《国有土地使用权出让合同》。2008年12月16日，甲公司获得市政府发放的第1号《国有土地使用权证》。2009年3月28日，甲公司将此地块转让给乙公司，市政府向乙公司发放第2号《国有土地使用权证》。之后，乙公司申请在此地块上动工建设。2010年9月15日，市政府张贴公告，要求在该土地范围内使用土地的单位和个人，限期自行清理农作物和附着物设施，否则强制清理。2010年11月，某村得知市政府给乙公司颁发第2号《国有土地使用权证》后，认为此证涉及的部分土地仍属该村集体所有，向省政府申请复议要求撤销该土地使用权证。省政府维持后，某村向法院起诉。法院通知甲公司与乙公司作为第三人参加诉讼。

在诉讼过程中，市政府组织有关部门强制拆除了征地范围内的附着物设施。某村为收集证据材料，向市国土局申请公开1997年征收时划定的四至界线范围等相关资料，市国土局以涉及商业秘密为由拒绝提供。

问题：

1. 市政府共实施了多少个具体行政行为？哪些属于行政诉讼受案范围？
2. 如何确定本案的被告、级别管辖、起诉期限？请分别说明理由。

3. 甲公司能否提出诉讼主张？如乙公司经合法传唤无正当理由不到庭，法院如何处理？

4. 如法院经审理发现市政府发放第1号《国有土地使用权证》的行为明显缺乏事实根据，应如何处理？

5. 市政府强制拆除征地范围内的附着物设施应当遵循的主要法定程序和执行原则是什么？

6. 如某村对市国土局拒绝公开相关资料的决定不服，向法院起诉，法院应采用何种方式审理？如法院经审理认为市国土局应当公开相关资料，应如何判决？

二、答案精讲

1. 市政府共实施了多少个具体行政行为？哪些属于行政诉讼受案范围？

答案：市政府实施了4个具体行政行为：征收含有某村集体土地在内的地块的行为；向甲、乙两公司发放《国有土地使用权证》的行为；发布公告要求使用土地的单位和个人自行清理农作物和附着物设施的行为。上述行为均属于行政诉讼受案范围。

难度：中

考点：具体行政行为的认定、行政诉讼受案范围

命题和解题思路：本题考查考生对具体行政行为的理解以及是否属于行政诉讼受案范围相关知识。其中，具体行政行为的界定属于基础理论问题，考生如果没有对具体行政行为界定的理论认知，以及对属于行政诉讼受案范围的具体行政行为有清晰认识，即可能作出错误的回答。

答案解析：

本题中，市政府实施了多个行为，包括：决定征收含有某村集体土地在内的地块作为旅游区用地，向甲公司发放第1号《国有土地使用权证》，向乙公司发放第2号《国有土地使用权证》，发出公告要求使用土地的单位和个人限期自行清理农作物和附着物设施，以及组织有关部门强制拆除了征地范围内的附着物设施。在这些行为中，决定征地行为和公告强制的行为因对象是一定范围内的居民，且具有使用一次性特征，属于具体行政行为；向甲公司、乙公司发放《国有土地使用权证》的行为属于典型具体行政行为；**组织强制拆除行**

为是行政强制执行行为，属于行政事实行为。上述行为中，属于具体行政行为自然属于行政诉讼受案范围，均属可诉行政行为。

2. 如何确定本案的被告、级别管辖、起诉期限？请分别说明理由。

答案：本案中，市政府和省政府为共同被告。根据《行政诉讼法》的规定，经复议的案件，复议机关决定维持原行政行为的，作出原行政行为的行政机关和复议机关为共同被告。

本案中，省政府维持了市政府的决定，市政府和省政府应为共同被告。本案的管辖法院是中级人民法院。依照最高人民法院《关于适用〈中华人民共和国行政诉讼法〉的解释》的规定，**复议维持案件的级别管辖法院以作出原行政行为的行政机关级别确定。**本案的被告为县级以上人民政府，根据《行政诉讼法》第15条规定，应由中级人民法院管辖。

某村应当在收到省政府复议决定书之日15日内向法院起诉。**依照本案是经过复议起诉的，应适用复议后起诉期限。**此外，《土地管理法》等法律未对此种情形下的起诉期限作出特别规定，故应适用《行政诉讼法》第45条规定的一般起诉期限。

难度：中

考点：行政诉讼被告、级别管辖、复议案件的起诉期限

命题和解题思路：本问考查复议维持情况下的相关法律程序问题，涉及行政诉讼被告、级别管辖与起诉期限等。其中，行政诉讼被告和级别管辖的确定较容易，起诉期限则有一定的难度，要求掌握经复议后起诉的一般期限与特别期限。考生如果对此问题没有较细致了解，即可能作出错误回答。

答案解析：

第一，行政诉讼被告的确定。依照《行政诉讼法》第26条第1款、第2款的规定，公民、法人或者其他组织直接向人民法院提起诉讼的，作出行政行为的行政机关是被告。经复议的案件，复议机关决定维持原行政行为的，作出原行政行为的行政机关和复议机关是共同被告；复议机关改变原具体行政行为的，复议机关是被告。本题属于经复议维持之后，当事人提起行政诉讼的案件，适用前述规定。即应由市政府和省政府为共同被告。

第二，级别管辖问题。《最高人民法院关于适用〈中华人民共和国行政诉讼法〉的解释》第134条规定："复议机关决定维持原行政行为的，作出原行政行为的行政机关和复议机关是共同被告。原告只起诉作出原行政行为的行政机关或者复议机关的，人民法院应当告知原告追加被告。原告不同意追加的，

人民法院应当将另一机关列为共同被告。行政复议决定既有维持原行政行为内容，又有改变原行政行为内容或者不予受理申请内容的，作出原行政行为的行政机关和复议机关为共同被告。复议机关作共同被告的案件，以作出原行政行为的行政机关确定案件的级别管辖。"据此，本题级别管辖法院由市政府确定。《行政诉讼法》第15条规定："中级人民法院管辖下列第一审行政案件：（一）对国务院部门或者县级以上地方人民政府所作的行政行为提起诉讼的案件；（二）海关处理的案件；（三）本辖区内重大、复杂的案件；（四）其他法律规定由中级人民法院管辖的案件。"据此，本案由中级人民法院管辖。

第三，起诉期限的确定。依照《行政诉讼法》第45条的规定，公民、法人或者其他组织不服复议决定的，可以在收到复议决定书之日起15日内向人民法院提起诉讼。复议机关逾期不作决定的，申请人可以在复议期满之日起15日内向人民法院提起诉讼。法律另有规定的除外。据此，**经复议后的起诉期限分为一般期限和特别期限，一般期限为收到复议决定书之日15日内，特别期限取决于单行法律规定。**本题中，因《土地管理法》等法律未对此种情形下的起诉期限作出特别规定，所以应适用《行政诉讼法》规定的15日一般起诉期限。

3. 甲公司能否提出诉讼主张？如乙公司经合法传唤无正当理由不到庭，法院如何处理？

答案：甲公司作为本案的第三人，其有权提出与本案有关的诉讼主张。乙公司经合法传唤无正当理由不到庭，不影响法院对案件的审理。

难度：中

考点：行政诉讼第三人的诉讼地位与不出庭的处理

命题和解题思路：本题考查考生对行政诉讼第三人诉讼地位的理解和认识。对此，行政诉讼法规定较为原则，考生一般不会注意，由此难免会作出错误回答。

答案解析：

本题中，甲公司作为第三人，由法院通知参加诉讼。依照《行政诉讼法》第29条的规定，公民、法人或者其他组织同被诉行政行为有利害关系但没有提起诉讼，或者同案件处理结果有利害关系的，可以作为第三人申请参加诉讼，或者由人民法院通知参加诉讼。**人民法院判决第三人承担义务或者减损第三人权益的，第三人有权依法提起上诉。**作为具有独立诉讼地位的第三人，甲公司有权提出与本案有关的诉讼主张，甚至有权提起上诉。

作为本案的第三人，乙公司如果经合法传唤无正当理由不到庭的，人民法院可以继续审理案件。《最高人民法院关于适用〈中华人民共和国行政诉讼法〉的解释》第79条第2款规定：“**第三人经传票传唤无正当理由拒不到庭，或者未经法庭许可中途退庭的，不发生阻止案件审理的效果。**”据此，作为第三人的乙公司如不经合法传唤无正当理由不到庭，不影响法院对案件的审理。

4. 如法院经审理发现市政府发放第1号《国有土地使用权证》的行为明显缺乏事实根据，应如何处理？

答案：如法院经审理发现市政府发放第1号《国有土地使用权证》的行为明显缺乏事实根据，应不予认可。理由是：发放第1号《国有土地使用权证》的行为不属于本案的审理对象，但构成本案被诉行政行为的基础性、关联性行政行为，依照《关于审理行政许可案件若干问题的规定》第7条的规定，法院对此行为不予认可。

难度：易

考点：行政许可案件的审理

命题和解题思路：本题考查考生对行政许可案件的审理对象与相关联行政行为关系的处理。《最高人民法院关于审理行政许可案件若干问题的规定》对于审理对象相关联的行政行为如何处理作出了较为明确的规定，考生如果对上述规定没有很好理解，很可能会作出错误的回答。

答案解析：

本题中，原告起诉的是市政府给乙公司颁发第2号《国有土地使用权证》的行为，该种行政行为属于行政许可行为。市政府向甲公司发放第1号《国有土地使用权证》的行为，并非本案的审理对象，也不能成为本案的裁判对象，即使该行为违法，法院也不能判决撤销或确认违法。当然，市政府向甲公司发放第1号《国有土地使用权证》的行为，构成该市政府向乙公司发放第2号《国有土地使用权证》的行为的关联性、基础性行政行为。对于上述关联性的基础性行政行为违法，如何处理的问题，《最高人民法院关于审理行政许可案件若干问题的规定》第7条作出了规定，即“作为被诉行政许可行为基础的其他行政决定或者文书存在以下情形之一的，人民法院不予认可：（一）明显缺乏事实根据；（二）明显缺乏法律依据；（三）超越职权；（四）其他重大明显违法情形。”依照上述规定，如果第1号《国有土地使用权证》存在违法问题，受案法院应不予认可。

5. 市政府强制拆除征地范围内的附着物设施应当遵循的主要法定程序和执行原则是什么？

答案：依照《行政强制法》的相关规定，市政府采取强制执行措施应当遵循法定程序，履行事先催告义务，并充分听取当事人的陈述申辩意见，当认为其陈述申辩无理由，需要继续执行，而被执行对象拒绝履行相关义务时，即作出书面强制执行决定并送达当事人，进而强制执行。在执行期间，依法可以与当事人达成执行协议。此外，依照《行政强制法》的规定，市政府不得选择在夜间或法定节假日实施强制执行，不得对居民生活采取停水、停电、停热、停气等方式迫使当事人执行等。

难度：中

考点：行政机关强制执行程序

命题和解题思路：《行政强制法》对行政机关自行执行其行政决定的程序作出了明确规定，上述规定内容多，规定详细。考生不容易理解和记忆。本题即考查上述内容，考生如果复习的不全面，就会在回答本题时出现回答不完整的问题。

答案解析：

《行政强制法》对行政机关强制执行程序和原则作出了详细规定。**要求行政机关作出强制执行决定前，应当事先书面催告当事人履行义务**，催告内容包括：履行义务的期限、方式、当事人依法享有的陈述权和申辩权等；当事人收到催告书后有权进行陈述和申辩。行政机关应当充分听取当事人的意见，提出的事实、理由或者证据成立的，行政机关应当采纳。经催告，当事人逾期仍不履行行政决定，且无正当理由的，行政机关可以作出书面强制执行决定并送达当事人。在实施行政强制执行时，行政机关可以在不损害公共利益和他人合法权益的情况下，与当事人达成执行协议。执行协议可以约定分阶段履行；当事人采取补救措施的，可以减免加处的罚款或者滞纳金。此外，《行政强制法》专门规定：行政机关不得在夜间或者法定节假日实施行政强制执行。但是，情况紧急的除外。行政机关不得对居民生活采取停止供水、供电、供热、供燃气等方式迫使当事人履行相关行政决定。对违法的建筑物、构筑物、设施等需要强制拆除的，应当由行政机关予以公告，限期当事人自行拆除。当事人在法定期限内不申请行政复议或者提起行政诉讼，又不拆除的，行政机关可以依法强制拆除。

6. 如某村对市国土局拒绝公开相关资料的决定不服，向法院起诉，法院应采用何种方式审理？如法院经审理认为市国土局应当公开相关资料，应如何判决？

答案：如某村对市国土局拒绝公开相关资料的决定不服，向法院起诉，法院应视情况采取适当的审理方式，以避免泄露涉及商业秘密的政府信息。如法院经审理认为市国土局应当公开相关资料，法院应当撤销或部分撤销不予公开决定，并判决市国土局在一定期限公开。尚需市国土局调查、裁量的，判决其在一定的期限内重新答复。

难度：中

考点：政府信息公开行政案件的审理方式与判决

命题和解题思路：本题考查考生对政府信息公开案件的审理方式与判决规定的掌握程度。政府信息公开案件的审理方式和判决方式与常规的行政诉讼案件稍有差异，其原因在于争议的特殊性——政府信息是否公开，而非行政处理决定的合法性。鉴于此，《最高人民法院关于审理政府信息公开行政案件若干问题的规定》对人民法院审理此类案件的方式和判决方式作出了详细规定，需要考生认真领会相关规定的意图。

答案解析：

依照《最高人民法院关于审理政府信息公开行政案件若干问题的规定》第6条的规定，**人民法院审理政府信息公开行政案件，应当视情采取适当的审理方式**，以避免泄露涉及国家秘密、商业秘密、个人隐私或者法律规定的其他应当保密的政府信息。据此，本题中，如某村对市国土局拒绝公开相关资料的决定不服，向法院起诉，法院应视情况采取适当的审理方式，以避免泄露涉及商业秘密的政府信息。

依照《最高人民法院关于审理政府信息公开行政案件若干问题的规定》第9条第1款的规定，被告对依法应当公开的政府信息拒绝或者部分拒绝公开的，人民法院应当撤销或者部分撤销被诉不予公开决定，并判决被告在一定期限内公开。尚需被告调查、裁量的，判决其在一定期限内重新答复。据此，本题中，如法院经审理认为市国土局应当公开相关资料，即应撤销或者部分撤销被诉不予公开决定，并判决被告在一定期限内公开。尚需被告调查、裁量的，判决其在一定期限内重新答复。

2011年

一、试题（本题22分）

案情：

经工商局核准，甲公司取得企业法人营业执照，经营范围为木材切片加工。甲公司与乙公司签订合同，由乙公司供应加工木材1万吨。不久，省林业局致函甲公司，告知按照本省地方性法规的规定，新建木材加工企业必须经省林业局办理木材加工许可证后，方能向工商行政管理部门申请企业登记，违者将受到处罚。1个月后，省林业局以甲公司无证加工木材为由没收其加工的全部木片，并处以30万元罚款。期间，省林业公安局曾传唤甲公司人员李某到公安局询问该公司木材加工情况。甲公司向法院起诉要求撤销省林业局的处罚决定。

因甲公司停产，无法履行与乙公司签订的合同，乙公司要求支付货款并赔偿损失，甲公司表示无力支付和赔偿，乙公司向当地公安局报案。2010年10月8日，公安局以涉嫌诈骗为由将甲公司法定代表人张某刑事拘留，1个月后，张某被批捕。2011年4月1日，检察院以证据不足为由作出不起诉决定，张某被释放。张某遂向乙公司所在地公安局提出国家赔偿请求，公安局以未经确认程序为由拒绝张某请求。张某又向检察院提出赔偿请求，检察院以本案应当适用修正前的《国家赔偿法》，此种情形不属于国家赔偿范围为由拒绝张某请求。

问题：

1. 甲公司向法院提起行政诉讼，如何确定本案的地域管辖？

2. 对省林业局的处罚决定，乙公司是否有原告资格？为什么？

3. 甲公司对省林业局的致函能否提起行政诉讼？为什么？

4. 省林业公安局对李某的传唤能否成为本案的审理对象？为什么？李某能否成为传唤对象？为什么？

5. 省林业局要求甲公司办理的木材加工许可证属于何种性质的许可？地方性法规是否有权创设？

6. 对张某被羁押是否应当给予国家赔偿？为什么？

7. 公安局拒绝赔偿的理由是否成立？为什么？

8. 检察院拒绝赔偿的理由是否成立？为什么？

二、答案精讲

1. 甲公司向法院提起行政诉讼，如何确定本案的地域管辖？

答案：甲公司向法院提起行政诉讼，案件的地域管辖法院为省林业局所在地的基层法院。理由是本案并不属于特殊地域管辖的情况，管辖法院为最初作出行政行为的行政机关所在地法院。

难度：易

考点：地域管辖

命题和解题思路：本题考查行政诉讼法有关行政诉讼地域管辖的规定。行政诉讼法对一般地域管辖和特殊地域管辖分别作出规定，需要考生判断本题是否适用特殊地域管辖，如否，则适用一般地域管辖。

答案解析：

行政诉讼的地域管辖分为一般地域管辖和特殊地域管辖，《行政诉讼法》对这两种管辖分别作出了规定。该法第 18 条第 1 款规定："行政案件由最初作出行政行为的行政机关所在地人民法院管辖。经复议的案件，也可以由复议机关所在地人民法院管辖。"此规定确立了一般地域管辖的"原告就被告"规则。《行政诉讼法》第 19、第 20 条属于特殊地域管辖的规定。第 19 条规定："对限制人身自由的行政强制措施不服提起的诉讼，由被告所在地或者原告所在地人民法院管辖。"第 20 条规定："因不动产提起的行政诉讼，由不动产所在地人民法院管辖。"**本题既非因不动产引起的行政诉讼，也非对限制人身自由的行政强制措施提起诉讼的案件，不适用特殊地域管辖的规定，因此，应按照一般地域管辖规则确定本案的管辖法院**，即应由作出处罚行为的林业厅所在地的法院管辖。

2. 对省林业局的处罚决定，乙公司是否有原告资格？为什么？

答案：乙公司没有原告资格。因为该公司与省林业局的行政处罚行为不具有法律上的利害关系，对甲公司不履行合同及给乙公司带来的损失，乙公司可以通过对甲公司提起民事诉讼解决。

难度：易

考点：原告资格

命题和解题思路：本题考查债权人的原告资格问题。债权人对影响其债权实现的行政行为是否可以原告身份提起行政诉讼，历来存在争议。最高人民法院最新司法解释对此问题作出了明确规定。其基本原则是否定一般债权人的行政诉讼原告资格，除非有特殊例外情况。考生对此规定如果没有认真领会，即可能作出错误选择。

答案解析：

关于行政诉讼原告资格问题，《行政诉讼法》第25条规定："行政行为的相对人以及其他与行政行为有利害关系的公民、法人或者其他组织，有权提起诉讼。"据此，确定行政诉讼原告资格的基本标准是利害关系。就民事法律关系中的债权人是否具有原告资格的问题，《最高人民法院关于适用〈中华人民共和国行政诉讼法〉的解释》第13条规定："债权人以行政机关对债务人所作的行政行为损害债权实现为由提起行政诉讼的，人民法院应当告知其就民事争议提起民事诉讼，但行政机关作出行政行为时依法应予保护或者应予考虑的除外。"根据上述规定，**债权人原则上对影响其债权实现的行政行为没有提起行政诉讼的原告资格，除非行政行为作出时立法明确要求行政机关予以保护。**本题中，乙公司作为普通债权人，其与被诉的行政处罚行为之间并无直接利害关系，因此不具有行政诉讼原告资格。

3. 甲公司对省林业局的致函能否提起行政诉讼？为什么？

答案：甲公司对省林业局的致函不能提起行政诉讼。理由是：致函行为只是一种告知行为，并没有处分甲公司的权利义务，是对甲公司的权利义务不产生实际影响的行为。根据《行政诉讼法》及最高人民法院的司法解释，不属于行政诉讼受案范围。

难度：中

考点：行政诉讼受案范围

命题和解题思路：本题考查行政诉讼受案范围的理解问题，核心内容是对当事人的权利义务不产生实际影响的行为的理解。致函行为是否属于对当事人的合法权益不产生实际影响的行为，对此问题如果存在模糊认识，就会得出错误结论。

答案解析：

对于哪些情况不属于行政诉讼受案范围，除《行政诉讼法》第13条排除四种情形外，《最高人民法院关于适用〈中华人民共和国行政诉讼法〉的解释》第1条第2款又作出了进一步规定，即“下列行为不属于人民法院行政诉讼的受案范围：（一）公安、国家安全等机关依照刑事诉讼法的明确授权实施的行为；（二）调解行为以及法律规定的仲裁行为；（三）行政指导行为；（四）驳回当事人对行政行为提起申诉的重复处理行为；（五）行政机关作出的不产生外部法律效力的行为；（六）行政机关为作出行政行为而实施的准备、论证、研究、层报、咨询等过程性行为；（七）行政机关根据人民法院的生效裁判、协助执行通知书作出的执行行为，但行政机关扩大执行范围或者采取违法方式实施的除外；（八）上级行政机关基于内部层级监督关系对下级行政机关作出的听取报告、执法检查、督促履责等行为；（九）行政机关针对信访事项作出的登记、受理、交办、转送、复查、复核意见等行为；（十）对公民、法人或者其他组织权利义务不产生实际影响的行为。”本题中省林业局向甲公司致函的行为，符合其中第（十）项规定的情况，即该致函的内容只是告知甲公司一种信息，**本质上并非具体行政行为**，未直接导致甲公司权益的丧失，因此，不属于行政诉讼受案范围。

4. 省林业公安局对李某的传唤能否成为本案的审理对象？为什么？李某能否成为传唤对象？为什么？

答案：①省林业公安局对李某的传唤不能成为本案的审理对象。因为本案原告的诉讼请求是撤销省林业局的处罚行为，传唤行为由省林业公安局采取，与本案诉求无关，不能作为本案审理对象。②李某不能成为省林业公安局的传唤对象。因为根据《治安管理处罚法》的规定，治安传唤适用的对象是违反治安管理行为人，李某并未违反治安管理规定。

难度：中

考点：行政诉讼审理对象；治安管理处罚

命题和解题思路：本题考查考生对行政诉讼审理对象的理解，以及《治安管理处罚法》有关传唤行为适用对象的理解。第一问比较简单，第二问则因为涉及单行立法规定的理解，考生可能作出错误的回答。

答案解析：

本案涉及案件是甲公司就省林业局的行政处罚决定提起的行政诉讼，因此，案件的被告为省林业局，被诉行为是行政处罚决定，法院的审理对象为行政处罚决定是否合法。而省林业局的传唤行为针对的是甲公司的人员李某，该行为与处罚决定是两个不同的行为，不能成为本案的审理对象。

《治安管理处罚法》第82条规定：“需要传唤违反治安管理行为人接受调

查的，经公安机关办案部门负责人批准，使用传唤证传唤。对现场发现的违反治安管理行为人，人民警察经出示工作证件，可以口头传唤，但应当在询问笔录中注明。公安机关应当将传唤的原因和依据告知被传唤人。对无正当理由不接受传唤或者逃避传唤的人，可以强制传唤。”第85条规定：“人民警察询问被侵害人或者其他证人，可以到其所在单位或者住处进行；必要时，也可以通知其到公安机关提供证言。人民警察在公安机关以外询问被侵害人或者其他证人，应当出示工作证件。询问被侵害人或者其他证人，同时适用本法第八十四条的规定。”据此，**公安机关传唤的对象是违反治安管理的行为人，对于其他人员不是采用传唤方式，**因此，对李某不能采取传唤方式。

5. 省林业局要求甲公司办理的木材加工许可证属于何种性质的许可？地方性法规是否有权创设？

答案：省林业局要求甲公司办理的木材加工许可证属于企业设立的前置性行政许可。依照《行政许可法》的规定，地方性法规不得设定企业或其他组织的设立登记及其前置性行政许可。

难度：易

考点：行政许可的种类和设定

命题和解题思路：本题考查行政许可的类型划分和地方性法规的行政许可设定权。其内容涉及《行政许可法》的规定，总体难度不大。

答案解析：

省林业局致函甲公司，要求根据本省地方性法规的规定，凡办理新建木材加工的企业应先办理木材加工许可证，而后才能向工商行政管理部门申请企业登记。因此，木材加工许可证属于设立木材加工企业的**前置性行政许可**。

《行政许可法》第15条规定：“本法第十二条所列事项，尚未制定法律、行政法规的，地方性法规可以设定行政许可；尚未制定法律、行政法规和地方性法规的，因行政管理的需要，确需立即实施行政许可的，省、自治区、直辖市人民政府规章可以设定临时性的行政许可。临时性的行政许可实施满一年需要继续实施的，应当提请本级人民代表大会及其常务委员会制定地方性法规。地方性法规和省、自治区、直辖市人民政府规章，不得设定应当由国家统一确定的公民、法人或者其他组织的资格、资质的行政许可；不得设定企业或者其他组织的设立登记及其前置性行政许可。其设定的行政许可，不得限制其他地区的个人或者企业到本地区从事生产经营和提供服务，不得限制其他地区的商品进入本地区市场。”依照此条规定，**地方性法规不得“设定企业或者其他组**

织的设立登记及其前置性行政许可”。

6. 对张某被羁押是否应当给予国家赔偿？为什么？

答案：对张某被羁押应当给予国家赔偿。根据《国家赔偿法》的规定，对公民采取逮捕措施后，决定不起诉终止追究刑事责任的，受害人有取得国家赔偿的权利。

难度：中

考点：国家赔偿范围

命题和解题思路：本题考查公民被逮捕之后决定不起诉因而终止追究刑事责任的，国家是否承担赔偿责任的问题。题目同时涉及新旧《国家赔偿法》的衔接适用问题。即国家侵权行为发生在旧法实施期间，但持续至新法实施之后，此时应当如何选择适用法律问题。

答案解析：

张某是在2010年10月8日被公安局刑事拘留，后被逮捕；2011年4月1日，检察院以证据不足为由作出不起诉决定，张某才被释放。对张某的侵权行为虽发生在修正后的《国家赔偿法》生效前，但持续至其生效后。《最高人民法院关于适用〈中华人民共和国国家赔偿法〉若干问题的解释（一）》第2条规定："国家机关及其工作人员行使职权侵犯公民、法人和其他组织合法权益的行为发生在2010年12月1日以前的，适用修正前的国家赔偿法，但有下列情形之一的，适用修正的国家赔偿法：（一）2010年12月1日以前已经受理赔偿请求人的赔偿请求但尚未作出生效赔偿决定的；（二）赔偿请求人在2010年12月1日以后提出赔偿请求的。"因此，对本题的判断依据应当是修正后的《国家赔偿法》。

修正后的《国家赔偿法》第17条规定："行使侦查、检察、审判职权的机关以及看守所、监狱管理机关及其工作人员在行使职权时有下列侵犯人身权情形之一的，受害人有取得赔偿的权利：（一）违反刑事诉讼法的规定对公民采取拘留措施的，或者依照刑事诉讼法规定的条件和程序对公民采取拘留措施，但是拘留时间超过刑事诉讼法规定的时限，其后决定撤销案件、不起诉或者判决宣告无罪终止追究刑事责任的；（二）对公民采取逮捕措施后，决定撤销案件、不起诉或者判决宣告无罪终止追究刑事责任的……"本题的情形符合第17条第（二）项的规定，故张某的羁押应当给予国家赔偿。

7. 公安局拒绝赔偿的理由是否成立？为什么？

答案：公安局拒绝赔偿的理由不能成立。因为修正后的《国家赔偿法》

已经取消了司法赔偿的确认程序，以此为由拒绝赔偿缺乏法律依据。

难度：易

考点：国家赔偿程序

命题和解题思路：本题考查的是新旧《国家赔偿法》有关申请刑事司法赔偿是否先经确认程序的问题。对此，新法明确取消了上述程序，考生对此修改如果没有很好的了解，即可能作出错误回答。

答案解析：

张某申请的国家赔偿属于司法赔偿，应适用司法赔偿程序。对于当事人申请国家赔偿是否经过确认程序，旧《国家赔偿法》第20条规定："赔偿义务机关对依法确认有本法第十五条、第十六条规定的情形之一的，应当给予赔偿。"而新《国家赔偿法》第22条规定："赔偿义务机关有本法第十七条、第十八条规定情形之一的，应当给予赔偿。"两相对比可以看出，**修正后的《国家赔偿法》明确取消了司法赔偿的确认程序，**本题中，公安局再以未经确认程序为由拒绝赔偿缺乏法律依据。

8. 检察院拒绝赔偿的理由是否成立？为什么？

答案：检察院拒绝赔偿的理由不成立。理由是：本案侵权行为持续到2010年12月1日以后，按照最高人民法院的司法解释，应当适用修正后的《国家赔偿法》。

难度：易

考点：国家赔偿的法律适用

命题和解题思路：本题考查新旧《国家赔偿法》的衔接问题，对此，最高人民法院司法解释作出了专门规定，考生需要对此有明确的了解，否则即可能作出错误回答。

答案解析：

如前所述，本案中的侵权行为持续到2010年12月1日以后，按照最高人民法院的司法解释，应当适用修正后的《国家赔偿法》。张某在向检察院提出赔偿请求，检察院以本案应当适用修正前的《国家赔偿法》，此种情形不属于国家赔偿范围为由拒绝张某提出的赔偿请求缺少法律依据。

2010 年

一、试题（本题 25 分）

材料：

近年来，为妥善化解行政争议，促进公民、法人或者其他组织与行政机关相互理解沟通，维护社会和谐稳定，全国各级法院积极探索运用协调、和解方式解决行政争议。2008 年，最高人民法院发布《关于行政诉讼撤诉若干问题的规定》，从制度层面对行政诉讼的协调、和解工作机制作出规范，为促进行政争议双方和解，通过原告自愿撤诉实现"案结事了"提供了更大的空间。

最高人民法院《人民法院工作年度报告（2009）》披露，"在 2009 年审结的行政诉讼案件中，通过加大协调力度，行政相对人与行政机关和解后撤诉的案件达 43280 件，占一审行政案件的 35.91%。"

总体上看，法院的上述做法取得了较好的社会效果，赢得了公众和社会的认可。但也有人担心，普遍运用协调、和解方式解决行政争议，与行政诉讼法规定的合法性审查原则不完全一致，也与行政诉讼的功能与作用不完全相符。

问题：

请对运用协调、和解方式解决行政争议的做法等问题谈谈你的意见。

答题要求：

1. 观点明确，逻辑严谨，说理充分，层次清晰，文字通畅。
2. 字数不少于 500 字。

答案： 鉴于修订前的《行政诉讼法》明确规定，人民法院审理行政案件，不适用调解，且并无例外规定，因此，在旧法实施期间，围绕着人民法院审理行政案件是否一律不得适用调解制度，学界和实务界一直存在争议。

从法律规定表面上看，行政案件的审理不得采用法院协调、促使双方当事人达成和解以解决行政纠纷的方式，但从实质性解决行政争议、行政案件的多样性和复杂性以及最高人民法院的司法解释所反映出来的政策倾向等方面，都说明了在部分案件审理期间，是可以考虑协调、和解等特殊的解决行政争议的方式的。

在实践中，行政争议的种类逐渐多样化，解决争议的方式也趋于多样化。比如，对于常规的税收征收、行政命令等行为引起的行政案件，由于被告依法行使的多为羁束性权力，且对于上述公权力的行使，行政机关没有裁量权力或处分权力，其只能严格按照法律法规的规定作出处理决定，在此背景下，对于由上述行为引发的行政诉讼案件，人民法院在审理时，只能依照《行政诉讼法》的规定，严格履行司法审查职责，不能采用协调、调解等方式处理相关争议。

但是，对于其他一些行政争议，比如**行政赔偿争议、行政补偿争议，由**于并不直接涉及行政权力的处分，而只涉及金钱赔偿或补偿问题，在能够达到解决行政争议目的的前提下，完全可以由法院做一些必要的协调工作，促使行政机关作出一定让步，更快地的解决双方的纠纷；此外，**公权力不得随意处分原则并不是普遍遵循的原则，**当行政机关在个案中享有一定裁量权的情况下，比如行政处罚裁量权等，由于立法授予了行政机关随机处分的权力，行政机关对手中的处罚权确实具有一定的处分权力，在此情况下，也并不排除法院可以做一些协调性工作，以尽快解决双方的争议，并极大节省司法资源。

基于上述分析，行政诉讼案件在审理过程中，并非完全不可以采用协调、和解的方式。

当然，鉴于行政争议的处理关系国家利益和社会公共利益，在案件审理过程中运用协调、和解和调解的方式也要受到一定限制。比如，**行政机关虽然可以处分其行政权力，但该种处分不得损害国家利益和社会公共利益，甚至不得影响第三方的合法权益**。行政机关即使调整其行政决定的内容，也不得违反法律、法规的禁止性规定，不得超越或者放弃职权，不得损害公共利益和他人合法权益。

难度：中

考点：行政争议的解决方式

命题和解题思路：本题考查考生对行政诉讼解决行政争议的不同方式的认识。原《行政诉讼法》并未就人民法院审理行政案件究竟能否适用调解、协调、和解等方式作出明确规定，理论界对上述方式能否运用于行政争议解决存在争议。但在建设和谐社会大背景下，人民法院根据行政争议内容的不同，也在探索新的解决行政争议的方式，最高人民法院《关于行政诉讼撤诉若干问题的规定》即在此背景下制定出台。对于诸如协调、和解等方式是否能够运用于行政案件的处理，需要考生提出自己的观点。

答案解析：

本题实质考查《行政诉讼法》规定的合法性审查原则、审理行政案件不适用调解原则与协调、和解结案方式的关系问题。考生可以考虑遵循以下思路展开分析：首先，明确肯定《行政诉讼法》规定的人民法院**审理行政案件不适用调解是处理行政争议的基本准则**。即在合法性审查原则之下，涉及行政权力行使的单方行政行为多不能适用调解、协调、和解等方式处理。其主要根据是公权力不能由行政机关随意处置。这是行政案件审理与其他审理方式的重要区别；其次，需要**说明行政案件的多样性和争议的复杂性，决定了并非所有行政案件都不适用协调、调解方式处理**。诸如单纯的赔偿争议、补偿争议乃至涉及行政裁量权行使的争议，并非没有法院作出协调工作的空间，当协调、和解能够彻底有效解决行政争议的时候，也可以使用该种处理案件的方式，且实践证明，该种处理方式取得了良好的社会效果。第三，要设定协调、和解行为处理行政争议的界限。即**上述处理行政争议的方法只能作为合法性审查原则的例外或者补充**，其适用应受到一定的限制，比如不得损害国家利益、公共利益以及他人合法权益等。

2009 年

一、试题（本题 20 分）

案情：

高某系 A 省甲县个体工商户，其持有的工商营业执照载明经营范围是林产品加工，经营方式是加工、收购、销售。高某向甲县工商局缴纳了松香运销管理费后，将自己加工的松香运往 A 省乙县出售。当高某进入乙县时，被乙县林业局执法人员拦截。乙县林业局以高某未办理运输证为由，依据 A 省地方性法规《林业行政处罚条例》以及授权省林业厅制定的《林产品目录》（该目录规定松香为林产品，应当办理运输证）的规定，将高某无证运输的松香认定为“非法财物”，予以没收。高某提起行政诉讼要求撤销没收决定，法院予以受理。

有关规定：

《森林法》及行政法规《森林法实施条例》涉及运输证的规定如下：除国

家统一调拨的木材外，从林区运出木材，必须持有运输证，否则由林业部门给予没收、罚款等处罚。

A省地方性法规《林业行政处罚条例》规定："对规定林产品无运输证的，予以没收"。

问题：

1. 如何确定本案的管辖法院？如高某经过行政复议再提起诉讼，如何确定管辖法院？

2. 如高某在起诉时一并提出行政赔偿请求，法院应如何立案？对该请求可否进行单独审理？

3. 省林业厅制定的《林产品目录》的性质是什么？可否适用于本案？理由是什么？

4. 高某运输的松香是否属于"非法财物"？理由是什么？

5. （1）法院审理本案时应如何适用法律、法规？理由是什么？

（2）依《行政处罚法》，法律、行政法规对违法行为已经作出行政处罚规定，地方性法规需要作出具体规定的，应当符合什么要求？本案《林业行政处罚条例》关于没收的规定是否符合该要求？

二、答案精讲

1. 如何确定本案的管辖法院？如高某经过行政复议再提起诉讼，如何确定管辖法院？

答案：本案的管辖法院是乙县法院。如果高某经过复议之后，需要根据复议机关和复议结果的不同情况分别确定管辖法院：如高某向乙县林业局的上一级主管部门申请复议，复议结果无论是维持还是撤销，乙县法院和复议机关所在地的基层法院均有管辖权；如果高某向乙县人民政府申请复议，则在复议维持的情况下，应由乙县法院管辖；在复议改变的情况下，应由乙县法院的上级人民法院即中级人民法院管辖。

难度：中

考点：地域管辖、级别管辖

命题和解题思路：本题考查行政案件的管辖法院确定问题。第一问相对简单，第二问则因涉及行政复议与行政诉讼的关系，且新修订的《行政诉讼法》

对经过复议之后的被告确定有新的规定，由此导致案件的管辖法院确定也变得较为复杂。尤其是复议维持的情况下，其级别管辖法院的确定，《最高人民法院关于适用〈中华人民共和国行政诉讼法〉的解释》作出特殊规定，需要引起考生的充分注意。

答案解析：

当高某不服乙县林业局作出的行政处罚决定提起行政诉讼时，依照《行政诉讼法》的规定，常规行政诉讼案件，由被告所在地的人民法院管辖，因此，本案由乙县法院管辖。

如果高某经过行政复议再提起诉讼，管辖法院需要根据复议机关以及复议结果的不同分别确定。如复议机关为乙县林业局的上一级主管部门，如A省林业厅，则不论是复议维持还是复议撤销，案件既可以由乙县法院管辖，也可以由复议机关所在地的基层法院管辖；如果复议机关是乙县人民政府，则在复议维持的情况下，因存在双被告的情况，依照《最高人民法院关于适用〈中华人民共和国行政诉讼法〉的解释》134条第3款的规定，应以作出原行政行为的行政机关确定案件的级别管辖，即乙县法院享有管辖权；在复议改变的情况下，复议机关为本案被告。依照《行政诉讼法》第15条的规定，当被告为县级以上人民政府的时候，应由乙县法院的上级人民法院即中级人民法院管辖。

2. 如高某在起诉时一并提出行政赔偿请求，法院应如何立案？对该请求可否进行单独审理？

答案：如高某在起诉时一并提出行政赔偿请求，根据《最高人民法院关于审理行政赔偿案件若干问题的规定》，法院应当对撤销没收决定请求与赔偿请求分别立案，可以根据具体情况对行政赔偿的请求进行单独审理或者合并审理。

难度：中

考点：行政赔偿诉讼的受理与审理

命题和解题思路：本题考查行政赔偿案件的受理与审理。最高人民法院相关司法解释对此有专门规定。即行政诉讼案件和行政赔偿案件可以由人民法院一并受理和审理。考生如果对此解释没有明确认识，即可能作出错误选择。

答案解析：

《最高人民法院关于审理行政赔偿案件若干问题的规定》第4条：“公民、法人或者其他组织在提起行政诉讼的同时一并提出行政赔偿请求的，人民法院应一并受理。”第28条规定：**“人民法院应当一并受理。人民法院应当分别立案，根据具体情况可以合并审理，也可以单独审理。”**据此，当高某在针对林业局行政处罚决定提起撤销诉讼时，一并提出行政赔偿请求的，人民法院应当一并受理，分别立案，并根据具体情况可以合并审理或者单独审理。

3. 省林业厅制定的《林产品目录》的性质是什么？可否适用于本案？理由是什么？

答案：省林业厅制定的《林产品目录》的性质是行政规范性文件。该规范性文件在行政诉讼中既非审判依据，也非参照依据，只能作为证明被诉行政行为合法的事实依据之一。

难度：中

考点：行政诉讼的法律适用

命题和解题思路：本题考查考生对规范性文件在行政诉讼中处于何种法律地位的认识。依照行政诉讼法和最高人民法院相关司法文件的规定，其不能作为审理依据，也不具有规章的参照适用地位，人民法院对其依法享有审查权力。对此问题，考生应当有明确的认识。

答案解析：

本题中，省林业厅根据A省地方性法规《林业行政处罚条例》授权制定了《林产品目录》。但是，该目录的制定主体并具有行政立法权，因此，该目录只能属于普通的行政规范性文件。对规范性文件在行政诉讼中的地位，《最高人民法院关于审理行政诉讼案件适用法律若干问题的座谈会纪要》规定，**规范性文件不是正式的法律渊源，对人民法院不具有法律规范意义上的约束力。**本题中，作为规范性文件的《林产品目录》，既非人民法院审理行政案件的法律依据，也非参照依据。但这并非意味着该规范性文件毫无意义，被告乙县林业局可以作为证明被诉行政行为合法的事实依据之一。

4. 高某运输的松香是否属于“非法财物”？理由是什么？

答案：高某运输的松香不属于“非法财物”。由于高某具有加工、收购、销售松香的主体资格，也向甲县工商局缴纳了松香运销管理费，对该批松香其享有合法所有权，不能将该批松香认定为“非法财物”予以没收。

难度：中

考点：行政诉讼中的法律适用

命题和解题思路：本题考查对法律规定的“非法财物”的理解问题。被告将高某无证运输的松香认定为“非法财物”并予以没收，其认定方法——

即无证运输行为涉及的财物即属于非法财物——存在理解错误问题。

答案解析：

本题中，高某经过批准具有从事松香加工、收购、销售松香的资格，并向甲县工商局缴纳了松香运销管理费，乙县林业局仅以其未办理运输证为由而认定其运输的松香为非法财物的观点不能成立。非法财物一般理解为两种情况，**一是违禁物品；二是违法行为使用的工具**。本题中，一方面，高某是否需要办理运输证本身即值得讨论；另一方面，即使高某运输松香需要依法办理运输证，在高某未办理的情况下，只能说明高某存在违法运输行为，而不能认定运输的财物违法。据此，不能将该批松香认定为“非法财物”。

5. (1) 法院审理本案时应如何适用法律、法规？理由是什么？

(2) 依《行政处罚法》，法律、行政法规对违法行为已经作出行政处罚规定，地方性法规需要作出具体规定的，应当符合什么要求？本案《林业行政处罚条例》关于没收的规定是否符合该要求？

答案：(1) 本题中，《森林法》及《森林法实施条例》与A省地方性法规的规定存在不一致的情况，在作为上位法的《森林法》及其实施条例均未将木材以外的林产品的无证运输行为纳入行政处罚范围，也未对无证运输其他林产品的行为规定没收处罚的情况下，A省地方性法规《林业行政处罚条例》扩大了上位法关于应受行政处罚行为以及没收行为的范围，存在与上位法相违背的情况，依照法律规范冲突的法律适用规则，法院应适用《森林法》及《森林法实施条例》。

(2) 依照《行政处罚法》的规定，法律、行政法规对违法行为已经作出行政处罚规定，地方性法规需要作出具体规定的，必须在法律、行政法规规定的给予行政处罚的行为、种类和幅度的范围内规定。本题中，A省的地方性法规《林业行政处罚条例》关于没收的规定超出了《森林法》及《森林法实施条例》行政处罚行为、种类和幅度的范围，其规定内容违法，不能适用。

难度：中

考点：行政诉讼的法律适用

命题和解题思路：本题考查考生对法律规范适用冲突情况下的规范选择问题。内容涉及地方性法规的规定与其上位法规定的内容之间存在不一致时，人民法院应当如何选择适用。考生首先需要根据提示对A省地方性法规规定的应受行政处罚的行为与上位法规定的应受行政处罚的行为是否属于同种行为作出判断，然后才能确定本案应当适用的法律规范依据。如果判断错误，即可能作出错误的回答。

答案解析：

（1）本题中，法院的法律适用涉及国家《森林法》、行政法规《森林法实施条例》和A省地方性法规《林业行政处罚条例》规定之间的关系。具体而言，A省地方性法规《林业行政处罚条例》，与《森林法》和《森林法实施条例》在办理运输证的规定上有所不同。两相对照可以看出，《森林法》及其实施条例规定办理运输证的对象仅限于“木材”，A省地方性法规《林业行政处罚条例》规定办理运输证的对象则为“林产品”。后者规定办理运输证的对象范围显然超出了前者规定的范围。如果按照《森林法》和《森林法实施条例》的规定，高某运输松香无须办理运输证，也不会构成无运输证而受到行政处罚。因此，A省地方性法规《林业行政处罚条例》的规定违反了上位法的规定。依照《立法法》和《最高人民法院关于审理行政案件适用法律规范问题的座谈会纪要》的相关规定，**下位法与上位法相抵触的，应当依据上位法认定被诉具体行政行为的合法性**。因此，本题中，法院应当适用《森林法》和《森林法实施条例》。

（2）根据《行政处罚法》第11条的规定，法律、行政法规对违法行为已经作出行政处罚规定，地方性法规需要作出具体规定的，必须在法律、行政法规规定的给予行政处罚的行为、种类和幅度的范围内规定。本题中，A省制定的地方性法规《林业行政处罚条例》关于没收的规定超出了《森林法》和《森林法实施条例》中行政处罚行为、种类和幅度的范围，不符合《行政处罚法》有关地方性法规具体规定权的要求。

2008年

一、试题（本题20分）

案情：

因某市某区花园小区进行旧城改造，区政府作出《关于做好花园小区旧城改造房屋拆迁补偿安置工作的通知》，王某等205户被拆迁户对该通知不服，向区政府申请行政复议，要求撤销该通知。区政府作出《行政复议告知书》，告知王某等被拆迁户向市政府申请复议。市政府作出《行政复议决定书》，认为《通知》是抽象行政行为，裁定不予受理复议申请。王某等205户被拆迁户不服市政府不予受理复议申请的决定，向法院提起诉讼。一审法院认为，在非复议前置前提下，当事人对复议机关不予受理决定不服而起诉，要求法院立案受理缺乏法律依据，裁定驳回原告起诉。

问题：

1. 本案是否需要确定诉讼代表人？如何确定？

2. 行政诉讼中以复议机关为被告的情形主要包括哪些？

3. 若本案原告不服一审裁定，提起上诉的主要理由是什么？

4. 如果二审法院认为复议机关不予受理行政复议申请的理由不成立，应当如何判决？

5. 本案一审、二审法院审理的对象是什么？为什么？

6. 若本案原告不服一审裁定提起上诉，在二审期间市政府会同区政府调整了补偿标准，上诉人申请撤回上诉，法院是否应予准许？理由是什么？

二、答案精讲

1. 本案是否需要确定诉讼代表人？如何确定？

答案：本案需要确定诉讼代表人。依照《最高人民法院关于适用〈中华人民共和国行政诉讼法〉的解释》的规定，当事人一方人数在10人以上的，由当事人推选代表人。当事人推选不出的，可以由人民法院在起诉的当事人中指定代表人。

难度：易

考点：诉讼代表人

命题和解题思路：本题考查《行政诉讼法》及其司法解释有关诉讼代表人的相关规定。题目本身难度不大。需要注意的是，**最高人民法院发布的前后司法解释之间对诉讼代表人适用条件的规定有所变化**。考生需要对此变化有明确认识。

答案解析：

《行政诉讼法》第28条："当事人一方人数众多的共同诉讼，可以由当事人推选代表人进行诉讼。代表人的诉讼行为对其所代表的当事人发生效力，但代表人变更、放弃诉讼请求或者承认对方当事人的诉讼请求，应当经被代表的当事人同意。”本条确立了诉讼代表人制度。《最高人民法院关于适用〈中华人民共和国行政诉讼法〉的解释》第29条进一步规定：“行政诉讼法第二十八条规定的‘人数众多’，一般指十人以上。根据行政诉讼法第二十八条的规定，当事人一方人数众多的，由当事人推选代表人。当事人推选不出的，可以由人民法院在起诉的当事人中指定代表人。行政诉讼法第二十八条规定的代表人为二至五人。代表人可以委托一至二人作为诉讼代理人。”本题中，原告人数众多，远在10人以上，故需要确定诉讼代表人。

2. 行政诉讼中以复议机关为被告的情形主要包括哪些？

答案：行政诉讼中以复议机关为被告的情形主要包括：①复议机关改变原行政行为，原告不服复议决定的；②复议机关在复议期限内未作出复议决定，原告不服的；③复议机关不受理复议申请，原告不服的。

难度：中

考点：行政诉讼被告

命题和解题思路：本题考查考生对以复议机关为被告的主要情形，需要考生对《行政诉讼法》及其司法解释有关行政复议的相关规定有综合性的把握，在此基础上才能将本题回答全面。如果考生没有综合概括能力，就可能出现概括不全或列举不充分的情况。

答案解析：

有关复议机关作被告的规定，《行政诉讼法》第26条有以下规定：第一，经复议的案件，复议机关改变原行政行为的，复议机关是被告。第二，复议机关在法定期限内未作出复议决定，公民、法人或者其他组织起诉复议机关不作为的，复议机关是被告。此外，《最高人民法院关于适用〈中华人民共和国行政诉讼法〉的解释》第56条第2款规定，复议机关不受理复议申请或者在法定期限内不作出复议决定，公民、法人或者其他组织不服，依法向人民法院提起诉讼的，人民法院应当依法立案。

3. 若本案原告不服一审裁定，提起上诉的主要理由是什么？

答案：本案原告不服一审裁定，提起上诉的理由是：在非复议前置的情况下，原告针对影响其合法权益的复议机关不受理复议申请的行为，有权提起行政诉讼。一审法院裁定缺少法律依据。

难度：中

考点：诉讼程序（上诉）

命题和解题思路：本题考查考生对上诉理由的归纳能力。当事人的上诉理由需要针对一审法院的裁判理由，如果忽略了裁判理由，其上诉即缺乏明确指向。考生如果忽视了此点，即可能出现回答错误。

答案解析：

本题中，一审法院以在非复议前置前提下，当事人对复议机关不予受理决定不服而起诉，要求法院立案受理缺乏法律依据，裁定驳回其起诉。原告提出上诉时，需要针对一审法院的理由提出异议。即其需要主张，在非复议前置前提下，当事人选择针对复议机关不予受理复议申请的决定提起诉讼，符合法律规定，一审法院裁定驳回缺少法律依据。

4. 如果二审法院认为复议机关不予受理行政复议申请的理由不成立，应当如何判决？

答案：二审法院如果认为复议机关不予受理行政复议申请的理由不成立，应当撤销一审裁定，指令一审法院依法立案或者继续审理。

难度：易

考点：二审裁判

命题和解题思路：本题考查二审裁定的适用。《行政诉讼法》对二审法院的二审裁判作出了专门规定，其规定内容较为详细。考生通常只注重一审裁判方式，往往忽略了二审裁判的适用。由此可能对本题作出错误的回答。

答案解析：

《行政诉讼法》第89条规定："人民法院审理上诉案件，按照下列情形，分别处理：（一）原判决、裁定认定事实清楚，适用法律、法规正确的，判决或者裁定驳回上诉，维持原判决、裁定；（二）原判决、裁定认定事实错误或者适用法律、法规错误的，依法改判、撤销或者变更；（三）原判决认定基本事实不清、证据不足的，发回原审人民法院重审，或者查清事实后改判；（四）原判决遗漏当事人或者违法缺席判决等严重违反法定程序的，裁定撤销原判决，发回原审人民法院重审。原审人民法院对发回重审的案件作出判决后，当事人提起上诉的，第二审人民法院不得再次发回重审。人民法院审理上诉案件，需要改变原审判决的，应当同时对被诉行政行为作出判决。"《最高人民法院关于适用〈中华人民共和国行政诉讼法〉的解释》第109条规定："第二审人民法院经审理认为原审人民法院不予立案或者驳回起诉的裁定确有错误且当事人的起诉符合起诉条件的，应当裁定撤销原审人民法院的裁定，指令原审人民法院依法立案或者继续审理。"根据上述规定，本题中，如果二审法院认为一审法院裁定适用法律错误，即可裁定撤销一审裁定，指令其立案或者继续审理。

5. 本案一审、二审法院审理的对象是什么？为什么？

答案： 本案一、二审法院审理的对象是市政府不予受理复议申请的决定。因为原告起诉要求撤销的就是该决定，法院应当以该决定作为合法性审查的对象。

难度： 中

考点： 行政诉讼的审理对象

命题和解题思路： 本题考查考生对行政诉讼案件审理对象的认识问题。一审和二审程序的审理对象存在一定差别。即**一审法院以被诉行政行为为审理对象，二审法院既要审查一审裁判是否合法，又要针对行政行为合法性进行审查**，因此审理对象存在差异。如果考生对此没有明确认识，即可能作出错误回答。

答案解析：

本案一审中，因原告起诉针对的市政府作出的不受理复议申请决定，因此，一审法院应当围绕着市政府不予受理复议申请的决定是否合法展开审理。同时，《行政诉讼法》第 87 条规定："人民法院审理上诉案件，应当对原审人民法院的判决、裁定和被诉行政行为进行全面审查。"据此，二审法院既要审查市政府不予受理复议申请的决定的合法性，也要审查一审裁定是否合法。

6. 若本案原告不服一审裁定提起上诉，在二审期间市政府会同区政府调整了补偿标准，上诉人申请撤回上诉，法院是否应予准许？理由是什么？

答案： 原告上诉后如果因为市政府会同区政府调整了补偿标准而申请撤回上诉，法院经审查认为该市、区政府调整补偿标准的行为不违反法律法规的禁止性规定，不超越或放弃职权，不损害公共利益和他人合法权益，申请撤回上诉是上诉人的真实意思表示，第三人无异议的，则应予准许。

难度： 中

考点： 撤诉制度

命题和解题思路： 由于最高人民法院《关于行政诉讼撤诉若干问题的规定》对被诉行政机关在行政诉讼期间改变被诉行政行为有所扩大，不再限定于一审。一些考生不了解最新规定，容易作出错误回答。也有一些考生对新规定不甚了解，对因被诉行政机关改变被诉行政行为引起的撤诉条件掌握不全，从而导致回答问题不全面。

答案解析：

原告上诉后市政府会同区政府调整了补偿标准，事实上意味着市政府改变了被诉具体行政行为。《行政诉讼法》第62条规定："人民法院对行政案件宣告判决或者裁定前，原告申请撤诉的，或者被告改变其所作的行政行为，原告同意并申请撤诉的，是否准许，由人民法院裁定。"最高人民法院《关于行政诉讼撤诉若干问题的规定》第8条第1款规定："第二审或者再审期间行政机关改变被诉具体行政行为，当事人申请撤回上诉或者再审申请的，参照本规定。"据此，**撤诉规定将适用范围扩大到二审和再审撤回诉求。即在二审期间，上诉人可以撤回上诉。**该司法解释第2条规定："被告改变被诉具体行政行为，原告申请撤诉，符合下列条件的，人民法院应当裁定准许：（一）申请撤诉是当事人真实意思表示；（二）被告改变被诉具体行政行为，不违反法律、法规的禁止性规定，不超越或者放弃职权，不损害公共利益和他人合法权益；（三）被告已经改变或者决定改变被诉具体行政行为，并书面告知人民法院；（四）第三人无异议。"参照此规定，上诉人申请可以撤回上诉，只要符合上述条件，法院即应准许。

第四部分　命题人模拟金题

论述题一

一、试题

案情：

材料一：廖某的房屋位于钟鸣县钟鸣镇龙洲村东胜围小组，2015年，钟鸣县政府批复同意建设县第一医院，廖某的房屋被纳入该建设项目拆迁范围。县政府工作人员多次与廖某协商拆迁安置补偿事宜，但因意见分歧较大未达成协议。2016年2月27日，县国土及规划部门将廖某的部分房屋认定为违章建筑，并下达自行拆除违建房屋的通知。同年3月，县政府在廖某上班期间，组织相关部门对其违建房屋实施强制拆除，同时对拆迁范围内的合法房屋也进行了部分拆除，导致该房屋丧失正常使用功能。廖某认为县政府强制拆除其房屋和毁坏财产的行为侵犯其合法权益，遂于2016年7月向寒山市中级人民法院提起了行政诉讼，请求法院确认钟鸣县政府拆除其房屋的行政行为违法。

扫一扫　看微课视频

寒山市中级人民法院受理案件后，于法定期限内向钟鸣县政府送达了起诉状副本和举证通知书，但钟鸣县政府在法定期限内只向法院提供了对廖某违建房屋进行行政处罚的相关证据，没有提供强制拆除房屋行政行为的相关证据和依据。鉴于该案在本地产生较大社会影响，寒山市中级人民法院书面建议钟鸣县政府负责人出庭应诉。但在指定的开庭之日，县政府负责人并未到庭参加诉讼。寒山市中级人民法院经审理，确认钟鸣县政府拆除廖某房屋的行政行为违法。判决生效后，廖某于2017年5月向法院提起了行政赔偿诉讼。经寒山市中级人民法院多次协调，最终促使廖某与钟鸣县政府就违法行政行为造成的损失及拆除其全部房屋达成和解协议。廖某撤回起诉。

材料二：《中共中央关于全面推进依法治国若干重大问题的决定》提出，要健全行政机关依法出庭应诉、支持法院受理行政案件、尊重并执行法院生效裁判的制度。完善惩戒妨碍司法机关依法行使职权、拒不执行生效裁判和决定、藐视法庭权威等违法犯罪行为的法律规定。中共中央国务院《法治政府建设实施纲要（2015—2020年）》提出：要强化对行政权力的制约和监督。各级政府及其部门自觉接受党内监督、人大监督、民主监督、司法监督，要支持人民法院依法受理行政案件，健全行政机关依法出庭应诉制度，尊重并执行人民法院生效裁判。

问题：

（一）请根据材料一和相关法律规定，回答下列问题：

1. 钟鸣县政府组织强制拆除廖某房屋的行为是否符合《行政强制法》的规定？为什么？

2. 分析廖某先后提起两次诉讼解决该行政争议的做法是否符合诉讼经济原则？

3. 分析廖某起诉钟鸣县政府强拆行为违法的案件中，钟鸣县政府应如何正确履行举证义务。

4. 分析钟鸣县政府负责人是否应当出庭应诉，如果有正当理由不能出庭应诉，应当如何操作？对于钟鸣县政府负责人未出庭应诉的行为，寒山市中级人民法院应当如何处理？

（二）请结合材料一和材料二作答（要求观点明确，逻辑清晰、说理充分、文字通畅；总字数不得少于500字）：谈谈行政机关负责人出庭应诉制度的实施在推进法治政府建设、解决行政争议方面所具有的重要意义。

[**案例来源：**“人民法院征收拆迁十大案例”，《人民法院报》2014年8月30日：“廖明耀诉龙南县人民政府房屋强制拆迁案”]

二、答案精讲

（一）请根据材料一和相关法律规定，回答下列问题：

1. 钟鸣县政府组织强制拆除廖某房屋的行为是否符合《行政强制法》的规定？为什么？

答案：钟鸣县政府的强制拆除行为不符合《行政强制法》的规定。第一，该强制拆除行为不符合《行政强制法》规定的强制拆除违章建筑的法定程序，未经公告，未事先告诫，未等待申请复议和起诉期限届满；第二，强制拆除行为超出了行政决定的范围。

难度： 易

考点： 行政强制执行程序

命题和解题思路： 本题考查考生对《行政强制法》有关违章建筑拆除相关规定的掌握程度。在《行政强制法》中，对违章建筑的强制拆除行为作出了专门规定，适用特殊的程序。

答案解析：

《行政强制法》第 44 条规定，对违法的建筑物、构筑物、设施等需要强制拆除的，应当由行政机关予以公告，限期当事人自行拆除。当事人在法定期限内不申请行政复议或者提起行政诉讼，又不拆除的，行政机关可以依法强制拆除。本题中，钟鸣县政府在认定廖某的部分房屋属于违章建筑，作出执行拆除决定的情况下，未按照《行政强制法》规定的拆除违章建筑的法定程序要求，未发布公告，限期廖某自行拆除，也没有等待廖某申请行政复议或者提起行政诉讼，为了提高办事效率，直接实施了强制拆除，违反了《行政强制法》规定的法定程序。同时，在拆除廖某违章建筑过程中，对拆迁范围内的合法房屋也进行了部分拆除，致使该房屋丧失正常使用功能，造成了进一步的权利侵害。

2. 分析廖某先后提起两次诉讼解决该行政争议的做法是否符合诉讼经济原则？

答案： 廖某就钟鸣县政府强制拆除其房屋问题先后提起两次行政诉讼，虽然最终实现了救济的目的，但先后两次诉讼极大浪费了精力、财力和时间，不符合诉讼经济原则。

难度： 中

考点： 行政诉讼与行政赔偿诉讼的关系

命题和解题思路： 本题考查考生对行政争议解决途径相关关系的理解。本题涉及两个案件，一是强制拆除行为合法性的司法审查；二是因违法拆除造成廖某损失的行政赔偿。前者属于常规行政诉讼案件，后者属于特殊行政诉讼案件。依照《行政诉讼法》和《国家赔偿法》的规定，两种不同的案件可以合并审理。如果未注意到此点，即可能增加诉讼救济成本。

答案解析：

《国家赔偿法》第9条第2款规定："赔偿请求人要求赔偿，应当先向赔偿义务机关提出，也可以在申请行政复议或者提起行政诉讼时一并提出。"这是针对行政赔偿争议而言的。但在现实生活中，当事人针对行政行为提起行政诉讼的时候，多数情况下已经出现行政侵权损害的结果。因此，出于节省诉讼救济成本的考虑，当事人可以依照此款规定，将对行政行为合法性的质疑连同行政赔偿问题一并提出，由法院在一个诉讼程序中解决。本题中，廖某先就强制拆除行为的合法性提起行政诉讼，后又针对损害赔偿问题再次提起行政赔偿诉讼，是一种不经济的选择。

3. 分析廖某起诉钟鸣县政府强拆行为违法的案件中，钟鸣县政府应如何正确履行举证义务。

答案：依照《行政诉讼法》的规定，首先，钟鸣县政府在接到寒山市中级人民法院向其送达的原告起诉状副本和举证通知书后，应当在15日内向寒山市中级人民法院移交作出强制拆除行为合法性的证据和依据。其次，在案件审理期间，其应当举证证明其实施的强制拆除行为是合法的，比如实施主体、实施程序、未超出责令拆除决定要求拆除的范围，等等。

难度：难

考点：行政诉讼被告的举证责任

命题和解题思路：本题考查考生对行政诉讼有关被告举证责任制度的理解与运用。行政诉讼举证责任是一种非常重要的法律制度，由于行政诉讼法的修改，行政诉讼制度解决行政争议类型的增多，行政诉讼举证责任制度的内容发生了一定变化。考生需要对此变化有所了解，并根据争议案件类型的不同，适当分配当事人之间的举证责任。

答案解析：

关于廖某起诉钟鸣县政府强制行为违法的诉案，具有一定特殊性，即被诉的行政行为属于事实行为——强拆，该行为引发的争议是该强拆行为是否合法。因涉及公权力行为合法性的判断，依照《行政诉讼法》的规定，对该行为合法性的举证责任应当由被告承担。作为被告的钟鸣县政府应当依法证明该行为的合法性，比如，先前作出的拆除决定，本机关享有实施强制拆除行为的职权，强制拆除的程序合法，强制拆除并未超出拆除决定的范围等。同时，依照《行政诉讼法》的规定，钟鸣县政府还应在法定的15日内移送作出被诉行政行为的证据和依据。

4. 分析钟鸣县政府负责人是否应当出庭应诉，如果有正当理由不能出庭应诉，应当如何操作？对于钟鸣县政府负责人未出庭应诉的行为，寒山市中级人民法院应当如何处理？

答案： 依照《行政诉讼法》第3条的规定，钟鸣县政府负责人负有出庭应诉的义务。依照《最高人民法院关于适用〈中华人民共和国行政诉讼法〉的解释》的规定，人民法院书面建议行政机关负责人出庭的案件，被诉行政机关负责人应当出庭。行政机关负责人有正当理由不能出庭应诉的，应当向人民法院提交情况说明，并加盖行政机关印章或者由该机关主要负责人签字认可。负责人不能出庭的，应当委托行政机关相应的工作人员出庭，不得仅委托律师出庭。

对于钟鸣县政府负责人未出庭应诉的行为，寒山市中级人民法院应当记录在案和在裁判文书中载明，并可以建议有关机关依法作出处理。

难度： 难

考点： 行政机关负责人出庭应诉制度

命题和解题思路： 本题考查修订后的《行政诉讼法》以及《最高人民法院关于适用〈中华人民共和国行政诉讼法〉的解释》有关行政机关负责人出庭应诉制度的掌握情况。行政机关负责人出庭应诉是修订后的行政诉讼法确立的一种制度，为落实该制度，《最高人民法院关于适用〈中华人民共和国行政诉讼法〉的解释》中专门用一节的内容对其作出了细化规定。上述内容规定较细，内容较多，不易掌握，需要认真复习。

答案解析：

《行政诉讼法》第3条第3款规定："被诉行政机关负责人应当出庭应诉。不能出庭的，应当委托行政机关相应的工作人员出庭。"由此确立了具有中国特色的行政机关负责人出庭应诉制度。该制度对于满足行政相对人诉求，提升行政审判权威，提高行政机关负责人的法治意识，提高行政争议的解决效率都具有十分重要的意义。依照上述规定，本题中，钟鸣县政府被诉的情况下，其政府的负责人有义务出庭应诉。而且，寒山市中级人民法院曾向钟鸣县政府发出了负责人出庭应诉的书面建议，《最高人民法院关于适用〈中华人民共和国行政诉讼法〉的解释》第129条第1款规定："涉及重大公共利益、社会高度关注或者可能引发群体性事件等案件以及人民法院书面建议行政机关负责人出庭的案件，被诉行政机关负责人应当出庭。"据此，钟鸣县政府的负责人负有出庭应诉义务。

当钟鸣县政府负责人有正当理由不能出庭时，依照《最高人民法院关于适用〈中华人民共和国行政诉讼法〉的解释》第128条第2款、第129条第3款的规定，应当向寒山市中级人民法院提交情况说明，并加盖行政机关印章或者由该机关主要负责人签字认可。同时，应当委托行政机关相应的工作人员出庭，不得仅委托律师出庭。当钟鸣县政府负责人未到庭应诉的情况下，依照《最高人民法院关于适用〈中华人民共和国行政诉讼法〉的解释》第132条规定，寒山市中级人民法院应当记录在案和在裁判文书中载明，并可以建议有关机关依法作出处理。

（二）请结合材料一和材料二作答（要求观点明确，逻辑清晰、说理充分、文字通畅；总字数不得少于500字）：谈谈行政机关负责人出庭应诉制度的实施在推进法治政府建设、解决行政争议方面所具有的重要意义。*

答案提示：本题为开放性试题，考生可以考虑从以下三个方面展开分析：

第一，对于行政机关而言，行政机关负责人出庭应诉制度的实施，**有助于推动行政机关负责人更新观念，提高依法行政的意识，主动接受和配合司法机关的监督。**行政诉讼法实施期间，行政机关普遍经历了对行政诉讼制度不理解、不支持到逐步理解、支持的过程，多数行政机关逐步认识到行政诉讼制度实施的重要意义，认识到行政权力的行使接受司法监督对于推进依法行政所具有的重要意义，在实践中开始逐渐愿意接受司法监督，愿意配合人民法院行政审判权力的行使。行政机关负责人出庭应诉制度的建立就是在这样的背景下出台的。行政机关负责人亲自出庭应诉，有助于行政机关的负责人亲身体验法庭的审理流程，知晓其所在机关作出的行政行为在哪些方面还存在违法或不足之处，真切感受到行政权力的行使应当受到法律的制约，认识到只有本机关真正依法行政，才能获得人民法院的裁判支持。通过亲自参与庭审，行政机关负责人最终将会真正摒弃“怕当被告”的心理，逐步适应司法监督的现实，理解人民法院的行政审判工作，尊重法院的司法权威。

第二，对于人民法院而言，**有助于树立司法权威，提高处理行政争议解决的效率。**人民法院在审理行政诉讼案件过程中，通过向行政机关发出应诉通知，向行政机关负责人发出出庭应诉的建议，可以极大树立起行政审判的权

---

* 由于本题属于综合性考查众多知识考点的开放性试题，故本题仅在此给出答案提示，其他讲解内容暂略，以避免影响考生的发散思维。

威，体现人民法院依法监督行政机关开展行政执法活动的形象。同时，随着行政诉讼法的修改，传统的行政案件审理一概不能调解的观念得到修正，对于属于法定范围的行政案件，人民法院可以采用调解方式结案。在行政机关负责人出庭应诉制度建立之前，由于只有行政机关的代理人出席法庭审理活动，人民法院在庭审过程中，即使采用了协调处理的方式，也会因为行政机关负责人不在场，其法定代理人无权直接作出处理，还需要返回机关去请示，使得法院审理的流程进一步拉长，不利于审判效率的提高。行政机关负责人亲自出庭应诉，可以很好地解决该问题，提高人民法院解决行政争议的效率。

第三，对于行政相对人而言，**有助于提升权利主体意识，认同合法的行政执法行为，增强对司法机关的信任**。首先，行政机关负责人出庭应诉之后，行政相对人实现了“告官见官”的夙愿，在法庭上开始和行政机关负责人平起平坐，互相争论，由此会极大提升其权利主体意识，进而在法庭上勇敢地捍卫自身的合法权益。其次，经过在法庭上与行政机关负责人沟通案情，行政相对人可以更好地了解行政行为作出的过程，行政机关在作出行政行为时的各种考虑，对于合法作出的行政行为，认识到其为何合法，如何合法，自己未知晓哪些行政法律规定，进而误解了行政执法决定的内容。在此情况下，行政相对人自然会认同行政机关的执法结果，甚至不必等到裁判作出，就可以选择撤回起诉，从而尽早解决行政争议。最后，通过人民法院开庭说明行政机关负责人依法出庭应诉的事实，将会进一步使行政相对人体会到法庭是说理的地方，即使行政机关也应当服从法庭的指挥，履行其应尽的程序义务，由此，极大增强对人民法院行政审判权威的信任。

论述题二

一、试题

案情：

材料一：2015 年 3 月，甲建筑公司未经规划审批，紧邻乙小区建设商务楼，小区居民赵某等 30 人认为甲建筑公司所建楼房遮挡了其房屋采光，多次向区规划局举报该公司的违法建房行为。区规划局工作人员以各种理由推脱，

扫一扫 看微课视频

迟迟未启动调查程序。赵某等人不服，向法院提起行政诉讼。

法院经审理，判决区规划局履行法定查处职责。区规划局经调查认为，甲建筑公司未经规划审批擅自建房。根据《城乡规划法》第64条规定，于2015年8月30日向甲建筑公司送达行政决定书，限期拆除违法建筑，逾期不拆除的，将依法强制拆除。甲建筑公司不服，向市规划局申请复议，市规划局复议维持。甲建筑公司向法院提起诉讼。在案件审理期间，区政府组织人员实施了强制拆除。

材料二：2018年4月27日，国务院总理李克强在国务院第一次廉政工作会议上指出，为政不廉是腐败，占着位子不作为、拿着俸禄不干事，贻误党和人民事业，同样是腐败，都是不能容忍的。对失职渎职、造成严重后果的，该处分的处分，该撤职的撤职，该追究法律责任的追究法律责任，决不能姑息。

问题：

（一）结合材料一，回答以下问题：

1. 法院如何确定第一起案件的当事人，如何处理起诉人众多的问题？

2. 法院如何确定第二起案件的当事人，赵某等30人的法律地位与诉讼权利如何？

3. 分析第一起案件和第二起案件的审理对象。

4. 如法院认为区规划局的责令限期拆除决定违法，该案应如何作出判决？

（二）请结合材料一和材料二作答（要求观点明确，逻辑清晰、说理充分、文字通畅；总字数不得少于500字）：分析行政不作为的危害以及对行政不作为的法律责任追究。

［**案例来源**：1. “人民法院征收拆迁十大案例”，《人民法院报》2014年8月30日：“叶汉祥诉湖南省株洲市规划局、株洲市石峰区人民政府不履行拆除违法建筑法定职责案”

2. 《最高人民法院公报》2004年第11期：“念泗三村28幢楼居民35人诉扬州市规划局行政许可行为侵权案”］

二、答案精讲

（一）结合材料一，回答以下问题：

1. 法院如何确定第一起案件的当事人，如何处理起诉人众多的问题？

答案：在第一起案件中，原告为赵某等30人，被告为区规划局，第三人为甲建筑公司。鉴于原告一方人数众多，法院可告知原告推选代表人参加诉讼。

难度： 中

考点： 行政诉讼原告、被告与第三人的确定；诉讼代表人

命题和解题思路： 本题考查《行政诉讼法》有关原告、被告、第三人、诉讼代表人各项规定的具体适用。本题的主要考查点在于：第一，甲建筑公司的第三人身份。考生可能在解答本题时，忽略了该公司的法律地位。第二，《行政诉讼法》有关诉讼代表人的具体规定。

答案解析：

《行政诉讼法》第25条第1款规定："行政行为的相对人以及其他与行政行为有利害关系的公民、法人或者其他组织，有权提起诉讼。"第26条第1款规定："公民、法人或者其他组织直接向人民法院提起诉讼的，作出行政行为的行政机关是被告。"据此，当赵某等30人起诉区规划局不作为时，其为当然原告，区规划局为被告。

《行政诉讼法》第29条第1款规定："公民、法人或者其他组织同被诉行政行为有利害关系但没有提起诉讼，或者同案件处理结果有利害关系的，可以作为第三人申请参加诉讼，或者由人民法院通知参加诉讼。"在第一起案件中，甲建筑公司与案件的处理结果有利害关系，依法具有第三人资格。

《行政诉讼法》第28条规定："当事人一方人数众多的共同诉讼，可以由当事人推选代表人进行诉讼。代表人的诉讼行为对其所代表的当事人发生效力，但代表人变更、放弃诉讼请求或者承认对方当事人的诉讼请求，应当经被代表的当事人同意。"据此，在第一起案件中，赵某等30人需要推选代表人进行诉讼。《最高人民法院关于适用〈中华人民共和国行政诉讼法〉的解释》第29条规定："行政诉讼法第二十八条规定的'人数众多'，一般指十人以上。根据行政诉讼法第二十八条的规定，当事人一方人数众多的，由当事人推选代表人。当事人推选不出的，可以由人民法院在起诉的当事人中指定代表人。行政诉讼法第二十八条规定的代表人为二至五人。代表人可以委托一至二人作为诉讼代理人。"本题中，原告人数超过10人，依法应当推选代表人2～5人参加诉讼。

2. 法院如何确定第二起案件的当事人，赵某等30人的法律地位与诉讼权利如何？

答案：第二起案件中，原告为甲建筑公司，被告是区规划局和市规划局，赵某等30人是行政诉讼第三人。法院需要依法通知赵某等人参加诉讼。最终判决减损其合法权益的，赵某等30人有权依法提起上诉。

难度：中

考点：行政复议维持情况下的被告确定、诉讼第三人确定及其诉讼权利

命题和解题思路：本题考查两个内容：第一，复议维持情况下被告的确定；第二，《行政诉讼法》关于行政诉讼第三人的相关规定。修订后的《行政诉讼法》对复议维持情况下的被告确定以及行政诉讼第三人的规定都发生了较大变化，此种规定的变化必然成为法律职业资格考试重点关注的内容。考生需要对这两方面的规定深刻领会和掌握。

答案解析：

第二起案件原告的确定及其依据同第一题。

《行政诉讼法》第26条第2款规定："经复议的案件，复议机关决定维持原行政行为的，作出原行政行为的行政机关和复议机关是共同被告；复议机关改变原行政行为的，复议机关是被告。"第二起案件中，市规划局为复议机关，作出了维持区规划局行政行为的复议决定，在甲建筑公司向法院起诉的情况下，依法应由市规划局与区规划局作为共同被告。

依照《行政诉讼法》第29条规定，公民、法人或者其他组织同被诉行政行为有利害关系但没有提起诉讼，或者同案件处理结果有利害关系的，可以作为第三人申请参加诉讼，或者由人民法院通知参加诉讼。人民法院判决第三人承担义务或者减损第三人权益的，第三人有权依法提起上诉。在甲建筑公司起诉规划局的案件中，如果法院判决撤销区规划局的处理决定，则赵某等人的相邻权即会受到影响，因此，其与案件处理结果存在利害关系，符合《行政诉讼法》有关第三人的规定，法院应当通知其参加诉讼。当判决减损其权益时，有权提出上诉。

3. 分析第一起案件和第二起案件的审理对象。

答案：第一起案件的审理对象是区规划局的不作为行为是否合法；第二起案件的审理对象为两个：一是区规划局行政行为的合法性；二是市规划局复议决定的合法性。

难度：难

考点：行政诉讼一审审理对象；复议维持情况下行政案件的审理对象

命题和解题思路：本题考查行政案件的审理对象，尤其是复议维持情况下案件的审理对象。一般情况下，行政案件的审理对象为被诉行政行为的合法性。但在《行政诉讼法》认可复议维持情况下存在双被告的情况下，该类案件究竟如何确定审理对象即存在问题。对此，《最高人民法院关于适用〈中华人民共和国行政诉讼法〉的解释》作出了明确规定，上述规定因而成为重点考查的对象，需要考生充分注意。

答案解析：

《行政诉讼法》第6条规定："人民法院审理行政案件，对行政行为是否合法进行审查。"据此，第一起案件中，针对区规划局的不作为行为，赵某等人提起行政诉讼的，人民法院应当围绕着区规划局的不作为行为是否合法展开审理。

《最高人民法院关于适用〈中华人民共和国行政诉讼法〉的解释》第135条第1款规定："复议机关决定维持原行政行为的，人民法院应当在审查原行政行为合法性的同时，一并审查复议决定的合法性。"第二起案件为复议维持的案件，法院的审理对象包括两个：一为区规划局的行政决定是否合法；二是市规划局的复议决定是否合法。

4. 如法院认为区规划局的责令限期拆除决定违法，该案应如何作出判决？

答案：法院应作出确认区规划局的行政行为违法判决，同时撤销市规划局的复议维持决定。

难度：中

考点：撤销判决；确认违法判决

命题和解题思路：本题重点考查确认违法判决的适用，同时考查复议维持时，对原行政行为和复议行为如何分别作出判决问题。撤销判决适用于判决时依然具有效力、具有可撤销内容的行政处理决定，确认违法判决适用的情况较为复杂，其中有一种为行政行为没有可撤销内容的情况，适用于本案。如果考生对上述区分不甚了解，本题较难做答。

答案解析：

《行政诉讼法》第74条第2款规定："行政行为有下列情形之一，不需要撤销或者判决履行的，人民法院判决确认违法：（一）行政行为违法，但不具有可撤销内容的；（二）被告改变原违法行政行为，原告仍要求确认原行政行为违法的；（三）被告不履行或者拖延履行法定职责，判决履行没有意义的。”本款第（一）项规定适用于行政事实行为以及判决时原行政决定已经被撤销或者实施完毕的情况。第二起案件中，因诉讼期间，被告区规划局的责令限期拆除决定已经执行完毕，即使被法院认为违法，但已无法适用撤销判决，法院依法应作出确认违法判决。

《最高人民法院关于适用〈中华人民共和国行政诉讼法〉的解释》第136条规定：“人民法院对原行政行为作出判决的同时，应当对复议决定一并作出相应判决。人民法院依职权追加作出原行政行为的行政机关或者复议机关为共同被告的，对原行政行为或者复议决定可以作出相应判决。人民法院判决撤销原行政行为和复议决定的，可以判决作出原行政行为的行政机关重新作出行政行为。人民法院判决作出原行政行为的行政机关履行法定职责或者给付义务的，应当同时判决撤销复议决定。”第二起案件中，当区规划局的责令行为被判决确认违法之后，市规划局维持该责令行为的复议决定实质也构成违法，因此，人民法院应一并作出撤销该复议决定。

（二）请结合材料一和材料二作答（要求观点明确，逻辑清晰、说理充分、文字通畅；总字数不得少于500字）：分析行政不作为的危害以及对行政不作为的法律责任追究。

答案提示：本题为开放题，考生可以根据自己的理解，在符合法理和法律规定的情况下，提出自己的看法。

考生可以遵循以下逻辑作出回答：首先对行政不作为的界定提出个人的认识，然后就其危害进行分析，进而结合《公务员法》《行政复议法》《行政诉讼法》以及《国家赔偿法》的相关规定对行政不作为的责任追究展开分析。

第一，关于行政不作为的界定问题。在法律意义上，行政不作为是指行政机关及其工作人员依法负有作出某种行政管理行为的义务，在相对人提出请求的情况下，拒绝或者拖延履行法定职责的行为表现。其构成要件一般为：法定职责的存在；相对人依法提出申请；行政机关明确拒绝或者超过法定或合理期限没有作出任何行为；相对人的合法权益受到侵害。

第二，关于行政不作为的危害问题。行政不作为的存在，会产生以下危害：①侵害行政相对人的合法权益，如依申请拒绝履行保护人身权、财产权的法定职责，造成相对人身权或财产权受到他人侵害；②侵害国家利益和社会公共利益，如应当履行环保督查职责却疏于履行，造成大范围内的环境污染；

③侵害行政机关正常管理秩序，如属于履行法定职责，使上级命令得不到尽快实施，损害行政管理效率。

第三，关于行政不作为的法律责任追究问题。主要包括以下两方面：①行政机关的责任追究。主要通过相对人申请行政复议、提起行政诉讼乃至行政赔偿请求解决。如复议机关和人民法院可以认定行政不作为违法，并责令相关行政机关在法定期限内作出行政行为，可以责令造成相对人权益损害的行政机关承担相应赔偿责任。②行政机关工作人员的责任追究。依照《公务员法》的规定，对于失职渎职的机关工作人员，可以依法给予行政处分。对于领导成员因工作严重失职造成重大损失或者恶劣社会影响的，应当引咎辞去领导职务，或者责令辞去领导职务。

案例分析题一

一、试题

案情：

2015 年 7 月 13 日，某省丹徒市富余镇天马超市向该市市场监管局提交变更登记申请书，申请在原营业执照核准的经营范围内增加蔬菜零售项目。2015 年 7 月 15 日，该局向天马超市出具受理通知书，随后审查材料，赴实地调查核实。

扫一扫 看微课视频

2015 年 8 月 20 日，丹徒市市场监管局以天马超市经营场所距丹徒市富余农贸市场不足200 米，其申请不符合丹徒市政府发布的“丹政办发（2012）29 号《关于转发市商务局〈丹徒市菜市场建设规范〉的通知》”（以下简称29 号文）中“菜市场周边200 米范围内不得设置与菜市场经营类同的农副产品经销网点”的规定为由，作出了驳回通知书，决定对其变更申请不予登记。

天马超市不服，于 2016 年 1 月 15 日向法院提起行政诉讼，请求撤销该驳回通知书，判令对其申请事项进行变更登记，同时提出对 29 号文进行审查。

问题：

1. 分析丹徒市市场监管局实施的企业变更登记行为的法律属性，并说明理由。

2. 分析29号文件的法律性质，说明其在本案中的地位。

3. 分析本案的举证责任分配情况。

4. 法院如何对29号文件进行审查和处理？

5. 如果天马超市胜诉，法院应当如何作出判决？

二、答案精讲

1. 分析丹徒市市场监管局实施的企业变更登记行为的法律属性，并说明理由。

答案：丹徒市市场监管局实施的企业变更登记行为属于行政许可。依照《行政许可法》第12条第（五）项规定，企业或者其他组织的设立等需要确定主体资格的事项，属于行政许可事项，该法第49条规定，被许可人要求变更行政许可事项的，应当向作出行政许可决定的行政机关提出申请；符合法定条件、标准的，行政机关应当依法办理变更手续。由此，变更登记是先前设立的自然延伸，包含在许可范围之内。

难度：中

考点：行政许可的界定

命题和解题思路：本题考查考生对获得行政许可之后变更许可事项的行为属性的理解问题。一般认为，许可行为包含了企业或者组织的登记行为，至于登记事项变更行为，则属于许可行为的自然延伸。如果对此存在疑惑，即可能作出错误判断。

答案解析：

《行政许可法》第12条规定："下列事项可以设定行政许可：（五）企业或者其他组织的设立等，需要确定主体资格的事项。"根据上述规定，企业或者其他组织的设立等确定主体资格的事项，属于可以设定许可的范畴。理论上认为上述组织的登记行为属于广义的行政许可。《行政许可法》第49条规定："被许可人要求变更行政许可事项的，应当向作出行政许可决定的行政机关提出申请；符合法定条件、标准的，行政机关应当依法办理变更手续。"据此，当已获得登记的企业需要变更营业范围时，同样需要按照《行政许可法》的规定向主管部门提出申请，经过审查之后，才能扩大其营业范围。由此，变更登记依然具有许可的性质。本题中，丹徒市市场监管局作出的变更登记行为即属于行政许可。

2. 分析29号文件的法律性质，说明其在本案中的地位。

答案：29号文件属于行政规范性文件，其不属于正式法律渊源，对法院不具有法律规范意义上的约束力。法院依据原告的申请，可以对该规范性文件的合法性进行审查并作出相应处理。

难度：易

考点：行政诉讼的法律适用

命题和解题思路：行政诉讼的法律适用涉及法院审理行政诉讼案件的法律依据、参照依据，以及规范性文件在行政诉讼中的地位。本题考查考生对规范性文件这一抽象行政行为的认识，同时考查其对规范性文件在法院审理行政案件时所处地位的理解。

答案解析：

行政规范性文件是行政行为的一种形式，其属于抽象行政行为，但区别于行政法规、行政规章等具有法律效力的规范性文件。本题中29号文件由丹徒市人民政府制定，该级政府并不具有行政法规、行政规章的制定权，其制定含有抽象规范内容的29号文件属于一般规范性文件。

《行政诉讼法》第53条规定："公民、法人或者其他组织认为行政行为所依据的国务院部门和地方人民政府及其部门制定的规范性文件不合法，在对行政行为提起诉讼时，可以一并请求对该规范性文件进行审查。前款规定的规范性文件不含规章。"据此，相对人在对具体执法行为不服时，有权对作为该执法行为依据的规范性文件提出一并审查申请。

依照《最高人民法院关于审理行政案件适用法律规范问题的座谈会纪要》的相关规定，作为具体行政行为的直接依据的规范性文件不是正式的法律渊源，对法院不具有法律规范意义上的约束力。

3. 分析本案的举证责任分配情况。

答案：本案属于依申请行为引发的行政不作为案件，但由于丹徒市政府直接作出了驳回天马超市变更登记申请的决定，该决定形式上具有行政作为行为的性质，因此，举证责任的承担按照《行政诉讼法》的规定确定，即由作为被告的丹徒市政府举证证明其作出的驳回原告申请行为的合法性。

难度：易

考点：行政诉讼举证责任

命题和解题思路：本题考查考生对不作为案件举证责任分配制度的掌握情况。不作为行为包含两种表现形式：一是拒绝；二是拖延或者不予答复。对于前者引发的行政诉讼案件，举证责任可以直接按照《行政诉讼法》规定的被告承担举证责任的规定确定。对于后者，《行政诉讼法》明确规定了原告一方负有一定的举证义务，如证明其提出申请的事实。对此问题，需要考生认真作出区分。

答案解析：

依照《行政诉讼法》第12条第1款第（三）项的规定，涉及行政许可不作为的行为有两种表现形式：第一，行政机关拒绝；第二，行政机关在法定期限内不予答复。当上述两种行政不作为引发诉讼时，举证责任如何确定成为一个问题。《行政诉讼法》第34条规定："被告对作出的行政行为负有举证责任，应当提供作出该行政行为的证据和所依据的规范性文件。"该条并未明确"行政行为"是否包含了前面两种不作为的形式。但从《行政诉讼法》第38条规定（在起诉被告不履行法定职责的案件中，原告应当提供其向被告提出申请的证据）可以看出，不作为案件，原告也承担部分举证责任。但是针对行政机关拒绝这一种不作为行为，从行为形式上看，行政机关确实作出了行政处理，已经有了明确意见，因此，在对该种不作为提起行政诉讼的时候，无须原告再承担举证责任，完全由被告举证证明其拒绝行为的合法性即可。本题解答依照上述规定展开。

4. 法院如何对29号文件进行审查和处理？

答案：法院依法受理对29号文件的一并审查申请后，如认为文件不合法，应当听取制定机关丹徒市政府的意见，并从29号文件制定机关是否超越权限或者违反法定程序、作出行政行为所依据的条款以及相关条款等方面进行合法性审查。

经审查认为该文件合法的，作为认定被告行政行为合法的依据；认为规范性文件不合法的，不作为人民法院认定行政行为合法的依据，在裁判理由中予以阐明。在裁判生效后报送上一级法院备案，并可以在裁判生效之日起三个月内，向文件制定机关丹徒市政府提出修改或者废止该规范性文件的司法建议，同时抄送上一级政府、监察机关以及文件备案机关。

难度：难

考点：规范性文件一并审查制度

命题和解题思路：本题考查规范性文件一并审查及其处理制度的相关内容。修订后的《行政诉讼法》对规范性文件一并审查和处理作出了原则规定，《最高人民法院关于适用〈中华人民共和国行政诉讼法〉的解释》进一步作出了详细规定，内容涉及裁判文书中确认文件违法，向制定机关提出修改或废止建议，乃至抄送相关国家机关。上述规定较为详细，需要考生认真理解和记忆。

答案解析：

《行政诉讼法》第 64 条对规范性文件的审查和处理作出了原则规定，即法院在审理行政案件中，经审查认为本法第 53 条规定的规范性文件不合法的，不作为认定行政行为合法的依据，并向制定机关提出处理建议。

《最高人民法院关于适用〈中华人民共和国行政诉讼法〉的解释》第 147 条至第 150 条进一步作出了详细解释。其中，第 147 条规定，人民法院在对规范性文件审查过程中，发现规范性文件可能不合法的，应当听取规范性文件制定机关的意见……第 148 条规定，人民法院对规范性文件进行一并审查时，可以从规范性文件制定机关是否超越权限或者违反法定程序、作出行政行为所依据的条款以及相关条款等方面进行。有下列情形之一的，属于《行政诉讼法》第 64 条规定的"规范性文件不合法"：①超越制定机关的法定职权或者超越法律、法规、规章的授权范围的；②与法律、法规、规章等上位法的规定相抵触的；③没有法律、法规、规章依据，违法增加公民、法人和其他组织义务或者减损公民、法人和其他组织合法权益的；④未履行法定批准程序、公开发布程序，严重违反制定程序的；⑤其他违反法律、法规以及规章规定的情形。第 149 条规定："人民法院经审查认为行政行为所依据的规范性文件合法的，应当作为认定行政行为合法的依据；经审查认为规范性文件不合法的，不作为人民法院认定行政行为合法的依据，并在裁判理由中予以阐明。作出生效裁判的人民法院应当向规范性文件的制定机关提出处理建议，并可以抄送制定机关的同级人民政府、上一级行政机关、监察机关以及规范性文件的备案机关。规范性文件不合法的，人民法院可以在裁判生效之日起三个月内，向规范性文件制定机关提出修改或者废止该规范性文件的司法建议……"第 150 条规定："人民法院认为规范性文件不合法的，应当在裁判生效后报送上一级人民法院进行备案。涉及国务院部门、省级行政机关制定的规范性文件，司法建议还应当分别层报最高人民法院、高级人民法院备案。"以上内容为本题答案所遵循。

5. 如果天马超市胜诉，法院应当如何作出判决？

答案：法院应当依法作出以下判决：第一，撤销被告作出的驳回通知书；第二，判令被告为原告办理变更登记手续。

难度：难

考点：行政诉讼履行判决

命题和解题思路：本题考查履行判决的具体适用。履行判决有两种判决方式：一是当案件事实清楚，被告对其应履行的职责没有任何裁量余地时，明确判令被告履行法定职责；二是当案件事实尚需被告调查，被告对其职责履行还有裁量余地的，即作出概括判决，判令被告根据原告请求重新作出处理。本题需要考生衡量案件涉及的行政行为性质，作出正确选择。

答案解析：

《行政诉讼法》第 91 条规定，原告请求被告履行法定职责的理由成立，被告违法拒绝履行或者无正当理由逾期不予答复的，人民法院可以根据行政诉讼法第 72 条的规定，判决被告在一定期限内依法履行原告请求的法定职责；尚需被告调查或者裁量的，应当判决被告针对原告的请求重新作出处理。该条将履行判决的适用分为两种情况：或者直接作出具体判决，或者作出概括判决。

具体到本案，原告胜诉的情况下，法院作出判决需要考虑以下因素：第一，本案的诉讼类型和原告的诉讼请求。第二，被诉行政行为的性质。就第一点而言，本案虽然原告同时提出撤销被告的驳回通知书和判令被告为其办理变更登记两项请求，但因案件实质是义务之诉，从判决的角度讲，法院如果认为被告行为违法，即可直接作出履行判决，无须单独判决撤销驳回通知书。但是，从实务角度来看，为了明确回应原告诉求，法院一般也要做出撤销驳回通知书的判决，然后判令被告履行职责。就第二点而言，一般认为，登记行为属于羁束行为，被告一般没有裁量权，在此情况下，一旦法院审查认为被告驳回通知违法，即可以直接判令被告履行变更登记职责，无须判令被告根据原告的请求重新作出处理。

案例分析题二

一、试题

案情：

2016 年 2 月 4 日 7 时 50 分，甲公司职工区某酒后驾车上班，途中与一辆货车相撞，当场死亡。其妻冯某向市人社局提出工伤认定申请。市人社局作出《工伤认定书》，认定区某受到的事故伤害不构成工伤。冯某不服，向省人社厅申请行政复议。省人社厅复议维持。冯某不服诉至法院。

扫一扫　看微课视频

一审期间，被告的负责人未说明原因没有出庭应诉，冯某对此未提出异议。法院经审理，判决驳回了冯某的诉讼请求。冯某不服，以一审期间被告负责人未出庭应诉、法院未予纠正、严重违反法定程序为由，提出上诉。

问题：

1. 分析市人社局工伤认定行为的法律性质，并说明理由。
2. 确定本案中的原告、被告和一审管辖法院。
3. 确定本案一审的审理对象和审查内容。
4. 本案一审法院除判决驳回原告诉讼请求外，还可能作出哪些判决？
5. 分析二审法院能否支持上诉人的上诉理由。

[**案例来源：**《中国行政审判案例》（第 3 卷）（最高人民法院行政审判庭编）：淄博国林物流有限公司诉淄博市临淄区人力资源和社会保障局工伤行政确认案]

二、答案精讲

1. 分析市人社局工伤认定行为的法律性质，并说明理由。

答案：市人社局的工伤认定行为属于行政确认行为，是具体行政行为的一种形式。因为工伤认定行为是劳动行政主管部门依法对职工因事故伤害是否属于工伤或者视同工伤给予定性的确认行为。

难度：中

考点：具体行政行为的形式

命题和解题思路：本题考查考生对具体行政行为形式的认识。具体行政行为是对具有相同特征的行政管理行为形式的通称，属于学术概念，其涵盖了行政许可、行政处罚、行政强制等多种形式。本题中的工伤认定行为同样具有具体行政行为的属性，但因其内容与上述典型的具体行政行为形式有别，需要作出区分。

答案解析：

行政法学理论认为，工伤认定行为符合行政确认行为的特征。即行政机关依法对既存的法律事实和法律关系进行审查、认定并宣示其法律效力的行政行为。具体讲，是劳动行政主管部门依法对职工因事故伤害是否属于工伤或者视同工伤给予定性的确认行为。

2. 确定本案中的原告、被告和一审管辖法院。

答案：本案的原告为冯某，被告为市人社局和省人社厅。一审管辖法院为市人社局所在地的基层法院，或者是省人社厅所在地的基层法院。

难度：难

考点：行政诉讼原告、被告的确认；行政诉讼级别管辖、地域管辖

命题和解题思路：本题考查之一为复议维持情况下行政诉讼被告的确定，兼及考查具有原告资格的当事人死亡之后，其起诉资格的转移规定。考查之二为复议维持情况下一审管辖法院的确定。《行政诉讼法》及其司法解释对经过复议维持之后的被告确定以及案件管辖法院的确定作出了特殊规定。上述特殊规定在理解和适用中很容易出现错误，为此，解答本题具有一定难度，要求考生既要知晓法律和司法解释的规定，同时又要学会灵活运用。

答案解析：

《行政诉讼法》第25条规定："行政行为的相对人以及其他与行政行为有利害关系的公民、法人或者其他组织，有权提起诉讼。有权提起诉讼的公民死亡，其近亲属可以提起诉讼。有权提起诉讼的法人或者其他组织终止，承受其权利的法人或者其他组织可以提起诉讼……"本题中，区某为发生交通事故的当事人，其与被告的工伤认定行为存在直接利害关系，但因其在事故中死亡，依照法律规定，其妻子冯某有权以原告身份向法院起诉。

《行政诉讼法》第26条第（二）项规定："经复议的案件，复议机关决定维持原行政行为的，作出原行政行为的行政机关和复议机关是共同被告；复议机关改变原行政行为的，复议机关是被告。"据此，本案的被告为市人社局和省人社厅。

《行政诉讼法》第18条规定："行政案件由最初作出行政行为的行政机关所在地人民法院管辖。经复议的案件，也可以由复议机关所在地人民法院管辖。经最高人民法院批准，高级人民法院可以根据审判工作的实际情况，确定若干人民法院跨行政区域管辖行政案件。"本题为经过行政复议的案件，从地域管辖的角度讲，市人社局和省人社厅所在地的法院均有本案的管辖权。

《最高人民法院关于适用〈中华人民共和国行政诉讼法〉的解释》第8条规定："作出原行政行为的行政机关和复议机关为共同被告的，以作出原行政行为的行政机关确定案件的级别管辖。"据此，本案的级别管辖法院以市人社局来确定，应为基层法院。

综上，本案一审管辖法院为市人社局所在地的基层法院，或者是省人社厅所在地的基层法院。

3. 确定本案一审的审理对象和审查内容。

答案：本案一审审理对象和审理内容分别是：第一，市人社局工伤认定的合法性；第二，省人社厅维持复议决定的合法性。

难度：中

考点：行政复议维持案件的审理对象

命题和解题思路：本题考查复议维持一审案件人民法院的审理对象。通常情况下，一审法院的审理对象就是被告行政机关作出的具体行政行为。但在《行政诉讼法》认可复议维持情况下存在双被告的情况下，该类案件究竟如何确定审理对象即存在问题。对此，《最高人民法院关于适用〈中华人民共和国行政诉讼法〉的解释》作出了明确规定，上述规定因而成为重点考查的对象，需要考生充分注意。

答案解析：

最高人民法院《关于适用〈中华人民共和国行政诉讼法〉的解释》第135条规定："复议机关决定维持原行政行为的，人民法院应当在审查原行政行为合法性的同时，一并审查复议决定的合法性。作出原行政行为的行政机关和复议机关对原行政行为合法性共同承担举证责任，可以由其中一个机关实施举证行为。复议机关对复议决定的合法性承担举证责任。复议机关作共同被告的案件，复议机关在复议程序中依法收集和补充的证据，可以作为人民法院认定复议决定和原行政行为合法的依据。"根据本条规定，在复议维持的案件中，人民法院的审理对象包括两个：一为原行政行为；二为行政复议决定。审理的内容为原行政行为和复议决定的合法性。

4. 本案一审法院除判决驳回原告诉讼请求外，还可能作出哪些判决？

答案：法院还可根据不同情况作出以下判决：第一，经审查，市人社局的工伤认定和省人社厅的复议决定均违法的，判决撤销市人社局的工伤认定和省人社厅的复议决定，并判决市人社局重新作出行政行为；第二，经审查，市人社局的工伤认定合法，省人社厅的复议决定违法的，人民法院可以判决撤销该复议决定或者确认复议决定违法，同时判决驳回原告针对市人社局工伤认定提出的诉讼请求。

难度：难

考点：行政复议维持情况下的判决

命题和解题思路：本题考查复议维持情况下法院可能的判决方式，该内容是《最高人民法院关于适用〈中华人民共和国行政诉讼法〉的解释》重点规定的内容，情况较为复杂，具有一定的难度。

答案解析：

《行政诉讼法》第79条规定："复议机关与作出原行政行为的行政机关为共同被告的案件，人民法院应当对复议决定和原行政行为一并作出裁判。"《最高人民法院关于适用〈中华人民共和国行政诉讼法〉的解释》第136条规定："人民法院对原行政行为作出判决的同时，应当对复议决定一并作出相应判决。人民法院依职权追加作出原行政行为的行政机关或者复议机关为共同被告的，对原行政行为或者复议决定可以作出相应判决。人民法院判决撤销原行政行为和复议决定的，可以判决作出原行政行为的行政机关重新作出行政行为。人民法院判决作出原行政行为的行政机关履行法定职责或者给付义务的，应当同时判决撤销复议决定。原行政行为合法、复议决定违法的，人民法院可以判决撤销复议决定或者确认复议决定违法，同时判决驳回原告针对原行政行为的诉讼请求。"根据上述规定，结合本案案情，可作出以上回答。

5. 分析二审法院能否支持上诉人的上诉理由。

答案：二审法院不会支持一审上诉人的上诉理由。原因是，被告负责人未出庭应诉，不发生阻止案件继续审理的效果。人民法院可以提出追究被告负责人责任的司法建议，但其审理活动正常进行，不构成程序违法。

难度：难

考点：行政复议维持情况下的判决

命题和解题思路：本题考查复议维持情况下法院可能的判决方式，该内容是《最高人民法院关于适用〈中华人民共和国行政诉讼法〉的解释》重点规定的内容，情况较为复杂，具有一定的难度。

答案解析：

《最高人民法院关于适用〈中华人民共和国行政诉讼法〉的解释》第129条规定：“涉及重大公共利益、社会高度关注或者可能引发群体性事件等案件以及人民法院书面建议行政机关负责人出庭的案件，被诉行政机关负责人应当出庭。被诉行政机关负责人出庭应诉的，应当在当事人及其诉讼代理人基本情况、案件由来部分予以列明。行政机关负责人有正当理由不能出庭应诉的，应当向人民法院提交情况说明，并加盖行政机关印章或者由该机关主要负责人签字认可。行政机关拒绝说明理由的，不发生阻止案件审理的效果，人民法院可以向监察机关、上一级行政机关提出司法建议。”据此，本案上诉人的上诉理由不能得到支持。

案例分析题三

一、试题

案情：

为查明某大厦公用部分面积，2015年8月5日，该大厦业主委员会向市房管局提出政府信息公开申请，要求获取《大厦房屋建筑面积测绘成果报告书》。同年8月30日，市房管局以申请获取的信息不属于政府信息为由，作出不予公开告知书。大厦业主委员会不服，向法院提起诉讼，请求判令被告履行政府信息公开法定职责，向原告提供申请获取的材料。

扫一扫　看微课视频

问题：

1. 大厦业主委员会应当如何提出政府信息公开申请。
2. 分析大厦业主委员会的原告资格，并说明理由。
3. 如果市房管局在回复中告知申请人不服其决定，须先申请复议再提起行政诉讼，该告知是否合法？为什么？
4. 分析本案的举证责任如何分配。
5. 如果被告败诉，法院应当如何作出判决？

［**案例来源**：《政府信息公开判例百选》（人民法院出版社2013年版）：丰盛大厦诉温州市房产管理局案］

二、答案精讲

1. 大厦业主委员会应当如何提出政府信息公开申请。

答案： 大厦业主委员会应当采用书面形式向市房管局提出政府信息公开申请，如果采用书面形式确有困难，也可以口头提出，由受理申请的市房管局代为填写政府信息公开申请。大厦业主委员会递交的政府信息公开申请应当包括下列内容：①申请人的姓名或者名称、联系方式；②申请公开的政府信息的内容描述；③申请公开的政府信息的形式要求。

难度： 中

考点： 政府信息公开申请的方式

命题和解题思路： 本题考查考生对政府信息公开申请方式规定的掌握程度。由于考生一般不太注重相对人提出政府信息公开申请的程序规定，回答本题难免具有一定难度。

答案解析：

《政府信息公开条例》第20条规定了相对人申请政府信息公开应当遵守的程序要求，即“公民、法人或者其他组织依照本条例第十三条规定向行政机关申请获取政府信息的，应当采用书面形式（包括数据电文形式）；采用书面形式确有困难的，申请人可以口头提出，由受理该申请的行政机关代为填写政府信息公开申请。政府信息公开申请应当包括下列内容：（一）申请人的姓名或者名称、联系方式；（二）申请公开的政府信息的内容描述；（三）申请公开的政府信息的形式要求。”

2. 分析大厦业主委员会的原告资格，并说明理由。

答案： 大厦业主委员会具有原告主体资格，因为《政府信息公开条例》对提出政府信息公开申请的申请人资格并无严格要求，只要公民、法人或者其他组织根据自身生产、生活、科研等特殊需要，向行政机关提出政府信息公开申请遭到拒绝的，都有资格提起行政诉讼。

难度： 难

考点： 其他组织的政府信息公开诉讼原告资格

命题和解题思路： 本题考查考生对大厦业主委员会原告资格的理解。既涉及行政诉讼原告资格的一般规定，同时又具有政府信息公开诉讼原告资格的特殊性。如果考生过多地受到行政诉讼原告资格规定的影响，可能对本题中大厦业主委员会的原告资格作出错误判断。

答案解析：

《政府信息公开条例》第1条规定："为了保障公民、法人和其他组织依法获取政府信息，提高政府工作的透明度，促进依法行政，充分发挥政府信息对人民群众生产、生活和经济社会活动的服务作用，制定本条例。"

第13条规定："除本条例第九条、第十条、第十一条、第十二条规定的行政机关主动公开的政府信息外，公民、法人或者其他组织还可以根据自身生产、生活、科研等特殊需要，向国务院部门、地方各级人民政府及县级以上地方人民政府部门申请获取相关政府信息。"

据此可知，第一，申请政府信息公开的权利主体包括公民、法人或者其他组织；第二，政府信息公开条例确立的信息公开的权利主体是广泛的，只要其基于自身需要提出信息公开申请，都不能被排除在申请人范围之外，业主委员会也不例外；第三，当业主委员会申请政府信息公开的权利受到侵害，其有权依法提起行政诉讼，具有原告主体资格。

3. 如果市房管局在回复中告知申请人不服其决定，须先申请复议再提起行政诉讼，该告知是否合法？为什么？

答案：不合法。因为《政府信息公开条例》并未规定申请人不服行政机关对其申请作出的决定时，须先申请行政复议，不服复议决定的，才能向人民法院提起行政诉讼。因此，相对人提起政府信息公开诉讼，不适用复议前置制度。

难度：难

考点：政府信息公开诉讼的起诉条件

命题和解题思路：本题考查考生对政府信息公开诉讼起诉条件尤其是复议前置制度的掌握情况。《政府信息公开条例》并未明确规定相对人提起政府信息公开诉讼，适用复议前置规则，如果考生对此未给予充分注意，即有可能做出错误判断。

答案解析：

《政府信息公开条例》第33条第2款规定："公民、法人或者其他组织认为行政机关在政府信息公开工作中的具体行政行为侵犯其合法权益的，可以依法申请行政复议或者提起行政诉讼。"该条是涉及政府信息公开诉讼的唯一条款，并未明确规定当事人不服行政机关的决定必须先申行政复议。因此，本题中，市房管局的告知内容违法。

4. 分析本案的举证责任如何分配。

答案：本案为被告拒绝公开政府信息引发的行政诉讼案件，依照最高人民法院司法解释的规定，市房管局应当对其拒绝提供大厦业主委员会申请的根据以及履行法定告知和说明理由义务的情况承担举证责任。

难度：中

考点：政府信息公开诉讼

命题和解题思路：虽然《行政诉讼法》并未就政府信息公开诉讼的举证责任作出规定，但《最高人民法院关于审理政府信息公开条例行政案件若干问题的规定》（以下简称《政府信息公开规定》）对此作出了较为详细的规定。本题重点考查考生对该司法解释有关举证责任规定的掌握程度。

答案解析：

《政府信息公开规定》第6条对该类诉讼案件的举证责任分配作出了规定，即“被告拒绝向原告提供政府信息的，应当对拒绝的根据以及履行法定告知和说明理由义务的情况举证。”据此，被告需要对其拒绝公开相关信息的根据以及履行告知和说明理由义务的情况举证。

5. 如果被告败诉，法院应当如何作出判决？

答案：法院应当依法判决被告限期公开大厦业主委员会申请公开的相关信息。

难度：中

考点：政府信息公开诉讼

命题和解题思路：本题考查考生对政府信息公开诉讼判决规定的掌握情况。需要特别注意的是，最高人民法院《政府信息公开规定》规定被告败诉时，法院应当判决被告限期公开。也就是说有公开期限的限制。对此，考生如果没有注意，极可能作出错误回答。

答案解析：

《政府信息公开规定》第13条规定：“被告依法应当公开而不予公开政府信息的，人民法院应当判决被告限期公开。”据此，法院应当依法判令被告限期公开相关政府信息。

课程安排： 分为基础考点精讲、重要专题突破、应试训练提高、考前预测突破四个阶段

授课资料： 特训班纸质版内部讲义+《终极主观题》纸质版讲义

授 课 人： 前命题人团队

报名通道： 扫描右方二维码

咨询电话： 400-839-3366

班次名称	12.31之前	2019.2.4之前	2019.4.15之前	2019.4.16以后
主观题全程保过班	9800元	12800元	15800元	19800元

主观题冲刺保过班

权威预测考点试题/ 快速提升答题能力/不过关,全额退费

开课时间： 2019年10月

课程特点： 透析命题趋势，密押各科考点，传授解题技巧，强化答题能力

授课资料： 《终极主观题》纸质版讲义一套（2本）

授 课 人： 前命题人团队

报名通道： 扫描右方二维码

咨询电话： 400-839-3366

课程内容

独家试题： 三十余道模拟题，含多学科交叉试题，全部由前命题人团队按照规范流程命制。

考点预测： 权威预测2019年法考主观题必考点，一次过关有保障。

深度讲解： 由前命题人团队讲解，40个小时以上课程，透析命题思路、解题方法等。

应试训练： 由阅卷中心批改30道以上试题，以练促学，学练结合，提高10-30分。

班次名称	授课日期	2019.7.31之前	2019.8.1-客观题成绩公布前	客观题成绩公布后
主观题冲刺保过班	10月1日-主观题考前	2980元	3480元	3980元

备注：提前报名主观题保过班，如果客观题考试未过，全额退费。

2019

国家统一法律职业资格考试系列用书

命题人讲主观题

商法

桑　磊◎主编

马更新　李兆玉　赵吟◎编著

中国经济出版社
CHINA ECONOMIC PUBLISHING HOUSE

中国石化出版社
HTTP://WWW.SINOPEC-PRESS.COM

图书在版编目（CIP）数据

命题人讲主观题．商法/桑磊主编．
—北京：中国经济出版社：中国石化出版社，2018.12
2019国家统一法律职业资格考试系列用书
ISBN 978－7－5136－5454－8

Ⅰ.①命…　Ⅱ.①桑…　Ⅲ.①商法—中国—资格考试—自学参考资料　Ⅳ.①D92

中国版本图书馆CIP数据核字（2018）第267549号

策划编辑　崔姜薇
责任编辑　崔姜薇　王建昌
责任印制　马小宾
封面设计　任燕飞装帧设计工作室

出版发行　中国经济出版社
印 刷 者　北京柏力行彩印有限公司
经 销 者　各地新华书店
开　　本　710mm×1000mm　1/16
印　　张　13.25
字　　数　238千字
版　　次　2018年12月第1版
印　　次　2018年12月第1次
定　　价　35.80元
广告经营许可证　京西工商广字第8179号

中国经济出版社　**网址** www.economyph.com　**社址** 北京市西城区百万庄北街3号　**邮编** 100037
本版图书如存在印装质量问题，请与本社发行中心联系调换（联系电话：010－68330607）

PREFACE 前言

法考元年，考试主管机关经过多年酝酿，终于将考试分为客观题和主观题两个阶段，将主观题从司考时代的第四卷独立为一个阶段的考试，分值也从150分增至180分，同时考场上配备法律法规汇编，实现了客观题考查基础知识、主观题考查能力的不同分工，增强了考试的科学性，彰显了主管机关不断推进考试改革的决心。

一、首次主观题考试的特点

根据多年的相关经验，在“2018年桑磊法考主观题保过班”上，本人预测了首次主观题考试的四大特点，即理论性、融合性、开放性和限缩性。

（一）理论性显著增强。主观题考试考查考生运用法律知识解决实际问题的能力，在一定程度上，可以说就是考查理论深度。

（二）融合性突出。会出现两学科甚至多学科的交叉融合考查。这是试题形式上的最大变化。分两个层次：①刑法与刑诉结合、民法与民诉结合，甚至民法与商法、民诉结合。②再进一步，将民法、刑法、行政法结合，或者与司法制度、法律文书结合。

（三）开放性进一步得到体现。司考时期只有第四卷第七题是开放性试题，无标准答案，评阅时实行“双评”。法考时期，开放性试题会增多，允许有多个答案，只要言之有理、有理有据即可。

（四）限缩性趋势明显。这一特点主要在于主观题考试题量的变化方面。即法考主观题考试可能在原来卷四基础上增加一两道融合性试题，也可能减少题量，只出几道试题。法考未来的趋势是主观题数量会减少，通过少量的论述题即可考查考生的能力。

2018年首次法考主观题考试结束后，从广大考生的普遍反馈来看，上述四大特点基本得到了验证，特别是融合性和限缩性两个方面。在融合性方面，出现了一道“大民事”综合性试题，共13问，融合考查了民法、商法、民事诉讼法三科的相关知识要点；在限缩性方面，全卷只有6道试题，其中两道选做题择一，考生实际上只需做五道试题，与司考时代第四卷相比，题量减少了两道试题题量。

二、主观题考试趋势分析

由于首次主观题考试尚处于从司考向法考的过渡期，主管机关出于在改革的同时兼顾稳定性的考量，尚未大刀阔斧地进行试卷的调整。但可以预测的是，鉴于首次考试已经成功举办，且各方反应良好，接下来，主管机关将会对主观题试题进一步调整，以期充分发挥主观题考试的测试目的，真正实现考试改革的初衷。

2019年及之后的主观题考试会怎样考查呢？本人觉得有以下几点值得强调：

一是融合性继续扩大。在2018年出现一道综合性大题之后，2019年及之后会加大考查力度，有可能增加此种类型题目的命题数量，或者出现融合涉及三大实体法的试题。

二是限缩性进一步增强。多学科综合性试题增多之后，无须增加题量即可达到考查的目的，所以题量的长远趋势是继续削减。我国近年来的考试改革借鉴了大陆法系国家的成熟经验，从大陆法系国家的通行做法来看，只需少量试题即可实现对考生法律实际运用能力的考查。

三是主观性逐步强化。主观题之所以为主观题，是因为无论在考查目的上还是试题形式上，都与客观题明显不同。其中的一个显著特点是提问的笼统性，并且往往只设置极少提问，如前几年只设置了一问的刑法主观题（2017年、2015年、2014年、2009年）和第七题，这样才能真正考查考生的分析能力。而传统的、设有很多小问的案例分析大题并不是真正意义上的主观题，那样更类似客观题，其并不能实现主观题考试的测试目的。因此，长远来看，主观题的设问会减少，答案也将会更加开放。

根据以上主观题考试命题趋势，本人特意组织前命题人团队编写了本套用书。其中，撰写每个科目的作者老师均具有丰富的命题经验，他们在书中为大家分析了本学科的命题规律和趋势，提炼了解题思路，详细阐述了主观题考点，并对近十年的主观题进行了深入剖析。最后，每科为大家提供了3～5道高质量的模拟试题，其中有两科甚至多科的融合性试题，希望大家反复认真练习，力争掌握解题的诀窍。

另外，对于书中的经典真题和模拟试题，各科目的作者老师还分别录制了配套的微课讲解视频，大家在书中试题的位置手机扫码即可观看。自 2019 年 1 月开始，本人也会组织各科老师为大家带读考点内容，届时敬请广大读者关注“桑磊法考”微信公众号。

唯一深表遗憾的是，由于司法部没有公布 2018 年主观题，而考生的回忆版并不准确，从对考生读者负责的角度，本套书中暂未收录相关试题，而谨以前命题人团队在精准把握 2019 命题趋势的基础上，精心命制的各科目模拟试题以飨广大考生读者。

由于成书仓促，错误之处在所难免，恳请大家指正。

最后，预祝大家 2019 年度能够顺利通过主观题考试，圆梦法考！在法考之路上，我们将和大家同行！

桑　磊

2018 年 11 月

CONTENTS 目录

第一部分 命题人讲命题

一、历年命题规律归纳和最新命题趋势预判

商法是法考中的重要部门法，自2010年以来，在主观题考试中均占有一席之地，2018年主观题考试甚至有两道主观题涉及商法的公司法和破产法，其重要性不言而喻。商法考点具体考查情况详见下图：

2010—2017年商法主观题考点

考点	2017	2016	2015	2014	2013	2012	2011	2010
公司法								
公司的特征		4-5-5						
公司章程								4-6-1 4-6-5
发起人					4-5-1			
出资方式和出资程序		4-5-1			4-5-2 4-5-4	4-4-4		
公司的资本	4-5-2	4-5-6	4-5-5					
抽逃出资的认定		4-5-4			4-5-3			4-6-3
瑕疵出资的法律责任			4-5-2					4-6-2
股东的资格		4-5-2		4-5-1				4-6-6
名义股东与实际股东				4-5-3 4-5-4				
股东的权利			4-5-3			4-4-3		
股东的义务		4-5-6	4-5-6	4-5-5				
有限责任公司的股权转让	4-5-4	4-5-3			4-5-5 4-5-6	4-4-5		4-6-8
有限责任公司的组织机构	4-5-1 4-5-3							
公司决议瑕疵			4-5-1 4-5-4			4-4-1		
董事、监事、高管的义务和责任						4-4-2		

续表

考点	2017	2016	2015	2014	2013	2012	2011	2010
股东代表诉讼制度								
公司的解散	4-5-5					4-4-5		
公司的清算	4-5-6							
企业破产法								
破产申请的受理								
债务人财产				4-5-6				
债权申报的范围				4-5-2				
破产清算								

注：表中的数字是指考点所在试题，如4-5-5是指第四卷第五道题的第五小问。

商法命题有明显的规律可循。就考查题型而言，只有2011年考材料题，其他年份都是考案例分析题，商法的部门法性质使然。就考查内容而言，公司法独占鳌头，破产法偶尔考查，其他单行法基本不考。就公司法而言，只考有限责任公司，从未考股份公司。有限责任公司是实践中广为使用的人合性公司，相关规则既有一定的强制性，又有一定的自治性，其既有一定的实践性，又有一定的理论性，便于命题人灵活命题考查。进而言之，在公司法的人格、资本和治理结构三条主线中，最常考的内容是资本，包括出资、增资、减资、回购、抽逃出资、分红、股权转让等内容，因为该主线最容易使公司法与债权法、物权法、破产法结合在一起考查考生的综合知识。尽管如此，商法主观题的理论深度还是不及民法，主要考查法律条文及司法解释的具体规定，难度系数不高，但性价比很高。

在法考主观题考试配备法条、开卷考试的改革背景下，可以预见未来商法命题将呈现综合性、理论性和热点性三个趋势，公司法和破产法仍是雷打不动的重点，兼有实体法和程序法、横跨民法和商法的破产法在供给侧结构性改革宏观经济背景下必将成为命题人青睐的对象。

二、2019年备考策略

根据以上命题规律和趋势，建议考生采用以下备考策略：

第一，重点掌握有限责任公司法律制度、破产法和民法中的合同法、物权法相关制度，本书涉及股份公司的内容仅作对比参考，不必重点掌握。

第二，商法是实践性很强的部门法，故法律条文和司法解释是复习的基础，切不可因主观题开卷考试就忽略了对基本制度和规则的掌握，实践证明考试过程中因题量太大根本没有时间过多查阅法条。有考生甚至反映，“法条的最大作用就耽误时间”，因此考生必须事前熟练掌握基本规则，而不可本末倒置寄希望于临阵磨枪。

第三，相对法律条文而言，司法解释兼顾实体法和程序法，同时涉及不同部门的实体法，因此更为重要，务必重点掌握。此外，开卷考试导致不便单独考查民事程序法的硬性规定，故民事程序法依附于民事实体法综合考查的概率较高，2018 年民商综合大题即反映了这一趋势。

第四，在熟练掌握法律条文和司法解释重要制度规则的基础上，需要适当提升理论深度，因为只考具体规则不能体现命题人的水平，命题人有时会命制一两道理论题以体现命题水平，例如 2016 年考查衡平居次原则，很多考生措手不及，因此需要同时关注法律条文中的原则性规定及“但书”规定，并结合法律实践判断公司自治的边界。

第五，命题人多喜欢结合社会热点问题命制试题，例如 2018 年民商综合主观题涉及破产，故考生要密切关注国家宏观经济政策以及商事审判热点问题，如最高人民法院巡回法庭关于公司对外担保法律效力的认定，这样才能跟得上命题人的步伐。

第二部分　命题人讲考点

考点1　公司的特征

命题分析

本知识点曾在2016年的主观题考试中进行过考查。**“法人人格否认制度”具有很大的模糊性、理论性和实践性，契合新法考主观题的命题趋势，该考点容易结合母子公司、关联公司、关联交易以及破产法的实体合并制度进行考查**，考生应予以重视。

考点解析

一、法人人格否认

公司股东滥用公司法人独立地位和股东有限责任，逃避债务，严重损害公司债权人利益的，应当对公司债务承担连带责任。

该制度关注的是在何种情形下，可以突破公司的保护，在股东出资额之外直接追究其责任，所以**对公司人格的漠视是一时的，对公司人格的剥夺是临时的，是个案否认**，被个案否认法人人格的公司在其他法律关系中仍然具有法人人格。

最高人民法院15号指导案例中，公司法人人格被否认的事由是**人格混同**。除该事由外，**财产混同、欺诈或不当行为、过度控制、资本显著不足**等情形也是导致法人人格被否认的重要事由。

二、控股股东与实际控制人

控股股东	1. 以持股比例为认定标准：控股股东，是指其出资额占有限责任公司资本总额50%以上或者其持有的股份占股份有限公司股本总额50%以上的股东； 2. 以对公司决议影响力为认定标准：控股股东，是指出资额或者持有股份的比例虽然不足50%，但依其出资额或者持有的股份所享有的表决权已足以对股东会、股东大会的决议产生重大影响的股东
实际控制人	1. 实际控制人，是指虽不是公司的股东，但通过投资关系、协议或者其他安排，能够实际支配公司行为的人 2. 实例：A公司独资设立B公司，B公司同时是C公司的控股股东，那么A公司就是C公司的实际控制人

公司的**控股股东、实际控制人**、董事、监事、高级管理人员不得利用其**关联关系**损害公司利益。违反前款规定，给公司造成损失的，应当承担赔偿责任。

关联关系：是指公司控股股东、实际控制人、董事、监事、高级管理人员与其直接或者间接控制的企业之间的关系，以及可能导致公司利益转移的其他关系。但是，国家控股的企业之间不能因为同受国家控股而具有关联关系。

三、母公司与子公司

以公司之间的相互关系为标准，亦即以**公司之间在财产、人事、责任承担上的相互关系**为标准，将公司分为母公司与子公司。

	母公司	子公司
概念	母公司是指拥有其他公司一定数额的股份或根据协议，能够控制、支配其他公司的人事、财务、业务等事项的公司。	子公司是指一定数额的股份被另一公司控制或依照协议被另一公司实际支配、控制的公司
特征	母公司最基本的特征不在于是否持有子公司的股份，而在于**是否参与子公司业务经营**	1. 法律地位：子公司具有独立法人资格； 2. 独立性：拥有自己所有的财产，自己的公司名称、章程和董事会，对外独立开展业务和承担责任； 3. 从属性：涉及公司利益的重大决策或重大人事安排，仍由母公司决定

四、关联企业破产

《全国法院破产审判工作会议纪要》相关规定

人民法院审理关联企业破产案件时，要立足于破产关联企业之间的具体关系模式，采取不同方式予以处理。既要通过实质合并审理方式处理法人人格高度混同的关联关系，确保全体债权人公平清偿，也要避免不当采用实质合并审理方式损害相关利益主体的合法权益。

32. 关联企业实质合并破产的审慎适用。人民法院在审理企业破产案件时，应当尊重企业法人人格的独立性，以对关联企业成员的破产原因进行单独判断并适用单个破产程序为基本原则。**当关联企业成员之间存在法人人格高度**

混同、区分各关联企业成员财产的成本过高、严重损害债权人公平清偿利益时，可例外适用关联企业实质合并破产方式进行审理。

36. 实质合并审理的法律后果。**人民法院裁定采用实质合并方式审理破产案件的，各关联企业成员之间的债权债务归于消灭，各成员的财产作为合并后统一的破产财产，由各成员的债权人在同一程序中按照法定顺序公平受偿。**采用实质合并方式进行重整的，重整计划草案中应当制定统一的债权分类、债权调整和债权受偿方案。

38. 关联企业破产案件的协调审理与管辖原则。多个关联企业成员均存在破产原因但不符合实质合并条件的，人民法院可根据相关主体的申请对多个破产程序进行协调审理，并可根据程序协调的需要，综合考虑破产案件审理的效率、破产申请的先后顺序、成员负债规模大小、核心控制企业住所地等因素，**由共同的上级法院确定一家法院集中管辖。**

39. 协调审理的法律后果。协调审理不消灭关联企业成员之间的债权债务关系，不对关联企业成员的财产进行合并，各关联企业成员的债权人仍以该企业成员财产为限依法获得清偿。**但关联企业成员之间不当利用关联关系形成的债权，应当劣后于其他普通债权顺序清偿，且该劣后债权人不得就其他关联企业成员提供的特定财产优先受偿。**

考点2　公司章程

命题分析

公司章程是公司自治的载体，特别是对于人合性较强的有限责任公司，最适合考主观题。2010 年主观题曾进行考查。

命题人主要考查公司章程的自治性边界，即公司治理过程中有哪些事项是可以由公司章程自由约定的，哪些事项是由公司法强制性规定而公司章程无权突破的。此外，公司章程的考点常常散见于其他各章之中，考生要注意总结、汇总，系统把握。

特别提醒，在法考配备法条、开卷考试的情况下，**主观题的理论性和实践性必然有所加强**，而通过公司章程结合司法实践最容易考查这两点，如章程规定“人走股留”是否有效，考生要结合相关法条和代表性案例进行全面而深入的备考，**重点掌握有限公司章程自治的边界**，下文中股份公司的有关内容仅用于对照理解，不必记忆。

考点解析

一、公司章程的概念和特征

（一）公司章程的概念

1. 概念

公司章程是指公司所必备的，规定其名称、宗旨、资本、组织机构等对内对外事务的基本法律文件。公司章程作为规范公司组织和活动的基本规则，在公司存续期间具有重要的意义。

2. 地位

公司章程是公司设立时的必备条件之一（**不得以公司设立的书面协议代替公司章程**），公司设立时必须由全体股东或发起人订立公司章程，并且必须在公司设立登记时提交公司登记机关进行登记。

3. 与设立协议比较

	公司章程	设立协议
地位	所有公司的必备性文件	对通常的有限责任公司而言，是任意性文件； 对股份公司和有限责任公司形态的外商投资企业而言，是设立环节必备的法律文件
性质	要式法律文件，须遵循公司法的强制性制定	不要式法律文件，仅需要遵循合同法的一般规则
效力范围	对全体股东、公司以及公司组织机构均具有法律约束力	只在发起人之间具有法律约束力
效力期间	公司成立后及其存续期间，直至公司完全终止	从设立行为开始到设立过程终止，公司成立即意味着设立协议因履行而终止

（二）公司章程的特征

公司章程作为公司自治的依据，主要具有以下特征：

基本特征	具体体现
法定性	1. 公司章程的法律地位、主要内容及修改程序、效力都由法律强制规定，任何公司都不得违反； 2. 公司章程是公司设立的必备条件之一，无论是设立有限责任公司还是设立股份有限公司，都必须由全体股东或者发起人订立公司章程，并且必须在公司设立登记时提交公司登记机关进行登记

续表

基本特征	具体体现
真实性	公司章程记载的内容必须是客观存在的，与实际相符的事实
自治性	1. 公司章程作为一种行为规范，不是由国家而是由公司自行制定，是公司股东意思表示一致的结果； 2. 公司章程是法律以外的行为规范，由公司自己来执行，无须国家强制力来保证实施； 3. 公司章程作为公司内部规章，其效力仅及于公司和相关当事人，而不具有普遍的约束力
公开性	1. 公开性主要是对上市公司而言，其他公司不作要求； **2. 有限责任公司章程是公司内部文件，不能推定第三人知情章程内容**

二、公司章程的订立与修改

（一）公司章程的订立

订立方式	内容
共同订立	1. 概念：由全体股东或发起人共同起草、协商制定公司章程，否则公司章程不得生效； 2. 适用：一般适用于有限责任公司与发起设立的股份公司
部分订立	1. 概念：由股东或者发起人的部分成员负责起草、制定公司章程，而后再经其他股东或者发起人签字同意的制定方式； 2. 适用：一般适用于募集设立的股份有限公司
1. 形式：公司章程必须采取**书面形式**。 2. 生效： （1）须经全体股东同意并在章程上签名盖章，公司章程才能生效； （2）募集设立的股份公司，章程草案由发起人起草，经创立大会通过后生效	

（二）公司章程的修改

1. 概念

公司章程的修改，又称公司章程的变更，是指已经生效的公司章程的修改。

2. 范围

原则上公司章程所记载的事项，不论是绝对记载事项还是任意记载事项，只要确属必要，均可变更。

3. 章程变更原则及程序

章程变更原则	章程变更程序
1. 不得损害股东利益； 2. 不损害债权人利益； 3. 不妨害公司法人一致性原则：即不得因公司章程的变更，而使一个公司法人转变为另一个公司法人	1. 第一步：由董事会提出修改公司章程的提议； 2. 第二步：将修改公司章程的提议通知其他股东； 3. 第三步：由股东会或者股东大会表决通过
【注意】公司章程变更后，公司董事会应向工商行政管理机关申请变更登记。但是，工商登记并非公司章程订立或者变更的生效要件，而是对抗外部第三人的要件	

4. 修改要求

公司章程的变更属于股东会的法定职权，属于公司决议中的重大事项，须需经股东会或者股东大会按照**特别多数决**表决通过。

	比例要求
有限责任公司	必须经代表2/3以上表决权的股东通过
股份有限公司	必须经（出席会议的股东）所持表决权的2/3以上通过

三、公司章程的内容

（一）概念

公司章程的内容是指公司章程所记载的事项。

（二）种类

1. 公司章程的具体内容可以因公司种类、公司经营范围、公司经营方式的不同而有所区别。总体而言，可以归纳为以下三类：

种类	绝对记载事项	相对记载事项	任意记载事项
概念	法律规定公司章程中必须记载的事项	法律列举规定了某些事项，但这些事项是否记入公司章程，全由章程制定者决定	法律并无明文规定，但公司章程制定者认为需要协商记入公司章程，以便使公司能更好运转且不违反强行法之规定和公序良俗之原则的事项
法律效力	1. 公司必须一一记载，没有权利作出自由选择； 2. 如果缺少其中任何一项或者任何一项不合法，将导致整个章程无效	1. 法律已有列举规定，但是否记载，公司有权作出自由选择； 2. 非经载明于公司章程，不发生法律效力	1. 法律未有明文规定，是否记载，公司有完全的自由。 2. 不得违反强行法之规定和公序良俗原则，否则无效。 例如：公司之存续期限，股东会之表决程序，变更公司之事由，董监高之报酬等

2. 公司章程的绝对记载事项

	有限责任公司章程	股份有限公司章程
立法态度	1. 采取较为宽松的规则； 2. 有限公司具有**人合性**和**封闭性**	1. 采取较为严格的规则； 2. 股份公司具有资合性和开放性
法定内容	（一）公司名称和住所； （二）公司经营范围； （三）公司注册资本； （四）股东的姓名或者名称； （五）股东的出资方式、出资额和出资时间； （六）公司的机构及其产生办法、职权、议事规则； （七）公司法定代表人； （八）股东会会议认为需要规定的其他事项。 股东应当在公司章程上签名、盖章	（一）公司名称和住所； （二）公司经营范围； （三）**公司设立方式**； （四）**公司股份总数、每股金额和注册资本**； （五）发起人的姓名或者名称、认购的股份数、出资方式和出资时间； （六）董事会的组成、职权和议事规则； （七）公司法定代表人； （八）监事会的组成、职权和议事规则； （九）**公司利润分配办法**； （十）**公司的解散事由与清算办法**； （十一）**公司的通知和公告办法**； （十二）股东大会会议认为需要规定的其他事项
	【说明】股份公司章程法定内容中双色突出显示的部分：是股份公司章程区别于有限公司章程的相关事项	

四、公司章程的效力

公司章程是公司设立的必备条件。公司章程对公司、股东、董事、监事、高级管理人员具有拘束力。换而言之，公司章程是**公司内部自治性文件，仅仅在公司内部发生效力**。

公司章程的效力	具体体现
对公司	公司自身的行为要受公司章程的约束，具体体现为： 1. 公司应当依照公司章程规定的办法，产生权力机构、业务执行机构和经营意思决定机构、监督机构等公司组织机构，并按章程规定的权限范围行使职权； 2. 公司应当使用章程上规定的名称、在公司章程规定的范围内从事经营活动； 3. 公司依其章程对公司股东负有义务，股东的权利如果受到公司侵犯时，可对公司起诉

续表

公司章程的效力	具体体现
对股东	公司章程由公司股东制定，并对股东具有约束力。 1. 股东范围：不仅约束起草、制定公司章程的股东，而且对后来加入公司的股东也具有约束力。 2. 主要表现：股东依章程规定享有权利和承担义务。例如，股东有权出席股东会、行使表决权、查阅有关公开资料、获取股息红利等，同时负有缴纳所认缴出资的义务及公司章程上规定的其他义务
对董事、监事、高级管理人员	1. 公司的董事、监事、高级管理人员应当遵守公司章程，依照法律和公司章程的规定行使职权。 2. 董事、监事、高级管理人员之行为超出公司章程对其赋予的职权范围，应当就自己的行为对公司负责。即出于保护善意第三人的目的，该行为应当被认定为有效，但公司可以对其进行内部追偿

五、公司章程的自治范围：公司章程与公司法规范之间的关系

（一）公司章程对公司法规范的细化和补充

1. 所谓公司章程对公司法规范的**细化**，是指针对某个问题，公司法已经有了相关规定作为规范的依据，但是由于法律规定过于概括，允许公司章程对其细化以**增加其可操作性**。

2. 所谓公司章程对公司法规范的**补充**，是指针对某个问题，公司法也已经有了相关规定作为规范的依据，但是由于法律规定不够全面，允许公司章程对其补充以**使之全面、不留规范空白**。

公司章程对公司法规范的细化和补充

【三类公司】 **有限责任公司** **+** **股份有限公司** **+** **国有独资公司**	监事会中职工代表的具体比例（细化）： （1）有限责任公司＋股份有限责任公司：监事会应当包括股东代表和适当比例的公司职工代表，其中职工代表的比例不得低于1/3，具体比例由公司章程规定。 （2）国有独资公司：监事会成员不得少于5人，其中职工代表的比例不得低于1/3，具体比例由公司章程规定
【两类公司】 **有限责任公司** **+** **股份有限公司**	1. 公司的法定代表人的人选（细化）：公司法定代表人依照公司章程的规定，由董事长、执行董事或者经理（注意：没有监事）担任，并依法登记。 2. 公司转投资及对外担保的程序规定（细化）： （1）公司向其他企业投资或者为他人提供担保，依照公司章程的规定，由董事会或者股东会、股东大会决议； （2）公司章程对投资或者担保的总额及单项投资或者担保的数额有限额规定的，不得超过规定的限额。

续表

【两类公司】 有限责任公司 + 股份有限公司	3. 会计师事务所的聘用及解聘（细化）：公司聘用、解聘承办公司审计业务的会计师事务所，依照公司章程的规定，由股东会、股东大会或者董事会决定。 4. 董事的任职期限（细化）：董事任期由公司章程规定，但每届任期不得超过三年。董事任期届满，连选可以连任。 5. 公司的注册资本及出资程序（细化）：公司章程对公司注册资本及出资程序可以自行规定。 【例外】对于募集设立的股份有限公司和特殊类型的公司（银行、证券公司和保险公司）仍要求实缴注册资本，且仍保留注册资本最低限额，不可由公司章程自行规定。 6. 股东会的职权（补充）：公司章程可以规定股东会的其他职权。 7. 董事会的职权（补充）：公司章程可以规定董事会的其他职权。 8. 监事会或监事的职权（补充）：公司章程可以规定监事会、不设监事会的公司监事的其他职权。 9. 监事会的议事方式和表决程序（补充）：监事会的议事方式和表决程序，除《公司法》有规定的外，由公司章程规定
有限责任公司	1. 股东会定期会议的召开（细化）：股东会会议分为定期会议和临时会议，定期会议应当依照公司章程的规定按时召开。 2. 执行董事的职权（细化）：执行董事的职权由公司章程规定。 3. 董事长、副董事长的产生办法（细化）：董事长、副董事长的产生办法由公司章程规定。 4. 财务会计报告的报送期限（细化）：有限责任公司应当依照公司章程规定的期限将财务会计报告送交各股东。 5. 股东会的议事方式和表决程序（补充）：股东会的议事方式和表决程序，除《公司法》有规定的外，由公司章程规定。 6. 董事会的议事方式和表决程序（补充）：董事会的议事方式和表决程序，除《公司法》有规定的外，由公司章程规定

（二）公司章程对公司法默认规范的排除

1. 所谓公司章程对公司法默认规范的排除，是指针对某个问题，公司法已经有相关的规定作为规范的依据，但是公司可以根据自身实际情况以公司章程的形式对其**作出不同的规定**，以**排除**公司法默认规范的适用。

2. 此处的默认规范，是指针对某个问题，**当公司章程没有另外规定时，默认适用**该规范来解决问题。

【有限责任公司】	1. 召开股东会会议的通知时间：召开股东会会议，应当于会议召开 15 日前通知全体股东；但是，公司章程另有规定或者全体股东另有约定的除外。 2. 股东会会议中表决权的行使规则：股东会会议由股东按照出资比例行使表决权；但是，公司章程另有规定的除外。 3. 股权转让：公司章程对股权转让另有规定的，从其规定。 4. 自然人股东资格的继承：自然人股东死亡后，其合法继承人可以继承股东资格；但是，公司章程另有规定的除外。
【两类公司】 有限责任公司 + 股份有限公司	1. 公司经理职权：公司章程对经理职权另有规定的，从其规定。 2. 公司的利润分配方式：公司弥补亏损和提取公积金后所余税后利润的分配： （1）有限责任公司股东按照实缴的出资比例分取红利；公司新增资本时，股东有权优先按照实缴的出资比例认缴出资。但是，全体股东约定不按照出资比例分取红利或者不按照出资比例优先认缴出资的除外； （2）股份有限公司按照股东持有的股份比例分配，但股份有限公司章程规定不按持股比例分配的除外

考点 3 发起人

命题分析

“公司发起人”的主要考点是发起人责任与公司责任的区分。无论公司设立成功还是失败，均有可能产生发起人责任；但是，只有在公司成立时才会存在发起人责任与公司责任的区分。根据以往命题规律，主观题不可能考查公司设立失败时的发起人责任，只会考查公司设立成功情形下**发起人责任与公司责任的区分**。该考点在 2013 年考查过，考虑到 2017 年通过的《民法总则》第 75 条对法人设立人责任作了细微修改，该考点在 2019 年法考中出现的概率较高，考生应当重点掌握。

考点解析

一、发起人的概念

发起人是指为设立公司而签署公司章程、向公司认购出资或者股份并履行公司设立职责的人。《民法总则》使用“设立人”这一称谓。

股东	1. 是指以向公司出资、持有公司股份、享有股东权利和承担股东义务的人。 2. 股东是对公司法上的出资人的特别称谓
发起人	1. 是指为设立公司而签署公司章程、向公司认购出资或者股份并履行公司设立职责、依法对公司设立承担责任的人。 2. 公司成立后，发起人即成为股东

二、发起人责任与公司责任的区分

（一）概述

1. 性质

公司设立是一个法律行为，公司成立是设立行为的后果。

2. 设立中公司

（1）概念：从公司设立开始到公司最终成立这一阶段，称为“设立中公司”（筹备组）；

（2）法律性质：“设立中公司”的性质为**发起人之间的合伙**，其权利、义务、责任可以**适用合伙的有关规定，但仅在公司设立失败时相关责任承担参照合伙法律关系**。

（3）公司未成立的含义：《最高人民法院关于适用〈中华人民共和国公司法〉若干问题的规定（三）》第4条、第5条以及《民法总则》第75条中的“未成立”指的是因故“设立失败”，并不包括尚在设立过程中但结果未定之情形（设立中公司）。

3. 发起人责任的产生

无论公司设立成功还是设立失败，均有可能产生发起人责任；但是，只有在公司成立时才会存在发起人责任与公司责任的区分。

（二）发起人责任与公司责任

1. 《最高人民法院关于适用〈中华人民共和国公司法〉若干问题的规定（三）》确立的发起人责任与公司责任区分规则

情形	发起人责任	公司责任
发起人以自己的名义对外签订合同	【原则】由发起人承担责任	【例外】符合下列情形之一的由公司承担责任： （1）公司最终成立，且对发起人所签订的合同予以确认； （2）公司已经实际享有合同权利； （3）公司已经实际履行合同义务

续表

<table>
<tr><th>情形</th><th>发起人责任</th><th>公司责任</th></tr>
<tr><td>发起人以设立中公司的名义对外签订合同</td><td>【例外】符合下列情形的由发起人承担责任：
公司有证据证明发起人利用设立中公司的名义为了自己的利益与相对人订立合同的，则公司可以抗辩；但此种抗辩不能对抗善意相对人</td><td>【原则】公司成立后，由公司承担合同责任</td></tr>
<tr><td rowspan="2">发起人因履行公司设立职责而给第三人造成损害的</td><td>【例外】公司未成立的：由全体发起人对第三人承担连带赔偿责任</td><td>【原则】公司成立后，由公司承担对第三人的赔偿责任</td></tr>
<tr><td colspan="2">因部分发起人的过错给第三人造成损害的，公司或者无过错的发起人可以向有过错的发起人追偿</td></tr>
</table>

【总结1】合同责任

1. 原则：根据合同相对性，以谁的名义签订，谁担责。

2. 例外：谁实际享有合同利益，谁担责。

3. 例外之例外：当以设立中公司的名义对外签订合同，即使公司不享有合同利益，但是相对人为善意时，也由公司担责。

【总结2】侵权责任——对第三人

原则：区分公司是否成立而有所区别。

（1）公司成立，公司担责。

（2）公司未成立，全体发起人连带担责。

（3）谁有过错，谁最终担责；无过错方（公司+其他发起人）有权追偿。

2. 《民法总则》确立的发起人责任与公司责任区分规则

《民法总则》第75条

设立人为设立法人从事的民事活动，其法律后果由法人承受；法人未成立的，其法律后果由设立人承受，设立人为2人以上的，享有连带债权，承担连带债务。

设立人为设立法人以自己的名义从事民事活动产生的民事责任，第三人有权选择请求法人或者设立人承担。法人承担责任并不局限于《最高人民法院关于适用〈中华人民共和国公司法〉若干问题的规定（三）》规定的三种情形。

【总结】

在法人**能够成立**的情况下：①设立人为设立法人从事的民事活动，其法律后果原则上由法人承受。②若设立人以自己的名义从事民事活动，则第三人**有权选择请求法人或者设立人承担**相关民事责任。参见《合同法》第 403 条**隐名代理**的处理规则。③《民法总则》是**新法优先适用**，其对第三人保护力度加大，立法目的是**保护外部的交易安全**。

考点 4　出资方式和出资程序

命题分析

有限责任公司的“出资方式”和“出资程序”是公司法中的重点知识点，2012 年、2013 年、2016 年的主观题曾对此进行考查。“出资方式”重点考查非货币出资，以往考查过不动产出资、股权出资、净资产出资，预计将来可能考查债权出资和知识产权出资，尤其是在近几年“去杠杆”的宏观经济背景下，要重点掌握债权出资（债转股）。

考点解析

出资方式	股东出资的定义：是指股东（发起人或认股人）在公司设立或者增加资本时，根据协议的约定，以及法律或公司章程的规定，向公司交付财产或履行其他给付义务，从而取得公司的股份或者股权的法律行为方式
	出资方式：股东可以用货币出资，也可以用实物、知识产权、土地使用权等可以用货币估价并可以依法转让的非货币财产作价出资；但是，法律、行政法规规定不得作为出资的财产除外
	货币出资： （1）**货币出资没有最低金额和货币出资比例的限制**； （2）以违法犯罪所得的货币出资的：以贪污、受贿、侵占、挪用等违法犯罪所得的货币出资后取得股权的，对违法犯罪行为予以追究、处罚时，应当**采取拍卖或者变卖的方式**处置其股权

续表

<table>
<tr>
<td rowspan="3">出资方式</td>
<td>实物出资：
（1）实物种类：包括房屋、车辆、设备、原材料等。
（2）实质：以实物的所有权换取公司的股权。所以，缴纳出资时应当依法办理相应财产权的转移手续。
（3）以不享有处分权的财产出资的：当事人之间对于出资行为效力产生争议的，人民法院可以参照物权法第 106 条的规定予以认定：①
①原则：所有权人有权追回；
②例外：符合善意取得条件的，拟设立的公司（受让人）取得该不动产或者动产的所有权；此时，原所有权人有权向无处分权人请求赔偿损失。
【注意】占有脱离物（例如盗赃、遗失物、漂流物以及埋藏物等）不适用善意取得制度</td>
</tr>
<tr>
<td>土地使用权出资：
（1）土地使用权出资的要求：
①仅限于以出让方式获得的国有土地使用权；
②用于出资的土地使用权没有设定权利负担。
（2）土地使用权出资违约的处理：
①违约形式 A：出资人以划拨土地使用权出资，公司、其他股东或者公司债权人主张认定出资人未履行出资义务的，人民法院应当责令当事人在指定的合理期间内办理土地变更手续；逾期未办理的，人民法院应当认定出资人未依法全面履行出资义务。
②违约形式 B：出资人以设定权利负担的土地使用权出资，公司、其他股东或者公司债权人主张认定出资人未履行出资义务的，人民法院应当责令当事人在指定的合理期间内解除权利负担；逾期未解除的，人民法院应当认定出资人未依法全面履行出资义务</td>
</tr>
<tr>
<td>股权出资：
（1）定义：出资人以其享有的其他公司的股权作为出资财产设立公司。
（2）本质：股权转让。
（3）条件：合法持有且可以转让＋无瑕疵或负担＋履行法定手续＋价值评估
①出资的股权由出资人合法持有并依法可以转让；
②出资的股权无权利瑕疵或者权利负担；
③出资人已履行关于股权转让的法定手续；
④出资的股权已依法进行了价值评估。
（4）股权出资违约的处理：</td>
</tr>
</table>

① 《物权法》第 106 条规定：“无处分权人将不动产或者动产转让给受让人的，所有权人有权追回；除法律另有规定外，符合下列情形的，受让人取得该不动产或者动产的所有权：（一）受让人受让该不动产或者动产时是善意的；（二）以合理的价格转让；（三）转让的不动产或者动产依照法律规定应当登记的已经登记，不需要登记的已经交付给受让人。

受让人依照前款规定取得不动产或者动产的所有权的，原所有权人有权向无处分权人请求赔偿损失。

当事人善意取得其他物权的，参照前两款规定。”

续表

出资方式	①股权出资不符合上述列举的条件①②③的：公司、其他股东或者公司债权人请求认定出资人未履行出资义务的，人民法院应当责令该出资人在指定的合理期间内采取补正措施，以符合上述条件；逾期未补正的，人民法院应当认定其未依法全面履行出资义务。 ②股权出资不符合上述列举的条件④的：公司、其他股东或者公司债权人请求认定出资人未履行出资义务的，人民法院应当按照如下规定处理： A. 人民法院应当委托具有合法资格的评估机构对该财产评估作价。 B. 评估确定的价额显著低于公司章程所定价额的，人民法院应当认定出资人未依法全面履行出资义务
	债权出资： （1）定义：债权人可以将其依法享有的对在中国境内设立的公司的债权，转为公司股权。 （2）本质：**债转股** （3）条件： 转为公司股权的债权应当符合下列情形之一： ①债权人已经履行债权所对应的合同义务，且不违反法律、行政法规、国务院决定或者公司章程的禁止性规定； ②经人民法院生效裁判或者仲裁机构裁决确认； ③公司破产重整或者和解期间，列入经人民法院批准的重整计划或者裁定认可的和解协议。 债权转为公司股权的，公司应当增加注册资本
	不得作为出资的情形： **劳务、信用、自然人姓名、商誉、特许经营权或者设定担保的财产等。** （1）理解：只要“不可以用货币估价”或者“不可以依法转让”，就不得作为出资设立公司。 （2）区别：**普通合伙人可以以劳务出资，而公司股东和有限合伙人则不可以劳务出资**
	出资人以房屋、土地使用权或者需要办理权属登记的知识产权等财产出资： （1）“已交付未过户”：已经交付公司使用但未办理权属变更手续 ①公司、其他股东或者公司债权人主张认定出资人未履行出资义务的，人民法院应当责令当事人在指定的合理期间内办理权属变更手续； ②出资人在前述期间内办理了权属变更手续的，人民法院应当认定其已经履行了出资义务； ③出资人自其实际交付财产给公司使用时享有相应的股东权利。 （2）“已过户未交付”：已经办理权属变更手续但未交付给公司使用： ①公司或者其他股东有权主张出资人向公司交付上述财产出资； ②出资人自实际交付之时始得享有相应的股东权利

续表

出资程序	【总体要求】股东应当按期足额缴纳公司章程中规定的各自所认缴的出资额
	股东以货币出资的：应当将货币出资足额存入有限责任公司在银行开设的账户。
	股东以非货币财产出资的： （1）应当评估作价，核实财产，不得高估或者低估作价；法律、行政法规对评估作价有规定的，从其规定。 （2）评估确定的价额显著低于公司章程所定价额的，应当认定出资人未依法全面履行出资义务； （3）缴资时应当依法办理财产权的转移手续，并交付公司使用
	股东不依约缴纳出资的责任：股东不按公司章程规定缴纳所认缴的出资，除应当向公司足额缴纳外，还应当向已足额缴纳出资的股东承担违约责任
	股东非货币财产出资的违约责任： （1）公司成立后，发现作为设立公司出资的非货币财产的实际价额显著低于公司章程所定价额的，应当由交付该出资的股东补足其差额； （2）公司设立时的其他股东承担连带责任； （3）出资人以符合法定条件的非货币财产出资后，因市场变化或者其他客观因素导致出资财产贬值，不得认定为未依法全面履行出资义务

考点 5　公司的资本

命题分析

“公司的资本”是法考主观题的重量级知识点。从考查情况来看，此部分自 2013 年公司法修订以来，连续三年（2015 年、2016 年、2017 年）出现在案例分析大题之中。

从考查内容来看，公司的资本主要包括注册资本认缴制、公司资本原则、公司资产与公司资本以及公司增资、减资的相关规定。其中，我国公司资本制度由实缴制到认缴制的转变是热点，公司资本三原则与具体的资本制度之间的联系是难点，有限责任公司资本制度是重点，股份公司资本制度仅作对比理解。

因此，对本考点的学习建议是从抽象的公司资本原则出发结合真实案例来理解具体的公司资本制度，在原则与制度之间来回穿梭，加强对前者的理解，对后者的记忆。

考点解析

一、公司资本

公司资本，也称为股本，它在公司法上的含义是指由公司章程确定并载明的、全体股东的出资总额。对公司而言，公司资本是其赖以存在及正常运营的物质基础；对股东而言，公司资本是其出资及相关权益的重要体现。公司资本的具体形态有以下几种：

（一）注册资本

概念	即狭义上的公司资本，是指公司在设立时筹集的、由章程载明的、经公司登记机关登记注册的资本
种类	（1）有限责任公司的注册资本：在公司登记机关登记的全体股东认缴的出资额； （2）股份有限公司的注册资本： ①发起设立：在公司登记机关登记的全体股东认购的股本总额； ②募集设立：在公司登记机关登记的实收资本总额

（二）认缴资本

概念	又称发行资本，是指公司实际上已向股东发行的股本总额
与注册资本的关系	认缴资本可能等于注册资本： （1）在实行法定资本制的国家，公司章程所确定的资本应一次全部认足，因此，认缴资本一般等于注册资本。 （2）但是，认足不等于缴足。股东在全部认足资本后，可以分期缴纳股款
	认缴资本可能小于注册资本： 在实行授权资本制的国家，一般不要求注册资本都能得到发行，所以认缴资本小于注册资本

（三）实缴资本

概念	又称实收资本，是指公司成立时公司实际收到并经依法登记的股东的出资总额，它是公司现实拥有的资本总额
与注册资本的关系	我国现行公司法的注册资本制度已经从实缴制改为认缴制，公司的注册资本等于公司成立时全体股东的认缴资本总额
	在认缴制下，由于股东认购股份以后，可能一次全部缴清，也可能在一定期限内分期缴纳，因此公司成立时的实缴资本可能等于或者小于注册资本

续表

概念	又称实收资本，是指公司成立时公司实际收到并经依法登记的股东的出资总额，它是公司现实拥有的资本总额
是否需要登记	有限责任公司和发起设立的股份有限公司： （1）其全体股东的认缴资本（即注册资本）需要在公司登记机关进行工商登记； （2）其全体股东的实缴资本不需要在公司登记机关进行工商登记
	募集设立的股份有限公司： （1）其实缴资本就是其注册资本，实行严格的法定资本制，不允许认缴出资； （2）其实缴资本（即注册资本）需要在公司登记机关进行工商登记

（四）认购资本

认购资本是指出资人同意缴付的出资总额。

二、公司资本三原则

公司资本原则，是指由公司法确立的，在公司设立、营运以及管理的整个过程中为确保公司资本的真实、安全而必须遵循的法律原则。传统公司法所确认的三项资本原则最为重要，即资本确定原则、资本维持原则以及资本不变原则。

（一）资本确定原则（对发起人出资信用的要求）

概念	公司设立时应在章程中载明公司资本总额，并由发起人认足或者募足，否则公司不能成立
目的	为了有效保证公司资本真实性，防止公司设立中的欺诈行为，有效维护交易安全和债权人利益
现状	现在很少有国家严守此项原则
	我国近些年同样不再严守此项原则： 我国现行公司法已经取消注册资本实缴制及针对一般公司的法定验资程序
体现	《公司法》第25条： 有限责任公司章程应当载明下列事项：（三）公司注册资本
	《公司法》第81条： 股份有限公司章程应当载明下列事项：（四）公司股份总数、每股金额和注册资本

（二）资本维持原则（对经营者资本保值的要求）

概念	又称资本充实原则，是指公司在其存续过程中，应当经常保持与其资本额相当的财产
目的	防止公司资产与公司资本严重脱节，保证公司资产具有实际债权担保的可靠价值，维护交易相对人的利益
	确保公司自身业务活动的正常开展
现状	我国公司法依然贯彻了该原则的要义，规定了若干强制性规范以确保公司拥有充足的财产
体现	防止公司资本实质性减少： ①《公司法》第35条、第91第、第200条：发起人或者股东不得退股，不得抽回出资或者股本； ②《公司法》第127条：股票发行价格不得低于股票面值； ③《公司法》第166条第1～3款：公司应按照规定提取和使用法定公积金； ④《公司法》第74条、第142条第1～3款：公司原则上不得回购本公司股份； ⑤《公司法》第142条第4款：公司不得接受本公司的股票作为抵押权标的
	防止公司滥分盈利： 《公司法》第166条第4款，亏损或者无利润不得分配股利

【了解内容】2018年10月26日第十三届全国人民代表大会常务委员会第六次会议决定对《中华人民共和国公司法》作如下修改：

将第142条修改为："公司不得收购本公司股份。但是，有下列情形之一的除外：

（一）减少公司注册资本；

（二）与持有本公司股份的其他公司合并；

（三）将股份用于员工持股计划或者股权激励；

（四）股东因对股东大会作出的公司合并、分立决议持异议，要求公司收购其股份；

（五）将股份用于转换上市公司发行的可转换为股票的公司债券；

（六）上市公司为维护公司价值及股东权益所必需。

公司因前款第（一）项、第（二）项规定的情形收购本公司股份的，应当经股东大会决议；公司因前款第（三）项、第（五）项、第（六）项规定的情形收购本公司股份的，可以依照公司章程的规定或者股东大会的授权，经三分之二以上董事出席的董事会会议决议。

公司依照本条第一款规定收购本公司股份后，属于第（一）项情形的，应当自收购之日起十日内注销；属于第（二）项、第（四）项情形的，应当在六个月内转让或者注销；属于第（三）项、第（五）项、第（六）项情形的，公司合计持有的本公司股份数不得超过本公司已发行股份总额的百分之十，并应当在三年内转让或者注销。

上市公司收购本公司股份的，应当依照《中华人民共和国证券法》的规定履行信息披露义务。上市公司因本条第一款第（三）项、第（五）项、第（六）项规定的情形收购本公司股份的，应当通过公开的集中交易方式进行。

公司不得接受本公司的股票作为质押权的标的。”

（三）资本不变原则（对公司资本稳定的要求）

概念	公司资本总额一旦确定，非经法定程序，不得任意变动
目的	资本不变原则是资本维持原则的必然要求，是为了尽可能维系公司资本的稳定性
现状	我国公司法主要对公司资本的减少作出了严格的限制
体现	《公司法》第 177 条第 1 款：须编制资产负债表和财产清单
	《公司法》第 43 条第 2 款、第 103 条第 2 款：须经股东（大）会作出决议
	《公司法》第 177 条第 2 款：须于减资决议后的法定期间内向债权人发出通知并且公告
	《公司法》第 177 条第 2 款：债权人有权在法定期间内要求公司清偿债务或者提供相应的担保
	《公司法》第 179 条第 2 款：须向公司登记机关办理变更登记

三、我国现行公司资本制度

为了降低公司设立的门槛，减少对公司治理的外在干预，增加公司内部治理的自治性，我国 2013 年的《公司法》修订将我国公司资本制度由实缴制修改为认缴制。

（一）认缴资本制 VS 实缴资本制

	认缴资本制	实缴资本制
概念	公司的注册资本为在公司登记机关登记的全体股东认缴的出资额或认购的股份： 1. 有限责任公司的注册资本为在公司登记机关登记的全体股东认缴的出资额； 2. 发起设立的股份有限公司的注册资本为在公司登记机关登记的全体股东认购的股本总额	1. 法律、行政法规以及国务院决定对有限责任公司注册资本实缴、注册资本最低限额另有规定的，从其规定； 2. 此处“另有规定”主要指的是募集设立的股份有限公司、证券公司、保险公司以及银行等； 3. 募集设立的股份有限公司的注册资本为在公司登记机关登记的实收资本总额

续表

	认缴资本制	实缴资本制
要求	“四无要求”： 1. 无法定验资的要求； 2. 无法定最低注册资本的要求； 3. 无法定出资期限的要求； 4. 无法定货币出资比例要求（例如：1 元钱也可以设立有限责任公司）。 【注意】以上内容均由股东通过公司章程予以自治，法律不作强制性规定	“三要”： 1. 要实缴到位：要求公司设立时，全部注册资本必须实缴到位； 2. 要法定验资：股东的出资必须要经过法定的验资程序； 3. 要有最低注册资本的限制：银行、保险、证券等特殊类型的公司仍有最低注册资本的要求
说明	1. 注册资本均须在公司登记机关进行工商登记； 2. 注册资本的生效及变动（增资、减资）以工商登记为准	

（二）对“股东实际出资尚未缴纳完毕”的性质认定

1. 在“实缴制”下，公司成立时，全部注册资本必须实缴到位。也就是说，如果股东的实际出资未缴纳完毕，则可以认定该股东未完全履行出资义务，相应地，股东所享有的股权是存在权利瑕疵的股权；若股东以此股权对外出资，则其股权出资存在权利瑕疵。

2. 在“认缴制”下，公司注册资本为在公司登记机关登记的全部股东认缴的出资额，股东可以通过公司章程自主约定认缴的出资额、出资方式以及实际出资缴纳期限。也就是说，只要全体股东认缴了公司的全部注册资本并且约定了实际出资的缴纳期限，公司即可成立。即使实际出资未缴纳完毕，该股东仍然合法享有该公司的股权。只要该股东在实际出资缴纳期限届满之前履行了出资义务，则不构成对出资义务的违反，其享有的股权并不是存在权利瑕疵的股权。相应地，该股东以此股权对外出资，其股权出资行为也不存在权利瑕疵。

（三）认缴出资、实缴出资与认购股份的法律效果

	法律效果
认缴出资（有限公司）	出资人将负担出资义务，即按期足额缴纳公司章程所规定的其所认缴的出资额，未履行或者未全面履行出资义务的股东在一定条件下须对公司的债务承担补充清偿的责任
	出资人认足章程规定的出资后，才能向公司登记机关申请公司登记
	公司成立后，应当向出资人签发出资证明书，设置股东名册，出资人正式成为股东，可以依据股东名册行使股东权利；但是，部分股东权利只能按照实缴出资比例行使，例如利润分配请求权、新股优先购买权、剩余财产分配请求权
	公司解散之时，公司因股东未缴纳出资而享有的对股东之债权应当列为清算财产

续表

	法律效果
认购股份（发起设立的股份公司）	发起人应按照章程规定缴纳出资，未履行或者未全面履行出资义务的股东在一定条件下须对公司的债务承担补充清偿的责任
	发起人认足章程规定的出资后，应当选举董事会和监事会，由董事会申请设立登记
	公司成立后，应当设置股东名册等，发起人正式成为股东
	发起人缴足认购之股份前，不得向他人募集股份
	公司解散时，股东尚未缴纳的出资应当列入清算财产
实缴出资（募集设立的股份公司、特殊类型的公司）	原属股东的货币转归公司所有，原属股东的非货币财产的财产权转至公司
	股东获得股份之后，可依据其持股比例获得股息收益，也可以通过转让股份将其变现

四、公司的资本与公司资产

（一）公司资本

1. 公司资本

公司资本，也称为股本，是指由公司章程确定并载明的、全体股东的出资总额。

2. 公司资本三原则的产生

根据传统的公司法理论，公司的信用主要取决于公司成立时的注册资本。所以，为了保护善意第三人的利益和交易安全，增强公司的信用，形成了公司资本三原则。

3. 公司资本三原则面临的挑战

（1）产生原因：商业的发展和信用制度的变化，导致公司的信用并不主要取决于公司成立时的注册资本，而是**取决于公司现有的资产状况以及市场信用**。

（2）具体表现：相关的变革已经发生或将要发生，例如法定最低注册资本的取消，授权资本制的产生和运用。

（3）严格的公司资本三原则的弊端：①限制了民商事主体进入市场的资格和机会，设置过于苛刻的市场准入门槛而阻碍了人们的投资积极性，进而不利于社会经济的发展；②增加了公司运营中的资金成本，导致资本闲置，进而加大了公司经营的总体成本；③增资程序复杂，限制了公司的增资渠道；④误导人们对公司信誉、履约能力、资信等方面的判断，使之以为注册资本数额大的公司就是信誉好的公司，进而使人们忽视了对公司资产的客观考量和判断，并且使得虚假出资、抽逃出资的行为发生。

（二）公司资产

1. 公司资产，又称公司实有财产，是指公司实际拥有的全部法人财产，包括有形财产与无形财产。

2. 资产来源：资产 = 负债 + 所有者权益。这就意味着公司资产主要包括股东或发起人的出资、向债权人借款或负债形成的财产以及公司经营过程中增加的财产（包括资产收益和经营收益）。由此可知，**公司资本只是公司资产的一部分**，公司资本**小于**公司资产。

3. 公司以其实际拥有的全部资产（而非公司注册资本）对其债务负责，所以公司资产才是公司对外承担财产责任的实际担保。因此，**公司的信用是以公司资产为基础**，而非以公司资本为基础。这也是资产信用取代资本信用的理论背景。

如公司成立时的注册资本为 100 万元，现有资产为 300 万元，则公司需以 300 万元的全部资产对债权人承担债务清偿责任；反之，如公司的注册资本为 300 万元，现有资产仅 100 万元，公司也只能以此 100 万元对债权人承担债务清偿责任。由此可知，公司的信用特别是公司的偿债能力其实与公司成立时的注册资本关系甚微，因为公司是以其全部资产而非注册资本对外承担债务清偿责任。

五、增加资本与减少资本

（一）公司的增资

<table>
<tr><td>概念</td><td>公司的增资，是指公司为了增强实力、扩大经营以及调整股东结构等，依照法定的条件和程序增加公司的资本总额</td></tr>
<tr><td rowspan="3">法定程序</td><td>由董事会制定增资方案</td></tr>
<tr><td>由股东（大）会作出增资决议，并对公司章程进行相应的修改：
（1）有限责任公司：必须经代表 2/3 以上表决权的股东通过；
（2）股份有限公司：必须经出席会议的股东所持表决权的 2/3 以上通过</td></tr>
<tr><td>依法办理增资登记手续，由公司登记机关换发营业执照：
办理登记后才发生注册资本增加的效力</td></tr>
<tr><td>股东出资</td><td>公司新增资本时，股东有权优先按照实缴的出资比例认缴出资。但是，全体股东约定不按照出资比例优先认缴出资的除外；</td></tr>
</table>

续表

股东出资	有限责任公司增加注册资本时，股东认缴新增资本的出资，依照本法设立有限责任公司缴纳出资的有关规定执行； 具体内容参见“有限责任公司的设立条件（出资方式、出资程序）”
	股份有限公司为增加注册资本发行新股时，股东认购新股，依照本法设立股份有限公司缴纳股款的有关规定执行
股东的责任	公司增加注册资本时，瑕疵出资股东的责任参见“瑕疵出资的法律责任”

（二）公司的减资

概念	公司的减资，又称为减资，是指公司基于某种情况或者需要，依照法定条件和程序，减少公司的资本总额
法定程序	由董事会制定减资方案
	由股东（大）会作出减资决议，并对公司章程进行相应的修改： （1）有限责任公司：必须经代表2/3以上表决权的股东通过； （2）股份有限公司：必须经出席会议的股东所持表决权的2/3以上通过
	必须编制资产负债表及财产清单
	通知债权人和对外进行公告：公司应当自作出减少注册资本决议之日起10日内通知债权人，并于30日内在报纸上公告
	债权人要求清偿或者担保：债权人自接到通知书之日起30日内，未接到通知书的自公告之日起45日内，有权要求公司清偿债务或者提供相应的担保
	依法办理减资登记手续，由公司登记机关换发营业执照：办理登记后才发生注册资本减少的效力

考点6　抽逃出资的认定

命题分析

“抽逃出资的认定”曾在2010年、2013年、2016年的主观题中进行考查。因此，将其作为一个重点知识点对待并不为过，考生切不可小觑。

该知识点主要包括抽逃出资的认定、抽逃出资的责任等内容，常常与股东瑕疵出资责任结合考查，考生需全面掌握。

考点解析

一、抽逃出资概述

（一）抽逃出资的概念

1. 概念：抽逃出资是指公司成立之后，股东非经法定程序，从公司抽回相当于已缴纳出资数额的财产，同时继续持有公司股份。

2. 进一步解读：

（1）发生时间：在公司成立以后。

（2）本质：未经法定程序将出资抽回的欺诈性违法行为。

（二）抽逃出资的认定

公司成立后，相关股东具有下列行为之一且损害公司权益的（实质标准），可以认定该股东的行为构成抽逃出资：

1. 制作虚假财务会计报表虚增利润进行分配。

2. 通过虚构债权债务关系将其出资转出。

3. 利用关联交易将出资转出。

4. 其他未经法定程序将出资抽回的行为。

【注意】

（1）认定股东抽逃出资的请求主体：公司、股东或者公司债权人。

（2）关联关系：是指公司控股股东、实际控制人、董事、监事、高级管理人员与其直接或者间接控制的企业之间的关系，以及可能导致公司利益转移的其他关系。但是，**国家控股的企业之间不能因为同受国家控股而具有关联关系**。

（3）就抽逃出资的认定而言，2014 年修正的《最高人民法院关于适用〈中华人民共和国公司法〉若干问题的规定（三）》**取消了“将出资款项转入公司账户验资后又转出”这一情形**。

（4）如第三人代垫资金协助发起人设立公司，代垫出资人无须和抽逃出资的股东承担连带责任。（2011 年《最高人民法院关于适用〈中华人民共和国公司法〉若干问题的规定（三）》第 15 条规定**“代垫出资人与抽逃出资的股东承担连带责任”的规定已经取消**）。

（三）抽逃出资与相关概念的区别

1. 抽逃出资与瑕疵出资

两者关系	严格意义上讲，抽逃出资不属于瑕疵出资
抽逃出资	强调在公司成立之后股东未经法定程序将出资抽回
瑕疵出资	强调股东的出资行为本身不符合法律或者公司章程的规定，具有一定的瑕疵，例如出资违约、出资不实等

2. 抽逃出资与股东借款

	抽逃出资	股东借款
定义	公司成立之后，股东非经法定程序，从公司抽回相当于已缴纳出资数额的财产，同时继续持有公司股份	股东向公司借款的行为，股东为债务人，公司为债权人
股东与公司之间是否存在真实的债权债务关系	不存在	存在
是否损害公司及利益相关者权益	造成公司财产相应减少，从而损害公司及利益相关者的权益	公司因此对股东享有相关的相应的借款债权，公司财产总额并未减少，并未损害公司及利益相关者的权益
公司财务会计记载及报表处理	公司财务会计账簿及报表等不作欠款账务处理	公司财务会计账簿及报表等将股东借款作为应收账款处理
法律后果和责任承担	抽逃出资的股东以及协助抽逃出资的相关主体应当对公司、其他股东乃至公司债权人承担相应的民事责任，情节严重时还需承担刑事责任	仅需对公司承担相应的民事责任，如借款中存在违反有关金融管理、财务管理的规定，应承担相应的行政责任

二、抽逃出资的法律责任

（一）抽逃出资的法律责任

抽逃出资的法律责任	
对公司或其他股东	1. 抽逃出资股东的责任： （1）公司或者其他股东可以请求其向公司返还出资本息； （2）【注意】抽逃出资的股东无须对其他发起人承担出资违约责任。 2. 协助抽逃出资的相关主体的责任： 公司或者其他股东可以请求协助抽逃出资的其他股东、董事、高级管理人员或者实际控制人对此承担连带责任

续表

抽逃出资的法律责任	
对公司债权人	1. 抽逃出资股东的责任： (1) 公司债权人可以请求抽逃出资的股东在抽逃出资本息范围内对公司债务不能清偿的部分承担补充赔偿责任； (2) 抽逃出资的股东已经承担上述责任，其他债权人无权提出相同请求。 2. 协助抽逃出资的相关主体的责任： 公司债权人可以请求协助抽逃出资的其他股东、董事、高级管理人员或者实际控制人对此承担连带责任
【注意】抽逃出资的股东不得以诉讼时效为由抗辩其对公司、其他股东以及公司债权人的相应责任	

（二）抽逃出资的其他不利影响

1. 因股东违反出资义务而限制其自益权

股东未履行或者未全面履行出资义务或者抽逃出资，公司有权根据公司章程或者股东会决议对其利润分配请求权、新股优先认购权、剩余财产分配请求权等股东权利作出相应的合理限制。

（1）法定情形：①股东未履行出资义务；②股东未全面履行出资义务；③股东抽逃出资。

（2）限制依据：①公司章程；②股东会决议。

（3）限制内容：股东的利润分配请求权、新股优先认购权、剩余财产分配请求权等股东权利（**主要是自益权**）。

【注意】①**此处是“限制”，而非“剥夺”**；②**限制应当合理**，与股东违反出资义务的程度相适应。

2. 因股东严重违反出资义务而解除其股东资格

有限责任公司的股东未履行出资义务或者抽逃全部出资，经公司催告缴纳或者返还，其在合理期间内仍未缴纳或者返还出资，公司有权以股东会决议解除该股东的股东资格。

（1）法定情形：①仅限于有限责任公司的股东；②仅限于股东未履行出资义务和抽逃全部出资。

（2）前置程序：须经公司催告缴纳或者返还，其在合理期间内仍未缴纳或者返还出资。

（3）解除形式：以股东会决议的形式解除其股东资格。

（4）解除后果：①公司决议解除其股东资格的，人民法院在判决时应当释明，公司应当及时办理法定减资程序或者由其他股东或者第三人缴纳相应的出资；②在办理法定减资程序或者其他股东或者第三人缴纳相应的出资之前，公司债权人有权请求其他股东提供或提前清偿。

考点7 瑕疵出资的法律责任

命题分析

"瑕疵出资的法律责任"曾在2010年、2015年的主观题中进行考查。

不同类型的股东瑕疵出资行为，其引起的法律责任自然不同。严格地说，我国《公司法》中瑕疵出资的行为主要包括出资违约、出资不实以及增资时的出资瑕疵三种情形，而抽逃出资不属于瑕疵出资的行为范畴。本部分分别阐述出资违约、出资不实以及增资时的出资瑕疵三种瑕疵出资行为的法律责任，重点掌握有限责任公司的相关法律责任，股份公司相关制度仅供参考。

考点解析

一、瑕疵出资的类型

（一）出资违约

1. 出资违约的概述

定义	发起人或者股东未履行或者未全面履行出资义务，即股东未按期足额缴纳公司章程中规定的各自所认缴的出资额
类型	货币出资违约：未按期将货币出资足额存入有限责任公司在银行开设的账户
	非货币出资违约：未依法办理其财产权的转移手续： （1）动产出资违约：未完成交付； （2）不动产出资违约：未办理过户登记

2. 出资违约的法律责任

对其他股东	股东出资违约，可以认定股东未履行或者未全面履行出资义务： 1. 其他股东有权请求该瑕疵出资的股东向公司依法全面履行出资义务； 2. 该瑕疵出资的股东应当向已按期足额出资的股东承担违约责任

续表

对公司	股东出资违约，可以认定股东在公司设立时未履行或者未全面履行出资义务： 1. 公司有权请求该瑕疵出资的股东向公司依法全面履行出资义务； 2. 该瑕疵出资的股东应当向公司足额缴纳出资； 3. 公司的发起人对此应当与该瑕疵出资的股东承担连带责任； 【注意】此处承担连带责任的仅限于公司发起人，不包括公司成立后新加入的股东。 4. 公司的发起人承担责任后，可以向该瑕疵出资的股东追偿
对债权人	股东出资违约，可以认定股东未履行或者未全面履行出资义务的： 1. 公司债权人有权请求该瑕疵出资的股东在未出资本息范围内对公司债务不能清偿的部分承担补充赔偿责任； 2. 该瑕疵出资的股东已经承担上述责任，其他债权人不得提出相同请求； 3. 公司的发起人对此与该瑕疵出资股东对债权人承担连带责任； 【注意】此处承担连带责任的仅限于公司发起人，不包括公司成立后新加入的股东。 4. 公司的发起人承担责任后，可以向该瑕疵出资的股东追偿

（二）出资不实

1. 出资不实的概述

定义	作为设立公司出资的非货币财产的实际价额显著低于公司章程所定价额
认定	出资人以非货币财产出资，未依法评估作价，公司、其他股东或者公司债权人请求认定出资人未履行出资义务的： 1. 人民法院应当委托具有合法资格的评估机构对该财产评估作价。 2. 评估确定的价额显著低于公司章程所定价额的，人民法院应当认定出资人未依法全面履行出资义务
例外	非货币出资：因客观因素导致贬值不构成出资不实。 1. 出资人以符合法定条件的非货币财产出资后，因市场变化或者其他客观因素导致出资财产贬值，公司、其他股东或者公司债权人无权请求该出资人承担补足出资责任的； 2. 但是，当事人另有约定的除外。即此种情形，如当事人另有约定，公司、其他股东或者公司债权人有权请求该出资人承担补足出资责任

2. 出资不实的法律责任

对其他股东	股东出资不实的，可以认定该股东未依法全面履行出资义务： 1. 其他股东有权请求该出资不实的股东向公司依法全面履行出资义务； 2. 该出资不实的股东无须对其他股东承担违约责任

续表

对公司	股东出资不实的，可以认定该股东未依法全面履行出资义务： 1. 公司有权请求该出资不实的股东向公司依法全面履行出资义务； 2. 应当由交付该出资的股东向公司补足其差额； 3. 公司设立时的其他股东对此承担连带责任； 【注意】此处承担连带责任的仅限于公司设立时的其他股东，不包括公司成立后新加入的股东。 4. 公司设立时的其他股东承担责任后，可以向交付该出资的股东追偿
对债权人	股东出资不实的，可以认定该股东未依法全面履行出资义务： 1. 公司债权人有权请求该出资不实的股东在未出资本息范围内对公司债务不能清偿的部分承担补充赔偿责任。 2. 该出资不实的股东已经承担上述责任，其他债权人不得提出相同请求。 3. 公司的发起人对此与该出资不实的股东对债权人承担连带责任。 【注意】此处承担连带责任的仅限于公司发起人，不包括公司成立后新加入的股东。 4. 公司的发起人承担责任后，可以向该出资不实的股东追偿。 5. 中介机构对债权人的责任：承担资产评估、验资或者验证的机构因其出具的评估结果、验资或者验证证明不实，给公司债权人造成损失的，除能够证明自己没有过错的外，在其评估或者证明不实的金额范围内承担赔偿责任

（三）增资时的出资瑕疵

1. 概念

增资时的出资瑕疵，是指股东未按照增资协议履行其出资义务。具体而言，即在公司成立后，股东在增资时未履行或者未全面履行出资义务。

2. 法律责任

对其他股东	股东增资瑕疵的，可以认定股东在增资时未履行或者未全面履行出资义务： 1. 其他股东有权请求该增资瑕疵的股东向公司依法全面履行出资义务； 2. 该增资瑕疵的股东无须对其他股东承担违约责任
对公司	股东增资瑕疵的，可以认定股东在增资时未履行或者未全面履行出资义务： 1. 公司有权请求该增资瑕疵的股东向公司依法全面履行出资义务； 2. 该增资瑕疵股东应当向公司补足其出资； 3. 未尽忠实义务和勤勉义务而使出资未缴足的董事、高级管理人员应当向公司承担相应的责任； 4. 董事、高级管理人员承担责任后，可以向该增资瑕疵股东追偿

续表

对债权人	股东增资瑕疵的，可以认定股东在增资时未履行或者未全面履行出资义务： 1. 该增资瑕疵股东应当在未出资本息范围内对公司债务不能清偿的部分向公司债权人承担补充赔偿责任； 2. 该增资瑕疵的股东已经承担上述责任，其他债权人不得提出相同请求； 3. 未尽忠实义务和勤勉义务而使出资未缴足的董事、高级管理人员应当向公司债权人承担相应的责任； 4. 董事、高级管理人员承担责任后，可以向该增资瑕疵股东追偿
【注意】当公司增资时，某一股东瑕疵增资，其他股东无须对公司、债权人承担连带责任	

例如，某公司成立一年后，决定增加注册资本100万元，并约定增资的股东必须在1年内缴足出资。甲认购新增资本30万元，但1年内仅实缴10万元。乙作为董事长在此期间未采取任何措施。①对此，我们可以认定甲属于增资瑕疵股东，公司可以要求其补足20万元的剩余出资；②公司有权请求未尽到勤勉义务而使出资未缴足的乙承担相应的责任，乙承担责任后有权向甲追偿；③公司债权人有权请求甲在未出资本息范围内对公司债务不能清偿的部分承担补充赔偿责任，如甲已经承担上述责任，其他债权人无权提出相同的请求；④公司债权人有权请求未尽到勤勉义务而使出资未缴足的乙承担相应的责任，乙承担责任后有权向甲追偿；⑤公司的其他股东无须与甲一起对公司、债权人承担连带责任。

【扩展说明】名义股东与实际股东关于出资瑕疵的责任：

1. 名义股东担责：公司债权人有权以登记于公司登记机关的股东未履行出资义务为由，请求其对公司债务不能清偿的部分在未出资本息范围内承担补充赔偿责任，股东不得以其仅为名义股东而非实际出资人为由进行抗辩。

2. 名义股东可追偿：名义股东依法承担赔偿责任后，有权向实际出资人追偿。

二、对瑕疵出资的处理

（一）因股东违反出资义务而限制其自益权

股东未履行或者未全面履行出资义务或者抽逃出资，公司有权根据公司章程或者股东会决议对其利润分配请求权、新股优先认购权、剩余财产分配请求权等股东权利作出相应的合理限制。

1. 法定情形：①股东未履行出资义务；②股东未全面履行出资义务；③股东抽逃出资。

2. 限制依据：①公司章程；②股东会决议。

3. 限制内容：股东的利润分配请求权、新股优先认购权、剩余财产分配请求权等股东权利（**主要是自益权**）。

4. 注意：①**此处是“限制”，而非“剥夺”**；②**限制应当合理**，与股东违反出资义务的程度相适应。

（二）因股东严重违反出资义务而剥夺其股东资格

有限责任公司的股东未履行出资义务或者抽逃全部出资，经公司催告缴纳或者返还，其在合理期间内仍未缴纳或者返还出资，公司有权以股东会决议解除该股东的股东资格。

1. 法定情形：①仅限于有限责任公司的股东；②仅限于股东未履行出资义务和抽逃全部出资。

2. 前置程序：须经公司催告缴纳或者返还，其在合理期间内仍未缴纳或者返还出资。

3. 解除形式：以股东会决议的形式解除其股东资格。

4. 解除后果：

（1）公司决议解除其股东资格的，人民法院在判决时应当释明，公司应当及时办理法定减资程序或者由其他股东或者第三人缴纳相应的出资；

（2）在办理法定减资程序或者其他股东或者第三人缴纳相应的出资之前，公司债权人有权请求相关当事人承担相应责任。

（三）关于瑕疵股权的转让

定义	有限责任公司的股东未履行或者未全面履行出资义务即转让股权
责任分担	1. 对公司的救济：公司有权请求该股东（转让人）、知情的受让人（对此知道或者应当知道）对此承担连带责任
	2. 对公司债权人的救济： （1）公司债权人有权请求该股东（转让人）在未出资本息范围内对公司债务不能清偿的部分承担补充赔偿责任。 （2）该股东（转让人）已经承担上述责任，其他债权人不得提出相同请求； （3）公司债权人有权请求知情受让人（对此知道或者应当知道）对此承担连带责任
	3. 对受让人的救济： （1）原则上：受让人根据上述规定承担责任后，有权向该未履行或者未全面履行出资义务的股东追偿； （2）例外：瑕疵股权的转让人与受让人对此另有约定的除外
	【总结】公司、债权人要求受让人承担连带责任的前提是该受让人知情——对有限责任公司的股东转让瑕疵股权知道或者应当知道

（四）不能适用诉讼时效进行抗辩

1. 公司股东未履行或者未全面履行出资义务或者抽逃出资，公司或者其他股东请求其向公司全面履行出资义务或者返还出资，被告股东不得以诉讼时效为由进行抗辩。

2. 公司债权人的债权未过诉讼时效期间，其可以请求未履行或者未全面履行出资义务或者抽逃出资的股东承担赔偿责任，被告股东不得以出资义务或者返还出资义务超过诉讼时效期间为由进行抗辩。

【总结】股东的出资义务与返还出资义务**不受诉讼时效期间的限制**。

小结：（虽未涉及抽逃出资，但为方便考生理解记忆，此处仍一并汇总说明）

瑕疵类型 法律责任	对发起人	对公司	对债权人（限于公司债务不能清偿的部分）
出资违约	违约责任	1. 该股东：补足； 2. 发起人：连带＋追偿	1. 该股东：补充赔偿（未出资本息范围内＋一次责任）； 2. 发起人：连带＋追偿
出资不实	无违约责任	1. 该股东：补足； 2. 发起人：连带＋追偿	1. 该股东：补充赔偿（未出资本息范围内＋一次责任）； 2. 发起人：连带＋追偿； 3. 中介机构：过错推定责任
抽逃出资		1. 该股东：返还； 2. 协助抽逃出资者：连带	1. 该股东：补充赔偿（抽逃出资本息范围内＋一次责任）； 2. 协助抽逃出资者：连带
增资时的出资瑕疵		1. 该股东：补足； 2. 过错董高：相应责任＋追偿	1. 该股东：补充赔偿（未出资本息范围内）； 2. 过错董高：相应责任＋追偿

【本表使用说明】

判断瑕疵出资责任的步骤：

1. 判断哪种瑕疵出资类型（出资违约＋出资不实＋抽逃出资＋增资瑕疵）；

2. 判断瑕疵出资的责任主体（瑕疵出资股东＋相关责任主体）；

3. 判断请求承担责任的权利主体（对谁承担责任）。

根据上述表格一一对应即可。

考点8　股东的资格

命题分析

“股东的资格”是历年考试中的重量级知识点，近十年考了3次主观题（2010年、2014年、2016年），主要考查“股东资格的取得与确认”，包括股东资格的原始取得和继受取得，命题人喜欢结合公司法的默认性规范以及投资关系与其他相近法律关系的区别进行考查。2014年和2016年真题中的股东资格认定结果恰恰相反，让考生大跌眼镜，反映了该考点具有较强的理论性，应重点掌握。

鉴于历年真题关于“股东资格的取得与确认”的考查情况仅仅局限在有限责任公司范围之内，因此本部分只重点解读有限责任公司股东资格的取得与确认。

考点解析

一、股东资格的取得与确认

（一）股东资格概述

1. 股东的概念

股东，是指以向公司出资、持有公司股份、享有股东权利和承担股东义务的人。股东是对公司法上的出资人的特别称谓。

2. 股东的资格限制

（1）无组织形式的限制：股东可以是自然人、法人、非法人组织，还可以是国家。国家作为股东时需要明确代表国家行使股东权的具体组织，如国有资产监督管理机构。

（2）无行为能力的要求：**理论上可以是限制行为能力人或者无行为能力人，此时，由其法定代理人代理其行使股东权利。**

【注意】无民事行为能力人或者限制民事行为能力人不得担任公司董事、监事以及高级管理人员。

（3）无国籍的限制：股东可以是本国人，也可以是外国人。

（4）无住所地的限制：股东一般无住所地的限制；但是，设立股份有限公司，须有半数以上的发起人在中国境内有住所。

3. 股东资格的法定证明文件

（1）股东身份或者股东资格的法定证明文件是公司的股东名册。

（2）公司登记机关置备的相关文件并非股东资格的法定证明文件，更非唯一文件；但是，如未经公司登记机关登记，股东资格不具有对抗第三人的效力。

（二）股东资格取得的条件

1. 股东资格取得的方式

根据股东资格取得的依据可以分为原始取得与继受取得。

（1）所谓股东资格的原始取得，是指在公司成立时，认缴公司首次发行的资本或者股份或者在公司增资时认缴公司的资本或者股份而成为公司股东的。

（2）所谓股东资格的继受取得，是指因股权转让、继承或者公司合并等方式取得公司的出资或者股份而成为公司股东的。

2. 股东资格取得的条件

	实质要件	形式要件
原始取得时	投资人向公司出资或者认缴出资	1. 记载于股东名册（对内）； 2. 在公司登记机关办理登记（对外）
继受取得时	继受取得公司的出资或者股份	

（三）股东资格的确认

不同的法律文件对股东资格的确认具有不同的法律意义。具体而言，股东名册、出资证明书以及工商登记对股东资格确认的法律意义如下表所示：

	股东名册	出资证明书	工商登记
效力	1. 法定置备义务：有限责任公司应当置备股东名册。 2. 性质：股东名册是股东身份或者股东资格的法定证明文件。 3. 意义： （1）在公司内部：可以以此确定股东身份。 （2）股东可以据此向公司主张行使股东权利（对内）	1. 法定签发义务：有限责任公司成立后，应当向股东签发出资证明书。 2. 性质：股东出资的证明文书，属于证权证书（不可变现流通）。 3. 意义： （1）具有证明股东履行出资义务的效力。 （2）持有出资证明书不等于取得股东资格。 （3）丧失持有，也不等于同时丧失股东资格	1. 法定登记义务：公司应当将股东的姓名或者名称向公司登记机关登记；登记事项发生变更的，应当办理变更登记。 2. 性质：股权取得和变动的重要公示文件。 3. 意义： （1）非股权取得和变动的生效要件，而是对抗要件。 （2）未经登记或者变更登记的，不得对抗第三人（对外 + 无“善意”之要求）

续表

	股东名册	出资证明书	工商登记
记载事项	1. 股东的姓名或者名称及住所； 2. 股东的出资额； 3. 出资证明书编号。 【注意】仅限股东情况，不涉及公司的任何情况	1. 公司名称； 2. 公司成立日期； 3. 公司注册资本； 4. 股东的姓名或者名称、缴纳的出资额和出资日期； 5. 出资证明书的编号和核发日期	（全体）股东的姓名或者名称
签发时间	股东认缴出资后，方可记载于股东名册	有限责任公司成立后且股东实缴一定出资后，方可向其签发出资证明书	全体股东认足出资后，方可申请设立登记
数量	每个公司只有一份股东名册	实缴一定出资的每个股东都拥有一份	关于股东的姓名或者名称的工商登记，每个公司也只能有一份

【扩展说明1】股东名册 VS 出资证明书

（1）**当股东名册与出资证明书关于股东名单的记载发生冲突的：以股东名册为准，主要原因在于股东名册是股东资格或身份的法定证明文件**。

（2）**出资证明书≠股东资格的取得**。具体而言，既不能以不具有出资证明书而否定股东资格，也不能仅以拥有出资证明书而认定当事人具有股东资格。

①理解：股权转让后，未注销原股东的出资证明书，当然不能以原股东持有出资证明书认定其股东资格；

②理解：股东已经认缴出资并记载于股东名册，在实缴出资之前虽然并无出资证明书，但并不能因此而否定其股东资格。

【扩展说明2】股东名册 VS 工商登记

（1）**工商登记与股东名册关于股东名单的记载发生冲突的：对公司内部而言，以股东名册为准；对公司外部的第三人而言，则以工商登记为准**。

（2）工商登记是股权取得和变动的重要公示文件，并非股权取得和变动的生效要件，而是对抗要件。如果已经记载于股东名册，但未向登记机关进行工商登记或者变更登记的，并不能据此否定股东资格。换而言之，**未进行工商登记的，仍具备股东资格，只是不能对抗第三人。**

【扩展说明3】公司章程VS股东名册

（1）**当公司章程和股东名册关于股东名单的记载发生冲突的：以股东名册记载为准**。

（2）两者比较：

	股东名册	公司章程
法律性质	股东资格或身份的法定证明文件	公司内部的自治性宪章
主要用途	证明股东身份或者股东资格	规范公司内部组织关系和经营行为，保证公司治理规范化、有序化
【结论】根据上述比较可知，当认定股东资格而两者发生冲突时，应当以股东名册为准		

【扩展说明4】如何判断当事人与公司之间是投资关系，还是借贷关系？

公司现实经营中经常发生当事人在公司盈利时“欲入股”并曾获得分红、参与管理，但是公司亏损时却又主张自己当初的投资属于借款的情况，那么对此我们应当如何认定呢？

首先，我们不能机械性地套用《最高人民法院关于适用〈中华人民共和国公司法〉若干问题的规定（三）》第23条的规定①，即不能将“记载于股东名册并办理公司登记机关登记”作为判断两者之间关系的唯一标准。因为“认定某一投资人是否具有股东资格”与“认定两者之间是投资法律关系还是借款法律关系”并不是同一个问题，两者属于不同语境下的问题。

其次，正确的解题思路应该是**从当事人交付现金时的真实意思表示、是否参与公司的日常经营以及分红等方面综合认定。如果不涉及股东名册的问题，则可认定为实际出资人或者实际股东即可**。换而言之，即使未被记载入股东名册，也未进行工商登记，也不能否定其实际出资人或者实际股东的身份而将其视为借款人来对待。

例如，甲欲入股乙有限责任公司，其以现金100万元向公司出资，未被载入股东名册，也未办理工商登记，但甲从乙公司分取了相应的红利，也参与了公司管理。甲与乙公司之间的关系判断思路如下：①虽然甲没有被记载为股东，也未办理工商登记，但是他是出于自己的真实意思表示出资成为股东，且参与了分红及公司经营，这些行为均非债权人可为，可以认定其为实际出资

① 《最高人民法院关于适用〈中华人民共和国公司法〉若干问题的规定（三）》第23条规定：“当事人依法履行出资义务或者依法继受取得股权后，公司未根据公司法第31条、第32条的规定签发出资证明书、记载于股东名册并办理公司登记机关登记，当事人请求公司履行上述义务的，人民法院应予支持。”

人，与公司之间是投资关系而非借贷关系；②同时，正是由于甲未被记载于股东名册，因此只能认为甲是实际出资人或者实际股东。

【扩展说明5】股东资格确认之诉

1. 举证责任的分配：当事人之间对是否已履行出资义务发生争议，原告提供对股东履行出资义务产生合理怀疑证据的，被告股东应当就其已履行出资义务承担举证责任。

2. 当事人的确定：当事人向人民法院起诉请求确认其股东资格的，应当以公司为被告，与案件争议股权有利害关系的人作为第三人参加诉讼。

二、股东资格的继承

股东资格继承的规则及其引申	
限制	股东资格的继承仅限于有限责任公司的自然人股东
规则	原则：自然人股东死亡或者被宣告死亡后，其合法继承人可以继承股东资格
	例外：公司章程对此种情形另有规定的，则从其规定。例如，公司章程可以规定死亡股东的继承人不能自动取得股东资格而须有其他股东一定比例的同意，或者规定继承人在符合何种条件时方能继承股东资格等
问题1	如公司章程对此未另有规定，继承人拒绝继承的该如何处理？ （1）公司章程对此未另有规定的，继承人可以依法继承股东资格； （2）继承人拒绝继承股东资格的，应当通过协商或者评估的方式确定该股东的股权价格，由其他股东受让该股权或者由公司收购该股权，继承人取得相应的股权转让款
问题2	如公司章程对此未另有规定，多个继承人都想继承的该如何处理？ 多个继承人都愿意继承股东资格的，则由该数个继承人通过协商确定各自继承股权的份额

三、股东资格的剥夺

（一）剥夺股东资格条件

	剥夺股东资格的具体条件
实体条件	条件：股东未履行出资义务或者抽逃全部出资
	说明： （1）**此处条件的实质是公司的资本中没有出资人的一分钱的出资**； （2）注意体会“未履行出资义务”与“未完全履行出资义务”的区别； （3）抽逃出资的，要求“全部抽逃”。抽逃部分出资的，不得剥夺其股东资格

续表

	剥夺股东资格的具体条件
程序条件	条件：（须两个条件同时满足） （1）须经催告仍不履行：经公司催告缴纳或者返还，其在合理期间内仍未缴纳或者返还出资。 （2）须以股东会决议形式解除：公司应当以股东会决议解除该股东的股东资格
	关于“合理期限”的说明： 对此，《公司法》未作明确的规定；实践中多由公司章程予以规定；公司章程未作出规定的，则由法官自由裁量
	【注意】以公司决议形式解除某股东的股东资格，**仅限于有限责任公司**

（二）股东资格剥夺的法律后果

1. 人民法院在判决时应当释明，公司应当及时办理法定减资程序或者由其他股东或者第三人缴纳相应的出资。

2. 在办理法定减资程序或者其他股东或者第三人缴纳相应的出资之前，公司债权人有权请求相关当事人承担相应责任的，人民法院应予支持。

考点9　名义股东与实际股东

命题分析

“名义股东与实际股东”是公司法中相对重要的知识点，在2014年的主观题中曾进行考查。

从考查内容来看，包括代持股协议的效力、隐名投资法律关系分析以及股权善意取得等。其中，“隐名投资的法律关系分析”是最受命题人青睐的重中之重知识点。

总的来说，“名义股东与实际股东”属于商法中具有高性价比的重点知识点——内容不多，难度不大，分值却不菲。正因如此，考生切不可马虎大意，务必重点掌握。

考点解析

一、两类股东的概念

股东	概念
名义股东	1. 又称为“显名股东”，是指登记于股东名册及公司登记机关的登记文件，但事实上并没有真实向公司出资，并且也不会向公司出资的人
	2. 从形式上而言，名义股东是公司的股东： （1）名义股东需要承担一定的股东义务； （2）名义股东承担股东义务的原因在于保护善意的交易第三人的信赖利益
实际股东	又称为“隐名股东”，是指向公司履行了出资义务，并且实际享有股东权利但其姓名或者名称并未记载于公司股东名册及公司登记机关的登记文件的人
【注意】名义股东与实际股东之间的法律关系，**主要从合同法的角度予以规制**	

二、代持股协议

概念	所谓“代持股协议”，又称“持股协议”或者“代持协议”，是指由有限责任公司的实际出资人与名义出资人订立的，约定由实际出资人出资并享有投资权益，以名义出资人为名义股东的协议
效力	原则：代持股协议是有效的合同，签署该协议不违反公司法的强制性规定
	例外：存在下列情形之一的，代持股协议无效： （1）一方以欺诈、胁迫的手段订立合同，损害国家利益； （2）恶意串通，损害国家、集体或者第三人利益； （3）以合法形式掩盖非法目的； （4）损害社会公共利益； （5）违反法律、行政法规的强制性规定
	说明：代持股协议的效力具有相对性，**仅仅约束协议双方的当事人**

三、隐名投资的法律关系分析

（一）股东资格的确定

基本原则	采取外观主义原则：**以名义股东为公司的股东，行使股东权利**
具体原因	名义股东是记载于股东名册及公司登记机关的登记文件之上的人
	代持股协议具有相对性，其关于股东资格归属的约定不具有公示性
	保护交易第三人信赖利益，维护交易安全的需要
说明	“以名义股东为公司股东、行使股东权利”与“当事人通过代持股协议约定投资权益归实际股东所有”**并不冲突，前后两者均合法有效**

（二）名义股东与实际股东的关系

总原则	名义股东与实际股东之间的关系由代持股协议调整，双方根据代持股协议享有权利，承担义务
股东资格的确认	名义股东是公司的股东，代表实际股东行使股东权利，承担股东义务
投资权益的归属	投资权益归属实际股东所有：实际出资人有权以其实际履行了出资义务为由向名义股东主张权利
	名义股东不得以形式要件进行抗辩：名义股东不得以公司股东名册记载、公司登记机关登记为由否认实际出资人的权利

（三）名义股东与公司的关系

总原则	名义股东是公司法意义上的股东，其与公司之间的关系适用《公司法》的具体规定
名义股东依法向公司主张股东权利	名义股东依法享有资产收益、参与重大决策和选择管理者等权利
	上述“享有资产收益”是针对公司而言的，而投资收益的最终一般归实际出资人所有
名义股东依法向公司承担股东义务	名义股东依法向公司承担出资义务、参加股东会的义务、不干涉公司正常经营的义务以及不得滥用股东权利的义务等
	名义股东不得以其并非公司实际出资人为由拒绝向公司承担其股东义务

（四）实际股东与公司的关系

总原则：实际股东不是公司法意义上的公司股东
实际股东不得直接对公司主张股东权利： 1. 向公司主张权利的关键性要件之一是该股东被记载于股东名册； 2. 实际股东享有投资权益是针对名义股东而言，并非可以直接向公司主张资产收益
公司不得直接要求实际股东承担股东义务： 1. 实际股东不是公司法意义上的股东，对公司不直接承担股东义务； 2. 公司只能直接要求名义股东承担股东的义务
实际股东如欲“显名化”须得履行法定手续： 1. 原因：此乃保护有限责任公司人合性的需要。 2. 法定手续： ①实际出资人不得以其实际履行出资义务为由，要求公司变更自己为股东； ②实际出资人未经公司其他股东半数以上同意，无权请求公司变更股东、签发出资证明书、记载于股东名册、记载于公司章程并办理公司登记机关登记。 3. 关于“其他股东半数以上同意”的说明： ①此处“其他股东”**不包括代其持股的名义股东**； ②此处“半数以上”**采取的是“人头决”，而非“资本决”**。 ③“半数以上”在立法中的准确表述是“过半数”（参见《公司法》第71条），不包括本数

（五）名义股东与善意第三人的关系

1. 名义股东处分股权行为的效力
（1）名义股东处分股权的行为性质：有权处分，具体理由如下： ①从公司法意义上看，名义股东是公司的股东，自然有权处分其股权； ②该股权登记于名义股东的名下，对于第三人而言，名义股东是该股权的合法持有者。 （2）名义股东订立合同的效力：有效合同。 名义股东因处分股权而签订的合同，例如股权转让、股权质押合同，只要不存在《合同法》第52条规定的法定无效事由，均是有效合同。 （3）受让人能够取得股权的关键：受让人符合“善意取得”的条件： ①受让人受让该股权时是善意的： 【善意的认定】受让人不知道转让人为名义股东、其背后尚有实际股东之事实； ②以合理的价格转让； ③转让的股权已经依照法律规定向公司登记机关办理变更登记
2. 对实际出资人的救济
（1）如股权的受让人为善意： 此时，受让人善意取得股权，如名义股东处分股权造成实际出资人损失的，实际出资人有权请求名义股东承担赔偿责任。 （2）如股权的受让人为恶意： 此时，实际出资人有权主张该股权转让行为无效，受让人不能取得股权。
3. 名义股东处分股权与“一股二卖”的比较
（1）概念： ①名义股东处分股权：名义股东以转让、质押或者其他方式将登记于其名下的股权进行处分的行为； ②一股二卖：股权转让后尚未向公司登记机关办理变更登记，原股东以转让、质押或者其他方式将仍登记于其名下的股权进行处分的行为。 （2）股权处分行为的效力 两种股权处分行为的效力均是参照物权法第106条的规定处理，具体规则参照上表“名义股东处分股权行为的效力认定”。 （3）责任承担： ①名义股东处分股权：名义股东处分股权造成实际出资人损失的，实际出资人有权请求名义股东承担赔偿责任； ②一股二卖： 原股东处分股权造成（第一次）受让股东损失的： A：原股东的责任：受让股东有权请求原股东承担赔偿责任； B：相关过错主体的责任：对于未及时办理变更登记有过错的董事、高级管理人员或者实际控制人应当向受让股东承担相应责任； C：受让股东有过错的：受让股东对于未及时办理变更登记也有过错的，可以适当减轻上述董事、高级管理人员或者实际控制人的责任

（六）名义股东与债权人的关系

对债权人的责任	名义股东应当承担出资违约或者出资不实的赔偿责任： 1. 公司债权人有权以登记于公司登记机关的股东未履行出资义务为由，请求其对公司债务不能清偿的部分在未出资本息范围内承担补充赔偿责任； 2. 名义股东不得以其仅为名义股东而非实际出资人为由对债权人进行抗辩
对名义股东的救济	名义股东向债权人承担赔偿责任后，有权向实际出资人追偿
特别说明	对外而言：由于第三人只能根据公司登记机关公示的文件判断股东资格，所以，名义股东是公司股东，对债权人承担责任
	对内而言：名义股东只是代实际股东持有股权，而实际股东才是出资义务的真实、最终的承担者，所以，出资责任最终应当由实际股东承担

四、与冒名股东的比较

1. 名义股东VS冒名股东

	名义股东	冒名股东
概念	又称为显名股东，是指登记于股东名册及公司登记机关的登记文件，但事实上并没有真实向公司出资，并且也不会向公司出资的人	冒用他人名义出资并将该他人作为股东在公司登记机关登记的，冒名登记行为人即是所谓的冒名股东
产生	基于其与实际股东之间的**代持股协议**而产生	基于冒名股东的**冒名行为**而产生

2. 冒名股东的责任

（1）冒名人承担责任：冒用他人名义出资并将该他人作为股东在公司登记机关登记的，冒名登记行为人应当承担相应责任；

（2）被冒名人不承担责任：公司、其他股东或者公司债权人无权以未履行出资义务为由，请求被冒名登记为股东的承担补足出资责任或者对公司债务不能清偿部分的赔偿责任。

【总结】

1. 处理名义股东与实际股东之间的关系，需要把握两条主线

（1）名义股东是公司形式上、法律上的股东，可以直接向公司主张股东权利，应当直接向公司承担股东义务；同时，直接与公司、公司债权人以及其他外部第三人发生法律关系；其处分股权的行为并不是无权处分，但是需要参照适用善意取得制度。

（2）实际股东并不是公司法意义上的公司股东，其只是依据代持股协议

向名义股东主张权利，与公司并没有直接的法律关系；但是，由于其实际出资并享有投资收益，所以是出资责任的最终承担者。

2. 名义股东与实际股东关系示意图

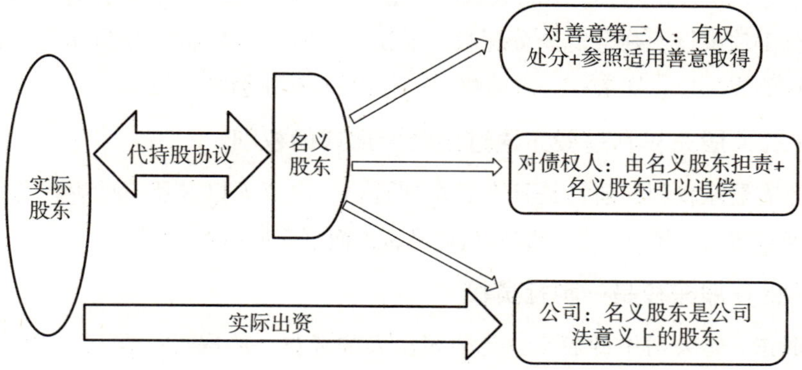

考点 10　股东的权利

命题分析

公司法是一部股东权利宣言书，“股东的权利”是极其重要的常考知识点，2012 年、2015 年的主观题曾进行考查。

该考点主要包括“股东权利的特征”“股东权利的原则”“股东权利的类型”“股东权利的内容”这四部分内容，其中**“股东权利的内容”是考查的重中之重**。此外，**《最高人民法院关于适用〈中华人民共和国公司法〉若干问题的规定（四）》对股东的知情权和利润分配请求权作出了大量的补充性规定，**该知识点在 2019 年法考主观题中预计**考查的概率会增加**。同时，就“股东权利的内容”这一部分而言，其具体内容常散见于公司法的各个章节，与其他考点交织在一起，考生需整体把握。

考点解析

一、股东权利的特征

所谓“股东权”，是指公司股东依据法律和公司章程享有的自益权和共益权的总称。出资人通过出资，获得股东的资格，依据法律和公司章程的相关规定，享有股东权利。股东权利具有下列特征：

（一）股东权利内容具有综合性

股东权利并非单纯的一种权利，而是**法律和公司章程所规定的各项权利的综合**。公司法理论将其分为自益权和共益权：前者一般属于财产性权利，例如利润分配请求权、剩余财产分配权、股份转让权等；后者一般为非财产性权利，例如表决权、知情权（查阅权）、召开临时股东会请求权等。

（二）股东权利是股东通过出资所形成的权利

享有股东权利的前提是具有股东的资格，出资人以其所有的财产作为对价，通过履行出资义务，换取股东资格，进而享有股东的权利。

（三）股东权是一种社员权

股东，是公司中的股东，是公司法人的成员，所取得的权利（社员权）在公司内行使。

1. 社员权是一种**独立类型的权利**，其实质是团体中的成员依其在团体中的地位而产生的具有利益内容的权限，**包括财产权和管理参与权**。

2. 社员权不仅具有法律资格之外观，而且具有法律权利之实质，其**本质属性乃是新型之私法权利**，而这种权利是与法律主体的财产权、人身权、知识产权相并列的权利类型。

二、股东权利的原则

（一）股东的有限责任原则

1. 地位："股东的有限责任原则"既是股东权利的原则，也是公司最显著的特点，与其他的组织形式加以区分。

2. 概念：该原则是指股东除按照认缴的股份缴足出资款外，对于公司之债务或公司债权人不负任何其他责任，或曰**股东仅以出资额为限对公司承担责任**。

【注意】此处的"出资额"对于有限责任公司而言，指的是**股东认缴的出资额**，而非股东实缴的出资额。

例如，甲有限责任公司的股东 A 认缴出资额为 50 万元，仅实缴了 30 万元，在公司到期不能偿还债权人乙 30 万元债务的情况下，乙有权要求 A 在 20 万元的范围内对公司债务不能清偿的部分承担补充赔偿责任。

（二）股东权利平等原则

“股东权利平等原则”，是指任一股东的所享有之权利与负担之义务均属平等而无差别待遇或歧视，即所谓同股同权。换而言之，**股东每一单位出资比例或者每一单位股份所代表的权利平等**。如股东均有权出席股东（大）会，股东均有权对公司经营提出建议和质询。

【注意】股东权平等事实上是指按照股份数额的比例而言平等，并非按照股东人数的划一平等。由于股东实际出资比例或者股份比例的不同，**不同的股东，其行使权利的影响力存在差异**。例如，甲股份有限公司，股东 A 持有股份的比例为 30%，而股东 B 仅为 10%，A、B 均可以参加股东大会行使表决权，但是 A、B 的表决权比重不同。**这种差别是由表决权规则决定的，而非由股权差别决定**。

三、股东权利的类型

按照不同的标准，股东的权利可以作出不同的分类。

股东权利的类型

分类标准	权利类型
权利行使目的	1. 自益权 自益权指股东专为自己利益行使的权利。包括： （1）发给股票或其他股权证明请求权； （2）股份转让权； （3）股息和红利分配请求权； （4）公司剩余财产分配请求权； （5）优先认购权。 2. 共益权 共益权指股东为自己利益同时也为公司利益而行使的权利。包括： （1）出席股东会并表决权； （2）请求召集股东临时会或自行召集权； （3）对公司财务的监督检查权和查阅权； （4）请求法院宣告股东会决议无效权； （5）对公司经营的建议和质询权
权利主体	1. 普通股股东权 普通股股东权指一般股东享有的权利。 2. 特别股股东权 特别股股东权指专属于特别股股东享有的权利。该权利的范围、行使顺序、数额、优惠待遇限制等一般由公司章程规定，我国公司法对此未作规定

续表

分类标准	权利类型
权利性质	1. 固有权 固有权指根据公司法规定不得以章程或股东会决议予以剥夺的权利。一般多是特别权与共益权，比如出席股东会的权利、对公司经营提出建议和质询的权利。 2. 非固有权 非固有权指可以章程或股东会决议予以剥夺的权利。自益权多属此类，但非绝对
权利行使方式	1. 单独股东权 单独股东权指股东一人可单独行使的权利。如表决权、利润分配请求权、股东代表诉讼权等。 2. 少数股东权 少数股东权指需达一定股份数额方能行使的权利。比如股东会的召集与主持权，持有表决权10%比例以上股东才能行使

四、股东权利的内容

根据公司法的规定，公司股东依法享有资产收益、参与重大决策和选择管理者等权利。股东权利涉及内容广泛，分散于公司法的各部分，以下做简单的归纳总结。

（一）与股东（大）会有关的权利

1. 出席或委托代理人出席股东（大）会并行使表决权

出席或委托代理人出席股东（大）会并行使表决权，这是股东的固有权利。但是在某些情形下，比如对内担保（公司向其股东或实际控制人提供担保）时，利害关系股东的表决权将会被排除。

2. 临时股东（大）会召开的提议请求权

当公司有重大情形出现，需要股东会作出决议时，而定期股东会无法及时召开作出决议的，**代表十分之一以上表决权的股东、三分之一以上的董事，监事会或者不设监事会的公司的监事**可以提请召开临时股东会。

3. 股东（大）会的自行召集与主持权

当公司中有召集与主持股东（大）会职责的组织机构不能或者不履行其职责时，符合法定条件的股东可以自行召集与主持股东（大）会。

4. 选举权与被选举权

股东可以通过股东（大）会依法行使其权利，**选举和更换**公司的非职工代表的董事和监事；同时，公司的股东只要符合公司法关于董事、监事的任职资格，也可以被依法选举为董事和监事。

5. 临时提案权

股份有限公司中，单独或者合计持有公司3%以上股份的股东，可以在股东大会召开10日前提出临时提案并书面提交董事会；董事会应当在收到提案后2日内通知其他股东，并将该临时提案提交股东大会审议。临时提案的内容应当属于股东大会职权范围，并有明确议题和具体决议事项。

股东与股东（大）会有关的权利归纳

	有限责任公司	股份有限公司
出席或委托代理人出席股东（大）会并行使表决权	√	√
临时股东（大）会召开的提议请求权	代表1/10以上表决权的股东	单独或者合计持有公司10%以上股份的股东
股东（大）会的自行召集与主持权	前提条件： 董事会（执行董事）不能履行或者不履行职责，监事会也不履行的	前提条件： 董事会不能履行或者不履行职责，监事会也不履行的
	召集与主持的股东： 代表1/10以上表决权的股东	召集与主持的股东： 连续90日以上单独或者合计持有公司10%以上股份的股东
选举权与被选举权	√	√
临时提案权	×	（1）股东资格要求： 单独或者合计持有公司3%以上股份的股东。 （2）临时提案的程序要求： 在股东大会召开10日前提出临时提案并书面提交董事会，董事会应当在收到提案后2日内通知其他股东，并将该临时提案提交股东大会审议。 （3）临时提案的内容要求： 临时提案的内容应当属于股东大会职权范围，并有明确议题和具体决议事项

（二）直接与股份（股权）相关的权利

1. 发给股票或其他股权证明请求权

股东请求发给股票或其他股权证明，且将其股东名称在公司相关文件和工商管理部门证明文件上登记。

（1）股东在完成出资，公司成立后，应发给股东股票或者出资证明书。

（2）公司应该将股东登记在可以证明其股东身份的相关文件上，并及时进行工商登记。例如，有限责任公司应该将股东的名称登记在“股东名册”上，并进行工商登记。

（3）公司不履行上述责任或者履行不符合法律规定时，股东可以公司为被告，提起股东资格确认之诉，确认其股东资格，要求公司履行上述义务。

2. 股权（股份）的处分权

股东作为股权（股份）的享有者，有权对其所持有的股权（股份）作出处分，比如转让、赠送、质押、用作出资等。股权转让在本书的“有限责任公司的股权转让”一章中有专门阐述，股权出资在本书的“股东的义务（股东的出资义务）”一章中会有相应的探讨，所以，此处均不予以讨论。

股权质权的设立

出质股权的种类	质权设立的时间
以**证券登记结算机构登记的股权**出质的	质权自**证券登记结算机构**办理出质**登记**时设立
以**其他股权**出质的	质权自**工商行政管理部门**办理出质**登记**时设立

3. 优先认购新股权

有限责任公司新增资本时，股东有权优先按照实缴的出资比例认缴出资。但是，全体股东约定不按照出资比例优先认缴出资的除外。

（三）知情权

股东有权请求查阅公司的档案材料，以求对公司的情况有基本的了解。我国公司法对于有限责任公司股东和股份有限公司股东规定了不同的知情权行使的方式和范围。

1. 知情权行使的方式和范围

关于股东知情权相关规定的汇总

	有限公司股东	股份公司股东
会计账簿	有权查阅、无权复制	未作规定
公司章程、股东会会议记录、董事会和监事会决议以及财务会计报告	有权查阅、有权复制	有权查阅、无权复制

续表

	有限公司股东	股份公司股东
股东名册	未作规定	有权查阅、无权复制
公司债券存根	未作规定	有权查阅、无权复制
总结说明 1：有限公司股东的知情权 （1）未明确就**股东名册和公司债券存根**作出规定； （2）明确作出规定的文件中，无权复制的仅仅只有会计账簿，其他文件均可复制； （3）明确作出规定的文件中，全部都可以查阅，只是涉及会计账簿需提出书面请求		
总结说明 2：股份公司股东的知情权 （1）未明确就**会计账簿**作出规定； （2）明确作出规定的文件，无权复制； （3）明确作出规定的文件，可以查阅		

【扩展说明 1】判断股东知情权的步骤

股东知情权是股东权利的难点，命题者常常以“不同公司的股东是否有权查阅、复制不同种类的公司材料”的形式进行考查，考生稍有不慎就会判断错误。针对此类难题，考生不妨采取如下应对方案：就**法律明确作出规定的内容**而言，**首先，判断公司资料的性质**，针对会计账簿，任何人无权复制；针对非会计账簿的其他资料，任何人均有权查阅。**其次，判断股东所属公司的性质**，针对有限公司股东，仅仅无权复制会计账簿，其他资料均可复制；针对股份公司股东，无权复制任何资料；**最后，以公司的人合性为切入点**，将公司资料的性质与公司的性质结合在一起进行综合判断。

2. 知情权是固有权：不得被实质性剥夺

公司章程、股东之间的协议不得实质性剥夺股东依据《公司法》第 33 条、第 97 条规定查阅或者复制公司文件材料的权利。

例如，甲有限责任公司的股东订立协议，为了不妨碍公司未来五年的高效率经营，对股东的知情权作出限制，各股东在未来五年内暂时不得查询相关公司文件材料。甲公司此时就是以“限制”之名，行“剥夺”之实，该协议是无效的。考生不得不防此种情形。

3. 股东知情权之诉

（1）原告的资格要求

①原则：原告起诉时，须具有股东资格，否则将驳回起诉。

②例外：原告有初步证据证明在持股期间其合法权益受到损害的，有权请求依法查阅或者复制其持股期间的公司特定文件材料的。此时，起诉时没有股

东资格也可。

（2）会计账簿查阅之诉

①原告：有限责任公司的股东。

②诉前程序：

A. 股东要求查阅公司会计账簿的，应当向公司提出书面请求，说明目的。

B. 公司有合理根据认为股东查阅会计账簿有不正当目的，可能损害公司合法利益的，可以拒绝提供查阅，并应当自股东提出书面请求之日起 15 日内书面答复股东并说明理由。

③查阅会计账簿之“不当目的”的认定：

根据《最高人民法院关于适用〈中华人民共和国公司法〉若干问题的规定（四）》的规定，下列情形认定为股东具有“不正当目的”。

第一，**股东自营或者为他人经营与公司主营业务有实质性竞争关系业务的，但公司章程另有规定或者全体股东另有约定的除外**；

第二，股东为了向他人通报有关信息查阅公司会计账簿，可能损害公司合法利益的；

第三，股东在向公司提出查阅请求之日前的三年内，曾通过查阅公司会计账簿，向他人通报有关信息损害公司合法利益的；

第四，股东有不正当目的的其他情形。

例如，A、B、C 于 2013 年共同出资设立了甲有限责任公司，后 A 于 2015 年 8 月将其股权转让于 D。2015 年 12 月，A 认为公司董事长 B 在 2014 年时有不正当行为，损害了其权利，遂于 2015 年 12 月向公司要求查阅和复制公司的公司章程、股东会会议记录、董事会会议决议、监事会会议决议、财务会计报告以及会计账簿，被公司拒绝。后 A 向法院提起诉讼。a. 有限责任公司股东知情权行使时，只能要求查阅公司账簿，而不能复制，所以 A 不得要求复制公司账簿。b. A 想要查阅会计账簿应该提出书面请求。c. 起诉时，A 已经不是甲公司的股东，因此，不是适格的原告，但是如果 A 有初步证据证明在 2013 年至 2015 年 8 月期间，其合法权益受到损害的，请求依法查阅或者复制这一段时间内公司特定文件材料的，则此时 A 是适格原告。d. 如果 A 行使其知情权有不正当目的，例如为了向他人通报有关信息，可能损害公司合法权益的，公司有权拒绝 A 的请求。

④判决要求：

原告胜诉的，应当在判决中明确查阅或者复制公司特定文件材料的时间、地点和特定文件材料的名录。

⑤中介机构执业人员的协助：

股东依据人民法院生效判决查阅公司文件材料的，在该股东在场的情况下，可以由会计师、律师等依法或者依据执业行为规范负有保密义务的中介机构执业人员辅助进行。

（3）行使知情权后股东及相关辅助人员的保密义务

①股东的保密义务：股东行使知情权后泄露公司商业秘密导致公司合法利益受到损害的，公司有权请求该股东赔偿相关损失。

②相关辅助人员的保密义务：辅助股东查阅公司文件材料的会计师、律师等泄露公司商业秘密导致公司合法利益受到损害的，公司有权请求其赔偿相关损失。

（4）董事和高管对相关材料的制作和保存义务

公司董事、高级管理人员等未依法履行职责，导致公司未依法制作或者保存《公司法》第33条、第97条规定的公司文件材料，给股东造成损失，股东有权请求负有相应责任的公司董事、高级管理人员承担民事赔偿责任。

【注意】关于董事、高管等制作和保存相关文件的义务，不同公司中相关文件的范围是不同的，须注意一一对应。

<table>
<tr><th>公司</th><th>前提</th><th>导致公司未制作或保存的文件范围</th><th>损害结果</th><th>救济</th></tr>
<tr><td>有限责任公司</td><td rowspan="2">公司董事、高级管理人员等未依法履行职责</td><td>《公司法》第33条规定的文件：
1. 专有的文件：**会计账簿**；
2. 共有的文件：公司章程、股东会会议记录、董事会会议决议、监事会会议决议、财务会计报告</td><td rowspan="2">给股东造成损失</td><td rowspan="2">股东有权请求负有相应责任的公司董事、高级管理人员承担民事赔偿责任</td></tr>
<tr><td>股份有限公司</td><td>《公司法》第97条规定的文件：
1. 专有文件：**股东名册、公司债券存根**；
2. 共有文件：公司章程、股东大会会议记录、董事会会议决议、监事会会议决议、财务会计报告</td></tr>
</table>

（四）利润分配请求权

股东作为公司的所有者，有权按照出资比例或者股份比例请求分配公司经营所得。有限责任公司应当按照股东实缴的出资比例分配利润，但是全体股东另有约定的除外。《最高人民法院关于适用〈中华人民共和国公司法〉若干问题的规定（四）》的出台，明确了股东可以请求人民法院强制进行利润分配，其规定如下：

1. 原告：

（1）原告：请求公司分配利润的股东。

（2）共同原告：**一审法庭辩论终结前，其他股东基于同一分配方案请求分配利润并申请参加诉讼的，应当列为共同原告**。

2. 被告：公司。

3. 原告胜诉的条件（需要同时满足）：

（1）股东应提交载明具体分配方案的股东会或者股东大会的有效决议。

（2）公司拒绝分配利润且其关于无**法执行决议的抗辩理由不成立**。

4. 原告败诉的情形：

（1）原则：**股东未提交载明具体分配方案的股东会或者股东大会决议，请求公司分配利润的，人民法院应当驳回其诉讼请求**。

（2）例外：**违反法律规定滥用股东权利导致公司不分配利润，给其他股东造成损失的除外**。

股东成功行使利润分配请求权两种情形

		原告（股东）	被告（公司）
原告胜诉	情形一	股东应提交载明具体分配方案的股东会或者股东大会的有效决议	公司无法执行决议的抗辩理由不成立
	情形二	无要求	滥用股东权利导致公司不分配利润，给其他股东造成损失

例如，A、B、C三人于2013年共同出资设立甲有限责任公司，A担任董事长。一直到2017年，甲公司从未分配任何利润，B认为是A的原因，遂将A作为被告，提起利润分配之诉。①被告应为公司，而不是A。②B应提交载明具体分配方案的股东会或者股东大会的有效决议；但是，如果B能够证明A或C滥用股东权利导致公司不分配利润，给B造成损失的，可以不提交载明具体分配方案的股东会或者股东大会的有效决议。③一审法庭辩论终结前，若C基于同一分配方案请求分配利润并申请参加诉讼的，应当列为共同原告。

【注意】

1. 有限责任公司的利润分配以股东的实缴出资比例为分配比例，但是全体股东可以另外约定；

2. 资本认缴制下，股东可以一次或者多次缴纳出资，只要按公司章程的规定即可；

3. 股东未履行或者未全面履行出资义务或者抽逃出资的，公司可以根据公司章程或者股东会决议对其利润分配请求权、新股优先认购权、剩余财产分配请求权等股东权利作出相应的合理限制。

【注意】当股东未履行出资义务或者抽逃全部出资时，根据上文，该股东在其出资到位之前不享有利润分配请求权等权利，这即是上文所说的“**合理限制**”。但是，这并**不意味着公司可以剥夺其上述权利。**“剥夺”是永久性、终局性的。

（五）剩余财产分配请求权

公司向其全体债权人清偿债务后，仍有剩余财产，股东可以以其股权份额或者股份份额要求分配该剩余财产，这也是股东作为公司所有者的表现。

【注意】有限责任公司**按照股东的出资比例分配剩余财产**，不能通过章程自由约定，不同于利润分配。

扩展说明 1：违反出资义务对（两类公司）股东权利的限制

违反出资义务的形式	对股东权利的限制
未履行出资义务	公司可以根据公司章程或者股东会决议对其利润分配请求权、新股优先认购权、剩余财产分配请求权等股东权利作出相应的合理限制
未全面履行出资义务	
抽逃出资	

扩展说明 2：违反出资义务对（有限责任公司）股东资格的影响

违反出资义务的形式	公司的催告程序	对股东资格的影响
未履行出资义务	经公司催告缴纳或者返还，其在合理期间内仍未缴纳或者返还出资	公司以股东会决议解除该股东的股东资格
抽逃全部出资		

（六）异议股东股权回购请求权

当股东（大）会作出特定决议时，对该决议**持异议的股东**可以要求公司以**合理的价格**回购其股权（股票）。这是股东，尤其是小股东保护自己合法权益、摆脱大股东的控制和侵害以及退出公司的途径之一。有限责任公司与股份有限公司的股东行使异议回购请求权的情形不同。

有限责任公司与股份有限公司的异议股东行使股权回购请求权的情形比对

	有限责任公司	股份有限公司
前提条件	对股东（大）会以下决议持异议	
异议事项	1. 公司连续5年不向股东分配利润，而公司该五年连续盈利，并且符合本法规定的分配利润条件的； 2. 公司合并、分立、转让主要财产的； 3. 公司章程规定的营业期限届满或者章程规定的其他解散事由出现，股东会会议通过决议修改章程使公司存续的	股东因对股东大会作出的公司合并、分立决议持异议，要求公司收购其股份的（注意：无转让主要财产的情形）
程序要求	自股东会会议决议通过之日起60日内，股东与公司不能达成股权收购协议的，股东可以自股东会会议决议通过之日起90日内向人民法院提起诉讼	应当在6个月内转让或者注销（注意：无提起诉讼）

（七）诉讼权

股东享有诉权，当自己的利益或者公司的利益受到不法侵害时，股东可以向人民法院提起诉讼，以维护自己或者公司的合法权益。根据上述权利介绍可知，不同权利被侵害时，股东所行使的具体诉权是不同的。以股东**提起诉讼的目的**为标准，即股东提起诉讼是为保护自己的利益还是保护公司的利益，可以将股东提起的诉讼分为直接诉讼和代表诉讼。

1. 直接诉讼

当股东个人的利益遭到公司或者董事、高管的不法侵害时，股东可以公司或者董事、高级管理人员为被告，提起诉讼。已于上述各权利处予以讲解的情形，此处将不再赘述。仅在此重点强调以下两种诉讼：

（1）公司决议效力瑕疵之诉

当公司股东（大）会、董事会决议的内容和程序违反了法律规定或者公司章程的规定，股东可以提起公司决议效力瑕疵之诉。后文将详细讲述。

（2）司法强制解散公司之诉

公司经营管理发生严重困难，继续存续会使股东利益受到重大损失，通过其他途径不能解决的，**持有公司全部股东表决权10%以上**的股东，可以请求人民法院解散公司。后文将详细讲述。

2. 股东代表之诉

股东代表诉讼，又称为派生诉讼、股东代位诉讼，是指当公司的合法权益受到不法侵害而公司却怠于起诉时，公司的股东以自己的名义起诉，所获赔偿归于公司的一种诉讼制度。后文将详细讲述。

考点 11　有限责任公司的股权转让

命题分析

“有限责任公司的股权转让”在近十年的主观题中考查了 6 次，**独占商法考查内容的鳌头**。因而，是每个考生必须掌握的考点。

该考点具体包括“股权对内转让”“股权对外转让”“股权的强制执行”“异议股东股权收购请求权”“股权在离婚时的分割”等具体内容。其中，尤其以**“股权对外转让的规则”属于重中之重**，堪称“王牌知识点”。其中包括了“其他股东的同意规则”“其他股东的优先购买权”“股权的无权处分”等内容。同时，**《最高人民法院关于适用〈中华人民共和国公司法〉若干问题的规定(四)》**用了 7 则条文对本部分内容作出了补充规定，考生应当对此着重掌握。

此外，《公司法》第 71 条允许有限责任公司章程对股权转让作出另外规定，无疑加重了股权转让的理论性、灵活性和实践性，而这恰好契合新法考主观题的命题趋势，望各位考生通过代表性案例进行全面而深入的备考。

考点解析

一、有限责任公司股权的对内转让——公司股东之间转让

原则	自由转让原则：有限责任公司的股东之间可以相互转让其全部或者部分股权
注意	“**想转就转**”：股东之间可以自由转让其股权，无须履行通知程序和取得其他股东同意
	“**想转多少转多少**”：可以互相转让其全部股权或者部分股权
	“公司章程优先”： （1）公司章程对股权转让（对内 + 对外）另有规定的，从其规定； （2）公司章程对股权转让（对内 + 对外）无特别规定时，按照法定对内对外转让规则处理

二、有限责任公司股权的对外转让——股东向股东以外的人转让

有限责任公司既具有资合性的特点，即以公司的资本作为经营活动的信用

基础；同时又具有人合性的特点，即以股东的个人信用作为公司经营活动的信用基础，股东之间形成一种内部关系。因此，立法者在设计有限责任公司的股权转让制度时重点考虑对这两种特点的平衡，既应对了股权转让对公司人合性的挑战，同时又兼顾了公司资合性的特点，保障股东可以自由退出公司。

（一）其他股东的同意规则

基本规则	"公司章程优先"： （1）公司章程对股权转让（对内＋对外）另有规定的，从其规定； （2）公司章程对股权转让（对内＋对外）无特别规定时，按照法定对内对外转让规则处理
	股东向股东以外的人转让股权，应当经其他股东过半数同意。 【注意】此处适用"人头决"：其他股东的**人数过半**，即同意人数＞1/2
	通知的方式：转让股东应就其股权转让事项以**书面**或者**其他能够确认收悉的合理方式**通知其他股东征求同意
推定同意规则	其他股东自接到书面通知之日起满 **30 日未答复**的，视为同意转让
	其他股东**半数以上不同意转让**的，不同意的股东应当购买该转让的股权；不购买的，视为同意转让

例如，甲有限责任公司有包括 A 在内的 7 名股东，A 欲对外转让其股权。在公司章程未另有规定的前提下，符合下列条件之一才可对外转让：①除 A 之外的至少 4 名股东（其中包括在接到通知之日起 30 日内未答复的股东）同意转让；②除 A 之外的 3 名以上股东既不同意转让也不同意购买。

（二）其他股东的优先购买权（其他股东的优先受让权）

基于有限责任公司的人合性，为了维系股东之间的内部关系，经其他股东同意转让的股权，在同等条件下，其他股东有优先购买权，即其他股东可以按照同等条件优先于非股东的其他人购买该转让股权。

基本规则	"公司章程优先"：公司章程对股权转让另有规定的，从其规定
	经股东同意转让的股权，在同等条件下，其他股东有优先购买权
具体内容	同等条件：应当考虑**转让股权的数量、价格、支付方式、支付期限以及其他由转让方提出的合理条件等**因素综合确定
	行使期间：公司章程的规定⇒转让股东的通知⇒法律的规定。 （1）在收到通知后，在**公司章程规定**的行使期间内提出购买请求。（公司章程的规定） （2）**公司章程没有规定行使期间或者规定不明确**的，以**通知确定**的期间为准。（通知确定）

续表

<table>
<tr><td rowspan="6">具体内容</td><td>（3）通知确定的期间短于 30 日或者未明确行使期间的，行使期间为 30 日。（法律规定）</td></tr>
<tr><td>优先购买权的冲突：先协商，后按实缴比例。
（1）两个以上股东主张行使优先购买权的，协商确定比例；
（2）协商不成的，按照转让时各自的实缴出资比例行使</td></tr>
<tr><td>优先购买权的消灭：转让股东又不同意转让的。
转让股东在其他股东主张优先购买后，可以不同意转让。股权的转让属于股东自由行使权利的行为，如果规定转让股东在其他股东主张优先购买后，无权再拒绝转让，那么该规定则有违“契约自由”，乃强制转让股东缔约。
（1）“公司章程另有规定或者全体股东另有约定优先”：公司章程和全体股东可以对此作出另外的规定或者约定。比如，规定转让股东在其他股东主张优先购买权后不得反悔。
（2）公司章程未另有规定或者全体股东未另有约定的，按照法定规则处理：转让股东在其他股东主张优先购买后又不同意转让股权的，其他股东的具体优先购买权消灭，不得行使。优先购买权的享有与行使和股权的对外转让不可分离，一旦不再对外转让，具体的优先购买权也就消灭了。
（3）转让股东的赔偿责任。转让股东在其他股东主张优先购买后又不同意转让股权的，给其他股东造成损失的，其他股东要求且损失合理的，转让股东需承担赔偿责任</td></tr>
<tr><td>侵害优先购买权的救济。
（1）侵害其他股东优先购买权的行为：未就其股权转让事项征求其他股东意见，或者以欺诈、恶意串通等手段，损害其他股东优先购买权。
（2）救济内容：其他股东主张按照同等条件购买该转让股权的，人民法院应当予以支持。
（3）救济期间的规定：（同时满足）
①短期间限制：其他股东自知道或者应当知道行使优先购买权的同等条件之日起 30 日内。
②长期间限制：提起要求的截止时间点为股权变更登记满一年之日，在此之前均可提起。
（4）诉讼请求的规定：
①其他股东在提出确认股权转让合同及股权变动效力等请求时，必须同时主张按照同等条件购买转让股权；否则，人民法院不予支持；
②但其他股东非因自身原因导致无法行使优先购买权，请求损害赔偿的除外</td></tr>
<tr><td>转让股东对受让人的违约责任：
股东以外的股权受让人，因其他股东行使优先购买权而不能实现合同目的的，可以依法请求转让股东承担相应民事责任</td></tr>
</table>

例如，甲有限责任公司有包括 A 在内的 7 名股东，A 欲对外转让其股权于 B，对其他股东发出了书面通知，但未载明转让的同等条件也未载明其他股东同等条件下购买的期限。除 A 之外其他 4 名股东对本次股权转让表示同意，并表示将在同等条件下购买。而后，A 与受让人 B 签订了转让协议。

（1）优先购买权行使的期限首先看章程是否有规定，没有则看通知是否明确，未明确或者短于30日的则按照法定30日。

（2）A在其他股东表示将在同等条件下购买时可以表示反悔，不再同意转让股权，但是在其他股东要求且损失合理时，需承担赔偿责任。

（3）同等条件，未在书面通知中确定，可以通过A与B的协议予以确定，包括股权的数量、价格、支付方式及期限等。

（4）若A将股权全部转让与B，且已办理了变更登记手续。则其他股东可以在知道或者应当知道同等条件起的30日内请求优先购买，但必须在股权变更登记满一年这个时间点之前。反过来说，在满一年这个时间点之前，只要A或B能够证明其他股东知道或应当知道同等条件，而30日内没有行使优先购买权，其他股东则丧失优先购买权。但是仅仅起诉认定A、B转让合同无效的，法院不予支持。

【重点理解1】

判断其他股东是否有权行使优先购买权的思路：

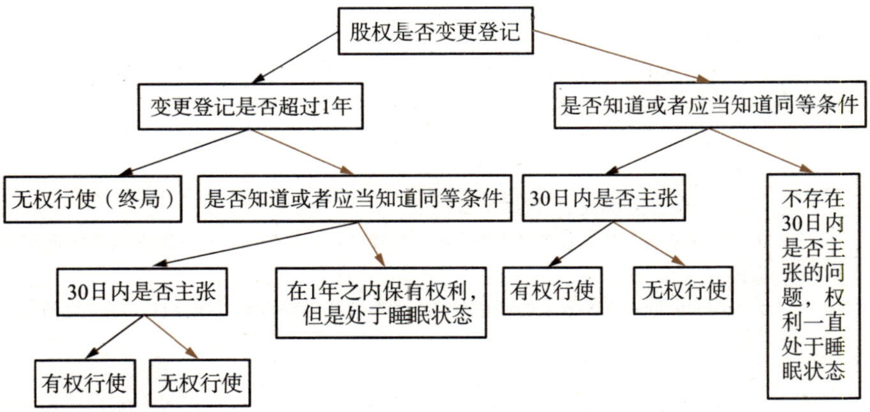

说明：上图中黑色箭头表示“是”，加颜色箭头表示“否”。

根据图可知，其他股东有权行使优先购买权的情形有两种：

第一，股权变更登记1年之内＋股东知道或者应当知道同等条件之日起30日内主张行使。

此时，强调登记的公示效力，侧重于维护交易秩序，保护第三人的合法权益。

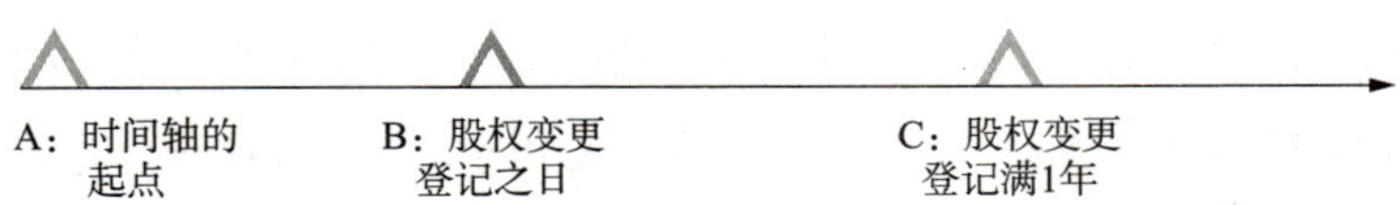

第二，股权未变更登记 + 股东知道或者应当知道同等条件之日起 30 日内主张行使。

此时，不发生登记的公示效力，侧重于维护有限责任公司的人合性，保护其他股东的优先购买权。

第一种情形：时间段 BC + 股东自知道或者应当知道同等条件之日起 30 日内主张行使。

第二种情形：时间段 AB + 股东自知道或者应当知道同等条件之日起 30 日内主张行使。

因此，股东有权主张行使优先购买权的条件是：在**股权变更登记满 1 年**这个时间点（C 点）**之前**，只要股东自**知道或者应当知道**同等条件之日起 **30 日内主张**，其他股东**均有权**行使优先购买权。

【重点理解 2】

①救济的内容：其他股东主张按照同等条件购买，即行使优先购买权；其他股东提起优先购买权救济之诉时，主要的诉讼请求应为按照同等条件购买该转让股权。

②但是，当其他股东非因自身原因导致此时无法行使优先购买权，比如该股权已经被受让人再次转让，次转让人已经取得，则要求行使优先购买权的诉讼请求无意义。所以，其他股东可以不再要求行使优先购买权，转而提起损害赔偿诉讼。

③总而言之，其他提起优先购买权的救济之诉，其主要诉讼请求必须包括按照同等条件购买，仅当其他股东非因自身原因导致无法行使优先购买权时，可以不包括此诉讼请求。

④股权转让合同的效力认定：

股权转让合同的效力的认定问题，是商法考查中的难点与重点。考生应当深入理解掌握。

与“因无权处分而订立的买卖合同，无权处分不影响合同的效力”相似，股权的无权处分、名义股东对股权的擅自处分、侵害优先购买权的股权转让不影响所订立之合同的效力。其中的核心理解点在于，**股权实际发生变动的行为与订立股权转让协议的行为是两个分离的行为。**以股权的无权转让为例，无处分权人与第三人订立股权转让合同并不会直接导致股权发生变动，进而侵害到权利人的股权。股权转让合同仅是无处分权人与受让人意思表示的“合意”，此时，股权仍是权利人的股权。所以，法律并不会对一个仅是当事人之间意思表示“合意”的股权转让合同的效力做过多的限制。同时，就该股权转让合同的履行而言，无处分权人完全可以在股权转让合同订立之后、履行之前，先从权利人处合法取得股权，进而转让与受让人。在此种情况下，无权处分人便不再无权处分，而是有权处分。由此可见，该股权转让合同的履行行为也并不是一定会侵犯到权利人的股权。

因此，对于股权转让合同的效力的判断，应当根据《合同法》的相关规定加以判断。

（三）瑕疵股权的转让

此处的瑕疵股权指：股东未履行或者未全面履行出资义务的股权。

一般地，公司只能向未履行或者未全面履行出资义务的股东请求履行出资义务，而不能向受让人主张。但是，当受让人在受让时**知道或者应当知道**转让股权为瑕疵股权，那么此时**再无**保护受让人之善意的必要，公司以及债权人均可向其主张责任承担。

1. 受让人**知道或者应当知道**转让股权为瑕疵股权时，公司请求该**股东履行出资义务**的，受让人对此承担**连带责任**。

2. 受让人**知道或者应当知道**转让股权为瑕疵股权时，公司债权人请求未履行或者未全面履行出资义务的股东在**未出资本息范围**内**对公司债务不能清偿的部分**承担**补充赔偿责任**时，受让人对此承担**连带责任**。

3. 受让人**承担**责任后，有权向该未履行或者未全面履行出资义务的股东**追偿，当事人另有约定的除外**。

例如，甲有限责任公司的股东A尚有20万元的出资义务未履行，A将其股权转让给本公司的股东B时，甲公司可以请求B对该20万元出资义务的履行与A承担连带责任，甲公司的债权人也可以请求B在该20万元的范围内对公司债务不能清偿的部分与A承担连带补充赔偿责任。但是，当A将股权转让给不知情的C时，甲公司以及债权人均不得向C主张以上的责任承担。

（四）一股二卖

《最高人民法院关于适用〈中华人民共和国公司法〉若干问题的规定（三）》第27条规定：股权转让后尚未向公司登记机关办理变更登记，原股东将仍登记于其名下的股权转让、质押或者以其他方式处分，受让股东以其对于股权享有实际权利为由，请求认定处分股权行为无效的，人民法院可以参照《物权法》第106条的规定处理。

例如，A为甲有限责任公司股东，与B签订股权转让协议，将其名下的股权转让与B，B已支付价款，且已变更股东名册登记，但未变更股东工商登记。而后，A又与C签订股权转让协议，将名下的股权转让与C，且变更股东的工商登记。

1. 对该纠纷的处理，应当参照**《物权法》第106条（善意取得）**的规定处理。

2. 换而言之，此时受让人C满足以下条件即可善意取得。

（1）受让人在受让该股权时是**善意**的。

（2）以**合理的价格**转让。

（3）已经变更工商登记。

（4）除此之外，股权的善意取得，还应取得有限责任公司其他股东**过半数的同意**，且其他股东**放弃优先购买权**。

3. 原股东处分股权造成受让股东损失，受让股东请求原股东承担赔偿责任，对于未及时办理变更登记有过错的董事、高级管理人员或者实际控制人承担相应责任的，人民法院应予支持；受让股东对于未及时办理变更登记也有过错的，可以适当减轻上述董事、高级管理人员或者实际控制人的责任。

三、股权的强制执行

1. 人民法院依照法律规定的强制执行程序转让股东的股权时，应当**通知公司和全体股东**。

2. 其他股东在同等条件下**有优先购买权**。其他股东自人民法院**通知之日**起**满20日**不行使优先购买权的，视为**放弃**优先购买权。

3. 股权强制执行与对外转让股权的区别

	股权强制执行	对外转让股权
通知对象	人民法院通知公司和全体股东	转让股东通知其他股东征求同意
其他股东的同意	不需要	需要经其他股东过半数同意
其他股东的优先购买权	1. 其他股东有优先购买权。 2. 行使期间：在通知之日起满20日内行使	1. 其他股东有优先购买权 2. 行使期间： （1）收到通知后，在公司章程规定的行使期间内提出购买请求。（章定） （2）公司章程没有规定行使期间或者规定不明确的，以通知确定的期间为准。（通知） （3）通知确定的期间**短于30日或者未明确行使期间的，行使期间为30日**。（法定）

四、异议股东股权回购请求权

异议股东行使股权回购请求权（也称股权收购请求权）是股东退出公司

的方式之一。该权利的行使有其特定的事由，是小股东维护自己合法权益，摆脱大股东控制，退出公司的重要手段之一。

1. 行使回购请求权的事由：

有下列情形之一的，对股东会该项决议**投反对票的**股东可以**请求公司**按照**合理的价格**收购其股权：

（1）公司连续五年不向股东分配利润，而公司该五年连续盈利，并且符合本法规定的分配利润条件的。（**连续五年盈利，能分利但不分**）

（2）公司**合并、分立、转让主要财产**的。

（3）公司章程规定的营业期限届满或者章程规定的其他解散事由出现，股东会会议通过决议修改章程使公司存续的。

2. 自股东会会议**决议通过之日**起 **60 日**内，股东与公司**不能达成**股权收购协议的，股东可以自股东会会议**决议通过之日**起 **90 日**内向人民法院提起诉讼。（**先协议，再起诉**）

3. 有限责任公司与股份有限公司股东行使回购请求权的事由对比

有限责任公司股东	股份有限公司股东
1. 公司连续五年不向股东分配利润，而公司该五年连续盈利，并且符合本法规定的分配利润条件的； 2. 公司**合并、分立、转让主要财产**的； 3. 公司章程规定的营业期限届满或者章程规定的其他解散事由出现，股东会会议通过决议修改章程使公司存续的	股东因对股东大会作出的公司**合并、分立（此处无转让主要财产！）**决议持异议，要求公司收购其股份的

4. 有限公司股东行使回购请求权事由与公司司法解散之诉的事由对比

有限公司股东行使异议回购请求权事由	司法解散之诉的事由
法定事由：股东反对股东会以下决议。 （1）公司连续五年不向股东分配利润，而公司该五年连续盈利，并且符合本法规定的分配利润条件的； （2）公司合并、分立、转让主要财产的； （3）公司章程规定的营业期限届满或者章程规定的其他解散事由出现，股东会会议通过决议修改章程使公司存续的	1. 法定事由：公司陷入“治理僵局”。 （1）公司持续两年以上无法召开股东会或者股东大会，公司经营管理发生严重困难的。 （2）股东表决时无法达到法定或者公司章程规定的比例，持续两年以上不能做出有效的股东会或者股东大会决议，公司经营管理发生严重困难的。 （3）公司董事长期冲突，且无法通过股东会或者股东大会解决，公司经营管理发生严重困难的。 （4）经营管理发生其他严重困难，公司继续存续会使股东利益受到重大损失的情形。 2. 排除事由： 股东以知情权、利润分配请求权等权益受到损害，或者公司亏损、财产不足以偿还全部债务，以及公司被吊销企业法人营业执照未进行清算等为由，提起解散公司诉讼的，人民法院不予受理

五、股权在离婚中的分割

离婚时，以一方名义在有限责任公司中所持有的股权为夫妻共同财产，而另一方不是该公司股东的，将该股权部分或者全部转让给该股东的配偶时，按以下情形分别处理：

1. 夫妻**双方协商一致**将该股权部分或者全部转让给该股东的配偶，**过半数股东同意、其他股东明确表示放弃优先购买权**的，该股东的配偶**可以成为**该公司股东。

2. 夫妻双方就该股份转让份额和转让价格等事项协商一致后：

（1）**过半数股东不同意转让，但愿意以同等价格购买该股权的**，人民法院可以对**转让出资所得财产进行分割**。

（2）过半数股东**不同意转让**，也**不愿意以同等价格购买该股权**的，视为其**同意转让**，该股东的配偶**可以成为**该公司股东。

其他股东是否同意转让	其他股东是否优先购买	股权是否成功转让
同意	不购买	成功
不同意	不购买	成功
不同意	购买	对转让股权所得财产进行分割

小结：

1. 有限责任公司股权的对内转让：**自由转让原则**。

2. 有限责任公司股权的对外转让：

（1）同意规则：**其他股东过半数的同意 + 推定其他股东同意**（其他股东满30日未答复的 + 其他股东半数以上既不同意也不购买）

（2）优先购买：**同等条件下，公司其他股东优先购买**。

①行使期限：先由章程确定，章程无或者不明确则由通知确定，通知无或者不明确或短于30日，则法定30日。

②救济期间：**知道或者应当知道同等条件之日起30日内**，且不得超过**股权变更登记之日起满1年的时间点**。

③转让股东**可以**在其他股东行使优先购买权时，**反悔，不再转让**。

3. 有限责任公司股权的强制执行：

（1）通知公司和全体股东。

（2）**不需要同意**。

（3）其他股东有优先购买权，**在通知之日起20日内行使**。

4. 异议股东的股权收购请求权：对以下事项投反对票的**有限责任公司的股东**有权要求公司以合理价格回购其股权：

（1）**连续五年盈利，能分利而不分**。

（2）**公司合并、分立、转让主要财产**。

（3）营业期限**届满或其他章定解散事由**出现而**不解散**的。

5. 股权在离婚中的分割：**只有其他股东不同意转让，且行使优先购买权时**，配偶才**不能获得转让股权**，此时对股权转让所得进行分割。

考点12　股东的义务

命题分析

“股东的义务”是主观题的常考知识点，2014 年、2015 年、2016 年的主观题曾连续进行考查。从考查内容来看，股东的义务包括股东的一般义务、控股股东的特别义务、公司实际控制人及其义务三部分。其中，股东一般义务中的出资义务是重中之重，命题人比较喜欢将其与股东出资的方式、出资的规则以及瑕疵出资的责任结合考查。故而，考生需注意把握各个重点知识点的联系，锻炼自己融会贯通的学习能力。

考点解析

权利和义务总是相伴而行的，股东享有权利，自然也要承担义务。所谓股东的义务，是指作为公司股东，应当根据出资协议、公司章程和法律、行政法规的规定，履行的相应义务。因不同义务的主体不同，股东义务可以分为全体股东的共同义务、控股股东的特别义务以及公司实际控制人的义务。

一、全体股东的共同义务

所谓全体股东的共同义务，是指公司全体股东都必须履行的义务，不区分其持股比例的多少和对公司控制力的大小而有所差别。具体而言，这些义务主要包括：

（一）出资义务

主要从义务本身出发，概括性阐述股东出资义务的基本内容。“出资方式”和“出资程序”请参见“有限责任公司的设立条件”的专章内容；股东违反出资义务而产生的责任请参见‘瑕疵出资责任”的专章内容；“抽逃出资”请参见“抽逃出资”的专章内容。因此，以上三点内容本章均不再赘述，仅仅探讨股东出资义务本身。

概念	出资义务是指股东应当根据出资协议和公司章程的规定，履行向公司出资的义务。这是股东最主要的义务
内容	积极义务：股东应当按期足额缴纳公司章程中规定的各自所认缴的出资额。 （1）以货币出资的：应当将货币出资足额存入有限责任公司在银行开设的账户； （2）以非货币财产出资的：应当依法办理其财产权的转移手续，使公司取得出资物的合法权利并能够有效行使该权利
	消极义务：股东不得抽逃出资。 （1）概念：抽逃出资是指向公司出资后又以各种名义或者手段将出资从公司转移。 （2）认定： A. 制作虚假财务会计报表虚增利润进行分配； B. 通过虚构债权债务关系将其出资转出； C. 利用关联交易将出资转出； D. 其他未经法定程序将出资抽回的行为
履行方式	根据出资协议或者公司章程的具体约定，按照如下方式履行出资义务： （1）约定为出资一次缴纳的，股东应当一次性足额缴纳出资； （2）约定为出资分期缴纳的，股东应当按照约定的期限按时缴纳出资； （3）股东逾期缴纳出资的，应当向已履行出资义务的股东承担违约责任； （4）对于已缴纳给公司的出资财产，股东不能抽回
不受诉讼时效期间的限制	具体而言，股东违反出资义务（未履行出资义务、未全面履行出资义务或者抽逃出资），不得以诉讼时效为由进行以下抗辩： （1）不得以此为由抗辩公司或者其他股东要求其向公司履行出资义务或者返还出资的请求； （2）不得以此为由抗辩公司债权人要求其在未出资本息范围内对公司债务不能清偿的部分承担补充赔偿责任的请求
违反出资义务的法律后果	股东应当承担相应责任：违反出资义务的股东应当承担瑕疵出资和抽逃出资的相应责任
	公司可以限制股东的权利： （1）股东未履行或者未全面履行出资义务或者抽逃出资，公司有权根据公司章程或者股东会决议对其利润分配请求权、新股优先认购权、剩余财产分配请求权等股东权利作出相应的合理限制； （2）此处是**“限制”而非“剥夺”，且限制须是“相应的、合理的”**
	公司可以解除股东的资格： （1）有限责任公司的股东未履行出资义务或者抽逃全部出资，经公司催告缴纳或者返还，其在合理期间内仍未缴纳或者返还出资，公司可以以股东会决议解除该股东的股东资格； （2）股份有限公司的认股人未按期缴纳所认股份的股款，经公司发起人催缴后在合理期间内仍未缴纳，公司发起人可以另行募集该股份，实际上也产生了使原股东失权的效果

（二）不干涉公司正常经营的义务

1. 积极义务：股东依据公司章程规定的关于股东会或股东大会的权限以及公司法规定的股东权利行使权利，应当尊重公司董事会和监事会依据公司法和公司章程各自履行自己的职责。

2. 消极义务：股东不得干涉董事会、经理的正常经营管理活动，不得干涉监事会的正常工作。

（三）特定情形下的表决权禁行义务

股东特定情形下的表决权禁行义务，即利害关系股东的表决权回避义务。具体而言，包括以下要点：

1. 公司为公司股东或者实际控制人提供担保的，**必须经股东会或者股东大会决议**。

2. 被提供担保的股东或者受被提供担保的实际控制人支配的股东，不得参加关于该事项的股东会或者股东大会决议的表决。

3. 关于上述担保事项的表决由**出席会议的其他股东所持表决权的过半数**通过。

（四）不得滥用股东权利的义务

1. 义务内容

（1）积极义务：公司股东应当遵守法律、行政法规和公司章程，依法行使股东权利。

（2）消极义务：①不得滥用股东权利损害公司或者其他股东的利益；②不得滥用公司法人独立地位和股东有限责任损害公司债权人的利益。

2. 违反后果

（1）公司股东滥用股东权利给公司或者其他股东造成损失的，应当依法承担赔偿责任。

（2）公司股东滥用公司法人独立地位和股东有限责任，逃避债务，严重损害公司债权人利益的，应当对公司债务承担连带责任。

二、控股股东、实际控制人的特别义务

控股股东与实际控制人基于其控股地位或者实际控制地位，往往对公司决议拥有较大的影响力和支配力，并可以以此控制公司的重大决策、左右公司的正常经营，如此则非常容易导致其滥用权利，损害公司、股东或者公司债权人

的合法利益。因此，我国公司法对控股股东规定了特别义务、对实际控制人也规定了特定义务。换而言之，控股股东既要承担股东的一般义务，又要承担控股股东的特别义务；而实际控制人虽然不是公司股东，不必承担股东的一般义务，但是基于其实际控制地位也要负担一定的义务。

（一）控股股东与实际控制人的概念

控股股东	以持股比例为认定标准：控股股东，是指其出资额占有限责任公司资本总额 50% 以上或者其持有的股份占股份有限公司股本总额 50% 以上的股东
	以对公司决议影响力为认定标准：控股股东，是指出资额或者持有股份的比例虽然不足 50%，但依其出资额或者持有的股份所享有的表决权已足以对股东会、股东大会的决议产生重大影响的股东
实际控制人	概念：实际控制人，是指虽不是公司的股东，但通过投资关系、协议或者其他安排，能够实际支配公司行为的人
	实例：A 公司独资设立 B 公司，B 公司同时是 C 公司的控股股东，那么 A 公司就是 C 公司的实际控制人

（二）不得滥用控股股东的地位，损害公司和其他股东利益的义务

1. 义务主体：此项义务**仅仅针对控股股东，不针对实际控制人**。

2. 违反义务的行为：实践中滥用股东权利的行为主要是控股股东实施的。至于滥用控股地位的行为方式，可以说是多种多样。最典型行为方式则是控股股东以资本多数决原则为依托，**违反法律规定滥用股东权利导致公司不分配利润，给其他股东造成损失**。

（三）不得利用其关联关系损害公司利益的义务

1. 义务主体

此项义务的主体有公司控股股东、实际控制人、董事、监事、高级管理人员。

2. 关联关系的认定

（1）积极情形：关联关系，是指公司控股股东、实际控制人、董事、监事、高级管理人员与其直接或者间接控制的企业之间的关系，以及可能导致公司利益转移的其他关系。

（2）消极情形：国家控股的企业之间不仅仅因为同受国家控股而具有关联关系。

3. 违法义务的行为

最典型的行为方式就是上述义务主体利用其关联关系，控制公司与其直接

或间接控制的企业进行不公平的交易，从而损害公司和其他股东的利益。

（四）滥用权利的赔偿义务

1. 控股股东的赔偿义务

（1）对公司或者其他股东：公司股东（一般股东 + 控股股东）滥用股东权利给公司或者其他股东造成损失的，应当依法承担赔偿责任；

（2）对公司债权人：公司股东（一般股东 + 控股股东）滥用公司法人独立地位和股东有限责任，逃避债务，严重损害公司债权人利益的，应当对公司债务承担连带责任。

2. 实际控制人的赔偿义务

公司的实际控制人（也包括控股股东、董事、监事、高级管理人员）利用其关联关系损害公司利益，给公司造成损失的，应当承担赔偿责任。

考点 13　有限责任公司的组织机构

命题分析

“有限责任公司的组织机构”主要包括“股东会”“董事会”“经理”“监事会”四部分内容。总体来说，本考点属于理解难度不大，但需要记准记牢的知识点。本考点曾在 2017 年主观题中进行了考查。

在该知识点中，“股东会的职权”“董事会的组成和职权”“经理的职权”以及“监事会的组成和职权”属于常考点，且常常与“公司决议效力”等知识点结合在一起进行综合考查。

考点解析

公司组织机构是公司存在和运行的制度体现与保障，是公司成为法人组织的必要条件，也是公司实现有效治理的基础。

作为“法人”的典型代表，公司通过特定的组织机构来实现其意志、履行其行为。在现代有限责任公司中，组织机构大致包括权力机关、决策机关、执行机关、监督机关。与之相对，我国公司法规定的有限责任公司组织机构主要包括股东会、董事会（执行董事）、经理、监事会。具体而言，公司治理机关类型与公司组织机构的对应如下：

机关类型	组织机构	具体说明
权力机关	股东会	1. 股东作为公司的出资者和所有者理应对公司享有最高权力，而股东行使权力的机关即为股东会。 2. 一般而言，股东会为公司必设机构，行使公司最高的决策权
决策机关	董事会	董事会由股东会选举产生，由董事组成，行使公司日常经营的决策权和业务执行权
监督机关	监事会	监事会的主要职责是监督董事、董事会和经理的经营行为，对其违法和不当的经营行为和其他可能侵犯公司利益、股东利益的行为进行约束
执行机关	经理	1. 经理是实际上对公司日常经营进行管理的公司机关； 2. 经理主要负责落实董事会的决策并向董事会报告工作

【注意】通过上表中关于公司组织机构的职能定位来理解下文中其各自具体的职权。

一、股东会

（一）股东会的性质与组成

1. 性质

（1）股东会是有限责任公司的权力机关。除公司法有特别规定的（一人公司和国有独资公司）以外，有限责任公司必须设立股东会。

（2）股东会是非常设机关，仅以会议形式存在，只有在召开股东会会议时，股东会才会作为公司机关存在。

2. 组成

有限责任公司股东会由全体股东组成。股东是按其所认缴出资额向有限责任公司缴纳出资的人。

（二）股东会的职权

根据《公司法》第37条的规定，股东会行使下列职权：

职权	说明
【决定】公司的经营方针和投资计划	（1）“经营方针”关乎公司经营发展的大致方向，不具备具体可操作性。例如，“公司发展坚持‘以人为本’”“公司生产坚持‘绿色原则’”。 （2）“投资计划”为公司投资业务的大致方向，同样也不具备具体的可操作性。例如，“公司今年要进行证券投资”

续表

职权	说明
【选举和更换】非由职工代表担任的董事、监事 【决定】有关董事、监事的报酬事项	(1) 人事任免权： ①有权选举和更换董事和监事（由职工代表担任的除外）； ②无权决定聘任和解聘经理、副经理以及财务负责人（属于董事会职权）； ③无权选举和更换董事长、副董事长（其产生办法由公司章程规定）。 (2) 报酬决定权： ①有权决定董事和监事的报酬事项（包括年薪、董事责任保险费）； ②无权决定经理、副经理以及财务负责人的报酬事项（属于董事会的职权）
【审议批准】董事会的报告	董事会和监事会向股东会负责，因此，董事会和监事会的报告应由股东会审议批准
【审议批准】监事会或者监事的报告	
【审议批准】公司的年度财务预算方案、决算方案	公司的年度财务预算和决算方案属于公司一个会计年度内的最为重大的财务管理事项。因此，由股东会决定
【审议批准】公司的利润分配方案和弥补亏损方案	利润分配方案和弥补亏损方案是对公司经营所得的重大安排，直接涉及全体股东的切身利益。因此，由股东会决定
对公司增加或者减少注册资本作出决议	增资、减资以及发行债券属于公司资本的重大变更事项，由股东会决定
对发行公司债券作出决议	
对公司合并、分立、解散、清算或者变更公司形式作出决议	公司的合并、分立、解散、清算、变更公司形式以及修改公司章程与公司的生存发展直接相关。因此，由股东会决定
修改公司章程	
公司章程规定的其他职权	
【注意】对前款所列事项股东以书面形式一致表示同意的，可以不召开股东会会议，直接作出决定，并由全体股东在决定文件上签名、盖章	

有限责任公司股东会的职权

“两个方向性决策”	决定公司的经营方针和投资计划
“两个人、两个报告”	（1）选举和更换非由职工代表担任的董事、监事，决定有关董事、监事的报酬事项； （2）审议批准董事会的报告； （3）审议批准监事会或者监事的报告
“四个最终财权”	（1）审议批准公司的年度财务预算方案、决算方案； （2）审议批准公司的利润分配方案和弥补亏损方案； （3）对公司增加或者减少注册资本作出决议； （4）对发行公司债券作出决议
“公司的章程与生死”	（1）对公司合并、分立、解散、清算或者变更公司形式作出决议； （2）修改公司章程
“其他”	公司章程规定的其他职权

（三）股东会的召开

股东会分为两种，定期会议与临时会议。

1. 召开会议的提议

（1）定期会议：依照公司章程的规定按时召开。

（2）临时会议：**代表十分之一以上表决权的股东，三分之一以上的董事，监事会或者不设监事会的公司的监事**有权提议召开。

2. 会议的召集与主持

（1）首次会议：由**出资最多的股东**召集和主持，依照本法规定行使职权。

（2）有限责任公司设立董事会的：

①股东会会议由董事会召集，董事长主持；

②董事长不能履行职务或者不履行职务的，由副董事长主持；

③副董事长不能履行职务或者不履行职务的，由半数以上董事共同推举一名董事主持。

（3）有限责任公司不设董事会的，股东会会议由执行董事召集和主持。

（4）董事会或者执行董事不能履行或者不履行召集股东会会议职责的：

①由监事会或者不设监事会的公司的监事召集和主持；

②监事会或者监事不召集和主持的，**代表十分之一以上表决权的股东**可以自行召集和主持。

有限责任公司股东会的召集与主持

<table>
<tr><td rowspan="3">1.董事会或者执行董事召集主持
↓
董事会（执行董事）不能履行或不履行时
↓
2.监事会或者监事召集主持
↓
监事会（监事）不召集主持时
↓
3.大股东（1/10以上表决权）自行召集和主持</td><td>董事会或者执行董事召集时：
1. 设立董事会的
（1）召集：董事会召集
（2）主持：
①原则上，董事长
②董事长不能履行或不履行职务时，副董事长
③副董事长不能履行或不履行职务时，半数以上董事共同推举一名董事
2. 设立执行董事的
召集和主持：执行董事</td></tr>
<tr><td>监事会或者监事召集主持时：
召集和主持：监事会或者监事（不设监事会时）</td></tr>
<tr><td>股东召集和主持时：
召集和主持：代表1/10以上表决权的股东</td></tr>
<tr><td colspan="2">【注意】首次股东会会议由出资最多的股东召集和主持</td></tr>
</table>

3. 召开会议的通知程序

（1）首先，按照公司章程规定或者全体股东的约定通知。

（2）其次，当公司章程未规定、全体股东也未另作约定时，应当于会议召开15日前通知全体股东。

（3）股东会应当对所议事项的决定作成会议记录，出席会议的股东应当在会议记录上签名。

（四）股东会决议

1. 表决权行使规则：股东会会议由股东按照**出资比例**行使表决权；但是，公司章程另有规定的除外。

例如，甲有限责任公司章程可以规定，甲有限责任公司股东会的表决权不按照股东的出资比例行使，而是实行一人一票制；又例如，乙公司的章程规定出资比例为70%的股东A，行使股东会表决权时，表决比例为40%，其他的比例由除A以外的其他3名股东平均持有。

2. 议事方式和表决程序：股东会的议事方式和表决程序，除本法有规定的外，由公司章程规定。

3. 公司的表决规则：

（1）就普通事项进行决议：

①当公司章程未另有规定时，表决权过半数即可通过；

②当公司章程另有规定时，按照以下规则进行处理：

A. 公司章程对通过比例有更严格规定（例如70%）时，从其规定；

B. 公司章程对通过比例有更宽松规定（例如40%）时，该规定无效，按照法定的通过比例进行决议。

（2）就下列重大事项进行决议，必须按照法律规定，经**代表2/3以上表决权**的股东通过（注意：不是股东人数的2/3以上，而是表决权的2/3以上）。

①修改公司章程；

②增加或者减少注册资本的决议；

③公司合并、分立、解散以及变更公司形式的决议。

（3）股东以书面形式一致表示同意的，可以不召开股东会会议，直接作出决定，并由全体股东在决定文件上签名、盖章。

（4）利害关系股东表决权的排除

公司为公司股东或者实际控制人提供担保时，会涉及利害关系股东表决权的排除，具体处理规则如下：

公司转投资及担保事项的决议

对外（向其他企业投资或为他人提供担保）	对内（为股东或实际控制人提供担保）
1. 决议机关：按照章程规定，由董事会或者股东会、股东大会决议。 2. 额度限制：公司章程对投资或者担保的总额及单项投资或者担保的数额有限额规定的，不得超过规定的限额	1. 决议机关：必须经股东会或者股东大会决议（章程无自治空间）。 2. 利害关系股东表决权的排除： 该股东或者该实际控制人支配的股东，不得参加前款规定事项的表决。 3. 表决通过：由出席会议的其他股东所持表决权过半数通过

【扩展说明】公司法定代表人违章对外担保的问题

公司法定代表人违章对外担保的问题，是指在公司对外担保问题上，法定代表人未按照公司章程或者公司权力机构的决议为他人提供担保的，此时该如认定担保合同的效力，如何平衡公司、股东与担保权人之间的利益关系？

法定代表人违反公司章程规定，越权实施对外担保时，应当区分公司的类型采取如下处理规则：

<table>
<tr><th></th><th>一般公司</th><th>专业担保公司</th></tr>
<tr><td rowspan="2">处理规则</td><td>担保权人仅需要从形式上审查公司章程、公司决议是否签章齐全，公司决议内容是否符合公司章程的要求即可认定其为善意相对人，不要求其实质审查签章是否真实</td><td>1. 担保权人无须就担保公司章程或者董事会、股东（大）会决议是否对法定代表人代表权限制进行形式审查，推定其为善意相对人</td></tr>
<tr><td colspan="2">若担保权人系善意相对人，担保合同为有效合同，符合条件的，公司应当承担相应的担保责任；
公司在承担相应的担保责任后，可以依照相关法律规定、公司章程等请求法定代表人承担相应的民事责任</td></tr>
<tr><td>具体理由</td><td>1. 担保业务并非公司的日常业务范围。为他人提供担保属于公司非常规的、特殊的财产处分行为；
2. 公司对外提供担保，不单单是公司章程或者公司权力机构决议对法定代表人代表权的约定限制问题，而且通过《公司法》第 16 条对外进行了公示；
3. 公司对外担保涉及相对人与法人之间重大利益平衡，需要对相对人科以形式上的注意义务</td><td>担保是担保公司的主营业务，相对人可以基于其经营范围而产生合理信赖</td></tr>
</table>

二、董事会

（一）董事会的性质与组成

1. 性质

董事会是有限责任公司的业务执行机关，享有业务执行权和日常经营的决策权。

2. 组成

（1）人数

①一般而言，董事会成员为 3 ~ 13 人，非职工代表董事由股东会任免；

②股东人数较少或者规模较小的有限责任公司，可以设一名执行董事，不设董事会。

（2）职工代表董事

①"**应当有**"：两个以上的国有企业或者两个以上的其他国有投资主体投

资设立的有限责任公司，其董事会成员中应当有公司职工代表。

②“**可以有**”：其他有限责任公司董事会成员中可以有公司职工代表。

③产生方式：董事会中的职工代表由公司职工通过职工代表大会、职工大会或者其他形式民主选举产生（注意：**职工代表董事并非由公司股东会选举和更换**）。

（3）董事长的产生办法

董事长、副董事长的产生办法

公司类型	有限责任公司	股份有限公司	国有独资公司
人数的设置	董事会设董事长一人，可以设副董事长		
产生办法	董事长、副董事长的产生办法由公司章程【规定】	董事长和副董事长由董事会以全体董事的过半数【选举】产生	董事长、副董事长由国有资产监督管理机构从董事会成员中【指定】

【扩展说明 1】公司法定代表人的确定

①公司**法定代表人不等于董事长**。

②A. 公司法定代表人依照公司章程的规定，由董事长、执行董事或者经理（没有监事）担任，并依法登记。

B. 公司法定代表人变更，应当办理变更登记。

【扩展说明 2】董事长的职权

概述	公司法未明确规定董事长的职责（董事长可以是公司的法定代表人）
具体职权	一般而言，董事长的职权有： 1. 主持股东会会议，召集和主持董事会会议； 2. 检查董事会决议的实施情况； 3. 对外代表公司； 4. 设立分公司时，向公司登记机关申请登记，领取营业执照； 5. 公司章程规定的其他职权

（4）董事的任职期限

①董事任期由公司章程规定，但每届任期不得超过三年（≤3 年）。

②董事任期届满时，连选可以连任，并无任职届数的限制。

③董事任期届满未及时改选，或者董事在任期内辞职导致董事会成员低于法定人数的，在改选出的董事就任前，原董事仍应当依照法律、行政法规和公司章程的规定，履行董事职务。否则，可能违反董事的忠诚义务和勤勉义务，给公司造成损失的，应当承担相应的赔偿责任。

例如，甲公司董事会共有 A、B、C3 名董事，A 董事由于其个人原因在任期内申请辞职。由于甲公司总共只有 3 名董事，属于最低的法定人数，因此，A 在改选出新的董事就任前，应当继续履行董事职务。

（二）董事会的召开和决议

1. 会议的召集与主持

（1）董事会会议由董事长召集和主持；

（2）董事长不能履行职务或者不履行职务的，由副董事长召集和主持；

（3）副董事长不能履行职务或者不履行职务的，由**半数以上董事共同推举一名董事召集和主持**。

有限责任公司董事会的召集与主持

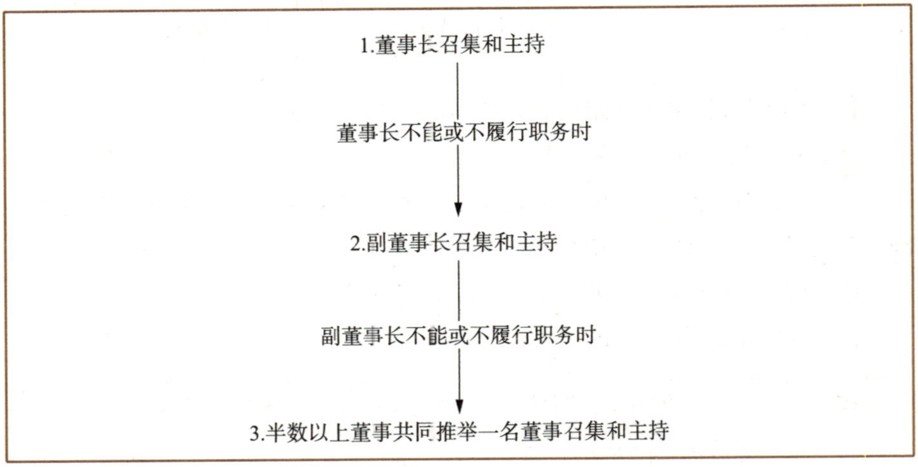

【注意】董事会的召集和主持**与股东会不同，不存在**持有 10% 以上表决权的股东召集和主持会议的情形。

2. 董事会的表决规则

（1）董事会决议的表决，实行**一人一票**。

【注意】表决权行使规则：

股东会	董事会
股东会会议由股东按照出资比例行使表决权；但是公司章程另有规定的除外	董事会决议的表决，实行一人一票

（2）董事会的议事方式和表决程序，除本法有规定的外，由公司章程规定。

（3）董事会应当对所议事项的决定做成会议记录，出席会议的董事应当在会议记录上签名。

（三）董事会的职权

根据《公司法》第46条的规定，董事会行使下列职权：

1. 【召集】股东会会议，并向股东会报告工作。
2. 【执行】股东会的决议。
3. 【决定】公司的经营计划和投资方案；

董事会“决定公司的经营计划和投资方案”与股东会“决定公司的经营方针和投资计划”职权的区分

	股东会	董事会
职权	决定公司的经营方针和投资计划	决定公司的经营计划和投资方案
特点	股东会的职权属于“方向性”或者“战略性”的，其**计划和方针不具备具体操作性**	董事会的职权属于“战术性”的，在股东会规定的“方向”引导下，进行具体的实施，其**方案和计划具备操作性**
例如，甲有限责任公司股东会做出了“公司年度核心业务为高科技产品生产”的决议（经营方针），于是甲公司董事会和乙科研机构签订了“A科技产品委托研发”的协议（经营计划）		

4. 【制订】公司的年度财务预算方案、决算方案。
5. 【制订】公司的利润分配方案和弥补亏损方案。
6. 【制订】公司增加或者减少注册资本以及发行公司债券的方案。
7. 【制订】公司合并、分立、解散或者变更公司形式的方案。

注意：关于上述方案，**董事行使的职权是“制订权”（给出初步意见），而股东会行使的职权是“审议批准权”（最终拍板）**。

8. 【决定】公司内部管理机构的设置。
9. 【决定】聘任或者解聘公司经理及其报酬事项，并根据经理的提名决定聘任或者解聘公司副经理、财务负责人及其报酬事项。

注意：**董事会有权直接任免的是经理，而副经理和财务负责人的人选只能在经理提名的范围内决定**。

10. 【制定】公司的基本管理制度。
11. 公司章程规定的其他职权。

【注意】执行董事的职权由公司章程规定。

有限责任公司董事会职权

"为股东会服务"	1. 召集股东会会议，并向股东会报告工作； 2. 执行股东会的决议
"制订四种方案"	1. 制订公司的年度财务预算方案、决算方案； 2. 制订公司的利润分配方案和弥补亏损方案； 3. 制订公司增加或者减少注册资本以及发行公司债券的方案； 4. 制订公司合并、分立、解散或者变更公司形式的方案
"决定四个事项"	1. 决定公司的经营计划和投资方案； 2. 决定公司内部管理机构的设置； 3. 决定聘任或者解聘公司经理及其报酬事项，并根据经理的提名决定聘任或者解聘公司副经理、财务负责人及其报酬事项； 4. 制定公司的基本管理制度
"其他"	公司章程规定的其他职权

有限责任公司股东会职权与董事会职权的区分

	股东会职权	董事会职权
职权定位	重大事项的最终决定权	重大事项的提议、落实以及日常事务的决定权
经营方面	决定经营方针	决定经营计划
投资方面	决定投资计划	决定投资方案
人事任免方面	非由职工代表担任的董事、监事的任免及其报酬事项	经理的任免及其报酬事项，副经理和财务负责人（根据经理的提名）的任免及其报酬事项
重大决策方面	审议批准（方案）、作出决议	制订方案（年度财务预算、决算方案、分红、补亏、增减资、合并、分立、变更形式以及解散、清算等方案）

三、经理

（一）经理概述

1. 有限责任公司的经理是负责公司日常经营管理工作的高级管理人员。
2. 有限责任公司可以设经理，由董事会决定聘任或者解聘（非股东会）。
3. 经理对董事会负责，属于董事会的"辅助执行机构"。
4. 根据公司章程的规定，**经理可以作为公司的法定代表人**。
5. **执行董事可以兼任公司经理**。
6. 经理列席董事会会议。
7. 公司章程对经理职权另有规定的，从其规定。

（二）经理的职权

根据《公司法》第49条的规定，经理行使下列职权：

（1）【主持】公司的生产经营管理工作，【组织实施】董事会决议；

（2）【组织实施】公司年度经营计划和投资方案；

（3）【拟订】公司内部管理机构设置方案；

（4）【拟订】公司的基本管理制度；

（5）【制定】公司的具体规章；

（6）【提请】**聘任或者解聘公司副经理、财务负责人**；

（7）【决定】聘任或者解聘除应由董事会决定聘任或者解聘以外的负责管理人员；

（8）董事会授予的其他职权；

董事会职权与经理职权的区分

	董事会	经理
董事会决议	作出	组织实施
经营计划和投资方案	决定	组织实施
公司内部管理机构设置	决定	拟订方案
公司的基本管理制度	制定	拟订
公司的具体规章		制定
副经理、财务负责人	决定任免	提请任免

四、监事会

（一）监事会的性质与组成

1. 性质

（1）监事会是经营规模较大的有限责任公司的常设监督机关，专司监督职能。

（2）监事会向股东会负责，并且向其报告工作。

2. 组成

由监事组成，其成员**不得少于三人**。

（1）人数：成员不得少于三人（≥3人）。股东人数较少或者规模较小的有限责任公司，**可以设一至二名监事，不设监事会**。

（2）职工代表：

①监事会应当包括股东代表和适当比例的公司职工代表，其中**职工代表的**

比例不得低于三分之一（≥1/3），具体比例由公司章程规定。

②监事会中的职工代表由公司职工通过职工代表大会、职工大会或者其他形式民主选举产生。

董事会和监事会中职工代表的区别

有限责任公司董事会中的职工代表	有限责任公司监事会中的职工代表
1. “必须有”的情形： （1）两个以上的国有企业或者两个以上的其他国有投资主体投资设立的有限责任公司； （2）此时，职工代表的比例无强制性规定。 2. “可以有”的情形（也可以没有）： 其他有限责任公司董事会成员中可以有公司职工代表。	1. 监事会中必须有职工代表。 2. 具体比例由公司章程规定，但不得低于三分之一（≥1/3）。

（3）监事会主席：

①监事会设主席一人，**由全体监事过半数选举产生**；

注意区分：有限责任公司董事长的产生办法**由公司章程规定**。

例如，甲有限责任公司的章程可以规定董事长由全体董事过半数选举产生，也可以规定董事长必须由董事中同时具有法律和会计专业背景的人担任。但是，甲有限责任公司的监事会主席，必须由全体监事过半数选举产生。

②监事会主席负责召集和主持监事会会议。

（4）任期：

①监事的任期每届为3年（董事任期由公司章程规定，但不得超过三年（≤3年））。

例如，甲有限责任公司的章程可以规定董事的任期为1年半，只要不超过3年即可；但甲公司的监事的任期只能是3年。

②监事任期届满，连选可以连任。

③监事任期届满未及时改选，或者监事在任期内辞职导致监事会成员低于法定人数的，在改选出的监事就任前，原监事仍应当依照法律、行政法规和公司章程的规定，履行监事职务。否则，可能违反监事的忠诚义务和勤勉义务，给公司造成损失的，应当承担相应的赔偿责任。（与董事相同）

（5）**董事、高级管理人员不得兼任监事**。

（二）监事会的召开与决议

1. 监事会的召开

监事会每年度至少召开一次会议，监事可以提议召开临时监事会会议。

2. 监事会的召集与主持

（1）监事会主席召集和主持监事会会议。

（2）监事会主席不能履行职务或者不履行职务的，由半数以上监事共同推举一名监事召集和主持监事会会议。

有限责任公司监事会的召集与主持

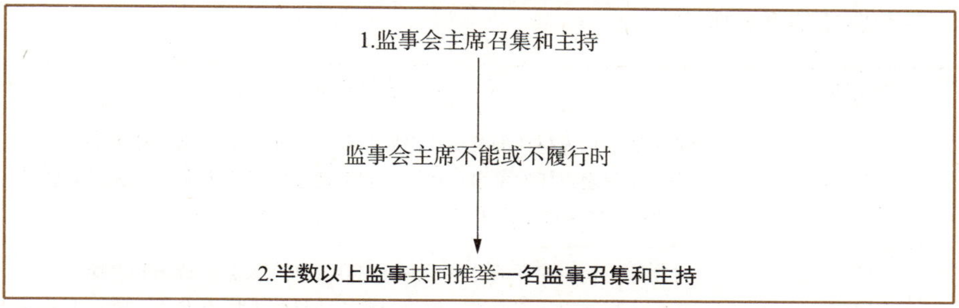

2. 监事会的表决规则

（1）监事会的议事方式和表决程序，除本法有规定的外，由公司章程规定。

（2）监事会决议应当经半数以上监事通过。

（3）监事会应当对所议事项的决定做成会议记录，出席会议的监事应当在会议记录上签名。

（三）监事会的职权

1. 监事会的职权

一般职权	1. 监事会、不设监事会的公司的监事行使下列职权： （1）检查公司财务； （2）对董事、高级管理人员执行公司职务的行为进行监督，对违反法律、行政法规、公司章程或者股东会决议的董事、高级管理人员提出罢免的建议； （3）当董事、高级管理人员的行为损害公司的利益时，要求董事、高级管理人员予以纠正； （4）提议召开临时股东会会议，在董事会不履行本法规定的召集和主持股东会会议职责时召集和主持股东会会议； （5）向股东会会议提出提案； （6）依照本法第 151 条的规定，对董事、高级管理人员提起诉讼； （7）公司章程规定的其他职权
质询建议权	监事可以列席董事会会议，并对董事会决议事项提出质询或者建议
调查权	1. 监事会、不设监事会的公司的监事发现公司经营情况异常，可以进行调查； 2. 必要时，可以聘请会计师事务所等协助其工作，费用由公司承担

2. 监事会行使职权的保障：监事会、不设监事会的公司的监事**行使职权所必需的费用，由公司承担**。

五、公司治理主要参与者的产生与罢免

董事（董事长）、监事（监事会主席）、经理、副经理以及财务负责人的产生和罢免如下表所示：

职位	产生与罢免
董事	1. 非由职工代表担任的董事：由股东会（股东大会）选举和更换； 2. 由职工代表担任的董事：由公司职工通过职工代表大会、职工大会或者其他形式民主选举产生以及更换（两类公司）
监事	1. 非由职工代表担任的监事：由股东会（股东大会）选举和更换； 2. 由职工代表担任的监事：由公司职工通过职工代表大会、职工大会或者其他形式民主选举产生以及更换（两类公司）
董事长	1. 有限责任公司：董事会设董事长一人，可以设副董事长。董事长、副董事长的产生办法由公司章程规定； 2. 股份有限公司：董事会设董事长一人，可以设副董事长。董事长和副董事长由董事会以全体董事的过半数选举产生
监事会主席	1. 有限责任公司：监事会设主席一人，由全体监事过半数选举产生； 2. 股份有限公司：监事会设主席一人，可以设副主席。监事会主席和副主席由全体监事过半数选举产生。
经理	由董事会决定聘任与解聘（两类公司）
副经理、 财务负责人	1. 由经理提名聘任或者解聘； 2. 由董事会决定聘任或者解聘（两类公司）

考点14　公司决议瑕疵

命题分析

“公司决议瑕疵”主要包括“公司决议的瑕疵类型”和“公司瑕疵决议的诉讼”两大块内容。

在近十年的主观题中，“公司决议瑕疵类型”在2012年、2015年的主观题中进行了考查，2015年甚至有2个问都考查该考点。由此可见该考点的分量！而且，命题人的考查思路一般都是考查考生能否准确判断公司某个决议的

效力类型。

最新出台的《最高人民法院关于适用〈中华人民共和国公司法〉若干问题的规定（四)》对该考点作了大量的补充性规定，新增加了“决议不成立”的瑕疵类型。该考点在2019年法考中显得尤为重要，考生应当给予足够的重视。

考点解析

一、公司决议瑕疵类型

关于股东会、董事会决议的瑕疵类型，我国《公司法》采取的是“三分法”，即把公司的决议的效力类型具体分为“决议不成立”“决议可撤销”以及“决议无效”三种。公司的决议不仅会牵涉公司的经营发展，而且与董事、监事、高级管理人员、股东以及债权人等主体的利益休戚相关。因此，决议的内容和程序都必须合法、公正。如果决议内容或者程序上有瑕疵，其效力就会受到影响。具体而言，我国公司决议的瑕疵类型如下：

类型	法定事由
决议无效	“**内容违法**”： 公司股东会或者股东大会、董事会的决议内容违反法律、行政法规的无效
决议可撤销	1. 原则： (1)“**程序违法或违章**” 股东会或者股东大会、董事会的会议召集程序、表决方式违反法律、行政法规或者公司章程。 (2)“**内容违章**” 决议内容违反公司章程。 2. 例外：“**轻微程序瑕疵的排除**” 股东请求撤销股东会或者股东大会、董事会决议，会议召集程序或者表决方式仅有轻微瑕疵，且对决议未产生实质影响的，人民法院不予支持
决议不成立 （新增）	1. 公司未召开会议的，但依据《公司法》第37条第二款或者公司章程规定可以不召开股东会或者股东大会而直接作出决定，并由全体股东在决定文件上签名、盖章的除外； 2. 会议未对决议事项进行表决的； 3. 出席会议的人数或者股东所持表决权不符合公司法或者公司章程规定的； 4. 会议的表决结果未达到公司法或者公司章程规定的通过比例的； 5. 导致决议不成立的其他情形

二、公司决议瑕疵诉讼

有效公司决议（包括股东会决议和董事会决议）的形成，既有程序上的要求，又有内容上的要求。当公司决议的形成在程序和内容上存在瑕疵时，股东有权提起公司决议瑕疵诉讼，以确认相关决议的效力。具体而言，处理规则如下：

<table>
<tr><th></th><th>决议不成立（新增）</th><th>决议可撤销</th><th>决议无效</th></tr>
<tr><td>事由</td><td>1. 公司未召开会议的，但依据《公司法》第37条第二款或者公司章程规定可以不召开股东会或者股东大会而直接作出决定，并由全体股东在决定文件上签名、盖章的除外；
2. 会议未对决议事项进行表决的；
3. 出席会议的人数或者股东所持表决权不符合公司法或者公司章程规定的；
4. 会议的表决结果未达到公司法或者公司章程规定的通过比例的；
5. 导致决议不成立的其他情形</td><td>1. 程序违法或违章：
股东会或者股东大会、董事会的会议召集程序、表决方式违反法律、行政法规或者公司章程。
2. 内容违章：
决议内容违反公司章程。
3. 轻微程序瑕疵的排除：
会议召集程序或者表决方式仅有轻微瑕疵，且对决议未产生实质影响的，人民法院不予支持</td><td>内容违法：
公司股东会或者股东大会、董事会的决议内容违反法律、行政法规的无效</td></tr>
<tr><td>提起诉讼的期间限制</td><td>无</td><td>决议作出之日起六十日内，请求人民法院撤销</td><td>无</td></tr>
<tr><td rowspan="4">当事人</td><td colspan="3">1. 原告：
（1）决议不成立之诉与决议无效之诉：与决议有利害关系的股东、董事、监事等；
（2）决议可撤销之诉：股东，且应当在起诉时具有公司股东资格</td></tr>
<tr><td colspan="3">2. 被告：公司</td></tr>
<tr><td colspan="3">3. 第三人：决议涉及的其他利害关系人</td></tr>
<tr><td colspan="3">4. 共同原告：一审法庭辩论终结前，其他有原告资格的人以相同的诉讼请求申请参加前款规定诉讼的，可以列为共同原告</td></tr>
<tr><td>担保</td><td colspan="3">人民法院可以应公司的请求，要求原告提供相应担保</td></tr>
<tr><td>法律后果</td><td colspan="3">1. 公司根据股东会或者股东大会、董事会决议已办理变更登记的，人民法院宣告该决议无效、不成立，或者撤销该决议后，公司应当向公司登记机关申请撤销变更登记。
2. 对善意相对人的保护
股东会或者股东大会、董事会决议被人民法院判决确认无效、不成立，或者撤销的，公司依据该决议与善意相对人形成的民事法律关系不受影响</td></tr>
</table>

【说明】

1. 决议瑕疵诉讼的原告

（1）决议不成立、无效之诉的原告

根据《最高人民法院关于适用〈中华人民共和国公司法〉若干问题的规定（四）》的规定，决议不成立、无效之诉的原告为**股东、董事、监事等**。此处的“等”字，可以解释为直接利害关系人①。具有直接利害关系的人均可提起诉讼，请求法院确认决议不成立或者无效。比如具有直接利害关系的公司的高级管理人员、职工、债权人等。

（2）决议撤销之诉的原告

根据《最高人民法院关于适用〈中华人民共和国公司法〉若干问题的规定（四）》的规定，决议撤销之诉的原告为**起诉时具有股东资格的股东**。对比决议不成立、无效之诉的原告来看，决议撤销之诉的原告范围仅限于“股东”，这主要是由于决议不成立、无效的效力瑕疵严重程度明显大于决议可撤销的严重程度。因此，具有直接利害关系的人均可提请确认决议不成立或者无效。

同时，还应当注意到，此处适格原告还仅限于起诉时具有股东资格的股东，起诉时已经丧失股东资格的人不是适格原告。

2. 决议瑕疵诉讼法律后果中“对于善意相对人的保护”的问题

《最高人民法院关于适用〈中华人民共和国公司法〉若干问题的规定（四）》在第6条关于保护善意相对人的规定中，仅明确“决议无效”“决议被撤销”时，公司依据该决议与善意相对人形成的民事法律关系不受影响，并未明确规定“决议不成立”时，善意相对人的保护问题。本书认为，**在“决议不成立”的情形下，公司依据该决议与善意相对人形成的民事法律关系也**

① 参照《公司法司法解释（四）意见稿》可知，正式稿中删除了草案“有直接利害关系的高级管理人员、职工、债权人”的规定；同时，保留“等”字，扩大了司法实践中法官的自由裁量权，同时，增加了适格原告的判断难度。因此，此处的“等”字，本书倾向于将其解释为“直接利害关系人”，不仅仅包括高管、职工、债权人，也包括其他直接利害关系人。

不受影响。①

例如，2013年A、B、C、D、E五人共同出资设立甲有限责任公司，均已足额出资，其出资比例分别为44%、32%、13%、6%、5%。2014年，甲公司就为股东A提供担保而召开股东会，A、D、E出席，而B、C未出席。投票表决时，A、D、E均表示同意，因此甲公司做出了股东会决议，为A提供担保，与A之债权人善意的乙订立担保合同。①由于“对内担保”时（为公司股东或者实际控制人提供担保时），利害关系股东的表决权被排除，此时A没有表决权，有效的表决为D、E的表决，而此时D、E的表决比例仅为11%，未过半，因此该决议的作出具有“会议的表决结果**未达到公司法或者公司章程规定的通过比例**”的瑕疵，属于不成立的决议。②此时，直接利害关系人，比如甲的股东、董事、监事、具有直接利害关系的高级管理人、具有直接利害关系的职工、具有直接利害关系的债权人，可以向人民法院提起确认该决议不成立之诉。③人民法院可以应公司的请求，要求原告提供相应担保。④法院判决决议不成立之后，公司根据该决议与债权人乙所签订的担保合同不受影响。甲公司承担担保责任后有权向A追偿。

考点15　公司董、监、高的义务和责任

命题分析

“公司董、监、高的任职资格和义务”是商法客观题的重要考点，但主观题较少涉及，仅在2012年进行了考查。但随着主观题考试方式改革，死记硬背的知识点如“任职资格”不可能在主观题中考查，但“董、监、高的义务和责任”这种理论性和实践性都很强的考点必将成为主观题命题人青睐的对象。此外，该知识点一般与股东代表诉讼结合在一起考查，考生需整体把握。

① 首先，本书认为“无效决议”与“不成立决议”均属于具有严重瑕疵的决议，且“决议无效”瑕疵严重度高于“决议不成立”，因为“决议无效”的“违法性”更为明显，属于内容违法；而就“决议不成立”而言，其“违法性”特征弱于“决议无效”，因为违反章程也可被确认为“决议不成立”。同时“决议不成立”的瑕疵主要在于程序方面的瑕疵，程序瑕疵的后果一般轻于内容瑕疵。所以“决议无效”瑕疵严重度高于“决议不成立”。其次，本书认为“决议不成立”的瑕疵程度高于“决议可撤销”，因为“可撤销的决议”存在可以自愈的情形，而“不成立的决议”则不存在自愈的情形。那么三者中瑕疵严重度最高的“无效决议”，以及瑕疵严重度最低的“可撤销决议”均承认保护善意相对人，那么瑕疵严重度居于两者之间的“不成立的决议”也应保护善意相对人。

考点解析

一、公司董、监、高的义务

<table>
<tr><td>概述</td><td>公司董事、监事、高级管理人员对公司负有忠实义务和勤勉义务：
（1）忠实义务：强调董事、监事、高级管理人员应当忠诚于公司，不得为有损公司利益的行为；
（2）勤勉义务：强调董事、监事、高级管理人员应当积极履行职责，依法谋求公司利益和股东利益的最大化</td></tr>
<tr><td rowspan="7">共同义务</td><td>遵守法律、行政法规，遵守公司章程，忠实履行职务，维护公司利益</td></tr>
<tr><td>不得利用在公司的地位和职权为自己牟取私利</td></tr>
<tr><td>不得利用职权收受贿赂或者其他非法收入</td></tr>
<tr><td>不得侵占公司的财产</td></tr>
<tr><td>不得泄露公司秘密</td></tr>
<tr><td>列席会议并接受质询的义务：股东会或者股东大会要求董事、监事、高级管理人员列席会议的，董事、监事、高级管理人员应当列席并接受股东的质询</td></tr>
<tr><td>如实提供有关情况和资料的义务：董事、高级管理人员应当如实向监事会或者不设监事会的有限责任公司的监事提供有关情况和资料，不得妨碍监事会或者监事行使职权</td></tr>
<tr><td rowspan="5">特定性义务</td><td>义务主体：
（1）主体范围：仅限于公司的董事和高级管理人员；
（2）法理说明：上述两类主体负责公司的经营决策和日常管理，其行为直接关乎公司和股东的利益，故法律对他们有更多、更为具体的规则和要求，其中特别体现在对他们的禁止性规定方面</td></tr>
<tr><td>绝对禁止的特定性义务：
（1）挪用公司资金；
（2）将公司资金以其个人名义或者以其他个人名义开立账户存储；
（3）接受他人与公司交易的佣金归为己有；
（4）擅自披露公司秘密</td></tr>
<tr><td>相对禁止的特定性义务：
（1）公款私借或者对外担保：违反公司章程的规定，未经股东会、股东大会或者董事会同意，将公司资金借贷给他人或者以公司财产为他人提供担保；
（2）自我交易：违反公司章程的规定或者未经股东会、股东大会同意，与本公司订立合同或者进行交易；
（3）侵夺公司商业机会或者违反竞业限制行为：未经股东会或者股东大会同意，利用职务便利为自己或者他人谋取属于公司的商业机会</td></tr>
<tr><td>4. 其他特定性义务：违反对公司忠实义务的其他行为</td></tr>
<tr><td>5. 违反特定性义务的责任：
董事、高级管理人员违反上述特定性义务所得的收入应当归公司所有</td></tr>
</table>

二、公司董、监、高的责任

<table>
<tr><th>责任主体</th><th>责任来源</th><th>责任内容</th></tr>
<tr><td rowspan="3">董事、高管</td><td>违反其特定性的经营义务</td><td>违法所得的收入应当归公司所有</td></tr>
<tr><td>股东抽逃出资，董事、高管协助其抽逃出资</td><td>1. 对公司或者其他股东：应当对抽逃出资的股东返还出资本息承担连带责任；
2. 对债权人：应当在抽逃出资本息范围内对公司债务不能清偿的部分承担连带责任</td></tr>
<tr><td>董事、高管未尽忠实义务和勤勉义务而使公司增资时应缴的出资未缴足</td><td>1. 对公司、其他股东或者债权人：应当对此承担相应的赔偿责任；
2. 承担责任后，可以向违反出资义务的股东追偿</td></tr>
<tr><td rowspan="2">董事、监事、高管</td><td>违反法律、行政法规或者公司章程的规定，给公司造成损失</td><td>应当对公司承担赔偿责任</td></tr>
<tr><td>上市公司董事、监事、高管将其持有该公司的股票进行短线交易</td><td>由此所得收益归该公司所有，公司董事会应当收回其所得收益</td></tr>
</table>

三、董事、监事、高管侵害公司或者股东利益的救济

（一）董事、监事、高管侵害公司利益时的救济——股东代表诉讼

股东代表诉讼将在后面内容中探讨，所以在此不再赘述，仅阐述其概念和列举相关规定。

1. 概念

股东代表诉讼，又称派生诉讼、股东代位诉讼，是指当公司的合法权益受到董事、监事、高管以及他人不法侵害而公司却怠于起诉时，符合条件的股东即以自己的名义起诉，所获赔偿归于公司的一种诉讼制度。

2. 相关规定

（1）董事、高级管理人员有《公司法》第149条规定的情形的，有限责任公司的股东、股份有限公司连续180日以上单独或者合计持有公司1%以上股份的股东，可以书面请求监事会或者不设监事会的有限责任公司的监事向人民法院提起诉讼。

（2）监事有《公司法》第149条规定的情形的，前述股东可以书面请求董事会或者不设董事会的有限责任公司的执行董事向人民法院提起诉讼。

（3）监事会、不设监事会的有限责任公司的监事，或者董事会、执行董事收到前款规定的股东书面请求后拒绝提起诉讼，或者自收到请求之日起 30 日内未提起诉讼，或者情况紧急、不立即提起诉讼将会使公司利益受到难以弥补的损害的，前款规定的股东有权为了公司的利益以自己的名义直接向人民法院提起诉讼。

（4）他人侵犯公司合法权益，给公司造成损失的，（1）中规定的股东可以依照前两款的规定向人民法院提起诉讼。

（二）董事、高管侵害股东利益时的救济——股东直接诉讼

董事、高级管理人员（注意：没有监事）违反法律、行政法规或者公司章程的规定，损害股东利益的，股东可以向人民法院提起诉讼。

考点 16　股东代表诉讼制度

命题分析

“股东代表诉讼”是历年客观题的重量级考点，但近十年的主观题没有考查过。该考点具体包括“股东代表诉讼制度的特征”“股东代表诉讼的当事人”“股东代表诉讼的前置程序”等知识点。最新颁布的《最高人民法院关于适用〈中华人民共和国公司法〉若干问题的规定（四)》第 23 条～第 26 条对该制度的基本内容予以细化补充，容易结合“董、监、高的义务和责任”进行综合考查。故本考点在 2019 年法考主观题中出现的频率应该较高，考生务必足够重视。

考点解析

一、股东代表诉讼制度概述

（一）概念

股东代表诉讼，又称为派生诉讼、股东代位诉讼，是指当公司的合法权益受到不法侵害而公司却怠于起诉时，公司的股东以自己的名义起诉，所获赔偿归于公司的一种诉讼制度。

具体而言，当公司的利益受到公司董事、监事、高级管理人员以及他人的侵害时，公司的相应机关应当代表公司提起诉讼，维护公司的合法权益。但是，当公司的相应机关未能够及时履行、拒绝履行该职责或者情况紧急时，公

司的股东可以以自己的名义为了公司的利益而提起诉讼，维护公司的合法权益，这就是股东代表诉讼制度。

股东代表诉讼是一种**代位诉讼，只有在公司内部救济手段穷尽的情况下才可以适用**。

（二）特征

股东代表诉讼制度具有如下特征：

基本特征	具体内容
救济对象方面	与股东直接诉讼（救济股东个人的权利和利益）不同，股东代表诉讼救济的是被公司董事、经理或者其他人侵害的公司权利和利益； 在股东代表诉讼中，公司是直接的受害人，股东是间接的受害人
诉因方面	能够提起诉讼的股东所依据的实体意义上的诉权不专属哪一个股东，而是属于公司，原告股东只是以代表人的资格，代位行使原本属于公司的诉权； 对同一事实其他股东也可以提起代表诉讼，并且在诉讼中也无法排除其他股东的介入
诉讼当事人方面	股东以自己的名义提起诉讼，即股东具有原告的身份； 被告是实施侵害公司利益的行为人，包括公司的董事、监事、高管以及其他人（公司不是被告）
诉讼后果方面	诉讼后果由公司承担，归于公司

（三）基本功能

1. 背景

股东代表诉讼制度是随着对少数股东权利保护的加强而逐渐发展起来并不断完善的。在公司权力中心由股东大会转移至董事会和公司管理层后，股东权得不到充分保护和救济的社会问题日益突出。股东代表诉讼制度即是在此背景下而产生的。

2. 基本功能

（1）救济功能：即在公司利益受到董事、监事、高级管理人员、控股股东以及其他人的非法侵害时，通过股东提起代表诉讼的方式，使公司及时获得经济赔偿或者其他救济，保护公司的合法权益，并最终保护全体股东的合法权益。

（2）预防功能：通过增加公司董事、监事、高级管理人员、控股股东等相关人员从公司谋取不正当利益的风险成本，从而起到预防、减少该类行为的作用。

二、股东代表诉讼具体规则

（一）适用该制度的情形

1. 公司的董事、监事、高级管理人员执行公司职务时违反法律、行政法规或者公司章程的规定，给公司造成损失的。

2. 他人侵犯公司合法权益，给公司造成损失的。

（二）股东的资格要求

1. 有限责任公司的股东（无持股期间和持股比例的要求）。

2. **股份有限公司连续180日以上单独或者合计持有公司1%以上股份的股东**。

（三）交叉请求前置程序

一般而言，股东必须先穷尽公司内部的救济手段，即先书面请求相应机关向法院提起诉讼。

1. 董事、高级管理人员侵害公司利益的，股东可以书面请求监事会或者不设监事会的有限责任公司的监事向人民法院提起诉讼。

2. 监事侵害公司利益的，可以书面请求董事会或者不设董事会的有限责任公司的执行董事向人民法院提起诉讼。

3. 他人侵害公司合法利益的，股东可以书面请求董事会或者不设董事会的有限责任公司的执行董事向人民法院提起诉讼。

【注意】他人侵害公司利益时，**不支持**监事会或者不设监事会的有限责任公司的监事代表公司对他人提起诉讼。

（1）法理依据：监事会或者不设监事会的有限责任公司的监事的主要职责是监督公司的董事和高级管理人员。

（2）法律依据：《最高人民法院关于适用〈中华人民共和国公司法〉若干问题的规定（四）》第23条规定："监事会或者不设监事会的有限责任公司的监事依据公司法第151条第1款规定对董事、高级管理人员提起诉讼的，应当列公司为原告，依法由监事会主席或者不设监事会的有限责任公司的监事代表公司进行诉讼。

董事会或者不设董事会的有限责任公司的执行董事依据《公司法》第151条第1款规定对监事提起诉讼的，或者依据《公司法》第151条第3款规定对他人提起诉讼的，应当列公司为原告，依法由董事长或者执行董事代表公司进行诉讼。”

（四）公司直接诉讼

在上述股东的书面请求下，若公司的相应机关（董事会或监事会）接受了股东上述书面请求，则其可以代表公司，直接起诉，维护公司的利益。

董事或高管侵害公司利益时	监事侵害公司利益时	他人侵害公司合法利益时
（1）被告：董事或高管。 （2）原告：公司，依法由监事会主席或者不设监事会的有限责任公司的监事代表公司进行诉讼	（1）被告：监事。 （2）原告：公司，依法由董事长或者执行董事代表公司进行诉讼	（1）被告：他人。 （2）原告：公司，依法由董事长或者执行董事代表公司进行诉讼

例如，甲有限责任公司股东A，发现董事长B通过其妻经营的乙公司（与甲公司经营同种业务），大量掠夺公司机会，给公司造成了严重损失，A遂书面请求公司的监事会提起诉讼，监事会在收到请求后的第15天提起了诉讼。①有限责任公司的股东在代表诉讼制度中没有资格的限制，因此A只要具有有限责任公司股东身份即可请求监事会提起诉讼。②交叉请求前置程序：董事或者高级管理人员侵害公司利益的，A应当书面请求监事会提起诉讼。③监事会提起的诉讼中，被告为董事长A，原告为公司，由监事会主席或者不设监事会的有限责任公司的监事代表公司进行诉讼。

（五）股东代表诉讼

1. 一般规则

符合资格的股东提起代表诉讼的前提	以下条件满足一项即可： （1）相应机关收到前款规定的股东书面请求后拒绝提起诉讼。 （2）相应机关自收到请求之日起30日内未提起诉讼。 （3）情况紧急、不立即提起诉讼将会使公司利益受到难以弥补的损害的
原告	以下符合资格的股东可以自己的名义提起诉讼： （1）有限责任公司的股东（无持股期间和持股比例的要求） （2）股份有限公司连续180日以上单独或者合计持有公司1%以上股份的股东
被告	侵权人（董事、高管、监事、他人）
第三人	公司

续表

共同原告	一审法庭辩论终结前，符合《公司法》第151条第1款规定条件的其他股东，以相同的诉讼请求申请参加诉讼的，应当列为共同原告
胜诉利益	1. 胜诉利益归属于公司； 2. 股东无权请求被告直接向其承担民事责任
诉讼费用	股东的诉讼请求部分或者全部得到人民法院支持的，公司应当承担股东因参加诉讼支付的合理费用 【注意】不要求股东的诉讼请求全部得到法院的支持

2. 特殊规则：他人侵犯公司的合法权益，给公司造成损失的，上述股东可以依照上述规定向人民法院提起诉讼。

例如，甲股份有限公司股东A，发现公司的合作伙伴乙公司在与甲公司的交易中有欺诈行为，给公司造成了严重损失，A遂书面请求公司的董事会或者执行董事提起诉讼，要求乙公司承担赔偿责任，董事会或者执行董事在收到请求后的30天内未提起诉讼。①股份有限公司的股东在代表诉讼制度中有资格的限制，股东需连续180日以上单独或者合计持有公司1%以上的股份，假设A满足该条件。②穷尽内部救济：他人侵害公司利益的，A应当先书面请求董事会或者执行董事提起诉讼。③董事会或者执行董事在收到请求后的30天内未提起诉讼，因此，A此时可以以自己的名义提起诉讼。④股东提起的代表诉讼中，被告为乙公司（他人），原告为A（股东），公司为第三人，一审法庭辩论终结前，其他符合条件的股东，以相同的诉讼请求申请参加诉讼的，列为共同原告。⑤若A胜诉则胜诉利益归属于公司，A部分或者全部诉讼请求得到人民法院支持的，公司应当承担股东因参加诉讼支付的合理费用。

考点17　公司的司法解散

命题分析

“公司的司法解散”是受命题人青睐的考点。考生在备考过程中，尤其需要注意**司法判决解散的适用条件**及其**程序性要求**。

该考点曾在2012年、2017年的主观题中进行考查，其中有一次结合强制清算考查。但鉴于司法解散的条件和程序规则比较僵硬，估计今后在主观题中的考查频率会有所降低。

考点解析

一、公司解散的概述

（一）概念

公司解散是指已经成立的公司基于一定的合法事由而使公司消灭的法律行为。

（二）特征

1. 公司解散的目的和结果是公司永久性停止存在并消灭法人资格和市场经营主体资格。

2. 公司和有关机关在作出公司解散决定后，公司并未立即终止，其法人资格仍然存在，一直到公司清算完毕并注销后才消灭其主体资格。

3. 为了维护债权人和所有股东的利益，公**司解散必须要经过法定清算程序**；但是，在公司**因合并或分立而解散时**，则**不必进行清算**。①

（三）原因

公司解散的原因有三大类：其一，一般解散的原因；其二，强制解散的原因；其三，股东请求解散，即司法判决解散。

具体而言，如下表所示：

公司解散的原因	基本概念	具体情形
一般解散的原因	只要出现了解散公司的事由，公司即可解散	公司章程规定的营业期间届满或者公司章程规定的其他解散事由出现时： 【注意】此时并不意味着公司必须解散，**公司可以通过修改公司章程而使公司继续存在**： （1）有限责任公司：须经持有2/3以上表决权的股东通过该决议； （2）股份有限公司：须经出席股东大会会议的股东所持表决权的2/3以上通过该决议
		股东会或者股东大会决议解散
		因公司合并或者分立需要解散

① 赵旭东主编：《公司法学》，高等教育出版社，2015年4月第4版第368页。

续表

公司解散的原因	基本概念	具体情形
强制解散的原因	由于某种情况的出现，主管机关或者是人民法院命令公司解散	主管机关决定。国有独资公司由国家授权投资的机构或者国家授权的部门作出解散的决定，该国有独资公司应即解散
		责令关闭。公司违反法律、行政法规被主管机关依法责令关闭的，应当解散
		被吊销营业执照
请求解散的原因（司法判决解散）	当公司经营管理发生严重困难（公司治理陷入僵局），继续存续会使股东利益受到重大损失，通过其他途径不能解决的，持有公司全部股东表决权10%以上的股东可以请求人民法院解散公司	“**两年以上无法开会**”：公司持续两年以上无法召开股东会或者股东大会，公司经营管理发生严重困难的
		“**两年以上无法做出有效决议**”：股东表决时无法达到法定或者公司章程规定的比例，持续两年以上不能做出有效的股东会或者股东大会决议，公司经营管理发生严重困难的
		“**董事长期冲突**”：公司董事长期冲突，且无法通过股东会或者股东大会解决，公司经营管理发生严重困难
		“其他”：经营管理发生其他严重困难，公司继续存续会使股东利益遭受重大损失的情形
【司法判决解散的排除情形】股东以知情权、利润分配请求权等权益受到损害，或者公司亏损、财产不足以偿还全部债务，以及公司被吊销企业法人营业执照未进行清算等为由，提起解散公司诉讼的，人民法院不予受理		

二、司法判决解散之诉

（一）概述

考点	具体内容
适用前提	须公司治理陷入僵局：公司经营管理发生严重困难
	须有严重后果：继续存续会使股东利益遭受到重大损失
	须得穷尽其他救济：通过其他途径不能解决的
	原告资格：单独或者合计持有公司全部股东表决权10%以上的股东
	须得股东请求：法院须得根据股东的请求而决定强制解散公司

续表

考点	具体内容
适用情形	“两年以上无法开会”：公司持续两年以上无法召开股东会或者股东大会，公司经营管理发生严重困难的
	“两年以上无法决议”：股东表决时无法达到法定或者公司章程规定的比例，持续两年以上不能做出有效的股东会或者股东大会决议，公司经营管理发生严重困难的
	“董事长期冲突”：公司董事长期冲突，且无法通过股东会或者股东大会解决，公司经营管理发生严重困难
	“其他”：经营管理发生其他严重困难，公司继续存续会使股东利益遭受重大损失的情形
排除情形	股东以知情权、利润分配请求权等权益受到损害为由的
	股东以公司亏损、财产不足以偿还全部债务为由的
	股东以公司被吊销企业法人营业执照未进行清算等为由的
管辖地	地域管辖： （1）由公司住所地人民法院管辖。公司住所地是指公司主要办事机构所在地。 （2）公司办事机构所在地不明确的，由其注册地人民法院管辖
	级别管辖： （1）基层人民法院管辖县、县级市或者区的公司登记机关核准登记公司的解散诉讼案件； （2）中级人民法院管辖地区、地级市以上的公司登记机关核准登记公司的解散诉讼案件
	【注意】就管辖地的确定而言，公司清算案件与公司解散诉讼案件是相同的
解散与清算的关系	两者不可同时提起：股东提起解散公司诉讼，同时又申请人民法院对公司进行清算的，人民法院对其提出的清算申请不予受理
	清算的启动：人民法院可以告知原告，在人民法院判决解散公司后，依据相关规定，自行组织清算或者另行申请人民法院对公司进行清算
保全	申请时间：股东提起解散公司诉讼时； 【注意】保全须依申请作出，法院不可主动适用
	申请种类：向人民法院申请财产保全或者证据保全
	允许保全的条件：在股东提供担保且不影响公司正常经营的情形下，人民法院可予以保全
当事人的诉讼地位	原告： （1）单独或者合计持有公司全部股东表决权10%以上的股东； （2）其他股东或者有关利害关系人可以申请以共同原告或者第三人身份参加诉讼； 【注意】原告提起解散公司诉讼应当告知其他股东，或者由人民法院通知其参加诉讼

续表

考点	具体内容
当事人的诉讼地位	被告： （1）股东提起解散公司诉讼应当以公司为被告； （2）原告以其他股东为被告一并提起诉讼的，人民法院应当告知原告将其他股东变更为第三人； （3）原告坚持不予变更的，人民法院应当驳回原告对其他股东的起诉
诉讼与调解的关系	审判要求：人民法院审理解散公司诉讼案件，应当注重调解
	“能调则调”：在不违反法律、行政法规强制性规定的前提下，以下两种情形法院可以进行调解： （1）当事人协商同意由公司或者股东收购股份； （2）当事人协商同意以减资等方式使公司存续
	“当判则判”：当事人不能协商一致使公司存续的，人民法院应当及时判决
	调解后果： （1）经人民法院调解公司收购原告股份的，公司应当自调解书生效之日起六个月内将股份转让或者注销； （2）股份转让或者注销之前，原告不得以公司收购其股份为由对抗公司债权人。换而言之，在此之前，原告依然是该公司的股东，需要承担股东的法定义务。例如，公司债权人有权请求未履行或者未全面履行出资义务的股东在未出资本息范围内对公司债务不能清偿的部分承担补充赔偿责任
判决效力	判决解散的效力：人民法院关于解散公司诉讼作出的判决，对公司全体股东具有法律约束力
	判决驳回的效力：人民法院判决驳回解散公司诉讼请求后，提起该诉讼的股东或者其他股东又以同一事实和理由提起解散公司诉讼的，人民法院不予受理

（二）重点理解

本重点知识点的要点和难点在于“如何认定公司经营管理发生严重困难”。我们可以通过提出并解决以下两个问题来详细地阐述：

	问题说明	解答
问题一	司法解释中明确列举的三种情形——“持续两年以上无法召开股东会、持续两年以上无法形成有效的股东会决议、公司董事长期冲突且无法通过股东会或者股东大会解决，”与“公司经营管理发生严重困难的”之间**在逻辑上是什么关系**？	1. 两者**不是彼此割裂、完全对立的关系**，前三种明确列举的情形本来就属于“公司经营管理发生严重困难”的外化表现。 2. 换而言之，在满足《公司法》第182条关于穷尽内部救济而无法解决的前提条件下，**只要公司经营管理出现了上述三种情形，即可认定该公司实质性地陷入“公司僵局”**，持有公司全部股东表决权10%以上的股东，即可以请求人民法院解散公司

续表

	问题说明	解答
问题二	“公司资金缺乏、严重亏损”是否构成认定“公司经营管理发生严重困难”的必要条件?	根据最高人民法院发布的指导案例①，**判断公司经营管理是否发生严重困难，应当从公司组织结构的运行状态进行综合分析**。即使公司处于盈利状态，但其股东会机制长期失灵，内部管理有严重障碍，已经陷入僵局状态，可以认定公司经营管理发生严重困难。进一步解释如下：“公司经营管理发生严重困难”的**侧重点在于公司管理方面存在严重内部障碍**，如股东会机制失灵、无法就公司的经营管理进行决策等，**不应片面地理解为公司资金缺乏、严重亏损等经营性困难**

(三) 股东诉讼之汇总

1. 概念

股东享有诉权，当自己的利益或者公司的利益受到不法侵害时，股东可以向人民法院提起诉讼，以维护自己或者公司的合法权益。

2. 种类

不同权利被侵害时，股东所行使的具体诉权是不同的。以股东提起诉讼的目的为标准，即股东提起诉讼是为保护自己的利益还是保护公司的利益，可以将股东提起的诉讼分为直接诉讼和代表诉讼。

(1) 两大基本诉讼：股东直接诉讼与股东代表诉讼

诉讼类型	适用情形	原告	被告	诉讼名义及后果
股东直接诉讼	当股东个人的利益遭到公司或者董事、高管的不法侵害时，股东可以公司或者董事、高级管理人员为被告，提起诉讼	利益受到损害的股东	损害股东利益的公司、董事和高管	1. 股东以自己的名义提起诉讼； 2. 胜诉利益归属于股东个人； 3. 股东参加诉讼的成本由其个人承担

① 最高人民法院指导案例8号，最高人民法院审判委员会讨论通过，2012年4月9日发布。

续表

诉讼类型	适用情形	原告	被告	诉讼名义及后果
股东代表诉讼（股东代位诉讼）	1. 公司的董事、监事、高级管理人员执行公司职务时违反法律、行政法规或者公司章程的规定，给公司造成损失，而公司怠于追究其责任的情形； 2. 他人侵犯公司合法权益，而公司怠于追究其责任的情形	1. 有限责任公司的股东； 2. 股份有限公司连续 180 日以上单独或者合计持有公司 1% 以上股份的股东	侵害公司利益的董事、监事、高级管理人员以及他人	1. 股东以自己的名义提起诉讼； 2. 胜诉利益归属于公司； 3. 公司须对股东参加诉讼支付的合理费用予以补偿

2. 股东直接诉讼的类型

诉讼类型	适用情形	原告	被告	诉讼后果
司法判决解散之诉	公司经营管理发生严重困难，继续存续会使股东利益遭受重大损失，通过其他途径不能解决，单独或者合计持有公司全部股东表决权 10% 以上的股东可以请求人民法院解散公司	1. 应当以单独或者合计持有公司全部股东表决权 10% 以上的股东为原告； 2. 其他股东或者有关利害关系人可以申请以共同原告或者第三人身份参加诉讼	1. 应当以公司为被告； 2. 原告以其他股东为被告一并提起诉讼的，人民法院应当告知原告将其他股东变更为第三人； 3. 原告坚持不予变更的，人民法院应当驳回原告对其他股东的起诉	1. 胜诉：法院关于解散公司诉讼作出的判决，对公司全体股东具有法律约束力； 2. 败诉：法院判决驳回诉讼请求后，提起该诉讼的股东或者其他股东又以同一事实和理由提起解散公司诉讼的，人民法院不予受理
公司决议效力瑕疵之诉	当公司决议的形成在程序和内容上存在瑕疵时，股东有权提起公司决议瑕疵诉讼，以确认相关决议的效力	1. 应当以公司股东、董事、监事等为原告； 2. 决议可撤销之诉的原告为股东时，要求其起诉时具有股东资格； 3. 一审法庭辩论终结前，其他有原告资格的人以相同的诉讼请求申请参加前款规定诉讼的，为共同原告	1. 应当以公司为被告； 2. 决议涉及的其他利害关系人为第三人	1. 胜诉：人民法院判决确认股东会或者股东大会、董事会决议为无效、不成立，或者撤销，公司依据该决议与善意相对人形成的民事法律关系不受影响。 2. 败诉：人民法院应当驳回其诉讼请求，维持决议的效力

续表

诉讼类型	适用情形	原告	被告	诉讼后果
股东知情权之诉	股东以自己的知情权受到公司侵害为由向人民法院提起的诉讼	有限责任公司的股东： （1）起诉时，须具有股东资格； （2）但原告有初步证据证明在持股期间其合法权益受到损害的，请求依法查阅或者复制其持股期间的公司特定文件材料的除外	应当以公司为被告	1. 胜诉：人民法院应当在判决中明确查阅或者复制公司特定文件材料的时间、地点和特定文件材料的名录； 2. 败诉：人民法院应当驳回起诉或者其诉讼请求
利润分配请求权之诉	存在载明具体分配方案的股东会或者股东大会的有效决议而公司无正当理由拒绝执行，或者滥用股东权利导致公司不分配利润，损害股东利益的，该股东有权向法院提起利润分配请求权之诉	请求公司分配利润的股东； 一审法庭辩论终结前，其他股东基于同一分配方案请求分配利润并申请参加诉讼的，应当列为共同原告	应当以公司为被告	1. 胜诉：人民法院应当判决公司按照决议载明的具体分配方案向股东分配利润； 2. 败诉：人民法院应当驳回其诉讼请求

考点18　公司的清算

命题分析

“公司的清算”与“公司的解散”重要性大致相当，主要包括“清算组织的成立”“清偿顺序”以及“剩余财产的分割”等知识点。

近十年本考点只在2017年考了1次，且与司法解散结合在一起考。该知识点本身难度不大，但较为琐碎繁杂，主要集中于《最高人民法院关于适用〈中华人民共和国公司法〉若干问题的规定（二）》之中，命题人往往喜欢以“鱼目混珠”或者“以偏概全”之法来考查考生是否真正掌握。所以，对于该考点，考生需要精确掌握。

考点解析

一、公司清算概述

（一）清算的概念

1. 概念：清算是指终结已解散公司的一切法律关系，处理公司剩余财产的程序。

2. 适用：公司除因合并和分立无须清算，以及因破产而解散的公司适用破产清算程序外，其他解散的公司，都应当按照公司法的规定进行清算。

（二）清算的分类

	非破产清算	破产清算
概念	公司非因破产原因而在破产程序之外进行的清算	公司被宣告破产，依破产程序进行的清算
发生的原因	非因破产原因导致的解散（因公司合并和分立导致的解散除外，此时无须清算）	因破产原因导致的解散
清算的启动	1. 公司应当在解散事由出现之日起 15 日内成立清算组，开始清算； 2. 逾期不成立清算组进行清算的，债权人可以申请人民法院指定有关人员组成清算组进行清算	**非经法院介入不可启动**：须经人民法院作出宣告破产的裁定后，方可进入破产清算程序
适用的程序	适用一般的清算程序	适用破产清算程序
适用的法律	适用公司法	适用破产法

（三）清算的流程

清算的流程比较复杂，现以表格的形式进行归纳阐述。

公司清算流程	具体规则
成立清算组	自行成立清算组：非因破产原因解散的公司（公司合并和分立无须清算），应当在解散事由出现之日起 15 日内成立清算组，开始清算。 1. 有限责任公司的清算组由股东组成。 2. 股份有限公司的清算组由董事或者股东大会确定的人员组成
	法院指定清算组（强制清算）
	适用情形：公司解散逾期不成立清算组进行清算的，债权人可以申请人民法院指定有关人员组成清算组进行清算： （1）公司解散逾期不成立清算组进行清算的； （2）虽然成立清算组但故意拖延清算的；

续表

<table>
<tr><th>公司清算流程</th><th>具体规则</th></tr>
<tr><td rowspan="3">成立清算组</td><td>（3）违法清算可能严重损害债权人或者股东利益的。
【注意】具有上述情形，而债权人未提起清算申请，公司股东有权申请人民法院指定清算组对公司进行清算</td></tr>
<tr><td>清算组成员的产生：人民法院受理公司清算案件，应当及时指定有关人员组成清算组。清算组成员可以从下列人员或者机构中产生：
①公司股东、董事、监事、高级管理人员；
②依法设立的律师事务所、会计师事务所、破产清算事务所等社会中介机构；
③依法设立的律师事务所、会计师事务所、破产清算事务所等社会中介机构中具备相关专业知识并取得执业资格的人员</td></tr>
<tr><td>清算组成员的更换：人民法院指定的清算组成员有下列情形之一的，人民法院可以根据债权人、股东的申请，或者依职权更换清算组成员：
①有违反法律或者行政法规的行为；
②丧失执业能力或者民事行为能力；
③有严重损害公司或者债权人利益的行为</td></tr>
<tr><td rowspan="4">债权申报</td><td>通知或者公告债权人申报债权：清算组应当自成立之日起 10 日内通知债权人，并于 60 日内在报纸上公告。具体要求如下：
（1）清算组应当将公司解散清算事宜书面通知全体已知债权人；
（2）根据公司规模和营业地域范围在全国或者公司注册登记地省级有影响的报纸上进行公告</td></tr>
<tr><td>债权人申报债权：
（1）申报时间：债权人应当自接到通知书之日起 30 日内，未接到通知书的自公告之日起 45 日内，向清算组申报其债权。
（2）申报要求：债权人申报债权，应当说明债权的有关事项，并提供证明材料。
（3）清算组登记债权：清算组应当对债权进行登记</td></tr>
<tr><td>债权人对清算组核定债权的异议：
（1）债权人对清算组核定的债权有异议的，可以要求清算组重新核定。
（2）清算组不予重新核定，或者债权人对重新核定的债权仍有异议，债权人有权以公司为被告向人民法院提起诉讼请求确认</td></tr>
<tr><td>债权人补充申报债权：
（1）债权的补充申报：
①债权人在规定的期限内未申报债权，在公司清算程序终结前补充申报的，清算组应予登记；
②公司清算程序终结，是指清算报告经股东会、股东大会或者人民法院确认完毕。</td></tr>
</table>

续表

公司清算流程	具体规则
债权申报	（2）补充申报债权的清偿： ①原则： A. 可以在公司尚未分配财产中依法清偿； B. 公司尚未分配财产不能全额清偿，债权人可以主张股东以其在剩余财产分配中已经取得的财产予以清偿。 ②例外：但债权人因重大过错未在规定期限内申报债权的除外。 【注意】债权人或者清算组，无权以公司尚未分配财产和股东在剩余财产分配中已经取得的财产，不能全额清偿补充申报的债权为由，向人民法院提出破产清算申请
	在申报债权期间，清算组不得对债权人进行清偿
清理财产、制定清算方案、清偿债务	清理财产：清算组对公司资产、债权、债务进行清理
	清算方案的制定与确认： （1）概括：清算组在清理公司财产、编制资产负债表和财产清单后，应当制定清算方案，并报股东会、股东大会或者人民法院确认。 （2）具体操作： ①公司自行清算的，清算方案应当报股东会或者股东大会决议确认； ②人民法院组织清算的，清算方案应当报人民法院确认。 ③未经确认的清算方案，清算组不得执行
	清偿债务： 【自行清算】清算组在清理公司财产、编制资产负债表和财产清单后，应当按照下列规则清偿公司债务： （1）公司财产不足清偿债务的： ①清算组应当依法向人民法院申请宣告破产； ②公司经人民法院裁定宣告破产后，清算组应当将清算事务移交给人民法院。 【注意】此时，清算组直接向法院申请宣告破产，不存在“与债权人协商制作有关债务清偿方案的情形”。 （2）公司财产能够清偿公司债务的： 清算组应当先拨付清算费用，然后按照下列顺序清偿： ①支付职工的工资、社会保险费用和法定补偿金； ②缴纳所欠税款； ③清偿公司债务。 【法院指定清算】人民法院指定的清算组在清理公司财产、编制资产负债表和财产清单后，应当按照下列规则清偿公司债务： （1）公司财产不足清偿债务的： ①首先，可以协商制作债务清偿方案，避免向法院申请宣告破产： 清算组可以与债权人协商制作有关债务清偿方案。 A. 债务清偿方案的认可：债务清偿方案经全体债权人确认且不损害其他利害关系人利益的，人民法院可依清算组的申请裁定予以认可；

续表

公司清算流程	具体规则
清理财产、 制定清算方案、 清偿债务	B. 债务清偿方案的执行效果：清算组依据该清偿方案清偿债务后，应当向人民法院申请裁定终结清算程序。 ②其次，债务清偿方案制作失败的，依法向法院申请宣告破产： 债权人对债务清偿方案不予确认或者人民法院不予认可的： A. 清算组应当依法向人民法院申请宣告破产。 B. 经人民法院裁定宣告破产后，清算组应当将清算事务移交给人民法院。 C. 公司被依法宣告破产的，依照有关企业破产的法律实施破产清算。 （2）公司财产能够清偿公司债务的： 清算组应当先拨付清算费用，然后按照下列顺序清偿： ①支付职工的工资、社会保险费用和法定补偿金； ②缴纳所欠税款； ③清偿公司债务
	清算活动的限制： （1）公司经营活动的限制：清算期间，公司存续，但不得开展与清算无关的经营活动。 （2）处分公司财产的限制：任何人未经清算组批准，不得处分公司财产。尤其是公司财产在未依照前款规定清偿前，不得分配给股东。 （3）清算时间的限制： ①人民法院组织清算的，清算组应当自成立之日起六个月内清算完毕。 ②因特殊情况无法在6个月内完成清算的，清算组应当向人民法院申请延长
分配 剩余财产	分配剩余公司财产：在支付清算费用和清偿公司债务后，清算组应将剩余的公司财产分配给股东
	具体操作： （1）有限责任公司按照股东的出资比例进行分配； （2）股份有限公司按照股东持有的股份比例进行分配； （3）公司财产在未清偿公司债务前，不得分配给股东
清算 程序终结	概念：公司清算程序终结，是指清算报告经股东会、股东大会或者人民法院确认完毕
	具体操作：公司清算结束后，清算组应当制作清算报告，报股东会、股东大会或者人民法院确认；并报公司登记机关，申请注销登记，同时提交下列文件： （1）公司清算组负责人签署的注销登记申请书； （2）公司依据公司法作出的决议或者决定，或行政机关责令关闭的文件； （3）股东会、股东大会或者人民法院确认的清算报告； （4）企业法人营业执照； （5）法律、行政法规规定应当提交的其他文件
	公司终止的标志：注销登记申请经公司登记机关核准注销登记

二、清算组概述

（一）清算组概述

1. 概念：清算组即清算机构，是企业经营终止后执行清算事务并代表企业行使职权的权力机构，它主要负责解散公司财产的保管、清理、处理和分配工作等。

2. 清算组成员：清算组成员的产生因清算组的成立方式而有所不同；此外，人民法院指定成立的清算组，其成员的产生和更换必须符合《最高人民法院关于适用〈中华人民共和国公司法〉若干问题的规定（二）》规定的条件。以上两点具体内容参照“清算的流程”中的“成立清算组”一栏的相关内容，在此不再赘述。

（二）清算组的职权和义务

清算组在清算期间行使下列职权，履行下列义务：

清算组的职权	清算组的义务
清理公司财产，分别编制资产负债表和财产清单	清算组成员应当忠于职守，依法履行清算义务
通知、公告债权人	
处理与清算有关的公司未了结的业务	
清缴所欠税款以及清算过程中产生的税款	清算组成员不得利用职权收受贿赂或者其他非法收入，不得侵占公司财产
清理债权、债务	
处理公司清偿债务后的剩余财产	
代表公司参与民事诉讼活动	

【重点说明1】公司参与诉讼的相关规定：

	依法清算结束并办理注销登记前	未依法清算即注销
主体资格	存在	不存在
当事人	公司	该公司的股东、发起人或出资人
代表公司参与诉讼的责任人	1. 公司成立清算组：由清算组负责人代表公司参与诉讼； 2. 尚未成立清算组：由原法定代表人代表公司参与诉讼	公司主体资格已经消灭，不再有被代表参与诉讼之必要，相关诉讼直接以该公司的股东、发起人或出资人为当事人即可

【重点说明2】解散公司诉讼案件和公司清算案件的管辖

地域管辖	由公司住所地人民法院管辖： （1）公司住所地是指公司主要办事机构所在地； （2）公司办事机构所在地不明确的，由其注册地人民法院管辖
级别管辖	基层人民法院管辖：县、县级市或者区的公司登记机关核准登记公司的解散诉讼案件和公司清算案件
	中级人民法院管辖：地区、地级市以上的公司登记机关核准登记公司的解散诉讼案件和公司清算案件

三、清算过程中的法律责任

公司清算过程中，若相关责任主体未履行或者善意履行其法定的义务，侵害公司或者债权人的合法权益，则公司和债权人有权要求其承担相应的赔偿责任：

清算组或者清算组成员的责任	归责原则：清算组成员因故意或者重大过失给公司或者债权人造成损失的，应当承担赔偿责任
	违法、违规以及违章进行清算的规制： （1）概述：清算组成员从事清算事务时，违反法律、行政法规或者公司章程给公司或者债权人造成损失，公司或者债权人有权主张其承担赔偿责任。 （2）股东的救济： ①有限责任公司的股东、股份有限公司连续180日以上单独或者合计持有公司1%以上股份的股东有权以清算组成员有上述行为为由向人民法院提起股东代表诉讼； ②公司已经清算完毕注销，上述股东可以参照股东代表诉讼中“他人侵犯公司权益”的规定，直接以清算组成员为被告、其他股东为第三人向人民法院提起股东代表诉讼
	未依法履行通知和公告义务的责任： 清算组未依法履行通知和公告义务，导致债权人未及时申报债权而未获清偿，债权人有权主张清算组成员对因此造成的损失承担赔偿责任
	清算组执行未经确认的清算方案的责任： 清算组执行未经确认的清算方案给公司或者债权人造成损失，公司、股东或者债权人有权主张清算组成员承担赔偿责任

续表

有限责任公司的股东、股份有限公司的董事和控股股东，以及公司实际控制人的责任	1. 未依法成立清算组的责任： 有限责任公司的股东、股份有限公司的董事和控股股东未在法定期限内成立清算组开始清算，导致公司财产贬值、流失、毁损或者灭失，债权人有权主张其在造成损失范围内对公司债务承担赔偿责任
	2. 无法清算的责任： 有限责任公司的股东、股份有限公司的董事和控股股东因怠于履行义务，导致公司主要财产、账册、重要文件等灭失，无法进行清算，债权人有权主张其对公司债务承担连带清偿责任
	3. 因实际控制人的原因导致的责任： 若以上两种情形（未成立清算组和无法清算的）系实际控制人的原因造成，债权人有权主张实际控制人对公司债务承担相应民事责任
	4. 在公司解散后恶意处置公司财产和骗取注销登记的责任： 有限责任公司的股东、股份有限公司的董事和控股股东，以及公司的实际控制人在公司解散后，恶意处置公司财产给债权人造成损失，或者未经依法清算，以虚假的清算报告骗取公司登记机关办理法人注销登记，债权人有权主张其对公司债务承担相应赔偿责任
	5. 未经清算即办理注销登记的责任： （1）一般责任：公司未经清算即办理注销登记，导致公司无法进行清算，债权人有权主张有限责任公司的股东、股份有限公司的董事和控股股东，以及公司的实际控制人对公司债务承担清偿责任； （2）股东和第三人因承诺而导致的责任：公司未经依法清算即办理注销登记，股东或者第三人在公司登记机关办理注销登记时承诺对公司债务承担责任，债权人有权主张其对公司债务承担相应民事责任
	6. 本表四类主体之间责任的分担： 有限责任公司的股东、股份有限公司的董事和控股股东，以及公司的实际控制人为二人以上的，其中一人或者数人承担了本表本框中第1～3条以及第5条第（1）项四种民事责任后，有权主张其他人员按照过错大小分担责任
未出资股东的责任	1. 公司解散时股东尚未缴纳的出资的处理： （1）性质：公司解散时，**股东尚未缴纳的出资均应作为清算财产**。 （2）种类：股东尚未缴纳的出资，包括到期应缴未缴的出资，以及分期缴纳尚未届满缴纳期限的出资
	2. 未缴出资股东、公司设立时其他股东或者发起人的连带清偿责任：公司财产不足以清偿债务时，债权人有权主张未缴出资股东，以及公司设立时的其他股东或者发起人在未缴出资范围内对公司债务承担连带清偿责任

考点19 破产申请的受理

命题分析

“破产申请的受理”是商法中的重要考点，重点考查破产申请受理的法律效力，但以往主观题没有考查过。在供给侧结构性改革背景下，破产法的相关制度显得越来越重要，考生需要重视。

考点解析

人民法院受理破产申请后，标志着破产程序正式启动，该司法程序对债务人、债务人的有关人员、债务人的债务人或财产持有人、管理人、有关债务人或其财产的民事诉讼、仲裁或者保全措施均有重要影响。

效力对象	具体影响
债务人的有关人员 （企业的法定代表人或者人民法院决定的企业财务管理人员和其他经营管理人员）	1. 妥善保管其占有和管理的财产、印章和账簿、文书等资料； 2. 根据人民法院、管理人的要求进行工作，并如实回答询问； 3. 列席债权人会议并如实回答债权人的询问； 4. 未经人民法院许可，不得离开住所地； 5. 不得新任其他企业的董事、监事、高级管理人员
债务人	对个别债权人的债务清偿无效
债务人的债务人或者财产持有人	1. 应当向管理人清偿债务或者交付财产。 2. 故意违反前款规定向债务人清偿债务或者交付财产，使债权人受到损失的，不免除其清偿债务或者交付财产的义务
管理人	1. 管理人对破产申请受理前成立而债务人和对方当事人均未履行完毕的合同有权决定解除或者继续履行，并通知对方当事人。管理人自破产申请受理之日起二个月内未通知对方当事人，或者自收到对方当事人催告之日起三十日内未答复的，视为解除合同。 2. 管理人决定继续履行合同的，对方当事人应当履行；但是，对方当事人有权要求管理人提供担保。管理人不提供担保的，视为解除合同

续表

效力对象	具体影响
有关债务人或其财产的民事诉讼、仲裁或者保全措施	人民法院受理破产申请后： 1. 有关债务人财产的保全措施应当解除，执行程序应当中止。 2. 已经开始而尚未终结的有关债务人的民事诉讼或者仲裁应当中止；在管理人接管债务人的财产后，该诉讼或者仲裁继续进行。 3. 有关债务人的民事诉讼，只能向受理破产申请的人民法院提起

考点20　债务人财产

命题分析

“债务人财产”是破产法中的重要考点，主要包括“撤销权和追回权”和“出卖人取回权”“抵销权”三部分内容。2014 年主观题曾对此进行考查，2018 年在民商法综合大题中考查了出卖人取回权。在目前“去产能、去库存”的宏观经济背景下，破产法相关制度与公司法、合同法、物权法以主观题方式进行综合考查的概率越来越高，需要引起考生足够的重视。

考点解析

一、撤销权和追回权的追诉对象

当债务人无力清偿债务或有无力清偿债务之虞时，债权人对债务人的财产存在着公平受偿的期待，此时保持债务人责任财产的圆满状态则非常重要。为防止债务人不正当减少其责任财产，从而侵犯到债权人及其他利益相关人的利益的行为，法律授予了破产管理人撤销权和追回权。

（一）撤销权的追诉对象

1. 可撤销的欺诈破产行为

可撤销的欺诈破产行为是指人民法院**受理破产申请前 1 年内**，涉及债务人财产的下列行为，管理人有权请求人民法院予以撤销：

（1）无偿转让财产的；

（2）以明显不合理的价格进行交易的；

（3）对没有财产担保的债务提供财产担保的；

（4）对未到期的债务提前清偿的；

（5）放弃债权的。

在正常情况下，企业的上述行为虽然会减损自身财产，但基于意思自治原则，法律无权进行干涉。但当企业出现经营危机时，上述行为所损害的就不仅是企业自身，而是包括众多债权人在内的利益相关人的合法利益，因此管理人有权予以撤销。

需要注意的是，《最高人民法院关于适用〈中华人民共和国企业破产法〉若干问题的规定（二）》对于以上部分情形被撤销后如何进一步处理做出了安排。针对第（2）项，交易被撤销后，买卖双方应当依法返还从对方获取的财产或者价款，对于债务人应返还受让人已支付价款所产生的债务，受让人有权请求作为共益债务予以清偿。

针对第（4）项，破产申请受理前 1 年内债务人提前清偿的未到期债务，在破产申请受理前已经到期，管理人不得请求撤销该清偿行为。但是该清偿行为发生在破产申请受理前 6 个月内且债务人出现破产情形的除外（即属于下文所述的可撤销的个别清偿行为的情形）。

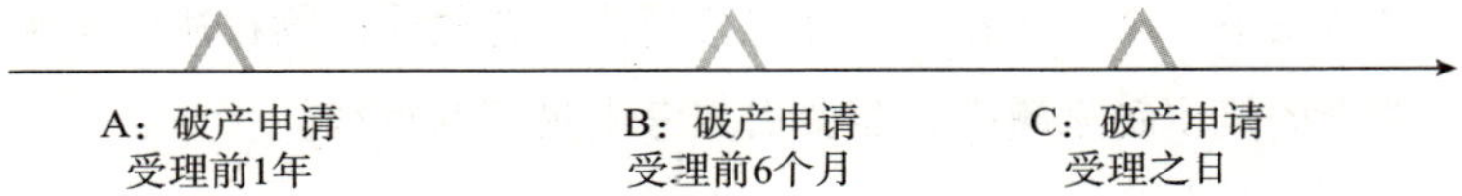

时间段 AC 是破产申请受理前 1 年内，时间段 BC 是破产申请受理前 6 个月。

个别清偿未到期的债务：

1. 若清偿日在时间段 AC 之内（破产申请受理前 1 年内），该债务在 C 点以后（破产申请受理之后）才到期的，属于可撤销清偿；

2. 一般地，若清偿日在时间段 AC 之内（破产申请受理前 1 年内），该债务在 C 点之前（破产申请受理之前）已经到期的，属于有效清偿；但是，如果**清偿时**债务人已经出现破产原因，则作如下处理：

（1）若债务人已经出现了破产原因，而清偿日在时间段 AB 之内，该债务在 C 点之前（破产申请受理之前）已经到期，则属于有效清偿，不得撤销；

（2）若债务人已经出现了破产原因，而清偿日在时间段 BC 之内（破产申请受理前 6 个月内），此时债务即使在 C 点之前（破产申请受理之前）到期，也属于可撤销清偿。

个别清偿已经到期的债务：

清偿日在时间段 AB 之内，则属于有效清偿。若清偿日在 BC 之内，则可能构成可撤销的偏颇性清偿行为。

2. 可撤销的个别清偿行为（可撤销的偏颇性清偿行为）

人民法院受理破产申请前 6 个月内，债务人已经出现不能清偿到期债务，并且资产不足以清偿全部债务或者明显缺乏清偿能力的情形，仍对个别到期债权进行清偿的，管理人有权请求人民法院予以撤销。但是个别清偿使债务人财产受益的除外。

简而言之，构成可撤销的个别清偿行为需要满足 3 个条件：**破产申请受理前 6 个月内 + 出现破产原因 + 清偿已到期债权。**

但是以下几种情形的个别清偿是有效的：

（1）债务人对**以自有财产设定担保物权的债权**进行的个别清偿，但是债务清偿时担保财产的价值低于债权额的除外；

（2）债务人**经诉讼、仲裁、执行程序**对债权人进行的个别清偿，但是债务人与债权人恶意串通损害其他债权人利益的除外；

（3）债务人为**维系基本生产需要**而支付水费、电费等的；

（4）债务人支付**劳动报酬、人身损害赔偿金**的；

（5）使债务人财产**受益**的其他个别清偿。

	可撤销的破产欺诈行为 （法院受理破产申请 1 年内）	可撤销的个别清偿行为 （法院受理破产申请前 6 个月内）
具体情形	1. 无偿转让财产的； 2. 以明显不合理的价格进行交易的； 3. 对没有财产担保的债务提供担保的； 4. 对未到期的债务提前清偿的； 5. 放弃债权的	法院受理破产申请前 6 个月内，债务人已经具备破产原因的情形，仍对个别债权人（已到期债权）进行清偿，管理人有权撤销
例外	对未到期的债务提前清偿的，若该债务在破产申请受理前已经到期的，不予撤销。 但是，该清偿行为发生在破产申请受理前 6 个月内且债务人出现破产原因的，可以撤销	1. 债务人对以自有财产设定担保物权的债权进行的个别清偿，但清偿时担保财产的价值低于债权额除外； 2. 债务人经诉讼、仲裁、执行程序对债权人进行的个别清偿，但债务人与债权人恶意串通损害其他债权人利益的除外； 3. 债务人为维系基本生产需要而支付水费、电费等的个别清偿； 4. 债务人支付劳动报酬、人身损害赔偿金的个别清偿； 5. 使债务人财产受益的其他个别清偿

续表

	可撤销的破产欺诈行为（法院受理破产申请1年内）	可撤销的个别清偿行为（法院受理破产申请前6个月内）
行使后果	1. 债务人所实施的财产处分行为无效； 2. 管理人行使撤销权所对应的财产，列入债务人财产	

3. 无效的欺诈破产行为

债务人有以下两种行为时，因其主观恶意更大，且对债权人的损害也更为严重，因此无论何时发生，任何人在任何时候均得主张该行为无效：

（1）为逃避债务而隐匿、转移财产的；

（2）虚构债务或者承认不真实的债务的。

（二）追回权的追诉对象

1. 债务人的责任财产包括股东已经认缴而未实际缴纳的股款，对此部分财产，管理人可行使追回权使债务人的财产恢复圆满状态。

2. 人民法院受理破产申请后，债务人的出资人尚未完全履行出资义务的，管理人应当要求该出资人缴纳所认缴的出资，而不受出资期限的限制。

3. 出资人无权以认缴出资尚未届至公司章程规定的缴纳期限或者违反出资义务已经超过诉讼时效为由抗辩。即出资不受诉讼时效的限制。

4. 管理人可以代表债务人提起诉讼，要求公司的发起人和负有监督股东履行出资义务的董事、高级管理人员，或者协助抽逃出资的其他股东、董事、高级管理人员、实际控制人等，对股东违反出资义务或者抽逃出资承担相应责任，并将追回的财产归入债务人财产。

二、对企业管理层的特别追回权

（一）概述

当债务人出现不能清偿到期债务，并且资不抵债或者明显缺乏清偿能力的情形时，债务人的董事、监事和高级管理人员等仍有可能利用自身职务的便利或权力而获取非正常收入或侵占企业的财产。对此部分财产，管理人应当追回。

（二）非正常收入

非正常收入是指在债务人出现破产原因之时，其董事、监事和高级管理人员利用职权获取的收入。具体而言，包括以下三类：

1. 绩效奖金；

2. 普遍拖欠职工工资情况下获取的工资性收入；

3. 其他非正常收入。

（三）处理

管理人追回此部分财产后，应当按照如下规则进行处理：

1. 董事、监事和高级管理人员，因返还绩效奖金和其他非正常收入所形成的债权，作为**普通破产债权**清偿。

2. 董事、监事和高级管理人员，因返还工资性收入所形成的债权：

（1）对于**按照该企业职工平均工资计算**的部分，作为**拖欠职工工资**清偿；

（2）对于**高于该企业职工平均工资计算**的部分，作为**普通破产债权**清偿。

3. 对于董事、监事和高级管理人员**侵占的财产**，由管理人**直接追回**。

三、出卖人取回权

1. 人民法院受理破产申请时，出卖人已将买卖标的物向作为买受人的债务人发运，债务人尚未收到且未付清全部价款的，出卖人可以取回在运途中的标的物。

2. 但是，管理人可以支付全部价款，请求出卖人交付标的物。

四、抵销权

1. 债权人在破产申请受理前对债务人负有债务的，可以向管理人主张抵销。

2. 禁止抵销的情形：

（1）债务人的债务人在破产申请受理后取得他人对债务人的债权的；

（2）债权人已知债务人有不能清偿到期债务或者破产申请的事实，对债务人负担债务的；但是，债权人因为法律规定或者有破产申请1年前所发生的原因而负担债务的除外；

（3）债务人的债务人已知债务人有不能清偿到期债务或者破产申请的事实，对债务人取得债权的；但是，债务人的债务人因为法律规定或者有破产申请1年前所发生的原因而取得债权的除外。

考点21　债权申报

命题分析

“债权申报”的考查内容涉及民法、商法诸多部门法，在2014年主观题中曾进行考查。预计今后在主观题中出现的概率较高，重点考查内容是“债权申报的范围”。

考点解析

一、债权申报的期限

（一）概念

债权申报期限是允许债权人向法院申报其债权的固定期间。限定债权申报期间，对于破产程序及时、顺利进行是必要的。

（二）我国的规定

我国破产法对债权申报的期限实行**法定范围内的法院酌定主义**，具体规定如下：

1. 人民法院受理破产申请后，确定债权人申报债权的期限。

2. 债权申报期限自人民法院发布受理破产申请公告之日起计算，最短不得少于30日，最长不得超过3个月。

3. 债权人应当在人民法院确定的债权申报期限内向管理人申报债权。

二、债权申报的范围

（一）可申报债权的一般规定

1. 可申报债权需要满足的要求

（1）须为以财产给付为内容的请求权。

①给付标的为劳务或不作为的请求权，不能申报；

②因为行为人不履行或不适当履行产生的赔偿请求权，可以申报。

（2）须为以债务人财产为受偿基础的请求权。

①此处的债务人的财产是指受破产程序约束的财产；

②信托财产或法律规定不受破产程序约束的财产不是此处债务人的财产；

③是否有财产担保，不影响债权的申报资格。

(3)须为法院受理破产申请前成立的债权。

①债权的到期时间不影响债权申报资格；

②未到期的债权，在破产案件受理时视为到期。

(4)须为平等民事主体之间的请求权。

①对债务人的罚款等财产性行政性处罚，不得申报；

②但是在破产程序结束后，如果债务人因为重整或者和解而继续存续，处罚机关可以根据情况决定是否执行原来的处罚决定。

(5)须为合法有效的债权。

下列债权不得申报：

①存在合同法或其他法律规定无效原因的债权；

②诉讼时效已经届满的债权；

③无证据或证据为虚假的债权、有相反证据证明为虚假的债权(申报人提供的证据材料不足以证明其真实性和有效性的债权，在补足证据前推定为不得申报。)

2. 违反一般规定的后果

(1)不具备上述条件的债权被申报的，管理人有权提出异议；

(2)申报人坚持申报的，管理人可以在债权表中另页记载，并载明所发现的问题，以供债权人会议作出决定；

(3)必要时，管理人可以请求人民法院裁定不予确认。

(二)可申报债权的范围

	范围	处理
可申报的债权	未到期的债权，可以申报	在破产申请受理时视为到期。
	利息请求权，可以申报	1. 附利息的债权自破产申请受理时起停止计息； 2. 破产申请受理前的利息，随本金一同申报
	有担保的债权，可以申报	债权人申报债权时，应当书面说明债权的数额和有无财产担保，并提交有关证据
	待定债权，可以申报	1. 概念：待定债权是指其效力有待确定的债权； 2. 类型：待定债权包括附条件、附期限的债权和诉讼、仲裁未决的债权； 3. 要求：申报时必须说明其待定的状况

续表

	范围	处理
可申报的债权	连带债权，可以申报	1. 申报方式：连带债权人可以由其中一人代表全体连带债权人申报债权，也可以共同申报债权。 2. 申报要求：申报的债权是连带债权的，应当书面说明债权的数额和有无财产担保，并提交有关证据
	连带债务人的代位求偿权，可以申报	1. 法理说明：根据连带债务的性质，连带债务的全体债务人均有义务清偿全部债务，如其中一人已经清偿了全部债务 该债务人有权向其他连带债务人追偿其应当承担的份额。 2. 现时求偿权的申报：债务人的保证人或者其他连带债务人已经代替债务人清偿债务的，以其对债务人的求偿权申报债权。 3. 将来求偿权的申报：债务人的保证人或者其他连带债务人尚未代替债务人清偿债务的，以其对债务人的将来求偿权申报债权。但是，债权人已经向管理人申报全部债权的除外
	连带债务的债权人，可以申报	1. 法定情形：在连带债务人之一破产时，其债权人有权在破产程序中申报债权。 2. 分别申报：连带债务人数人被裁定适用破产程序的，其债权人有权就全部债权分别在各破产案件中申报债权
	待履行合同相对人的赔偿请求权，可以申报	管理人或者债务人依照本法规定解除合同的，对方当事人以因合同解除所产生的损害赔偿请求权申报债权
	善意受托人的请求权，可以申报。	债务人是委托合同的委托人，被裁定适用破产程序，受托人不知该事实，继续处理委托事务的，受托人以由此产生的请求权申报债权
	票据付款人的请求权，可以申报。	债务人是票据出票人，被裁定适用破产程序的，该票据的付款人继续付款或者承兑的，付款人以由此产生的请求权申报债权

（三）不可申报的债权的范围

	范围	说明
不可申报债权	职工债权，**不必**申报。	1. 类型：债务人所欠职工的工资和医疗、伤残补助、抚恤费用，所欠的应当划入职工个人账户的基本养老保险、基本医疗保险费用，以及法律、行政法规规定应当支付给职工的补偿金。 2. 处理： （1）不必申报，由管理人调查后列出清单并予以公示； （2）职工对清单记载有异议的，可以要求管理人更正； （3）管理人不予更正的，职工可以向人民法院提起诉讼
	非合法有效的债权，**不得**申报。	下列非合法有效债权，不得申报： 1. 存在合同法或其他法律规定无效原因的债权； 2. 诉讼时效已经届满的债权； 3. 无证据或证据为虚假的债权、有相反证据证明为虚假的债权（申报人提供的证据材料不足以证明其真实性和有效性的债权，在补足证据前推定为不得申报）
	权利本身不是债权，**不得**申报。	以下权利不是债权，不得申报： 1. 破产费用、共益债务（本质是费用）； 2. 取回权（本质是物权）； 3. 罚款（属于行政处罚）、罚金（属于刑事处罚）、违约金； 【注意】**惩罚性违约金不可作为破产债权申报，但补偿性违约金可以**；前者往往高于实际损失，允许其申报对其他债权人不公平。 4. 债权人参加债权人会议的费用（本质是费用，自付）
	非以财产给付为内容的债权，**不得**申报。	1. 给付标的为劳务或不作为的请求权，不能申报； 2. 因为行为人不履行或不适当履行产生的赔偿请求权，可以申报。

【总结】债权申报的范围主要包括**可申报债权的范围**和**不可申报债权的范围**两个知识点。考生可以从法理上，也就是**可申报债权的一般规定**出发来判断某债权是否可以作为破产债权进行申报。

可以申报的债权	不可申报的债权
1. 未到期的债权。 2. 利息请求权。 3. 有担保的债权。 4. 待定债权：附条件、附期限的债权和诉讼，仲裁未决的债权。 5. 连带债权人的债权。 6. 连带债务人的代位求偿权。 7. 待履行合同相对人的赔偿请求权。 8. 善意受托人的请求权。 9. 票据付款人的请求权	1. 职工债权。 2. 无效的债权。 3. 诉讼时效已经届满的债权。 4. 无证据或证据为虚假的债权、有相反证据证明为虚假的债权。 5. 破产费用和共益债权。 6. 取回权。 7. 罚金、罚款、违约金。 8. 债权人参加债权人会议的费用。 9. 给付标的为劳务或不作为的债权

三、债权申报的方式

1. 债权人申报债权时，应当**书面说明债权的数额和有无财产担保**，并提交如下有关证据：

(1)**债权证明**。即证明债权的真实性、有效性的文件，如合同、借据、法院判决等；

(2)**身份证明**。债权人自己申报的，应当提交合法有效的身份证明，代理申报人应当提交委托人的有效证明文件、授权委托书和债权证明。

(3)**担保证明**。申报的债权有财产担保的，应当提交证明财产担保的证据。

2. 破产案件受理后，债权人向人民法院提起新诉讼的，应予驳回。其起诉不具有债权申报的效力。

四、逾期申报和未申报的后果

1. 债权人应当在**人民法院确定的债权申报期限内**向管理人申报债权。

2. 在人民法院确定的债权申报期限内，债权人未申报债权的，按照如下规则进行处理：

(1)债务人破产程序尚未终结的：在破产财产最后分配之前，债权人可以补充申报；

(2)债务人破产程序已经终结的：除非债务人有保证人或者其他连带债务人，该未申报债权成为永久履行不能；

(3)债务人重整的：该未申报债权在重整计划执行期间不得行使权利；在重

整计划执行完毕以后,可以按照重整计划规定的同类债权的清偿条件行使权利;

(4)债务人和解的:该未申报债权在和解协议执行期间不得行使权利;在和解协议执行完毕以后,可以按照和解协议规定的清偿条件行使权利;

(5)补充分配不具有溯及力:此前已进行的分配,不再对其补充分配;

(6)补充申报费用自费:为审查和确认补充申报债权的费用,由补充申报人承担。

考点22　破产清算

命题分析

"破产清算"是商法中的重要考点,重点考查破产清偿顺序,以往都是以客观题形式考查,近十年的主观题都没有考查。在破产案件井喷以及法考主观题改革背景下,破产清算制度在主观题中的地位越显重要,可与合同法、物权法、担保法甚至侵权法等法律进行综合考查,考生需要高度重视。此外,破产清偿有关立法存在一些不完善之处,2017年最高人民法院《全国法院破产审判工作会议纪要》对相关问题作了完善,可资参考。

考点解析

一、担保权人的地位

债务人被宣告破产后,债务人称为破产人,债务人财产称为破产财产,人民法院受理破产申请时对债务人享有的债权称为破产债权。对破产人的特定财产享有担保权的权利人,对该特定财产享有优先受偿的权利。

根据上述定义,担保财产在破产宣告后从债务人财产变为破产财产,担保债权人对破产人享有的债权属于破产债权。**但担保权人对担保财产享有别除权,可以就其拍卖所得优先受偿,即担保权人不依赖于破产程序即可受偿**。未能完全受偿的,其未受偿的债权作为普通债权;放弃优先受偿权利的,其债权作为普通债权。

《全国法院破产审判工作会议纪要》相关规定

25. 担保权人权利的行使与限制。在破产清算和破产和解程序中,对债务人特定财产**享有担保权的债权人可以随时向管理人主张就该特定财产变价处置行使优先受偿权**，管理人应及时变价处置，不得以须经债权人会议决议等为由拒绝。但因单独处置担保财产会降低其他破产财产的价值而应整体处置的除外。

二、破产清偿顺序

优先受偿	特别优先权（如《合同法》第286条）
	担保债权
	破产费用和共益债务
劣后受偿	职工相关请求权/债权
	职工其他社保费用和破产人所欠税款
	普通破产债权

《全国法院破产审判工作会议纪要》相关规定

27. 企业破产与职工权益保护。破产程序中要依法妥善处理劳动关系，推动完善职工欠薪保障机制，依法保护职工生存权。**由第三方垫付的职工债权，原则上按照垫付的职工债权性质进行清偿**；由欠薪保障基金垫付的，应按照企业破产法第一百一十三条第一款第二项（税款）的顺序清偿。债务人欠缴的住房公积金，按照债务人拖欠的职工工资性质清偿。

28. 破产债权的清偿原则和顺序。**对于法律没有明确规定清偿顺序的债权，人民法院可以按照人身损害赔偿债权优先于财产性债权、私法债权优先于公法债权、补偿性债权优先于惩罚性债权的原则合理确定清偿顺序**。因债务人侵权行为造成的人身损害赔偿，可以参照企业破产法第一百一十三条第一款第一项规定的顺序清偿，但其中涉及的惩罚性赔偿除外。破产财产依照企业破产法第一百一十三条规定的顺序清偿后仍有剩余的，可依次用于清偿破产受理前产生的民事惩罚性赔偿金、行政罚款、刑事罚金等惩罚性债权。

第三部分　命题人讲真题

2017年

一、试题（本题21分）

案情：

昌顺有限公司成立于2012年4月，注册资本5000万元，股东为刘昌、钱顺、潘平与程舵，持股比例依次为40%、28%、26%与6%。章程规定设立时各股东须缴纳30%的出资，其余在两年内缴足；公司不设董事会与监事会，刘昌担任董事长，钱顺担任总经理并兼任监事。各股东均已按章程实际缴纳首批出资。公司业务主要是从事某商厦内商铺的出租与管理。因该商厦商业地理位置优越，承租商户资源充足，租金收入颇为稳定，公司一直处于盈利状态。

2014年4月，公司通过股东会决议，将注册资本减少至3000万元，各股东的出资额等比例减少，同时其剩余出资的缴纳期限延展至2030年12月。公司随后依法在登记机关办理了注册资本的变更登记。

公司盈利状况不错，但2014年6月，就公司关于承租商户的筛选、租金的调整幅度、使用管理等问题的决策，刘昌与钱顺爆发严重冲突。后又发生了刘昌解聘钱顺的总经理职务，而钱顺又以监事身份来罢免刘昌董事长的情况，虽经潘平与程舵调和也无济于事。受此影响，公司此后竟未再召开过股东会。好在商户比较稳定，公司营收未出现下滑。

2016年5月，钱顺已厌倦于争斗，要求刘昌或者公司买下自己的股权，自己退出公司，但遭到刘昌的坚决拒绝，其他股东既无购买意愿也无购买能力。钱顺遂起诉公司与刘昌，要求公司回购自己的股权，若公司不回购，则要求刘昌来购买。一个月后，法院判决钱顺败诉。后钱顺再以解散公司为由起诉公司。虽然刘昌以公司一直盈利且运行正常等为理由坚决反对，法院仍于2017年2月作出解散公司的判决。

判决作出后，各方既未提出上诉，也未按规定成立清算组，更未进行实际的清算。在公司登记机关，该昌顺公司仍登记至今，而各承租商户也继续依约向公司交付租金。

问题：

1. 昌顺公司的治理结构，是否存在不规范的地方？为什么？

2. 昌顺公司减少注册资本依法应包括哪些步骤？

3. 刘昌解聘钱顺的总经理职务，以及钱顺以监事身份来罢免刘昌董事长职位是否合法？为什么？

4. 法院判决不支持“钱顺要求公司与刘昌回购自己股权的诉求”是否合理？为什么？

5. 法院作出解散公司的判决是否合理？为什么？

6. 解散公司的判决生效后，就昌顺公司的后续行为及其状态，在法律上应如何评价？为什么？

二、答案精讲

1. 昌顺公司的治理结构，是否存在不规范的地方？为什么？

答案：存在。①昌顺公司股东人数较少不设董事会的做法符合《公司法》第50条规定，但此时刘昌的职位不应是董事长，而应是执行董事。②昌顺公司股东人数较少不设监事会符合《公司法》第51条第1款规定。但是按该条第4款规定，董事、高级管理人员不得兼任监事，而钱顺不得兼任监事。

难度：中

考点：董事、监事、高级管理人员的任职资格（任职资格的禁止性规定）；有限责任公司的组织机构

命题和解题思路：本题以有限责任公司治理结构是否规范来间接考查公司董、监、高的任职资格和有限责任公司组织机构的设置，考生须得识破命题人这种“障眼法”式的考查方式。**判断公司的治理结构是否规范，也就是判断公司组织机构的设置及其基本权限和职责分配是否严格符合法律的强制性规定**。所以，本题的解题关键有两点：第一，考生能否准确把握董事会、执行董事以及董事长的区别；第二，考生审题时是否注意到“钱顺担任总经理并兼任监事”这一细节。

《公司法》第50条第1款规定：“股东人数较少或者规模较小的有限责任公司，可以设一名执行董事，不设董事会。执行董事可以兼任公司经理。”显然，不设董事会的昌顺公司，可以设置一名执行董事履行董事会的职责，而刘昌的职位应当是执行董事。退一步说，即使考生不熟悉上述规定，从“董事

长”的字面含义也可判断出此处存在问题：董事长者，董事会中其他董事的领导者。在公司不设董事会的前提下，公司的董事只有一名，何来董事长之说？《公司法》第51条第1款与第4款分别规定：“有限责任公司设监事会，其成员不得少于三人。股东人数较少或者规模较小的有限责任公司，可以设一至二名监事，不设监事会。”“董事、高级管理人员不得兼任监事。”由此可知，钱顺不得兼任监事。

难点解析：公司的治理结构与公司的组织结构之间的关系。

公司治理的实质价值在于通过合理分配公司的权力资源，不断完善公司管理运营与监督控制的权力配置，促进公司良性运转，以实现公司的经营目标并最终实现股东利益最大化。根据此价值判断可知，公司治理与公司的组织结构密不可分。在现在企业制度中，判断一个公司治理是否良好的其中一个衡量标准就是该公司组织机构的设置是否完善及各组织机构之间的关系是否协调、是否有效率。因此可以说，公司治理以分权为前提，以公司的组织结构为物质基础，公司的组织机构在公司治理中处于核心位置。

从公司组织结构的设置判断公司治理是否规范可以采取以下标准：

第一，公司组织结构的设置及其基本权限和职责的分配是否符合公司法的强制性规定；

第二，公司内部各个组织机构之间的协调运作是否有效，处理外部事务的对外代表机关是否明确；

第三，公司权力资源在决策机构与监督管理机构之间的分配和安排是否合理有效。

2. 昌顺公司减少注册资本依法应包括哪些步骤？

答案：①要形成2/3多数议决的关于减资的股东会决议，即符合《公司法》第43条第2款要求，形成有效的股东会决议。②编制资产负债表及财产清单。③按照《公司法》第177条第2款的规定，减资决议之日起10日内通知债权人，并于30日内在报纸上公告。④应向公司登记机关提交相关文件，办理变更登记。登记后才发生注册资本减少的效力。⑤应修改公司章程。

难度：中

考点：公司的资本（减资程序）

命题和解题思路：根据指令句可知，本题旨在考查公司减资的法定程序。本题所考知识点较为单一，难度不大，考查方式也较为“简单粗暴”——主要考查考生的知识体系是否完整以及对法条的掌握是否全面到位。所以，本题的难点不在于“深”而在“全”：大部分考生可能仅仅注意到《公司法》第177条关于减资的直接规定，而忽略相关的配套规定，例如《公司法》第37条关于减资事项决议主体的规定、《公司法》第43条关于减资决议通过的表决权比例要求的规定、《公司法》第7条关于变更登记的规定以及《公司法》第25条关于修改公司章程的规定等，以上都是公司减少注册资本所应必须履行的法定步骤。本题启示考生在备战法考时须得将自己碎片化的知识点构建成一个完整的知识体系，如此方能从容不迫地应对此类考题。

3. 刘昌解聘钱顺的总经理职务，以及钱顺以监事身份来罢免刘昌董事长职位是否合法？为什么？

答案：

（1）钱顺罢免刘昌不合法。钱顺兼任公司监事是不符合公司法规定，即使在假定钱顺监事身份合法，根据《公司法》第53条，监事对公司董事、高级管理人员，只有罢免建议权，而无决定权。因此，刘昌的执行董事地位不受影响。

（2）答案一：刘昌解聘钱顺符合公司法规定。在不设董事会的治理结构中，执行董事即相当于董事会。而按照《公司法》第49条第1款，由董事会决定聘任或解聘经理，所以刘昌解聘钱顺总经理职务的行为，符合公司法规定。

答案二：刘昌行为不合法。因本案中存在两个事实情节，第一，钱顺任职总经理已规定于公司章程中，从而对钱顺的解聘会涉及是否符合公司章程修改程序的判断；第二，刘昌解聘行为，是二人间矛盾激化的结果，而在不设董事会的背景下，刘昌的这一行为确实存在职权滥用的嫌疑。

难度：难

考点：有限责任公司的组织机构

命题和解题思路：本题旨在考查有限责任公司的组织机构，具体而言，主要是从执行董事的罢免权和总经理的解聘权的归属来考查有限责任公司执行董事、监事、总经理三者之间的关系。为了增加试卷难度，有时命题人不得不在细节处以“掺沙子”或者“偷梁换柱”的方法来挖陷阱、设圈套。就本题而言，命题人则采取上述技巧精心设计了两个陷阱：第一，执行董事与董事会的区别与联系。部分考生可能会对执行董事能否代替董事会履行其职权心存疑惑。根据第1题的分析可知，股东人数较少或者规模较小的有限责任公司，可以设一名执行董事，不设董事会。**这也就意味着执行董事可以代替董事会享有其职权、发挥其在公司治理中的作用。**而公司经理的解聘权恰恰归属于董事会（执行董事），所以刘昌有权解聘钱顺的总经理职务。这是单纯从法律规定的角度对此问做出的解释；第二，监事的基本职权是监督权，而非决定权。相应地，**监事对其认为不合格的董事、高管有权建议罢免，而非决定罢免**。因此，针对本题的上述两点细节说明，考生须得用心体会。此外，针对本题第一个问题，考生还可以从案件事实的角度来解答——即从公司章程的效力和刘昌是否存在滥用职权的嫌疑来对其解聘总经理的行为进行判断。

4. 法院判决不支持“钱顺要求公司与刘昌回购自己股权的诉求”是否合理？为什么？

答案：合理。依《公司法》第 74 条第 1 款，股东回购请求权仅限于该款所列明的三种情形下对股东会决议的异议股东（即公司连续五年不分红决议、公司合并分立或转让主要财产决议、公司存续上的续期决议），钱顺情形显然不符合该规定。而就针对其他股东的强制性的股权购买请求权，现行公司法并无明文规定。即在现行公司法上，股东彼此之间并不负有在特定情况下收购对方股权的强制性义务；即使按照《最高人民法院关于适用〈中华人民共和国公司法〉若干问题的规定（二）》第 5 条，法院在审理解散公司的案件时，应尽量调解，并给出由其他股东收购股权的调解备选方案，也不能因此成立其他股东的收购义务。故钱顺对股东刘昌的诉求，也没有实体法依据。

难度：中

考点：有限公司的股权转让（股东的股权收购请求权）

命题和解题思路：本题旨在考查有限责任公司股权转让中的股东的股权收购请求权。就考查方式而言，针对同一个知识点——股东的股权回购请求权，命题人在一句话中设计了两个问题，即“钱顺要求公司回购自己股权的诉求是否合理”和“钱顺要求刘昌回购自己股权的诉求是否合理”，相对应的是两种不同的考查思路：前者是对有明确实体法处理依据的传统问题进行考查，目的是以此检验考生的基础知识是否扎实；后者是对不存在明确实体法处理依据的新型问题进行考查，目的是以此检验考生运用法学素养处理新问题的能力，可谓是传统考查方式与新型考查方式充分结合！对于考生而言，首先，正确的解题顺序是对问题进行分析、切割以及解答，以此明确命题人的考查意图和保证所有问题不会因疏忽而忘记解答；其次，针对不存在明确法律依据的新型问题，考生也无须惊慌，根据“穷尽规则方能适用原则”，可以尝试使用法律原则对其进行分析。就本题而言，可以使用“平等原则”来处理该问题——无论是合同法还是公司法，平等原则都是应当得到遵循的基本原则。所以，股东之间是平等的，在无法律明文规定的情形下，股东不得施加其他股东以强制性义务。

5. 法院作出解散公司的判决是否合理？为什么？

答案：判决合理。依《公司法》第182条及《最高人民法院关于适用〈中华人民共和国公司法〉若干问题的规定（二）》第1条第1款，本案符合"公司持续两年以上无法召开股东会或者股东大会，公司经营管理发生严重困难的，"昌顺公司自2014年6月至解散诉讼时，已超过两年时间未再召开过股东会，这表明昌顺公司已实质性构成所谓的"公司僵局"，即构成法院判决公司解散的根据。

难度：难

考点：公司的解散（司法判决解散）

命题和解题思路：本题旨在考查公司解散中的司法判决解散。该考点是历年考试的"老主顾"，体现了"重者恒重"的命题规律。但是，针对此重点知识点，命题人似乎越来越不满足于"蜻蜓点水"式的考查方式——仅仅考查考生是否熟悉该知识点的基本内容，而是越来越喜欢"刨根问底"式的考查方式——重在考查考生会不会运用该知识点解决实际问题。就本题而言，命题人考查的侧重点不是司法判决解散的适用情形，而是如何认定某事实符合该情形，即"如何认定公司经营管理发生严重困难"，或者"公司经营管理发生严重困难与两年以上未召开股东会之间的关系"，这恰恰是大部分考生力有未逮之处。此外，命题人还以"好在商户比较稳定，公司营收未出现下滑"来故布迷障，从而进一步使考生困惑不已，无法确定该公司是否陷入"公司僵局"。

难点解析：本题的难点在于"如何认定公司经营管理发生严重困难"。具体而言，我们可以从以下两个方面来解决该问题：

第一，关于《最高人民法院关于适用〈中华人民共和国公司法〉若干问题的规定（二）》第1条第1款的理解。《最高人民法院关于适用〈中华人民共和国公司法〉若干问题的规定（二）》第1条第1款中"持续两年以上无法召开股东会、持续两年以上无法形成有效的股东会决议、公司董事长期冲突且无法通过股东会或者股东大会解决，"与"公司经营管理发生严重困难的"之间在逻辑上是什么关系？从考生对司法部答案的异议中不难看出，很多考生都以为两者是"且"的关系，需要同时满足、缺一不可。实则不然，更准确地说，**两者不是彼此割裂、完全对立的关系，前三种明确列举的情形本来就属于“公司经营管理发生严重困难”的外化表现**。也就是说，**在满足《公司法》第 182 条关于穷尽内部救济而无法解决的前提条件下，只要公司经营管理出现了上述三种情形，即可认定该公司实质性地陷入“公司僵局”**。此时，持有公司全部股东表决权百分之十以上的股东，即可以请求人民法院解散公司。此外，我们还可以通过《最高人民法院关于适用〈中华人民共和国公司法〉若干问题的规定（二）》第 1 条第 1 款第 4 项的内容来进一步解释上述结论：第 4 项“经营管理发生其他严重困难，公司继续存续会使股东利益受到重大损失的情形”为本条的兜底性条款，其中“其他严重困难”的表述则意味着本条前三种明确列举的情形实际上就是“公司经营管理发生严重困难”的主要表现形式。

第二，“公司资金缺乏、严重亏损”是否构成认定“公司经营管理发生严重困难”的必要条件？根据最高人民法院 8 号指导案例，**判断公司经营管理是否发生严重困难，应当从公司组织结构的运行状态进行综合分析**。即使公司处于盈利状态，但其股东会机制长期失灵，内部管理有严重障碍，已经陷入僵局状态，可以认定公司经营管理发生严重困难。进一步解释如下：“公司经营管理发生严重困难”的侧重点在于公司管理方面存在严重内部障碍，如股东会机制失灵、无法就公司的经营管理进行决策等，不应片面地理解为公司资金缺乏、严重亏损等经营性困难。

6. 解散公司的判决生效后，就昌顺公司的后续行为及其状态，在法律上应如何评价？为什么？

答案：法院作出解散公司的判决，在性质上为形成判决，据此，公司应进入清算阶段。对此，《公司法》所规定的程序如下：①依第 183 条及时成立清算组；②清算组按照法律规定的期限，按《公司法》第 184 条至第 187 条进行各项清算工作；③清算结束后，根据第 188 条，清算组应当制作清算报告，报股东会或者人民法院确认，并报送公司登记机关，申请注销公司登记，公告公司终止。概括来说，按照我国公司法的规范逻辑，解散判决生效后，公司就必须经过清算程序走向终止。

难度：中

考点：公司的清算（清算组织的成立、剩余财产的分割）

命题和解题思路：本题旨在考查公司的清算，具体涉及清算组织的成立、清算工作的开展以及清算程序的终止等知识点。从本题可以看出，在案例分析题中，命题人所采取的命题逻辑是严格遵循《公司法》的规范逻辑的——从规范逻辑来看，解散判决生效后，公司就必须经过清算程序走向终止；相应地，在命题逻辑上，命题人先是以第5问考查公司的司法判决解散，随后就在第6问中考查了公司的清算。这启示考生在备战法考之时，不妨根据公司法的规范逻辑来构建自己的公司法知识体系，如此便可有的放矢、大大提高复习的效率。

此外，从考查思路来看，首先，命题人想要考查考生是否熟悉公司法关于司法判决解散与公司清算之间的规范逻辑关系；其次，命题人希望考生在进一步研究公司法的规范逻辑后得出如下结论——昌顺公司的后续行为及其状态是不符合该规范逻辑的；最后，命题人希望考生从法律上对其评价，主要是探讨上述结论形成的原因，进而有针对性地提出自己的完善建议。

2016年

一、试题（本题18分）

扫一扫 看微课视频

案情：

美森公司成立于2009年，主要经营煤炭。股东是大雅公司以及庄某、石某。章程规定公司的注册资本是1000万元，三个股东的持股比例是5∶3∶2；各股东应当在公司成立时一次性缴清全部出资。大雅公司将之前归其所有的某公司的净资产经会计师事务所评估后作价500万元用于出资，这部分资产实际交付给美森公司使用；庄某和石某以货币出资，公司成立时庄某实际支付了100万元，石某实际支付了50万元。

大雅公司委派白某担任美森公司的董事长兼法定代表人。2010年，赵某欲入股美森公司，白某、庄某和石某一致表示同意，于是赵某以现金出资50万元，公司出具了收款收据，但未办理股东变更登记。赵某还领取了2010年和2011年的红利共10万元，也参加了公司的股东会。

2012年开始，公司经营逐渐陷入困境。庄某将其在美森公司中的股权转让给了其妻弟杜某。此时，赵某提出美森公司未将其登记为股东，所以自己的50万元当时是借款给美森公司的。白某称美森公司无钱可还，还告诉赵某，为维持公司的经营，公司已经向甲、乙公司分别借款60万元和40万元；向大雅公司借款500万元。

2013年11月，大雅公司指示白某将原出资的资产中价值较大的部分逐渐转入另一子公司美阳公司。对此，杜某、石某和赵某均不知情。

此时，甲公司和乙公司起诉了美森公司，要求其返还借款及相应利息。大雅公司也主张自己曾借款500万元给美森公司，要求其偿还。赵某、杜某及石某闻讯后也认为利益受损，要求美森公司返还出资或借款。

问题：

1. 应如何评价美森公司成立时三个股东的出资行为及其法律效果？

2. 赵某与美森公司是什么法律关系？为什么？

3. 庄某是否可将其在美森公司中的股权进行转让？为什么？这种转让的法律后果是什么？

4. 大雅公司让白某将原来用作出资的资产转移给美阳公司的行为是否合法？为什么？

5. 甲公司和乙公司对美森公司的债权，以及大雅公司对美森公司的债权，应否得到受偿？其受偿顺序如何？

6. 赵某、杜某和石某的请求及理由是否成立？他们应当如何主张自己的权利？

二、答案精讲

1. 应如何评价美森公司成立时三个股东的出资行为及其法律效果？

答案：大雅公司以先前归其所有的某公司的净资产出资，净资产尽管没有在我国公司法中规定为出资形式，但公司实践中运用较多，并且案情中显示，一方面这些净资产本来归大雅公司，且经过了会计师事务所的评估作价，在出资程序方面与实物等非货币形式的出资相似，另一方面这些净资产已经由美林公司实际占有和使用，即完成了交付。《最高人民法院关于适用〈中华人民共和国公司法〉若干问题的规定（三）》第9条也有“非货币财产出资，未依法评估作价”的规定。所以，应当认为大雅公司履行了自己的出资义务。庄某按章程应当以现金300万元出资，仅出资100万元；石某按章程应当出资200万元，仅出资50万元，所以两位自然人股东没有完全履行自己的出资义务，应当承担继续履行出资义务及违约责任。

难度：中

考点：有限责任公司的设立条件（出资方式）

命题和解题思路：根据指令句可知，本题旨在考查有限责任公司股东的两种出资形式：货币出资和非货币出资。根据《公司法》第27条、第28条的规定可知，认定股东已经全面履行出资义务的依据如下：就货币出资而言，股东已经将货币出资足额存入有限责任公司在银行开设的账户；就非货币出资而言，一是出资本身须满足可以用货币估价并可以依法转让的法定要求，二是股东已经依法办理其财产权的转移手续。绝大部分考生都能据此判断两位自然人股东实际出资与其在章程中承诺出资不符，因而属于未全面履行其出资义务。但是，如此简单的考查显然无法体现出命题人的真实水平，所以命题人又额外设置了两个小陷阱：一是本题以很多考生可能不是很熟悉的"净资产"作为大雅公司的出资形式，部分考生可能不能正确地辨析"净资产"作为非货币出资的属性而误判大雅公司出资义务的履行；二是部分考生可能不能准确理解或者审题不细而忽视题干中的"法律效果"，从而漏答了本题的第二问。从法学原理上看，不履行义务即应当承担相应的法律责任，厘定美森公司三个股东的出资责任即评价其法律后果。如此看来，细心程度也是考生应试时综合能力中很重要的一部分！

难点解析：本题的难点在于判断净资产的法律属性。所谓净资产，是指属于企业所有，并可以自由支配的资产，即所有者权益或者权益资本。企业的净资产（Net Asset Value），是指企业的资产总额减去负债以后的净额。它由两大部分组成，一部分是企业开办当初投入的资本，包括溢价部分；另一部分是企业在经营之中创造的，也包括接受捐赠的资产，属于所有者权益。根据上述定义可知，显然，净资产属于非货币出资的一种形式。因此，我们应当根据非货币出资的要求来判断大雅公司是否履行了其出资义务。

2. *赵某与美森公司是什么法律关系？为什么？*

答案：投资与借贷是不同的法律关系。赵某自己主张是借贷关系中的债权人，但依据《最高人民法院关于适用〈中华人民共和国公司法〉若干问题的规定（三）》第23条的规定，赵某虽然没有被登记为股东，但是他在2010年时出于自己的真实意思表示，愿意出资成为股东，其他股东及股东代表均同意，并且赵某实际交付了50万元出资，参与了分红及公司的经营，这些行为均非债权人可为，所以赵某具备实际出资人的地位，在公司内部也享有实际出资人的权利。此外从民商法的诚信原则考虑也应认可赵某作为实际出资人或实际股东而非债权人。

难度： 难

考点： 股东的概念（股东资格的取得与确认）

命题和解题思路： 在公司法实务中，关于当事人与涉事公司之间究竟是属于投资关系，还是借贷关系的真实案例可谓是不胜枚举。本题恰恰是命题人以此为契机并借助案例的方式对该问题进行的深入考查，从而体现了“命题与实务前沿密切联系”的命题规律。本题的案情是在公司盈利时赵某“欲入股”并曾获得分红、参与管理；但是公司亏损时赵某却又主张自己当初的50万元属于借款。我们不妨采取法律关系分析法来分析此案，这要求考生不能机械性地套用《最高人民法院关于适用〈中华人民共和国公司法〉若干问题的规定（三）》第23条的规定，将“记载于股东名册并办理公司登记机关登记”作为判断赵某与美森公司之间法律关系的唯一标准。正确的解题思路应该是从当事人交付现金时的真实意思表示、是否参与公司的日常经营以及分红等方面综合认定。

难点解析： 为什么《最高人民法院关于适用〈中华人民共和国公司法〉若干问题的规定（三）》第23条规定的“股东名册”和“公司登记”在本题中的适用称之为“机械性地套用”？因为上述法条规定的是“确认股东资格的依据”，即认定某一投资人是否具有股东资格所应依据的标准，而本题的问题是“赵某与美森公司是投资法律关系还是借款法律关系”。显然，两者并非同一个问题，所以我们不能机械性地套用上述法条来解决两者之间法律关系的认定。此外，这两个问题并不冲突，就本题而言，赵某与美森公司之间是投资关系。但是，由于其并未办理股东变更登记，且本题中并未涉及股东名册记载的问题，所以我们不能称之为美森公司的股东，只能依据投资关系称其为实际出资人。

3. 庄某是否可将其在美森公司中的股权进行转让？为什么？这种转让的法律后果是什么？

答案： 尽管庄某没有全面履行自己的出资义务，但其股权也是可以转让的。受让人是其妻弟，按生活经验应当推定杜某是知情的。我国《最高人民法院关于适用〈中华人民共和国公司法〉若干问题的规定（三）》第18条规定：“有限责任公司的股东未履行或者未全面履行出资义务即转让股权，受让人对此知道或者应当知道，公司请求该股东履行出资义务、受让人对此承担连带责任的，人民法院应予支持；公司债权人依照本规定第十三条第二款向该股东提起诉讼，同时请求前述受让人对此承担连带责任的，人民法院应予支持。

受让人根据前款规定承担责任后，向该未履行或者未全面履行出资义务的股东追偿的，人民法院应予支持。但是，当事人另有约定的除外。”该条已经认可了瑕疵出资股权的可转让性；这种转让的法律后果就是如果受让人知道，转让人和受让人对公司以及债权人要承担连带责任，受让人再向转让人进行追偿。

难度：中

考点：有限责任公司的股权转让（转让瑕疵股权的法律后果）

命题和解题思路：根据指令句可知，本题考查的是有限公司的股东能否转让其瑕疵股权及其法律后果。一提及“有限公司的股权转让”，部分考生可能会出现思维惯性，想当然地从“其他股东的优先购买权”的角度来解答本题。如此一来，便正好落入命题者的陷阱中。正确的解题思路应该是从事实到法律，本题所给的事实是庄某将其瑕疵股权转让给其妻弟杜某，并未显示其他股东存有异议，也没有涉及优先购买权的行使问题。而《最高人民法院关于适用〈中华人民共和国公司法〉若干问题的规定（三）》第18条规定：瑕疵出资股权是可以转让的，其法律后果需要结合受让人是否知情来判断。

4. 大雅公司让白某将原来用作出资的资产转移给美阳公司的行为是否合法？为什么？

答案：公司具有独立人格，公司财产是其人格的基础。出资后的资产属于公司而非股东所有，故大雅公司无权将公司资产转移，该行为损害了公司的责任财产，侵害了美森公司、美森公司股东（杜某和石某）的利益，也侵害了甲、乙这些债权人的利益。

难度：易

考点：公司的概念和特征（公司的独立财产）

命题和解题思路：本题旨在考查公司的独立财产以及股东出资的法律意义。公司独立财产是其独立人格的基础，而公司最初的财产来源于股东的出资。股东履行出资义务实质上就是以股东财产权换取公司股权的过程。上述两点是公司法的基础知识，大部分考生均能以此判断出大雅公司的行为不合法，并准确地论述不合法的原因。所以，本题的整体难度并不大，属于卷四商法案例分析题中的难得一见送分题。

5. 甲公司和乙公司对美森公司的债权，以及大雅公司对美森公司的债权，应否得到受偿？其受偿顺序如何？

答案：甲公司和乙公司是普通债权，应当得到受偿。大雅公司是美森公司的大股东，我国公司法并未禁止公司与其股东之间的交易，只是规定关联交易不得损害公司和债权人的利益，因此借款本身是可以的，只要是真实的借款，也是有效的。所以大雅公司的债权也应当得到清偿。

在受偿顺序方面，答案一：大雅公司作为股东（母公司）损害了美森公司的独立人格，也损害了债权人的利益，其债权应当在顺序上劣后于正常交易中的债权人甲和乙，这是深石原则的运用。答案二：根据民法公平原则，让大雅公司的债权在顺序方面劣后于甲、乙公司。答案三：按债权的平等性，他们的债权平等受偿。

难度：中

考点：公司对债权人的责任

命题和解题思路：本题考查的内容横跨《公司法》和《合同法》两大法律，旨在考查考生综合运用民商法原理解决复杂问题的能力，从题目设置上看具有一定的难度。但是，命题人的发散性思维和包容的命题态度，又使得本题的答案并不唯一，考生只要言之有理即可，这无疑大大降低了本题的难度。本题主要考查民商法的一些原则，例如民法的公平原则、债权的平等性以及公司法的深石原则（衡平居次原则）。正确的解题思路是从事实到法律，本案中甲公司、乙两公司以及大雅公司向美森公司借款都是真实有效的，但是作为美森公司的控股股东，大雅公司擅自转移美森公司主要资产的行为属于侵犯公司其他债权人的违法行为，依据民法的公平原则或者深石原则，大雅公司的债权应当劣后于甲、乙公司得到清偿。或者考生忽略大雅公司的控股地位及其不当行为，直接依据债权的平等性进行论述也并无不可，毕竟我国《公司法》尚未明确规定深石原则。

难点解析：所谓“深石原则”，又称衡平居次原则（Equitable Subordination Rule），是指在存在控制与从属关系的关联企业中，为了保障从属公司债权人的正当利益免受控股公司的不法侵害，法律规定，在从属公司进行清算、和解和重整等程序中，根据控制股东是否有不公平行为，而决定其债权是否应劣后于其他债权人或者优先股股东受偿的原则。

其理念来源于著名的深石案件，在该案中，控股公司为被告，深石公司为其从属公司，法院认为深石公司在成立之初即资本不足，且其业务经营完全受被告公司所控制，经营方式主要是为了被告的利益，因此，判决被告对深石公司的债权应次于深石公司其他债权受清偿。因此，深石原则就是根据股东控股是否有不公平行为，而决定其债权是否应劣于其他债权人或优先股股东受偿的原则。

6. 赵某、杜某和石某的请求及理由是否成立？他们应当如何主张自己的权利？

答案：赵某和杜某、石某的请求不成立。赵某是实际出资人或实际股东，杜某和石某是股东。基于公司资本维持原则，股东不得要求退股，故其不得要求返还出资。

但是大雅公司作为大股东转移资产的行为损害了公司的利益，也就损害了股东的利益，因此他们可以向大雅公司提出赔偿请求。同时，白某作为公司的高级管理人员其行为也损害了股东利益，他们也可以起诉白某请求其承担赔偿责任。

难度：难

考点：公司的资本（公司资本原则）；股东的义务（股东的一般义务）

命题和解题思路：公司资本三原则是历年的常规考查对象，几乎每年必考，本题考查的就是其中之一的公司资本维持原则。命题人并没有对该原则进行简单粗暴的考查，而是使用了其惯用的“伎俩”：“拐弯抹角”和“故布疑阵”——以判断赵某、杜某和石某返还出资或者借款的请求是否成立来间接考查公司资本维持原则的要求。不仅如此，命题人还穿插着考查了“抽逃出资情形下其他股东的合法权益如何保障”来增加本题的难度。因此，考生首先必须“透过现象看本质”，通过题干的问题设计来判断出命题人的考查方向——公司资本维持原则；其次，在公司控股股东抽逃出资的情形下，依据《最高人民法院关于适用〈中华人民共和国公司法〉若干问题的规定（三）》第 14 条第 1 款的规定：“股东抽逃出资，公司或者其他股东请求其向公司返还出资本息、协助抽逃出资的其他股东、董事、高级管理人员或者实际控制人对此承担连带责任的，人民法院应予支持”，向大雅公司和董事长白某提出赔偿请求。

2015 年

一、试题（本题 18 分）

案情：

鸿捷有限公司成立于 2008 年 3 月，从事生物医药研发。公司注册资本为 5000 万元，股东为甲、乙、丙、丁，持股比例分别为 37%、30%、19%、14%；甲为董事长，乙为总经理。公司成立后，经营状况一直不错。

2013 年 8 月初，为进一步拓展市场、加强经营管理，公司拟引进战略投资者骐黄公司，并通过股东大会形式如下决议（简称《1 号股东会决议》）：第一，公司增资 1000 万元；第二，其中 860 万元，由骐黄公司认购；第三，余下的140万元，由丁认购，从而使丁在公司增资后的持股比例仍保持不变，而其他各股东均放弃对新股的优先认缴权；第四，缴纳新股出资的最后期限，为2013年8月31日。各股东均在决议文件上签字。

之后，丁因无充足资金，无法在规定期限内完成所认缴出资的缴纳；骐黄公司虽然与鸿捷公司签订了新股出资认缴协议，但之后就鸿捷公司的经营理念问题，与甲、乙、丙等人发生分歧，也一直未实际缴纳出资。因此，公司增资计划的实施，一直没有进展。但这对公司经营并未造成很大影响，至2013年底，公司账上已累积4000万元的未分配利润。

2014年初，丁自他人处获得一笔资金，遂要求继续实施公司的增资计划，并自行将140万元打入公司账户，同时还主张对骐黄公司未实际缴资的860万元新股的优先认购权，但这一主张遭到其他股东的一致反对。

鉴于丁继续实施增资的强烈要求，并考虑到难以成功引进外部战略投资者，公司在2014年1月8日再次召开股东大会，讨论如下议案：第一，公司仍增资1000万元；第二，不再引进外部战略投资人，由公司各股东按照原有持股比例认缴新股；第三，各股东新增出资的缴纳期限为20年；第四，丁已转入公司账户的140万元资金，由公司退还给丁。就此议案所形成的股东会决议（简称《2号股东会决议》），甲、乙、丙均同意并签字，丁虽签字，但就第二、第三与第四项内容，均注明反对意见。

之后在甲、乙的主导下，鸿捷公司经股东大会修订了公司章程、股东名册等，并于2014年1月20日办理完毕相应的公司注册资本的工商变更登记。

2014年底，受经济下行形势影响，加之新产品研发失败，鸿捷公司经营陷入困境。至2015年5月，公司已拖欠嵩悠公司设备款债务1000万元，公司账户中的资金已不足以偿付。

问题：

1. 《1号股东会决议》的法律效力如何？为什么？

2. 就骐黄公司未实际缴纳出资的行为，鸿捷公司可否向其主张违约责任？为什么？

3. 丁可否主张860万元新股的优先认购权？为什么？

4. 《2号股东会决议》的法律效力如何？其与《1号股东会决议》的关系如何？为什么？

5. 鸿捷公司增加注册资本的程序中，何时产生注册资本增加的法律效力？为什么？

6. 就鸿捷公司不能清偿的1000万元设备款债务，嵩悠公司能否向其各个股东主张补充赔偿责任？为什么？

二、答案精讲

1.《1号股东会决议》的法律效力如何？为什么？

答案：《1号股东会决议》为合法有效的股东会决议。内容不违反现行法律、行政法规。程序上符合股东会决议的程序。

难度： 易

考点： 股东会决议的效力

命题和解题思路： 根据指令句可知，本题旨在考查股东会决议的效力。我国现行《公司法》采取三分法，将股东会决议的效力分为有效决议、无效决议以及可撤销的决议。《公司法》第22条第1款、第2款规定："公司股东会或者股东大会、董事会的**决议内容违反法律、行政法规的无效**。股东会或者股东大会、董事会的**会议召集程序、表决方式违反法律、行政法规或者公司章程**，或者**决议内容违反公司章程的**，股东可以自决议作出之日起六十日内，**请求人民法院撤销**。"由此可知，判断股东会决议的效力，应该从内容和程序两个角度进行综合判断。本题中，《1号股东会决议》是由股东会作出的，此次股东会的召集程序与表决方式也不存在违反法定程序的情形。此外，其他股东放弃新股优先认购权是其意思自治的后果，该决议的内容也不存在违反法律、行政法规强制性规定和公司章程约定的情形。因此，《1号股东会决议》为合法有效的股东会决议。

2. 就骐黄公司未实际缴纳出资的行为，鸿捷公司可否向其主张违约责任？为什么？

答案： 首先，应确定骐黄公司与鸿捷公司间签订的新股出资认缴协议，自本案所交代的案情来看，属于合法有效的协议或合同，这是讨论违约责任的前提。其次，骐黄公司也一直未实际地依约缴纳出资，存在客观的违约行为。最后，依《合同法》第107条，违约责任的承担方式有继续履行、采取补救措施与赔偿损失三种，但在本案中，如果强制要求骐黄公司继续履行也就是强制其履行缴纳出资的义务，则在结果上会导致强制骐黄公司加入公司组织，从而有违参与或加入公司组织之自由原则，故而鸿捷公司不能主张继续履行的违约责任。至于能否主张骐黄公司的赔偿损失责任，则视骐黄公司是否因此而遭受损失，以及骐黄公司在主观上是否存在过错；而这在本案中，骐黄公司未实际缴纳出资，乃至整个增资计划未能实施，“对公司经营并未造成很大影响”，且骐黄公司并不存在明显的过错，因此鸿捷公司也很难主张该请求权。

难度：难

考点：新股出资认缴合同的效力

命题和解题思路：本题旨在考查新股出资认缴合同的法律效力。命题人将《合同法》中关于违约责任的规定与商法中的商事组织加入自由原则结合在一起对考生进行综合考查，具有相当的难度，而难点主要在于如何处理违约责任与商事组织加入自由原则的冲突与协调问题。本题中若想判断骐黄公司的违约责任是否成立，需要按照如下解题步骤进行：**第一步，认定骐黄公司与鸿捷公司之间是否存在合法有效的协议。**显然，根据案情的交代，两者之间存在合法有效的新股出资认缴协议。**第二步，认定骐黄公司是否存在客观的违约行为。**本题中骐黄公司一直未实际地依约缴纳出资，显然，存在客观的违约行为。**第三步，同时也是最重要的一步，认定守约方能否依法向违约方主张违约责任。**此时，考生不仅需要注意对违约责任构成要件及其承担方式的分析适用，而且更不能忽视商事组织加入自由原则的要求。只有如此全面考量，考生才能就本题得出正确的结论。

难点解析：本题的难点在于如何处理违约责任与商事组织加入自由原则的冲突与协调问题：如果按照《合同法》总则部分关于违约责任成立的构成要件（有违约行为＋无免责事由）来分析，显然骐黄公司应当对鸿捷公司承担违约责任。但是，如果我们进一步分析，具体就违约责任的三种形式（继续履行＋采取补救措施＋赔偿损失）而言，新股出资协议的适用却存在其特殊性：**首先，继续履行明显不适合作为骐黄公司承担违约责任的一种方式。**由于作为组织存在的公司具有其特有的组织规则，即根据商事组织法的原则，不得强迫他人加入商事组织体，否则有违商事组织加入自由原则。因此，骐黄公司违约时鸿捷公司不得依据出资认缴协议请求其强制履行出资义务；**其次，赔偿损失在此处同样不适合作为骐黄公司承担违约责任的一种方式。**所谓赔偿损失，是指违约方以支付金钱的方式弥补受害方因违约行为所减少的财产或者所丧失的利益的责任形式。由此可知，赔偿损失是对守约方所遭受损失的一种补偿，而不是对违约方的惩罚。本题中骐黄公司的违约行为“对公司经营并未造成很大影响”，且骐黄公司主观上并不存在明显的过错。所以，鸿捷公司不得对骐黄公司主张损害赔偿。**最后，采取补救措施就更不适合用**

作此处了。所谓采取补救措施，是指矫正合同不适当履行（质量不合格）、使履行缺陷得以消除的具体措施。本题中骐黄公司根本未履行实际缴纳出资的义务，遑论不适当履行。

综上所述，鸿捷公司无法向骐黄公司主张违约责任。此外，在处理《合同法》关于违约责任的一般规定与商法总论中的商事组织加入自由原则的冲突时，我们**根据"特别法优于一般法"的规则**也可以判断出商事组织加入自由原则优先于《合同法》关于违约责任的一般性规定在本题中得到适用。

3. 丁可否主张860万元新股的优先认购权？为什么？

答案：不可以。丁主张新股优先认购权的依据，为《公司法》第34条，即"公司新增资本时，股东有权优先按照实缴的出资比例认缴出资"；不过该条所规定的原股东之优先认购权，主要针对的是增资之股东大会决议就新股分配未另行规定的情形；而且行使优先认购权还须遵守另一个限制，即原股东只能按其持股比例或实缴出资比例，主张对新增资本的相应部分行使优先认购权。该增资计划并未侵害或妨害丁在公司中的股东地位，也未妨害其股权内容即未影响其表决权重，因此就余下的860万元的新股，丁无任何主张优先认购权的依据。

难度：中

考点：新股优先认购权

命题和解题思路：就有限公司股东的优先权而言，股东对外转让股权时其他股东的优先购买权是历年考试的"老主顾"，所以大部分考生备考复习时对该知识点"严防死守"，这无疑大大增加了命题人的命题难度。因此，命题人"另辟蹊径"从大家相对陌生的公司增资的角度来考查股东的优先认购权，这无疑是一个不错的命题思路。此外，命题人还以一个"名存实亡"的新股出资认缴合同来迷惑考生，使其答题时心存疑虑、无所适从。就解题思路而言，《公司法》第34条规定："股东按照实缴的出资比例分取红利；**公司新增资本时，股东有权优先按照实缴的出资比例认缴出资**。但是，**全体股东约定**不按照出资比例分取红利或者**不按照出资比例优先认缴出资的除外**。"由此可知，公司新增资本时，公司原股东行使优先购买权需要满足一定的条件限制：其一，股东大会的决议未对新股分配作另行安排或者约定；其二，原股东只能按照其实缴的出资比例就新增资本的相应部分进行优先认购。本题中，首先，经过全体股东签字同意，《1号股东会决议》已经将新增资本中的860万元分配给了骐黄公司，所以丁对此部分无权主张优先认购权；其次，根据该股东会决议，丁已经享有对余下 140 万元的新股认购权，而且丁的持股比例与表决权重并未因上述股东会决议的安排而受到任何不利影响。所以，丁主张 860 万元新增股本的优先认购权便无正当性可言。

4.《2 号股东会决议》的法律效力如何？其与《1 号股东会决议》的关系如何？为什么？

答案：《2 号股东会决议》是合法有效的决议。内容不违法，也未损害异议股东丁的合法利益，程序上，丁的持股比例仅为 14%，达不到否决增资决议的三分之一的比例要求。这两个决议均在解决与实施公司增资 1000 万元的计划，由于《1 号股东会决议》难以继续实施，因此《2 号股东会决议》是对《1 号股东会决议》的替代或者废除，后者随之失效。

难度：易

考点：股东会决议的效力

命题和解题思路：本题与第一题所考查的都是同一个知识点——股东会决议的效力。不过，命题人设计本题时增加了一个新问题——两份股东会决议之间的关系如何。绝大部分考生都能根据法条规定判断出决议的效力，但是对于判断两个决议之间的关系时可能稍显茫然，而命题人的“套路”就是偏偏喜欢考查让你发懵的！但是，考生诸君也无须惊慌，“你有张良计，我有过墙梯”，我们的“过墙梯”就是“不要强求不可知，要从已知推未知”。首先，关于《2 号股东会决议》的效力，我们仍然是根据《公司法》第 22 条第 1 款、第 2 款的规定从内容与程序两个方面来判断：其一，从内容上来看，《2 号股东会决议》内容上并违反法律、行政法规的强制性规定，也没有损害丁的合法权益；其二，从程序上来看，《公司法》第 43 条第 2 款规定：“股东会会议作出修改公司章程、增加或者减少注册资本的决议，以及公司合并、分立、解散或者变更公司形式的决议，**必须经代表三分之二以上表决权的股东通过**。”本案中，虽然丁对《2 号股东会决议》表示明确反对，但是表示赞同的甲、乙、丙三人所代表的表决权已经超过三分之二，所以该决议在表决方式上符合法律对程序的规定。因此，《2 号股东会决议》合法有效。其次，关于两个决议的关系，从内容上来看，我们不难发现两个决议的内容都是关于同一个事项，即公司增资 1000 万元的增资事项。只不过在《1 号股东会决议》作出之后，由于骐黄公司与丁未在规定的时间内实际履行出资义务，导致该决议已经“名存实亡”——在事实上已经难以履行。所以，在此背景下，鸿捷公司股东大会才就同一个事项重新作出一个有履行可能性的新决议。因此，从上述法理分析可知，《2 号股东会决议》是对《1 号股东会决议》的替代或者废除，后者应当随之失效。

5. 鸿捷公司增加注册资本的程序中，何时产生注册资本增加的法律效力？为什么？

答案： 只有在公司登记机关办理完毕新的注册资本的变更登记后，才能产生新的注册资本亦即新增注册资本的法律效力。因为公司的注册资本也只有经过工商登记，才能产生注册资本的法定效力；进而在公司通过修改章程而增加注册资本时，也同样只有在登记完毕后，才能产生注册资本增加的法定效力。

难度： 中

考点： 公司注册资本经工商登记而生效

命题和解题思路： 解题之前，考生务必得明确命题人考查问题是什么，否则便是“下笔千言、离题万里”。本题所考查的问题是“何时产生注册资本增加的法律效力”而不是“认缴新增资本的出资人何时取得股东资格”。考生若不理解两者之间的区别，很容易误以为只要经过公司章程的相应修改、完成股东名册变更即可产生注册资本增加的法律效力。而这正是命题人设计本题时所挖的一个大陷阱。其实，股东资格的取得，以股东名册为确认依据。但是，若股东名册发生变动，应当办理变更登记。未经登记或者变更登记的，不得对抗第三人（无“善意”二字）。若两者的记载内容有冲突，则区分公司内外部关系而有所不同：对公司内部而言，以股东名册为依据；对公司外部而言，以工商登记为准。然而，对于“何时产生注册资本增加的法律效力”而言，《公司法》却只采取一种确定标准：《公司法》第 26 条第 1 款规定：“有限责任公司的注册资本为在公司登记机关登记的全体股东认缴的出资额”，由此可知，公司注册资本产生法律效力的时间始于公司在公司登记机关完成针对注册资本的相关登记。同样，《公司法》第 179 条第 2 款规定：“公司增加或者减少注册资本，应当依法向公司登记机关办理变更登记。”由此可知，公司新增注册资本产生法律效力的时间同样以在公司登记机关办理完毕相应的公司注册资本变更登记为标准。所以，只有在公司登记机关办理完毕新的注册资本的变更登记后，才能产生新的注册资本亦即新增注册资本的法律效力。

6. 就鸿捷公司不能清偿的 1000 万元设备款债务，嵩悠公司能否向其各个股东主张补充赔偿责任？为什么？

答案： 为保护公司债权人的合法利益，可准用《最高人民法院关于适用〈中华人民共和国公司法〉若干问题的规定（三）》第 13 条第 2 款的规定，认可公司债权人的这项请求权，即在公司财产不能清偿公司债务时，各股东所认缴的尚未到期的出资义务，应按照提前到期的方法来处理，进而对公司债权人承担补充赔偿责任。

难度： 难

考点：公司财产不能清偿公司债务时对公司债权人的保护

命题和解题思路：本题旨在考查考生在法律未明文规定时寻找相关依据解决实务问题的能力。2013年《公司法》修订将注册资本实缴制改为注册资本认缴制，所以股东只要认缴了相关出资就不构成“未履行或未全面履行出资义务”的行为。但是，这恰恰与《最高人民法院关于适用〈中华人民共和国公司法〉若干问题的规定（三）》第13条第2款的适用存在矛盾。命题人正是以此为契机达到上述考查目的，体现了“逢新必考”的命题规律。

就责任承担方式而言，公司法采取“股东有限责任、公司无限责任”的基本原则，即股东仅以自己的出资对公司债务承担有限责任，而公司对外以自己的财产承担全部责任。但是，在公司财产不足以清偿公司债务，而股东在新的出资认缴制下未实际缴纳出资时，该股东是否应该承担补充赔偿责任，《公司法》对此并没有明文规定。但是，《最高人民法院关于适用〈中华人民共和国公司法〉若干问题的规定（三）》第13条第2款却是可供参考的法律依据：“**公司债权人请求未履行或者未全面履行出资义务的股东在未出资本息范围内对公司债务不能清偿的部分承担补充赔偿责任的，人民法院应予支持**；未履行或者未全面履行出资义务的股东已经承担上述责任，其他债权人提出相同请求的，人民法院不予支持。”本书之所以认为上述法条在本题中可以适用，主要是出于保护公司债权人的合法目的，因为股东所认缴的尚未到期的出资财产本来就是公司财产的一部分，公司对该部分出资财产享有债权。在公司财产不能清偿公司债务时，各股东所认缴的尚未到期的出资义务，应按照提前到期的方法来处理，进而对公司债权人承担补充赔偿责任。

难点解析：本题的难点在于《最高人民法院关于适用〈中华人民共和国公司法〉若干问题的规定（三）》第13条第2款的规定在本题中的准用是否合理。《最高人民法院关于适用〈中华人民共和国公司法〉若干问题的规定（三）》第13条第2款规定：“公司债权人请求未履行或者未全面履行出资义务的股东在未出资本息范围内对公司债务不能清偿的部分承担补充赔偿责任的，人民法院应予支持……”由此可知，该款规定的股东补充赔偿责任的成立以被请求的股东“未履行或未全面履行出资义务”为前提。但是，根据新公司法“资本认缴制”的规定，认缴了新增出资额的鸿捷公司各股东，其认缴并未实缴的行为是合法有效的，并不构成“未履行或未全面履行出资义务”的行为，自然也就不满足《最高人民法院关于适用〈中华人民共和国公司法〉若干问题的规定（三）》第13条第2款所规定的适用要件。基于上述法律分析，部分考生可能会认为上述法律规定在此并不适用。其实，这是《公司法》修订后引发的新问题，我们不妨运用法理分析来解决这个问题：首先，《公司法》从“资本实缴制”改为“资本认缴制”仅仅只是放宽了注册资本登记的条件，股东之间可以自由约定实际缴纳出资的期限和方式，并没有免除股东对公司的实际出资义务；其次，股东向公司出资其实就是“用出资财产的所有权换取公司的股权”的过程，所以，股东认缴的出资本来就是公司财产的一部分，而公司恰好是以其自己的财产对外承担全部责任。最后，为了保护公司债权人的合法权益，清偿鸿捷公司对嵩悠公司1000万元设备款的债务，认可《最高人民法院关于适用〈中华人民共和国公司法〉若干问题的规定（三）》第13条第2款在本题中的准用、赋予嵩悠公司以补充赔偿责任请求权便是正当合理的。本题也提示我们——近些年的案例分析题中往往偏向于考查具有争议性的，甚至是现行法律规定中不甚合理的地方，此时我们不能再囿于实证法的规定，要学会运用理论知识进行法理分析，从而得出正确的答案。

2014年

一、试题（本题18分）

案情：

扫一扫 看微课视频

2012年4月，陈明设立一家有限责任公司，从事绿色食品开发，注册资本为200万元。公司成立半年后，为增加产品开发力度，陈明拟新增资本100万元，并为此分别与张巡、李贝洽谈，该二人均有意愿认缴全部新增资本，加入陈明的公司。陈明遂先后与张巡、李贝二人就投资事项分别签订了书面协议。张巡在签约后第二天，即将款项转入陈明的个人账户，但陈明一直以各种理由拖延办理公司变更登记等手续。2012年11月5日，陈明最终完成公司章程、股东名册以及公司变更登记手续，公司注册资本变更为300万元，陈明任公司董事长，而股东仅为陈明与李贝，张巡的名字则未出现在公司登记的任何文件中。

李贝虽名为股东，但实际上是受刘宝之托，代其持股，李贝向公司缴纳的100万元出资，实际上来源于刘宝。2013年3月，在陈明同意的情况下，李贝将其名下股权转让给善意不知情的潘龙，并在公司登记中办理了相应的股东变更。

2014年6月，因产品开发屡次失败，公司陷入资不抵债且经营无望的困境，遂向法院申请破产。法院受理后，法院所指定的管理人查明：第一，陈明尚有50万元的出资未实际缴付；第二，陈明的妻子葛梅梅本是家庭妇女，但自2014年1月起，却一直以公司财务经理的名义，每月自公司领取奖金4万元。

问题：

1. 在法院受理公司破产申请前，张巡是否可向公司以及陈明主张权利，主张何种权利？为什么？

2. 在法院受理公司破产申请后，张巡是否可向管理人主张权利，主张何种权利？为什么？

3. 李贝能否以自己并非真正股东为由，主张对潘龙的股权转让行为无效？为什么？

4. 刘宝可主张哪些法律救济？为什么？

5. 陈明能否以超过诉讼时效为由，拒绝50万元出资的缴付？为什么？

6. 就葛梅梅所领取的奖金，管理人应如何处理？为什么？

二、答案精讲

1. 在法院受理公司破产申请前，张巡是否可向公司以及陈明主张权利，主张何种权利？为什么？

答案：根据案情交代，即陈明是以自己名义与张巡签订协议，款项也是转入陈明个人账户，且张巡并未登记为公司股东，故在张巡与公司之间：第一，张巡并未因此成为公司股东；第二，张巡与公司之间不存在法律关系。因此，张巡不能向公司主张任何权利。

鉴于投资协议仅存在张巡与陈明个人之间，张巡只能向陈明主张违约责任，请求返还所给付的投资以及相应的损害赔偿。

难度：难

考点：股东的概念（股东资格的取得与确认）

命题和解题思路：从形式上来看，本题的问题可以拆分为“张巡能否向公司主张权利”和“张巡能否向陈明主张权利”。从内容上来看，命题人的考查意图是检验考生能否判断张巡与公司、陈明之间的法律关系。这就要求考生做到“在事实和法律之间来回穿梭”，从而进行案例分析。其实，**破解上述两**

个问题的关键在于能否认定张巡具有股东资格。《公司法》第28条第1款规定："股东应当按期足额缴纳公司章程中规定的各自所认缴的出资额。股东**以货币出资的**，应当将货币出资**足额存入有限责任公司在银行开设的账户**；**以非货币财产出资**的，应当依法**办理其财产权的转移手续**。"《公司法》第32条第2款、第3款规定："**记载于股东名册**的股东，可以依股东名册**主张行使股东权利**。公司应当将股东的姓名或者名称向公司登记机关登记；登记事项发生变更的，应当办理变更登记。未经登记或者变更登记的，不得对抗第三人。"《最高人民法院关于适用〈中华人民共和国公司法〉若干问题的规定（三）》第22条规定："当事人之间**对股权归属发生争议**，一方请求人民法院确认其享有股权的，应当证明以下事实之一（一）已经依法**向公司出资或者认缴出资**，且不违反法律法规强制性规定；（二）已经**受让或者以其他形式继受公司股权**，且不违反法律法规强制性规定。"由上述法条可此，出资人获取股东资格必须满足两个条件：**其一，实质条件是向公司出资或者认缴出资；其二，形式条件是记载于公司的股东名册中或者在公司登记机关登记为股东**。

本题中，张巡只是与陈明签订投资协议，但是并未将货币出资足额存入公司账户，而是将相关款项足额存入了陈明的个人账户，这意味着张巡并未向公司出资。此外，在公司的股东名册与公司登记机关的登记中张巡均未登记为公司的股东。所以，无论从实质要件看，还是从形式要件看，张巡不具有股东资格，不享有股东权利。同时，张巡与公司之间不存在任何协议或者合同，因此两者之间不存在任何法律关系，自然张巡不能向公司主张任何权利。

本案中的投资协议是由张巡与陈明签订，且张巡已经按照约定将款项转入了陈明的账户。但是，陈明并未依约将张巡变更为公司股东，违反了投资协议约定的义务。所以，张巡有权要求陈明承担违约责任，请求返还出资以及相应的损害赔偿。

难点解析：本题的难点主要体现在解题陷阱的设置上。就本题的陷阱而言，主要有两处：**第一，张巡能否向公司主张权利可以拆分为两点**：其一，张巡是否具有股东资格，向公司主张股东权利；其二，张巡是否与公司之间存在合同关系，向公司主张合同约定的权利。考生若是审题不细或者考虑不周全，很容易忽视"张巡与公司之间是否存在合同关系"这一点。**第二，张巡将款项转入陈明的账户能否认定为向公司出资？**首先，陈明并非以公司的名义与张巡签订协议，所以该投资协议仅仅约束陈明与张巡二人，陈明行为的法律后果不应该由公司承担。其次，张巡的货币出资是转入了陈明的个人账户而非公司的账户。因此，张巡并未向公司出资，也没有与公司之间签订任何协议。综上所述，张巡不能向公司主张任何权利。

2. 在法院受理公司破产申请后，张巡是否可向管理人主张权利，主张何种权利？为什么？

答案：根据问题 1 的结论，张巡与公司之间不存在法律关系，故而在公司进入破产程序后，张巡也不得将其对陈明的债权，视为对公司的债权，向管理人进行破产债权的申报。

难度：中

考点：债权申报（债权申报的范围）

命题和解题思路：本题旨在考查法院受理公司破产申请后债权申报的问题。为了增加本题的难度，命题人在设计问题时“别有用心”地将本题的解答与第 1 题的答案相挂钩。因此，考生能否准确地解答出本题取决于其对第 1 题中张巡与公司之间法律关系的判断。若在第 1 题中考生误认为张巡与公司之间存在法律关系，张巡有权要求公司返还出资，则会在本题中一错再错，继续误认为张巡对公司享有债权，有权向管理人申报破产债权。如此一来，正好堕入命题人彀中矣！

《企业破产法》第 44 条规定：“人民法院受理破产申请时对债务人享有债权的债权人，依照本法规定的程序行使权利。”根据第 1 题的答案可知，张巡与公司之间不存在法律关系，张巡对公司不享有任何债权。所以，在公司进入破产程序后，张巡无权向管理人申报破产债权。

3. 李贝能否以自己并非真正股东为由，主张对潘龙的股权转让行为无效？为什么？

答案：依《最高人民法院关于适用〈中华人民共和国公司法〉若干问题的规定（三）》第 24 条第 3 款，李贝虽为名义股东，但在对公司的关系上为真正的股东，其对股权的处分应为有权处分；退一步说，即使就李贝的股东身份在学理上存在争议，但在《最高人民法院关于适用〈中华人民共和国公司法〉若干问题的规定（三）》第 25 条第 1 款股权善意取得的规定下，李贝的处分行为也已经成为有权处分行为，因此为了保护善意相对人，李贝也不得主张该处分行为无效。

难度： 中

考点： 名义股东与实际股东

命题和解题思路： 2014年《最高人民法院关于适用〈中华人民共和国公司法〉若干问题的规定（三）》修正对名义股东与实际股东之间的权利义务关系作出明确规定，正式以立法形式明确了名义股东擅自转让股权的法律后果。法律制度的修订，为本题的命制提供了契机。“新法必考”原则再次应验。这就要求考生备考时，对新增法律法规或者对原法律新修改的内容一定要另眼相看。

本题存在三种命题和解题思路：

第一种，根据名义股东、实际股东与公司三者之间的法律关系判断。 本题中李贝是名义股东，刘宝是实际出资人，虽然李贝以股东名义对公司主张权利，但是股权的收益归刘宝。但是，在与公司的关系中，李贝是公司的股东，刘宝不是公司的股东，李贝经过陈明同意，将股权转让给潘龙的行为属于有权处分，并且在公司登记中进行了相应的股权变更，所以潘龙依法定程序取得了公司股权，李贝无权主张对潘龙的股权转让行为无效。

第二种，基于实证法《最高人民法院关于适用〈中华人民共和国公司法〉若干问题的规定（三）》的规定，判断潘龙能否取得公司的股权。 针对名义股东擅自转让股权的行为性质，学术界存在一定争议，有观点认为名义股东不享有处分股权的权利，擅自处分行为构成无权处分。对此，《最高人民法院关于适用〈中华人民共和国公司法〉若干问题的规定（三）》第25条第1款规定：“名义股东将登记于其名下的股权转让、质押或者以其他方式处分，实际出资人以其对于股权享有实际权利为由，请求认定处分股权行为无效的，人民法院可以参照物权法第一百零六条的规定处理。”《物权法》第106条规定的是善意取得制度。本题中，潘龙为不知情的善意第三人，其基于对公司登记事项的信赖与李贝签署了股权转让协议，为受让股权向公司支付了价款，并且已经办理了股权变更登记，符合善意取得制度的构成要件，因此潘龙已经成为公司的股东，李贝自然物权在主张股权转让行为无效。

第三种，基于法律常识或者“朴素的公平正义观”判断李贝能否主张股权转让行为无效。 本题问题设置得很“奇葩”，名义股东擅自转让实际出资人的股权，一般情况下，主张股权转让行为无效的都是实际出资人刘宝，而非名义股东李贝，因为股权受让人取得股权可能侵害的是实际出资人利益。但是，本题设置的问题却是“名义股东李贝能否主张股权转让行为无效”。正是如此“奇葩”的问题才给考生依据法律常识判断留下了充足的空间。本题中，李贝只是名义股东，明明知道自己并非实际出资人，仍然将股权转让给作为善意第三人的潘龙，若法律允许李贝主张对潘龙的股权转让行为无效，不仅违反了诚实信用原则，而且不利于维护市场交易的安全，损害了善意第三人潘龙的利益。显然，李贝无权主张对潘龙的股权转让行为无效。

4. 刘宝可主张哪些法律救济？为什么？

答案：鉴于刘宝仅与李贝之间存在法律关系，即委托持股关系，因此刘宝也就只能根据该合同关系，向李贝主张违约责任，对公司不享有任何权利主张。

难度：中

考点：名义股东与实际股东

命题和解题思路：本题表面上设置的问题是“刘宝的权利救济渠道有哪些”，实际上命题人意在考查考生能否准确地判断刘宝与李贝、公司之间的权利义务关系，本题的**解题关键在判断刘宝的股权的归属**。因此，这正好又与考生对第三题的正确解答相挂钩，否则考生便是一错再错。此外，本题命题人在命题时思路开阔，所考知识点并不局限于《公司法》的相关规定，而且还与《物权法》的善意取得制度结合在一起综合考查。这是对民商法知识结合考查的有益尝试，应对此类考题要求考生在复习时要跨越部门法局限对相关知识点进行归纳总结。

本题正确的解答思路如下：首先，判断刘宝能否向公司主张相关权利；其次，再判断刘宝与李贝之间的权利义务关系。《物权法》第108条规定：“善意受让人取得动产后，该动产上的原有权利消灭，但善意受让人在受让时知道或者应当知道该权利的除外。”根据第3题答案可知，潘龙基于善意取得制度的规定已经受让李贝所转让的股权，成为公司的股东，且该股权上原有的负担消灭，刘宝不再是该股权的实际出资人，与公司之间不存在任何法律关系，自然也就对公司不享有任何权利。

但是，刘宝与李贝之间的委托持股关系仍然是有效存在的，李贝擅自转让刘宝的股权属于违约行为，由此给刘宝造成的损失，刘宝当然有权请求李贝承担违约责任，赔偿其损失。考生若是不理解名义股东与实际出资人和公司之间的关系，可能会误以为刘宝有权向公司主张权利。

5. 陈明能否以超过诉讼时效为由，拒绝50万元出资的缴付？为什么？

答案：股东的出资义务，不适用诉讼时效［《最高人民法院关于适用〈中华人民共和国公司法〉若干问题的规定（三）》第19条第1款］。因此，管理人在向陈明主张50万元出资义务的履行时，其不得以超过诉讼时效为由来予以抗辩［《破产法》第35条、《最高人民法院关于适用〈中华人民共和国企业破产法〉若干问题的规定（二）》第20条第1款］。

难度：易

考点：股东的义务（股东的一般义务）

命题和解题思路：本题旨在考查股东的出资义务是否受诉讼时效的影响。本题属于命题人对《最高人民法院关于适用〈中华人民共和国公司法〉若干问题的规定（三）》《企业破产法》以及《最高人民法院关于适用〈中华人民共和国企业破产法〉若干问题的规定（二）》相关规定的直接考查，难度一般，只要考生熟悉相关法条即可轻易地得出正确答案。

《最高人民法院关于适用〈中华人民共和国公司法〉若干问题的规定（三）》第19条第1款规定："公司股东未履行或者未全面履行出资义务或者抽逃出资，公司或者其他股东请求其向公司全面履行出资义务或者返还出资，被告股东以诉讼时效为由进行抗辩的，人民法院不予支持。"《企业破产法》第35条规定："人民法院受理破产申请后，债务人的出资人尚未完全履行出资义务的，管理人应当要求该出资人缴纳所认缴的出资，而不受出资期限的限制。"《最高人民法院关于适用〈中华人民共和国企业破产法〉若干问题的规定（二）》第20条第1款规定"管理人代表债务人提起诉讼，主张出资人向债务人依法缴付未履行的出资或者返还抽逃的出资本息，出资人以认缴出资尚未届至公司章程规定的缴纳期限或者违反出资义务已经超过诉讼时效为由抗辩的，人民法院不予支持。"由此可知，股东的出资义务不受诉讼时效的限制，人民法院受理破产申请后，只要债务人的出资人尚未完全履行出资，管理人即有权向相关出资人主张缴纳所认购的出资。

6. 就葛梅梅所领取的奖金，管理人应如何处理？为什么？

答案：根据《企业破产法》第36条，债务人的董事、监事、高级管理人员利用职权从企业获取的非正常收入，管理人负有追回义务；再根据《最高人民法院关于适用〈中华人民共和国企业破产法〉若干问题的规定（二）》第24条第1款，董事、监事、高级管理人员所获取的绩效奖金属于非正常收入的范围，故而管理人应向葛梅梅请求返还所获取的收入，且可以通过起诉的方式来予以追回。

难度：易

考点：撤销权与追回权（对企业管理层的特别追回权）

命题和解题思路：本题属于对《企业破产法》和《最高人民法院关于适用〈中华人民共和国企业破产法〉若干问题的规定（二）》相关规定的直接考查，难度一般，只要考生熟悉相关法条即可轻易地得出正确答案。但是，对于此类难度的题目，考生不仅仅需要理解并记忆相关的知识点，更重要的是认真研究司法部公布的参考答案，**学习标准答案的文字组织、解题切入点以及解题**

思路。

本题正确的解题思路如下：首先，判断葛梅梅所领取奖金的法律性质。《最高人民法院关于适用〈中华人民共和国企业破产法〉若干问题的规定（二）》第24条第1款规定："债务人有企业破产法第二条第一款规定的情形时，债务人的董事、监事和高级管理人员利用职权获取的以下收入，人民法院应当认定为企业破产法第三十六条规定的非正常收入：（一）绩效奖金；（二）普遍拖欠职工工资情况下获取的工资性收入；（三）其他非正常收入。"由此可知，葛梅梅所领取的奖金属于债务人的高级管理人员利用职权获取的非正常收入。其次，根据现有法律规定，明确管理人可以采取的处理方法。《企业破产法》第36条规定："债务人的董事、监事和高级管理人员利用职权从企业获取的非正常收入和侵占的企业财产，管理人应当追回。"由此可知，对于葛梅梅领取的奖金，管理人负有追回义务。所以，管理人应向葛梅梅请求返还所获取的收入，且可以通过起诉的方式来予以追回。

2013年

一、试题（本题18分）

案情：

2012年5月，兴平家装有限公司（以下简称"兴平公司"）与甲、乙、丙、丁四个自然人共同出资设立大昌建材加工有限公司（以下简称"大昌公司"）。在大昌公司筹建阶段，兴平公司董事长马玮被指定为设立负责人，全面负责设立事务，马玮又委托甲协助处理公司设立事务。

2012年5月25日，甲以设立中公司的名义与戊签订房屋租赁合同，以戊的房屋作为大昌公司将来的登记住所。

2012年6月5日，大昌公司登记成立，马玮为公司董事长，甲任公司总经理。公司注册资本1000万元，其中，兴平公司以一栋厂房出资；甲的出资是一套设备（未经评估验资，甲申报其价值为150万元）与现金100万元。

2013年2月，在马玮知情的情况下，甲伪造丙、丁的签名，将丙、丁的全部股权转让至乙的名下，并办理了登记变更手续。乙随后于2013年5月，在马玮、甲均无异议的情况下，将登记在其名下的全部股权作价300万元，转让给不知情的吴耕，也办理了登记变更等手续。

现查明：第一，兴平公司所出资的厂房，其所有权原属于马玮父亲；2011

年5月，马玮在其父去世后，以伪造遗嘱的方式取得所有权，并于同年8月，以该厂房投资设立兴平公司，马玮占股80%。而马父遗产的真正继承人，是马玮的弟弟马祎。第二，甲的100万元现金出资，系由其朋友满钺代垫，且在2012年6月10日，甲将该100万元自公司账户转到自己账户，随即按约还给满钺。第三，甲出资的设备，在2012年6月初，时值130万元；在2013年1月，时值80万元。

问题：

1. 甲以设立中公司的名义与戊签订的房屋租赁合同，其效力如何？为什么？

2. 在2013年1月，丙、丁能否主张甲设备出资的实际出资额仅为80万元，进而要求甲承担相应的补足出资责任？为什么？

3. 在甲不能补足其100万元现金出资时，满钺是否要承担相应的责任？为什么？

4. 马玮能否要求大昌公司返还厂房？为什么？

5. 乙能否取得丙、丁的股权？为什么？

6. 吴耕能否取得乙转让的全部股权？为什么？

二、答案精讲

1. 甲以设立中公司的名义与戊签订的房屋租赁合同，其效力如何？为什么？

答案： 有效，设立中的公司可以实施法律行为。

难度： 易

考点： 发起人（发起人责任与公司责任的区分）

命题和解题思路： 试题的指令句明确了本题的考点是以设立中公司的名义对外签订合同的效力，本题体现了当时司法考试“紧跟立法动态”的命题规律。该点是《最高人民法院关于适用〈中华人民共和国公司法〉若干问题的规定（三）》修订时的热点问题，看来司法考试命题人也会“紧跟潮流”。备考时重点关注每年的最新立法动态，不失为明智之举。《最高人民法院关于适用〈中华人民共和国公司法〉若干问题的规定（三）》第3条第1款规定：“发起人以设立中公司名义对外签订合同，公司成立后合同相对人请求公司承担合同责任的，人民法院应予支持。”由此可知，公司发起人可以设立中公司的名义对外签订合同，所签订的合同如无其他效力瑕疵，原则上合法有效。

2. 在2013年1月，丙、丁能否主张甲设备出资的实际出资额仅为80万元，进而要求甲承担相应的补足出资责任？为什么？

答案：不可以。确定甲是否已履行出资义务，应以设备交付并移转所有权至公司时为准，故应以2012年6月初的130万元，作为确定甲承担相应的补足出资责任的标准，对此可以参照《最高人民法院关于适用〈中华人民共和国公司法〉若干问题的规定（三）》第9条、第15条。

难度：中

考点：非货币财产出资

命题和解题思路：本题旨在考查《公司法》对非货币财产出资的法律规制。考生只要熟悉《公司法》和《最高人民法院关于适用〈中华人民共和国公司法〉若干问题的规定（三）》的相关内容即可轻松得分。本题考点单一，内容上无广度、无深度，考生将法条的规定直接适用到案例中即可得出正确的结论。具体而言，本题根据以下三个法条即可得出正确答案：第一条，《公司法》第30条规定："有限责任公司成立后，发现作为设立公司出资的非货币财产的实际价额显著低于公司章程所定价额的，应当由交付该出资的股东补足其差额；公司设立时的其他股东承担连带责任。"第二条，《最高人民法院关于适用〈中华人民共和国公司法〉若干问题的规定（三）》第9条规定："出资人以非货币财产出资，未依法评估作价，公司、其他股东或者公司债权人请求认定出资人未履行出资义务的，人民法院应当委托具有合法资格的评估机构对该财产评估作价。评估确定的价额显著低于公司章程所定价额的，人民法院应当认定出资人未依法全面履行出资义务。"第三条，《最高人民法院关于适用〈中华人民共和国公司法〉若干问题的规定（三）》第15条规定："出资人以符合法定条件的非货币财产出资后，因市场变化或者其他客观因素导致出资财产贬值，公司、其他股东或者公司债权人请求该出资人承担补足出资责任的，人民法院不予支持。但是，当事人另有约定的除外。"根据第一、二条法条可以得知，甲应当承担补充出资的责任；根据第三条法条可以得知，甲承担补充出资责任是以其出资该设备时的130万元为标准，而非以2013年1月时因市场变化或者其他客观因素导致该设备贬值为80万元为标准，所以甲仅仅应该承担补足20万元差额的补充责任。

3. 在甲不能补足其100万元现金出资时，满钱是否要承担相应的责任？为什么？

答案：满钱不承担法律责任，相应的补足责任由发起人承担。

难度：中

考点：抽逃出资

命题和解题思路：本题体现了“逢新必考”的命题规律，尤其是以司法解释的形式修改的法律规定几乎是命题人眼中的“香饽饽”。考生在解答本题时务必需要注意《公司法》法条的变迁：出于维护公司、公司债权人以及公司其他股东利益的立法考量，2011年《最高人民法院关于适用〈中华人民共和国公司法〉若干问题的规定（三）》第15条规定：“第三人代垫资金协助发起人设立公司，双方明确约定在公司验资后或者在公司成立后将该发起人的出资抽回以偿还该第三人，发起人依照前述约定抽回出资偿还第三人后又不能补足出资，相关权利人请求第三人连带承担发起人因抽回出资而产生的相应责任的，人民法院应予支持。”但是，为了降低公司设立门槛，减少对公司自治事项的干预，2013年《公司法》修订后，将实缴登记制改为认缴登记制，并相应地取消了注册资本的最低限制、分期认缴期限、首付出资比例以及出资财产形式的限制等规定。所以，2011年《最高人民法院关于适用〈中华人民共和国公司法〉若干问题的规定（三）》第15条规定已经被现行《最高人民法院关于适用〈中华人民共和国公司法〉若干问题的规定（三）》所取消。这一立法变迁说明，垫付出资的行为已经不是违法，所以，垫付出资人满钺无须承担相应的责任。

4. 马玮能否要求大昌公司返还厂房？为什么？

答案：可以。首先，因继承无效，马玮不能因继承而取得厂房的所有权，而将厂房投资设立兴平公司属于无权处分，因为马玮是兴平公司的董事长，其主观恶意视为其代表公司的恶意，因此不能使兴平公司取得厂房所有权；其次，兴平公司将该厂房再投资于大昌公司依然属于无权处分，由于马玮又是大昌公司的设立负责人与成立后的董事长，所以不能认定大昌公司受让该厂房时是善意的，同样不能使大昌公司取得所有权。因此，该厂房的所有权仍然归属于马玮，可以向大昌公司返还厂房。

难度：难

考点：有限责任公司的设立条件（出资方式、非货币财产的出资）

命题和解题思路：本题旨在考查非货币财产出资的法律后果。命题人的命题思维不仅仅局限于《公司法》的相关规定，而且还综合考查了《物权法》中不动产物权变动以及善意取得制度。此外，在设计案例时，为了迷惑考生、增加本题难度，命题人故意设计了“该厂房作为出资财产经历了连续两次的物权变动”的情节。因此，判断马祎能否要求大昌公司返还厂房的关键在于判断该厂房的所有权归属。由题目可知，兴平公司所出资的厂房，其所有权原属于马玮父亲。马父去世后该厂房作为遗产由马祎继承成为厂房的所有权人。马玮伪造遗嘱将该厂房投资设立兴平公司，后来兴平公司又将其投资设立大昌公司。所以，判断该厂房所有权的归属必须判断上述两次投资行为能否使兴平公司与大昌公司依次取得所有权。《最高人民法院关于适用〈中华人民共和国公司法〉若干问题的规定(三)》第7条第1款规定：**“出资人以不享有处分权的财产出资，当事人之间对于出资行为效力产生争议的，人民法院可以参照物权法第一百零六条的规定予以认定。”**由此可知，**出资人以不享有处分权的财产出资，原则上，原所有权人有权取回。但是，符合善意取得条件的，拟设立的公司（受让人）可以取得该物的所有权。**因此，本题的解题关键在于判断兴平公司与大昌公司在受让该厂房时是否为善意。首先，马玮伪造遗嘱将该厂房投资设立兴平公司，而马玮又是兴平公司的董事长，其行为后果由兴平公司直接承担。马玮明知自己无权处分该厂房仍然将其投资设立兴平公司，所以马玮的恶意即为兴平公司的恶意，兴平公司无权适用善意取得制度取得该厂房的所有权；其次，不享有该厂房所有权的兴平公司又将该厂房用于投资设立大昌公司同样属于以不享有所有权的财产出资。此时，马玮不仅是大昌公司的设立负责人，又是成立后的大昌公司的董事长，所以马玮的恶意同样是大昌公司的恶意，大昌公司同样无权适用善意取得制度取得该厂房的所有权。因此，该厂房的所有权仍然属于马祎，马祎有权要求大昌公司返还厂房。至于上述两公司的权利如何维护，法律赋予相关权利人以请求马玮补足出资并承担相应的赔偿责任。

难点解析：本题所考查的知识点（出资人以不享有处分权的财产出资）难度并不大，但是将上述知识点与题目中给出的关键信息（“马玮伪造遗嘱”“兴平公司董事长马玮”以及“马玮为大昌公司的设立负责人与董事长”等）结合起来得出正确答案却并非易事。

首先，“出资人以不享有处分权的财产出资”所涉及的知识点如下：

原则	原所有权人有权要求返还
例外	符合善意取得条件，拟设立的公司可以取得该物的所有权： （1）公司受让该不动产或者动产时为善意； （2）公司以合理价格受让； （3）转让的不动产或者动产依照法律规定应当登记的已经登记，不需要登记的已经完成交付；（可现实交付、简易交付、指示交付等）
补充	占有脱离物（例如盗赃物、遗失物、漂流物、埋藏物等）不适用善意取得； 公司善意取得后，原所有权人有权向该出资人（即无权处分人）请求赔偿损失； 公司返还财产后，该出资人有义务补足出资并承担相应的赔偿责任

其次，若想把上述知识点准确地适用到本题中，考生还需要掌握一点：

一般而言，公司的法定代表人由董事长担任，法定代表人的行为的法律后果直接由其所代表的公司承担。只有掌握了这一点，考生可以准确地判断出上述两公司受让该厂房时是否为善意。

5. 乙能否取得丙、丁的股权？为什么？

答案：不能。乙与丙、丁间根本就不存在股权转让行为，丙、丁的签字系由甲伪造，且乙在主观上不可能是善意，故不存在善意取得的构成。

难度：易

考点：股权转让

命题和解题思路：本题旨在考查善意取得制度在股权转让中的适用，所以考生直接判断本案情形是否满足善意取得制度的构成要件即可得出正确结论。因此，本题的解题关键在于乙能否依据善意取得制度取得该股权。具体而言，相关步骤分为三步：第一步，判断甲擅自转让丙、丁股权的行为的性质，即无权处分，乙与丙、丁之间不存在实际的股权转让行为；第二步，判断股权受让人乙主观上是否为善意。显然，乙对甲的无权处分行为不可能不知情，所以乙在主观上不可能是善意；第三步，**根据股权善意取得的构成要件（无权处分+以合理价格受让+受让人在受让股权时为善意+完成股权变更登记手续）**，得出乙不能够取得丙、丁股权的结论。

6. 吴耕能否取得乙转让的全部股权？为什么？

答案：可以。乙自己原持有的股权，为合法有效，故可以有效地转让给吴耕。至于乙所受让的丙、丁的股权，虽然无效，但乙已登记于公司登记之中，且吴耕为善意，并已登入公司登记中，因此参照《最高人民法院关于适用〈中华人民共和国公司法〉若干问题的规定（三）》第26条、第28条的原理，吴耕可以主张股权的善意取得。

难度：难

考点：股权的善意取得

命题和解题思路：本题旨在考查股权的善意取得制度。本题命题人设计的问题是“吴耕能否取得乙转让的全部股权”，该问题的重点不在于“能否取得”而在于“全部股权”，这绝大部分考生都极易忽略的问题。因为乙转让的全部股权不仅包含自己原先持有的股权，而且还包含乙所受让的丙、丁的股权。此外，本题的解答又与第5题的答案休戚相关，考生若无法准确地判断乙能否取得丙丁的股权，相应地也就无法对本题做出正确的解答，这正是命题人“用心险恶”之处。

本题的解题思路分两步走：第一步，明确乙转让给吴耕的全部股权包括两部分，一部分为乙原先自己持有的股权，另一部分是乙受让的丙、丁的股权。第二步，根据相关的司法解释，分别判断两部分股权转让行为的效力。《最高人民法院关于适用〈中华人民共和国公司法〉若干问题的规定（三）》第25条规定：“名义股东将登记于其名下的股权转让、质押或者以其他方式处分，实际出资人以其对于股权享有实际权利为由，请求认定处分股权行为无效的，人民法院可以参照物权法第一百零六条的规定处理。名义股东处分股权造成实际出资人损失，实际出资人请求名义股东承担赔偿责任的，人民法院应予支持。”第27条第1款规定：“股权转让后尚未向公司登记机关办理变更登记，原股东将仍登记于其名下的股权转让、质押或者以其他方式处分，受让股东以其对于股权享有实际权利为由，请求认定处分股权行为无效的，人民法院可以参照物权法第一百零六条的规定处理。”由此可知，针对行为人无权处分的他人股权，第三人在符合善意取得制度的构成要件时可以依法取得该股权。

因此，基于上述分析和法条规定，本题的答案分析如下：其一，对于乙自己原有的股权而言，乙转让该部分股权经过了马玮与甲的同意，有权转让，并且已经办理了股权变更的手续，吴耕当然有权取得该部分股权；其二，对于乙受让的丙、丁的股权而言，虽然乙不能取得该部分股权，其转让行为构成无权处分，但是由于该部分股权登记在乙的名下，吴耕作为不知情的善意第三人，以合理的价格受让，并且完成了相关的股权变更手续，所以吴耕可以根据善意取得制度取得该部分股权。因此，吴耕可以取得乙转让的全部股权。

难点解析：本题的难点主要体现在两处：第一，本题的设置的问题是“吴耕能否取得乙转让的全部股权”，关键词是“全部股权”，而非仅仅是乙原先持有的股权或者乙受让的丙丁的股权。对于这一点，考生往往很容易忽略。第二，乙转让自己的股权是否有效，这就涉及乙对外转让股权是否经过其他股东的过半数同意。此时，有的考生可能会心存疑问——其他股东是否包括丙和丁？如果包括，乙对外转让股权仅仅获得马玮和甲的同意，并未达到其他股东过半数同意，这是否会影响到其股权转让行为的效力？考生之所以会有此疑问，是因为忽略了股东身份的确认，对外以工商登记为准。对于吴耕而言，其受让股权时公司在工商登记处的股东仅仅只有马玮、甲以及乙三人。而马玮、甲对其转让股权均无异议，所以，吴耕根据该工商登记有理由相信乙对外转让股权已经获得了其他股东过半数同意。因此，对于不知情的善意第三人吴耕而言，其受让乙自己原有的股权应该得到法律的认可与保护。

2012 年

一、试题（本题 18 分）

案情：

2009 年 1 月，甲、乙、丙、丁、戊共同投资设立鑫荣新材料有限公司（以下简称鑫荣公司），从事保温隔热高新建材的研发与生产。该公司注册资本 2000 万元，各股东认缴的出资比例分别为 44%、32%、13%、6%、5%。其中，丙将其对大都房地产开发有限公司所持股权折价成 260 万元作为出资方式，经验资后办理了股权转让手续。甲任鑫荣公司董事长与法定代表人，乙任公司总经理。

鑫荣公司成立后业绩不佳，股东之间的分歧日益加剧。当年 12 月 18 日，该公司召开股东会，在乙的策动下，乙、丙、丁、戊一致同意，限制甲对外签约合同金额在 100 万元以下，如超出 100 万元，甲须事先取得股东会同意。甲拒绝在决议上签字。此后公司再也没有召开股东会。

2010 年 12 月，甲认为产品研发要想取得实质进展，必须引进隆泰公司的一项新技术。甲未与其他股东商量，即以鑫荣公司法定代表人的身份，与隆泰公司签订了金额为 200 万元的技术转让合同。

2011 年 5 月，乙为资助其女赴美留学，向朋友张三借款 50 万元，以其对鑫荣公司的股权作为担保，并办理了股权质权登记手续。

2011 年 9 月，大都房地产公司资金链断裂，难以继续支撑，不得不向法院提出破产申请。经审查，该公司尚有资产 3000 万元，但负债已高达 3 亿元，各股东包括丙的股权价值几乎为零。

2012 年 1 月，鉴于鑫荣公司经营状况不佳及大股东与管理层间的矛盾，小股东丁与戊欲退出公司，以避免更大损失。

问题：

1. 2009 年 12 月 18 日股东大会决议的效力如何？为什么？
2. 甲以鑫荣公司名义与隆泰公司签订的技术转让合同效力如何？为什么？
3. 乙为张三设定的股权质押效力如何？为什么？
4. 大都房地产公司陷入破产，丙是否仍然对鑫荣公司享有股权？为什么？
5. 丁与戊可以通过何种途径保护自己的权益？

二、答案精讲

1. 2009年12月18日股东会决议的效力如何？为什么？

答案：有效。股东会有权对法定代表人的职权作出限制，且表决权过半数的股东已在决议上签字。

难度：中

考点：股东会决议效力

命题和解题思路：本题考查公司权力机关对法定代表人代表权限制的法律效力。考生一般知道公司有权通过章程限制法定代表人的代表权，但**股东会决议是否有权限制不易判断**。根据**企业自治原则**，公司章程和股东会决议均可对其作出限制。

2. 甲以鑫荣公司名义与隆泰公司签订的技术转让合同效力如何？为什么？

答案：有效。为保护交易安全，法定代表人的内部权力限制并不影响外部合同效力。

难度：易

考点：表见代表

命题和解题思路：本题考查法定代表人的内部权力限制是否影响外部合同效力。《合同法》第50条规定，法人或者其他组织的法定代表人、负责人超越权限订立的合同，除相对人知道或者应当知道其超越权限的以外，该代表行为有效。《民法总则》第61条第3款规定，法人章程或者法人权力机构对法定代表人代表权的限制，不得对抗善意相对人。这两个条文也从反面认可法定代表人的代表权可以被限制，只不过仅有内部效力，不能约束善意相对人。

3. 乙为张三设定的股权质押效力如何？为什么？

答案：有效，张三取得股权质权。因为已办理股权质权登记手续。

难度：易

考点：股权质权的设立

命题和解题思路：本题考查股权质权设立的要件。《物权法》第226条规定，以普通股权出质的，质权自工商行政管理部门办理出质登记时设立。命题人有意考查担保权设立的登记要件主义和登记对抗主义两种模式，但本题其实并不难，因为无论采用哪种模式，办理登记对债权人而言是最保险的方案。

4. 大都房地产公司陷入破产，丙是否仍然对鑫荣公司享有股权？为什么？

答案：享有。因为丙已经办理了股权转让手续，且丙以其对大都房地产公司的股权出资时，大都房地产公司并未陷入破产，也不存在虚假出资。

难度：中

考点：出资方式

命题和解题思路：本题考查股权出资的要件以及瑕疵出资的认定。**股权是一种收益不确定的权利**，大都房地产公司事后破产是正常的商业风险。**股权出资的本质是股权转让**，该风险应当由鑫荣公司承担，而不能追索到原股东。根据《公司法》第30条规定，有限责任公司成立后，发现作为设立公司出资的非货币财产的实际价额显著低于公司章程所定价额的，应当由交付该出资的股东补足其差额；公司设立时的其他股东承担连带责任。但补足差额也仅限于公司刚成立时存在差额，而本案鑫荣公司破产是在公司成立两年多之后，故丙不受影响。

5. 丁与戊可以通过何种途径保护自己的权益？

答案：丁、戊可以向其他股东或第三人转让股权退出公司，或联合提起诉讼，请求法院强制解散公司以保护自己的权益。

难度：中

考点：公司的司法解散、股权转让

命题和解题思路：本题考查有限责任公司小股东的退出途径，根据命题人给出的“此后公司再也没有召开股东会”“大股东与管理层间的矛盾”以及相关时间信息，考生不难想到公司的司法解散，但可能会遗漏通过转让股权退出公司这一常规途径。尽管后者也是一种退出途径，但在公司出现僵局的情况下仅具有理论意义，最有效的退出途径还是司法解散。

2011年

一、试题（本题26分）

扫一扫 看微课视频

材料：

2007年以来，金融危机给全球经济造成了深刻影响，面对法院执行中被执行人履行能力下降、信用降低、执行和解难度增大等新情况、新问题，最高法院在《关于应对国际金融危机做好当前执行工作的若干意见》中指出："在金融危机冲击下，为企业和市场提供司法服务，积极应对宏观经济环境变化引发的新情况、新问题，为保增长、保民生、保稳定'三保'方针的贯彻落实提供司法保障，是当前和今后一段时期人民法院工作的重中之重。"

例一：2007 年 8 月，同升市法院判决张某偿还同升市外经贸有限公司（以下简称"外贸公司"）2 亿元人民币。近 1 年时间，张某未按时履行义务，且下落不明。外贸公司遂向同升市法院申请执行。

同升市法院执行法官李某调查发现，被执行人张某除一些变现难度大且价值不高的财产外，尚持有上市股票 ZX 科技 3000 万股，遂进行了查封。当时股票的市值每股仅 3 元多，如抛售可得 9000 余万元。李法官综合分析市场大势，认为 ZX 科技不仅近期会有送股，而且还有上涨可能，主张股票升值后择机出售。李法官的这一想法得到了同升市法院及其上级法院的一致支持，也取得了外贸公司的同意。

此后 1 年多时间，ZX 科技先后 2 次送股，被查封的股票数量达到了 4000 多万股，股值上涨到 7 元多。李法官请示法院领导后，速与证券公司营业部交涉以当时市场价格强制卖出股票，所得钱款足以支付被执行人张某所欠本金及利息。

例二：2007 年 6 月，中都市法院陆续受理了湘妃科技发展有限公司（以下简称"湘妃公司"）等单位申请执行太平洋娱乐有限公司（以下简称"太平洋公司"）10 余起欠款纠纷案，标的约 2000 万元。执行法官张某查明，太平洋公司主业是水族馆，因经营不善已歇业，除剩有 4 年期的水族馆经营使用权外，已无其他可供执行的财产。

张法官经过对水族馆项目前景谨慎评估后，经请示法院领导，决定在经营使用权上想办法，敦促被执行人寻找新的投资合作人，盘活资产。张法官主动找到最大债权人湘妃公司，经细致工作，使其接受水族馆资产及其经营使用权，以抵偿该公司的 1500 余万元债权。同时，湘妃公司另行支付部分款项给法院，由法院分配给其他债权人。经张法官努力，还为太平洋公司找到一家私营企业注入资金，使太平洋公司重新焕发了生机。

此外，一些地方法院在执行中还采取了"债权入股"或"债转股"等灵活执行措施，社会上形象地将此表述为"放水养鱼让鱼活"。但对于执行法官涉入股市、推动企业运作等做法，网上时有质疑，法院内部也不无疑虑。

问题：

1. 从正确把握案件执行的法律效果与社会效果有效统一的角度，评价法院（法官）在案件执行中的上述做法。

2. 结合法理学和民法、商法、民事诉讼法的相关原则，对案件执行中的上述做法进行分析。

答题要求：

1. 运用法理学及部门法知识作答；

2. 观点明确，逻辑严谨，说理充分，层次清晰，文字通畅；

3. 无观点或论述，照搬材料原文的不得分；

4. 请按提问顺序分别作答，总字数不少于500字。

二、答案精讲

1. 从正确把握案件执行的法律效果与社会效果有效统一的角度，评价法院（法官）在案件执行中的上述做法。

答案要点：民事司法需要处理好三个关系：

一是要处理好公平与效率的关系：民法追求微观的公平（分蛋糕），商法追求宏观的效率（做蛋糕），前者关注个体利益，后者关注整体利益，例二中张法官为太平洋公司找到一家私营企业注入资金，使太平洋公司重新焕发了生机类似于商法的破产重整，在蛋糕做大的基础上分蛋糕是更高的公平。

二是要处理好被动司法与能动司法的关系：民事司法的基本特征是被动性，即不告不理，但并不意味着民事司法的所有环节均保持消极被动。例如，民事执行工作就不同于传统的民事裁判，完全可以为了追求更多当事人利益能动司法，实现更好的社会效果。

三是要处理好司法强制与当事人自治的关系：执行工作的基本特征是强制性，对相关当事人利益具有重要影响，因此执行工作中的创新做法应当尊重当事人意愿，材料中两位执行法官在采取可能影响当事人利益的创新措施时均得到了当事人的事前同意，没有强行拉郎配。

综上所述，材料中两位执行法官的做法值得提倡。

难度：难

考点：法的多元价值目标的冲突和协调

命题和解题思路：命题人以国际金融危机为背景命制本题，意在考查法的多元价值目标的冲突和协调。民事案件执行并非机械地、僵化地适用法律，而是要兼顾实现公平正义和服务工作大局等价值目标。对于执行法官涉入股市、推动企业运作等尚有一定争议的创新做法，答题时应以肯定为主，同时注意把握尺度。

2. 结合法理学和民法、商法、民事诉讼法的相关原则，对案件执行中的上述做法进行分析。

略

2010年

一、试题（本题22分）。

案情：

2007年2月，甲、乙、丙、丁、戊五人共同出资设立北陵贸易有限责任公司（以下简称“北陵公司”）。公司章程规定：公司注册资本500万元；持股比例各20%；甲、乙各以100万元现金出资，丙以私有房屋出资，丁以专利权出资，戊以设备出资，各折价100万元；甲任董事长兼总经理，负责公司经营管理；公司前五年若有利润，甲得28%，其他四位股东各得18%，从第六年开始平均分配利润。

至2010年9月，丙的房屋仍未过户登记到公司名下，但事实上一直由公司占有和使用。

公司成立后一个月，丁提出急需资金，向公司借款100万元，公司为此召开临时股东会议，作出决议如下：同意借给丁100万元，借期六个月，每月利息1万元。丁向公司出具了借条。虽至今丁一直未归还借款，但每月均付给公司利息1万元。

千山公司总经理王五系甲好友，千山公司向建设银行借款1000万元，借期一年，王五请求北陵公司提供担保。甲说：“公司章程规定我只有300万元的担保决定权，超过了要上股东会才行。”王五说：“你放心，我保证一年到期就归还银行，到时候与你公司无关，只是按银行要求做个手续。”甲碍于情面，自己决定以公司名义给千山公司的贷款银行出具了一份担保函。

戊不幸于2008年5月地震中遇难，其13岁的儿子幸存下来。

北陵公司欲向农业银行借款200万元，以设备作为担保，银行同意，双方签订了借款合同和抵押合同，但未办理抵押登记。

2010 年 5 月，乙提出欲将其股份全部转让给甲，甲愿意受让。

2010 年 7 月，当地发生洪水灾害，此时北陵公司的净资产为 120 万元，但尚欠万水公司债务 150 万元一直未还。北陵公司决定向当地的一家慈善机构捐款 100 万元，与其签订了捐赠合同，但尚未交付。

问题：

1. 北陵公司章程规定的关于公司前五年利润分配的内容是否有效？为什么？

2. 丙作为出资的房屋未过户到公司名下，对公司的设立产生怎样的后果？在房屋已经由公司占有和使用的情况下，丙是否需要承担违约责任？

3. 丁向公司借款 100 万元的行为是否构成抽逃注册资金？为什么？

4. 北陵公司于 2010 年 8 月请求丁归还借款，其请求权是否已经超过诉讼时效？为什么？

5. 北陵公司是否有权请求法院确认其向建设银行出具的担保函无效？为什么？

6. 戊 13 岁的儿子能否继承戊的股东资格而成为公司的股东？为什么？

7. 如北陵公司不能偿还农业银行的 200 万元借款，银行能否行使抵押权？为什么？

8. 乙向甲转让股份时，其他股东是否享有优先受让权？为什么？

9. 北陵公司与当地慈善机构的捐赠合同是否有效？为什么？万水公司可否请求法院撤销北陵公司的上述行为？为什么？

二、答案精讲

1. 北陵公司章程规定的关于公司前五年利润分配的内容是否有效？为什么？

答案：有效。《公司法》第 35 条允许有限公司**全体股东**约定不按出资比例分红。有限责任**公司设立时**要求**股东共同制定**公司章程，北陵公司**初始章程**规定公司前五年利润分配的内容是全体股东的约定，因此有效。

难度：中

考点：股东的权利/公司章程

命题和解题思路：本题考查公司章程对利润分配自主安排的效力，得出正确结论并不难，但在说明理由时容易**把全体股东约定与公司章程当然地画等号**。《公司法》第 35 条规定，股东按照实缴的出资比例分取红利；公司新增资本时，股东有权优先按照实缴的出资比例认缴出资。但是，全体股东约定不按照出资比例分取红利或者不按照出资比例优先认缴出资的除外。可见，公司法允许有限公司的全体股东对分红另作约定。《公司法》第23条规定，有限责任公司设立时要有股东共同制定的公司章程。本案前五年利润分配方案早在北陵公司设立时就规定在初始章程中，故有效。但如果是**事后修改公司章程增加该规定则不一定有效**，因为不一定是全体股东一致同意。

2. 丙作为出资的房屋未过户到公司名下，对公司的设立产生怎样的后果？在房屋已经由公司占有和使用的情况下，丙是否需要承担违约责任？

答案： 不影响公司的有效设立。丙应当承担违约责任。

难度： 中

考点： 出资程序/瑕疵出资的法律责任

命题和解题思路： 本题考查有限责任公司认缴资本制与出资程序以及瑕疵出资责任的关系。《公司法》第26条规定，有限责任公司的注册资本为在公司登记机关登记的全体股东认缴的出资额。《公司法》第28条规定，股东应当按期足额缴纳公司章程中规定的各自所认缴的出资额。股东以货币出资的，应当将货币出资足额存入有限责任公司在银行开设的账户；以非货币财产出资的，应当依法办理其财产权的转移手续。股东不按照前款规定缴纳出资的，除应当向公司足额缴纳外，还应当向已按期足额缴纳出资的股东承担违约责任。可见，出资不到位并不影响公司的成立，只是股东应当向公司足额缴纳出资，并向已按期足额缴纳出资的股东承担违约责任。

3. 丁向公司借款100万元的行为是否构成抽逃注册资金？为什么？

答案： 不构成。因为经过股东会决议，签订了借款合同，形成丁对公司的债务。

难度： 易

考点： 抽逃出资的认定

命题和解题思路： 本题考查抽逃出资的表现形式及本质特征，抽逃出资具有隐蔽性、欺诈性和违法性，存在多种表现形式，而本案丁向公司借款100万元已经过股东会决议，签订了借款合同，形成了丁对公司的合法债务，并不存在隐蔽性、欺诈性和违法性，不构成抽逃注册资金。

4. 北陵公司于2010年8月请求丁归还借款，其请求权是否已经超过诉讼时效？为什么？

答案： 未超过。因为丁作为债务人每月均付给公司利息1万元，即一直在履行债务，诉讼时效中断。

难度： 中

考点： 诉讼时效中断

命题和解题思路： 本题考查诉讼时效的中断，只要认真审题不难做出正确答案。《民法通则》第140条规定，诉讼时效因提起诉讼、当事人一方提出要求或者同意履行义务而中断。从中断时起，诉讼时效期间重新计算。本题中，丁虽一直未归还借款，但每月均付给公司利息1万元的行为表明其认同借款合同的存在，其主观上愿意承担还款义务，即同意履行，故诉讼时效中断。

5. 北陵公司是否有权请求法院确认其向建设银行出具的担保函无效？为什么？

答案： 无权。公司法定代表人越权行为原则上有效，但以相对人善意为限。本案中北陵**公司法定代表人虽已明确告知债务人自己超越章程权限，但相对人债权人建设银行对此并不知情**，故北陵公司无权请求法院确认其向建设银行出具的担保函无效。

难度： 难

考点： 表见代表

命题和解题思路： 本题考查公司法定代表人超越章程权限对外提供担保的效力，为增加难度，命题人有意混淆债务人知情和债权人知情，但其用意很明显，就是考查超越章程权限订立合同的效力，这种命题思维比较单纯：**既然章程是有限责任公司内部文件不能约束善意相对人，故不能认定保函无效**。但是近几年司法实践中该问题争议很大，不少学者和法官认为，**《公司法》第16条对公司法定代表人的担保权作了法定限制，故超出章程授权的700万元表面上属于违章，本质是属于违法，可推定债权人知情**，根据《合同法》第50条或者《最高人民法院关于适用〈中华人民共和国担保法〉若干问题的解释》第11条的规定，可请求法院认定该部分担保无效。

6. 戊13岁的儿子能否继承戊的股东资格而成为公司的股东？为什么？

答案： 能够。因为公司法并未要求股东为完全行为能力人，且公司章程并未排除自然人股东继承股东资格。

难度： 易

考点： 股东资格的取得

命题和解题思路： 本题考查有限责任公司自然人股东资格的继承取得、成为股东的能力条件以及公司法的默认性规范。《公司法》第76条规定，自然人股东死亡后，其合法继承人可以继承股东资格；但是，公司章程另有规定的除外。可见，《公司法》并未对股东资格的继承人作特殊限制性规定，公司法也并未要求股东必须是完全行为能力人，故戊13岁的儿子可以继承戊的股东资格而成为公司的股东。

7. 如北陵公司不能偿还农业银行的200万元借款，银行能否行使抵押权？为什么？

答案：能够。北陵公司以设备作为抵押，抵押权自抵押合同生效时设立；未经登记，只是不得对抗善意第三人，不影响抵押权的行使，银行可以行使抵押权。

难度：易

考点：动产抵押的设立

命题和解题思路：本题考查动产抵押成立要件和对抗要件的区分。《物权法》第189条规定，企业、个体工商户、农业生产经营者以本法第181条规定的动产抵押的，应当向抵押人住所地的工商行政管理部门办理登记。抵押权自抵押合同生效时设立；未经登记，不得对抗善意第三人。本案并未出现善意第三人，故银行可以行使抵押权。

8. 乙向甲转让股权时，其他股东是否享有优先受让权？为什么？

答案：不享有。因为不是对外转让，不会破坏公司的人合性。

难度：易

考点：有限责任公司的股权转让

命题和解题思路：本题考查有限责任公司股权对内转让和对外转让的区别，判断的原则是有限责任公司的人合性。《公司法》第72条规定，有限责任公司的股东之间可以相互转让其全部或者部分股权。对外转让时其他股东才享有优先受让权，以免破坏原股东之间的人身信赖。

9. 北陵公司与当地慈善机构的捐赠合同是否有效？为什么？万水公司可否请求法院撤销北陵公司的上述行为？为什么？

答案：有效。因为赠与合同是诺成合同，双方当事人意思表示一致时即可成立。由于受赠人是慈善机构，赠与人在交付赠与财产之前无权撤销赠与。但万水公司可以请求法院撤销北陵公司的捐赠行为，因其无偿转让财产导致不能清偿万水公司的债务，损害了万水公司的利益，符合合同法关于债的保全撤销权的条件。

难度：中

考点：赠与合同的撤销权；债权人撤销权

命题和解题思路：命题人在同一题中考查赠与人撤销权和债权人撤销权，有一定的迷惑性，但只要掌握**两方关系和三方关系的利益平衡原则**即可得出正确答案。《合同法》第186条规定，赠与人在赠与财产的权利转移之前可以撤销赠与。具有救灾、扶贫等社会公益、道德义务性质的赠与合同或者经过公证的赠与合同，不适用前款规定。《合同法》第 74 条规定，因债务人放弃其到期债权或者无偿转让财产，对债权人造成损害的，债权人可以请求人民法院撤销债务人的行为。故本案中，赠与人不交付赠与的财产的，受赠人可以要求交付，**赠与人的利益让位于社会公益**。但如果赠与行为损害了外部债权人的利益，则债权人可请求法院撤销赠与，此时**社会公益让位于债权人私益**。本案中，北陵公司尚欠万水公司债务且无力归还的情况下决定向慈善机构捐款，损害了万水公司的利益，符合不履行债务而无偿转让财产的情况，故万水公司可以请求法院撤销北陵公司的捐赠行为。

第四部分　命题人模拟金题

论述题一

一、试题

案情：

扫一扫　看微课视频

凤凰实业有限公司（以下简称“凤凰公司”）成立于2010年1月，林某与戴某系该公司股东，各占50%的股份，戴某任公司法定代表人及执行董事，林某任公司总经理兼公司监事。公司章程明确规定：股东向公司股东以外的人转让股权须经全体股东一致同意；股东会的决议须经代表二分之一以上表决权的股东通过（“二分之一以上”不包括本数），但对公司增加或减少注册资本、合并、解散、变更公司形式、修改公司章程作出决议时，必须经代表三分之二以上表决权的股东通过。股东会会议由股东按照出资比例行使表决权。

2014年起，林某与戴某两人之间的矛盾逐渐显现。同年5月9日，林某提议并通知召开股东会，由于戴某认为林某没有召集会议的权利，会议未能召开。同年6月6日、8月8日、9月16日、10月10日、10月17日，林某委托律师向凤凰公司和戴某发函称，因股东权益受到严重侵害，林某作为享有公司股东会二分之一表决权的股东，已按公司章程规定的程序表决并通过了解散凤凰公司的决议，要求戴某提供凤凰公司的财务账册等资料，并对凤凰公司进行清算。同年6月17日、9月7日、10月13日，戴某回函称，林某作出的股东会决议没有合法依据，戴某不同意解散公司，并要求林某交出公司财务资料。同年11月15日、25日，林某再次向凤凰公司和戴某发函，要求凤凰公司和戴某提供公司财务账册等供其查阅、分配公司收入、解散公司，但并未收到回复。

从2014年至2018年，凤凰公司未召开过股东会。公司所在地的服装城管委会调解委员会于2017年12月15日、16日两次组织双方进行调解，但均未成功。无奈之下，林某以凤凰公司陷入僵局为由向法院起诉要求解散公司。

庭审中，凤凰公司及戴某辩称：凤凰公司及其下属分公司运营状态良好，不符合公司解散的条件，戴某与林某的矛盾有其他解决途径，不应通过司法程序强制解散公司。在审判过程中，法院进行调解但并未取得进展。

问题：

1. 凤凰公司的治理结构是否存在不规范的地方？为什么？
2. 凤凰公司章程中关于股权转让的限制是否有效？为什么？
3. 本案中法院是否应当支持林某解散凤凰公司的诉讼请求，为什么？
4. 如法院作出解散判决，但戴某拒不配合清算，且丢失了公司财务资料，无法进行清算，损害了公司债权人的利益，公司债权人如何保护自己的权益？为什么？
5. 请结合本案，谈谈公司司法解散制度的意义（要求观点明确，逻辑清晰、说理充分、文字通畅；总字数不得少于500字）。

[**案例来源：**最高人民法院指导案例8号：林方清诉常熟市凯莱实业有限公司、戴小明公司解散纠纷案，江苏省高级人民法院（2010）苏商终字第0043号]

二、答案精讲

1. 凤凰公司的治理结构是否存在不规范的地方？为什么？

答案：存在。根据公司法的规定，凤凰公司股东人数仅有两人，股东人数较少的有限责任公司可以不设监事会，但是高级管理人员不得兼任监事，林某任公司总经理不能兼任公司监事。

难度：中

考点：有限责任公司的组织机构

命题和解题思路：本题考查有限责任公司的组织机构，需要考生掌握有限责任公司组织机构中的基本内容，解答本题时结合《公司法》第51条关于监事会的设立与组成的规定，注意监事在公司治理结构中的作用，理解监事兼任的禁止性规定。

答案解析：

《公司法》第51条规定："股东人数较少或者规模较小的有限责任公司，可以设一至二名监事，不设监事会。……董事、高级管理人员不得兼任监事。"因此本题中凤凰公司不设监事会是可以的，但是总经理林某不能兼任监事。

2. 凤凰公司章程中关于股权转让的限制是否有效？为什么？

答案：有效。根据公司法关于有限责任公司股权转让的规定，有限责任公司章程可以对股权转让作出特别规定，股东对外转让股权须经全体股东一致同意的约定在维护公司人合性的同时尊重股东的股权转让权。

难度：中

考点：有限责任公司的股权转让

命题和解题思路：此题考查了有限责任公司的股权转让问题。《公司法》第71条明确规定了有限责任公司的股权转让，在本题中不仅要掌握有限责任公司股权对内转让以及对外转让的规则，更是要特别注意公司章程对股权转让的特殊规定。

答案解析：

《公司法》第71条规定："有限责任公司的股东之间可以相互转让其全部或者部分股权。股东向股东以外的人转让股权，应当经其他股东过半数同意。……公司章程对股权转让另有规定的，从其规定。"该条最后一款允许公司章程对股权转让另作规定，凤凰公司章程中关于股东向公司股东以外的人转让股权须经全体股东一致同意的约定系全体股东的真实意思表示，没有从根本上剥夺或损害股东的基本权益，且有利于维护有限公司的人合性，因此该项限制性约定有效。

3. 本案中法院是否应当支持林某解散凤凰公司的诉讼请求，为什么？

答案：应当支持。首先按照《公司法》以及《最高人民法院关于适用〈中华人民共和国公司法〉若干问题的规定（二）》的规定，本题中凤凰公司的情况符合"公司持续两年以上无法召开股东会或者股东大会，公司经营管理发生严重困难的"的情形，从2014年至2018年，连续4年的时间凤凰公司未召开过股东会，这表明凤凰公司陷入了公司僵局；其次，管委会与法院都进行了调解，均未成功，凤凰公司的僵局通过其他途径长期无法解决。第三，林某持有凤凰公司50%的股份，也符合公司法关于提起公司解散诉讼的股东须持有公司10%以上股份的条件，所以应当支持林某解散凤凰公司的诉讼请求。

难度：难

考点：公司的解散

命题和解题思路：此题考查了公司解散相关问题，《公司法》以及《最高人民法院关于适用〈中华人民共和国公司法〉若干问题的规定（二）》对公司解散的内容作出详细的规定，解答本题，首先理解司法解散中"公司经营管理发生严重困难"并非指公司营业能力的丧失，而是股东人合性的丧失而发生了公司僵局；其次正确理解《公司法》第182条以及《最高人民法院关于适用〈中华人民共和国公司法〉若干问题的规定（二）》第1条、第5条的规定，最后结合基本事实，进行有条理、全面准确的分析，作出正确判断。

答案解析：

（1）《公司法》第182条规定："公司经营管理发生严重困难，继续存续会使股东利益受到重大损失，通过其他途径不能解决的，持有公司全部股东表决权百分之十以上的股东，可以请求人民法院解散公司。"

（2）《最高人民法院关于适用〈中华人民共和国公司法〉若干问题的规定（二）》第1条规定："单独或者合计持有公司全部股东表决权百分之十以上的股东，以下列事由之一提起解散公司诉讼，并符合公司法第一百八十二条规定的，人民法院应予受理：（一）公司持续两年以上无法召开股东会或者股东大会，公司经营管理发生严重困难的……"

（3）《最高人民法院关于适用〈中华人民共和国公司法〉若干问题的规定（二）》第5条规定："人民法院审理解散公司诉讼案件，应当注重调解。……当事人不能协商一致使公司存续的，人民法院应当及时判决。"凤凰公司连续4年未召开过股东会，属于公司僵局，无法通过调解等其他途径解决，且林某符合公司法关于提起公司解散诉讼的股东须持有公司10%以上股份的条件，因此法院应当支持林某解散凤凰公司的诉讼请求。

4. 如法院作出解散判决，但戴某拒不配合清算，且丢失了公司财务资料，无法进行清算，损害了公司债权人的利益，公司债权人如何保护自己的权益？为什么？

答案：公司债权人可主张戴某对公司债务承担连带清偿责任。根据法律规定，首先，有限责任公司的清算组由股东组成，股东戴某有清算义务；其次，戴某因怠于履行义务，导致公司财务资料丢失，无法进行清算，损害了公司债权人的利益，公司债权人可以主张其对公司债务承担连带清偿责任。

难度：中

考点：公司的清算

命题和解题思路：本题考查了公司清算的内容，《公司法》第183条、《最高人民法院关于适用〈中华人民共和国公司法〉若干问题的规定（二）》第18条中规定了相关内容。解答本题时首先明确有限责任公司的清算组由股东组成，股东清算过程中承担义务与责任，其次根据法律规定确定相关股东的责任。

答案解析：

（1）《公司法》第183条规定："公司因本法第一百八十条第（一）项、第（二）项、第（四）项、第（五）项规定而解散的，应当在解散事由出现之日起十五日内成立清算组，开始清算。有限责任公司的清算组由股东组成，股份有限公司的清算组由董事或者股东大会确定的人员组成。逾期不成立清算组进行清算的，债权人可以申请人民法院指定有关人员组成清算组进行清算。人民法院应当受理该申请，并及时组织清算组进行清算。”

（2）《最高人民法院关于适用〈中华人民共和国公司法〉若干问题的规定（二）》第 18 条规定：“有限责任公司的股东、股份有限公司的董事和控股股东未在法定期限内成立清算组开始清算，导致公司财产贬值、流失、毁损或者灭失，债权人主张其在造成损失范围内对公司债务承担赔偿责任的，人民法院应依法予以支持。有限责任公司的股东、股份有限公司的董事和控股股东因怠于履行义务，导致公司主要财产、账册、重要文件等灭失，无法进行清算，债权人主张其对公司债务承担连带清偿责任的，人民法院应依法予以支持。上述情形系实际控制人原因造成，债权人主张实际控制人对公司债务承担相应民事责任的，人民法院应依法予以支持。”因此，法院作出解散判决后，戴某拒不配合清算，且丢失了公司财务资料，无法进行清算，公司债权人通过主张戴某对凤凰公司的债务承担连带清偿责任来保护自己的权益。

5. 请结合本案，谈谈公司司法解散制度的意义。

答案要点：

本案中，凤凰公司及其下属分公司运营状态良好，但是由于凤凰公司连续 4 年未召开过股东会，无法通过调解等其他途径解决公司经营中的矛盾，林某在凤凰公司中占 50% 的股份，这符合公司司法解散的条件，法院应当支持解散凤凰公司的诉讼请求。

公司司法解散制度是指当公司经营管理发生严重困难，继续存续会使股东利益受到重大损失，通过其他途径不能解决时，法院根据股东或利益相关者的请求判决解散公司的制度。我国《公司法》为适应现实的需要，明确规定了公司司法解散制度，其意义在于：第一，公司司法解散制度有利于公司僵局的解决；第二，公司司法解散制度是法律对公司内部行为的干预与调整，有利于保障社会经济秩序的有序和稳定；第三，公司司法解散制度完善了股东的退出模式，对于保护中小股东的权利有着积极意义。

难度：难

考点：公司的解散

命题和解题思路：本题考查了考生对公司法中司法解散制度的理解，解答本题时要从给出的案例出发，分析该制度的意义；其次，解答时要结合公司法的其他内容，尽量做到分析全面；最后，作答时分点论述，层次清楚。

答案解析：

本案中，凤凰公司及其下属分公司运营状态良好，但是由于凤凰公司连续

4年未召开过股东会，无法通过调解等其他途径解决公司经营中的矛盾，林某在凤凰公司中占50%的股份，这符合公司司法解散的条件，法院应当支持解散凤凰公司的诉讼请求。

公司司法解散制度是指当公司经营管理发生严重困难，继续存续会使股东利益受到重大损失，通过其他途径不能解决时，法院根据股东或利益相关者的请求判决解散公司的制度。我国《公司法》为适应现实的需要，明确规定了公司司法解散制度，其意义在于：

第一，公司司法解散制度有利于公司僵局的解决。公司僵局是公司运行过程中股东之间、股东与管理层之间、管理层之间发生激烈冲突，导致公司运行机制失灵，公司股东会、董事会和监事会等各个机构无法正常运行、履行职责，公司处于瘫痪状态，无法形成有效的经营决策。股东出资设立公司的目的，是为了通过公司这一形式来实现资本的增值，获取利润。因此，在公司僵局的情况下，股东借助公司司法解散制度在公司无法实现其预期的经营目的和经营利益时保护自己的合法利益，也减少对社会资源的浪费。

第二，公司司法解散制度是法律对公司内部行为的干预与调整，有利于保障社会经济秩序的有序和稳定。公司内部的矛盾往往会通过外化的方式直接影响到公司的经营能力及相关方的利益，因此，法律有必要对公司内部行为进行干预和调整，保障社会经济秩序的有序和稳定。

第三，公司司法解散制度完善了股东的退出模式，对于保护中小股东的权利有着积极意义。小股东所占公司段份较少并且比较分散，基于资本多数决原则，无法在公司股东会决议上占据优势，大股东可以凭借其表决优势，合法地通过公司决议支配公司的经营管理和重大决策，肆意“压迫”和“排挤”中小股东，公司司法解散制度给予小段东在无法实现其合理的期待的情况下的司法救济手段，保护了中小股东的权利。

论述题二

一、试题

案情：

大华有限责任公司（以下称简称“大华公司”）成立于2014年5月，注册资本为1000万元，共有股东15名，均在公司任职。其中，宋一、李二、王三、钱四为持股比

扫一扫　看微课视频

例最高的四名股东，其持股比例分别为31%、19%、10%、5%。另有股东丁五、张六等。宋一为大华公司法定代表人及董事长，李二、王三任董事，监事会则由张六和职工代表小吴、小沈组成，张六任监事会主席。

大华公司的公司章程“注册资本和股份”一章中规定如下：“公司股权不向公司以外的任何团体和个人出售、转让。经董事会批准后可在公司内部赠予、转让和继承。持股人若辞职、调离或被辞退、解除劳动合同的，人走股留，所持股份由企业收购……”公司章程“股东认为需要规定的其他事项”一章中规定如下：“本章程由全体股东共同认可，自公司设立之日起生效”。该公司章程经大华公司全体股东签名通过。

2015年12月，钱四向公司提出解除劳动合同，申请退出其所持有的公司股份，并于同日手书《退股申请》，提出“本人要求全额退股，年终盈利或亏损与我无关”。经大华公司法定代表人宋一同意，钱四领到股款50万元整。2016年1月，大华公司召开股东大会，会议审议通过了钱四退股的申请并决议“其股份暂由公司收购保管，不得参与红利分配”。

2016年，大华公司经营状况良好，产生待分配红利200万元，股东会决议在弥补亏损和提取法定公积金之前向股东分配红利（简称“决议一”），后来董事会并没有执行此决议。王三对此表示不满，以大华公司和公司董事会为被告提起诉讼。

2017年，大华公司与大鱼公司之间签订了设备买卖合同，大华公司以明显高于市价的价格从大鱼公司购入设备3台，合计300万元（市价仅为120万元）。后股东丁五和职工小沈分别发现大鱼公司由股东李二与外人阿强共同设立（阿强对设备买卖合同知情）。同年，大华公司财报显示本年度公司亏损180万元，丁五认为，正是由于该设备买卖合同导致了公司亏损。职工小沈则趁机向李二透露了自己掌握的情况，并向李二索要50万元“封口费”，否则将公开李二的行为。李二对此怀恨在心，在召开股东会的时候提出小沈滥用职权、妨害公司管理等问题，最终股东会作出决议罢免小沈的监事职务（简称“决议二”），小沈不服，欲向法院提起诉讼以撤销股东会的决议。

问题：

1. 大华公司的章程中关于“人走股留”的规定，是否违反《公司法》？为什么？

2. 请分析2016年大华公司股东会、董事会、王三涉及“决议一”的行为？

3. 丁五就其掌握的情况，应当采取何种措施来挽回公司利益？各方当事人的诉讼地位如何？

4. 小沈的诉求能否得到支持？若不能，他应当如何救济？

5. 结合本案，请你谈谈对股东代表诉讼制度的理解，并阐述《最高人民法院关于适用〈中华人民共和国公司法〉若干问题的规定（四）》在哪几方面对股东代表诉讼制度进行了完善？（要求观点明确，逻辑清晰、说理充分、文字通畅；总字数不得少于500字）

［**案例来源**：最高人民法院指导案例96号：陕西省高院（2014）陕民二申字第00215号民事裁定；安徽省高院2014参考性案例11号：合肥中院（2014）合民二终字第00036号民事判决；北京市第二中级人民法院（2018）京02民终1677号民事判决；北京市第三中级人民法院（2018）京03民终4396号民事判决］

二、答案精讲

1. 大华公司的章程中关于“人走股留”的规定，是否违反《公司法》？为什么？

答案：大华公司的章程中关于“人走股留”的规定，并不违反《公司法》。

首先，有限责任公司的公司章程系公司设立时全体股东一致同意并对公司及全体股东产生约束力的规范性文件，钱四在公司章程上签名的行为，应视为其对前述规定的认可和同意，该章程对大华公司及钱四均产生约束力。

其次，基于有限责任公司封闭性和人合性的特点，由公司章程对公司股东转让股权作出某些限制性规定，系公司自治的体现。

此外，大华公司章程关于股权转让的规定，属于对股东转让股权的限制性规定而非禁止性规定，钱四依法转让股权的权利没有被公司章程所禁止，大华公司章程不存在侵害钱四股权转让权利的情形。

难度：中

考点：公司章程的效力

命题和解题思路：此题考查公司章程的内容及效力。《公司法》第71条给予有限责任公司在公司章程中对股权转让进行规定的自由。在不违反法律强制性规定的情形下，公司章程的约定应当对公司、高管、股东等具有约束力。

答案解析：

《公司法》第11条规定：设立公司必须依法制定公司章程。公司章程对公司、股东、董事、监事、高级管理人员具有约束力。因此，大华公司的公司章程对股东钱四具有约束力。

《公司法》第 25 条第 2 款规定：股东应当在公司章程上签名、盖章。钱四在公司章程上签名，即表明了他对公司章程的认可与同意。

《公司法》第 71 条第 1 款规定：有限责任公司的股东之间可以相互转让其全部或者部分股权。第 4 款规定：公司章程对股权转让另有规定的，从其规定。大华公司的公司章程正是基于这一规定在法律允许的方位内适当限制了股东转让股份的权利。

2. 请分析 2016 年大华公司股东会、董事会、王三涉及“决议一”的行为?

答案：

（1）公司法规定了公司的税后利润，应当在弥补亏损和提取法定公积金后向股东分配。本案中，股东会决议将利润分配提前至弥补亏损与提取法定公积金之前，决议内容违法。

（2）对于内容违法的股东会决议，有利害关系的公司股东、董事、监事可以向法院起诉确认该决议无效，董事会有权对无效决议不予执行，因此本案中董事会的行为并无任何不当。

（3）即便是公司确实侵犯到股东的利润分配请求权，股东向法院提交有效的股东会分红决议，可以公司为被告提起诉讼，而公司董事会并非诉讼的适格被告，王三的做法欠妥。

难度：难

考点：股东的利润分配请求权

命题和解题思路：此题考查股东利润分配请求权的行使。《最高人民法院关于适用〈中华人民共和国公司法〉若干问题的规定（四）》在总结已有实践经验的基础上对股东行使利润分配请求权的相关条件和程序作出了具体规定，需要考生综合把握司法解释相关条文设计的原理及细节内容。

答案解析：

《公司法》第 166 条第 5 款规定：股东会、股东大会或者董事会违反前款规定，在公司弥补亏损和提取法定公积金之前向股东分配利润的，股东必须将违反规定分配的利润退还公司。大华公司股东会“决议一”将利润分配提前，违反了这一规定，因此该决议违法。

《最高人民法院关于适用〈中华人民共和国公司法〉若干问题的规定（四）》第 13 条规定：股东请求公司分配利润案件，应当列公司为被告。在公司利润分配合法的情况下，王三若要通过诉讼来维护自己的利润分配请求权，应当将大华公司列为被告。

3. 丁五就其掌握的情况，应当采取何种措施来挽回公司利益？各方当事人的诉讼地位如何？

答案： 丁五作为大华公司的股东，可以书面请求监事会对李二与阿强提起诉讼，由公司作为原告、监事会主席张六代表公司进行诉讼。

若监事会收到丁五的书面请求后拒绝提起诉讼，或自收到请求之日起 30 日内未提起诉讼的，丁五有权为了公司的利益以自己的名义直接向法院提起诉讼，李二和阿强为被告，公司列为第三人参加诉讼。

难度： 中

考点： 股东代表诉讼制度

命题和解题思路： 本题考查了股东代表诉讼中各方当事人的诉讼地位，股东直接以自己名义起诉的前置程序等。股东代表诉讼本就是公司法的重点之一，《最高人民法院关于适用〈中华人民共和国公司法〉若干问题的规定（四）》第 23 条至第 26 条更是对该项制度进行了细化，应当列为重点复习内容。

答案解析：

（1）《公司法》151 条规定：董事、高级管理人员有本法第 149 条规定的情形的，有限责任公司的股东、股份有限公司连续 180 日以上单独或者合计持有公司百分之一以上股份的股东，可以书面请求监事会或者不设监事会的有限责任公司的监事向人民法院提起诉讼；监事有本法第一百四十九条规定的情形的，前述股东可以书面请求董事会或者不设董事会的有限责任公司的执行董事向人民法院提起诉讼。

监事会、不设监事会的有限责任公司的监事，或者董事会、执行董事收到前款规定的股东书面请求后拒绝提起诉讼，或者自收到请求之日起 30 日内未提起诉讼，或者情况紧急、不立即提起诉讼将会使公司利益受到难以弥补的损害的，前款规定的股东有权为了公司的利益以自己的名义直接向人民法院提起诉讼。

他人侵犯公司合法权益，给公司造成损失的，本条第 1 款规定的股东可以依照前两款的规定向人民法院提起诉讼。

（2）《最高人民法院关于适用〈中华人民共和国公司法〉若干问题的规定（四）》第 23 条第 1 款规定：监事会或者不设监事会的有限责任公司的监事依据公司法第 151 条第 1 款规定对董事、高级管理人员提起诉讼的，应当列公司为原告，依法由监事会主席或者不设监事会的有限责任公司的监事代表公司进行诉讼。

（3）《最高人民法院关于适用〈中华人民共和国公司法〉若干问题的规定（四）》第 24 条第 1 款规定：符合公司法第 151 条第 1 款规定条件的股东，依据公司法第151条第2款、第3款规定，直接对董事、监事、高级管理人员或者他人提起诉讼的，应当列公司为第三人参加诉讼。

丁五作为公司股东，针对侵害公司利益的董事李二，可以书面请求监事会向法院提起诉讼。在经过这一前置程序后，监事会拒绝或逾期未提起诉讼的，丁五才有资格以自己的名义提起股东代表诉讼。

4. 小沈的诉求能否得到支持？若不能，他应当如何救济？

答案：小沈的诉求无法得到支持，他可以向法院起诉请求确定“决议二”无效。

首先，股东会作出的“决议二”不合法。股东会无权罢免监事中的职工代表，因此股东会的“决议二”不合法。

但是，针对该种不合法的股东会决议，小沈无权以撤销股东会决议为由，向法院起诉。根据法律规定，决议撤销之诉的适用情形为股东会的会议召集程序、表决方式违反法律、行政法规或公司章程，或者决议内容违反公司章程。本案中，股东会的决议内容违反了法律对职工监事任免的规定，适用的是决议无效之诉。

此外，即便本案“决议二”符合决议撤销之诉，小沈也并非适格原告，根据规定，请求撤销股东会决议的原告，应当在起诉时具有公司股东资格，小沈仅为公司职工，不是公司的股东，因此不是决议撤销之诉的适格原告。

我国公司法并未将职工排除在决议无效之诉的原告之外，因此针对内容违法的“决议二”，小沈可向法院起诉请求确定“决议二”无效。

难度：难

考点：有限责任公司的组织机构

命题和解题思路：此题考查有限责任公司的组织机构中有关监事的规定，要求考生准确掌握监事的组成及监事的选举与罢免规则。职工监事不同于普通监事，其任免均由职工代表大会决定，此外，此题还考查了决议无效之诉与决议撤销之诉的原告资格区别，《最高人民法院关于适用〈中华人民共和国公司法〉若干问题的规定（四）》中有关确认决议无效的原告的规定并未将与决议内容有直接利害关系的公司职工排除在外，仅在第2条中限制了决议撤销之诉的原告须有公司股东资格。

答案解析：

（1）《公司法》第22条规定：公司股东会或者股东大会、董事会的决议内容违反法律、行政法规的无效。

股东会或者股东大会、董事会的会议召集程序、表决方式违反法律、行政法规或者公司章程，或者决议内容违反公司章程的，股东可以自决议作出之日起六十日内，请求人民法院撤销。

(2)《公司法》第51条第2款规定：监事会应当包括股东代表和适当比例的公司职工代表，其中职工代表的比例不得低于三分之一，具体比例由公司章程规定。监事会中的职工代表由公司职工通过职工代表大会、职工大会或者其他形式民主选举产生。小沈作为监事会中的职工代表，他的任免只能由职工代表大会、职工大会或者其他形式民主选举进行，股东会决议违反法律的无效，因此小沈只能提起决议无效之诉。

(3)《最高人民法院关于适用〈中华人民共和国公司法〉若干问题的规定(四)》第1条规定：公司股东、董事、监事等请求确认股东会或者股东大会、董事会决议无效或者不成立的，人民法院应当依法予以受理。

(4)《最高人民法院关于适用〈中华人民共和国公司法〉若干问题的规定(四)》第2条规定：依据公司法第22条第2款请求撤销股东会或者股东大会、董事会决议的原告，应当在起诉时具有公司股东资格。该规定仅仅限制了决议撤销之诉的原告为股东，并未限制职工提起确认决议无效之诉的权利。

5. 结合本案，请你谈谈对股东代表诉讼制度的理解，并阐述《最高人民法院关于适用〈中华人民共和国公司法〉若干问题的规定（四）》在哪几方面对股东代表诉讼制度进行了完善？（要求观点明确，逻辑清晰、说理充分、文字通畅；总字数不得少于500字）

答案：股东代表诉讼，又称派生诉讼，是指当公司的合法权益受到不法侵害，公司却怠于起诉，股东为了公司利益，依照法定程序以自己的名义提起诉讼，最终所获赔偿则归于公司的制度。股东代表诉讼由公司直接诉讼派生而来，该制度的构建有利于保护中小股东的利益，完善公司的治理结构，规范公司的运行机制，保护公司的利益。

股东代表诉讼制度的功能主要在于：一是救济功能，即在公司利益受到董、监、高人员或他人侵害时，股东通过提起代表诉讼使公司得到及时的救济，从而保护公司的合法权益，也间接保护了股东的合法权益。二是预防功能，股东代表诉讼制度一定程度上遏制了董、监、高人员或他人侵害公司权益的行为，避免了公司高层之间相互包庇谋取利益。与此同时，我国公司法并未给予股东提起代表诉讼的完全自由，在提起程序上进行了限制，要求股东在以自己名义提起诉讼之前，应当向监事会（监事）或董事会（执行董事）提起书面请求，这一前置程序的规定防止了股东滥用诉权。

本案中，股东兼董事李二伙同他人侵害公司利益，知情的股东丁五可向监事会提起书面请求，遭到拒绝后也可以自己名义向法院提起代表诉讼，正是体现了该制度的救济功能。

我国《公司法》第151条仅对股东代表诉讼的提起条件和前置程序进行了笼统规定，因此，《最高人民法院关于适用〈中华人民共和国公司法〉若干问题的规定（四）》从以下方面进行了完善：

一是明确了公司直接诉讼的情形及公司的原告诉讼地位；二是明确了股东代表诉讼中公司和其他股东的诉讼地位；三是确定了胜诉利益的归属；四是确定了诉讼费用的承担。

难度：中

考点：股东代表诉讼制度

命题和解题思路：《最高人民法院关于适用〈中华人民共和国公司法〉若干问题的规定（四）》着眼于股东权利保护和公司治理，其中股东代表诉讼制度是保障股东合法权益的重要制度，本题的难度在于考生需要在第23条～第26条的基础上，提炼出《最高人民法院关于适用〈中华人民共和国公司法〉若干问题的规定（四）》对该制度进行了哪几方面的完善，要求考生除了掌握法条，还应当掌握法条背后的制定意义。此外，本题还考查了考生对股东代表诉讼制度的认识，为开放性题目，但仍应先解释股东代表诉讼的含义，并围绕股东权利保护展开。

答案解析：

《公司法》第151条规定了股东代表诉讼制度的核心内容，但对股东代表诉讼制度中的当事人诉讼地位、胜诉利益的分配等具体操作规则未做详细规定，《最高人民法院关于适用〈中华人民共和国公司法〉若干问题的规定（四）》则在以上方面进行了细化，以此完善股东代表诉讼制度。

事实上，《公司法》第151条涉及两类诉讼，第1款为公司直接诉讼，第2款为股东代表诉讼。《最高人民法院关于适用〈中华人民共和国公司法〉若干问题的规定（四）》第23条明确了公司直接诉讼的情形及公司的原告诉讼地位，即当董事会（执行董事）或监事会（监事）在履行法定职责代表公司提起诉讼时，属于公司直接诉讼，因此应当列公司为原告。并且，针对他人侵犯公司合法权益的行为，公司直接诉讼的决定权交由了董事会（董事），该规定更符合董事会公司经营决策机构的定位，也更符合公司治理结构的规范要求。

《最高人民法院关于适用〈中华人民共和国公司法〉若干问题的规定（四）》第24条规定了在股东代表诉讼中各方当事人的诉讼地位，即侵害公司利益的董、监、高或他人为被告，公司则以第三人的身份参与诉讼，其他适格股东可作为共同原告参加诉讼。

《最高人民法院关于适用〈中华人民共和国公司法〉若干问题的规定（四）》第25条规定了胜诉利益归属于公司。由于公司利益受到侵害，股东代为提起诉讼，诉权来源于公司，诉讼目的也是为了维护公司利益，因此，胜诉利益应当归于公司。

《最高人民法院关于适用〈中华人民共和国公司法〉若干问题的规定（四）》第26条则规定了诉讼费用的承担，即在股东代表诉讼中，若股东的诉讼请求得到支持的，由公司承担股东因参加诉讼支付的合理费用。这一规定免去了股东的后顾之忧，激励了股东启动代表诉讼来督促董、监人员积极履行职责。

案例分析题一

一、试题

案情：

扫一扫 看微课视频

龙兴有限责任公司（以下简称“龙兴公司”）成立于2012年10月15日，从事房地产开发。截至2013年8月7日，该公司的股东持股情况为：施某460万元、王某250万元、张某160万元、孙某65万元、吴某65万元。吴某以大江有限责任公司的股权未经评估直接作价65万元作为出资载入公司章程并办理了股权转让手续。王某不是自己出资，而是与何某签订了隐名出资协议，由何某出资250万元，王某的名字登记在该公司的工商登记和股东名册中。2014年8月，王某在何某不知情的情况下，将登记在自己名下的股权以市场价转让给不知情的弟弟王小某，并变更了工商登记和股东名册，王小某在取得股权后得知王某并非实际出资人。2016年9月7日，张某将其持有的全部股份转让给李某。

2018年4月8日，龙兴公司股东李某、吴某、孙某、王某四人向龙兴公司递交申请书，称：“申请人李某、吴某、孙某、王某作为龙兴公司股东，对公司经营现状一无所知。公司经营至今没有发过一次红利，并对外拖欠大量债务，使四申请人的股东权益受到了严重侵害。四申请人为了解公司实际情况，维护自己合法权益，现依据《中华人民共和国公司法》，依法行使股东对公司的知情权。现四申请人准备于2018年4月23日前，在公司住所地依据公司法的规定查阅和复制公司的所有资料（含公司所有会计账簿、原始凭证、契约、通信、传票、通知等），特对公司提出书面申请。望公司准备好所有资料，以书面形式答复四申请人的委托代理人江苏联创伟业律师事务所方昉律师。申请人：王某、孙某、吴某、张某（代）”。

2018年4月20日，龙兴公司函复申请人李某、吴某、孙某、王某：“本公司已于2018年4月8日收到……《申请书》以及《授权委托书》。对于《申请书》以及《授权委托书》中所述事项，因涉及较多法律问题，我公司已授权委托律师事务所律师代表我公司依法予以处理。请你直接与律师联系。”后龙兴公司拒绝四申请人的要求。

2018年5月14日，李某、吴某、孙某、王某四人诉至法院，并提出以下诉讼请求：李某、吴某、孙某、王某四人为龙兴公司合法股东，因龙兴公司在经营形势大好的情况下却拖欠大量债务，四人作为股东对龙兴公司情况无法知悉，故依法要求行使股东知情权，了解公司的实际情况，但龙兴公司对此非法阻挠，严重侵犯了四人作为股东的合法权益。请求判令四人对龙兴公司依法行使知情权，查阅、复制龙兴公司的公司章程、股东会会议记录、董事会会议决议、监事会会议决议以及财务会计报告、公司会计账簿。同日，法院受理该案。

问题：

1. 如股东施某请求法院认定吴某未依法全面履行出资义务，法院应当如何处理？

2. 王小某能否以股东名册和工商登记皆为自己名字主张股东权利，为什么？

3. 何某主张王某和王小某的股权转让合同无效，能否得到法院的支持？为什么？

4. 李某、吴某、孙某、王某四人的诉讼请求是否应支持？为什么？

5. 法院作出判决后，李某因为专业知识不足，担心在查阅公司文件材料过程中无法保障自己的权益，请问李某可以通过何种途径保障自己的权益？

［**案例来源：**《最高人民法院公报》2011年第8期（总第178期）：李淑君、吴湘、孙杰、王国兴诉江苏佳德置业发展有限公司股东知情权纠纷案］

二、答案精讲

1. 如股东施某请求法院认定吴某未依法全面履行出资义务，法院应当如何处理？

答案：吴某以股权作为出资，虽然未经过评估，但法院不能直接认定吴某未依法履行出资义务。法院应当委托具有合法资格的评估机构对吴某的股权评估作价，如果评估确定的价额显著低于公司章程所载金额的，法院认定吴某未依法全面履行出资义务。

难度：中

考点：有限责任公司的设立条件

命题和解题思路：本题考查有限责任公司设立过程中股东的出资，公司法规定了股东以股权出资的，应当履行法定的程序，但是股东没有完全履行法定程序，并不一定直接认定该股东未依法全面履行出资义务，《最高人民法院关于适用〈中华人民共和国公司法〉若干问题的规定（三）》第9条规定了出资人以未依法评估作价非货币财产出资情况的处理。在答题时要明确只有评估确定的价额显著低于公司章程所定价额的，人民法院才认定出资人未依法全面履行出资义务，注意这里的“显著低于”。

答案解析：

《最高人民法院关于适用〈中华人民共和国公司法〉若干问题的规定（三）》第9条规定：“出资人以非货币财产出资，未依法评估作价，公司、其他股东或者公司债权人请求认定出资人未履行出资义务的，人民法院应当委托具有合法资格的评估机构对该财产评估作价。评估确定的价额显著低于公司章程所定价额的，人民法院应当认定出资人未依法全面履行出资义务。”吴某以股权作为出资，虽然未经过评估，但法院不能直接认定吴某未依法履行出资义务。法院应当委托具有合法资格的评估机构对吴某的股权评估作价，如果评估确定的价额显著低于公司章程所载金额的，法院认定吴某未依法全面履行出资义务。

2. 王小某能否以股东名册和工商登记皆为自己名字主张股东权利，为什么？

答案：可以。因为根据法律规定，股东名册是证明股东身份的证据，股东名册和工商登记上登记的都是王小某，除非有相反的证据，则可以认定王小某为公司股东，并依股东名册和工商登记享有股东权利。

难度：中

考点：股东的资格条件

命题和解题思路：此题考查了股东的资格条件，《公司法》第32条规定了股东的资格条件相关内容，通过该法条，注意股东名册在股东的资格条件中的作用。

答案解析：

《公司法》第 32 条规定："有限责任公司应当置备股东名册，记载下列事项：（一）股东的姓名或者名称及住所；（二）股东的出资额；（三）出资证明书编号。记载于股东名册的股东，可以依股东名册主张行使股东权利。公司应当将股东的姓名或者名称向公司登记机关登记；登记事项发生变更的，应当办理变更登记。未经登记或者变更登记的，不得对抗第三人。"王小某记载于股东名册之上，可以依股东名册主张行使股东权利。

3. 何某主张王某和王小某的股权转让合同无效，能否得到法院的支持？为什么？

答案：不能。因为根据相关法律，何某是实际出资人，王某是名义股东，王某擅自转让股权，何某主张转让合同无效的参照《物权》法第 106 条的规定处理，王小某在受让股权时是善意第三人，可以善意取得股权，王某和王小某的股权转让合同有效。

难度：难

考点：名义股东与实际股东

命题和解题思路：此题考查了名义股东与实际出资人以及善意第三人的关系处理问题，正确理解《最高人民法院关于适用〈中华人民共和国公司法〉若干问题的规定（三）》第 25 条、《物权法》第 106 条，即能正确解答本题。

答案解析：

（1）《最高人民法院关于适用〈中华人民共和国公司法〉若干问题的规定（三）》第 25 条规定："名义股东将登记于其名下的股权转让、质押或者以其他方式处分，实际出资人以其对于股权享有实际权利为由，请求认定处分股权行为无效的，人民法院可以参照物权法第一百零六条的规定处理。名义股东处分股权造成实际出资人损失，实际出资人请求名义股东承担赔偿责任的，人民法院应予支持。"

（2）《物权法》第 106 条规定："无处分权人将不动产或者动产转让给受让人的，所有权人有权追回；除法律另有规定外，符合下列情形的，受让人取得该不动产或者动产的所有权：（一）受让人受让该不动产或者动产时是善意的；（二）以合理的价格转让；（三）转让的不动产或者动产依照法律规定应当登记的已经登记，不需要登记的已经交付给受让人。受让人依照前款规定取得不动产或者动产的所有权的，原所有权人有权向无处分权人请求赔偿损失。当事人善意取得其他物权的，参照前两款规定。"名义股东王某擅自处分股权，善意第三人王小某取得了股权，参照物权法第106条的规定，股权转让合同有效，实际股东何某主张王某和王小某的股权转让合同无效不能得到法院的支持。

4. 李某、吴某、孙某、王某四人的诉讼请求是否应支持？为什么？

答案： 四人查阅、复制龙兴公司的公司章程、股东会会议记录、董事会会议决议、监事会会议决议以及财务会计报告的诉讼请求应当得到支持，根据公司法的规定，有限责任公司股东有查阅并复制上述资料的权利。

四人查阅、复制公司会计账簿的诉讼请求只能支持查阅，不能支持复制。根据公司法的规定，有限责任公司的股东只有书面申请查阅公司会计账簿的权利，没有复制的权利。

难度： 中

考点： 股东查阅权

命题和解题思路： 本题考查了有限责任公司的股东查阅权，《公司法》第33条规定了股东查阅权的内容，注意有限责任公司的股东可以要求查阅公司会计账簿，并且查阅公司会计账簿有条件限制，而对于公司章程、股东会会议记录、董事会会议决议、监事会会议决议和财务会计报告既可以查阅也可以复制，且没有条件限制。

答案解析：

《公司法》第33条规定："股东有权查阅、复制公司章程、股东会会议记录、董事会会议决议、监事会会议决议和财务会计报告。股东可以要求查阅公司会计账簿。股东要求查阅公司会计账簿的，应当向公司提出书面请求，说明目的。公司有合理根据认为股东查阅会计账簿有不正当目的，可能损害公司合法利益的，可以拒绝提供查阅，并应当自股东提出书面请求之日起十五日内书面答复股东并说明理由。公司拒绝提供查阅的，股东可以请求人民法院要求公司提供查阅。"因此，李某、吴某、孙某、王某四人的查阅、复制龙兴公司的公司章程、股东会会议记录、董事会会议决议、监事会会议决议以及财务会计报告的诉讼请求应当支持，而对公司会计账簿的诉讼请求只能支持查阅，不能支持复制。

5. 法院作出判决后，李某因为专业知识不足担心在查阅公司文件材料过程中无法保障自己的权益，请问李某可以通过何种途径保障自己的权益？

答案： 李某可以聘请会计师、律师等依法或者依据执业行为规范负有保密义务的中介机构执业人员，在李某在场的情况下，辅助李某进行查阅，这样可以保障李某的权益。

难度： 中

考点： 股东查阅权

命题和解题思路： 此题考查了《最高人民法院关于适用〈中华人民共和国公司法〉若干问题的规定（四）》中关于股东查阅权的规定。《最高人民法院关于适用〈中华人民共和国公司法〉若干问题的规定（四）》新增了股东可以聘请中介机构执业人员辅助查阅的规定，可以更好地保障股东的权利，答题时注意尽量按照法条表述规范用语，答题时注意聘请中介机构执业人员辅助查阅的条件：①在该股东在场的情况下；②由会计师、律师等依法或者依据执业行为规范负有保密义务的中介机构执业人员辅助进行。

答案解析：

《最高人民法院关于适用〈中华人民共和国公司法〉若干问题的规定（四）》第10条规定："人民法院审理股东请求查阅或者复制公司特定文件材料的案件，对原告诉讼请求予以支持的，应当在判决中明确查阅或者复制公司特定文件材料的时间、地点和特定文件材料的名录。股东依据人民法院生效判决查阅公司文件材料的，在该股东在场的情况下，可以由会计师、律师等依法或者依据执业行为规范负有保密义务的中介机构执业人员辅助进行。"李某依据人民法院生效判决查阅公司文件材料，可以聘请会计师、律师等依法或者依据执业行为规范负有保密义务的中介机构执业人员，在李某在场的情况下，辅助李某进行查阅，这样可以保障李某的权益。

案例分析题二

一、试题（本题为商法、民法融合试题）

案情：

安泰房地产开发有限责任公司（以下简称"安泰公司"）成立于2015年，注册资本1000万元，股东有钟某、张某、王某、赵某、李某五人，分别持股40%、20%、20%、15%、5%。五人约定，公司前五年若有利润，钟某得40%，其他四位股东每人各得15%，从第六年开始按照出资比例分配公司利润。

王某为公司董事长和法定代表人，钟某和张某为公司董事，赵某为公司总经理。

2015年5月，王某召集并主持了公司的股东会会议，作出以下决议：

①董事长签订金额超过100万元的合同由董事会批准；②因有一名监事辞职，决定由李某担任公司监事。

2015年8月，王某未经董事会批准，擅自以安泰公司名义与四海物业公司签订一份价值500万元的物业外包合同。四海公司不知道安泰公司相关股东会决议。

2015年10月，王某违反公司章程规定，在未经公司董事会集体讨论决定的情况下，将安泰公司承建的工程违法转包给没有建筑资质的个人承包。在工程建设过程中，王某也未切实履行对该工程质量、账务的掌控和监管，致使工程资金被个人控制和使用，导致安泰公司代个人承担了相应的民事责任，因无法实现追偿而产生损失。安泰公司起诉请求王某赔偿安泰公司损失200余万元及利息。

2016年3月，安泰公司决定购买一批建筑材料，总经理赵某负责建材购买业务。同年4月，在赵某的促成下，安泰公司与大兴建材公司签订建材购买合同，而赵某是大兴建材公司的大股东。

问题：

1. 钟某、张某、王某、赵某、李某五人关于公司前五年利润分配的约定是否有效？为什么？

2. 2015年5月召开的公司股东会会议是否有瑕疵，为什么？

3. 安泰公司与四海公司的物业外包合同是否有效？为什么？

4. 如果你是法官，你是否会支持安泰公司的诉讼请求？为什么？

5. 总经理赵某在建材购买业务中使安泰公司与自己作为大股东的大兴建材公司签订合同的行为是否违反法律的规定？为什么？

［**案例来源：**四川省商事审判典型案例6件之五，四川省绵阳市中级人民法院（2013）绵民终字第371号：四川省安泰建设有限责任公司诉王天雄等损害公司利益责任纠纷案］

二、答案精讲

1. 钟某、张某、王某、赵某、李某五人关于公司前五年利润分配的约定是否有效？为什么？

答案：有效。根据现行公司法的规定，股东按照实缴的出资比例分取红利，但是，全体股东约定不按照出资比例分取红利的除外，所以五人约定的关于公司前五年利润分配的内容有效。

难度： 中

考点： 股东权利的内容

命题和解题思路： 此题考查股东权利的具体内容，《公司法》第 34 条规定了股东的分红权，解答本题时要求考生掌握法条中的除外情形，全体股东约定不按照出资比例分取红利或者不按照出资比例优先认缴出资是符合法律规定的。

答案解析：

《公司法》第 34 条规定："股东按照实缴的出资比例分取红利；公司新增资本时，股东有权优先按照实缴的出资比例认缴出资。但是，全体股东约定不按照出资比例分取红利或者不按照出资比例优先认缴出资的除外。"本题中，钟某、张某、王某、赵某、李某五人为安泰公司的股东，他们可以约定不按出资比例分配公司利润，故五人约定的关于公司前五年利润分配的内容有效。

2. 2015 年 5 月召开的公司股东会会议是否有瑕疵，为什么？

答案： 有瑕疵，根据公司法的规定，王某作为公司董事长有权主持股东会会议但无权召集股东会会议，股东会会议应由董事会召集。

难度： 中

考点： 有限责任公司的组织机构

命题和解题思路： 此题考查了有限责任公司组织机构中股东会会议的召集与主持，《公司法》第 40 条对有限责任公司股东会会议召集与主持予以了明确规定，考生需要注意股东会会议召集的主体与主持的主体是不同的。

答案解析：

《公司法》第 40 条规定："有限责任公司设立董事会的，股东会会议由董事会召集，董事长主持。"因此由董事会召集股东会，董事长王某主持股东会。

3. 安泰公司与四海公司的物业外包合同是否有效？为什么？

答案： 有效。法定代表人超越权限订立的合同没有其他法定无效情形，且相对人四海公司并不知道安泰公司董事会的决议内容。

难度： 中

考点： 表见代表行为的效力

命题和解题思路： 本题从民法主体制度入手，考查法人的行为效力机制。解题时要把握法定代表人的行为后果与法人的关系，以及合同的一般有效要件和无效情形。

答案解析：

有关法人的负责人以法人名义实施超越法人章程或决议的授权范围的民事法律行为，其效力评价须从两个层面观察，一是行为本身的有效要件，二是相对人信赖利益保护。根据《民法总则》第61条规定，法人章程或者法人权力机构对法定代表人代表权的限制，不得对抗善意相对人。同时根据《合同法》第50条规定，法人或者其他组织的法定代表人、负责人超越权限订立的合同，除相对人知道或者应当知道其超越权限的以外，该代表行为有效。本题中法定代表人王某对外签订合同的权限额度是100万元，但善意相对人与其签订的500万元合同效力不因此受影响。安泰公司若因合同履行受有损失，可内部对王某追责。

4. 如果你是法官，你是否会支持安泰公司的诉讼请求？为什么？

答案：会支持，王某没有经过公司董事会集体讨论就作出了转包决定，违反了公司章程的规定；将安泰公司承建的工程转包给没有建筑资质的个人承包违反有关法律规定，导致公司对外承担债务，违反了公司高管的忠实义务、勤勉义务，王某应当承担赔偿责任。

难度：中

考点：董事、监事、高级管理人员的义务

命题和解题思路：此题考查了董事、监事、高级管理人员的忠实义务、勤勉义务以及违反此种义务的行为后果，涉及对公司法关于公司董事是否违反法定义务的认定问题，最终的归责是以认定公司董事长违反了忠实义务、勤勉义务为依据。

答案解析：

《公司法》第147条规定："董事、监事、高级管理人员应当遵守法律、行政法规和公司章程，对公司负有忠实义务和勤勉义务。董事、监事、高级管理人员不得利用职权收受贿赂或者其他非法收入，不得侵占公司的财产。"

《公司法》第149条规定："董事、监事、高级管理人员执行公司职务时违反法律、行政法规或者公司章程的规定，给公司造成损失的，应当承担赔偿责任。"

本题中董事长王某的行为有三点事实是可以确定的：第一，王某擅自决定将安泰公司承建的工程转包给没有建筑资质的个人承包是违反有关法律规定的行为；第二，王某是在没有经过公司董事会集体讨论作出的决定，违反了公司章程的规定；第三，王某的行为给公司造成了损失。据此，王某违反了公司高

管的忠实义务、勤勉义务，应当承担赔偿责任。

5. 总经理赵某在建材购买业务中使安泰公司与自己作为大股东的大兴建材公司签订合同的行为是否违反法律的规定？为什么？

答案：赵某的行为违反法律的规定。因为公司法规定高级管理人员不得违反公司章程的规定或者未经股东会、股东大会同意，与本公司订立合同或者进行交易，本题中总经理赵某在未经安泰公司股东会同意的情况下，促使安泰公司与自己作为大股东的建材公司签订合同，这种行为构成高级管理人员的自我交易，违反公司法的规定。

难度：难

考点：董事、高级管理人员的禁止性行为

命题和解题思路：此题考查了董事、高级管理人员的禁止性行为，《公司法》第148条对董事、高级管理人员的禁止性行为予以了明确规定，考生要掌握高级管理人员的自我交易不仅包括直接自我交易，还包括间接自我交易，本题中安泰公司与总经理赵某作为大股东的大兴建材公司之间的交易就属于间接自我交易。

答案解析：

《公司法》148条规定："董事、高级管理人员不得有下列行为：（一）挪用公司资金；（二）将公司资金以其个人名义或者以其他个人名义开立账户存储；（三）违反公司章程的规定，未经股东会、股东大会或者董事会同意，将公司资金借贷给他人或者以公司财产为他人提供担保；（四）违反公司章程的规定或者未经股东会、股东大会同意，与本公司订立合同或者进行交易；（五）未经股东会或者股东大会同意，利用职务便利为自己或者他人谋取属于公司的商业机会，自营或者为他人经营与所任职公司同类的业务；（六）接受他人与公司交易的佣金归为己有；（七）擅自披露公司秘密；（八）违反对公司忠实义务的其他行为。董事、高级管理人员违反前款规定所得的收入应当归公司所有。"在公司章程无明确规定的情况下，总经理赵某未经安泰公司股东会的同意，促使安泰公司与自己作为大股东的建材公司签订合同，这种行为构成高级管理人员的自我交易，违反公司法的规定。

案例分析题三

一、试题（本题为商法、民法融合试题）

案情：

大钟有限责任公司（以下简称“大钟公司”）成立于2014年，注册资本1000万元，有股东周一、冯二、陈三、朱四、马五、孔六，共计六人。周一任法定代表人及董事长，陈三、马五任董事。

在设立公司过程中为了提高效率，方便操作，由周一和马五二人作为发起人负责公司筹备事宜。2014年2月，周一以发起人的名义与大屋公司签订了房屋租赁合同，租赁大屋广场第10层的办公室500平方米，租期五年，租金按月交付（简称“合同一”）。2014年3月，马五又以设立中的大钟公司的名义与大鱼公司签订了办公用品买卖合同（大鱼公司系马五与他人共同开设），以超出市价1.5倍的价格购入办公用品投影仪（简称“合同二”）。同月，为改造办公室布局，周一以个人名义雇佣小张拆除部分墙体，但并未给予小张必要的防护。小张在拆墙过程中被倒塌的墙体砸伤，因双方对赔偿金额争议较大，未对小张进行赔付。2014年5月，大钟公司在大屋广场的办公室登记成立并开始日常经营（从大鱼公司购置的投影仪尚未使用）。2015年，大鱼公司向大钟公司催收货款，小张也向大钟公司主张赔偿。大钟公司以马五签署的办公用品买卖合同费用过高而拒付，同时大钟公司也以雇佣小张的人是周一而非大钟公司为由拒绝对小张进行赔偿。大鱼公司和小张遂分别向法院起诉，要求大钟公司承担责任。

另外，公司设立时，孔六以一张由大平公司出票、民兴银行为付款人、孔六为收款人的支票作为出资。2014年10月，孔六出资的支票，因民兴银行以出票人账户资金不足为由拒绝付款，由此大钟公司无法收到该笔款项。

2017年1月，朱四因公司经营理念不同，与周一、冯二等人产生纠纷，决定将股权转让给阿花（阿花并非大钟公司股东）。双方在股权转让协议中约定：朱四对公司债权债务不再承担责任，在阿花受让股权后，由阿花继续缴足出资（在公司设立之时，朱四认缴出资40万元，实缴20万元）。大钟公司召开股东会，其他股东均表示同意转让并放弃优先购买权，协议签订后，双方办理了工商变更登记。2017年9月，大钟公司向法院提起诉讼，要求原股东朱四向大钟公司履行补足出资义务。朱四抗辩称：向公司负有出资义务的应当是公司股东，其已不是大钟公司股东，阿花已经受让股权，因此自己对公司已不负有出资义务，并且公司的请求已过诉讼时效。

2018年，冯二在外出旅游期间，突发心脏病经抢救无效死亡，冯二之子冯小二想继承冯二名下的股权，其他股东均表示同意，股东周一（持股比例为36%）、陈三（持股比例为15%）表示不同意，且主张优先购买该股权，以谋求两人在公司的绝对话语权。

大钟公司经营多年后，逐渐处于行业内领军地位，为了进一步扩大市场占有率，周一主持召开了股东会，会议决议吸收合并竞争对手大石公司，陈三坚决反对，认为自己与周一等人经营理念不合，想要退出大钟公司，自立门户。

问题：

1. 2014年4月，若大屋公司依照生效的租赁合同主张权利，应向谁主张租赁合同的履行责任？为什么？

2. 大鱼公司和小张各自的诉求能否得到法院支持？为什么？

3. 民兴银行拒绝付款的理由能否得到支持？大钟公司可采取哪些救济手段？

4. 朱四的抗辩是否成立？为什么？大钟公司应向谁请求履行出资义务？

5. 周一、陈三对冯二股份的优先购买主张是否会影响冯小二继承其父亲的股东资格？为什么？

6. 陈三想要退出大钟公司，可以采取哪些措施？

[**案例来源：**北京市第三中级人民法院（2015）三中民（商）终字第10163号民事判决；北京市第三中级人民法院（2015）三中民（商）终字第14436号民事裁定；陕西省高级人民法院（2017）陕民申591号民事裁定；江苏省宿迁市中级人民法院（2017）苏民终671号民事判决]

二、答案精讲

1. 2014年4月，若大屋公司依照生效的租赁合同主张权利，应向谁主张租赁合同的履行责任？为什么？

答案：应向周一主张。此时，大钟公司尚未设立成功，相关民事活动的法律后果由行为人承担。按照合同的相对性要求，周一以发起人的名义签订租赁合同，理应承担合同履行的责任。

难度： 中

考点： 发起人的职责

命题和解题思路： 设立中法人的民事主体地位属性和责任承担有其特殊性，理论上可以按照合伙组织的相关规则处理。发起人在公司设立过程中具有特殊地位，既是普通的自然人，又是承担设立公司职责的主体。本题的设计需要考生注意区分公司成立前的责任承担问题和公司设立失败的责任承担问题，正确理解、适用《民法总则》第 75 条和《最高人民法院关于适用〈中华人民共和国公司法〉若干问题的规定（三）》第 2 条的规定。解题时只要能一般性记住法条规定的内容，不难作答。

答案解析：

法人设立过程中由于其法人资格尚未取得，不能由其独立承担责任。在法人设立失败的情况下，其责任承担依《民法总则》第 75 条的规定处理，即法人未成立的，其法律后果由设立人承受，设立人为二人以上的，享有连带债权，承担连带债务。本题中，租赁合同的履行责任产生时，大钟公司尚未获得成立登记，但不是设立失败。租金的支付责任应依《最高人民法院关于适用〈中华人民共和国公司法〉若干问题的规定（三）》第 2 条第 1 款的规定处理，即发起人为设立公司以自己名义对外签订合同，合同相对人请求该发起人承担合同责任的，人民法院应予支持。本案周一以自己名义代表设立中的大钟公司和大屋公司签订房屋租赁合同，大屋公司向周一主张责任符合该法条规定，也符合合同相对性原则。

2. 大鱼公司和小张各自的诉求能否得到法院支持？为什么？

答案：

（1）大鱼公司的诉求无法得到法院支持。

一般情况下，发起人以设立中公司的名义对外签订合同，公司成立后，合同相对人请求公司承担合同责任的，法院应予支持。但是本案中，合同相对人大鱼公司系马五自己的公司，且买卖合同价格远超市价，属于马五借设立公司的机会为自己牟利。大钟公司以此为由主张不承担责任的，法院应予支持。

（2）小张的诉求能够得到法院支持。

本案中，周一是为了设立中的大钟公司的场地需要而雇佣小张拆除墙体，属于发起人因履行公司设立职责的职务行为。在此种情形下，小张在拆除墙体过程中受伤，请求大钟公司承担赔偿责任的，符合我国法律规定。

难度： 中

考点： 发起人责任与公司责任的区分

命题和解题思路： 此题考查了公司设立过程中，发起人以公司名义对外签订合同和发起人因履行公司设立职责造成他人损害的情形。这是《最高人民法院关于适用〈中华人民共和国公司法〉若干问题的规定（三）》第3条和第5条规定的重要内容。发起人以公司名义订立合同时，一般情况下由公司承担合同责任，但法条还规定了发起人以公司名义谋私利，则公司可以据此进行抗辩。针对因履行公司设立职责造成他人损害的情况，须区分公司是否成立两种情形。

答案解析：

（1）《最高人民法院关于适用〈中华人民共和国公司法〉若干问题的规定（三）》第3条规定：发起人以设立中公司名义对外签订合同，公司成立后合同相对人请求公司承担合同责任的，人民法院应予支持。公司成立后有证据证明发起人利用设立中公司的名义为自己的利益与相对人签订合同，公司以此为由主张不承担合同责任的，人民法院应予支持，但相对人为善意的除外。

本案中马五为了自己利益以设立中公司的名义对外订立合同，大钟公司可以据此抗辩，拒绝承担合同责任。

（2）《最高人民法院关于适用〈中华人民共和国公司法〉若干问题的规定（三）》第4条规定：发起人因履行公司设立职责造成他人损害，公司成立后受害人请求公司承担侵权赔偿责任的，人民法院应予支持；公司未成立，受害人请求全体发起人承担连带赔偿责任的，人民法院应予支持。公司或者无过错的发起人承担赔偿责任后，可以向有过错的发起人追偿。

本案中，周一的行为属于发起人因履行公司设立职责的职务行为，且大钟公司已经成立，应当由大钟公司承担损害赔偿责任。

3. 民兴银行拒绝付款的理由能否得到支持？大钟公司可采取哪些救济手段？

答案：

（1）民兴银行拒绝付款的理由能够得到支持。

支票属于见票即付的票据，禁止签发空头支票。民兴银行可以大平公司的存款金额不足为由拒绝付款。

（2）由于民兴银行拒绝付款，大钟公司就无法收到孔六的出资，孔六属于未履行其出资义务，大钟公司可以采取如下救济手段：

首先，要求孔六补足出资，也可请求其他发起人和孔六承担连带责任，发起人承担责任后，可以向孔六追偿。

同时，大钟公司可以通过股东会决议，从而限制孔六的新股优先认购权、利润分配请求权、公司剩余财产分配请求权等股东权利。

最后，经大钟公司催告缴纳，孔六在合理期限内仍未缴纳出资的，公司可以股东会决议的形式解除孔六的股东资格。

难度：难

考点：公司的资本

命题和解题思路：此题主要考查了公司股东未缴纳出资的情形下公司的救济方法，并穿插了票据法内容。《最高人民法院关于适用〈中华人民共和国公司法〉若干问题的规定（三）》的第13条规定了股东未缴纳或未完全缴纳出资的后果，第16条规定了对出资瑕疵股东的权利限制，第17条则是针对未缴纳出资股东剥夺其股东资格给予了法律上依据。

答案解析：

（1）《票据法》第88条规定："支票的出票人所签发的支票金额不得超过其付款时在付款人处实有的存款金额。出票人签发的支票金额超过其付款时在付款人处实有的存款金额的，为空头支票。禁止签发空头支票"。《票据法》第90条规定："出票人必须按照签发的支票金额承担保证向该持票人付款的责任。出票人在付款人处的存款足以支付支票金额时，付款人应当在当日足额付款"。民兴银行据此可以大平公司的存款金额不足为由拒绝付款。

（2）《最高人民法院关于适用〈中华人民共和国公司法〉若干问题的规定（三）》第13条规定：股东未履行或者未全面履行出资义务，公司或者其他股东请求其向公司依法全面履行出资义务的，人民法院应予支持。

公司债权人请求未履行或者未全面履行出资义务的股东在未出资本息范围内对公司债务不能清偿的部分承担补充赔偿责任的，人民法院应予支持；未履行或者未全面履行出资义务的股东已经承担上述责任，其他债权人提出相同请求的，人民法院不予支持。

股东在公司设立时未履行或者未全面履行出资义务，依照本条第一款或者第二款提起诉讼的原告，请求公司的发起人与被告股东承担连带责任的，人民法院应予支持；公司的发起人承担责任后，可以向被告股东追偿。

《最高人民法院关于适用〈中华人民共和国公司法〉若干问题的规定（三）》第16条规定：股东未履行或者未全面履行出资义务或者抽逃出资，公司根据公司章程或者股东会决议对其利润分配请求权、新股优先认购权、剩余财产分配请求权等股东权利作出相应的合理限制，该股东请求认定该限制无效的，人民法院不予支持。

《最高人民法院关于适用〈中华人民共和国公司法〉若干问题的规定（三)》第17条规定：有限责任公司的股东未履行出资义务或者抽逃全部出资，经公司催告缴纳或者返还，其在合理期间内仍未缴纳或者返还出资，公司以股东会决议解除该股东的股东资格，该股东请求确认该解除行为无效的，人民法院不予支持。

据此，公司可以从催缴出资、限制股东权利两方面着手救济，并可在合理期限后，通过股东会决议解除未履行出资义务的股东的股东资格。

4. 朱四的抗辩是否成立？为什么？大钟公司应向谁请求履行出资义务？

答案：

（1）朱四的抗辩不成立。

股东的出资义务是法定义务，股权转让时如存在出资不实情形，原股东的补足出资义务不因股东身份尚失而免除。此外，根据公司法规定，公司股东未全面履行出资义务的，公司请求其全面履行的，不能以超过诉讼时效为由进行抗辩。

（2）大钟公司可向朱四及阿花请求履行出资义务。

根据公司法规定，阿花在受让股权时知道朱四未完全履行出资义务，应当与朱四承担连带责任。并且根据阿花与朱四之间的股权转让协议，由阿花承担出资义务，因此阿花不能向朱四追偿。

难度：难

考点：股东的义务

命题和解题思路：此题考查的是瑕疵股权转让的法律后果。《最高人民法院关于适用〈中华人民共和国公司法〉若干问题的规定（三)》中对股东的出资义务及瑕疵出资的法律后果作了翔实的规定。第18条规定承认了瑕疵股权转让的可行性，但并未免除瑕疵股东的出资义务，而是由股东与非善意受让人承担连带责任。同时，基于公司资本维持原则，股东补足出资的义务不能以超过诉讼时效为由进行抗辩。

答案解析：

(1)《最高人民法院关于适用〈中华人民共和国公司法〉若干问题的规定（三)》第18条规定：有限责任公司的股东未履行或者未全面履行出资义务即转让股权，受让人对此知道或者应当知道，公司请求该股东履行出资义务、受让人对此承担连带责任的，人民法院应予支持；公司债权人依照本规定第十三条第二款向该股东提起诉讼，同时请求前述受让人对此承担连带责任的，人民法院应予支持。受让人根据前款规定承担责任后，向该未履行或者未全面履行出资义务的股东追偿的，人民法院应予支持。但是，当事人另有约定的除外。

据此，朱四并未免除其出资义务，大钟公司可向朱四及阿花请求履行出资义务。在朱四和阿花的转让协议中，规定了由阿花承担出资义务，则阿花不再向朱四追偿。

(2)《最高人民法院关于适用〈中华人民共和国公司法〉若干问题的规定(三)》第19条规定：公司股东未履行或者未全面履行出资义务或者抽逃出资，公司或者其他股东请求其向公司全面履行出资义务或者返还出资，被告股东以诉讼时效为由进行抗辩的，人民法院不予支持。

据此，朱四的诉讼时效抗辩理由不成立。

5. 周一、陈三对冯二股份的优先购买主张是否会影响冯小二继承其父亲的股东资格？为什么？

答案：不会影响冯小二继承其父亲的股东资格。

首先，周一、陈三主张行使其优先购买权的行为没有法律依据。公司法规定了有限责任公司的自然人股东因继承发生变化时，其他股东主张优先购买权的，人民法院不予支持，但是公司章程另有约定或全体股东另有约定的除外。其次，本案中并无任何案情表明大钟公司的公司章程有这样的特殊约定，因此应当保护冯小二的继承权，股份优先购买权在本案中并不适用。

此外，根据公司法规定，自然人股东冯二死亡后，其合法继承人冯小二可以继承股东资格；且本案中，并未表明大钟公司的公司章程对股东资格的继承有其他约定。

难度：中

考点：有限责任公司的股权转让

命题和解题思路：本题考查了股权继承中的优先购买权问题。《公司法》赋予了自然人股东的合法继承人在该股东死亡后，继承股东资格的合法性。同时，《最高人民法院关于适用〈中华人民共和国公司法〉若干问题的规定(四)》第16条否定了此种情形下，公司其他股东的优先购买权。本题中，主张优先购买权的股东的持股比例会影响考生的判断，从而和一般的股权对外转让规则相混淆。

答案解析：

(1)《公司法》第75条规定：自然人股东死亡后，其合法继承人可以继承股东资格；但是，公司章程另有规定的除外。

大钟公司的公司章程对继承无约定，因此无须考虑其他股东是否同意，冯小二可直接继承股东资格。

（2）《最高人民法院关于适用〈中华人民共和国公司法〉若干问题的规定（四）》第16条规定：有限责任公司的自然人股东因继承发生变化时，其他股东主张依据公司法第71条第3款规定行使优先购买权的，人民法院不予支持，但公司章程另有规定或者全体股东另有约定的除外。

大钟公司的公司章程对此无其他约定，因而该条排除了其他股东的优先购买权。

6. 陈三想要退出大钟公司，可以采取哪些措施？

答案：陈三可采取以下三种措施：

第一种：陈三可以与周一等其他股东协商，从而在公司内部转让股权给其他股东退出公司，无须经过其他股东同意即可进行。

第二种：陈三可经其他股东过半数同意，或将股权转让给第三人，或由其他股东行使优先购买权而受让陈三的股份。

第三种：根据《公司法》的规定，陈三对公司股东会作出的合并决议持有异议，享有股权回购的请求权，可与公司协商，要求公司以合理的价格回购股权。在决议通过之日起60日内协商，无法达成收购协议的，在决议通过之日起90日内向人民法院起诉，要求公司以合理的价格强制收购。

难度：中

考点：股东的权利

命题和解题思路：此题同时考查了有限责任公司的合并程序与异议股东回购请求权的情形。股东会有关公司的合并的决议须经代表2/3以上表决权的股东通过。同时，公司法一般不允许公司回购自己的股权，但在特殊情况下，对股东会的某些决议投反对票的股东可以请求公司收购起股权。本案中，陈三除了行使异议股东回购请求权，还可以通过普通股权转让的方式退出公司。

答案解析：

（1）《公司法》第71条规定：有限责任公司的股东之间可以相互转让其全部或者部分股权。

股东向股东以外的人转让股权，应当经其他股东过半数同意。股东应就其股权转让事项书面通知其他股东征求同意，其他股东自接到书面通知之日起满30日未答复的，视为同意转让。其他股东半数以上不同意转让的，不同意的股东应当购买该转让的股权；不购买的，视为同意转让。

因此，陈三可以通过内部转让和外部转让两种方式来转让其股份，从而退出公司。

（2）《公司法》第74条规定：有下列情形之一的，对股东会该项决议投反对票的股东可以请求公司按照合理的价格收购其股权：①公司连续五年不向股东分配利润，而公司该五年连续盈利，并且符合本法规定的分配利润条件的；②公司合并、分立、转让主要财产的；③公司章程规定的营业期限届满或者章程规定的其他解散事由出现，股东会会议通过决议修改章程使公司存续的。

自股东会会议决议通过之日起60日内，股东与公司不能达成股权收购协议的，股东可以自股东会会议决议通过之日起90日内向人民法院提起诉讼。

根据本条，陈三享有异议股东回购请求权。

课程安排： 分为基础考点精讲、重要专题突破、应试训练提高、考前预测突破四个阶段

授课资料： 特训班纸质版内部讲义+《终极主观题》纸质版讲义

授 课 人： 前命题人团队

报名通道： 扫描右方二维码

咨询电话： 400-839-3366

班次名称	12.31之前	2019.2.4之前	2019.4.15之前	2019.4.16以后
主观题全程保过班	9800元	12800元	15800元	19800元

主观题冲刺保过班

权威预测考点试题/ 快速提升答题能力/不过关,全额退费

开课时间： 2019年10月

课程特点： 透析命题趋势，密押各科考点，传授解题技巧，强化答题能力

授课资料： 《终极主观题》纸质版讲义一套（2本）

授 课 人： 前命题人团队

报名通道： 扫描右方二维码

咨询电话： 400-839-3366

课程内容

独家试题： 三十余道模拟题，含多学科交叉试题，全部由前命题人团队按照规范流程命制。

考点预测： 权威预测2019年法考主观题必考点，一次过关有保障。

深度讲解： 由前命题人团队讲解，40个小时以上课程，透析命题思路、解题方法等。

应试训练： 由阅卷中心批改30道以上试题，以练促学，学练结合，提高10-30分。

班次名称	授课日期	2019.7.31之前	2019.8.1-客观题成绩公布前	客观题成绩公布后
主观题冲刺保过班	10月1日-主观题考前	2980元	3480元	3980元

备注：提前报名主观题保过班，如果客观题考试未过，全额退费。

2019

国家统一法律职业资格考试系列用书

命题人讲主观题

民事诉讼法与仲裁制度

桑　磊◎主编

吴志伟◎编著

中国经济出版社
CHINA ECONOMIC PUBLISHING HOUSE

中国石化出版社
HTTP://WWW.SINOPEC-PRESS.COM

图书在版编目（CIP）数据

命题人讲主观题．民事诉讼法与仲裁制度/桑磊主编．

—北京：中国经济出版社：中国石化出版社，2018. 12

2019 国家统一法律职业资格考试系列用书

ISBN 978 – 7 – 5136 – 5451 – 7

Ⅰ. ①命… Ⅱ. ①桑… Ⅲ. ①民事诉讼法—中国—资格考试—自学参考资料 ②仲裁法—中国—资格考试—自学参考资料 Ⅳ. ①D92

中国版本图书馆 CIP 数据核字（2018）第 267547 号

策划编辑　崔姜薇

责任编辑　崔姜薇　王建昌

责任印制　马小宾

封面设计　任燕飞装帧设计工作室

出版发行　中国经济出版社

印 刷 者　北京柏力行彩印有限公司

经 销 者　各地新华书店

开　　本　710mm × 1000mm　1/16

印　　张　13. 5

字　　数　242 千字

版　　次　2018 年 12 月第 1 版

印　　次　2018 年 12 月第 1 次

定　　价　36. 80 元

广告经营许可证　京西工商广字第 8179 号

中国经济出版社　**网址** www. economyph. com　**社址** 北京市西城区百万庄北街 3 号　**邮编** 100037

本版图书如存在印装质量问题，请与本社发行中心联系调换（联系电话：010 – 68330607）

>> PREFACE 前 | 言

法考元年，考试主管机关经过多年酝酿，终于将考试分为客观题和主观题两个阶段，将主观题从司考时代的第四卷独立为一个阶段的考试，分值也从 150 分增至 180 分，同时考场上配备法律法规汇编，实现了客观题考查基础知识、主观题考查能力的不同分工，增强了考试的科学性，彰显了主管机关不断推进考试改革的决心。

一、首次主观题考试的特点

根据多年的相关经验，在“2018 年桑磊法考主观题保过班”上，本人预测了首次主观题考试的四大特点，即理论性、融合性、开放性和限缩性。

（一）理论性显著增强。主观题考试考查考生运用法律知识解决实际问题的能力，在一定程度上，可以说就是考查理论深度。

（二）融合性突出。会出现两学科甚至多学科的交叉融合考查。这是试题形式上的最大变化。分两个层次：①刑法与刑诉结合、民法与民诉结合，甚至民法与商法、民诉结合。②再进一步，将民法、刑法、行政法结合，或者与司法制度、法律文书结合。

（三）开放性进一步得到体现。司考时期只有第四卷第七题是开放性试题，无标准答案，评阅时实行“双评”。法考时期，开放性试题会增多，允许有多个答案，只要言之有理、有理有据即可。

（四）限缩性趋势明显。这一特点主要在于主观题考试题量的变化方面。即法考主观题考试可能在原来卷四基础上增加一两道融合性试题，也可能减少题量，只出几道试题。法考未来的趋势是主观题数量会减少，通过少量的论述题即可考查考生的能力。

2018 年首次法考主观题考试结束后，从广大考生的普遍反馈来看，上述四大特点基本得到了验证，特别是融合性和限缩性两个方面。在融合性方面，出现了一道“大民事”综合性试题，共13问，融合考查了民法、商法、民事诉讼法三科的相关知识要点；在限缩性方面，全卷只有6道试题，其中两道选做题择一，考生实际上只需做五道试题，与司考时代第四卷相比，题量减少了两道试题题量。

二、主观题考试趋势分析

由于首次主观题考试尚处于从司考向法考的过渡期，主管机关出于在改革的同时兼顾稳定性的考量，尚未大刀阔斧地进行试卷的调整。但可以预测的是，鉴于首次考试已经成功举办，且各方反应良好，接下来，主管机关将会对主观题试题进一步调整，以期充分发挥主观题考试的测试目的，真正实现考试改革的初衷。

2019年及之后的主观题考试会怎样考查呢？本人觉得有以下几点值得强调：

一是融合性继续扩大。在2018年出现一道综合性大题之后，2019年及之后会加大考查力度，有可能增加此种类型题目的命题数量，或者出现融合涉及三大实体法的试题。

二是限缩性进一步增强。多学科综合性试题增多之后，无须增加题量即可达到考查的目的，所以题量的长远趋势是继续削减。我国近年来的考试改革借鉴了大陆法系国家的成熟经验，从大陆法系国家的通行做法来看，只需少量试题即可实现对考生法律实际运用能力的考查。

三是主观性逐步强化。主观题之所以为主观题，是因为无论在考查目的上还是试题形式上，都与客观题明显不同。其中的一个显著特点是提问的笼统性，并且往往只设置极少提问，如前几年只设置了一问的刑法主观题（2017年、2015年、2014年、2009年）和第七题，这样才能真正考查考生的分析能力。而传统的、设有很多小问的案例分析大题并不是真正意义上的主观题，那样更类似客观题，其并不能实现主观题考试的测试目的。因此，长远来看，主观题的设问会减少，答案也将会更加开放。

根据以上主观题考试命题趋势，本人特意组织前命题人团队编写了本套用书。其中，撰写每个科目的作者老师均具有丰富的命题经验，他们在书中为大家分析了本学科的命题规律和趋势，提炼了解题思路，详细阐述了主观题考点，并对近十年的主观题进行了深入剖析。最后，每科为大家提供了3~5道高质量的模拟试题，其中有两科甚至多科的融合性试题，希望大家反复认真练习，力争掌握解题的诀窍。

另外，对于书中的经典真题和模拟试题，各科目的作者老师还分别录制了配套的微课讲解视频，大家在书中试题的位置手机扫码即可观看。自 2019 年 1 月开始，本人也会组织各科老师为大家带读考点内容，届时敬请广大读者关注“桑磊法考”微信公众号。

唯一深表遗憾的是，由于司法部没有公布 2018 年主观题，而考生的回忆版并不准确，从对考生读者负责的角度，本套书中暂未收录相关试题，而谨以前命题人团队在精准把握 2019 命题趋势的基础上，精心命制的各科目模拟试题以飨广大考生读者。

由于成书仓促，错误之处在所难免，恳请大家指正。

最后，预祝大家 2019 年度能够顺利通过主观题考试，圆梦法考！在法考之路上，我们将和大家同行！

桑 磊

2018 年 11 月

>> CONTENTS 目录

第一部分　命题人讲命题

首届法考大幕已然落下，想必各位已领略或耳闻了主观题考试的新变化。13问的民事综合案例题，令诸多考生闻之色变。我们如何在2019年的法考中做到顺势而为，达到事半功倍之效，是备考首先要解决的大问题。如果将法考比喻为一段奇幻之旅，对于即将启程的诸位考生，目标既已确定，路线选择至关重要，我们绝对不能犯南辕北辙式的方向性错误。本部分内容，从宏观视角梳理了近十年真题，总结命题规律和法考的新动向，并据此提出可行的备考策略和解题技巧。我们亮明“前命题人”的身份不是炫耀曾经的荣誉，而是代表一份可信的经验，透析法考的独特视角。希望我们的努力，可以为各位考生的法考之旅带来别样的风景。

一、历年命题规律归纳

（一）司考时代的主要规律

本学科在司法考试时代每年单独考查1题，分值约为20分。民事诉讼制度无疑是考查重点，2008—2017年的十年间共考查过9次，仲裁制度仅在2009年命题考查。纵观近十年主观题，在命题形式、考查内容等方面存在以下规律可循，考生可据此有针对性地进行高效备考。

从命题形式来看，本学科主观题命题形式多样。大体有三类题型：第一类是传统型题目。往往以合同纠纷或者侵权纠纷作为命题素材，编制案例对管辖、当事人、证明责任分配、一审、二审和再审程序规则等重点考点进行综合考查；第二类是论述题。既有大论述题（整道题都是论述题），也有小论述题（某一问是论述题）。论述题的考查内容较为固定，主要涉及民事纠纷解决机制、案外人权利救济方式等；第三类是综合拓展型题目。除了考查民事诉讼和仲裁制度之外，还搭配考查民事起诉状、民事判决书等法律文书格式以及法官、律师的职业道德规范。

从考查内容来看，本学科绝大多数考题考查的是法条的识记与应用，熟知法律规定即可获得正确答案。偏重理解的理论型考题相对较少，学科整体难度较低，得分相对容易。民事诉讼法是司考学科中“性价比最高”的说法绝对实至名归。

从设问方式来看，本学科绝大多数题目采用传统的设问形式，设问直接揭示考点，难度较低。如本案哪些法院有管辖权，分析二审当事人的诉讼地位等；少量题目采用开放式设问形式，考点设计相对隐晦，有些甚至要基于对诉讼制度的整体性把握才能作出判断，难度颇高。如本案重审应当在程序上注意哪些特殊事项等。

（二）2018 年法考的新动向

2018 年首届法考中，民事诉讼法并未单独命题，取而代之的是一道民法、商法、民事诉讼法和仲裁制度大融合的综合性案例题，全题共有 13 个设问。案情复杂曲折，涉及建设工程施工、借款、房屋销售委托等多种合同关系，绝大多数题目需要结合诉讼法原理和案情表述作出判断。该案例题充分体现了法考主观题理论化、综合化、实务化的命题趋势。该趋势相信在日后的法考中仍将会得以延续，侧重考查考生运用实体法和程序法解决实际法律纠纷的能力，通过综合型案例测试考生法律关系的分析能力、法律适用规则的掌握情况。

2009—2018 年民事诉讼法主观题考点

年份	分值	命题素材	考点
2018	24	建设工程施工合同、借款合同、房屋销售委托合同、破产	仲裁协议效力的认定、上诉能否变更诉讼请求、撤销仲裁裁决的情形及管辖法院、重复起诉的认定、受理破产后债务人纠纷能否仲裁
2017	19	建筑物、构筑物或者其他设施及其搁置物、悬挂物发生脱落、坠落致人损害侵权	侵权纠纷的管辖、当事人的确定、证明责任分配、遗漏必要共同诉讼人、送达方式、缺席判决、二审案件裁判方式
2016	22	机动车交通事故侵权、挂靠、提供劳务行为	当事人的确定、证明责任分配、证明力的形成方式、申请再审的管辖法院和理由、再审审理程序、再审审理范围、律师执业行为规范
2015	22	抵押贷款合同纠纷、案外人权利救济方式	案外人申请再审与案外人异议之诉的区别、第三人撤销之诉、第三人撤销之诉与案外人申请再审的程序特定以及能否并用
2014	20	遗产分割诉讼、案外人权利救济方式	执行和解的法律后果、执行异议和执行异议之诉、第三人撤销之诉、参与分配的适用条件
2013	25	人身损害赔偿诉讼	起诉状或判决书的格式、上诉案件的调解、发回重审的特殊规则、调解和审判的关系

续表

年份	分值	命题素材	考点
2012	20	机动车交通事故侵权	侵权纠纷的管辖、证据的学理分类和法定种类、证明责任的适用、辩论原则、二审案件裁判方式
2011	19	劳动合同纠纷、侵权赔偿诉讼	当事人的确定、证据的客观性、证据的法定种类、“全权代理”的权限、起诉的条件、劳动纠纷的解决方式
2010	20	煤炭买卖合同纠纷	协议管辖、当事人的确定、一审漏判的处理、二审当事人的确定、上诉案件的调解、申请再审的管辖法院和理由、再审审判程序
2009	20	房屋买卖合同仲裁	仲裁协议的效力认定、仲裁回避决定主体、重新进行仲裁程序决定主体、仲裁员确定、仲裁协议效力的确认机构及程序、执行仲裁裁决程序、申请撤销仲裁裁决的条件、仲裁裁决中止执行、通知仲裁庭重新仲裁、撤销仲裁裁决

二、2019 年命题趋势预判

民事诉讼法属于法条型学科，以往绝大多数的主观题翻阅法条即可获知答案，无非是涉及法条数量的多寡而已。在法考主观题提供法条的背景下，本学科的考查角度和命题方式将会发生较大变化。具体包括：

一是**求“广”**。具言之，较少考查单一法条试题，解题依据可能会涉及诸多法律规定，如果平时没有积淀，考场上临时抱佛脚式地翻阅法条将会浪费大量时间，到头来得不偿失。如程序瑕疵的识别等综合性、开放式问题可能会获得命题人的偏爱，而管辖制度等有直接法律依据的送分题将很少会命题，即便要考也会涉及多种管辖制度的综合运用或者考查实体法中有关管辖的规定。

二是**求“深”**。本学科的“深”主要体现在理论型考点以及考点知识的推理运用。理论型考点大体包括诉、适格当事人判断、证据的学理分类、证明责任分配、重复起诉的认定等。所谓“考点知识的推理运用”，是指民事诉讼法及其相关司法解释对考查情形并无明文规定，但是根据既有规定结合诉讼法原理可以推导得出答案，此类试题将会明显增多。

三是**求“偏”**。考查内容故意规避传统的重点考点，复习押重点走捷径的考生可能会吃到苦头。平时没复习到，翻法条都不知道到哪翻。实际上，该趋势在

2018 年法考中已有苗头，本学科近一半的考题考的是仲裁法的内容，再结合破产法命题，有点剑走偏锋的意味。

从考查形式来看，“六选五”的试题总量较大可能会继续保持，仍会强调命题的综合化、实务化、理论化。2018 年民事法律的综合命题可能只是牛刀小试，日后还可能会出现刑法和刑诉综合命题、法理学和部门法融合命题，甚至还可能出现三大实体法综合题等诸多形式。

三、2019 年备考策略

高手比武讲求见招拆招。各位考生在复习中要顺应法考新趋势、新动向，有针对性地安排备考计划。要善于总结命题规律，学会像命题人一样思考问题，这样的复习无疑会事半功倍。就本学科而言，可运用以下方式备战主观题考试。

第一，**深入钻研理论型考点和相关诉讼基本理论**。这些考点都不是手拿法条就可以搞定的，解题需要平时较为扎实的理论储备。备战主观题，应吃透本学科为数不多的理论型考点。首先要从知识层面全面掌握考点涵盖的全部内容，准确理解涉及概念的基本内涵；其次要练习运用民诉基本理论去分析具体案例，如判断诉的类型、确定是否重复起诉等。

第二，**熟悉法律和司法解释规定**。平时要经常翻阅法典和司法解释，熟悉体系结构，保证在考场上能够根据需要迅速锁定相关的法律规定。2018 年法考提供法条，但很多考生反映根本没有时间翻阅。这说明法考变为 4 个小时后，时间依旧十分紧张。本学科如果遇有翻阅法条可得答案的考题，应既快又准地确定法律依据准确作答。如 2018 年考查撤销仲裁裁决的管辖法院就属于典型的法条题，这样的分数一定要笑纳。考场上翻阅法条不是去找寻答案，而是去印证答案。

第三，**研习经典案例**。何谓经典案例？首选指导性案例，次选公报案例，还应关注影响性诉讼案件，重点关注案件的裁判要旨。通过研读经典案例，可培养快速阅读抓取关键信息、法律关系梳理、法律适用等能力，这是考生在解答法考主观题时需要具备的基本素质。2018 年法考中，部分试题就考查到了指导性案例裁判要旨的内容，这一动向值得考生高度关注。

四、高分解答指引

（一）案例型主观题解题方法

一般来说，命题人欲增加案例题难度大体有两种方法：一是增加案例的复杂程度；二是设计开放式设问。对于案情疑难复杂的案例，建议采用“法律关系分析法”解题。诉讼法命题离不开实体法案例，综合型命题自不必说，单独命题亦是如此。有些案例中涉及主体多，案情曲折复杂，要借助画人物关系图，梳理、分析各主体之间存在的民事法律关系。判明民事法律关系，可以避免解题犯方向性错误。鉴于民事诉讼法的特殊性，尤其要结合原告的诉讼请求做出分析。厘清原告诉请的民事法律关系，是确定案件管辖法院、处分原则、适格当事人、诉讼标的、诉的分类、证明责任分配等重要民事诉讼理论的前提条件，也是判断一审裁判是否存在瑕疵的重要切入点，可谓牵一发而动全身。解答开放式设问题时，应根据案情表述，首先判断命题人的考查意图和知识点，有些题目甚至可从实体法和程序法两个维度进行总结梳理，确定考点后开放式设问也就迎刃而解了。

（二）论述型主观题解题方法

首先，要注意审题，明确答题要求。这可避免跑题，跑题是论述题答题的大忌。以2013年论述题为例，“结合本案和社会发展情况”就是答题要求，论述中未涉及肯定会扣分。其次，要提炼自己的核心观点。论述题相当于小论文，要鲜明地亮出自己的观点，再围绕观点展开论述。最后，在表达上应力求精练准确；技术上应做到分段论述，每段有主旨句，字数达标。

本书力求做到“既授之以渔，又授之以鱼”，成为考生法考之路上的“良师益友”。我们从方法、知识、经验、实践等多层面为主观题备战提供助力，其中，分析命题规律，可为考生复习提供方法指引；筛选重点考点，可为考生答题提供知识储备；精解真题，可为考生解题提供宝贵经验；高仿模拟题，可为考生备考提供实战契机。岂曰无衣，与子同袍。法考路上我们与您一路风雨同行！

第二部分　命题人讲考点

考点1　民事纠纷的解决方式

命题分析

“民事纠纷的解决方式”在主观题中经常获得命题人的眷顾，属于主观题中的高频考点。近十年间共考查2次。

从考查形式来看，主要以案例大题或者论述题形式考查。常见的考查方式是让考生判断某案件（主要考查劳动合同纠纷）可以采取的纠纷解决方式，或者论证和解、调解、仲裁和诉讼等不同纠纷解决方式之间的适用关系。考生既要熟记每类纠纷解决机制的适用条件、适用范围等基础理论，又要结合时代背景和试题材料分析各种纠纷解决方式的适用关系。这对考生的理论功底和文字表达能力均有较高要求。

从命题趋势分析，法考主观题考试如果命制民事诉讼法的论述题，本考点是最为合适的命题切入点。本考点在案例大题中考查的概率不高，即便考查也是送分题。

考点解析

一、民事纠纷解决方式概述

常用的民事纠纷解决方式包括和解、调解、仲裁和诉讼，每一类纠纷解决方式的内涵、适用范围和法律效力有所差异。具体参见下表：

类型	民事纠纷解决方式	内涵	案件类型	法律效力
私力救济	和解	纠纷双方当事人**自主协商**化解民事纠纷	不受限制	无法律约束力
社会救济	调解	纠纷双方当事人在**第三方组织下协商**化解民事纠纷	不受限制	人民调解协议有法律约束力，但不可强制执行

续表

类型	民事纠纷解决方式	内涵	案件类型	法律效力
社会救济	仲裁	纠纷**双方当事人同意**由仲裁机构对纠纷予以裁断	合同和其他财产权益纠纷	有法律约束力，可由法院强制执行
公力救济	诉讼	法院在诉讼参与人的参加下，**按照法定程序**，审理并解决民事纠纷	受法院主管范围限制	有法律约束力，可强制执行

说明：1. 本表中的“调解”不包括法院调解。

2. 本表中的“仲裁”仅指民商事仲裁，不包括劳动争议仲裁。

二、非讼解决方式

（一）和解

和解强调纠纷主体自行协商化解纠纷，没有第三方介入。其适用并无范围、程序等限制，**任何类型的民事纠纷都可以选择和解**。在案例题或选择题中确定纠纷解决方式时，绝不可忘记和解方式。

原则上，当事人达成的和解协议不具有法律约束力。一方拒不履行和解协议，对方不能主张违约责任，也不能申请强制执行。此时，对方可以就其纠纷向法院提起民事诉讼。

和解可以分为诉讼中和解以及诉讼外和解。具体见下表：

和解类型		处理方式	法律效果
诉讼外和解		—	无法律约束力，不履行和解协议，既不能主张违约责任，也不能申请强制执行
诉讼中和解	一审中和解	撤回起诉	无法律约束力，不履行和解协议，只能就该纠纷再行起诉
		法院审查后制作调解书	申请法院执行生效调解书
	二审中和解	撤回上诉	一审判决发生法律效力；不履行和解协议，可申请执行一审判决
		法院审查后制作调解书	原审判决视为撤销；申请法院执行生效调解书
		撤回起诉	法院准许后应一并撤销一审裁判；后重复起诉法院不予受理

续表

<table>
<tr><th colspan="2">和解类型</th><th>处理方式</th><th>法律效果</th></tr>
<tr><td rowspan="4">诉讼中和解</td><td rowspan="3">再审中和解</td><td>撤回再审申请</td><td>再审程序终结，恢复原裁判文书的执行</td></tr>
<tr><td>法院审查后制作调解书</td><td>原判决、裁定视为被撤销；申请法院执行生效调解书</td></tr>
<tr><td>撤回起诉（适用一审程序）</td><td>法院准许后应一并撤销原判决、裁定、调解书；后重复起诉法院不予受理</td></tr>
<tr><td>执行和解</td><td>提交法院后中止执行</td><td>不履行和解协议，可申请恢复执行原生效法律文书，也可就履行执行和解协议起诉</td></tr>
</table>

补充说明：当事人主张依据和解协议制作判决书，法院不予准许，但无民事行为能力人的离婚案件、涉外案件除外。

（二）调解

与和解相比，调解最显著的特征是出现了居中斡旋的第三方。我国调解形式多样，包括人民调解、行政调解、行业调解、律师调解、仲裁调解和法院调解等。严格说来，作为社会救济的调解不包括法院调解，因为法院调解属于诉讼调解，是法院行使审判权的特殊形式。为全面了解我国调解制度，此处也对法院调解予以介绍。

人民调解委员会的调解协议，具有法律约束力，但没有强制执行效力。一方当事人不履行人民调解协议，对方可以向法院起诉，请求法院判令对方履行调解协议，但不能起诉要求法院重新解决该民事纠纷。人民调解协议还可通过特别程序中“**确认调解协议程序**”，由双方当事人共同向法院申请，通过裁定书使其获得强制执行效力。

法院调解和仲裁调解不但具有法律约束力，调解书还是法定的执行根据。一方当事人拒不履行调解书确定的给付义务，对方可据此直接申请法院强制执行。

调解不是民事纠纷解决的必经程序。但法院审理**离婚案件**，应当进行调解。

（三）仲裁

民商事仲裁仅适用于解决合同及其他财产权益纠纷，**婚姻、收养、监护、抚养、继承等人身性质纠纷不可以仲裁**。对于财产性质的纠纷，仲裁和诉讼是“**或裁或诉**”的关系。具言之，就财产纠纷双方有合法有效的书面仲裁协议，选择了仲裁该案就应当通过仲裁解决，提起诉讼法院不予受理。仲裁裁决作出后，当事人就该纠纷向法院起诉，法院不予受理。

劳动争议案件采用“一裁两审”模式，**仲裁是处理劳动争议案件必经的法律**

程序。劳动仲裁是诉讼的前置程序，未经劳动仲裁直接向法院起诉，法院不予受理。

仲裁适用条件相对复杂，它是命题人最容易设陷阱之处，考生答题时应重点留意。

考点2 诉

命题分析

诉是本学科最为抽象、理论性最强的考点之一。虽然本考点在以往的主观题中从未命题，但基于本考点内容的理论特性，在法考时代命题人如欲提高民诉考题的理论深度，本考点将是不二之选。相对而言，诉讼标的的确认、反诉的识别、诉的类型的判断等知识点更具可考性，复习时应重点掌握。

考点解析

一、诉的要素

诉的要素可以使诉特定化，是区分此诉与彼诉、判断是否构成重复起诉的重要依据。

（一）当事人

当事人是诉的主体要素，任何一个诉都有提起诉讼的一方当事人和被诉的另一方当事人。此处的当事人必须是适格当事人，否则诉将失去意义。因此，法院审理民事案件，都要首先明确当事人是否适格。

（二）诉讼标的

诉讼标的是指当事人之间发生争执并要求法院作出裁判的民事法律关系。诉讼标的是诉的客体要素，是法院裁判的对象。

特别提醒：

1. 诉讼标的不同于诉讼标的物。诉讼标的物是指民事法律关系所指向的对象。任何一个案件都具有一个特定的诉讼标的，但并不是所有的案件都存在诉讼标的物。

2. 诉讼标的不同于诉讼请求。诉讼请求是基于民事法律关系向法院提出的请求。诉讼过程中，诉讼标的不允许变更，但在不变更诉讼标的的前提下可以变更诉讼请求。

（三）诉的理由

诉的理由一般包括事实依据和法律依据。事实依据包括两类：一是引起民事法律关系发生、变更或消灭的事实；二是权利受到侵害或法律关系发生争议的事实。

二、诉的分类

按照**当事人诉讼请求的目的和内容**不同，可将诉分为给付之诉、确认之诉和变更之诉。

（一）给付之诉

给付之诉，是指原告请求法院判令被告向其履行特定给付义务的诉。

根据给付内容的不同，给付之诉分为财产给付之诉和行为给付之诉。行为给付之诉，包括积极的行为给付（作为），如赔礼道歉；也包括消极的行为给付（不作为），如停止侵害。

根据给付时间的不同，给付之诉分为现在给付之诉和将来给付之诉。现在给付之诉，是指判决生效后，被告即应向原告履行给付义务。将来给付之诉，是指判决生效后，被告无须立即给付，等到履行期届满时才履行给付义务。

给付之诉的特点是，法院判决具有执行效力，被告不履行给付义务，原告可以申请法院强制执行。

（二）确认之诉

确认之诉，是指原告请求法院确认与被告之间是否存在某种民事法律关系的诉。

确认之诉可分为积极的确认之诉和消极的确认之诉。积极的确认之诉，是指原告起诉要求法院确认其主张的法律关系存在的诉讼。如确认婚姻关系有效。消极的确认之诉，是指原告起诉要求法院确认其主张的法律关系不存在的诉讼。如确认婚姻关系无效。

确认之诉的特点是，原告只是要求法院审判确认其与被告之间是否存在特定的民事法律关系，并无其他诉讼目的。

（三）变更之诉（形成之诉）

变更之诉，又称形成之诉，是指原告请求法院以判决改变或消灭既存的某种民事法律关系的诉。例如离婚、解除合同、解除收养关系等。

民事法律关系由主体、客体和内容三个要素构成，原告起诉请求对任何一个要素的变更均构成变更之诉。

变更之诉的特点是，原告借助法院的判决改变原被告之间既存的民事法律关系。

特别提醒：

1. **三种诉的类型均存在确认环节，不能以是否有确认内容作为判断诉的类型依据。**确认之诉自不必说。给付之诉中法院首先要确认当事人之间是否存在特定民事法律关系，再据此判定被告是否应履行特定的给付义务。变更之诉中法院也要首先对原被告之间是否存在特定民事法律关系作出确认，再决定是否通过判决改变或消灭该民事法律关系。

2. 诉的类型应依据原告的诉讼目的作判断，无须考虑被告的答辩意见。

3. 给付之诉存在特定的给付内容，可以申请强制执行，但允许强制执行的诉并非只有给付之诉。如判决变更民事法律关系的内容，被告拒绝履行变更后民事义务，也可能会被强制执行。

解题秘籍

两步判断诉的类型

第一步，排除非讼案件。诉的类型仅针对诉讼案件而言，如案例涉及特别程序、督促程序和公示催告程序均可直接排除。

第二步，结合原告诉讼目的判断诉的类型。意在要求对方履行特定给付义务的诉是给付之诉；意在请求法院判断原被告之间是否存在某种民事法律关系的诉属于确认之诉；意在通过判决改变或消灭既有民事法律关系的诉则为变更之诉。

三、反诉

反诉，是指在诉讼过程中，本诉被告针对本诉原告向法院提出的独立的反请求。

（一）反诉与反驳

反驳是指被告针对原告提出的诉讼请求和理由，从实体上和程序上、从事实上和法律上予以否定或部分的否定。反诉与反驳都是被告依法享有的诉讼权利，其目的均在于使原告的诉讼目的无法实现。两者也存在明显的区别：

不同点	反诉	反驳
性质	被告向原告提出的独立的反请求，具有诉的性质	不提出独立的诉讼请求，没有诉的性质
独立性	不因本诉的消灭而消灭	因原告撤诉而失去意义

（二）反诉的条件

1. 须由本诉的被告向本诉的原告提出。反诉和本诉中当事人具有同一性，只不过原被告双方位置互换。

2. 须在本诉进行中提出。具体而言，反诉提出的期间是法院已经受理了本诉，但要在法庭辩论终结前提出。

3. 须向受理本诉的法院提出，且受诉法院对反诉有管辖权。

4. 须与本诉适用同一诉讼程序。

5. 须反诉与本诉之间存在牵连关系。

牵连性包括法律上或事实上的联系。具言之，反诉与本诉的诉讼请求基于**相同法律关系、诉讼请求之间具有因果关系**，或者反诉与本诉的诉讼请求基于**相同事实**。

解题秘籍

三步判断反诉

第一步，判断两个诉的当事人是否相同。反诉和本诉当事人具有同一性，如果反诉的原告不是本诉的被告，针对的对象亦非本诉的原告，那肯定不是反诉。

第二步，判断本诉审理法院对该诉是否有管辖权。主要判断有无违反专属管辖、协议管辖等情形。

第三步，判断两个诉是否存在牵连关系。主要根据两个诉的诉请是否基于相同法律关系或相同事实，或者具有因果关系作出判断。

四、诉的合并与分离

（一）诉的合并

诉的合并，是指法院将两个或两个以上彼此之间有牵连的诉合并到一个诉讼程序中审理和裁判。

诉的客体合并，是指将同一原告对同一被告提起的两个以上的诉或者反诉与本诉合并到同一诉讼程序中审理。

诉的主体合并，是指将数个当事人合并到同一个诉讼程序中审理和裁判。常见原因：①共同诉讼；②当事人在诉讼中死亡，数个继承人承担诉讼。

（二）诉的分离

诉的分离，是指法院将原先合并审理的几个诉，分开进行审理。

考点3 基本原则

命题分析

考试大纲列有8项民事诉讼法基本原则，仅有辩论原则在主观题中考查过1次。为顺应法考理论化命题趋势，本考点主要讲授辩论原则、处分原则和诚实信用原则三个理论性较强的原则。

从考查形式来看，辩论原则曾在案例大题中以找错方式进行考查。常用的考查套路是让考生判断某民事案件中法官、当事人等主体的行为违反哪一项基本原则，这会涉及辩论原则、处分原则与其他基本原则的识别。有的题目还会涉及对约束性辩论原则的理解，具有相当的理论性，难度较高。

从命题趋势分析，本考点所列三项原则颇具理论性，应侧重理解其内涵，遇有判断某一判决是否存在瑕疵时，可结合各项原则的内容予以分析确认。

考点解析

一、辩论原则

（一）辩论原则的含义

辩论原则，是指在法院主持下，当事人有权就案件事实和争议问题，各自陈述自己的主张和根据，互相进行反驳和答辩，以维护自己的合法权益。

（二）辩论原则的内容

1. 行使辩论权的主体是当事人

特别提醒：证人、鉴定人、勘验人等其他诉讼参与人虽然也会出庭陈述，但

不享有辩论权。

2. 辩论权之行使贯穿于诉讼的整个过程

在第一审程序、第二审程序和审判监督程序中，均应贯彻辩论原则。

知识拓展

特别程序、督促程序、公示催告程序、执行程序不适用辩论原则。因为对实体或程序问题存有争议方才需要辩论，而上述程序都以不存在争议作为制度设置的前提，自无辩论原则适用之可能。

3. 辩论的内容广泛

既包括实体问题，也包括程序问题。

4. 辩论的表现形式及方法多种多样

辩论既可通过口头形式进行，也可以采用书面形式表达，如提交答辩状也是行使辩论权的有效形式。

知识拓展

约束性辩论原则（辩论主义）

根据大陆法系学者的经典表述，约束性辩论原则有以下三个内容：第一，只有当事人提出并加以主张的事实，法院才能予以认定；第二，对当事人双方都没有争议的事实，法院必须照此予以认定；第三，原则上只能就当事人提出的证据进行调查。

二、处分原则

（一）处分原则的含义

处分原则，是指民事诉讼当事人有权在法律规定的范围内，处分自己的民事权利和诉讼权利。

（二）处分原则的内容

1. 行使处分权的主体是当事人或者类似于当事人的人（法定代理人、特别授权的委托代理人）。

2. 可处分的权利包括实体权利和程序权利。处分实体权利表现为：①原告有权决定诉讼请求的范围、有权变更、放弃诉讼请求；②被告有权承认原告的诉讼请求；③双方当事人有权接受或者拒绝调解、有权自行和解。

特别提醒：法院调解不同于诉讼，**调解协议可以超出当事人诉讼请求的范围**。

处分程序权利表现为：①当事人有权决定是否通过诉讼程序解决纠纷；②当事人有权决定是否行使法律赋予的诉讼权利。撤诉也是当事人行使处分权的表现形式，但要受到法院的制约，是否准许由法院审查后决定。

3. 行使处分权不得违反法律规定，不得损害国家利益、社会公共利益和他人合法权益。

（三）处分原则与约束性辩论原则的辨识

处分原则的适用对象是当事人的各项权利。基于处分权原则，当事人有权决定诉讼请求的范围，因此法院裁判不得超出当事人诉讼请求的范围。换言之，法院裁判超出当事人的诉讼请求违背了处分原则。

约束性辩论原则的适用对象是事实和证据。如果法院以当事人未主张的事实作为裁判依据，或者未将当事人无争议的事实作为裁判依据，均违反了辩论原则。

解题时，应根据材料表述确定法院裁判内容存在何种问题，如果超出了诉讼请求，属于违反了处分原则；如果超出了当事人主张的事实，则违反辩论原则。

三、诚实信用原则

（一）诚实信用原则的含义

诚实信用原则，是指当事人或其他诉讼参与人在民事诉讼中行使诉讼权利或履行诉讼义务，以及法官在民事诉讼中行使国家审判权进行审判行为时，应当公正、诚实、守信。

特别提醒：当事人、其他诉讼参与人、法官等均为诚实信用原则的适用对象。

（二）诚实信用原则的基本要求

1. 当事人的真实陈述义务。

2. 促进诉讼义务。

3. 禁止以欺骗方法形成不正当诉讼状态。

4. 禁反言。

5. 禁止滥用诉讼权利。

考点4 基本制度

命题分析

基本制度本因包含合议、回避、公开审判和两审终审四项制度，但是基于可考性考量，本考点只选取了合议制度和回避制度。本考点从未在司考主观题考试中出现，但为了防止程序改错类试题对其有所涉及，仍将其单独列为考点予以介绍。

考点解析

一、合议制度

合议制度是指由若干名审判人员组成合议庭对民事案件进行审理的制度。与其相对应的是独任制，是指由一名审判员对民事案件进行审理的制度。

（一）适用范围及合议庭组成形式

根据是否有人民陪审员参与，合议庭分为"审判员＋人民陪审员"和"审判员"两种组成形式。民事诉讼不同的程序类型，合议庭的组成形式也有所差异。

适用范围		合议庭组成形式
一审普通程序		审判员/审判员＋人民陪审员
二审程序		审判员
二审法院发回重审案件		审判员/审判员＋人民陪审员
再审程序	原审是一审程序	审判员/审判员＋人民陪审员
	原审是二审程序或者提审	审判员
特别程序（选民资格案件、重大疑难案件、实现担保物权案件中担保财产标的额超过基层法院管辖范围）		审判员
第三人撤销之诉		未明确规定
公示催告程序的除权判决		未明确规定
仲裁协议效力确认案件		未明确规定
仲裁裁决的撤销与不予执行		未明确规定

特别提醒：人民陪审员能否参与案件的审理，与审级有关，但与法院级别无

关。具言之，无论哪一级法院，只要适用第一审程序审理民事案件人民陪审员均可以参与。

（二）独任制的适用范围

独任制适用于**简易程序、特别程序（选民资格案件、重大疑难案件除外）、督促程序、公示催告程序的公示催告阶段**。

独任制原则上仅适用于基层法院及其派出法庭。例外：**海事法院在级别上属于中级人民法院，可以适用简易程序，也可由审判员独任审理**。

（三）合议庭的运行规则

1. 审判长的确定

合议庭的审判长由院长或者庭长指定审判员一人担任；院长或者庭长参加审判的，由院长或者庭长担任。

特别提醒：陪审员不能担任审判长。

2. 合议庭的组成

合议庭的成员人数，必须是单数。

合议庭的组成人员由法院决定，当事人无权选择。

3. 合议庭评议

实行少数服从多数原则，依照多数人的意见作出决定，但评议中各种意见须如实记入笔录。

合议庭的评议过程不公开，但判决结果必须公开。

二、回避制度

（一）适用对象

回避适用于审判员、人民陪审员、书记员、鉴定人、翻译人员、勘验人、执行员等。

特别提醒：证人、专家辅助人不适用回避制度。

（二）适用情形

（1）是本案当事人或者当事人近亲属的。

（2）本人或者其近亲属与本案有利害关系的。

（3）担任过本案的证人、鉴定人、辩护人、诉讼代理人、翻译人员的。

(4) 是本案诉讼代理人近亲属的。

(5) 本人或者其近亲属持有本案非上市公司当事人的股份或者股权的。

(6) 与本案当事人或者诉讼代理人有其他利害关系，可能影响公正审理的。

(7) 接受本案当事人及其受托人宴请，或者参加由其支付费用的活动的。

(8) 索取、接受本案当事人及其受托人财物或者其他利益的。

(9) 违反规定会见本案当事人、诉讼代理人的。

(10) 为本案当事人推荐、介绍诉讼代理人，或者为律师、其他人员介绍代理本案的。

(11) 向本案当事人及其受托人借用款物的。

(12) 有其他不正当行为，可能影响公正审理的。

(13) 在一个审判程序中参与过本案审判工作的审判人员，不得再参与该案其他程序的审判（发回重审后再上诉除外）。

（三）适用程序

1. 回避方式：**申请回避**和**自行回避**。

2. 回避提出时间：在**案件开始审理时**提出；回避事由在案件开始审理后知道的，也可以在**法庭辩论终结前**提出。

3. 决定主体：**院长**担任审判长的回避由**审判委员会**决定；**审判员和人民陪审员**的回避由**院长**决定；**书记员、鉴定人、翻译人员、勘验人、执行员**的回避由**审判长**决定。

4. 处理形式：申请提出 3 日内，以**口头或书面**形式作出**决定**。

5. 救济方式：向**决定作出法院**申请**复议**一次。

（四）法律后果

被申请回避的人员在人民法院作出是否回避的决定前，应当暂停参与本案的工作，但案件需要采取紧急措施的除外；复议期间，被申请回避的人员，不停止参与本案的工作。

考点5 地域管辖

命题分析

地域管辖包含诸多管辖制度，是主观题中不折不扣的高频考点。主观题中经常以合同纠纷和侵权纠纷作为命题素材考查特殊地域管辖，偶尔也会考查协议管辖。本考点在近十年真题中共考查过 3 次。

从考查内容来看，在 2017 年、2012 年案例大题中分别结合建筑物、构筑物或者其他设施及其搁置物、悬挂物发生脱落、坠落致人损害侵权以及机动车交通事故侵权对本考点予以考查。2010 年案例大题对约定两个以上管辖法院的效力作出考查。考查内容局限于法律和司法解释的规定，理论性不强，只要考生能条分缕析地掌握各类地域管辖的法律规定，不难获得分数。

从命题趋势分析，在法考提供法条的背景下，本考点单独命题的可能性并不大，更大可能会结合应诉管辖、移送管辖等其他管辖制度予以综合命题。

考点解析

一、一般地域管辖

一般地域管辖，是指根据法院辖区与当事人所在地之间的隶属关系来确定的诉讼管辖。

（一）原则规定

确定一般地域管辖的原则是“**原告就被告**”，即应由被告所在地法院管辖。

公民：对公民提起的民事诉讼，由被告住所地人民法院管辖；被告住所地与经常居住地不一致的，由经常居住地人民法院管辖。

公民的住所地，是指公民的户籍所在地。公民的经常居住地，是指公民离开住所地至**起诉时已连续居住一年以上**的地方，**但公民住院就医的地方除外**。

当事人的户籍迁出后尚未落户，有经常居住地的，由该地人民法院管辖；没有经常居住地的，由其原户籍所在地人民法院管辖。

解题秘籍

三步锁定“公民所在地”

第一步，看起诉时该公民身在何方。如果住在户籍所在地，那就不存在经常居住地，案件应当由该公民的住所地（户籍所在地）法院管辖。如果不住在户籍所在地，则转入下一步。

第二步，看该公民在该处留居多久。如果至起诉时已连续居住满一年（注意排除住院就医之地），则该地为经常居住地，案件应由该经常居住地法院管辖。

如果未满一年，则转入下一步。

第三步，看该公民户籍是否迁出。户籍未迁出，应由该公民的住所地（户籍所在地）法院管辖。户籍迁出后尚未落户的，由原户籍所在地法院管辖；已落户的，由新的户籍所在地法院管辖。

法人和其他组织：对法人或者其他组织提起的民事诉讼，由被告住所地人民法院管辖。

法人或者其他组织的住所地是指法人或者其他组织的**主要办事机构所在地**。法人或者其他组织的主要办事机构所在地不能确定的，法人或者其他组织的**注册地或者登记地**为住所地。

（二）例外规定

一般地域管辖的例外规定是“**被告就原告**”，即应由原告所在地法院管辖。

1.《民事诉讼法》的规定：

（1）对不在中华人民共和国领域内居住的人提起的有关**身份关系**的诉讼。

（2）对下落不明或者宣告失踪的人提起的有关**身份关系**的诉讼。

（3）对**被采取强制性教育措施的人**提起的诉讼。

（4）对**被监禁的人**提起的诉讼。

身份关系案件主要包括婚姻、继承、监护、收养、抚养等类型。

2.《最高人民法院关于适用〈中华人民共和国民事诉讼法〉的解释》的规定：

（1）追索赡养费、抚育费、扶养费案件的几个被告住所地不在同一辖区的，可以由原告住所地人民法院管辖（**原告住所地和被告住所地法院均有管辖权**）。

特别提醒：如果追索赡养费、抚育费、扶养费案件的几个被告住所地在同一辖区，案件应当由被告住所地法院管辖。

（2）不服指定监护或者变更监护关系的案件，可以由被监护人住所地人民法院管辖（**被监护人住所地法院不是唯一的管辖法院**）。

（3）夫妻一方离开住所地超过一年，另一方起诉离婚的案件，可以由原告住所地人民法院管辖（**原告住所地和被告住所地法院均有管辖权**）。

总结： 只有被告一方存在特殊情形，才适用一般地域管辖的例外规定；如果原被告双方都存在该特殊情形，则应适用一般地域管辖的原则规定。具体如下：

原则规定（被告所在地法院管辖）	例外规定（原告所在地法院管辖）
原被告均被注销户籍	被告被注销户籍
双方当事人被监禁或者被采取强制教育措施	被告被监禁或者被采取强制教育措施
夫妻双方离开住所地超过一年，一方起诉离婚	夫妻一方离开住所地超过一年，另一方起诉离婚

二、特殊地域管辖

（一）合同类纠纷的管辖

1. 合同纠纷管辖法院

因合同纠纷提起的诉讼，由**被告住所地**或者**合同履行地**法院管辖。被告住所地可按照一般地域管辖规则予以判断，难点在于合同履行地的确定。

解题秘籍

两步锁定“合同履行地”

第一步，看**合同是否实际履行**。如果没有实际履行，且当事人双方住所地都不在合同约定的履行地，则合同履行地法院没有管辖权。如果合同已履行，转入下一步。

第二步，看**已履行的合同是否约定了履行地**。如有明确约定，则以约定履行地为合同履行地。如果没有约定或者约定不明，则根据不同案件类型予以确定。具体如下：

案件类型		合同履行地
给付货币		接收货币一方所在地
交付不动产		不动产所在地
其他标的		履行义务一方所在地
即时结清的合同		交易行为地
财产租赁合同、融资租赁合同		租赁物使用地
以信息网络订立买卖合同	通过信息网络交付标的的	买受人住所地
	通过其他方式交付标的的	收货地

2. 特殊合同纠纷的管辖法院

（1）保险合同纠纷：由**被告住所地**或者**保险标的物所在地**法院管辖。

保险标的为运输工具或者运输中的货物，可以由**运输工具登记注册地、运输目的地、保险事故发生地**人民法院管辖。

人身保险合同纠纷提起的诉讼，可以由**被保险人住所地**人民法院管辖。

（2）票据纠纷：由**票据支付地**或者**被告住所地**人民法院管辖。

（3）运输合同纠纷：由**运输始发地、目的地**或者**被告住所地**人民法院管辖。

（二）侵权类纠纷的管辖

1. 侵权纠纷的管辖法院

因侵权纠纷提起的诉讼，由**被告住所地**或者**侵权行为地**法院管辖。侵权行为地包括侵权行为实施地和侵权结果发生地。

2. 特殊的侵权纠纷管辖法院

（1）运输事故损害赔偿纠纷：由**事故发生地**或者**车辆、船舶最先到达地、航空器最先降落地**或者**被告住所地**人民法院管辖。

（2）海事损害赔偿纠纷：由**碰撞发生地、碰撞船舶最先到达地、加害船舶被扣留地**或者**被告住所地**人民法院管辖。

（3）信息网络侵权纠纷：侵权行为实施地包括**实施被诉侵权行为的计算机等信息设备所在地**，侵权结果发生地包括**被侵权人住所地**。

（4）产品、服务质量不合格损害赔偿纠纷：**产品制造地、产品销售地、服务提供地、侵权行为地**和**被告住所地**人民法院都有管辖权。

（三）其他特殊地域管辖

1. 公司诉讼由**公司住所地**法院管辖。公司诉讼包括：因公司设立、确认股东资格、分配利润、公司解散、股东名册记载、请求变更公司登记、股东知情权、公司决议、公司合并、公司分立、公司减资、公司增资等纠纷提起的诉讼。

2. 海难救助纠纷：由**救助地**或者**被救助船舶最先到达地**人民法院管辖。

3. 共同海损纠纷：由**船舶最先到达地、共同海损理算地**或者**航程终止地**的人民法院管辖。

总结：（1）上述三类特殊地域管辖，**被告住所地法院不享有管辖权**。

（2）特殊地域管辖的管辖法院都是与纠纷存在密切联系的地点，考试时记忆不牢可凭此去推测。

三、专属管辖

1. 不动产纠纷由**不动产所在地**人民法院管辖。不动产纠纷是指因不动产的权利确认、分割、相邻关系等引起的**物权纠纷**。

农村土地承包经营合同纠纷、房屋租赁合同纠纷、建设工程施工合同纠纷、政策性房屋买卖合同纠纷，按照不动产纠纷确定管辖。

2. 港口作业纠纷由**港口所在地**人民法院管辖。

3. 继承遗产纠纷由**被继承人死亡时住所地**或者**主要遗产所在地**人民法院管辖。

四、协议管辖

协议管辖，又称合意管辖或约定管辖，是指双方当事人在民事纠纷发生之前或之后，以书面方式约定特定案件的管辖法院。

书面方式，包括书面合同中的**协议管辖条款**或者诉讼前以**书面形式达成的选择管辖的协议**。

（一）适用条件

民事诉讼法修正后，国内协议管辖和涉外协议管辖的适用条件完全相同。具体如下：

1. 案件类型：**合同或者其他财产权益纠纷。**

解题秘籍

三步判定“合同纠纷管辖法院”

合同纠纷涉及专属管辖、协议管辖、特殊地域管辖等诸多管辖制度，适用时应注意先后顺序。

第一步，判断合同纠纷是否属于专属管辖。**农村土地承包经营合同、房屋租赁合同、建设工程施工合同、政策性房屋买卖合同**适用专属管辖的规定，由不动产所在地法院管辖。

第二步，排除专属管辖后，看当事人之间是否就合同纠纷达成管辖协议。协议管辖合法有效，则依当事人的约定确定管辖法院。

第三步，没有管辖协议或者管辖协议无效，再依照特殊地域管辖确定合同纠纷的管辖法院，由被告住所地和合同履行地法院管辖。合同履行地的确定方法，参见“特殊地域管辖”部分。

2. 约定形式：应采用**书面形式**。

3. 选择法院范围：被告住所地、合同履行地、合同签订地、原告住所地、标的物所在地等与争议有实际联系的地点的人民法院。

4. 适用程序：第一审案件。

5. 禁止条件：不违反级别管辖和专属管辖的规定。

（二）《最高人民法院关于适用〈中华人民共和国民事诉讼法〉的解释》的新规定

1. 协议管辖无须作出单一选择

管辖协议约定两个以上与争议有实际联系的地点的人民法院管辖，原告可以向其中一个人民法院起诉。

2. 格式管辖协议效力

经营者使用格式条款与消费者订立管辖协议，未采取合理方式提请消费者注意，消费者主张管辖协议无效的，人民法院应予支持。

3. 管辖协议签订后当事人住所地变更

管辖协议约定由一方当事人住所地人民法院管辖，协议签订后当事人住所地变更的，由签订管辖协议时的住所地人民法院管辖，但当事人另有约定的除外。

4. 管辖协议对合同受让人的效力

合同转让的，合同的管辖协议对合同受让人有效，但转让时受让人不知道有管辖协议，或者转让协议另有约定且原合同相对人同意的除外。

5. 身份关系解除后财产争议可协议管辖

当事人因同居或者在解除婚姻、收养关系后发生财产争议，约定管辖的，可以适用协议管辖规定确定管辖。

考点6　移送管辖

命题分析

在以往考试中，本考点全部在客观题中考查，从未出现在主观题中命题，但

2018 年法考主观题就考查了这个考点。本考点内容较为单薄，考生只要熟悉移送管辖的条件以及不适用移送管辖的情形，即可轻松搞定本考点。

考点解析

一、移送管辖的概念

移送管辖，是指法院受理民事案件后，发现本院对案件并无管辖权，依法将案件移送到有管辖权的法院审理。

性质：移送管辖是法院受理案件出错时的纠错方法。

适用范围：通常发生在同级法院之间，有时也适用于上下级法院之间。

时间：当事人在答辩期间届满后未应诉答辩，人民法院在一审开庭前，发现案件不属于本院管辖的，应当裁定移送有管辖权的人民法院。

理论点拨：如果被告没有提出管辖权异议，并应诉答辩，受诉法院基于应诉管辖制度获得管辖权，案件无须再行移送。

二、移送管辖的适用条件

1. 法院已受理案件。
2. 移送的法院对案件没有管辖权。
3. 受移送的法院对案件有管辖权。

三、不适用移送管辖的情形

1. 受移送法院不得再移送案件（移送管辖只能移送一次）。受移送法院即便认为本院对移送来的案件并无管辖权，也不得自行将案件移送到其他法院，只能报请自己的上级法院指定管辖。

2. 有管辖权法院受理案件后，不得以确定管辖的因素变化为由移送案件（管辖恒定原则）。

3. 两个以上人民法院都有管辖权的诉讼，先立案的人民法院不得将案件移送给另一个有管辖权的人民法院。

知识拓展

管辖恒定原则的表现形式

1. 案件受理后，受诉法院的管辖权不受当事人住所地、经常居住地变更的影响。

2. 有管辖权的法院受理案件后，不得以行政区域变更为由，将案件移送给变更后有管辖权的法院。

3. 判决后的上诉案件和依审判监督程序提审的案件，由原审人民法院的上级人民法院进行审判。

4. 上级人民法院指令再审、发回重审的案件，由原审人民法院再审或者重审。

5. 法院对管辖异议审查后确定有管辖权的，不因当事人提起反诉、增加或者变更诉讼请求等改变管辖，但违反级别管辖、专属管辖规定的除外。

考点7 当事人适格

命题分析

当事人适格属于民事诉讼的基本理论，是法院审理案件首先要解决的问题。本考点以往主要在客观题中考查，但鉴于该考点的理论特性，在法考主观题备考中应予以重视。当事人适格在我国只是一个法学概念，民事诉讼法及其司法解释并无明文规定，这完全符合法考提供法条背景下的考查要求。复习本考点时，应侧重领会当事人适格的内涵，将其与形式当事人予以区分。

考点解析

一、当事人适格的内涵

当事人适格，又称为正当当事人，是指对于具体的诉讼，有作为本案当事人起诉或应诉的资格。

二、相关概念辨析

1. 适格当事人与形式当事人

形式当事人仅以原告在诉讼中的主张为准，即原告是向法院起诉请求法院保护其权利的主体，原告起诉的主体就是被告。通俗而言，谁来起诉谁就是形式原告，原告起诉谁谁就是形式被告。

适格当事人，则强调对具体案件的诉讼标的，谁应当有权要求作出判决和谁应当作为被请求的相对方。因此，当事人适格与否必须结合实体法上的民事法律关系作出具体判断。

2. 适格当事人与诉讼权利能力

诉讼权利能力，又称为当事人能力，是指成为民事诉讼当事人，享有民事诉讼权利和承担民事诉讼义务所必需的诉讼法上的资格。它是抽象的诉讼当事人资格，与具体诉讼无关。

适格当事人是作为具体的诉讼当事人资格，必须针对具体的诉讼才能对当事人适格与否作出判断。

因此，**有诉讼权利能力者，未必是适格当事人；但适格当事人，必然具有诉讼权利能力**。

三、当事人适格的判断标准

一般来说，应当以当事人是否为争议的民事法律关系（即本案的诉讼标的）的主体，作为当事人适格与否的判断标准。民事诉讼的目的在于解决民事法律关系主体之间存在的民事纠纷，因此，争议民事法律关系的主体一般为适格当事人。

例外情形：

1. 依法对他人民事法律关系或民事权利享有管理权的人或组织，如遗嘱执行人、遗产管理人等。

2. 在确认之诉中，对诉讼标的有确认利益的人或组织。

3. 公益诉讼中，依法享有起诉资格的原告。

考点8　原告和被告

命题分析

作为诉讼主体的当事人，毫无疑问是本学科的重点和难点。“两造对立”是最常见的当事人诉讼形态。《最高人民法院关于适用〈中华人民共和国民事诉讼法〉的解释》对挂靠行为的当事人确定作出修正，“重者恒重”和“逢新必考”命题规律直接促使本考点成为主观题的高频考点。在近十年真题中，共考查过4次。

从考查形式来看，本考点常见考查方式是让考生判断给定案例中各方的当事人地位，考查内容均有明确的法律和司法解释依据，考生只要准确掌握司法解释中各类特殊情形下当事人的确定，即可准确作答。

从命题趋势分析，法考时代本考点的题型和考查方式不会发生大的变动。在主观题考查阶段，结合实体法内容，对当事人确定、管辖、证据等知识进行综合考查的命题方式仍会是命题人的重要选择。

考点解析

一、原告与被告的概念

原告，是指为维护自己或自己所管理的他人的民事权益，而以自己的名义向法院起诉，从而引起民事诉讼程序发生的人。

知识拓展

原告起诉并不仅仅是维护自己的利益，有时为了维护其管理的他人民事利益也可起诉。如失踪人的财产代管人、遗嘱执行人或遗产管理人等。

被告，是指原告诉称侵犯原告民事权益或与原告发生民事争议，而由法院通知应诉的人。

原、被告双方对立，是民事诉讼得以存在和继续的前提。如果因特殊情况，导致诉讼只有原告或被告一方当事人，应当裁定诉讼终结。

二、当事人确定情形

公民、法人、其他组织均可成为民事诉讼的原告和被告。根据《最高人民法院关于适用〈中华人民共和国民事诉讼法〉的解释》的规定，不同情形下当事人的确定如下：

（一）公民

公民作为民事主体，在与他人发生民事争议时，可以自己的名义起诉或应诉，成为原告或被告。

《最高人民法院关于适用〈中华人民共和国民事诉讼法〉的解释》有关公民作为当事人的情形：

（1）个体工商户以**营业执照上登记的经营者**为当事人。有字号的，以**营业执照上登记的字号**为当事人，但应同时注明该字号经营者的基本信息。

（2）以行为人作为当事人。①法人或者其他组织应登记而未登记，行为人即以该法人或者其他组织名义进行民事活动的；②行为人没有代理权、超越代理权或者代理权终止后以被代理人名义进行民事活动的，但相对人有理由相信行为人有代理权的除外；③法人或者其他组织依法终止后，行为人仍以其名义进行民事活动的。

（3）提供劳务一方因劳务造成他人损害，受害人提起诉讼的，以**接受劳务一方**为被告。

（4）当事人之间的纠纷经人民调解委员会调解达成协议后，一方当事人不履行调解协议，另一方当事人向人民法院提起诉讼的，应以对方当事人为被告。

（5）对侵害死者遗体、遗骨以及姓名、肖像、名誉、荣誉、隐私等行为提起诉讼的，死者的近亲属为当事人。

（二）法人

法人作为当事人，应由其法定代表人进行诉讼。法定代表人的确定方式见下表：

依法登记的法人	依法登记的法定代表人
不需要办理登记的法人	正职负责人
	无正职负责人，主持工作的副职负责人

法定代表人已经变更，但未完成登记，变更后的法定代表人要求代表法人参

加诉讼，法院可以准许。

在诉讼中，法人的法定代表人变更，由新的法定代表人继续进行诉讼，并应向人民法院提交新的法定代表人身份证明书。**原法定代表人进行的诉讼行为有效**。

《最高人民法院关于适用〈中华人民共和国民事诉讼法〉的解释》有关法人当事人确定的特殊规定：

（1）法人非依法设立的分支机构，或者虽依法设立，但没有领取营业执照的分支机构，以设立该分支机构的法人为当事人。

（2）企业法人合并，因合并前的民事活动发生的纠纷，以合并后的企业为当事人。

（3）企业法人解散的，依法清算并注销前，以该企业法人为当事人；未依法清算即被注销的，以该企业法人的股东、发起人或者出资人为当事人。

理论点拨：《民法总则》规定，法人的民事权利能力和民事行为能力，从法人成立时产生，到法人终止时消灭。**法人终止的标志是依法完成清算、注销登记**。因此，即便法人被吊销营业执照，其未被注销前，尚有民事权利能力，具有诉讼主体资格，应以法人为当事人。

（三）其他组织

其他组织是指合法成立、有一定的组织机构和财产，但又不具备法人资格的组织，包括：

（1）依法登记领取营业执照的个人独资企业。

（2）依法登记领取营业执照的合伙企业。

（3）依法登记领取我国营业执照的中外合作经营企业、外资企业。

（4）依法成立的社会团体的分支机构、代表机构。

（5）依法设立并领取营业执照的法人的分支机构。

（6）依法设立并领取营业执照的商业银行、政策性银行和非银行金融机构的分支机构。

（7）经依法登记领取营业执照的乡镇企业、街道企业。

（8）其他符合本条规定条件的组织。

特别提醒：《民法总则》已经明确赋予非法人组织的民事主体资格，对于其他组织而言，其民事权利能力和诉讼权利能力已具有同一性。

《最高人民法院关于适用〈中华人民共和国民事诉讼法〉的解释》规定的其他由法人或其他组织作为当事人的情形：

（1）职务侵权。法人或者其他组织的工作人员执行工作任务造成他人损害的，该**法人或者其他组织**为当事人。

（2）劳务派遣纠纷。在劳务派遣期间，被派遣的工作人员因执行工作任务造成他人损害的，以**接受劳务派遣的用工单位**为当事人。当事人**主张劳务派遣单位承担责任**的，该劳务派遣单位为**共同被告**。

（3）村民委员会或者村民小组与他人发生民事纠纷的，村民委员会或者有独立财产的村民小组为当事人。

上述规定可通过下表来理解和记忆：

<table>
<tr><th colspan="2">具体情形</th><th>当事人确定</th></tr>
<tr><td colspan="2">法人非依法设立的分支机构</td><td rowspan="2">设立该分支机构的法人</td></tr>
<tr><td colspan="2">法人分支机构虽依法设立，但未领取营业执照</td></tr>
<tr><td colspan="2">职务侵权纠纷</td><td>法人或者其他组织</td></tr>
<tr><td colspan="2">劳务侵权纠纷</td><td>接受劳务一方</td></tr>
<tr><td rowspan="2">劳务派遣纠纷</td><td>主张用工单位承担责任</td><td>用工单位</td></tr>
<tr><td>主张劳务派遣单位承担责任</td><td>劳务派遣单位＋用工单位</td></tr>
<tr><td rowspan="2">个体工商户</td><td>有字号</td><td>营业执照上登记的字号</td></tr>
<tr><td>无字号</td><td>营业执照上登记的经营者</td></tr>
<tr><td colspan="2">当事人不履行人民调解协议</td><td>不履行协议的当事人为被告</td></tr>
<tr><td colspan="2">行为人以应登记而未登记的法人或者其他组织名义进行民事活动</td><td rowspan="3">行为人</td></tr>
<tr><td colspan="2">行为人无权代理</td></tr>
<tr><td colspan="2">行为人以依法终止的法人或者其他组织名义进行民事活动</td></tr>
<tr><td rowspan="2">企业法人解散</td><td>依法清算并注销前</td><td>企业法人</td></tr>
<tr><td>未依法清算即被注销</td><td>企业法人的股东、发起人或者出资人</td></tr>
<tr><td rowspan="2">一般保证合同</td><td>仅起诉保证人</td><td>保证人＋被保证人</td></tr>
<tr><td>仅起诉被保证人</td><td>被保证人</td></tr>
<tr><td rowspan="3">连带保证合同</td><td>仅起诉保证人</td><td>保证人</td></tr>
<tr><td>仅起诉债务人</td><td>债务人</td></tr>
<tr><td>起诉债务人和保证人</td><td>债务人＋保证人</td></tr>
<tr><td colspan="2">村民委员会或者村民小组发生纠纷</td><td>村民委员会或有独立财产的村民小组</td></tr>
<tr><td colspan="2">起诉侵害死者遗体、遗骨以及姓名、肖像、名誉、荣誉、隐私等行为</td><td>死者的近亲属</td></tr>
</table>

考点9　必要共同诉讼

命题分析

“必要共同诉讼”是常见的多数当事人诉讼形态，也是本学科主观题考查的重点。在近十年主观题中共考查过4次。

从考查形式来看，本考点常见考查方式是让考生判断给定案例否构成必要共同诉讼或者遗漏必要共同诉讼人的处理方式。解题的法律依据不仅是诉讼法，还包括实体法规范。考生应准确掌握法律规定的各类必要共同诉讼情形，才可准确作答。

从命题趋势分析，本考点仍为法考主观题考试的重点。顺应融合命题的趋势，要注意结合实体法规范对必要共同诉讼的确定予以重点复习。

考点解析

一、必要共同诉讼的概念和特征

（一）概念

必要共同诉讼，是指当事人一方或者双方为两人以上，诉讼标的是同一的，法院必须合一审理并在裁判中对诉讼标的合一确定的共同诉讼。必要共同诉讼制度的主要目的在于防止矛盾裁判。

（二）特征

1. 一方或者双方为两人以上。

特别提醒：一方当事人人数不能超过10人，如果10人以上应适用代表人诉讼制度。

2. 诉讼标的同一。

3. 法院必须合一审理，合一作出判决。

二、必要共同诉讼人的追加

对于必要共同诉讼，法院必须合一审理、合一判决，当事人必须一同起诉或应诉，否则当事人不适格。如果有必要共同诉讼人未参加诉讼，则应当追加当事人。

当事人追加，可以由法院依职权通知，也可以由法院根据参加诉讼的当事人申请追加。法院对当事人提出的申请，应当进行审查，申请理由不成立的，裁定驳回；申请理由成立的，书面通知被追加的当事人参加诉讼。

法院追加共同诉讼的当事人时，应当通知其他当事人。应当追加的原告，已明确表示放弃实体权利的，可不予追加；既不愿意参加诉讼，又不放弃实体权利的，仍应追加为共同原告，其不参加诉讼，不影响法院对案件的审理和依法作出判决。

三、必要共同诉讼人的内部关系

必要共同诉讼中一人的诉讼行为经**其他共同诉讼人承认**，对其他共同诉讼人发生效力。

承认包括明示和默示两种。

四、必要共同诉讼的基本类型

1. 权利义务共同型必要共同诉讼

（1）存在特定身份关系。包括婚姻家庭关系形成特定身份、法律上的共有权关系形成特定身份等。

（2）存在连带债权或者连带债务。

2. 原因共同型必要共同诉讼

包括共同侵权行为或者共同危险行为等。

五、必要共同诉讼的适用情形（《最高人民法院关于适用〈中华人民共和国民事诉讼法〉的解释》新增或修改规定用※标注）

※1. 挂靠行为。挂靠关系形成必要共同诉讼，必须以当事人请求挂靠人和被挂靠人承担民事责任为前提。

※2. 劳务派遣纠纷。在劳务派遣期间，被派遣的工作人员因执行工作任务造成他人损害的，以接受劳务派遣的用工单位为当事人。当事人主张劳务派遣单位承担责任的，该劳务派遣单位为共同被告。

3. 个体工商户。个体工商户营业执照上登记的业主与实际经营者不一致，业主和实际经营者为共同诉讼人。

4. 个人合伙的全体合伙人。**不同于个体工商户，无论是否有字号，个人合伙均以全体合伙人为当事人**。个人合伙有依法核准登记的字号，应在法律文书中注明。

知识拓展

依法登记领取营业执照的合伙企业，属于其他组织，可以成为民事诉讼的当事人。

5. 企业法人分立，分立前的民事活动发生纠纷，分立后的企业法人为共同诉讼人。

6. 借用业务介绍信、合同专用章、盖章的空白合同或银行账户，出借单位和借用人为共同诉讼人。

7. 在继承遗产的诉讼中，部分继承人起诉的，法院应通知其他继承人作为共同原告参加诉讼；被通知的继承人不愿意参加诉讼又未明确表示放弃实体权利的，法院仍应将其列为共同原告。

8. 原告起诉被代理人和代理人，要求承担连带责任的，被代理人和代理人为共同被告。

9. 共有财产权受到他人侵害，部分共有权人起诉的，其他共有权人为共同诉讼人。

10. 因保证合同纠纷提起的诉讼，债权人向保证人和被保证人一并主张权利的，法院应当将保证人和被保证人列为共同被告。保证合同约定为一般保证，债权人仅起诉保证人的，法院应当通知被保证人作为共同被告参加诉讼。

※11. 无民事行为能力人、限制民事行为能力人造成他人损害的，无民事行为能力人、限制民事行为能力人和其监护人为共同被告。

12. 追索赡养费案件中，所有赡养义务人作为共同被告。

知识拓展

必要共同诉讼与普通共同诉讼的区别

区别点	必要共同诉讼	普通共同诉讼
诉讼标的数量	仅有一个	同种类的若干个
共同诉讼人之间的内部关系	一人诉讼行为经其他共同诉讼人承认后对他人有效	一人诉讼行为仅对自己有效
是否合并审理	必须合并审理	既可合并审理，也可分开审理
是否需要当事人同意	合并审理无须当事人同意	当事人同意方可合并审理

考点10　第三人

命题分析

第三人制度在以往的主观题中从未单独命题，因第三人撤销之诉涉及对案外人是否为第三人的判断，相当于变相对本考点有所考查。第三人诉讼地位的确定，向来是司法实践和理论研究的难点和重点。因此，在强调理论化考查的法考主观题考试中，对本考点命题的可能性仍然较大。法考最可能出现的考查形式是，结合具体案例让考生判断某一主体是否属于第三人。这要求考生在复习中，能否准确把握两种第三人的核心特征，辅之以勾画各方的民事法律关系，对当事人的诉讼地位准确作出判断。

考点解析

一、有独立请求权第三人

（一）概念

有独立请求权第三人，是指主张对本诉原告和被告争议的诉讼标的享有独立的请求权，从而参加诉讼的人。

（二）参加诉讼的条件

1. 参加诉讼的根据：对本诉的原告、被告争议的诉讼标的，主张独立的请求权。

有独立请求权第三人的诉讼主张，既不同于原告，也不同于被告。

独立的请求权，包括全部的独立请求权和部分的独立请求权。

独立请求权的实体法依据一般是物权请求权，通常表现为第三人对他人之间争议的标的物主张全部或者部分所有权。

2. 时间条件：所参加的诉讼正在进行中。

具体而言，第三人参加诉讼的时间是从被告应诉起，到诉讼审理终结止。

有独立请求权第三人未参加第一审程序，直接申请参加第二审程序，法院可以准许。

特别提醒：有独立请求权第三人直接参加第二审程序只能调解结案。如果调解不成，二审法院应当裁定撤销一审判决，发回重审。

3. 参加诉讼的方式：以起诉的方式参加诉讼。

有独立请求权第三人以本诉的原告和被告作为被告向本诉的审理法院起诉，其**诉讼地位类似于原告**，有权向法院提出诉讼请求和事实、理由；应当预交案件受理费；在法庭辩论终结前，有权申请撤回参加之诉。

特别提醒：原告在特殊情况下可以提出管辖权异议，但**有独立请求权的第三人无权提出管辖权异议**。

知识拓展

有独立请求权第三人与必要共同诉讼原告的区别

当事人部分常见的命题套路是在题干中编制一个小案例，然后让考生识别某个新加入诉讼之人的诉讼地位，往往会涉及两类共同诉讼制度和两类第三人制度的识别。其中，最难辨识的是有独立请求权第三人与必要共同诉讼原告。两者的主要区别点如下：

区别点	必要共同诉讼原告	有独立请求权第三人
争议的诉讼标的	诉讼标的同一	参加之诉的诉讼标的与本诉的诉讼标的不同
对方当事人	必要共同诉讼中的被告	本诉的原告和被告
参加诉讼方式	当事人申请追加或者法院通知参加	起诉
诉讼行为效力	一人的诉讼行为经其他共同诉讼人承认，对其他共同诉讼人发生效力	有独立请求权第三人的诉讼行为不受本诉当事人的制约

总结：判断案例中有独立请求权第三人最为明显的两个标志：①第三人的主张直接对抗本诉的原告和被告；②以起诉的方式参加诉讼。

解题秘籍

两步搞定"当事人的诉讼地位"

第一步：首先准确判断案例中正在进行诉讼的诉讼标的。

第二步：分析新加入当事人主张依据的法律关系与本案诉讼标的的关系。

如果该法律关系与作为诉讼标的的法律关系同一，则为必要共同诉讼；如果该法律关系与作为诉讼标的的法律关系属于同一种类，则为普通共同诉讼；如果该法律关系与作为诉讼标的的法律关系既不同一也不是同一种类，且新加入当事人的主张对抗本诉的双方当事人，则为有独立请求权第三人。

二、无独立请求权第三人

（一）概念

无独立请求权第三人，是指虽然对原告和被告之间争议的诉讼标的没有独立的请求权，但与案件的处理结果有法律上的利害关系从而参加诉讼的人。

（二）参加诉讼的条件

1. 参加诉讼的根据：与案件的处理结果有法律上的利害关系。法律上的利害关系，是指无独立请求权第三人的权利义务将受原告和被告间诉讼结果的影响，从而使权利义务有所增加或减少。法律上的利害关系，包括义务性关系、权利性关系、权利义务性关系，其中最为常见的是义务性关系。

2. 时间条件：所参加的诉讼正在进行中。具体而言，第三人参加诉讼的时间是从被告应诉起，到诉讼审理终结止。

无独立请求权第三人未参加第一审程序，直接申请参加第二审程序，法院可以准许。

3. 参加诉讼的方式：自己申请参加诉讼或者法院通知其参加诉讼。

（三）诉讼地位

无独立请求权第三人是广义的当事人，具有自己独立的诉讼地位。具体表现如下：

1. 无独立请求权第三人以自己的名义参加诉讼。

2. 无独立请求权第三人可以独立行使诉讼权利，承担诉讼义务，不受他人制约。

3. 一审判决中，无独立请求权第三人**承担实体义务，享有上诉权**。

4. 法院调解民事案件，需由无独立请求权的第三人承担责任的，应当经其同意。该第三人在调解书送达前反悔的，调解无效，法院应当及时裁判。

5. 不享有的诉讼权利：**提出管辖权异议，放弃、变更诉讼请求，申请撤诉**。

（四）无独立请求权的第三人参加诉讼的情形

1. 代位权诉讼中的债务人。

2. 撤销权诉讼中的受让人。

3. 债权人转让合同权利后，债务人与受让人诉讼中的债权人。

4. 债务人转移合同义务后，债权人与受让人诉讼中的债务人。

5. 合同权利义务一并转让，对方与受让人诉讼中的出让方。

（五）不得作为第三人通知参加诉讼的情形

1. 与原被告双方争议的诉讼标的无直接牵连和不负有返还或者赔偿义务的人。

2. 与原告或被告约定仲裁或有约定管辖的案外人，或者专属管辖案件的一方当事人。

3. 产品质量纠纷案件中，对原被告之间法律关系以外的人：

（1）证据已证明其已经提供了合同约定或者符合法律规定的产品的人。

（2）案件中的当事人未在规定的质量异议期内提出异议的人。

（3）作为收货方已经认可该产品质量的人。

4. 已经履行了义务，或者依法取得了一方当事人的财产，并支付了相应对价的原被告之间法律关系以外的人（善意取得）。

知识拓展

无独立请求权第三人与必要共同诉讼被告的区别

不同点	必要共同诉讼被告	无独立请求权第三人
参加诉讼依据	确保案件当事人适格	与案件的处理结果有法律上的利害关系
诉讼地位	案件争议诉讼标的的一方当事人	并非案件争议诉讼标的的一方当事人
诉讼权利	有权提出管辖权异议	无权提出管辖权异议

考点11　民事证据的种类

命题分析

证据的法定种类是本学科的高频考点，曾连续两年在主观题中考查。我国法定的证据类型共有8种，本考点并未将其一网打尽，而是根据重要性和可考性筛选出5种予以解析。

从考查内容来看，本考点曾在2011年、2012年连续命题，主要考查对书证、物证、视听资料的识别，还附带对证据的客观性予以考查。其中的难度在于对照片证据类型的判断。证据法定种类的识别具有一定的理论性，简单翻阅法条难以作出正确判断，这符合法考时代的命题特点。本考点在案例大题中已6年未考查，未来在案例大题中将证据的法定类型和学理分类结合考查的可能性较高。考生在复习中应予以重点关注。

考点解析

一、书证

（一）概念与特征

书证，是指以文字、符号、图案等表示的内容来证明案件待证事实的书面材料。

书证是民事诉讼中常见的证据种类，其特征如下：

1. **书证以其记载的思想内容来证明案件的待证事实**（核心特征）。书证记载思想内容的方式多种多样，除了最常用的文字形式外，还包括符号、图形等方式。

2. 书证具有较强的真实性。书证能够客观记述和反映案件的事实真相，甚至有“书证为王”的美誉。

（二）书证的分类

1. 根据书证**内容的表达方式**，书证分为**文字书证、图形书证**和**符号书证**。

2. 根据书证**反映的内容及其法律后果**，书证分为**处分性书证**和**报道性书证**。

处分性书证，是指记载设立、变更或消灭某种民事法律关系的书证，如合同书、离婚证书等。报道性书证，是指仅记载了具有法律意义的事实，不以引起民事法律关系设立、变更或消灭为目的的书证，如档案、书信等。

3. 根据**书证的制作者**，书证分为**公文书证**和**私文书证**。

公文书证，是指由国家机关或者其他依法具有社会管理职能的组织在法定权限范围内依职权所制作的文书，如判决书、公证书等。

（1）制作主体：**国家机关或者其他依法具有社会管理职能的组织**（在其**职权范围内**所作的书证）。

（2）效力：公文书证所**记载的事项推定为真实**，但有相反证据足以推翻的除外。

（3）特殊要求：必要时，法院可以要求制作文书的机关或者组织对文书的**真实性予以说明**。

私文书证，是指公民、法人或者其他组织基于从事民事行为的目的所制作的文书，如借条、保证书等。

4. 根据书证的制作方式，书证分为原本、正本、副本、节录本和复印件。

原本是指文件制作者最初制成的原始文本。正本是指按原本抄录或印制，与原本具有相同效力的文本。副本是指该文书的全部内容按照原本制作，对外具有与原本同样效力的文书。节录本，是指摘抄了原本文件部分内容的文本。复印件，是指用复印的手段制作的材料。

（三）书证的提出

1. 书证提出规则

当事人向法院提交书证，应提交原件，提交原件有困难的，可以提交复印件、照片、副本、节录本等；提交外交文书，必须附有中文译本。

提交书证原件有困难的情形包括：

（1）书证原件遗失、灭失或者毁损的。

（2）原件在对方当事人控制之下，经合法通知提交而拒不提交的。

（3）原件在他人控制之下，而其有权不提交的。

（4）原件因篇幅或者体积过大而不便提交的。

（5）承担举证证明责任的当事人通过申请人民法院调查收集或者其他方式无法获得书证原件的。

前款规定情形，人民法院应当结合其他证据和案件具体情况，审查判断书证复制品等能否作为认定案件事实的根据。

总结：上述五种情形，均属于书证提出方**因客观原因无法或不便提交原件**，绝非主观原因不想提交。

2. 文书提出命令

适用情形：**书证在非承担证明责任的一方当事人控制之下。**

申请主体：**承担证明责任的当事人。**

申请时间：**举证时限届满前。**

申请形式：**书面申请。**

法律效力：理由成立，法院应当责令对方当事人提交，因提交书证所产生的费用，由**申请人负担**。对方当事人无正当理由拒不提交，法院可以认定**申请人所主张的书证内容为真实**。

特别提醒：拒绝履行文书提交义务，其**法律后果是推定申请人主张的书证内容存在，而非导致败诉**。

3. 妨害证明行为的处理

适用情形：以妨碍对方当事人使用为目的，**毁灭有关书证或者实施其他致使书证不能使用的行为。**

适用对象：持有书证的当事人。

处理措施：法院可以决定罚款、拘留。

文书提出命令和妨害证明行为均适用于持有书证的当事人，但两者存在以下差异：

不同点	文书提出命令	妨害证明行为
适用情形	书证在非承担证明责任的一方当事人控制之下	毁灭有关书证或者实施其他致使书证不能使用的行为
法律后果	无正当理由拒不提交，法院可以认定申请人所主张的书证内容为真实	罚款、拘留

4. 单位出具证明文书的特别规定

单位向法院提出的证明材料，应当由单位负责人及制作证明材料的人员签名或者盖章，并加盖单位印章。

法院就单位出具的证明材料，可以向单位及制作证明材料的人员进行调查核实。必要时，可以要求制作证明材料的人员出庭作证。

单位及制作证明材料的人员拒绝法院调查核实，或者制作证明材料的人员无正当理由拒绝出庭作证的，该证明材料不得作为认定案件事实的根据。

（四）书证的证明力

国家机关、社会团体依职权制作的公文书证的证明力一般大于其他书证；物证、档案、鉴定意见、勘验笔录或者经过公证、登记的书证，其证明力一般大于其他书证、视听资料和证人证言；无法与原件核对的复印件，不能单独作为认定案件事实的依据。

二、物证

（一）概念

物证，是指以其存在的外形、特征、质量、性能等来证明案件待证事实的物品。

知识拓展

书证和物证的区别

1. 书证是以其**表达的思想内容**来证明案件事实，而物证则以其**存在、外形等物理特征**来证明案件事实。（这是两类证据最本质的区别）

2. 法律规定有的书证必须符合特定形式（如公证）才能发生法律效力；对物证一般无此要求。

3. 书证一般是行为人意思表示的书面化表达；物证一般是有形的物体，不包含人的主观意思。

（二）物证的证明力

物证的证明力一般大于普通书证、视听资料和证人证言；无法与原物核对的复制品，不能单独作为认定案件事实的依据。

三、视听资料

（一）概念

视听资料，是指以声音、图像及其他视听信息来证明案件待证事实的录像资料、录音资料等信息材料。

视听资料具有连续性和直观性，具有较强的真实性和准确性。但是视听资料容易被人利用技术手段进行变造或伪造，因此，民事诉讼法要求法院对视听资料，应当辨别真伪，并结合案件的其他证据，审查确定能否作为认定事实的依据。

知识拓展

偷拍偷录证据能否作为定案依据？本问题主要涉及证据合法性要求。所谓合法性，是指证据不得采用**严重侵害他人合法权益、违反法律禁止性规定**或者**严重违背公序良俗**的方法形成或者获取。因此，偷拍偷录证据能否作为定案依据，关键看其有无合法性瑕疵，即是否碰触上述“三根红线”。满足合法性要求的偷拍偷录证据，可以称为定案依据；反之，则应被排除。

（二）视听资料的证明力

视听资料的证明力一般小于物证、档案、鉴定意见、勘验笔录或者经过公证、登记的书证。

有其他证据佐证并以合法手段取得的、无疑点的视听资料或者与视听资料核对无误的复制件法院应当确认其证明力。

存有疑点的视听资料，不能单独作为认定案件事实的依据。

四、电子数据

（一）概念

电子数据，是指通过电子邮件、电子数据交换、网上聊天记录、博客、微博、手机短信、电子签名、域名等形成或者存储在**电子介质**中的信息。

（二）电子数据与视听资料的识别

根据《最高人民法院关于适用〈中华人民共和国民事诉讼法〉的解释》的规定，有些视听资料应认定为电子数据，识别两者的关键点在于存储介质。存储于传统介质中的录音资料、录像资料应为视听资料，如录音磁带、录像带等；而存储于电子介质中的录音资料、录像资料则为电子数据，如存储于内存卡里的图片、录像等。

五、证人证言

（一）概念

证人证言，是指当事人之外了解案件情况的人向法院就自己知晓的案件事实所作的陈述。

特别提醒：证人具有不可替代性，不适用回避制度。

（二）证人资格

证人资格，是指法律规定的证人作证应当具备的条件。

1. 证人类型

知道案件情况的单位和个人（注意：**民事诉讼中证人并不仅限于个人**）。

2. 禁止情形

不能正确表达意思的人，不能作证。

特别提醒：证人资格与民事行为能力无关，能够正确表达意思的未成年人、精神病人都可以成为证人。

（三）证人证言的提出

1. 证人出庭作证方式

（1）当事人在**举证时限届满前申请**证人出庭作证。

（2）案件可能损害国家利益、社会公共利益，**法院可依职权通知**证人出庭作证。

未经人民法院通知，证人不得出庭作证，但双方当事人同意并经人民法院准许的除外。

2. 证人作证形式

证人原则上应当直接出庭作证，特殊情形不能出庭时，经法院许可，可以通过书面证言、视听传输技术或者视听资料等方式作证。

适用情形：①因健康原因不能出庭；②因路途遥远，交通不便不能出庭；③因自然灾害等不可抗力不能出庭；④其他有正当理由不能出庭。

证人在法院组织双方当事人交换证据时出席陈述证言，可视为出庭作证。

3. 证人出庭作证的费用

（1）费用类型：履行出庭作证义务而支出的交通、住宿、就餐等**必要费用以及误工损失。**

（2）负担主体：败诉方负担。

（3）垫付主体：当事人申请证人作证，由申请人垫付；法院依职权通知证人作证，由法院垫付。

（4）证人签署保证书：法院在证人出庭作证前应当告知其如实作证的义务以

及作伪证的法律后果，并责令其签署保证书，但**无民事行为能力人和限制民事行为能力人**除外。证人拒绝签署保证书，不得作证，并自行承担相关费用。

（四）证人证言的证明力

证人证言的证明力一般小于物证、档案、鉴定意见、勘验笔录或者经过公证、登记的书证。

未成年人所作的与其年龄和智力状况不相当的证言、与一方当事人或其代理人有利害关系的证人出具的证言、无正当理由未出庭作证的证人证言，不能单独作为认定案件事实的依据。

考点12 民事证据的分类

命题分析

本考点包括“本证与反证”“直接证据与间接证据”“原始证据和传来证据”三个知识点，在近十年真题中共考查过1次。

从考查形式来看，本考点在2012年案例大题中有所涉及。试题内容主要围绕证据三种学理分类的识别予以考查。本考点的试题全部是纯粹的证据学理论型题目，没有明确的法律规范，需要考生深入、准确把握证据学理论方可准确答题，难度较高。

从命题趋势分析，在法考时代如果命题人要强化对诉讼及证据理论考查，那么本考点无疑将是最佳之选。可能在主观题中对材料表述证据的学理分类予以考查。如果配合证据的法定种类一并考查，那难度无疑将会更高。考生在复习时不可不防，一定要准确把握证据学理分类的识别方法。

考点解析

一、本证与反证

根据**证据与证明责任之间的关系**，可将证据分为本证与反证。

本证，是指对待证事实负有证明责任的一方当事人提出的、用以证明其主张事实存在的证据。

反证，是指不负证明责任的当事人提出的、证明对方主张的事实不真实的证据。

解题秘籍

两步识别本证与反证

第一步，明确案件的待证事实及其证明责任分配。

第二步，通过该证据的提出主体判断具体类型。负担证明责任者提出的支持其主张的证据为本证；不负担证明责任者提出的否认对方主张的证据为反证。

特别提醒：

1. **本证与反证的分类与原、被告的诉讼地位无关**。即不能认为原告提出的证据都是本证，被告提出的证据都是反证。

2. **反证否定的对象是本证证明的事实，而非直接针对对方当事人的诉讼请求**。

3. 某项证据属于本证还是反证，必须**结合具体待证事实作出判断**。

二、直接证据与间接证据

根据**证据与待证事实之间联系**的不同，可将证据分为直接证据和间接证据。

直接证据，是指能够单独地、直接地证明待证事实的证据。例如，借款合同可以直接证明合同双方之间存在借贷法律关系。

间接证据，是指不能单独、直接证明案件的待证事实，必须与其他证据结合起来才能证明该待证事实的证据。

根据《民事证据规定》，直接证据的证明力一般大于间接证据。

特别提醒：

1. 判断某一证据属于直接证据还是间接证据，必须要**结合具体待证事实作出判断**。待证事实不同，对同一证据的类型判断结论可能会不同。

2. 证据学理分类的划分标准完全不同，彼此不能混淆。直接证据可能是本证，也可能是反证；可能是原始证据，也可能是传来证据。

三、原始证据与传来证据

根据证据的来源，可将证据分为原始证据和传来证据。

原始证据，是指直接来源于案件事实的证据，即第一手证据。如遗嘱原件、证人亲眼看到案件现场的情况等。

传来证据，是指从原始证据中派生出来的证据，又称派生证据。如借条复印件、文件的抄本等。

根据《民事证据规定》，原始证据的证明力一般大于传来证据。

考点 13 证明对象

命题分析

本考点在以往主观题中从未考查，但鉴于其重要性，在法考主观题复习中也不得不妨。从命题趋势分析，命题的重点无疑是免于证明的事实，虽然免于证明的事实包括八类事实，但自认之外的其他事实可考性不强。即便以往从未命制过案例题，也不排除在法考的案例大题中对自认等免证事实的认定和效力予以考查。为了增加难度，题目设问可能较为隐晦，要注意结合案情表述对自认等免证事实予以识别。

考点解析

证明对象，又称待证事实，是指需要证明主体运用证据来予以证明的与案件有关的事实。

一、证明对象的范围

1. 当事人主张的具有民事实体法意义上的事实，如民事法律关系产生、变更、消灭、妨害等事实。
2. 当事人主张的具有程序上意义的事实。
3. 证据事实。
4. 外国法和地方性法规。
5. 不为一般人所知晓的经验法则。

二、免于证明的事实

1. 自然规律以及定理、定律。

特别提醒：本项事实属于**绝对免证的事实**，即对方当事人不能用相反的证据推翻或反驳。

2. 众所周知的事实。

3. 根据法律规定推定的事实。

4. 根据已知的事实和日常生活经验法则推定出的另一事实。

5. 已为人民法院发生法律效力的裁判所确认的事实。

6. 已为仲裁机构生效裁决所确认的事实。

7. 已为有效公证文书所证明的事实。

特别提醒：第 2 ~ 7 项事实属于**相对免证的事实**，即允许对方当事人以相反的证据反驳或推翻。

知识拓展

免证事实与证明责任的关系

根据通说，证明责任具有双重含义，即行为意义上的证明责任和结果意义上的证明责任。免证事实只影响行为意义上的证明责任，不影响结果意义上证明责任的分配。具言之，对于免证事实，主张的一方无须就该事实存在承担行为意义上的证明责任，转而应由相对方提供证据证明该项事实不存在。但经过证明，免证事实仍处于真伪不明的状态，仍应由主张免证事实的一方承担不利后果。

三、诉讼中的自认（以下简称“自认”）

诉讼中的自认也属于免于证明的事实，但因其程序规则较为复杂，考查频率高，所以单独讲解。

（一）自认的概念

自认，是指在民事诉讼过程中一方当事人对另一方当事人主张的**于己不利案件事实**表示承认。

知识拓展

自认与认诺的区别

（1）内涵不同。自认是对对方主张于己不利案件事实的承认；认诺则是对对方提出诉讼请求的承认。

（2）法律后果不同。自认免除对方对该事实的举证责任，但并不必然会导致败诉；认诺则会导致认诺人败诉。

（二）自认的适用条件

1. 适用主体

当事人是最常见的自认作出主体。

法定代理人具有类似于当事人的地位，也有权作出自认。

当事人委托代理人参加诉讼的，代理人的承认视为当事人的承认。但未经特别授权的代理人对事实的承认直接导致承认对方诉讼请求的除外；当事人在场但对其代理人的承认不作否认表示的，视为当事人的承认。

2. 适用形式

（1）明示自认：当事人明确承认对方提出的于己不利事实。这是自认的典型形式。

（2）默示自认：又称为拟制自认，对一方当事人陈述的事实，另一方当事人既未表示承认也未否认，经审判人员充分说明并询问后，其仍不明确表示肯定或者否定的，视为对该项事实的承认。

3. 适用时间

民事诉讼过程中，具体而言，是指从起诉到判决作出的整个时间段。诉讼外的自认不会产生诉讼中自认的法律效果。

具体时间包括：当事人在**法庭审理中**，或者在**起诉状、答辩状、代理词等书面材料中**，均可作出自认。

特别提醒：一般而言，诉讼过程中要从法院立案起算。但由于当事人在起诉状中可以作出自认，因此自认的起算点是起诉而非立案。

（三）自认的法律效力

1. 自认对当事人的效力

对于自认事实，对方当事人无须举证证明。同时，当事人对自认不得随意撤回。

2. 自认对法院的效力

根据约束性辩论原则的要求，法院应当将当事人自认的事实作为认定案件事实的依据。当然，自认对法院的约束力并不是绝对的。如果自认与法院查明的事实不一致，可以不受自认效力的约束。

（四）自认的撤回

当事人作出自认后，应受自认拘束。自认撤回条件受到严格限制，具体如下：

1. 当事人在法庭辩论终结前撤回承认并经对方当事人同意。

2. 有充分证据证明其承认行为是在受胁迫或者重大误解情况下作出且与事实不符。

（五）不适用自认（不产生自认效力）的情形

1. 涉及**身份关系、国家利益、社会公共利益等应当由人民法院依职权调查的事实。**

2. **与法院查明的事实不符的自认**。

3. 在诉讼中，**当事人为达成调解协议或者和解协议作出妥协而认可的事实**，不得在后续的诉讼中作为对其不利的根据，但法律另有规定或者当事人均同意的除外。

考点14 证明责任及其分配

命题分析

本考点属于理论型考点，在往年主观题中考查频率较高、理论难度大，自2009年以来共考查过3次。

从考查内容来看，除了2012年案例大题曾考查证明责任的概念之外，其余两次均结合侵权法案例，对案例中要件事实的证明责任分配予以考查。鉴于合同、侵权纠纷的普遍性和代表性，除了解有关证明责任分配的法律规定之外，还需要考生领会证明责任分配的基本原理，这样才能做到“见招拆招”。

从命题趋势分析，基于证明责任分配的重要理论和实践价值，本考点在法考主观题中依然会是命题人的“宠儿”，结合具体案例继续对其考查的可能性依然较大。考生在复习中务必要全面掌握证明责任及其分配的基本原理和具体规则。

考点解析

一、证明责任基本原理

（一）内涵

证明责任，是指当事人对自己提出的事实主张，有提出证据并加以证明的责任，如果当事人未能尽到上述责任，则有可能承担对其主张不利的法律后果。

理论点拨： 根据司法解释规定和学界通说，证明责任具有双重内涵。一是行为意义上的证明责任（又称为提供证据责任），是指当事人对自己的主张有责任提供证据证明，通俗说是“谁主张、谁举证”；二是结果意义上的证明责任，是指当事人穷尽证明手段后，要件事实仍处于真伪不明的状态，由负担证明责任一方承担败诉的不利后果的责任。我国司法解释使用的术语是“举证证明责任”。

（二）理论阐释

虽然证明责任有两重含义，但结果意义上的证明责任才是证明责任的本质属性。下面就结果意义上的证明责任作理论解读。

1. 要件事实真伪不明是适用证明责任的前提

证明责任的功能是当作为裁判基础的要件事实真伪不明时指导法院作出裁判，因此，要件事实真伪不明是适用证明责任的前提条件。当要件事实被证明为真或者为假时，均不需要运用证明责任作判决。

2. 证明责任是一种拟制或假定

证明责任的作用机理是假定真伪不明的事实不存在，由此让负担证明责任的一方当事人因未完成证明自己主张的责任从而被判败诉的不利后果。

3. 证明责任的承担主体是一方当事人

首先，法院不是证明责任的承担主体。法院只是居中裁判主体，不承担证明案件事实的义务；其次，对某一要件事实的证明责任只能由一方承担。因为，出现真伪不明情况时，要让负担证明责任一方败诉，如果由双方承担证明责任，法院岂不是又将无从作出裁判。

4. 证明责任由法律、司法解释等预先确定

既然证明责任是一种败诉风险，甚至有学者称其为“证明责任之所在，败诉之所在”。可见，证明责任分配给哪一方当事人关系重大，为求公平合理，立法者均会反复考量，将证明责任通过法律规范的形式在双方当事人之间进行合理分配。

5. 证明责任分配不会在诉讼过程中移转

证明责任一旦由法律或司法解释预先分配之后，绝不会在诉讼过程中发生移转。在诉讼中不存在原告与被告之间互相移转证明责任的问题。

二、证明责任分配的一般规则

证明责任的分配，是指按照一定的规范或标准，将承担诉讼案件要件事实真

伪不明的不利后果的风险在双方当事人之间进行安排。

1.《最高人民法院关于适用〈中华人民共和国民事诉讼法〉的解释》规定的证明责任分配一般原理

我国民事诉讼法第64条第1款规定，当事人对自己提出的主张，有责任提供证据。学界将其简化为“谁主张、谁举证”规则。但该规定过于粗糙，无法满足司法实践的要求。《最高人民法院关于适用〈中华人民共和国民事诉讼法〉的解释》将证明责任分配规则细化规定为：

（1）主张法律关系存在的当事人，应当对产生该法律关系的基本事实承担举证证明责任。

（2）主张法律关系变更、消灭或者权利受到妨害的当事人，应当对该法律关系变更、消灭或者权利受到妨害的基本事实承担举证证明责任。

上述规定，可以简化为“**主张积极事实者承担证明责任，主张消极事实者不承担证明责任**”。

举例言之：甲向法院起诉要求乙归还借款，乙说没借。甲主张的是借贷法律关系存在的积极事实，乙主张的是借贷关系不存在的消极事实，因此应由甲就借贷法律关系存在承担证明责任。

甲向法院起诉要求乙归还借款，乙说已经偿还。乙主张双方之间的债权债务关系因清偿而消灭，因此应由乙就借贷法律关系消灭的事实承担证明责任。

2. 合同纠纷的证明责任分配

在合同纠纷案件中，主张合同关系成立并生效的一方当事人对合同订立和生效的事实承担举证责任；主张合同关系变更、解除、终止、撤销的一方当事人对引起合同关系变动的事实承担举证责任。

对合同是否履行发生争议的，由负有履行义务的当事人承担举证责任。

对代理权发生争议的，由主张有代理权一方当事人承担举证责任。

理论点拨：上述《最高人民法院关于民事诉讼证据的若干规定》第5条的规定，考生无须专门记忆，完全可依据证明责任分配的一般原理推断作答。从条文表述即可看出，第1款和第3款完全是“主张积极事实者承担证明责任，主张消极事实者不承担证明责任”的产物。稍有疑问的是第2款，当双方对合同是否履行发生争议，根据生活常识，负有履行义务的一方肯定会主张合同已经履行，另一方则主张并未履行。负有履行义务的当事人主张的是积极事实，因此也应由其承担证明责任。

3. 劳动争议案件证明责任的分配

在劳动争议纠纷案件中，因用人单位作出开除、除名、辞退、解除劳动合同、减少劳动报酬、计算劳动者工作年限等决定而发生劳动争议的，由用人单位负举证责任。

理论点拨：上述条文列举的用人单位行为，均属于使劳动合同关系变更、妨碍或解除的事实，因此，应当由用人单位承担证明责任。同理而言，存在劳动关系、劳动者受到工伤属于积极事实，在诉讼中劳动者会对此提出主张，因此，是否存在劳动关系的事实、是否属于工伤的事实应由劳动者承担证明责任。

4. 侵权纠纷证明责任的分配

根据证明责任分配的一般原理，主张侵权行为成立和存在免责事由均属于积极事实，相关主张者应承担证明责任。具体而言，受害方应当就存在侵权行为、侵权造成的损害后果、行为和结果之间存在因果关系以及加害方有过错（无过错原则除外）等要件事实承担证明责任；而加害方则应当就存在免责事由承担证明责任。

三、证明责任的特殊分配规则

所谓证明责任的特殊分配，是指在某些特殊类型的案件中，根据法律规定免除了原告对其主张事实的证明责任，转而由被告人承担证明责任。通俗来说是“证明责任倒置”。

1. 因新产品制造方法发明专利引起的专利侵权诉讼，由制造同样产品的单位或者个人对其产品制造方法不同于专利方法承担举证责任。

理论点拨：制造同样产品的单位或者个人证明其新产品制造方法发明专利不同于专利方法，实际上是要证明其制造的新产品没有侵犯他人的专利权，因此，本类纠纷将侵权行为的证明责任倒置给被告。

2. 高度危险作业致人损害的侵权诉讼，由加害人就受害人故意造成损害的事实承担举证责任。

理论点拨：受害人故意是侵权的免责事由，本来就应由加害人承担证明责任。因此，本类纠纷实际上不存在证明责任倒置的问题。

3. 因环境污染引起的损害赔偿诉讼，由加害人就法律规定的免责事由及其行为与损害结果之间不存在因果关系承担举证责任。

理论点拨：环境污染侵权适用无过错责任，仅有因果关系适用证明责任倒置。

4. 建筑物或者其他设施以及建筑物上的搁置物、悬挂物发生倒塌、脱落、坠落致人损害的侵权诉讼，由所有人或者管理人对其无过错承担举证责任。

理论点拨：《侵权责任法》已对本条规定作出调整。具体而言，建筑物、构筑物或者其他设施倒塌致害责任适用无过错责任，此类诉讼不再适用上述规定；而建筑物、构筑物或者其他设施及其搁置物、悬挂物发生脱落、坠落致害责任适用过错推定责任，将过错的证明责任倒置给所有人或者管理人。

5. 饲养动物致人损害的侵权诉讼，由动物饲养人或者管理人就受害人有过错或者第三人有过错承担举证责任。

理论点拨：《侵权责任法》已对本条规定予以细化，具体而言，饲养动物损害责任原则上适用无过错责任，但动物园饲养的动物适用过错推定责任，此时将过错的证明责任倒置给动物园。除此之外，饲养动物致人损害侵权，不存在证明责任倒置的情况。

6. 因缺陷产品致人损害的侵权诉讼，由产品的生产者就法律规定的免责事由承担举证责任。

理论点拨：产品责任适用无过错责任，不适用证明责任倒置规则。

7. 因共同危险行为致人损害的侵权诉讼，由实施危险行为的人就其行为与损害结果之间不存在因果关系承担举证责任。

理论点拨：本类纠纷中因果关系适用证明责任倒置规则。

8. 因医疗行为引起的侵权诉讼，由医疗机构就医疗行为与损害结果之间不存在因果关系及不存在医疗过错承担举证责任。

理论点拨：《侵权责任法》已修正了本条规定，除了该法第58条规定的三类情形适用过错推定之外，原则上应由受害人就医疗机构存在过错承担证明责任。此外，根据《关于审理医疗损害责任纠纷案件适用法律若干问题的解释》，因果关系也应由患者承担证明责任。

特别提醒：

（1）在上述侵权诉讼中，损害结果和免责事由不适用证明责任特殊分配规则。损害结果的事实全部由受害方承担证明责任；免责事由全部由加害方承担证明责任。

（2）证明责任倒置，不是全部案件事实的倒置，而是部分要件事实的倒置。具体而言，侵权行为倒置的是专利纠纷；因果关系倒置的是环境污染和共同危险行为；过错倒置的是物件脱落、坠落致人损害侵权纠纷。

解题秘籍

两步搞定“证明责任分配”

第一步，判断案件类型及其构成要件，尤其要准确判断过错责任和无过错责任的适用。

第二步，结合证明责任倒置规定，明确各要件事实的证明责任分配。

考点15　证明程序

命题分析

本考点主要涉及举证期限、新证据的认定、证据交换、法院调查取证和质证等诸多内容，本考点理论性不强，但涉及较多法律规定，自2009年以来共考查过1次。

从考查内容来看，曾在2016年案例大题中考查公文书是否当然具有证明力，实际上是对质证法律效果的考查，了解质证对于证明力生成的影响才能正确答题。从命题趋势分析，基于证据部分的重要地位，本部分可考查范围广，在法考主观题复习中应予以关注。

考点解析

一、举证时限

（一）概念

举证时限，是指根据法律规定或法院指定，当事人向法院提出证据的期限。

（二）确定方式

1. 法院在审理前的准备阶段确定当事人的举证时限。

2. 当事人协商后经法院许可。

法院确定举证时限，第一审普通程序案件不得少于15日，当事人提供新的证据的第二审案件不得少于10日。

知识拓展

简易程序的举证时限不得超过15日，小额诉讼程序一般不超过7日。

（三）举证时限的延长与再次确定

当事人在举证时限内提供证据确有困难的，可以在举证时限届满前向法院书面申请延长。申请理由成立的，人民法院应当准许，适当延长举证期限，并通知其他当事人。延长的举证期限适用于其他当事人。申请理由不成立的，人民法院不予准许，并通知申请人。

举证期限届满后，当事人对已经提供的证据，申请提供反驳证据或者对证据来源、形式等方面的瑕疵进行补正的，人民法院可以酌情再次确定举证期限。

（四）逾期举证的法律后果

当事人逾期提供证据的，人民法院应当责令其说明理由，必要时可以要求其提供相应的证据。

当事人因客观原因逾期提供证据，或者对方当事人对逾期提供证据未提出异议的，视为未逾期。

当事人因故意或者重大过失逾期提供的证据，法院不予采纳。但该证据与案件基本事实有关的，法院应当采纳，并对当事人予以训诫、罚款。

当事人非因故意或者重大过失逾期提供的证据，法院应当采纳，并对当事人予以训诫。

当事人一方要求另一方赔偿因逾期提供证据致使其增加的交通、住宿、就餐、误工、证人出庭作证等必要费用的，法院可予支持。

逾期举证法律后果的规定可通过下表来理解和记忆：

客观原因	视为未逾期		
主观原因	故意或重大过失	与案件基本事实有关	采纳后训诫、罚款
		与案件基本事实无关	不予采纳
	非故意或重大过失	采纳后训诫	

知识拓展

《最高人民法院关于适用〈中华人民共和国民事诉讼法〉的解释》出台后，**证据部分的期间均统一规定为举证时限届满前**。具体包括：申请法院调查收集证据、申请证据保全、申请延长举证时限、申请法院责令对方当事人提交书证、申请证人出庭作证、申请鉴定、申请具有专门知识的人出庭。

二、“新证据”的界定

（一）一审程序的“新证据”

1. 当事人在一审举证期限届满后新发现的证据。

2. 当事人确因客观原因无法在举证期限内提供，经法院准许，在延长的期限内仍无法提供的证据。

（二）二审程序的“新证据”

1. 一审庭审结束后新发现的证据；

2. 当事人在一审举证期限届满前申请法院调查取证未获准许，二审法院经审查认为应当准许并依当事人申请调取的证据。

（三）再审程序的“新证据”

1. 在原审庭审结束前已经存在，因客观原因于庭审结束后才发现的证据。

2. 在原审庭审结束前已经发现，但因客观原因无法取得或者在规定的期限内不能提供的证据。

3. 在原审庭审结束后形成的证据，无法据此另行提起诉讼。

三、证据交换

证据交换，是指在答辩期届满后，庭审之前，法官组织双方当事人将各自持有的证据材料相互明示的诉讼活动。

（一）启动方式

1. 法院依职权组织证据交换。法院对于证据较多或者复杂疑难的案件，应当组织当事人在答辩期届满后、开庭审理前交换证据。

2. 当事人申请证据交换。经当事人申请，法院可以组织当事人在开庭审理前交换证据。

（二）证据交换时间确定

1. 当事人协商一致并经法院认可。

2. 法院指定。

（三）证据交换与举证期限的关系

法院组织当事人交换证据，**交换证据之日举证期限届满**。当事人申请延期举证经法院准许的，证据交换日相应顺延。

（四）证据交换的程序

证据交换应当在审判人员的主持下进行。在证据交换的过程中，审判人员对当事人无异议的事实、证据应当记录在卷；对有异议的证据，按照需要证明的事实分类记录在卷，并记载异议的理由。通过证据交换，确定双方当事人争议的主要问题。

（五）证据交换的次数

证据交换一般不超过两次。但重大、疑难和案情特别复杂的案件，法院认为确有必要再次进行证据交换的除外。

四、法院调查收集证据

（一）法院主动调查收集

1. 涉及可能损害**国家利益、社会公共利益**的。

2. 涉及**身份关系**的。

3. 涉及**民事公益诉讼**的。

4. 当事人有**恶意串通损害他人合法权益可能**的。

5. 涉及依职权追加当事人、中止诉讼、终结诉讼、回避等**程序性事项**的。

（二）根据当事人申请调查收集证据

1. 适用情形：①证据由国家有关部门保存，当事人及其诉讼代理人无权查阅调取的。②涉及国家秘密、商业秘密或者个人隐私的。③当事人及其诉讼代理人因客观原因不能自行收集的其他证据。

2. 申请主体：**当事人本人或者代理人。**

3. 申请期限：**举证期限届满前。**

4. 申请形式：**提交申请书**。

5. 不予准许情形：当事人申请调查收集的证据，**与待证事实无关联、对证明待证事实无意义**或者**其他无调查收集必要**。

6. 不予准许处理程序：应当向当事人或其诉讼代理人送达通知书。

7. 不予准许救济措施：收到通知书的次日起3日内向**受理申请的法院**书面申请**复议1次**。法院应当在收到复议申请之日起5日内作出答复。

五、质证

质证，是指当事人、诉讼代理人及第三人在法庭的主持下，对当事人及第三人提出的证据就其真实性、合法性、关联性以及证明力的有无、大小予以说明和质辩的活动或过程。

（一）质证的主体

质证的主体包括当事人、诉讼代理人和第三人。

特别提醒：法院是认证的主体，不是质证的主体。

（二）质证的客体

质证的客体是证据。既包括**当事人向法院提出的证据**，又包括**根据当事人的申请由法院调查收集的证据**。

特别提醒：法院依职权调查收集的证据应在庭审时出示，听取当事人意见，可就调查收集该证据的情况予以说明。

（三）公开质证原则

证据应当在法庭上出示，由当事人互相质证。未经当事人质证的证据，不得作为认定案件事实的根据。

（四）公开质证原则的例外

1. 当事人在审理前的准备阶段认可的证据，经审判人员在庭审中说明后，视为质证过的证据。

2. 涉及**国家秘密、商业秘密、个人隐私**或者法律规定应当保密的证据，不得公开质证。

特别提醒：涉及商业秘密案件属于申请不公开审理案件，而**涉及商业秘密的证据不公开质证**，不可混淆。

（五）质证的特殊情形

1. 当事人签署保证书

法院认为有必要，可以要求当事人本人到庭。就案件事实询问之前，可以要求当事人签署保证书。

负有举证证明责任的当事人拒绝到庭、拒绝接受询问或者拒绝签署保证书，待证事实又欠缺其他证据证明的，法院对其主张的事实不予认定。

2. 询问具有专门知识的人（专家辅助人）

法院可以对出庭的具有专门知识的人进行询问。当事人各自申请的具有专门知识的人可以就案件有关问题进行对质。具有专门知识的人不得参与专业问题之外的法庭审理活动。

3. 对证人的质询

当事人在举证期限届满前有权申请证人出庭作证。法院在证人出庭作证前应当告知其如实作证的义务及作伪证的法律后果，可责令其签署保证书（无民事行为能力人和限制民事行为能力人除外）。

4. 对书证、物证、视听资料的质证

上述证据当事人以出示原物、原件为原则。但下列情形除外：①出示原件、原物确有困难，经法院许可可以出示复印件或复制品；②原件或原物已不存在，但有证据证明复印件、复制品与原件、原物一致。

考点16　保全

命题分析

保全制度以往从未在主观题中命题。因司法实践中当事人申请保全是常见情形，鉴于法考主观题实务化、融合化的命题趋势，命题人有可能在主观题案例中设置情节附带对本考点予以考查。“保全的种类”和“保全的措施”是本考点的重点，应重点把握不同保全类型的适用程序，鉴于通过对比予以把握。2016 年最高人民法院发布《关于人民法院办理财产保全案件若干问题的规定》，在复习中应重点关注。

考点解析

一、保全的种类

（一）诉前保全

诉前保全，是指在提起诉讼前，法院根据利害关系人的申请，对有关的财产采取保护措施或者对有关行为予以限制的制度。

1. 适用情形：利害关系人因情况紧急，不立即申请保全将会使其合法权益受到难以弥补的损害。

特别提醒：诉前保全同样适用于仲裁前保全。

2. 启动方式：必须由利害关系人提出申请。

3. 管辖法院：**被保全财产所在地、被申请人住所地**或者**对案件有管辖权的法院**。

4. 担保：利害关系人必须提供担保。诉前财产保全应当提供相当于请求保全数额的担保，情况特殊的，法院可酌情处理；诉前行为保全，担保数额由法院决定。

5. 裁定及执行作出时限：应在 48 小时内作出裁定，裁定后应立即执行。

（二）诉讼保全

诉讼保全，是指在诉讼过程中，为了保证法院的判决能顺利实施，法院根据当事人申请，或者必要时依职权决定对有关财产采取保护措施或者对有关行为予以限制的制度。

1. 适用情形：可能因当事人一方的行为或者其他原因，使判决难以执行或者造成当事人其他损害。

2. 启动方式：由当事人提出申请，或者法院依职权决定适用。

3. 管辖法院

（1）**一审中保全**，由**受理案件的法院**作出裁定并实施。

（2）**上诉案件报送到二审法院前**，由**一审法院**作出裁定并实施，应及时报送二审法院。

（3）**二审中保全**，由**二审法院**作出裁定。可以自行实施，也可委托一审法院实施。

（4）**再审中保全**，由**再审法院**作出裁定。可以自行实施，也可委托原审法院或者执行法院实施。

4. 担保：可以责令当事人提供担保。担保数额不超过请求保全数额的30%，申请保全的财产系争议标的，担保数额不超过争议标的的价值的30%。

法院责令担保，申请人不提供，裁定驳回保全申请。

5. 裁定及执行作出时限：应在接受财产保全申请5日内作出裁定；需要担保的，应在提供担保后5日内作出裁定；应在裁定后5日内开始执行。情况紧急的，必须在48小时内作出裁定，并立即开始执行。

（三）执行前保全

1. 适用情形：法律文书生效后，进入执行程序前，债权人因对方当事人转移财产等紧急情况，将可能导致生效法律文书不能执行或者难以执行。

2. 启动方式：由债权人提出申请。

3. 管辖法院：向执行法院申请采取保全措施。

4. 担保：债权人申请财产保全，法院可以不要求提供担保。

上述有关三类保全的规定可通过下表来理解和记忆：

不同点	诉前保全	诉讼中保全	执行前保全
申请时间	提起诉讼或者申请仲裁前	诉讼过程中	法律文书生效后，进入执行程序前
启动主体	利害关系人	当事人/法院	债权人
管辖法院	被保全财产所在地、被申请人住所地或者对案件有管辖权的法院	一审、上诉案件报送到二审法院前为案件的一审审理法院	执行法院
担保	应当提供担保	可以责令提供担保	可以不要求提供担保
裁定与执行时限	应在48小时内作出裁定，并立即执行	5日内作出裁定，5日内执行；情况紧急时，应在48小时内作出保全裁定，并立即开始执行	—
解除条件	法院采取保全措施后30日内不依法提起诉讼或者申请仲裁	财产纠纷案件，被申请人提供担保	债权人在法律文书指定的履行期间届满后5日内不申请执行

二、保全的措施

（一）财产保全措施

1. 一般措施

查封、扣押、冻结或法律规定的其他方法。

2. 保全财产的保管

原则上由**法院**保管，不宜由法院保管的，法院可以指定**被保全人**负责保管；不宜由被保全人保管的，可以委托**他人或者申请保全人**保管。

查封、扣押、冻结担保物权人占有的担保财产，一般由**担保物权人**保管；由**法院保管**时，**质权、留置权不因采取保全措施而消灭**。

3. 保全财产的处分

被查封、扣押的财产，**原则上任何人都不得使用、处分**，但被查封、扣押物是不动产或特定动产，若由法院指定被保全人负责保管，继续使用对该财产的价值无重大影响，可以允许被保全人继续使用。

财产保全期间，被保全人请求对被保全财产自行处分，法院经审查，认为不损害申请保全人和其他执行债权人合法权益，可以准许，但应当监督被保全人按照合理价格在指定期限内处分，并控制相应价款。

被保全人请求**自行处分作为争议标的的被保全财产，须经申请保全人同意**。法院准许被保全人自行处分被保全财产，应当通知保全人；申请保全人不同意，可以提出执行行为异议。

4. 保全措施与担保物权的关系

法院对抵押物、质押物、留置物可以采取财产保全措施，但不影响抵押权人、质权人、留置权人的优先受偿权。

（二）行为保全措施

被请求人不履行法院发出的命令或强制令，法院可以采取强制措施，迫使其履行，或者采取替代性方式，确保权利人权利受到保护，相关费用由被请求人承担。

（三）财产保全措施的延续与解除

1. 财产保全措施的延续

（1）自动续延

利害关系人申请诉前财产保全，在法院采取保全措施后30日内依法提起诉讼或者申请仲裁的，诉前财产保全措施自动转为诉讼或仲裁中的保全措施；进入执行程序后，保全措施自动转为执行中的查封、扣押、冻结措施。

（2）申请续延

申请保全人申请续行财产保全，应当在**保全期限届满7日前**向法院提出；逾期申请或者不申请，自行承担不能续行保全的法律后果。

2. 财产保全措施的解除

（1）被保全人申请解除保全的情形

财产纠纷案件，被保全人或第三人提供充分有效担保请求解除保全，法院应当裁定准许。被保全人请求对作为争议标的的财产解除保全的，须经申请保全人同意。

（2）申请保全人申请解除保全的情形

①采取诉前财产保全措施后30日内不依法提起诉讼或者申请仲裁的；②仲裁机构不予受理仲裁申请、准许撤回仲裁申请或者按撤回仲裁申请处理的；③仲裁申请或者请求被仲裁裁决驳回的；④其他法院对起诉不予受理、准许撤诉或者按撤诉处理的；⑤起诉或者诉讼请求被其他法院生效裁判驳回的；⑥申请保全人应当申请解除保全的其他情形。

申请保全人未及时申请法院解除保全，应当赔偿被保全人因财产保全所遭受的损失。

（3）解除执行前保全的情形

债权人在**法律文书指定的履行期间届满后5日内**不申请执行的，法院应当解除保全。

（4）解除保全的时限

法院收到解除保全申请后，应当在5日内裁定解除保全；对情况紧急的，必须在48小时内裁定解除保全。

注意：解除保全的时限和诉讼中裁定保全的时限相同。

（四）行为保全的程序

行为保全制度目的不在保护财产，因此**行为保全措施不因被申请人提供担保而解除**。

考点 17 起诉与受理

命题分析

“起诉与受理”解决的是民事诉讼“入口”问题，具有重要的理论和实践价值，也成为主观题中当之无愧的高频考点，近十年间共考查过 3 次。

从考查形式来看，本考点命题形式多样，既有案例大题也有法律文书题。2011 年司考和 2018 年法考分别考查了起诉的条件和重复起诉的认定，而 2013 年案例大题中对民事起诉状的格式作出考查。

从命题趋势分析，本考点涉及起诉的实质条件、受理的法律后果、重复起诉的识别等较多理论性知识，在法考主观题考查的可能性较大，应当认真复习。

考点解析

一、起诉

（一）概念

民事诉讼中的起诉，是指当事人认为自己的民事权利或依法由自己管理、支配的民事权益受到侵害或与他人发生纠纷时，以自己的名义向法院提出诉讼请求，要求法院通过审判予以保护的诉讼行为。

理论点拨：司法具有被动性，奉行“不告不理”原则。没有当事人的起诉行为，法院不得启动民事审判程序。

（二）起诉条件

1. 原告是与本案有直接利害关系的公民、法人和其他组织

原告必须具备两个条件：①原告具有民事诉讼权利能力（当事人能力），包括公民、法人和其他组织；②原告是适格当事人。

2. 有明确的被告

明确的被告，是指原告在起诉时必须在起诉状中载明被谁侵害了民事权益或

者与谁发生民事纠纷。

原告提供被告的姓名或者名称、住所等信息具体明确，足以使被告与他人相区别的，可以认定为有明确的被告。

3. 有具体的诉讼请求和事实、理由

理论点拨：基于处分权的要求，原告的诉讼请求划定了法院裁判的范围。因此原告必须提出具体的诉讼请求。具体而言，原告起诉时必须明确指出请求法院以何种形式、保护何种权利，请求法院判令被告承担何种义务。

4. 属于法院受理民事诉讼的范围和受诉法院管辖

具体而言：①原告起诉的纠纷属于法院主管范围；②当事人应向对案件有管辖权的法院起诉。

（三）起诉方式

以书面起诉为原则，以口头起诉为例外。即原告起诉应当向法院递交起诉状，并按照被告人数提出副本。书写起诉状确有困难的，可以口头起诉，由法院记入笔录，并告知对方当事人。

（四）民事起诉状的内容

1. 当事人的基本情况：原告的姓名、性别、年龄、民族、职业、工作单位、住所、联系方式，法人或者其他组织的名称、住所和法定代表人或者主要负责人的姓名、职务、联系方式；被告的姓名、性别、工作单位、住所等信息，法人或者其他组织的名称、住所等信息。

2. 原告的诉讼请求，以及诉讼请求所依据的事实和理由。

3. 证据和证据来源，证人姓名和住所。

4. 受诉法院的名称、起诉时间、起诉人签名或盖章。

二、受理

（一）法院对起诉的审查

1. 形式审查

法院应审查起诉状有无遗漏或错误，如果有，应当通知当事人予以补充。

起诉状列写被告信息不足以认定明确的被告的，法院可以告知原告补正。原告补正后仍不能确定明确的被告的，法院裁定不予受理。

原告在起诉状中有谩骂和人身攻击之辞的，法院应当告知其修改后提起诉讼。

2. 起诉条件的审查

法院对原告的起诉是否符合《民事诉讼法》第 119 条规定进行审查。

（二）立案登记

立案登记，是指法院经过审查，认为原告的起诉符合民事诉讼法规定的起诉条件，从而决定予以立案审理的行为。

原告起诉行为，并不必然导致诉讼程序的启动，起诉经法院审查并立案登记后，诉讼程序才会真正启动。

<table>
<tr><td rowspan="5">法院接到起诉状后的处理</td><td>符合起诉条件，且不属于不予受理情形</td><td>登记立案</td></tr>
<tr><td>当场不能判定是否符合起诉条件</td><td>接收起诉材料，出具书面凭证</td></tr>
<tr><td>需要补充必要相关材料</td><td>及时告知当事人</td></tr>
<tr><td>补齐相关材料后</td><td>7 日内决定是否立案</td></tr>
<tr><td>立案后发现不符合起诉条件或者属于不予受理情形</td><td>裁定驳回起诉</td></tr>
</table>

（三）受理的法律效果

1. 受诉法院依法取得案件的审判权

法院受理后，有权对案件进行审理并作出判决。

2. 受诉法院对该案取得排他性管辖权

法院受理原告的起诉后，其他法院对该案不得行使管辖权，当事人也不得重复起诉。

3. 当事人诉讼地位确定

原告、被告诉讼地位明确，依法享有诉讼权利，履行诉讼义务。

特别提醒：诉讼时效中断是起诉而非受理的法律效果。

（四）法院审查后的处理方式

适用情形	处理方式	救济措施
起诉符合法定条件	7 日内立案，并通知当事人	—
起诉不符合法定条件	7 日内裁定不予受理	裁定送达之日起 10 日内上诉
立案后发现不符合起诉条件	裁定驳回起诉	裁定送达之日起 10 日内上诉

知识拓展

不予受理、驳回起诉与驳回诉讼请求的区别

1. 不予受理和驳回起诉适用的情形相同，均适用于起诉不符合法定条件；两者均适用裁定书；对裁定不服当事人均可以上诉或再审救济。但两者适用的时间节点不同：法院受理之前发现不符合起诉条件，应当裁定不予受理；法院受理之后发现不符合起诉条件，只能裁定驳回起诉。

2. 驳回起诉和驳回诉讼请求均可通过上诉救济，两者存在明显的区别：

不同点	驳回起诉	驳回诉讼请求
解决事项	解决起诉是否符合法定受理条件的程序性问题	解决案件实体性问题
法律依据	民事诉讼法	民事实体法
文书类型	裁定书	判决书
上诉期限	10 天	15 天
能否再次起诉	符合条件可以再行起诉	不得再行起诉

（五）对当事人起诉时特殊情况的处理

1. 法院不予受理的情形

（1）属于行政诉讼受案范围的，告知原告提起行政诉讼。

（2）双方当事人达成书面仲裁协议申请仲裁、不得向法院起诉，告知原告向仲裁机构申请仲裁。

（3）依照法律规定，应当由其他机关处理的争议，告知原告向有关机关申请解决。

（4）对不属于本院管辖的案件，告知原告向有管辖权的法院起诉。

（5）对判决、裁定、调解书已经发生法律效力的案件，当事人又起诉的，告知原告申请再审，但法院准许撤诉的裁定除外。

（6）依照法律规定，在一定期限内不得起诉的案件，在不得起诉的期限内起诉的，不予受理。

（7）判决不准离婚和调解和好的离婚案件，判决、调解维持收养关系的案件，没有新情况、新理由，原告在6个月内又起诉的，不予受理；原告撤诉或者按撤诉处理的离婚案件，没有新情况、新理由，6个月内又起诉的，法院不予

受理。

特别提醒：上述三个条件任何一个发生变化都应当受理，具体而言，出现新情况、新理由，或者被告起诉，或者6个月后起诉都不受上述规定的限制。

2. 法院应予受理的情形

（1）裁定不予受理、驳回起诉的案件，原告再次起诉，符合起诉条件且不属于不予受理情形的，法院应予受理。

（2）当事人达成的仲裁条款或者仲裁协议不成立、无效、失效、内容不明确无法执行的，法院应当依法受理当事人的起诉。

（3）夫妻一方下落不明，另一方诉至法院，只要求离婚，不申请宣告下落不明人失踪或者死亡的案件，法院应当受理，对下落不明人公告送达诉讼文书。

（4）赡养费、扶养费、抚育费案件，裁判发生法律效力后，因新情况、新理由，一方当事人再行起诉要求增加或者减少费用的，法院应作为新案受理。

（5）当事人超过诉讼时效期间起诉的，法院应予受理。受理后对方当事人提出诉讼时效抗辩，法院经审理认为抗辩事由成立的，判决驳回原告的诉讼请求。

（6）裁判发生法律效力后，发生新的事实，当事人再次提起诉讼的，法院应当依法受理。

（7）原告撤诉或者法院按撤诉处理后，原告以同一诉讼请求再次起诉的，法院应予受理。

（六）重复起诉

重复起诉也应当属于上述法院不予受理的情形，因其内容较多，所以单列。

1. 构成重复起诉的条件

（1）后诉与前诉当事人相同。

（2）后诉与前诉标的相同。

（3）后诉与前诉的诉讼请求相同，或者后诉的诉讼请求实质上否定前诉裁判结果。

特别提醒：后诉与前诉当事人相同，并非是当事人诉讼地位相同。

2. 重复起诉的处理

当事人重复起诉的，裁定不予受理；已经受理的，裁定驳回起诉，但法律、司法解释另有规定的除外。

考点18　审理中的特殊情形

命题分析

本考点包括撤诉、缺席判决、延期审理、诉讼中止和诉讼终结等五个知识点。本考点在主观题中偶有考查，近十年仅考查1次。

从考查内容来看，本考点仅在2017年案例大题中对缺席判决的适用情形作出考查。本考点不大可能单独设问，更可能在程序找错类试题中出现，与其他知识点搭配考查。本考点虽涉及内容较多，但大多属于记忆性内容，理论性不强，属于易得分点。

考点解析

一、撤诉

（一）概念

撤诉，是指在法院受理案件之后、宣告判决之前，当事人要求撤回起诉的行为。

撤诉是当事人对其诉讼权利行使处分权的产物，包括申请撤诉和按撤诉处理两种情形。

（二）申请撤诉

1. 申请撤诉必须有合格的主体。原告、有独立请求权第三人和提出反诉的被告，法定代理人以及经特别授权的委托诉讼代理人。

2. 申请撤诉必须出于当事人自愿。

3. 撤诉应当在**案件受理后，判决宣告前**提出。

4. 撤诉必须法院审查同意。

（三）按撤诉处理的情形

1. 原告经传票传唤，无正当理由拒不到庭的，或者未经法庭许可中途退庭。

特别提醒：有独立请求权第三人、反诉的被告也适用此情形。

2. 原告应当预交而未预交案件受理费，法院通知后仍不预交或者申请减、缓、免未获批准而仍不预交。

3. 无民事行为能力的原告的法定代理人，经传票传唤无正当理由拒不到庭。

（四）有独立请求权第三人参加诉讼后原告撤诉

有独立请求权的第三人参加诉讼后，原告申请撤诉，法院在准许原告撤诉后，有独立请求权的第三人作为另案原告，原案原告、被告作为另案被告，诉讼继续进行。

（五）撤诉的法律后果

1. 诉讼程序终结。法院裁定撤诉或按撤诉处理后，法院不再对案件继续审理和判决。

2. 诉讼费用由撤诉的当事人负担。减半收取案件受理费。

3. 诉讼时效重新开始计算。法院裁定准许撤诉之日起，诉讼时效重新开始计算。

4. 原告可以再次起诉。撤诉案件法院并未作出实体处理，原告可以就该纠纷再次起诉，但离婚案件撤诉后再次起诉要受到限制。

二、缺席判决

（一）概念

缺席判决，是指法院在一方当事人无正当理由拒不参加庭审或者未经许可中途退庭的情况下，依法对案件所作的判决。

（二）适用情形

1. 被告经传票传唤，无正当理由拒不到庭的，或者未经法庭许可中途退庭。

知识拓展

适用缺席判决的被告，应当是**非必须到庭的被告**。必须到庭的被告，是指负有赡养、抚育、扶养义务和不到庭就无法查清案情的被告。如果是必须到庭的被告未到庭，法院先延期审理，并继续发传票，经两次传票传唤无正当理由拒不到庭时，可以拘传。

2. 法院裁定不准许撤诉，原告经传票传唤，无正当理由拒不到庭。

3. 被告提出反诉后，原告无正当理由拒不到庭的，或者未经法庭许可中途退庭。

4. 无民事行为能力的被告的法定代理人，经传票传唤无正当理由拒不到庭。

5. 无独立请求权的第三人经法院传票传唤，无正当理由拒不到庭，或者未经法庭许可中途退庭，不影响案件的审理。法院判决无独立请求权第三人承担责任时，相当于缺席判决。

6. 无民事行为能力人的离婚诉讼，当事人的法定代理人应当到庭；法定代理人不能到庭的，法院应当在查清事实的基础上，依法作出判决。

三、延期审理

（一）概念

延期审理，是指当遇有法定事由时，使法院已经确定的开庭期日或者正在进行的开庭审理无法继续进行，而顺延至另一个期日进行审理的制度。

（二）适用情形

1. 必须到庭的当事人和其他诉讼参与人有正当理由没有到庭的。

2. 当事人临时提出回避申请的。

3. 需要通知新的证人到庭，调取新的证据，重新鉴定、勘验，或者需要补充调查的。

4. 其他应当延期的情形。

四、诉讼中止

（一）概念

诉讼中止，是指在诉讼进行过程中，因出现某种特定情况，使得诉讼无法继续进行或不宜进行，因而法院裁定暂时停止诉讼程序的制度。

（二）适用情形

1. 一方当事人死亡，需要等待继承人表明是否参加诉讼的。

2. 一方当事人丧失诉讼行为能力，尚未确定法定代理人的。

3. 作为一方当事人的法人或者其他组织终止，尚未确定权利义务承受人的。

4. 一方当事人因不可抗拒的事由，不能参加诉讼的。

5. 本案必须以另一案的审理结果为依据，而另一案尚未审结的。

6. 其他应当中止诉讼的情形。

知识拓展

诉讼中止和延期审理的区别

诉讼中止和延期审理经常伴随考查，考生务必要准确识别。两者除了《民事诉讼法》规定的具体适用情形不同之外，还存在以下差别：

不同点	诉讼中止	延期审理
适用范围	裁判作出前的任何阶段	开庭审理阶段
适用效果	法院、当事人一切诉讼活动均停止	将开庭审理日期推延，有关诉讼活动并不停止
恢复审理时间	法院难以确定恢复诉讼程序的时间	恢复审理日期通常由法院确定
法律文书	裁定	决定

特别提醒：用最后一项判断最为有效，题目表述为“决定诉讼中止”“裁定延期审理”均错误。

五、诉讼终结

（一）概念

诉讼终结，是指在诉讼进行过程中，因出现某些特殊情况，使诉讼程序继续进行已没有必要或不可能继续进行，从而由法院裁定终结诉讼程序的制度。

（二）适用情形

1. 原告死亡，没有继承人，或者继承人放弃诉讼权利的。
2. 被告死亡，没有遗产，也没有应当承担义务的人的。
3. 离婚案件一方当事人死亡的。
4. 追索赡养费、扶养费、抚育费以及解除收养关系案件的一方当事人死亡的。

诉讼终结的裁定既可以用书面形式，也可以口头作出。诉讼终结的裁定一经送达即发生法律效力，当事人不得上诉，也不得申请复议。诉讼终结的案件，当事人不得以同一事实和理由，就同一诉讼标的再行起诉，法院也不得再行受理此案。

理论点拨：适用诉讼终结的情形都绕不开一个“死”字，且适用对象全部是自然人。当然诉讼中止也会涉及死亡的问题，识别两者的关键点在于能否继承。

具体而言，自然人死亡后，如果是身份关系案件，那无法继承，自然应当诉讼终结。如果是财产纠纷案件，那会产生继承问题，等待继承人是否参加诉讼时，应当诉讼中止；如果没有继承人或者继承人放弃继承权，那就要诉讼终结。法人和其他组织终结后不存在没有权利义务承受者的问题，因此不适用诉讼终结。

考点19 简易程序

命题分析

简易程序在以往主观题中从未单独命题，只是在案情设计时有所涉及，如2013年考查发回重审程序的注意事项时附带对简易程序的适用范围予以考查。本考点的重点是适用范围、开庭审理和宣判三个知识点。客观而言，本考点在法考主观题中单独命题的可能性几乎没有，但要防止综合性案例题中附带考查本考点内容，复习时应有所关注。

考点解析

一、简易程序的适用范围

（一）适用法院

适用简易程序审理民事案件的法院是**基层人民法院及其派出法庭**。

特别提醒：**海事法院**属于中级人民法院，但可以适用简易程序。

（二）适用审级

仅适用于**第一审民事案件**。

特别提醒：二审程序、再审程序、发回重审案件均不可适用简易程序。

（三）适用案件

1. 事实清楚、权利义务关系明确、争议不大的简单的民事案件。事实清楚，是指当事人对争议的事实陈述基本一致，并能提供相应的证据，无须人民法院调查收集证据即可查明事实。权利义务关系明确，是指能明确区分谁是责任的承担者，谁是权利的享有者。争议不大，是指当事人对案件的是非、责任承担以及诉讼标的争执无原则分歧。

2. 本应适用普通程序审理的民事案件，当事人双方也可以约定适用简易程序

（应当在开庭前提出）。**已经按照普通程序审理的案件，在开庭后不得转为简易程序审理**。

特别提醒：当事人可以约定将普通程序案件适用简易程序审理，但不能约定将简易程序案件适用普通程序审理。

3. 禁用案件类型：

（1）起诉时被告下落不明的。

（2）发回重审的。

（3）当事人一方人数众多的。

（4）适用审判监督程序的。

（5）涉及国家利益、社会公共利益的。

（6）第三人撤销之诉。

（7）其他不宜适用简易程序的案件。

特别提醒：对于**上述案件，法院不得适用简易程序审理，当事人也不能约定适用简易程序审理**。

（四）简易程序转为普通程序

1. 法院依职权转化

法院在审理过程中，发现案件不宜适用简易程序，应当在**审理期限届满前**裁定转为普通程序。

2. 当事人申请转化

当事人就案件适用简易程序提出异议，法院经审查，异议成立的，裁定转为普通程序；异议不成立的，口头告知当事人，并记入笔录。

二、开庭审理

（一）传唤和送达方式

法院可以采取捎口信、电话、短信、传真、电子邮件等简便方式传唤双方当事人、通知证人和送达裁判文书以外的诉讼文书。

以简便方式送达的开庭通知，未经当事人确认或者没有其他证据证明当事人已经收到的，法院不得将其作为按撤诉处理和缺席判决的根据。

（二）告知当事人诉讼权利义务

开庭前已经书面或者口头告知当事人诉讼权利义务，或者当事人各方均委托律师代理诉讼的，审判人员除**告知当事人申请回避的权利**外，可以不再告知当事人其他的诉讼权利义务。

对没有委托律师、基层法律服务工作者代理诉讼的当事人，法院在庭审过程中可以对回避、自认、举证证明责任等相关内容向其作必要的解释或者说明，并在庭审过程中适当提示当事人正确行使诉讼权利、履行诉讼义务。

（三）法庭调查和辩论

开庭时，审判人员可以根据当事人的诉讼请求和答辩意见归纳出争议焦点，经当事人确认后，由当事人围绕争议焦点举证、质证和辩论。

法院在进行法庭调查、法庭辩论时，可以不按法定顺序进行。

当事人对案件事实无争议的，审判人员可以在听取当事人就适用法律方面的辩论意见后径行判决、裁定。

适用简易程序审理的民事案件，应当**一次开庭审结**，但人民法院认为确有必要再次开庭的除外。

（四）审理期限

法院适用简易程序审理案件，应当在立案之日起3个月内审结。

审理期限到期后，**双方当事人同意**继续适用简易程序的，由**本院院长**批准，可以延长审理期限。延长后的审理期限累计不得超过6个月。

特别提醒：

1. 本院院长批准才可延长，审判长、合议庭等无权决定。
2. 延长简易程序的审限，不得超过第一审普通程序的审限。

三、宣判

（一）宣判方式

简易程序，以当庭宣判为原则，以定期宣判为例外。

（二）判决书的送达

简易程序的判决书采用不同送达方式，送达日期的确认规则有所差异。

当庭宣判案件	法院告知领取裁判文书的期间和地点	当事人在指定期间内领取	领取之日即为送达之日
		当事人未在指定期间内领取	指定领取期间届满之日即为送达之日
	当事人当庭要求邮寄送达裁判文书	法院根据当事人自己提供的送达地址邮寄送达	邮件回执上注明收到或者退回之日即为送达之日
定期宣判案件	定期宣判之日即为送达之日		

（三）判决书的简化

适用简易程序审理的案件，有下列情形之一的，人民法院在制作判决书、裁定书、调解书时，对**认定事实**或者**裁判理由**部分可以适当简化：

（1）当事人达成调解协议并需要制作民事调解书的。

（2）一方当事人明确表示承认对方全部或者部分诉讼请求的。

（3）涉及商业秘密、个人隐私的案件，当事人一方要求简化裁判文书中的相关内容，人民法院认为理由正当的。

（4）当事人双方同意简化的。

考点20　第二审程序

命题分析

“第二审程序”是本学科主观题命制又一个“富矿区”。纵观历年考题，本考点试题主要集中在上诉的提起、二审的审理范围、上诉案件的调解以及上诉案件的裁判四个知识点。自2009年起共考查过7次。

从考查内容来看，本考点曾在2013年、2017年案例大题中对一审遗漏必要共同诉讼人、二审增加诉讼请求的处理以及二审发回重审的适用作出考查。2018年法考考查二审能否变更诉讼请求，涉及上诉案件的审理范围。

从命题趋势分析，本考点不像案外人权利救济那样异军突起的“新贵”，它属于“传统豪门”，可谓长盛不衰。2018年法考综合题涉及二审能否变更诉讼请求，其实质就是对二审审理范围的考查。基于本考点内容的重要性，涉及的内容多，可考查范围广，在法考复习中应重点关注。

考点解析

一、上诉的提起

（一）提起上诉的条件

1. 有法定的上诉对象

《民事诉讼法》规定可以上诉的对象包括：①地方各级法院适用普通程序和

简易程序审理后作出的第一审判决；②第二审法院发回重审作出的判决；③按照第一审程序对案件再审后作出的判决（小额诉讼程序的判决、裁定除外）；④不予受理、驳回起诉、管辖权异议的裁定。

知识拓展

不可上诉的对象包括：①最高人民法院作出的一审判决、裁定；②小额诉讼程序的判决以及驳回起诉、管辖权异议裁定；③适用特别程序、督促程序、公示催告程序作出的判决、裁定、支付令；④除不予受理、驳回起诉、管辖权异议之外的其他裁定；⑤各级法院制作的调解书；⑥各级法院作出的决定书；⑦有关婚姻效力（认定婚姻关系有效、无效）的判决。

2. 有合法的上诉人和被上诉人

上诉人和被上诉人必须是参加第一审程序的诉讼当事人，包括：原告、被告、有独立请求权第三人、一审判决承担民事责任的无独立请求权第三人。

特别提醒：无民事行为能力人、限制民事行为能力人的法定代理人，可以代理当事人提起上诉。经过特别授权的委托代理人，有权代为提起上诉。此时的上诉人仍然是当事人，而非诉讼代理人。

必要共同诉讼中上诉人、被上诉人的确定规则：

（1）上诉仅对与对方当事人之间权利义务分担有意见，不涉及其他共同诉讼人利益的，对方当事人为被上诉人，未上诉的同一方当事人依原审诉讼地位列明。

（2）上诉仅对共同诉讼人之间权利义务分担有意见，不涉及对方当事人利益的，未上诉的同一方当事人为被上诉人，对方当事人依原审诉讼地位列明。

（3）上诉对双方当事人之间以及共同诉讼人之间权利义务承担有意见的，未提起上诉的其他当事人均为被上诉人。

总结：提起上诉者是上诉人，上诉请求指向的对象是被上诉人，其余人依原审地位列明。

解题秘籍

三步确定“二审当事人的诉讼地位”

第一步，确定一审中各方当事人的诉讼地位。

第二步，判断各方当事人是否享有上诉权，重点对无独立请求权第三人能否上诉作出判断。

第三步，根据二审当事人确定规则明确各方的诉讼地位。具言之，提起上诉者是上诉人，上诉请求指向的对象是被上诉人，其他当事人依原审地位列明。

3. 在法定期间内提起上诉

判决15日，裁定10日；从文书送达的第二日起计算。

当事人在不同时间签收裁判文书，各自的上诉期分别计算。但只有各方当事人的上诉期届满后均未提起上诉，裁判才会生效。

4. 必须提交上诉状

一审宣判时或者判决书、裁定书送达时，当事人口头表示上诉，法院应告知其必须在法定上诉期间内递交上诉状。未在法定上诉期间内递交上诉状的，视为未提起上诉，一审裁判生效。

（二）提起上诉的途径

上诉状应当通过原审法院提出，并按照对方当事人或者代表人的人数提出副本。

当事人直接向第二审法院上诉的，第二审法院应当在5日内将上诉状移交原审法院。

理论点拨：本规定的目的是便于当事人行使上诉权，也便于原审法院协助二审法院完成文书送达、卷宗整理等工作。

二、上诉案件审理的范围

第二审法院应当对上诉请求的有关**事实和适用法律**进行审查。

第二审法院应当围绕**当事人的上诉请求**进行审理。

当事人没有提出请求的，不予审理，但一审判决违反法律禁止性规定，或者损害国家利益、社会公共利益、他人合法权益的除外。

三、上诉案件的调解

（一）二审程序中法院调解的适用

二审法院审理上诉案件，可以根据自愿、合法原则，主持双方当事人进行调解。

调解达成协议，应当制作调解书。调解书经上诉人、被上诉人双方签收后发生法律效力。

调解书送达当事人后，**一审判决视为撤销**。

特别提醒：

1. 不同于第一审程序，二审程序中达成调解协议，法院必须制作调解书。因为二审法院的调解除解决民事纠纷外，还会对一审法院的判决效力产生影响。

2. 法院不能在调解书中写“撤销原判”。一审判决事实上因二审调解结案而失效，无须再将其撤销。

（二）二审中特殊情形的调解适用

二审程序中出现下列特殊情况，为了保护当事人的审级利益，法院不能直接裁判，但可以通过调解解决纠纷。

1. 当事人在第一审程序中已经提出的诉讼请求，原审法院未作审理、判决的，第二审法院可以根据当事人自愿的原则进行调解；调解不成的，发回重审。

2. 必须参加诉讼的当事人或者有独立请求权的第三人，在第一审程序中未参加诉讼，第二审法院可以根据当事人自愿的原则予以调解；调解不成的，发回重审。

3. 一审判决不准离婚的案件，上诉后，第二审法院认为应当判决离婚的，可以根据当事人自愿的原则，与子女抚养、财产问题一并调解；调解不成的，发回重审。

4. 在第二审程序中，原审原告增加独立的诉讼请求或者原审被告提出反诉的，第二审法院可以根据当事人自愿的原则就新增加的诉讼请求或者反诉进行调解；调解不成的，告知当事人另行起诉。

特别提醒：为了尊重当事人的程序选择权，上诉第 3、第 4 种情形，当事人同意由二审法院一并审理，第二审法院可以一并裁判。

上述规定可通过下表来理解和记忆：

<table>
<tr><th>调解不成的处理措施</th><th>适用情形</th><th>二审法院能否一并裁判</th></tr>
<tr><td rowspan="3">发回重审</td><td>一审判决遗漏诉讼请求</td><td rowspan="2">不可以一并裁判</td></tr>
<tr><td>一审程序遗漏必须参加诉讼的当事人或者有独立请求权第三人</td></tr>
<tr><td>一审判决不准离婚的案件，第二审法院认为应当判决离婚</td><td rowspan="2">当事人同意可以一并裁判</td></tr>
<tr><td>告知另行起诉</td><td>原审原告增加独立的诉讼请求或者原审被告提出反诉</td></tr>
</table>

四、上诉的撤回

撤回上诉，是指上诉人在第二审法院受理案件后、二审判决宣告前，将其提起的上诉予以撤回的一种诉讼行为。

（一）撤回上诉的条件

1. 申请撤回上诉的主体：**上诉人、上诉人的法定代理人**。

2. 申请撤回上诉的时间：**第二审判决宣告前提出**。

3. 撤回上诉必须取得**第二审法院同意**。

（二）撤回上诉的法律后果

1. 如果对方当事人未上诉，**第二审程序终结**。

2. 如果对方当事人未上诉，**第一审裁判生效**。

3. 撤回上诉的一方承担第二审上诉费用，**减半收取**。

（三）二审中撤回起诉

1. 申请主体：**原审原告**

2. 适用条件：①**经其他当事人同意**；②**不损害国家利益、社会公共利益、他人合法权益**。

3. 法律后果：①法院准许撤诉，应当一并**裁定撤销一审裁判**；②原审原告在第二审程序中**撤回起诉后重复起诉**，法院**不予受理**。

五、上诉案件的裁判

（一）对第一审判决提起上诉的裁判

1. 判决驳回上诉、维持原判

适用情形：原判事实认定清楚、法律适用正确。

2. 依法改判、撤销或变更原判决

适用情形：①原判决事实认定错误或者法律适用错误；②原判决认定的基本事实不清，可以查清事实后依法改判。

3. 裁定撤销原判、发回重审

适用情形：①原判决认定基本事实不清；②原判决遗漏当事人；③原判决严重违反法定程序。具体包括审判组织的组成不合法、应当回避的审判人员未回避、无诉讼行为能力人未经法定代理人代为诉讼、违法剥夺当事人辩论权利。

发回重审只能适用一次。发回重审应当按照一审程序另行组成合议庭审理，作出的判决可以上诉救济。二审裁定撤销一审判决发回重审的案件，当事人申请变更、增加诉讼请求或者提出反诉，第三人提出与本案有关的诉讼请求的，可以合并审理。

（二）对第一审裁定提起上诉的裁定

对第一审裁定不服上诉的处理，二审法院一律使用裁定。

对于原裁定事实认定清楚、法律适用正确，二审法院应裁定驳回上诉、维持原裁定。

第一审法院裁定不予受理错误，撤销原裁定后指令第一审法院立案；第一审法院驳回起诉裁定错误，撤销原裁定后指令第一审法院进行审理；第一审法院的管辖权异议裁定错误，撤销原裁定后指令第一审法院继续审理或者移送给有管辖权法院进行审理。

考点21　再审程序的启动

命题分析

本考点属于审判监督程序的前一阶段，是决定案件是否再审的入口审查环节。本考点在往年主观题中考查频率较高，近十年间共考查4次。

从考查内容来看，本考点涉及法院、检察院和当事人三个主体，程序环节较为复杂，可考查点较多。但以往主观题命题范围非常集中，主要围绕申请再审的条件予以命题。本学科如果和其他民事法律综合命题，考查可能性不大。但如果单独命题，本考点的可考性较强，复习应重点关注。

考点解析

一、法院启动再审

（一）适用条件

1. 提起理由：发生法律效力的判决、裁定、调解书确有错误。

2. 提起主体：各级法院院长及审委会、上级法院及最高人民法院。

3. 时限限制：不受时限限制，一般限于一次。

（二）适用程序

1. 本院提起再审：本院**院长提交审委会讨论**决定。

2. 上级法院提起再审：应当**提审**。

二、检察院抗诉或提出检察建议

（一）程序启动

1. 启动方式：当事人向检察院申请抗诉或检察建议；检察院依职权发现错误裁判。

2. 当事人申请抗诉或检察建议的情形：①人民法院驳回再审申请的；②人民法院逾期未对再审申请作出裁定的；③再审判决、裁定有明显错误的。

3. 检察院审查程序：检察院对当事人的申请应当在三个月内进行审查，作出提出或者不予提出检察建议或者抗诉的决定。根据需要，检察院可以向当事人或者案外人调查核实有关情况。

4. 当事人申请次数：只能申请一次，遵循“先找法院，后找检察院”的规则。

（二）检察监督适用情形及理由

1. 生效判决、裁定有错误。检察院抗诉的理由和当事人申请再审相同，此处不赘述，参见当事人申请再审部分。

2. 生效调解书损害国家利益、社会公共利益。

3. 再审程序以外的其他审判程序中审判人员的违法行为。

特别提醒：前两种情形，既可以由同级检察院发出检察建议，也可以由上级检察院抗诉；后一种情形只能由同级检察院发出检察建议。

（三）检察监督的期限

检察院提起抗诉或者检察建议，不受时间限制。检察院抗诉，法院应当再审。

知识拓展

抗诉和检察建议的区别

不同点	抗诉	检察建议
适用对象	生效裁判有《民事诉讼法》第200条规定情形之一；调解书损害国家利益、社会公共利益	生效裁判有《民事诉讼法》第200条规定情形之一；调解书损害国家利益、社会公共利益；审判监督程序以外的其他审判程序中审判人员的违法行为
具体程序	提请上级人民检察院向同级人民法院提出	向同级人民法院提出，并报上级人民检察院备案
审查内容	只进行形式审查	除形式审查外，还要对再审事由进行实质审查
应予受理情形	损害国家利益、社会公共利益的生效判决、裁定、调解书	经人民检察院检察委员会讨论决定提出

三、当事人申请再审

（一）申请再审的条件

1. 主体必须合法

（1）原审中的当事人

原审中的原告、被告、有独立请求权第三人和判决其承担义务的无独立请求权第三人、上诉人和被上诉人。

（2）权利义务承继者

因当事人死亡或者终止，其权利义务承继者可以申请再审。但判决、调解书生效后，当事人将判决、调解书确认的债权转让，债权受让人不得对该判决、调解书申请再审。

特别提醒：权利义务承继者不属于案外人。

（3）案外人

适用情形：

①必须共同进行诉讼的当事人因不能归责于本人或者其诉讼代理人的事由未参加诉讼的，可以自知道或者应当知道之日起6个月内申请再审；

②案外人对原判决、裁定、调解书确定的执行标的物主张权利，且无法提起

新的诉讼解决争议的，可以自执行异议裁定送达之日起6个月内向作出原判决、裁定、调解书的法院申请再审。

2. 对象是已经发生法律效力的判决、裁定和调解书

（1）可以申请再审的判决

包括各级法院制作的生效的一审判决和终审判决，小额诉讼的判决亦可。

（2）可以申请再审的裁定

包括**不予受理裁定、驳回起诉裁定、违反海事案件专门管辖的管辖权异议裁定**。

（3）可以申请再审的调解书

包括一审法院或二审法院依调解协议制作的调解书。

（4）不可申请再审的情形

①适用特别程序、督促程序、公示催告程序、破产程序等非讼程序审理的案件。

②对已经发生法律效力的解除婚姻关系的判决、调解书。

（5）当事人可以就离婚案件中的财产分割问题申请再审

①如涉及判决中已分割的财产，符合再审条件的，应当裁定再审。

②如涉及判决中未作处理的夫妻共同财产，应当告知当事人另行起诉。

3. 符合法定事实和理由

（1）对于生效的判决、裁定

①有新的证据，足以推翻原判决、裁定的；

②原判决、裁定认定的基本事实缺乏证据证明的；

③原判决、裁定认定事实的主要证据是伪造的；

④原判决、裁定认定事实的主要证据未经质证的；

⑤对审理案件需要的主要证据，当事人因客观原因不能自行收集，书面申请法院调查收集，法院未调查收集的；

⑥原判决、裁定适用法律确有错误的；

⑦审判组织的组成不合法或者依法应当回避的审判人员没有回避的；

⑧无诉讼行为能力人未经法定代理人代为诉讼或者应当参加诉讼的当事人，因不能归责于本人或者其诉讼代理人的事由，未参加诉讼的；

⑨违反法律规定，剥夺当事人辩论权利的；

⑩未经传票传唤，缺席判决的；

⑪原判决、裁定遗漏或者超出诉讼请求的；

⑫据以作出原判决、裁定的法律文书被撤销或者变更的；

⑬审判人员审理该案件时有贪污受贿，徇私舞弊，枉法裁判行为的。

特别提醒：第1－5项属于事实和证据瑕疵；第6项属于法律适用问题；第7－11为程序性错误；第12、第13项则属特殊事由。

（2）对于生效的调解书

当事人提出证据证明调解违反自愿原则或者调解协议的内容违反法律的，可以申请再审。

知识拓展

法院对调解书启动再审的理由是调解书确有错误；检察院对调解书抗诉或提出检察建议的理由是调解书违反国家或社会公共利益。

（3）向法院申请再审一次性原则

法院不予受理下列情形的当事人再审申请：①再审申请被驳回后再次提出申请的；②对再审判决、裁定提出申请的；③在人民检察院对当事人的申请作出不予提出再审检察建议或者抗诉决定后又提出申请的。

理论点拨：审判监督程序中，当事人可以向法院申请再审，也可以申请检察院抗诉或者提出检察建议。其适用规则是：向法院、检察院申请一次性原则，且当事人应当先找法院，未获支持后再去找检察院。因此，上述①、②两种情形，法院应当告知当事人可以向检察院申请再审检察建议或者抗诉，但因检察院提出再审检察建议或者抗诉而再审作出的判决、裁定除外。

4. 在法定期限内提出

当事人申请再审，应当在判决、裁定、调解书发生法律效力后6个月内提出，该期间不适用中止、中断和延长的规定。但下列情形，自知道或者应当知道之日起6个月内提出：①有新的证据，足以推翻原判决、裁定的；②原判决、裁定认定事实的主要证据是伪造的；③据以作出原判决、裁定的法律文书被撤销或者变更的；④审判人员审理该案件时有贪污受贿，徇私舞弊，枉法裁判行为的。

5. 向有管辖权的法院提出

原则规定：当事人应当向原审法院的上一级法院申请再审。

例外规定：**当事人一方人数众多**或者**当事人双方为公民**的案件，也可以向原审法院申请再审。

当事人一方人数众多或者当事人双方为公民的案件，当事人分别向原审法院和上一级法院申请再审且不能协商一致的，由**原审法院受理**。

6. 应当提交必要的材料

当事人申请再审，应当提交再审申请书，原审判决书、裁定书、调解书，身份证明及相关证据材料，并按对方当事人人数提供申请书副本。

法院应当自收到再审申请书之日起5日内将再审申请书副本发送对方当事人。对方当事人应当自收到再审申请书副本之日起15日内提交书面意见；不提交书面意见的，不影响法院审查。

法院可以要求申请人和对方当事人补充有关材料，询问有关事项。

（二）再审申请的审查程序

1. 审查主体：审判员组成合议庭审查。

2. 审查方式：径行裁定、调卷审查、询问当事人。

特别提醒：审查再审申请期间，法院不得根据当事人的申请委托鉴定、勘验。

3. 审查结果：

（1）再审理由不成立，裁定驳回再审申请（一经送达即生效）。

（2）再审理由成立，裁定再审，并确定再审审理法院。

（3）申请人撤回再审申请，或者无正当理由不接受询问，裁定准予撤回再审申请，或按撤回再审申请处理，终结审查程序。

（4）有下列情形之一的，裁定终结审查：①再审申请人死亡或者终止，无权利义务承继者或者权利义务承继者声明放弃再审申请的；②在给付之诉中，负有给付义务的被申请人死亡或者终止，无可供执行的财产，也没有应当承担义务的人的；③当事人达成和解协议且已履行完毕的，但当事人在和解协议中声明不放弃申请再审权利的除外；④他人未经授权以当事人名义申请再审的；⑤原审或者上一级人民法院已经裁定再审的；⑥不符合再审申请以一次为限的申请。

4. 审查竞合的处理：

（1）再审申请审查中检察院抗诉。法院应终结对再审申请的审查，作出再审裁定，将再审申请人的再审请求纳入审理范围。

（2）再审申请审查中其他当事人也申请再审。法院应将双方均列为申请再审人，对双方的再审申请一并审查。

考点22 再审案件的审判程序

命题分析

本考点是审判监督程序的后一阶段，涉及再审案件如何进行审理。本考点在往年主观题中考查频率较高，近十年间共考查3次。

从考查内容来看，虽然本考点涉及知识点较多，但主观题中考查内容非常集中，主要围绕再审审理的审判程序和再审审理范围这两个知识点予以命题。鉴于本考点涉及内容非常多，程序规则较为复杂，且容易和一审、二审程序配合命题，在法考主观题考查的可能性依然较高。

考点解析

一、再审审理的法院

再审审理的案件管辖权，归属于**作出再审裁定提起再审**的法院。具体为：

1. 法院自行提起再审案件：裁定再审的法院。

2. 检察院抗诉启动再审案件：受理抗诉并裁定再审的法院。

例外情形：具有《民事诉讼法》第200条第（一）项至第（五）项情形，可以指令原审法院再审。

3. 当事人申请再审案件：审查再审申请并裁定再审的法院。

例外情形：有下列情形**最高人民法院、高级人民法院**可以指令原审法院再审：

（1）依据《民事诉讼法》第200条第（四）项、第（五）项、第（九）项裁定再审的。

（2）发生法律效力的判决、裁定、调解书是由第一审法院作出的。

（3）当事人一方人数众多或者当事人双方为公民的。

（4）经审判委员会讨论决定的其他情形。

特别提醒：中级人民法院无权将案件指定或指令给基层人民法院再审。

4. 符合上述指令原审法院再审条件，但上级法院应当提审的情形：

（1）原判决、裁定系经原审人民法院再审审理后作出的。

（2）原判决、裁定系经原审人民法院审判委员会讨论作出的。

（3）原审审判人员在审理该案件时有贪污受贿，徇私舞弊，枉法裁判行为的。

（4）原审人民法院对该案无再审管辖权的。

（5）需要统一法律适用或裁量权行使标准的。

（6）其他不宜指令原审人民法院再审的情形。

二、再审审理的审判程序

法院审理再审案件，并无独立程序，应根据原审案件的审理程序和再审审理法院的审级来确定审判程序。

原审案件的审理程序	再审的审判程序
生效判决、裁定由第一审法院作出	适用第一审程序审理，可以上诉救济
生效判决、裁定由第二审法院作出	适用第二审程序审理，不可以上诉救济
上级法院按审判监督程序提审	

三、再审审理的特殊性

（一）裁定中止执行

1. 原则规定：无论通过何种渠道启动再审程序，只要法院决定再审，就应当作出再审裁定的同时，中止原判决、裁定、调解书的执行。

2. 例外规定：追索**赡养费、扶养费、抚育费、抚恤金、医疗费用、劳动报酬**等案件，可以不中止执行。

特别提醒：

1. 再审中止执行的时间点是法院决定再审。当事人申请再审时，法院不应中止执行。

2. 法院决定再审时，应裁定中止执行，而非撤销原判决。撤销原判决要等到再审程序审理结束后才可能会作出。

3. 上述案件类型与可以申请先予执行的案件类型相同。

（二）审判组织

1. 再审程序只能由合议庭审理，不适用独任制。

2. 如果原审法院再审的，应当另行组成合议庭。

（三）再审审理范围

1. 原则上，法院审理再审案件应当围绕再审请求进行。当事人的再审请求超出原审诉讼请求的，不予审理；符合另案诉讼条件的，告知当事人可以另行起诉。

2. 被申请人及原审其他当事人在庭审辩论结束前提出的再审请求，符合再审的法定期限规定，法院应当一并审理。

3. 涉及国家利益、社会公共利益，或者当事人在原审诉讼中已经依法要求增加、变更诉讼请求，原审未予审理且客观上不能形成其他诉讼的除外。

4. 再审发回重审的案件，应当围绕当事人原诉讼请求进行审理。当事人变更其在原审中的诉讼主张、质证和辩论意见，应说明理由并提交相应证据，理由不成立或证据不充分，法院不予支持。但是发回重审时当事人申请变更、增加诉讼请求或者提出反诉，符合下列情形之一的，法院应当准许：

（1）原审未合法传唤缺席判决，影响当事人行使诉讼权利的。

（2）追加新的诉讼当事人的。

（3）诉讼标的物灭失或者发生变化致使原诉讼请求无法实现的。

（4）当事人申请变更、增加的诉讼请求或者提出的反诉，无法通过另诉解决的。

（四）再审中当事人的确定

1. 民事再审案件的当事人应为原审案件的当事人，原审案件当事人死亡或终止的，其权利义务承受人可以申请再审并参加再审程序。

2. 再审过程中，法院发现原审判决遗漏应当参加的当事人，如果适用第一审程序再审，应当追加其为当事人，作出新的判决；如果适用第二审程序再审，经调解不能达成协议的，应当撤销原判决，发回重审。

3. 案外人属于必要的共同诉讼当事人，申请而裁定再审，应根据再审的审理程序分别确定：①按照第一审程序再审，应当追加其为当事人，作出新的判决、裁定；②按照第二审程序再审，经调解不能达成协议的，应当撤销原判决、裁定，发回重审，重审时应追加其为当事人。

（五）再审审理方式

原则规定：法院审理再审案件一般应当开庭审理。

例外规定：按照第二审程序审理，有特殊情况或者双方当事人已经通过其他方式充分表达意见，且**书面同意**不开庭审理的除外。

法院开庭审理抗诉案件：应当在开庭 3 日前通知人民检察院、当事人和其他诉讼参与人。同级人民检察院或者提出抗诉的人民检察院应当派员出庭。人民检察院因履行法律监督职责向当事人或者案外人调查核实的情况，应当向法庭提交并予以说明，由双方当事人进行质证。

（六）撤回抗诉、撤回再审申请和撤回起诉

再审程序可能因为检察院撤回抗诉、当事人撤回再审申请或撤回起诉而告终结，但三者的适用情形、法律后果不尽相同。

<table>
<tr><th>具体类型</th><th>适用情形（条件）</th><th>法律后果</th></tr>
<tr><td rowspan="2">撤回抗诉</td><td>人民检察院撤回抗诉（法院应当准许）</td><td rowspan="2">终结再审程序，法院裁定中止执行的原生效判决自动恢复执行</td></tr>
<tr><td>申请抗诉的当事人经传票传唤，无正当理由拒不到庭的，或者未经法庭许可中途退庭，如果不损害国家利益、社会公共利益或者他人合法权益</td></tr>
<tr><td rowspan="2">撤回再审申请</td><td>再审申请人在再审期间撤回再审申请（是否准许由法院裁定）</td><td rowspan="2">终结再审程序，法院裁定中止执行的原生效判决自动恢复执行
再审申请人再次申请再审，不予受理（民事诉讼法第 200 条第 1、第 3、第 12、第 13 项情形除外）</td></tr>
<tr><td>再审申请人经传票传唤，无正当理由拒不到庭，或者未经法庭许可中途退庭，可裁定按自动撤回再审申请处理</td></tr>
<tr><td>撤回起诉</td><td>一审原告在再审审理程序中申请撤回起诉，经其他当事人同意，且不损害国家利益、社会公共利益、他人合法权益的，经法院准许</td><td>裁定准许撤诉的，应当一并撤销原判决；撤回起诉后重复起诉的，法院不予受理</td></tr>
</table>

知识拓展

第一审程序，当事人撤诉后仍可以再次起诉；但二审、再审程序中，原审原告撤回起诉后不得再次重复起诉。

（七）再审的裁判方式

1. 对民事裁判文书的再审

对民事裁定、判决的再审，法院根据原审判决、裁定的不同情形，作出不同的裁判。

适用情形	处理决定
原判决、裁定认定事实清楚、适用法律正确	维持原判
原判决、裁定认定事实、适用法律虽有瑕疵，但裁判结果正确	纠正瑕疵后维持原判
原判决、裁定认定事实、适用法律错误，导致裁判结果错误	依法改判、撤销或者变更
不符合民事诉讼法规定的起诉条件或者属于不予受理情形	驳回起诉（适用二审程序再审）
原审法院严重违反法定程序或者未对基本事实进行审理	发回重审（适用二审程序再审）

2. 对民事调解书的再审

对民事调解书的再审，应围绕调解协议是否违背自愿合法原则作出不同的处理。

原调解协议违背自愿合法原则	作出新的裁判
	再次调解，重新达成调解协议后制作调解书
原调解协议不违背自愿合法原则	裁定驳回再审申请，终结再审程序

知识拓展

第一审程序中调解，原则上应当制作调解书；而二审程序、再审程序中达成调解协议，必须制作调解书。

（八）裁定终结再审

再审审理期间，有下列情形之一的，可以裁定终结再审程序：

（1）再审申请人在再审期间撤回再审请求，法院准许的。

（2）再审申请人经传票传唤，无正当理由拒不到庭的，或者未经法庭许可中途退庭，按撤回再审请求处理的。

（3）人民检察院撤回抗诉的。

（4）再审申请人死亡或者终止，无权利义务承继者或者权利义务承继者声明放弃再审申请的。

（5）在给付之诉中，负有给付义务的被申请人死亡或者终止，无可供执行的财产，也没有应当承担义务的人的。

（6）当事人达成和解协议且已履行完毕的，但当事人在和解协议中声明不放弃申请再审权利的除外。

（7）他人未经授权以当事人名义申请再审的。

考点23 案外人权利救济制度

命题分析

案外人权利救济制度无疑是近几年考试的重中之重，本考点涉及第三人撤销之诉、执行异议、案外人异议之诉和案外人申请再审四项制度。其中，第三人撤销之诉是2012年民事诉讼法修正新增制度，《最高人民法院关于适用〈中华人民共和国民事诉讼法〉的解释》又对第三人撤销之诉和执行异议之诉予以专章细化规定。自2014年起在司考和法考中共考查过7次，可以说风头一时无两。

从考查形式来看，本考点曾在2014年、2015年连续在卷四案例大题中予以考查。常见考查方式是让考生判断给定案例中案外人能否适用某一类救济制度以及该制度与其他案外人救济机制的适用关系，考查内容既涉及法律规范，还需要考生对民事诉讼法中案外人权利救济机制予以体系化掌握，具有较强的理论性。有些试题又采用开放式设问形式，难度颇高。

从命题趋势分析，在法考主观题考查阶段，本考点单独命题的可能性不大，更可能在案例题的某一个小问题中对案外人权利救济机制的选择作出考查。考生应围绕《最高人民法院关于适用〈中华人民共和国民事诉讼法〉的解释》的规定做好复习准备。该趋势在2018年法考中已得到印证，相信2019年法考同样会如此。

考点解析

一、第三人撤销之诉

（一）概念

第三人撤销之诉，是指当第三人因不可归责于己的事由而未参加原案审理，但原案的生效判决、裁定和调解书使其民事权益受到损害，其可以请求法院撤销或改变原案生效判决、裁定、调解书中对其不利部分的诉讼程序。

（二）适用条件

1. 提起主体只能是有独立请求权第三人或者无独立请求权第三人。

2. 因不可归责于本人的事由未参加诉讼。

具体包括以下情形：①不知道诉讼而未参加；②申请参加未获准许；③知道诉讼，但因客观原因无法参加；④因其他不能归责于本人的事由未参加诉讼。

3. 发生法律效力的判决、裁定、调解书的全部或者部分内容错误。

具体而言，是指判决、裁定的主文，调解书中处理当事人民事权利义务的结果损害了第三人的民事权益。

4. 发生法律效力的判决、裁定、调解书内容错误损害其民事权益。

5. 自知道**或者应当知道其民事权益受到损害之日起 6 个月内**提出。

6. 应当向**作出生效判决、裁定、调解书的法院**起诉。

其中，第 2、第 3、第 4 三个条件，第三人应当向法院提供证据材料证明其主张。

（三）程序设置

1. 当事人确定

第三人撤销之诉的提起主体必须对原案的诉讼标的享有独立的请求权或者与原案的裁判结果有法律上的利害关系。第三人撤销之诉中当事人的确定如下：

原告	提起撤销之诉的第三人
被告	生效判决、裁定、调解书的当事人
第三人	生效判决、裁定、调解书中未承担责任的无独立请求权第三人

2. 起诉与受理

法院应当在收到起诉状和证据材料之日起 5 日内送交对方当事人，对方当事人可以自收到起诉状之日起 10 日内提出书面意见。

法院应当对第三人提交的起诉状、证据材料以及对方当事人的书面意见进行审查。必要时，可以询问双方当事人。

经审查，符合起诉条件的，法院应当在收到起诉状之日起 30 日内立案。

不符合起诉条件的，应当在收到起诉状之日起 30 日内裁定不予受理。

知识拓展

第三人撤销之诉与民事诉讼法其他程序的立案期限明显不同，详见下表：

程序类型	立案期限	对方提出书面意见的期限
第一审普通程序	7 日内	—
执行异议之诉	15 日内	—
第三人撤销之诉	30 日内	10 日内
当事人申请再审	3 个月内	15 日内

3. 法院不受理第三人撤销之诉的情形

（1）适用特别程序、督促程序、公示催告程序、破产程序等**非讼程序**处理的案件。

（2）婚姻无效、撤销或者解除婚姻关系等判决、裁定、调解书中**涉及身份关系的内容**。

（3）民事诉讼法第 54 条规定的未参加登记的权利人对**代表人诉讼案件**的生效裁判。

（4）民事诉讼法第 55 条规定的损害社会公共利益行为的受害人对**公益诉讼案件**的生效裁判。

理论点拨：第三人撤销之诉以牺牲原裁判的既判力为代价，为了实现保护第三人民事权益与维护司法裁判权威性之间的平衡，其适用必须受到严格限制。换而言之，案外人的权利如果可以通过其他常规性渠道获得救济，那就不允许提起第三人撤销之诉。这与审判监督程序有异曲同工之处。上述的第（一）项、第（三）项、第（四）项情形均属于此类，三类程序中的案外人均可通过另行起诉、申请法院作出新判决等其他方式实现权利的救济，那就不能提起第三人撤销之诉。而第二项情形中婚姻无效、撤销或者解除婚姻关系等判决、裁定、调解书一旦生效，婚姻关系即告消灭，当事人可以再行结婚。此时，根本没有必要提起第三人撤销之诉。这与此类案件不允许提起再审的原理相同。

4. 审理方式

法院对第三人撤销之诉案件，应当**组成合议庭开庭审理**。

特别提醒：

（1）第三人撤销之诉不适用简易程序。

（2）第三人撤销之诉不能书面审理。

5. 中止执行

受理第三人撤销之诉案件后，原告**提供相应担保**，请求中止执行的，法院可以准许。

第三人提起撤销之诉后，未中止生效判决、裁定、调解书执行的，执行法院对第三人提出的**执行标的异议**应予审查。理由成立的，裁定中止对该标的的执行；理由不成立的，裁定驳回。

6. 裁判的作出

（1）请求成立且确认其民事权利的主张全部或部分成立，改变原判决、裁定、调解书内容的错误部分。

（2）请求成立，但确认其全部或部分民事权利的主张不成立，或者未提出确认其民事权利请求，撤销原判决、裁定、调解书内容的错误部分。

（3）请求不成立的，驳回诉讼请求。

第三人撤销之诉实行两审终审，对法院裁判结果不服，当事人可以**上诉**。

7. 与原裁判所涉及的案件再审的关系

第三人撤销之诉案件审理期间，法院对生效判决、裁定、调解书裁定再审的，受理第三人撤销之诉的法院应当裁定将第三人的诉讼请求并入再审程序。但有证据证明原审当事人之间恶意串通损害第三人合法权益的，法院应当先行审理第三人撤销之诉案件，裁定中止再审诉讼。

第三人诉讼请求并入再审程序审理的，按照下列情形分别处理：

（1）按照第一审程序审理的，法院应当对第三人的诉讼请求一并审理，所作的判决可以上诉。

（2）按照第二审程序审理的，法院可以调解，调解达不成协议的，应当裁定撤销原判决、裁定、调解书，发回一审法院重审，重审时应当列明第三人。

理论点拨：第三人撤销之诉与再审程序功能相同，均可纠正生效裁判的错误。因此，两者不可并用。

两相比较，再审程序纠错更为全面、彻底。第三人撤销之诉只能撤销、改变原裁判、调解书的错误部分，而再审可以全面对原审原告、被告和第三人的权利归属作出裁判。因此，原则上，应当将第三人撤销之诉并入再审程序。并视法院审理再审程序适用的审级，采取不同的处理方法。

规制恶意诉讼是我国设立第三人撤销之诉的目的。如果双方恶意串通损害第三人的权益，则该诉讼本就不应存在，那当然不存在并入再审程序的问题。为了保护第三人的合法权益，法院应当裁定中止再审程序，先通过第三人撤销之诉将原生效的裁判、调解书撤销，撤销之后也就无须再审救济了。

二、案外人对执行标的的异议

1. 异议主体：案外人。

2. 异议理由：案外人对执行标的财产的全部或者部分主张实体权利。

特别提醒：案外人对执行行为和执行标的同时提出异议，执行标的异议吸收执行行为异议。

3. 异议形式：书面形式。

4. 异议期间：执行过程中。

5. 异议处理：法院应当自收到书面异议之日起15日内审查，理由成立的，裁定中止对该标的的执行；理由不成立的，裁定驳回。

6. 裁定的救济措施：原判决、裁定错误，依照审判监督程序办理；与原判决、裁定无关，可以自裁定送达之日起15日内向法院提起执行异议之诉（包括案外人异议之诉和许可执行之诉）。

解题秘籍

案外人申请再审和案外人异议之诉的识别

如果法院生效判决主文确定的给付内容就是执行标的物，案外人对执行标的主张权利，这属于“原判决、裁定错误”，应适用案外人申请再审救济。

如果法院生效判决主文确定的给付内容不涉及执行标的物，案外人对执行标的主张权利，这属于“与原判决、裁定无关”，应适用案外人异议之诉救济。

三、执行异议之诉

执行异议之诉，根据启动主体的不同，分为案外人提起的案外人异议之诉和申请执行人提起的许可执行之诉。

（一）案外人异议之诉

1. 管辖法院：执行法院。

2. 起诉条件：①案外人的执行异议申请已经被法院裁定驳回；②有明确的排除对执行标的执行的诉讼请求，且诉讼请求与原判决、裁定无关；③自执行异议裁定送达之日起15日内提起。

除上述条件外，还需要满足民事诉讼起诉条件的规定。

3. 当事人确定：案外人是原告，申请执行人为被告。被执行人反对案外人异议的，被执行人为共同被告；被执行人不反对案外人异议的，可以列被执行人为第三人。

4. 审理程序：适用普通程序审理。

5. 判决结果：①案外人就执行标的享有足以排除强制执行的民事权益的，判决不得执行该执行标的，执行异议裁定失效；②案外人就执行标的不享有足以排除强制执行的民事权益的，判决驳回诉讼请求。案外人同时提出确认其权利的诉讼请求，法院可以在判决中一并作出裁判。

（二）许可执行之诉

1. 管辖法院：执行法院。

2. 起诉条件：①依案外人执行异议申请，法院裁定中止执行；②有明确的对执行标的继续执行的诉讼请求，且诉讼请求与原判决、裁定无关；③自执行异议裁定送达之日起15日内提起。

除上述条件外，还需要满足民事诉讼起诉条件的规定。

3. 当事人确定：申请执行人为原告，案外人为被告。被执行人反对申请执行人主张的，以案外人和被执行人为共同被告；被执行人不反对申请执行人主张的，可以列被执行人为第三人。

4. 审理程序：适用普通程序审理。

5. 判决结果：①案外人就执行标的不享有足以排除强制执行的民事权益的，判决准许执行该执行标的。执行异议裁定失效，执行法院可以根据申请执行人的申请或者依职权恢复执行；②案外人就执行标的享有足以排除强制执行的民事权益的，判决驳回诉讼请求。

知识拓展

1. 我国被执行人无权提起执行异议之诉。

2. 无论是案外人或者申请执行人提起执行异议之诉，案外人应当就其对执行标的享有足以排除强制执行的民事权益承担证明责任。

3. 案外人执行异议之诉审理期间，法院不得对执行标的进行处分。申请执行人请求法院继续执行并提供相应担保的，法院可以准许。

4. 申请执行人因被执行人与案外人恶意串通，通过执行异议、执行异议之诉妨害执行受到损害，可以起诉要求被执行人、案外人赔偿。

四、案外人申请再审

（一）适用条件

1. 案外人的执行异议申请已经被法院裁定驳回。
2. 原判决、裁定、调解书内容错误损害其民事权益。
3. 自执行异议裁定送达之日起6个月内提出。
4. 向作出原判决、裁定、调解书的法院申请再审。

（二）处理程序

1. 案外人是必要共同诉讼人：①按照第一审程序再审，应当追加其为当事人，作出新的判决、裁定；②按照第二审程序再审，经调解不能达成协议的，应当撤销原判决、裁定，发回重审，重审时应追加其为当事人。

2. 案外人不是必要共同诉讼人：法院仅审理原判决、裁定、调解书对其民事权益造成损害的内容。经审理，再审请求成立的，撤销或者改变原判决、裁定、调解书；再审请求不成立的，维持原判决、裁定、调解书。

五、四类案外人权利救济措施的适用关系

（一）适用时间

未进入执行阶段，只能提起第三人撤销之诉，不能提出执行异议。

进入执行阶段，既可提出执行异议，又可提起第三人撤销之诉。只不过提起第三人撤销之诉，不影响执行程序，除非案外人提供有效的担保或者提出执行

异议。

（二）适用主体

第三人撤销之诉的案外人只能是有独立请求权第三人和无独立请求权第三人。换言之，必要共同诉讼人无权提起第三人撤销之诉，但可以提出执行异议，被驳回后可以申请再审。

（三）适用情形

执行异议是提起执行异议之诉和案外人申请再审的前置程序。具言之，案外人未提出执行异议，不能直接提起执行异议之诉和申请再审。而案外人提出执行异议被驳回，如果原裁判确有错误，只能申请再审，而不能提出第三人撤销之诉。

提起第三人撤销之诉后，还可以提出执行异议。因为第三人撤销之诉不影响执行，欲让执行中止，可以同时提起执行异议。但执行异议被驳回后，不得申请再审。因为第三人撤销之诉与案外人申请再审适用的情形相同，均因原裁判存在错误损害其民事权益，因此两者不可并用。

考点 24　执行程序中一般性制度

命题分析

本考点涉及 11 个子考点，因执行异议和执行异议之诉在前一个考点中已经介绍，且执行主体、执行回转等子考点欠缺可考性，本部分主要围绕 7 个子考点展开。本考点在主观题中命题较为频繁，近十年间共考查过 3 次（不含执行异议和执行异议之诉考点）。

从考查内容来看，本考点曾在 2014 年、2008 年案例大题中对执行和解、执行根据、参与分配和执行措施等制度作出考查。相关试题命题形式较为灵活，执行和解采用小论述题形式，参与分配完全采用开放式设问形式。

从命题趋势分析，2018 年最高人民法院发布《执行和解规定》《执行担保规定》两部司法解释，这无疑为本考点命题提供了新素材，考生在复习时应当重点关注。

考点解析

一、执行根据

执行根据，是指能够据以执行的法律文书。执行根据包括如下类型：

1. 法院制作的具有执行内容的生效法律文书。具体包括民事判决、裁定、调解书和支付令；刑事和行政裁判中的财产部分。

2. 其他机关制作的由法院执行的法律文书。具体包括公证机构依法赋予强制执行效力的债权文书、仲裁机构制作的依法由法院执行的仲裁裁决书和调解书。

3. 法院制作的承认并执行外国法院判决、裁定或者外国仲裁机构裁决的裁定书。

特别提醒：审判并非获得执行根据的唯一途径，因此，审判程序是执行程序的前提和基础的说法错误。

二、执行管辖

（一）管辖法院的确定

1. 发生法律效力的民事判决、裁定，以及刑事判决、裁定中的财产部分，由第一审人民法院或者与第一审人民法院同级的被执行的财产所在地人民法院执行。

2. 法律规定由人民法院执行的其他法律文书，由被执行人住所地或者被执行的财产所在地人民法院执行。

3. 发生法律效力的实现担保物权裁定、确认调解协议裁定、支付令，由作出裁定、支付令的人民法院或者与其同级的被执行财产所在地的人民法院执行。认定财产无主的判决，由作出判决的人民法院将无主财产收归国家或者集体所有。

（二）共同管辖的处理

两个以上人民法院都有管辖权的执行案件，人民法院在立案前发现其他有管辖权的人民法院已经立案的，不得重复立案。立案后发现其他有管辖权的人民法院已经立案的，应当**撤销案件**；已经采取执行措施的，应当将控制的财产交先立案的执行法院处理。

知识拓展

对于诉讼案件，后立案的法院发现其他有管辖权的法院已先立案，应当裁定将案件移送给先立案的法院。

（三）执行管辖异议

1. 提出时间：自收到执行通知书之日起 10 日内提出。

2. 审查结果：异议成立的，应当撤销执行案件，并告知当事人向有管辖权的人民法院申请执行；异议不成立的，裁定驳回。

3. 救济措施：当事人对裁定不服，可以向上一级人民法院申请**复议**。

4. 对执行的影响：管辖权异议审查和复议期间，不停止执行。

特别提醒：上述四点内容，与诉讼中管辖权异议均存在差异。

（四）向上一级法院申请执行

人民法院自收到申请执行书之日起超过6个月未执行的，申请执行人可以向上一级人民法院申请执行。上一级人民法院经审查，可以责令原人民法院在一定期限内执行，也可以决定由本院执行或者指令其他人民法院执行。

6个月期间，不应当计算执行中的公告期间、鉴定评估期间、管辖争议处理期间、执行争议协调期间、暂缓执行期间以及中止执行期间。

三、对执行行为的异议

对执行行为的异议，是指当事人、利害关系人对法院的执行行为提出书面质疑，从而要求法院变更或停止执行行为的请求。

（一）适用条件

1. 异议的对象：法院的执行行为在程序上违反法律法规或司法解释规定。

2. 异议提出主体：当事人和利害关系人。利害关系人是指当事人以外认为执行法院的程序性事项存在违法性，且损害其利益的人。

3. 异议管辖法院：执行法院。

4. 异议形式：书面异议。

（二）法院处理

法院应当自收到书面异议之日起15日内审查，理由成立的，裁定撤销或者改正；理由不成立的，裁定驳回。

（三）救济方式

当事人、利害关系人对裁定不服的，可以自裁定送达之日起10日内向上一级人民法院申请复议。

上一级人民法院应当组成合议庭进行审查。应当自收到复议申请之日起30日内审查完毕，并作出裁定。有特殊情况需要延长的，经本院院长批准，可以延长，延长的期限不得超过30日。

（四）对执行的影响

执行异议审查和复议期间，不停止执行。

被执行人、利害关系人提供充分、有效的担保请求停止相应处分措施的，法院可以准许；申请执行人提供充分、有效的担保请求继续执行的，应当继续执行。

四、执行和解

执行和解，是指在执行过程中，申请执行人和被执行人自愿协商，达成协议，并经法院审查批准后，结束执行程序的行为。执行和解是当事人行使处分权的产物。

（一）执行和解的主体

当事人、法定代理人和经特别授权的委托代理人。

（二）执行和解协议

在执行中，双方当事人自行和解达成协议的，执行员应当将协议内容记入笔录，由双方当事人签名或者盖章。

特别提醒：执行程序可以和解，但不可以调解。因此，法院不能根据和解协议制作调解书。

（三）执行和解的效力

1. 达成执行和解协议提交法院后，法院可以裁定中止执行。

2. 达成和解协议后请求撤回执行申请，法院可以裁定终结执行。

3. 执行和解协议履行完毕的，法院作执行结案处理。

4. 拒不履行和解协议，可以申请恢复执行，也可就履行和解协议向执行法院提起诉讼。

（四）恢复执行

1. 适用情形：申请执行人因受欺诈、胁迫与被执行人达成和解协议，或者当事人不履行和解协议。

2. 适用前提：当事人向法院申请恢复执行。

3. 申请期间：申请恢复执行的期间为 2 年，自执行和解协议约定履行期间的最后一日起算。

4. 恢复执行后，申请执行人再就履行执行和解协议提起诉讼，法院不予受理。

（五）不予恢复执行

有下列情形之一的，法院裁定不予恢复执行：

（1）执行和解协议履行完毕后申请恢复执行的。

（2）执行和解协议约定的履行期限尚未届至或者履行条件尚未成就的，但符合《合同法》第108条规定情形的除外。

（3）被执行人一方正在按照执行和解协议约定履行义务的。

（4）其他不符合恢复执行条件的情形。

当事人、利害关系人认为恢复执行或者不予恢复执行违反法律规定，可以提出执行行为异议。

（六）有关执行和解的诉讼

1. 被执行人不履行执行和解协议，申请执行人可以就履行执行和解协议向执行法院提起诉讼。执行法院受理该诉讼后，可以裁定终结原生效法律文书的执行。执行中的查封、扣押、冻结措施，自动转为诉讼中的保全措施。

2. 执行和解协议履行完毕，申请执行人因被执行人迟延履行、瑕疵履行遭受损害的，可以向执行法院另行提起诉讼。

3. 当事人、利害关系人认为执行和解协议无效或者应予撤销，可以向执行法院提起诉讼。执行和解协议被确认无效或者撤销后，申请执行人可以据此申请恢复执行。被执行人以执行和解协议无效或者应予撤销为由提起诉讼的，不影响申请执行人申请恢复执行。

总结：有关执行和解的诉讼，管辖法院均为执行法院。

（七）被执行人对执行和解协议提出执行行为异议的处理

执行过程中，被执行人根据当事人自行达成但未提交人民法院的和解协议，或者一方当事人提交人民法院但其他当事人不予认可的和解协议，提出执行行为异议，人民法院按照下列情形，分别处理：

（1）和解协议履行完毕的，裁定终结原生效法律文书的执行。

（2）和解协议约定的履行期限尚未届至或者履行条件尚未成就的，裁定中止执行，但符合合同法第一百零八条规定情形的除外。

（3）被执行人一方正在按照和解协议约定履行义务的，裁定中止执行。

（4）被执行人不履行和解协议的，裁定驳回异议。

（5）和解协议不成立、未生效或者无效的，裁定驳回异议。

五、执行担保

执行担保，是指在执行过程中，经执行权利人的同意，执行义务人或第三人为实现法律文书所确定的权利而向法院提供保证，由法院决定暂缓执行的制度。

（一）适用条件

1. 必须由执行义务人向法院提出申请。

2. 被执行人向法院提供担保（财产担保、第三人担保）。

3. 须征得执行权利人同意。

4. 须经法院许可。

（二）法律效力

1. 法院决定暂缓执行及暂缓执行的期限。

2. 如果担保有期限，暂缓执行的期限应当与担保期限一致，但最长不得超过1年。

（三）被执行人逾期不履行的后果

暂缓执行期限届满后被执行人仍不履行义务，或者暂缓执行期间担保人有转移、隐藏、变卖、毁损担保财产等行为的，人民法院可以依申请执行人的申请恢复执行，并直接裁定执行担保财产或者保证人的财产，不得将担保人变更、追加为被执行人。

执行担保财产或者保证人的财产，以担保人应当履行义务部分的财产为限。被执行人有便于执行的现金、银行存款的，应当优先执行该现金、银行存款。

特别提醒：法院决定暂缓执行期届满后被执行人仍不履行义务，法院可直接执行担保财产或者执行担保人的财产，无须申请执行人起诉后再申请执行担保财产。

六、执行承担

执行承担，是指在执行程序中由于出现法定情况，债权人的权利应由其他主体享有，或者债务人的义务应由其他主体履行，法院可以变更、追加相关主体进入执行程序。

（一）适用原因

1. 原执行根据确定的当事人已经失去权利能力，由相应的主体来承担其权利义务。主要表现为自然人死亡或宣告死亡、法人或其他组织分立、合并、更名等。

2. 原执行根据确定的债权经法定程序转移给第三人，该第三人可以被申请变更为申请执行人。主要表现为公民离婚、申请执行人将生效法律文书确定的债权依法转让给第三人、作为申请执行人的法人或其他组织清算或破产等。

3. 依法应当对执行根据确定的义务承担清偿责任的人，在被执行人的财产不足以清偿债务时，可以被申请变更为被执行人。如合伙企业的普通合伙人、个人独资企业的投资人、有限责任公司未足额缴纳出资或抽逃出资的股东、有限合伙企业的未按期足额缴纳出资的有限合伙人等。

（二）适用程序

执行承担原则上应当由申请人申请启动。除事实清楚、权利义务关系明确、争议不大的案件外，执行法院应当组成合议庭审查并公开听证。经审查，理由成立的，裁定变更、追加；理由不成立的，裁定驳回。

当事人不服该裁定，对于前两种原因，可以自裁定书送达之日起10日内向上一级法院申请复议；对于第三种原因，应当在裁定送达之日起15日内，通过执行异议之诉解决。被申请人提起执行异议之诉的，以申请人为被告。申请人提起执行异议之诉的，以被申请人为被告。

复议期间、执行异议之诉期间，人民法院不得对其争议范围内的财产进行处分。申请人请求人民法院继续执行并提供相应担保的，人民法院可以准许。

知识拓展

民事诉讼中，当事人向上一级法院复议救济的情形有**罚款、拘留、执行行为异议、执行管辖异议、执行承担**。

七、参与分配

参与分配，是指在执行过程中，因债务人的财产不足以清偿多个债权人的债权，申请执行人以外的其他债权人凭借有效的执行根据加入到已经开始的执行过程中，使各个债权能够公平受偿的制度。

（一）适用条件

1. 被执行人的财产无法清偿所有债权。

2. 被执行人为**自然人或其他组织**。

特别提醒：对于法人，不适用参与分配制度，应当用破产制度解决。

3. 有多个申请人对同一被申请人享有债权。

4. 申请人必须取得**生效的执行根据**，起诉后尚未获得生效判决的债权人不具备参与分配的资格。

知识拓展

对法院查封、扣押、冻结的财产享有优先权、担保物权的债权人，可以直接申请参与分配，主张优先受偿权。

5. 参与分配的债权只限于**金钱债权**。

6. 参与分配必须发生在执行程序开始后，被执行人的财产执行终结之前。

（二）程序规则

1. 适用方式

参与分配应当由申请执行人向法院提出申请。申请人应当提交申请书。申请书应当写明参与分配和被执行人不能清偿所有债权的事实、理由，并附有执行依据。

2. 管辖法院

主持参与分配的法院是对债务人首先采取查封、扣押或冻结措施的法院。

3. 分配方案异议

执行法院制作财产分配方案，送达各债务人和被执行人；债权人或者被执行人对分配方案有异议，应当自收到分配方案之日起 15 日内向执行法院提出**书面异议**。法院无须进行实质审查，直接通知未提出异议的债权人或被执行人即可。

（1）未提出异议的债权人或被执行人收到通知之日起 15 日内未提出反对意见，执行法院依异议人的意见对分配方案审查修正后进行分配。

（2）提出反对意见，通知异议人。异议人自收到通知之日起 15 日内，提起分配方案异议之诉。异议人逾期未起诉，执行法院依原分配方案进行分配。

上述规定可通过下表来理解和记忆：

<table>
<tr><td rowspan="3">债权人或被执行人对分配方案提出书面异议（15 日内）</td><td>其他人未提出反对意见</td><td>修正分配方案后进行分配</td></tr>
<tr><td rowspan="2">其他人提出反对意见</td><td>异议人提起分配方案异议之诉（15 日内）</td></tr>
<tr><td>异议人未起诉，按原分配方案进行分配（15 日内）</td></tr>
</table>

4. 分配方案异议之诉

管辖法院：执行法院。

原告：分配方案异议人。

被告：提出反对意见的债权人、被执行人。

诉讼期间进行分配的，执行法院应当提存与争议债权数额相应的款项。

考点25　执行措施

命题分析

执行对象不同，采取的执行措施也有所差异。除了直接强制执行措施外，还包括保障性强制执行措施。本考点在主观题中考查频率较低，近十年间仅考查1次。

从考查内容来看，本考点仅在2008年案例大题中对与金钱相关的执行措施作出考查。解答此类题目，一定要注意考查的执行对象，再根据执行对象选择执行措施。在“基本解决执行难”的背景下，要提防命题人考查执行措施。

考点解析

一、对财产的执行措施

1. 扣押、冻结、划拨、变价被执行人的存款、股票、基金等金融资产。
2. 扣留、提取被执行人的收入。
3. 查封、扣押、拍卖、变卖被执行人的财产。
4. 强制被执行人交付法律文书指定的财物或票据。

二、对行为的执行措施

1. 强制被执行人迁出房屋或退出土地。
2. 强制被执行人履行法律文书指定的行为：

（1）如果是可替代完成的行为，由他人替代完成，代履行费用由债务人承担。

（2）如果是不可替代的行为，可采用罚款、拘留等间接执行方法。

三、保障性执行措施

1. 查询被执行人的身份信息和财产信息。
2. 搜查被执行人的财产。
3. 强制被执行人支付迟延履行期间的债务利息及迟延履行金。

特别提醒：迟延履行期间的债务利息适用于金钱给付，迟延履行金适用于非金钱给付。

4. 办理财产权证照转移手续。
5. 报告财产。
6. 限制出境。
7. 纳入失信名单。
8. 媒体公布不履行义务信息。
9. 限制被执行人消费。

考点26 仲裁协议的内容

命题分析

有效的仲裁协议对其内容有明确要求，不符合规定将会导致仲裁协议无效。本考点属于偏理论型考点，解题需要对法律规定的理解与运用。2018 年法考主观题涉及本考点，该题要求考生判断私自用对方公司印章补签仲裁协议是否有效，实际上间接考查了请求仲裁意思表示的基本要求。鉴于本考点在仲裁部分的核心地位，在日后法考的主观题中仍可能会命题考查。

考点解析

一、请求仲裁的意思表示

请求仲裁的意思表示是仲裁协议的首要内容，要求明确、肯定。具体要求如下：

1. 以仲裁方式解决纠纷必须是双方当事人**共同的意思表示**，不能是一方当事人的意思表示。

2. 必须是双方当事人在协商一致的基础上的**真实意思表示**，不能是受外界的影响或者强制下的虚假意思。

3. 必须是双方当事人**自己的意思表示**，不是他人的意思表示。

特别提醒：当事人约定争议可以向法院起诉也可以申请仲裁的，原则上仲裁协议无效。

二、仲裁事项

1. 争议事项具有可仲裁性

仲裁立法允许用仲裁方式解决的争议事项，才能提交仲裁，否则会导致仲裁协议无效。

2. 仲裁事项的明确性

仲裁协议对仲裁事项没有约定或者约定不明确，如果达不成补充协议，仲裁协议无效。

三、选定的仲裁委员会

（一）仲裁委员会的选定原则

仲裁不适用法定管辖规定，仲裁委员会应由当事人自主选定。

仲裁委员会的选定，原则上应当明确、具体。

双方当事人在仲裁协议中可以选定任一仲裁委员会进行仲裁，不受当事人住所及合同履行地、签订地、财产所在地等因素的限制。

（二）特殊情形下仲裁委员会的确定规则

1. 仲裁委员会名称不准确

仲裁协议约定的仲裁机构名称不准确，但能够确定具体的仲裁机构的，应当认定选定了仲裁机构。

2. 只约定纠纷适用的仲裁规则

仲裁协议仅约定纠纷适用的仲裁规则的，视为未约定仲裁机构，但当事人达成补充协议或者按照约定的仲裁规则能够确定仲裁机构的除外。

3. 约定两个以上仲裁委员会

仲裁协议约定两个以上仲裁机构的，当事人可以协议选择其中的一个仲裁机构申请仲裁；当事人不能就仲裁机构选择达成一致的，仲裁协议无效。

仲裁协议约定由某地的仲裁机构仲裁且该地仅有一个仲裁机构的，该仲裁机构视为约定的仲裁机构。该地有两个以上仲裁机构的，当事人可以协议选择其中的一个仲裁机构申请仲裁；当事人不能就仲裁机构选择达成一致的，仲裁协议无效。

理论点拨：上述三类情形，有关仲裁委员会的约定均有瑕疵，不符合明确、具体的要求，但不能轻率认为仲裁协议因此无效。凡是能通过补救或者推定对仲裁机构予以确认的，仲裁协议有效。

考点27　仲裁协议效力的确认机构及程序

命题分析

“仲裁协议效力的确认机构及程序”是往年考试中仲裁部分考查频率最高的考点，在主观题中也时有考查。近十年间因仲裁制度在主观题中仅命题1次，这导致仲裁部分考点考查频次较低，但在2009年命题考查仲裁时本考点就考查了两问，可见本考点的重要性。

从考查内容来看，在2009年案例大题中对仲裁协议效力的决定主体、申请确认仲裁协议效力的期限等知识点作出考查。本考点试题均属于识记类题目，难度较低，考生准确记忆相关知识点当可轻松拿分。

从命题趋势分析，近两年最高人民法院发布了几个有关本考点的司法解释，这为本考点继续命题提供了新素材，复习时需要重点关注。

考点解析

一、确认机构

当事人对仲裁协议的效力有异议，可以请求仲裁委员会作出决定或者请求人民法院作出裁定。

知识拓展

当事人约定两个以上仲裁委员会，只要当事人能够合意作出选择，理论上，每个仲裁委员会均有权确认仲裁协议效力。

二、管辖法院

仲裁协议约定的仲裁机构所在地、仲裁协议签订地、申请人住所地、被申请人住所地的中级人民法院或者专门人民法院管辖。

对当事人申请，法院应在 7 日内审查决定是否受理。

被申请人对管辖权有异议的，应自收到法院通知之日起 15 日内提出。法院审查后作出裁定，当事人对裁定不服，可以上诉。

特别提醒：《最高人民法院关于审理仲裁司法审查案件若干问题的规定》发布后，确认国内仲裁协议效力和涉外仲裁协议效力的管辖法院完全相同。且仲裁协议约定的仲裁机构是否明确，对管辖法院并无影响。

三、审判组织

法院审理仲裁协议效力确认案件，应当组成**合议庭**进行审查，并询问当事人。

四、异议提出时间

当事人对仲裁协议的效力有异议，应当在**仲裁庭首次开庭前**提出。

当事人在仲裁庭首次开庭前没有对仲裁协议的效力提出异议，而后向人民法院申请确认仲裁协议无效的，人民法院不予受理。

当事人在仲裁程序中未对仲裁协议的效力提出异议，在仲裁裁决作出后以仲裁协议无效为由主张撤销仲裁裁决或者提出不予执行抗辩的，人民法院不予支持。

理论点拨：当事人逾期对仲裁协议效力提出异议，法院均不予支持。

五、确认机构的选择

1. 原则上法院确认优先

一方请求仲裁委员会作出决定，另一方请求人民法院作出裁定的，由人民法院裁定。

如果仲裁机构接受申请后尚未作出决定，人民法院应予受理，同时通知仲裁机构终止仲裁。

2. 法院确认优先的例外

如果仲裁机构先于人民法院接受申请并已作出决定，人民法院不予受理。

特别提醒：仲裁机构是否有权确认的时间节点是**仲裁机构是否作出决定**。作出决定前，法院均应受理；作出决定后，法院不予受理。

3. 两个机构不能重复确认

仲裁机构对仲裁协议的效力作出决定后，当事人向人民法院申请确认仲裁协议效力或者申请撤销仲裁机构的决定的，人民法院不予受理。

六、申请仲裁时对方对仲裁协议效力提出异议

一方当事人就合同纠纷或者其他财产权益纠纷申请仲裁，另一方当事人对仲裁协议的效力有异议，请求人民法院确认仲裁协议无效并就合同纠纷或者其他财产权益纠纷起诉的，人民法院受理后应当通知仲裁机构**中止仲裁**。人民法院依法作出仲裁协议有效或者无效的裁定后，应当将裁定书副本送达仲裁机构，由仲裁机构根据人民法院的裁定恢复仲裁或者撤销仲裁案件。

七、确认程序

中级人民法院以及专门法院经审查拟认定仲裁协议无效，应当向本辖区所属高级人民法院报核，待高级人民法院审核后，方可依高级人民法院的审核意见作出裁定。若当事人住所地跨省级行政区域，应当向最高人民法院报核。办理涉外涉港澳台仲裁司法审查案件，拟认定仲裁协议无效的，应当报请高级人民法院和最高人民法院两次审核。

法院对仲裁协议效力作出的裁定，除不予受理、驳回申请、管辖权异议的裁定外，一经送达即发生法律效力。当事人申请复议、提出上诉或者申请再审，法院不予受理。

特别提醒：中院认定仲裁协议有效，可直接作出裁定，无须向上级法院报核。

考点28　仲裁协议的无效与失效

命题分析

仲裁协议效力向来是考试重点，本考点在2018年法考中也有所涉及。本考点的常见命题形式是，给出特定情形要求考生判断仲裁协议是否有效，如2018年法考就要求考生判断私自用对方公司印章补签的仲裁协议是否有效。本考点属于仲裁部分偏理论化的考点，虽然内容不多，但对于理解仲裁制度可起到以点带面的效果，掌握本考点更多需要的是理解而非识记。

考点解析

一、仲裁协议无效的法定情形

1. 以口头形式订立仲裁协议。

2. 约定的仲裁事项超出法律规定的仲裁范围。

3. 无民事行为能力人或者限制民事行为能力人订立的仲裁协议。

4. 一方采取胁迫手段，迫使对方订立仲裁协议。

5. 仲裁协议对仲裁事项没有约定或者约定不明确，或者仲裁协议对仲裁委员会没有约定或者约定不明确并无法加以确定，当事人对此达不成补充协议。

理论点拨：选择仲裁必须是双方当事人基于其自由意志，意思表示一致的合意行为。同时，必须符合法律约束力所要求的条件和形式。

二、仲裁协议的失效

1. 仲裁庭基于仲裁协议作出的仲裁裁决已被当事人自觉履行或者被法院强制执行。

2. 当事人协议放弃已签订的仲裁协议。

具体形式：①书面放弃仲裁协议；②书面变更纠纷解决方式；③默示行为变更纠纷解决方式。

3. 附期限的仲裁协议因期限届满而失效。

4. 仲裁庭基于仲裁协议作出的仲裁裁决被法院裁定撤销或不予执行。

三、仲裁协议无效、失效的法律后果

仲裁协议无效或者失效使仲裁协议不再具有法律约束力。

对当事人：双方当事人之间的纠纷既可通过起诉解决，也可以重新达成仲裁协议通过仲裁解决。

对法院：法院对案件具有管辖权。

对仲裁机构：不能对双方当事人的纠纷进行审理并作出裁决。

考点29　仲裁庭的组成

命题分析

仲裁庭是行使仲裁权的主体，仲裁庭的组成是仲裁程序的核心性环节。近十年共考查2次。从命题形式来看，本考点在2009年案例大题中对仲裁员的确定和仲裁员的回避予以考查。题目基本属于法条型试题，翻阅法条即可获得答案，难度颇低。如果法考主观题继续考查仲裁制度，那么本考点继续命题的可能性较大。

考点解析

一、仲裁庭组成形式

1. 合议仲裁庭

由3名仲裁员组成的仲裁庭，设首席仲裁员。当仲裁庭不能形成多数意见时，应以首席仲裁员的意见为准作出仲裁裁决。

2. 独任仲裁庭

由1名仲裁员组成的仲裁庭。

二、仲裁庭的组成程序

1. 约定仲裁庭的组成形式

对于仲裁案件，当事人可以约定合议仲裁庭，也可以约定独任仲裁庭。

当事人未在仲裁规则规定的期限内约定仲裁庭组成形式，由仲裁委主任指定。

2. 确定仲裁员

（1）合议仲裁庭

由双方当事人各自选定或者各自委托仲裁委主任指定1名仲裁员，第三名仲裁员由当事人共同选定或者共同委托仲裁委主任指定，第三名仲裁员是首席仲裁员。

（2）独任仲裁庭

由当事人共同选定或者共同委托仲裁委主任指定独任仲裁员。

特别提醒：仲裁委主任不能直接指定仲裁员，要么是当事人委托，要么是在规定期限内当事人未能选定。

三、仲裁员的回避

（一）回避的法定情形

1. 是本案当事人或者当事人、代理人的近亲属。
2. 与本案有利害关系。
3. 与本案当事人、代理人有其他关系，可能影响公正仲裁的。
4. 私自会见当事人、代理人，或者接受当事人、代理人的请客送礼的。

（二）回避的形式

1. 自行回避。
2. 申请回避。

当事人提出回避申请，应当说明理由，在首次开庭前提出。回避事由在首次开庭后知道的，可以在最后一次开庭终结前提出。

（三）回避的决定主体

仲裁员的回避，由仲裁委员会主任决定；仲裁委员会主任担任仲裁员的回避，由仲裁委员会集体决定。

知识拓展

确定回避决定主体的逻辑类似于诉讼回避，即审判人员的回避由院长决定，院长担任审判长的回避由审判委员会决定。

（四）回避的法律后果

仲裁员因回避或者其他原因不能履行职责的，应当依照本法规定重新选定或者指定仲裁员。

因回避而重新选定或者指定仲裁员后，当事人可以请求已进行的仲裁程序重新进行，是否准许，由仲裁庭决定；仲裁庭也可以自行决定已进行的仲裁程序是否重新进行。

特别提醒：

1. 仲裁员回避后，应当重新选定或指定仲裁员，而非重新组成仲裁庭。

2. 仲裁员回避后，仲裁委员会主任不能直接指定新的仲裁员。

3. 尽管当事人有权提出申请，但仲裁庭对于仲裁员回避后仲裁程序是否重新进行享有最终决定权。

二、仲裁员的更换

除了回避之外，因仲裁员死亡、生病、被除名以及拒绝履行职责等情形，仲裁员应予以更换。仲裁员更换的法律后果是，重新选定或指定仲裁员。

考点30　申请撤销仲裁裁决

命题分析

“撤销仲裁裁决”是对仲裁进行司法审查的具体形式之一，是本学科主观题命题的重点，近十年间共考查过4次。

从考查内容来看，本考点在2018年、2009年主观题中均有涉及，试题主要围绕撤销仲裁裁决管辖法院、申请撤销仲裁裁决的条件、通知仲裁庭重新仲裁等知识点进行考查，基本属于识记类题目，翻阅法条即可获得答案。考查此类题目绝对是法考生的“福音”。

从命题趋势分析，本考点虽然在2018年法考中有所涉及，但在2019年主观题中继续考查的可能性极低。复习中主要熟悉相关内容的法律规定即可，即便考查也可以快速翻阅法条作答。

考点解析

一、申请撤销仲裁裁决的条件

1. 申请主体必须是仲裁当事人（仲裁申请人和被申请人）。

2. 向仲裁委员会所在地的中级人民法院提出申请。

3. 自收到仲裁裁决书之日起6个月内提出。

4. 有证据证明仲裁裁决有法律规定的应予撤销情形。

二、申请撤销仲裁裁决的理由

1. 没有仲裁协议。仲裁协议被认定无效或者被撤销，视为没有仲裁协议。

2. 裁决的事项不属于仲裁协议的范围或者仲裁委员会无权仲裁。

3. 仲裁庭的组成或者仲裁的程序违反法定程序。

4. 裁决所根据的证据是伪造的。

5. 对方当事人隐瞒了足以影响公正裁决的证据。

6. 仲裁员在仲裁该案时有索贿受贿、徇私舞弊、枉法裁决行为。

三、撤销仲裁裁决的程序

1. 撤销仲裁裁决必须组成**合议庭**进行**审查**，并询问当事人。

特别提醒：法院对撤销仲裁裁决应当审查，而非开庭审理。

2. 必须具有法律规定的撤销仲裁裁决的事由。

特别提醒：法律适用错误，不是撤销仲裁裁决的事由。

3. 应当在受理撤销裁决申请之日起2个月内裁定撤销仲裁裁决。

四、撤销仲裁裁决的类型

1. 撤销全部仲裁裁决

法院将仲裁裁决整体性予以撤销，仲裁裁决无效。

2. 撤销部分仲裁裁决

适用条件：①部分裁决具有法定的被撤销的事由；②具有被撤销事由部分的仲裁裁决与其他部分可以分开。

具体而言，当事人以仲裁裁决事项超出仲裁协议范围为由申请撤销仲裁裁决，经审查属实的，法院应当撤销仲裁裁决中的超裁部分。但超裁部分与其他裁决事项不可分的，法院应当撤销仲裁裁决。

特别提醒：法院认定仲裁裁决违背社会公共利益，可以依职权裁定撤销。除此之外，撤销仲裁裁决必须由当事人提出申请。

五、撤销仲裁裁决的效力

1. 法院依法作出的撤销仲裁裁决的裁定，当事人不能上诉，也不得申请再审；检察院也不能抗诉。

2. 仲裁裁决被依法撤销后，当事人就该纠纷可以根据双方重新达成的仲裁协议申请仲裁，也可以向法院起诉。

第三部分　命题人讲真题

2017 年

一、试题（本题 19 分）

案情：

2013 年 5 月，居住在 S 市二河县的郝志强、迟丽华夫妻将二人共有的位于 S 市三江区的三层楼房出租给包童新居住，协议是以郝志强的名义签订的。2015 年 3 月，住所地在 S 市四海区的温茂昌从该楼房底下路过，被三层掉下的窗户玻璃砸伤，花费医疗费 8500 元。

就温茂昌受伤赔偿问题，利害关系人有关说法是：包童新承认当时自己开了窗户，但没想到玻璃会掉下，应属窗户质量问题，自己不应承担责任；郝志强认为窗户质量没有问题，如果不是包童新使用不当，窗户玻璃不会掉下；此外，温茂昌受伤是在该楼房院子内，作为路人的温茂昌不应未经楼房主人或使用权人同意擅自进入院子里，也有责任；温茂昌认为自己是为了躲避路上的车辆而走到该楼房旁边的，不知道这个区域已属个人私宅的范围。为此，温茂昌将郝志强和包童新诉至法院，要求他们赔偿医疗费用。

法院受理案件后，向被告郝志强、包童新送达了起诉状副本等文件。在起诉状、答辩状中，原告和被告都坚持协商过程中自己的理由。开庭审理 5 天前，法院送达人员将郝志强和包童新的传票都交给包童新，告其将传票转交给郝志强。开庭时，温茂昌、包童新按时到庭，郝志强迟迟未到庭。法庭询问包童新是否将出庭传票交给了郝志强，包童新表示 4 天之前就交了。法院据此在郝志强没有出庭的情况下对案件进行审理并作出判决，判决郝志强与包童新共同承担赔偿责任：郝志强赔偿 4000 元，包童新赔偿 4500 元，两人相互承担连带责任。

一审判决送达后，郝志强不服，在上诉期内提起上诉，认为一审审理程序上存在瑕疵，要求二审法院将案件发回重审。包童新、温茂昌没有提起上诉。

问题：

1. 哪些（个）法院对本案享有管辖权？为什么？

2. 本案的当事人确定是否正确？为什么？

3. 本案涉及的相关案件事实应由谁承担证明责任？

4. 一审案件的审理在程序上有哪些瑕疵？二审法院对此应当如何处理？

二、答案精讲

1. 哪些（个）法院对本案享有管辖权？为什么？

答案：S市三江区法院和S市二河县法院对本案有管辖权。《民事诉讼法》第28条规定，因侵权行为提起的诉讼，由侵权行为地或者被告住所地法院管辖。S市三江区法院为被告郝志强住所地，S市二河县法院为侵权行为地和被告包童新住所地。

难度：中

考点：特殊地域管辖（民事诉讼法中规定的各类特殊地域管辖的适用）

命题和解题思路：命题人要求考生根据给定的案例材料判断案件的管辖法院，这是考试案例分析题常见的考查内容。管辖无疑是考试的重点，本题是**"重者恒重"**规律的产物。管辖类试题大多考查考生的识记能力和法条简单运用能力，难度不高。考生解答管辖类试题，应**首先明确案件的具体类型**，这是解题至关重要的环节；在此基础上，**再根据《民事诉讼法》及司法解释有关管辖的规定具体确定管辖法院**。此类试题往往需要阐述理由，而最主要的理由就是法律规定，这对考生的记忆精确度有较高要求。

答案解析：

本案是因温茂昌被楼上坠落的玻璃砸伤而引发，从性质上判断明显属于侵权纠纷。根据《民事诉讼法》第28条规定，因侵权行为提起的诉讼，由侵权行为地或者被告住所地人民法院管辖。确定本案的侵权行为地较为简单，自然是掉落玻璃楼房所在地的S市三江区。根据案情表述，温茂昌将郝志强和包童新诉至法院，被告住所地应是郝志强和包童新的住所地。郝志强、包童新分别居住于S市二河县和S市三江区。因此，本案的管辖法院是S市三江区法院和S市二河县法院。

易混淆点解析：确定案件的管辖法院，可**首先确定级别管辖，然后确定地域管辖**。在地域管辖中，首先判断案件是否属于**专属管辖**情形；如果不是，再看是否存在**管辖协议**；如果没有协议，或者协议无效，再看是否属于**特殊地域管辖**案件；如果不属于，再看能否适用**一般地域管辖的例外规定**；如果不适用，再根据**一般地域管辖**确定地域管辖法院。考生严格按照此逻辑思路解答管辖类试题，可有效避免误判。

2. 本案的当事人确定是否正确？为什么？

答案：本案一审当事人的确定不完全正确（或部分正确，或部分错误）：①温茂昌作为原告，郝志强、包童新作为被告正确，遗漏迟丽华为被告错误。温茂昌是受害人，与案件的处理结果有直接的利害关系，作为原告，正确；②《侵权责任法》第85条规定，建筑物、构筑物或者其他设施及其搁置物、悬挂物发生脱坠落造成他人损害，所有人、管理人或者使用人不能证明自己没有过错的，应当承担侵权责任。郝志强为楼房所有人，包童新为楼房使用人，作为被告，正确；③迟丽华作为楼房的所有人之一，没有列为被告，错误。

难度：中

考点：原告和被告地位的确定（通常情况下原告与被告诉讼地位的确定）；必要共同诉讼（共同诉讼人诉讼地位的确定）

命题和解题思路：根据案情表述，要求考生**判断案件中当事人的诉讼地位，这同样是考试案例题常用的考查套路**。本题考查内容既涉及实体法，又涉及程序法。当事人确定表面上看属于程序法问题，实则与民事实体法规范息息相关。因为脱离民事实体法，根本无法确定适格当事人。本案法律关系明确，确定当事人相对简单，仅有原告和被告，不涉及第三人。考生需要融通民事实体法和民事程序法的规定，方能作出准确判断。考生评析案件当事人要全面，尤其不可遗漏对原告是否适格的评价。

答案解析：

根据材料表述，本案是侵权纠纷，具体而言，属于物件损害责任中建筑物、构筑物或者其他设施及其搁置物、悬挂物发生脱落、坠落致人损害责任。应当根据《侵权责任法》确定各方的责任承担。《侵权责任法》第85条规定，建筑物、构筑物或者其他设施及其搁置物、悬挂物发生脱落、坠落造成他人损害，所有人、管理人或者使用人不能证明自己没有过错的，应当承担侵权责任。窗户玻璃坠落的出租楼房由郝志强、迟丽华夫妻二人共有，两人均为所有人。包童新是楼房的租客，属于使用人。因此，本案的被告应为郝志强、迟丽华和包童新。原告起诉郝志强和包童新正确，但遗漏了楼房共有人迟丽华错误，迟丽华也应是必要共同诉讼被告。

原告是为了维护自己或自己所管理的他人的民事权益，而以自己的名义向法院起诉，从而引起民事诉讼程序发生的人。本案中，温茂昌是受害人，为了维护自己的民事权益，以自己的名义向法院起诉。因此，温茂昌应为本案的原告。

综上所述，本案的原告是适格原告，将郝志强和包童新列为被告正确，但遗漏迟丽华为被告错误。

3. 本案涉及的相关案件事实应由谁承担证明责任？

答案：①郝志强为该楼所有人、包童新为该楼使用人的事实、该楼三层掉下的窗户玻璃砸伤温茂昌的事实、温茂昌受伤状况的事实、温茂昌治伤花费医疗费8500元的事实等，由温茂昌承担证明责任；②包童新认为窗户质量存在问题的事实，由包童新承担证明责任；③包童新使用窗户不当的事实、温茂昌未经楼房的主人或使用权人的同意擅自进到楼房的院子里的事实，由郝志强承担证明责任。

难度：难

考点：证明责任的特殊分配（证明责任特殊分配的具体情形）

命题和解题思路：证明责任分配绝对是考试的"常客"，属于每年必考内容。命题人遵循"重者恒重"规律，对相关案件事实的证明责任分配作出考查。通俗来讲，就是"还是原来的套路，还是熟悉的考法"。考生解答此类试题，要首先根据案例材料的表述和法律规定全面确定案件的待证事实。具体而言，**证明责任分配针对要件事实而言**。因此，考生应**根据案件涉及的实体法规范梳理案件的要件事实，再根据法律规定的证明责任分配一般原理或特殊规则，具体确定每一个要件事实的证明责任分配**。本题材料表述较为隐晦，需要考生结合法律规定判断各方当事人表述的意图。判断的难点在于对温茂昌是否有过错的证明责任分配不要受到材料表述的干扰。

答案解析：

《侵权责任法》第85条规定，建筑物、构筑物或者其他设施及其搁置物、悬挂物发生脱落、坠落造成他人损害，所有人、管理人或者使用人不能证明自己没有过错的，应当承担侵权责任。因此，本案应适用过错推定责任，即过错的证明责任"倒置"给被告。具言之，建筑物、构筑物或者其他设施及其搁置物、悬挂物发生脱落、坠落致人损害应由原告承担证明责任；因侵权行为造成的损失也应由原告承担证明责任；没有过错的证明责任由被告承担证明责任；免责事由则由被告承担证明责任。在此要注意，不论一般侵权行为还是特殊侵权责任，侵权纠纷中损害事实均由原告方（受害人）承担证明责任，免责事由均由被告（侵权行为人）承担证明责任。

结合案情表述，本案中证明侵权行为的待证事实包括郝志强为该楼所有人、包童新为该楼的使用人、该楼三层掉下的窗户玻璃砸伤温茂昌的事实；证明损害结果的事实包括温茂昌受伤状况的事实、温茂昌治伤花费医疗费8500元的事实；所有人证明自己无过错的事实是包童新使用窗户不当的事实；使用人证明自己无过错的事实是窗户质量存在问题的事实。郝志强提出温茂昌未经楼房主人或使用权人同意擅自进入楼房的院子里，而温茂昌认为自己是为了躲避路上的车辆而走到该楼房旁边的，不知道这个区域已属个人私宅的范围。两种说法看似对立，实则郝志强提出温茂昌对于损害的发生有过错，主张过失相抵，而温茂昌认为自己没有过错。从性质来看，该事实属于免责事由，应由被告郝志强承担对温茂昌有过错的证明责任，而温茂昌无须对其无过错承担证明责任。

综上所述，各主体应承担的证明责任如下：①温茂昌应承担证明责任的事实包括郝志强为该楼所有人、包童新为该楼的使用人、该楼三层掉下的窗户玻璃砸伤温茂昌、温茂昌受伤状况、温茂昌治伤花费医疗费8500元等事实。②郝志强应承担证明责任的事实包括包童新使用窗户不当、温茂昌未经楼房的主人或使用权人的同意擅自进到楼房的院子里。③包童新应承担证明责任的事实包括窗户质量存在问题。

易混淆点解析：不论一般侵权行为还是特殊侵权责任，侵权纠纷中损害事实均由原告方（受害人）承担证明责任，免责事由均由被告（侵权行为人）承担证明责任。

4. 一审案件的审理在程序上有哪些瑕疵？二审法院对此应当如何处理？

答案：（1）一审案件的审理存在如下瑕疵：第一，遗漏被告迟丽华：作为楼房所有人之一，应当作为被告参加诉讼。第二，一审法院通过包童新向郝志强送达开庭传票没有法律根据，属于违法行为；法院未依法向郝志强送达开庭传票，进而导致案件缺席判决，不符合作出缺席判决的条件，并严重限制了郝志强辩论权的行使。

（2）遗漏当事人、违法缺席判决、严重限制当事人辩论权的行使，都属于司法解释中列举的程序上严重违法、案件应当发回重审的行为，因此，二审法院应当裁定发回重审。

难度：难

考点：必要共同诉讼（共同诉讼人诉讼地位的确定）；送达方式（转交送达）；缺席判决（缺席判决的情形）；上诉案件的裁判（对第一审判决提起上诉的案件的裁判）

命题和解题思路：命题人通过材料表述让考生判断审判程序存在的程序瑕疵，这也是考试案例题常用的考查方式。本题对必要共同诉讼、送达、缺席判决、发回重审等知识点进行综合考查。考生欲正确答题，必须准确掌握相关民事诉讼制度，才能通过对比得出答案。根据第一问的设问句，第二问实则考查二审法院对于一审程序瑕疵如何处理。2012年民事诉讼法修正对发回重审作出限制，只有原判决严重违反法定程序才会发回重审。因此，考生解答第二问的关键在于，对一审程序瑕疵是否属于严重违反法定程序作出判断。

答案解析：

1. 第一审法院的审理程序存在瑕疵，分别予以评价。

（1）根据本题第二问的分析，迟丽华是窗户玻璃坠落的出租楼房的共有人，应作为必要共同诉讼的共同被告，温茂昌起诉时应将迟丽华列为被告。《民事诉讼法》第132条规定，必须共同进行诉讼的当事人没有参加诉讼的，人民法院应当通知其参加诉讼。据此，即便温茂昌起诉时未列迟丽华，法院也应当通知迟丽华参加诉讼。一审法院未通知违反法律规定。

（2）一审法院送达方式错误。法院送达人员将郝志强和包童新的传票都交给包童新，告其将传票转交给郝志强。根据《民事诉讼法》第89、第90条规定，转交送达的适用对象是军人、被监禁或被采取强制性教育措施的受送达人。本案显然不符合转交送达的条件，法院送达人员应直接将传票送达给郝志强。

（3）《民事诉讼法》第144条规定，被告经传票传唤，无正当理由拒不到庭的，或者未经法庭许可中途退庭的，可以缺席判决。据此，适用缺席判决的前提是对被告已经传票传唤，隐含的条件是传唤方式必须合法。而本案中，法院送达传票行为违法，对被告未经合法的传票传唤，不得缺席判决。因被告郝志强未出庭，也导致郝志强的辩论权无从实现。

2. 《民事诉讼法》第170条第1款第（四）项规定，原判决遗漏当事人或者违法缺席判决等严重违反法定程序的，裁定撤销原判决，发回原审人民法院重审。《最高人民法院关于适用〈中华人民共和国民事诉讼法〉的解释》第325条规定，下列情形，可以认定为民事诉讼法第170条第1款第（四）项规定的严重违反法定程序：①审判组织的组成不合法的；②应当回避的审判人员未回避的；③无诉讼行为能力人未经法定代理人代为诉讼的；④违法剥夺当事人辩论权利的。根据前面分析，一审判决遗漏当事人、违法缺席判决、违法剥夺当事人辩论权利，均属于严重违反法定程序的情形。二审法院应当裁定撤销原判决，发回重审。

2016年

一、试题（本题18分）

扫一扫 看微课视频

案情：

陈某转让一辆中巴车给王某但未办过户。王某为了运营，与明星汽运公司签订合同，明确挂靠该公司，王某每月向该公司交纳500元，该公司为王某代交规费、代办各种运营手续、保险等。明星汽运公司依约代王某向鸿运保险公司支付了该车的交强险费用。

2015年5月，王某所雇司机华某驾驶该中巴车致行人李某受伤，交警大队认定中巴车一方负全责，并出具事故认定书。但华某认为该事故认定书有问题，提出虽肇事车辆车速过快，但李某横穿马路没有走人行横道，对事故发生也负有责任。因赔偿问题协商无果，李某将王某和其他相关利害关系人诉至F省N市J县法院，要求王某、相关利害关系人向其赔付治疗费、误工费、交通费、护理费等费用。被告王某委托N市甲律师事务所刘律师担任诉讼代理人。

案件审理中，王某提出其与明星汽运公司存在挂靠关系、明星汽运公司代王某向保险公司交纳了该车的交强险费用、交通事故发生时李某横穿马路没走人行横道等事实；李某陈述了自己受伤、治疗、误工、请他人护理等事实。诉讼中，各利害关系人对上述事实看法不一。李某为支持自己的主张，向法院提交了因误工被扣误工费、为就医而支付交通费、请他人护理而支付护理费的书面证据。但李某声称治疗的相关诊断书、处方、药费和治疗费的发票等不慎丢失，其向医院收集这些证据遭拒绝。李某向法院提出书面申请，请求法院调查收集该证据，J县法院拒绝。

在诉讼中，李某向J县法院主张自己共花治疗费36650元，误工费、交通费、护理费共计12000元。被告方仅认可治疗费用15000元。J县法院对案件作出判决，在治疗费方面支持了15000元。双方当事人都未上诉。

一审判决生效一个月后，李某聘请N市甲律师事务所张律师收集证据、代理本案的再审，并商定实行风险代理收费，约定按协议标的额的35%收取律师费。经律师说服，医院就李某治伤的相关诊断书、处方、药费和治疗费的支付情况出具了证明，李某据此向法院申请再审，法院受理了李某的再审申请并裁定再审。

再审中，李某提出增加赔付精神损失费的诉讼请求，并要求张律师一定坚持该意见，律师将其写入诉状。

问题：

1. 本案的被告是谁？简要说明理由。

2. 就本案相关事实，由谁承担证明责任？简要说明理由。

3. 交警大队出具的事故认定书，是否当然就具有证明力？简要说明理由。

4. 李某可以向哪些（个）法院申请再审？其申请再审所依据的理由应当是什么？

5. 再审法院应当按照什么程序对案件进行再审？再审法院对李某增加的再审

请求，应当如何处理？简要说明理由。

6. 根据律师执业规范，评价甲律师事务所及律师的执业行为，并简要说明理由。

二、答案精讲

1. 本案的被告是谁？简要说明理由。

答案：本案被告应以原告的主张来加以确定：原告主张挂靠单位和被挂靠单位承担责任的，王某、明星汽运公司、鸿运保险公司为共同被告。理由：根据《侵权责任法》第50条的规定，转让机动车未办理手续的，由保险公司在强制责任保险范围内予以赔偿，不足部分由受让人承担侵权责任；明星汽运公司为王某从事中巴车运营的被挂靠单位，根据民诉司法解释第54条规定，以挂靠形式从事民事活动，当事人请求由挂靠人和被挂靠人依法承担民事责任的，该挂靠人和被挂靠人为共同诉讼人。原告不主张被挂靠单位承担责任的，王某、鸿运保险公司为共同被告。

难度：难

考点：原告和被告地位的确定（最高人民法院相关司法解释中有关原告与被告地位的确定）；必要共同诉讼（最高人民法院相关司法解释中关于必要共同诉讼中共同诉讼人地位的确定的规定）

命题和解题思路：《最高人民法院关于适用〈中华人民共和国民事诉讼法〉若干问题的意见》规定挂靠行为均成立必要共同诉讼，而《最高人民法院关于适用〈中华人民共和国民事诉讼法〉的解释》则根据当事人的主张确定是否构成共同诉讼。《最高人民法院关于适用〈中华人民共和国民事诉讼法〉的解释》对挂靠中当事人确定的修正，为本题的命制提供了新素材。**命题人以挂靠行为为主线，对机动车交通事故责任中责任主体的确定、劳务侵权纠纷当事人的确定等知识点进行综合考查**。命题人思路开阔，情节设计巧妙，考查内容横跨实体法与程序法，难度颇高。各考点环环相扣，任何一部分内容记忆不牢，均难以准确作答。案例分析题往往会涉及诸多主体，建议考生在解题时对各主体之间的法律关系画个简图，以防混淆。

答案解析：

《最高人民法院关于适用〈中华人民共和国民事诉讼法〉的解释》第54条规定，以挂靠形式从事民事活动，当事人请求由挂靠人和被挂靠人依法承担民事责任的，该挂靠人和被挂靠人为共同诉讼人。其潜台词是当事人仅主张挂靠人承担民事责任，案件的被告是挂靠人；当事人主张挂靠人和被挂靠人均承担民事责任，那么两者成为共同被告。因此，本案应依据原告的具体主张确定被告，在答题时应当分情况展开分析。

又根据《侵权责任法》第50条规定，当事人之间已经以买卖等方式转让并交付机动车但未办理所有权转移登记，发生交通事故后属于该机动车一方责任的，由保险公司在机动车强制保险责任限额范围内予以赔偿。不足部分，由受让人承担赔偿责任。据此，无论原告是否主张被挂靠人的责任，保险公司均应当作为共同被告。且即便未办理登记，出让人也不承担赔偿责任。

王某所雇司机华某驾驶该中巴车致行人李某受伤，王某与华某之间是提供劳务关系。根据《最高人民法院关于适用〈中华人民共和国民事诉讼法〉的解释》第57条规定，提供劳务一方因劳务造成他人损害，受害人提起诉讼的，以接受劳务一方为被告。据此，李某应当起诉三某，而非华某。

综上所述，原告李某主张挂靠单位和被挂靠单位承担责任时，王某、明星汽运公司、鸿运保险公司为共同被告；原告李某仅主张挂靠单位承担责任时，王某和鸿运保险公司为共同被告。

重点解析：根据大陆法系民诉理论，必要共同诉讼分为**固有的必要共同诉讼**和**类似的必要共同诉讼**。两者的区别在于，固有的必要共同诉讼中各个共同诉讼人必须一同起诉或应诉当事人方为适格；而类似的必要共同诉讼各个共同诉讼人既可一同起诉或应诉，又可分别起诉或应诉。我国民事诉讼法并未对必要共同诉讼再作划分，基本按固有的必要共同诉讼对待必要共同诉讼制度。挂靠即属于典型的类似的必要共同诉讼，《最高人民法院关于适用〈中华人民共和国民事诉讼法〉的解释》对挂靠中当事人确定的修正符合民事诉讼基本原理。

2. 就本案相关事实，由谁承担证明责任？简要说明理由。

答案：王某与明星汽运公司存在挂靠关系的事实由王某承担证明责任；明星汽运公司依约代王某向鸿运保险公司交纳了该车的强制保险费用的事实由王某承担证明责任；交通事故发生时李某横穿马路没走人行通道的事实，由王某承担证明责任；李某受伤状况、治疗状况、误工状况、请他人护理状况等事实，由李某承担证明责任。理由：诉讼中，在通常情况下，谁主张事实支持自己的权利主张，由谁来承担自己所主张的事实的证明责任。本案上述事实，不存在特殊情况的情形，因此由相对应的事实主张者承担证明责任。

难度：中

考点：证明责任的分配（最高人民法院相关司法解释中关于当事人举证责任

承担的有关规定）

命题和解题思路： 证明责任分配在考试中几乎每年必考，属于当之无愧的重点。命题人遵循“重者恒重”规律，对相关案件事实的证明责任分配予以考查。考生解答此类试题，要首先根据案例材料的表述和法律规定全面梳理案件的待证事实，切忌遗漏；再根据法律规定的证明责任分配理论，具体确定每一个案件事实证明责任的承担主体。基于特殊优于一般原则，应**首先判断给定的案例是否适用证明责任的特殊分配规则，如果不适用，再根据证明责任分配的一般原理予以确定**。

本题考查模式与2017年卷四第6题第三问完全相同，相比而言，本题对案件事实表述更直白。本题的命题素材是机动车交通事故责任，而该题是物件损害责任。由此，特殊侵权责任纠纷经常获得命题人的青睐，复习时应重点关注。

答案解析：

根据案例表述，本案需要证明的事实包括王某与明星汽运公司存在挂靠关系、明星汽运公司代王某向保险公司交纳了该车的交强险费用、交通事故发生时李某横穿马路没走人行横道、李某受伤、治疗、误工、请他人护理等事实。

《最高人民法院关于适用〈中华人民共和国民事诉讼法〉的解释》第91条规定，主张法律关系存在的当事人，应当对产生该法律关系的基本事实承担举证证明责任。据此，王某主张其与明星汽运公司存在挂靠关系、明星汽运公司代王某向保险公司交纳了该车的交强险费用的事实，均应由王某承担证明责任。《道路交通安全法》第76条规定，机动车与非机动车驾驶人、行人之间发生交通事故，非机动车驾驶人、行人没有过错的，由机动车一方承担赔偿责任；有证据证明非机动车驾驶人、行人有过错的，根据过错程度适当减轻机动车一方的赔偿责任。由此，证明非机动车驾驶人、行人有过错的事实应由机动车一方承担证明责任。交通事故发生时李某横穿马路没走人行横道的事实，应由车主王某承担证明责任。李某受伤状况、治疗状况、误工状况、请他人护理状况等事实，由李某提出主张，也应由李某承担证明责任。

3. 交警大队出具的事故认定书，是否当然就具有证明力？简要说明理由。

答案： 交警大队出具的事故认定书，不当然具有证明力。理由：在诉讼中，交警大队出具的事故认定书只是证据的一种，其所证明的事实与案件其他证据所证明的事实是否一致，以及法院是否确信该事故认定书所确认的事实，法院有权根据案件的综合情况予以判断，即该事故认定书的证明力由法院判断后确定。

难度： 中

考点： 证据交换与质证

命题和解题思路： 本题考查证据的证明力，主要涉及对证据的质证。交警大队出具的事故认定书属于公文书证，这是答题干扰信息，考生如未能深入了解质证与证明力形成的内在逻辑关系，很容易误认为国家机关出具的证据就具有证明力。一般而言，**公文书证的证明力大于其他书证**。但这种对比是以书证均存在证明力为前提，证明力的有无和证明力大小完全是两个不同的概念，切不可混淆。**除法院依职权调查收集的证据之外，其余证据必须质证，否则不能获得证明力**。即便是**法院依职权调查收集的证据，也必须在庭审时出示，听取当事人意见**。因此，**任何证据都不是当然就具有证明力**。

答案解析：

从性质来看，事故认定书应当属于公文书证。根据《最高人民法院关于适用〈中华人民共和国民事诉讼法〉的解释》第114条规定，国家机关或者其他依法具有社会管理职能的组织，在其职权范围内制作的文书所记载的事项推定为真实，但有相反证据足以推翻的除外。必要时，人民法院可以要求制作文书的机关或者组织对文书的真实性予以说明。据此，虽然公文书证原则上可推定为真实，但允许用相反证据推翻，因此其并不当然具有证明力。又根据《最高人民法院关于适用〈中华人民共和国民事诉讼法〉的解释》第103条第1款规定，证据应当在法庭上出示，由当事人互相质证。未经当事人质证的证据，不得作为认定案件事实的根据。据此，证据应当经过质证，才能作为认定案件事实的根据，即便是公文书证也不例外，否则就不需要制作机关对文书真实性作出说明了。

4. 李某可以向哪些（个）法院申请再审？其申请再审所依据的理由应当是什么？

答案：李某可以向F省N市中级人民法院申请再审。因为，根据民诉司法解释，再审案件原则上向原审法院的上级法院提出。本案不存在向原审法院申请再审的法定事由。再审的理由为：对审理案件需要的主要证据，当事人因客观原因不能自行收集，书面申请人民法院调查收集，人民法院未调查收集；有新的证据，足以推翻原判决。

难度：中

考点：申请再审的条件（申请再审的事实和理由、申请再审的管辖法院）

命题和解题思路：本题对申请再审的管辖法院以及再审事由作出考查，题目考点明确。申请再审的管辖法院，我国民事诉讼法奉行“**以上提一级为原则，以原审法院为例外**”的模式，解答本题的关键点在于确定应当适用何种模式。对于再审事由，考生应详阅案件材料，比对《民事诉讼法》规定的13种当事人申请再审情形进行判断，这对考生的记忆精确度要求较高。

答案解析：

《民事诉讼法》第199条规定，当事人对已经发生法律效力的判决、裁定，认为有错误的，可以向上一级人民法院申请再审；当事人一方人数众多或者当事人双方为公民的案件，也可以向原审人民法院申请再审。又据《最高人民法院关于适用〈中华人民共和国民事诉讼法〉的解释》第75条规定，民事诉讼法第199条规定的人数众多，一般指十人以上。本案一方人数未及十人，不属于人数众多；且被告方有保险公司，也不符合双方当事人均为公民的情形。因此，李某应当依照原则规定，向生效判决法院F省N市J县法院的上一级法院F省N市法院申请再审。

根据材料表述和法律规定，本案李某申请再审的法定事由有两个。“李某向法院提出书面申请，请求法院调查收集该证据，J县法院拒绝”。这符合《民事诉讼法》第200条第（五）项规定，对审理案件需要的主要证据，当事人因客观原因不能自行收集，书面申请人民法院调查收集，人民法院未调查收集。“经律师说服，医院就李某治伤的相关诊断书、处方、药费和治疗费的支付情况出具了证明，李某据此向法院申请再审”。这符合《民事诉讼法》第200条第（一）项的规定，有新的证据，足以推翻原判决、裁定。

5. 再审法院应当按照什么程序对案件进行再审？再审法院对李某增加的再审请求，应当如何处理？简要说明理由。

答案：再审法院应当按照第二审程序对案件进行再审。因为受理并裁定对案件进行再审的，是原审法院的上级法院，应当适用第二审程序对案件进行再审。

再审法院对李某增加的要求被告支付精神损失费的再审请求不予受理；且该请求也不属于可以另行起诉的情形，再审法院也不可告知另行起诉。因为，根据《最高人民法院关于确定民事侵权精神损害赔偿责任若干问题的解释》第六条的规定，当事人在侵权诉讼中没有提出赔偿精神损害的诉讼请求，诉讼终结后，又基于同一侵权事实另行起诉请求赔偿精神损害赔偿的，人民法院不予受理。

难度：中

考点：再审审理的审判程序；再审审理的特殊性（再审审理范围）

命题和解题思路：本题中命题人对再审案件的审判程序以及再审的审理范围予以考查。设问句已明确交代了考查内容，作为理由的法律规定明确，且两个考点已多次命题考查。对于再审案件的审判程序，应当明确**再审程序并不是独立的审级**，因此再审程序并无独立的审判程序，应当视原生效裁判的审级来适用相应的审判程序。本题的难点在于确定再审审理范围涉及实体法规范，需要结合《精神损害赔偿司法解释》对再审增加的诉讼请求作出准确处理。

答案解析：

《民事诉讼法》第207条第1款规定，人民法院按照审判监督程序再审的案件，发生法律效力的判决、裁定是由第一审法院作出的，按照第一审程序审理，所作的判决、裁定，当事人可以上诉；发生法律效力的判决、裁定是由第二审法院作出的，按照第二审程序审理，所作的判决、裁定，是发生法律效力的判决、裁定；上级人民法院按照审判监督程序提审的，按照第二审程序审理，所作的判决、裁定是发生法律效力的判决、裁定。根据本题第四问的分析，本案属于上级法院按照审判监督程序提审，应当适用第二审程序进行审理。

《最高人民法院关于适用〈中华人民共和国民事诉讼法〉的解释》第405条规定，人民法院审理再审案件应当围绕再审请求进行。当事人的再审请求超出原审诉讼请求的，不予审理；符合另案诉讼条件的，告知当事人可以另行起诉。据此，再审请求不得超出原审诉讼请求，而原审并未提出精神损害赔偿，因此再审法院对李某提出的精神损害赔偿请求，应当不予审理。又根据《最高人民法院关于确定民事侵权精神损害赔偿责任若干问题的解释》第6条规定，当事人在侵权诉讼中没有提出赔偿精神损害的诉讼请求，诉讼终结后又基于同一侵权事实另行起诉请求赔偿精神损害的，人民法院不予受理。据此，李某提出精神损害赔偿也不符合另案诉讼的条件，再审法院也不可告知李某另行起诉。

6. 根据律师执业规范，评价甲律师事务所及律师的执业行为，并简要说明理由。

答案：①可以适用风险代理，但风险代理收费按规定不得高于30%；②甲律所张律师担任李某申诉代理人，违反《律师执业行为规范》50条第（七）项规定；③李某增加诉讼请求不符合有关规定（理由如前），律师应指出未能指出，有违“以事实为根据、以法律为准绳”的执业原则及勤勉尽责的要求。

难度：难

考点：律师执业的基本原则；律师收费制度；律师与委托人或当事人的关系规范

命题和解题思路：2015年底印发的《关于完善国家统一法律职业资格制度的意见》提出，加大法律职业伦理的考查力度，使法律职业道德成为法律职业人员入职的重要条件。为落实文件精神，在卷四结合民事诉讼法试题对律师执业行为是否合规进行考查。这种“搭售”式的考查方式已是第二次使用，2008年卷四第5题也在民事诉讼法试题中附带对法官职业道德作出考查。本题的难度体现在考查范围广，需要考生依照复习的法律职业道德知识对律师的执业行为逐一作出判断。考查内容还包括风险代理的最高数额，涉及具体数字的考题对考生的记忆精确度要求极高。还要指出，律师收费制度考点在2018年法考大纲中已删除。

答案解析：

1.《律师服务收费管理办法》第11条规定，办理涉及财产关系的民事案件时，委托人被告知政府指导价后仍要求实行风险代理的，律师事务所可以实行风险代理收费，但下列情形除外：①婚姻、继承案件；②请求给予社会保险待遇或者最低生活保障待遇的；③请求给付赡养费、抚养费、扶养费、抚恤金、救济金、工伤赔偿的；④请求支付劳动报酬的等。本案是机动车交通事故责任纠纷，不在禁止适用风险代理的案件之列。《律师服务收费管理办法》第13条规定，实行风险代理收费，最高收费金额不得高于收费合同约定标的额的30%。李某与张律师商定实行风险代理收费，约定按协议标的额的35%收取律师费。本案可以实行风险代理收费，但收费数额超标。

2.《律师执业行为规范》第50条第（七）项规定，在委托关系终止后，同一律师事务所或同一律师不得在同一案件后续审理或者处理中又接受对方当事人委托。本案一审程序中被告王某委托N市甲律师事务所刘律师担任诉讼代理人，一审判决生效后，一审原告李某聘请N市甲律师事务所张律师代理本案的再审程序时，甲律师事务所张律师不得与李某建立委托关系。

3.“以事实为根据，以法律为准绳”是律师执业的基本原则之一，其内涵是律师在办理法律事务时，既要实事求是，忠于事实真相；又要严格依法办事，正确地理解和运用法律办理法律事务或者提出解决问题的意见。既然李某增加的诉讼请求不符合法律规定，律师应当如实告知。律师的行为违反了“以事实为根据、以法律为准绳”的律师执业原则。

2015年

一、试题（本题22分）

案情：

杨之元开设古玩店，因收购藏品等所需巨额周转资金，即以号称“镇店之宝”的一块雕有观音图像的翡翠（下称“翡翠观音”）作为抵押物，向胜洋小额贷款公司（简称“胜洋公司”）贷款200万元，但翡翠观音仍然置于杨之元店里。后因古玩店经营不佳，进入亏损状态，无力如期偿还贷款。胜洋公司遂向法院起诉杨之元。

法院经过审理，确认抵押贷款合同有效，杨之元确实无力还贷，遂判决翡翠观音归胜洋公司所有，以抵偿200万元贷款及利息。判决生效后，杨之元未在期限内履行该判决。胜洋公司遂向法院申请强制执行。

在执行过程中，案外人商玉良向法院提出执行异议，声称该翡翠观音属于自己，杨之元无权抵押。并称：当初杨之元开设古玩店，需要有“镇店之宝”装点门面，经杨之元再三请求，商玉良才将自己的翡翠观音借其使用半年（杨之元为此还支付了6万元的借用费），并约定杨之元不得处分该翡翠观音，如造成损失，商玉良有权索赔。

法院经审查，认为商玉良提出的执行异议所提出的事实没有充分的证据，遂裁定驳回商玉良的异议。

问题：

1. 执行异议被裁定驳回后，商玉良是否可以提出执行异议之诉？为什么？

2. 如商玉良认为作为法院执行根据的判决有错，可以采取哪两种途径保护自己的合法权益？

3. 与第2问“两种途径”相关的两种民事诉讼制度（或程序）在适用程序上有何特点？

4. 商玉良可否同时采用上述两种制度（或程序）维护自己的权益？为什么？

二、答案精讲

1. 执行异议被裁定驳回后，商玉良是否可以提出执行异议之诉？为什么？

答案：商玉良不可以提出执行异议之诉。因为，商玉良主张被抵押的翡翠观音属自己所有，即法院将翡翠观音用以抵偿杨之元的债务的判决是错误的，该执行异议与原判决有关，不能提起执行异议之诉。

难度：中

考点：执行程序中的一般性制度（案外人对执行标的的异议及案外人异议之诉、许可执行之诉）

命题和解题思路：命题人对案外人救济制度情有独钟，已连续两年在案例分析大题中予以考查。具体而言，本题旨在考查执行异议被驳回后，案外人在提起案外人异议之诉和申请再审之间如何进行选择。题目考点单一，法律依据明确，相关知识点已经多次考查。考生备考时认真研究历年真题，当可从容应对。本大题的四个小问题彼此牵连、环环相扣，本题是解答其他三问的基础。兹事体大，不可大意。

答案解析：

根据《民事诉讼法》第227条规定，执行过程中，案外人对执行标的提出书面异议的，人民法院应当自收到书面异议之日起15日内审查，理由成立的，裁定中止对该标的的执行；理由不成立的，裁定驳回。案外人、当事人对裁定不服，认为原判决、裁定错误的，依照审判监督程序办理；与原判决、裁定无关的，可以自裁定送达之日起15日内向人民法院提起诉讼。据此，案外人商玉良提出的执行异议被裁定驳回后，可以通过申请再审或者提起执行异议之诉进行救济。选择两种救济方式的依据在于执行标的是否与原判决、裁定有关。如果原裁判有错误，应通过再审程序处理；如果与原裁判无关，则应提起执行异议之诉。本案法院判决的内容是，翡翠观音归胜洋公司所有抵偿200万元贷款及利息，而案外人商玉良主张翡翠观音属于自己所有，这明显属于原判决错误。因此，案外人商玉良的执行异议被驳回后，应当申请再审，而不能提起执行异议之诉。

易混淆点解析：案外人异议之诉和案外人申请再审的主要区别在于，如果**原判决、裁定的给付内容与执行标的无关，应提起执行异议之诉**；如果**有错误的原判决、裁定的给付内容涉及执行标的，则应申请再审**。

2. 如商玉良认为作为法院执行根据的判决有错，可以采取哪两种途径保护自己的合法权益？

答案：商玉良可以根据《民事诉讼法》第56条第3款规定，提起第三人撤销之诉；或根据《民事诉讼法》第227条规定，以案外人身份申请再审。

难度：难

考点：第三人撤销之诉（概念）；申请再审的条件（申请再审的主体）

命题和解题思路：2012年《民事诉讼法》修正新增了第三人撤销之诉，使得民事诉讼制度并存四种对案外人权益的救济措施，分别是第三人撤销之诉、案外人异议、案外人异议之诉和案外人申请再审。考生除了在宏观上准确把握每一种救济制度的适用情形和适用条件，还应当识别各种救济措施的差异性。本题根据命题人设定的具体情形，考查允许案外人适用的救济措施。命题人足够耿直，明确告知考生可选用救济措施的数量，这大大减轻了考生负担。本题是在第一问基础上的延伸考查，如果考生能够准确得出第一问的答案，那么本题可轻松得分。因为案外人权益的四种救济方式，第一问已经排除了案外人异议和案外人异议之诉，那剩下的两种方式自然就是本题的答案。

答案解析：

《民事诉讼法》第56条第3款规定，有独立请求权第三人和无独立请求权第三人，因不能归责于本人的事由未参加诉讼，但有证据证明发生法律效力的判决、裁定、调解书的部分或者全部内容错误，损害其民事权益的，可以自知道或者应当知道其民事权益受到损害之日起6个月内，向作出该判决、裁定、调解书的人民法院提起诉讼。人民法院经审理，诉讼请求成立的，应当改变或者撤销原判决、裁定、调解书；诉讼请求不成立的，驳回诉讼请求。据此，设问句明确提出商玉良认为作为执行根据的生效判决有错误，商玉良应是有独立请求权第三人，判决确定的给付标的物翡翠观音属于商玉良所有，该判决损害了商玉良的民事权益。因此，商玉良有权向判决作出法院提起第三人撤销之诉。

至于选择案外人申请再审的理由，已在第一问中详细阐述，此处不再赘述。

3. 与第2问"两种途径"相关的两种民事诉讼制度（或程序）在适用程序上有何特点？

答案：1. 第三人撤销之诉在适用上的特点：①诉讼主体：有权提起第三人撤销之诉的须是当事人以外的第三人，该第三人应当具备诉的利益，即其民事权益受到了原案判决书的损害。商玉良是原告，杨之元和胜洋公司是被告。②诉讼客体：损害了第三人民事权益的发生法律效力的判决书。③提起诉讼的期限、条件与受理法院：期限是自知道或应当知道其民事权益受到损害之日起6个月内。条件为：因不能归责于本人的事由未参加诉讼；发生法律效力的判决的全部或者部分内容错误；判决书内容错误，损害其民事权益。受诉法院为作出生效判决的人民法院。

2. 案外人申请再审程序特点：①适用一审程序进行再审的，得追加案外人为当事人；适用二审程序进行再审的，可以进行调解，调解不成的，应撤销原判决，发回重审，并在重审中追加案外人为当事人。②其他程序内容与通常的再审程序基本相同。

难度：难

考点：第三人撤销之诉（第三人撤销之诉的程序设置）；申请再审的条件（申请再审的主体）

命题和解题思路：《最高人民法院关于适用〈中华人民共和国民事诉讼法〉的解释》对第三人撤销之诉和执行异议之诉的程序设置分别予以专章规定，这为本题的命制提供了新素材。本题主要考查考生对第三人撤销之诉和案外人申请再审程序特点的掌握程度。本题与第二问一脉相承，如果第二问出错，本题也必然会失分。因两种制度均存在明确的法律依据，因此本质上本题属于法条识记题，但考查内容记忆量大，对记忆精确度也要求很高，需要考生从主体、客体、期限、适用情形等方面详加阐述。

答案解析：

《最高人民法院关于适用〈中华人民共和国民事诉讼法〉的解释》第292条规定，第三人对已经发生法律效力的判决、裁定、调解书提起撤销之诉的，应当自知道或者应当知道其民事权益受到损害之日起6个月内，向作出生效判决、裁定、调解书的人民法院提出，并应当提供存在下列情形的证据材料：①因不能归责于本人的事由未参加诉讼；②发生法律效力的判决、裁定、调解书的全部或者部分内容错误；③发生法律效力的判决、裁定、调解书内容错误损害其民事权益。根据本条规定，第三人撤销之诉的程序特点一目了然。具体如下：①诉讼主体：有权提起第三人撤销之诉的须是当事人以外的第三人，包括有独立请求权第三人和无独立请求权第三人。又根据《最高人民法院关于适用〈中华人民共和国民事诉讼法〉的解释》第298条规定，第三人提起撤销之诉，人民法院应当将该第三人列为原告，生效判决、裁定、调解书的当事人列为被告，但生效判决、裁定、调解书中没有承担责任的无独立请求权的第三人列为第三人。因此，商玉良是原告，杨之元和胜洋公司是被告。②诉讼客体：损害了第三人民事权益的发生法律效力的判决、裁定、调解书。③提起诉讼的期限、条件与受理法院：期限是自知道或应当知道其民事权益受到损害之日起6个月内。条件为：因不能归责于本人的事由未参加诉讼；发生法律效力的判决的全部或者部分内容错误；判决书内容错误，损害其民事权益。受诉法院为作出生效判决的人民法院。受诉法院为作出生效判决的人民法院。④审理方式：法院应当组成合议庭开庭审理。

《最高人民法院关于适用〈中华人民共和国民事诉讼法〉的解释》第302条规定，第三人诉讼请求并入再审程序审理的，按照下列情形分别处理：①按照第一审程序审理的，人民法院应当对第三人的诉讼请求一并审理，所作的判决可以上诉；②按照第二审程序审理的，人民法院可以调解，调解达不成协议的，应当裁定撤销原判决、裁定、调解书，发回一审法院重审，重审时应当列明第三人。据此，适用一审程序进行再审的，得追加案外人为第三人；适用二审程序进行再审的，可以进行调解，调解不成的，应撤销原判决，发回重审，并在重审中追加案外人为第三人。题目考查的是程序特点，与当事人申请再审相通之处可不再列举。直接写明，其他程序内容与通常的再审程序基本相同。

4. 商玉良可否同时采用上述两种制度（或程序）维护自己的权益？为什么？

答案：商玉良不可以同时适用上述两种制度（或程序）。

根据《最高人民法院关于适用〈中华人民共和国民事诉讼法〉的解释》第303条，第三人提起撤销之诉后，未中止生效判决、裁定、调解书执行的，执行法院对第三人依照《民事诉讼法》第227条规定提出的执行异议，应予审查。第三人不服驳回执行异议裁定，申请对原判决、裁定、调解书再审的，人民法院不予受理。

案外人对人民法院驳回其执行异议裁定不服，认为原判决、裁定、调解书内容错误损害其合法权益的，应当根据《民事诉讼法》第227条规定申请再审，提起第三人撤销之诉的，人民法院不予受理。

难度：中

考点：第三人撤销之诉（第三人撤销之诉与案外人申请再审的关系）

命题和解题思路：《最高人民法院关于适用〈中华人民共和国民事诉讼法〉的解释》新增规定了第三人撤销之诉与案外人执行异议、案外人申请再审之间的适用关系，这是本题命制的法律依据，也体现了"逢新必考"命题规律。本题也是对第二问的延伸考查，考查第三人撤销之诉和案外人申请再审能否并用。考生熟悉《最高人民法院关于适用〈中华人民共和国民事诉讼法〉的解释》的明文规定，固然可以准确作答。本题还可从理论上作出判断，两种救济程序有其相似性，都是因生效裁判发生错误而引发，救济目的具有一致性。因此，不允许也没必要并用两种程序。本题提醒考生不但要知晓每一类案外人权利救济措施的适用条件，还要了解各项措施之间的彼此适用关系。

答案解析：

两种程序能否并用，可从适用顺序分别作出判断。如果商玉良首先提出第三人撤销之诉，根据《最高人民法院关于适用〈中华人民共和国民事诉讼法〉的解释》第303条第1款规定，第三人提起撤销之诉后，未中止生效判决、裁定、调解书执行的，执行法院对第三人依照民事诉讼法第227条规定提出的执行异议，应予审查。第三人不服驳回执行异议裁定，申请对原判决、裁定、调解书再审的，人民法院不予受理。据此，商玉良提出第三人撤销之诉后，不能再适用案外人申请再审制度。

如果商玉良首先利用案外人申请再审，不能再提起第三人撤销之诉。理由是《最高人民法院关于适用〈中华人民共和国民事诉讼法〉的解释》第303条第2款规定，案外人对人民法院驳回其执行异议裁定不服，认为原判决、裁定、调解书内容错误损害其合法权益的，应当根据《民事诉讼法》第227条规定申请再审，提起第三人撤销之诉的，人民法院不予受理。

易混淆点解析：第三人撤销之诉不一定会发生在执行程序中，而执行异议、执行异议之诉和案外人申请再审均发生与执行程序中。**案外人提起第三人撤销之诉后，可以提出案外人执行异议，但不能提出案外人申请再审。**

2014年

一、试题（本题20分）

案情：

扫一扫　看微课视频

赵文、赵武、赵军系亲兄弟，其父赵祖斌于2013年1月去世，除了留有一个元代青花瓷盘外，没有其他遗产。该青花瓷盘在赵军手中，赵文、赵武要求将该瓷盘变卖，变卖款由兄弟三人平均分配。赵军不同意。2013年3月，赵文、赵武到某省甲县法院（赵军居住地和该瓷盘所在地）起诉赵军，要求分割父亲赵祖斌的遗产。经甲县法院调解，赵文、赵武与赵军达成调解协议：赵祖斌留下的青花瓷盘归赵军所有，赵军分别向赵文、赵武支付人民币20万元。该款项分2期支付：2013年6月各支付5万元、2013年9月各支付15万元。

但至2013年10月，赵军未向赵文、赵武支付上述款项。赵文、赵武于2013年10月向甲县法院申请强制执行。经法院调查，赵军可供执行的款项有其在银行的存款10万元，可供执行的其他财产折价为8万元，另外赵军手中还有一把名家制作的紫砂壶，市场价值大约5万元。赵军声称其父亲留下的那个元代青花瓷盘被卖了，所得款项50万元做生意亏掉了。法院全力调查也未发现赵军还有其他的款项和财产。法院将赵军的上述款项冻结，扣押了赵军可供执行的财产和赵军手中的那把紫砂壶。

2013年11月，赵文、赵武与赵军拟达成执行和解协议：2013年12月30日之前，赵军将其在银行的存款10万元支付给赵文，将可供执行财产折价8万元与价值5万元的紫砂壶交付给赵武。赵军欠赵文、赵武的剩余债务予以免除。

此时，出现了以下情况：①赵军的朋友李有福向甲县法院报告，声称赵军手中的那把紫砂壶是自己借给赵军的，紫砂壶的所有权是自己的。②赵祖斌的朋友张益友向甲县法院声称，赵祖斌留下的那个元代青花瓷盘是他让赵祖斌保存的，所有权是自己的。自己是在一周之前（2013年11月1日）才知道赵祖斌已经去世以及赵文、赵武与赵军进行诉讼的事。③赵军的同事钱进军向甲县法院声称，赵军欠其5万元。同时，钱进军还向法院出示了公证机构制作的债权文书执行证书，该债权文书所记载的钱进军对赵军享有的债权是5万元，债权到期日是2013年9月30日。

问题：

1. 在不考虑李有福、张益友、钱进军提出的问题的情况下，如果赵文、赵武与赵军达成了执行和解协议，将产生什么法律后果？（考生可以就和解协议履行的情况作出假设）

2. 根据案情，李有福如果要对案中所提到的紫砂壶主张权利，在民事诉讼制度的框架下，其可以采取什么方式？采取相关方式时，应当符合什么条件？（考生可以就李有福采取的方式可能出现的后果作出假设）

3. 根据案情，张益友如果要对那个元代青花瓷盘所涉及的权益主张权利，在民事诉讼制度的框架下，其可以采取什么方式？采取该方式时，应当符合什么条件？

4. 根据案情，钱进军如果要对赵军主张5万元债权，在民事诉讼制度的框架下，其可以采取什么方式？为什么？

二、答案精讲

1. 在不考虑李有福、张益友、钱进军提出的问题的情况下，如果赵文、赵武与赵军达成了执行和解协议，将产生什么法律后果？（考生可以就和解协议履行的情况作出假设）

答案：如果赵文、赵武与赵军达成了执行和解协议，将产生的法律后果是：①和解协议达成后，请求中止执行的，人民法院可以裁定执行程序中止；②和解协议达成后，请求撤回执行申请的，人民法院可以裁定终结执行程序；③如果在执行和解履行期内赵军履行了和解协议，法院作执行结案处理；④如果在执行期届满后，赵军没有履行执行和解协议，赵文、赵武可以申请恢复执行，执行将以调解书作为根据，如果赵军履行了部分执行和解协议，执行时应当对该部分予以扣除；赵文、赵武也可以就执行和解协议向执行法院提起诉讼。

难度：中

考点：执行程序中的一般性制度（执行和解）

命题及解题思路：命题人通过本题对执行和解的法律后果进行全面考查，试题考点单一，指向明确，但对考生的记忆精确度要求高。考生应重点围绕达成执行和解协议后对执行程序的影响、执行和解协议的执行情况分别展开论述。任何制度都不是孤立存在的，考生应特别留意执行和解与执行中止、执行终结以及恢复执行的适用关系。考生不要忽略括号里的答题提示信息，本题应根据执行和解协议履行情况分点作答。但考生又不要受到提示信息的干扰和迷惑，如果仅回答履行和不履行两种情形，又会因遗漏答题要点而失分。《最高人民法院关于适用〈中华人民共和国民事诉讼法〉的解释》新增规定了执行和解后当事人对执行程序的选择，《关于执行和解若干问题的规定》明确申请执行人可以就执行和解协议提起诉讼，导致原来的参考答案发生变化。

答案解析：

有关执行和解的法律后果，《最高人民法院关于适用〈中华人民共和国民事诉讼法〉的解释》第466条规定，申请执行人与被执行人达成和解协议后请求中止执行或者撤回执行申请的，人民法院可以裁定中止执行或者终结执行。《最高人民法院关于适用〈中华人民共和国民事诉讼法〉的解释》第467条规定，一方当事人不履行或者不完全履行在执行中双方自愿达成的和解协议，对方当事人申请执行原生效法律文书的，人民法院应当恢复执行，但和解协议已履行的部分应当扣除。和解协议已经履行完毕的，人民法院不予恢复执行。《关于执行和解若干问题的规定》第9条规定，被执行人一方不履行执行和解协议的，申请执行人可以申请恢复执行原生效法律文书，也可以就履行执行和解协议向执行法院提起诉讼。据此，考生可以将执行和解的法律后果分为请求中止执行、请求撤回执行申请、不履行或不完全履行和解协议、履行和解协议四类情形分别依据法律规定作答。双方达成执行和解协议，发生执行中止的效力；执行和解履行完毕，发生执行终结的效力；未履行或未完全履行执行和解协议，可能发生恢复执行的效果。

易混淆点解析： **执行和解协议不是执行根据**。当事人不履行或者不完全履行执行和解协议，当事人仍要依原来的执行根据申请强制执行。**和解协议已履行部分有效，执行时应当扣除**。

2. 根据案情，李有福如果要对案中所提到的紫砂壶主张权利，在民事诉讼制度的框架下，其可以采取什么方式？采取相关方式时，应当符合什么条件？（考生可以就李有福采取的方式可能出现的后果作出假设）

答案： 李有福如果要对案中所提到的紫砂壶主张权利，在赵文、赵武与赵军的案件已经进入了执行阶段的情况下，在民事诉讼制度的框架下，其可以采取的方式是：第一，提出对执行标的的异议。提出异议应当以书面的形式向甲县法院提出。第二，如果法院裁定驳回了李有福的执行标的异议，李有福可以提出案外人异议之诉。提出案外人异议之诉应当符合的条件是：①起诉的时间应当在收到执行法院对执行标的异议作出驳回裁定后15日内；②管辖法院为执行法院，即甲县法院；③李有福作为原告，赵文、赵武作为被告，如果赵军反对李有福的主张，赵军也作为共同被告。

难度： 难

考点： 执行程序中的一般性制度（案外人对执行标的的异议及案外人异议之

诉、许可执行之诉）

命题及解题思路：命题人旨在通过本题全面考查各类案外人救济措施的适用关系。解答本题不但要求理解准，还要记忆牢，这对考生的理解能力和记忆能力都提出较高要求，难度颇高。2012年《民事诉讼法》修正新增第三人撤销之诉后，使得民事诉讼制度并存第三人撤销之诉、案外人异议、案外人异议之诉以及案外人申请再审等四种对案外人权益的救济措施。考生应当准确把握每一类救济制度的适用情形和适用条件，理顺各种救济措施的适用关系。能够根据命题人设定的具体案情，判断可适用的救济措施。考生解答本题应重点分析三个问题：第一，李有福能否提起第三人撤销之诉；第二，李有福能否提起执行异议；第三，执行异议被驳回后，应当提起案外人异议之诉还是申请再审。考生不要忽略括号内的答题提示信息，否则可能只回答执行异议，遗漏案外人异议之诉。

答案解析：

根据《民事诉讼法》第56条第3款的规定，第三人撤销之诉的适用情形是生效的判决、裁定、调解书内容错误，损害未参加诉讼的案外第三人的民事权益。本题考查李有福对紫砂壶主张权利的救济措施，本案中法院的调解协议并未涉及李有福的紫砂壶问题，因此并不属于生效判决、裁定、调解书内容错误损害案外人权益的情形，因此李有福不能提起第三人撤销之诉。

根据《民事诉讼法》第227条规定，执行异议的适用情形是案外人主张对执行标的享有足以排除强制执行的权益。本案中法院已经扣押了被执行人赵军手中的紫砂壶，紫砂壶已成为本案的执行标的物，此时案外人李有福对紫砂壶主张所有权，这足以排除法院对该紫砂壶的强制执行。因此李有福可以书面提出执行异议。

《民事诉讼法》第227条规定，执行过程中，案外人对执行标的提出书面异议的，人民法院应当自收到书面异议之日起15日内审查，理由成立的，裁定中止对该标的的执行；理由不成立的，裁定驳回。案外人、当事人对裁定不服，认为原判决、裁定错误的，依照审判监督程序办理；与原判决、裁定无关的，可以自裁定送达之日起15日内向人民法院提起诉讼。据此，如果李有福的异议被法院驳回，其应当提起案外人异议之诉还是申请再审。两者的主要区别在于，执行标的是否与原判决、裁定有关。原判决、裁定的给付内容与执行标的无关，应提起执行异议之诉；有错误的原判决、裁定的给付内容涉及执行标的，则应申请再审。本案法院作出的调解协议根本与作为执行标的物的紫砂壶无关，因此，李有福应当提起案外人异议之诉。至于案外人异议之诉的适用条件，根据《最高人民法院关于适用〈中华人民共和国民事诉讼法〉的解释》的规定不难得出答案，考生可以从起诉时限、管辖法院、当事人确定等作答。具体条件如下：①起诉的时间应当在收到执行法院对执行标的异议作出驳回裁定后15日内；②管辖法院为执行法院，即甲县法院；③李有福作为原告，赵文、赵武作为被告，如果赵军反对李有福的主张，赵军也作为共同被告；④李有福有明确的排除对执行标的执行的诉讼请求，且诉讼请求与原判决、裁定无关。

易混淆点解析：第三人撤销之诉强调生效判决、裁定、调解书内容错误损害案外人权益；执行异议则强调案外人对执行标的享有合法权益，可以排除对执行标的强制执行。两者的适用关系是提起第三人撤销之诉后，为中止执行可以提出执行异议，执行异议被驳回后，不可申请再审；如果案外人提出执行异议，被驳回后只能申请再审，不能提出第三人撤销之诉。

3. 根据案情，张益友如果要对那个元代青花瓷盘所涉及的权益主张权利，在民事诉讼制度的框架下，其可以采取什么方式？采取该方式时，应当符合什么条件？

答案：张益友如果要对那个元代青花瓷盘所涉及的权益主张权利，在赵文、赵武与赵军的案件已经进入了执行阶段的情况下，在民事诉讼制度的框架下，其可以提出第三人撤销之诉；张益友提出第三人撤销之诉应当符合的条件是：①张益友作为原告，赵文、赵武、赵军作为被告；②向作出调解书的法院即甲县法院提出诉讼；③应当在2013年11月1日之后的6个月内提出。

难度：难

考点：第三人撤销之诉（第三人撤销之诉的程序设置）

命题和解题思路：本题是对第二问的延伸性考查，命题人依然意在测试考生对案外人权利救济体系的掌握程度。对相关知识点连续命制两题展现了命题人的仁慈，因为这可在客观上对考生起到提醒作用，变相降低了题目的迷惑性。从常理分析，命题人既然连续命制两道考题，那两者一定有所差异，绝不可能答案一致。沿此思路，考生应着重分析张益友的主张和李有福的主张存在何种差别，再结合第二问的分析思路，不难得出正确答案。

答案解析：

本题应从张益友主张和李有福主张的不同点入手展开分析。两者的区别在于，法院主持达成的调解协议中明确了青花瓷盘的归属，而并未涉及紫砂壶的归属。因此，李有福的权利主张与生效调解书无关，而张益友的诉讼则恰恰是因为生效调解书内容错误而引发。根据《民事诉讼法》第56条第3款规定，有独立请求权第三人和无独立请求权第三人，因不能归责于本人的事由未参加诉讼，但有证据证明发生法律效力的判决、裁定、调解书的部分或者全部内容错误，损害其民事权益的，可以自知道或者应当知道其民事权益受到损害之日起6个月内，向作出该判决、裁定、调解书的人民法院提起诉讼。据此，有独立请求权第三人张益友非因其本人事由未参加诉讼，内容错误的生效调解书损害了张益友的民事权益，张益友可以提起第三人撤销之诉对其民事权益进行救济。

根据《最高人民法院关于适用〈中华人民共和国民事诉讼法〉的解释》第303条的规定，第三人撤销之诉启动后，还可以提起执行异议。为避免答案遗漏，考生还应继续分析本案能否适用执行异议制度。根据材料表述，青花瓷盘已经被赵军出售，其已不属于法院执行标的。换言之，张益友对本案的执行标的并不享有排除执行的权利主张。因此，张益友不能提出执行异议。既然前置程序不能启动，即便案外人张益友认为原调解协议存在错误，也不能申请再审。

4. 根据案情，钱进军如果要对赵军主张5万元债权，在民事诉讼制度的框架下，其可以采取什么方式？为什么？

答案：钱进军如果要对其对赵军所享有的那5万元债权主张权利，在赵文、赵武与赵军的案件已经进入了执行阶段的情况下，在民事诉讼制度的框架下，其可以申请参与分配。

因为其条件符合申请参与分配的条件。按照民事诉讼法的规定，参与分配的条件包括：第一，被执行人的财产无法清偿所有债权。本案中赵军的财产不足以清偿其所有的债务。第二，被执行人为自然人或其他组织，而非法人。本案中赵军为自然人。第三，有多个申请人对同一被申请人享有债权。本案中有三个申请人对赵军享有债权。第四，申请人必须取得生效的执行根据。本案中钱进军有经过公证的债权文书作为执行根据。第五，参与分配的债权只限于金钱债权。本案中钱进军对赵军享有的就是金钱债权。第六，参与分配必须发生在执行程序开始后，被执行人的财产清偿完毕之前。本案情形与此相符。

难度：中

考点：执行程序中的一般性制度（执行根据、参与分配）

命题和解题思路：命题人通过开放式设问方式，对参与分配及其适用条件进行考查。为增加难度，还附带对执行根据予以考查。钱进军的执行根据不是生效判决，而是公证债权文书执行证书。本题较之于前两道考题更为灵活，根本没有明确考查范围，需要考生自行判断。本题的难点在于确定考点，这需要考生根据给定材料首先判断钱进军主张的法律性质，再比照适用条件，逐一对执行的相关制度予以筛选。案例分析题与选择题不同，对于选择题，命题人基本会明示考点，考生结合相关法律规定对选项表述逐一作出判断，偶尔还可运用技巧解题。而案例分析题往往会反其道而行之，直接给出特定情形，让考生自行判断考点，而且往往考点又不止一个，运用技巧解题更是无从谈起。对学科知识缺乏体系性掌握的考生，遇到此类题型可能一头雾水，这也是案例分析题的容易失分的重要原因。对于此类试题，建议考生首先框定考查范围，然后结合该范围内的具体制度，不厌其烦地逐一排除后作答。当然，如果考生深谙民事诉讼制度，一眼即可知晓考点，则另当别论。

答案解析：

根据材料表述，解答本题的关键信息有两个。其一，根据被执行人赵军的偿还能力，无法清偿包括钱进军在内的全部债权。其二，钱进军主张的是其对被执行人赵军享有到期债权，并且通过公证机构已经获得了有效的执行根据。考生如果从材料表述中获得这两个解题有效信息，那就很容易判断应当通过参与分配制度对钱进军予以救济。至于理由，完全可以从参与分配制度的适用条件逐一说明。根据《最高人民法院关于适用〈中华人民共和国民事诉讼法〉的解释》第508条规定，被执行人为公民或者其他组织，在执行程序开始后，被执行人的其他已经取得执行依据的债权人发现被执行人的财产不能清偿所有债权的，可以向人民法院申请参与分配。理由是本案完全符合参与分配的适用条件。具体如下：①被执行人的财产无法清偿所有债权，本案中赵军的财产不足以清偿其所有的债务。②被执行人为自然人或其他组织，不包括法人。案件中被执行人赵军为自然人。③有多个申请人对同一被申请人享有债权，本案中赵文、赵武和钱进军三个申请人均对赵军享有债权。④申请人必须取得生效的执行根据。本案中钱进军虽然没有裁判文书，但经过公证的债权文书同样是执行根据。⑤参与分配的债权只限于金钱债权，本案中钱进军对赵军享有的是5万元的金钱债权。⑥参与分配必须发生在执行程序开始后，被执行人的财产清偿完毕之前。根据表述，本案执行程序已经启动，但尚未执行完毕。

易混淆点解析：**参与分配的适用应当由申请执行人向法院提出申请**，法院不能依职权适用参与分配制度。**主持参与分配的法院应当是对债务人首先采取查封、扣押或冻结措施的法院**。

2013 年

一、试题（本题25分）

案情：

孙某与钱某合伙经营一家五金店，后因经营理念不合，

扫一扫　看微课视频

孙某唆使赵龙、赵虎兄弟寻衅将钱某打伤，钱某花费医疗费2万元，营养费3000元，交通费2000元。钱某委托李律师向甲县法院起诉赵家兄弟，要求其赔偿经济损失2.5万元，精神损失5000元，并提供了医院诊断书、处方、出租车票、发票、目击者周某的书面证言等证据。甲县法院适用简易程序审理本案。二被告没有提供证据，庭审中承认将钱某打伤，但对赔偿金额提出异议。甲县法院最终支持了钱某的所有主张。

二被告不服，向乙市中院提起上诉，并向该法院承认，二人是受孙某唆使。钱某要求追加孙某为共同被告，赔偿损失，并要求退伙析产。乙市中院经过审查，认定孙某是必须参加诉讼的当事人，遂通知孙某参加调解。后各方达成调解协议，钱某放弃精神损害赔偿，孙某即时向钱某支付赔偿金1.5万元，赵家兄弟在7日内向钱某支付赔偿金1万元，孙某和钱某同意继续合伙经营。乙市中院制作调解书送达各方后结案。

问题：

1. 请结合本案，简要概括钱某的起诉状或法院的一审判决书的结构和内容(起诉状或一审判决书择一作答；二者均答时，评判排列在先者)。

2. 如果乙市中院调解无效，应当如何处理？

3. 如果甲县法院重审本案，应当在程序上注意哪些特殊事项？

4. 近年来，随着社会转型的深入，社会管理领域面临许多挑战，通过人民调解、行政调解、司法调解和民事诉讼等多种渠道化解社会矛盾纠纷成为社会治理的必然选择；同时，司法改革以满足人民群众的司法需求为根本出发点，让有理有据的人打得赢官司，让公平正义通过司法渠道得到彰显。请结合本案和社会发展情况，试述调解和审判在转型时期的关系。

答题要求：

1. 根据法律、司法解释规定及民事诉讼法理知识作答；

2. 观点明确，逻辑清晰，说理充分，文字通畅；

3. 请按提问顺序逐一作答，总字数不得少于600字。

二、答案精讲

1. 请结合本案，简要概括钱某的起诉状或法院的一审判决书的结构和内容(起诉状或一审判决书择一作答；二者均答时，评判排列在先者)。

答案：（1）民事起诉状的结构与内容

第一，当事人的基本情况。写明原告钱某和被告赵龙、赵虎的姓名、住所和联系方式等身份信息。委托代理人李律师的姓名、工作单位等。

第二，诉讼请求。分项载明原告钱某要求损害赔偿（包括物质损失和精神损失）的具体金额。

第三，事实和理由。事实部分应概括二被告殴打钱某的案件事实，以及受损害的事实；理由部分应当列明诉请的法律依据。

第四，证据和证据来源。列举医院诊断书、处方、出租车票、发票、目击者周某的书面证言等证据。

第五，受诉法院的名称、起诉的时间、起诉人的签名。

（2）一审民事判决书的结构与内容

第一，诉讼基本情况。载明本案当事人、案由和审理经过等基本情况。

第二，诉讼请求和抗辩主张。载明原告钱某的诉讼请求和被告赵龙、赵虎的抗辩理由以及依据的事实和理由。

第三，判决认定的事实、理由和适用的法律依据。法院对原被告双方争议的事实问题和法律问题予以认定，并说明事实认定的依据和法律适用的理由。

第四，判决结果和诉讼费用的负担。应当具体写明两被告给付原告钱某的损害赔偿数额，并判令由被告承担诉讼费用。

第五，上诉期间和上诉法院。应告知不服一审判决的当事人，在15日内提起上诉。

第六，案件审判人员和书记员署名，加盖法院印章。

难度：中

考点：起诉（起诉状的内容）；判决书（判决书的内容）

命题和解题思路：根据给定材料撰写法律文书，是法律人应当掌握的基本实践技能。本题考查民事起诉状或者一审民事判决书的基本结构，考查内容具有明确的法律依据，属于法条识记题，难度不高。考生答题时应注意审题，只需写出民事起诉状或者一审民事判决书的结构和内容即可，不必写出一篇完整的法律文书。且两种文书，择一写作即可，落笔前先做好选择，避免中途更换浪费时间。列明文书结构和内容时，应当结合案情予以具体化，不能直接照搬法条。考生如果对两种文书都很熟悉，**从性价比来看，选择起诉状明显是更为明智之举**。

答案解析：

对于民事起诉状的主要结构和内容，《民事诉讼法》第121条规定，起诉状应当记明下列事项：①原告的姓名、性别、年龄、民族、职业、工作单位、住所、联系方式，法人或者其他组织的名称、住所和法定代表人或者主要负责人的姓名、职务、联系方式；②被告的姓名、性别、工作单位、住所等信息，法人或者其他组织的名称、住所等信息；③诉讼请求和所根据的事实与理由；④证据和证据来源，证人姓名和住所。考生依据本条规定，结合案件材料逐一予以落实即可。

对于一审民事判决书的主要结构和内容，《民事诉讼法》第152条规定，判决书应当写明判决结果和作出该判决的理由。判决书内容包括：①案由、诉讼请求、争议的事实和理由；②判决认定的事实和理由、适用的法律和理由；③判决结果和诉讼费用的负担；④上诉期间和上诉的法院。判决书由审判人员、书记员署名，加盖人民法院印章。考生可以依据本条规定，结合案件材料进行详细阐述。

2. 如果乙市中院调解无效，应当如何处理？

答案： 对于钱某要求追加孙某为共同被告，赔偿损失的请求，应当裁定撤销原判，发回重审。对于钱某退伙析产的请求，应当告知其另行起诉；双方当事人同意，法院可以一并裁判。

难度： 中

考点： 上诉案件的调解

命题和解题思路： 命题人主要考查二审中不能直接裁判，可以通过调解解决纠纷的适用情形。该考点在选择题中已考查多次，考生只要准确判断命题人的考查意图，不难获得分数。“钱某要求追加孙某为共同被告，赔偿损失，并要求退伙析产”是解题的关键信息，钱某在二审中的诉讼请求实际上包含两个内容：①请求一审遗漏的必要共同诉讼人承担责任；②增加退伙析产的诉讼请求。考生判断考点后，结合《最高人民法院关于适用〈中华人民共和国民事诉讼法〉的解释》第327、第328条的规定，很容易得出正确答案。需要指出，《最高人民法院关于适用〈中华人民共和国民事诉讼法〉的解释》对二审增加诉讼请求有新的规定，导致原来的参考答案发生变化。

答案解析：

分析钱某在二审中提出的请求，“要求追加孙某为共同被告，赔偿损失”，意在请求一审遗漏的必要共同诉讼人承担责任。根据《最高人民法院关于适用〈中华人民共和国民事诉讼法〉的解释》第327条规定，必须参加诉讼的当事人或者有独立请求权的第三人，在第一审程序中未参加诉讼，第二审人民法院可以根据当事人自愿的原则予以调解；调解不成的，发回重审。因此，对于钱某要求追加孙某为共同被告，赔偿损失的请求，调解不成时，应当裁定撤销原判，发回重审。“要求退伙析产”，则属于二审增加诉讼请求。根据《最高人民法院关于适用〈中华人民共和国民事诉讼法〉的解释》第328条规定，在第二审程序中，原审原告增加独立的诉讼请求或者原审被告提出反诉的，第二审人民法院可以根据当事人自愿的原则就新增加的诉讼请求或者反诉进行调解；调解不成的，告知当事人另行起诉。双方当事人同意由第二审人民法院一并审理的，第二审人民法院可以一并裁判。因此，对于钱某退伙析产的请求，调解不成时，法院应当告知其另行起诉；双方当事人同意，法院也可以一并裁判。

3. 如果甲县法院重审本案，应当在程序上注意哪些特殊事项？

答案：甲县法院重审案件时，应当注意以下几点特殊事项：①案件发回重审后，甲县法院不得适用简易程序，应适用普通程序审理此案；②甲县法院应当另行组成合议庭，原法庭成员不得参加新合议庭；③应当追加孙某作为共同被告参加诉讼，并为其指定相应的举证期限；④本案发回重审后，当事人提出管辖异议，人民法院不予审查。

难度：中

考点：简易程序的适用范围（适用简易程序的案件）；上诉案件的裁判（对第一审判决提起上诉的案件的裁判）

命题和解题思路：本题表面上考查的是发回重审时的程序特殊性，由于发回重审并非独立的程序，仅是一种二审法院对待一审裁判的处理方式，因此本题实质上是对简易程序适用条件、管辖、审判组织、举证期限、当事人追加等一系列有关发回重审特殊规定的综合性考查。题目具有开放性，考查范围广，涉及内容多，难度颇高。如果时间允许，建议考生答题时，按照《民事诉讼法》的体例结构，从前到后进行拉网式排查，避免遗漏答案。此类考题提醒考生在备考时，对有关联性的相关规定，应做好归纳总结。

答案解析：

《最高人民法院关于适用〈中华人民共和国民事诉讼法〉的解释》第257条规定，下列案件不适用简易程序：①起诉时被告下落不明的；②发回重审的；③当事人一方人数众多的；④适用审判监督程序的；⑤涉及国家利益、社会公共利益的；⑥第三人起诉请求改变或者撤销生效判决、裁定、调解书的；⑦其他不宜适用简易程序的案件。据此，虽然甲县法院审理本案时适用的是简易程序，但是二审法院将本案发回重审时，甲县法院不能再适用简易程序，应适用普通程序审理。

《民事诉讼法》第40条第2款规定，发回重审的案件，原审人民法院应当按照第一审程序另行组成合议庭。由此，甲县法院重审本案时应当另行组成合议庭，即原来一审时法庭成员不得参加新组成的合议庭。

案件发回重审适用的是一审程序，唆使赵龙、赵虎殴打钱某的孙某，也应是本案的共同被告。《民事诉讼法》第132条规定，必须共同进行诉讼的当事人没有参加诉讼的，人民法院应当通知其参加诉讼。据此，甲县法院在重审本案时，应当追加孙某作为共同被告参加诉讼。

根据最高人民法院《关于适用〈关于民事诉讼证据的若干规定〉中有关举证时限规定的通知》第5条规定，人民法院在追加当事人或者有独立请求权的第三人参加诉讼的情况下，应当依照《最高人民法院关于民事诉讼证据的若干规定》第33条第3款的规定，为新参加诉讼的当事人指定举证期限。据此，法院追加共同被告孙某后，应为孙某指定举证期限。

《最高人民法院关于适用〈中华人民共和国民事诉讼法〉的解释》第39条第2款规定，人民法院发回重审或者按第一审程序再审的案件，当事人提出管辖异议的，人民法院不予审查。根据管辖恒定原则，发回重审时，当事人不得再提出管辖权异议。

4. 近年来，随着社会转型的深入，社会管理领域面临许多挑战，通过人民调解、行政调解、司法调解和民事诉讼等多种渠道化解社会矛盾纠纷成为社会治理的必然选择；同时，司法改革以满足人民群众的司法需求为根本出发点，让有理有据的人打得赢官司，让公平正义通过司法渠道得到彰显。请结合本案和社会发展情况，试述调解和审判在转型时期的关系。

答案：调解和审判均为纠纷解决方式。调解主体多元，程序简单，但除了法院调解外，其他调解的法律效力弱。审判的权威性最强，但程序复杂，处理周期长，成本相对较高。题干案例可以清晰反映出调解和审判的关系。本案如果调解未成，应当依法将案件发回重审或者告知另行起诉，这无疑会拖延案件处理周期，造成司法资源的耗费，增加当事人诉讼负担。乙市中院调解结案，迅速化解该纠纷，避免矛盾的激化，并且维系了孙某和钱某的合伙关系，这无疑实现了法律效果和社会效果的良性互动。当然，调解也并非十全十美，调解达成是以钱某自愿放弃自己的精神损害赔偿请求为代价，实际上其法定的权利并未全部实现。

我国处于社会转型期，各类社会矛盾频发。仅依靠诉讼渠道解决民事纠纷，显然会捉襟见肘。这从我国法院逐年递增的案件受理量，法院日渐增大的办案压力即可见端倪，且矛盾种类多样，并非都适合于诉讼解决。我国亟待建立起符合我国转型期矛盾特点的多元纠纷解决机制，调解和诉讼无疑会在其中扮演重要角色。我国2012年修正《民事诉讼法》，进一步强化司法外调解与法院的对接机制，也为调解机能的有效发挥提供了制度保障。主要表现为：①增加先行调解制度。在司法实践中，法院往往委托人民调解委员会组织先行调解，这无疑增强了人民调解的作用。②在特别程序中增设确认调解协议程序。针对人民调解法律效力弱的特点，通过司法确认赋予强制执行力，强化人民调解制度的功能实现。同时，通过司法改革推行立案登记制，在《民事诉讼法》中设立小额诉讼程序等举措，不断拓宽当事人利用诉讼方式解决民事纠纷的渠道。

总之，调解和审判两者各具特点，不可偏废。应当互相补位，相互配合，共同致力于纠纷的公正、高效解决。

难度： 难

考点： 民事纠纷的解决方式（内容）

命题和解题思路： 如何构建调解与诉讼的关系，历来是民事诉讼领域的焦点问题。2012 年《民事诉讼法》修正，增设新的调解制度，这为本题的命制提供了论证素材。命题人以论述题形式，对纠纷解决机制中审判与调解的关系予以考查。论述题的考查内容一般既涉及法律规定，还包括法学理论。解答此类考题需要具备观点归纳、文字表达、分析论证等各方面能力，难度颇大。本题为开放性试题，并无标准答案。考生应仔细审阅题目，“结合本案和社会发展情况”“根据法律、司法解释规定及民事诉讼法理知识作答”“试述调解和审判在转型时期的关系”是答题的关键信息，这些关键词框定了答题范围。考生应以调解和审判的关系为主线，以案件材料、社会现实、法律规定和民事诉讼法理作为答题素材展开论证，才能避免跑题失分。

在历年考试中，民事诉讼法在卷四中以论述题形式仅考查 2 次。巧合的是两道题都涉及纠纷解决方式。2004 年卷四第 7 题，命题人编制案件让考生回答可利用的纠纷解决方式，并作出优劣选择；本题则具体考查审判与调解的关系。

答案解析：

题目考查的是调解与审判的关系，考生切忌泛泛而谈、空洞无物。首先，应当结合本案材料和社会变革期的特点深入探讨调解与审判的关系。在本案中法院调解结案，不但迅速解决了双方的纠纷，而且维系了孙某和钱某的合伙关系，有效避免矛盾的激化。这些无疑彰显了调解的制度优势，但凡事皆有两面，钱某的诉讼请求通过诉讼可能都会获得支持，但在调解过程中，其放弃了精神损害赔偿金的请求，法定的权利打了折扣。本案如果通过诉讼解决，应当将案件发回重审或者告知另行起诉，这可能会造成司法资源的耗费，为当事人造成额外的讼累。我国转型期的社会现实，社会矛盾日益显现。面对日益复杂的社会矛盾，导致大量纠纷涌入法院系统，案件数量呈现逐年递增趋势，法院审判压力大。亟须建构多元纠纷解决机制，多渠道化解社会纠纷。调解和审判都属于民事纠纷解决机制，它们与仲裁、和解等一起构建了中国的多元纠纷解决机制。

其次，考生应当梳理与调解有关的法律规定和民事诉讼法理作为论据，特别应当兼顾《民事诉讼法》修正有关调解的内容。本次修法增加先行调解制度，强化调解功能的发挥；在特别程序中增设确认调解协议程序，针对人民调解法律效力弱的特点，通过司法确认赋予强制执行力，强化人民调解制度的功能实现。还应当运用纠纷解决理论，从调解和诉讼的特点出发，探讨在多元纠纷解决机制中如何实现调解与诉讼功能的发挥。

在分析上述信息的基础上，考生可以任选一个角度，对社会转型时期调解和审判的关系展开论述。尤其需要注意，应立足于审判和调解的关系展开论述，不能顾此失彼，片面强调某一种机制。同时，应鲜明提出自己的观点，并将上述信息作为论据，做到言之有据。

2012 年

一、试题（本题 20 分）

案情：

居住在甲市A区的王某驾车以60公里时速在甲市B区行驶，突遇居住在甲市C区的刘某骑自行车横穿马路，王某紧急刹车，刘某在车前倒地受伤。刘某被送往甲市B区医院治疗，疗效一般，留有一定后遗症。之后，双方就王某开车是否撞倒刘某，以及相关赔偿事宜发生争执，无法达成协议。

刘某诉至法院，主张自己被王某开车撞伤，要求赔偿。刘某提交的证据包括：甲市B区交警大队的交通事故处理认定书（该认定书没有对刘某倒地受伤是否为王某开车所致作出认定）、医院的诊断书（复印件）、处方（复印件）、药费和住院费的发票等。王某提交了自己在事故现场用数码摄像机拍摄的车与刘某倒地后状态的视频资料。图像显示，刘某倒地位置与王某车距离1米左右。王某以该证据证明其车没有撞倒刘某。

一审中，双方争执焦点为：刘某倒地受伤是否为王某驾车撞倒所致；刘某所留后遗症是否因医疗措施不当所致。

法院审理后，无法确定王某的车是否撞倒刘某。一审法院认为，王某的车是否撞倒刘某无法确定，但即使王某的车没有撞倒刘某，由于王某车型较大、车速较快、刹车突然、刹车声音刺耳等原因，足以使刘某受到惊吓而从自行车上摔倒受伤。因此，王某应当对刘某受伤承担相应责任。同时，刘某因违反交通规则，对其受伤也应当承担相应责任。据此，法院判决：王某对刘某的经济损失承担50%的赔偿责任。关于刘某受伤后留下后遗症问题，一审法院没有作出说明。

王某不服一审判决，提起上诉。二审法院审理后认为，综合各种证据，认定王某的车撞倒刘某，致其受伤。同时，二审法院认为，一审法院关于双方当事人就事故的经济责任分担符合法律原则和规定。故此，二审法院驳回王某上诉，维持原判。

问题：

1. 对刘某提起的损害赔偿诉讼，哪些（个）法院有管辖权？为什么？

2. 本案所列当事人提供的证据，属于法律规定中的哪种证据？属于理论上的哪类证据？

3. 根据民事诉讼法学（包括证据法学）相关原理，一审法院判决是否存在问题？为什么？

4. 根据《民事诉讼法》有关规定，二审法院判决是否存在问题？为什么？

二、答案精讲

1. 对刘某提起的损害赔偿诉讼，哪些（个）法院有管辖权？为什么？

答案：对本案享有管辖权的有甲市A区法院和甲市B区法院。本案属于侵权纠纷，侵权行为地与被告住所地法院享有管辖权；本案的侵权行为发生在甲市B区，被告王某居住在甲市A区。

难度：易

考点：特殊地域管辖（民事诉讼法中规定的各类特殊地域管辖的适用）

命题及解题思路：以实践中典型案例为素材是常用的命题方式。本题取材于轰动一时的**天津“许云鹤案”**，以机动车交通事故侵权为主线，对管辖、证据、一审和二审程序规则进行综合考查。本小题考查特殊地域管辖中侵权纠纷的管辖法院，解题依据仅涉及一个法律条文，难度颇低。管辖类试题大多较为简单，主要考查考生的识记能力和法条简单运用能力。考生解答此类试题，需要首先明确案件的具体类型，这是解题的关键步骤。在此基础上，再根据《民事诉讼法》及司法解释有关管辖的规定具体确定管辖法院。主观题往往需要阐述理由，考生应主要围绕相关法律规定进行阐释。

答案解析：

本案中刘某主张被王某开车撞伤要求赔偿，从性质上判断属于侵权纠纷。根据《民事诉讼法》第28条规定，因侵权行为提起的诉讼，由侵权行为地或者被告住所地人民法院管辖。案例中被告王某的住所地是甲市A区，侵权行为地是损害发生的甲市 B 区。因此，本案的管辖法院是甲市 A 区法院和甲市 B 区法院。2. 本案所列当事人提供的证据，属于法律规定中的哪种证据？属于理论上的哪类证据？

答案：根据《民事诉讼法》关于证据的分类：本案中，交通大队的事故认定书、医院的诊断书（复印件）、处方（复印件）、药费和住院费的发票都属于书证，王某在事故现场用数码摄像机拃摄的就他的车与刘某倒地之后的状态的视频资料属于视听资料。根据理论上对证据的分类：就王某是否驾车撞伤刘某事实而言，上述证据都属于间接证据；甲市 B 区交通大队的交通事故处理认定书、药费和住院费的发票，王某自己在事故现场用数码摄像机拍摄的就他的车与刘某倒地之后的状态的视频资料属于原始证据，医院的诊断书（复印件）、处方（复印件）属于传来证据；就证明王某的车撞到刘某并致其受伤的事实而言，刘某提供的各类证据均为本证，王某提供的证据为反证。

难度：难

考点：书证（书证的概念与特征）；电子数据（电子数据与视听资料的区别）；本证与反证（划分的标准）；直接证据与间接证据（划分的标准）；原始证据与传来证据（划分的标准）

命题及解题思路：证据的法定种类和学理分类均为本学科的高频考点，本题让考生**判断案例中给定证据的类型，这是证据部分常用的考查套路**。本题将证据的法定种类和学理分类结合考查，需要考生判断的知识点特别多，考查内容兼具深度和广度，难度颇高。考生正确解题，应了解各类法定证据种类的内涵和各种学理分类的标准，再结合案例素材逐一作出判断。尤其需要注意，证据学理分类必须结合具体待证事实作出判断。待证事实不同，结论会有所差异。

答案解析：

书证，是指以文字、符号、图案等表示的内容来证明案件待证事实的书面材料。本案中，交通大队的事故认定书、医院的诊断书（复印件）、处方（复印件）、药费和住院费的发票均以其内容来证明案件待证事实，因此均为书证。王某在事故现场用数码摄像机拍摄的视频资料的证据类型，2012 年命制本题时自无异议，应为视听资料。但目前该证据属于视听资料还是电子数据尚有待具体确认，如果该视听资料存储于电子介质中，应为电子数据，否则应为视听资料。

证据的学理分类包括本证和反证、直接证据和间接证据、原始证据和传来证据，应根据每类证据的内涵分别判断题干给定证据的学理分类。本证是指对待证事实负有证明责任的一方当事人提出的、用以证明其主张事实存在的证据；反证是指不负证明责任的当事人提出的证明对方主张的事实不真实的证据。据此，王某驾车撞伤刘某、刘某受损害情况等待证事实应由原告刘某承担证明责任，刘某提交的交通事故处理认定书、医院的诊断书、处方、药费和住院费的发票等均意在证明其诉讼主张，均为本证；而王某提交的视频资料意在证明其没有撞到刘某，因此为反证。

直接证据是指能够单独地、直接地证明待证事实的证据；间接证据是指不能单独、直接证明案件的待证事实，必须与其他证据结合起来才能证明该待证事实的证据。**判断某一证据属于直接证据还是间接证据，必须结合具体待证事实来确定**。据此，就王某是否驾车撞伤刘某的待证事实而言，认定书没有对刘某倒地受伤是否为王某开车所致作出认定，因此交通事故处理认定书是间接证据；医院的诊断书、处方、药费和住院费的发票只能证明刘某受损害事实，并不能证明王某是否撞伤刘某事实，均为间接证据；王某提交的视频资料只能反映出车与刘某倒地后状态，并不能直接证明王某驾驶的车是否撞到刘某，也属于间接证据。

原始证据是指直接来源于案件事实的证据，是第一手证据；传来证据是指从原始证据中派生出来的证据。据此，交通事故处理认定书、药费和住院费的发票，王某自己在事故现场用数码摄像机拍摄的就他的车与刘某倒地之后的状态的视频资料属于原始证据，医院的诊断书（复印件）、处方（复印件）属于传来证据。

3. 根据民事诉讼法学（包括证据法学）相关原理，一审法院判决是否存在问题？为什么？

答案：一审法院判决存在如下问题：第一，判决没有针对案件的争议焦点作出事实认定，违反了辩论原则；第二，在案件争执的法律要件事实真伪不明的情况下，法院没有根据证明责任原理来作出判决；第三，法院未对第二个争执焦点作出事实认定。

理由说明：①本案当事人的争执焦点是刘某倒地受伤是否为王某驾车撞倒了刘某；刘某受伤之后所留下的后遗症是否因为对刘某采取的医疗措施不当所致。但法院判决中没有对这两个争议事实进行认定，而是把法院自己认为成立的事实——刘某因受到王某开车的惊吓而摔倒，作为判决的根据，而这一事实当事人并未主张，也没有经过双方当事人的辩论。因此，在这一问题上，法院的做法实际上是严重地限制了当事人辩论权的行使。②法院通过调取相关证据，以及经过开庭审理，最后仍然无法确定王某的车是否撞到了刘某。此时，当事人所争议的案件事实处于真伪不明的状态，在此种情况下，法院应当根据证明责任分配来作出判决。

难度：难

考点：辩论原则（内容）；证明责任的概念

命题及解题思路：相较于前两题，本题属于开放式题目。考查内容并不明确，需要考生在深入掌握民事诉讼法基本原则和制度的基础上，结合材料表述对该案一审判决可能存在的瑕疵作出判断，主要考查对民事诉讼基本理论的综合运用能力。从考查内容和设问形式来看，本题无疑是本学科主观题中难度最大的试题。**凡是要求判断一审判决是否有瑕疵，应首先对比原告的诉讼请求和判决主文（结果）**。因为诉请决定了法院裁判的范围，此处命题人很容易做手脚；其次，**应根据裁判逻辑三段论逐一判断**。材料表述并不涉及作为大前提的法律适用问题，仅涉及作为小前提的事实认定，应根据材料给定的证据结合案件争点作出判断。根据证据学原理，如果案件证据不能使争点事实得到确证而处于“真伪不明”状态，应运用证明责任作出判决。

答案解析：

辩论原则，是指在法院主持下，当事人有权就案件事实和争议问题，各自陈述自己的主张和根据，互相进行反驳和答辩，以维护自己的合法权益。据此，辩论原则要求当事人围绕争议焦点展开辩论，法院在此基础上综合双方当事人意见居中作出判决。简而言之，根据约束性辩论原则的要求，法院只能对当事人主张的事实予以认定。根据材料表述，本案的争议焦点包括：①刘某倒地受伤是否为王某驾车撞倒所致；②刘某所留后遗症是否因医疗措施不当所致。对于第一个争议焦点，双方主张的事实是王某是否驾车撞伤刘某，而法院判决中认定的事实却是刘某因受到王某开车的惊吓而摔倒受伤。可见，法院裁判认定的事实根本不是案件争议焦点，甚至超越了当事人主张的事实范围作出认定。对于第二个争议焦点，法院判决根本没有涉及，未能结合双方针对第二个焦点发表的辩论意见作出事实认定，实际上限制了当事人辩论权的行使。

根据本案现有的证据，无法确认王某是否驾车撞伤刘某，“被告王某驾车撞伤原告刘某”这一要件事实仍处于“真伪不明”的状态，法官应当运用证明责任分配规则作出判决，而非随意作出推断。具言之，该要件事实是加害行为事实，应由原告刘某承担证明责任，穷尽证明手段后，该事实仍为“真伪不明”状态，法律推定该事实不存在，因此应由负担证明责任的刘某承担败诉的不利后果。

4. 根据《民事诉讼法》有关规定，二审法院判决是否存在问题？为什么？

答案：二审法院维持原判，驳回上诉不符合《民事诉讼法》规定。因为，依据法律规定，只有在一审法院认定事实清楚，适用法律正确的情况下，二审法院才可以维持原判，驳回上诉。而本案中，二审法院的判决认定了王某开车撞到了刘某，该事实认定与一审法院对案件事实的认定有根本性的差别，这说明一审法院认定案件事实不清或存在错误，在此种情况下，二审法院应当裁定撤销原判决、发回重审或依法改判，而不应当维持原判。

难度： 中

考点： 上诉案件的裁判（对第一审判决提起上诉的案件的裁判）

命题及解题思路： 本题设问与上一题一脉相承，旨在考查上诉案件的裁判方式。**解答本题的关键步骤是比较一审和二审判决，确定两者在事实认定、法律适用和审理程序等方面是否存在差异**，进而结合民事诉讼法有关二审判决的处理方式再对本题作出正确判断。

答案解析：

《民事诉讼法》第170条规定，第二审人民法院对上诉案件，经过审理，按照下列情形，分别处理：①原判决、裁定认定事实清楚，适用法律正确的，以判决、裁定方式驳回上诉，维持原判决、裁定；②原判决、裁定认定事实错误或者适用法律错误的，以判决、裁定方式依法改判、撤销或者变更；③原判决认定基本事实不清的，裁定撤销原判决，发回原审人民法院重审，或者查清事实后改判。据此，本案中二审法院如何处理上诉案件，应根据一审判决的不同情形予以适用。本案一审判决认定的事实是刘某因受到王某开车的惊吓而摔倒受伤，而二审法院的判决认定王某开车撞伤了刘某，可见二审法院对案件事实认定与一审法院有根本性的差别，这说明一审判决绝非认定事实清楚，因此二审法院维持原判违反了上述规定。简而言之，本案一审判决可能存在基本事实不清或事实认定错误，二审法院应当裁定撤销原判决、发回重审或者依法改判。

2011年

一、试题（本题19分）

案情：

甲公司职工黎某因公司拖欠其工资，多次与公司法定代表人王某发生争吵，王某一怒之下打了黎某耳光。为报复王某，黎某找到江甲的儿子江乙（17岁），唆使江乙将王某办公室的电脑、投影仪等设备砸坏，承诺事成之后给其一台数码相机为报酬。事后，甲公司对王某办公室损坏的设备进行了清点登记和拍照，并委托、授权律师尚某全权处理本案。尚某找到江乙了解案情，江乙承认受黎某指使。甲公司起诉要求黎某赔偿损失，并要求黎某向王某赔礼道歉。诉讼中，黎某要求法院判决甲公司支付其劳动报酬。审理时，法院通知江乙参加诉讼。经审理，法院判决侵权人赔偿损失，但对甲公司要求黎某向王某赔礼道歉的请求、黎某要求甲公司支付劳动报酬的请求均未作处理。

问题：

1. 王某、江甲、江乙是否为本案当事人？各是什么诉讼地位？为什么？

2. 原告甲公司向法院提交了公司制作的王某办公室损坏设备登记表、对损坏设备拍摄的照片、律师尚某调查江乙的录音资料。上述材料能否作为本案证据？如果能，分别属于法律规定的何种证据？

3. 甲公司向法院提交的委托律师尚某代理诉讼的授权委托书上仅写明“全权代理”字样，尚某根据此授权可以行使哪些诉讼权利？为什么？

4. 一审法院对甲公司要求黎某向王某赔礼道歉的诉讼请求、黎某要求甲公司支付劳动报酬的诉讼请求依法应当如何处理？为什么？

5. 根据现行法律规定，黎某解决甲公司拖欠工资问题的途径有哪些？

二、答案精讲

1. 王某、江甲、江乙是否为本案当事人？各是什么诉讼地位？为什么？

答案：①王某不是本案当事人，因为本案是以甲公司名义提起诉讼的。王某是甲公司的法定代表人，可以直接代表甲公司参加诉讼。②江甲是本案当事人，是共同被告。因为江乙是限制民事行为能力人，造成甲公司财产损害，江甲作为其监护人应为共同被告。③江乙是本案当事人，因为江乙是致害人。江乙是本案共同被告之一。

难度：中

考点：原告和被告地位的确定；必要共同诉讼

命题及解题思路：本题让考生判断案例中三个人的诉讼地位，这是当事人部分常用的命题路数。考查涉及当事人、法定代表人和法定代理人等内容。本题命制时，江甲应为法定诉讼代理人，《最高人民法院关于适用〈中华人民共和国民事诉讼法〉的解释》的新规定使本题答案发生变化，江甲成为共同被告。考生欲正确答题，首先应根据案例表述确定案件的适格当事人，再根据待判断主体在该诉讼中的角色结合当事人理论对其诉讼地位作出判断。

答案解析：

材料明确指出“甲公司起诉要求黎某赔偿损失”，因此本案的原告是甲公司，王某是甲公司的法定代表人，不是本案当事人。《民事诉讼法》第48条第2款规定，法人由其法定代表人进行诉讼。据此，王某作为甲公司的法定代表人，应由王某代表甲公司进行诉讼。

《最高人民法院关于适用〈中华人民共和国民事诉讼法〉的解释》第67条规定，无民事行为能力人、限制民事行为能力人造成他人损害的，无民事行为能力人、限制民事行为能力人和其监护人为共同被告。据此，江乙是限制民事行为能力人，造成甲公司财产损害，江乙及其监护人江甲应为共同被告。

2. 原告甲公司向法院提交了公司制作的王某办公室损坏设备登记表、对损坏设备拍摄的照片、律师尚某调查江乙的录音资料。上述材料能否作为本案证据？如果能，分别属于法律规定的何种证据？

答案：①损坏设备登记表不能作为本案证据；②照片可以作为本案证据，属于物证；③录音资料可以作为本案证据，根据其存储的介质不同，可能属于视听资料或者电子数据。

难度：难

考点：民事证据的特征（客观性）；物证（物证的概念与特征）；电子数据（电子数据与视听资料的区别）

命题及解题思路：本题主要考查证据材料能否成为定案证据以及证据法定类型的识别。**证据材料能否成为定案证据，应结合证据的客观性、关联性和合法性作出分析**。本题的难点有二：一是判断损坏设备登记表能否成为证据，应根据证据客观性作出分析，否则很容易误判为书证；二是**照片的证据类型，应根据照片属于原始证据还是传来证据作出判断**。《最高人民法院关于适用〈中华人民共和国民事诉讼法〉的解释》的新规定导致本题答案发生变化，根据现有材料难以明确录音资料的证据类型。

答案解析：

证据的客观性，强调民事证据必须是客观存在的事实。它是民事法律关系产生、发展、变化的客观记录，真实地表明民事法律关系以及纠纷发生和变化的过程。换言之，证据必须是来自于案件事实的材料，不能是人为对案件事实予以裁剪编撰的主观记录。据此，损坏设备登记表类似于证据清单，它是对办公室损坏物品情况的人为总结记载，因此不能成为本案证据。损坏设备登记表中涉及的具体损坏物品是本案证据，属于物证。

照片的证据类型，应首先判断它属于原始证据还是传来证据。**当照片本身是原始证据时，如果以照片记录的内容证明待证事实是书证，如果以照片的物理属性证明待证事实则为物证**；而**当照片用以固定保存原始证据，属于传来证据时，则应当以原始证据的证据类型来认定照片的证据类型**。据此，本案中对损坏设备拍摄的照片明显是传来证据，是对办公室物品损坏情况的客观记录，因此属于物证。

视听资料，是指以声音、图像及其他视听信息来证明案件待证事实的录像资料、录音资料等信息材料。据此，律师尚某调查江乙的录音资料，在本题考查时属于视听资料自无异议。但是《最高人民法院关于适用〈中华人民共和国民事诉讼法〉的解释》出台后，可能使本题的答案发生变化。《最高人民法院关于适用〈中华人民共和国民事诉讼法〉的解释》第116条第3款规定，存储在电子介质中的录音资料和影像资料，适用电子数据的规定。因此，该录音资料也有可能属于电子数据。判断属于视听资料还是电子数据的关键在于该录音资料存储在何种介质中，但是该信息在题干材料中并未明示，因此该录音资料可能属于视听资料或者电子数据。

3. 甲公司向法院提交的委托律师尚某代理诉讼的授权委托书上仅写明“全权代理”字样，尚某根据此授权可以行使哪些诉讼权利？为什么？

答案：尚某除不能进行和解、变更诉讼请求、承认对方诉讼请求、增加和放弃诉讼请求、撤诉以及上诉之外，其他诉讼权利均可行使。因为甲公司对律师尚某的授权属于一般授权，尚某可以行使属于一般授权范围内的各项诉讼权利。

难度：易

考点：委托诉讼代理人的权限

命题及解题思路：本题考查当事人授权“全权代理”时律师的代理权限，考查内容是对法律规定的简单重复，考点明确且单一，这绝对属于司法考试中难度最低的题目。正确解答本题，只要准确记忆法律相关规定即可。应当指出，此类题目已不适应法考时代提供法条的考查模式。

答案解析：

委托代理人的代理权限分为一般授权和特别授权。**授权委托书仅写“全权代理”而无具体授权的，视为一般授权。**一般授权的委托代理人无权处分与实体权利密切相关的诉讼权利，具体权利内容由《最高人民法院关于适用〈中华人民共和国民事诉讼法〉的解释》明确作出规定。根据《最高人民法院关于适用〈中华人民共和国民事诉讼法〉的解释》第89条第1款规定，授权委托书仅写“全权代理”而无具体授权的，诉讼代理人无权代为承认、放弃、变更诉讼请求，进行和解，提出反诉或者提起上诉。据此，尚某除不能进行和解、变更诉讼请求、承认对方诉讼请求、增加和放弃诉讼请求、撤诉以及上诉之外，其他诉讼权利均可行使。

4. 一审法院对甲公司要求黎某向王某赔礼道歉的诉讼请求、黎某要求甲公司支付劳动报酬的诉讼请求依法应当如何处理？为什么？

答案：①法院应当裁定驳回甲公司要求黎某向王某赔礼道歉的诉讼请求，因为主体不适格；②法院应当裁定驳回黎某要求甲公司支付劳动报酬的诉讼请求，因为这属于劳动争议，当事人只有经过劳动仲裁后，才能向法院起诉。

难度：难

考点：起诉（起诉的条件和方式）

命题及解题思路：从表面上看，本题考查的是一审审理的范围，即一审原告能否增加诉讼请求以及被告能否反诉。如照此思路去解题，很可能落入命题陷阱。实际上，本题考查的是**起诉的实质条件**，侧重对**适格原告和主管范围**的考查。本题除了要判断两项诉请能否在一审程序中合并审理外，还应当明确不能合并审理时法院应当如何处理。具言之，法院应当判决驳回诉请还是裁定驳回诉请。两个诉请均不符合起诉的实质条件，因此应当裁定驳回诉请。

答案解析：

《民事诉讼法》第119条第（一）项规定，原告是与本案有直接利害关系的公民、法人和其他组织。据此，起诉的实质条件要求原告必须适格。本案是甲公司起诉黎某的侵权赔偿诉讼，适格原告是甲公司，王某并非本案的当事人。而赔礼道歉具有人身属性，有权要求黎某向王某赔礼道歉的只能是王某。因此，甲公司诉请黎某向王某赔礼道歉，甲公司并不适格，该项诉请应由王某本人起诉提出。既然甲公司提出的该项诉请不符合《民事诉讼法》第119条第（一）项规定的起诉条件，因此一审法院应裁定驳回甲公司提出的黎某向王某赔礼道歉的诉讼请求。

《民事诉讼法》第119条第（四）项规定，属于人民法院受理民事诉讼的范围和受诉人民法院管辖。据此，起诉的实质条件要求案件应属于法院的主管范围。根据《劳动法》第79条的规定，劳动争议案件中法院和劳动仲裁委员会的主管关系是劳动争议仲裁前置。即劳动争议案件应当先申请劳动仲裁，然后才能向法院起诉。黎某诉请要求甲公司支付劳动报酬，根据材料表述，黎某并未申请劳动仲裁，法院不能直接审理，应当裁定驳回该诉请。

5. 根据现行法律规定，黎某解决甲公司拖欠工资问题的途径有哪些？

答案：黎某可通过以下途径解决劳动报酬问题：①与甲公司协商解决；②请工会或第三方与甲公司协商解决；③向调解组织申请调解；④向劳动争议仲裁委员会申请仲裁；⑤如果不服劳动仲裁，且黎某要求给付的劳动报酬数额高于当地月最低工资标准12个月金额的，可以向法院起诉。

难度：中

考点：民事纠纷的解决方式

命题及解题思路：民事纠纷解决方式是本学科主观题的高频考点，本题结合劳动争议案件，考查纠纷解决方式的选择。主要涉及和解、调解、劳动争议仲裁和诉讼的选择，在劳动争议案件中，上述方式均可适用，但**劳动争议仲裁是诉讼的前置程序**。答题时要注意设问中“根据现行法律规定”的要求，应当结合《劳动争议调解仲裁法》和《劳动法解释（三）》的规定详细解答本题，尤其注意对纠纷解决主体和适用条件的阐述，简单列举四类纠纷解决方式因遗漏得分点会被扣分。

答案解析：

《劳动争议调解仲裁法》第4条规定，发生劳动争议，劳动者可以与用人单位协商，也可以请工会或者第三方共同与用人单位协商，达成和解协议。因此，黎某可以直接与甲公司协商解决，也可以请工会或第三方与甲公司协商解决。

《劳动争议调解仲裁法》第5条规定，发生劳动争议，当事人不愿协商、协商不成或者达成和解协议后不履行的，可以向调解组织申请调解；不愿调解、调解不成或者达成调解协议后不履行的，可以向劳动争议仲裁委员会申请仲裁；对仲裁裁决不服的，除本法另有规定的外，可以向人民法院提起诉讼。《劳动法解释（三）》第13条规定，劳动者依据调解仲裁法第47条第（一）项规定，追索劳动报酬、工伤医疗费、经济补偿或者赔偿金，如果仲裁裁决涉及数项，每项确定的数额均不超过当地月最低工资标准12个月金额的，应当按照终局裁决处理。据此，黎某还可以向调解组织申请调解，也可以向劳动争议仲裁委员会申请仲裁。不服劳动争议仲裁裁决，且黎某要求给付的劳动报酬数额高于当地月最低工资标准12个月金额的，还可以向法院起诉。

2010年

一、试题（本题20分）

案情：

甲省A县大力公司与乙省B县铁成公司，在丙省C县签订煤炭买卖合同，由大力公司向铁成公司出售3000吨煤炭，交货地点为C县。双方约定，因合同所生纠纷，由A县法院或C县法院管辖。

合同履行中，为便于装船运输，铁成公司电话告知大力公司交货地点改为丁省D县，大力公司同意。大力公司经海运向铁成公司发运2000吨煤炭，存放于铁成公司在D县码头的货场。大力公司依约要求铁成公司支付已发煤款遭拒，遂决定暂停发运剩余1000吨煤炭。

在与铁成公司协商无果情况下，大力公司向D县法院提起诉讼，要求铁成公司支付货款并请求解除合同。审理中，铁成公司辩称并未收到2000吨煤炭，要求驳回原告诉讼请求。大力公司向法院提交了铁成公司员工季某（季某是铁成公司业务代表）向大力公司出具的收货确认书，但该确认书是季某以长远公司业务代表名义出具的。经查，长远公司并不存在，季某承认长远公司为其杜撰。据此，一审法院追加季某为被告。经审理，一审法院判决铁成公司向大力公司支付货款，季某对此承担连带责任。

铁成公司不服一审判决提起上诉，要求撤销一审判决中关于责令自己向大力公司支付货款的内容，大力公司、季某均未上诉。经审理，二审法院判决撤销一审判决，驳回原告要求被告支付货款并解除合同的诉讼请求。

二审判决送达后第10天，大力公司负责该业务的黎某在其手机中偶然发现，自己存有与季某关于2000吨煤炭验收、付款及剩余煤炭发运等事宜的谈话录音，明确记录了季某代表铁成公司负责此项煤炭买卖的有关情况，大力公司遂向法院申请再审，坚持要求铁成公司支付货款并解除合同的请求。

问题：

1. 本案哪些（个）法院有管辖权？为什么？
2. 一审法院在审理中存在什么错误？为什么？
3. 分析二审当事人的诉讼地位。
4. 二审法院的判决有何错误？为什么？
5. 大力公司可以向哪些（个）法院申请再审？
6. 法院对大力公司提出的再审请求如何处理？为什么？

二、答案精讲

1. 本案哪些（个）法院有管辖权？为什么？

答案： A县和C县法院有管辖权。根据管辖协议，起诉时能够确定管辖法院的，从其约定；不能确定的，依照民事诉讼法的相关规定确定管辖。管辖协议约定两个以上与争议有实际联系的地点的人民法院管辖，原告可以向其中一个人民法院起诉。A县是原告住所地，C县是合同签订地，两地法院均是与争议有实际联系的地点的人民法院，依法有管辖权。

难度： 中

考点：协议管辖（条件）

命题及解题思路：本题旨在考查约定两个以上管辖法院的效力以及协议管辖与特殊地域管辖的适用关系。原来《最高人民法院关于适用〈中华人民共和国民事诉讼法〉若干问题的意见》规定，约定两个以上管辖法院协议管辖无效，本题应根据特殊地域管辖确定管辖法院，由被告住所地和合同履行地法院管辖。但《最高人民法院关于适用〈中华人民共和国民事诉讼法〉的解释》的新规定使得本题答案发生变化，《最高人民法院关于适用〈中华人民共和国民事诉讼法〉的解释》**允许当事人约定两个以上管辖法院**，本案中协议管辖有效，因协议管辖效力大于特殊地域管辖，应根据协议管辖确定管辖法院。

答案解析：

对于合同纠纷的管辖法院，专属管辖效力大于协议管辖，协议管辖效力大于特殊地域管辖。本案是煤炭买卖合同，不适用专属管辖。根据材料表述，应以协议管辖确定管辖法院。根据《民事诉讼法》第34条规定，合同或者其他财产权益纠纷的当事人可以书面协议选择被告住所地、合同履行地、合同签订地、原告住所地、标的物所在地等与争议有实际联系的地点的人民法院管辖。本案中双方约定的A县是原告住所地，C县是合同签订地，两地均为与纠纷有实际联系的地点。又根据《最高人民法院关于适用〈中华人民共和国民事诉讼法〉的解释》第30条第2款规定，管辖协议约定两个以上与争议有实际联系的地点的人民法院管辖，原告可以向其中一个人民法院起诉。因此，本案中A县和C县法院均有管辖权。

2. 一审法院在审理中存在什么错误？为什么？

答案：一审法院追加季某为被告是错误的，因为本案并不是必要共同诉讼；一审法院漏判当事人解除合同的请求是错误的，因为判决应针对当事人的诉讼请求作出。

难度：中

考点：原告和被告地位的确定（通常情况下原告与被告诉讼地位的确定）、一审漏判的处理

命题及解题思路：本题考查形式与2012年案例题第3问如出一辙，均让考生判断一审程序的瑕疵。本题考查的是当事人的确定以及一审遗漏诉讼请求的处理。案例中一审法院只有两个行为，可逐一根据诉讼法原理作出判断。查找法院判决瑕疵类试题，要注意将原告的诉请和法院判决结果作对比，这很容易判断是否存在遗漏或者超出诉讼请求的现象。

答案解析：

《最高人民法院关于适用〈中华人民共和国民事诉讼法〉的解释》第56条规

定："法人或者其他组织的工作人员执行工作任务造成他人损害的，该法人或者其他组织为当事人。"根据材料表述，季某是铁成公司业务代表，其向大力公司出具收货确认书属于执行工作任务的行为，因季某执行工作任务的行为发生的诉讼，铁成公司是当事人，而不能追加季某为被告。

诉讼请求的范围决定了法院裁判的范围。大力公司向D县法院提起诉讼，要求铁成公司支付货款并请求解除合同。而一审法院仅判决铁成公司向大力公司支付货款，未能就解除合同的诉请作出判决。这属于遗漏诉讼请求，违反法律规定。

3. 分析二审当事人的诉讼地位。

答案： 本案中上诉人为铁成公司；被上诉人为大力公司；季某是原审被告。

难度： 中

考点： 上诉的提起（提起上诉的条件）

命题及解题思路： 本题考查必要共同诉讼案件上诉后二审当事人诉讼地位的确定。本题考点是本学科的高频考点，在客观题中已多次考查。解答本题不应受到上一题的影响，虽然法院不应追加季某为共同被告，但法院实际上已经追加，应当在此基础上明确二审当事人的诉讼地位。注意确定二审中当事人诉讼地位的规则是：**提起上诉的当事人是上诉人，上诉人指向的对象是被上诉人，其他主体依据原审诉讼地位列明即可**。

答案解析：

不论追加是否合法，法院既然已将季某追加为被告，本案就成为必要共同诉讼。一审判决后，部分共同诉讼被告提起上诉，如何确定二审当事人。根据《最高人民法院关于适用〈中华人民共和国民事诉讼法〉的解释》第319条第（一）项规定，必要共同诉讼人的一人或者部分人提起上诉的，上诉仅对与对方当事人之间权利义务分担有意见，不涉及其他共同诉讼人利益的，对方当事人为被上诉人，未上诉的同一方当事人依原审诉讼地位列明。据此，本案中铁成公司提起上诉因此为上诉人；铁成公司因不服判令其向大力公司支付货款的一审判决而上诉，其针对的对象是大力公司，因此大力公司为被上诉人；季某按其原审诉讼地位列明，即原审被告。

4. 二审法院的判决有何错误？为什么？

答案： 二审法院对一审漏审的原告解除合同的请求进行判决是错误的。对这一请求二审法院应当根据当事人自愿的原则进行调解，调解不成的，应当裁定撤销原判发回重审。

难度： 中

考点： 上诉案件的调解

命题及解题思路：上诉案件的调解是本学科的高频考点，本考点基本属于识记型内容，只要准确把握上诉案件调解的不同适用情形和处理方式，不难准确作答。解题的关键在于通过比较材料中原告的诉请、一审和二审的判决结果，准确判断本案二审判决存在“直接对一审遗漏诉讼请求作出判决”的瑕疵。

答案解析：

《最高人民法院关于适用〈中华人民共和国民事诉讼法〉的解释》第326条规定，对当事人在第一审程序中已经提出的诉讼请求，原审人民法院未作审理、判决的，第二审人民法院可以根据当事人自愿的原则进行调解；调解不成的，发回重审。据此，原告大力公司在一审中提出解除合同的诉讼请求，一审法院对此并未作出判决，第二审法院对解除合同的诉讼请求不能直接作出判决，应当根据自愿原则进行调解，调解不成，应当撤销原判发回重审。因此，二审法院直接驳回原告要求解除合同的诉讼请求错误。

5. 大力公司可以向哪些（个）法院申请再审？

答案：大力公司可以向丁省高院申请再审。

难度：易

考点：申请再审的条件（申请再审的管辖法院）

命题及解题思路：本题考查再审案件的管辖法院，考点单一，解题依据明确，属于主观题中难度等级最低的试题。考生只要掌握确定再审案件管辖的两种情形，本题就是绝对的送分题。

答案解析：

《民事诉讼法》第199条规定，当事人对已经发生法律效力的判决、裁定，认为有错误的，可以向上一级人民法院申请再审；当事人一方人数众多或者当事人双方为公民的案件，也可以向原审人民法院申请再审。本题中既非人数众多，也不属于双方当事人为公民的案件，因此，大力公司可以向生效判决法院的上一级法院申请再审。本案的一审法院是丁省D县法院，二审法院应为下辖D县法院的中级人民法院。因此，大力公司可以向丁省高级人民法院申请再审。

6. 法院对大力公司提出的再审请求如何处理？为什么？

答案：法院应当裁定再审，因当事人有新证据；法院应当就解除合同的请求进行调解，调解不成的，应当撤销一、二审判决，发回原审法院重审。

难度：中

考点：申请再审的条件（申请再审的事实和理由）；再审审理的审判程序

命题及解题思路：本题考查当事人申请再审的法定情形以及再审的审判程序。难点在于再审时如何处理原一审程序遗漏的诉讼请求，如果只回答因出现新证据法院应当再审，将会遗漏得分要点。解题的关键是判断黎某手机通话录音是否属于新证据，再结合当事人申请再审的法定情形，不难作出判断。解答本题的正确思路是首先分析法院应否再审大力公司的申请，再判断应适用何种程序再审，最后对原一审判决遗漏诉请的处理方式予以确定。

答案解析：

《民事诉讼法》第200条第（一）项规定，有新的证据，足以推翻原判决、裁定，当事人申请再审，法院应当再审。《最高人民法院关于适用〈中华人民共和国民事诉讼法〉的解释》第387条第1款规定，再审申请人提供的新的证据，能够证明原判决、裁定认定基本事实或者裁判结果错误的，应当认定为民事诉讼法第200条第（一）项规定的情形。在本案中，黎某发现的手机中通话录音属于庭审结束前已经客观存在，但在庭审结束后新发现的证据，属于法律规定的“新的证据”，且该证据足以推翻原二审判决。法院应当裁定再审。

《民事诉讼法》第207条第1款规定，发生法律效力的判决、裁定是由第二审法院作出的，按照第二审程序审理，所作的判决、裁定是发生法律效力的判决、裁定。据此，本案的生效判决由二审法院作出，再审时应适用第二审程序。对于一审判决遗漏大力公司提出的解除合同的诉讼请求，二审法院直接判决驳回已经违反了两审终审的审级制度。本案再审时仍适用二审程序，作出的判决同样是生效判决，当事人无权再提起上诉，对解除合同的诉讼请求直接作出判决同样有违两审终审制。因此，法院应当就解除合同的请求依自愿进行调解，调解不成的，应当撤销一、二审判决，发回原审法院重审。

2009年

一、试题（本题20分）

案情：

甲市A县的刘某与乙市B区的何某签订了房屋买卖合同，购买何某位于丙市C区的一套房屋。合同约定，因合同履行发生的一切纠纷，应提交设立于甲市的M仲裁委员会进行仲裁。之后，刘某与何某又达成了一个补充协议，约定合同发生纠纷后也可以向乙市B区法院起诉。

刘某按约定先行支付了部分房款，何某却迟迟不按约定办理房屋交付手续，双方发生纠纷。刘某向M仲裁委员会申请仲裁，请求何某履行交房义务，M仲裁委员会受理了此案。在仲裁庭人员组成期间，刘某、何某各选择一名仲裁员，仲裁委员会主任直接指定了一名仲裁员任首席仲裁员组成合议庭。第一次仲裁开庭审理过程中，刘某对何某选择的仲裁员提出了回避申请。刘某申请理由成立，仲裁委员会主任直接另行指定一名仲裁员参加审理。第二次开庭审理，刘某请求仲裁程序重新进行，何某则对仲裁协议的效力提出异议，主张仲裁协议无效，请求驳回刘某的仲裁申请。

经审查，仲裁庭认为刘某申请仲裁程序重新进行、何某主张仲裁协议无效理由均不成立。仲裁庭继续进行审理并作出裁决：何某在30日内履行房屋交付义务。因何某在义务履行期间内拒不履行房屋交付义务，刘某向法院申请强制执行，何某则向法院申请撤销仲裁裁决。

问题：

1. 刘某、何某发生纠纷后依法应当通过什么方式解决纠纷？理由是什么？

2. 刘某提出的回避申请和重新进行仲裁程序的申请，何某提出的仲裁协议效力的异议，分别应由谁审查并作出决定或裁定？

3. 如何评价仲裁庭（委）在本案审理中的做法？理由是什么？

4. 刘某可以向哪个法院申请强制执行？何某可以向哪个法院申请撤销仲裁裁决？对于刘某、何某的申请，法院在程序上如何操作？理由是什么？

5. 如法院认为本案可以重新仲裁，应当如何处理？理由是什么？

6. 如法院撤销仲裁裁决，刘某、何某可以通过什么方式解决他们的纠纷？理由是什么？

二、答案精讲

1. 刘某、何某发生纠纷后依法应当通过什么方式解决纠纷？理由是什么？

答案：根据本案情况，当事人应当通过诉讼解决纠纷，因为双方的仲裁协议无效。但刘某向M仲裁委员会申请仲裁，何某未在仲裁庭首次开庭前提出异议的，仲裁协议有效，当事人可通过仲裁解决纠纷。

难度：易

考点：请求仲裁的意思表示

命题及解题思路：本题旨在考查“既约定仲裁委员会又约定管辖法院”这一特殊情形下，仲裁协议的效力认定。题目考点单一，解题法律依据明确，难度颇低。考生只要熟悉《最高人民法院关于适用〈中华人民共和国仲裁法〉若干问题的解释》的明文规定即可轻松得分。

答案解析：

《最高人民法院关于适用〈中华人民共和国仲裁法〉若干问题的解释》第7条规定，当事人约定争议可以向仲裁机构申请仲裁也可以向人民法院起诉的，仲裁协议无效。但一方向仲裁机构申请仲裁，另一方未在仲裁庭首次开庭前提出异议的除外。据此，本案中刘某和何某既约定向M仲裁委员会申请仲裁，又约定向乙市B区法院起诉，原则上仲裁协议无效，应通过诉讼解决。但刘某向M仲裁委员会申请仲裁后，何某并未在仲裁庭首次开庭前提出异议，因此M仲裁委员会有权仲裁本案。

2. 刘某提出的回避申请和重新进行仲裁程序的申请，何某提出的仲裁协议效力的异议，分别应由谁审查并作出决定或裁定？

答案：仲裁员的回避应当由仲裁委员会主任决定；重新进行仲裁程序由仲裁庭决定；仲裁协议的效力由仲裁委员会决定。

难度：中

考点：仲裁员的回避与更换（仲裁员的回避）；仲裁协议效力的确认机构及程序

命题及解题思路：本题对**仲裁申请回避、重新进行仲裁程序、确认仲裁协议效力的决定主体**进行考查。本题属于记忆性试题，均有明确的解题依据。虽考查范围较广，涉及知识点较多，但难度并不高。此类翻阅法条即可查找到答案的试题，在法考时代将会可遇而不可求。

答案解析：

《仲裁法》第36条规定，仲裁员是否回避，由仲裁委员会主任决定；仲裁委员会主任担任仲裁员时，由仲裁委员会集体决定。根据案情表述，刘某对何某选择的仲裁员提出回避申请，而该仲裁员不是仲裁委主任，因此应由仲裁委员会主任决定该仲裁员是否回避。

《仲裁法》第37条第2款规定，因回避而重新选定或者指定仲裁员后，当事人可以请求已进行的仲裁程序重新进行，是否准许，由仲裁庭决定；仲裁庭也可以自行决定已进行的仲裁程序是否重新进行。据此，刘某提出重新进行仲裁程序的申请，应由仲裁庭决定。

《仲裁法》第20条规定，当事人对仲裁协议的效力有异议的，可以请求仲裁委员会作出决定或者请求人民法院作出裁定。一方请求仲裁委员会作出决定，另一方请求人民法院作出裁定的，由人民法院裁定。《最高人民法院关于适用〈中华人民共和国仲裁法〉若干问题的解释》第13条规定，当事人在仲裁庭首次开庭前没有对仲裁协议的效力提出异议，而后向人民法院申请确认仲裁协议无效的，人民法院不予受理。据此，本案中，何某在仲裁庭第二次开庭时对仲裁协议的效力提出异议，依法应当由仲裁委员会审查并作出决定。何某如向法院提出确认申请，法院不予受理。其实，本题后文表述也提示了答案，仲裁庭认为何某主张仲裁协议无效理由不成立，可见何某提出的仲裁协议效力的异议是由仲裁庭审查并作出的决定。

3. 如何评价仲裁庭（委）在本案审理中的做法？理由是什么？

答案：①仲裁委员会直接指定首席仲裁员是错误的。因为只有双方当事人共同委托仲裁委员会主任或者在规定期间内没有选定首席仲裁员的情况下，仲裁委员会才能指定仲裁员。②仲裁员回避后，仲裁委员会主任直接另行指定一名仲裁员是错误的。因为仲裁员回避后，仍应当由何某选任仲裁员，只有在何某委托仲裁委主任指定或者在规定期间内没有选定仲裁员的情况下，仲裁委员会主任才能直接指定。③仲裁庭继续进行仲裁的做法是正确的。理由有二：一是即使仲裁协议无效，当事人也只能在第一次开庭前提出，在此之后提出不影响仲裁庭的审理；二是仲裁员回避后的程序进行问题由仲裁庭决定。

难度：中

考点：仲裁庭的组成程序（确定仲裁员）；仲裁员的回避与更换（仲裁员的回避）；仲裁协议效力的确认机构及程序

命题及解题思路：本题以仲裁庭（委）的行为为主线，考查**仲裁员的确定方式、仲裁员回避的法律后果以及申请确认仲裁协议效力的期限**等三个知识点。考查内容均有明确法律规定，难度不高。解题时应首先全面梳理仲裁庭（委）在本案中的三个行为，防止遗漏失分；然后根据《仲裁法》的规定对各个行为是否合法作出评价并阐明理由。因答题内容较多，为了清晰展示得分要点，建议对仲裁庭的每一个行为标注序号后单独分段给出结论并阐述理由。

答案解析：

《仲裁法》第 31 条规定，当事人约定由 3 名仲裁员组成仲裁庭的，应当各自选定或者各自委托仲裁委员会主任指定 1 名仲裁员，第三名仲裁员由当事人共同选定或者共同委托仲裁委员会主任指定。第三名仲裁员是首席仲裁员。《仲裁法》第 32 条规定，当事人没有在仲裁规则规定的期限内约定仲裁庭的组成方式或者选定仲裁员的，由仲裁委员会主任指定。据此，本案中刘某、何某各选择 1 名仲裁员的做法符合法律规定，但仲裁委员会主任直接指定了 1 名仲裁员任首席仲裁员组成合议庭不合规定。因为仲裁委主任指定仲裁员要么是双方当事人共同委托，要么是当事人没有在仲裁规则规定的期限内选定仲裁员。而本题并未交代双方共同委托或者在规定期限内未选定第三名仲裁员的情形。

《仲裁法》第37条第1款规定，仲裁员因回避或者其他原因不能履行职责的，应当依照本法规定重新选定或者指定仲裁员。据此，本案第一次仲裁开庭审理过程中，刘某对何某选择的仲裁员提出回避申请。申请理由成立，该仲裁员需要回避，此时仍应由何某依法重新选任仲裁员。只有在何某委托仲裁委主任指定或者在规定期间内没有选定仲裁员的情况下，仲裁委员会主任才能直接指定。因此，仲裁委员会主任直接另行指定一名仲裁员参加审理的做法是错误的。

《仲裁法》第37条第2款规定，因回避而重新选定或者指定仲裁员后，当事人可以请求已进行的仲裁程序重新进行，是否准许，由仲裁庭决定；仲裁庭也可以自行决定已进行的仲裁程序是否重新进行，仲裁庭有权审查并决定已经进行的仲裁程序是否重新进行。据此，何某选定的仲裁员回避后，刘某提出重新进行仲裁程序的申请，仲裁庭予以驳回符合法律规定。《仲裁法》第20条第2款规定，当事人对仲裁协议的效力有异议，应当在仲裁庭首次开庭前提出。据此，何某在第二次开庭审理时才对仲裁协议的效力提出异议，并不影响仲裁庭的审理。因此，仲裁庭认为刘某申请仲裁程序重新进行、何某主张仲裁协议无效理由均不成立，仲裁庭继续进行审理并作出裁决的做法符合法律规定。

4. 刘某可以向哪个法院申请强制执行？何某可以向哪个法院申请撤销仲裁裁决？对于刘某、何某的申请，法院在程序上如何操作？理由是什么？

答案：①刘某应当向乙市中级人民法院或丙市中级人民法院申请强制执行。因为根据司法解释规定，对仲裁裁决的申请执行，由被执行人住所地或者财产所在地的中级人民法院管辖。②何某应当向甲市中级人民法院申请撤销仲裁裁决。因为根据法律规定，仲裁裁决的撤销由仲裁委员会所在地的中级人民法院管辖。③受理执行的法院应当裁定中止执行。甲市中级人民法院裁定撤销仲裁裁决的，受理执行的法院裁定终结执行。甲市中级人民法院裁定驳回何某撤销仲裁申请的，受理执行的法院裁定恢复执行。

难度：中

考点：执行仲裁裁决的程序；申请撤销仲裁裁决的条件；仲裁裁决的中止执行

命题及解题思路：本题考查**申请执行仲裁裁决、撤销仲裁裁决的管辖法院**以及**中止执行仲裁裁决的适用情形**。题目虽考查内容较多，但设问方式直接，解题依据有明确的法律规定，基本属于识记类试题，难度不高。

答案解析：

《最高人民法院关于适用〈中华人民共和国仲裁法〉若干问题的解释》第29条规定，当事人申请执行仲裁裁决案件，由被执行人住所地或者被执行的财产所在地的中级人民法院管辖。据此，本案中刘某申请执行仲裁裁决，应当向被执行人何某住所地乙市中级人民法院或者房屋所在地丙市中级人民法院申请强制执行。

《仲裁法》第58条规定，当事人申请撤销仲裁裁决的，由仲裁委员会所在地的中级人民法院管辖。据此，何某应向M仲裁委员会所在地的甲市中级人民法院申请撤销该仲裁裁决。

《仲裁法》第64条规定，一方当事人申请执行裁决，另一方当事人申请撤销裁决的，人民法院应当裁定中止执行。人民法院裁定撤销裁决的，应当裁定终结执行。撤销裁决的申请被裁定驳回的，人民法院应当裁定恢复执行。据此，何某申请撤销仲裁裁决后，受理刘某申请强制执行的中级人民法院应当裁定中止执行。如果甲市中级人民法院裁定撤销仲裁裁决的，受理执行的中级人民法院应裁定终结执行；如果甲市中级人民法院裁定驳回撤销仲裁裁决申请的，受理执行的中级人民法院应裁定恢复执行。

5. 如法院认为本案可以重新仲裁，应当如何处理？理由是什么？

答案： 法院通知仲裁庭重新仲裁，并裁定中止撤销程序。如果仲裁庭在法院指定的期限内重新仲裁的，法院应裁定终结撤销程序；如果仲裁庭拒绝仲裁的或仲裁庭未在指定的期间内开始仲裁的，法院应当裁定恢复撤销程序。

难度： 中

考点： 通知仲裁庭重新仲裁

命题及解题思路： 本题考查仲裁庭重新仲裁制度。重新仲裁是法院给予仲裁庭自我弥补程序瑕疵，保持仲裁裁决效力的程序。**法院只能通知仲裁庭限期重新仲裁，决定权掌握在仲裁庭手中**。因此，法院应根据仲裁庭是否重新仲裁作出不同的处理。答题时注意分情况讨论，避免遗漏失分。

答案解析：

《仲裁法》第61条规定，人民法院受理撤销裁决的申请后，认为可以由仲裁庭重新仲裁的，通知仲裁庭在一定期限内重新仲裁，并裁定中止撤销程序。仲裁庭拒绝重新仲裁的，人民法院应当裁定恢复撤销程序。最高人民法院《关于适用〈中华人民共和国仲裁法〉若干问题的解释》第22条规定，仲裁庭在人民法院指定的期限内开始重新仲裁的，人民法院应当裁定终结撤销程序；未开始重新仲裁的，人民法院应当裁定恢复撤销程序。据此，如法院通知仲裁庭重新仲裁，且仲裁庭重新仲裁的，法院应裁定中止撤销程序；仲裁庭拒绝仲裁的或仲裁庭未在指定的期间内开始仲裁的，法院应当裁定恢复撤销程序。

6. 如法院撤销仲裁裁决，刘某、何某可以通过什么方式解决他们的纠纷？理由是什么？

答案：仲裁裁决被撤销后，当事人可以向法院起诉解决，也可以重新达成仲裁协议申请仲裁。因为，一方面原仲裁协议和管辖协议都是无效的，另一方面，仲裁裁决被撤销后，原协议即已失效，只能重新达成协议方能申请仲裁。

难度：中

考点：撤销仲裁裁决

命题及解题思路：本题考查法院撤销仲裁裁决的效力。**撤销仲裁裁决后当事人的纠纷恢复到未解决前的状态，原仲裁协议失效**。只要把握这一点，即便没有记住《仲裁法》的规定，推导后也可得出正确答案。材料中管辖协议是干扰信息，如果不能把握“或裁或诉”的关系，可能会误认为依照管辖协议进行诉讼。

答案解析：

《仲裁法》第9条第2款规定，裁决被人民法院依法裁定撤销或者不予执行的，当事人就该纠纷可以根据双方重新达成的仲裁协议申请仲裁，也可以向人民法院起诉。据此，法院撤销仲裁裁决后，刘某、何某可以向法院起诉解决其纠纷，也可以根据双方重新达成的仲裁协议申请仲裁。因为，一方面仲裁庭作出的仲裁裁决一旦被法院撤销，原仲裁协议失效。此时如果当事人还想选择仲裁方式解决其纠纷，就必须重新达成仲裁协议。另一方面，仲裁协议被撤销已失效，又因“或裁或诉”的规则，当事人选择了仲裁导致管辖协议失效。此时，只能重新约定仲裁机构，或者到有管辖权的法院起诉。

2008年

一、试题（本题22分）

案情：

肖某是甲公司的一名职员，在2006年12月17日出差时不慎摔伤，住院治疗两个多月，花费医疗费若干。甲公司认为，肖某伤后留下残疾已不适合从事原岗位的工作，于2007年4月9日解除了与肖某的劳动合同。因与公司协商无果，肖某最终于2007年11月27日向甲公司所在地的某省A市B区法院起诉，要求甲公司继续履行劳动合同并安排其工作、支付其住院期间的医疗费、营养费、护理费、住院期间公司减发的工资、公司2006年三季度优秀员工奖奖金等共计3.6

万元。

B区法院受理了此案。之后，肖某向与其同住一小区的B区法院法官赵某进行咨询。赵某对案件谈了几点意见，同时为肖某推荐律师李某作为其诉讼代理人，并向肖某提供了本案承办法官刘某的手机号码。肖某的律师李某联系了承办法官刘某。刘某在居住的小区花园，听取了李某对案件的法律观点，并表示其一定会依法审理此案。两天后，肖某来到法院找刘某说明案件的其他情况，刘某在法院的谈话室接待了肖某，并让书记员对他们的谈话内容进行了记录。

本案经审理，一审判决甲公司继续履行合同，支付相关费用；肖某以各项费用判决数额偏低为由提起上诉。二审开庭审理时，由于一名合议庭成员突发急病住院，法院安排法官周某临时代替其参加庭审。在二审审理中，肖某提出了先予执行的申请。2008年5月12日，二审法院对该案作出终审判决，该判决由原合议庭成员署名。履行期届满后，甲公司未履行判决书中确定的义务。肖某向法院申请强制执行，而甲公司则向法院申请再审。

问题：

1. 纠纷发生后，肖某与甲公司可以通过哪些方式解决他们之间的纠纷？

2. 诉讼中，肖某与甲公司分别应当对本案哪些事实承担举证责任？

3. 二审中，肖某依法可以对哪些请求事项申请先予执行？对该申请应当由哪个法院审查作出先予执行的裁定？该裁定应当由哪个法院执行？

4. 若执行中甲公司拒不履行法院判决，法院可以采取哪些与金钱相关的执行措施？对甲公司及其负责人可以采取哪些强制措施？

5. 根据案情，甲公司可以根据何种理由申请再审？可以向何法院申请再审？甲公司申请再审时，已经开始的执行程序如何处理？

6. 本案中，有关法官的哪些行为违反了法官职业道德？

二、答案精讲

1. 纠纷发生后，肖某与甲公司可以通过哪些方式解决他们之间的纠纷？

答案： 和解；向公司劳动争议调解委员会申请调解；向劳动争议仲裁委员会申请仲裁；向法院起诉。

难度： 中

考点： 民事纠纷的解决方式

命题及解题思路： 本题与2011年案例题第5问完全相同，均以劳动争议为切入点，考查劳动合同的纠纷解决方式。2007 年颁布了《劳动争议调解仲裁法》，2008 年命题考查无疑体现了“逢新必考”规律。考查内容主要涉及和解、调解、仲裁和诉讼这四类纠纷解决方式的适用，注意和解和调解在任何民事纠纷中均可适用，且劳动争议案件仲裁前置规定。司法部给定的答案非常简单，没有各类纠纷解决方式的适用条件，使得本题难度骤降。

答案解析：

《劳动争议调解仲裁法》第 4 条规定，发生劳动争议，劳动者可以与用人单位协商，也可以请工会或者第三方共同与用人单位协商，达成和解协议。**和解是任何类型民事纠纷均可采用的解决方式**。因此，肖某可寻求与甲公司和解解决该纠纷。

《劳动争议调解仲裁法》第 5 条规定，发生劳动争议，当事人不愿协商、协商不成或者达成和解协议后不履行的，可以向调解组织申请调解；不愿调解、调解不成或者达成调解协议后不履行的，可以向劳动争议仲裁委员会申请仲裁；对仲裁裁决不服的，除本法另有规定的外，可以向人民法院提起诉讼。据此，肖某可以向公司劳动争议调解委员会申请调解；可以向劳动争议仲裁委员会申请仲裁；不服仲裁裁决，还可以向法院起诉。

2. 诉讼中，肖某与甲公司分别应当对本案哪些事实承担举证责任？

答案：肖某应当对以下事实承担举证责任：①与甲公司存在劳动合同关系；②肖某受伤属工伤的事实；③各项损失的事实；④未支付全额工资和奖金的事实。

甲公司应当对以下事实承担举证责任：①解除劳动合同的事实；②减少肖某住院期间工资报酬的事实。

难度：难

考点：证明责任的分配（最高人民法院相关司法解释中关于当事人举证责任承担的有关规定）

命题及解题思路：证明责任分配是本学科的易考点，本题考查劳动争议案件中证明责任分配规则，解题的难点在于并未明确交代本案的要件事实。正确解题需要考生首先根据案情表述进行梳理，遗漏要件事实必然会失分；然后结合《最高人民法院关于民事诉讼证据的若干规定》的规定，在原被告之间具体分配证明责任。注意所谓**“证明责任倒置”并非全部要件事实的倒置**，除了法律有倒置的明确规定之外，其余要件事实仍应由原告承担证明责任。

答案解析：

本案是劳动合同纠纷，根据案情表述需要证明的要件事实包括肖某与甲公司存在劳动合同关系、肖某受伤是工伤（根据《劳动合同法》的规定，本案只有证明是工伤，甲公司才无权解除劳动合同）、肖某在住院期间产生的各类费用、未支付奖金的事实、甲公司解除与肖某的劳动合同、甲公司减少肖某住院期间工资报酬的事实。

《最高人民法院关于民事诉讼证据的若干规定》第6条规定，在劳动争议纠纷案件中，因用人单位作出开除、除名、辞退、解除劳动合同、减少劳动报酬、计算劳动者工作年限等决定而发生劳动争议的，由用人单位负举证责任。基于倒置的特殊规定，甲公司应当对解除劳动合同的事实以及减少肖某住院期间工资报酬的事实承担证明责任。除此之外的事实应由肖某承担证明责任，即肖某与甲公司存在劳动合同关系、肖某受伤是工伤、肖某在住院期间产生的各类费用的事实以及未支付全额工资和奖金的事实。

需要指出，肖某承担甲公司未支付全额工资和奖金事实的证明责任，是司法部当年给定的答案，但该答案存在争议。从证明责任分配原理来看，主张消极事实者一般不承担证明责任，由用人单位证明已足额支付工资和奖金，从证明难度看更为合理。且未全额支付工资与减少肖某住院期间的工资是一回事，同一个要件事实由双方承担证明责任，岂不荒谬。

3. 二审中，肖某依法可以对哪些请求事项申请先予执行？对该申请应当由哪个法院审查作出先予执行的裁定？该裁定应当由哪个法院执行？

答案：肖某依法可以对医疗费、住院期间的工资申请先予执行；肖某应当向二审法院申请；先予执行的裁定应当由B区法院执行。

难度：难

考点：先予执行的适用范围；先予执行的裁定与执行

命题及解题思路：先予执行不算是本学科的高频考点，在主观题更是鲜有涉及。本题考查先予执行的适用范围、申请审查和执行的管辖法院。适用范围有法律的明文规定，记住“四费一金一酬”即可准确作答，较为简单。先予执行申请审查和执行的管辖法院，民事诉讼法并无明文规定，需要考生根据相关规定和原理推导答案。

答案解析：

《民事诉讼法》第106条规定，人民法院对下列案件，根据当事人的申请，可以裁定先予执行：①追索赡养费、扶养费、抚育费、抚恤金、医疗费用的；②追索劳动报酬的；③因情况紧急需要先予执行的。据此，肖某依法可以对医疗费、住院期间的工资申请先予执行。

《最高人民法院关于适用〈中华人民共和国民事诉讼法〉的解释》第169条规定，民事诉讼法规定的先予执行，人民法院应当在受理案件后终审判决作出前采取。据此，先予执行应当由权利人向受诉法院提出申请，并由受诉法院审查后作出裁定。本案肖某在二审中提出先予执行申请，应向二审法院提出，由二审法院审查后作出裁定。

先予执行属于特殊的执行行为，与终局执行的管辖法院相同。根据《民事诉讼法》第224条的规定，发生法律效力的民事判决、裁定，以及刑事判决、裁定中的财产部分，由第一审人民法院或者与第一审人民法院同级的被执行的财产所在地人民法院执行。据此，本案先予执行的裁定应当由第一审人民法院即B区法院负责执行。

4. 若执行中甲公司拒不履行法院判决，法院可以采取哪些与金钱相关的执行措施？对甲公司及其负责人可以采取哪些强制措施？

答案：①法院可采取以下与金钱有关的执行措施：查询，冻结，划拨，变价被执行人的存款、债券、股票、基金份额等财产；强制被执行人加倍支付迟延履行债务的利息。②法院可对甲公司采取罚款的强制措施；对甲公司的负责人可采取罚款、拘留的强制措施。

难度：中

考点：对财产的执行措施（扣押、冻结、划拨、变价被执行人的金融资产）；保障性执行措施（强制被执行人支付迟延履行期间债务利息及迟延履行金）；对妨害民事诉讼强制措施的种类（罚款、拘留）

命题及解题思路：本题考查执行措施和妨害民事诉讼强制措施的选择。考查内容既偏又冷，对知识记忆精确度要求较高，难度较大。“与金钱相关”是答题关键信息，应紧扣设问信息避免跑题。正确答题应首先**明确本案的执行对象，通过执行对象筛选执行措施**。除了**直接执行措施**之外，别忘了**保障性执行措施**的适用。

答案解析：

《民事诉讼法》第242条的规定，被执行人未按执行通知履行法律文书确定的义务，人民法院有关单位查询被执行人的存款、债券、股票、基金份额等财产情况，人民法院有权根据不同情形扣押、冻结、划拨、变价被执行人的财产。但查询、扣押、冻结、划拨、变价的财产不得超出被执行人应当履行义务的范围。根据《民事诉讼法》第253条规定，被执行人未按判决、裁定和其他法律文书指定的期间履行给付金钱义务的，应当加倍支付迟延履行期间的债务利息。据此，法院可以查询，冻结，划拨，变价被执行人甲公司的存款、债券、股票、基金份额等财产；可以强制被执行人甲公司加倍支付迟延履行债务的利息。

《民事诉讼法》第111条第1款第（六）项规定，诉讼参与人或者其他人拒不履行人民法院已经发生法律效力的判决、裁定的，人民法院可以根据情节轻重予以罚款、拘留；构成犯罪的，依法追究刑事责任。《民事诉讼法》第111条第2款规定，人民法院对有前款规定的行为之一的单位，可以对其主要负责人或者直接责任人员予以罚款、拘留；构成犯罪的，依法追究刑事责任。据此，甲公司拒不履行法院生效判决，法院可对甲公司采取罚款的强制措施；对甲公司的主要负责人或者直接责任人可采取罚款、拘留的强制措施。

5. 根据案情，甲公司可以根据何种理由申请再审？可以向何法院申请再审？甲公司申请再审时，已经开始的执行程序如何处理？

答案：甲公司可以二审审判组织的组成不合法为由申请再审；可以向某省高级人民法院申请再审；执行程序继续进行。

难度：中

考点：申请再审的条件（申请再审的事实和理由、申请再审的管辖法院）；再审申请的审查程序

命题及解题思路：本题考查了**申请再审的事由、管辖法院以及申请再审对执行的影响**。相关考点在司考的主观题中已经多次考查，这种“炒冷饭”式的题目无疑是考生的福音。考查内容均有明确的法律依据，熟悉法条即可得分。注意**当事人申请再审和法院裁定再审对执行程序的影响不同**，答题时应注意审题。

答案解析：

《民事诉讼法》第200条第（七）项规定，审判组织的组成不合法或者依法应当回避的审判人员没有回避的，当事人申请再审，法院应当再审。据此，本案二审开庭审理时，因1名合议庭成员突发急病住院，法院安排法官周某临时代替其参加庭审，判决仍由原合议庭成员署名。根据法律规定，合议庭成员如果长时间无法参与庭审，应按程序更换合议庭成员，但不能找人临时代替。因此，甲公司可以二审审判组织的组成不合法为由申请再审。

《民事诉讼法》第199条规定，当事人对已经发生法律效力的判决、裁定，认为有错误的，可以向上一级人民法院申请再审；当事人一方人数众多或者当事人双方为公民的案件，也可以向原审人民法院申请再审。本题是肖某起诉甲公司，应适用管辖的原则规定，即可以向生效判决法院的上一级法院申请再审。本案的生效判决法院是A市中院，甲公司向该省高级人民法院申请再审。

《民事诉讼法》第199条规定，当事人申请再审的，不停止判决、裁定的执行。因此，甲公司申请再审时，执行程序继续进行。

6. 本案中，有关法官的哪些行为违反了法官职业道德？

答案：法官赵某向当事人泄露承办人的手机号码；法官赵某向当事人就法院

未决案件提供法律咨询并发表意见；法官赵某为当事人肖某推荐律师李某作为诉讼代理人；法官刘某在居住的小区花园私下会见原告肖某的代理人。

难度： 中

考点： 法官职业道德的主要内容

命题及解题思路： 司法制度和法律职业道德属于主观题考查范围，但明显不会单独命题，只能结合诉讼法案例予以附带考查。本题旨在考查对法官违反职业道德行为的判断，材料表述的法官行为较为常见，诸如违规会见、推荐律师等行为，即便不熟悉《法官职业道德基本准则》的规定，也很容易作出判断，难度不高。稍有难度的是赵法官向肖某透露承办人的手机号码，2001版《法官职业道德基本准则》曾明确规定，法官不得向当事人提供承办案件法官的联系方式，但该规定在2010年修正时已删除，是否违规需要更多思量。答题时考生应结合材料第二段的表述，对法官的各项行为逐一梳理判断，避免遗漏而失分。

答案解析：

《法官职业道德基本准则》第17条规定，法官不就未决案件或者再审案件给当事人及其他诉讼参与人提供咨询意见。据此，法官赵某对未决案件接收当事人肖某的咨询并发表意见违反了法官职业道德。

《法官职业道德基本准则》第14条规定，尊重其他法官对审判职权的依法行使，除履行工作职责或者通过正当程序外，不过问、不干预、不评论其他法官正在审理的案件。虽然法院目前在推行审判流程信息公开制度，要求将合议庭组成人员向当事人公开，但法官的手机号码并不在公开之列。法官赵某私下向原告肖某泄露承办人的手机号码，有变相干扰刘法官行使审判职权之嫌，其行为违反了法官职业道德。

《关于规范法官和律师相互关系维护司法公正的若干规定》第6条规定，法官不得为当事人推荐、介绍律师作为其代理人、辩护人，或者暗示更换承办律师，或者为律师介绍代理、辩护等法律服务业务。据此，法官赵某为肖某推荐代理律师违反了法官职业道德。

《法官职业道德基本准则》第13条规定，法官不私自单独会见当事人及其代理人、辩护人。据此，法官刘某在居住的小区花园私下会见原告肖某的代理人违反了法官职业道德。

第四部分　命题人模拟金题

论述题

一、试题（本题为民事诉讼法、民法融合试题）

案情：

扫一扫　看微课视频

2004年12月，刘某因患眼疾在H省S市D县城南镇医院（以下简称“医院”）就诊，被诊断为“急性闭角型青光眼”，需手术治疗。同年12月，刘某在医院接受眼科手术。2005年10月，刘某双目失明。2006年1月，刘某与医院达成协议，由医院给予刘某一次性补偿1500元（已给付）。此后，刘某仍向医院提出赔偿要求。2006年5月，经D县卫生局调解双方达成协议，由医院给予刘某经济补偿4万元（已给付）。

后因赔偿问题，刘某于2007年5月向D县法院起诉，要求撤销其与城南医院签订的调解协议，医院赔偿医疗费等损失27.2万元。但因刘某无正当理由未到庭参加诉讼，D县法院于2007年6月对该案按撤诉处理。2007年10月，刘某再次向D县法院就本案提起诉讼，诉请与之前相同。法院受理后委托S市某司法鉴定所法医鉴定，刘某的各项损失合计应为23.5万元。D县法院以调解协议显失公平为由予以撤销；认为双眼失明的损害后果必然有眼疾因素存在，应由医院承担本案35%的赔偿责任，共计8.2万元。刘某不服提起上诉，S市中院于2008年7月裁定驳回上诉、维持原判。

刘某不服二审判决，于2010年5月向S市中院申请再审。S市中院于2011年8月再审判决认定，刘某的眼疾与其双目失明的后果有一定关系，但应承担次要责任，医院承担本案65%的赔偿责任，共计15.3万元。刘某不服S市中院的再审判决，于2013年5月向H省高院申请再审。H省高院于2014年3月再审判决认定，医院应当为刘某双目失明的损害后果承担全部责任，共计23.5万元。刘某仍不服，向检察机关申请抗诉。最高检抗诉后，最高人民法院经审理，于2017年12月判决医院赔偿刘某各项损失27万元。

问题：

1. 就本案所涉及的以下相关事实，即事实一：刘某在城南镇医院作了眼科手术；事实二：刘某双眼失明；事实三：手术失败导致双眼失明；事实四：城南镇医院没有眼科手术资质；事实五：刘某手术后未遵医嘱进行康复治疗，应当由谁承担证明责任？为什么？

2. 若城南镇医院无法提供刘某眼科手术的病历，会产生何种法律后果？

3. 2007 年 5 月，刘某提出撤销其与城南医院的调解协议，他需要举证证明哪些事实，其诉请才可能成立？

4. S 市中院再审此案时，应当在程序上注意哪些特殊事项？

5. 根据现行法律和司法解释规定，本案在程序上存在哪些瑕疵？

6. 本案涉及的行政调解属于一种非讼纠纷解决方式，但在社会实践中其并未发挥预期功能。请结合本案和社会发展情况，试述如何发挥调解在多元纠纷解决机制中的应有功能。

答题要求：

（1）根据法律、司法解释规定及民事诉讼法理知识作答；

（2）观点明确，逻辑清晰，说理充分，文字通畅；

（3）请按提问顺序逐一作答，总字数不得少于 800 字。

[**案例来源：**（2016）最高法民再字第 150 号：刘某、洞口县竹市镇卫生院医疗损害责任纠纷再审民事判决书]

二、命题总思路

本题以最高人民法院所作再审判决为素材，综合最高人民法院在 2017 年底发布的《关于审理医疗损害责任纠纷案件适用法律若干问题的解释》新规定命制本题。本题涉及民事纠纷解决方式、证明责任分配、再审程序规则等诸多高频考点，考查形式既包括案例题，又有小论述题。部分开放式题目考查面广，要求对程序规则或瑕疵进行梳理，解题依据涉及民事实体法和程序法，难度颇高。案例涉及诸多程序环节，考生阅读材料时应当予以梳理，**列出程序流程图**，方可对是否违反程序规则作出准确判断。

三、答案精讲

1. 就本案所涉及的以下相关事实，即事实一：刘某在城南镇医院作了眼科手术；事实二：刘某双眼失明；事实三：手术失败导致双眼失明；事实四：城南镇医院没有眼科手术资质；事实五：刘某手术后未遵医嘱进行康复治疗，应当由谁承担证明责任？为什么？

答案：刘某在城南镇医院作了眼科手术、刘某双眼失明、手术失败导致双眼失明、城南镇医院没有眼科手术资质等事实应当由原告刘某承担证明责任；刘某手术后未遵医嘱进行康复治疗，应由被告城南镇医院承担证明责任。因为，患者主张医疗机构承担赔偿责任，应当承担到该机构就诊、受到损害、诊疗行为与损害结果直接存在因果关系、医疗机构有过错（过错推定情形除外）的证明责任；而抗辩事由应由被告承担证明责任。手术失败导致双眼失明是指诊疗行为与损害结果直接存在因果关系，城南镇医院没有眼科手术资质可以推定医疗机构有过错，刘某手术后未遵医嘱进行康复治疗属于医院的抗辩事由。

难度：中

考点：证明责任的特殊分配（证明责任特殊分配的具体情形）

命题和解题思路：医疗损害责任纠纷案件的证明责任分配向来存在争议，《侵权责任法》和《审理医疗损害责任纠纷解释》先后修正了《最高人民法院关于民事诉讼证据的若干规定》的内容，将过错和因果关系的证明责任“交还”原告。因本题已经明确交代了待证事实，**应根据事实描述判断属于实体法上何种要件事实，再结合法律和司法解释的规定准确作答**。

答案解析：

《侵权责任法》第54条规定，患者在诊疗活动中受到损害，医疗机构及其医务人员有过错的，由医疗机构承担赔偿责任。据此，患者应当承担在被诉的医疗机构就诊、遭受损害以及医疗机构或医务人员有过错的证明责任。因而刘某在城南镇医院作了眼科手术、刘某双眼失明应由刘某承担证明责任。《侵权责任法》第58条第（一）项规定，违反法律、行政法规、规章以及其他有关诊疗规范的规定，可以推定医疗机构有过错。城南镇医院没有眼科手术资质即属于推定医疗机构有过错的情形，过错推定时应由患者就基础事实承担证明责任。具言之，刘某无须证明城南镇医院有过错，但要承担城南镇医院没有眼科手术资质的证明责任。《审理医疗损害责任纠纷解释》第4条第2款规定，患者无法提交医疗机构及其医务人员有过错、诊疗行为与损害之间具有因果关系的证据，依法提出医疗损害鉴定申请的，人民法院应予准许。据此，诊疗行为和损害结果直接存在因果关系的证明责任也应当由患者承担证明责任，只不过可以通过医疗损害鉴定辅助完成证明。手术失败导致双眼失明实际上是指诊疗行为与损害结果直接存在因果关系，应由刘某承担证明责任。

《侵权责任法》第60条第1款第（一）项规定，患者或者其近亲属不配合医疗机构进行符合诊疗规范的诊疗，医疗机构不承担赔偿责任。《审理医疗损害责任纠纷解释》第4条第3款规定，医疗机构主张不承担责任的，应当就《侵权责任法》第60条第1款规定情形等抗辩事由承担举证证明责任。据此，刘某手术后未遵医嘱进行康复治疗，这属于医院的抗辩事由，应由医院承担证明责任。

2. 若城南镇医院无法提供刘某眼科手术的病历，会产生何种法律后果？

答案：从实体法角度来看，城南镇医院无法提供刘某眼科手术的病历，除了不可抗力外，应当推定医院存在过错。就过错要件，患者刘某不再承担证明责任。

从程序法角度来看，刘某可以在举证期限届满前向法院申请城南镇医院提交该案病历。因提交书证所产生的费用，由申请人负担。对方当事人无正当理由拒不提交，法院可以认定申请人所主张的书证内容为真实。此外，如果城南镇医院为阻碍刘某使用病历，而故意将病历损毁，法院可对行为人处以罚款、拘留。

难度：难

考点：书证（书证的提出）；医疗损害责任的构成要件

命题和解题思路：法考主观题考试提供法条，这会导致简单翻阅法条即可获得答案的试题减少甚至消失，而理论型或者开放式题目会有所增加。本题属于**开放式题目**，考查医院拒绝提供病历时的法律后果，为避免遗漏，建议从**实体法和程序法两个层面**总结作答。另外，可具体**分析无法提供病历的原因**分情形作答。实体法可结合《侵权责任法》中医疗损害责任的构成要件答题，程序法则应结合文书提出命令、妨害证明行为的处理等规定总结答案。

答案解析：

《审理医疗损害责任纠纷解释》第6条第2款规定，患者依法向人民法院申请医疗机构提交由其保管的与纠纷有关的病历资料等，医疗机构未在人民法院指定期限内提交的，人民法院可以依照《侵权责任法》第58条第2项规定推定医疗机构有过错，但是因不可抗力等客观原因无法提交的除外。据此，除不可抗力之外，城南镇医院无法提供刘某眼科手术的病历，可推定其有过错，患者不再就过错要件事实承担证明责任。

《最高人民法院关于适用〈中华人民共和国民事诉讼法〉的解释》第112条规定，书证在对方当事人控制之下的，承担举证证明责任的当事人可以在举证期限届满前书面申请人民法院责令对方当事人提交。申请理由成立的，人民法院应当责令对方当事人提交，因提交书证所产生的费用，由申请人负担。对方当事人无正当理由拒不提交的，人民法院可以认定申请人所主张的书证内容为真实。据此，病历属于书证，可以适用文书提出命令。

《最高人民法院关于适用〈中华人民共和国民事诉讼法〉的解释》第113条规定，持有书证的当事人以妨碍对方当事人使用为目的，毁灭有关书证或者实施其他致使书证不能使用行为的，人民法院可以依照民事诉讼法第111条规定，对其处以罚款、拘留。据此，对于毁损书证的行为，还可适用民事诉讼强制措施。

3. 2007年5月，刘某提出撤销其与城南医院的调解协议，他需要举证证明哪些事实，其诉由才可能成立？

答案：刘某以调解协议显失公平为由提请法院予以撤销。根据《民法通则意见》第72条规定，刘某须证明：①城南医院在调解协议的订立过程中利用了院方的专业优势或利用了刘某一方欠缺相关经验，对刘某的意思表示产生不当影响；②协议确定的医疗赔偿数额与医院侵权行为造成的实际损失存在明显不公平；③前两者存在因果关系。

难度：中

考点：显失公平的构成要件

命题和解题思路：本题通过当事人在诉讼中的举证责任，考查了实体请求权基础。解题时须切合命题人的考查意图，围绕合同的撤销制度，重点把握法律或司法解释对**显失公平构成要件**的规定。

答案解析：

本题刘某提出的诉由为：因存在显失公平，请求撤销原告与被告签订的医疗纠纷调解协议。作为合同撤销事由之一的“显失公平”，《民法通则意见》第72条规定，一方当事人利用优势或者利用对方没有经验，致使双方的权利与义务明显违反公平、等价有偿原则的，可以认定为显失公平。

4. S市中院再审此案时，应当在程序上注意哪些特殊事项？

答案：①不得适用简易程序审理此案；②原二审合议庭组成人员不得参与再审程序审理；③陪审员不得参与本案审理。

难度：中

考点：简易程序的适用范围、合议制度

命题和解题思路：本题属于开放式题目，没有设定具体答题范围，从宏观上考查对于特定民事诉讼程序特殊适用规则的掌握程度。解题内容虽有明确的法律

依据，但如果不熟悉相关内容，逐一翻阅法条将会耗费大量时间。考查**再审或发回重审等适用注意事项，应从适用程序、审判组织形式、审判组织构成等角度总结作答**。

答案解析：

《民事诉讼法》第40条第3款规定，审理再审案件，原来是第一审的，按照第一审程序另行组成合议庭；原来是第二审的或者是上级人民法院提审的，按照第二审程序另行组成合议庭。本案的生效裁判是二审判决，S市中院再审时应当按照二审程序另行组建合议庭，即原二审合议庭组成人员不得参与再审程序审理。

《民事诉讼法》第40条第1款规定，人民法院审理第二审民事案件，由审判员组成合议庭。因此，本案再审时的合议庭不能有陪审员参与。

《最高人民法院关于适用〈中华人民共和国民事诉讼法〉的解释》第257条第（四）项规定，适用审判监督程序的案件，不适用简易程序。

5. 根据现行法律和司法解释规定，本案在程序上存在哪些瑕疵？

答案：①S市中院应当用判决驳回上诉、维持原判；②刘某不可向S市中院申请再审；③刘某向S市中院申请再审超过再审期限；④刘某不能对S市中院的再审判决向H省高院申请再审。

难度：难

考点：上诉案件的裁判；申请再审的条件

命题和解题思路：本题选用的是新民事诉讼法和《最高人民法院关于适用〈中华人民共和国民事诉讼法〉的解释》出台之前的案件，其程序规则与现行规定有所差异。本题以开放式设问形式，考查学生对民事诉讼程序（特别是二审和再审程序）的熟悉程度。因为案情较长，涉及程序环节多，考生应当根据法律规定逐一作出判断。此类试题即便提供法条，准确作答的难度也极高。

答案解析：

《民事诉讼法》第170条第1款第（一）项规定，原判决、裁定认定事实清楚，适用法律正确的，以判决、裁定方式驳回上诉，维持原判决、裁定。据此，对判决不服上诉应当用判决驳回上诉、维持原判；对裁定不服上诉应当用裁定驳回上诉、维持原裁定。本案中，刘某对D县法院的一审判决不服上诉，因此S市中院应当判决驳回上诉、维持原判。

《民事诉讼法》第199条规定，当事人对已经发生法律效力的判决、裁定，认为有错误的，可以向上一级人民法院申请再审；当事人一方人数众多或者当事人双方为公民的案件，也可以向原审人民法院申请再审。据此，本案原告是自然人刘某、被告是镇医院不属于自然人，因此刘某不可向原审S市中院申请再审。

《民事诉讼法》第205条规定，当事人申请再审，应当在判决、裁定发生法律效力后6个月内提出；有本法第200条第1项、第3项、第12项、第13项规定情形的，自知道或者应当知道之日起6个月内提出。据此，按现行规定，本案应当在判决生效后6个月内提出，刘某申请再审不符合再审期限要求。

《最高人民法院关于适用〈中华人民共和国民事诉讼法〉的解释》第383条第1款第（二）项规定，当事人对再审判决、裁定提出申请的，法院不予受理。据此，刘某不能对S市中院的再审判决向H省高院申请再审。如果刘某不服S市中院再审判决，可以向检察院申请抗诉或者检察建议。

6. 本案涉及的行政调解属于一种非讼纠纷解决方式，但在社会实践中其并未发挥预期功能。请结合本案和社会发展情况，试述如何发挥调解在多元纠纷解决机制中的应有功能。

答案：略

难度：中

考点：民事纠纷解决方式（内容）

命题和解题思路：在司考时代，民事诉讼法在卷四最后一题的论述题中共考查过两次，巧合的是全部考查民事纠纷解决方式这一高频考点。偶然中实则存在必然。本考点充满张力，便于考生展开论证。

解答本类考题，应当首先**认真审题，厘清解题条件和要求**，这可有效避免论述过程中跑题，例如本题要求结合案例素材和社会发展情况；其次作为解题知识储备，应当**把握各类纠纷解决方式的适用条件、法律效力**，特别是通过比较把握**不同纠纷解决方式的优缺点**；最后从技术上说，应当**提炼论证的核心观点**，围绕该观点展开具体论证，这可避免小论文写成“散文”。

答案解析：

首先，概括我国现阶段社会发展情况，强调矛盾多发的现实。我国处于社会转型期，应对社会转型期矛盾集中、类型多样的特点，需要建构多元纠纷解决机制予以应对。对于当事人争议较大、疑难复杂的案件侧重于通过诉讼方式解决；对于案情相对简单，当事人分歧较小的案件则可运用调解等非讼方式处理。

其次，反思本案中行政调解出现的偏差及后果。本案中行政调解的结果与法律规定的赔偿数额出入过大，这难以令当事人满意，也直接引发了刘某走上后续十余年的漫长诉讼之路。可以预见，马拉松式的诉讼可能导致刘某对调解产生不信任感，他今后遇到纠纷，很可能不会选择调解解决。

再次，简单梳理调解受掣肘的成因：现如今调解功能不彰，成因复杂。包括调解欠缺执行效力、调解规范性不足，调解人员素质参差不齐等。虽然各类调解均强调自愿、合法原则，但在实践中，调解往往更强调自愿，合法原则大多受到忽略，甚至将合法性理解为不违法即可。为实现调解结案，调解人员可能不会把案件的利害关系讲透，这样使得当事人的“自愿”大打折扣。

最后，针对存在的问题提出应对之策：为了发挥调解的制度功能，应当提升调解人员的法律水平和调解技能，特殊案件还可引入专业调解人员。本案是医疗损害责任纠纷，专业性较强，且原被告之间实力差距较大，此类案件建议借助于专业人士参与调解，有助于增加调解的专业性和可接受性。总之，应当让当事人在调解中感受到便捷、高效、性价比高，才会乐于采用调解方式解决纠纷。

案例分析题一

一、试题（本题为民事诉讼法、商法融合试题）

案情：

扫一扫　看微课视频

华成电子有限责任公司（以下简称“华成电子公司”）拟在香港创业板上市。2003 年 12 月，华成电子公司与华成机器翻译有限公司（以下简称“华成翻译公司”）作为甲方，与谢某、黄某、张某和长盛风险投资有限公司（以下简称“长盛公司”）共同作为乙方签订《合作协议》《股权转让协议》和《框架协议》。

《合作协议》约定，甲、乙双方就股权转让和投资事宜达成合作意向，甲方拟收购乙方持有的创进发展有限公司（以下简称“创进公司”）的全部股权。同时，乙方拟作为甲方之海外拟上市公司的风险投资者；甲方承诺乙方关联公司可以按照《框架协议》的条款，获得甲方拟在香港创业板上市的子公司股份；为了甲方有关上市工作需要，乙方同意在此协议签订后，开始按甲方要求对创进公司进行工商变更，但甲方承诺，在上市前创进公司的实际控制人仍为乙方，其实际所有者权益在上市前不作任何改变；如因各种原因甲方重组上市未果，则终止本协议、《股权转让协议》和《框架协议》。对已经履行部分，双方同意尽可能地回复原状，包括（但不限于）返还协议价格，恢复创进公司股权架构，重新进行相应工商变更登记等，对由此给双方造成的损失，双方同意按照公平原则各自承担。

《框架协议》约定，甲方拟将业务重组并在香港创业板上市，甲方保证乙方在股份转让后要进行股权置换，即股权置换后乙方要拥有开曼华成（华成电子公司拟在香港上市的子公司）8%的股权，但最终乙方拥有开曼华成的股权比例由该公司在发行招股时的总市值及经甲乙双方最终确认的可供乙方认购的市值数来确定；甲乙双方每股转让价格为开曼华成于香港创业板上市时的发行价格；甲方保证以开曼华成在香港创业板上市，如因各种原因而上市未果，则终止甲、乙双方签订的《合作协议》，并按《合作协议》中规定的方式返回乙方业已支付的全部款项等条款。

《股权转让协议》约定，乙方持有创进公司的股权全部转让给甲方，原股东对创进公司的持股比例为长盛公司占25%、谢某占46.11%、张某占14.56%、黄某占14.33%。其中，长盛公司将其所持有的创进公司25%的股权全部转让给华成电子公司；如有争议，提请B仲裁委员会解决。鉴于创进公司注册资本为1200万元，长盛公司向华成电子公司转让的注册资本额为300万元。谢某持有的36.11%、张某的14.56%（张某以房产出资，于2001年6月交付创进公司实际占有和使用，但因该房产之上有银行的抵押权而未办理过户手续）、黄某的14.33%全部转让给华成电子公司。谢某将剩余的10%股权转让给华成翻译公司。以上股权转让后，创进公司的股本结构是，华成电子公司的出资金额为1080万元，占90%，华成翻译公司的出资金额为120万元，占10%。

2004年下半年，由于创进公司业绩不理想及香港股市低迷等原因，华成电子公司、华成翻译公司的海外子公司上市进程搁浅。经多方面考虑，2005年初华成电子公司、华成翻译公司与长盛公司、谢某、张某、黄某达成共识，认为短期内上市存在困难，同意根据《合作协议》的约定，终止已经签署的三份协议，即《合作协议》《股权转让协议》及华成电子公司引进风险投资者的《框架协议》，将创进公司恢复原状。但是长盛公司借口种种理由屡次拖延办理创进公司股权恢复原状的工商变更手续。

2005年底，长盛公司以《股权转让协议》为依据，向B仲裁委员会申请仲裁。B仲裁委员会裁决华成电子公司承担支付股权转让金及利息责任。仲裁裁决后，华成电子公司以事实认定错误为由向B仲裁委员会所在的B市第二中院申请撤销仲裁裁决，申请被裁定驳回。长盛公司依据仲裁裁决，向法院申请强制执行，法院依法扣划了华成电子公司48000元。

2006年8月，华成电子公司、华成翻译公司向S市中院起诉，请求法院判令：①确认《合作协议》合法有效；②判令终止《合作协议》，将华成电子公司名义上的90%的创进公司股权分别变更登记由谢某持有36.11%、黄某持有14.33%、张某持有14.56%、长盛公司持有25%，将华成翻译公司名义上的10%

的创进公司股权变更登记由谢雄平持有；③判令长盛公司赔偿因其违约给华成电子公司、华成翻译公司造成的额外经济损失166435.3元，包括仲裁律师费5万元，法院执行仲裁裁决已扣划的款项48000元，华成电子公司承担的仲裁费51630元，往返调查取证的费用16805.3元。

S市中院审理后认为，对于上市未果，华成电子公司已通知创进公司原股东，并要求终止《合作协议》。长盛公司、谢某、张某、黄某没有依约协助华成电子公司、华成翻译公司履行工商变更登记义务，恢复创进公司的股权原状，其行为已经构成违约，应当承担相应的违约责任。判决解除《合作协议》；四被告在判决发生法律效力之日起1个月内协助两原告办理股权变更登记手续；长盛公司在判决发生法律效力之日起10日内返还48000元给华成电子公司。

长盛公司、谢某不服一审判决，向G省高院提起上诉。G省高院审理后认为，《合作协议》《框架协议》及《股权转让协议》属于不可分割的整体，法院应对上述协议一并审理，因仲裁机构已依据《股权转让协议》的约定裁决华成电子公司向长盛公司支付股权转让费300万元及逾期付款利息，因此法院受理华成电子公司、华成翻译公司要求终止《合作协议》并将创进公司的股份办理到四被告名下的起诉必然涉及《股权转让协议》，而仲裁机构对《股权转让协议》已做出裁决，因此两原告的诉讼请求势必与仲裁裁决相冲突。原审法院判决解除《合作协议》并将创进公司在华成电子公司、华成翻译公司名下的股份恢复办理到四被告的名下与涉案仲裁裁决的内容相矛盾，实质上将仲裁机构所裁决的内容再次进行裁判，违反一事不再理的原则。遂裁定撤销原判，驳回起诉。

问题：

1. 若2003年9月创进公司向法院主张张某未履行出资义务，则张某的股东资格和出资状况如何？

2. B仲裁委员会作出的仲裁裁决是否符合法律规定？为什么？

3. B市第二中院裁定驳回撤销仲裁裁决申请是否符合法律规定？为什么？

4. 请判断华成电子公司、华成翻译公司向S市中院起诉的诉的类型？请阐明理由。

5. 本案二审中各方当事人的诉讼地位如何确定？为什么？

6. 二审法院认为法院判决违反“一事不再理”原则的裁判意见能否成立？请阐明理由。

［**案例来源：**《最高人民法院公报》2017年第7期：华建电子有限责任公司、华建机器翻译有限公司与广州科技风险投资有限公司、谢雄平、张贺平、仇绍

明、黄若浩合作协议纠纷案]

二、命题总思路

本题以《最高人民法院公报》登载案例为素材，对商法、民诉和仲裁制度予以综合考查。考查内容涉及有限责任公司的设立条件、仲裁的适用条件、撤销仲裁裁决的情形、诉的类型识别、二审中当事人诉讼地位的确定、“一事不再理”原则的适用等知识点。绝大多数题目属于偏理论型考题，简单查找法条无从作答。

三、答案精讲

1. 若2003年9月创进公司向法院主张张某未履行出资义务，则张某的股东资格和出资状况如何?

答案：张某以房产作为出资，该房产之上存在有效的抵押权，其股东资格的享有须依赖于该抵押权是否在法院指定的合理期限内办理了解除抵押权的手续并转移所有权于公司。如果张某在法院指定的合理期限内办理了解除抵押权的手续，并转移所有权于公司，则其出资有效，股东资格自房产实际交付公司占有使用时起开始享有。

难度：中

考点：有限责任公司的设立条件

命题和解题思路：本题考查了**有限责任公司股东的出资瑕疵以及法律后果**相关的法律问题。对于股东出资瑕疵，并非直接判定为未履行或未完全履行出资义务，而是由法院责令瑕疵出资股东限期补正和消除瑕疵。正确解答本题，需要掌握好《最高人民法院关于适用〈中华人民共和国公司法〉若干问题的规定(三)》的相关内容。

答案解析：

(1) 根据《最高人民法院关于适用〈中华人民共和国公司法〉若干问题的规定（三)》第8条的规定：“出资人以划拨土地使用权出资，或者以设定权利负担的土地使用权出资，公司、其他股东或者公司债权人主张认定出资人未履行出资义务的，人民法院应当责令当事人在指定的合理期间内办理土地变更手续或者解除权利负担；逾期未办理或者未解除的，人民法院应当认定出资人未依法全面履行出资义务。”

（2）根据《最高人民法院关于适用〈中华人民共和国公司法〉若干问题的规定（三）》第10条第1款的规定："出资人以房屋、土地使用权或者需要办理权属登记的知识产权等财产出资，已经交付公司使用但未办理权属变更手续，公司、其他股东或者公司债权人主张认定出资人未履行出资义务的，人民法院应当责令当事人在指定的合理期间内办理权属变更手续；在前述期间内办理了权属变更手续的，人民法院应当认定其已经履行了出资义务；出资人主张自其实际交付财产给公司使用时享有相应股东权利的，人民法院应予支持。"张某以存在有效抵押权的房屋出资，如果其在法院指定的合理期限内办理了解除抵押权的手续，并转移所有权于公司，则其出资有效，股东资格自房产实际交付公司占有使用时起开始享有。

2. B仲裁委员会作出的仲裁裁决是否符合法律规定？为什么？

答案：符合法律规定。虽然按照《合作协议》的规定，应当终止三份协议恢复原状，但《合作协议》中并无仲裁约定，因此仲裁委员会无权对《合作协议》的内容予以审查，只能依据《股权转让协议》约定的仲裁条款裁定华成电子公司承担支付股权转让金及利息责任。

难度：中

考点：请求仲裁的意思表示

命题和解题思路：本题主要考查**仲裁适用的前提条件**，疑难之处在于一系列合同中仅有一个合同约定了仲裁条款，申请仲裁时仲裁机构可裁决范围的确定。考生正确解答本题，除了解仲裁适用必须书面合意选择之外，关键在于准确把握案件中三个协议的彼此关系。遵循这一思路，方可准确作答。

答案解析：

仲裁的适用必须有书面的仲裁协议或者仲裁条款。本案中涉及三个协议，从内容解读，《股权转让协议》和《框架协议》是对《合作协议》的细化和补充。仲裁条款约定在《股权转让协议》中，从协议的彼此关系看，仲裁机构在裁决时，无权对《合作协议》的条款予以裁决。单纯从《股权转让协议》的约定来看，长盛公司将持有的创进公司25%的股权转给华成电子公司，有权要求华成电子公司支付股权转让金及利息。因此，B仲裁委员会作出的仲裁裁决符合法律规定。

3. B市第二中院裁定驳回撤销仲裁裁决申请是否符合法律规定？为什么？

答案：符合法律规定。因为华成电子公司申请撤销仲裁裁决的理由是事实认定错误，这不属于《仲裁法》规定的撤销理由。

难度：易

考点：申请撤销仲裁裁决的理由

命题和解题思路：本题设问与上一题一脉相承，如果误认为仲裁裁决不合法，很容易得出法院驳回撤销申请不符合法律规定的结论。本题旨在考查**撤销仲裁裁决的法定事由**，有明确的法律依据，准确查找《仲裁法》规定，不难作出正确判断。

答案解析：

《仲裁法》第58条规定，当事人提出证据证明裁决有下列情形之一的，可以向仲裁委员会所在地的中级人民法院申请撤销裁决：（一）没有仲裁协议的；（二）裁决的事项不属于仲裁协议的范围或者仲裁委员会无权仲裁的；（三）仲裁庭的组成或者仲裁的程序违反法定程序的；（四）裁决所根据的证据是伪造的；（五）对方当事人隐瞒了足以影响公正裁决的证据的；（六）仲裁员在仲裁该案时有索贿受贿，徇私舞弊，枉法裁决行为的。《最高人民法院关于适用〈中华人民共和国仲裁法〉若干问题的解释》第17条规定，当事人以不属于仲裁法第58条或者民事诉讼法第260条规定的事由申请撤销仲裁裁决的，人民法院不予支持。据此，事实认定错误不属于法定的撤销仲裁的理由。因此，B市第二中院裁定驳回撤销仲裁裁决申请符合法律规定。

4. 请判断华成电子公司、华成翻译公司向S市中院起诉的诉的类型？请阐述理由。

答案：第一项请求是确认之诉，因为意在于确定合同双方当事人之间是否存在某种法律关系；第二项请求是变更之诉，因为意在通过判决消灭原被告之间的合作合同关系；第三项是给付之诉，因为意在要求被告履行给付违约造成损失的义务。

难度：难

考点：诉的分类

命题和解题思路：诉的分类属于民事诉讼法中的理论型考点，难度较高，也是高频考点。本题结合原告的三项诉讼请求，考查对于诉的类型的识别。解答本题没有明确的法律依据，不熟悉三类诉的内涵和特征，手拿法条也会内心茫然。考生正确解题，应结合华成电子公司、华成翻译公司的**起诉目的结合各类诉的概念，逐一对三项诉讼请求作出判断**。

答案解析：

确认之诉，是指原告请求法院确认与被告之间是否存在某种民事法律关系的诉。本案中原告第一项诉讼请求是确认《合作协议》合法有效，意在请求法院确定原被告之间存在合作合同法律关系。因此，第一项诉请应为确认之诉。

变更之诉，是指原告请求法院以判决改变或消灭既存的某种民事法律关系的诉。原告第二项请求是终止《合作协议》，意在请求法院以判决消灭原被告之间的合作合同法律关系。因此，第二项诉请应为变更之诉。

给付之诉，是指原告请求法院判令被告向其履行特定给付义务的诉。原告第三项请求是被告赔偿因其违约为原告造成的经济损失，意在请求法院判决要求被告履行给付违约造成损失的义务。因此，第三项诉请应为给付之诉。

5. 本案二审中各方当事人的诉讼地位如何确定？为什么？

答案：长盛公司和谢某是上诉人，华成电子公司、华成翻译公司是被上诉人，张某、黄某是原审被告。因为本案中四被告属于必要共同诉讼被告，部分被告上诉，上诉者为上诉人，其指向的对象是被上诉人，其余主体依原审地位列明。

难度：中

考点：上诉的提起

命题和解题思路：二审中当事人地位的确定向来是高频考点，本题材料涉及的诉讼主体多，借此考查共同诉讼中部分被告上诉后二审中的诉讼地位。解答本题的**关键在于准确判断一审共同诉讼的具体类型**。如果是必要共同诉讼，其他未上诉的被告应依原审地位列明；如果是普通共同诉讼，则不必列出未上诉的被告。

答案解析：

一审诉讼中，华成电子公司、华成翻译公司起诉长盛公司、谢某、张某和黄某要求将创进公司股权结构恢复原状。根据《合作协议》《股权转让协议》和《框架协议》的规定，长盛公司、谢某、张某和黄某共同作为协议的乙方，四方之间就该协议存在共同权利义务关系。因此形成权利义务共同型必要共同诉讼。《最高人民法院关于适用〈中华人民共和国民事诉讼法〉的解释》第 319 条第（一）项规定，必要共同诉讼人的一人或者部分人提起上诉的，上诉仅对与对方当事人之间权利义务分担有意见，不涉及其他共同诉讼人利益的，对方当事人为被上诉人，未上诉的同一方当事人依原审诉讼地位列明。据此，就本案而言，长盛公司和谢某不服一审判决应为上诉人；其指向的对象明显是一审原告，因此华成电子公司、华成翻译公司是被上诉人；张某、黄某依原审诉讼地位列明，均为原审被告。

6. 二审法院认为法院判决违反“一事不再理”原则的裁判意见能否成立？请阐明理由。

答案：不能成立。仲裁的请求是长盛公司根据《股权转让协议》要求华成电子公司支付股权转让金及利息，而华成电子公司根据《合作协议》诉请就创进公司的股权结构恢复原状。两者依据的合同及法律关系并不相同，因此不违反“一事不再理”原则。

难度：难

考点：受理（重复起诉）

命题和解题思路：本题要求对二审法院的判决理由作出评价，具体而言，要求判断仲裁请求事项和诉讼请求是否违反“一事不再理”原则，应当准确把握“一事不再理”原则的认定标准，这是解答本题的前提条件。**是否违反“一事不再理”原则，可参考对重复起诉的认定。**根据《最高人民法院关于适用〈中华人民共和国民事诉讼法〉的解释》的规定，应当从**当事人、诉讼标的和诉讼请求**三个角度作出判断。

答案解析：

《最高人民法院关于适用〈中华人民共和国民事诉讼法〉的解释》第247条规定，当事人就已经提起诉讼的事项在诉讼过程中或者裁判生效后再次起诉，同时符合下列条件的，构成重复起诉：（一）后诉与前诉的当事人相同；（二）后诉与前诉的诉讼标的相同；（三）后诉与前诉的诉讼请求相同，或者后诉的诉讼请求实质上否定前诉裁判结果。据此，是否属于“一事”，要看当事人的后续起诉是否构成重复起诉，主要结合当事人、诉讼标的和诉讼请求三个要素予以判断。首先，当事人相同；其次，诉讼结果事实上是对仲裁裁决的否定，因为一旦创进公司股权结构恢复原状，那华成电子公司就无须支付股权转让金；最后，判断是否违反“一事不再理”原则的关键在于明确诉讼和仲裁是否涉及同一民事法律关系。长盛公司申请仲裁的根据是《股权转让协议》，请求华成电子公司支付股权转让金及利息，而华成电子公司起诉的根据是《合作协议》，诉请就创进公司的股权结构恢复原状。两者依据的合同及法律关系并不相同，因此不违反“一事不再理”原则。

案例分析题二

一、试题（本题为民事诉讼法、民法融合试题）

案情：

仇某系J省G县高级中学（以下简称“G高级中学”）高二年级（30）班在籍学生。2013年1月6日6时左右，仇某参加所在班级组织的跑步活动时突然摔倒，被送至G县医院进行抢救，病史录中载明“跑步时跌倒后十余分钟，由老师用汽车于6：25送入本院……于7：30宣布死亡，诊断：猝死（院外死亡）。”仇某于2013年1月24日被火化，同年2月7日被注销常住户口。

仇某的监护人作为投保人为仇某在中国人民财产保险股份有限公司G县支公司（以下简称“人保G县支公司”）投保学生、幼儿意外伤害保险，保险期间自2012年9月1日零时起至2013年8月31日24时止，保险责任中若意外身故、残疾、烧伤给付，疾病身故给付，每人保险金额为7500元。

J省教育厅作为投保人在被告中国人民财产保险股份有限公司J省分公司（以下简称“人保J省分公司”）投保校（园）方责任保险，由J省政府通过财政将保险费缴纳至被告人保J省分公司，被保险人为J省范围内的经国家有关部门批准设立的普通教育机构（包括小学、中学等），其中人身伤害每人每年累计赔偿限额为30万元，事故在该险种保险期间内。

2013年1月24日，仇某的父母仇某某、卞某（乙方）与G高级中学（甲方）签订协议书，载明甲、乙双方确定乙方之子仇某是因自身原因造成的意外死亡，甲方对其死亡无任何责任，鉴于其为G高级中学在校学生，乙方家庭生活困难，甲方出于人道主义一次性付给乙方人民币15万元。乙方及其近亲属不得就仇某死亡所产生的各项权利再向甲方主张任何赔偿或补偿费用，不得申请仲裁或起诉。原告已从G高级中学处领取该15万元。

仇某的父母请求G高级中学向人保J省分公司申请理赔，但G高级中学拒绝配合。后仇某的父母依据人保J省分公司和人保G县支公司拒绝理赔的事实，向G县法院提起诉讼，请求判令人保J省分公司给付校（园）方责任保险保险金30万元，人保G县支公司给付学生、幼儿意外伤害保险保险金7500元。

G县法院查明上述事实后，判决人保J省分公司给付校（园）方责任保险保险金30万元；人保G县支公司给付学生、幼儿意外伤害保险保险金7500元；对原告与G高级中学签订的协议书中有关学校无任何责任的说法不予认可，结合案情及仇某身故当天情况，酌定G高级中学对仇某死亡承担的赔偿责任比例为50%，即363949.75元。

人保G县支公司不服一审判决向L市中院提起上诉。上诉理由包括：①仇某是自身原因导致死亡，不属于意外事故，故本案不属于意外险和校园方责任险的保险责任范围；②一审判决人保J省分公司赔偿30万元，不属于学校依法应当承担的赔偿责任；③一审判决人保J省分公司赔偿30万元明显超出原告依法应当获得的赔偿金额。

问题：

1. 若G高级中学对仇某的死亡存在一定过错被证实，仇某父母是否可以主张甲乙双方签的订协议全部无效？为什么？

2. 仇某的父母与G高级中学签订协议后，起诉要求G高级中学承担责任，法院应如何处理？为什么？

3. 就校（园）方责任保险的诉讼请求，本案原告是否适格？为什么？

4. G高级中学在本案中应处于何种诉讼地位？为什么？

5. 根据民事诉讼法相关原理，本案一审判决是否存在问题？

6. L市中院如何确定本案二审程序的审理范围？

［**案例来源：**《最高人民法院公报》2017年第7期：仇玉亮等诉中国人民财产保险股份有限公司灌云支公司等意外伤害保险合同纠纷二审案］

二、命题总思路

本题取材于《最高人民法院公报》刊载案例，以保险合同纠纷为主线，对合同免责条款无效情形、适格当事人、处分原则、二审审理范围等实体法和程序法考点予以综合考查。题目设计偏理论化，需要掌握基本法律原理推论作答。个别题目还涉及学界观点争鸣，设计两种答案，言之成理皆可得分。

三、答案精讲

1. 若G高级中学对仇某的死亡存在一定过错被证实，仇某父母是否可以主张甲乙双方签的订协议全部无效？为什么？

答案：不可以，只能主张免责条款部分无效。协议中包含免除一方因故意或者重大过失造成对方财产损失的赔偿责任条款，就该部分内容可主张无效，其他部分的效力不因此受影响。

难度： 难

考点： 一般合同的免责条款无效情形

命题和解题思路： 本题通过一个校园伤害事故的和解协议实例，从实体法角度考查**合同法中免责条款效力机制，以及部分无效的处理规则**。解题时须重点把握两类免责条款的使用条件。注意本案只涉及“**财产损失免责条款**”问题。

答案解析：

《合同法》第53条规定，合同中的下列免责条款无效：（一）造成对方人身伤害的；（二）因故意或者重大过失造成对方财产损失的。第56条规定，合同部分无效，不影响其他部分效力的，其他部分仍然有效。本案中甲乙的和解协议中，并不存在人身伤害的免责条款，但存在免除因校方（甲方）过错依法应向仇某父母（乙方）承担的财产损失责任（医疗费、丧葬费、丧子的死亡赔偿金等）。该部分内容符合无效条款的条件。但其他部分可以继续有效。

2. 仇某的父母与G高级中学签订协议后，起诉要求G高级中学承担责任，法院应如何处理？为什么？

答案：

答案一：法院应当受理后依法作出裁判。因为不起诉契约属于民事契约，在性质上属于私法行为，不具有诉讼法上的效力。诉权属于公法性的权利，双方不能通过协议限制诉权行使。

答案二：法院应裁定不予受理。因为不起诉契约具有诉讼法上的效力，究其实质是当事人对诉权的放弃，是当事人选择不以诉讼方式解决纠纷的合意。

难度： 中

考点： 受理

命题和解题思路： 仇某的父母与G高级中学签订的协议涉及不得起诉的约定，本题考查**不起诉契约的法律效力**认定。该问题目前并无法律和司法解释的明确规定，学界对其也存在较大争议。因此本题并没有统一标准答案，**选择上述任一种观点，只要言之成理皆可得分**。本题意在提醒法考主观题可能会出现学说争议性问题，要注意根据自己确定的观点来展开论述。

答案解析：

不起诉契约，是当事人合意约定不得通过民事诉讼方式解决民事纠纷的协议。对此我国民事诉讼法并无明确规定，判断签订不起诉契约后能否再次起诉，其关键点在于如何认定不起诉契约的法律性质，这也是学界争鸣的焦点所在。无论认为不起诉契约有无诉讼法上的约束力，只要说理充分均可得分。

如果认为不起诉契约不具有诉讼法上的约束力，其理由大体包括：①民事诉讼法属于公法，具有不可处分性，除法律明确规定外的诉讼契约均不具有合法性；②民事诉讼程序的启动、审理方法及其顺序等均应由法律明确规定，不允许当事人任意变更。

如果认为不起诉契约具有诉讼法上的约束力，其理由大体包括：①当事人具有合意选择纠纷解决方式的处分权；②法律未规定的诉讼契约并非一概无效，有利于节省司法资源、避免诉讼拖延等诉讼契约应具有法律效力。

3. 就校（园）方责任保险的诉讼请求，本案原告是否适格？为什么？

答案：本案中仇某的父母属于适格原告。因为责任保险的被保险人怠于行使请求权，受损害第三者可以直接向保险人请求赔偿保险金。受损害的第三者仇某死亡，其近亲属可以作为赔偿权利人。因此仇某的父母向人保J省分公司请求赔偿被拒绝，有权起诉予以救济，本案的原告适格。

难度：易

考点：财产保险合同当事人的权利与义务；当事人适格（当事人适格的标准）

命题和解题思路：当事人适格与否必须结合民事法律关系作出判断，本题以校方责任保险为主线，考查**被保险人怠于行使请求权时受损害第三方如何救济**。还需要附带确定**死亡受害人的近亲属的赔偿权利人地位**。本题有明确的法律依据，难度较低。

答案解析：

《保险法》第65条第2款规定，责任保险的被保险人给第三者造成损害，被保险人对第三者应负的赔偿责任确定的，根据被保险人的请求，保险人应当直接向该第三者赔偿保险金。被保险人怠于请求的，第三者有权就其应获赔偿部分直接向保险人请求赔偿保险金。有根据《关于审理人身损害赔偿案件适用法律若干问题的解释》第1条第2款明确规定，“赔偿权利人”，是指因侵权行为或者其他致害原因直接遭受人身损害的受害人、依法由受害人承担扶养义务的被扶养人以及死亡受害人的近亲属。本案中仇某死亡，作为其近亲属的父母有权作为赔偿权利人。在被保险人怠于行使请求权时，受损害第三者可以直接向保险人请求赔偿保险金。赔偿请求被拒绝后，有权向法院起诉。因此，本案的原告适格。

4. G高级中学在本案中应处于何种诉讼地位？为什么？

答案：G高级中学应为无独立请求权第三人。因为G高级中学对案件并不享有独立的请求权，但案件处理结果与其有法律上的利害关系。

难度： 难

考点： 无独立请求第三人（含义）

命题和解题思路： 根据给定材料，判断某一主体的诉讼地位，这是常见的考查套路。此类考题往往没有明确的法律依据，需要**根据各方之间的民事法律关系，结合各类当事人的内涵作出具体判断**，因此这类考题同样符合法考时代提供法条的考查要求。如果直接确定其诉讼地位有困难，可采用排除法作出判断，可按**必要共同诉讼被告、普通共同诉讼被告、有独立请求权第三人和无独立请求权第三人的顺序依次排除**。如果排除上述全部情形，还可考虑其作为**证人**的诉讼角色。

答案解析：

首先可排除共同被告的地位：受害人的父母起诉要求两家保险公司分别承担校方责任险和意外伤害险的赔偿责任，其并未要求学校赔偿，且原告与学校之间的民事法律关系与保险公司既非同一也非同一种类，因此G高级中学不可能是共同诉讼被告。

学校能否作为第三人：首先判断是否是有独立请求权第三人，本案是受害人父母起诉保险公司履行保险赔付责任，就该诉讼标的而言，学校并不享有独立的请求权，因此可排除有独立请求权第三人。其次学校是否是无独立请求权第三人，如前所述，学校不可能享有独立请求权，关键在于明确案件的处理是否与其有法律上的利害关系。根据上一题分析，受害人仇某的父母直接起诉校方责任险保险公司，其前提是被保险人学校为第三者仇某造成损害，法院对该事实的认定可能影响到学校有无责任及责任大小的关键问题，因此案件处理结果与其有法律上的利害关系。

5. 根据民事诉讼法相关原理，本案一审判决是否存在问题？

答案： 本案一审判决，超越了原告的诉讼请求范围，违反了处分原则；且一审法院以当事人未主张的事实作为裁判依据，违反了辩论原则。

难度： 中

考点： 处分原则（内容）；辩论原则（内容）

命题和解题思路： 本题属于开放式题目，主要考查**处分原则和辩论原则**。解题时应结合**原告的诉讼请求和一审判决的范围、原告诉请事实与一审裁判认定事实的范围**作出判断。法院判决超越当事人的诉讼请求范围，违反了处分原则；法院以当事人未主张的事实作为裁判基础，则违反了辩论原则。一个案件违反了两项基本原则，稍有不慎可能会有遗漏，难度较高。

答案解析：

处分原则，是指民事诉讼当事人有权在法律规定的范围内，处分自己的民事权利和诉讼权利。据此，法院应当以当事人的诉讼请求范围为限作出判决。本案中，原告仅要求两家保险公司赔付校园责任险和意外伤害险，并未要求G高级中学承担赔偿责任。而一审判决除了判决两家保险公司承担赔付责任外，还确认G高级中学承担赔偿责任，这明显超出了当事人诉讼请求的范围，违反了处分原则。

约束性的辩论原则要求，只有当事人提出并加以主张的事实，法院才能予以认定。据此，本案原告主张的事实是两家保险公司拒绝履行理赔义务，并未涉及对G高级中学有无责任的事实。而一审判决认定G高级中学对仇某死亡负有责任，这明显超出了当事人诉讼主张的事实范围，违反了辩论原则。

6. L市中院如何确定本案二审程序的审理范围？

答案： L市中院应围绕人保G县支公司上诉请求的事实和法律问题进行审理，但应以人保G县支公司一审被判决承担责任的范围为限。即仇某是自身原因导致死亡，不属于意外事故，故本案不属于意外险的保险责任范围，不应支付意外伤害保险保险金7500元。

难度： 中

考点： 上诉案件审理的范围

命题和解题思路： 本题考查二审法院对上诉案件审理的范围，主要的难点在于本案中**上诉人的请求超出一审判决其承担责任的范围如何处理**。对此法律并未作出明确规定，应根据民事诉讼法原理推断作答。还应明确**二审的性质既是事实审，又是法律审**，避免答题时遗漏失分。

答案解析：

《民事诉讼法》第168条规定，第二审人民法院应当对上诉请求的有关事实和适用法律进行审查。《最高人民法院关于适用〈中华人民共和国民事诉讼法〉的解释》第323条规定，第二审人民法院应当围绕当事人的上诉请求进行审理。当事人没有提出请求的，不予审理，但一审判决违反法律禁止性规定，或者损害国家利益、社会公共利益、他人合法权益的除外。据此，人保G县支公司提起上诉后，法院应就其上诉请求涉及的事实认定和法律适用问题进行审理。但本题的关键在于人保G县支公司的上诉请求已超越一审判决其承担责任的范围，即人保G县支公司"越俎代庖"，代替人保J省分公司提起上诉。根据处分原则，当事人有权依法处分自己的民事权利和诉讼权利。人保J省分公司既然未提起上诉，表明其放弃了上诉权，人保G县支公司无权代其提起上诉，即便提起上诉，法院也不予审查。

案例分析题三

一、试题（本题为民事诉讼法、司法制度和法律职业道德融合试题）

案情：

扫一扫 看微课视频

2011年11月18日，林某驾驶冀GA9120货车行驶至B市C区机场高速公路上与向某驾驶车牌号为京A82368的客车相撞，客车翻滚致车内乘客冯某重伤。经交警部门认定，货车司机林某负全部责任，冯某不负事故责任。

经查，冀GA9120号牌在车辆管理部门登记的货车并非肇事货车，该号牌登记货车的所有人系安福汽车运输公司（以下简称“安福公司”），主要办事机构所在地在H省X市。实际所有人系被告卫某，该货车在永安财产保险股份有限公司（以下简称“永安保险公司”）投保机动车第三者责任强制保险，主要办事机构所在地在H省Z市，永安保险公司不知套牌之事。套牌使用冀GA9120号牌的肇事货车实际所有人为被告邱某，林某系邱某雇佣的司机。林某、卫某和邱某均为H省L县老乡。卫某同意邱某套牌且向其收取套牌费。

发生事故的号牌为京A82368客车的权属登记所在地是B市D区，其登记所有人是北京燕城运输有限公司（以下简称“燕城公司”），向某是燕城公司的驾驶员。2011年6月1日，康泰财产保险有限公司北京分公司（以下简称“康泰保险公司”）与燕城公司签订机动车辆保险合同，被保险车辆的车牌号为京A82368，保险期间自2011年6月5日0时起至2012年6月4日24时止。

事故发生后，康泰保险公司依照保险合同的约定，向被保险人燕城公司赔偿车辆受损保险金8.3万元，并依法取得代位求偿权。康泰保险公司于2012年10月诉至B市D区法院，请求判令邱某和相关利害关系人赔偿8.3万元，并承担诉讼费用。诉讼过程中邱某委托正义律师事务所的刘律师作为代理人参加诉讼。

冯某因赔偿协商无果，委托正义律师事务所的刘律师作为代理人，于2012年11月向法院提起诉讼。

问题：

1. 针对康泰保险公司的起诉，B市D区法院应当如何处理？
2. 冯某起诉的适格被告是谁？
3. 康泰保险公司和冯某提起的诉讼，诉讼标的是什么？

4. 若康泰保险公司和冯某提起的诉讼在同一法院审理，法院能否合并审理？请说明理由。

5. 刘律师的行为是否违反利益冲突审查规范？请说明理由。

［**案例来源：**①最高人民法院指导案例25号：华泰财产保险有限公司北京分公司诉李志贵、天安财产保险股份有限公司河北省分公司张家口支公司保险人代位求偿权纠纷案；②最高人民法院指导案例19号：赵春明等诉烟台市福山区汽车运输公司、卫德平等机动车交通事故责任纠纷案］

二、命题总思路

本题是根据最高人民法院公布的两个指导案例糅合改编而成，考查内容涉及起诉条件、当事人适格、诉讼标的、共同诉讼的判断、律师利益冲突审查规则等知识点。本题命制遵循两条规律：一是**学科融合**。除了考查民事诉讼法知识外，还涉及律师职业道德中利益冲突审查规范；二是**题目偏重理论化**。考查内容包括当事人适格、诉讼标的等民事诉讼法基础理论，即使提供法条也难以作答。

三、答案精讲

1. 针对康泰保险公司的起诉，B市D区法院应当如何处理？

答案：如果B市D区法院尚未受理本案，应当告知康泰保险公司向有管辖权的法院起诉，康泰保险公司坚持起诉，裁定不予受理；

如果B市D区法院立案后，被告提出管辖权异议，经审查理由成立，法院应将本案裁定移送有管辖权的法院；

如果B市D区法院立案后，被告未在答辩期内提出管辖权异议并作出应诉答辩，根据应诉管辖B市D区法院享有管辖权，应当继续审理案件；

如果当事人在答辩期间届满后未应诉答辩，B市D区法院在一审开庭前，发现案件不属于本院管辖，应当裁定移送有管辖权的法院。

难度：难

考点：起诉（起诉的条件和方式）；应诉管辖；管辖权异议

命题和解题思路：本题考查对原告起诉**法院无管辖权时的处理方式**，因涉及**应诉管辖、移送管辖和管辖权异议**等管辖制度，解题法律依据多，难度较高。本题的难点有二：一是准确识别本题的考点，指令句是“法院如何处理原告的起诉”，属于开放式设问，考查目的并不明确，需要结合相关管辖规定作出判断；二是准确掌握应诉管辖、移送管辖和管辖权异议的适用关系。

答案解析：

保险代位求偿权源于被保险人对第三人的损害赔偿请求权，因此**保险代位求偿权诉讼应当根据保险人所代位的被保险人与第三人之间的法律关系，而不应当根据保险合同法律关系确定管辖法院**。本案中被保险人与第三人之间是侵权法律关系，应由侵权行为地或者被告住所地法院管辖。

B市D区是保险标的物所在地，该地法院对本案不享有管辖权。法院对原告起诉不享有管辖权时应如何处理，根据《最高人民法院关于适用〈中华人民共和国民事诉讼法〉的解释》第211条规定，对本院没有管辖权的案件，告知原告向有管辖权的人民法院起诉；原告坚持起诉的，裁定不予受理；立案后发现本院没有管辖权的，应当将案件移送有管辖权的人民法院。据此，虽未明确规定，但本条前半部分显然适用于法院立案前阶段。后半部分规定不明确，需要结合管辖权异议和应诉管辖予以细化。①如果被告提出管辖权异议，《民事诉讼法》第127条第1款规定，人民法院受理案件后，当事人对管辖权有异议的，应当在提交答辩状期间提出。人民法院对当事人提出的异议，应当审查。异议成立的，裁定将案件移送有管辖权的人民法院。②如果被告没有提出管辖权异议而应诉答辩，《民事诉讼法》第127条第2款规定，当事人未提出管辖异议，并应诉答辩的，视为受诉人民法院有管辖权，但违反级别管辖和专属管辖规定的除外。③如果当事人未应诉答辩，《最高人民法院关于适用〈中华人民共和国民事诉讼法〉的解释》第35条规定，当事人在答辩期间届满后未应诉答辩，人民法院在一审开庭前，发现案件不属于本院管辖的，应当裁定移送有管辖权的人民法院。

2. 冯某起诉的适格被告是谁？

答案：如果冯某提起违约之诉，适格被告为燕城公司；如果冯某提起侵权之诉，适格被告为安福公司、卫某和邱某。

难度：难

考点：当事人适格（当事人适格的标准）；必要共同诉讼

命题和解题思路：冯某因交通事故受损害，实际上属于**侵权和违约的竞合**情形。**适格被告的确定，应以冯某诉请所依据的民事法律关系予以分别确定**。还需要留意本题考查的是“适格被告”，应根据案例表述结合民事实体法和程序法作出判断。违约之诉确定适格被告较为简单，只要判断向某驾车属于**职务行为**不难准确作答。本题的难点在于如何确定侵权纠纷的适格被告，要熟悉套牌时当事人如何确定，第三者责任险的适用对象等内容。

答案解析：

如果冯某提起违约之诉，根据合同相对性原理，运输合同的双方当事人是燕城公司和冯某，因此适格被告为燕城公司。如果冯某提起侵权之诉，根据实践操作，冯某可以将燕城公司、安福公司、永安保险公司、卫某和邱某一并推上法庭。但本题考查的是适格被告，应假定给定材料说法真实通过确定各方的法律责任来明确适格被告。材料中交通事故的责任全部应由货车一方承担，因此客车所属燕城公司不是适格被告。该货车又属于套牌，根据《道路交通事故损害赔偿解释》第5条规定，套牌机动车发生交通事故造成损害，属于该机动车一方责任，当事人请求由套牌机动车的所有人或者管理人承担赔偿责任的，人民法院应予支持；被套牌机动车所有人或者管理人同意套牌的，应当与套牌机动车的所有人或者管理人承担连带责任。据此，本案中安福公司、卫某和邱某应为共同被告。在永安保险公司投保的车辆并非肇事车辆，且对于套牌之事保险公司并不知情，因此永安保险公司并非适格被告。虽然事故发生林某负有不可推卸的责任，但其属于受雇人员，应由雇主邱某承担责任，林某也非适格被告。

3. 康泰保险公司和冯某提起的诉讼，诉讼标的是什么？

答案：康泰保险公司起诉的诉讼标的是保险代位求偿法律关系；冯某起诉的诉讼标的应依其诉请确定，可能是运输合同法律关系或者机动车交通事故侵权法律关系。

难度：中

考点：诉讼标的（概念）

命题和解题思路：**诉讼标的是诉的客体要素，是法院裁判的民事法律关系。**本题涉及民事诉讼基本理论，但并无答题陷阱，只要了解诉讼标的概念，并注意冯某起诉的两类情形，当可准确作答。但如果复习不到位，不了解何为诉讼标的，仅靠翻阅法条绝对无从知晓答案。

答案解析：

诉讼标的是指当事人之间发生争执并要求法院作出裁判的民事权利义务关系。据此，康泰保险公司因保险代位求偿提起诉讼，因此本案的诉讼标的是保险代位求偿法律关系。冯某如果提起的是违约之诉，其诉讼标的应为运输合同法律关系；如果提起的是侵权之诉，其诉讼标的应为机动车交通事故侵权法律关系。

4. 若康泰保险公司和冯某提起的诉讼在同一法院审理，法院能否合并审理？请说明理由。

答案： 不能合并审理两个案件。根据诉的合并理论，两个案件的诉讼标的既不同一，也非同一种类，因此不符合诉的合并适用情形，法院不能合并审理。

难度： 中

考点： 诉的合并

命题和解题思路： 本题考查的是诉的合并适用条件。诉的合并属于理论型考点，不了解该理论，翻阅法条只会耗费时间。诉的合并分为主体合并和客体合并，应根据其内涵结合本案案情作出判断。诉的合并涉及诉讼标的的识别，因此，本题相当于是对上一小题的引申考查，如果上一题出现偏差，可能会导致本题出错。

答案解析：

诉的合并分为主体合并和客体合并。可根据案情分别予以判断。诉的客体合并，是指将同一原告对同一被告提起的两个以上的诉或者反诉与本诉合并到同一诉讼程序中审理。概言之，诉的客体合并是当事人不变，只不过将两个以上的诉合并审理。本案中康泰保险公司和冯某提起的诉讼当事人不同，不存在诉的客体合并问题。

诉的主体合并，是指将数个当事人合并到同一个诉讼程序中审理和裁判。诉的主体是当事人的合并，诉讼标的同一或者同一种类。共同诉讼是典型的诉的主体合并。根据上一题解析，康泰保险公司起诉的诉讼标的是保险代位求偿法律关系，冯某起诉的诉讼标的是运输合同法律关系或者机动车交通事故侵权法律关系。两个案件的诉讼标的不属于同一种类，也不同一。因此，两个诉讼也不适用诉的主体合并。综上，两个案件法院不能合并审理。

5. 刘律师的行为是否违反利益冲突审查规范？请说明理由。

答案： 如果冯某提起运输合同违约之诉，其行为并不违反利益冲突审查规范。因为两个案件的当事人完全不同，不存在利益冲突的可能。

如果冯某提起机动车交通事故侵权之诉，刘律师在前一个案件中，作为被告邱某的代理人，其为维护邱某的利益而与原告康泰保险公司相对抗。而在后一个诉讼中，刘律师又接受了案件原告冯某的委托，作为原告代理律师与包括邱某在内的被告进行对抗。此时，刘律师违反了利益冲突审查规范。

难度： 难

考点： 律师与委托人或当事人的关系规范

命题和解题思路：结合民事诉讼法案例题考查，是司法制度和法律职业道德部分常用的命题形式，司考卷四民事诉讼法案例题中曾考查过法官和律师职业道德。本题结合民事诉讼法案例，对作为法考预测高频考点的**律师利益冲突审查规范**予以考查。律师利益冲突审查规范涉及情形多，记忆难度大，应侧重领会**禁止律师代理利益冲突事项的立法本意**。本题解答仍需借助于第二小题的结论，应分情况探讨是否可能违反利益冲突审查规则。

答案解析：

如果冯某提起运输合同违约之诉，刘律师作为原告冯某的代理律师对抗被告燕城公司。而在另一个保险代位求偿权诉讼中，刘律师作为被告之一邱某的代理人与原告康泰保险公司相对抗。此时，两个案件双方当事人完全不同，彼此独立，不存在利益牵连，刘律师的行为并不违反利益冲突审查规范。

如果冯某提起机动车交通事故侵权之诉，因主张权利对象的范围包括邱某，这意味着刘律师在后续诉讼中帮助冯某对抗邱某，而邱某又是刘律师在前一个诉讼中的服务对象。此时，刘律师就邱某的利益保护无疑形成了冲突。虽然该情形在《律师执业行为规范》中并无明文规定，但可以根据现有推定推断作答，亦即属于利益冲突审查规范兜底条款的内容。《律师执业行为规范》第 52 条第 1 款第（三）项规定，同一律师事务所接受正在代理的诉讼案件或者非诉讼业务当事人的对方当事人所委托的其他法律业务，律师应当告知委托人并主动提出回避，但委托人同意其代理或者继续承办的除外。“举轻以明重”，原则上同一律所尚且不可在其他法律业务中接受正在代理案件的对方当事人委托，同一个律师更会如此。因此，如果冯某提起机动车交通事故侵权之诉，刘律师违反相对利益冲突审查规范。